中华人民共和国税法

第Ⅱ卷

所 得 税

上 册

国家税务总局 ◎ 编

中国税务出版社

图书在版编目（CIP）数据

中华人民共和国税法．第Ⅱ卷，所得税：上下／国家税务总局编．-- 北京：中国税务出版社，2024．8（2024.11重印）．

ISBN 978－7－5678－1522－3

Ⅰ．D922.220.9

中国国家版本馆 CIP 数据核字第 2024CE1586 号

书　　名：中华人民共和国税法·第Ⅱ卷：所得税（上下）
ZHONGHUA RENMIN GONGHEGUO SHUIFA·DI Ⅱ JUAN：SUODESHUI（SHANG XIA）
作　　者：国家税务总局　编
责任编辑：陈金艳　孙晓萍　董　淼
责任校对：姚浩晴
技术设计：林立志
出版发行：中国税务出版社
北京市丰台区广安路 9 号国投财富广场 1 号楼 11 层
邮政编码：100055
网址：https://www.taxation.cn
投稿：https://www.taxation.cn/qt/zztg
发行中心电话：(010)83362083/85/86
传真：(010)83362047/49
经　　销：各地新华书店
印　　刷：保定市中画美凯印刷有限公司
规　　格：787 毫米×1092 毫米　1/16
印　　张：76.75
字　　数：1819000 字
版　　次：2024 年 8 月第 1 版　2024 年11月第 2 次印刷
书　　号：ISBN 978－7－5678－1522－3
定　　价：198.00 元
全套定价：920.00 元

出版说明

习近平总书记对税收工作高度重视，发表了一系列关于税收工作的重要论述，多次强调指出“深化税收制度改革”，“完善税收制度”，为税收改革发展提供了根本遵循。党的二十届三中全会围绕深化财税体制改革，从多方面作出部署。随着税制改革不断深入和税收事业高质量发展，我国税收法治建设不断加强、法治环境不断改善，特别是党的十八大以来，税收在国家治理中的基础性、支柱性、保障性作用日益凸显，党中央、国务院推出一系列重大税收改革，“营改增”、个人所得税改革、进一步深化税收征管改革等各项改革举措相继落地，形成了比较完备的税收法律制度体系，为全面推进依法治税提供了有力保障。

为帮助各级税务机关和税务干部、广大纳税人缴费人及社会各界人士更好地学习税法、使用税法、宣传税法、研究税法，进一步提高税务干部依法治税能力和水平，共促税法遵从，高质量推进中国式现代化税务实践，我们组织编辑了这套《中华人民共和国税法》分卷丛书，汇集了全国人大及其常委会、国务院、财政部、税务总局、海关总署及相关部门发布的现行有效的税收法律、行政法规、规章及规范性文件。

本丛书一套七卷，涵盖增值税、消费税等18个税种，社会保险费和非税收入，税收征管等税收法律制度全部内容。其中：第Ⅰ卷货物和劳务税，包括增值税、消费税、车辆购置税、关税和进出口税收；第Ⅱ卷所得税，包括企业所得税、个人所得税；第Ⅲ卷财产和行为税，包括房产税、城镇土地使用税、城市维护建设税、印花税、资源税、土地增值税、车船税、烟叶税、契税、耕地占用税、环境保护税和船舶吨税；第Ⅳ卷社会保险费和非税收入，包括现行社会保险费和中央级非税收入；第Ⅴ卷综合税收政策，包括涉及多个税种的制度文件，分行业税收政策、区域税收政策、专项税收政策、其他税收政策和涉税相关法律规定；第Ⅵ卷税收征管，包括登记申报、票证管理、税款征收、税务检查、纳税服务等。此外，设附卷文件清理，包括清理过程中发布的修改、失效、废止的文件，鉴于这些文件与现行有效文件具有一定关联性，单独整理汇集成册，以备查阅参考。

本丛书各卷收录的每个文件均设三级编码，即卷号–类别（税费种）–顺序号。各税种法律、行政法规及实施细则等综合性文件按照法律级次排列在前，其他文件（或分类文件）按发文时间排序。部分条款失效、废止、修改和政策调整的文件，文末以“注释”方式列明具体条款、依据及相关延续政策；部分篇幅过长的文件附件，以“编者略”的形式对其内容作了删略，删略内容可通过国家税务总局网站“政策法规库”或中国税务出版社网站“税收法规库”检索查找。本丛书所收录文件截止时间为2023年12月31日，具体执行中请关注税收政策的调整变化。

由于时间仓促，难免有不足和疏漏之处，诚挚欢迎读者将使用过程中的意见建议反馈给我们（邮箱：fgxxb@163.com），以便继续修订完善。

国家税务总局

2024年8月

目　录

上　册

1　企业所得税

基本法律法规

一般规定

特殊规定

（接转下册：2 个人所得税）

1

企业所得税

基本法律法规

2－1－1

中华人民共和国企业所得税法

2007年3月16日第十届全国人民代表大会第五次会议通过 同日中华人民共和国主席令第63号公布 2017年2月24日第十二届全国人民代表大会常务委员会第二十六次会议第一次修正 同日中华人民共和国主席令第64号公布 2018年12月29日第十三届全国人民代表大会常务委员会第七次会议第二次修正 同日中华人民共和国主席令第23号公布

目 录

第一章 总 则

第一条 在中华人民共和国境内,企业和其他取得收入的组织(以下统称企业)为企业所得税的纳税人,依照本法的规定缴纳企业所得税。

个人独资企业、合伙企业不适用本法。

第二条 企业分为居民企业和非居民企业。

本法所称居民企业,是指依法在中国境内成立,或者依照外国(地区)法律成立但实际管理机构在中国境内的企业。

本法所称非居民企业,是指依照外国(地区)法律成立且实际管理机构不在中国境内,但在中国境内设立机构、场所的,或者在中国境内未设立机构、场所,但有来源于中国境内所得的企业。

第三条 居民企业应当就其来源于中国境内、境外的所得缴纳企业所得税。

非居民企业在中国境内设立机构、场所的,应当就其所设机构、场所取得的来源于中国境内的所得,以及发生在中国境外但与其所设机构、场所有实际联系的所得,缴纳企业所得税。

非居民企业在中国境内未设立机构、场所的,或者虽设立机构、场所但取得的所得与其所设机构、场所没有实际联系的,应当就其来源于中国境内的所得缴纳企业所得税。

第四条 企业所得税的税率为25%。

非居民企业取得本法第三条第三款规定的所得,适用税率为20%。

第二章 应纳税所得额

第五条 企业每一纳税年度的收入总额,减除不征税收入、免税收入、各项扣除以及允许弥补的以前年度亏损后的余额,为应纳税所得额。

第六条 企业以货币形式和非货币形式从各种来源取得的收入,为收入总额。包括:

(一)销售货物收入;

(二)提供劳务收入;

(三)转让财产收入;

(四)股息、红利等权益性投资收益;

(五)利息收入;

(六)租金收入;

(七)特许权使用费收入;

(八)接受捐赠收入;

(九)其他收入。

第七条 收入总额中的下列收入为不征税收入:

(一)财政拨款;

(二)依法收取并纳入财政管理的行政事业性收费、政府性基金;

(三)国务院规定的其他不征税收入。

第八条 企业实际发生的与取得收入有关的、合理的支出,包括成本、费用、税金、损失和其他支出,准予在计算应纳税所得额时扣除。

第九条 企业发生的公益性捐赠支出,在年度利润总额12%以内的部分,准予在计算应纳税所得额时扣除;超过年度利润总额12%的部分,准予结转以后三年内在计算应纳税所得额时扣除。

第十条 在计算应纳税所得额时,下列支出不得扣除:

(一)向投资者支付的股息、红利等权益性投资收益款项;

(二)企业所得税税款;

(三)税收滞纳金;

(四)罚金、罚款和被没收财物的损失;

(五)本法第九条规定以外的捐赠支出;

(六)赞助支出;

（七）未经核定的准备金支出；

（八）与取得收入无关的其他支出。

第十一条　在计算应纳税所得额时，企业按照规定计算的固定资产折旧，准予扣除。

下列固定资产不得计算折旧扣除：

（一）房屋、建筑物以外未投入使用的固定资产；

（二）以经营租赁方式租入的固定资产；

（三）以融资租赁方式租出的固定资产；

（四）已足额提取折旧仍继续使用的固定资产；

（五）与经营活动无关的固定资产；

（六）单独估价作为固定资产入账的土地；

（七）其他不得计算折旧扣除的固定资产。

第十二条　在计算应纳税所得额时，企业按照规定计算的无形资产摊销费用，准予扣除。

下列无形资产不得计算摊销费用扣除：

（一）自行开发的支出已在计算应纳税所得额时扣除的无形资产；

（二）自创商誉；

（三）与经营活动无关的无形资产；

（四）其他不得计算摊销费用扣除的无形资产。

第十三条　在计算应纳税所得额时，企业发生的下列支出作为长期待摊费用，按照规定摊销的，准予扣除：

（一）已足额提取折旧的固定资产的改建支出；

（二）租入固定资产的改建支出；

（三）固定资产的大修理支出；

（四）其他应当作为长期待摊费用的支出。

第十四条　企业对外投资期间，投资资产的成本在计算应纳税所得额时不得扣除。

第十五条　企业使用或者销售存货，按照规定计算的存货成本，准予在计算应纳税所得额时扣除。

第十六条　企业转让资产，该项资产的净值，准予在计算应纳税所得额时扣除。

第十七条　企业在汇总计算缴纳企业所得税时，其境外营业机构的亏损不得抵减境内营业机构的盈利。

第十八条　企业纳税年度发生的亏损，准予向以后年度结转，用以后年度的所得弥补，但结转年限最长不得超过五年。

第十九条　非居民企业取得本法第三条第三款规定的所得，按照下列方法计算其应纳税所得额：

（一）股息、红利等权益性投资收益和利息、租金、特许权使用费所得，以收入全额为应纳税所得额；

（二）转让财产所得，以收入全额减除财产净值后的余额为应纳税所得额；

（三）其他所得，参照前两项规定的方法计算应纳税所得额。

第二十条 本章规定的收入、扣除的具体范围、标准和资产的税务处理的具体办法，由国务院财政、税务主管部门规定。

第二十一条 在计算应纳税所得额时，企业财务、会计处理办法与税收法律、行政法规的规定不一致的，应当依照税收法律、行政法规的规定计算。

第三章 应纳税额

第二十二条 企业的应纳税所得额乘以适用税率，减除依照本法关于税收优惠的规定减免和抵免的税额后的余额，为应纳税额。

第二十三条 企业取得的下列所得已在境外缴纳的所得税税额，可以从其当期应纳税额中抵免，抵免限额为该项所得依照本法规定计算的应纳税额；超过抵免限额的部分，可以在以后五个年度内，用每年度抵免限额抵免当年应抵税额后的余额进行抵补：

（一）居民企业来源于中国境外的应税所得；

（二）非居民企业在中国境内设立机构、场所，取得发生在中国境外但与该机构、场所有实际联系的应税所得。

第二十四条 居民企业从其直接或者间接控制的外国企业分得的来源于中国境外的股息、红利等权益性投资收益，外国企业在境外实际缴纳的所得税税额中属于该项所得负担的部分，可以作为该居民企业的可抵免境外所得税税额，在本法第二十三条规定的抵免限额内抵免。

第四章 税收优惠

第二十五条 国家对重点扶持和鼓励发展的产业和项目，给予企业所得税优惠。

第二十六条 企业的下列收入为免税收入：

（一）国债利息收入；

（二）符合条件的居民企业之间的股息、红利等权益性投资收益；

（三）在中国境内设立机构、场所的非居民企业从居民企业取得与该机构、场所有实际联系的股息、红利等权益性投资收益；

（四）符合条件的非营利组织的收入。

第二十七条 企业的下列所得，可以免征、减征企业所得税：

（一）从事农、林、牧、渔业项目的所得；

（二）从事国家重点扶持的公共基础设施项目投资经营的所得；

（三）从事符合条件的环境保护、节能节水项目的所得；

（四）符合条件的技术转让所得；

（五）本法第三条第三款规定的所得。

第二十八条 符合条件的小型微利企业，减按20%的税率征收企业所得税。

国家需要重点扶持的高新技术企业，减按15%的税率征收企业所得税。

第二十九条 民族自治地方的自治机关对本民族自治地方的企业应缴纳的企业所得税中属于地方分享的部分，可以决定减征或者免征。自治州、自治县决定减征或者免征的，须报省、自治区、直辖市人民政府批准。

第三十条 企业的下列支出,可以在计算应纳税所得额时加计扣除:

(一)开发新技术、新产品、新工艺发生的研究开发费用;

(二)安置残疾人员及国家鼓励安置的其他就业人员所支付的工资。

第三十一条 创业投资企业从事国家需要重点扶持和鼓励的创业投资,可以按投资额的一定比例抵扣应纳税所得额。

第三十二条 企业的固定资产由于技术进步等原因,确需加速折旧的,可以缩短折旧年限或者采取加速折旧的方法。

第三十三条 企业综合利用资源,生产符合国家产业政策规定的产品所取得的收入,可以在计算应纳税所得额时减计收入。

第三十四条 企业购置用于环境保护、节能节水、安全生产等专用设备的投资额,可以按一定比例实行税额抵免。

第三十五条 本法规定的税收优惠的具体办法,由国务院规定。

第三十六条 根据国民经济和社会发展的需要,或者由于突发事件等原因对企业经营活动产生重大影响的,国务院可以制定企业所得税专项优惠政策,报全国人民代表大会常务委员会备案。

第五章 源泉扣缴

第三十七条 对非居民企业取得本法第三条第三款规定的所得应缴纳的所得税,实行源泉扣缴,以支付人为扣缴义务人。税款由扣缴义务人在每次支付或者到期应支付时,从支付或者到期应支付的款项中扣缴。

第三十八条 对非居民企业在中国境内取得工程作业和劳务所得应缴纳的所得税,税务机关可以指定工程价款或者劳务费的支付人为扣缴义务人。

第三十九条 依照本法第三十七条、第三十八条规定应当扣缴的所得税,扣缴义务人未依法扣缴或者无法履行扣缴义务的,由纳税人在所得发生地缴纳。纳税人未依法缴纳的,税务机关可以从该纳税人在中国境内其他收入项目的支付人应付的款项中,追缴该纳税人的应纳税款。

第四十条 扣缴义务人每次代扣的税款,应当自代扣之日起七日内缴入国库,并向所在地的税务机关报送扣缴企业所得税报告表。

第六章 特别纳税调整

第四十一条 企业与其关联方之间的业务往来,不符合独立交易原则而减少企业或者其关联方应纳税收入或者所得额的,税务机关有权按照合理方法调整。

企业与其关联方共同开发、受让无形资产,或者共同提供、接受劳务发生的成本,在计算应纳税所得额时应当按照独立交易原则进行分摊。

第四十二条 企业可以向税务机关提出与其关联方之间业务往来的定价原则和计算方法,税务机关与企业协商、确认后,达成预约定价安排。

第四十三条 企业向税务机关报送年度企业所得税纳税申报表时,应当就其与关联方之间的业务往来,附送年度关联业务往来报告表。

税务机关在进行关联业务调查时,企业及其关联方,以及与关联业务调查有关的其他企业,应当按照规定提供相关资料。

第四十四条 企业不提供与其关联方之间业务往来资料,或者提供虚假、不完整资料,未能真实反映其关联业务往来情况的,税务机关有权依法核定其应纳税所得额。

第四十五条 由居民企业,或者由居民企业和中国居民控制的设立在实际税负明显低于本法第四条第一款规定税率水平的国家(地区)的企业,并非由于合理的经营需要而对利润不作分配或者减少分配的,上述利润中应归属于该居民企业的部分,应当计入该居民企业的当期收入。

第四十六条 企业从其关联方接受的债权性投资与权益性投资的比例超过规定标准而发生的利息支出,不得在计算应纳税所得额时扣除。

第四十七条 企业实施其他不具有合理商业目的的安排而减少其应纳税收入或者所得额的,税务机关有权按照合理方法调整。

第四十八条 税务机关依照本章规定作出纳税调整,需要补征税款的,应当补征税款,并按照国务院规定加收利息。

第七章 征收管理

第四十九条 企业所得税的征收管理除本法规定外,依照《中华人民共和国税收征收管理法》的规定执行。

第五十条 除税收法律、行政法规另有规定外,居民企业以企业登记注册地为纳税地点;但登记注册地在境外的,以实际管理机构所在地为纳税地点。

居民企业在中国境内设立不具有法人资格的营业机构的,应当汇总计算并缴纳企业所得税。

第五十一条 非居民企业取得本法第三条第二款规定的所得,以机构、场所所在地为纳税地点。非居民企业在中国境内设立两个或者两个以上机构、场所,符合国务院税务主管部门规定条件的,可以选择由其主要机构、场所汇总缴纳企业所得税。

非居民企业取得本法第三条第三款规定的所得,以扣缴义务人所在地为纳税地点。

第五十二条 除国务院另有规定外,企业之间不得合并缴纳企业所得税。

第五十三条 企业所得税按纳税年度计算。纳税年度自公历1月1日起至12月31日止。

企业在一个纳税年度中间开业,或者终止经营活动,使该纳税年度的实际经营期不足十二个月的,应当以其实际经营期为一个纳税年度。

企业依法清算时,应当以清算期间作为一个纳税年度。

第五十四条 企业所得税分月或者分季预缴。

企业应当自月份或者季度终了之日起十五日内,向税务机关报送预缴企业所得税纳税申报表,预缴税款。

企业应当自年度终了之日起五个月内,向税务机关报送年度企业所得税纳税申报表,并汇算清缴,结清应缴应退税款。

企业在报送企业所得税纳税申报表时,应当按照规定附送财务会计报告和其他有关资料。

第五十五条 企业在年度中间终止经营活动的,应当自实际经营终止之日起六十日内,向税务机关办理当期企业所得税汇算清缴。

企业应当在办理注销登记前,就其清算所得向税务机关申报并依法缴纳企业所得税。

第五十六条 依照本法缴纳的企业所得税,以人民币计算。所得以人民币以外的货币计算的,应当折合成人民币计算并缴纳税款。

第八章 附 则

第五十七条 本法公布前已经批准设立的企业,依照当时的税收法律、行政法规规定,享受低税率优惠的,按照国务院规定,可以在本法施行后五年内,逐步过渡到本法规定的税率;享受定期减免税优惠的,按照国务院规定,可以在本法施行后继续享受到期满为止,但因未获利而尚未享受优惠的,优惠期限从本法施行年度起计算。

法律设置的发展对外经济合作和技术交流的特定地区内,以及国务院已规定执行上述地区特殊政策的地区内新设立的国家需要重点扶持的高新技术企业,可以享受过渡性税收优惠,具体办法由国务院规定。

国家已确定的其他鼓励类企业,可以按照国务院规定享受减免税优惠。

第五十八条 中华人民共和国政府同外国政府订立的有关税收的协定与本法有不同规定的,依照协定的规定办理。

第五十九条 国务院根据本法制定实施条例。

第六十条 本法自2008年1月1日起施行。1991年4月9日第七届全国人民代表大会第四次会议通过的《中华人民共和国外商投资企业和外国企业所得税法》和1993年12月13日国务院发布的《中华人民共和国企业所得税暂行条例》同时废止。

2－1－2

中华人民共和国企业所得税法实施条例

2007年12月6日中华人民共和国国务院令第512号公布

2019年4月23日中华人民共和国国务院令第714号修订

第一章 总 则

第一条 根据《中华人民共和国企业所得税法》(以下简称企业所得税法)的规定,制定本条例。

第二条 企业所得税法第一条所称个人独资企业、合伙企业,是指依照中国法律、行政法规成立的个人独资企业、合伙企业。

第三条 企业所得税法第二条所称依法在中国境内成立的企业,包括依照中国法律、行政法规在中国境内成立的企业、事业单位、社会团体以及其他取得收入的组织。

企业所得税法第二条所称依照外国(地区)法律成立的企业,包括依照外国(地区)法律成立的企业和其他取得收入的组织。

第四条 企业所得税法第二条所称实际管理机构，是指对企业的生产经营、人员、账务、财产等实施实质性全面管理和控制的机构。

第五条 企业所得税法第二条第三款所称机构、场所，是指在中国境内从事生产经营活动的机构、场所，包括：

（一）管理机构、营业机构、办事机构；

（二）工厂、农场、开采自然资源的场所；

（三）提供劳务的场所；

（四）从事建筑、安装、装配、修理、勘探等工程作业的场所；

（五）其他从事生产经营活动的机构、场所。

非居民企业委托营业代理人在中国境内从事生产经营活动的，包括委托单位或者个人经常代其签订合同，或者储存、交付货物等，该营业代理人视为非居民企业在中国境内设立的机构、场所。

第六条 企业所得税法第三条所称所得，包括销售货物所得、提供劳务所得、转让财产所得、股息红利等权益性投资所得、利息所得、租金所得、特许权使用费所得、接受捐赠所得和其他所得。

第七条 企业所得税法第三条所称来源于中国境内、境外的所得，按照以下原则确定：

（一）销售货物所得，按照交易活动发生地确定；

（二）提供劳务所得，按照劳务发生地确定；

（三）转让财产所得，不动产转让所得按照不动产所在地确定，动产转让所得按照转让动产的企业或者机构、场所所在地确定，权益性投资资产转让所得按照被投资企业所在地确定；

（四）股息、红利等权益性投资所得，按照分配所得的企业所在地确定；

（五）利息所得、租金所得、特许权使用费所得，按照负担、支付所得的企业或者机构、场所所在地确定，或者按照负担、支付所得的个人的住所地确定；

（六）其他所得，由国务院财政、税务主管部门确定。

第八条 企业所得税法第三条所称实际联系，是指非居民企业在中国境内设立的机构、场所拥有据以取得所得的股权、债权，以及拥有、管理、控制据以取得所得的财产等。

第二章　应纳税所得额

第一节　一般规定

第九条 企业应纳税所得额的计算，以权责发生制为原则，属于当期的收入和费用，不论款项是否收付，均作为当期的收入和费用；不属于当期的收入和费用，即使款项已经在当期收付，均不作为当期的收入和费用。本条例和国务院财政、税务主管部门另有规定的除外。

第十条 企业所得税法第五条所称亏损，是指企业依照企业所得税法和本条例的规定将每一纳税年度的收入总额减除不征税收入、免税收入和各项扣除后小于零的数额。

第十一条　企业所得税法第五十五条所称清算所得，是指企业的全部资产可变现价值或者交易价格减除资产净值、清算费用以及相关税费等后的余额。

投资方企业从被清算企业分得的剩余资产，其中相当于从被清算企业累计未分配利润和累计盈余公积中应当分得的部分，应当确认为股息所得；剩余资产减除上述股息所得后的余额，超过或者低于投资成本的部分，应当确认为投资资产转让所得或者损失。

第二节　收　　入

第十二条　企业所得税法第六条所称企业取得收入的货币形式，包括现金、存款、应收账款、应收票据、准备持有至到期的债券投资以及债务的豁免等。

企业所得税法第六条所称企业取得收入的非货币形式，包括固定资产、生物资产、无形资产、股权投资、存货、不准备持有至到期的债券投资、劳务以及有关权益等。

第十三条　企业所得税法第六条所称企业以非货币形式取得的收入，应当按照公允价值确定收入额。

前款所称公允价值，是指按照市场价格确定的价值。

第十四条　企业所得税法第六条第（一）项所称销售货物收入，是指企业销售商品、产品、原材料、包装物、低值易耗品以及其他存货取得的收入。

第十五条　企业所得税法第六条第（二）项所称提供劳务收入，是指企业从事建筑安装、修理修配、交通运输、仓储租赁、金融保险、邮电通信、咨询经纪、文化体育、科学研究、技术服务、教育培训、餐饮住宿、中介代理、卫生保健、社区服务、旅游、娱乐、加工以及其他劳务服务活动取得的收入。

第十六条　企业所得税法第六条第（三）项所称转让财产收入，是指企业转让固定资产、生物资产、无形资产、股权、债权等财产取得的收入。

第十七条　企业所得税法第六条第（四）项所称股息、红利等权益性投资收益，是指企业因权益性投资从被投资方取得的收入。

股息、红利等权益性投资收益，除国务院财政、税务主管部门另有规定外，按照被投资方作出利润分配决定的日期确认收入的实现。

第十八条　企业所得税法第六条第（五）项所称利息收入，是指企业将资金提供他人使用但不构成权益性投资，或者因他人占用本企业资金取得的收入，包括存款利息、贷款利息、债券利息、欠款利息等收入。

利息收入，按照合同约定的债务人应付利息的日期确认收入的实现。

第十九条　企业所得税法第六条第（六）项所称租金收入，是指企业提供固定资产、包装物或者其他有形资产的使用权取得的收入。

租金收入，按照合同约定的承租人应付租金的日期确认收入的实现。

第二十条　企业所得税法第六条第（七）项所称特许权使用费收入，是指企业提供专利权、非专利技术、商标权、著作权以及其他特许权的使用权取得的收入。

特许权使用费收入，按照合同约定的特许权使用人应付特许权使用费的日期确认收入的实现。

第二十一条　企业所得税法第六条第（八）项所称接受捐赠收入，是指企业接受的来自其他企业、组织或者个人无偿给予的货币性资产、非货币性资产。

接受捐赠收入,按照实际收到捐赠资产的日期确认收入的实现。

第二十二条 企业所得税法第六条第(九)项所称其他收入,是指企业取得的除企业所得税法第六条第(一)项至第(八)项规定的收入外的其他收入,包括企业资产溢余收入、逾期未退包装物押金收入、确实无法偿付的应付款项、已作坏账损失处理后又收回的应收款项、债务重组收入、补贴收入、违约金收入、汇兑收益等。

第二十三条 企业的下列生产经营业务可以分期确认收入的实现:

(一)以分期收款方式销售货物的,按照合同约定的收款日期确认收入的实现;

(二)企业受托加工制造大型机械设备、船舶、飞机,以及从事建筑、安装、装配工程业务或者提供其他劳务等,持续时间超过12个月的,按照纳税年度内完工进度或者完成的工作量确认收入的实现。

第二十四条 采取产品分成方式取得收入的,按照企业分得产品的日期确认收入的实现,其收入额按照产品的公允价值确定。

第二十五条 企业发生非货币性资产交换,以及将货物、财产、劳务用于捐赠、偿债、赞助、集资、广告、样品、职工福利或者利润分配等用途的,应当视同销售货物、转让财产或者提供劳务,但国务院财政、税务主管部门另有规定的除外。

第二十六条 企业所得税法第七条第(一)项所称财政拨款,是指各级人民政府对纳入预算管理的事业单位、社会团体等组织拨付的财政资金,但国务院和国务院财政、税务主管部门另有规定的除外。

企业所得税法第七条第(二)项所称行政事业性收费,是指依照法律法规等有关规定,按照国务院规定程序批准,在实施社会公共管理,以及在向公民、法人或者其他组织提供特定公共服务过程中,向特定对象收取并纳入财政管理的费用。

企业所得税法第七条第(二)项所称政府性基金,是指企业依照法律、行政法规等有关规定,代政府收取的具有专项用途的财政资金。

企业所得税法第七条第(三)项所称国务院规定的其他不征税收入,是指企业取得的,由国务院财政、税务主管部门规定专项用途并经国务院批准的财政性资金。

第三节 扣 除

第二十七条 企业所得税法第八条所称有关的支出,是指与取得收入直接相关的支出。

企业所得税法第八条所称合理的支出,是指符合生产经营活动常规,应当计入当期损益或者有关资产成本的必要和正常的支出。

第二十八条 企业发生的支出应当区分收益性支出和资本性支出。收益性支出在发生当期直接扣除;资本性支出应当分期扣除或者计入有关资产成本,不得在发生当期直接扣除。

企业的不征税收入用于支出所形成的费用或者财产,不得扣除或者计算对应的折旧、摊销扣除。

除企业所得税法和本条例另有规定外,企业实际发生的成本、费用、税金、损失和其他支出,不得重复扣除。

第二十九条 企业所得税法第八条所称成本,是指企业在生产经营活动中发生的销售成本、销货成本、业务支出以及其他耗费。

第三十条 企业所得税法第八条所称费用,是指企业在生产经营活动中发生的销售费用、管理费用和财务费用,已经计入成本的有关费用除外。

第三十一条 企业所得税法第八条所称税金,是指企业发生的除企业所得税和允许抵扣的增值税以外的各项税金及其附加。

第三十二条 企业所得税法第八条所称损失,是指企业在生产经营活动中发生的固定资产和存货的盘亏、毁损、报废损失,转让财产损失,呆账损失,坏账损失,自然灾害等不可抗力因素造成的损失以及其他损失。

企业发生的损失,减除责任人赔偿和保险赔款后的余额,依照国务院财政、税务主管部门的规定扣除。

企业已经作为损失处理的资产,在以后纳税年度又全部收回或者部分收回时,应当计入当期收入。

第三十三条 企业所得税法第八条所称其他支出,是指除成本、费用、税金、损失外,企业在生产经营活动中发生的与生产经营活动有关的、合理的支出。

第三十四条 企业发生的合理的工资薪金支出,准予扣除。

前款所称工资薪金,是指企业每一纳税年度支付给在本企业任职或者受雇的员工的所有现金形式或者非现金形式的劳动报酬,包括基本工资、奖金、津贴、补贴、年终加薪、加班工资,以及与员工任职或者受雇有关的其他支出。

第三十五条 企业依照国务院有关主管部门或者省级人民政府规定的范围和标准为职工缴纳的基本养老保险费、基本医疗保险费、失业保险费、工伤保险费、生育保险费等基本社会保险费和住房公积金,准予扣除。

企业为投资者或者职工支付的补充养老保险费、补充医疗保险费,在国务院财政、税务主管部门规定的范围和标准内,准予扣除。

第三十六条 除企业依照国家有关规定为特殊工种职工支付的人身安全保险费和国务院财政、税务主管部门规定可以扣除的其他商业保险费外,企业为投资者或者职工支付的商业保险费,不得扣除。

第三十七条 企业在生产经营活动中发生的合理的不需要资本化的借款费用,准予扣除。

企业为购置、建造固定资产、无形资产和经过12个月以上的建造才能达到预定可销售状态的存货发生借款的,在有关资产购置、建造期间发生的合理的借款费用,应当作为资本性支出计入有关资产的成本,并依照本条例的规定扣除。

第三十八条 企业在生产经营活动中发生的下列利息支出,准予扣除:

(一)非金融企业向金融企业借款的利息支出、金融企业的各项存款利息支出和同业拆借利息支出、企业经批准发行债券的利息支出;

(二)非金融企业向非金融企业借款的利息支出,不超过按照金融企业同期同类贷款利率计算的数额的部分。

第三十九条 企业在货币交易中，以及纳税年度终了时将人民币以外的货币性资产、负债按照期末即期人民币汇率中间价折算为人民币时产生的汇兑损失，除已经计入有关资产成本以及与向所有者进行利润分配相关的部分外，准予扣除。

第四十条 企业发生的职工福利费支出，不超过工资薪金总额14%的部分，准予扣除。

第四十一条 企业拨缴的工会经费，不超过工资薪金总额2%的部分，准予扣除。

第四十二条 除国务院财政、税务主管部门另有规定外，企业发生的职工教育经费支出，不超过工资薪金总额2.5%的部分，准予扣除；超过部分，准予在以后纳税年度结转扣除。

第四十三条 企业发生的与生产经营活动有关的业务招待费支出，按照发生额的60%扣除，但最高不得超过当年销售（营业）收入的5‰。

第四十四条 企业发生的符合条件的广告费和业务宣传费支出，除国务院财政、税务主管部门另有规定外，不超过当年销售（营业）收入15%的部分，准予扣除；超过部分，准予在以后纳税年度结转扣除。

第四十五条 企业依照法律、行政法规有关规定提取的用于环境保护、生态恢复等方面的专项资金，准予扣除。上述专项资金提取后改变用途的，不得扣除。

第四十六条 企业参加财产保险，按照规定缴纳的保险费，准予扣除。

第四十七条 企业根据生产经营活动的需要租入固定资产支付的租赁费，按照以下方法扣除：

（一）以经营租赁方式租入固定资产发生的租赁费支出，按照租赁期限均匀扣除；

（二）以融资租赁方式租入固定资产发生的租赁费支出，按照规定构成融资租入固定资产价值的部分应当提取折旧费用，分期扣除。

第四十八条 企业发生的合理的劳动保护支出，准予扣除。

第四十九条 企业之间支付的管理费、企业内营业机构之间支付的租金和特许权使用费，以及非银行企业内营业机构之间支付的利息，不得扣除。

第五十条 非居民企业在中国境内设立的机构、场所，就其中国境外总机构发生的与该机构、场所生产经营有关的费用，能够提供总机构出具的费用汇集范围、定额、分配依据和方法等证明文件，并合理分摊的，准予扣除。

第五十一条 企业所得税法第九条所称公益性捐赠，是指企业通过公益性社会组织或者县级以上人民政府及其部门，用于符合法律规定的慈善活动、公益事业的捐赠。

第五十二条 本条例第五十一条所称公益性社会组织，是指同时符合下列条件的慈善组织以及其他社会组织：

（一）依法登记，具有法人资格；

（二）以发展公益事业为宗旨，且不以营利为目的；

（三）全部资产及其增值为该法人所有；

（四）收益和营运结余主要用于符合该法人设立目的的事业；

（五）终止后的剩余财产不归属任何个人或者营利组织；

（六）不经营与其设立目的无关的业务；

（七）有健全的财务会计制度；

（八）捐赠者不以任何形式参与该法人财产的分配；

（九）国务院财政、税务主管部门会同国务院民政部门等登记管理部门规定的其他条件。

第五十三条 企业当年发生以及以前年度结转的公益性捐赠支出，不超过年度利润总额12%的部分，准予扣除。

年度利润总额，是指企业依照国家统一会计制度的规定计算的年度会计利润。

第五十四条 企业所得税法第十条第（六）项所称赞助支出，是指企业发生的与生产经营活动无关的各种非广告性质支出。

第五十五条 企业所得税法第十条第（七）项所称未经核定的准备金支出，是指不符合国务院财政、税务主管部门规定的各项资产减值准备、风险准备等准备金支出。

第四节 资产的税务处理

第五十六条 企业的各项资产，包括固定资产、生物资产、无形资产、长期待摊费用、投资资产、存货等，以历史成本为计税基础。

前款所称历史成本，是指企业取得该项资产时实际发生的支出。

企业持有各项资产期间资产增值或者减值，除国务院财政、税务主管部门规定可以确认损益外，不得调整该资产的计税基础。

第五十七条 企业所得税法第十一条所称固定资产，是指企业为生产产品、提供劳务、出租或者经营管理而持有的、使用时间超过12个月的非货币性资产，包括房屋、建筑物、机器、机械、运输工具以及其他与生产经营活动有关的设备、器具、工具等。

第五十八条 固定资产按照以下方法确定计税基础：

（一）外购的固定资产，以购买价款和支付的相关税费以及直接归属于使该资产达到预定用途发生的其他支出为计税基础；

（二）自行建造的固定资产，以竣工结算前发生的支出为计税基础；

（三）融资租入的固定资产，以租赁合同约定的付款总额和承租人在签订租赁合同过程中发生的相关费用为计税基础，租赁合同未约定付款总额的，以该资产的公允价值和承租人在签订租赁合同过程中发生的相关费用为计税基础；

（四）盘盈的固定资产，以同类固定资产的重置完全价值为计税基础；

（五）通过捐赠、投资、非货币性资产交换、债务重组等方式取得的固定资产，以该资产的公允价值和支付的相关税费为计税基础；

（六）改建的固定资产，除企业所得税法第十三条第（一）项和第（二）项规定的支出外，以改建过程中发生的改建支出增加计税基础。

第五十九条 固定资产按照直线法计算的折旧，准予扣除。

企业应当自固定资产投入使用月份的次月起计算折旧；停止使用的固定资产，应当自停止使用月份的次月起停止计算折旧。

企业应当根据固定资产的性质和使用情况，合理确定固定资产的预计净残值。固定资产的预计净残值一经确定，不得变更。

第六十条 除国务院财政、税务主管部门另有规定外，固定资产计算折旧的最低年限

如下：

（一）房屋、建筑物，为20年；

（二）飞机、火车、轮船、机器、机械和其他生产设备，为10年；

（三）与生产经营活动有关的器具、工具、家具等，为5年；

（四）飞机、火车、轮船以外的运输工具，为4年；

（五）电子设备，为3年。

第六十一条 从事开采石油、天然气等矿产资源的企业，在开始商业性生产前发生的费用和有关固定资产的折耗、折旧方法，由国务院财政、税务主管部门另行规定。

第六十二条 生产性生物资产按照以下方法确定计税基础：

（一）外购的生产性生物资产，以购买价款和支付的相关税费为计税基础；

（二）通过捐赠、投资、非货币性资产交换、债务重组等方式取得的生产性生物资产，以该资产的公允价值和支付的相关税费为计税基础。

前款所称生产性生物资产，是指企业为生产农产品、提供劳务或者出租等而持有的生物资产，包括经济林、薪炭林、产畜和役畜等。

第六十三条 生产性生物资产按照直线法计算的折旧，准予扣除。

企业应当自生产性生物资产投入使用月份的次月起计算折旧；停止使用的生产性生物资产，应当自停止使用月份的次月起停止计算折旧。

企业应当根据生产性生物资产的性质和使用情况，合理确定生产性生物资产的预计净残值。生产性生物资产的预计净残值一经确定，不得变更。

第六十四条 生产性生物资产计算折旧的最低年限如下：

（一）林木类生产性生物资产，为10年；

（二）畜类生产性生物资产，为3年。

第六十五条 企业所得税法第十二条所称无形资产，是指企业为生产产品、提供劳务、出租或者经营管理而持有的、没有实物形态的非货币性长期资产，包括专利权、商标权、著作权、土地使用权、非专利技术、商誉等。

第六十六条 无形资产按照以下方法确定计税基础：

（一）外购的无形资产，以购买价款和支付的相关税费以及直接归属于使该资产达到预定用途发生的其他支出为计税基础；

（二）自行开发的无形资产，以开发过程中该资产符合资本化条件后至达到预定用途前发生的支出为计税基础；

（三）通过捐赠、投资、非货币性资产交换、债务重组等方式取得的无形资产，以该资产的公允价值和支付的相关税费为计税基础。

第六十七条 无形资产按照直线法计算的摊销费用，准予扣除。

无形资产的摊销年限不得低于10年。

作为投资或者受让的无形资产，有关法律规定或者合同约定了使用年限的，可以按照规定或者约定的使用年限分期摊销。

外购商誉的支出，在企业整体转让或者清算时，准予扣除。

第六十八条 企业所得税法第十三条第（一）项和第（二）项所称固定资产的改建支出，

是指改变房屋或者建筑物结构、延长使用年限等发生的支出。

企业所得税法第十三条第(一)项规定的支出,按照固定资产预计尚可使用年限分期摊销;第(二)项规定的支出,按照合同约定的剩余租赁期限分期摊销。

改建的固定资产延长使用年限的,除企业所得税法第十三条第(一)项和第(二)项规定外,应当适当延长折旧年限。

第六十九条　企业所得税法第十三条第(三)项所称固定资产的大修理支出,是指同时符合下列条件的支出:

(一)修理支出达到取得固定资产时的计税基础50%以上;

(二)修理后固定资产的使用年限延长2年以上。

企业所得税法第十三条第(三)项规定的支出,按照固定资产尚可使用年限分期摊销。

第七十条　企业所得税法第十三条第(四)项所称其他应当作为长期待摊费用的支出,自支出发生月份的次月起,分期摊销,摊销年限不得低于3年。

第七十一条　企业所得税法第十四条所称投资资产,是指企业对外进行权益性投资和债权性投资形成的资产。

企业在转让或者处置投资资产时,投资资产的成本,准予扣除。

投资资产按照以下方法确定成本:

(一)通过支付现金方式取得的投资资产,以购买价款为成本;

(二)通过支付现金以外的方式取得的投资资产,以该资产的公允价值和支付的相关税费为成本。

第七十二条　企业所得税法第十五条所称存货,是指企业持有以备出售的产品或者商品、处在生产过程中的在产品、在生产或者提供劳务过程中耗用的材料和物料等。

存货按照以下方法确定成本:

(一)通过支付现金方式取得的存货,以购买价款和支付的相关税费为成本;

(二)通过支付现金以外的方式取得的存货,以该存货的公允价值和支付的相关税费为成本;

(三)生产性生物资产收获的农产品,以产出或者采收过程中发生的材料费、人工费和分摊的间接费用等必要支出为成本。

第七十三条　企业使用或者销售的存货的成本计算方法,可以在先进先出法、加权平均法、个别计价法中选用一种。计价方法一经选用,不得随意变更。

第七十四条　企业所得税法第十六条所称资产的净值和第十九条所称财产净值,是指有关资产、财产的计税基础减除已经按照规定扣除的折旧、折耗、摊销、准备金等后的余额。

第七十五条　除国务院财政、税务主管部门另有规定外,企业在重组过程中,应当在交易发生时确认有关资产的转让所得或者损失,相关资产应当按照交易价格重新确定计税基础。

第三章　应纳税额

第七十六条　企业所得税法第二十二条规定的应纳税额的计算公式为:

应纳税额=应纳税所得额×适用税率-减免税额-抵免税额

公式中的减免税额和抵免税额，是指依照企业所得税法和国务院的税收优惠规定减征、免征和抵免的应纳税额。

第七十七条 企业所得税法第二十三条所称已在境外缴纳的所得税税额，是指企业来源于中国境外的所得依照中国境外税收法律以及相关规定应当缴纳并已经实际缴纳的企业所得税性质的税款。

第七十八条 企业所得税法第二十三条所称抵免限额，是指企业来源于中国境外的所得，依照企业所得税法和本条例的规定计算的应纳税额。除国务院财政、税务主管部门另有规定外，该抵免限额应当分国（地区）不分项计算，计算公式如下：

抵免限额 = 中国境内、境外所得依照企业所得税法和本条例的规定计算的应纳税总额 × 来源于某国（地区）的应纳税所得额 ÷ 中国境内、境外应纳税所得总额

第七十九条 企业所得税法第二十三条所称5个年度，是指从企业取得的来源于中国境外的所得，已经在中国境外缴纳的企业所得税性质的税额超过抵免限额的当年的次年起连续5个纳税年度。

第八十条 企业所得税法第二十四条所称直接控制，是指居民企业直接持有外国企业20%以上股份。

企业所得税法第二十四条所称间接控制，是指居民企业以间接持股方式持有外国企业20%以上股份，具体认定办法由国务院财政、税务主管部门另行制定。

第八十一条 企业依照企业所得税法第二十三条、第二十四条的规定抵免企业所得税税额时，应当提供中国境外税务机关出具的税款所属年度的有关纳税凭证。

第四章 税收优惠

第八十二条 企业所得税法第二十六条第（一）项所称国债利息收入，是指企业持有国务院财政部门发行的国债取得的利息收入。

第八十三条 企业所得税法第二十六条第（二）项所称符合条件的居民企业之间的股息、红利等权益性投资收益，是指居民企业直接投资于其他居民企业取得的投资收益。企业所得税法第二十六条第（二）项和第（三）项所称股息、红利等权益性投资收益，不包括连续持有居民企业公开发行并上市流通的股票不足12个月取得的投资收益。

第八十四条 企业所得税法第二十六条第（四）项所称符合条件的非营利组织，是指同时符合下列条件的组织：

（一）依法履行非营利组织登记手续；

（二）从事公益性或者非营利性活动；

（三）取得的收入除用于与该组织有关的、合理的支出外，全部用于登记核定或者章程规定的公益性或者非营利性事业；

（四）财产及其孳息不用于分配；

（五）按照登记核定或者章程规定，该组织注销后的剩余财产用于公益性或者非营利性目的，或者由登记管理机关转赠给与该组织性质、宗旨相同的组织，并向社会公告；

（六）投入人对投入该组织的财产不保留或者享有任何财产权利；

（七）工作人员工资福利开支控制在规定的比例内，不变相分配该组织的财产。

前款规定的非营利组织的认定管理办法由国务院财政、税务主管部门会同国务院有关部门制定。

第八十五条 企业所得税法第二十六条第(四)项所称符合条件的非营利组织的收入,不包括非营利组织从事营利性活动取得的收入,但国务院财政、税务主管部门另有规定的除外。

第八十六条 企业所得税法第二十七条第(一)项规定的企业从事农、林、牧、渔业项目的所得,可以免征、减征企业所得税,是指:

(一)企业从事下列项目的所得,免征企业所得税:

1. 蔬菜、谷物、薯类、油料、豆类、棉花、麻类、糖料、水果、坚果的种植;
2. 农作物新品种的选育;
3. 中药材的种植;
4. 林木的培育和种植;
5. 牲畜、家禽的饲养;
6. 林产品的采集;
7. 灌溉、农产品初加工、兽医、农技推广、农机作业和维修等农、林、牧、渔服务业项目;
8. 远洋捕捞。

(二)企业从事下列项目的所得,减半征收企业所得税:

1. 花卉、茶以及其他饮料作物和香料作物的种植;
2. 海水养殖、内陆养殖。

企业从事国家限制和禁止发展的项目,不得享受本条规定的企业所得税优惠。

第八十七条 企业所得税法第二十七条第(二)项所称国家重点扶持的公共基础设施项目,是指《公共基础设施项目企业所得税优惠目录》规定的港口码头、机场、铁路、公路、城市公共交通、电力、水利等项目。

企业从事前款规定的国家重点扶持的公共基础设施项目的投资经营的所得,自项目取得第一笔生产经营收入所属纳税年度起,第一年至第三年免征企业所得税,第四年至第六年减半征收企业所得税。

企业承包经营、承包建设和内部自建自用本条规定的项目,不得享受本条规定的企业所得税优惠。

第八十八条 企业所得税法第二十七条第(三)项所称符合条件的环境保护、节能节水项目,包括公共污水处理、公共垃圾处理、沼气综合开发利用、节能减排技术改造、海水淡化等。项目的具体条件和范围由国务院财政、税务主管部门商国务院有关部门制订,报国务院批准后公布施行。

企业从事前款规定的符合条件的环境保护、节能节水项目的所得,自项目取得第一笔生产经营收入所属纳税年度起,第一年至第三年免征企业所得税,第四年至第六年减半征收企业所得税。

第八十九条 依照本条例第八十七条和第八十八条规定享受减免税优惠的项目,在减免税期限内转让的,受让方自受让之日起,可以在剩余期限内享受规定的减免税优惠;减免税期限届满后转让的,受让方不得就该项目重复享受减免税优惠。

第九十条 企业所得税法第二十七条第(四)项所称符合条件的技术转让所得免征、减征企业所得税,是指一个纳税年度内,居民企业技术转让所得不超过500万元的部分,免征企业所得税;超过500万元的部分,减半征收企业所得税。

第九十一条 非居民企业取得企业所得税法第二十七条第(五)项规定的所得,减按10%的税率征收企业所得税。

下列所得可以免征企业所得税:

(一)外国政府向中国政府提供贷款取得的利息所得;

(二)国际金融组织向中国政府和居民企业提供优惠贷款取得的利息所得;

(三)经国务院批准的其他所得。

第九十二条 企业所得税法第二十八条第一款所称符合条件的小型微利企业,是指从事国家非限制和禁止行业,并符合下列条件的企业:

(一)工业企业,年度应纳税所得额不超过30万元,从业人数不超过100人,资产总额不超过3000万元;

(二)其他企业,年度应纳税所得额不超过30万元,从业人数不超过80人,资产总额不超过1000万元。

第九十三条 企业所得税法第二十八条第二款所称国家需要重点扶持的高新技术企业,是指拥有核心自主知识产权,并同时符合下列条件的企业:

(一)产品(服务)属于《国家重点支持的高新技术领域》规定的范围;

(二)研究开发费用占销售收入的比例不低于规定比例;

(三)高新技术产品(服务)收入占企业总收入的比例不低于规定比例;

(四)科技人员占企业职工总数的比例不低于规定比例;

(五)高新技术企业认定管理办法规定的其他条件。

《国家重点支持的高新技术领域》和高新技术企业认定管理办法由国务院科技、财政、税务主管部门商国务院有关部门制订,报国务院批准后公布施行。

第九十四条 企业所得税法第二十九条所称民族自治地方,是指依照《中华人民共和国民族区域自治法》的规定,实行民族区域自治的自治区、自治州、自治县。

对民族自治地方内国家限制和禁止行业的企业,不得减征或者免征企业所得税。

第九十五条 企业所得税法第三十条第(一)项所称研究开发费用的加计扣除,是指企业为开发新技术、新产品、新工艺发生的研究开发费用,未形成无形资产计入当期损益的,在按照规定据实扣除的基础上,按照研究开发费用的50%加计扣除;形成无形资产的,按照无形资产成本的150%摊销。

第九十六条 企业所得税法第三十条第(二)项所称企业安置残疾人员所支付的工资的加计扣除,是指企业安置残疾人员的,在按照支付给残疾职工工资据实扣除的基础上,按照支付给残疾职工工资的100%加计扣除。残疾人员的范围适用《中华人民共和国残疾人保障法》的有关规定。

企业所得税法第三十条第(二)项所称企业安置国家鼓励安置的其他就业人员所支付的工资的加计扣除办法,由国务院另行规定。

第九十七条 企业所得税法第三十一条所称抵扣应纳税所得额,是指创业投资企业采取股权投资方式投资于未上市的中小高新技术企业2年以上的,可以按照其投资额的70%在股权持有满2年的当年抵扣该创业投资企业的应纳税所得额;当年不足抵扣的,可以在以后纳税年度结转抵扣。

第九十八条 企业所得税法第三十二条所称可以采取缩短折旧年限或者采取加速折旧的方法的固定资产,包括:

(一)由于技术进步,产品更新换代较快的固定资产;

(二)常年处于强震动、高腐蚀状态的固定资产。

采取缩短折旧年限方法的,最低折旧年限不得低于本条例第六十条规定折旧年限的60%;采取加速折旧方法的,可以采取双倍余额递减法或者年数总和法。

第九十九条 企业所得税法第三十三条所称减计收入,是指企业以《资源综合利用企业所得税优惠目录》规定的资源作为主要原材料,生产国家非限制和禁止并符合国家和行业相关标准的产品取得的收入,减按90%计入收入总额。

前款所称原材料占生产产品材料的比例不得低于《资源综合利用企业所得税优惠目录》规定的标准。

第一百条 企业所得税法第三十四条所称税额抵免,是指企业购置并实际使用《环境保护专用设备企业所得税优惠目录》、《节能节水专用设备企业所得税优惠目录》和《安全生产专用设备企业所得税优惠目录》规定的环境保护、节能节水、安全生产等专用设备的,该专用设备的投资额的10%可以从企业当年的应纳税额中抵免;当年不足抵免的,可以在以后5个纳税年度结转抵免。

享受前款规定的企业所得税优惠的企业,应当实际购置并自身实际投入使用前款规定的专用设备;企业购置上述专用设备在5年内转让、出租的,应当停止享受企业所得税优惠,并补缴已经抵免的企业所得税税款。

第一百零一条 本章第八十七条、第九十九条、第一百条规定的企业所得税优惠目录,由国务院财政、税务主管部门商国务院有关部门制订,报国务院批准后公布施行。

第一百零二条 企业同时从事适用不同企业所得税待遇的项目的,其优惠项目应当单独计算所得,并合理分摊企业的期间费用;没有单独计算的,不得享受企业所得税优惠。

第五章 源泉扣缴

第一百零三条 依照企业所得税法对非居民企业应当缴纳的企业所得税实行源泉扣缴的,应当依照企业所得税法第十九条的规定计算应纳税所得额。

企业所得税法第十九条所称收入全额,是指非居民企业向支付人收取的全部价款和价外费用。

第一百零四条 企业所得税法第三十七条所称支付人,是指依照有关法律规定或者合同约定对非居民企业直接负有支付相关款项义务的单位或者个人。

第一百零五条 企业所得税法第三十七条所称支付,包括现金支付、汇拨支付、转账支付和权益兑价支付等货币支付和非货币支付。

企业所得税法第三十七条所称到期应支付的款项,是指支付人按照权责发生制原则应当计入相关成本、费用的应付款项。

第一百零六条 企业所得税法第三十八条规定的可以指定扣缴义务人的情形,包括:

(一)预计工程作业或者提供劳务期限不足一个纳税年度,且有证据表明不履行纳税义务的;

(二)没有办理税务登记或者临时税务登记,且未委托中国境内的代理人履行纳税义务的;

(三)未按照规定期限办理企业所得税纳税申报或者预缴申报的。

前款规定的扣缴义务人,由县级以上税务机关指定,并同时告知扣缴义务人所扣税款的计算依据、计算方法、扣缴期限和扣缴方式。

第一百零七条 企业所得税法第三十九条所称所得发生地,是指依照本条例第七条规定的原则确定的所得发生地。在中国境内存在多处所得发生地的,由纳税人选择其中之一申报缴纳企业所得税。

第一百零八条 企业所得税法第三十九条所称该纳税人在中国境内其他收入,是指该纳税人在中国境内取得的其他各种来源的收入。

税务机关在追缴该纳税人应纳税款时,应当将追缴理由、追缴数额、缴纳期限和缴纳方式等告知该纳税人。

第六章　特别纳税调整

第一百零九条 企业所得税法第四十一条所称关联方,是指与企业有下列关联关系之一的企业、其他组织或者个人:

(一)在资金、经营、购销等方面存在直接或者间接的控制关系;

(二)直接或者间接地同为第三者控制;

(三)在利益上具有相关联的其他关系。

第一百一十条 企业所得税法第四十一条所称独立交易原则,是指没有关联关系的交易各方,按照公平成交价格和营业常规进行业务往来遵循的原则。

第一百一十一条 企业所得税法第四十一条所称合理方法,包括:

(一)可比非受控价格法,是指按照没有关联关系的交易各方进行相同或者类似业务往来的价格进行定价的方法;

(二)再销售价格法,是指按照从关联方购进商品再销售给没有关联关系的交易方的价格,减除相同或者类似业务的销售毛利进行定价的方法;

(三)成本加成法,是指按照成本加合理的费用和利润进行定价的方法;

(四)交易净利润法,是指按照没有关联关系的交易各方进行相同或者类似业务往来取得的净利润水平确定利润的方法;

(五)利润分割法,是指将企业与其关联方的合并利润或者亏损在各方之间采用合理标准进行分配的方法;

(六)其他符合独立交易原则的方法。

第一百一十二条 企业可以依照企业所得税法第四十一条第二款的规定,按照独立交易原则与其关联方分摊共同发生的成本,达成成本分摊协议。

企业与其关联方分摊成本时,应当按照成本与预期收益相配比的原则进行分摊,并在税务机关规定的期限内，按照税务机关的要求报送有关资料。

企业与其关联方分摊成本时违反本条第一款、第二款规定的，其自行分摊的成本不得在计算应纳税所得额时扣除。

第一百一十三条 企业所得税法第四十二条所称预约定价安排，是指企业就其未来年度关联交易的定价原则和计算方法，向税务机关提出申请，与税务机关按照独立交易原则协商、确认后达成的协议。

第一百一十四条 企业所得税法第四十三条所称相关资料，包括：

（一）与关联业务往来有关的价格、费用的制定标准、计算方法和说明等同期资料；

（二）关联业务往来所涉及的财产、财产使用权、劳务等的再销售（转让）价格或者最终销售（转让）价格的相关资料；

（三）与关联业务调查有关的其他企业应当提供的与被调查企业可比的产品价格、定价方式以及利润水平等资料；

（四）其他与关联业务往来有关的资料。

企业所得税法第四十三条所称与关联业务调查有关的其他企业，是指与被调查企业在生产经营内容和方式上相类似的企业。

企业应当在税务机关规定的期限内提供与关联业务往来有关的价格、费用的制定标准、计算方法和说明等资料。关联方以及与关联业务调查有关的其他企业应当在税务机关与其约定的期限内提供相关资料。

第一百一十五条 税务机关依照企业所得税法第四十四条的规定核定企业的应纳税所得额时，可以采用下列方法：

（一）参照同类或者类似企业的利润率水平核定；

（二）按照企业成本加合理的费用和利润的方法核定；

（三）按照关联企业集团整体利润的合理比例核定；

（四）按照其他合理方法核定。

企业对税务机关按照前款规定的方法核定的应纳税所得额有异议的，应当提供相关证据，经税务机关认定后，调整核定的应纳税所得额。

第一百一十六条 企业所得税法第四十五条所称中国居民，是指根据《中华人民共和国个人所得税法》的规定，就其从中国境内、境外取得的所得在中国缴纳个人所得税的个人。

第一百一十七条 企业所得税法第四十五条所称控制，包括：

（一）居民企业或者中国居民直接或者间接单一持有外国企业10%以上有表决权股份，且由其共同持有该外国企业50%以上股份；

（二）居民企业，或者居民企业和中国居民持股比例没有达到第（一）项规定的标准，但在股份、资金、经营、购销等方面对该外国企业构成实质控制。

第一百一十八条 企业所得税法第四十五条所称实际税负明显低于企业所得税法第四条第一款规定税率水平，是指低于企业所得税法第四条第一款规定税率的50%。

第一百一十九条 企业所得税法第四十六条所称债权性投资，是指企业直接或者间接从关联方获得的，需要偿还本金和支付利息或者需要以其他具有支付利息性质的方式予以补偿的融资。

企业间接从关联方获得的债权性投资,包括:

(一)关联方通过无关联第三方提供的债权性投资;

(二)无关联第三方提供的、由关联方担保且负有连带责任的债权性投资;

(三)其他间接从关联方获得的具有负债实质的债权性投资。

企业所得税法第四十六条所称权益性投资,是指企业接受的不需要偿还本金和支付利息,投资人对企业净资产拥有所有权的投资。

企业所得税法第四十六条所称标准,由国务院财政、税务主管部门另行规定。

第一百二十条 企业所得税法第四十七条所称不具有合理商业目的,是指以减少、免除或者推迟缴纳税款为主要目的。

第一百二十一条 税务机关根据税收法律、行政法规的规定,对企业作出特别纳税调整的,应当对补征的税款,自税款所属纳税年度的次年6月1日起至补缴税款之日止的期间,按日加收利息。

前款规定加收的利息,不得在计算应纳税所得额时扣除。

第一百二十二条 企业所得税法第四十八条所称利息,应当按照税款所属纳税年度中国人民银行公布的与补税期间同期的人民币贷款基准利率加5个百分点计算。

企业依照企业所得税法第四十三条和本条例的规定提供有关资料的,可以只按前款规定的人民币贷款基准利率计算利息。

第一百二十三条 企业与其关联方之间的业务往来,不符合独立交易原则,或者企业实施其他不具有合理商业目的的安排的,税务机关有权在该业务发生的纳税年度起10年内,进行纳税调整。

第七章 征收管理

第一百二十四条 企业所得税法第五十条所称企业登记注册地,是指企业依照国家有关规定登记注册的住所地。

第一百二十五条 企业汇总计算并缴纳企业所得税时,应当统一核算应纳税所得额,具体办法由国务院财政、税务主管部门另行制定。

第一百二十六条 企业所得税法第五十一条所称主要机构、场所,应当同时符合下列条件:

(一)对其他各机构、场所的生产经营活动负有监督管理责任;

(二)设有完整的账簿、凭证,能够准确反映各机构、场所的收入、成本、费用和盈亏情况。

第一百二十七条 企业所得税分月或者分季预缴,由税务机关具体核定。

企业根据企业所得税法第五十四条规定分月或者分季预缴企业所得税时,应当按照月度或者季度的实际利润额预缴;按照月度或者季度的实际利润额预缴有困难的,可以按照上一纳税年度应纳税所得额的月度或者季度平均额预缴,或者按照经税务机关认可的其他方法预缴。预缴方法一经确定,该纳税年度内不得随意变更。

第一百二十八条 企业在纳税年度内无论盈利或者亏损,都应当依照企业所得税法第五十四条规定的期限,向税务机关报送预缴企业所得税纳税申报表、年度企业所得税纳税申报表、财务会计报告和税务机关规定应当报送的其他有关资料。

第一百二十九条 企业所得以人民币以外的货币计算的,预缴企业所得税时,应当按照月度或者季度最后一日的人民币汇率中间价,折合成人民币计算应纳税所得额。年度终了汇算清缴时,对已经按照月度或者季度预缴税款的,不再重新折合计算,只就该纳税年度内未缴纳企业所得税的部分,按照纳税年度最后一日的人民币汇率中间价,折合成人民币计算应纳税所得额。

经税务机关检查确认,企业少计或者多计前款规定的所得的,应当按照检查确认补税或者退税时的上一个月最后一日的人民币汇率中间价,将少计或者多计的所得折合成人民币计算应纳税所得额,再计算应补缴或者应退的税款。

第八章 附 则

第一百三十条 企业所得税法第五十七条第一款所称本法公布前已经批准设立的企业,是指企业所得税法公布前已经完成登记注册的企业。

第一百三十一条 在香港特别行政区、澳门特别行政区和台湾地区成立的企业,参照适用企业所得税法第二条第二款、第三款的有关规定。

第一百三十二条 本条例自2008年1月1日起施行。1991年6月30日国务院发布的《中华人民共和国外商投资企业和外国企业所得税法实施细则》和1994年2月4日财政部发布的《中华人民共和国企业所得税暂行条例实施细则》同时废止。

一般规定

2－1－3

财政部　国家体改委　国家经贸委　国家税务总局　国务院法制局关于停止执行企业以留利再投资退40%所得税规定的通知

1994年8月27日　(94)财税字第44号

鉴于1993年7月1日实施的《企业财务通则》、《企业会计准则》作出了包括提高折旧率、加速折旧,固定资产投资贷款利息进成本,技术开发费据实列入成本等政策性的规定;1994年改革国家与国有企业利润分配制度,统一内资企业所得税,又取消了对国有企业征收的"能源交通重点建设基金"和"预算调节基金",规定了多数国有全民老企业所得税后利润近期可不上交等政策。这些政策对支持企业发展发挥了重要的作用,可以替代《全民所有制工业企业转换经营机制条例》第十三条第六款的规定。为了使1994年1月1日出台的财税体制改革方案与《全民所有制工业企业转换经营机制条例》更好地衔接、协调,经报国务院批准,决定停止执行《全民所有制工业企业转换经营机制条例》第十三条第六款:"企业遵照国家产业政策,以留利安排生产性建设项目或者补充流动资金的,经企业申请,税务部门批准,可以退还企业再投资部分已缴纳所得税40%税款"的规定。特此通知,请遵照执行。凡在此通知下达之前未办理的退税事项,一律不再办理。

2－1－4

财政部　国家税务总局关于促进企业技术进步有关财务税收问题的通知

1996年4月7日　财工字〔1996〕41号

为了贯彻落实《中共中央、国务院关于加速科学技术进步的决定》,积极推进经济增长方式的转变,提高企业经济效益,现将有关企业技术进步的财务税收政策问题通知如下:

一、鼓励企业加大技术开发费用的投入

1. 企业研究开发新产品、新技术、新工艺所发生的各项费用,包括新产品设计费、工艺规程制定费、设备调整费、原材料和半成品的试验费、技术图书资料费、未纳入国家计划的中间试验费、研究机构人员的工资、研究设备的折旧、与新产品的试制、技术研究有关的其他经费以及委托其他单位进行科研试制的费用,不受比例限制,计入管理费用。

2. 企业研究开发新产品、新技术、新工艺所发生的各项费用应逐年增长,增长幅度在10%以上的企业,可再按实际发生额的50%抵扣应税所得额。具体抵扣办法,由国家税务总局另行制定。

3. 企业为开发新技术、研制新产品所购置的试制用关键设备、测试仪器,单台价值在10万元以下的,可一次或分次摊入管理费用,其中达到固定资产标准的应单独管理,不再提取折旧。

二、推动产学研的合作,促进联合开发

1. 企业技术开发和新产品研制,在依靠自身技术力量的同时,应通过多种形式与科研院所、高等学校开展合作,增强企业技术开发能力。鼓励和支持科研院所、高等学校直接进入大中型企业或企业集团,成为企业的技术开发机构,也可以通过联营投资、参股、控股或者兼并等方法实现与企业的联合,促进企业逐步成为技术开发的主体。

2. 企业技术开发可以采取自主开发、委托其他单位开发和联合开发等形式。鼓励企业与其他单位(包括企业、事业单位、科研院所和高等院校)进行联合开发,对技术要求高、投资数额大、单个企业难以独立承担的技术开发项目,按照联合攻关、费用共摊、成果共享的原则,报经主管财税机关批准后,可以采取由集团公司集中收取技术开发费的办法。其中成员企业交纳的技术开发费在管理费用中列支,集团公司集中收取的技术开发费,在核销有关费用支出后,形成资产的部分作为国家投资,在资本公积金中单独反映。

3. 企业科研机构,包括研究所、技术中心等,直接用于科学研究、科学试验的进口仪器、设备、化学试剂和技术资料,在新的免税办法下达以前可以按照《中华人民共和国增值税暂行条例》和财政部、海关总署《关于修订"科技用品报送进口免税"的通知》的规定,免征增值税,并享受减免关税的优惠政策。

三、加速企业技术成果的产业化和商品化

1. 企业进行技术转让,以及在技术转让过程中发生的与技术转让有关的技术咨询、技术服务、技术培训所得,年净收入在30万元以下的,暂免征收所得税,超过30万元的部分,依法缴纳所得税。

2. 企业为验证、补充相关数据,确定完善技术规范或解决产业化、商品化规模生产关键技术而进行中间试验,报经主管财税机关批准后,中试设备的折旧年限可在国家规定的基础上加速30%—50%。

四、推进企业机器设备的更新

1. 企业可以根据技术改造规划和承受能力,在国家规定的折旧年限区间内,选择较短的折旧年限。对在国民经济中具有重要地位、技术进步快的电子生产企业、船舶工业企业、生产"母机"的机械企业、飞机制造企业、汽车制造企业、化工生产企业、医药生产企业和经财政部批准的企业,其机器设备可以采用双倍余额递减法或年数总和法。其他企业某些特殊机器设备,凡是符合财政部行业财务制度规定的,也可以实行双倍余额递减法或年数总和法。

2. 根据国家规定进行清产核资的企业,在综合考虑企业承受能力和技术进步状况的基础上,可按重估后的固定资产价值提取折旧。

3. 企业技术改造采取融资租赁方法租入的机器设备,折旧年限可按租赁期限和国家规定的折旧年限孰短的原则确定,但最短折旧年限不短于3年。

4. 企业购入的计算机应用软件,随同计算机一起购入的,计入固定资产价值;单独购入的,作为无形资产管理,按法律规定的有效期限或合同规定的受益年限进行摊销,没有规定有效期限或受益年限的,在5年内平均摊销。

五、增加财政技术进步的投入,改进管理办法

1. 各级财政部门要按照《中共中央、国务院关于加速科学技术进步的决定》,根据财政状况适当增加科技三项费用、技改拨款和技改贴息,支持企业技术进步。在资金使用上,要改进管理办法,加大改革力度,引入竞争机制,提高使用效益。

2. 改进技改贴息办法,将技改贴息直接贴给企业,并把技改贴息资金的使用与技术进步和国家产业政策结合起来,重点用于新技术产业化,国有大中型企业的技术改造,引进技术的消化和吸收,老工业企业的转产以及治理环境污染等社会效益好的技改项目,合理确定贴息额度和期限,确保技改贴息资金的及时到位。

3. 建立科技三项费用预决算制度,加强财政部门的监督管理,做到立项有预算,年终和项目竣工有决算,提高资金的使用效益。

六、本通知适用于国有、集体工业企业。

七、本通知自1996年1月1日起执行。

2-1-5

国家经济贸易委员会　财政部　国家税务总局海关总署关于确认第七批享受优惠政策的企业(集团)技术中心名单以及撤销4家国家认定企业技术中心资格的通知

2000年1月24日　国经贸技术〔2000〕87号

各省、自治区、直辖市、计划单列市及新疆生产建设兵团经贸委(经委、计经委)、财政厅(局)、国家税务局、地方税务局,海关广东分署及各直属海关,委管国家局,国务院有关部门,有关企业:

根据国家经贸委、国家税务总局、海关总署《关于印发〈鼓励和支持大型企业和企业集团建立技术中心暂行办法〉的通知》(国经贸〔1993〕261号),经审定,确认上海广电(集团)有限公司等67个单位的技术中心作为第七批享受优惠政策的企业(集团)技术中心。经确认享受优惠政策的企业(集团)技术中心,要按国家经贸委、国家税务总局、海关总署联合制

定的国经贸〔1993〕465号文件规定的程序和海关总署署税〔1997〕585号文件及署税〔1998〕787号文件规定，办理有关审批手续。按照1994年新的企业所得税条例规定，对中试产品不再执行定期减免所得税的优惠政策。

根据国家认定企业技术中心1999年评价结果，成都红光实业股份有限公司不合格，其技术中心已停止运行，亚太农用化学集团公司、国营锦江电机厂已被兼并，上海第五钢铁（集团）有限公司已并入上海宝钢集团公司。决定撤销成都红光实业股份有限公司、亚太农用化学集团公司、国营锦江电机厂、上海第五钢铁（集团）有限公司4家企业技术中心国家认定企业技术中心资格，停止享受优惠政策。

附件：第七批享受优惠政策的67个企业（集团）技术中心名单（编者略）

2－1－6

财政部　国家税务总局关于企业等社会力量向红十字事业捐赠有关所得税政策问题的通知

2000年7月12日　财税〔2000〕30号

根据国务院决定精神，为支持红十字事业的发展，现对企业等社会力量向红十字事业捐赠的有关所得税政策问题通知如下：

企业、事业单位、社会团体和个人等社会力量，通过非营利性的社会团体和国家机关（包括中国红十字会）向红十字事业的捐赠，在计算缴纳企业所得税和个人所得税时准予全额扣除。

本通知自2000年1月1日起执行。

2－1－7

财政部　国家税务总局关于企业等社会力量向红十字事业捐赠有关问题的通知

2001年3月8日　财税〔2001〕28号

为鼓励企业等社会力量向红十字事业的捐赠，财政部、国家税务总局联合下发了《关于企业等社会力量向红十字事业捐赠有关所得税政策问题的通知》（财税〔2000〕30号）。为更好地贯彻落实此项政策，现就有关问题通知如下：

一、关于"红十字事业"的认定

县级以上（含县级）红十字会，按照《中华人民共和国红十字会法》和《中国红十字会章程》所赋予的职责开展的相关活动为"红十字事业"。具体有以下十项：

(一)红十字会为开展救灾工作兴建和管理备灾救灾设施；自然灾害和突发事件中，红十字会开展的救护和救助活动。

(二)红十字会开展的卫生救护和防病知识的宣传普及；对易发生意外伤害的行业和人群开展的初级卫生救护培训，以及意外伤害、自然灾害的现场救护。

(三)无偿献血的宣传、发动及表彰工作。

(四)中国造血干细胞捐赠者资料库(中华骨髓库)的建设与管理，以及其他有关人道主义服务工作。

(五)各级红十字会兴办的符合红十字会宗旨的社会福利事业；红十字会的人员培训、机关建设等。

(六)红十字青少年工作及其开展的活动。

(七)国际人道主义救援工作。

(八)依法开展的募捐活动。

(九)宣传国际人道主义法、红十字与红新月运动基本原则和《中华人民共和国红十字会法》。

(十)县级以上(含县级)人民政府委托红十字会办理的其他"红十字事业"。

二、对受赠者和转赠者资格的认定

鉴于现阶段各级地方红十字会机构管理体制多元化的情况，为使接受的捐赠真正用于发展红十字事业，维护国家正常的税收秩序，对受赠者、转赠者的资格认定为：

(一)完全具有受赠者、转赠者资格的红十字会

县级以上(含县级)红十字会的管理体制及办事机构、编制经同级编制部门核定，由同级政府领导联系者为完全具有受赠者、转赠者资格的红十字会。捐赠给这些红十字会及其"红十字事业"，捐赠者准予享受在计算缴纳企业所得税和个人所得税时全额扣除的优惠政策。

(二)部分具有受赠和转赠资格的红十字会

由政府某部门代管或挂靠在政府某一部门的县级以上(含县级)红十字会为部分具有受赠者、转赠者资格的红十字会。这些红十字会及其"红十字事业"，只有在中国红十字会总会号召开展重大活动(以总会文件为准)时接受的捐赠和转赠，捐赠者方可享受在计算缴纳企业所得税和个人所得税时全额扣除的优惠政策。除此之外，接受定向捐赠或转赠，必须经中国红十字会总会认可，捐赠者方可享受在计算缴纳企业所得税和个人所得税时全额扣除的优惠政策。

三、接受捐赠的红十字会应按照财务隶属关系分别使用由中央或省级财政部门统一印(监)制的捐赠票据，并加盖接受捐赠或转赠的红十字会的财务专用印章。

四、为增强中国红十字会总会的协调及救助能力，县级以上(含县级)红十字会将接受的捐赠资金(不包括实物部分)，按10%的比例逐笔上交中国红十字会总会，上交资金全部用于"红十字事业"。

五、任何组织和个人不得侵占和挪用红十字事业的捐赠。对违反本办法，骗取所得税税前扣除或伪造捐赠票据者，按国家有关法律法规处罚。

2-1-8

财政部 国家税务总局关于纳税人向农村义务教育捐赠有关所得税政策的通知

2001年6月7日 财税〔2001〕103号

为了贯彻落实《国务院关于基础教育改革与发展的决定》(国发〔2001〕21号)的有关精神,支持农村义务教育发展,现对纳税人向农村义务教育捐赠的有关所得税政策通知如下:

一、企事业单位、社会团体和个人等社会力量通过非营利的社会团体和国家机关向农村义务教育的捐赠,准予在缴纳企业所得税和个人所得税前的所得额中全额扣除。

二、本通知所称农村义务教育的范围,是指政府和社会力量举办的农村乡镇(不含县和县级市政府所在地的镇)、村的小学和初中以及属于这一阶段的特殊教育学校。纳税人对农村义务教育与高中在一起的学校的捐赠,也享受本通知规定的所得税前扣除政策。

三、接受捐赠或办理转赠的非营利的社会团体和国家机关,应按照财务隶属关系分别使用由中央或省级财政部门统一印(监)制的捐赠票据,并加盖接受捐赠或转赠单位的财务专用印章。税务机关据此对捐赠单位和个人进行纳税所得扣除。

四、本通知自2001年7月1日起执行。

2-1-9

国务院关于印发所得税收入分享改革方案的通知

2001年12月31日 国发〔2001〕37号

各省、自治区、直辖市人民政府,国务院各部委、各直属机构:

为了促进社会主义市场经济的健康发展,进一步规范中央和地方政府之间的分配关系,建立合理的分配机制,防止重复建设,减缓地区间财力差距的扩大,支持西部大开发,逐步实现共同富裕,国务院决定从2002年1月1日起实施所得税收入分享改革。现将《所得税收入分享改革方案》印发给你们,请认真遵照执行。

所得税收入分享改革方案

国务院决定,改革现行按企业隶属关系划分所得税收入的办法,对企业所得税和个人所得税收入实行中央和地方按比例分享。改革方案的指导思想、基本原则和主要内容如下：

一、改革的必要性

随着社会主义市场经济的发展，现行按企业隶属关系划分中央和地方所得税收入的弊端日益显现。主要是制约了国有企业改革的逐步深化和现代企业制度的建立，客观上助长了重复建设和地区封锁，妨碍了市场公平竞争和全国统一市场的形成，不利于促进区域经济协调发展和实现共同富裕，也不利于加强税收征管和监控。

随着政府机构改革的全面推进，企业新财务制度的顺利实施和分税制财政体制的平稳运行，目前已经基本具备了进行所得税收入分享改革的必要条件。通过实施这项改革，不仅有助于消除现行所得税收入划分办法不科学给国民经济发展带来的消极影响，而且有助于缩小地区间发展差距，促进社会稳定、民族团结，实现国家长治久安。

二、改革的指导思想和基本原则

改革的指导思想是：遵循邓小平同志关于沿海地区和内地发展“两个大局”的战略构想和江泽民同志“三个代表”的重要思想，根据社会主义市场经济发展的客观要求，并借鉴国际通行作法和经验，在保持分税制财政体制基本稳定的前提下，进一步规范中央与地方的财政分配关系，为企业改革发展和公平竞争创造良好环境，促进地区之间协调发展和经济结构合理调整，维护社会稳定，逐步实现共同富裕。

改革的基本原则是：第一，中央因改革所得税收入分享办法增加的收入全部用于对地方主要是中西部地区的一般性转移支付。第二，保证地方既得利益，不影响地方财政的平稳运行。第三，改革循序渐进，分享比例分年逐步到位。第四，所得税分享范围和比例全国统一，保持财政体制规范和便于税收征管。

三、改革的主要内容

除少数特殊行业或企业外，对其他企业所得税和个人所得税收入实行中央与地方按比例分享。中央保证各地区2001年地方实际的所得税收入基数，实施增量分成。

（一）分享范围。除铁路运输、国家邮政、中国工商银行、中国农业银行、中国银行、中国建设银行、国家开发银行、中国农业发展银行、中国进出口银行以及海洋石油天然气企业缴纳的所得税继续作为中央收入外，其他企业所得税和个人所得税收入由中央与地方按比例分享。

（二）分享比例。2002年所得税收入中央分享50%，地方分享50%；2003年所得税收入中央分享60%，地方分享40%；2003年以后年份的分享比例根据实际收入情况再行考虑。

（三）基数计算。以2001年为基期，按改革方案确定的分享范围和比例计算，地方分享的所得税收入，如果小于地方实际所得税收入，差额部分由中央作为基数返还地方；如果大于地方实际所得税收入，差额部分由地方作为基数上解中央。具体计算办法由财政部另行通知。

（四）跨地区经营、集中缴库的中央企业所得税等收入，按相关因素在有关地区之间进行分配。具体办法由财政部另行制定。

四、转移支付资金的分配与使用

中央财政因所得税分享改革增加的收入，按照公平、公正的原则，采用规范的方法进行分配，对地方主要是中西部地区实行转移支付。具体办法由财政部另行制定。

地方所得的转移支付资金由地方政府根据本地实际，统筹安排，合理使用。首先用于保障机关事业单位职工工资发放和机构正常运转等基本需要。

五、改革的配套措施

（一）关于所得税的征收管理。为了保证改革的顺利实施，防止所得税征管脱节，改革方案出台后，现行国家税务局、地方税务局征管企业所得税、个人所得税（包括储蓄存款利息所得个人所得税）的范围暂不作变动。自改革方案实施之日起新登记注册的企事业单位的所得税，由国家税务局征收管理，具体办法由国家税务总局另行制定。

（二）关于税收优惠政策的处理。中央统一制定的所得税优惠政策，原则上由中央和地方按分享比例分别承担，但改革方案实施前已出台的对中央企业先征后返政策清理后确需保留的，改革后仍由中央财政继续承担。各地不得自行出台所得税优惠政策，否则，一经发现，将如数扣回影响中央的财政收入，并按规定追究有关人员责任。

（三）关于违反税收征管规定的处理。凡属地方违反税收征管规定，人为抬高收入基数，或将应属中央的所得税收入混入地方国库等，一经查出，相应扣减中央对地方的基数返还。

改革方案实施后，如果某省（区、市）以后年度的所得税收入完成数达不到2001年数额，中央将相应扣减对该地方的基数返还或调增该地方的基数上解。

（四）各省、自治区、直辖市和计划单列市人民政府要相应调整和完善所属市、县的财政管理体制，打破按企业隶属关系分享所得税收入的作法。中央增加对地方一般性转移支付后，各有关地区要建立和完善规范的财政转移支付制度，管好用好转移支付资金，切实解决基层的财政困难。

六、改革方案的实施时间

本方案自2002年1月1日起执行。自执行之日起，征收机关征收的企业所得税和个人所得税，按改革方案规定的分享比例分别缴入中央国库和地方国库。

2－1－10

财政部　国家税务总局关于债转股企业股份制企业所得税征管和收入级次划分有关问题的通知

2002年2月20日　财税〔2002〕25号

各省、自治区、直辖市、计划单列市财政厅（局）、国家税务局、地方税务局，新疆生产建设兵团财务局：

根据国务院发布的《国务院关于印发所得税收入分享改革方案的通知》（国发〔2001〕37号）精神，自2002年1月1日起，企业所得税收入实行中央和地方按比例分享。为了适应财政体制变化的要求，财政部、国家税务总局《关于债转股企业所得税有关问题的通知》（财税

〔2000〕2 号）和《关于股份制企业所得税征管和收入级次有关问题的补充通知》（财税字〔2000〕74 号），从 2002 年 1 月 1 日起停止执行。

2－1－11

国务院关于暂将中国石油天然气股份有限公司、中国石油化工股份有限公司缴纳的企业所得税继续作为中央收入的通知

2002 年 9 月 5 日　国发〔2002〕18 号

各省、自治区、直辖市人民政府，国务院各部委、各直属机构：

《国务院关于印发所得税收入分享改革方案的通知》（国发〔2001〕37 号）规定："除铁路运输、国家邮政、中国工商银行、中国农业银行、中国银行、中国建设银行、国家开发银行、中国农业发展银行、中国进出口银行以及海洋石油天然气企业缴纳的所得税继续作为中央收入外，其他企业所得税和个人所得税收入由中央与地方按比例分享"。由于石油产品的价格波动较为频繁，石油石化企业的利润不稳定，将影响部分地区的利益，为确保所得税收入分享改革的平稳运行，国务院决定，暂将中国石油天然气股份有限公司、中国石油化工股份有限公司缴纳的企业所得税继续作为中央收入，从 2002 年 1 月 1 日起执行。

2－1－12

国家税务总局关于所得税收入分享体制改革后税收征管范围的补充通知

2003 年 6 月 25 日　国税发〔2003〕76 号

各省、自治区、直辖市和计划单列市国家税务局、地方税务局，局内各单位：

根据《国务院关于印发所得税收入分享改革方案的通知》（国发〔2001〕37 号）精神，国家税务总局下发了《国家税务总局关于所得税收入分享体制改革后税收征管范围的通知》（国税发〔2002〕8 号），规定了所得税收入分享体制改革后国家税务局、地方税务局的具体征管范围。新征管范围的规定执行一年多来，各级国家税务局、地方税务局顾全大局，在划分征管范围的工作中加强协调配合，保证了所得税收入分享体制改革的顺利进行。但是随着企业改革不断深化，企业改组改制形式日趋多样，出现了一些新的情况，给所得税征管工作带来了新的问题，为了切实贯彻落实依法治税原则，堵塞征管漏洞，需要进一步明确企业改组改制以及经营形式发生变化后的企业所得税征管范围。为此，在国税发〔2002〕8 号文件规定精神的基础上，现就企业所得税征管范围问题补充通知如下：

一、原有企业凡属下列情况者，即使办理了设立（开业）登记，其企业所得税仍由原征管

机关征管：

（一）原有企业整体转让出售（拍卖），原有企业仍继续存在并具备独立纳税人资格的。但如原有企业整体转让出售（拍卖）后成为收购企业的全资子公司，且纳入收购企业合并纳税范围的，则整体转让出售（拍卖）企业的所得税应当由负责收购企业的所得税征管的税务机关征管。

（二）企业采用吸收合并方式合并其他企业（被合并企业注销）而存续的。

（三）合伙企业改组为有限责任公司或股份有限公司，且改组时没有吸收外来投资的。

（四）按国家工商行政管理总局的规定应当办理变更登记的，如企业扩建、改变领导（隶属）关系、企业名称、企业类型、经济性质、经营范围、经营期限、经营方式、法定代表人、股东、股东或公司发起人姓名（名称）、注册资本、增设或撤销分支机构以及住所、经营场所变更等有关事项的。

二、原有内资企业改组改制为外商投资企业，并按规定征收外商投资企业和外国企业所得税的，不论企业办理何种工商登记，应当一律按照《国务院办公厅转发〈国家税务总局关于调整国家税务局、地方税务局税收征管范围的意见〉的通知》（国办发〔1996〕4 号）中关于外商投资企业和外国企业所得税管理权限的规定确定征管范围。

三、事业单位、社会团体的征管范围，按照国家税务总局国税发〔2002〕8 号文件和上述规定精神执行。

四、各级国家税务局、地方税务局在所得税征管范围划分中，要进一步加强配合，在执行企业所得税各项政策、核定征收企业所得税等方面加强联系、协调和沟通，并严格按照企业所得税减免税政策规定执行，保证税法的统一性和严肃性。

五、本规定自 2003 年 7 月 1 日起执行。为了保证征管秩序稳定，7 月 1 日之前已由国家税务局或地方税务局实际征管的内资企业，征管范围与本通知不符的，也不再调整。

2 - 1 - 13

财政部　国家税务总局关于向中华健康快车基金会等 5 家单位的捐赠所得税税前扣除问题的通知

2003 年 9 月 22 日　财税〔2003〕204 号

各省、自治区、直辖市、计划单列市财政厅（局）、国家税务局、地方税务局，新疆生产建设兵团财务局：

为支持我国农村医疗卫生、经济科学教育、慈善、法律援助和见义勇为等社会公益事业的发展，根据《中华人民共和国企业所得税暂行条例》及其实施细则、《中华人民共和国个人所得税法》及其实施条例的有关规定，经国务院批准，现对纳税人向中华健康快车基金会、孙冶方经济科学基金会、中华慈善总会、中国法律援助基金会和中华见义勇为基金会的捐赠税前扣除问题通知如下：

对企业、事业单位、社会团体和个人等社会力量，向中华健康快车基金会和孙冶方经济科学基金会、中华慈善总会、中国法律援助基金会和中华见义勇为基金会的捐赠，准予在缴纳企业所得税和个人所得税前全额扣除。

本通知自2003年1月1日起执行。

2－1－14

财政部　国家税务总局关于工商企业订阅党报党刊有关所得税税前扣除问题的通知

2003年11月10日　财税〔2003〕224号

各省、自治区、直辖市、计划单列市财政厅(局)、国家税务局、地方税务局，新疆生产建设兵团财务局：

根据中共中央办公厅《关于做好2004年度〈人民日报〉、〈求是〉杂志发行工作的通知》精神，为鼓励社会力量订阅《人民日报》、《求是》杂志捐赠给贫困地区，实施文化扶贫，现对工商企业订阅党报党刊所得税税前扣除问题通知如下：

对工商企业订阅《人民日报》、《求是》杂志捐赠给贫困地区的费用支出，视同公益救济性捐赠，可按现行《中华人民共和国企业所得税暂行条例》及其实施细则、《中华人民共和国外商投资企业和外国企业所得税法》及其实施细则和《中华人民共和国个人所得税法》及其实施条例规定的比例，在缴纳企业所得税和个人所得税时予以税前扣除。

请遵照执行。

2－1－15

国家税务总局关于调整企业所得税会计核算内容有关事项的通知

2004年3月26日　国税函〔2004〕407号

各省、自治区、直辖市和计划单列市国家税务局、地方税务局：

为进一步加强企业所得税、外商投资企业和外国企业所得税(以下简称外资企业所得税)收入的核算与分析，现将预缴和汇算清缴的企业所得税、外资企业所得税有关会计核算的调整事项通知如下：

一、关于辅助账的设置

(一)各入库单位和双重业务单位应在“入库”类总账科目下设置“入库企业所得税登记簿”，分设“企业所得税”和“外资企业所得税”两类明细科目，每类科目下均分设“预缴”、“汇算清缴”和“缴纳以前年度欠税”三个栏目。各栏目核算内容如下：

1.“预缴”，指本年按纳税期限的实际数，或者按上一年度应纳税所得额的十二分之一或四分之一，或者经当地税务机关认可的其他方法分期预缴的所得税以及按定额缴纳的所得税，含本年度内缴纳的本年应预缴而未按期预缴的欠税；

2.“汇算清缴”，指对上年实际应纳所得税额与上年预缴的所得税额进行汇算后，在本年清缴（退）的所得税额，含本年度内缴纳的本年应清缴而未按期清缴的欠税；

3.“缴纳以前年度欠税”，指缴纳本年之前发生的以前年度欠税，含查补征收以前年度应缴纳的所得税。

（二）各入库单位和双重业务单位应在“多缴税金”总账科目下设置“抵缴企业所得税登记簿”，分设“企业所得税”和“外资企业所得税”两类明细科目，登记反映本年汇算清缴的应退税额抵顶本年应预缴税款的金额。该登记簿也可与“入库企业所得税登记簿”合并设置。

二、关于会计核算的原始凭证和账簿登记

“入库企业所得税登记簿”各科目均以税收缴款书、税收收入退还书或混合业务单位上报的入库凭证汇总单和退库凭证汇总单作为记账的原始凭证。缴纳税款时用蓝字（或正数）登记反映，退还税款时用红字（或负数）登记反映。“抵缴企业所得税登记簿”根据《退税（抵税）确认书》中的“抵缴下期税款金额”登记反映。

为准确分清各类入库企业所得税，税务机关在征收或退还企业所得税时，应根据相关的应征凭证和退税申请审批书，在填开的缴退税凭证的“备注”栏分别注明“预缴”、“汇算清缴”、“缴纳以前欠税”、“预缴退税”、“汇算清缴退税”等字样。

三、关于会计报表的调整

根据上述调整内容，修改《入库税金明细月报表》，在该报表的“企业所得税”和“外商投资企业和外国企业所得税”项目下均分别增设“其中：预缴”、“其中：汇算清缴”子项目，并在该表的最后增设两行“附列资料：抵缴企业所得税”、“抵缴外资企业所得税”。有关报表的具体式样、参数、编报方法和审核公式将通过广域网下发各地。

从2004年6月份编报5月份的税收会计报表起，各入库单位、双重业务单位和报表汇总单位应按修改后的表式编报。为与修改前的报表口径相衔接，各地在收到本通知后，务必抓紧按本通知的要求填开缴退税凭证和增设《入库企业所得税登记簿》、《抵缴企业所得税登记簿》，并将收到本通知前今年已入库和已抵缴的企业所得税分类补记到登记簿中；使用计算机进行会计核算的单位，在计算机软件没有修改前，应设立《入库企业所得税登记簿》和《抵缴企业所得税登记簿》进行手工登记。以便保证6月份编报5月份的报表时按修改后的报表口径准确编报。

四、关于《税收月快报》项目的调整

（一）根据会计科目调整情况，在《税收月快报》中增设第119项“企业所得税预缴”、第120项“企业所得税汇算清缴”和第121项“缴纳以前年度企业所得税欠税”，以上三项之和等于《税收月快报》第64项“企业所得税”，属期均为当月数。

（二）增设第122项“外资企业所得税预缴”、第123项“外资企业所得税汇算清缴”和第124项“缴纳以前年度外资企业所得税欠税”，以上三项之和等于《税收月快报》第73项，属期均为当月数。

有关修改后的税收月快报“TRS”任务将放在总局FTP广域网centre\jitong\jihua\TRS程序中，请各地在2004年6月份编报5月份的税收快报前予以更新。

(三)另外,今年1至4月入库的“预缴”、“汇算清缴”以及“缴纳以前年度欠税”数额,请各地以“入库企业所得税登记簿”有关栏目核算数为准,将今年1至4月企业所得税、外资企业所得税入库的“预缴”、“汇算清缴”以及“缴纳以前年度欠税”数额的当月数一次性上报总局。

有关“TRS”任务届时将与税收月快报修改更新任务一并放入总局FTP广域网centre\jitong\jihua\TRS程序中,请各地在2004年6月份上报5月份的税收快报时一并报送。

2-1-16

财政部　国家税务总局关于向宋庆龄基金会等6家单位捐赠所得税政策问题的通知

2004年10月15日　财税〔2004〕172号

各省、自治区、直辖市、计划单列市财政厅(局)、国家税务局、地方税务局,新疆生产建设兵团财务局:

为支持我国社会公益事业发展,根据《中华人民共和国企业所得税暂行条例》及其实施细则、《中华人民共和国个人所得税法》及其实施条例的有关规定,经国务院批准,现对纳税人向宋庆龄基金会、中国福利会、中国残疾人福利基金会、中国扶贫基金会、中国煤矿尘肺病治疗基金会、中华环境保护基金会的捐赠所得税税前扣除问题通知如下:

对企业、事业单位、社会团体和个人等社会力量,通过宋庆龄基金会、中国福利会、中国残疾人福利基金会、中国扶贫基金会、中国煤矿尘肺病治疗基金会、中华环境保护基金会用于公益救济性的捐赠,准予在缴纳企业所得税和个人所得税前全额扣除。

本通知自2004年1月1日起执行。

2-1-17

财政部　国家税务总局关于享受企业所得税优惠政策的新办企业认定标准的通知

2006年1月9日　财税〔2006〕1号

各省、自治区、直辖市、计划单列市财政厅(局)、国家税务局、地方税务局,新疆生产建设兵团财务局,财政部驻各省、自治区、直辖市、计划单列市财政监察专员办事处:

随着社会经济的不断发展和企业改革的逐步深化,出现了享受企业所得税优惠政策的新办企业认定标准不够明确的问题。经研究,现对享受企业所得税定期减税或免税的新办企业的认定标准重新明确如下:

一、享受企业所得税定期减税或免税的新办企业标准

1. 按照国家法律、法规以及有关规定在工商行政主管部门办理设立登记,新注册成立

的企业。

2. 新办企业的权益性出资人(股东或其他权益投资方)实际出资中固定资产、无形资产等非货币性资产的累计出资额占新办企业注册资金的比例一般不得超过25%。

其中,新办企业的注册资金为企业在工商行政主管部门登记的实收资本或股本。非货币性资产包括建筑物、机器、设备等固定资产,以及专利权、商标权、非专利技术等无形资产。新办企业的权益性投资人以非货币性资产进行出资的,经有资质的会计(审计、税务)事务所进行评估的,以评估后的价值作为出资金额;未经评估的,由纳税人提供同类资产或类似资产当日或最近月份的市场价格,由主管税务机关核定。

二、新办企业在享受企业所得税定期减税或免税优惠政策期间,从权益性投资人及其关联方累计购置的非货币性资产超过注册资金25%的,将不再享受相关企业所得税减免税政策优惠。

三、本通知自文发之日起执行。国家税务局、地方税务局关于新办企业的具体征管范围按本通知规定的新办企业标准认定。对文发之前,国家税务局或地方税务局实际征管的企业,其征管范围不作调整,已批准享受新办企业所得税优惠政策的新办企业,可按规定执行到期。

四、《国家税务总局关于企业所得税几个具体问题的通知》(国税发〔1994〕229号)中,有关"六、新办企业的概念"及其认定条件同时废止。

2－1－18

国家税务总局关于进一步规范涉外企业所得税重点税源监控管理工作的通知

2006年3月3日　国税函〔2006〕244号

各省、自治区、直辖市和计划单列市国家税务局,广东省和深圳市地方税务局:

为加强外商投资企业和外国企业(以下简称"涉外企业")所得税税源管理,总局于2004年下发了《国家税务总局关于加强涉外企业所得税税源管理工作有关问题的通知》(国税函〔2004〕435号,以下简称《涉外企业所得税税源管理通知》),对重点税源企业要求建立监控、预警、报告和通报机制。根据《涉外企业所得税税源管理通知》要求,现就进一步做好涉外企业所得税重点税源管理工作的有关具体问题通知如下:

一、建立专人负责的涉外企业所得税重点税源管理制度

(一)确定重点税源。各地应结合实际情况确定本地区重点税源企业,原则上各地确定的重点税源企业年度应缴所得税收入总额应占本地区涉外企业所得税总收入额的50%以上。下列情形之一的企业应作为重点税源企业:(1)年度销售收入1亿元以上(含);(2)年度缴纳涉外企业所得税500万元以上(含);(3)列入总局确定的《全国涉外企业所得税重点税源企业名单》的企业(见附件1);(4)涉外企业所得税收入位居本地区前十位的企业;(5)

各地根据实际情况确定的应作为重点税源监控的企业。

（二）建立规范档案。对纳入本地区重点税源的企业，各地要采取各种措施，建立税企间的沟通机制，按行业、分户建立重点税源企业档案；要按月、季进行跟踪调查，发现月度、季度收入出现或将要出现异常情况时，要及时分析原因，并将各类分析结果存入该企业档案；要按年对本地区重点税源企业的经营情况和税收情况进行相关经济指标和企业所得税收入的弹性分析、行业分析，并将相关分析报告存入企业档案。

（三）指定专人负责。各地应建立高效的重点税源企业监控管理制度，及时、准确和全方位地了解重点税源变动情况和企业所得税收入的变化趋势，并适时进行涉外企业所得税的收入预测。省级国际（涉外）税务管理部门应指定专人负责重点税源企业的税源监控和收入分析工作。

各地对列入总局确定的《全国涉外企业所得税重点税源企业名单》和涉外企业应纳所得税收入位居本地区前十位的企业，应按要求填写《涉外企业所得税重点税源企业基本情况表》（见附件2）。上述《涉外企业所得税重点税源企业基本情况表》和省级国际税务管理部门具体负责重点税源企业监控和收入分析工作的人员姓名、联系电话，应于2006年4月底前通过软盘或光盘上报总局（国际税务司）。

二、进一步规范涉外企业所得税重点税源管理和收入分析机制

针对涉外企业所得税管理的特殊性和时效性，各地国际（涉外）税务管理部门应将涉外企业重点税源管理工作和收入分析工作有机地结合起来，切实提高涉外企业所得税税源管理和收入分析工作的效率和质量。为此，应着重做好以下工作：

（一）月度分析。各地应按月对本地区涉外企业所得税月度收入情况进行简要分析。重点是结合本地区重点税源企业的有关情况，对本地区月度收入出现异常（同比增幅±20%）的情况进行简要的增减因素分析。各地应在次月8日前（如遇节假日顺延）将上一个月度收入异常变动的情况和造成变动的原因填写《涉外企业所得税收入分析表（月度分析用）》（见附件3）上报总局（国际税务司），无异常情况可不报。

（二）季度分析。在月度分析的基础上，各地应按季度对重点税源企业的利润总额等相关经济指标、本地区涉外企业所得税季度预缴情况和累计收入情况进行深入分析，并填写《重点税源企业涉外企业所得税收入与利润统计表（季度分析用）》（见附件4），以便评价涉外企业所得税预缴的状况，及时发现入库不平衡等问题，对本年度收入进行预测。各地应在季度终了后的次月25日前（如遇节假日顺延）就上季度预缴所得税情况填写《重点税源企业涉外企业所得税收入与利润统计表》以及书面分析报告上报总局（国际税务司）。

（三）年度分析。年度分析分两个阶段进行：

1. 各地在第四季度终了后，要结合涉外重点税源企业的收入、成本、利润等相关经济指标，对上季度预缴情况和全年收入情况进行深入分析，凡是影响当年本地区收入增减的主要因素都要进行比较详细、系统的分析。上述分析报告应于次年1月31日前上报总局（国际税务司）。

2. 各地要结合涉外企业所得税汇算清缴情况，对重点税源企业经营、税收情况和本年度涉外企业所得税收入情况进行全面、详细的分析，填写《涉外企业所得税分性质、分行业情况表（年度分析）》（见附件5），分析应包括重点税源企业全年度经营和纳税情况、相关经

济指标和涉外企业所得税收入的弹性分析(全口径)、对全年收入分行业、分经济类型分析、税负分析、对次年度收入的预测等。在年度分析时,对于全国范围的分行业、分地区、分企业规模等税收和主要经济指标(如:销售利润率),各地可参考全国国际(涉外)税收工作会上下发的《2000~2003年涉外企业基础数据》和《2004年全国涉外企业所得税基础数据》。上述年度分析报告和《涉外企业所得税分性质、分行业情况表》应于次年8月25日前上报总局(国际税务司)。

三、数据采集和分析报告上报要求

各地在确定涉外重点税源企业和填报分析表时,要充分利用计统部门的"重点税源调查与分析系统",尽量从该系统中采集数据。对于上述系统中没有的涉外重点税源企业,要单独建立档案。

各地可通过传真(010-63417977)或总局FTP(网)(路径:总局/CENTRE/国际司/征管处)上报月度、季度分析材料。年度报告应以正式公文形式上报。为便于统计分析,上报的文字材料用WORD格式,表格用EXCEL格式。

四、建立定期通报制度

总局将对各地涉外企业所得税重点税源管理工作情况、所得税收入情况、上报的收入分析报告等情况,定期进行汇总通报,重点考核上述工作的质量和时效性,对于重点税源管理工作和收入分析工作开展质量较低的地区将予以通报批评。

各地可根据实际情况制定具体的重点税源管理和收入分析的措施和办法,不断提高涉外企业所得税管理、分析工作的效率和质量,切实有效地加强对涉外重点税源企业的监控和管理。

附件:1.《全国涉外企业所得税重点税源企业名单》(编者略)

2.《涉外企业所得税重点税源企业基本情况表》(编者略)

3.《涉外企业所得税收入分析表》(月度分析用)(编者略)

4.《涉外重点税源户企业所得税收入与利润统计表》(季度分析用)(编者略)

5.《涉外企业所得税分性质、分行业情况统计表》(年度分析用)(编者略)

6. 外商投资企业所得税有关分析方法的说明(编者略)

2-1-19

财政部 国家税务总局关于中国老龄事业发展基金会等8家单位捐赠所得税政策问题的通知

2006年6月6日 财税〔2006〕66号

各省、自治区、直辖市、计划单列市财政厅(局)、国家税务局、地方税务局,新疆生产建设兵团财务局:

为支持我国社会公益事业发展,经国务院批准,现对纳税人向中国老龄事业发展基金会等8家单位捐赠所得税税前扣除问题通知如下：

对企业、事业单位、社会团体和个人等社会力量，通过中国老龄事业发展基金会、中国华文教育基金会、中国绿化基金会、中国妇女发展基金会、中国关心下一代健康体育基金会、中国生物多样性保护基金会、中国儿童少年基金会和中国光彩事业基金会用于公益救济性捐赠，准予在缴纳企业所得税和个人所得税前全额扣除。

本通知自2006年1月1日起执行。

2－1－20

财政部　国家税务总局关于中国医药卫生事业发展基金会捐赠所得税政策问题的通知

2006年6月6日　财税〔2006〕67号

各省、自治区、直辖市、计划单列市财政厅（局）、国家税务局、地方税务局，新疆生产建设兵团财务局：

为支持我国社会公益事业发展，经国务院批准，现对纳税人向中国医药卫生事业发展基金会捐赠所得税税前扣除问题通知如下：

对企业、事业单位、社会团体和个人等社会力量，通过中国医药卫生事业发展基金会用于公益救济性捐赠，准予在缴纳企业所得税和个人所得税前全额扣除。

本通知自2006年1月1日起执行。

2－1－21

财政部　国家税务总局关于中国教育发展基金会捐赠所得税政策问题的通知

2006年6月6日　财税〔2006〕68号

各省、自治区、直辖市、计划单列市财政厅（局）、国家税务局、地方税务局，新疆生产建设兵团财务局：

为支持我国社会公益事业发展，经国务院批准，现对纳税人向中国教育发展基金会捐赠所得税税前扣除问题通知如下：

对企业、事业单位、社会团体和个人等社会力量，通过中国教育发展基金会用于公益救济性捐赠，准予在缴纳企业所得税和个人所得税前全额扣除。

本通知自2006年1月1日起执行。

2－1－22

财政部 国家税务总局关于中国金融教育发展基金会等10家单位公益救济性捐赠所得税税前扣除问题的通知

2006年6月27日 财税〔2006〕73号

各省、自治区、直辖市、计划单列市财政厅（局）、国家税务局、地方税务局，新疆生产建设兵团财务局：

为支持社会公益事业发展，根据《中华人民共和国企业所得税暂行条例》及其实施细则和《中华人民共和国个人所得税法》及其实施条例的有关规定，现对纳税人向中国金融教育发展基金会等10家单位捐赠所得税税前扣除问题明确如下：

对企业、事业单位、社会团体和个人等社会力量通过中国金融教育发展基金会、中国国际民间组织合作促进会、中国社会工作协会孤残儿童救助基金管理委员会、中国发展研究基金会、陈嘉庚科学奖基金会、中国友好和平发展基金会、中华文学基金会、中华农业科教基金会、中国少年儿童文化艺术基金会和中国公安英烈基金会用于公益救济性捐赠，企业在年度应纳税所得额3%以内的部分，个人在申报应纳税所得额30%以内的部分，准予在计算缴纳企业所得税和个人所得税税前扣除。

本通知自2006年1月1日起执行。

2－1－23

财政部 国家税务总局关于企业支付学生实习报酬有关所得税政策问题的通知

2006年11月1日 财税〔2006〕107号

各省、自治区、直辖市、计划单列市财政厅（局）、国家税务局、地方税务局，新疆生产建设兵团财务局：

根据《国务院关于大力发展职业教育的决定》（国发〔2005〕35号）有关要求，为促进教育事业发展，现对企业支付中等职业学校和高等院校实习生报酬有关所得税政策问题明确如下：

一、凡与中等职业学校和高等院校签订三年以上期限合作协议的企业，支付给学生实习期间的报酬，准予在计算缴纳企业所得税税前扣除。具体征管办法由国家税务总局另行制定。

对中等职业学校和高等院校实习生取得的符合我国个人所得税法规定的报酬，企业应代扣代缴其相应的个人所得税款。

二、本通知所称中等职业学校包括普通中等专业学校、成人中等专业学校、职业高中（职教中心）和技工学校；高等院校包括高等职业院校、普通高等院校和全日制成人高等院校。

三、本通知自2006年1月1日起执行。

请遵照执行。

2－1－24

财政部　国家税务总局关于中国华侨经济文化基金会等4家单位公益救济性捐赠所得税税前扣除问题的通知

2006年11月22日　财税〔2006〕164号

各省、自治区、直辖市、计划单列市财政厅（局）、国家税务局、地方税务局，新疆生产建设兵团财务局：

为支持社会公益事业发展，根据《中华人民共和国企业所得税暂行条例》（国务院令第137号）及其实施细则和《中华人民共和国个人所得税法》及其实施条例的有关规定，现对纳税人向中国华侨经济文化基金会等4家单位捐赠所得税税前扣除问题明确如下：

对企业、事业单位、社会团体和个人等社会力量通过中国华侨经济文化基金会、中国少数民族文化艺术基金会、中国文物保护基金会和北京大学教育基金会用于公益救济性的捐赠，企业在年度应纳税所得额3%以内的部分，个人在申报应纳税所得额30%以内的部分，准予在计算缴纳企业所得税和个人所得税时实行税前扣除。

本通知自2006年1月1日起执行。

2－1－25

财政部　国家税务总局关于中国青少年社会教育基金会等16家单位公益救济性捐赠所得税税前扣除问题的通知

2007年7月31日　财税〔2007〕112号

各省、自治区、直辖市、计划单列市财政厅（局）、国家税务局、地方税务局，新疆生产建设兵团财务局：

为支持社会公益事业发展，根据《中华人民共和国企业所得税暂行条例》及其实施细则和《中华人民共和国个人所得税法》及其实施条例的有关规定，现对纳税人向中国青少年社会教育基金会等16家单位捐赠所得税税前扣除问题明确如下：

自2007年1月1日起，对企业、事业单位、社会团体和个人等社会力量通过中国青少年社会教育基金会、中国职工发展基金会、中国西部人才开发基金会、中远慈善基金会、张学良基金会、周培源基金会、中国孔子基金会、中华思源工程扶贫基金会、中国交响乐发展基金会、中国肝炎防治基金会、中国电影基金会、中华环保联合会、中国社会工作协会、中国麻风防治协会、中国扶贫开发协会和中国国际战略研究基金会等16家单位用于公益救济性的捐赠，企业在年度应纳税所得额3%以内的部分，个人在申报应纳税所得额30%以内的部分，准予在计算缴纳企业所得税和个人所得税税前扣除。

请遵照执行。

2-1-26

国务院关于实施企业所得税过渡优惠政策的通知

2007年12月26日　国发〔2007〕39号

各省、自治区、直辖市人民政府，国务院各部委、各直属机构：

《中华人民共和国企业所得税法》（以下简称新税法）和《中华人民共和国企业所得税法实施条例》（以下简称实施条例）将于2008年1月1日起施行。根据新税法第五十七条规定，现对企业所得税优惠政策过渡问题通知如下：

一、新税法公布前批准设立的企业税收优惠过渡办法

企业按照原税收法律、行政法规和具有行政法规效力文件规定享受的企业所得税优惠政策，按以下办法实施过渡：

自2008年1月1日起，原享受低税率优惠政策的企业，在新税法施行后5年内逐步过渡到法定税率。其中：享受企业所得税15%税率的企业，2008年按18%税率执行，2009年按20%税率执行，2010年按22%税率执行，2011年按24%税率执行，2012年按25%税率执行；原执行24%税率的企业，2008年起按25%税率执行。

自2008年1月1日起，原享受企业所得税"两免三减半"、"五免五减半"等定期减免税优惠的企业，新税法施行后继续按原税收法律、行政法规及相关文件规定的优惠办法及年限享受至期满为止，但因未获利而尚未享受税收优惠的，其优惠期限从2008年度起计算。

享受上述过渡优惠政策的企业，是指2007年3月16日以前经工商等登记管理机关登记设立的企业；实施过渡优惠政策的项目和范围按《实施企业所得税过渡优惠政策表》（见附表）执行。

二、继续执行西部大开发税收优惠政策

根据国务院实施西部大开发有关文件精神，财政部、国家税务总局和海关总署联合下发的《财政部、国家税务总局、海关总署关于西部大开发税收优惠政策问题的通知》（财税〔2001〕202号）中规定的西部大开发企业所得税优惠政策继续执行。

三、实施企业税收过渡优惠政策的其他规定

享受企业所得税过渡优惠政策的企业，应按照新税法和实施条例中有关收入和扣除的规定计算应纳税所得额，并按本通知第一部分规定计算享受税收优惠。

企业所得税过渡优惠政策与新税法及实施条例规定的优惠政策存在交叉的，由企业选择最优惠的政策执行，不得叠加享受，且一经选择，不得改变。

附件：实施企业所得税过渡优惠政策表

附件

实施企业所得税过渡优惠政策表

序号	文件名称	相关政策内容
1	《中华人民共和国外商投资企业和外国企业所得税法》第七条第一款	设在经济特区的外商投资企业、在经济特区设立机构、场所从事生产、经营的外国企业和设在经济技术开发区的生产性外商投资企业，减按15%的税率征收企业所得税。
2	《中华人民共和国外商投资企业和外国企业所得税法》第七条第三款	设在沿海经济开放区和经济特区、经济技术开发区所在城市的老市区或者设在国务院规定的其他地区的外商投资企业，属于能源、交通、港口、码头或者国家鼓励的其他项目的，可以减按15%的税率征收企业所得税。
3	《中华人民共和国外商投资企业和外国企业所得税法实施细则》第七十三条第一款第一项	在沿海经济开放区和经济特区、经济技术开发区所在城市的老市区设立的从事下列项目的生产性外资企业，可以减按15%的税率征收企业所得税：技术密集、知识密集型的项目；外商投资在3000万美元以上，回收投资时间长的项目；能源、交通、港口建设的项目。
4	《中华人民共和国外商投资企业和外国企业所得税法实施细则》第七十三条第一款第二项	从事港口、码头建设的中外合资经营企业，可以减按15%的税率征收企业所得税。
5	《中华人民共和国外商投资企业和外国企业所得税法实施细则》第七十三条第一款第四项	在上海浦东新区设立的生产性外商投资企业，以及从事机场、港口、铁路、公路、电站等能源、交通建设项目的外商投资企业，可以减按15%的税率征收企业所得税。
6	国务院关于上海外高桥、天津港、深圳福田、深圳沙头角、大连、广州、厦门象屿、张家港、海口、青岛、宁波、福州、汕头、珠海、深圳盐田保税区的批复（国函〔1991〕26号、国函〔1991〕32号、国函〔1992〕43号、国函〔1992〕44号、国函〔1992〕148号、国函〔1992〕150号、国函〔1992〕159号、国函〔1992〕179号、国函〔1992〕180号、国函〔1992〕181号、国函〔1993〕3号等）	生产性外商投资企业，减按15%的税率征收企业所得税。
7	《国务院关于在福建省沿海地区设立台商投资区的批复》（国函〔1989〕35号）	厦门台商投资区内设立的台商投资企业，减按15%税率征收企业所得税；福州台商投资区内设立的生产性台商投资企业，减按15%税率征收企业所得税，非生产性台资企业，减按24%税率征收企业所得税。
8	国务院关于进一步对外开放南宁、重庆、黄石、长江三峡经济开放区、北京等城市的通知（国函〔1992〕62号、国函〔1992〕93号、国函〔1993〕19号、国函〔1994〕92号、国函〔1995〕16号）	省会（首府）城市及沿江开放城市从事下列项目的生产性外资企业，减按15%的税率征收企业所得税：技术密集、知识密集型的项目；外商投资在3000万美元以上，回收投资时间长的项目；能源、交通、港口建设的项目。
9	《国务院关于开发建设苏州工业园区有关问题的批复》（国函〔1994〕9号）	在苏州工业园区设立的生产性外商投资企业，减按15%税率征收企业所得税。

续表

序号	文件名称	相关政策内容
10	《国务院关于扩大外商投资企业从事能源交通基础设施项目税收优惠规定适用范围的通知》(国发〔1999〕13号)	自1999年1月1日起，将《外资税法实施细则》第七十三条第一款第(一)项第3目关于从事能源、交通基础设施建设的生产性外商投资企业，减按15%征收企业所得税的规定扩大到全国。
11	《广东省经济特区条例》(1980年8月26日第五届全国人民代表大会常务委员会第十五次会议批准施行)	广东省深圳、珠海、汕头经济特区的企业所得税率为15%。
12	《对福建省关于建设厦门经济特区的批复》(〔80〕国函字第88号)	厦门经济特区所得税率按15%执行。
13	《国务院关于鼓励投资开发海南岛的规定》(国发〔1988〕26号)	在海南岛举办的企业(国家银行和保险公司除外)，从事生产、经营所得税和其他所得，均按15%的税率征收企业所得税。
14	《中华人民共和国外商投资企业和外国企业所得税法》第七条第二款	设在沿海经济开放区和经济特区、经济技术开发区所在城市的老市区的生产性外商投资企业，减按24%的税率征收企业所得税。
15	《国务院关于试办国家旅游度假区有关问题的通知》(国发〔1992〕46号)	国家旅游度假区内的外商投资企业，减按24%税率征收企业所得税。
16	国务院关于进一步对外开放黑河、伊宁、凭祥、二连浩特市等边境城市的通知(国函〔1992〕21号、国函〔1992〕61号、国函〔1992〕62号、国函〔1992〕94号)	沿边开放城市的生产性外商投资企业，减按24%税率征收企业所得税。
17	国务院关于进一步对外开放南宁、昆明市及凭祥等五个边境城镇的通知(国函〔1992〕62号)	允许凭祥、东兴、畹町、瑞丽、河口五市(县、镇)在具备条件的市(县、镇)兴办边境经济合作区，对边境经济合作区内以出口为主的生产性内联企业，减按24%的税率征收。
18	国务院关于进一步对外开放南宁、重庆、黄石、长江三峡经济开放区、北京等城市的通知(国函〔1992〕62号、国函〔1992〕93号、国函〔1993〕19号、国函〔1994〕92号、国函〔1995〕16号)	省会(首府)城市及沿江开放城市的生产性外商投资企业，减按24%税率征收企业所得税。
19	《中华人民共和国外商投资企业和外国企业所得税法》第八条第一款	对生产性外商投资企业，经营期在十年以上的，从开始获利的年度起，第一年和第二年免征企业所得税，第三年至第五年减半征收企业所得税。
20	《中华人民共和国外商投资企业和外国企业所得税法实施细则》第七十五条第一款第一项	从事港口、码头建设的中外合资经营企业，经营期在15年以上的，经企业申请，所在地的省、自治区、直辖市税务机关批准，从开始获利的年度起，第一年至第五年免征企业所得税，第六年至第十年减半征收企业所得税。
21	《中华人民共和国外商投资企业和外国企业所得税法实施细则》第七十五条第一款第二项	在海南经济特区设立的从事机场、港口、码头、铁路、公路、电站、煤矿、水利等基础设施项目的外商投资企业和从事农业开发经营的外商投资企业，经营期在15年以上的，经企业申请，海南省税务机关批准，从开始获利的年度起，第一年至第五年免征企业所得税，第六年至第十年减半征收企业所得税。
22	《中华人民共和国外商投资企业和外国企业所得税法实施细则》第七十五条第一款第三项	在上海浦东新区设立的从事机场、港口、铁路、公路、电站等能源、交通建设项目的外商投资企业，经营期在15年以上的，经企业申请，上海市税务机关批准，从开始获利的年度起，第一年至第五年免征企业所得税，第六年至第十年减半征收企业所得税。

续表

序号	文件名称	相关政策内容
23	《中华人民共和国外商投资企业和外国企业所得税法实施细则》第七十五条第一款第四项	在经济特区设立的从事服务性行业的外商投资企业，外商投资超过500万美元，经营期在十年以上的，经企业申请，经济特区税务机关批准，从开始获利的年度起，第一年免征企业所得税，第二年和第三年减半征收企业所得税。
24	《中华人民共和国外商投资企业和外国企业所得税法实施细则》第七十五条第一款第六项	在国务院确定的国家高新技术产业开发区设立的被认定为高新技术企业的中外合资经营企业，经营期在十年以上的，经企业申请，当地税务机关批准，从开始获利的年度起，第一年和第二年免征企业所得税。
25	《中华人民共和国外商投资企业和外国企业所得税法实施细则》第七十五条第一款第六项 《国务院关于〈北京市新技术产业开发试验区暂行条例〉的批复》（国函〔1988〕74号）	设在北京市新技术产业开发试验区的外商投资企业，依照北京市新技术产业开发试验区的税收优惠规定执行。 对试验区的新技术企业自开办之日起，三年内免征所得税。经北京市人民政府指定的部门批准，第四年至第六年可按15%或10%的税率，减半征收所得税。
26	《中华人民共和国企业所得税暂行条例》第八条第一款	需要照顾和鼓励的民族自治地方的企业，经省级人民政府批准实行定期减税或免税的，过渡优惠执行期限不超过5年。
27	《国务院关于鼓励投资开发海南岛的规定》（国发〔1988〕26号）	在海南岛举办的企业（国家银行和保险公司除外），从事港口、码头、机场、公路、铁路、电站、煤矿、水利等基础设施开发经营的企业和从事农业开发经营的企业，经营期限在十五年以上的，从开始获利的年度起，第一年至第五年免征所得税，第六年至第十年减半征收所得税。
28		在海南岛举办的企业（国家银行和保险公司除外），从事工业、交通运输业等生产性行业的企业经营期限在十年以上的，从开始获利的年度起，第一年和第二年免征所得税，第三年至第五年减半征收所得税。
29		在海南岛举办的企业（国家银行和保险公司除外），从事服务性行业的企业，投资总额超过500万美元或者2000万元人民币，经营期限在十年以上的，从开始获利的年度起，第一年免征所得税，第二年和第三年减半征收所得税。
30	《国务院关于实施〈国家中长期科学和技术发展规划纲要（2006—2020年）〉若干配套政策的通知》（国发〔2006〕6号）	国家高新技术产业开发区内新创办的高新技术企业经严格认定后，自获利年度起两年内免征所得税。

2－1－27

财政部　国家税务总局关于纳税人通过中国华夏文化遗产基金会等4家单位公益救济性捐赠所得税税前扣除问题的通知

2008年1月18日　财税〔2007〕175号

各省、自治区、直辖市、计划单列市财政厅（局）、国家税务局、地方税务局，新疆生产建设兵

团财务局：

中国华夏文化遗产基金会、中国民航科普基金会、南航“十分”关爱基金会、国寿慈善基金会等4家单位是按照国务院《基金会管理条例》或《社会团体登记管理条例》的规定，经民政部登记注册的非营利性的社会团体根据《中华人民共和国企业所得税暂行条例》和《中华人民共和国个人所得税法》的有关规定，纳税人通过上述基金会的公益、救济性捐赠支出，自2007年1月1日起，在年度企业所得税应纳税所得额3%以内的部分或者未超过申报的个人所得税应纳税所得额30%的部分，准予在缴纳企业所得税或者个人所得税前扣除国家以后有新的政策规定，统一按新的政策规定执行。

2－1－28

国家税务总局关于企业所得税预缴问题的通知

2008年1月30日　国税发〔2008〕17号

各省、自治区、直辖市和计划单列市国家税务局、地方税务局：

《中华人民共和国企业所得税法》（以下简称“新税法”）已于2008年1月1日起施行，为保证企业所得税预缴工作顺利进行，经研究，现对下列企业预缴问题明确如下：

一、2008年1月1日之前已经被认定为高新技术企业的，在按照新税法有关规定重新认定之前，暂按25%的税率预缴企业所得税。

上述企业如果享受新税法中其他优惠政策和国务院规定的过渡优惠政策，按有关规定执行。

二、深圳市、厦门市经济特区以外的企业以及上海浦东新区内非生产性外商投资企业和内资企业，原采取按月预缴方式的，2008年一季度改为按季度预缴。

三、原经批准实行合并纳税的企业，采取按月预缴方式的，2008年一季度改为按季度预缴。

2－1－29

财政部　国家税务总局关于企业所得税若干优惠政策的通知

2008年2月22日　财税〔2008〕1号

各省、自治区、直辖市，计划单列市财政厅（局）、国家税务局、地方税务局，新疆生产建设兵团财务局：

根据《中华人民共和国企业所得税法》第三十六条的规定，经国务院批准，现将有关企业所得税优惠政策问题通知如下：

一、关于鼓励软件产业和集成电路产业发展的优惠政策

（一）软件生产企业实行增值税即征即退政策所退还的税款，由企业用于研究开发软件产品和扩大再生产，不作为企业所得税应税收入，不予征收企业所得税。

（二）我国境内新办软件生产企业经认定后，自获利年度起，第一年和第二年免征企业所得税，第三年至第五年减半征收企业所得税。

（三）国家规划布局内的重点软件生产企业，如当年未享受免税优惠的，减按10%的税率征收企业所得税。

（四）软件生产企业的职工培训费用，可按实际发生额在计算应纳税所得额时扣除。

（五）企事业单位购进软件，凡符合固定资产或无形资产确认条件的，可以按照固定资产或无形资产进行核算，经主管税务机关核准，其折旧或摊销年限可以适当缩短，最短可为2年。

（六）集成电路设计企业视同软件企业，享受上述软件企业的有关企业所得税政策。

（七）集成电路生产企业的生产性设备，经主管税务机关核准，其折旧年限可以适当缩短，最短可为3年。

（八）投资额超过80亿元人民币或集成电路线宽小于0.25μm的集成电路生产企业，可以减按15%的税率缴纳企业所得税，其中，经营期在15年以上的，从开始获利的年度起，第一年至第五年免征企业所得税，第六年至第十年减半征收企业所得税。

（九）对生产线宽小于0.8μm（含）集成电路产品的生产企业，经认定后，自获利年度起，第一年和第二年免征企业所得税，第三年至第五年减半征收企业所得税。

已经享受自获利年度起企业所得税“两免三减半”政策的企业，不再重复执行本条规定。

（十）自2008年1月1日起至2010年底，对集成电路生产企业、封装企业的投资者，以其取得的缴纳企业所得税后的利润，直接投资于本企业增加注册资本，或作为资本投资开办其他集成电路生产企业、封装企业，经营期不少于5年的，按40%的比例退还其再投资部分已缴纳的企业所得税税款。再投资不满5年撤出该项投资的，追缴已退的企业所得税税款。

自2008年1月1日起至2010年底，对国内外经济组织作为投资者，以其在境内取得的缴纳企业所得税后的利润，作为资本投资于西部地区开办集成电路生产企业、封装企业或软件产品生产企业，经营期不少于5年的，按80%的比例退还其再投资部分已缴纳的企业所得税税款。再投资不满5年撤出该项投资的，追缴已退的企业所得税税款。

二、关于鼓励证券投资基金发展的优惠政策

（一）对证券投资基金从证券市场中取得的收入，包括买卖股票、债券的差价收入，股权的股息、红利收入，债券的利息收入及其他收入，暂不征收企业所得税。

（二）对投资者从证券投资基金分配中取得的收入，暂不征收企业所得税。

（三）对证券投资基金管理人运用基金买卖股票、债券的差价收入，暂不征收企业所得税。

三、关于其他有关行业、企业的优惠政策

为保证部分行业、企业税收优惠政策执行的连续性，对原有关就业再就业，奥运会和世

博会，社会公益，债转股、清产核资、重组、改制、转制等企业改革，涉农和国家储备，其他单项优惠政策共6类定期企业所得税优惠政策（见附件），自2008年1月1日起，继续按原优惠政策规定的办法和时间执行到期。

四、关于外国投资者从外商投资企业取得利润的优惠政策

2008年1月1日之前外商投资企业形成的累积未分配利润，在2008年以后分配给外国投资者的，免征企业所得税；2008年及以后年度外商投资企业新增利润分配给外国投资者的，依法缴纳企业所得税。

五、除《中华人民共和国企业所得税法》、《中华人民共和国企业所得税法实施条例》、《国务院关于实施企业所得税过渡优惠政策的通知》（国发〔2007〕39号），《国务院关于经济特区和上海浦东新区新设立高新技术企业实行过渡性税收优惠的通知》（国发〔2007〕40号）及本通知规定的优惠政策以外，2008年1月1日之前实施的其他企业所得税优惠政策一律废止。各地区、各部门一律不得越权制定企业所得税的优惠政策。

附件：执行到期的企业所得税优惠政策表

附件

执行到期的企业所得税优惠政策表

类　别	序号	文　件　名　称	备　　注
一、就业再就业政策	1	财政部、国家税务总局关于下岗失业人员再就业有关税收政策问题的通知（财税〔2002〕208号）	对2005年底之前核准享受再就业减免税政策的企业，在剩余期限内享受至期满
	2	财政部、国家税务总局关于下岗失业人员再就业有关税收政策问题的通知（财税〔2005〕186号）	政策审批时间截止到2008年底
二、奥运会和世博会政策	3	财政部、国家税务总局、海关总署关于第29届奥运会税收政策问题的通知（财税〔2003〕10号）	奥运会结束并北京奥组委财务清算完结后停止执行
		财政部、国家税务总局关于第29届奥运会补充税收政策的通知（财税〔2006〕128号）	
	4	财政部、国家税务总局关于2010年上海世博会有关税收政策问题的通知（财税〔2005〕180号）	世博会结束并上海世博局财务清算完结后停止执行
		财政部、国家税务总局关于增补上海世博运营有限公司享受上海世博会有关税收优惠政策的批复（财税〔2006〕155号）	
三、社会公益政策	5	财政部、国家税务总局关于延长生产和装配伤残人员专门用品企业免征所得税执行期限的通知（财税〔2006〕148号）	
四、债转股、清产核资、重组、改制，转制等企业改革政策	6	财政部、国家税务总局关于债转股企业有关税收政策的通知（财税〔2005〕29号）	
	7	财政部、国家税务总局关于中央企业清产核资有关税务处理问题的通知（财税〔2006〕18号）	
	8	财政部、国家税务总局关于延长转制科研机构有关税收政策执行期限的通知（财税〔2005〕14号）	
	9	财政部、海关总署、国家税务总局关于文化体制改革中经营性文化事业单位转制后企业的若干税收政策问题的通知（财税〔2005〕1号）	
		财政部、海关总署、国家税务总局关于文化体制改革试点中支持文化产业发展若干税收政策问题的通知（财税〔2005〕2号）	

续表

类　别	序号	文　件　名　称	备　　注
五、涉农和国家储备政策	10	财政部、国家税务总局关于促进农产品连锁经营试点税收优惠政策的通知(财税〔2007〕10号)	
	11	财政部、国家税务总局关于广播电视村村通税收政策的通知(财税〔2007〕17号)	
	12	财政部、国家税务总局关于部分国家储备商品有关税收政策的通知(财税〔2006〕105号)	
六、单项优惠政策	13	财政部、国家税务总局关于股权分置试点改革有关税收政策问题的通知(财税〔2005〕103号)	执行到股权分置试点改革结束
	14	财政部、国家税务总局关于中国证券投资者保护基金有限责任公司有关税收问题的通知(财税〔2006〕169号)	
	15	财政部、国家税务总局关于延长试点地区农村信用社有关税收政策期限的通知(财税〔2006〕46号)	
		财政部、国家税务总局关于海南省改革试点的农村信用社税收政策的通知(财税〔2007〕18号)	
	16	财政部、国家税务总局关于继续执行监狱劳教企业有关税收政策的通知(财税〔2006〕123号)	

注释:

条款失效。第一条第一项至第九项自2011年1月1日起停止执行。参见:《财政部 国家税务总局关于进一步鼓励软件产业和集成电路产业发展企业所得税政策的通知》(财税〔2012〕27号)。

2-1-30

国家税务总局关于印发《企业所得税核定征收办法(试行)》的通知

2008年3月6日　国税发〔2008〕30号

各省、自治区、直辖市和计划单列市国家税务局、地方税务局:

为加强和规范企业所得税核定征收工作,税务总局制定了《企业所得税核定征收办法(试行)》,现印发给你们,请遵照执行。

一、严格按照规定的范围和标准确定企业所得税的征收方式。不得违规扩大核定征收企业所得税范围。严禁按照行业或者企业规模大小,“一刀切”地搞企业所得税核定征收。

二、按公平、公正、公开原则核定征收企业所得税。应根据纳税人的生产经营行业特点,综合考虑企业的地理位置、经营规模、收入水平、利润水平等因素,分类逐户核定应纳所得税额或者应税所得率,保证同一区域内规模相当的同类或者类似企业的所得税税负基本相当。

三、做好核定征收企业所得税的服务工作。核定征收企业所得税的工作部署与安排要考虑方便纳税人,符合纳税人的实际情况,并在规定的时限内及时办结鉴定和认定工作。

四、推进纳税人建账建制工作。税务机关应积极督促核定征收企业所得税的纳税人建账建制,改善经营管理,引导纳税人向查账征收方式过渡。对符合查账征收条件的纳税人,要及时调整征收方式,实行查账征收。

五、加强对核定征收方式纳税人的检查工作。对实行核定征收企业所得税方式的纳税人,要加大检查力度,将汇算清缴的审核检查和日常征管检查结合起来,合理确定年度稽查面,防止纳税人有意通过核定征收方式降低税负。

六、国家税务局和地方税务局密切配合。要联合开展核定征收企业所得税工作,共同确定分行业的应税所得率,共同协商确定分户的应纳所得税额,做到分属国家税务局和地方税务局管辖,生产经营地点、经营规模、经营范围基本相同的纳税人,核定的应纳所得税额和应税所得率基本一致。

附件:企业所得税核定征收鉴定表(编者略)

企业所得税核定征收办法(试行)

第一条 为了加强企业所得税征收管理,规范核定征收企业所得税工作,保障国家税款及时足额入库,维护纳税人合法权益,根据《中华人民共和国企业所得税法》及其实施条例、《中华人民共和国税收征收管理法》及其实施细则的有关规定,制定本办法。

第二条 本办法适用于居民企业纳税人。

第三条 纳税人具有下列情形之一的,核定征收企业所得税:

(一)依照法律、行政法规的规定可以不设置账簿的;

(二)依照法律、行政法规的规定应当设置但未设置账簿的;

(三)擅自销毁账簿或者拒不提供纳税资料的;

(四)虽设置账簿,但账目混乱或者成本资料、收入凭证、费用凭证残缺不全,难以查账的;

(五)发生纳税义务,未按照规定的期限办理纳税申报,经税务机关责令限期申报,逾期仍不申报的;

(六)申报的计税依据明显偏低,又无正当理由的。

特殊行业、特殊类型的纳税人和一定规模以上的纳税人不适用本办法。上述特定纳税人由国家税务总局另行明确。

第四条 税务机关应根据纳税人具体情况,对核定征收企业所得税的纳税人,核定应税所得率或者核定应纳所得税额。

具有下列情形之一的,核定其应税所得率:

(一)能正确核算(查实)收入总额,但不能正确核算(查实)成本费用总额的;

(二)能正确核算(查实)成本费用总额,但不能正确核算(查实)收入总额的;

(三)通过合理方法,能计算和推定纳税人收入总额或成本费用总额的。

纳税人不属于以上情形的,核定其应纳所得税额。

第五条 税务机关采用下列方法核定征收企业所得税:

(一)参照当地同类行业或者类似行业中经营规模和收入水平相近的纳税人的税负水平核定;

(二)按照应税收入额或成本费用支出额定率核定;

(三)按照耗用的原材料、燃料、动力等推算或测算核定;

(四)按照其他合理方法核定。

采用前款所列一种方法不足以正确核定应纳税所得额或应纳税额的,可以同时采用两种以上的方法核定。采用两种以上方法测算的应纳税额不一致时,可按测算的应纳税额从高核定。

第六条 采用应税所得率方式核定征收企业所得税的,应纳所得税额计算公式如下:

应纳所得税额 = 应纳税所得额 × 适用税率

应纳税所得额 = 应税收入额 × 应税所得率

或:应纳税所得额 = 成本(费用)支出额/(1 - 应税所得率) × 应税所得率

第七条 实行应税所得率方式核定征收企业所得税的纳税人,经营多业的,无论其经营项目是否单独核算,均由税务机关根据其主营项目确定适用的应税所得率。

主营项目应为纳税人所有经营项目中,收入总额或者成本(费用)支出额或者耗用原材料、燃料、动力数量所占比重最大的项目。

第八条 应税所得率按下表规定的幅度标准确定:

行业	应税所得率(%)
农、林、牧、渔业	3 ~ 10
制造业	5 ~ 15
批发和零售贸易业	4 ~ 15
交通运输业	7 ~ 15
建筑业	8 ~ 20
饮食业	8 ~ 25
娱乐业	15 ~ 30
其他行业	10 ~ 30

第九条 纳税人的生产经营范围、主营业务发生重大变化,或者应纳税所得额或应纳税额增减变化达到20%的,应及时向税务机关申报调整已确定的应纳税额或应税所得率。

第十条 主管税务机关应及时向纳税人送达《企业所得税核定征收鉴定表》(表样附后),及时完成对其核定征收企业所得税的鉴定工作。具体程序如下:

(一)纳税人应在收到《企业所得税核定征收鉴定表》后10个工作日内,填好该表并报送主管税务机关。《企业所得税核定征收鉴定表》一式三联,主管税务机关和县税务机关各执一联,另一联送达纳税人执行。主管税务机关还可根据实际工作需要,适当增加联次备用。

（二）主管税务机关应在受理《企业所得税核定征收鉴定表》后20个工作日内,分类逐户审查核实,提出鉴定意见,并报县税务机关复核、认定。

（三）县税务机关应在收到《企业所得税核定征收鉴定表》后30个工作日内,完成复核、认定工作。

纳税人收到《企业所得税核定征收鉴定表》后,未在规定期限内填列、报送的,税务机关视同纳税人已经报送,按上述程序进行复核认定。

第十一条 税务机关应在每年6月底前对上年度实行核定征收企业所得税的纳税人进行重新鉴定。重新鉴定工作完成前,纳税人可暂按上年度的核定征收方式预缴企业所得税;重新鉴定工作完成后,按重新鉴定的结果进行调整。

第十二条 主管税务机关应当分类逐户公示核定的应纳所得税额或应税所得率。主管税务机关应当按照便于纳税人及社会各界了解、监督的原则确定公示地点、方式。

纳税人对税务机关确定的企业所得税征收方式、核定的应纳所得税额或应税所得率有异议的,应当提供合法、有效的相关证据,税务机关经核实认定后调整有异议的事项。

第十三条 纳税人实行核定应税所得率方式的,按下列规定申报纳税:

（一）主管税务机关根据纳税人应纳税额的大小确定纳税人按月或者按季预缴,年终汇算清缴。预缴方法一经确定,一个纳税年度内不得改变。

（二）纳税人应依照确定的应税所得率计算纳税期间实际应缴纳的税额,进行预缴。按实际数额预缴有困难的,经主管税务机关同意,可按上一年度应纳税额的1/12或1/4预缴,或者按经主管税务机关认可的其他方法预缴。

（三）纳税人预缴税款或年终进行汇算清缴时,应按规定填写《中华人民共和国企业所得税月(季)度预缴纳税申报表(B类)》,在规定的纳税申报时限内报送主管税务机关。

第十四条 纳税人实行核定应纳所得税额方式的,按下列规定申报纳税:

（一）纳税人在应纳所得税额尚未确定之前,可暂按上年度应纳所得税额的1/12或1/4预缴,或者按经主管税务机关认可的其他方法,按月或按季分期预缴。

（二）在应纳所得税额确定以后,减除当年已预缴的所得税额,余额按剩余月份或季度均分,以此确定以后各月或各季的应纳税额,由纳税人按月或按季填写《中华人民共和国企业所得税月(季)度预缴纳税申报表(B类)》,在规定的纳税申报期限内进行纳税申报。

（三）纳税人年度终了后,在规定的时限内按照实际经营额或实际应纳税额向税务机关申报纳税。申报额超过核定经营额或应纳税额的,按申报额缴纳税款;申报额低于核定经营额或应纳税额的,按核定经营额或应纳税额缴纳税款。

第十五条 对违反本办法规定的行为,按照《中华人民共和国税收征收管理法》及其实施细则的有关规定处理。

第十六条 各省、自治区、直辖市和计划单列市国家税务局、地方税务局,根据本办法的规定联合制定具体实施办法,并报国家税务总局备案。

第十七条 本办法自2008年1月1日起执行。《国家税务总局关于印发〈核定征收企业所得税暂行办法〉的通知》(国税发〔2000〕38号)同时废止。

注释:

条款修改。根据《第十三届全国人民代表大会第一次会议关于国务院机构改革方案的决定》等有关规定,税收规范性文件规定的国税地税机关的职责和工作由新的税务机关承担。国家税务总局依据《税收规范性文件制定管理办法》(国家税务总局令第41号公布),对税收规范性文件进行了清理。参见:《国家税务总局关于修改部分税收规范性文件的公告》(国家税务总局公告2018年第31号)。

2－1－31

国家税务总局关于停止执行企业购买国产设备投资抵免企业所得税政策问题的通知

2008年5月16日　国税发〔2008〕52号

各省、自治区、直辖市和计划单列市国家税务局、地方税务局:

现就实施新企业所得税法后,企业购买国产设备投资抵免企业所得税的政策问题通知如下:

自2008年1月1日起,停止执行企业购买国产设备投资抵免企业所得税的政策。

2－1－32

财政部　国家税务总局关于认真落实抗震救灾及灾后重建税收政策问题的通知

2008年5月19日　财税〔2008〕62号

各省、自治区、直辖市、计划单列市财政厅(局)、国家税务局、地方税务局:

随着抗震救灾工作的不断深入,灾后重建工作也将陆续展开。为贯彻落实好党中央、国务院关于抗震救灾工作的重要指示精神,积极支持受灾地区做好抗震救灾及灾后重建工作,现就有关税收政策问题通知如下:

各级财政税务机关要将支持抗震救灾和灾后重建工作作为当前一项十分紧迫的重要任务,采取有效措施,认真贯彻落实好现行税收法律、法规中可以适用于抗震救灾及灾后重建的有关税收优惠政策。主要包括:

一、企业所得税

(一)企业实际发生的因地震灾害造成的财产损失,准予在计算应纳税所得额时扣除。

(二)企业发生的公益性捐赠支出,按企业所得税法及其实施条例的规定在计算应纳税所得额时扣除。

二、个人所得税

(一)因地震灾害造成重大损失的个人,可减征个人所得税。具体减征幅度和期限由受灾地区省、自治区、直辖市人民政府确定。

(二)对受灾地区个人取得的抚恤金、救济金,免征个人所得税。

(三)个人将其所得向地震灾区的捐赠,按照个人所得税法的有关规定从应纳税所得中扣除。

三、房产税

(一)经有关部门鉴定,对毁损不堪居住和使用的房屋和危险房屋,在停止使用后,可免征房产税。

(二)房屋大修停用在半年以上的,在大修期间免征房产税,免征税额由纳税人在申报缴纳房产税时自行计算扣除,并在申报表附表或备注栏中作相应说明。

四、契税

因地震灾害灭失住房而重新购买住房的,准予减征或者免征契税,具体的减免办法由受灾地区省级人民政府制定。

五、资源税

纳税人开采或者生产应税产品过程中,因地震灾害遭受重大损失的,由受灾地区省、自治区、直辖市人民政府决定减征或免征资源税。

六、城镇土地使用税

纳税人因地震灾害造成严重损失,缴纳确有困难的,可依法申请定期减免城镇土地使用税。

七、车船税

已完税的车船因地震灾害报废、灭失的,纳税人可申请退还自报废、灭失月份起至本年度终了期间的税款。

八、进出口税收

对外国政府、民间团体、企业、个人等向我国境内受灾地区捐赠的物资,包括食品、生活必需品、药品、抢救工具等,免征进口环节税收。

九、现行税收法律、法规中适用于抗震救灾及灾后重建的其他税收政策。

注释:

条款废止。第四条自2021年9月1日起废止。参见:《财政部　税务总局关于契税法实施后有关优惠政策衔接问题的公告》(财政部　税务总局公告2021年第29号)。

2-1-33

国家税务总局关于非居民企业不享受小型微利企业所得税优惠政策问题的通知

2008年7月3日　国税函〔2008〕650号

各省、自治区、直辖市和计划单列市国家税务局、地方税务局：

关于非居民企业是否享受企业所得税法规定的对小型微利企业的税收优惠政策问题，现明确如下：

《企业所得税法》第二十八条规定的小型微利企业是指企业的全部生产经营活动产生的所得均负有我国企业所得税纳税义务的企业。因此，仅就来源于我国所得负有我国纳税义务的非居民企业，不适用该条规定的对符合条件的小型微利企业减按20%税率征收企业所得税的政策。

2-1-34

国家税务总局关于母子公司间提供服务支付费用有关企业所得税处理问题的通知

2008年8月14日　国税发〔2008〕86号

各省、自治区、直辖市和计划单列市国家税务局、地方税务局：

根据《中华人民共和国企业所得税法》及其实施条例的有关规定，现就在中国境内，属于不同独立法人的母子公司之间提供服务支付费用有关企业所得税处理问题通知如下：

一、母公司为其子公司（以下简称子公司）提供各种服务而发生的费用，应按照独立企业之间公平交易原则确定服务的价格，作为企业正常的劳务费用进行税务处理。

母子公司未按照独立企业之间的业务往来收取价款的，税务机关有权予以调整。

二、母公司向其子公司提供各项服务，双方应签订服务合同或协议，明确规定提供服务的内容、收费标准及金额等，凡按上述合同或协议规定所发生的服务费，母公司应作为营业收入申报纳税；子公司作为成本费用在税前扣除。

三、母公司向其多个子公司提供同类项服务，其收取的服务费可以采取分项签订合同或协议收取；也可以采取服务分摊协议的方式，即，由母公司与各子公司签订服务费用分摊合同或协议，以母公司为其子公司提供服务所发生的实际费用并附加一定比例利润作为向子公司收取的总服务费，在各服务受益子公司（包括盈利企业、亏损企业和享受减免税企业）之间按《中华人民共和国企业所得税法》第四十一条第二款规定合理分摊。

四、母公司以管理费形式向子公司提取费用，子公司因此支付给母公司的管理费，不得在税前扣除。

五、子公司申报税前扣除向母公司支付的服务费用,应向主管税务机关提供与母公司签订的服务合同或者协议等与税前扣除该项费用相关的材料。不能提供相关材料的,支付的服务费用不得税前扣除。

2－1－35

财政部　国家税务总局关于企业关联方利息支出税前扣除标准有关税收政策问题的通知

2008年9月19日　财税〔2008〕121号

各省、自治区、直辖市、计划单列市财政厅(局)、国家税务局、地方税务局,新疆生产建设兵团财务局:

为规范企业利息支出税前扣除,加强企业所得税管理,根据《中华人民共和国企业所得税法》(以下简称税法)第四十六条和《中华人民共和国企业所得税法实施条例》(国务院令第512号,以下简称实施条例)第一百一十九条的规定,现将企业接受关联方债权性投资利息支出税前扣除的政策问题通知如下:

一、在计算应纳税所得额时,企业实际支付给关联方的利息支出,不超过以下规定比例和税法及其实施条例有关规定计算的部分,准予扣除,超过的部分不得在发生当期和以后年度扣除。

企业实际支付给关联方的利息支出,除符合本通知第二条规定外,其接受关联方债权性投资与其权益性投资比例为:

(一)金融企业,为5:1;

(二)其他企业,为2:1。

二、企业如果能够按照税法及其实施条例的有关规定提供相关资料,并证明相关交易活动符合独立交易原则的;或者该企业的实际税负不高于境内关联方的,其实际支付给境内关联方的利息支出,在计算应纳税所得额时准予扣除。

三、企业同时从事金融业务和非金融业务,其实际支付给关联方的利息支出,应按照合理方法分开计算;没有按照合理方法分开计算的,一律按本通知第一条有关其他企业的比例计算准予税前扣除的利息支出。

四、企业自关联方取得的不符合规定的利息收入应按照有关规定缴纳企业所得税。

2－1－36

财政部　国家税务总局关于非居民企业征收企业所得税有关问题的通知

2008 年 9 月 25 日　财税〔2008〕130 号

各省、自治区、直辖市、计划单列市财政厅(局)、国家税务局、地方税务局,新疆生产建设兵团财务局:

现将非居民企业征收企业所得税的有关问题明确如下:

根据《中华人民共和国企业所得税法》第十九条及《中华人民共和国企业所得税实施条例》第一百零三条规定,在对非居民企业取得《中华人民共和国企业所得税法》第三条第三款规定的所得计算征收企业所得税时,不得扣除上述条款规定以外的其他税费支出。

本规定自 2008 年 1 月 1 日起执行。

2－1－37

国家税务总局关于企业处置资产所得税处理问题的通知

2008 年 10 月 9 日　国税函〔2008〕828 号

各省、自治区、直辖市和计划单列市国家税务局、地方税务局:

根据《中华人民共和国企业所得税法实施条例》第二十五条规定,现就企业处置资产的所得税处理问题通知如下:

一、企业发生下列情形的处置资产,除将资产转移至境外以外,由于资产所有权属在形式和实质上均不发生改变,可作为内部处置资产,不视同销售确认收入,相关资产的计税基础延续计算。

(一)将资产用于生产、制造、加工另一产品;

(二)改变资产形状、结构或性能;

(三)改变资产用途(如,自建商品房转为自用或经营);

(四)将资产在总机构及其分支机构之间转移;

(五)上述两种或两种以上情形的混合;

(六)其他不改变资产所有权属的用途。

二、企业将资产移送他人的下列情形,因资产所有权属已发生改变而不属于内部处置资产,应按规定视同销售确定收入。

(一)用于市场推广或销售;

(二)用于交际应酬;

（三）用于职工奖励或福利；

（四）用于股息分配；

（五）用于对外捐赠；

（六）其他改变资产所有权属的用途。

三、企业发生本通知第二条规定情形时，属于企业自制的资产，应按企业同类资产同期对外销售价格确定销售收入；属于外购的资产，可按购入时的价格确定销售收入。

四、本通知自2008年1月1日起执行。对2008年1月1日以前发生的处置资产，2008年1月1日以后尚未进行税务处理的，按本通知规定执行。

注释：

条款废止。第三条废止。参见：《国家税务总局关于企业所得税有关问题的公告》（国家税务总局公告2016年第80号）。

2－1－38

国家税务总局关于确认企业所得税收入若干问题的通知

2008年10月30日 国税函〔2008〕875号

各省、自治区、直辖市和计划单列市国家税务局、地方税务局：

根据《中华人民共和国企业所得税法》（以下简称企业所得税法）及《中华人民共和国企业所得税法实施条例》（以下简称实施条例）规定的原则和精神，现对确认企业所得税收入的若干问题通知如下：

一、除企业所得税法及实施条例另有规定外，企业销售收入的确认，必须遵循权责发生制原则和实质重于形式原则。

（一）企业销售商品同时满足下列条件的，应确认收入的实现：

1. 商品销售合同已经签订，企业已将商品所有权相关的主要风险和报酬转移给购货方；

2. 企业对已售出的商品既没有保留通常与所有权相联系的继续管理权，也没有实施有效控制；

3. 收入的金额能够可靠地计量；

4. 已发生或将发生的销售方的成本能够可靠地核算。

（二）符合上款收入确认条件，采取下列商品销售方式的，应按以下规定确认收入实现时间：

1. 销售商品采用托收承付方式的，在办妥托收手续时确认收入。

2. 销售商品采取预收款方式的，在发出商品时确认收入。

3. 销售商品需要安装和检验的，在购买方接受商品以及安装和检验完毕时确认收入。

如果安装程序比较简单,可在发出商品时确认收入。

4. 销售商品采用支付手续费方式委托代销的,在收到代销清单时确认收入。

(三)采用售后回购方式销售商品的,销售的商品按售价确认收入,回购的商品作为购进商品处理。有证据表明不符合销售收入确认条件的,如以销售商品方式进行融资,收到的款项应确认为负债,回购价格大于原售价的,差额应在回购期间确认为利息费用。

(四)销售商品以旧换新的,销售商品应当按照销售商品收入确认条件确认收入,回收的商品作为购进商品处理。

(五)企业为促进商品销售而在商品价格上给予的价格扣除属于商业折扣,商品销售涉及商业折扣的,应当按照扣除商业折扣后的金额确定销售商品收入金额。

债权人为鼓励债务人在规定的期限内付款而向债务人提供的债务扣除属于现金折扣,销售商品涉及现金折扣的,应当按扣除现金折扣前的金额确定销售商品收入金额,现金折扣在实际发生时作为财务费用扣除。

企业因售出商品的质量不合格等原因而在售价上给的减让属于销售折让;企业因售出商品质量、品种不符合要求等原因而发生的退货属于销售退回。企业已经确认销售收入的售出商品发生销售折让和销售退回,应当在发生当期冲减当期销售商品收入。

二、企业在各个纳税期末,提供劳务交易的结果能够可靠估计的,应采用完工进度(完工百分比)法确认提供劳务收入。

(一)提供劳务交易的结果能够可靠估计,是指同时满足下列条件:

1. 收入的金额能够可靠地计量;

2. 交易的完工进度能够可靠地确定;

3. 交易中已发生和将发生的成本能够可靠地核算。

(二)企业提供劳务完工进度的确定,可选用下列方法:

1. 已完工作的测量;

2. 已提供劳务占劳务总量的比例;

3. 发生成本占总成本的比例。

(三)企业应按照从接受劳务方已收或应收的合同或协议价款确定劳务收入总额,根据纳税期末提供劳务收入总额乘以完工进度扣除以前纳税年度累计已确认提供劳务收入后的金额,确认为当期劳务收入;同时,按照提供劳务估计总成本乘以完工进度扣除以前纳税期间累计已确认劳务成本后的金额,结转为当期劳务成本。

(四)下列提供劳务满足收入确认条件的,应按规定确认收入:

1. 安装费。应根据安装完工进度确认收入。安装工作是商品销售附带条件的,安装费在确认商品销售实现时确认收入。

2. 宣传媒介的收费。应在相关的广告或商业行为出现于公众面前时确认收入。广告的制作费,应根据制作广告的完工进度确认收入。

3. 软件费。为特定客户开发软件的收费,应根据开发的完工进度确认收入。

4. 服务费。包含在商品售价内可区分的服务费,在提供服务的期间分期确认收入。

5. 艺术表演、招待宴会和其他特殊活动的收费。在相关活动发生时确认收入。收费涉及几项活动的,预收的款项应合理分配给每项活动,分别确认收入。

6. 会员费。申请入会或加入会员，只允许取得会籍，所有其他服务或商品都要另行收费的，在取得该会员费时确认收入。申请入会或加入会员后，会员在会员期内不再付费就可得到各种服务或商品，或者以低于非会员的价格销售商品或提供服务的，该会员费应在整个受益期内分期确认收入。

7. 特许权费。属于提供设备和其他有形资产的特许权费，在交付资产或转移资产所有权时确认收入；属于提供初始及后续服务的特许权费，在提供服务时确认收入。

8. 劳务费。长期为客户提供重复的劳务收取的劳务费，在相关劳务活动发生时确认收入。

三、企业以买一赠一等方式组合销售本企业商品的，不属于捐赠，应将总的销售金额按各项商品的公允价值的比例来分摊确认各项的销售收入。

2－1－39

国家税务总局关于中国居民企业向境外H股非居民企业股东派发股息代扣代缴企业所得税有关问题的通知

2008年11月6日 国税函〔2008〕897号

各省、自治区、直辖市和计划单列市国家税务局、地方税务局：

根据《中华人民共和国企业所得税法》及其实施条例的规定，现就中国居民企业向境外H股非居民企业股东派发股息代扣代缴企业所得税的有关问题通知如下：

一、中国居民企业向境外H股非居民企业股东派发2008年及以后年度股息时，统一按10%的税率代扣代缴企业所得税。

二、非居民企业股东在获得股息之后，可以自行或通过委托代理人或代扣代缴义务人，向主管税务机关提出享受税收协定（安排）待遇的申请，提供证明自己为符合税收协定（安排）规定的实际受益所有人的资料。主管税务机关审核无误后，应就已征税款和根据税收协定（安排）规定税率计算的应纳税款的差额予以退税。

三、各地应加强对我国境外上市企业派发股息情况的了解，并发挥售付汇凭证的作用，确保代扣代缴税款及时足额入库。

2－1－40

国家税务总局关于加强非居民企业来源于我国利息所得扣缴企业所得税工作的通知

2008年11月24日　国税函〔2008〕955号

各省、自治区、直辖市和计划单列市国家税务局，广东省和深圳市地方税务局：

根据《中华人民共和国企业所得税法》及其实施条例的有关规定，现就加强非居民企业取得来源于我国境内利息所得扣缴企业所得税的有关问题通知如下：

一、自2008年1月1日起，我国金融机构向境外外国银行支付贷款利息、我国境内外资金融机构向境外支付贷款利息，应按照企业所得税法及其实施条例规定代扣代缴企业所得税。

二、我国境内机构向我国银行的境外分行支付的贷款利息，应按照企业所得税法及其实施条例规定代扣代缴企业所得税。

三、各地应建立健全非居民企业利息所得源泉扣缴企业所得税监控机制，确保及时足额扣缴税款。

注释：

条款废止。第二条自2015年7月19日起废止。参见：《国家税务总局关于境内机构向我国银行的境外分行支付利息扣缴企业所得税有关问题的公告》（国家税务总局公告2015年第47号）。

2－1－41

财政部　国家税务总局关于财政性资金　行政事业性收费　政府性基金有关企业所得税政策问题的通知

2008年12月16日　财税〔2008〕151号

各省、自治区、直辖市、计划单列市财政厅（局）、国家税务局、地方税务局，新疆生产建设兵团财务局：

根据《中华人民共和国企业所得税法》及《中华人民共和国企业所得税法实施条例》的有关规定，现对财政性资金、行政事业性收费、政府性基金有关企业所得税政策问题明确如下：

一、财政性资金

（一）企业取得的各类财政性资金，除属于国家投资和资金使用后要求归还本金的以外，均应计入企业当年收入总额。

（二）对企业取得的由国务院财政、税务主管部门规定专项用途并经国务院批准的财政性资金，准予作为不征税收入，在计算应纳税所得额时从收入总额中减除。

（三）纳入预算管理的事业单位、社会团体等组织按照核定的预算和经费报领关系收到的由财政部门或上级单位拨入的财政补助收入，准予作为不征税收入，在计算应纳税所得额时从收入总额中减除，但国务院和国务院财政、税务主管部门另有规定的除外。

本条所称财政性资金，是指企业取得的来源于政府及其有关部门的财政补助、补贴、贷款贴息，以及其他各类财政专项资金，包括直接减免的增值税和即征即退、先征后退、先征后返的各种税收，但不包括企业按规定取得的出口退税款；所称国家投资，是指国家以投资者身份投入企业、并按有关规定相应增加企业实收资本（股本）的直接投资。

二、关于政府性基金和行政事业性收费

（一）企业按照规定缴纳的、由国务院或财政部批准设立的政府性基金以及由国务院和省、自治区、直辖市人民政府及其财政、价格主管部门批准设立的行政事业性收费，准予在计算应纳税所得额时扣除。

企业缴纳的不符合上述审批管理权限设立的基金、收费，不得在计算应纳税所得额时扣除。

（二）企业收取的各种基金、收费，应计入企业当年收入总额。

（三）对企业依照法律、法规及国务院有关规定收取并上缴财政的政府性基金和行政事业性收费，准予作为不征税收入，于上缴财政的当年在计算应纳税所得额时从收入总额中减除；未上缴财政的部分，不得从收入总额中减除。

三、企业的不征税收入用于支出所形成的费用，不得在计算应纳税所得额时扣除；企业的不征税收入用于支出所形成的资产，其计算的折旧、摊销不得在计算应纳税所得额时扣除。

四、本通知自2008年1月1日起执行。

2－1－42

国家税务总局关于下发国家税务总局定点联系企业名单的通知

2008年12月26日　国税函〔2008〕1064号

各省、自治区、直辖市和计划单列市国家税务局、地方税务局：

为了加强对大企业的税收服务与管理，税务总局决定将45户企业（集团）作为总局定点联系企业。现将税务总局定点联系企业名单印发你们。上述税务总局定点联系企业日常征收管理的属地原则不变、税款入库级次和归属不变。有关税务总局定点联系企业服务与管理以及省以下税务机关大企业服务与管理的工作要求,将另行明确。

附件:国家税务总局定点联系企业名单

附件

国家税务总局定点联系企业名单

序号	企业集团名称	序号	企业集团名称
1	中国烟草总公司	24	中国联合网络通信有限公司
2	中国石油天然气集团公司	25	中国冶金科工集团公司
3	中国石油化工集团公司	26	中国光大(集团)总公司
4	国家电网公司	27	万科企业股份有限公司
5	中国移动通信集团公司	28	中国人寿保险(集团)公司
6	中国建设银行股份有限公司	29	中粮集团有限公司
7	中国工商银行股份有限公司	30	诺基亚(中国)投资有限公司
8	中国农业银行	31	中国邮政集团公司
9	中国银行股份有限公司	32	华为技术有限公司
10	中国海洋石油总公司	33	中国五矿集团公司
11	神华集团有限责任公司	34	中国中化集团公司
12	国家开发银行	35	三星(中国)投资有限公司
13	中华人民共和国铁道部	36	联想控股有限公司
14	中国电信集团公司	37	摩托罗拉(中国)电子有限公司
15	中国华能集团公司	38	中国银河证券股份有限公司
16	中国铝业公司	39	松下电器(中国)有限公司
17	中国大唐集团公司	40	西门子(中国)有限公司
18	中国兵器装备集团公司	41	麦当劳(中国)有限公司
19	中国远洋运输(集团)总公司	42	汇丰银行
20	中国华润总公司	43	富士康科技集团
21	中国建筑工程总公司	44	通用电气(中国)有限公司
22	上海复星高科技(集团)有限公司	45	沃尔玛(中国)投资有限公司
23	中国交通建设集团有限公司		

2－1－43

国家税务总局关于债务重组所得企业所得税处理问题的批复

2009年1月4日 国税函〔2009〕1号

海南省国家税务局：

你局《关于企业债务重组所得征免企业所得税问题的请示》（琼国税发〔2008〕231号）收悉，经研究，批复如下：

《企业债务重组业务所得税处理办法》（国家税务总局令第6号）自2003年3月1日起执行。此前，企业债务重组中因豁免债务等取得的债务重组所得，应按照当时的会计准则处理，即“以低于债务账面价值的现金清偿某项债务的，债务人应将重组债务的账面价值与支付的现金之间的差额；或以债务转为资本清偿某项债务的，债务人应将重组债务的账面价值与债权人因放弃债权而享有股权的份额之间的差额”，确认为资本公积。

2－1－44

国家税务总局关于企业工资薪金及职工福利费扣除问题的通知

2009年1月4日 国税函〔2009〕3号

各省、自治区、直辖市和计划单列市国家税务局、地方税务局：

为有效贯彻落实《中华人民共和国企业所得税法实施条例》（以下简称《实施条例》），现就企业工资薪金和职工福利费扣除有关问题通知如下：

一、关于合理工资薪金问题

《实施条例》第三十四条所称的“合理工资薪金”，是指企业按照股东大会、董事会、薪酬委员会或相关管理机构制订的工资薪金制度规定实际发放给员工的工资薪金。税务机关在对工资薪金进行合理性确认时，可按以下原则掌握：

（一）企业制订了较为规范的员工工资薪金制度；

（二）企业所制订的工资薪金制度符合行业及地区水平；

（三）企业在一定时期所发放的工资薪金是相对固定的，工资薪金的调整是有序进行的；

（四）企业对实际发放的工资薪金，已依法履行了代扣代缴个人所得税义务；

（五）有关工资薪金的安排，不以减少或逃避税款为目的。

二、关于工资薪金总额问题

《实施条例》第四十、四十一、四十二条所称的“工资薪金总额”，是指企业按照本通知第一条规定实际发放的工资薪金总和,不包括企业的职工福利费、职工教育经费、工会经费以及养老保险费、医疗保险费、失业保险费、工伤保险费、生育保险费等社会保险费和住房公积金。属于国有性质的企业,其工资薪金,不得超过政府有关部门给予的限定数额;超过部分,不得计入企业工资薪金总额,也不得在计算企业应纳税所得额时扣除。

三、关于职工福利费扣除问题

《实施条例》第四十条规定的企业职工福利费,包括以下内容:

(一)尚未实行分离办社会职能的企业,其内设福利部门所发生的设备、设施和人员费用,包括职工食堂、职工浴室、理发室、医务所、托儿所、疗养院等集体福利部门的设备、设施及维修保养费用和福利部门工作人员的工资薪金、社会保险费、住房公积金、劳务费等。

(二)为职工卫生保健、生活、住房、交通等所发放的各项补贴和非货币性福利,包括企业向职工发放的因公外地就医费用、未实行医疗统筹企业职工医疗费用、职工供养直系亲属医疗补贴、供暖费补贴、职工防暑降温费、职工困难补贴、救济费、职工食堂经费补贴、职工交通补贴等。

(三)按照其他规定发生的其他职工福利费,包括丧葬补助费、抚恤费、安家费、探亲假路费等。

四、关于职工福利费核算问题

企业发生的职工福利费,应该单独设置账册,进行准确核算。没有单独设置账册准确核算的,税务机关应责令企业在规定的期限内进行改正。逾期仍未改正的,税务机关可对企业发生的职工福利费进行合理的核定。

五、本通知自 2008 年 1 月 1 日起执行。

2 -1 -45

国家税务总局关于印发《特别纳税调整实施办法(试行)》的通知

2009 年 1 月 8 日　国税发〔2009〕2 号

各省、自治区、直辖市和计划单列市国家税务局、地方税务局:

为贯彻落实《中华人民共和国企业所得税法》及其实施条例,规范和加强特别纳税调整管理,国家税务总局制定了《特别纳税调整实施办法(试行)》,现印发给你们,请遵照执行。

附件:《特别纳税调整实施办法(试行)》表证单书

特别纳税调整实施办法(试行)

第一章 总 则

第一条 为了规范特别纳税调整管理,根据《中华人民共和国企业所得税法》(以下简称所得税法)、《中华人民共和国企业所得税法实施条例》(以下简称所得税法实施条例)、《中华人民共和国税收征收管理法》(以下简称征管法)、《中华人民共和国税收征收管理法实施细则》(以下简称征管法实施细则)以及我国政府与有关国家(地区)政府签署的避免双重征税协定(安排)(以下简称税收协定)的有关规定,制定本办法。

第二条 本办法适用于税务机关对企业的转让定价、预约定价安排、成本分摊协议、受控外国企业、资本弱化以及一般反避税等特别纳税调整事项的管理。

第三条 转让定价管理是指税务机关按照所得税法第六章和征管法第三十六条的有关规定,对企业与其关联方之间的业务往来(以下简称关联交易)是否符合独立交易原则进行审核评估和调查调整等工作的总称。

第四条 预约定价安排管理是指税务机关按照所得税法第四十二条和征管法实施细则第五十三条的规定,对企业提出的未来年度关联交易的定价原则和计算方法进行审核评估,并与企业协商达成预约定价安排等工作的总称。

第五条 成本分摊协议管理是指税务机关按照所得税法第四十一条第二款的规定,对企业与其关联方签署的成本分摊协议是否符合独立交易原则进行审核评估和调查调整等工作的总称。

第六条 受控外国企业管理是指税务机关按照所得税法第四十五条的规定,对受控外国企业不作利润分配或减少分配进行审核评估和调查,并对归属于中国居民企业所得进行调整等工作的总称。

第七条 资本弱化管理是指税务机关按照所得税法第四十六条的规定,对企业接受关联方债权性投资与企业接受的权益性投资的比例是否符合规定比例或独立交易原则进行审核评估和调查调整等工作的总称。

第八条 一般反避税管理是指税务机关按照所得税法第四十七条的规定,对企业实施其他不具有合理商业目的的安排而减少其应纳税收入或所得额进行审核评估和调查调整等工作的总称。

第二章 关联申报

第九条 所得税法实施条例第一百零九条及征管法实施细则第五十一条所称关联关系,主要是指企业与其他企业、组织或个人具有下列之一关系:

(一)一方直接或间接持有另一方的股份总和达到25%以上,或者双方直接或间接同为第三方所持有的股份达到25%以上。若一方通过中间方对另一方间接持有股份,只要一方对中间方持股比例达到25%以上,则一方对另一方的持股比例按照中间方对另一方的持股比例计算。

（二）一方与另一方（独立金融机构除外）之间借贷资金占一方实收资本50%以上，或者一方借贷资金总额的10%以上是由另一方（独立金融机构除外）担保。

（三）一方半数以上的高级管理人员（包括董事会成员和经理）或至少一名可以控制董事会的董事会高级成员是由另一方委派，或者双方半数以上的高级管理人员（包括董事会成员和经理）或至少一名可以控制董事会的董事会高级成员同为第三方委派。

（四）一方半数以上的高级管理人员（包括董事会成员和经理）同时担任另一方的高级管理人员（包括董事会成员和经理），或者一方至少一名可以控制董事会的董事会高级成员同时担任另一方的董事会高级成员。

（五）一方的生产经营活动必须由另一方提供的工业产权、专有技术等特许权才能正常进行。

（六）一方的购买或销售活动主要由另一方控制。

（七）一方接受或提供劳务主要由另一方控制。

（八）一方对另一方的生产经营、交易具有实质控制，或者双方在利益上具有相关联的其他关系，包括虽未达到本条第（一）项持股比例，但一方与另一方的主要持股方享受基本相同的经济利益，以及家族、亲属关系等。

第十条 关联交易主要包括以下类型：

（一）有形资产的购销、转让和使用，包括房屋建筑物、交通工具、机器设备、工具、商品、产品等有形资产的购销、转让和租赁业务；

（二）无形资产的转让和使用，包括土地使用权、版权（著作权）、专利、商标、客户名单、营销渠道、牌号、商业秘密和专有技术等特许权，以及工业品外观设计或实用新型等工业产权的所有权转让和使用权的提供业务；

（三）融通资金，包括各类长短期资金拆借和担保以及各类计息预付款和延期付款等业务；

（四）提供劳务，包括市场调查、行销、管理、行政事务、技术服务、维修、设计、咨询、代理、科研、法律、会计事务等服务的提供。

第十一条 实行查账征收的居民企业和在中国境内设立机构、场所并据实申报缴纳企业所得税的非居民企业向税务机关报送年度企业所得税纳税申报表时，应附送《中华人民共和国企业年度关联业务往来报告表》，包括《关联关系表》、《关联交易汇总表》、《购销表》、《劳务表》、《无形资产表》、《固定资产表》、《融通资金表》、《对外投资情况表》和《对外支付款项情况表》。

第十二条 企业按规定期限报送本办法第十一条规定的报告表确有困难，需要延期的，应按征管法及其实施细则的有关规定办理。

第三章　同期资料管理

第十三条 企业应根据所得税法实施条例第一百一十四条的规定，按纳税年度准备、保存、并按税务机关要求提供其关联交易的同期资料。

第十四条 同期资料主要包括以下内容：

（一）组织结构

1. 企业所属的企业集团相关组织结构及股权结构；

2. 企业关联关系的年度变化情况；

3. 与企业发生交易的关联方信息，包括关联企业的名称、法定代表人、董事和经理等高级管理人员构成情况、注册地址及实际经营地址，以及关联个人的名称、国籍、居住地、家庭成员构成等情况，并注明对企业关联交易定价具有直接影响的关联方；

4. 各关联方适用的具有所得税性质的税种、税率及相应可享受的税收优惠。

（二）生产经营情况

1. 企业的业务概况，包括企业发展变化概况、所处的行业及发展概况、经营策略、产业政策、行业限制等影响企业和行业的主要经济和法律问题，集团产业链以及企业所处地位；

2. 企业的主营业务构成，主营业务收入及其占收入总额的比重，主营业务利润及其占利润总额的比重；

3. 企业所处的行业地位及相关市场竞争环境的分析；

4. 企业内部组织结构，企业及其关联方在关联交易中执行的功能、承担的风险以及使用的资产等相关信息，并参照填写《企业功能风险分析表》；

5. 企业集团合并财务报表，可视企业集团会计年度情况延期准备，但最迟不得超过关联交易发生年度的次年 12 月 31 日。

（三）关联交易情况

1. 关联交易类型、参与方、时间、金额、结算货币、交易条件等；

2. 关联交易所采用的贸易方式、年度变化情况及其理由；

3. 关联交易的业务流程，包括各个环节的信息流、物流和资金流，与非关联交易业务流程的异同；

4. 关联交易所涉及的无形资产及其对定价的影响；

5. 与关联交易相关的合同或协议副本及其履行情况的说明；

6. 对影响关联交易定价的主要经济和法律因素的分析；

7. 关联交易和非关联交易的收入、成本、费用和利润的划分情况，不能直接划分的，按照合理比例划分，说明确定该划分比例的理由，并参照填写《企业年度关联交易财务状况分析表》。

（四）可比性分析

1. 可比性分析所考虑的因素，包括交易资产或劳务特性、交易各方功能和风险、合同条款、经济环境、经营策略等；

2. 可比企业执行的功能、承担的风险以及使用的资产等相关信息；

3. 可比交易的说明，如：有形资产的物理特性、质量及其效用；融资业务的正常利率水平、金额、币种、期限、担保、融资人的资信、还款方式、计息方法等；劳务的性质与程度；无形资产的类型及交易形式，通过交易获得的使用无形资产的权利，使用无形资产获得的收益；

4. 可比信息来源、选择条件及理由；

5. 可比数据的差异调整及理由。

（五）转让定价方法的选择和使用

1. 转让定价方法的选用及理由，企业选择利润法时，须说明对企业集团整体利润或剩余利润水平所作的贡献；

2. 可比信息如何支持所选用的转让定价方法；

3. 确定可比非关联交易价格或利润的过程中所做的假设和判断；

4. 运用合理的转让定价方法和可比性分析结果，确定可比非关联交易价格或利润，以及遵循独立交易原则的说明；

5. 其他支持所选用转让定价方法的资料。

第十五条 属于下列情形之一的企业，可免于准备同期资料：

（一）年度发生的关联购销金额（来料加工业务按年度进出口报关价格计算）在2亿元人民币以下且其他关联交易金额（关联融通资金按利息收付金额计算）在4000万元人民币以下，上述金额不包括企业在年度内执行成本分摊协议或预约定价安排所涉及的关联交易金额；

（二）关联交易属于执行预约定价安排所涉及的范围；

（三）外资股份低于50%且仅与境内关联方发生关联交易。

第十六条 除本办法第七章另有规定外，企业应在关联交易发生年度的次年5月31日之前准备完毕该年度同期资料，并自税务机关要求之日起20日内提供。

企业因不可抗力无法按期提供同期资料的，应在不可抗力消除后20日内提供同期资料。

第十七条 企业按照税务机关要求提供的同期资料，须加盖公章，并由法定代表人或法定代表人授权的代表签字或盖章。同期资料涉及引用的信息资料，应标明出处来源。

第十八条 企业因合并、分立等原因变更或注销税务登记的，应由合并、分立后的企业保存同期资料。

第十九条 同期资料应使用中文。如原始资料为外文的，应附送中文副本。

第二十条 同期资料应自企业关联交易发生年度的次年6月1日起保存10年。

第四章　转让定价方法

第二十一条 企业发生关联交易以及税务机关审核、评估关联交易均应遵循独立交易原则，选用合理的转让定价方法。

根据所得税法实施条例第一百一十一条的规定，转让定价方法包括可比非受控价格法、再销售价格法、成本加成法、交易净利润法、利润分割法和其他符合独立交易原则的方法。

第二十二条 选用合理的转让定价方法应进行可比性分析。可比性分析因素主要包括以下五个方面：

（一）交易资产或劳务特性，主要包括：有形资产的物理特性、质量、数量等，劳务的性质和范围，无形资产的类型、交易形式、期限、范围、预期收益等；

（二）交易各方功能和风险，功能主要包括：研发、设计，采购，加工、装配、制造，存货管理、分销、售后服务、广告，运输、仓储，融资，财务、会计、法律及人力资源管理等，在比较功能时，应关注企业为发挥功能所使用资产的相似程度；风险主要包括：研发风险，采购风险，生产风险，分销风险，市场推广风险，管理及财务风险等；

（三）合同条款，主要包括：交易标的，交易数量、价格，收付款方式和条件，交货条件，售后服务范围和条件，提供附加劳务的约定，变更、修改合同内容的权利，合同有效期，终止或续签合同的权利；

（四）经济环境，主要包括：行业概况，地理区域，市场规模，市场层级，市场占有率，市场竞争程度，消费者购买力，商品或劳务可替代性，生产要素价格，运输成本，政府管制等；

（五）经营策略，主要包括：创新和开发策略，多元化经营策略，风险规避策略，市场占有策略等。

第二十三条 可比非受控价格法以非关联方之间进行的与关联交易相同或类似业务活动所收取的价格作为关联交易的公平成交价格。

可比性分析应特别考察关联交易与非关联交易在交易资产或劳务的特性、合同条款及经济环境上的差异，按照不同交易类型具体包括如下内容：

（一）有形资产的购销或转让

1. 购销或转让过程，包括交易的时间与地点、交货条件、交货手续、支付条件、交易数量、售后服务的时间和地点等；

2. 购销或转让环节，包括出厂环节、批发环节、零售环节、出口环节等；

3. 购销或转让货物，包括品名、品牌、规格、型号、性能、结构、外型、包装等；

4. 购销或转让环境，包括民族风俗、消费者偏好、政局稳定程度以及财政、税收、外汇政策等。

（二）有形资产的使用

1. 资产的性能、规格、型号、结构、类型、折旧方法；

2. 提供使用权的时间、期限、地点；

3. 资产所有者对资产的投资支出、维修费用等。

（三）无形资产的转让和使用

1. 无形资产类别、用途、适用行业、预期收益；

2. 无形资产的开发投资、转让条件、独占程度、受有关国家法律保护的程度及期限、受让成本和费用、功能风险情况、可替代性等。

（四）融通资金：融资的金额、币种、期限、担保、融资人的资信、还款方式、计息方法等。

（五）提供劳务：业务性质、技术要求、专业水准、承担责任、付款条件和方式、直接和间接成本等。

关联交易与非关联交易之间在以上方面存在重大差异的，应就该差异对价格的影响进行合理调整，无法合理调整的，应根据本章规定选择其他合理的转让定价方法。

可比非受控价格法可以适用于所有类型的关联交易。

第二十四条 再销售价格法以关联方购进商品再销售给非关联方的价格减去可比非关联交易毛利后的金额作为关联方购进商品的公平成交价格。其计算公式如下：

公平成交价格 = 再销售给非关联方的价格 ×（1 - 可比非关联交易毛利率）

可比非关联交易毛利率 = 可比非关联交易毛利/可比非关联交易收入净额 ×100%

可比性分析应特别考察关联交易与非关联交易在功能风险及合同条款上的差异以及影响毛利率的其他因素，具体包括销售、广告及服务功能，存货风险，机器、设备的价值及使用年限，无形资产的使用及价值，批发或零售环节，商业经验，会计处理及管理效率等。

关联交易与非关联交易之间在以上方面存在重大差异的，应就该差异对毛利率的影响进行合理调整，无法合理调整的，应根据本章规定选择其他合理的转让定价方法。

再销售价格法通常适用于再销售者未对商品进行改变外型、性能、结构或更换商标等实质性增值加工的简单加工或单纯购销业务。

第二十五条 成本加成法以关联交易发生的合理成本加上可比非关联交易毛利作为关联交易的公平成交价格。其计算公式如下：

公平成交价格＝关联交易的合理成本×(1＋可比非关联交易成本加成率)

可比非关联交易成本加成率＝可比非关联交易毛利/可比非关联交易成本×100%

可比性分析应特别考察关联交易与非关联交易在功能风险及合同条款上的差异以及影响成本加成率的其他因素，具体包括制造、加工、安装及测试功能，市场及汇兑风险，机器、设备的价值及使用年限，无形资产的使用及价值，商业经验，会计处理及管理效率等。

关联交易与非关联交易之间在以上方面存在重大差异的，应就该差异对成本加成率的影响进行合理调整，无法合理调整的，应根据本章规定选择其他合理的转让定价方法。

成本加成法通常适用于有形资产的购销、转让和使用，劳务提供或资金融通的关联交易。

第二十六条 交易净利润法以可比非关联交易的利润率指标确定关联交易的净利润。利润率指标包括资产收益率、销售利润率、完全成本加成率、贝里比率等。

可比性分析应特别考察关联交易与非关联交易之间在功能风险及经济环境上的差异以及影响营业利润的其他因素，具体包括执行功能、承担风险和使用资产，行业和市场情况，经营规模，经济周期和产品生命周期，成本、费用、所得和资产在各交易间的分摊，会计处理及经营管理效率等。

关联交易与非关联交易之间在以上方面存在重大差异的，应就该差异对营业利润的影响进行合理调整，无法合理调整的，应根据本章规定选择其他合理的转让定价方法。

交易净利润法通常适用于有形资产的购销、转让和使用，无形资产的转让和使用以及劳务提供等关联交易。

第二十七条 利润分割法根据企业与其关联方对关联交易合并利润的贡献计算各自应该分配的利润额。利润分割法分为一般利润分割法和剩余利润分割法。

一般利润分割法根据关联交易各参与方所执行的功能、承担的风险以及使用的资产，确定各自应取得的利润。

剩余利润分割法将关联交易各参与方的合并利润减去分配给各方的常规利润的余额作为剩余利润，再根据各方对剩余利润的贡献程度进行分配。

可比性分析应特别考察交易各方执行的功能、承担的风险和使用的资产，成本、费用、所得和资产在各交易方之间的分摊，会计处理，确定交易各方对剩余利润贡献所使用信息和假设条件的可靠性等。

利润分割法通常适用于各参与方关联交易高度整合且难以单独评估各方交易结果的

情况。

第五章 转让定价调查及调整

第二十八条 税务机关有权依据税收征管法及其实施细则有关税务检查的规定，确定调查企业，进行转让定价调查、调整。被调查企业必须据实报告其关联交易情况，并提供相关资料，不得拒绝或隐瞒。

第二十九条 转让定价调查应重点选择以下企业：

（一）关联交易数额较大或类型较多的企业；

（二）长期亏损、微利或跳跃性盈利的企业；

（三）低于同行业利润水平的企业；

（四）利润水平与其所承担的功能风险明显不相匹配的企业；

（五）与避税港关联方发生业务往来的企业；

（六）未按规定进行关联申报或准备同期资料的企业；

（七）其他明显违背独立交易原则的企业。

第三十条 实际税负相同的境内关联方之间的交易，只要该交易没有直接或间接导致国家总体税收收入的减少，原则上不做转让定价调查、调整。

第三十一条 税务机关应结合日常征管工作，开展案头审核，确定调查企业。案头审核应主要根据被调查企业历年报送的年度所得税申报资料及关联业务往来报告表等纳税资料，对企业的生产经营状况、关联交易等情况进行综合评估分析。

企业可以在案头审核阶段向税务机关提供同期资料。

第三十二条 税务机关对已确定的调查对象，应根据所得税法第六章、所得税法实施条例第六章、征管法第四章及征管法实施细则第六章的规定，实施现场调查。

（一）现场调查人员须2名以上。

（二）现场调查时调查人员应出示《税务检查证》，并送达《税务检查通知书》。

（三）现场调查可根据需要依照法定程序采取询问、调取账簿资料和实地核查等方式。

（四）询问当事人应有专人记录《询问（调查）笔录》，并告知当事人不如实提供情况应当承担的法律责任。《询问（调查）笔录》应交当事人核对确认。

（五）需调取账簿及有关资料的，应按照征管法实施细则第八十六条的规定，填制《调取账簿资料通知书》、《调取账簿资料清单》，办理有关法定手续，调取的账簿、记账凭证等资料，应妥善保管，并按法定时限如数退还。

（六）实地核查过程中发现的问题和情况，由调查人员填写《询问（调查）笔录》。《询问（调查）笔录》应由2名以上调查人员签字，并根据需要由被调查企业核对确认，若被调查企业拒绝，可由2名以上调查人员签认备案。

（七）可以以记录、录音、录像、照相和复制的方式索取与案件有关的资料，但必须注明原件的保存方及出处，由原件保存或提供方核对签注"与原件核对无误"字样，并盖章或押印。

（八）需要证人作证的，应事先告知证人不如实提供情况应当承担的法律责任。证人的证言材料应由本人签字或押印。

第三十三条 根据所得税法第四十三条第二款及所得税法实施条例第一百一十四条的规定，税务机关在实施转让定价调查时，有权要求企业及其关联方，以及与关联业务调查有关的其他企业（以下简称可比企业）提供相关资料，并送达《税务事项通知书》。

（一）企业应在《税务事项通知书》规定的期限内提供相关资料，因特殊情况不能按期提供的，应向税务机关提交书面延期申请，经批准，可以延期提供，但最长不得超过30日。税务机关应自收到企业延期申请之日起15日内函复，逾期未函复的，视同税务机关已同意企业的延期申请。

（二）企业的关联方以及可比企业应在与税务机关约定的期限内提供相关资料，约定期限一般不应超过60日。

企业、关联方及可比企业应按税务机关要求提供真实、完整的相关资料。

第三十四条 税务机关应按本办法第二章的有关规定，核实企业申报信息，并要求企业填制《企业可比性因素分析表》。

税务机关在企业关联申报和提供资料的基础上，填制《企业关联关系认定表》、《企业关联交易认定表》和《企业可比性因素分析认定表》，并由被调查企业核对确认。

第三十五条 转让定价调查涉及向关联方和可比企业调查取证的，税务机关向企业送达《税务检查通知书》，进行调查取证。

第三十六条 税务机关审核企业、关联方及可比企业提供的相关资料，可采用现场调查、发函协查和查阅公开信息等方式核实。需取得境外有关资料的，可按有关规定启动税收协定的情报交换程序，或通过我驻外机构调查收集有关信息。涉及境外关联方的相关资料，税务机关也可要求企业提供公证机构的证明。

第三十七条 税务机关应选用本办法第四章规定的转让定价方法分析、评估企业关联交易是否符合独立交易原则，分析评估时可以使用公开信息资料，也可以使用非公开信息资料。

第三十八条 税务机关分析、评估企业关联交易时，因企业与可比企业营运资本占用不同而对营业利润产生的差异原则上不做调整。确需调整的，须层报国家税务总局批准。

第三十九条 按照关联方订单从事加工制造，不承担经营决策、产品研发、销售等功能的企业，不应承担由于决策失误、开工不足、产品滞销等原因带来的风险和损失，通常应保持一定的利润率水平。对出现亏损的企业，税务机关应在经济分析的基础上，选择适当的可比价格或可比企业，确定企业的利润水平。

第四十条 企业与关联方之间收取价款与支付价款的交易相互抵消的，税务机关在可比性分析和纳税调整时，原则上应还原抵消交易。

第四十一条 税务机关采用四分位法分析、评估企业利润水平时，企业利润水平低于可比企业利润率区间中位值的，原则上应按照不低于中位值进行调整。

第四十二条 经调查，企业关联交易符合独立交易原则的，税务机关应做出转让定价调查结论，并向企业送达《特别纳税调查结论通知书》。

第四十三条 经调查，企业关联交易不符合独立交易原则而减少其应纳税收入或者所得额的，税务机关应按以下程序实施转让定价纳税调整：

（一）在测算、论证和可比性分析的基础上，拟定特别纳税调查初步调整方案；

（二）根据初步调整方案与企业协商谈判，税企双方均应指定主谈人，调查人员应做好《协商内容记录》，并由双方主谈人签字确认，若企业拒签，可由 2 名以上调查人员签认备案；

（三）企业对初步调整方案有异议的，应在税务机关规定的期限内进一步提供相关资料，税务机关收到资料后，应认真审核，并及时做出审议决定；

（四）根据审议决定，向企业送达《特别纳税调查初步调整通知书》，企业对初步调整意见有异议的，应自收到通知书之日起 7 日内书面提出，税务机关收到企业意见后，应再次协商审议；企业逾期未提出异议的，视为同意初步调整意见；

（五）确定最终调整方案，向企业送达《特别纳税调查调整通知书》。

第四十四条 企业收到《特别纳税调查调整通知书》后，应按规定期限缴纳税款及利息。

第四十五条 税务机关对企业实施转让定价纳税调整后，应自企业被调整的最后年度的下一年度起 5 年内实施跟踪管理。在跟踪管理期内，企业应在跟踪年度的次年 6 月 20 日之前向税务机关提供跟踪年度的同期资料，税务机关根据同期资料和纳税申报资料重点分析、评估以下内容：

（一）企业投资、经营状况及其变化情况；

（二）企业纳税申报额变化情况；

（三）企业经营成果变化情况；

（四）关联交易变化情况等。

税务机关在跟踪管理期内发现企业转让定价异常等情况，应及时与企业沟通，要求企业自行调整，或按照本章有关规定开展转让定价调查调整。

第六章　预约定价安排管理

第四十六条 企业可以依据所得税法第四十二条、所得税法实施条例第一百一十三条及征管法实施细则第五十三条的规定，与税务机关就企业未来年度关联交易的定价原则和计算方法达成预约定价安排。预约定价安排的谈签与执行通常经过预备会谈、正式申请、审核评估、磋商、签订安排和监控执行 6 个阶段。预约定价安排包括单边、双边和多边 3 种类型。

第四十七条 预约定价安排应由设区的市、自治州以上的税务机关受理。

第四十八条 预约定价安排一般适用于同时满足以下条件的企业：

（一）年度发生的关联交易金额在 4000 万元人民币以上；

（二）依法履行关联申报义务；

（三）按规定准备、保存和提供同期资料。

第四十九条 预约定价安排适用于自企业提交正式书面申请年度的次年起 3 至 5 个连续年度的关联交易。

预约定价安排的谈签不影响税务机关对企业提交预约定价安排正式书面申请当年或以前年度关联交易的转让定价调查调整。

如果企业申请当年或以前年度的关联交易与预约定价安排适用年度相同或类似，经企业申请,税务机关批准,可将预约定价安排确定的定价原则和计算方法适用于申请当年或以前年度关联交易的评估和调整。

第五十条 企业正式申请谈签预约定价安排前,应向税务机关书面提出谈签意向,税务机关可以根据企业的书面要求,与企业就预约定价安排的相关内容及达成预约定价安排的可行性开展预备会谈,并填制《预约定价安排会谈记录》。预备会谈可以采用匿名的方式。

(一)企业申请单边预约定价安排的,应向税务机关书面提出谈签意向。在预备会谈期间,企业应就以下内容提供资料,并与税务机关进行讨论:

1. 安排的适用年度;
2. 安排涉及的关联方及关联交易;
3. 企业以前年度生产经营情况;
4. 安排涉及各关联方功能和风险的说明;
5. 是否应用安排确定的方法解决以前年度的转让定价问题;
6. 其他需要说明的情况。

(二)企业申请双边或多边预约定价安排的,应同时向国家税务总局和主管税务机关书面提出谈签意向,国家税务总局组织与企业开展预备会谈,预备会谈的内容除本条第(一)项外,还应特别包括:

1. 向税收协定缔约对方税务主管当局提出预备会谈申请的情况;
2. 安排涉及的关联方以前年度生产经营情况及关联交易情况;
3. 向税收协定缔约对方税务主管当局提出的预约定价安排拟采用的定价原则和计算方法。

(三)预备会谈达成一致意见的,税务机关应自达成一致意见之日起15日内书面通知企业,可以就预约定价安排相关事宜进行正式谈判,并向企业送达《预约定价安排正式会谈通知书》;预备会谈不能达成一致意见的,税务机关应自最后一次预备会谈结束之日起15日内书面通知企业,向企业送达《拒绝企业申请预约定价安排通知书》,拒绝企业申请预约定价安排,并说明理由。

第五十一条 企业应在接到税务机关正式会谈通知之日起3个月内,向税务机关提出预约定价安排书面申请报告,并报送《预约定价安排正式申请书》。企业申请双边或多边预约定价安排的,应将《预约定价安排正式申请书》和《启动相互协商程序申请书》同时报送国家税务总局和主管税务机关。

(一)预约定价安排书面申请报告应包括如下内容:

1. 相关的集团组织架构、公司内部结构、关联关系、关联交易情况;
2. 企业近三年财务、会计报表资料,产品功能和资产(包括无形资产和有形资产)的资料;
3. 安排所涉及的关联交易类别和纳税年度;
4. 关联方之间功能和风险划分,包括划分所依据的机构、人员、费用、资产等;
5. 安排适用的转让定价原则和计算方法,以及支持这一原则和方法的功能风险分析、可比性分析和假设条件等;

6. 市场情况的说明，包括行业发展趋势和竞争环境；

7. 安排预约期间的年度经营规模、经营效益预测以及经营规划等；

8. 与安排有关的关联交易、经营安排及利润水平等财务方面的信息；

9. 是否涉及双重征税等问题；

10. 涉及境内、外有关法律、税收协定等相关问题。

（二）企业因下列特殊原因无法按期提交书面申请报告的，可向税务机关提出书面延期申请，并报送《预约定价安排正式申请延期报送申请书》：

1. 需要特别准备某些方面的资料；

2. 需要对资料做技术上的处理，如文字翻译等；

3. 其他非主观原因。

税务机关应自收到企业书面延期申请后15日内，对其延期事项做出书面答复，并向企业送达《预约定价安排正式申请延期报送答复书》。逾期未做出答复的，视同税务机关已同意企业的延期申请。

（三）上述申请内容所涉及的文件资料和情况说明，包括能够支持拟选用的定价原则、计算方法和能证实符合预约定价安排条件的所有文件资料，企业和税务机关均应妥善保存。

第五十二条　税务机关应自收到企业提交的预约定价安排正式书面申请及所需文件、资料之日起5个月内，进行审核和评估。根据审核和评估的具体情况可要求企业补充提供有关资料，形成审核评估结论。

因特殊情况，需要延长审核评估时间的，税务机关应及时书面通知企业，并向企业送达《预约定价安排审核评估延期通知书》，延长期限不得超过3个月。

税务机关应主要审核和评估以下内容：

（一）历史经营状况，分析、评估企业的经营规划、发展趋势、经营范围等文件资料，重点审核可行性研究报告、投资预（决）算、董事会决议等，综合分析反映经营业绩的有关信息和资料，如财务、会计报表、审计报告等。

（二）功能和风险状况，分析、评估企业与其关联方之间在供货、生产、运输、销售等各环节以及在研究、开发无形资产等方面各自所拥有的份额，执行的功能以及在存货、信贷、外汇、市场等方面所承担的风险。

（三）可比信息，分析、评估企业提供的境内、外可比价格信息，说明可比企业和申请企业之间的实质性差异，并进行调整。若不能确认可比交易或经营活动的合理性，应明确企业须进一步提供的有关文件、资料，以证明其所选用的转让定价原则和计算方法公平地反映了被审核的关联交易和经营现状，并得到相关财务、经营等资料的证实。

（四）假设条件，分析、评估对行业盈利能力和对企业生产经营的影响因素及其影响程度，合理确定预约定价安排适用的假设条件。

（五）转让定价原则和计算方法，分析、评估企业在预约定价安排中选用的转让定价原则和计算方法是否以及如何真实地运用于以前、现在和未来年度的关联交易以及相关财务、经营资料之中，是否符合法律、法规的规定。

（六）预期的公平交易价格或利润区间，通过对确定的可比价格、利润率、可比企业交易等情况的进一步审核和评估,测算出税务机关和企业均可接受的价格或利润区间。

第五十三条 税务机关应自单边预约定价安排形成审核评估结论之日起30日内,与企业进行预约定价安排磋商,磋商达成一致的,应将预约定价安排草案和审核评估报告一并层报国家税务总局审定。

国家税务总局与税收协定缔约对方税务主管当局开展双边或多边预约定价安排的磋商,磋商达成一致的,根据磋商备忘录拟定预约定价安排草案。

预约定价安排草案应包括如下内容:

(一)关联方名称、地址等基本信息;

(二)安排涉及的关联交易及适用年度;

(三)安排选定的可比价格或交易、转让定价原则和计算方法、预期经营结果等;

(四)与转让定价方法运用和计算基础相关的术语定义;

(五)假设条件;

(六)企业年度报告、记录保存、假设条件变动通知等义务;

(七)安排的法律效力,文件资料等信息的保密性;

(八)相互责任条款;

(九)安排的修订;

(十)解决争议的方法和途径;

(十一)生效日期;

(十二)附则。

第五十四条 税务机关与企业就单边预约定价安排草案内容达成一致后,双方的法定代表人或法定代表人授权的代表正式签订单边预约定价安排。国家税务总局与税收协定缔约对方税务主管当局就双边或多边预约定价安排草案内容达成一致后,双方或多方税务主管当局授权的代表正式签订双边或多边预约定价安排。主管税务机关根据双边或多边预约定价安排与企业签订《双边(多边)预约定价安排执行协议书》。

第五十五条 在预约定价安排正式谈判后和预约定价安排签订前,税务机关和企业均可暂停、终止谈判。涉及双边或多边预约定价安排的,经缔约各方税务主管当局协商,可暂停、终止谈判。终止谈判的,双方应将谈判中相互提供的全部资料退还给对方。

第五十六条 税务机关应建立监控管理制度,监控预约定价安排的执行情况。

(一)在预约定价安排执行期内,企业应完整保存与安排有关的文件和资料(包括账簿和有关记录等),不得丢失、销毁和转移;并在纳税年度终了后5个月内,向税务机关报送执行预约定价安排情况的年度报告。

年度报告应说明报告期内经营情况以及企业遵守预约定价安排的情况,包括预约定价安排要求的所有事项,以及是否有修订或实质上终止该预约定价安排的要求。如有未决问题或将要发生的问题,企业应在年度报告中予以说明,以便与税务机关协商是否修订或终止安排。

(二)在预约定价安排执行期内,税务机关应定期(一般为半年)检查企业履行安排的情况。检查内容主要包括:企业是否遵守了安排条款及要求;为谈签安排而提供的资料和年度报告是否反映了企业的实际经营情况;转让定价方法所依据的资料和计算方法是否正确;安排所描述的假设条件是否仍然有效;企业对转让定价方法的运用是否与假设条件相一致等。

税务机关如发现企业有违反安排的一般情况,可视情况进行处理,直至终止安排;如发现企业存在隐瞒或拒不执行安排的情况,税务机关应认定预约定价安排自始无效。

(三)在预约定价安排执行期内,如果企业发生实际经营结果不在安排所预期的价格或利润区间之内的情况,税务机关应在报经上一级税务机关核准后,将实际经营结果调整到安排所确定的价格或利润区间内。涉及双边或多边预约定价安排的,应当层报国家税务总局核准。

(四)在预约定价安排执行期内,企业发生影响预约定价安排的实质性变化,应在发生变化后30日内向税务机关书面报告,详细说明该变化对预约定价安排执行的影响,并附相关资料。由于非主观原因而无法按期报告的,可以延期报告,但延长期不得超过30日。

税务机关应在收到企业书面报告之日起60日内,予以审核和处理,包括审查企业变化情况、与企业协商修订预约定价安排条款和相关条件,或根据实质性变化对预约定价安排的影响程度采取修订或终止安排等措施。原预约定价安排终止执行后,税务机关可以和企业按照本章规定的程序和要求,重新谈签新的预约定价安排。

(五)国家税务局和地方税务局与企业共同签订的预约定价安排,在执行期内,企业应分别向国家税务局和地方税务局报送执行预约定价安排情况的年度报告和实质性变化报告。国家税务局和地方税务局应对企业执行安排的情况,实行联合检查和审核。

第五十七条 预约定价安排期满后自动失效。如企业需要续签的,应在预约定价安排执行期满前90日内向税务机关提出续签申请,报送《预约定价安排续签申请书》,并提供可靠的证明材料,说明现行预约定价安排所述事实和相关环境没有发生实质性变化,并且一直遵守该预约定价安排中的各项条款和约定。税务机关应自收到企业续签申请之日起15日内做出是否受理的书面答复,向企业送达《预约定价安排申请续签答复书》。税务机关应审核、评估企业的续签申请资料,与企业协商拟定预约定价安排草案,并按双方商定的续签时间、地点等相关事宜,与企业完成续签工作。

第五十八条 预约定价安排的谈签或执行同时涉及两个以上省、自治区、直辖市和计划单列市税务机关,或者同时涉及国家税务局和地方税务局的,由国家税务总局统一组织协调。企业可以直接向国家税务总局书面提出谈签意向。

第五十九条 税务机关与企业达成的预约定价安排,只要企业遵守了安排的全部条款及其要求,各地国家税务局、地方税务局均应执行。

第六十条 税务机关与企业在预约定价安排预备会谈、正式谈签、审核、分析等全过程中所获取或得到的所有信息资料,双方均负有保密义务。税务机关和企业每次会谈,均应对会谈内容进行书面记录,同时载明每次会谈时相互提供资料的份数和内容,并由双方主谈人员签字或盖章。

第六十一条 税务机关与企业不能达成预约定价安排的,税务机关在会谈、协商过程中所获取的有关企业的提议、推理、观念和判断等非事实性信息,不得用于以后对该预约定价安排涉及交易行为的税务调查。

第六十二条 在预约定价安排执行期间,如果税务机关与企业发生分歧,双方应进行协商。协商不能解决的，可报上一级税务机关协调；涉及双边或多边预约定价安排的，须层报国家税务总局协调。对上一级税务机关或国家税务总局的协调结果或决定，下一级税务机关应当予以执行。但企业仍不能接受的，应当终止安排的执行。

第六十三条 税务机关应在与企业正式签订单边预约定价安排或双边或多边预约定价安排执行协议书后10日内，以及预约定价安排执行中发生修订、终止等情况后20日内，将单边预约定价安排正式文本、双边或多边预约定价安排执行协议书以及安排变动情况的说明层报国家税务总局备案。

第七章 成本分摊协议管理

第六十四条 根据所得税法第四十一条第二款及所得税法实施条例第一百一十二条的规定，企业与其关联方签署成本分摊协议，共同开发、受让无形资产，或者共同提供、接受劳务，应符合本章规定。

第六十五条 成本分摊协议的参与方对开发、受让的无形资产或参与的劳务活动享有受益权，并承担相应的活动成本。关联方承担的成本应与非关联方在可比条件下为获得上述受益权而支付的成本相一致。

参与方使用成本分摊协议所开发或受让的无形资产不需另支付特许权使用费。

第六十六条 企业对成本分摊协议所涉及无形资产或劳务的受益权应有合理的、可计量的预期收益，且以合理商业假设和营业常规为基础。

第六十七条 涉及劳务的成本分摊协议一般适用于集团采购和集团营销策划。

第六十八条 成本分摊协议主要包括以下内容：

（一）参与方的名称、所在国家（地区）、关联关系、在协议中的权利和义务；

（二）成本分摊协议所涉及的无形资产或劳务的内容、范围，协议涉及研发或劳务活动的具体承担者及其职责、任务；

（三）协议期限；

（四）参与方预期收益的计算方法和假设；

（五）参与方初始投入和后续成本支付的金额、形式、价值确认的方法以及符合独立交易原则的说明；

（六）参与方会计方法的运用及变更说明；

（七）参与方加入或退出协议的程序及处理规定；

（八）参与方之间补偿支付的条件及处理规定；

（九）协议变更或终止的条件及处理规定；

（十）非参与方使用协议成果的规定。

第六十九条 企业应自成本分摊协议达成之日起30日内，层报国家税务总局备案。税务机关判定成本分摊协议是否符合独立交易原则须层报国家税务总局审核。

第七十条 已经执行并形成一定资产的成本分摊协议，参与方发生变更或协议终止执行，应根据独立交易原则做如下处理：

（一）加入支付，即新参与方为获得已有协议成果的受益权应做出合理的支付；

（二）退出补偿，即原参与方退出协议安排，将已有协议成果的受益权转让给其他参与方应获得合理的补偿；

（三）参与方变更后，应对各方受益和成本分摊情况做出相应调整；

（四）协议终止时，各参与方应对已有协议成果做出合理分配。

企业不按独立交易原则对上述情况做出处理而减少其应纳税所得额的，税务机关有权做出调整。

第七十一条 成本分摊协议执行期间，参与方实际分享的收益与分摊的成本不相配比的，应根据实际情况做出补偿调整。

第七十二条 对于符合独立交易原则的成本分摊协议，有关税务处理如下：

（一）企业按照协议分摊的成本，应在协议规定的各年度税前扣除；

（二）涉及补偿调整的，应在补偿调整的年度计入应纳税所得额；

（三）涉及无形资产的成本分摊协议，加入支付、退出补偿或终止协议时对协议成果分配的，应按资产购置或处置的有关规定处理。

第七十三条 企业可根据本办法第六章的规定采取预约定价安排的方式达成成本分摊协议。

第七十四条 企业执行成本分摊协议期间，除遵照本办法第三章规定外，还应准备和保存以下成本分摊协议的同期资料：

（一）成本分摊协议副本；

（二）成本分摊协议各参与方之间达成的为实施该协议的其他协议；

（三）非参与方使用协议成果的情况、支付的金额及形式；

（四）本年度成本分摊协议的参与方加入或退出的情况，包括加入或退出的参与方名称、所在国家（地区）、关联关系，加入支付或退出补偿的金额及形式；

（五）成本分摊协议的变更或终止情况，包括变更或终止的原因、对已形成协议成果的处理或分配；

（六）本年度按照成本分摊协议发生的成本总额及构成情况；

（七）本年度各参与方成本分摊的情况，包括成本支付的金额、形式、对象，做出或接受补偿支付的金额、形式、对象；

（八）本年度协议预期收益与实际结果的比较及由此做出的调整。

企业执行成本分摊协议期间，无论成本分摊协议是否采取预约定价安排的方式，均应在本年度的次年 6 月 20 日之前向税务机关提供成本分摊协议的同期资料。

第七十五条 企业与其关联方签署成本分摊协议，有下列情形之一的，其自行分摊的成本不得税前扣除：

（一）不具有合理商业目的和经济实质；

（二）不符合独立交易原则；

（三）没有遵循成本与收益配比原则；

（四）未按本办法有关规定备案或准备、保存和提供有关成本分摊协议的同期资料；

（五）自签署成本分摊协议之日起经营期限少于 20 年。

第八章　受控外国企业管理

第七十六条　受控外国企业是指根据所得税法第四十五条的规定,由居民企业,或者由居民企业和居民个人(以下统称中国居民股东,包括中国居民企业股东和中国居民个人股东)控制的设立在实际税负低于所得税法第四条第一款规定税率水平50%的国家(地区),并非出于合理经营需要对利润不作分配或减少分配的外国企业。

第七十七条　本办法第七十六条所称控制,是指在股份、资金、经营、购销等方面构成实质控制。其中,股份控制是指由中国居民股东在纳税年度任何一天单层直接或多层间接单一持有外国企业10%以上有表决权股份,且共同持有该外国企业50%以上股份。

中国居民股东多层间接持有股份按各层持股比例相乘计算,中间层持有股份超过50%的,按100%计算。

第七十八条　中国居民企业股东应在年度企业所得税纳税申报时提供对外投资信息,附送《对外投资情况表》。

第七十九条　税务机关应汇总、审核中国居民企业股东申报的对外投资信息,向受控外国企业的中国居民企业股东送达《受控外国企业中国居民股东确认通知书》。中国居民企业股东符合所得税法第四十五条征税条件的,按照有关规定征税。

第八十条　计入中国居民企业股东当期的视同受控外国企业股息分配的所得,应按以下公式计算:

中国居民企业股东当期所得 = 视同股息分配额 × 实际持股天数 ÷ 受控外国企业纳税年度天数 × 股东持股比例

中国居民股东多层间接持有股份的,股东持股比例按各层持股比例相乘计算。

第八十一条　受控外国企业与中国居民企业股东纳税年度存在差异的,应将视同股息分配所得计入受控外国企业纳税年度终止日所属的中国居民企业股东的纳税年度。

第八十二条　计入中国居民企业股东当期所得已在境外缴纳的企业所得税税款,可按照所得税法或税收协定的有关规定抵免。

第八十三条　受控外国企业实际分配的利润已根据所得税法第四十五条规定征税的,不再计入中国居民企业股东的当期所得。

第八十四条　中国居民企业股东能够提供资料证明其控制的外国企业满足以下条件之一的,可免于将外国企业不作分配或减少分配的利润视同股息分配额,计入中国居民企业股东的当期所得:

(一)设立在国家税务总局指定的非低税率国家(地区);

(二)主要取得积极经营活动所得;

(三)年度利润总额低于500万元人民币。

第九章　资本弱化管理

第八十五条　所得税法第四十六条所称不得在计算应纳税所得额时扣除的利息支出应按以下公式计算:

不得扣除利息支出 = 年度实际支付的全部关联方利息 × (1 - 标准比例/关联债资

比例）

其中：

标准比例是指《财政部、国家税务总局关于企业关联方利息支出税前扣除标准有关税收政策问题的通知》（财税〔2008〕121号）规定的比例。

关联债资比例是指根据所得税法第四十六条及所得税法实施条例第一百一十九条的规定，企业从其全部关联方接受的债权性投资（以下简称关联债权投资）占企业接受的权益性投资（以下简称权益投资）的比例，关联债权投资包括关联方以各种形式提供担保的债权性投资。

第八十六条 关联债资比例的具体计算方法如下：

关联债资比例＝年度各月平均关联债权投资之和/年度各月平均权益投资之和

其中：

各月平均关联债权投资＝（关联债权投资月初账面余额＋月末账面余额）/2

各月平均权益投资＝（权益投资月初账面余额＋月末账面余额）/2

权益投资为企业资产负债表所列示的所有者权益金额。如果所有者权益小于实收资本（股本）与资本公积之和，则权益投资为实收资本（股本）与资本公积之和；如果实收资本（股本）与资本公积之和小于实收资本（股本）金额，则权益投资为实收资本（股本）金额。

第八十七条 所得税法第四十六条所称的利息支出包括直接或间接关联债权投资实际支付的利息、担保费、抵押费和其他具有利息性质的费用。

第八十八条 所得税法第四十六条规定不得在计算应纳税所得额时扣除的利息支出，不得结转到以后纳税年度；应按照实际支付给各关联方利息占关联方利息总额的比例，在各关联方之间进行分配，其中，分配给实际税负高于企业的境内关联方的利息准予扣除；直接或间接实际支付给境外关联方的利息应视同分配的股息，按照股息和利息分别适用的所得税税率差补征企业所得税，如已扣缴的所得税税款多于按股息计算应征所得税税款，多出的部分不予退税。

第八十九条 企业关联债资比例超过标准比例的利息支出，如要在计算应纳税所得额时扣除，除遵照本办法第三章规定外，还应准备、保存、并按税务机关要求提供以下同期资料，证明关联债权投资金额、利率、期限、融资条件以及债资比例等均符合独立交易原则：

（一）企业偿债能力和举债能力分析；

（二）企业集团举债能力及融资结构情况分析；

（三）企业注册资本等权益投资的变动情况说明；

（四）关联债权投资的性质、目的及取得时的市场状况；

（五）关联债权投资的货币种类、金额、利率、期限及融资条件；

（六）企业提供的抵押品情况及条件；

（七）担保人状况及担保条件；

（八）同类同期贷款的利率情况及融资条件；

（九）可转换公司债券的转换条件；

（十）其他能够证明符合独立交易原则的资料。

第九十条 企业未按规定准备、保存和提供同期资料证明关联债权投资金额、利率、期限、融资条件以及债资比例等符合独立交易原则的，其超过标准比例的关联方利息支出，不得在计算应纳税所得额时扣除。

第九十一条 本章所称“实际支付利息”是指企业按照权责发生制原则计入相关成本、费用的利息。

企业实际支付关联方利息存在转让定价问题的，税务机关应首先按照本办法第五章的有关规定实施转让定价调查调整。

第十章 一般反避税管理

第九十二条 税务机关可依据所得税法第四十七条及所得税法实施条例第一百二十条的规定对存在以下避税安排的企业，启动一般反避税调查：

（一）滥用税收优惠；

（二）滥用税收协定；

（三）滥用公司组织形式；

（四）利用避税港避税；

（五）其他不具有合理商业目的的安排。

第九十三条 税务机关应按照实质重于形式的原则审核企业是否存在避税安排，并综合考虑安排的以下内容：

（一）安排的形式和实质；

（二）安排订立的时间和执行期间；

（三）安排实现的方式；

（四）安排各个步骤或组成部分之间的联系；

（五）安排涉及各方财务状况的变化；

（六）安排的税收结果。

第九十四条 税务机关应按照经济实质对企业的避税安排重新定性，取消企业从避税安排获得的税收利益。对于没有经济实质的企业，特别是设在避税港并导致其关联方或非关联方避税的企业，可在税收上否定该企业的存在。

第九十五条 税务机关启动一般反避税调查时，应按照征管法及其实施细则的有关规定向企业送达《税务检查通知书》。企业应自收到通知书之日起60日内提供资料证明其安排具有合理的商业目的。企业未在规定期限内提供资料，或提供资料不能证明安排具有合理商业目的的，税务机关可根据已掌握的信息实施纳税调整，并向企业送达《特别纳税调查调整通知书》。

第九十六条 税务机关实施一般反避税调查，可按照征管法第五十七条的规定要求避税安排的筹划方如实提供有关资料及证明材料。

第九十七条 一般反避税调查及调整须层报国家税务总局批准。

第十一章 相应调整及国际磋商

第九十八条 关联交易一方被实施转让定价调查调整的，应允许另一方做相应调整，以消除双重征税。相应调整涉及税收协定国家（地区）关联方的，经企业申请，国家税务总局与税收协定缔约对方税务主管当局根据税收协定有关相互协商程序的规定开展磋商谈判。

第九十九条　涉及税收协定国家(地区)关联方的转让定价相应调整,企业应同时向国家税务总局和主管税务机关提出书面申请,报送《启动相互协商程序申请书》,并提供企业或其关联方被转让定价调整的通知书复印件等有关资料。

第一百条　企业应自企业或其关联方收到转让定价调整通知书之日起三年内提出相应调整的申请,超过三年的,税务机关不予受理。

第一百零一条　税务机关对企业实施转让定价调整,涉及企业向境外关联方支付利息、租金、特许权使用费等已扣缴的税款,不再做相应调整。

第一百零二条　国家税务总局按照本办法第六章规定接受企业谈签双边或多边预约定价安排申请的,应与税收协定缔约对方税务主管当局根据税收协定相互协商程序的有关规定开展磋商谈判。

第一百零三条　相应调整或相互磋商的结果,由国家税务总局以书面形式经主管税务机关送达企业。

第一百零四条　本办法第九章所称不得在计算应纳税所得额时扣除的利息支出以及视同股息分配的利息支出,不适用本章相应调整的规定。

第十二章　法律责任

第一百零五条　企业未按照本办法的规定向税务机关报送企业年度关联业务往来报告表,或者未保存同期资料或其他相关资料的,依照征管法第六十条和第六十二条的规定处理。

第一百零六条　企业拒绝提供同期资料等关联交易的相关资料,或者提供虚假、不完整资料,未能真实反映其关联业务往来情况的,依照征管法第七十条、征管法实施细则第九十六条、所得税法第四十四条及所得税法实施条例第一百一十五条的规定处理。

第一百零七条　税务机关根据所得税法及其实施条例的规定,对企业做出特别纳税调整的,应对2008年1月1日以后发生交易补征的企业所得税税款,按日加收利息。

(一)计息期间自税款所属纳税年度的次年6月1日起至补缴(预缴)税款入库之日止。

(二)利息率按照税款所属纳税年度12月31日实行的与补税期间同期的中国人民银行人民币贷款基准利率(以下简称“基准利率”)加5个百分点计算,并按一年365天折算日利息率。

(三)企业按照本办法规定提供同期资料和其他相关资料的,或者企业符合本办法第十五条的规定免于准备同期资料但根据税务机关要求提供其他相关资料的,可以只按基准利率计算加收利息。

企业按照本办法第十五条第(一)项的规定免于准备同期资料,但经税务机关调查,其实际关联交易额达到必须准备同期资料的标准的,税务机关对补征税款加收利息,适用本条第(二)项规定。

(四)按照本条规定加收的利息,不得在计算应纳税所得额时扣除。

第一百零八条　企业在税务机关做出特别纳税调整决定前预缴税款的,收到调整补税通知书后补缴税款时,按照应补缴税款所属年度的先后顺序确定已预缴税款的所属年度,以预缴入库日为截止日,分别计算应加收的利息额。

第一百零九条 企业对特别纳税调整应补征的税款及利息,应在税务机关调整通知书规定的期限内缴纳入库。企业有特殊困难,不能按期缴纳税款的,应依照征管法第三十一条及征管法实施细则第四十一条和第四十二条的有关规定办理延期缴纳税款。逾期不申请延期又不缴纳税款的,税务机关应按照征管法第三十二条及其他有关规定处理。

第十三章 附 则

第一百一十条 税务机关对转让定价管理和预约定价安排管理以外的其他特别纳税调整事项实施的调查调整程序可参照适用本办法第五章的有关规定。

第一百一十一条 各级国家税务局和地方税务局对企业实施特别纳税调查调整要加强联系,可根据需要组成联合调查组进行调查。

第一百一十二条 税务机关及其工作人员应依据《国家税务总局关于纳税人涉税保密信息管理暂行办法》(国税发〔2008〕93 号)等有关保密的规定保管、使用企业提供的信息资料。

第一百一十三条 本办法所规定期限的最后一日是法定休假日的,以休假日期满的次日为期限的最后一日;在期限内有连续 3 日以上法定休假日的,按休假日天数顺延。

第一百一十四条 本办法所涉及的“以上”、“以下”、“日内”、“之日”、“之前”、“少于”、“低于”、“超过”等均包含本数。

第一百一十五条 被调查企业在税务机关实施特别纳税调查调整期间申请变更经营地址或注销税务登记的,税务机关在调查结案前原则上不予办理税务变更、注销手续。

第一百一十六条 企业按本办法第三章的规定准备 2008 纳税年度发生关联交易的同期资料,可延期至 2009 年 12 月 31 日。

第一百一十七条 本办法由国家税务总局负责解释和修订。

第一百一十八条 本办法自 2008 年 1 月 1 日起施行。《国家税务总局关于〈关联企业间业务往来税务管理规程(试行)〉的通知》(国税发〔1998〕59 号)、《国家税务总局关于修订〈关联企业间业务往来税务管理规程(试行)〉的通知》(国税发〔2004〕143 号)和《国家税务总局关于关联企业间业务往来预约定价实施规则》(国税发〔2004〕118 号)同时废止。在本办法发布前实施的有关规定与本办法不一致的,以本办法为准。

附件

《特别纳税调整实施办法(试行)》表证单书

表证单书 1

企业功能风险分析表

A 企业名称(公章):　　　　纳税人识别号:□□□□□□□□□□□□□□□□□□□□

B1 企业名称:　　　　B2 企业名称:

分类	调查项目	A 企业	B1 企业	B2 企业
一、研发	(一)核心技术研发			
	1. 是否有关联企业代研发			
	2. 是否委托第三方代研发			
	3. 谁拥有研发所有权			
	4. 谁拥有研发共享权			
	5. 研发费用由谁来负担			
	6. 研发有无实质性成果			
	7. 预期收益分配给谁			
	8. 与关联方有无许可协议			
	9. 与第三方有无许可协议			
	10. 有无成本分摊协议			
	11. 有无申请专利			
	12. 谁承担研发风险			
	13. 谁在研发中处于较高地位			
	14. 是否为独一无二的无形资产			
	15. 研发活动是否能获得竞争优势			
	(二)生产和工艺设计			
	1. 在设计中有无自主能力			
	2. 谁设计产品			
	3. 技术归谁所有			
	4. 谁开发了原有工艺			
	5. 设计费用谁来负担			
	6. 设计有无实质性成果			
	7. 预期收益分配给谁			
	8. 与关联方有无许可协议			
	9. 与第三方有无许可协议			
	10. 有无成本分摊协议			
	11. 有无申请专利			

续表

分　类	调　查　项　目	A 企业	B1 企业	B2 企业
一、研发	12. 谁承担设计风险			
	13. 对产品的设计及修订有无投入			
	14. 是否为独一无二的无形资产			
	(三)包装和标签			
	1. 是否有关联企业代包装			
	2. 是否委托第三方代包装			
	3. 包装费用谁来负担			
	4. 有无成本分摊协议			
	5. 有无申请专利			
	6. 有无完全自主权			
	7. 谁承担包装风险			
	8. 与关联方有无许可协议			
	9. 与第三方有无许可协议			
	(四)质量控制			
	1. 谁决定质量控制形式			
	2. 谁决定最终产品的质量标准和程序			
	3. 谁负责质量控制			
	4. 谁提供质量控制技术和设备			
	5. 费用谁来负担			
	6. 有无成本分摊协议			
	7. 有无申请专利			
	8. 与关联方有无许可协议			
	9. 与第三方有无许可协议			
	10. 谁承担质量控制风险			
二、生产	(一)采购			
	1. 谁安排采购计划			
	2. 谁行使采购功能			
	3. 采购费用谁负担			
	4. 采购决定是否需要关联企业批准			
	5. 是否向关联企业采购			
	6. 是否向第三方采购			
	7. 谁承担市场风险(原材料价格波动)			
	(二)生产设备和计划			
	1. 谁采购生产设备			
	2. 谁维修生产设备			

续表

分 类	调 查 项 目	A 企业	B1 企业	B2 企业
二、生产	3. 采购费用谁负担			
	4. 谁制订生产计划			
	5. 是否向关联企业采购设备			
	6. 是否向第三方采购设备			
	7. 是否仅为加工组装功能			
	8. 谁承担生产风险			
	9. 谁承担投资、设备等损失的风险			
	(三)质量控制			
	1. 谁决定质量控制形式			
	2. 谁决定最终产品的质量标准和程序			
	3. 谁负责质量控制			
	4. 谁提供质量控制技术和设备			
	5. 费用谁来负担			
	6. 有无成本分摊协议			
	7. 有无申请专利			
	8. 谁承担质量控制风险			
	(四)存货			
	1. 存货存放在哪个企业			
	2. 谁控制存货水平			
	3. 谁决定如何控制存货水平			
	4. 谁承担存货费用			
	5. 谁承担存货风险			
	(五)运输			
	1. 谁安排产品的运输			
	2. 谁支付运输费用			
	3. 谁承担运输风险			
三、营销	(一)营销策略			
	1. 谁进行市场调查			
	2. 谁制定营销策略			
	3. 谁具体负责营销			
	4. 谁承担营销风险			
	(二)营销手段			
	1. 谁决定采用何种营销手段			
	2. 谁支付营销费用			

续表

分　类	调　查　项　目	A 企业	B1 企业	B2 企业
三、营销	(三)商标和商誉			
	1. 商标和商誉的专利权归谁			
	2. 商标和商誉的使用权归谁			
	3. 有无商标商誉使用协议			
	4. 是否收取或支付特许权使用费			
	5. 谁决定特许权使用费的内容、比例			
	6. 谁承担相应风险			
四、销售和分销	(一)销售和分销			
	1. 谁制定销售计划			
	2. 销售费用谁承担			
	3. 产品关联销售给谁			
	4. 谁收到订单			
	5. 谁开具发票			
	6. 谁承担市场风险(产成品价格波动)			
	(二)存货			
	1. 存货存放在哪个企业			
	2. 谁控制存货水平			
	3. 谁承担存货费用			
	4. 谁承担存货风险			
	(三)运输			
	1. 谁安排产品的运输			
	2. 谁支付运输费用			
	3. 谁承担运输风险			
	(四)安装与售后服务			
	1. 谁提供售后服务			
	2. 谁承担服务费用			
	3. 谁承担风险			
五、管理和其他服务	(一)一般管理			
	1. 是否存在完整的管理功能			
	2. 是否承担管理费用			
	3. 是否承担管理风险			
	(二)定价政策			
	1. 谁决定产品定价			
	2. 谁决定定价政策			
	3. 谁承担风险			

续表

分 类	调 查 项 目	A 企业	B1 企业	B2 企业
五、管理和其他服务	(三)融资			
	1. 向谁借款			
	2. 是否支付利息			
	3. 向谁贷款			
	4. 是否收取利息			
	5. 融资费用谁承担			
	6. 有无借贷协议			
	7. 谁承担财务风险(汇率和利率波动的风险)			
	8. 谁承担信用风险			
	(四)人事			
	1. 是否向关联企业借调人员			
	2. 借调人员工资由谁支付			
	3. 是否提供或者接受培训			
	4. 培训费用谁承担			
	(五)财产使用租赁			
	1. 有无财产租赁			
	2. 谁承担租赁费用			
	3. 谁承担风险			

企业负责人签名: 填表日期:

填表说明

一、按照本办法规定准备同期资料的企业须填写本表。

二、本表作为企业功能风险分析范本,具体内容可视实际情况增减。

三、本表所称 A 企业是指被调查企业,B1、B2 等均为 A 企业的关联企业,关联企业数量可视实际情况增减。

四、填表符号:"√"表示有此功能风险,"×"表示无此功能风险。

表证单书 2

企业年度关联交易财务状况分析表

企业名称(公章): 纳税人识别号:□□□□□□□□□□□□□□□□□

金额单位:人民币元

项 目	××××年				
	境外关联交易	境内关联交易	境外非关联交易	境内非关联交易	总 计
(1)主营业务收入					
(2)主营业务成本					
(3)主营业务税金及附加					
(4)主营业务利润 = (1) - (2) - (3)					

续表

项　　目	××××年				
	境外 关联交易	境内 关联交易	境外 非关联交易	境内 非关联交易	总　计
(5)主营业务利润率=(4)/(1)					
(6)营业费用					
(7)管理费用					
(8)息税前利润=(4)-(6)-(7)					
(9)息税前利润率=(8)/(1)					
(10)财务费用					
(11)营业利润=(8)-(10)					
(12)营业利润率=(11)/(1)					
(13)其他业务利润					
(14)投资收益					
(15)补贴收入					
(16)营业外收入					
(17)营业外支出					
(18)利润总额=(11)+(13)+(14)+(15)+(16)-(17)					
(19)总利润率=(18)/(1)					
支付关联企业费用情况					
(20)支付境外关联企业劳务费					
(21)支付境内关联企业劳务费					
(22)支付境外关联企业技术使用费					
(23)支付境内关联企业技术使用费					
(24)支付境外关联企业商标费					
(25)支付境内关联企业商标费					
(26)支付境外关联企业其他费用					
(27)支付境内关联企业其他费用					
支付关联企业费用合计					

企业负责人签名：　　　　　　　　　　　　　　　　　　　　填表日期：

填表说明

一、按照本办法规定准备同期资料的企业须填写本表。

二、亏损以负号“-”填列。

三、本表按年度填写。

四、企业支付境内外关联劳务费、技术使用费、商标费或其他费用的具体内容、对方企业名称及支付标准，须加附注说明。

五、企业关联境内外交易、非关联境内外交易的成本费用计算分摊方法，须加附注说明。

表证单书3

企业可比性因素分析表

A企业名称(公章): 纳税人识别号:□□□□□□□□□□□□□□□□□□

B1企业名称: B2企业名称:

可比因素	分类	调查项目	A企业	B1企业	B2企业
一、交易资产或劳务特征	(一)有形资产的转让	1. 产品的物理特性			
		(1)产品类目			
		(2)产品有何特殊性以区别于其他同类产品			
		2. 质量和可靠性			
		(1)产品质量如何			
		(2)面向何种消费人群			
		3. 可获得性和供应量			
		(1)产品生产量多大			
		(2)不同供货量对可比性有无实质性影响,如有能否消除			
	(二)劳务的提供	1. 劳务的性质			
		(1)提供何种劳务			
		(2)有无协议			
		(3)费用谁来承担			
		2. 劳务的范围			
		(1)参加劳务分摊协议的成员都有谁			
		(2)协议中费用如何分摊			
		(3)实际费用如何分摊			
	(三)无形资产的转让	1. 交易形式(如使用权许可或销售)			
		2. 资产类型(如专利权、商标或专有技术)			
		3. 保护期限和程度			
		4. 使用该资产的预期收益			
二、功能风险分析	(一)研发	1. 核心技术研发			
		(1)进行哪些研发			
		(2)是否有关联企业代研发			
		(3)是否委托第三方代研发			
		(4)研发费用谁来负担			
		(5)研发有无实质性成果,预期收益如何			
		(6)有无成本分摊协议			
		(7)有无申请专利			
		(8)谁承担研发风险			
		2. 生产和工艺设计			
		(1)进行哪些设计			

续表

可比因素	分　类	调　查　项　目	A 企业	B1 企业	B2 企业
二、功能风险分析	(一)研发	(2)谁设计产品			
		(3)技术归谁所有			
		(4)谁开发了原有工艺			
		(5)设计费用谁来负担			
		(6)设计有无实质性成果,预期收益如何			
		(7)有无成本分摊协议			
		(8)有无申请专利			
		(9)谁承担设计风险			
		3. 包装和标签			
		(1)进行哪些包装			
		(2)是否有关联企业代包装			
		(3)是否委托第三方代包装			
		(4)包装费用谁来负担			
		(5)有无成本分摊协议			
		(6)有无申请专利			
		(7)有无完全自主权			
		(8)谁承担包装风险			
		4. 质量控制			
		(1)质量控制形式是什么			
		(2)谁决定最终产品的质量标准和程序			
		(3)谁负责质量控制			
		(4)谁提供质量控制技术和设备			
		(5)费用谁来负担			
		(6)有无成本分摊协议			
		(7)有无申请专利			
		(8)谁承担质量控制风险			
		5. 商标和商誉			
		(1)什么样的商标和商誉			
		(2)商标和商誉的专利权归谁			
		(3)商标和商誉的使用权归谁			
		(4)有无商标商誉使用协议			
		(5)支付或者收取多少费用			
		(6)是否收取或支付特许权使用费			
		(7)特许权使用费的内容、比例			
		(8)谁承担相应风险			

续表

可比因素	分 类	调 查 项 目	A 企业	B1 企业	B2 企业
二、功能风险分析	(二)生产	1. 采购			
		(1)采购了哪些材料或者半成品			
		(2)向谁进行采购			
		(3)谁安排采购计划			
		(4)谁行使采购功能			
		(5)采购费用谁负担			
		(6)采购决定是否需要关联企业批准			
		(7)谁承担市场风险(原材料价格波动)			
		2. 生产			
		(1)谁采购生产设备			
		(2)谁维修生产设备			
		(3)向谁采购生产设备			
		(4)采购费用谁负担			
		(5)谁制订生产计划			
		(6)生产类型是什么			
		(7)是否仅为加工组装功能			
		(8)谁承担生产风险			
		(9)谁承担投资、设备等损失的风险			
		3. 存货			
		(1)存货存放在哪里			
		(2)谁控制存货水平			
		(3)如何控制存货水平			
		(4)谁承担存货费用			
		(5)谁承担存货风险			
		4. 运输			
		(1)谁安排产品的运输			
		(2)谁支付运输费用			
		(3)谁承担运输风险			
	(三)营销	1. 营销策略			
		(1)谁进行市场调查			
		(2)谁制订营销策略			
		(3)有哪些竞争对手			
		(4)谁具体负责营销			
		(5)谁承担营销风险			
		2. 营销手段			
		(1)采用何种营销手段			
		(2)谁支付营销费用			

续表

可比因素	分 类	调 查 项 目	A 企业	B1 企业	B2 企业
二、功能风险分析	(四)销售和分销	1. 销售和分销			
		(1)销售商类型、权限			
		(2)谁制订销售计划			
		(3)销售费用谁承担			
		(4)产品销售给谁			
		(5)谁收到订单			
		(6)谁开具发票			
		(7)谁承担市场风险(产成品价格波动)			
		2. 售后服务			
		(1)谁提供售后服务			
		(2)谁承担服务费用			
		(3)谁承担风险			
	(五)管理和其他服务	1. 一般管理			
		(1)是否存在完整的管理功能			
		(2)是否承担管理费用			
		(3)是否承担管理风险			
		2. 定价政策			
		(1)产品销售如何定价			
		(2)谁决定产品定价			
		(3)定价政策是什么			
		(4)谁承担风险			
		3. 融资			
		(1)从哪里融资,是否支付利息			
		(2)向谁提供贷款,是否收取利息			
		(3)融资费用谁承担			
		(4)有无借贷协议			
		(5)谁承担财务风险(汇率和利率波动的风险)			
		(6)谁承担信用风险			
		4. 人事			
		(1)是否向关联企业借调人员			
		(2)借调人员工资如何支付			
		(3)是否提供或者接受培训			
		(4)培训内容是什么			
		(5)培训费用谁承担			
		5. 财产使用租借			
		(1)有无财产租借			
		(2)收取多少费用			
		(3)谁承担风险			

续表

可比因素	分 类	调 查 项 目	A 企业	B1 企业	B2 企业
三、合同条款		1. 书面合同条款是否与经济实质一致			
		2. 书面合同条款是否合理			
		3. 合同条款对可比分析是否有实质性影响,如有能否消除			
四、经济环境		1. 企业处于何种发展阶段			
		2. 产品处于何种发展阶段			
		3. 企业所处地理位置			
		4. 市场规模			
		5. 市场竞争程度(如垄断、寡头、完全竞争等)			
		6. 买卖双方相对竞争地位(有无讨价还价能力)			
		7. 替代商品或劳务的可获得性			
		8. 特定区域内的供求水平			
		9. 消费者购买力			
		10. 政府制定的市场规则的性质和范围(有无优惠政策)			
		11. 生产成本(包括土地、劳动力和资本成本)			
		12. 运输成本			
		13. 市场经营环节(零售或批发)			
		14. 交易日期及时间			
五、经营策略		1. 企业创新和新产品开发			
		2. 多元化经营程度			
		3. 风险规避			
		4. 对政治变动的评价			
		5. 对现有及计划实施的劳动法规的影响			
		6. 市场渗透计划			
		7. 其他影响企业日常经营的因素			

企业负责人签名：　　　　　　　　　　　　填表日期：

填表说明

一、企业应按照本办法第四章规定的可比性分析要求填写本表。

二、本表作为企业可比性分析范本,具体内容可视实际情况增减或修改。

三、本表所称 A 企业是指被调查企业,B1、B2 等均为 A 企业的可比企业,可比企业数量可视实际情况增减。

表证单书 4

企业关联关系认定表

所属年度(　　)

企业名称(公章):　　　　　　　　　　　　　　纳税人识别号:□□□□□□□□□□□□□□□□□□

关联方名称	关联关系类型	认定事实	备　注

企业负责人确认签字:　　　　　　　　　　　　　　税务调查人员签字:

使用说明

一、本表依据《中华人民共和国企业所得税法》及其实施条例和《中华人民共和国税收征收管理法》及其实施细则的有关规定设置。

二、适用范围:税务调查人员对企业与其关联方的关联关系进行审核认定时使用。

三、"关联关系类型":应按以下关联关系认定标准逐条进行认真审核认定,并填报代码 A、B、C 等,有多个关联关系类型的,应填报多个代码。

A. 一方直接或间接持有另一方的股份总和达到25%以上,或者双方直接或间接同为第三方所持有的股份达到25%以上。若一方通过中间方对另一方间接持有股份,只要一方对中间方持股比例达到25%以上,则一方对另一方的持股比例按照中间方对另一方的持股比例计算;

B. 一方与另一方(独立金融机构除外)之间借贷资金占一方实收资本50%以上,或者一方借贷资金总额的10%以上是由另一方(独立金融机构除外)担保;

C. 一方半数以上的高级管理人员(包括董事会成员和经理)或至少一名可以控制董事会的董事会高级成员是由另一方委派,或者双方半数以上的高级管理人员(包括董事会成员和经理)或至少一名可以控制董事会的董事会高级成员同为第三方委派;

D. 一方半数以上的高级管理人员(包括董事会成员和经理)同时担任另一方的高级管理人员(包括董事会成员和经理),或者一方至少一名可以控制董事会的董事会高级成员同时担任另一方的董事会高级成员;

E. 一方的生产经营活动必须由另一方提供的工业产权、专有技术等特许权才能正常进行;

F. 一方的购买或销售活动主要由另一方控制;

G. 一方接受或提供劳务主要由另一方控制;

H. 一方对另一方的生产经营、交易具有实质控制,或者双方在利益上具有相关联的其他关系,包括虽未达到第 A 项持股比例,但一方与另一方的主要持股方享受基本相同的经济利益,以及家族、亲属关系等。

四、"认定事实":填写具体认定关联关系内容。

五、本表由税务调查人员审核认定,交由被调查企业负责人确认签字,加盖公章,并由至少两名税务调查人员签字确认,被调查企业拒签的,应注明原因。

六、本表为 A4 竖式,一式一份,由税务机关归档。

表证单书 5

企业关联交易认定表

金额单位:人民币元

<table>
<tr><td colspan="2">企业名称(公章)</td><td colspan="2"></td><td colspan="2" rowspan="3">所属年度:</td></tr>
<tr><td colspan="2">纳税人识别号</td><td colspan="2">□□□□□□□□□□□□□□□□□□</td></tr>
<tr><td colspan="2">关联方名称</td><td colspan="2"></td></tr>
<tr><td></td><td>类　型</td><td>内　容</td><td>企业自报额</td><td>核增(减)额</td><td>认定额</td></tr>
<tr><td rowspan="19">企业与关联方业务往来情况</td><td rowspan="4">购　销</td><td></td><td></td><td></td><td></td></tr>
<tr><td></td><td></td><td></td><td></td></tr>
<tr><td></td><td></td><td></td><td></td></tr>
<tr><td></td><td></td><td></td><td></td></tr>
<tr><td rowspan="2">融通资金</td><td></td><td></td><td></td><td></td></tr>
<tr><td></td><td></td><td></td><td></td></tr>
<tr><td rowspan="4">劳　务</td><td></td><td></td><td></td><td></td></tr>
<tr><td></td><td></td><td></td><td></td></tr>
<tr><td></td><td></td><td></td><td></td></tr>
<tr><td></td><td></td><td></td><td></td></tr>
<tr><td rowspan="4">有形资产</td><td></td><td></td><td></td><td></td></tr>
<tr><td></td><td></td><td></td><td></td></tr>
<tr><td></td><td></td><td></td><td></td></tr>
<tr><td></td><td></td><td></td><td></td></tr>
<tr><td rowspan="4">无形资产</td><td></td><td></td><td></td><td></td></tr>
<tr><td></td><td></td><td></td><td></td></tr>
<tr><td></td><td></td><td></td><td></td></tr>
<tr><td></td><td></td><td></td><td></td></tr>
<tr><td colspan="2">合　计</td><td></td><td></td><td></td></tr>
</table>

企业负责人确认签字:　　　　　　　　　　　　税务调查人员签字:

使用说明

一、本表依据《中华人民共和国企业所得税法》及其实施条例的有关规定设置。

二、适用范围:税务机关对企业关联交易额审核认定时使用。

三、"内容":填写具体关联交易内容,如销售商品、购进材料、提供劳务、接受劳务、融入资金、融出资金、受让无形(固定)资产、出让无形(固定)资产等。

四、本表由税务调查人员审核认定,交由被调查企业负责人确认签字,加盖公章,并由至少两名税务调查人员签字确认,被调查企业拒签的,应注明原因。

五、本表为 A4 竖式,一式一份,由税务机关归档。

表证单书 6

企业可比性因素分析认定表

A 企业名称(公章):　　　　　　　　　　纳税人识别号:□□□□□□□□□□□□□□□□□□

B1 企业名称:　　　　　　　　　　　　B2 企业名称:

可比因素	分　类	认　定　项　目	A 企业	B1 企业	B2 企业
一、交易资产或劳务特征	(一)有形资产的转让	1. 产品的物理特性			
		2. 产品质量			
		3. 产品数量			
	(二)劳务的提供	1. 劳务的性质			
		2. 劳务的范围			
	(三)无形资产的转让	1. 交易形式(如使用权许可或销售)			
		2. 资产类型(如专利权、商标或专有技术)			
		3. 保护期限和程度			
		4. 使用该资产的预期收益			
二、功能风险分析	(一)研发	1. 研发功能			
		2. 研发风险			
	(二)生产	1. 生产功能			
		2. 生产风险			
	(三)营销	1. 营销功能			
		2. 营销风险			
	(四)销售和分销	1. 销售和分销功能			
		2. 销售和分销风险			
	(五)管理和其他服务	1. 管理和其他服务功能			
		2. 管理和其他服务风险			
三、合同条款		1. 书面合同条款是否与经济实质一致			
		2. 书面合同条款是否合理			
		3. 合同条款对可比分析是否有实质性影响,如有能否消除			
四、经济环境		1. 企业处于何种发展阶段			
		2. 产品处于何种发展阶段			
		3. 企业所处地理位置			
		4. 市场规模			
		5. 市场竞争程度(如垄断、寡头、完全竞争等)			
		6. 买卖双方相对竞争地位(有无讨价还价能力)			
		7. 替代商品或劳务的可获得性			
		8. 特定区域内的供求水平			
		9. 消费者购买力			

续表

可比因素	分类	认定项目	A 企业	B1 企业	B2 企业
四、经济环境		10. 政府制定的市场规则的性质和范围(有无优惠政策)			
		11. 生产成本(包括土地、劳动力和资本成本)			
		12. 运输成本			
		13. 市场经营环节(零售或批发)			
		14. 交易日期及时间			
五、经营策略		1. 企业创新和新产品开发			
		2. 多元化经营程度			
		3. 风险规避			
		4. 对政治变动的评价			
		5. 对现有及计划实施的劳动法规的影响			
		6. 市场渗透计划			
		7. 其他影响企业日常经营的因素			

企业负责人确认签字：　　　　　　　　　　税务调查人员签字：

填表说明

一、税务机关对企业填制的《企业可比性因素分析表》进行可比性分析认定时填写本表。

二、本表作为税务机关可比性因素分析认定的范本,具体内容可视实际情况增减或修改。

三、本表所称 A 企业是指被调查企业,B1、B2 等均为 A 企业的可比企业,可比企业数量可视实际情况增减。

四、本表由税务调查人员审核认定,交由被调查企业负责人确认签字,加盖公章,并由至少两名税务调查人员签字确认,被调查企业拒签的,应注明原因。

五、本表为 A4 竖式,一式一份,由税务机关归档。

表证单书 7

______________税务局

特别纳税调查结论通知书

________税结〔　　〕　号

____________________：

经对你企业______年____月____日至______年____月____日期间的特别纳税调整事项进行调查,未发现你企业违反《中华人民共和国企业所得税法》第六章第______条及其实施条例第六章第______条和《中华人民共和国税收征收管理法》第______条及其实施细则第______条的有关规定,减少应纳税收入或者所得额。

税务机关(公章)：

年　　月　　日

使用说明

一、本通知书依据《中华人民共和国企业所得税法》及其实施条例和《中华人民共和国税收征收管理法》及其实施细则的有关规定设置。

二、适用范围:税务机关对企业实施特别纳税调整事项调查,未发现企业减少应纳税收入或者所得额时使用。

三、本通知书应由主管税务机关负责人批准。

四、本通知书与《税务文书送达回证》一并使用。

五、本通知书为A4竖式,一式三份,一份送被调查企业,一份送税务机关征收管理部门,一份由税务机关调查部门归档。

表证单书8

协商内容记录

企业名称(公章): 纳税人识别号:□□□□□□□□□□□□□□□□□□□□

税务主谈人员		企业主谈人员	
税务出席人员		企业出席人员	
协商地点		协商时间	年 月 日 时 分到 时 分
协商内容记录			

记录人员: 调查人员签认备案: 共 页第 页

税务主谈人员(签章): 企业主谈人员(签章):

使用说明

一、适用范围:调查人员与被调查企业协商调查调整方案,并征询企业意见时使用。

二、本记录应当用钢笔(碳素笔)、毛笔书写或计算机制作,不得使用圆珠笔、铅笔。

三、本记录主页上方已设定的内容应逐项填写。企业主谈人员应由企业法人代表参加,若法人代表不能参加应委托其他人员参加,并出具法人代表委托书给税务机关。

四、本记录的正文部分采用问答形式。在记录的起始部分,税务主谈人员应表明身份,并明确告知企业主谈人员法定义务与法定权利。

五、记录询问调查的内容要真实、准确、详细、具体,不能随意取舍。重要情节要尽量记下原话,以保持其原意不变。对于企业主谈人所提供的每一事实或情节,应当记明来源。对提供的物证、书证,要在记录中反映出来并记明证据的来源。税务主谈人出示证据提问,也必须写明出示何物。

六、协商结束,应将记录交由企业核对,对没有阅读能力的,应向其宣读。如企业认为记录有遗漏或差错,应允许其补充或改正。修改过的记录,应当由企业主谈人员在改动处押印。企业认为记录无误后,除在记录结束处由主谈人员签名并押印外,还应当齐缝押印;企业拒绝签印的,应当注明,由至少两名调查人员签认备案。最后,税务主谈人、记录人要签署日期并签名,税务主谈人与记录人签名不得相互代签。

七、本记录为A4竖式,一式一份,由税务机关归档。

表证单书9

____________税务局
特别纳税调查初步调整通知书

________税初调〔　　〕　号

__________________：

经调查，你企业自______年至______年纳税年度，违反《中华人民共和国企业所得税法》及其实施条例和《中华人民共和国税收征收管理法》及其实施细则关于特别纳税调整的有关规定，初步调增你企业应纳税收入________元，应补增值税、消费税、营业税等________元；调增你企业应纳税所得额________元，应补企业所得税________元，并按规定加收利息。

若你企业对上述初步调整意见有异议，请你企业收到本通知书之日起七日内书面报送我局。逾期视为弃权处理，我局将按税收法律法规的有关规定实施纳税调整。

特此通知。

税务机关(公章)：

年　　月　　日

应纳税所得额调整项目表

(　　　年度)

企业名称(公章)：　　　　纳税人识别号：□□□□□□□□□□□□□□□□□

金额单位：人民币元

调整项目	摘　　要	应纳税所得额	
		调　　增	调　　减
小　　计			
净增(减)额			
企业申报所得额			
注册会计师报告应纳税所得额			
税务机关年度汇算清缴应纳税所得额			
其他审计调整后应纳税所得额			
特别纳税调查调整后应纳税所得额			

各项税收应补(退)明细表

企业名称(公章):　　　　　　　　　　　　　　纳税人识别号:□□□□□□□□□□□□□□□□□

金额单位:人民币元

税　种	所属年度	应交税额	已交税额	应补(退)税额	加收利息情况	
					基准利率+5个百分点	基准利率
合　计						

使用说明

一、本通知书依据《中华人民共和国企业所得税法》及其实施条例和《中华人民共和国税收征收管理法》及其实施细则的有关规定设置。

二、适用范围:税务机关对纳税人实施特别纳税调整事项的调查,发现企业减少其应纳税收入或者所得额,并做出初步纳税调整时使用。

三、"应补增值税、消费税、营业税等____元"应根据补征的具体税种及税款分别列示。

四、"加收利息情况":在"基准利率+5个百分点"或"基准利率"栏打"√",按照有关规定不加收利息的,不填写此栏。

五、本通知书应由主管税务机关负责人批准。

六、本通知书与《税务文书送达回证》一并使用。

七、本通知书为A4竖式,一式两份,一份送被调查企业,一份由税务机关归档。

表证单书10

______________税务局

特别纳税调查调整通知书

________税调〔　　〕　　号

____________________:

经调查,你企业自______年至______年纳税年度,违反《中华人民共和国企业所得税法》及其实施条例和《中华人民共和国税收征收管理法》及其实施细则关于特别纳税调整的有关规定,决定调增你企业应纳税收入______元,应补增值税、消费税、营业税等______元;调增你企业应纳税所得额______元,应补企业所得税______元,并按有关规定加收利息。

限你企业自收到本通知书之日起____天内,向____________税务局负责税款征收部门缴纳上述税款及利息,逾期未缴纳税款的,从滞纳税款之日起,按日加收滞纳税款万分之五的滞纳金。

附件:1. 应纳税所得额调整项目表

　　2. 各项税收应补(退)明细表

税务机关(公章):

年 月 日

告知:你企业如对本通知书调整纳税方面有异议,必须先依照本通知书决定缴纳或者解缴税款、利息及滞纳金或者提供相应的担保,并自收到本通知之日起 60 日内向__________税务局申请行政复议。

应纳税所得额调整项目表

(年度)

企业名称(公章):

纳税人识别号:□□□□□□□□□□□□□□□□□□

金额单位:人民币元

调整项目	摘 要	应纳税所得额	
		调 增	调 减
小 计			
净增(减)额			
企业申报所得额			
注册会计师报告应纳税所得额			
税务机关年度汇算清缴应纳税所得额			
其他审计调整后应纳税所得额			
特别纳税调查调整后应纳税所得额			

各项税收应补(退)明细表

企业名称(公章):

纳税人识别号:□□□□□□□□□□□□□□□□□□

金额单位:人民币元

税 种	所属年度	应交税额	已交税额	应补(退)税额	加收利息情况	
					基准利率 +5 个百分点	基准利率
合 计						

使用说明

一、本通知书依据《中华人民共和国企业所得税法》及其实施条例和《中华人民共和国税收征收管理法》及其实施细则的有关规定设置。

二、适用范围:税务机关对纳税人实施特别纳税调整事项的调查,发现企业减少其应纳税收入或者所得额,并做出纳税调整决定时使用。

三、“应补增值税、消费税、营业税等____元”应根据补征的具体税种及税款分别列示。

四、“限你企业自收到本通知书之日起____天内”横线上天数应根据《中华人民共和国税收征收管理法实施细则》第七十三条规定限期缴纳税款的期限填写。

五、“加收利息情况”:在“基准利率 +5 个百分点”或“基准利率”栏打“√”,按照有关规定不加收利息的,不填写此栏。

六、本通知书应由主管税务机关负责人批准。

七、本通知书与《税务文书送达回证》一并使用。

八、本通知书为 A4 竖式,一式三份,一份送被调查企业,一份送税务机关征收管理部门,一份由税务机关调查部门归档。

表证单书 11

预约定价安排会谈记录

<table>
<tr><td>企业名称</td><td colspan="2"></td><td rowspan="2">主管税务机关名称</td><td rowspan="2"></td></tr>
<tr><td>纳税人识别号</td><td colspan="2">□□□□□□□□□□□□□□□□□□</td></tr>
<tr><td>会谈时间</td><td colspan="2"></td><td>会谈地点</td><td></td></tr>
<tr><td>企业主谈人员
(姓名、职务)</td><td colspan="2"></td><td>主管税务机关主谈
人员(姓名、职务)</td><td></td></tr>
<tr><td>企业其他人员
(姓名)</td><td colspan="2"></td><td>主管税务机关其他
人员(姓名)</td><td></td></tr>
<tr><td colspan="5">会谈内容:</td></tr>
<tr><td colspan="2">主管税务机关主谈人员签名</td><td></td><td>企业主谈人员签名</td><td></td></tr>
<tr><td colspan="2">记　录　人　签　名</td><td colspan="3"></td></tr>
</table>

共　　页第　　页

使用说明

一、《预约定价安排会谈记录》适用于主管税务机关与纳税人进行预约定价安排磋商、会谈时的记录(包括预备会谈、正式会谈等)。

二、会谈记录应详细载明会谈内容、相互提供的资料份数和页数等。

三、会谈记录应作密件使用和保存。

表证单书 12

______________税务局

预约定价安排正式会谈通知书

________税预约〔　　〕　号

______________________：

根据《中华人民共和国企业所得税法》及其实施条例、《中华人民共和国税收征收管理法》及其实施细则，以及中华人民共和国政府与________国政府间签订并执行的税收协定的有关规定，考虑到你企业在预备会谈阶段表示能够提供并满足预约定价安排所需有关信息资料，经研究，同意与你企业就预约定价安排的相关事项进行正式谈判。

特此通知。

税务机关(公章)：

年　　月　　日

表证单书 13

______________税务局

拒绝企业申请预约定价安排通知书

________税拒约〔　　〕　号

______________________：

根据《中华人民共和国企业所得税法》及其实施条例、《中华人民共和国税收征收管理法》及其实施细则，以及中华人民共和国政府与__________国政府间签订并执行的税收协定的有关规定，因以下原因，经研究，不同意与你企业就预约定价安排的相关事项进行正式谈判，并将你企业在预备会谈中提供的全部资料退返给你企业。

拒绝原因：

特此通知。

税务机关(公章)：

年　　月　　日

表证单书 14

预约定价安排正式申请书

______________税务局：

根据《中华人民共和国企业所得税法》及其实施条例、《中华人民共和国税收征收管理法》及其实施细则，以及中华人民共和国政府与__________国政府间签订并执行的税收协定的有关规定，按照你局______年____月____日送达我企业的《预约定价安排正式会谈通知书》（________ 税 预 约〔　　〕　　号）的要求，现就我企业与____________________关联方的业务往来，提出预约定价安排的正式申请，请予签收。

附报资料：共　　份　　页

1. ______________________________
2. ______________________________
3. ______________________________

企业名称（盖章）：

纳税人识别号：□□□□□□□□□□□□□□□□

法定代表人（签章）：

年　　月　　日

使用说明

填报本申请书至少应附报如下资料：

1. 相关的集团组织架构、企业内部结构、关联关系、关联交易情况；
2. 企业近三年财务、会计报表资料，产品功能和资产（包括无形资产和有形资产）的资料；
3. 安排所涉及的关联交易类别和纳税年度；
4. 关联方之间功能和风险划分，包括划分所依据的机构、人员、费用、资产等；
5. 安排适用的转让定价原则和计算方法，以及支持这一原则和方法的功能风险分析、可比性分析和假设条件等；
6. 市场情况的说明，包括行业发展趋势和竞争环境；
7. 安排预约期间的年度经营规模、经营效益预测以及经营规划等；
8. 与安排有关的关联交易、经营安排及财务成果方面的信息；
9. 是否涉及双重征税等问题；
10. 涉及境内、外有关法律、税收协定等相关问题。

表证单书 15

预约定价安排正式申请

延期报送申请书

企业名称		法定代表人	
纳税人识别号	□□□□□□□□□□□□□□□□□□	财务负责人 及联系电话	
申请延期报送的原因和时限	企业名称(盖章): 法定代表人(签章): 年　月　日		

表证单书 16

____________税务局

预约定价安排正式申请

延期报送答复书

_______税答复〔　　〕　号

____________________:

你企业于_____年____月____日报送我局的《预约定价安排正式申请延期报送申请》收悉,经研究,现答复如下:

税务机关(公章):

年　　月　　日

表证单书 17

____________税务局

预约定价安排审核评估延期通知书

________税预审延〔　　〕　号

________________：

你企业______年____月____日提交的谈签预约定价安排的正式申请，因下列特殊情况，审核评估的时间需延期至______年____月____日。

1. ____

2. ____

3. ____

特此通知。

税务机关(公章)：

年　　月　　日

表证单书 18

预 约 定 价 安 排

(参照文本)

根据《中华人民共和国企业所得税法》及其实施条例和《中华人民共和国税收征收管理法》及其实施细则的有关规定，经__________(企业)正式申请，__________税务局审核批准，双方愿意签订本预约定价安排。

第一条　一般定义

在本安排中，除上下文另有解释的以外：

(一)"主管税务机关"是指________税务局。

(二)"纳税人"是指____________(企业)。

第二条　安排的类型

本安排为单边预约定价安排。

第三条　适用范围

(一)税种范围：本安排适用所得税以及其他税种。

(二)关联企业间业务往来类型：本安排适用于纳税人与其关联方____________(企业)之间的________业务往来。

第四条　适用期间

本安排适用于________纳税年度，每一纳税年度为________。

第五条　关键假设

本安排选用的定价原则和计算方法是基于以下假设条件：

____

____

在执行期内，若上述假设条件发生变化，纳税人应在发生变化 30 日内向主管税务机关报告，双方视具体情况修订或终止本安排。

第六条 转让定价原则和计算方法

适用本安排的____________(企业)与其关联方之间业务往来的转让定价原则和计算方法应符合独立交易原则，具体的定价原则和计算方法依据为________。

第七条 年度报告

在安排有效执行期内，纳税人应在每纳税年度终了后五个月内提交安排执行情况的年度报告，并提交如下资料：

____

第八条 税务检查

本安排应列明主管税务机关对纳税人履行安排的情况实施审核、评估的内容和要求。

第九条 安排的效力

在本安排有效执行期内，纳税人只要遵守了安排所有条款及约定要求，主管税务机关应认可与其事先约定的有关定价事项。如果纳税人没有遵守安排，主管税务机关可视具体情况进行处理，或单方终止本安排。

第十条 安排的续签

本安排可连续续签但不能自动续签。如需续签，纳税人应在本安排期满前　　月(日)内，向主管税务机关提交书面续签申请，并提供可靠的证明材料，说明原安排所述事实和相关环境没有发生实质性变化。主管税务机关接到续签申请后，经审核决定是否接受纳税人续签申请，如接受续签申请，则与纳税人进一步协商，完成安排的续签工作。

第十一条 争议的解决

如双方就本安排的实施和解释发生歧义，应先协商解决。经协商不能解决的，双方均可向上一级税务机关或国家税务总局申请协调。如果纳税人不能接受协调结果，应考虑修订或终止本安排。

第十二条 保密义务和责任

主管税务机关与纳税人在本安排的谈签及实施过程中获取的信息，双方均负有保密义务，并受到税法以及国家保密法有关条款的保护和制约。

第十三条 生效、修订与终止

本安排自双方法定代表人或其授权人签字盖章后生效。

由主管税务机关和纳税人的法定代表人或其授权代表于______年____月____日在______签订本安排。

主管税务机关或纳税人修订或终止安排，均应书面通知对方。通知内容包括修订或终止时间及原因。

第十四条 消除双重征税

安排应列明消除双重征税的方法和内容。

第十五条 附　　则

本安排应当使用中文，一式两份，主管税务机关和纳税人各执一份，具有同等效力。如果一方将安排译成外国文字，且在解释上遇有分歧，应以中文文本为准。

________税务局	________（企业）
签名：　日期：	签名：　日期：
职务：　盖章：	职务：　盖章：

表证单书 19

双边（多边）预约定价安排

执行协议书

（参照文本）

根据《中华人民共和国企业所得税法》及其实施条例和《中华人民共和国税收征收管理法》及其实施细则的有关规定，____________（企业）与____________税务局，双方愿意签订本执行协议书。从______年____月____日至______年____月____日，共同执行中华人民共和国国家税务总局与________国（地区）税务主管当局，于______年____月____日签订的双边（多边）预约定价安排。

附：《双边（多边）预约定价安排》

________税务局	________（企业）
签名：　日期：	签名：　日期：
职务：　盖章：	职务：　盖章：

表证单书 20

预约定价安排续签申请书

____________税务局：

我企业与你局______年____月____日签订的预约定价安排将于______年____月____日期满，期满后，与关联方之间未来年度（即______年度至______年度）的业务往来，与现行预约定价安排中所述事实和相关环境相同或类似，不会发生实质性变化，故提出续签预约定价安排的申请，请予研复。

企业名称（盖章）：　　　　纳税人识别号：□□□□□□□□□□□□□□□□□□□□

年　月　日

附件：

1. 现行预约定价安排（复印件）；

2. 相关年度执行安排情况的报告；

3. 说明现行安排所述事实和相关环境未发生实质性变化的证明材料以及所要求续签安排年度的相关预测情况等。

表证单书21

______________税务局

预约定价安排申请续签答复书

________税答复〔　　〕　号

____________________：

你企业于______年____月____日提交的预约定价安排续签申请及其附件已于______年____月____日收悉。经审核，现就预约定价安排续签事宜答复如下：

1. ____

2. ____

3. ____

税务机关(公章)：

年　　月　　日

表证单书22

______________税务局

受控外国企业中国居民股东

确认通知书

________税受控〔　　〕　号

____________________：

根据《中华人民共和国企业所得税法》第四十五条以及《中华人民共和国企业所得税法实施条例》第一百一十七条的规定，现认定你企业自______年______月______日起成为________________(企业)的中国居民股东。

特此通知。

税务机关(公章)：

年　　月　　日

使用说明

一、本通知书依据《中华人民共和国企业所得税法》及其实施条例的有关规定设置。

二、适用范围：税务机关根据征管汇总信息等信息资料，确认中国居民企业为受控外国企业中国居民股东时使用。

三、本通知书应由主管税务机关负责人批准。

四、本通知书与《税务文书送达回证》一并使用。

五、本通知书为A4竖式，一式三份，一份送被调查企业，一份送税务机关征收管理部门，一份由税务机关调查部门归档。

注释：

条款废止。第八章第七十六条、第七十七条、第七十九条自2023年10月10日起废止。参见：《国家税务总局关于优化纳税服务　简并居民企业报告境外投资和所得信息有关报表的公告》(国家税务总局公告2023年第17号)。

条款废止。第七十八条废止。参见:《国家税务总局关于公布全文和部分条款失效废止的税务规范性文件目录的公告》(国家税务总局公告2023年第8号)。

条款失效废止。第一百一十一条失效废止。参见:《国家税务总局关于公布全文失效废止和部分条款失效废止的税收规范性文件目录的公告》(国家税务总局公告2018年第33号)。

条款废止。第四章、第五章、第十一章和第十二章自2017年5月1日起废止。参见:《国家税务总局关于发布〈特别纳税调查调整及相互协商程序管理办法〉的公告》(国家税务总局公告2017年第6号)。

条款废止。第六章自2016年12月1日起废止。参见:《国家税务总局关于完善预约定价安排管理有关事项的公告》(国家税务总局公告2016年第64号)。

条款废止。第二章、第三章、第七十四条和第八十九条废止。参见:《国家税务总局关于完善关联申报和同期资料管理有关事项的公告》(国家税务总局公告2016年第42号)。

政策调整。"企业就成本分摊协议是否符合独立交易原则的审核"取消。参见:1.《国家税务总局关于贯彻落实〈国务院关于第一批取消62项中央指定地方实施行政审批事项的决定〉的通知》(税总发〔2015〕141号)。2.《国务院关于第一批取消62项中央指定地方实施行政审批事项的决定》(国发〔2015〕57号)。3.《国家税务总局关于贯彻落实〈国务院关于取消非行政许可审批事项的决定〉的通知》(税总发〔2015〕74号)。4.《国务院关于取消非行政许可审批事项的决定》(国发〔2015〕27号)。

条款废止。第六十九条自2015年7月16日起废止。参见:《国家税务总局关于规范成本分摊协议管理的公告》(国家税务总局公告2015年第45号)。

2-1-46

非居民承包工程作业和提供劳务税收管理暂行办法

2009年1月20日　国家税务总局令第19号

《非居民承包工程作业和提供劳务税收管理暂行办法》已经国家税务总局第5次局务会议审议通过,现予发布,自2009年3月1日起施行。

国家税务总局局长:肖　捷
2009年1月20日

非居民承包工程作业和提供劳务税收管理暂行办法

第一章　总　　则

第一条　为规范对非居民在中国境内承包工程作业和提供劳务的税收征收管理，根据《中华人民共和国税收征收管理法》（以下简称税收征管法）及其实施细则、《中华人民共和国企业所得税法》（以下简称企业所得税法）及其实施条例、《中华人民共和国营业税暂行条例》及其实施细则、《中华人民共和国增值税暂行条例》及其实施细则、中国政府对外签署的避免双重征税协定（含与香港、澳门特别行政区签署的税收安排，以下统称税收协定）等相关法律法规，制定本办法。

第二条　本办法所称非居民，包括非居民企业和非居民个人。非居民企业是指依照外国（地区）法律成立且实际管理机构不在中国境内，但在中国境内设立机构、场所的，或者在中国境内未设立机构、场所，但有来源于中国境内所得的企业。非居民个人是指在中国境内无住所又不居住或者无住所而在境内居住不满一年的个人。

第三条　本办法所称承包工程作业，是指在中国境内承包建筑、安装、装配、修缮、装饰、勘探及其他工程作业。

本办法所称提供劳务是指在中国境内从事加工、修理修配、交通运输、仓储租赁、咨询经纪、设计、文化体育、技术服务、教育培训、旅游、娱乐及其他劳务活动。

第四条　本办法所称非居民在中国境内承包工程作业和提供劳务税收管理，是指对非居民营业税、增值税和企业所得税的纳税事项管理。涉及个人所得税、印花税等税收的管理，应依照有关规定执行。

第二章　税源管理

第一节　登记备案管理

第五条　非居民企业在中国境内承包工程作业或提供劳务的，应当自项目合同或协议（以下简称合同）签订之日起 30 日内，向项目所在地主管税务机关办理税务登记手续。

依照法律、行政法规规定负有税款扣缴义务的境内机构和个人，应当自扣缴义务发生之日起 30 日内，向所在地主管税务机关办理扣缴税款登记手续。

境内机构和个人向非居民发包工程作业或劳务项目的，应当自项目合同签订之日起 30 日内，向主管税务机关报送《境内机构和个人发包工程作业或劳务项目报告表》（见附件 1），并附送非居民的税务登记证、合同、税务代理委托书复印件或非居民对有关事项的书面说明等资料。

第六条　非居民企业在中国境内承包工程作业或提供劳务的，应当在项目完工后 15 日内，向项目所在地主管税务机关报送项目完工证明、验收证明等相关文件复印件，并依据《税务登记管理办法》的有关规定申报办理注销税务登记。

第七条　境内机构和个人向非居民发包工程作业或劳务项目合同发生变更的，发包方或劳务受让方应自变更之日起10日内向所在地主管税务机关报送《非居民项目合同变更情况报告表》(见附件2)。

第八条 境内机构和个人向非居民发包工程作业或劳务项目,从境外取得的与项目款项支付有关的发票和其他付款凭证,应在自取得之日起30日内向所在地主管税务机关报送《非居民项目合同款项支付情况报告表》(见附件3)及付款凭证复印件。

境内机构和个人不向非居民支付工程价款或劳务费的,应当在项目完工开具验收证明前,向其主管税务机关报告非居民在项目所在地的项目执行进度、支付人名称及其支付款项金额、支付日期等相关情况。

第九条 境内机构和个人向非居民发包工程作业或劳务项目,与非居民的主管税务机关不一致的,应当自非居民申报期限届满之日起15日内向境内机构和个人的主管税务机关报送非居民申报纳税证明资料复印件。

第二节 税源信息管理

第十条 税务机关应当建立税源监控机制,获取并利用发改委、建设、外汇管理、商务、教育、文化、体育等部门关于非居民在中国境内承包工程作业和提供劳务的相关信息,并可根据工作需要,将信息使用情况反馈给有关部门。

第十一条 非居民或境内机构和个人的同一涉税事项同时涉及国家税务局和地方税务局的,各主管税务机关办理涉税事项后应当制作《非居民承包工程作业和提供劳务项目信息传递表》(见附件4),并按月传递给对方纳入非居民税收管理档案。

第三章 申报征收

第一节 企业所得税

第十二条 非居民企业在中国境内承包工程作业或提供劳务项目的,企业所得税按纳税年度计算、分季预缴,年终汇算清缴,并在工程项目完工或劳务合同履行完毕后结清税款。

第十三条 非居民企业进行企业所得税纳税申报时,应当如实报送纳税申报表,并附送下列资料:

(一)工程作业(劳务)决算(结算)报告或其他说明材料;

(二)参与工程作业或劳务项目外籍人员姓名、国籍、出入境时间、在华工作时间、地点、内容、报酬标准、支付方式、相关费用等情况的书面报告;

(三)财务会计报告或财务情况说明;

(四)非居民企业依据税收协定在中国境内未构成常设机构,需要享受税收协定待遇的,应提交《非居民企业承包工程作业和提供劳务享受税收协定待遇报告表》(以下简称报告表)(见附件5),并附送居民身份证明及税务机关要求提交的其他证明资料。

非居民企业未按上述规定提交报告表及有关证明资料,或因项目执行发生变更等情形不符合享受税收协定待遇条件的,不得享受税收协定待遇,应依照企业所得税法规定缴纳税款。

第十四条 工程价款或劳务费的支付人所在地县(区)以上主管税务机关根据附件1及非居民企业申报纳税证明资料或其他信息,确定符合企业所得税法实施条例第一百零六条所列指定扣缴的三种情形之一的,可指定工程价款或劳务费的支付人为扣缴义务人,并将《非居民企业承包工程作业和提供劳务企业所得税扣缴义务通知书》(见附件6)送达被指定方。

第十五条 指定扣缴义务人应当在申报期限内向主管税务机关报送扣缴企业所得税报告表及其他有关资料。

第十六条 扣缴义务人未依法履行扣缴义务或无法履行扣缴义务的,由非居民企业在项目所在地申报缴纳。主管税务机关应自确定未履行扣缴义务之日起15日内通知非居民企业在项目所在地申报纳税。

第十七条 非居民企业逾期仍未缴纳税款的,项目所在地主管税务机关应自逾期之日起15日内,收集该非居民企业从中国境内取得其他收入项目的信息,包括收入类型,支付人的名称、地址,支付金额、方式和日期等,并向其他收入项目支付人(以下简称其他支付人)发出《非居民企业欠税追缴告知书》(见附件7),并依法追缴税款和滞纳金。

非居民企业从中国境内取得其他收入项目,包括非居民企业从事其他工程作业或劳务项目所得,以及企业所得税法第三条第二、三款规定的其他收入项目。非居民企业有多个其他支付人的,项目所在地主管税务机关应根据信息准确性、收入金额、追缴成本等因素确定追缴顺序。

第十八条 其他支付人主管税务机关应当提供必要的信息,协助项目所在地主管税务机关执行追缴事宜。

第二节 营业税和增值税

第十九条 非居民在中国境内发生营业税或增值税应税行为,在中国境内设立经营机构的,应自行申报缴纳营业税或增值税。

第二十条 非居民在中国境内发生营业税或增值税应税行为而在境内未设立经营机构的,以代理人为营业税或增值税的扣缴义务人;没有代理人的,以发包方、劳务受让方或购买方为扣缴义务人。

工程作业发包方、劳务受让方或购买方,在项目合同签订之日起30日内,未能向其所在地主管税务机关提供下列证明资料的,应履行营业税或增值税扣缴义务:

(一)非居民纳税人境内机构和个人的工商登记和税务登记证明复印件及其从事经营活动的证明资料;

(二)非居民委托境内机构和个人代理事项委托书及受托方的认可证明。

第二十一条 非居民进行营业税或增值税纳税申报,应当如实填写报送纳税申报表,并附送下列资料:

(一)工程(劳务)决算(结算)报告或其他说明材料;

(二)参与工程或劳务作业或提供加工、修理修配的外籍人员的姓名、国籍、出入境时间、在华工作时间、地点、内容、报酬标准、支付方式、相关费用等情况;

(三)主管税务机关依法要求报送的其他有关资料。

第四章 跟踪管理

第二十二条 主管税务机关应当按项目建档、分项管理的原则,建立非居民承包工程作业和提供劳务项目的管理台账和纳税档案,及时准确掌握工程和劳务项目的合同执行、施工进度、价款支付、对外付汇、税款缴纳等情况。

第二十三条 境内机构和个人从境外取得的付款凭证,主管税务机关对其真实性有疑义的,可要求其提供境外公证机构或者注册会计师的确认证明,经税务机关审核认可后,方可作为计账核算的凭证。

第二十四条 主管税务机关应对非居民享受协定待遇进行事后管理,审核其提交的报告表和证明资料的真实性和准确性,对其不构成常设机构的情形进行认定。对于不符合享受协定待遇条件且未履行纳税义务的情形,税务机关应该依法追缴其应纳税款、滞纳金及罚款。

第二十五条 税务机关应当利用售付汇信息,包括境内机构和个人向非居民支付服务贸易款项的历史记录,以及当年新增发包项目付款计划等信息,对承包工程作业和提供劳务项目实施监控。对于付汇前有欠税情形的,应当及时通知纳税人或扣缴义务人缴纳,必要时可以告知有关外汇管理部门或指定外汇支付银行依法暂停付汇。

第二十六条 主管税务机关应对非居民参与国家、省、地市级重点建设项目,包括城市基础设施建设、能源建设、企业技术设备引进等项目中涉及的承包工程作业或提供劳务,以及其他有非居民参与的合同金额超过5000万元人民币的,实施重点税源监控管理;对承包方和发包方是否存在关联关系、合同实际执行情况、常设机构判定、境内外劳务收入划分等事项进行重点跟踪核查,对发现的问题,可以实施情报交换、反避税调查或税务稽查。

第二十七条 省(自治区、直辖市和计划单列市)税务机关应当于年度终了后45日内,将《非居民承包工程作业和提供劳务重点建设项目统计表》(见附件8),以及项目涉及的企业所得税、增值税、营业税、印花税、个人所得税等税收收入和税源变动情况的分析报告报送国家税务总局(国际税务司)。

第二十八条 主管税务机关可根据需要对非居民承包工程作业和提供劳务的纳税情况实施税务审计,必要时应将审计结果及时传递给同级国家税务局或地方税务局。税务审计可以采取国家税务局、地方税务局联合审计的方式进行。

第二十九条 主管税务机关在境内难以获取涉税信息时,可以制作专项情报,由国家税务总局(国际税务司)向税收协定缔约国对方提出专项情报请求;非居民在中国境内未依法履行纳税义务的,主管税务机关可制作自动或自发情报,提交国家税务总局依照有关规定将非居民在中国境内的税收违法行为告知协定缔约国对方主管税务当局;对非居民承包工程作业和提供劳务有必要进行境外审计的,可根据税收情报交换有关规定,经国家税务总局批准后组织实施。

第三十条 欠缴税款的非居民企业法定代表人或非居民个人在出境前未按照规定结清应纳税款、滞纳金又不提供纳税担保的,税务机关可以通知出入境管理机关阻止其出境。

第三十一条 对于非居民工程或劳务项目完毕,未按期结清税款并已离境的,主管税务机关可制作《税务事项告知书》(见附件9),通过信函、电子邮件、传真等方式,告知该非居民限期履行纳税义务，同时通知境内发包方或劳务受让者协助追缴税款。

第五章　法律责任

第三十二条　非居民、扣缴义务人或代理人实施承包工程作业和提供劳务有关事项存在税收违法行为的，税务机关应按照税收征管法及其实施细则的有关规定处理。

第三十三条　境内机构或个人发包工程作业或劳务项目，未按本办法第五条、第七条、第八条、第九条规定向主管税务机关报告有关事项的，由税务机关责令限期改正，可以处2000元以下的罚款；情节严重的，处2000元以上10000元以下的罚款。

第六章　附　　则

第三十四条　各省、自治区、直辖市和计划单列市国家税务局、地方税务局可根据本办法制定具体实施办法。

附件：1. 境内机构和个人发包工程作业或劳务项目报告表

2. 非居民项目合同变更情况报告表
3. 非居民项目合同款项支付情况报告表
4. 非居民承包工程作业和提供劳务项目信息传递表
5. 非居民企业承包工程作业和提供劳务享受税收协定待遇报告表
6. 非居民企业承包工程作业和提供劳务企业所得税扣缴义务通知书
7. 非居民企业欠税追缴告知书
8. 非居民承包工程作业和提供劳务重点建设项目统计表
9. 税务事项告知书

附件 1

境内机构和个人发包工程作业或劳务项目报告表

编号：　　　　　　　　　　　　　　　　　　　　　　　　　　报告日期：　　年　　月　　日

一、以下由向非居民发包工程作业或劳务项目的境内机构和个人填写

<table>
<tr><td rowspan="2">1. 发包方或劳务受让方情况</td><td>名称(公章)：</td><td>纳税人识别号：</td></tr>
<tr><td colspan="2">联系人：　　　　　　　电话：　　　　　　　传真：</td></tr>
<tr><td rowspan="6">2. 承包商或提供劳务方(“非居民”)情况</td><td colspan="2">名称：</td></tr>
<tr><td colspan="2">地址：</td></tr>
<tr><td colspan="2">开户银行名称：　　　　　　　　　　　　账号：</td></tr>
<tr><td colspan="2">联系人：　　　　　　　电话：　　　　　　　传真：</td></tr>
<tr><td colspan="2">代理人名称：</td></tr>
<tr><td colspan="2">联系人：　　　　　　　电话：　　　　　　　传真：</td></tr>
<tr><td rowspan="12">3. 合同情况</td><td colspan="2">项目名称：</td></tr>
<tr><td colspan="2">项目类型：
□承包工程　□修理修配　□交通运输　□仓储租赁　□咨询经纪　□设计
□文化体育　□技术服务　□教育培训　□娱乐　□旅游
□其他(请注明：　　　　　)</td></tr>
<tr><td colspan="2">合同名称：　　　　　　　　　　合同字号：</td></tr>
<tr><td>作业或劳务地点：</td><td>在华作业或劳务人数：</td></tr>
<tr><td>合同期限：</td><td>签订合同日期：</td></tr>
<tr><td>合同金额：</td><td>付款次数：</td></tr>
<tr><td colspan="2">合同分包或转包情况，如有，填明细。(多项分包或转包，可另附明细)</td></tr>
<tr><td>分包商名称：</td><td>转包商名称：</td></tr>
<tr><td>分包工程项目：</td><td>转包金额：</td></tr>
<tr><td>分包金额：</td><td>合同字号：</td></tr>
<tr><td>合同字号：</td><td></td></tr>
<tr><td colspan="3">4. 非居民是否已在项目所在地办理税务登记
□是——发包方或劳务受让方提交非居民办理的税务登记证复印件
□否——发包方或劳务受让方提交(中文)合同资料、协议资料复印件</td></tr>
<tr><td colspan="3">5. 非居民是否委托境内代理人履行纳税义务
□是——提交非居民税务代理委托书复印件
□否</td></tr>
<tr><td colspan="3">6. 非居民是否对有关事项做出书面说明
□是——提交非居民做出的书面说明
□否</td></tr>
</table>

二、以下由税务机关填写

<table>
<tr><td>受理人：

联系电话：
年　　月　　日</td><td>税务机关(盖章)
年　　月　　日</td></tr>
</table>

注：1. 在符合情形的□内打“√”。

2. 本表一式两份，一份退给发包方或劳务受让方，一份由税务机关留存归档。

附件2

非居民项目合同变更情况报告表

报告日期：　　年　　月　　日

一、以下由向非居民发包工程作业或劳务项目的境内机构和个人填写

1. 基本信息： (1)原《境内机构和个人发包工程作业或劳务项目报告表》的编号： (2)发包方或劳务受让方名称： (3)发包方或劳务受让方纳税人识别号： (4)承包商或劳务提供方名称：			
2. 合同变更情况：			
变更事项	变更前	变更后	变更原因
是否将变更后的合同复印件报税务机关备案　是□　否□			
经办人： 联系电话：		发包方或劳务受让方(盖章)	

二、以下由税务机关填写

受理人： 联系电话： 年　月　日	税务机关(盖章) 年　月　日

注：1. 在符合情形的□内打"√"。

2. 合同变更事项包括合同执行期限、合同金额、付款条件、作业地点、合同签约方、转包分包情况等合同条款内容或实际执行情况发生变化的情形。

3. 本表一式两份，一份退给发包方或劳务受让方，一份税务机关留存归档。

附件3

非居民项目合同款项支付情况报告表

报告日期：　　年　　月　　日

一、以下由向非居民发包工程作业或劳务项目的境内机构和个人填写

1. 基本信息 (1)原《境内机构和个人发包工程作业或劳务项目报告表》的编号： (2)发包方或劳务受让方名称： (3)发包方或劳务受让方纳税人识别号： (4)承包商或劳务提供方名称：

续表

2. 向承包商或劳务提供方支付款项的情况:(多笔支付可另附明细表)				
序　号	支付日期	支付金额(币种)	收款人	款项性质
1				
2				
3				
4				
5				
金额合计				
付款凭证份数		是否将付款凭证复印件全部报税务机关备案　是□　　否□		
经办人: 联系电话:			发包方或劳务受让方(盖章)	

二、以下由税务机关填写

受理人: 联系电话: 年　　月　　日	税务机关(盖章) 年　　月　　日

注:1. 在符合情形的□内打"√"。

2. 本表一式两份,一份退给发包方或劳务受让方,一份税务机关留存归档。

附件4

非居民承包工程作业和提供劳务项目信息传递表

编号:

非居民纳税人信息					发包方或劳务受让方信息				代理人名称	项目类型	合同金额	币种	是否构成常设机构
名称	纳税人识别号	项目所在地	联系人	联系电话	名称	纳税人识别号	联系人	联系电话					

传递方(章):　　联系人:　　联系电话:　　传递日期:

接收方(章):　　接收人:　　联系电话:　　接收日期:

注:1. 表中传递方和接收方是指非居民承包工程作业和提供劳务涉税事项同时涉及的主管国家税务机关和地方税务机关。

2. 本表一式两份,传递方和接收方各一份留存归档。

附件 5

非居民企业承包工程作业和提供劳务享受税收协定待遇报告表

Non-resident Enterprises' Claim for Treatment under Double Taxation Agreement

(Contracted construction and service projects)

编号 Serial Number:

一、申请人事项 Details of applicant:

公司或团体 Corporation or other entity	名称 Name			
	总机构所在地 Place of head office		邮政编码 Postcode	
	实际管理机构所在地 Place of effective management		邮政编码 Postcode	
	注册所在地 Place of registration		邮政编码 Postcode	

二、所得事项 Details of income:

承包工程 Contracted construction	支付人名称 Payers' name			
	地址 Address		邮编 Postcode	
	合同名称 Name of contract		合同字号 Contract number	
	项目地点 Place of project			
	项目持续时间(年/月/日-年/月/日) Duration of project (y/m/d-y/m/d)		劳务人数 Number of workers	
	支付金额及币种 Amount of payment(unit)		支付日期 Date of payment	
	所得项目 Item of income	□承包工程 Contracted construction	□其他(请注明) Others(please specify)	
	纳税方式 Method of tax payment	□指定扣缴 Designated withholding □自行申报 Self-filing		
提供劳务 Performance of service	支付人名称 Payers' name			
	地址 Address		邮编 Postcode	
	合同名称 Name of contract		合同字号 Contract number	
	劳务地点 Place of service			

续表

<table>
<tr><td rowspan="4">提供劳务
Performance of service</td><td>劳务持续时间
(年/月/日 - 年/月/日)
Duration of service
(y/m/d-y/m/d)</td><td></td><td>劳务人数
Number of workers</td><td></td></tr>
<tr><td>支付金额及币种
Amount of payment(unit)</td><td></td><td>支付日期(年/月/日)
Date of payment(y/m/d)</td><td></td></tr>
<tr><td>劳务项目
Item of service</td><td colspan="3">□设计劳务 Designing □咨询劳务 Consultancy □管理劳务 Management
□培训服务 Training □技术服务 Technical service
□销售设备同时提供劳务 Providing service in connection with equipments sold
□其他(请注明)Others(please specify)</td></tr>
<tr><td>纳税方式
Method of tax payment</td><td colspan="3">□指定扣缴 Designated withholding
□自行申报 Self-filing</td></tr>
<tr><td rowspan="5">其他项目
Other items</td><td>非居民名称 Name</td><td colspan="3"></td></tr>
<tr><td>支付人名称 Payers' name</td><td colspan="3"></td></tr>
<tr><td>所得项目 Item of income</td><td colspan="3"></td></tr>
<tr><td>地址 Address</td><td></td><td>邮编 Postcode</td><td></td></tr>
<tr><td>支付金额及币种
Amount of payment(unit)</td><td></td><td>支付日期(年/月/日)
Date of payment(y/m/d)</td><td></td></tr>
</table>

三、申请适用避免双重征税协定 Application for Treatment under Double Taxation Agreement:

我谨在此申请依据中华人民共和国与________签订的避免双重征税协定第____条第____款,因承包工程作业或提供劳务项目不构成在中国境内设有常设机构,享受不予征税待遇。

I hereby apply to be non-liable for enterprise income tax as the contracted construction or service project does not constitute a permanent establishment in China in accordance with Paragraph ________, Article ________ of the Tax Agreement between the Peoples' Republic of China and ________.

四、声明 Declaration:

我谨在此声明以上呈报事项准确无误。

I hereby declare that the above statement is correct and complete to the best of my knowledge and belief.

申请人(签章):____________

Applicant(Signature or seal):____________

五、申请人居民身份证明(由申请人为其居民的缔约国主管税务机关填写,或另附对方主管税务机关出具的专用证明)。Applicants' Certificate of Resident Status(To be filled out by the responsible tax office of the State in which the applicant is a resident, or to attach the certificate provided by the responsible tax office of the State in which the applicant is a resident).

Certification We hereby certify that ________(applicants' name) is a resident of ________(name of State) according to the provisions of Paragraph ________, of Article ________ in the ____________(name of law). Applicants' serial number: Date(y/m/d): Signature or stamp of tax office

以下由中国主管税务机关填写(The following for the use of the responsible tax office of China only):

收到报告表日期(年/月/日) Date of receipt(y/m/d)		受理人(签章) Receiver(signature)	
备注(Note):			

税务机关(盖章)
Stamp of Tax Office

注:本表一式两份,一份退申请人,一份由税务机关留存归档。
Note:This form is in duplicate. The applicant and the tax authority concerned each has one copy.

附件 6

非居民企业承包工程作业和提供劳务企业所得税扣缴义务通知书

税扣〔 〕号

___________公司(个人):

根据《中华人民共和国企业所得税法》第三十八条“对非居民企业在中国境内取得工程作业和劳务所得应缴纳的所得税,税务机关可以指定工程价款或者劳务费的支付人为扣缴义务人。”的规定,我局现指定你方作为下表中工程作业和劳务项目应纳企业所得税的扣缴义务人,在向表中所列非居民企业支付工程价款或劳务费时,代扣代缴企业所得税。

具体扣缴事项如下:

项目名称			
非居民名称		国别	
		国别	
		国别	
征收方式	□据实征收 □核定征收		
计算依据	□收入总额(核定利润率____) □应纳税所得额		
扣除项目	营业税/分包支出、代扣款项		
税 率	□25% □其他		
计算方法	应纳税所得额×适用税率		
扣缴方式	在支付工程价款或劳务费时,按次扣缴所得税		
扣缴期限	扣缴后7日内向主管税务机关申报缴纳		

税务机关(盖章)
年 月 日

附件7

非居民企业欠税追缴告知书

税缴〔　　〕号

____________(其他支付人名称):

________(纳税人名称)于______年____月____日至______年____月____日在______(省、市)____区(县)从事________(承包工程或劳务),取得收入______元,未依法于______年____月____日前申报缴纳企业所得税,欠税金额为______元。对其未按期缴纳的税款,按照税法规定,应从缴纳税款期限届满之日起按日加收滞纳税款万分之五的滞纳金。

依据《中华人民共和国企业所得税法》第三十九、四十条及《非居民承包工程作业和提供劳务税收管理暂行办法》的规定,我局对该非居民的欠缴税款实施追缴,你方应当自收到本告知书后15日内从应付________(纳税人名称)的________款项中扣缴上述税款及滞纳金、罚款并划解到我局账户。

开 户 行:______________________________

开户单位:______________________________

账 户 号:______________________________

本告知书涉及的纳税人、扣缴义务人若同我局在纳税上有争议的,必须先依照本告知书的期限缴纳税款及滞纳金或者提供相应的担保,然后可自上述款项缴清或者提供相应担保被税务机关确认之日起60日内依法向________________申请行政复议。

税务机关(盖章)

年　　月　　日

注:此告知书一式三份,一份送达非居民纳税人,一份送达扣缴税款的其他支付人,一份由税务机关存档。

附件 8

非居民承包工程作业和提供劳务重点建设项目统计表

序号	重点建设项目名称	项目发包方名称	非居民企业名称	国别	合同号	合同(协议)名称	合同金额(支付标准)	币种	折合人民币金额	项目类型名称	本年度已缴税款				
											企业所得税税额	营业税/增值税	个人所得税税额	印花税税额	合计

填表单位：　　　填表人：　　　联系电话：　　　填表日期：

注:1. 重点建设项目是指列入国家、省和地市级重点建设项目,以及其他有非居民参与的合同金额超过 5000 万元人民币以上的项目。

2. 表中合同金额是指有非居民参与的合同金额。

3. 此表一式两份,一份上报税务总局,一份省税务机关存档。

附件9

税务事项告知书
Notice of Tax Matter

编号 Serial number：

________________：

根据我们掌握的资料（信息），你于______年____月至______年____月因______（事项）在______（地点）取得应当在中国申报纳税的收入______元。请你或你的代理人于______年____月____日前就以上收入向中国________省（市）________市（区）________国家税务局（地方税务局）进行纳税申报或做出必要说明。

如果你拒绝与中国税务机关合作，中国税务机关将按照《中华人民共和国税收征收管理法》第六十二条、六十三条的规定对你进行处罚，并根据《中华人民共和国政府与______国政府关于对所得避免双重征税和防止偷漏税的协定》（或安排）的规定，将你未按中国法律规定履行纳税义务的情况通知______（国家或地区）税务主管当局。

In accordance with the information concerning your tax matters, it is ascertained that you received an income of RMB ____ (from ______y/m/d to ______y/m/d) for ____ (activity) in ________________ (place). The income is taxable in China. Therefore, you are notified to file your tax return or give explanations thereupon to the responsible tax office ____________ (name of tax office) prior to ________ (y/m/d).

Your failure of the notified cooperation may result in penalty on you as stipulated in the "Tax Collection and Administration Law of the Peoples' Republic of China" and the information may be communicated to the tax competent authority of ________ (name of State) pursuant to the "Agreement between the Government of the People's Republic of China and the Government of the ________ for the Avoidance of the Double Taxation and the Prevention of Fiscal Evasion with respect to Taxes on Income".

联系单位：中国____省（市）____市（区）________国家税务局（地方税务局）____科

Responsible tax office：

联系人（Contact）：

联系电话（Tel）： 传真（Fax）：

地址（Add）： 邮政编码（Post Code）：

税务机关（盖章）（Stamp of Tax Office）

年　　月　　日　（y/m/d）

＊本函一式两份：一份税务机关留存，一份寄至当事人。

＊ This notice is in duplicate with one copy kept by the responsible tax office and the other sent to the notified party.

2－1－47

国家税务总局关于加强企业所得税预缴工作的通知

2009年1月20日 国税函〔2009〕34号

各省、自治区、直辖市和计划单列市国家税务局、地方税务局：

为进一步做好企业所得税征收管理，现就加强企业所得税预缴工作通知如下：

一、根据《中华人民共和国企业所得税法》及其实施条例规定，企业所得税应当按照月度或者季度的实际利润额预缴；按照月度或者季度的实际利润额预缴有困难的，可以按照上一纳税年度应纳税所得额的月度或者季度平均额预缴，或者按照经税务机关认可的其他方法预缴。为确保税款足额及时入库，各级税务机关对纳入当地重点税源管理的企业，原则上应按照实际利润额预缴方法征收企业所得税。

二、各级税务机关根据企业上年度企业所得税预缴和汇算清缴情况，对全年企业所得税预缴税款占企业所得税应缴税款比例明显偏低的，要及时查明原因，调整预缴方法或预缴税额。

三、各级税务机关要处理好企业所得税预缴和汇算清缴税款入库的关系，原则上各地企业所得税年度预缴税款占当年企业所得税入库税款（预缴数＋汇算清缴数）应不少于70%。

四、各级税务机关要进一步加大监督管理力度。对未按规定申报预缴企业所得税的，按照《中华人民共和国税收征收管理法》及其实施细则的有关规定进行处理。

五、加强企业所得税预缴工作是税收征管中的一项重要任务，各级税务机关要高度重视，周密部署，精心组织实施。税务总局将适时组织督促检查，通报此项工作的落实情况。

2－1－48

国家税务总局关于简化判定中国居民股东控制外国企业所在国实际税负的通知

2009年1月21日 国税函〔2009〕37号

各省、自治区、直辖市和计划单列市国家税务局、地方税务局：

根据《中华人民共和国企业所得税法》第四十五条的规定，为了简化判定由中国居民企业，或者由中国居民企业和居民个人控制的外国企业的实际税负，现明确如下：

中国居民企业或居民个人能够提供资料证明其控制的外国企业设立在美国、英国、法国、德国、日本、意大利、加拿大、澳大利亚、印度、南非、新西兰和挪威的，可免于将该外国企业不作分配或者减少分配的利润视同股息分配额，计入中国居民企业的当期所得。

2-1-49

国家税务总局关于印发《非居民企业所得税汇算清缴管理办法》的通知

2009年1月22日　国税发〔2009〕6号

各省、自治区、直辖市和计划单列市国家税务局,广东省和深圳市地方税务局:

为贯彻实施《中华人民共和国企业所得税法》及其实施条例,规范非居民企业所得税汇算清缴工作,税务总局制定了《非居民企业所得税汇算清缴管理办法》,现印发给你们,请遵照执行。执行中发现的问题请及时反馈税务总局(国际税务司)。

附件:1. 非居民企业所得税汇算清缴涉税事宜通知书(据实申报企业适用)

2. 非居民企业所得税汇算清缴涉税事宜通知书(核定征收企业适用)

3. 非居民企业汇总申报企业所得税证明

4. 非居民企业所得税应纳税款核定通知书

非居民企业所得税汇算清缴管理办法

为规范非居民企业所得税汇算清缴工作,根据《中华人民共和国企业所得税法》(以下简称企业所得税法)及其实施条例和《中华人民共和国税收征收管理法》(以下简称税收征管法)及其实施细则的有关规定,制定本办法。

一、汇算清缴对象

(一)依照外国(地区)法律成立且实际管理机构不在中国境内,但在中国境内设立机构、场所的非居民企业(以下称为企业),无论盈利或者亏损,均应按照企业所得税法及本办法规定参加所得税汇算清缴。

(二)企业具有下列情形之一的,可不参加当年度的所得税汇算清缴:

1. 临时来华承包工程和提供劳务不足1年,在年度中间终止经营活动,且已经结清税款;

2. 汇算清缴期内已办理注销;

3. 其他经主管税务机关批准可不参加当年度所得税汇算清缴。

二、汇算清缴时限

(一)企业应当自年度终了之日起5个月内,向税务机关报送年度企业所得税纳税申报表,并汇算清缴,结清应缴应退税款。

(二)企业在年度中间终止经营活动的,应当自实际经营终止之日起60日内,向税务机关办理当期企业所得税汇算清缴。

三、申报纳税

（一）企业办理所得税年度申报时，应当如实填写和报送下列报表、资料：

1. 年度企业所得税纳税申报表及其附表；

2. 年度财务会计报告；

3. 税务机关规定应当报送的其他有关资料。

（二）企业因特殊原因，不能在规定期限内办理年度所得税申报，应当在年度终了之日起5个月内，向主管税务机关提出延期申报申请。主管税务机关批准后，可以适当延长申报期限。

（三）企业采用电子方式办理纳税申报的，应附报纸质纳税申报资料。

（四）企业委托中介机构代理年度企业所得税纳税申报的，应附送委托人签章的委托书原件。

（五）企业申报年度所得税后，经主管税务机关审核，需补缴或退还所得税的，应在收到主管税务机关送达的《非居民企业所得税汇算清缴涉税事宜通知书》（见附件1和附件2）后，按规定时限将税款补缴入库，或按照主管税务机关的要求办理退税手续。

（六）经批准采取汇总申报缴纳所得税的企业，其履行汇总纳税的机构、场所（以下简称汇缴机构），应当于每年5月31日前，向汇缴机构所在地主管税务机关索取《非居民企业汇总申报企业所得税证明》（以下称为《汇总申报纳税证明》，见附件3）；企业其他机构、场所（以下简称其他机构）应当于每年6月30日前将《汇总申报纳税证明》及其财务会计报告送交其所在地主管税务机关。

在上述规定期限内，其他机构未向其所在地主管税务机关提供《汇总申报纳税证明》，且又无汇缴机构延期申报批准文件的，其他机构所在地主管税务机关应负责检查核实或核定该其他机构应纳税所得额，计算征收应补缴税款并实施处罚。

（七）企业补缴税款确因特殊困难需延期缴纳的，按税收征管法及其实施细则的有关规定办理。

（八）企业在所得税汇算清缴期限内，发现当年度所得税申报有误的，应当在年度终了之日起5个月内向主管税务机关重新办理年度所得税申报。

（九）企业报送报表期限的最后一日是法定休假日的，以休假日期满的次日为期限的最后一日；在期限内有连续三日以上法定休假日的，按休假日天数顺延。

四、法律责任

（一）企业未按规定期限办理年度所得税申报，且未经主管税务机关批准延期申报，或报送资料不全、不符合要求的，应在收到主管税务机关送达的《责令限期改正通知书》后按规定时限补报。

企业未按规定期限办理年度所得税申报，且未经主管税务机关批准延期申报的，主管税务机关除责令其限期申报外，可按照税收征管法的规定处以2000元以下的罚款，逾期仍不申报的，可处以2000元以上10000元以下的罚款，同时核定其年度应纳税额，责令其限期缴纳。企业在收到主管税务机关送达的《非居民企业所得税应纳税款核定通知书》（见附件4）后，应在规定时限内缴纳税款。

（二）企业未按规定期限办理所得税汇算清缴，主管税务机关除责令其限期办理外，对发生税款滞纳的，按照税收征管法的规定，加收滞纳金。

（三）企业同税务机关在纳税上发生争议时，依照税收征管法相关规定执行。

五、本办法自2008年1月1日起执行。

附件1

非居民企业所得税汇算清缴涉税事宜通知书
（据实申报企业适用）

（企业名称）：

你单位报送的________年度所得税申报表及其有关资料收悉。经初步审核，年度企业所得税申报情况应调整如下：

一、本年度利润总额：　　元；
二、本年度弥补以前年度亏损额：　　元；
三、本年度应纳税所得额：　　元；
四、本年度实际应纳企业所得税额：　　元；
五、本年度减（免）企业所得税额：　　元；
六、本年度境外所得应补企业所得税额：　　元；
七、本年度境内外实际应纳企业所得税额：　　元；
八、本年度已预缴所得税额：　　元；
其中：已预缴季度所得税额：　　元；
已补缴年度所得税额：　　元；
九、本年度应补（退）所得税额：　　元。

调整说明：

你单位应于5月31日前来我局，将尚须补缴的所得税税款自行缴纳入库或办理有关退税事宜。

特此通知。

主管税务机关名称及公章
年　月　日

附件 2

非居民企业所得税汇算清缴涉税事宜通知书
（核定征收企业适用）

____（企业名称）____：

你单位按____（所得税计征方法）____征收企业所得税，报送的________年度所得税申报表及其有关资料收悉。经初步审核，________年度企业所得税申报情况应调整如下：

一、按收入总额核定应纳税所得额企业适用

（一）本年度收入总额：　　　　　　　　　　　　元；

（二）本年度经税务机关核定的利润率：

二、按经费支出换算收入方法征收企业所得税企业适用

（一）本年度经费支出总额：　　　　　　　　　　元；

（二）本年度换算的收入总额：　　　　　　　　　元；

（三）本年度经税务机关核定的利润率：

三、按成本费用核定应纳税所得额企业适用

（一）本年度成本费用总额：　　　　　　　　　　元；

（二）本年度换算的收入总额：　　　　　　　　　元；

（三）本年度经税务机关核定的利润率：

四、本年度应纳税所得额：　　　　　　　　　　　元；

五、本年度应纳所得税额：　　　　　　　　　　　元；

六、本年度减（免）所得税额：　　　　　　　　　元；

七、本年度实际应纳所得税额：　　　　　　　　　元；

八、本年度已预缴所得税额：　　　　　　　　　　元；

其中：已预缴季度所得税额：　　　　　　　　　　元；

　　　已补缴年度所得税额：　　　　　　　　　　元；

九、本年度应补（退）所得税额：　　　　　　　　元。

调整说明：

你单位应于 5 月 31 日前来我局，将尚须补缴的所得税税款自行缴纳入库或办理有关退税事宜。

特此通知。

主管税务机关名称及公章

年　　月　　日

附件3

非居民企业

汇总申报所得税证明(存根)

国(地)税汇证〔　　〕号

____________国家(地方)税务局:

你局管辖的____在我局管辖的____汇总申报纳税,已于______年______月在我局汇总申报______年度企业所得税。该年度汇总申报汇算清缴后利润(亏损)总额为____________元。

特此证明。

汇缴机构所在地主管税务机关名称及公章

年　　月　　日

非居民企业

汇总申报所得税证明

国(地)税汇证〔　　〕号

____________国家(地方)税务局:

你局管辖的____在我局管辖的____汇总申报纳税,已于______年______月在我局汇总申报______年度企业所得税。该年度汇总申报汇算清缴后利润(亏损)总额为____________元。

特此证明。

汇缴机构所在地主管税务机关名称及公章

年　　月　　日

主管税务机关地址:　　　　　　　　　　　　邮编:

联系人:　　　　　　　　　　电话:　　　　　传真:

附件4

非居民企业所得税应纳税款核定通知书

税非居民核〔　　〕号

____（企业名称）____：

由于你单位未按《中华人民共和国企业所得税法》第五十四条规定办理________年度企业所得税申报，经责令限期申报，逾期仍未申报，现根据《中华人民共和国税收征收管理法》第三十五条规定，核定你单位________年度所得税应纳税额为____________元，扣除该年度已预缴的所得税____________元，应补缴税款____________元，限于______年____月____日前将该税款补缴入库。

特此通知，请依照执行。

主管税务机关名称及公章

年　　月　　日

告知事项：

按照税法规定，纳税人同税务机关在纳税上发生争议时，必须先依照主管税务机关的纳税决定缴纳或者解缴税款及滞纳金或者提供相应的担保，然后可以在缴纳或者解缴税款或提供相应的担保之日起六十日内向主管税务机关的上一级税务机关申请行政复议。

纳税人对税务机关核定的应纳税额有异议的，应当提供相关证据，经税务机关认定后，调整应纳税额。

注释：

条款废止。第三条第六项废止。参见：《国家税务总局　财政部　中国人民银行关于非居民企业机构场所汇总缴纳企业所得税有关问题的公告》（国家税务总局公告2019年第12号）。

条款修改。根据《第十三届全国人民代表大会第一次会议关于国务院机构改革方案的决定》等有关规定，税收规范性文件规定的国税地税机关的职责和工作由新的税务机关承担。国家税务总局依据《税收规范性文件制定管理办法》（国家税务总局令第41号公布），对税收规范性文件进行了清理。参见：《国家税务总局关于修改部分税收规范性文件的公告》（国家税务总局公告2018年第31号）。

2－1－50

国家税务总局关于中国居民企业向QFII支付股息、红利、利息代扣代缴企业所得税有关问题的通知

2009年1月23日　国税函〔2009〕47号

各省、自治区、直辖市和计划单列市国家税务局、地方税务局：

根据《中华人民共和国企业所得税法》及其实施条例（以下称企业所得税法）规定，现就中国居民企业向合格境外机构投资者（以下称为QFII）支付股息、红利、利息代扣代缴企业所得税有关问题明确如下：

一、QFII取得来源于中国境内的股息、红利和利息收入，应当按照企业所得税法规定缴纳10%的企业所得税。如果是股息、红利，则由派发股息、红利的企业代扣代缴；如果是利息，则由企业在支付或到期支付时代扣代缴。

二、QFII取得股息、红利和利息收入，需要享受税收协定（安排）待遇的，可向主管税务机关提出申请，主管税务机关审核无误后按照税收协定的规定执行；涉及退税的，应及时予以办理。

三、各地税务机关应了解QFII在我国从事投资的情况，及时提供税收服务，建立税收管理档案，确保代扣代缴税款及时足额入库。

2－1－51

国家税务总局关于执行税收协定股息条款有关问题的通知

2009年2月20日　国税函〔2009〕81号

各省、自治区、直辖市和计划单列市国家税务局、地方税务局：

根据中华人民共和国政府对外签署的避免双重征税协定（含与香港、澳门特别行政区签署的税收安排，以下统称税收协定）的有关规定，现就执行税收协定股息条款的有关问题通知如下：

一、本通知所称税收协定股息条款是指专门适用于股息所得的税收协定条款，不含按税收协定规定应作为营业利润处理的股息所得所适用的税收协定条款。

二、按照税收协定股息条款规定，中国居民公司向税收协定缔约对方税收居民支付股息，且该对方税收居民（或股息收取人）是该股息的受益所有人，则该对方税收居民取得的该项股息可享受税收协定待遇，即按税收协定规定的税率计算其在中国应缴纳的所得税。

如果税收协定规定的税率高于中国国内税收法律规定的税率，则纳税人仍可按中国国内税收法律规定纳税。

纳税人需要享受上款规定的税收协定待遇的，应同时符合以下条件：

（一）可享受税收协定待遇的纳税人应是税收协定缔约对方税收居民；

（二）可享受税收协定待遇的纳税人应是相关股息的受益所有人；

（三）可享受税收协定待遇的股息应是按照中国国内税收法律规定确定的股息、红利等权益性投资收益；

（四）国家税务总局规定的其他条件。

三、根据有关税收协定股息条款规定，凡税收协定缔约对方税收居民直接拥有支付股息的中国居民公司一定比例以上资本（一般为25%或10%）的，该对方税收居民取得的股息可按税收协定规定税率征税。该对方税收居民需要享受该税收协定待遇的，应同时符合以下条件：

（一）取得股息的该对方税收居民根据税收协定规定应限于公司；

（二）在该中国居民公司的全部所有者权益和有表决权股份中，该对方税收居民直接拥有的比例均符合规定比例；

（三）该对方税收居民直接拥有该中国居民公司的资本比例，在取得股息前连续12个月以内任何时候均符合税收协定规定的比例。

四、以获取优惠的税收地位为主要目的的交易或安排不应构成适用税收协定股息条款优惠规定的理由，纳税人因该交易或安排而不当享受税收协定待遇的，主管税务机关有权进行调整。

五、纳税人需要按照税收协定股息条款规定纳税的，相关纳税人或扣缴义务人应该取得并保有支持其执行税收协定股息条款规定的信息资料，并按有关规定及时根据税务机关的要求报告或提供。有关的信息资料包括：

（一）由协定缔约对方税务主管当局或其授权代表签发的税收居民身份证明以及支持该证明的税收协定缔约对方国内法律依据和相关事实证据；

（二）纳税人在税收协定缔约对方的纳税情况，特别是与取得由中国居民公司支付股息有关的纳税情况；

（三）纳税人是否构成任一第三方（国家或地区）税收居民；

（四）纳税人是否构成中国税收居民；

（五）纳税人据以取得中国居民公司所支付股息的相关投资（转让）合同、产权凭证、利润分配决议、支付凭证等权属证明；

（六）纳税人在中国居民公司的持股情况；

（七）其他与执行税收协定股息条款规定有关的信息资料。

六、各地应按本通知规定做好税收协定股息条款的执行工作，并将执行中遇到的问题及时报告税务总局。

2－1－52

国家税务总局关于进一步加强非居民税收管理工作的通知

2009年3月9日　国税发〔2009〕32号

各省、自治区、直辖市和计划单列市国家税务局、地方税务局：

为贯彻全国税务工作会议精神，落实税务总局关于进一步做好税收征管工作的要求，切实加强非居民税收管理，进一步提高非居民税收管理质量和效率，现就有关问题通知如下：

一、提高认识，实行专业化管理机制

随着经济全球化趋势的深入发展，以及我国经济与世界经济的日益融合，税收国际化问题日益凸显，做好国际税收管理工作意义重大。非居民税收管理是国际税收管理的重要内容，是我国行使税收管辖权、维护国家经济主权的重要手段。各级税务机关应充分认识加强非居民税收管理的重要意义，防止出现因非居民税收规模相对较小而不重视甚至忽视管理的现象，切实把非居民税收管理摆上重要议事日程。

非居民税收管理对象为外国居民，税源跨国（境）流动性大、隐蔽性强，需要依据国内税收法律法规和税收协定判定税收管辖权及纳税义务，管理政策性、时效性和专业性较强。各级税务机关应建立非居民税收管理专业化工作机制，把非居民纳入日常税收管理并作为分类管理的一个类别，规范和完善非居民税收管理制度，把握非居民税源流动规律，建立健全非居民税收管理岗位，配备足够的专业人才，及时防范非居民税源流失风险。

二、突出重点，加大税收管理力度

2008年以来，为贯彻落实《中华人民共和国企业所得税法》及其实施条例，规范非居民税收管理，税务总局建立了非居民企业所得税申报制度，颁布了非居民承包工程作业和提供劳务税收管理办法，出台了非居民企业所得税源泉扣缴管理办法、汇算清缴管理办法及工作规程，并明确了有关政策，各地应认真抓好上述措施的贯彻落实工作。

（一）做好非居民企业所得税申报及汇算清缴工作。2009年是税务部门对非居民企业所得税实行独立申报和汇算清缴制度的第一年。做好非居民企业所得税纳税申报和汇算清缴，是一项涉及面广、政策性强的常规性基础工作，是征纳双方落实非居民企业所得税法律法规的具体体现，是确保税收收入及时足额入库的有效手段，且关系到纳税评估、税务审计以及反避税工作的深入开展。对此，各级税务机关要落实好《国家税务总局关于印发〈中华人民共和国非居民企业所得税申报表〉等报表的通知》（国税函〔2008〕801号）、《国家税务总局关于印发〈非居民企业所得税汇算清缴管理办法〉的通知》（国税发〔2009〕6号）和《国家税务总局关于印发〈非居民企业所得税汇算清缴工作规程〉的通知》（国税发〔2009〕11号）文件精神，规范日常管理，加强纳税服务，指导一线税收管理人员和辅导纳税人做好日常纳税申报和汇算清缴，进一步提高税款预缴率，防范欠税，不断提高纳税申报和汇算清缴工作质量。

（二）加强非居民承包工程和提供劳务税收管理。为规范和加强非居民承包工程和提供劳务税收管理，税务总局下发《非居民承包工程作业和提供劳务税收管理暂行办法》（国家税务总局令第19号），各地应抓好该办法的学习贯彻落实工作。要在全面加强非居民承包工程和提供劳务税收管理的基础上，结合本地实际，以重点建设项目为重点，突出抓好非居民税务登记、申报征收以及相关境内机构和个人资料报告工作，力争使非居民承包工程和提供劳务的税收管理工作上一个新台阶。

（三）加强非居民企业所得税源泉扣缴工作。各地应按照《国家税务总局关于印发〈非居民企业所得税源泉扣缴管理暂行办法〉的通知》（国税发〔2009〕3号）规定，落实扣缴登记和合同备案制度，辅导扣缴义务人及时准确扣缴应纳税款，建立管理台账和管理档案，追缴漏税。尤其是对股权转让交易双方均为非居民企业且在境外交易的行为，应以被转让股权的境内企业为抓手，以税务变更登记为控制点，防范税收流失。各地国税局和地税局要按照《国家税务总局关于调整新增企业所得税征管范围问题的通知》（国税发〔2008〕120号）和《国家税务总局关于明确非居民企业所得税征管范围的补充通知》（国税函〔2009〕50号）要求，抓好对所管辖企业所得税企业的源泉扣缴工作。

（四）做好对外支付税务证明管理工作。各地应按照《国家外汇管理局、国家税务总局关于服务贸易等项目对外支付提交税务证明有关问题的通知》（汇发〔2008〕64号）和《国家税务总局关于印发〈服务贸易等项目对外支付出具税务证明管理办法〉的通知》（国税发〔2008〕122号）要求，制定操作规程，及时把好税务证明出具关，控管非居民税收收入流失，同时要方便支付人付汇。

（五）抓好税收收入预测分析工作。各地应建立非居民税收收入预测分析机制，季度终了后7日内向税务总局（国际税务司）上报《非居民企业所得税收入情况分析表》（见附件），分析收入增减原因，把握非居民税收收入变化规律。

（六）充分利用现代信息技术。各地应积极运用现代信息技术，尤其是要以现代信息技术为依托，做好非居民企业所得税纳税申报、源泉扣缴及汇算清缴工作，出具对外支付税务证明，以及获取相关部门涉税信息等工作。

（七）加强协调配合。各地国税局和地税局应加强协调配合，建立联合工作机制，确保非居民税收管辖权及纳税义务判定特别是常设机构确定上的一致性，联合出具对外支付税务证明，联合开展税务审计，提高非居民税收管理效率；各地应加强跨区域间的非居民税收管理协调配合力度，共同做好汇总申报纳税企业的税收管理，强化异地追缴税款的协助意识和工作力度，防范非居民利用地域差异逃避纳税义务；加强与非居民税收管理有关的政府机关、相关部门的配合，拓宽非居民涉税信息的获取渠道，主动寻找非居民税源。

（八）开展非居民企业税收专项检查。2009年，税务总局把非居民企业纳入税收专项检查内容，各地应按照《国家税务总局关于开展2009年税收专项检查工作的通知》（国税发〔2009〕9号）要求，制订工作方案，抽调精干力量，抓好非居民企业税收检查，查处偷逃骗税行为。

三、加强调研，进一步完善政策和管理制度

各地税务部门应加强对非居民税收管理的调研力度，注意掌握纳税人的反映和意见，认真总结经验，把非居民税收管理中的成功经验、主要问题，及时反馈税务总局（国际税务司），为进一步完善非居民税收政策和管理制度提供素材。

四、强化培训，不断提高专业技能

针对非居民税收管理专业性强的特点，各地税务部门要按照总局税务人才培养战略，制定好非居民税收管理人才培训规划，有计划地培养人才，建立健全人才库；要进一步加大业务培训力度，注重加强专业技能的培训和岗位练兵，在实践中锻炼和培养人才，培养造就一支与非居民税收工作相适应的高素质的专业化税务人才队伍。

附件：非居民企业所得税收入统计分析表（编者略）

注释：

条款修改。根据《第十三届全国人民代表大会第一次会议关于国务院机构改革方案的决定》等有关规定，税收规范性文件规定的国税地税机关的职责和工作由新的税务机关承担。国家税务总局依据《税收规范性文件制定管理办法》（国家税务总局令第41号公布），对税收规范性文件进行了清理。参见：《国家税务总局关于修改部分税收规范性文件的公告》（国家税务总局公告2018年第31号）。

条款废止。第二条第三项中“各地应按照《国家税务总局关于印发〈非居民企业所得税源泉扣缴管理暂行办法〉的通知》（国税发〔2009〕3号）规定，落实扣缴登记和合同备案制度，辅导扣缴义务人及时准确扣缴应纳税款，建立管理台账和管理档案，追缴漏税”的表述自2017年12月1日起废止。参见：《国家税务总局关于非居民企业所得税源泉扣缴有关问题的公告》（国家税务总局公告2017年第37号）。

2－1－53

国家税务总局关于中国居民企业向全国社会保障基金所持H股派发股息不予代扣代缴企业所得税的通知

2009年4月1日　国税函〔2009〕173号

各省、自治区、直辖市和计划单列市国家税务局、地方税务局：

现将中国居民企业向全国社会保障基金所持H股派发股息不予代扣代缴企业所得税的问题通知如下：

根据《财政部、国家税务总局关于全国社会保障基金有关企业所得税问题的通知》（财税〔2008〕136号）规定，全国社会保障基金（以下简称“社保基金”）从证券市场取得的收入为企业所得税不征税收入。在香港上市的境内居民企业派发股息时，可凭香港中央结算（代理人）有限公司确定的社保基金所持H股证明，不予代扣代缴企业所得税。

在香港以外上市的境内居民企业向境外派发股息时，可凭有关证券结算公司确定的社保基金所持股证明，不予代扣代缴企业所得税。

在境外上市的境内居民企业向其他经批准对股息不征企业所得税的机构派发股息时，可参照本通知执行。

2－1－54

国家税务总局关于企业所得税汇算清缴汇总工作有关问题的通知

2009年4月13日　国税函〔2009〕184号

各省、自治区、直辖市和计划单列市国家税务局、地方税务局：

为做好企业所得税汇算清缴工作，根据《中华人民共和国企业所得税法》及其实施条例、《国家税务总局关于印发〈中华人民共和国企业所得税年度纳税申报表〉的通知》（国税发〔2008〕101号）、《国家税务总局关于〈中华人民共和国企业所得税年度纳税申报表〉的补充通知》（国税函〔2008〕1081号），税务总局编制了企业所得税汇算清缴汇总表，并对原内、外资企业所得税汇算清缴系统进行了升级，形成了新的企业所得税汇算清缴系统。现就有关问题通知如下：

一、做好企业所得税汇算清缴情况汇总的培训工作

2008年实施新的企业所得税法后，使用新的企业所得税年度纳税申报表，汇算清缴情况汇总等后续工作也发生了较大变化。各级税务机关要在总结以往工作经验的基础上，针对汇算清缴汇总表表间关系、数据提取口径等内容，组织好内部相关工作人员的业务培训，认真学习领会填报说明，以适应使用新的企业所得税年度纳税申报表进行汇算清缴后相关后续工作的要求。

二、加强对企业所得税汇算清缴数据分析

根据汇算清缴工作的实际需要，税务总局已制定了新的企业所得税汇算清缴汇总表（详见附件）。通过汇算清缴建立的数据是进行后续管理的基础信息，进行税源分析、纳税评估等后续管理工作的重要依据。各地要按照税务总局制定的汇算清缴汇总表进行数据采集、汇总、分析，充分发挥汇算清缴所采集的纳税人数据信息的作用。汇算清缴总结报告要详实、报表内容要完整、报表数据要准确、报送要及时。

三、做好汇算清缴软件升级及运用工作

新的企业所得税汇算清缴系统包括可供企业免费使用的申报模块和税务机关使用的汇算清缴模块。汇算清缴系统的安装文件及使用说明在税务总局内网（FTP://所得税司/综合处/汇算清缴）下载。各级税务机关应按照以下要求，做好新的企业所得税汇算清缴系统应用工作。

（一）新的汇算清缴软件与原内资企业所得税汇算清缴汇总软件在数据采集和上报的方式上存在较大差异，在新系统中，主管税务机关必须将本辖区所有企业的各项基础数据信息通过系统支持的几种输入途径采集到本系统中，在汇算清缴工作结束后将这些数据逐级汇总上报。新的系统不仅能根据这些基础信息自动统计出汇算清缴工作需要的各种汇

总分析报表,各级税务机关还可以根据这些信息进行更全面的数据分析。

(二)汇算清缴系统可以采用本地文件型数据库和服务器型数据库进行应用实施,各级税务机关可根据自身工作环境情况进行选择。汇算清缴系统支持采集符合 CTAIS 数据接口规范和本系统定义数据接口规范的数据文件。

(三)使用汇算清缴系统过程中发现的问题,应及时向税务总局(所得税司)反映,不得超越管理权限自行修改汇算清缴系统中的技术参数和数据。

附件:1. 企业所得税汇算清缴汇总表表1(编者略)

2. 企业所得税汇算清缴汇总表表2(编者略)

3. 企业所得税汇算清缴汇总表表3(编者略)

4. 企业所得税汇算清缴汇总表表4(编者略)

5. 企业所得税汇算清缴汇总表表5(编者略)

6. 企业所得税汇算清缴汇总表填报说明(编者略)

注释:

条款废止。附件废止。参见:《国家税务总局关于修订企业所得税汇算清缴汇总统计表有关问题的通知》(国税函〔2010〕190 号)。

2 -1 -55

财政部　国家税务总局关于企业资产损失税前扣除政策的通知

2009 年 4 月 16 日　财税〔2009〕57 号

各省、自治区、直辖市、计划单列市财政厅(局)、国家税务局、地方税务局,新疆生产建设兵团财务局:

根据《中华人民共和国企业所得税法》和《中华人民共和国企业所得税法实施条例》(国务院令第 512 号)的有关规定,现就企业资产损失在计算企业所得税应纳税所得额时的扣除政策通知如下:

一、本通知所称资产损失,是指企业在生产经营活动中实际发生的、与取得应税收入有关的资产损失,包括现金损失,存款损失,坏账损失,贷款损失,股权投资损失,固定资产和存货的盘亏、毁损、报废、被盗损失,自然灾害等不可抗力因素造成的损失以及其他损失。

二、企业清查出的现金短缺减除责任人赔偿后的余额,作为现金损失在计算应纳税所得额时扣除。

三、企业将货币性资金存入法定具有吸收存款职能的机构,因该机构依法破产、清算,或者政府责令停业、关闭等原因,确实不能收回的部分,作为存款损失在计算应纳税所得额时扣除。

四、企业除贷款类债权外的应收、预付账款符合下列条件之一的,减除可收回金额后确

认的无法收回的应收、预付款项,可以作为坏账损失在计算应纳税所得额时扣除:

(一)债务人依法宣告破产、关闭、解散、被撤销,或者被依法注销、吊销营业执照,其清算财产不足清偿的;

(二)债务人死亡,或者依法被宣告失踪、死亡,其财产或者遗产不足清偿的;

(三)债务人逾期3年以上未清偿,且有确凿证据证明已无力清偿债务的;

(四)与债务人达成债务重组协议或法院批准破产重整计划后,无法追偿的;

(五)因自然灾害、战争等不可抗力导致无法收回的;

(六)国务院财政、税务主管部门规定的其他条件。

五、企业经采取所有可能的措施和实施必要的程序之后,符合下列条件之一的贷款类债权,可以作为贷款损失在计算应纳税所得额时扣除:

(一)借款人和担保人依法宣告破产、关闭、解散、被撤销,并终止法人资格,或者已完全停止经营活动,被依法注销、吊销营业执照,对借款人和担保人进行追偿后,未能收回的债权;

(二)借款人死亡,或者依法被宣告失踪、死亡,依法对其财产或者遗产进行清偿,并对担保人进行追偿后,未能收回的债权;

(三)借款人遭受重大自然灾害或者意外事故,损失巨大且不能获得保险补偿,或者以保险赔偿后,确实无力偿还部分或者全部债务,对借款人财产进行清偿和对担保人进行追偿后,未能收回的债权;

(四)借款人触犯刑律,依法受到制裁,其财产不足归还所借债务,又无其他债务承担者,经追偿后确实无法收回的债权;

(五)由于借款人和担保人不能偿还到期债务,企业诉诸法律,经法院对借款人和担保人强制执行,借款人和担保人均无财产可执行,法院裁定执行程序终结或终止(中止)后,仍无法收回的债权;

(六)由于借款人和担保人不能偿还到期债务,企业诉诸法律后,经法院调解或经债权人会议通过,与借款人和担保人达成和解协议或重整协议,在借款人和担保人履行完还款义务后,无法追偿的剩余债权;

(七)由于上述(一)至(六)项原因借款人不能偿还到期债务,企业依法取得抵债资产,抵债金额小于贷款本息的差额,经追偿后仍无法收回的债权;

(八)开立信用证、办理承兑汇票、开具保函等发生垫款时,凡开证申请人和保证人由于上述(一)至(七)项原因,无法偿还垫款,金融企业经追偿后仍无法收回的垫款;

(九)银行卡持卡人和担保人由于上述(一)至(七)项原因,未能还清透支款项,金融企业经追偿后仍无法收回的透支款项;

(十)助学贷款逾期后,在金融企业确定的有效追索期限内,依法处置助学贷款抵押物(质押物),并向担保人追索连带责任后,仍无法收回的贷款;

(十一)经国务院专案批准核销的贷款类债权;

(十二)国务院财政、税务主管部门规定的其他条件。

六、企业的股权投资符合下列条件之一的,减除可收回金额后确认的无法收回的股权投资,可以作为股权投资损失在计算应纳税所得额时扣除:

(一)被投资方依法宣告破产、关闭、解散、被撤销,或者被依法注销、吊销营业执照的;

(二)被投资方财务状况严重恶化,累计发生巨额亏损,已连续停止经营 3 年以上,且无重新恢复经营改组计划的;

(三)对被投资方不具有控制权,投资期限届满或者投资期限已超过 10 年,且被投资单位因连续 3 年经营亏损导致资不抵债的;

(四)被投资方财务状况严重恶化,累计发生巨额亏损,已完成清算或清算期超过 3 年以上的;

(五)国务院财政、税务主管部门规定的其他条件。

七、对企业盘亏的固定资产或存货,以该固定资产的账面净值或存货的成本减除责任人赔偿后的余额,作为固定资产或存货盘亏损失在计算应纳税所得额时扣除。

八、对企业毁损、报废的固定资产或存货,以该固定资产的账面净值或存货的成本减除残值、保险赔款和责任人赔偿后的余额,作为固定资产或存货毁损、报废损失在计算应纳税所得额时扣除。

九、对企业被盗的固定资产或存货,以该固定资产的账面净值或存货的成本减除保险赔款和责任人赔偿后的余额,作为固定资产或存货被盗损失在计算应纳税所得额时扣除。

十、企业因存货盘亏、毁损、报废、被盗等原因不得从增值税销项税额中抵扣的进项税额,可以与存货损失一起在计算应纳税所得额时扣除。

十一、企业在计算应纳税所得额时已经扣除的资产损失,在以后纳税年度全部或者部分收回时,其收回部分应当作为收入计入收回当期的应纳税所得额。

十二、企业境内、境外营业机构发生的资产损失应分开核算,对境外营业机构由于发生资产损失而产生的亏损,不得在计算境内应纳税所得额时扣除。

十三、企业对其扣除的各项资产损失,应当提供能够证明资产损失确属已实际发生的合法证据,包括具有法律效力的外部证据、具有法定资质的中介机构的经济鉴证证明、具有法定资质的专业机构的技术鉴定证明等。

十四、本通知自 2008 年 1 月 1 日起执行。

2 -1 -56

国家税务总局关于印发《企业所得税汇算清缴管理办法》的通知

2009 年 4 月 16 日　国税发〔2009〕79 号

各省、自治区、直辖市和计划单列市国家税务局、地方税务局:

为加强企业所得税征收管理,进一步规范企业所得税汇算清缴工作,在总结近年来内、外资企业所得税汇算清缴工作经验的基础上,根据《中华人民共和国企业所得税法》及其实施条例,税务总局重新制定了《企业所得税汇算清缴管理办法》,现印发给你们,请遵照执行。执行中有何问题,请及时向税务总局报告。

企业所得税汇算清缴管理办法

第一条 为加强企业所得税征收管理,进一步规范企业所得税汇算清缴管理工作,根据《中华人民共和国企业所得税法》及其实施条例(以下简称企业所得税法及其实施条例)和《中华人民共和国税收征收管理法》及其实施细则(以下简称税收征管法及其实施细则)的有关规定,制定本办法。

第二条 企业所得税汇算清缴,是指纳税人自纳税年度终了之日起5个月内或实际经营终止之日起60日内,依照税收法律、法规、规章及其他有关企业所得税的规定,自行计算本纳税年度应纳税所得额和应纳所得税额,根据月度或季度预缴企业所得税的数额,确定该纳税年度应补或者应退税额,并填写企业所得税年度纳税申报表,向主管税务机关办理企业所得税年度纳税申报、提供税务机关要求提供的有关资料、结清全年企业所得税税款的行为。

第三条 凡在纳税年度内从事生产、经营(包括试生产、试经营),或在纳税年度中间终止经营活动的纳税人,无论是否在减税、免税期间,也无论盈利或亏损,均应按照企业所得税法及其实施条例和本办法的有关规定进行企业所得税汇算清缴。

实行核定定额征收企业所得税的纳税人,不进行汇算清缴。

第四条 纳税人应当自纳税年度终了之日起5个月内,进行汇算清缴,结清应缴应退企业所得税税款。

纳税人在年度中间发生解散、破产、撤销等终止生产经营情形,需进行企业所得税清算的,应在清算前报告主管税务机关,并自实际经营终止之日起60日内进行汇算清缴,结清应缴应退企业所得税款;纳税人有其他情形依法终止纳税义务的,应当自停止生产、经营之日起60日内,向主管税务机关办理当期企业所得税汇算清缴。

第五条 纳税人12月份或者第四季度的企业所得税预缴纳税申报,应在纳税年度终了后15日内完成,预缴申报后进行当年企业所得税汇算清缴。

第六条 纳税人需要报经税务机关审批、审核或备案的事项,应按有关程序、时限和要求报送材料等有关规定,在办理企业所得税年度纳税申报前及时办理。

第七条 纳税人应当按照企业所得税法及其实施条例和企业所得税的有关规定,正确计算应纳税所得额和应纳所得税额,如实、正确填写企业所得税年度纳税申报表及其附表,完整、及时报送相关资料,并对纳税申报的真实性、准确性和完整性负法律责任。

第八条 纳税人办理企业所得税年度纳税申报时,应如实填写和报送下列有关资料:

(一)企业所得税年度纳税申报表及其附表;

(二)财务报表;

(三)备案事项相关资料;

(四)总机构及分支机构基本情况、分支机构征税方式、分支机构的预缴税情况;

(五)委托中介机构代理纳税申报的,应出具双方签订的代理合同,并附送中介机构出具的包括纳税调整的项目、原因、依据、计算过程、调整金额等内容的报告;

(六)涉及关联方业务往来的,同时报送《中华人民共和国企业年度关联业务往来报告表》；

（七）主管税务机关要求报送的其他有关资料。

纳税人采用电子方式办理企业所得税年度纳税申报的，应按照有关规定保存有关资料或附报纸质纳税申报资料。

第九条 纳税人因不可抗力，不能在汇算清缴期内办理企业所得税年度纳税申报或备齐企业所得税年度纳税申报资料的，应按照税收征管法及其实施细则的规定，申请办理延期纳税申报。

第十条 纳税人在汇算清缴期内发现当年企业所得税申报有误的，可在汇算清缴期内重新办理企业所得税年度纳税申报。

第十一条 纳税人在纳税年度内预缴企业所得税税款少于应缴企业所得税税款的，应在汇算清缴期内结清应补缴的企业所得税税款；预缴税款超过应纳税款的，主管税务机关应及时按有关规定办理退税，或者经纳税人同意后抵缴其下一年度应缴企业所得税税款。

第十二条 纳税人因有特殊困难，不能在汇算清缴期内补缴企业所得税款的，应按照税收征管法及其实施细则的有关规定，办理申请延期缴纳税款手续。

第十三条 实行跨地区经营汇总缴纳企业所得税的纳税人，由统一计算应纳税所得额和应纳所得税额的总机构，按照上述规定，在汇算清缴期内向所在地主管税务机关办理企业所得税年度纳税申报，进行汇算清缴。分支机构不进行汇算清缴，但应将分支机构的营业收支等情况在报总机构统一汇算清缴前报送分支机构所在地主管税务机关。总机构应将分支机构及其所属机构的营业收支纳入总机构汇算清缴等情况报送各分支机构所在地主管税务机关。

第十四条 经批准实行合并缴纳企业所得税的企业集团，由集团母公司（以下简称汇缴企业）在汇算清缴期内，向汇缴企业所在地主管税务机关报送汇缴企业及各个成员企业合并计算填写的企业所得税年度纳税申报表，以及本办法第八条规定的有关资料及各个成员企业的企业所得税年度纳税申报表，统一办理汇缴企业及其成员企业的企业所得税汇算清缴。

汇缴企业应根据汇算清缴的期限要求，自行确定其成员企业向汇缴企业报送本办法第八条规定的有关资料的期限。成员企业向汇缴企业报送的上述资料，应经成员企业所在地的主管税务机关审核。

第十五条 纳税人未按规定期限进行汇算清缴，或者未报送本办法第八条所列资料的，按照税收征管法及其实施细则的有关规定处理。

第十六条 各级税务机关要结合当地实际，对每一纳税年度的汇算清缴工作进行统一安排和组织部署。汇算清缴管理工作由具体负责企业所得税日常管理的部门组织实施。税务机关内部各职能部门应充分协调和配合，共同做好汇算清缴的管理工作。

第十七条 各级税务机关应在汇算清缴开始之前和汇算清缴期间，主动为纳税人提供税收服务。

（一）采用多种形式进行宣传，帮助纳税人了解企业所得税政策、征管制度和办税程序；

（二）积极开展纳税辅导，帮助纳税人知晓汇算清缴范围、时间要求、报送资料及其他应注意的事项；

（三）必要时组织纳税培训，帮助纳税人进行企业所得税自核自缴。

第十八条 主管税务机关应及时向纳税人发放汇算清缴的表、证、单、书。

第十九条 主管税务机关受理纳税人企业所得税年度纳税申报表及有关资料时，如发现企业未按规定报齐有关资料或填报项目不完整的，应及时告知企业在汇算清缴期内补齐补正。

第二十条 主管税务机关受理纳税人年度纳税申报后，应对纳税人年度纳税申报表的逻辑性和有关资料的完整性、准确性进行审核。审核重点主要包括：

（一）纳税人企业所得税年度纳税申报表及其附表与企业财务报表有关项目的数字是否相符，各项目之间的逻辑关系是否对应，计算是否正确。

（二）纳税人是否按规定弥补以前年度亏损额和结转以后年度待弥补的亏损额。

（三）纳税人是否符合税收优惠条件、税收优惠的确认和申请是否符合规定程序。

（四）纳税人税前扣除的财产损失是否真实、是否符合有关规定程序。跨地区经营汇总缴纳企业所得税的纳税人，其分支机构税前扣除的财产损失是否由分支机构所在地主管税务机关出具证明。

（五）纳税人有无预缴企业所得税的完税凭证，完税凭证上填列的预缴数额是否真实。跨地区经营汇总缴纳企业所得税的纳税人及其所属分支机构预缴的税款是否与《中华人民共和国企业所得税汇总纳税分支机构分配表》中分配的数额一致。

（六）纳税人企业所得税和其他各税种之间的数据是否相符、逻辑关系是否吻合。

第二十一条 主管税务机关应结合纳税人企业所得税预缴情况及日常征管情况，对纳税人报送的企业所得税年度纳税申报表及其附表和其他有关资料进行初步审核后，按规定程序及时办理企业所得税补、退税或抵缴其下一年度应纳所得税款等事项。

第二十二条 税务机关应做好跨地区经营汇总纳税企业和合并纳税企业汇算清缴的协同管理。

（一）总机构和汇缴企业所在地主管税务机关在对企业的汇总或合并纳税申报资料审核时，发现其分支机构或成员企业申报内容有疑点需进一步核实的，应向其分支机构或成员企业所在地主管税务机关发出有关税务事项协查函；该分支机构或成员企业所在地主管税务机关应在要求的时限内就协查事项进行调查核实，并将核查结果函复总机构或汇缴企业所在地主管税务机关。

（二）总机构和汇缴企业所在地主管税务机关收到分支机构或成员企业所在地主管税务机关反馈的核查结果后，应对总机构和汇缴企业申报的应纳税所得额及应纳所得税额作相应调整。

第二十三条 汇算清缴工作结束后，税务机关应组织开展汇算清缴数据分析、纳税评估和检查。纳税评估和检查的对象、内容、方法、程序等按照国家税务总局的有关规定执行。

第二十四条 汇算清缴工作结束后，各级税务机关应认真总结，写出书面总结报告逐级上报。各省、自治区、直辖市和计划单列市国家税务局、地方税务局应在每年7月底前将汇算清缴工作总结报告、年度企业所得税汇总报表报送国家税务总局（所得税司）。总结报告的内容应包括：

（一）汇算清缴工作的基本情况；

（二）企业所得税税源结构的分布情况；

（三）企业所得税收入增减变化及原因；

（四）企业所得税政策和征管制度贯彻落实中存在的问题和改进建议。

第二十五条 本办法适用于企业所得税居民企业纳税人。

第二十六条 各省、自治区、直辖市和计划单列市国家税务局、地方税务局可根据本办法制定具体实施办法。

第二十七条 本办法自2009年1月1日起执行。《国家税务总局关于印发〈企业所得税汇算清缴管理办法〉的通知》（国税发〔2005〕200号）、《国家税务总局关于印发新修订的〈外商投资企业和外国企业所得税汇算清缴工作规程〉的通知》（国税发〔2003〕12号）和《国家税务总局关于印发新修订的〈外商投资企业和外国企业所得税汇算清缴管理办法〉的通知》（国税发〔2003〕13号）同时废止。

2008年度企业所得税汇算清缴按本办法执行。

第二十八条 本办法由国家税务总局负责解释。

注释：

条款废止。第十一条“或者经纳税人同意后抵缴其下一年度应缴企业所得税税款”的规定废止。参见：《国家税务总局关于企业所得税年度汇算清缴有关事项的公告》（国家税务总局公告2021年第34号）。

条款修改。根据《第十三届全国人民代表大会第一次会议关于国务院机构改革方案的决定》等有关规定，税收规范性文件规定的国税地税机关的职责和工作由新的税务机关承担。国家税务总局依据《税收规范性文件制定管理办法》（国家税务总局令第41号公布），对税收规范性文件进行了清理。参见：《国家税务总局关于修改部分税收规范性文件的公告》（国家税务总局公告2018年第31号）。

2－1－57

国家税务总局关于实施国家重点扶持的公共基础设施项目企业所得税优惠问题的通知

2009年4月16日　国税发〔2009〕80号

各省、自治区、直辖市和计划单列市国家税务局、地方税务局：

为贯彻落实《中华人民共和国企业所得税法》及其实施条例关于国家重点扶持的公共基础设施项目企业所得税优惠政策，促进国家重点扶持的公共基础设施项目建设，现将实施该项优惠政策的有关问题通知如下：

一、对居民企业（以下简称企业）经有关部门批准，从事符合《公共基础设施项目企业所得税优惠目录》（以下简称《目录》）规定范围、条件和标准的公共基础设施项目的投资经营所得,自该项目取得第一笔生产经营收入所属纳税年度起,第一年至第三年免征企业所得税,第四年至第六年减半征收企业所得税。

企业从事承包经营、承包建设和内部自建自用《目录》规定项目的所得,不得享受前款规定的企业所得税优惠。

二、本通知所称第一笔生产经营收入,是指公共基础设施项目建成并投入运营(包括试运营)后所取得的第一笔主营业务收入。

三、本通知所称承包经营,是指与从事该项目经营的法人主体相独立的另一法人经营主体,通过承包该项目的经营管理而取得劳务性收益的经营活动。

四、本通知所称承包建设,是指与从事该项目经营的法人主体相独立的另一法人经营主体,通过承包该项目的工程建设而取得建筑劳务收益的经营活动。

五、本通知所称内部自建自用,是指项目的建设仅作为本企业主体经营业务的设施,满足本企业自身的生产经营活动需要,而不属于向他人提供公共服务业务的公共基础设施建设项目。

六、企业同时从事不在《目录》范围的生产经营项目取得的所得,应与享受优惠的公共基础设施项目经营所得分开核算,并合理分摊企业的期间共同费用;没有单独核算的,不得享受上述企业所得税优惠。

期间共同费用的合理分摊比例可以按照投资额、销售收入、资产额、人员工资等参数确定。上述比例一经确定,不得随意变更。凡特殊情况需要改变的,需报主管税务机关核准。

七、从事《目录》范围项目投资的居民企业应于从该项目取得的第一笔生产经营收入后15日内向主管税务机关备案并报送如下材料后,方可享受有关企业所得税优惠:

(一)有关部门批准该项目文件复印件;

(二)该项目完工验收报告复印件;

(三)该项目投资额验资报告复印件;

(四)税务机关要求提供的其他资料。

八、企业因生产经营发生变化或因《目录》调整,不再符合本办法规定减免税条件的,企业应当自发生变化15日内向主管税务机关提交书面报告并停止享受优惠,依法缴纳企业所得税。

九、企业在减免税期限内转让所享受减免税优惠的项目,受让方承续经营该项目的,可自受让之日起,在剩余优惠期限内享受规定的减免税优惠;减免税期限届满后转让的,受让方不得就该项目重复享受减免税优惠。

十、税务机关应结合纳税检查、执法检查或其他专项检查,每年定期对企业享受公共基础设施项目企业所得税减免税款事项进行核查,核查的主要内容包括:

(一)企业是否继续符合减免所得税的资格条件,所提供的有关情况证明材料是否真实。

(二)企业享受减免企业所得税的条件发生变化时,是否及时将变化情况报送税务机关,并根据本办法规定对适用优惠进行了调整。

十一、企业实际经营情况不符合企业所得税减免税规定条件的或采取虚假申报等手段获取减免税的、享受减免税条件发生变化未及时向税务机关报告的,以及未按本办法规定程序报送备案资料而自行减免税的，企业主管税务机关应按照《税收征管法》有关规定进行处理。

十二、本通知自2008年1月1日起执行。

注释：

条款废止。第七条废止。参见：《国家税务总局关于公布失效废止的税务部门规章和税收规范性文件目录的决定》（国家税务总局令第42号）。

政策调整。“企业从事国家重点扶持的公共基础设施项目投资经营的所得享受所得税优惠的备案核准”取消。参见：1.《国家税务总局关于贯彻落实〈国务院关于第一批取消62项中央指定地方实施行政审批事项的决定〉的通知》（税总发〔2015〕141号）。2.《国务院关于第一批取消62项中央指定地方实施行政审批事项的决定》（国发〔2015〕57号）。3.《国家税务总局关于公布已取消的22项税务非行政许可审批事项的公告》（国家税务总局公告2015年第58号）。

2－1－58

国家税务总局关于企业固定资产加速折旧所得税处理有关问题的通知

2009年4月16日　国税发〔2009〕81号

各省、自治区、直辖市和计划单列市国家税务局、地方税务局：

根据《中华人民共和国企业所得税法》（以下简称《企业所得税法》）及《中华人民共和国企业所得税法实施条例》（以下简称《实施条例》）的有关规定，现就企业固定资产实行加速折旧的所得税处理问题通知如下：

一、根据《企业所得税法》第三十二条及《实施条例》第九十八条的相关规定，企业拥有并用于生产经营的主要或关键的固定资产，由于以下原因确需加速折旧的，可以缩短折旧年限或者采取加速折旧的方法：

（一）由于技术进步，产品更新换代较快的；

（二）常年处于强震动、高腐蚀状态的。

二、企业拥有并使用的固定资产符合本通知第一条规定的，可按以下情况分别处理：

（一）企业过去没有使用过与该项固定资产功能相同或类似的固定资产，但有充分的证据证明该固定资产的预计使用年限短于《实施条例》规定的计算折旧最低年限的，企业可根据该固定资产的预计使用年限和本通知的规定，对该固定资产采取缩短折旧年限或者加速折旧的方法。

（二）企业在原有的固定资产未达到《实施条例》规定的最低折旧年限前，使用功能相同或类似的新固定资产替代旧固定资产的，企业可根据旧固定资产的实际使用年限和本通知的规定，对新替代的固定资产采取缩短折旧年限或者加速折旧的方法。

三、企业采取缩短折旧年限方法的，对其购置的新固定资产，最低折旧年限不得低于《实施条例》第六十条规定的折旧年限的60%；若为购置已使用过的固定资产，其最低折旧年限不得低于《实施条例》规定的最低折旧年限减去已使用年限后剩余年限的60%。最低折旧年限一经确定，一般不得变更。

四、企业拥有并使用符合本通知第一条规定条件的固定资产采取加速折旧方法的，可以采用双倍余额递减法或者年数总和法。加速折旧方法一经确定，一般不得变更。

（一）双倍余额递减法，是指在不考虑固定资产预计净残值的情况下，根据每期期初固定资产原值减去累计折旧后的金额和双倍的直线法折旧率计算固定资产折旧的一种方法。应用这种方法计算折旧额时，由于每年年初固定资产净值没有减去预计净残值，所以在计算固定资产折旧额时，应在其折旧年限到期前的两年期间，将固定资产净值减去预计净残值后的余额平均摊销。计算公式如下：

年折旧率＝2÷预计使用寿命（年）×100%

月折旧率＝年折旧率÷12

月折旧额＝月初固定资产账面净值×月折旧率

（二）年数总和法，又称年限合计法，是指将固定资产的原值减去预计净残值后的余额，乘以一个以固定资产尚可使用寿命为分子、以预计使用寿命逐年数字之和为分母的逐年递减的分数计算每年的折旧额。计算公式如下：

年折旧率＝尚可使用年限÷预计使用寿命的年数总和×100%

月折旧率＝年折旧率÷12

月折旧额＝（固定资产原值－预计净残值）×月折旧率

五、企业确需对固定资产采取缩短折旧年限或者加速折旧方法的，应在取得该固定资产后一个月内，向其企业所得税主管税务机关（以下简称主管税务机关）备案，并报送以下资料：

（一）固定资产的功能、预计使用年限短于《实施条例》规定计算折旧的最低年限的理由、证明资料及有关情况的说明；

（二）被替代的旧固定资产的功能、使用及处置等情况的说明；

（三）固定资产加速折旧拟采用的方法和折旧额的说明；

（四）主管税务机关要求报送的其他资料。

企业主管税务机关应在企业所得税年度纳税评估时，对企业采取加速折旧的固定资产的使用环境及状况进行实地核查。对不符合加速折旧规定条件的，主管税务机关有权要求企业停止该项固定资产加速折旧。

六、对于采取缩短折旧年限的固定资产，足额计提折旧后继续使用而未进行处置（包括报废等情形）超过12个月的，今后对其更新替代、改造改建后形成的功能相同或者类似的固定资产，不得再采取缩短折旧年限的方法。

七、对于企业采取缩短折旧年限或者采取加速折旧方法的，主管税务机关应设立相应的税收管理台账，并加强监督，实施跟踪管理。对发现不符合《实施条例》第九十八条及本通知规定的，主管税务机关要及时责令企业进行纳税调整。

八、适用总、分机构汇总纳税的企业，对其所属分支机构使用的符合《实施条例》第九十八条及本通知规定情形的固定资产采取缩短折旧年限或者采取加速折旧方法的,由其总机构向其所在地主管税务机关备案。分支机构所在地主管税务机关应负责配合总机构所在地主管税务机关实施跟踪管理。

九、本通知自2008年1月1日起执行。

注释:

条款废止。第五条废止。参见:《国家税务总局关于公布全文失效废止和部分条款废止的税收规范性文件目录的公告》(国家税务总局公告2016年第34号)。

政策调整。"企业享受符合条件的固定资产加速折旧或缩短折旧年限所得税优惠的核准"取消。参见:1.《国家税务总局关于贯彻落实〈国务院关于第一批取消62项中央指定地方实施行政审批事项的决定〉的通知》(税总发〔2015〕141号)。2.《国务院关于第一批取消62项中央指定地方实施行政审批事项的决定》(国发〔2015〕57号)。3.《国家税务总局关于贯彻落实〈国务院关于取消非行政许可审批事项的决定〉的通知》(税总发〔2015〕74号)。4.《国务院关于取消非行政许可审批事项的决定》(国发〔2015〕27号)。

2-1-59

国家税务总局关于企业所得税执行中若干税务处理问题的通知

2009年4月21日　国税函〔2009〕202号

各省、自治区、直辖市和计划单列市国家税务局、地方税务局:

根据《中华人民共和国企业所得税法》(以下简称《企业所得税法》)及《中华人民共和国企业所得税法实施条例》(以下简称《实施条例》)的有关规定,现就企业所得税若干税务处理问题通知如下:

一、关于销售(营业)收入基数的确定问题

企业在计算业务招待费、广告费和业务宣传费等费用扣除限额时,其销售(营业)收入额应包括《实施条例》第二十五条规定的视同销售(营业)收入额。

二、2008年1月1日以前计提的各类准备金余额处理问题

根据《实施条例》第五十五条规定,除财政部和国家税务总局核准计提的准备金可以税前扣除外,其他行业、企业计提的各项资产减值准备、风险准备等准备金均不得税前扣除。

2008年1月1日前按照原企业所得税法规定计提的各类准备金,2008年1月1日以后,未经财政部和国家税务总局核准的,企业以后年度实际发生的相应损失,应先冲减各项准备金余额。

三、关于特定事项捐赠的税前扣除问题

企业发生为汶川地震灾后重建、举办北京奥运会和上海世博会等特定事项的捐赠,按照《财政部、海关总署、国家税务总局关于支持汶川地震灾后恢复重建有关税收政策问题的

通知》(财税〔2008〕104号)、《财政部、国家税务总局、海关总署关于29届奥运会税收政策问题的通知》(财税〔2003〕10号)、《财政部、国家税务总局关于2010年上海世博会有关税收政策问题的通知》(财税〔2005〕180号)等相关规定,可以据实全额扣除。企业发生的其他捐赠,应按《企业所得税法》第九条及《实施条例》第五十一、五十二、五十三条的规定计算扣除。

四、软件生产企业职工教育经费的税前扣除问题

软件生产企业发生的职工教育经费中的职工培训费用,根据《财政部、国家税务总局关于企业所得税若干优惠政策的通知》(财税〔2008〕1号)规定,可以全额在企业所得税前扣除。软件生产企业应准确划分职工教育经费中的职工培训费支出,对于不能准确划分的,以及准确划分后职工教育经费中扣除职工培训费用的余额,一律按照《实施条例》第四十二条规定的比例扣除。

2-1-60

国家税务总局关于境外注册中资控股企业依据实际管理机构标准认定为居民企业有关问题的通知

2009年4月22日　国税发〔2009〕82号

各省、自治区、直辖市和计划单列市国家税务局、地方税务局:

根据《中华人民共和国企业所得税法》(以下简称企业所得税法)和《中华人民共和国企业所得税法实施条例》(以下简称实施条例)的有关规定,为规范执行企业所得税法关于居民企业的判定标准,加强企业所得税管理,现对境外注册的中资控股企业(以下称境外中资企业)依据实际管理机构判定为中国居民企业的有关企业所得税问题通知如下:

一、境外中资企业是指由中国境内的企业或企业集团作为主要控股投资者,在境外依据外国(地区)法律注册成立的企业。

二、境外中资企业同时符合以下条件的,根据企业所得税法第二条第二款和实施条例第四条的规定,应判定其为实际管理机构在中国境内的居民企业(以下称非境内注册居民企业),并实施相应的税收管理,就其来源于中国境内、境外的所得征收企业所得税。

(一)企业负责实施日常生产经营管理运作的高层管理人员及其高层管理部门履行职责的场所主要位于中国境内;

(二)企业的财务决策(如借款、放款、融资、财务风险管理等)和人事决策(如任命、解聘和薪酬等)由位于中国境内的机构或人员决定,或需要得到位于中国境内的机构或人员批准;

(三)企业的主要财产、会计账簿、公司印章、董事会和股东会议纪要档案等位于或存放于中国境内;

(四)企业1/2(含1/2)以上有投票权的董事或高层管理人员经常居住于中国境内。

三、对于实际管理机构的判断,应当遵循实质重于形式的原则。

四、非境内注册居民企业从中国境内其他居民企业取得的股息、红利等权益性投资收益,按照企业所得税法第二十六条和实施条例第八十三条的规定,作为其免税收入。非境内注册居民企业的投资者从该居民企业分得的股息红利等权益性投资收益,根据实施条例第七条第(四)款的规定,属于来源于中国境内的所得,应当征收企业所得税;该权益性投资收益中符合企业所得税法第二十六条和实施条例第八十三条规定的部分,可作为收益人的免税收入。

五、非境内注册居民企业在中国境内投资设立的企业,其外商投资企业的税收法律地位不变。

六、境外中资企业被判定为非境内注册居民企业的,按照企业所得税法第四十五条以及受控外国企业管理的有关规定,不视为受控外国企业,但其所控制的其他受控外国企业仍应按照有关规定进行税务处理。

七、境外中资企业可向其实际管理机构所在地或中国主要投资者所在地主管税务机关提出居民企业申请,主管税务机关对其居民企业身份进行初步审核后,层报国家税务总局确认;境外中资企业未提出居民企业申请的,其中国主要投资者的主管税务机关可以根据所掌握的情况对其是否属于中国居民企业做出初步判定,层报国家税务总局确认。

境外中资企业或其中国主要投资者向税务机关提出居民企业申请时,应同时向税务机关提供如下资料:

(一)企业法律身份证明文件;

(二)企业集团组织结构说明及生产经营概况;

(三)企业最近一个年度的公证会计师审计报告;

(四)负责企业生产经营等事项的高层管理机构履行职责的场所的地址证明;

(五)企业董事及高层管理人员在中国境内居住记录;

(六)企业重大事项的董事会决议及会议记录;

(七)主管税务机关要求的其他资料。

八、境外中资企业被认定为中国居民企业后成为双重居民身份的,按照中国与相关国家(或地区)签署的税收协定(或安排)的规定执行。

九、本通知自2008年1月1日起执行。

注释:

条款废止。第七条第一款“境外中资企业可向其实际管理机构所在地或中国主要投资者所在地主管税务机关提出居民企业申请,主管税务机关对其居民企业身份进行初步审核后,层报国家税务总局确认”的内容废止。参见:《国家税务总局关于公布失效废止的税务部门规章和税收规范性文件目录的决定》(国家税务总局令第42号)。

政策调整。“境外注册的中资控股企业依据实际管理机构标准判定为中国居民企业审批”下放。参见:《国家税务总局关于贯彻落实〈国务院关于取消和下放一批行政审批项目的决定〉的通知》(税总发〔2014〕6号)。

2－1－61

财政部　国家税务总局关于执行企业所得税优惠政策若干问题的通知

2009年4月24日　财税〔2009〕69号

各省、自治区、直辖市、计划单列市财政厅（局）、国家税务局、地方税务局，新疆生产建设兵团财务局：

根据《中华人民共和国企业所得税法》（以下简称企业所得税法）及《中华人民共和国企业所得税法实施条例》（国务院令第512号，以下简称实施条例）的有关规定，现就企业所得税优惠政策执行中有关问题通知如下：

一、执行《国务院关于实施企业所得税过渡优惠政策的通知》（国发〔2007〕39号）规定的过渡优惠政策及西部大开发优惠政策的企业，在定期减免税的减半期内，可以按照企业适用税率计算的应纳税额减半征税。其他各类情形的定期减免税，均应按照企业所得税25%的法定税率计算的应纳税额减半征税。

二、《国务院关于实施企业所得税过渡优惠政策的通知》（国发〔2007〕39号）第三条所称不得叠加享受，且一经选择，不得改变的税收优惠情形，限于企业所得税过渡优惠政策与企业所得税法及其实施条例中规定的定期减免税和减低税率类的税收优惠。

企业所得税法及其实施条例中规定的各项税收优惠，凡企业符合规定条件的，可以同时享受。

三、企业在享受过渡税收优惠过程中发生合并、分立、重组等情形的，按照《财政部、国家税务总局关于企业重组业务企业所得税处理若干问题的通知》（财税〔2009〕59号）的统一规定执行。

四、2008年1月1日以后，居民企业之间分配属于2007年度及以前年度的累积未分配利润而形成的股息、红利等权益性投资收益，均应按照企业所得税法第二十六条及实施条例第十七条、第八十三条的规定处理。

五、企业在2007年3月16日之前设立的分支机构单独依据原内、外资企业所得税法的优惠规定已享受有关税收优惠的，凡符合《国务院关于实施企业所得税过渡优惠政策的通知》（国发〔2007〕39号）所列政策条件的，该分支机构可以单独享受国发〔2007〕39号规定的企业所得税过渡优惠政策。

六、实施条例第九十一条第（二）项所称国际金融组织，包括国际货币基金组织、世界银行、亚洲开发银行、国际开发协会、国际农业发展基金、欧洲投资银行以及财政部和国家税务总局确定的其他国际金融组织；所称优惠贷款，是指低于金融企业同期同类贷款利率水平的贷款。

七、实施条例第九十二条第（一）项和第（二）项所称从业人数，是指与企业建立劳动关系的职工人数和企业接受的劳务派遣用工人数之和；从业人数和资产总额指标，按企业全

年月平均值确定,具体计算公式如下:

月平均值 =(月初值 + 月末值)÷2

全年月平均值 = 全年各月平均值之和 ÷12

年度中间开业或者终止经营活动的,以其实际经营期作为一个纳税年度确定上述相关指标。

八、企业所得税法第二十八条规定的小型微利企业待遇,应适用于具备建账核算自身应纳税所得额条件的企业,按照《企业所得税核定征收办法》(国税发〔2008〕30 号)缴纳企业所得税的企业,在不具备准确核算应纳税所得额条件前,暂不适用小型微利企业适用税率。

九、2007 年底前设立的软件生产企业和集成电路生产企业,经认定后可以按《财政部、国家税务总局关于企业所得税若干优惠政策的通知》(财税〔2008〕1 号)的规定享受企业所得税定期减免税优惠政策。在 2007 年度或以前年度已获利并开始享受定期减免税优惠政策的,可自 2008 年度起继续享受至期满为止。

十、实施条例第一百条规定的购置并实际使用的环境保护、节能节水和安全生产专用设备,包括承租方企业以融资租赁方式租入的、并在融资租赁合同中约定租赁期届满时租赁设备所有权转移给承租方企业,且符合规定条件的上述专用设备。凡融资租赁期届满后租赁设备所有权未转移至承租方企业的,承租方企业应停止享受抵免企业所得税优惠,并补缴已经抵免的企业所得税税款。

十一、实施条例第九十七条所称投资于未上市的中小高新技术企业 2 年以上的,包括发生在 2008 年 1 月 1 日以前满 2 年的投资;所称中小高新技术企业是指按照《高新技术企业认定管理办法》(国科发火〔2008〕172 号)和《高新技术企业认定管理工作指引》(国科发火〔2008〕362 号)取得高新技术企业资格,且年销售额和资产总额均不超过 2 亿元、从业人数不超过 500 人的企业,其中 2007 年底前已取得高新技术企业资格的,在其规定有效期内不需重新认定。

十二、本通知自 2008 年 1 月 1 日起执行。

注释:

条款失效。第七条自 2015 年 1 月 1 日起停止执行。参见:《财政部　国家税务总局关于小型微利企业所得税优惠政策的通知》(财税〔2015〕34 号)。

条款废止。第八条废止。参见:《国家税务总局关于扩大小型微利企业减半征收企业所得税范围有关问题的公告》(国家税务总局公告 2014 年第 23 号)。

2 - 1 - 62

国家税务总局关于技术转让所得减免企业所得税有关问题的通知

2009年4月24日　国税函〔2009〕212号

各省、自治区、直辖市和计划单列市国家税务局、地方税务局：

根据《中华人民共和国企业所得税法》（以下简称企业所得税法）及其实施条例和相关规定，现就符合条件的技术转让所得减免企业所得税有关问题通知如下：

一、根据企业所得税法第二十七条第（四）项规定，享受减免企业所得税优惠的技术转让应符合以下条件：

（一）享受优惠的技术转让主体是企业所得税法规定的居民企业；

（二）技术转让属于财政部、国家税务总局规定的范围；

（三）境内技术转让经省级以上科技部门认定；

（四）向境外转让技术经省级以上商务部门认定；

（五）国务院税务主管部门规定的其他条件。

二、符合条件的技术转让所得应按以下方法计算：

技术转让所得 = 技术转让收入 - 技术转让成本 - 相关税费

技术转让收入是指当事人履行技术转让合同后获得的价款，不包括销售或转让设备、仪器、零部件、原材料等非技术性收入。不属于与技术转让项目密不可分的技术咨询、技术服务、技术培训等收入，不得计入技术转让收入。

技术转让成本是指转让的无形资产的净值，即该无形资产的计税基础减除在资产使用期间按照规定计算的摊销扣除额后的余额。

相关税费是指技术转让过程中实际发生的有关税费，包括除企业所得税和允许抵扣的增值税以外的各项税金及其附加、合同签订费用、律师费等相关费用及其他支出。

三、享受技术转让所得减免企业所得税优惠的企业，应单独计算技术转让所得，并合理分摊企业的期间费用；没有单独计算的，不得享受技术转让所得企业所得税优惠。

四、企业发生技术转让，应在纳税年度终了后至报送年度纳税申报表以前，向主管税务机关办理减免税备案手续。

（一）企业发生境内技术转让，向主管税务机关备案时应报送以下资料：

1. 技术转让合同（副本）；

2. 省级以上科技部门出具的技术合同登记证明；

3. 技术转让所得归集、分摊、计算的相关资料；

4. 实际缴纳相关税费的证明资料；

5. 主管税务机关要求提供的其他资料。

（二）企业向境外转让技术，向主管税务机关备案时应报送以下资料：

1. 技术出口合同(副本);

2. 省级以上商务部门出具的技术出口合同登记证书或技术出口许可证;

3. 技术出口合同数据表;

4. 技术转让所得归集、分摊、计算的相关资料;

5. 实际缴纳相关税费的证明资料;

6. 主管税务机关要求提供的其他资料。

五、本通知自2008年1月1日起执行。

注释:

条款废止。第四条废止。参见:《国家税务总局关于公布失效废止的税务部门规章和税收规范性文件目录的决定》(国家税务总局令第42号)。

政策调整。"企业取得的符合条件的技术转让所得享受所得税优惠核准"取消。参见:1.《国家税务总局关于贯彻落实〈国务院关于第一批取消62项中央指定地方实施行政审批事项的决定〉的通知》(税总发〔2015〕141号)。2.《国务院关于第一批取消62项中央指定地方实施行政审批事项的决定》(国发〔2015〕57号)。3.《国家税务总局关于公布已取消的22项税务非行政许可审批事项的公告》(国家税务总局公告2015年第58号)。

2-1-63

财政部　国家税务总局关于企业重组业务企业所得税处理若干问题的通知

2009年4月30日　财税〔2009〕59号

各省、自治区、直辖市、计划单列市财政厅(局)、国家税务局、地方税务局,新疆生产建设兵团财务局:

根据《中华人民共和国企业所得税法》第二十条和《中华人民共和国企业所得税法实施条例》(国务院令第512号)第七十五条规定,现就企业重组所涉及的企业所得税具体处理问题通知如下:

一、本通知所称企业重组,是指企业在日常经营活动以外发生的法律结构或经济结构重大改变的交易,包括企业法律形式改变、债务重组、股权收购、资产收购、合并、分立等。

(一)企业法律形式改变,是指企业注册名称、住所以及企业组织形式等的简单改变,但符合本通知规定其他重组的类型除外。

(二)债务重组,是指在债务人发生财务困难的情况下,债权人按照其与债务人达成的书面协议或者法院裁定书,就其债务人的债务作出让步的事项。

(三)股权收购,是指一家企业(以下称为收购企业)购买另一家企业(以下称为被收购企业)的股权,以实现对被收购企业控制的交易。收购企业支付对价的形式包括股权支付、非股权支付或两者的组合。

（四）资产收购，是指一家企业（以下称为受让企业）购买另一家企业（以下称为转让企业）实质经营性资产的交易。受让企业支付对价的形式包括股权支付、非股权支付或两者的组合。

（五）合并，是指一家或多家企业（以下称为被合并企业）将其全部资产和负债转让给另一家现存或新设企业（以下称为合并企业），被合并企业股东换取合并企业的股权或非股权支付，实现两个或两个以上企业的依法合并。

（六）分立，是指一家企业（以下称为被分立企业）将部分或全部资产分离转让给现存或新设的企业（以下称为分立企业），被分立企业股东换取分立企业的股权或非股权支付，实现企业的依法分立。

二、本通知所称股权支付，是指企业重组中购买、换取资产的一方支付的对价中，以本企业或其控股企业的股权、股份作为支付的形式；所称非股权支付，是指以本企业的现金、银行存款、应收款项、本企业或其控股企业股权和股份以外的有价证券、存货、固定资产、其他资产以及承担债务等作为支付的形式。

三、企业重组的税务处理区分不同条件分别适用一般性税务处理规定和特殊性税务处理规定。

四、企业重组，除符合本通知规定适用特殊性税务处理规定的外，按以下规定进行税务处理：

（一）企业由法人转变为个人独资企业、合伙企业等非法人组织，或将登记注册地转移至中华人民共和国境外（包括港澳台地区），应视同企业进行清算、分配，股东重新投资成立新企业。企业的全部资产以及股东投资的计税基础均应以公允价值为基础确定。

企业发生其他法律形式简单改变的，可直接变更税务登记，除另有规定外，有关企业所得税纳税事项（包括亏损结转、税收优惠等权益和义务）由变更后企业承继，但因住所发生变化而不符合税收优惠条件的除外。

（二）企业债务重组，相关交易应按以下规定处理：

1. 以非货币资产清偿债务，应当分解为转让相关非货币性资产、按非货币性资产公允价值清偿债务两项业务，确认相关资产的所得或损失。

2. 发生债权转股权的，应当分解为债务清偿和股权投资两项业务，确认有关债务清偿所得或损失。

3. 债务人应当按照支付的债务清偿额低于债务计税基础的差额，确认债务重组所得；债权人应当按照收到的债务清偿额低于债权计税基础的差额，确认债务重组损失。

4. 债务人的相关所得税纳税事项原则上保持不变。

（三）企业股权收购、资产收购重组交易，相关交易应按以下规定处理：

1. 被收购方应确认股权、资产转让所得或损失。

2. 收购方取得股权或资产的计税基础应以公允价值为基础确定。

3. 被收购企业的相关所得税事项原则上保持不变。

（四）企业合并，当事各方应按下列规定处理：

1. 合并企业应按公允价值确定接受被合并企业各项资产和负债的计税基础。

2. 被合并企业及其股东都应按清算进行所得税处理。

3. 被合并企业的亏损不得在合并企业结转弥补。

（五）企业分立，当事各方应按下列规定处理：

1. 被分立企业对分立出去资产应按公允价值确认资产转让所得或损失。

2. 分立企业应按公允价值确认接受资产的计税基础。

3. 被分立企业继续存在时，其股东取得的对价应视同被分立企业分配进行处理。

4. 被分立企业不再继续存在时，被分立企业及其股东都应按清算进行所得税处理。

5. 企业分立相关企业的亏损不得相互结转弥补。

五、企业重组同时符合下列条件的，适用特殊性税务处理规定：

（一）具有合理的商业目的，且不以减少、免除或者推迟缴纳税款为主要目的。

（二）被收购、合并或分立部分的资产或股权比例符合本通知规定的比例。

（三）企业重组后的连续 12 个月内不改变重组资产原来的实质性经营活动。

（四）重组交易对价中涉及股权支付金额符合本通知规定比例。

（五）企业重组中取得股权支付的原主要股东，在重组后连续 12 个月内，不得转让所取得的股权。

六、企业重组符合本通知第五条规定条件的，交易各方对其交易中的股权支付部分，可以按以下规定进行特殊性税务处理：

（一）企业债务重组确认的应纳税所得额占该企业当年应纳税所得额 50% 以上，可以在 5 个纳税年度的期间内，均匀计入各年度的应纳税所得额。

企业发生债权转股权业务，对债务清偿和股权投资两项业务暂不确认有关债务清偿所得或损失，股权投资的计税基础以原债权的计税基础确定。企业的其他相关所得税事项保持不变。

（二）股权收购，收购企业购买的股权不低于被收购企业全部股权的 75%，且收购企业在该股权收购发生时的股权支付金额不低于其交易支付总额的 85%，可以选择按以下规定处理：

1. 被收购企业的股东取得收购企业股权的计税基础，以被收购股权的原有计税基础确定。

2. 收购企业取得被收购企业股权的计税基础，以被收购股权的原有计税基础确定。

3. 收购企业、被收购企业的原有各项资产和负债的计税基础和其他相关所得税事项保持不变。

（三）资产收购，受让企业收购的资产不低于转让企业全部资产的 75%，且受让企业在该资产收购发生时的股权支付金额不低于其交易支付总额的 85%，可以选择按以下规定处理：

1. 转让企业取得受让企业股权的计税基础，以被转让资产的原有计税基础确定。

2. 受让企业取得转让企业资产的计税基础，以被转让资产的原有计税基础确定。

（四）企业合并，企业股东在该企业合并发生时取得的股权支付金额不低于其交易支付总额的 85%，以及同一控制下且不需要支付对价的企业合并，可以选择按以下规定处理：

1. 合并企业接受被合并企业资产和负债的计税基础，以被合并企业的原有计税基础确定。

2. 被合并企业合并前的相关所得税事项由合并企业承继。

3. 可由合并企业弥补的被合并企业亏损的限额 = 被合并企业净资产公允价值 × 截至合并业务发生当年年末国家发行的最长期限的国债利率。

4. 被合并企业股东取得合并企业股权的计税基础，以其原持有的被合并企业股权的计税基础确定。

（五）企业分立，被分立企业所有股东按原持股比例取得分立企业的股权，分立企业和被分立企业均不改变原来的实质经营活动，且被分立企业股东在该企业分立发生时取得的股权支付金额不低于其交易支付总额的 85%，可以选择按以下规定处理：

1. 分立企业接受被分立企业资产和负债的计税基础，以被分立企业的原有计税基础确定。

2. 被分立企业已分立出去资产相应的所得税事项由分立企业承继。

3. 被分立企业未超过法定弥补期限的亏损额可按分立资产占全部资产的比例进行分配，由分立企业继续弥补。

4. 被分立企业的股东取得分立企业的股权（以下简称“新股”），如需部分或全部放弃原持有的被分立企业的股权（以下简称“旧股”），“新股”的计税基础应以放弃“旧股”的计税基础确定。如不需放弃“旧股”，则其取得“新股”的计税基础可从以下两种方法中选择确定：直接将“新股”的计税基础确定为零；或者以被分立企业分立出去的净资产占被分立企业全部净资产的比例先调减原持有的“旧股”的计税基础，再将调减的计税基础平均分配到“新股”上。

（六）重组交易各方按本条（一）至（五）项规定对交易中股权支付暂不确认有关资产的转让所得或损失的，其非股权支付仍应在交易当期确认相应的资产转让所得或损失，并调整相应资产的计税基础。

非股权支付对应的资产转让所得或损失 =（被转让资产的公允价值 − 被转让资产的计税基础）×（非股权支付金额 ÷ 被转让资产的公允价值）

七、企业发生涉及中国境内与境外之间（包括港澳台地区）的股权和资产收购交易，除应符合本通知第五条规定的条件外，还应同时符合下列条件，才可选择适用特殊性税务处理规定：

（一）非居民企业向其 100% 直接控股的另一非居民企业转让其拥有的居民企业股权，没有因此造成以后该项股权转让所得预提税负担变化，且转让方非居民企业向主管税务机关书面承诺在 3 年（含 3 年）内不转让其拥有受让方非居民企业的股权；

（二）非居民企业向与其具有 100% 直接控股关系的居民企业转让其拥有的另一居民企业股权；

（三）居民企业以其拥有的资产或股权向其 100% 直接控股的非居民企业进行投资；

（四）财政部、国家税务总局核准的其他情形。

八、本通知第七条第（三）项所指的居民企业以其拥有的资产或股权向其 100% 直接控股关系的非居民企业进行投资，其资产或股权转让收益如选择特殊性税务处理，可以在 10 个纳税年度内均匀计入各年度应纳税所得额。

九、在企业吸收合并中，合并后的存续企业性质及适用税收优惠的条件未发生改变的，可以继续享受合并前该企业剩余期限的税收优惠,其优惠金额按存续企业合并前一年的应纳税所得额(亏损计为零)计算。

在企业存续分立中,分立后的存续企业性质及适用税收优惠的条件未发生改变的,可以继续享受分立前该企业剩余期限的税收优惠,其优惠金额按该企业分立前一年的应纳税所得额(亏损计为零)乘以分立后存续企业资产占分立前该企业全部资产的比例计算。

十、企业在重组发生前后连续12个月内分步对其资产、股权进行交易,应根据实质重于形式原则将上述交易作为一项企业重组交易进行处理。

十一、企业发生符合本通知规定的特殊性重组条件并选择特殊性税务处理的,当事各方应在该重组业务完成当年企业所得税年度申报时,向主管税务机关提交书面备案资料,证明其符合各类特殊性重组规定的条件。企业未按规定书面备案的,一律不得按特殊重组业务进行税务处理。

十二、对企业在重组过程中涉及的需要特别处理的企业所得税事项,由国务院财政、税务主管部门另行规定。

十三、本通知自2008年1月1日起执行。

注释:

政策调整。"企业符合特殊性税务处理规定条件业务的核准"取消。参见:1.《国家税务总局关于贯彻落实〈国务院关于第一批取消62项中央指定地方实施行政审批事项的决定〉的通知》(税总发〔2015〕141号)。2.《国务院关于第一批取消62项中央指定地方实施行政审批事项的决定》(国发〔2015〕57号)。3.《国家税务总局关于贯彻落实〈国务院关于取消非行政许可审批事项的决定〉的通知》(税总发〔2015〕74号)。4.《国务院关于取消非行政许可审批事项的决定》(国发〔2015〕27号)。

条款修改。第六条第二项中有关"股权收购,收购企业购买的股权不低于被收购企业全部股权的75%"规定调整为"股权收购,收购企业购买的股权不低于被收购企业全部股权的50%"。第六条第三项中有关"资产收购,受让企业收购的资产不低于转让企业全部资产的75%"规定调整为"资产收购,受让企业收购的资产不低于转让企业全部资产的50%"。参见:《财政部　国家税务总局关于促进企业重组有关企业所得税处理问题的通知》(财税〔2014〕109号)。

2-1-64

财政部　国家税务总局关于企业清算业务企业所得税处理若干问题的通知

2009年4月30日　财税〔2009〕60号

各省、自治区、直辖市、计划单列市财政厅(局)、国家税务局、地方税务局,新疆生产建设兵团财务局:

根据《中华人民共和国企业所得税法》第五十三条、第五十五条和《中华人民共和国企业所得税法实施条例》(国务院令第512号)第十一条规定,现就企业清算有关所得税处理问题通知如下:

一、企业清算的所得税处理,是指企业在不再持续经营,发生结束自身业务、处置资产、偿还债务以及向所有者分配剩余财产等经济行为时,对清算所得、清算所得税、股息分配等事项的处理。

二、下列企业应进行清算的所得税处理:

(一)按《公司法》、《企业破产法》等规定需要进行清算的企业;

(二)企业重组中需要按清算处理的企业。

三、企业清算的所得税处理包括以下内容:

(一)全部资产均应按可变现价值或交易价格,确认资产转让所得或损失;

(二)确认债权清理、债务清偿的所得或损失;

(三)改变持续经营核算原则,对预提或待摊性质的费用进行处理;

(四)依法弥补亏损,确定清算所得;

(五)计算并缴纳清算所得税;

(六)确定可向股东分配的剩余财产、应付股息等。

四、企业的全部资产可变现价值或交易价格,减除资产的计税基础、清算费用、相关税费,加上债务清偿损益等后的余额,为清算所得。

企业应将整个清算期作为一个独立的纳税年度计算清算所得。

五、企业全部资产的可变现价值或交易价格减除清算费用,职工的工资、社会保险费用和法定补偿金,结清清算所得税、以前年度欠税等税款,清偿企业债务,按规定计算可以向所有者分配的剩余资产。

被清算企业的股东分得的剩余资产的金额,其中相当于被清算企业累计未分配利润和累计盈余公积中按该股东所占股份比例计算的部分,应确认为股息所得;剩余资产减除股息所得后的余额,超过或低于股东投资成本的部分,应确认为股东的投资转让所得或损失。

被清算企业的股东从被清算企业分得的资产应按可变现价值或实际交易价格确定计税基础。

六、本通知自2008年1月1日起执行。

2-1-65

财政部　国家税务总局关于安置残疾人员就业有关企业所得税优惠政策问题的通知

2009年4月30日　财税〔2009〕70号

各省、自治区、直辖市、计划单列市财政厅(局)、国家税务局、地方税务局,新疆生产建设兵

团财务局：

根据《中华人民共和国企业所得税法》和《中华人民共和国企业所得税法实施条例》（国务院令第512号）的有关规定，现就企业安置残疾人员就业有关企业所得税优惠政策问题，通知如下：

一、企业安置残疾人员的，在按照支付给残疾职工工资据实扣除的基础上，可以在计算应纳税所得额时按照支付给残疾职工工资的100%加计扣除。

企业就支付给残疾职工的工资，在进行企业所得税预缴申报时，允许据实计算扣除；在年度终了进行企业所得税年度申报和汇算清缴时，再依照本条第一款的规定计算加计扣除。

二、残疾人员的范围适用《中华人民共和国残疾人保障法》的有关规定。

三、企业享受安置残疾职工工资100%加计扣除应同时具备如下条件：

（一）依法与安置的每位残疾人签订了1年以上（含1年）的劳动合同或服务协议，并且安置的每位残疾人在企业实际上岗工作。

（二）为安置的每位残疾人按月足额缴纳了企业所在区县人民政府根据国家政策规定的基本养老保险、基本医疗保险、失业保险和工伤保险等社会保险。

（三）定期通过银行等金融机构向安置的每位残疾人实际支付了不低于企业所在区县适用的经省级人民政府批准的最低工资标准的工资。

（四）具备安置残疾人上岗工作的基本设施。

四、企业应在年度终了进行企业所得税年度申报和汇算清缴时，向主管税务机关报送本通知第四条规定的相关资料、已安置残疾职工名单及其《中华人民共和国残疾人证》或《中华人民共和国残疾军人证（1至8级）》复印件和主管税务机关要求提供的其他资料，办理享受企业所得税加计扣除优惠的备案手续。

五、在企业汇算清缴结束后，主管税务机关在对企业进行日常管理、纳税评估和纳税检查时，应对安置残疾人员企业所得税加计扣除优惠的情况进行核实。

六、本通知自2008年1月1日起执行。

注释：

政策调整。“安置残疾人员和国家鼓励安置的其他就业人员所支付工资的加计扣除的核准”取消。参见：1.《国家税务总局贯彻落实〈国务院关于第二批取消152项中央指定地方实施行政审批事项的决定〉的通知》（税总发〔2016〕23号）。2.《国务院关于第二批取消152项中央指定地方实施行政审批事项的决定》（国发〔2016〕9号）。3.《国家税务总局关于公布已取消的22项税务非行政许可审批事项的公告》（国家税务总局公告2015年第58号）。

2－1－66

国家税务总局关于实施创业投资企业所得税优惠问题的通知

2009年4月30日　国税发〔2009〕87号

各省、自治区、直辖市和计划单列市国家税务局、地方税务局：

为落实创业投资企业所得税优惠政策，促进创业投资企业的发展，根据《中华人民共和国企业所得税法》及其实施条例等有关规定，现就创业投资企业所得税优惠的有关问题通知如下：

一、创业投资企业是指依照《创业投资企业管理暂行办法》（国家发展和改革委员会等10部委令2005年第39号，以下简称《暂行办法》）和《外商投资创业投资企业管理规定》（商务部等5部委令2003年第2号）在中华人民共和国境内设立的专门从事创业投资活动的企业或其他经济组织。

二、创业投资企业采取股权投资方式投资于未上市的中小高新技术企业2年(24个月）以上，凡符合以下条件的，可以按照其对中小高新技术企业投资额的70%，在股权持有满2年的当年抵扣该创业投资企业的应纳税所得额；当年不足抵扣的，可以在以后纳税年度结转抵扣。

（一）经营范围符合《暂行办法》规定，且工商登记为"创业投资有限责任公司"、"创业投资股份有限公司"等专业性法人创业投资企业。

（二）按照《暂行办法》规定的条件和程序完成备案，经备案管理部门年度检查核实，投资运作符合《暂行办法》的有关规定。

（三）创业投资企业投资的中小高新技术企业，除应按照科技部、财政部、国家税务总局《关于印发〈高新技术企业认定管理办法〉的通知》（国科发火〔2008〕172号）和《关于印发〈高新技术企业认定管理工作指引〉的通知》（国科发火〔2008〕362号）的规定，通过高新技术企业认定以外，还应符合职工人数不超过500人，年销售（营业）额不超过2亿元，资产总额不超过2亿元的条件。

2007年底前按原有规定取得高新技术企业资格的中小高新技术企业，且在2008年继续符合新的高新技术企业标准的，向其投资满24个月的计算，可自创业投资企业实际向其投资的时间起计算。

（四）财政部、国家税务总局规定的其他条件。

三、中小企业接受创业投资之后，经认定符合高新技术企业标准的，应自其被认定为高新技术企业的年度起，计算创业投资企业的投资期限。该期限内中小企业接受创业投资后，企业规模超过中小企业标准，但仍符合高新技术企业标准的，不影响创业投资企业享受有关税收优惠。

四、创业投资企业申请享受投资抵扣应纳税所得额，应在其报送申请投资抵扣应纳税

所得额年度纳税申报表以前,向主管税务机关报送以下资料备案:

(一)经备案管理部门核实后出具的年检合格通知书(副本);

(二)关于创业投资企业投资运作情况的说明;

(三)中小高新技术企业投资合同或章程的复印件、实际所投资金验资报告等相关材料;

(四)中小高新技术企业基本情况(包括企业职工人数、年销售(营业)额、资产总额等)说明;

(五)由省、自治区、直辖市和计划单列市高新技术企业认定管理机构出具的中小高新技术企业有效的高新技术企业证书(复印件)。

五、本通知自2008年1月1日起执行。

注释:

条款废止。第四条废止。参见:《国家税务总局关于公布失效废止的税务部门规章和税收规范性文件目录的决定》(国家税务总局令第42号)。

政策调整。"创业投资企业享受创业投资所得税优惠核准"取消。参见:1.《国家税务总局贯彻落实〈国务院关于第二批取消152项中央指定地方实施行政审批事项的决定〉的通知》(税总发〔2016〕23号)。2.《国务院关于第二批取消152项中央指定地方实施行政审批事项的决定》(国发〔2016〕9号)。3.《国家税务总局关于公布已取消的22项税务非行政许可审批事项的公告》(国家税务总局公告2015年第58号)。

2-1-67

国家税务总局关于印发《大企业税务风险管理指引(试行)》的通知

2009年5月5日　国税发〔2009〕90号

各省、自治区、直辖市和计划单列市国家税务局、地方税务局:

为了加强大企业税收管理及纳税服务工作,指导大企业开展税务风险管理,防范税务违法行为,依法履行纳税义务,现将《大企业税务风险管理指引(试行)》印发给你们,请组织宣传,辅导企业参照实施,并及时将实施过程中发现的问题和建议反馈税务总局。

附件:大企业税务风险管理指引(试行)

附件

大企业税务风险管理指引(试行)

1　总则

1.1　本指引旨在引导大企业合理控制税务风险,防范税务违法行为,依法履行纳税义务,避免因没有遵循税法可能遭受的法律制裁、财务损失或声誉损害。

1.2　税务风险管理的主要目标包括:

* 税务规划具有合理的商业目的,并符合税法规定;

* 经营决策和日常经营活动考虑税收因素的影响,符合税法规定;

* 对税务事项的会计处理符合相关会计制度或准则以及相关法律法规;

* 纳税申报和税款缴纳符合税法规定;

* 税务登记、账簿凭证管理、税务档案管理以及税务资料的准备和报备等涉税事项符合税法规定。

1.3　企业可以参照本指引,结合自身经营情况、税务风险特征和已有的内部风险控制体系,建立相应的税务风险管理制度。税务风险管理制度主要包括:

* 税务风险管理组织机构、岗位和职责;

* 税务风险识别和评估的机制和方法;

* 税务风险控制和应对的机制和措施;

* 税务信息管理体系和沟通机制;

* 税务风险管理的监督和改进机制。

1.4　税务机关参照本指引对企业建立与实施税务风险管理的有效性进行评价,并据以确定相应的税收管理措施。

1.5　企业应倡导遵纪守法、诚信纳税的税务风险管理理念,增强员工的税务风险管理意识,并将其作为企业文化建设的一个重要组成部分。

1.6　税务风险管理由企业董事会负责督导并参与决策。董事会和管理层应将防范和控制税务风险作为企业经营的一项重要内容,促进企业内部管理与外部监管的有效互动。

1.7　企业应建立有效的激励约束机制,将税务风险管理的工作成效与相关人员的业绩考核相结合。

1.8　企业应把税务风险管理制度与企业的其他内部风险控制和管理制度结合起来,形成全面有效的内部风险管理体系。

2　税务风险管理组织

2.1　企业可结合生产经营特点和内部税务风险管理的要求设立税务管理机构和岗位,明确岗位的职责和权限。

2.2　组织结构复杂的企业,可根据需要设立税务管理部门或岗位:

* 总分机构,在分支机构设立税务部门或者税务管理岗位;

* 集团型企业,在地区性总部、产品事业部或下属企业内部分别设立税务部门或者税务管理岗位。

2.3 企业税务管理机构主要履行以下职责：

* 制订和完善企业税务风险管理制度和其他涉税规章制度；
* 参与企业战略规划和重大经营决策的税务影响分析，提供税务风险管理建议；
* 组织实施企业税务风险的识别、评估，监测日常税务风险并采取应对措施；
* 指导和监督有关职能部门、各业务单位以及全资、控股企业开展税务风险管理工作；
* 建立税务风险管理的信息和沟通机制；
* 组织税务培训，并向本企业其他部门提供税务咨询；
* 承担或协助相关职能部门开展纳税申报、税款缴纳、账簿凭证和其他涉税资料的准备和保管工作；
* 其他税务风险管理职责。

2.4 企业应建立科学有效的职责分工和制衡机制，确保税务管理的不相容岗位相互分离、制约和监督。税务管理的不相容职责包括：

* 税务规划的起草与审批；
* 税务资料的准备与审查；
* 纳税申报表的填报与审批；
* 税款缴纳划拨凭证的填报与审批；
* 发票购买、保管与财务印章保管；
* 税务风险事项的处置与事后检查；
* 其他应分离的税务管理职责。

2.5 企业涉税业务人员应具备必要的专业资质、良好的业务素质和职业操守，遵纪守法。

2.6 企业应定期对涉税业务人员进行培训，不断提高其业务素质和职业道德水平。

3 税务风险识别和评估

3.1 企业应全面、系统、持续地收集内部和外部相关信息，结合实际情况，通过风险识别、风险分析、风险评价等步骤，查找企业经营活动及其业务流程中的税务风险，分析和描述风险发生的可能性和条件，评价风险对企业实现税务管理目标的影响程度，从而确定风险管理的优先顺序和策略。企业应结合自身税务风险管理机制和实际经营情况，重点识别下列税务风险因素：

* 董事会、监事会等企业治理层以及管理层的税收遵从意识和对待税务风险的态度；
* 涉税员工的职业操守和专业胜任能力；
* 组织机构、经营方式和业务流程；
* 技术投入和信息技术的运用；
* 财务状况、经营成果及现金流情况；
* 相关内部控制制度的设计和执行；
* 经济形势、产业政策、市场竞争及行业惯例；
* 法律法规和监管要求；
* 其他有关风险因素。

3.2 企业应定期进行税务风险评估。税务风险评估由企业税务部门协同相关职能部门实施,也可聘请具有相关资质和专业能力的中介机构协助实施。

3.3 企业应对税务风险实行动态管理,及时识别和评估原有风险的变化情况以及新产生的税务风险。

4 税务风险应对策略和内部控制

4.1 企业应根据税务风险评估的结果,考虑风险管理的成本和效益,在整体管理控制体系内,制定税务风险应对策略,建立有效的内部控制机制,合理设计税务管理的流程及控制方法,全面控制税务风险。

4.2 企业应根据风险产生的原因和条件从组织机构、职权分配、业务流程、信息沟通和检查监督等多方面建立税务风险控制点,根据风险的不同特征采取相应的人工控制机制或自动化控制机制,根据风险发生的规律和重大程度建立预防性控制和发现性控制机制。

4.3 企业应针对重大税务风险所涉及的管理职责和业务流程,制定覆盖各个环节的全流程控制措施;对其他风险所涉及的业务流程,合理设置关键控制环节,采取相应的控制措施。

4.4 企业因内部组织架构、经营模式或外部环境发生重大变化,以及受行业惯例和监管的约束而产生的重大税务风险,可以及时向税务机关报告,以寻求税务机关的辅导和帮助。

4.5 企业税务部门应参与企业战略规划和重大经营决策的制定,并跟踪和监控相关税务风险。

4.5.1 企业战略规划包括全局性组织结构规划、产品和市场战略规划、竞争和发展战略规划等。

4.5.2 企业重大经营决策包括重大对外投资、重大并购或重组、经营模式的改变以及重要合同或协议的签订等。

4.6 企业税务部门应参与企业重要经营活动,并跟踪和监控相关税务风险。

4.6.1 参与关联交易价格的制定,并跟踪定价原则的执行情况。

4.6.2 参与跨国经营业务的策略制定和执行,以保证符合税法规定。

4.7 企业税务部门应协同相关职能部门,管理日常经营活动中的税务风险。

4.7.1 参与制定或审核企业日常经营业务中涉税事项的政策和规范;

4.7.2 制定各项涉税会计事务的处理流程,明确各自的职责和权限,保证对税务事项的会计处理符合相关法律法规;

4.7.3 完善纳税申报表编制、复核和审批以及税款缴纳的程序,明确相关的职责和权限,保证纳税申报和税款缴纳符合税法规定;

4.7.4 按照税法规定,真实、完整、准确地准备和保存有关涉税业务资料,并按相关规定进行报备。

4.8 企业应对发生频率较高的税务风险建立监控机制,评估其累计影响,并采取相应的应对措施。

5 信息与沟通

5.1 企业应建立税务风险管理的信息与沟通制度,明确税务相关信息的收集、处理和传递程序,确保企业税务部门内部、企业税务部门与其他部门、企业税务部门与董事会、监事会等企业治理层以及管理层的沟通和反馈,发现问题应及时报告并采取应对措施。

5.2 企业应与税务机关和其他相关单位保持有效的沟通,及时收集和反馈相关信息。

5.2.1 建立和完善税法的收集和更新系统,及时汇编企业适用的税法并定期更新;

5.2.2 建立和完善其他相关法律法规的收集和更新系统,确保企业财务会计系统的设置和更改与法律法规的要求同步,合理保证会计信息的输出能够反映法律法规的最新变化。

5.3 企业应根据业务特点和成本效益原则,将信息技术应用于税务风险管理的各项工作,建立涵盖风险管理基本流程和内部控制系统各环节的风险管理信息系统。

5.3.1 利用计算机系统和网络技术,对具有重复性、规律性的涉税事项进行自动控制;

5.3.2 将税务申报纳入计算机系统管理,利用有关报表软件提高税务申报的准确性;

5.3.3 建立年度税务日历,自动提醒相关责任人完成涉税业务,并跟踪和监控工作完成情况;

5.3.4 建立税务文档管理数据库,采用合理的流程和可靠的技术对涉税信息资料安全存储;

5.3.5 利用信息管理系统,提高法律法规的收集、处理及传递的效率和效果,动态监控法律法规的执行。

5.4 企业税务风险管理信息系统数据的记录、收集、处理、传递和保存应符合税法和税务风险控制的要求。

6 监督和改进

6.1 企业税务部门应定期对企业税务风险管理机制的有效性进行评估审核,不断改进和优化税务风险管理制度和流程。

6.2 企业内部控制评价机构应根据企业的整体控制目标,对税务风险管理机制的有效性进行评价。

6.3 企业可以委托符合资质要求的中介机构,根据本指引和相关执业准则的要求,对企业税务风险管理相关的内部控制有效性进行评估,并向税务机关出具评估报告。

2－1－68

国家税务总局关于加强个人工资薪金所得与企业的工资费用支出比对问题的通知

2009 年 5 月 15 日　国税函〔2009〕259 号

各省、自治区、直辖市和计划单列市国家税务局、地方税务局:

为加强企业所得税与个人所得税的协调管理,严格执行《国家税务总局关于工资薪金及职工福利费扣除问题的通知》(国税函〔2009〕3 号),提高个人所得税代扣代缴质量,各地税务机关应将个人因任职或受雇而取得的工资、薪金等所得,与所在任职或受雇单位发生的工资费用支出进行比对,从中查找差异及存在问题,从而强化个人所得税的征收管理,规范工资薪金支出的税前扣除。现将有关事项通知如下:

一、各地国税局应于每年7月底前,将所辖进行年度汇算清缴企业的纳税人名称、纳税人识别号、登记注册地址、企业税前扣除工资薪金支出总额等相关信息传递给同级地税局。

地税局应对所辖企业及国税局转来的企业的工资薪金支出总额和已经代扣代缴个人所得税的工资薪金所得总额进行比对分析,对差异较大的,税务人员应到企业进行实地核查,或者提交给稽查部门,进行税务稽查。

2009年,地税局进行比对分析的户数,不得低于实际汇算清缴企业总户数的10%。信息化基础较好的地区,可以根据本地实际扩大比对分析面,直至对所有汇算清缴的企业进行比对分析。

二、地税局到企业进行实地核查时,主要审核其税前扣除的工资薪金支出是否足额扣缴了个人所得税;是否存在将个人工资、薪金所得在福利费或其他科目中列支而未扣缴个人所得税的情况;有无按照企业全部职工平均工资适用税率计算纳税的情况;以非货币形式发放的工资薪金性质的所得是否依法履行了代扣代缴义务;有无隐匿或少报个人收入情况;企业有无虚列人员、增加工资费用支出等情况。

三、地税局在核查或检查中发现的问题,属于地税局征管权限的,应按照税收征管法及相关法律、法规的规定处理;属于国税局征管权限的,应及时将相关信息转交国税局处理。

各地地税局应于每年11月底前,将国税局提供的有关信息的比对及使用效果等情况通报或反馈同级国税局。

四、各级税务机关要高度重视此项工作,要将其作为提高个人所得税征管质量,规范工资薪金支出税前扣除,大力组织所得税收入的有效措施,精心组织,周密部署,扎扎实实地开展工作。要制订切实可行的工作方案,充分利用信息化手段加强比对工作。国税局和地税局之间要密切配合,通力协作,形成工作合力,按照本通知要求及时传递和反馈信息,共享信息资源和工作成果,对工作过程中发现的带有共性的问题,要联合采取措施,加强所得税管理。各省国税局、地税局在2009年底之前将工作情况正式书面上报税务总局(所得税司)。税务总局将在下半年组织检查、督导。

2-1-69

财政部 国家税务总局关于补充养老保险费 补充医疗保险费有关企业所得税政策问题的通知

2009年6月2日 财税〔2009〕27号

各省、自治区、直辖市、计划单列市财政厅(局)、国家税务局、地方税务局,新疆生产建设兵团财务局:

根据《中华人民共和国企业所得税法》及其实施条例的有关规定,现就补充养老保险费、补充医疗保险费有关企业所得税政策问题通知如下：

自2008年1月1日起，企业根据国家有关政策规定，为在本企业任职或者受雇的全体员工支付的补充养老保险费、补充医疗保险费，分别在不超过职工工资总额5%标准内的部分，在计算应纳税所得额时准予扣除；超过的部分，不予扣除。

2－1－70

国家税务总局关于企业投资者投资未到位而发生的利息支出企业所得税前扣除问题的批复

2009年6月4日　国税函〔2009〕312号

大连市国家税务局：

你局《关于企业贷款中相当于投资者投资未到位部分的利息支出能否税前列支的请示》（大国税发〔2009〕68号）收悉。经研究，批复如下：

关于企业由于投资者投资未到位而发生的利息支出扣除问题，根据《中华人民共和国企业所得税法实施条例》第二十七条规定，凡企业投资者在规定期限内未缴足其应缴资本额的，该企业对外借款所发生的利息，相当于投资者实缴资本额与在规定期限内应缴资本额的差额应计付的利息，其不属于企业合理的支出，应由企业投资者负担，不得在计算企业应纳税所得额时扣除。

具体计算不得扣除的利息，应以企业一个年度内每一账面实收资本与借款余额保持不变的期间作为一个计算期，每一计算期内不得扣除的借款利息按该期间借款利息发生额乘以该期间企业未缴足的注册资本占借款总额的比例计算，公式为：

企业每一计算期不得扣除的借款利息＝该期间借款利息额×该期间未缴足注册资本额÷该期间借款额

企业一个年度内不得扣除的借款利息总额为该年度内每一计算期不得扣除的借款利息额之和。

2－1－71

国家税务总局关于房地产企业开发产品完工标准税务确认条件的批复

2009年6月26日　国税函〔2009〕342号

海南省国家税务局：

你局《关于海南永生实业投资有限公司偷税案中如何认定开发产品已开始投入使用问

题的请示》(琼国税发〔2009〕121 号)收悉。经研究,批复如下:

根据《国家税务总局关于房地产开发经营业务征收企业所得税问题的通知》(国税发〔2006〕31 号)规定的精神,房地产开发企业建造、开发的开发产品无论工程质量是否通过验收合格,或是否办理完工(竣工)备案手续以及会计决算手续,当其开发产品开始投入使用时均应视为已经完工。房地产开发企业应按规定及时结算开发产品计税成本并计算此前以预售方式销售开发产品所取得收入的实际毛利额,同时将开发产品实际毛利额与其对应的预计毛利额之间的差额,计入当年(完工年度)应纳税所得额。

开发产品开始投入使用是指房地产开发企业开始办理开发产品交付手续(包括入住手续)或已开始实际投入使用。

2 -1 -72

国家税务总局关于企业所得税核定征收若干问题的通知

2009 年 7 月 14 日　国税函〔2009〕377 号

各省、自治区、直辖市和计划单列市国家税务局、地方税务局:

《国家税务总局关于印发〈企业所得税核定征收办法〉(试行)的通知》(国税发〔2008〕30 号)下发后,各地反映需要对有关问题进一步明确。为规范企业所得税核定征收工作,现对企业所得税核定征收若干问题通知如下:

一、国税发〔2008〕30 号文件第三条第二款所称“特定纳税人”包括以下类型的企业:

(一)享受《中华人民共和国企业所得税法》及其实施条例和国务院规定的一项或几项企业所得税优惠政策的企业(不包括仅享受《中华人民共和国企业所得税法》第二十六条规定免税收入优惠政策的企业);

(二)汇总纳税企业;

(三)上市公司;

(四)银行、信用社、小额贷款公司、保险公司、证券公司、期货公司、信托投资公司、金融资产管理公司、融资租赁公司、担保公司、财务公司、典当公司等金融企业;

(五)会计、审计、资产评估、税务、房地产估价、土地估价、工程造价、律师、价格鉴证、公证机构、基层法律服务机构、专利代理、商标代理以及其他经济鉴证类社会中介机构;

(六)国家税务总局规定的其他企业。

对上述规定之外的企业,主管税务机关要严格按照规定的范围和标准确定企业所得税的征收方式,不得违规扩大核定征收企业所得税范围;对其中达不到查账征收条件的企业核定征收企业所得税,并促使其完善会计核算和财务管理,达到查账征收条件后要及时转为查账征收。

二、国税发〔2008〕30 号文件第六条中的“应税收入额”等于收入总额减去不征税收入和免税收入后的余额。用公式表示为:

应税收入额 = 收入总额 - 不征税收入 - 免税收入

其中,收入总额为企业以货币形式和非货币形式从各种来源取得的收入。

三、本通知从2009年1月1日起执行。

注释:

条款修改。第一条第一项修订为:享受《中华人民共和国企业所得税法》及其实施条例和国务院规定的一项或几项企业所得税优惠政策的企业(不包括仅享受《中华人民共和国企业所得税法》第二十六条规定免税收入优惠政策的企业、第二十八条规定的符合条件的小型微利企业)。参见:《国家税务总局关于修订企业所得税2个规范性文件的公告》(国家税务总局公告2016年第88号)。

2-1-73

民政部关于印发《社会团体公益性捐赠税前扣除资格认定工作指引》的通知

2009年7月15日　民发〔2009〕100号

各省、自治区、直辖市民政厅(局),各计划单列市民政局,新疆生产建设兵团民政局,各全国性社会团体:

根据《关于公益性捐赠税前扣除有关问题的通知》(财税〔2008〕160号)规定,符合条件的社会团体可以申请公益性捐赠税前扣除资格。为此,我部制定了《社会团体公益性捐赠税前扣除资格认定工作指引》,在上述通知规定的基础上,进一步明确了申请条件、审核程序、申请文件、财务审计、监督管理等内容。现印发你们,以便社会团体、审计机构、审核机关等在资格认定工作中有所遵循。

社会团体公益性捐赠税前扣除资格认定工作指引

根据《关于公益性捐赠税前扣除有关问题的通知》(财税〔2008〕160号)规定,符合条件的社会团体可申请公益性捐赠税前扣除资格。为进一步明确申请条件和审核程序,规范申请文件的内容和格式,加强监督管理,确保资格认定工作规范、准确地开展,制定本指引。

一、申请条件

申请公益性捐赠税前扣除资格的社会团体,应当具备下列条件:

1. 符合《中华人民共和国企业所得税法实施条例》第五十二条第(一)项到第(八)项规定的条件;

2. 按照《社会团体登记管理条例》规定,经民政部门依法登记3年以上;

3. 净资产不低于登记的活动资金数额;

4. 申请前3年内未受到行政处罚；

5. 申请前连续2年年度检查合格，或者最近1年年度检查合格且社会组织评估等级在3A以上（含3A）；

6. 申请前连续3年每年用于公益活动的支出，不低于上年总收入的70%和当年总支出的50%。

二、申请文件

社会团体申请公益性捐赠税前扣除资格，应当首先对照申请条件进行自我评价。认为符合条件的，填写《社会团体公益性捐赠税前扣除资格申请表》（见附件1），并随表提交以下文件：

1. 申请报告，应当载明以下内容：

（1）基本情况，包括：名称、登记管理机关、业务主管单位、成立登记时间、法定代表人、活动资金、上年末净资产数额、住所、联系方式；

（2）宗旨和业务范围；

（3）申请具备公益性捐赠税前扣除资格相关条件的说明；

（4）最近3个年度开展公益活动的情况。

2.《社会团体法人登记证书（副本）》的复印件；

3. 社会团体章程；

4. 申请前3个年度的资金来源和使用情况、公益活动支出明细、财务报告、注册会计师出具的审计报告；

5. 登记管理机关出具的申请前相应年度的年度检查结论或社会组织评估结论。

三、财务审计

为核实社会团体公益活动支出情况，社会团体应当按照规定格式编制《社会团体公益活动支出明细表》（见附件2），并提交经有资质的中介机构鉴证的审计报告，包括财务报表审计报告和公益活动支出明细表审计报告。中介机构接受委托进行审计，应当遵循《民间非营利组织会计制度》，按照《社会团体财务审计报告模板》（见附件3）和《社会团体公益活动支出明细表审计报告模板》（见附件4）制作审计报告，对于审计过程中发现不符合资格认定要求的，应当在审计结论中据实说明。

四、资格审核

民政部登记的社会团体，由民政部负责初审。地方民政部门登记的社会团体，由省、自治区、直辖市和计划单列市民政部门负责初审。

民政部门初审同意后，将申请文件和初审意见转交同级财政、税务部门联合进行审核确认。

经审核确认符合条件的社会团体，由民政、财政和税务部门定期予以公布。民政部门初步审核认为不符合条件的，应当书面告知申请人。

五、监督管理

对于已经获得公益性捐赠税前扣除资格的社会团体，登记管理机关应当在年度检查中对照相关规定进行检查，重点检查公益活动支出情况。

已经获得公益性捐赠税前扣除资格的社会团体，参加年度检查时，应当在年度工作报告中对接受捐赠情况和公益活动支出进行专项说明,同时应当提交财务报表的审计报告和公益活动支出明细表的审计报告。

六、取消资格

已经获得公益性捐赠税前扣除资格的社会团体,存在《通知》第十条规定的下列情形之一的,应当取消其公益性捐赠税前扣除资格,通报有关部门,并向社会公告:

1. 年度检查不合格或最近一次社会组织评估等级低于3A的;

2. 在申请公益性捐赠税前扣除资格时有弄虚作假行为的;

3. 存在偷税行为或为他人偷税提供便利的;

4. 存在违反章程的活动,或者接受的捐赠款项用于章程规定用途之外的支出等情况的;

5. 受到行政处罚的。

附件:1.《社会团体公益性捐赠税前扣除资格申请表》(编者略)

2.《社会团体公益活动支出明细表》(编者略)

3.《社会团体财务审计报告模板》(编者略)

4.《社会团体公益活动支出审计报告模板》(编者略)

2 -1 -74

国家税务总局关于印发《中华人民共和国企业清算所得税申报表》的通知

2009年7月17日　国税函〔2009〕388号

各省、自治区、直辖市和计划单列市国家税务局、地方税务局:

为贯彻落实《中华人民共和国企业所得税法》及其实施条例,税务总局制定了企业清算所得税申报表及其附表。现将《中华人民共和国企业清算所得税申报表》及附表印发给你们,请各地税务机关及时做好上述报表的印制、发放、学习、培训及软件修改等工作。执行中有何问题,请及时向税务总局(所得税司)报告。

附件:1. 中华人民共和国企业清算所得税申报表及附表

2. 中华人民共和国企业清算所得税申报表及附表填报说明

附件 1

中华人民共和国企业清算所得税申报表

清算期间：　　年　　月　　日至　　年　　月　　日

纳税人名称：

纳税人识别号：□□□□□□□□□□□□□□□□□□　　　　金额单位：元（列至角分）

类　别	行 次	项　目	金　额
应纳税所得额计算	1	资产处置损益（填附表一）	
	2	负债清偿损益（填附表二）	
	3	清算费用	
	4	清算税金及附加	
	5	其他所得或支出	
	6	清算所得（1+2-3-4+5）	
	7	免税收入	
	8	不征税收入	
	9	其他免税所得	
	10	弥补以前年度亏损	
	11	应纳税所得额（6-7-8-9-10）	
应纳所得税额计算	12	税率（25%）	
	13	应纳所得税额（11×12）	
应补（退）所得税额计算	14	减（免）企业所得税额	
	15	境外应补所得税额	
	16	境内外实际应纳所得税额（13-14+15）	
	17	以前纳税年度应补（退）所得税额	
	18	实际应补（退）所得税额（16+17）	

纳税人盖章： 清算组盖章： 经办人签字： 申报日期： 年　月　日	代理申报中介机构盖章： 经办人签字及执业证件号码： 代理申报日期： 年　月　日	主管税务机关 受理专用章： 受理人签字： 受理日期： 年　月　日

附表一：

资产处置损益明细表

填报时间：　　年　　月　　日　　　　金额单位:元(列至角分)

行次	项目	账面价值(1)	计税基础(2)	可变现价值或交易价格(3)	资产处置损益(4)=(3)-(2)
1	货币资金				
2	短期投资*				
3	交易性金融资产#				
4	应收票据				
5	应收账款				
6	预付账款				
7	应收利息				
8	应收股利				
9	应收补贴款*				
10	其他应收款				
11	存货				
12	待摊费用*				
13	一年内到期的非流动资产				
14	其他流动资产				
15	可供出售金融资产#				
16	持有至到期投资#				
17	长期应收款#				
18	长期股权投资				
19	长期债权投资*				
20	投资性房地产#				
21	固定资产				
22	在建工程				
23	工程物资				
24	固定资产清理				
25	生物资产#				
26	油气资产#				
27	无形资产				
28	开发支出#				
29	商誉#				
30	长期待摊费用				
31	其他非流动资产				
32	总计				

经办人签字：　　　　纳税人盖章：

附表二：

负债清偿损益明细表

填报时间：　　年　　月　　日　　　　　　　　　　金额单位：元(列至角分)

行次	项目	账面价值 (1)	计税基础 (2)	清偿金额 (3)	负债清偿损益 (4)=(2)-(3)
1	短期借款				
2	交易性金融负债#				
3	应付票据				
4	应付账款				
5	预收账款				
6	应付职工薪酬#				
7	应付工资 *				
8	应付福利费 *				
9	应缴税费				
10	应付利息				
11	应付股利				
12	其他应交款 *				
13	其他应付款				
14	预提费用 *				
15	一年内到期的非流动负债				
16	其他流动负债				
17	长期借款				
18	应付债券				
19	长期应付款				
20	专项应付款				
21	预计负债#				
22	其他非流动负债				
23	总计				

经办人签字：　　　　　　　　　　　　纳税人盖章：

附表三：

剩余财产计算和分配明细表

填报时间：　　年　　月　　日　　　　　　　　　　　　　　金额单位：元(列至角分)

类　别	行　次	项　　目	金　额
剩余财产计算	1	资产可变现价值或交易价格	
	2	清算费用	
	3	职工工资	
	4	社会保险费用	
	5	法定补偿金	
	6	清算税金及附加	
	7	清算所得税额	
	8	以前年度欠税额	
	9	其他债务	
	10	剩余财产(1－2－…－9)	
	11	其中：累计盈余公积	
	12	累计未分配利润	

类　别	行　次	股东名称	持有清算企业权益性投资比例(%)	投资额	分配的财产金额	其中：确认为股息金额
剩余财产分配	13	(1)				
	14	(2)				
	15	(3)				
	16	…				
	17	…				

经办人签字：　　　　　　　　　　　　　纳税人盖章：

附件2

中华人民共和国企业清算所得税申报表填报说明

一、适用范围

本表适用于按税收规定进行清算、缴纳企业所得税的居民企业纳税人(以下简称纳税人)申报。

二、填报依据

根据《中华人民共和国企业所得税法》及其实施条例和相关税收政策规定计算填报。

三、有关项目填报说明

(一)表头项目

1.“清算期间”:填报纳税人实际生产经营终止之日至办理完毕清算事务之日止的期间。

2.“纳税人名称”:填报税务机关统一核发的税务登记证所载纳税人的全称。

3.“纳税人识别号”:填报税务机关统一核发的税务登记证号码。

(二)行次说明

1. 第1行“资产处置损益”:填报纳税人全部资产按可变现价值或交易价格扣除其计税基础后确认的资产处置所得或损失金额。本行通过附表一《资产处置损益明细表》计算填报。

2. 第2行“负债清偿损益”:填报纳税人全部负债按计税基础减除其清偿金额后确认的负债清偿所得或损失金额。本行通过附表二《负债清偿损益明细表》计算填报。

3. 第3行“清算费用”:填报纳税人清算过程中发生的与清算业务有关的费用支出,包括清算组组成人员的报酬,清算财产的管理、变卖及分配所需的评估费、咨询费等费用,清算过程中支付的诉讼费用、仲裁费用及公告费用,以及为维护债权人和股东的合法权益支付的其他费用。

4. 第4行“清算税金及附加”:填报纳税人清算过程中发生的除企业所得税和允许抵扣的增值税以外的各项税金及其附加。

5. 第5行“其他所得或支出”:填报纳税人清算过程中取得的其他所得或发生的其他支出。其中,其他支出以“-”号(负数)填列。

6. 第6行“清算所得”:填报纳税人全部资产按可变现价值或交易价格减除其计税基础、清算费用、相关税费,加上债务清偿损益等后的余额。

7. 第7行“免税收入”:填报纳税人清算过程中取得的按税收规定免税收入。

8. 第8行“不征税收入”:填报纳税人清算过程中取得的按税收规定不征税收入。

9. 第9行“其他免税所得”:填报纳税人清算过程中取得的按税收规定免税的所得。

10. 第10行“弥补以前年度亏损”:填报纳税人按税收规定可在税前弥补的以前纳税年度尚未弥补的亏损额。

11. 第11行“应纳税所得额”:金额等于本表第6-7-8-9-10行。本行按照上述顺序计算结果为负数,本行金额填零。

12. 第12行“税率”:填报企业所得税法规定的税率25%。

13. 第13行“应纳所得税额”:金额等于本表第11×12行。

14. 第14行“减(免)企业所得税额”:填报纳税人按税收规定准予减免的企业所得税额。

15. 第15行“境外应补所得税额”:填报纳税人按税收规定在清算期间发生的境外所得应在境内补缴的企业所得税额。

16. 第16行“境内外实际应纳所得税额”:金额等于本表第13-14+15行。

17. 第17行“以前纳税年度应补(退)所得税额”:填报纳税人因以前纳税年度损益调整、汇算清缴多缴、欠税等在清算期间应补(退)企业所得税额。其中,应退企业所得税额以

“-”号(负数)填列。

18. 第18行“实际应补(退)所得税额”:金额=本表第16+17行。

四、表内及表间关系

1. 第1行=附表一第32行“资产处置损益(4)”列的总计数。

2. 第2行=附表二第23行“负债清偿损益(4)”列的总计数。

3. 第6行=本表第1+2-3-4+5行。

4. 第11行=本表第6-7-8-9-10行。

5. 第13行=本表第11×12行。

6. 第16行=本表第13-14+15行。

7. 第18行=本表第16+17行。

附表一《资产处置损益明细表》填报说明

一、适用范围

本表适用于按税收规定进行清算、缴纳企业所得税的居民企业纳税人(以下简称纳税人)申报。

二、填报依据

根据《中华人民共和国企业所得税法》及其实施条例和相关税收政策规定计算填报。

三、有关项目填报说明

1. 标有*行次由执行企业会计制度的纳税人填报;标有#行次由执行企业会计准则的纳税人填报;其他行次执行企业会计制度和企业会计准则的纳税人均填报。

执行企业会计制度和企业会计准则以外的纳税人,按照本表的行次内容根据其资产情况分析填报。

2. “账面价值(1)”列:填报纳税人按照国家统一会计制度规定确定的清算开始日的各项资产账面价值的金额。

3. “计税基础(2)”列:填报纳税人按照税收规定确定的清算开始日的各项资产计税基础的金额,即取得资产时确定的计税基础减除在清算开始日以前纳税年度内按照税收规定已在税前扣除折旧、摊销、准备金等的余额。

4. “可变现价值或交易价格(3)”列:填报纳税人清算过程中各项资产可变现价值或交易价格的金额。

5. “资产处置损益(4)”列:填报纳税人各项资产可变现价值或交易价格减除其计税基础的余额。

四、表内及表间关系

1. “资产处置损益(4)”列=本表“可变现价值或交易价格(3)”列-“计税基础(2)”列

2. 第32行“账面价值(1)”列总计=本表“账面价值(1)”列第1+…+31行总计。

3. 第32行“计税基础(2)”列总计=本表“计税基础(2)”列第1+…+31行总计。

4. 第32行“可变现价值或交易价格(3)”列总计=本表“可变现价值或交易价格(3)”

列第 1 +… +31 行总计。

5. 第 32 行“资产处置损益(4)”列总计 = 本表第 32 行“可变现价值或交易价格(3)”列总计 - 本表第 32 行“计税基础(2)”列总计 = 本表“资产处置损益(4)”列第 1 +… +31 行总计。

6. 第 32 行“资产处置损益(4)”列总计 = 主表第 1 行。

附表二《负债清偿损益明细表》填报说明

一、适用范围

本表适用于按税收规定进行清算、缴纳企业所得税的居民企业纳税人(以下简称纳税人)申报。

二、填报依据

根据《中华人民共和国企业所得税法》及其实施条例和相关税收政策规定计算填报。

三、有关项目填报说明

1. 标有 * 行次由执行企业会计制度的纳税人填报;标有#行次由执行企业会计准则的纳税人填报;其他行次执行企业会计制度和企业会计准则的纳税人均填报。

执行企业会计制度和企业会计准则以外的纳税人,按照本表的行次内容根据其负债情况分析填报。

2. “账面价值(1)”列:填报纳税人按照国家统一会计制度规定确定的清算开始日的各项负债账面价值的金额。

3. “计税基础(2)”列:填报纳税人按照税收规定确定的清算开始日的各项负债计税基础的金额,即负债的账面价值减去未来期间计算应纳税所得额时按照税收规定予以扣除金额的余额。

4. “清偿金额(3)”列:填报纳税人清算过程中各项负债的清偿金额。

5. “负债清偿损益(4)”列:填报纳税人各项负债计税基础减除其清偿金额的余额。

四、表内及表间关系

1. “负债清偿损益(4)”列 = 本表“计税基础(2)”列 -“清偿金额(3)”列

2. 第 23 行“账面价值(1)”列总计 = 本表“账面价值(1)”列第 1 +… +22 行总计。

3. 第 23 行“计税基础(2)”列总计 = 本表“计税基础(2)”列第 1 +… +22 行总计。

4. 第 23 行“清偿金额(3)”列总计 = 本表“清偿金额(3)”列第 1 +… +22 行总计。

5. 第 23 行“负债清偿损益(4)”列总计 = 本表第 23 行“计税基础(2)”列总计 - 本表第 23 行“清偿金额(3)”列总计 = 本表“负债清偿损益(4)”列第 1 +… +22 行总计。

6. 第 23 行“负债清偿损益”列总计 = 主表第 2 行。

附表三《剩余财产计算明细表》填报说明

一、适用范围

本表适用于按税收规定进行清算、缴纳企业所得税的居民企业纳税人(以下简称纳税人)申报。

二、填报依据

根据《中华人民共和国企业所得税法》及其实施条例和相关税收政策规定计算填报。

三、有关项目填报说明

1. 第1行“资产可变现价值或交易价格”:填报纳税人全部资产的可变现价值或交易价格金额。

2. 第2行“清算费用”:填报纳税人清算过程中发生的与清算业务有关的费用支出,包括清算组组成人员的报酬,清算财产的管理、变卖及分配所需的评估费、咨询费等费用,清算过程中支付的诉讼费用、仲裁费用及公告费用,以及为维护债权人和股东的合法权益支付的其他费用。

3. 第3行“职工工资”:填报纳税人清算过程中偿还的职工工资。

4. 第4行“社会保险费用”:填报纳税人清算过程中偿还欠缴的各种社会保险费用。

5. 第5行“法定补偿金”:填报纳税人清算过程中按照有关规定支付的法定补偿金。

6. 第6行“清算税金及附加”:填报纳税人清算过程中发生的除企业所得税和允许抵扣的增值税以外的各项税金及其附加。

7. 第7行“清算所得税额”:填报纳税人清算过程中应缴的清算企业所得税金额。

8. 第8行“以前年度欠税额”:填报纳税人以前年度欠缴的各项税金及其附加。

9. 第9行“其他债务”:填报纳税人清算过程中偿还的其他债务。

10. 第10行“剩余财产”:填报纳税人全部资产按可变现价值或交易价格减除清算费用、职工工资、社会保险费用、法定补偿金、清算税费、清算所得税额、以前年度欠税和企业其他债务后的余额。

11. 第11行“其中:累计盈余公积”:填报纳税人截止开始分配剩余财产时累计从净利润提取的盈余公积金额。

12. 第12行“其中:累计未分配利润”:填报纳税人截止开始分配剩余财产时累计的未分配利润金额。

13. 第13—17行“股东名称”列:填报清算企业的各股东名称。

14. 第13—17行“持有清算企业权益性投资比例”列:填报清算企业的各股东持有清算企业的权益性投资比例。

15. 第13—17行“投资额”列:填报清算企业各股东向清算企业进行权益性投资总额。

16. 第13—17行“分配的财产金额”列:填报清算企业的各股东从清算企业剩余财产中按照其持有的清算企业的权益性投资比例分得的财产金额。

17. 第13—17行“其中确认为股息金额”列:填报清算企业的各股东从清算企业剩余财产分得财产中,相当于累计未分配利润和累计盈余公积按照其持有清算企业权益性投资比例计算确认的部分。清算企业的非企业所得税纳税人股东不填此列。

四、表内及表间关系

1. 第10行=本表第1-2-…-9行。

2. 第2行=主表第3行。

3. 第6行=主表第4行。

4. 第7行=主表第16行。

2-1-75

国家税务总局关于非居民企业取得B股等股票股息征收企业所得税问题的批复

2009年7月24日 国税函〔2009〕394号

上海市国家税务局：

你局《关于大众交通（集团）股份有限公司向B股非居民股东派发股利涉税问题的请示》（沪国税际〔2009〕49号）收悉，现批复如下：

根据《中华人民共和国企业所得税法》及其实施条例规定，在中国境内外公开发行、上市股票（A股、B股和海外股）的中国居民企业，在向非居民企业股东派发2008年及以后年度股息时，应统一按10%的税率代扣代缴企业所得税。非居民企业股东需要享受税收协定待遇的，依照税收协定执行的有关规定办理。

2-1-76

国家税务总局关于西部大开发企业所得税优惠政策适用目录问题的批复

2009年7月27日 国税函〔2009〕399号

甘肃省国家税务局：

你局《关于外商投资产业指导目录有关税收问题的请示》（甘国税发〔2009〕97号）收悉。根据《国务院关于实施企业所得税过渡优惠政策的通知》（国发〔2007〕39号）文件规定，《财政部、国家税务总局、海关总署关于西部大开发税收优惠政策问题的通知》（财税〔2001〕202号）规定的西部大开发企业所得税优惠政策继续执行到期。经研究，现将《中华人民共和国企业所得税法》实施后，西部大开发企业所得税优惠政策适用目录问题批复如下：

一、享受西部大开发企业所得税优惠政策的国家鼓励类产业内资企业适用目录及衔接问题，继续按照《财政部、国家税务总局关于西部大开发税收优惠政策适用目录变更问题的通知》（财税〔2006〕165号）的规定执行。

二、享受西部大开发企业所得税优惠政策的国家鼓励类产业外商投资企业适用目录及衔接问题,按以下原则执行:

(一)自2008年1月1日起,财税〔2001〕202号文件中《外商投资产业指导目录》按国家发展和改革委员会公布的《外商投资产业指导目录(2007年修订)》执行。自2009年1月1日起,财税〔2001〕202号文件中《中西部地区外商投资优势产业目录》(第18号令)按国家发展和改革委员会与商务部发布的《中西部地区优势产业目录(2008年修订)》执行。

(二)在相关目录变更前,已按财税〔2001〕202号文件规定的目录标准审核享受企业所得税优惠政策的外商投资企业,除属于《外商投资产业指导目录(2007年修订)》中限制外商投资产业目录、禁止外商投资产业目录外,可继续执行到期满为止;对属于《外商投资产业指导目录(2007年修订)》中限制外商投资产业目录、禁止外商投资产业目录的企业,应自执行新目录的年度起,停止执行西部大开发企业所得税优惠政策。

对符合新目录鼓励类标准但不符合原目录标准的企业,应自执行新目录的年度起,就其按照西部大开发有关企业所得税优惠政策规定计算的税收优惠期的剩余优惠年限享受优惠。

2－1－77

国家税务总局关于执行西部大开发税收优惠政策有关问题的批复

2009年7月31日　国税函〔2009〕411号

广西壮族自治区国家税务局:

你局《关于执行西部大开发税收优惠政策有关问题的请示》(桂国税发〔2009〕140号)收悉。经研究,批复如下:

《财政部、国家税务总局、海关总署关于西部大开发税收优惠政策问题的通知》(财税〔2001〕202号)第二条第三款规定"新办交通企业是指投资新办从事公路、铁路、航空、港口、码头运营和管道运输的企业"中的交通企业,是指投资于上述设施建设项目并运营该项目取得经营收入的企业。

2－1－78

国家税务总局关于执行税收协定特许权使用费条款有关问题的通知

2009年9月14日　国税函〔2009〕507号

各省、自治区、直辖市和计划单列市国家税务局、地方税务局,扬州税务进修学院:

根据中华人民共和国政府对外签署的避免双重征税协定(含内地与香港、澳门特别行政区签署的税收安排，以下统称税收协定）的有关规定，现就执行税收协定特许权使用费条款的有关问题通知如下：

一、凡税收协定特许权使用费定义中明确包括使用工业、商业、科学设备收取的款项（即我国税法有关租金所得）的，有关所得应适用税收协定特许权使用费条款的规定。税收协定对此规定的税率低于税收法律规定税率的，应适用税收协定规定的税率。

上述规定不适用于使用不动产产生的所得，使用不动产产生的所得适用税收协定不动产条款的规定。

二、税收协定特许权使用费条款定义中所列举的有关工业、商业或科学经验的情报应理解为专有技术，一般是指进行某项产品的生产或工序复制所必需的、未曾公开的、具有专有技术性质的信息或资料（以下简称专有技术）。

三、与专有技术有关的特许权使用费一般涉及技术许可方同意将其未公开的技术许可给另一方，使另一方能自由使用，技术许可方通常不亲自参与技术受让方对被许可技术的具体实施，并且不保证实施的结果。被许可的技术通常已经存在，但也包括应技术受让方的需求而研发后许可使用并在合同中列有保密等使用限制的技术。

四、在服务合同中，如果服务提供方提供服务过程中使用了某些专门知识和技术，但并不转让或许可这些技术，则此类服务不属于特许权使用费范围。但如果服务提供方提供服务形成的成果属于税收协定特许权使用费定义范围，并且服务提供方仍保有该项成果的所有权，服务接受方对此成果仅有使用权，则此类服务产生的所得，适用税收协定特许权使用费条款的规定。

五、在转让或许可专有技术使用权过程中如技术许可方派人员为该项技术的使用提供有关支持、指导等服务并收取服务费，无论是单独收取还是包括在技术价款中，均应视为特许权使用费，适用税收协定特许权使用费条款的规定。但如上述人员的服务已构成常设机构，则对服务部分的所得应适用税收协定营业利润条款的规定。如果纳税人不能准确计算应归属常设机构的营业利润，则税务机关可根据税收协定常设机构利润归属原则予以确定。

六、下列款项或报酬不应是特许权使用费，应为劳务活动所得：

（一）单纯货物贸易项下作为售后服务的报酬；

（二）产品保证期内卖方为买方提供服务所取得的报酬；

（三）专门从事工程、管理、咨询等专业服务的机构或个人提供的相关服务所取得的款项；

（四）国家税务总局规定的其他类似报酬。

上述劳务所得通常适用税收协定营业利润条款的规定，但个别税收协定对此另有特殊规定的除外（如中英税收协定专门列有技术费条款）。

七、税收协定特许权使用费条款的规定应仅适用于缔约对方居民受益所有人，第三国设在缔约对方的常设机构从我国境内取得的特许权使用费应适用该第三国与我国的税收协定的规定；我国居民企业设在缔约对方的常设机构不属于对方居民，不应作为对方居民适用税收协定特许权使用费条款的规定；由位于我国境内的外国企业的机构、场所或常设机构负担并支付给与我国签有税收协定的缔约对方居民的特许权使用费，适用我国与该缔约国税收协定特许权使用费条款的规定。

八、本通知于2009年10月1日起执行。各地应按本通知规定做好税收协定特许权使用费条款的执行工作,并将执行中遇到的问题及时报告税务总局。

2-1-79

财政部　国家税务总局关于非营利组织企业所得税免税收入问题的通知

2009年11月11日　财税〔2009〕122号

各省、自治区、直辖市、计划单列市财政厅(局)、国家税务局、地方税务局,新疆生产建设兵团财务局:

根据《中华人民共和国企业所得税法》第二十六条及《中华人民共和国企业所得税法实施条例》(国务院令第512号)第八十五条的规定,现将符合条件的非营利组织企业所得税免税收入范围明确如下:

一、非营利组织的下列收入为免税收入:

(一)接受其他单位或者个人捐赠的收入;

(二)除《中华人民共和国企业所得税法》第七条规定的财政拨款以外的其他政府补助收入,但不包括因政府购买服务取得的收入;

(三)按照省级以上民政、财政部门规定收取的会费;

(四)不征税收入和免税收入孳生的银行存款利息收入;

(五)财政部、国家税务总局规定的其他收入。

二、本通知从2008年1月1日起执行。

注释:

政策调整。“符合条件的非营利组织享受免税收入优惠的备案核准”取消。参见:1.《国家税务总局关于贯彻落实〈国务院关于第一批取消62项中央指定地方实施行政审批事项的决定〉的通知》(税总发〔2015〕141号)。2.《国务院关于第一批取消62项中央指定地方实施行政审批事项的决定》(国发〔2015〕57号)。3.《国家税务总局关于公布已取消的22项税务非行政许可审批事项的公告》(国家税务总局公告2015年第58号)。

2－1－80

国家税务总局关于企业清算所得税有关问题的通知

2009年12月4日　国税函〔2009〕684号

各省、自治区、直辖市和计划单列市国家税务局、地方税务局：

根据《中华人民共和国企业所得税法》及其实施条例的有关规定，现就企业清算所得税有关问题通知如下：

一、企业清算时，应当以整个清算期间作为一个纳税年度，依法计算清算所得及其应纳所得税。企业应当自清算结束之日起15日内，向主管税务机关报送企业清算所得税纳税申报表，结清税款。

企业未按照规定的期限办理纳税申报或者未按照规定期限缴纳税款的，应根据《中华人民共和国税收征收管理法》的相关规定加收滞纳金。

二、进入清算期的企业应对清算事项，报主管税务机关备案。

2－1－81

财政部　国家税务总局关于企业境外所得税收抵免有关问题的通知

2009年12月25日　财税〔2009〕125号

各省、自治区、直辖市、计划单列市财政厅（局）、国家税务局、地方税务局，新疆生产建设兵团财务局：

根据《中华人民共和国企业所得税法》（以下简称企业所得税法）及《中华人民共和国企业所得税法实施条例》（以下简称实施条例）的有关规定，现就企业取得境外所得计征企业所得税时抵免境外已纳或负担所得税额的有关问题通知如下：

一、居民企业以及非居民企业在中国境内设立的机构、场所（以下统称企业）依照企业所得税法第二十三条、第二十四条的有关规定，应在其应纳税额中抵免在境外缴纳的所得税额的，适用本通知。

二、企业应按照企业所得税法及其实施条例、税收协定以及本通知的规定，准确计算下列当期与抵免境外所得税有关的项目后，确定当期实际可抵免分国（地区）别的境外所得税税额和抵免限额：

（一）境内所得的应纳税所得额（以下称境内应纳税所得额）和分国（地区）别的境外所得的应纳税所得额（以下称境外应纳税所得额）；

（二）分国（地区）别的可抵免境外所得税税额；

（三）分国（地区）别的境外所得税的抵免限额。

企业不能准确计算上述项目实际可抵免分国（地区）别的境外所得税税额的，在相应国家（地区）缴纳的税收均不得在该企业当期应纳税额中抵免，也不得结转以后年度抵免。

三、企业应就其按照实施条例第七条规定确定的中国境外所得（境外税前所得），按以下规定计算实施条例第七十八条规定的境外应纳税所得额：

（一）居民企业在境外投资设立不具有独立纳税地位的分支机构，其来源于境外的所得，以境外收入总额扣除与取得境外收入有关的各项合理支出后的余额为应纳税所得额。各项收入、支出按企业所得税法及实施条例的有关规定确定。

居民企业在境外设立不具有独立纳税地位的分支机构取得的各项境外所得，无论是否汇回中国境内，均应计入该企业所属纳税年度的境外应纳税所得额。

（二）居民企业应就其来源于境外的股息、红利等权益性投资收益，以及利息、租金、特许权使用费、转让财产等收入，扣除按照企业所得税法及实施条例等规定计算的与取得该项收入有关的各项合理支出后的余额为应纳税所得额。来源于境外的股息、红利等权益性投资收益，应按被投资方作出利润分配决定的日期确认收入实现；来源于境外的利息、租金、特许权使用费、转让财产等收入，应按有关合同约定应付交易对价款的日期确认收入实现。

（三）非居民企业在境内设立机构、场所的，应就其发生在境外但与境内所设机构、场所有实际联系的各项应税所得，比照上述第（二）项的规定计算相应的应纳税所得额。

（四）在计算境外应纳税所得额时，企业为取得境内、外所得而在境内、境外发生的共同支出，与取得境外应税所得有关的、合理的部分，应在境内、境外（分国（地区）别，下同）应税所得之间，按照合理比例进行分摊后扣除。

（五）在汇总计算境外应纳税所得额时，企业在境外同一国家（地区）设立不具有独立纳税地位的分支机构，按照企业所得税法及实施条例的有关规定计算的亏损，不得抵减其境内或他国（地区）的应纳税所得额，但可以用同一国家（地区）其他项目或以后年度的所得按规定弥补。

四、可抵免境外所得税税额，是指企业来源于中国境外的所得依照中国境外税收法律以及相关规定应当缴纳并已实际缴纳的企业所得税性质的税款。但不包括：

（一）按照境外所得税法律及相关规定属于错缴或错征的境外所得税税款；

（二）按照税收协定规定不应征收的境外所得税税款；

（三）因少缴或迟缴境外所得税而追加的利息、滞纳金或罚款；

（四）境外所得税纳税人或者其利害关系人从境外征税主体得到实际返还或补偿的境外所得税税款；

（五）按照我国企业所得税法及其实施条例规定，已经免征我国企业所得税的境外所得负担的境外所得税税款；

（六）按照国务院财政、税务主管部门有关规定已经从企业境外应纳税所得额中扣除的境外所得税税款。

五、居民企业在按照企业所得税法第二十四条规定用境外所得间接负担的税额进行税收抵免时，其取得的境外投资收益实际间接负担的税额，是指根据直接或者间接持股方式合计持股20%以上(含20%,下同)的规定层级的外国企业股份,由此应分得的股息、红利等权益性投资收益中,从最低一层外国企业起逐层计算的属于由上一层企业负担的税额,其计算公式如下:

本层企业所纳税额属于由一家上一层企业负担的税额 =(本层企业就利润和投资收益所实际缴纳的税额 + 符合本通知规定的由本层企业间接负担的税额)× 本层企业向一家上一层企业分配的股息(红利)÷ 本层企业所得税后利润额。

六、除国务院财政、税务主管部门另有规定外,按照实施条例第八十条规定由居民企业直接或者间接持有20%以上股份的外国企业,限于符合以下持股方式的三层外国企业:

第一层:单一居民企业直接持有20%以上股份的外国企业;

第二层:单一第一层外国企业直接持有20%以上股份,且由单一居民企业直接持有或通过一个或多个符合本条规定持股条件的外国企业间接持有总和达到20%以上股份的外国企业;

第三层:单一第二层外国企业直接持有20%以上股份,且由单一居民企业直接持有或通过一个或多个符合本条规定持股条件的外国企业间接持有总和达到20%以上股份的外国企业。

七、居民企业从与我国政府订立税收协定(或安排)的国家(地区)取得的所得,按照该国(地区)税收法律享受了免税或减税待遇,且该免税或减税的数额按照税收协定规定应视同已缴税额在中国的应纳税额中抵免的,该免税或减税数额可作为企业实际缴纳的境外所得税额用于办理税收抵免。

八、企业应按照企业所得税法及其实施条例和本通知的有关规定分国(地区)别计算境外税额的抵免限额。

某国(地区)所得税抵免限额 = 中国境内、境外所得依照企业所得税法及实施条例的规定计算的应纳税总额 × 来源于某国(地区)的应纳税所得额 ÷ 中国境内、境外应纳税所得总额

据以计算上述公式中"中国境内、境外所得依照企业所得税法及实施条例的规定计算的应纳税总额"的税率,除国务院财政、税务主管部门另有规定外,应为企业所得税法第四条第一款规定的税率。

企业按照企业所得税法及其实施条例和本通知的有关规定计算的当期境内、境外应纳税所得总额小于零的,应以零计算当期境内、境外应纳税所得总额,其当期境外所得税的抵免限额也为零。

九、在计算实际应抵免的境外已缴纳和间接负担的所得税税额时,企业在境外一国(地区)当年缴纳和间接负担的符合规定的所得税税额低于所计算的该国(地区)抵免限额的,应以该项税额作为境外所得税抵免额从企业应纳税总额中据实抵免;超过抵免限额的,当年应以抵免限额作为境外所得税抵免额进行抵免,超过抵免限额的余额允许从次年起在连续五个纳税年度内,用每年度抵免限额抵免当年应抵税额后的余额进行抵补。

十、属于下列情形的,经企业申请,主管税务机关核准,可以采取简易办法对境外所得已纳税额计算抵免:

(一)企业从境外取得营业利润所得以及符合境外税额间接抵免条件的股息所得,虽有

所得来源国(地区)政府机关核发的具有纳税性质的凭证或证明,但因客观原因无法真实、准确地确认应当缴纳并已经实际缴纳的境外所得税税额的,除就该所得直接缴纳及间接负担的税额在所得来源国(地区)的实际有效税率低于我国企业所得税法第四条第一款规定税率50%以上的外,可按境外应纳税所得额的12.5%作为抵免限额,企业按该国(地区)税务机关或政府机关核发具有纳税性质凭证或证明的金额,其不超过抵免限额的部分,准予抵免;超过的部分不得抵免。

属于本款规定以外的股息、利息、租金、特许权使用费、转让财产等投资性所得,均应按本通知的其他规定计算境外税额抵免。

(二)企业从境外取得营业利润所得以及符合境外税额间接抵免条件的股息所得,凡就该所得缴纳及间接负担的税额在所得来源国(地区)的法定税率且其实际有效税率明显高于我国的,可直接以按本通知规定计算的境外应纳税所得额和我国企业所得税法规定的税率计算的抵免限额作为可抵免的已在境外实际缴纳的企业所得税税额。具体国家(地区)名单见附件。财政部、国家税务总局可根据实际情况适时对名单进行调整。

属于本款规定以外的股息、利息、租金、特许权使用费、转让财产等投资性所得,均应按本通知的其他规定计算境外税额抵免。

十一、企业在境外投资设立不具有独立纳税地位的分支机构,其计算生产、经营所得的纳税年度与我国规定的纳税年度不一致的,与我国纳税年度当年度相对应的境外纳税年度,应为在我国有关纳税年度中任何一日结束的境外纳税年度。

企业取得上款以外的境外所得实际缴纳或间接负担的境外所得税,应在该项境外所得实现日所在的我国对应纳税年度的应纳税额中计算抵免。

十二、企业抵免境外所得税额后实际应纳所得税额的计算公式为:

企业实际应纳所得税额 = 企业境内外所得应纳税总额 - 企业所得税减免、抵免优惠税额 - 境外所得税抵免额

十三、本通知所称不具有独立纳税地位,是指根据企业设立地法律不具有独立法人地位或者按照税收协定规定不认定为对方国家(地区)的税收居民。

十四、企业取得来源于中国香港、澳门、台湾地区的应税所得,参照本通知执行。

十五、中华人民共和国政府同外国政府订立的有关税收的协定与本通知有不同规定的,依照协定的规定办理。

十六、本通知自2008年1月1日起执行。

附件:法定税率明显高于我国的境外所得来源国(地区)名单

附件

法定税率明显高于我国的境外所得来源国(地区)名单

美国、阿根廷、布隆迪、喀麦隆、古巴、法国、日本、摩洛哥、巴基斯坦、赞比亚、科威特、孟加拉国、叙利亚、约旦、老挝。

注释:

条款废止。第十条中“经企业申请,主管税务机关核准”的规定废止。参见:《国家税务总局关于企业境外所得适用简易征收和饶让抵免的核准事项取消后有关后续管理问题的公告》(国家税务总局公告2015年第70号)。

2－1－82

国家税务总局关于企业向自然人借款的利息支出企业所得税税前扣除问题的通知

2009年12月31日　国税函〔2009〕777号

各省、自治区、直辖市和计划单列市国家税务局、地方税务局:

现就企业向自然人借款的利息支出企业所得税税前扣除问题,通知如下:

一、企业向股东或其他与企业有关联关系的自然人借款的利息支出,应根据《中华人民共和国企业所得税法》(以下简称税法)第四十六条及《财政部、国家税务总局关于企业关联方利息支出税前扣除标准有关税收政策问题的通知》(财税〔2008〕121号)规定的条件,计算企业所得税扣除额。

二、企业向除第一条规定以外的内部职工或其他人员借款的利息支出,其借款情况同时符合以下条件的,其利息支出在不超过按照金融企业同期同类贷款利率计算的数额的部分,根据税法第八条和税法实施条例第二十七条规定,准予扣除。

(一)企业与个人之间的借贷是真实、合法、有效的,并且不具有非法集资目的或其他违反法律、法规的行为;

(二)企业与个人之间签订了借款合同。

2－1－83

国家税务总局关于税收协定有关条款执行问题的通知

2010年1月26日　国税函〔2010〕46号

各省、自治区、直辖市和计划单列市国家税务局、地方税务局,扬州税务进修学院:

近接广东省地方税务局函,反映《国家税务总局关于执行税收协定特许权使用费条款有关问题的通知》(国税函〔2009〕507号)执行中的一些问题。根据来函反映的情况,现就该文件有关执行问题补充通知如下:

一、转让专有技术使用权涉及的技术服务活动应视为转让技术的一部分,由此产生的所得属于税收协定特许权使用费范围。但根据协定关于特许权使用费受益所有人通过在特许权使用费发生国设立的常设机构进行营业，并且据以支付该特许权使用费的权利与常设机构有实际联系的相关规定，如果技术许可方派遣人员到技术使用方为转让的技术提供服务，并提供服务时间已达到按协定常设机构规定标准，构成了常设机构的情况下，对归属于常设机构部分的服务收入应执行协定第七条营业利润条款的规定，对提供服务的人员执行协定非独立个人劳务条款的相关规定；对未构成常设机构的或未归属于常设机构的服务收入仍按特许权使用费规定处理。

二、如果技术受让方在合同签订后即支付费用，包括技术服务费，即事先不能确定提供服务时间是否构成常设机构的，可暂执行特许权使用费条款的规定；待确定构成常设机构，且认定有关所得与该常设机构有实际联系后，按协定相关条款的规定，对归属常设机构利润征收企业所得税及对相关人员征收个人所得税时，应将已按特许权使用费条款规定所做的处理作相应调整。

三、对2009年10月1日以前签订的技术转让及服务合同，凡相关服务活动跨10月1日并尚未对服务所得做出税务处理的，应执行上述规定及国税函〔2009〕507号文有关规定，对涉及跨10月1日的技术服务判定是否构成常设机构时，其所有工作时间应作为计算构成常设机构的时间，但10月1日前对技术转让及相关服务收入执行特许权使用费条款规定已征收的税款部分，不再做调整。

2－1－84

国家税务总局关于政府关停外商投资企业所得税优惠政策处理问题的批复

2010年2月12日　国税函〔2010〕69号

江苏省国家税务局：

你局《关于政府关停外商投资企业所得税优惠政策处理问题的请示》（苏国税发〔2009〕88号）收悉。关于外商投资企业因国家发展规划调整（包括城市建设规划等）被实施关停并清算，导致其不符合原《中华人民共和国外商投资企业和外国企业所得税法》及过渡性政策规定条件税收优惠处理问题，经研究，批复如下：

一、根据原《中华人民共和国外商投资企业和外国企业所得税法实施细则》第七十九条的规定，应当补缴或缴回按该条规定已享受的企业所得税优惠税款。

二、外商投资企业和外国企业依照原《财政部、国家税务总局关于外商投资企业和外国企业购买国产设备投资抵免企业所得税有关问题的通知》（财税字〔2000〕49号）有关规定将已经享受投资抵免的2007年12月31日前购买的国产设备，在购置之日起五年内出租、转让，不论出租、转让行为发生在2008年1月1日之前或之后的，均应在出租、转让时补缴就该购买设备已抵免的企业所得税税款。

三、外商投资企业的外国投资者依照《中华人民共和国外商投资企业和外国企业所得税法》第十条的规定，将从企业取得的利润于2007年12月31日前直接再投资于该企业，增加注册资本，或者作为资本投资开办其他外商投资企业，如经营期不少于五年并经税务机关批准已退还其再投资部分已缴纳所得税的40%税款，再投资不满五年撤出的，应当缴回已退的税款。

2－1－85

国家税务总局关于印发《外国企业常驻代表机构税收管理暂行办法》的通知

2010年2月20日　国税发〔2010〕18号

各省、自治区、直辖市和计划单列市国家税务局、地方税务局：

为规范外国企业常驻代表机构税收管理，税务总局制定了《外国企业常驻代表机构税收管理暂行办法》，现印发给你们，请遵照执行。执行中发现的问题请及时反馈税务总局(国际税务司)。

外国企业常驻代表机构税收管理暂行办法

第一条　为规范外国企业常驻代表机构税收管理，根据《中华人民共和国税收征收管理法》(以下简称税收征管法)及其实施细则、《中华人民共和国企业所得税法》及其实施条例、《中华人民共和国营业税暂行条例》及其实施细则、《中华人民共和国增值税暂行条例》及其实施细则，以及相关税收法律法规，制定本办法。

第二条　本办法所称外国企业常驻代表机构，是指按照国务院有关规定，在工商行政管理部门登记或经有关部门批准，设立在中国境内的外国企业(包括港澳台企业)及其他组织的常驻代表机构(以下简称代表机构)。

第三条　代表机构应当就其归属所得依法申报缴纳企业所得税，就其应税收入依法申报缴纳营业税和增值税。

第四条　代表机构应当自领取工商登记证件(或有关部门批准)之日起30日内，持以下资料，向其所在地主管税务机关申报办理税务登记：

(一)工商营业执照副本或主管部门批准文件的原件及复印件；

(二)组织机构代码证书副本原件及复印件；

(三)注册地址及经营地址证明(产权证、租赁协议)原件及其复印件；如为自有房产，应提供产权证或买卖契约等合法的产权证明原件及其复印件；如为租赁的场所，应提供租赁协议原件及其复印件，出租人为自然人的还应提供产权证明的原件及复印件；

(四)首席代表(负责人)护照或其他合法身份证件的原件及复印件；

(五)外国企业设立代表机构的相关决议文件及在中国境内设立的其他代表机构名单(包括名称、地址、联系方式、首席代表姓名等)；

（六）税务机关要求提供的其他资料。

第五条 代表机构税务登记内容发生变化或者驻在期届满、提前终止业务活动的，应当按照税收征管法及相关规定，向主管税务机关申报办理变更登记或者注销登记；代表机构应当在办理注销登记前，就其清算所得向主管税务机关申报并依法缴纳企业所得税。

第六条 代表机构应当按照有关法律、行政法规和国务院财政、税务主管部门的规定设置账簿，根据合法、有效凭证记账，进行核算，并应按照实际履行的功能和承担的风险相配比的原则，准确计算其应税收入和应纳税所得额，在季度终了之日起15日内向主管税务机关据实申报缴纳企业所得税、营业税，并按照《中华人民共和国增值税暂行条例》及其实施细则规定的纳税期限，向主管税务机关据实申报缴纳增值税。

第七条 对账簿不健全，不能准确核算收入或成本费用，以及无法按照本办法第六条规定据实申报的代表机构，税务机关有权采取以下两种方式核定其应纳税所得额：

（一）按经费支出换算收入：适用于能够准确反映经费支出但不能准确反映收入或成本费用的代表机构。

1. 计算公式：

收入额＝本期经费支出额/（1－核定利润率－营业税税率）

应纳企业所得税额＝收入额×核定利润率×企业所得税税率

2. 代表机构的经费支出额包括：在中国境内、外支付给工作人员的工资薪金、奖金、津贴、福利费、物品采购费（包括汽车、办公设备等固定资产）、通讯费、差旅费、房租、设备租赁费、交通费、交际费、其他费用等。

（1）购置固定资产所发生的支出，以及代表机构设立时或者搬迁等原因所发生的装修费支出，应在发生时一次性作为经费支出额换算收入计税。

（2）利息收入不得冲抵经费支出额；发生的交际应酬费，以实际发生数额计入经费支出额。

（3）以货币形式用于我国境内的公益、救济性质的捐赠、滞纳金、罚款，以及为其总机构垫付的不属于其自身业务活动所发生的费用，不应作为代表机构的经费支出额。

（4）其他费用包括：为总机构从中国境内购买样品所支付的样品费和运输费用；国外样品运往中国发生的中国境内的仓储费用、报关费用；总机构人员来华访问聘用翻译的费用；总机构为中国某个项目投标由代表机构支付的购买标书的费用，等等。

（二）按收入总额核定应纳税所得额：适用于可以准确反映收入但不能准确反映成本费用的代表机构。计算公式：

应纳企业所得税额＝收入总额×核定利润率×企业所得税税率

第八条 代表机构的核定利润率不应低于15%。采取核定征收方式的代表机构，如能建立健全会计账簿，准确计算其应税收入和应纳税所得额，报主管税务机关备案，可调整为据实申报方式。

第九条 代表机构发生增值税、营业税应税行为，应按照增值税和营业税的相关法规计算缴纳应纳税款。

第十条 代表机构需要享受税收协定待遇，应依照税收协定以及《国家税务总局关于印发〈非居民享受税收协定待遇管理办法（试行）〉的通知》（国税发〔2009〕124号）的有关规定办理,并应按照本办法第六条规定的时限办理纳税申报事宜。

第十一条 本办法自 2010 年 1 月 1 日起施行。原有规定与本办法相抵触的,以本办法为准。《国家税务总局关于加强外国企业常驻代表机构税收征管有关问题的通知》(国税发〔1996〕165 号)、《国家税务总局关于外国企业常驻代表机构有关税收管理问题的通知》(国税发〔2003〕28 号)以及《国家税务总局关于外国政府等在我国设立代表机构免税审批程序有关问题的通知》(国税函〔2008〕945 号)废止,各地不再受理审批代表机构企业所得税免税申请,并按照本办法规定对已核准免税的代表机构进行清理。

第十二条 各省、自治区、直辖市和计划单列市国家税务局和地方税务局可按本办法规定制定具体操作规程,并报国家税务总局(国际税务司)备案。

注释:

条款修改。根据《第十三届全国人民代表大会第一次会议关于国务院机构改革方案的决定》等有关规定,税收规范性文件规定的国税地税机关的职责和工作由新的税务机关承担。国家税务总局依据《税收规范性文件制定管理办法》(国家税务总局令第 41 号公布),对税收规范性文件进行了清理。参见:《国家税务总局关于修改部分税收规范性文件的公告》(国家税务总局公告 2018 年第 31 号)。

条款修改。第七条第一项第 1 目规定的计算公式修改为:应纳税所得额 = 本期经费支出额/(1 - 核定利润率) × 核定利润率。自 2016 年 5 月 1 日起施行。参见:《国家税务总局关于修改按经费支出换算收入方式核定非居民企业应纳税所得额计算公式的公告》(国家税务总局公告 2016 年第 28 号)。

2 - 1 - 86

国家税务总局关于印发《非居民企业所得税核定征收管理办法》的通知

2010 年 2 月 20 日 国税发〔2010〕19 号

各省、自治区、直辖市和计划单列市国家税务局、地方税务局:

为规范非居民企业所得税核定征收工作,税务总局制定了《非居民企业所得税核定征收管理办法》,现印发给你们,请遵照执行。执行中发现的问题请及时反馈税务总局(国际税务司)。

非居民企业所得税核定征收管理办法

第一条 为了规范非居民企业所得税核定征收工作,根据《中华人民共和国企业所得税法》(以下简称企业所得税法)及其实施条例和《中华人民共和国税收征收管理法》(以下简称税收征管法)及其实施细则,制定本办法。

第二条 本办法适用于企业所得税法第三条第二款规定的非居民企业,外国企业常驻代表机构企业所得税核定办法按照有关规定办理。

第三条 非居民企业应当按照税收征管法及有关法律法规设置账簿,根据合法、有效凭证记账,进行核算,并应按照其实际履行的功能与承担的风险相匹配的原则,准确计算应纳税所得额,据实申报缴纳企业所得税。

第四条 非居民企业因会计账簿不健全,资料残缺难以查账,或者其他原因不能准确计算并据实申报其应纳税所得额的,税务机关有权采取以下方法核定其应纳税所得额。

(一)按收入总额核定应纳税所得额:适用于能够正确核算收入或通过合理方法推定收入总额,但不能正确核算成本费用的非居民企业。计算公式如下:

应纳税所得额 = 收入总额 × 经税务机关核定的利润率

(二)按成本费用核定应纳税所得额:适用于能够正确核算成本费用,但不能正确核算收入总额的非居民企业。计算公式如下:

应纳税所得额 = 成本费用总额/(1 - 经税务机关核定的利润率) × 经税务机关核定的利润率

(三)按经费支出换算收入核定应纳税所得额:适用于能够正确核算经费支出总额,但不能正确核算收入总额和成本费用的非居民企业。计算公式:

应纳税所得额 = 经费支出总额/(1 - 经税务机关核定的利润率 - 营业税税率) × 经税务机关核定的利润率

第五条 税务机关可按照以下标准确定非居民企业的利润率:

(一)从事承包工程作业、设计和咨询劳务的,利润率为 15% ~30%;

(二)从事管理服务的,利润率为 30% ~50%;

(三)从事其他劳务或劳务以外经营活动的,利润率不低于 15%。

税务机关有根据认为非居民企业的实际利润率明显高于上述标准的,可以按照比上述标准更高的利润率核定其应纳税所得额。

第六条 非居民企业与中国居民企业签订机器设备或货物销售合同,同时提供设备安装、装配、技术培训、指导、监督服务等劳务,其销售货物合同中未列明提供上述劳务服务收费金额,或者计价不合理的,主管税务机关可以根据实际情况,参照相同或相近业务的计价标准核定劳务收入。无参照标准的,以不低于销售货物合同总价款的 10% 为原则,确定非居民企业的劳务收入。

第七条 非居民企业为中国境内客户提供劳务取得的收入,凡其提供的服务全部发生在中国境内的,应全额在中国境内申报缴纳企业所得税。凡其提供的服务同时发生在中国境内外的,应以劳务发生地为原则划分其境内外收入,并就其在中国境内取得的劳务收入申报缴纳企业所得税。税务机关对其境内外收入划分的合理性和真实性有疑义的,可以要求非居民企业提供真实有效的证明,并根据工作量、工作时间、成本费用等因素合理划分其境内外收入;如非居民企业不能提供真实有效的证明,税务机关可视同其提供的服务全部发生在中国境内,确定其劳务收入并据以征收企业所得税。

第八条 采取核定征收方式征收企业所得税的非居民企业,在中国境内从事适用不同核定利润率的经营活动，并取得应税所得的，应分别核算并适用相应的利润率计算缴纳企业所得税；凡不能分别核算的，应从高适用利润率，计算缴纳企业所得税。

第九条 拟采取核定征收方式的非居民企业应填写《非居民企业所得税征收方式鉴定表》（见附件，以下简称《鉴定表》），报送主管税务机关。主管税务机关应对企业报送的《鉴定表》的适用行业及所适用的利润率进行审核，并签注意见。

对经审核不符合核定征收条件的非居民企业，主管税务机关应自收到企业提交的《鉴定表》后15个工作日内向其下达《税务事项通知书》，将鉴定结果告知企业。非居民企业未在上述期限内收到《税务事项通知书》的，其征收方式视同已被认可。

第十条 税务机关发现非居民企业采用核定征收方式计算申报的应纳税所得额不真实，或者明显与其承担的功能风险不相匹配的，有权予以调整。

第十一条 各省、自治区、直辖市和计划单列市国家税务局和地方税务局可按照本办法第五条规定确定适用的核定利润率幅度，并根据本办法规定制定具体操作规程，报国家税务总局（国际税务司）备案。

第十二条 本办法自发布之日起施行。

附件：非居民企业所得税征收方式鉴定表（编者略）

注释：

条款修改。根据《第十三届全国人民代表大会第一次会议关于国务院机构改革方案的决定》等有关规定，税收规范性文件规定的国税地税机关的职责和工作由新的税务机关承担。国家税务总局依据《税收规范性文件制定管理办法》（国家税务总局令第41号公布），对税收规范性文件进行了清理。参见：《国家税务总局关于修改部分税收规范性文件的公告》（国家税务总局公告2018年第31号）。

条款修改。第四条第三项规定的计算公式修改为：应纳税所得额＝本期经费支出额/（1－核定利润率）×核定利润率。自2016年5月1日起施行。参见：《国家税务总局关于修改按经费支出换算收入方式核定非居民企业应纳税所得额计算公式的公告》（国家税务总局公告2016年第28号）。

政策调整。“主管税务机关对非居民企业适用行业及所适用的利润率的审核”取消。参见：1.《国家税务总局关于贯彻落实〈国务院关于第一批取消62项中央指定地方实施行政审批事项的决定〉的通知》（税总发〔2015〕141号）。2.《国务院关于第一批取消62项中央指定地方实施行政审批事项的决定》（国发〔2015〕57号）。3.《国务院关于取消和调整一批行政审批项目等事项的决定》（国发〔2015〕11号）。

条款修改。第九条修改为：“主管税务机关应及时向非居民企业送达《非居民企业所得税征收方式鉴定表》（见附件，以下简称《鉴定表》），非居民企业应在收到《鉴定表》后10个工作日内，完成《鉴定表》的填写并送达主管税务机关，主管税务机关在受理《鉴定表》后20个工作日内，完成该项征收方式的确认工作。”《鉴定表》做了相应修改。自2015年6月1日起施行。参见：《国家税务总局关于修改〈非居民企业所得税核定征收管理办法〉等文件的公告》（国家税务总局公告2015年第22号）。

2－1－87

国家税务总局关于贯彻落实企业所得税法若干税收问题的通知

2010年2月22日　国税函〔2010〕79号

各省、自治区、直辖市和计划单列市国家税务局、地方税务局：

根据《中华人民共和国企业所得税法》(以下简称企业所得税法)和《中华人民共和国企业所得税法实施条例》(以下简称《实施条例》)的有关规定,现就贯彻落实企业所得税法过程中若干问题,通知如下：

一、关于租金收入确认问题

根据《实施条例》第十九条的规定,企业提供固定资产、包装物或者其他有形资产的使用权取得的租金收入,应按交易合同或协议规定的承租人应付租金的日期确认收入的实现。其中,如果交易合同或协议中规定租赁期限跨年度,且租金提前一次性支付的,根据《实施条例》第九条规定的收入与费用配比原则,出租人可对上述已确认的收入,在租赁期内,分期均匀计入相关年度收入。

出租方如为在我国境内设有机构场所、且采取据实申报缴纳企业所得的非居民企业,也按本条规定执行。

二、关于债务重组收入确认问题

企业发生债务重组,应在债务重组合同或协议生效时确认收入的实现。

三、关于股权转让所得确认和计算问题

企业转让股权收入,应于转让协议生效、且完成股权变更手续时,确认收入的实现。转让股权收入扣除为取得该股权所发生的成本后,为股权转让所得。企业在计算股权转让所得时,不得扣除被投资企业未分配利润等股东留存收益中按该项股权所可能分配的金额。

四、关于股息、红利等权益性投资收益收入确认问题

企业权益性投资取得股息、红利等收入,应以被投资企业股东会或股东大会作出利润分配或转股决定的日期,确定收入的实现。

被投资企业将股权(票)溢价所形成的资本公积转为股本的,不作为投资方企业的股息、红利收入,投资方企业也不得增加该项长期投资的计税基础。

五、关于固定资产投入使用后计税基础确定问题

企业固定资产投入使用后,由于工程款项尚未结清未取得全额发票的,可暂按合同规定的金额计入固定资产计税基础计提折旧,待发票取得后进行调整。但该项调整应在固定资产投入使用后12个月内进行。

六、关于免税收入所对应的费用扣除问题

根据《实施条例》第二十七条、第二十八条的规定,企业取得的各项免税收入所对应的各项成本费用,除另有规定者外,可以在计算企业应纳税所得额时扣除。

七、企业筹办期间不计算为亏损年度问题

企业自开始生产经营的年度，为开始计算企业损益的年度。企业从事生产经营之前进行筹办活动期间发生筹办费用支出，不得计算为当期的亏损，应按照《国家税务总局关于企业所得税若干税务事项衔接问题的通知》（国税函〔2009〕98 号）第九条规定执行。

八、从事股权投资业务的企业业务招待费计算问题

对从事股权投资业务的企业（包括集团公司总部、创业投资企业等），其从被投资企业所分配的股息、红利以及股权转让收入，可以按规定的比例计算业务招待费扣除限额。

2 - 1 - 88

国家税务总局关于进一步明确企业所得税过渡期优惠政策执行口径问题的通知

2010 年 4 月 21 日　国税函〔2010〕157 号

各省、自治区、直辖市和计划单列市国家税务局、地方税务局：

根据《财政部、国家税务总局关于执行企业所得税优惠政策若干问题的通知》（财税〔2009〕69 号）的有关规定，现就执行企业所得税过渡期优惠政策问题进一步明确如下：

一、关于居民企业选择适用税率及减半征税的具体界定问题

（一）居民企业被认定为高新技术企业，同时又处于《国务院关于实施企业所得税过渡优惠政策的通知》（国发〔2007〕39 号）第一条第三款规定享受企业所得税“两免三减半”、“五免五减半”等定期减免税优惠过渡期的，该居民企业的所得税适用税率可以选择依照过渡期适用税率并适用减半征税至期满，或者选择适用高新技术企业的 15% 税率，但不能享受 15% 税率的减半征税。

（二）居民企业被认定为高新技术企业，同时又符合软件生产企业和集成电路生产企业定期减半征收企业所得税优惠条件的，该居民企业的所得税适用税率可以选择适用高新技术企业的 15% 税率，也可以选择依照 25% 的法定税率减半征税，但不能享受 15% 税率的减半征税。

（三）居民企业取得《中华人民共和国企业所得税法实施条例》第八十六条、第八十七条、第八十八条和第九十条规定可减半征收企业所得税的所得，是指居民企业应就该部分所得单独核算并依照 25% 的法定税率减半缴纳企业所得税。

（四）高新技术企业减低税率优惠属于变更适用条件的延续政策而未列入过渡政策，因此，凡居民企业经税务机关核准 2007 年度及以前享受高新技术企业或新技术企业所得税优惠，2008 年及以后年度未被认定为高新技术企业的，自 2008 年起不得适用高新技术企业的 15% 税率，也不适用《国务院实施企业所得税过渡优惠政策的通知》（国发〔2007〕39 号）第一条第二款规定的过渡税率，而应自 2008 年度起适用 25% 的法定税率。

二、关于居民企业总分机构的过渡期税率执行问题

居民企业经税务机关核准 2007 年度以前依照《国家税务总局关于外商投资企业分支

机构适用所得税税率问题的通知》(国税发〔1997〕49 号)规定,其处于不同税率地区的分支机构可以单独享受所得税减低税率优惠的,仍可继续单独适用减低税率优惠过渡政策;优惠过渡期结束后,统一依照《国家税务总局关于印发〈跨地区经营汇总纳税企业所得税征收管理暂行办法〉的通知》(国税发〔2008〕28 号)第十六条的规定执行。

注释:

条款废止。第一条第四款、第二条废止。参见:《国家税务总局关于公布全文和部分条款失效废止的税务规范性文件目录的公告》(国家税务总局公告 2023 年第 8 号)。

2－1－89

财政部　国家税务总局关于确认中国红十字会总会公益性捐赠税前扣除资格的通知

2010 年 4 月 26 日　财税〔2010〕37 号

各省、自治区、直辖市、计划单列市财政厅(局)、国家税务局、地方税务局,新疆生产建设兵团财务局:

根据《财政部、国家税务总局关于通过公益性群众团体的公益性捐赠税前扣除有关问题的通知》(财税〔2009〕124 号)精神,经财政部、国家税务总局联合审核确认,中国红十字会总会具有 2008 年度、2009 年度和 2010 年度公益性捐赠税前扣除的资格。

2－1－90

国家税务总局关于发布《企业境外所得税收抵免操作指南》的公告

2010 年 7 月 2 日　国家税务总局公告 2010 年第 1 号

根据《中华人民共和国企业所得税法》(以下简称企业所得税法)、《中华人民共和国企业所得税法实施条例》(以下简称实施条例)及《财政部、国家税务总局关于企业境外所得税收抵免有关问题的通知》(财税〔2009〕125 号,以下简称《通知》)的有关规定,现将《企业境外所得税收抵免操作指南》予以发布,于 2010 年 1 月 1 日起施行。

2008、2009 年度尚未进行境外税收抵免处理的,可按本公告计算抵免。

特此公告。

附件:企业境外所得税收抵免操作指南

附件

企业境外所得税收抵免操作指南

第一条 关于适用范围

居民企业以及非居民企业在中国境内设立的机构、场所（以下统称企业）依照企业所得税法第二十三条、第二十四条的有关规定，应在其应纳税额中抵免在境外缴纳的所得税额的，适用本通知。

第二条 关于境外所得税额抵免计算的基本项目

企业应按照企业所得税法及其实施条例、税收协定以及通知的规定，准确计算下列当期与抵免境外所得税有关的项目后，确定当期实际可抵免分国（地区）别的境外所得税税额和抵免限额：

（一）境内所得的应纳税所得额（以下称境内应纳税所得额）和分国（地区）别的境外所得的应纳税所得额（以下称境外应纳税所得额）；

（二）分国（地区）别的可抵免境外所得税税额；

（三）分国（地区）别的境外所得税的抵免限额。

企业不能准确计算上述项目实际可抵免分国（地区）别的境外所得税税额的，在相应国家（地区）缴纳的税收均不得在该企业当期应纳税额中抵免，也不得结转以后年度抵免。

第三条 关于境外应纳税所得额的计算

企业应就其按照实施条例第七条规定确定的中国境外所得（境外税前所得），按以下规定计算实施条例第七十八条规定的境外应纳税所得额。

（一）居民企业在境外投资设立不具有独立纳税地位的分支机构，其来源于境外的所得，以境外收入总额扣除与取得境外收入有关的各项合理支出后的余额为应纳税所得额。各项收入、支出按企业所得税法及其实施条例的有关规定确定。

居民企业在境外设立不具有独立纳税地位的分支机构取得的各项境外所得，无论是否汇回中国境内，均应计入该企业所属纳税年度的境外应纳税所得额。

（二）居民企业应就其来源于境外的股息、红利等权益性投资收益，以及利息、租金、特许权使用费、转让财产等收入，扣除按照企业所得税法及其实施条例等规定计算的与取得该项收入有关的各项合理支出后的余额为应纳税所得额。来源于境外的股息、红利等权益性投资收益，应按被投资方作出利润分配决定的日期确认收入实现；来源于境外的利息、租金、特许权使用费、转让财产等收入，应按有关合同约定应付交易对价款的日期确认收入实现。

（三）非居民企业在境内设立机构、场所的，应就其发生在境外但与境内所设机构、场所有实际联系的各项应税所得，比照上述第（二）项的规定计算相应的应纳税所得额。

（四）在计算境外应纳税所得额时，企业为取得境内、外所得而在境内、境外发生的共同支出，与取得境外应税所得有关的、合理的部分，应在境内、境外（分国（地区）别，下同）应税所得之间，按照合理比例进行分摊后扣除。

（五）在汇总计算境外应纳税所得额时，企业在境外同一国家（地区）设立不具有独立纳税地位的分支机构，按照企业所得税法及其实施条例的有关规定计算的亏损，不得抵减其境内或他国（地区）的应纳税所得额，但可以用同一国家（地区）其他项目或以后年度的所得按规定弥补。

第四条 关于可予抵免境外所得税额的确认

可抵免境外所得税税额，是指企业来源于中国境外的所得依照中国境外税收法律以及相关规定应当缴纳并已实际缴纳的企业所得税性质的税款。但不包括：

（一）按照境外所得税法律及相关规定属于错缴或错征的境外所得税税款；

（二）按照税收协定规定不应征收的境外所得税税款；

（三）因少缴或迟缴境外所得税而追加的利息、滞纳金或罚款；

（四）境外所得税纳税人或者其利害关系人从境外征税主体得到实际返还或补偿的境外所得税税款；

（五）按照我国企业所得税法及其实施条例规定，已经免征我国企业所得税的境外所得负担的境外所得税税款；

（六）按照国务院财政、税务主管部门有关规定已经从企业境外应纳税所得额中扣除的境外所得税税款。

第五条 关于境外所得间接负担税额的计算

居民企业在按照企业所得税法第二十四条规定用境外所得间接负担的税额进行税收抵免时，其取得的境外投资收益实际间接负担的税额，是指根据直接或者间接持股方式合计持股20%以上（含20%，下同）的规定层级的外国企业股份，由此应分得的股息、红利等权益性投资收益中，从最低一层外国企业起逐层计算的属于由上一层企业负担的税额，其计算公式如下：

本层企业所纳税额属于由一家上一层企业负担的税额 =（本层企业就利润和投资收益所实际缴纳的税额 + 符合本通知规定的由本层企业间接负担的税额）× 本层企业向一家上一层企业分配的股息（红利）÷ 本层企业所得税后利润额。

第六条 关于适用间接抵免的外国企业持股比例的计算

除国务院财政、税务主管部门另有规定外，按照实施条例第八十条规定由居民企业直接或者间接持有20%以上股份的外国企业，限于符合以下持股方式的三层外国企业：

第一层：单一居民企业直接持有20%以上股份的外国企业；

第二层：单一第一层外国企业直接持有20%以上股份，且由单一居民企业直接持有或通过一个或多个符合本条规定持股条件的外国企业间接持有总和达到20%以上股份的外国企业；

第三层：单一第二层外国企业直接持有20%以上股份，且由单一居民企业直接持有或通过一个或多个符合本条规定持股条件的外国企业间接持有总和达到20%以上股份的外国企业。

第七条 关于税收饶让抵免的应纳税额的确定

居民企业从与我国政府订立税收协定（或安排）的国家（地区）取得的所得，按照该国（地区）税收法律享受了免税或减税待遇，且该免税或减税的数额按照税收协定规定应视同已缴税额在中国的应纳税额中抵免的，该免税或减税数额可作为企业实际缴纳的境外所得税额用于办理税收抵免。

第八条 关于抵免限额的计算

企业应按照企业所得税法及其实施条例和本通知的有关规定分国(地区)别计算境外税额的抵免限额。

某国(地区)所得税抵免限额 = 中国境内、境外所得依照企业所得税法及其实施条例的规定计算的应纳税总额 × 来源于某国(地区)的应纳税所得额 ÷ 中国境内、境外应纳税所得总额。

据以计算上述公式中"中国境内、境外所得依照企业所得税法及其实施条例的规定计算的应纳税总额"的税率,除国务院财政、税务主管部门另有规定外,应为企业所得税法第四条第一款规定的税率。

企业按照企业所得税法及其实施条例和本通知的有关规定计算的当期境内、境外应纳税所得总额小于零的,应以零计算当期境内、境外应纳税所得总额,其当期境外所得税的抵免限额也为零。

第九条 关于实际抵免境外税额的计算

在计算实际应抵免的境外已缴纳和间接负担的所得税税额时,企业在境外一国(地区)当年缴纳和间接负担的符合规定的所得税税额低于所计算的该国(地区)抵免限额的,应以该项税额作为境外所得税抵免额从企业应纳税总额中据实抵免;超过抵免限额的,当年应以抵免限额作为境外所得税抵免额进行抵免,超过抵免限额的余额允许从次年起在连续五个纳税年度内,用每年度抵免限额抵免当年应抵税额后的余额进行抵补。

第十条 关于简易办法计算抵免

(一)企业从境外取得营业利润所得以及符合境外税额间接抵免条件的股息所得,虽有所得来源国(地区)政府机关核发的具有纳税性质的凭证或证明,但因客观原因无法真实、准确地确认应当缴纳并已经实际缴纳的境外所得税税额的,除就该所得直接缴纳及间接负担的税额在所得来源国(地区)的实际有效税率低于我国企业所得税法第四条第一款规定税率50%以上的外,可按境外应纳税所得额的12.5%作为抵免限额,企业按该国(地区)税务机关或政府机关核发具有纳税性质凭证或证明的金额,其不超过抵免限额的部分,准予抵免;超过的部分不得抵免。

属于本款规定以外的股息、利息、租金、特许权使用费、转让财产等投资性所得,均应按本通知的其他规定计算境外税额抵免。

(二)企业从境外取得营业利润所得以及符合境外税额间接抵免条件的股息所得,凡就该所得缴纳及间接负担的税额在所得来源国(地区)的法定税率且其实际有效税率明显高于我国的,可直接以按本通知规定计算的境外应纳税所得额和我国企业所得税法规定的税率计算的抵免限额作为可抵免的已在境外实际缴纳的企业所得税税额。具体国家(地区)名单见附件。财政部、国家税务总局可根据实际情况适时对名单进行调整。

属于本款规定以外的股息、利息、租金、特许权使用费、转让财产等投资性所得,均应按本通知的其他规定计算境外税额抵免。

第十一条 关于境外分支机构与我国对应纳税年度的确定

企业在境外投资设立不具有独立纳税地位的分支机构,其计算生产、经营所得的纳税年度与我国规定的纳税年度不一致的，与我国纳税年度当年度相对应的境外纳税年度，应为在我国有关纳税年度中任何一日结束的境外纳税年度。

企业取得上款以外的境外所得实际缴纳或间接负担的境外所得税，应在该项境外所得实现日所在的我国对应纳税年度的应纳税额中计算抵免。

第十二条 关于境外所得税抵免时应纳所得税额的计算

企业抵免境外所得税额后实际应纳所得税额的计算公式为：

企业实际应纳所得税额＝企业境内外所得应纳税总额－企业所得税减免、抵免优惠税额－境外所得税抵免额。

第十三条 关于不具有独立纳税地位的定义

本通知所称不具有独立纳税地位，是指根据企业设立地法律不具有独立法人地位或者按照税收协定规定不认定为对方国家（地区）的税收居民。

第十四条 关于来源于港、澳、台地区的所得

企业取得来源于中国香港、澳门、台湾地区的应税所得，参照本通知执行。

第十五条 关于税收协定优先原则的适用

中华人民共和国政府同外国政府订立的有关税收的协定与本通知有不同规定的，依照协定的规定办理。

第十六条 关于执行日期

本通知自2008年1月1日起执行。

附件：法定税率明显高于我国的境外所得来源国（地区）名单

附件

法定税率明显高于我国的境外所得来源国（地区）名单

美国、阿根廷、布隆迪、喀麦隆、古巴、法国、日本、摩洛哥、巴基斯坦、赞比亚、科威特、孟加拉国、叙利亚、约旦、老挝。

注释：

条款废止。附件《企业境外所得税收抵免操作指南》第九条第30项第（1）点，第九条第30项第（2）点①中“境外分支机构所得依照中国境内企业所得税法及实施条例的规定计算的应纳税额的计算过程及说明资料”、第（2）点②、第（2）点③中“项目合同复印件等”，第九条第30项第（3）点②、③、④，第九条第30项第（4）点①、②自2023年2月1日起废止。参见：《国家税务总局关于部分税务事项实行容缺办理和进一步精简涉税费资料报送的公告》（国家税务总局公告2022年第26号）。

条款废止。“22. 我国企业所得税法目前尚未单方面规定税收饶让抵免，……，经企业主管税务机关确认，可在其申报境外所得税额时视为已缴税额（参见示例六）。”中“经企业主管税务机关确认”的内容废止。参见：《国家税务总局关于公布失效废止的税务部门规章和税收规范性文件目录的决定》（国家税务总局令第42号）。

政策调整。“企业境外所得适用简易征收和饶让抵免的核准”取消。参见:1.《国家税务总局关于贯彻落实〈国务院关于第一批取消62项中央指定地方实施行政审批事项的决定〉的通知》(税总发〔2015〕141号)。2.《国务院关于第一批取消62项中央指定地方实施行政审批事项的决定》(国发〔2015〕57号)。3.《国家税务总局关于公布已取消的22项税务非行政许可审批事项的公告》(国家税务总局公告2015年第58号)。

2-1-91

国家税务总局关于发布《企业重组业务企业所得税管理办法》的公告

2010年7月26日　国家税务总局公告2010年第4号

现将《企业重组业务企业所得税管理办法》予以发布,自2010年1月1日起施行。

本办法发布时企业已经完成重组业务的,如适用《财政部、国家税务总局关于企业重组业务企业所得税处理若干问题的通知》(财税〔2009〕59号)特殊税务处理,企业没有按照本办法要求准备相关资料的,应补备相关资料;需要税务机关确认的,按照本办法要求补充确认。2008、2009年度企业重组业务尚未进行税务处理的,可按本办法处理。

特此公告。

企业重组业务企业所得税管理办法

第一章　总则及定义

第一条　为规范和加强对企业重组业务的企业所得税管理,根据《中华人民共和国企业所得税法》(以下简称《税法》)及其实施条例(以下简称《实施条例》)、《中华人民共和国税收征收管理法》及其实施细则(以下简称《征管法》)、《财政部、国家税务总局关于企业重组业务企业所得税处理若干问题的通知》(财税〔2009〕59号)(以下简称《通知》)等有关规定,制定本办法。

第二条　本办法所称企业重组业务,是指《通知》第一条所规定的企业法律形式改变、债务重组、股权收购、资产收购、合并、分立等各类重组。

第三条　企业发生各类重组业务,其当事各方,按重组类型,分别指以下企业:

(一)债务重组中当事各方,指债务人及债权人。

(二)股权收购中当事各方,指收购方、转让方及被收购企业。

(三)资产收购中当事各方,指转让方、受让方。

(四)合并中当事各方,指合并企业、被合并企业及各方股东。

(五)分立中当事各方,指分立企业、被分立企业及各方股东。

第四条 同一重组业务的当事各方应采取一致税务处理原则,即统一按一般性或特殊性税务处理。

第五条 《通知》第一条第(四)项所称实质经营性资产,是指企业用于从事生产经营活动、与产生经营收入直接相关的资产,包括经营所用各类资产、企业拥有的商业信息和技术、经营活动产生的应收款项、投资资产等。

第六条 《通知》第二条所称控股企业,是指由本企业直接持有股份的企业。

第七条 《通知》中规定的企业重组,其重组日的确定,按以下规定处理:

(一)债务重组,以债务重组合同或协议生效日为重组日。

(二)股权收购,以转让协议生效且完成股权变更手续日为重组日。

(三)资产收购,以转让协议生效且完成资产实际交割日为重组日。

(四)企业合并,以合并企业取得被合并企业资产所有权并完成工商登记变更日期为重组日。

(五)企业分立,以分立企业取得被分立企业资产所有权并完成工商登记变更日期为重组日。

第八条 重组业务完成年度的确定,可以按各当事方适用的会计准则确定,具体参照各当事方经审计的年度财务报告。由于当事方适用的会计准则不同导致重组业务完成年度的判定有差异时,各当事方应协商一致,确定同一个纳税年度作为重组业务完成年度。

第九条 本办法所称评估机构,是指具有合法资质的中国资产评估机构。

第二章　企业重组一般性税务处理管理

第十条 企业发生《通知》第四条第(一)项规定的由法人转变为个人独资企业、合伙企业等非法人组织,或将登记注册地转移至中华人民共和国境外(包括港、澳、台地区),应按照《财政部、国家税务总局关于企业清算业务企业所得税处理若干问题的通知》(财税〔2009〕60号)规定进行清算。

企业在报送《企业清算所得纳税申报表》时,应附送以下资料:

(一)企业改变法律形式的工商部门或其他政府部门的批准文件;

(二)企业全部资产的计税基础以及评估机构出具的资产评估报告;

(三)企业债权、债务处理或归属情况说明;

(四)主管税务机关要求提供的其他资料证明。

第十一条 企业发生《通知》第四条第(二)项规定的债务重组,应准备以下相关资料,以备税务机关检查。

(一)以非货币资产清偿债务的,应保留当事各方签订的清偿债务的协议或合同,以及非货币资产公允价格确认的合法证据等;

(二)债权转股权的,应保留当事各方签订的债权转股权协议或合同。

第十二条 企业发生《通知》第四条第(三)项规定的股权收购、资产收购重组业务,应准备以下相关资料,以备税务机关检查。

(一)当事各方所签订的股权收购、资产收购业务合同或协议;

(二)相关股权、资产公允价值的合法证据。

第十三条 企业发生《通知》第四条第(四)项规定的合并,应按照财税〔2009〕60 号文件规定进行清算。

被合并企业在报送《企业清算所得纳税申报表》时,应附送以下资料:

(一)企业合并的工商部门或其他政府部门的批准文件;

(二)企业全部资产和负债的计税基础以及评估机构出具的资产评估报告;

(三)企业债务处理或归属情况说明;

(四)主管税务机关要求提供的其他资料证明。

第十四条 企业发生《通知》第四条第(五)项规定的分立,被分立企业不再继续存在,应按照财税〔2009〕60 号文件规定进行清算。

被分立企业在报送《企业清算所得纳税申报表》时,应附送以下资料:

(一)企业分立的工商部门或其他政府部门的批准文件;

(二)被分立企业全部资产的计税基础以及评估机构出具的资产评估报告;

(三)企业债务处理或归属情况说明;

(四)主管税务机关要求提供的其他资料证明。

第十五条 企业合并或分立,合并各方企业或分立企业涉及享受《税法》第五十七条规定中就企业整体(即全部生产经营所得)享受的税收优惠过渡政策尚未期满的,仅就存续企业未享受完的税收优惠,按照《通知》第九条的规定执行;注销的被合并或被分立企业未享受完的税收优惠,不再由存续企业承继;合并或分立而新设的企业不得再承继或重新享受上述优惠。合并或分立各方企业按照《税法》的税收优惠规定和税收优惠过渡政策中就企业有关生产经营项目的所得享受的税收优惠承继问题,按照《实施条例》第八十九条规定执行。

第三章 企业重组特殊性税务处理管理

第十六条 企业重组业务,符合《通知》规定条件并选择特殊性税务处理的,应按照《通知》第十一条规定进行备案;如企业重组各方需要税务机关确认,可以选择由重组主导方向主管税务机关提出申请,层报省税务机关给予确认。

采取申请确认的,主导方和其他当事方不在同一省(自治区、市)的,主导方省税务机关应将确认文件抄送其他当事方所在地省税务机关。

省税务机关在收到确认申请时,原则上应在当年度企业所得税汇算清缴前完成确认。特殊情况,需要延长的,应将延长理由告知主导方。

第十七条 企业重组主导方,按以下原则确定:

(一)债务重组为债务人;

(二)股权收购为股权转让方;

(三)资产收购为资产转让方;

(四)吸收合并为合并后拟存续的企业,新设合并为合并前资产较大的企业;

(五)分立为被分立的企业或存续企业。

第十八条 企业发生重组业务,按照《通知》第五条第(一)项要求,企业在备案或提交确认申请时,应从以下方面说明企业重组具有合理的商业目的:

(一)重组活动的交易方式。即重组活动采取的具体形式、交易背景、交易时间、在交易之前和之后的运作方式和有关的商业常规;

(二)该项交易的形式及实质。即形式上交易所产生的法律权利和责任,也是该项交易的法律后果。另外,交易实际上或商业上产生的最终结果;

(三)重组活动给交易各方税务状况带来的可能变化;

(四)重组各方从交易中获得的财务状况变化;

(五)重组活动是否给交易各方带来了在市场原则下不会产生的异常经济利益或潜在义务;

(六)非居民企业参与重组活动的情况。

第十九条 《通知》第五条第(三)和第(五)项所称"企业重组后的连续12个月内",是指自重组日起计算的连续12个月内。

第二十条 《通知》第五条第(五)项规定的原主要股东,是指原持有转让企业或被收购企业20%以上股权的股东。

第二十一条 《通知》第六条第(四)项规定的同一控制,是指参与合并的企业在合并前后均受同一方或相同的多方最终控制,且该控制并非暂时性的。能够对参与合并的企业在合并前后均实施最终控制权的相同多方,是指根据合同或协议的约定,对参与合并企业的财务和经营政策拥有决定控制权的投资者群体。在企业合并前,参与合并各方受最终控制方的控制在12个月以上,企业合并后所形成的主体在最终控制方的控制时间也应达到连续12个月。

第二十二条 企业发生《通知》第六条第(一)项规定的债务重组,根据不同情形,应准备以下资料:

(一)发生债务重组所产生的应纳税所得额占该企业当年应纳税所得额50%以上的,债务重组所得要求在5个纳税年度的期间内,均匀计入各年度应纳税所得额的,应准备以下资料:

1. 当事方的债务重组的总体情况说明(如果采取申请确认的,应为企业的申请,下同),情况说明中应包括债务重组的商业目的;

2. 当事各方所签订的债务重组合同或协议;

3. 债务重组所产生的应纳税所得额、企业当年应纳税所得额情况说明;

4. 税务机关要求提供的其他资料证明。

(二)发生债权转股权业务,债务人对债务清偿业务暂不确认所得或损失,债权人对股权投资的计税基础以原债权的计税基础确定,应准备以下资料:

1. 当事方的债务重组的总体情况说明。情况说明中应包括债务重组的商业目的;

2. 双方所签订的债转股合同或协议;

3. 企业所转换的股权公允价格证明;

4. 工商部门及有关部门核准相关企业股权变更事项证明材料;

5. 税务机关要求提供的其他资料证明。

第二十三条 企业发生《通知》第六条第(二)项规定的股权收购业务,应准备以下资料:

（一）当事方的股权收购业务总体情况说明，情况说明中应包括股权收购的商业目的；
（二）双方或多方所签订的股权收购业务合同或协议；
（三）由评估机构出具的所转让及支付的股权公允价值；
（四）证明重组符合特殊性税务处理条件的资料，包括股权比例，支付对价情况，以及12个月内不改变资产原来的实质性经营活动和原主要股东不转让所取得股权的承诺书等；
（五）工商等相关部门核准相关企业股权变更事项证明材料；
（六）税务机关要求的其他材料。

第二十四条 企业发生《通知》第六条第（三）项规定的资产收购业务，应准备以下资料：
（一）当事方的资产收购业务总体情况说明，情况说明中应包括资产收购的商业目的；
（二）当事各方所签订的资产收购业务合同或协议；
（三）评估机构出具的资产收购所体现的资产评估报告；
（四）受让企业股权的计税基础的有效凭证；
（五）证明重组符合特殊性税务处理条件的资料，包括资产收购比例，支付对价情况，以及12个月内不改变资产原来的实质性经营活动、原主要股东不转让所取得股权的承诺书等；
（六）工商部门核准相关企业股权变更事项证明材料；
（七）税务机关要求提供的其他材料证明。

第二十五条 企业发生《通知》第六条第（四）项规定的合并，应准备以下资料：
（一）当事方企业合并的总体情况说明。情况说明中应包括企业合并的商业目的；
（二）企业合并的政府主管部门的批准文件；
（三）企业合并各方当事人的股权关系说明；
（四）被合并企业的净资产、各单项资产和负债及其账面价值和计税基础等相关资料；
（五）证明重组符合特殊性税务处理条件的资料，包括合并前企业各股东取得股权支付比例情况以及12个月内不改变资产原来的实质性经营活动、原主要股东不转让所取得股权的承诺书等；
（六）工商部门核准相关企业股权变更事项证明材料；
（七）主管税务机关要求提供的其他资料证明。

第二十六条 《通知》第六条第（四）项所规定的可由合并企业弥补的被合并企业亏损的限额，是指按《税法》规定的剩余结转年限内，每年可由合并企业弥补的被合并企业亏损的限额。

第二十七条 企业发生《通知》第六条第（五）项规定的分立，应准备以下资料：
（一）当事方企业分立的总体情况说明。情况说明中应包括企业分立的商业目的；
（二）企业分立的政府主管部门的批准文件；
（三）被分立企业的净资产、各单项资产和负债账面价值和计税基础等相关资料；
（四）证明重组符合特殊性税务处理条件的资料，包括分立后企业各股东取得股权支付比例情况以及12个月内不改变资产原来的实质性经营活动、原主要股东不转让所取得股权的承诺书等；

（五）工商部门认定的分立和被分立企业股东股权比例证明材料；分立后，分立和被分立企业工商营业执照复印件；分立和被分立企业分立业务账务处理复印件；

（六）税务机关要求提供的其他资料证明。

第二十八条 根据《通知》第六条第（四）项第2目规定，被合并企业合并前的相关所得税事项由合并企业承继，以及根据《通知》第六条第（五）项第2目规定，企业分立，已分立资产相应的所得税事项由分立企业承继，这些事项包括尚未确认的资产损失、分期确认收入的处理以及尚未享受期满的税收优惠政策承继处理问题等。其中，对税收优惠政策承继处理问题，凡属于依照《税法》第五十七条规定中就企业整体（即全部生产经营所得）享受税收优惠过渡政策的，合并或分立后的企业性质及适用税收优惠条件未发生改变的，可以继续享受合并前各企业或分立前被分立企业剩余期限的税收优惠。合并前各企业剩余的税收优惠年限不一致的，合并后企业每年度的应纳税所得额，应统一按合并日各合并前企业资产占合并后企业总资产的比例进行划分，再分别按相应的剩余优惠计算应纳税额。合并前各企业或分立前被分立企业按照《税法》的税收优惠规定以及税收优惠过渡政策中就有关生产经营项目所得享受的税收优惠承继处理问题，按照《实施条例》第八十九条规定执行。

第二十九条 适用《通知》第五条第（三）项和第（五）项的当事各方应在完成重组业务后的下一年度的企业所得税年度申报时，向主管税务机关提交书面情况说明，以证明企业在重组后的连续12个月内，有关符合特殊性税务处理的条件未发生改变。

第三十条 当事方的其中一方在规定时间内发生生产经营业务、公司性质、资产或股权结构等情况变化，致使重组业务不再符合特殊性税务处理条件的，发生变化的当事方应在情况发生变化的30天内书面通知其他所有当事方。主导方在接到通知后30日内将有关变化通知其主管税务机关。

上款所述情况发生变化后60日内，应按照《通知》第四条的规定调整重组业务的税务处理。原交易各方应各自按原交易完成时资产和负债的公允价值计算重组业务的收益或损失，调整交易完成纳税年度的应纳税所得额及相应的资产和负债的计税基础，并向各自主管税务机关申请调整交易完成纳税年度的企业所得税年度申报表。逾期不调整申报的，按照《征管法》的相关规定处理。

第三十一条 各当事方的主管税务机关应当对企业申报或确认适用特殊性税务处理的重组业务进行跟踪监管，了解重组企业的动态变化情况。发现问题，应及时与其他当事方主管税务机关沟通联系，并按照规定给予调整。

第三十二条 根据《通知》第十条规定，若同一项重组业务涉及在连续12个月内分步交易，且跨两个纳税年度，当事各方在第一步交易完成时预计整个交易可以符合特殊性税务处理条件，可以协商一致选择特殊性税务处理的，可在第一步交易完成后，适用特殊性税务处理。主管税务机关在审核有关资料后，符合条件的，可以暂认可适用特殊性税务处理。第二年进行下一步交易后，应按本办法要求，准备相关资料确认适用特殊性税务处理。

第三十三条 上述跨年度分步交易，若当事方在首个纳税年度不能预计整个交易是否符合特殊性税务处理条件，应适用一般性税务处理。在下一纳税年度全部交易完成后，适用特殊性税务处理的，可以调整上一纳税年度的企业所得税年度申报表，涉及多缴税款的，各主管税务机关应退税，或抵缴当年应纳税款。

第三十四条 企业重组的当事各方应该取得并保管与该重组有关的凭证、资料，保管期限按照《征管法》的有关规定执行。

第四章 跨境重组税收管理

第三十五条 发生《通知》第七条规定的重组，凡适用特殊性税务处理规定的，应按照本办法第三章相关规定执行。

第三十六条 发生《通知》第七条第（一）、（二）项规定的重组，适用特殊税务处理的，应按照《国家税务总局关于印发〈非居民企业所得税源泉扣缴管理暂行办法〉的通知》（国税发〔2009〕3 号）和《国家税务总局关于加强非居民企业股权转让所得企业所得税管理的通知》（国税函〔2009〕698 号）要求，准备资料。

第三十七条 发生《通知》第七条第（三）项规定的重组，居民企业应向其所在地主管税务机关报送以下资料：

1. 当事方的重组情况说明，申请文件中应说明股权转让的商业目的；
2. 双方所签订的股权转让协议；
3. 双方控股情况说明；
4. 由评估机构出具的资产或股权评估报告。报告中应分别列示涉及的各单项被转让资产和负债的公允价值；
5. 证明重组符合特殊性税务处理条件的资料，包括股权或资产转让比例，支付对价情况，以及 12 个月内不改变资产原来的实质性经营活动、不转让所取得股权的承诺书等；
6. 税务机关要求的其他材料。

注释：

条款废止。第三十六条自 2017 年 12 月 1 日起废止。参见：《国家税务总局关于非居民企业所得税源泉扣缴有关问题的公告》（国家税务总局公告 2017 年第 37 号）。

政策调整。"企业符合特殊性税务处理规定条件业务的核准"取消。参见：1.《国家税务总局关于贯彻落实〈国务院关于第一批取消 62 项中央指定地方实施行政审批事项的决定〉的通知》（税总发〔2015〕141 号）。2.《国务院关于第一批取消 62 项中央指定地方实施行政审批事项的决定》（国发〔2015〕57 号）。3.《国家税务总局关于贯彻落实〈国务院关于取消非行政许可审批事项的决定〉的通知》（税总发〔2015〕74 号）。4.《国务院关于取消非行政许可审批事项的决定》（国发〔2015〕27 号）。

条款废止。第三条、第七条、第八条、第十六条、第十七条、第十八条、第二十二条、第二十三条、第二十四条、第二十五条、第二十七条、第三十二条废止。参见：《国家税务总局关于企业重组业务企业所得税征收管理若干问题的公告》（国家税务总局公告 2015 年第 48 号）。

2 -1 -92

国家税务总局关于企业股权投资损失所得税处理问题的公告

2010 年 7 月 28 日　国家税务总局公告 2010 年第 6 号

根据《中华人民共和国企业所得税法》第八条及其有关规定，现就企业股权投资损失所得税处理问题公告如下：

一、企业对外进行权益性（以下简称股权）投资所发生的损失，在经确认的损失发生年度，作为企业损失在计算企业应纳税所得额时一次性扣除。

二、本规定自 2010 年 1 月 1 日起执行。本规定发布以前，企业发生的尚未处理的股权投资损失，按照本规定，准予在 2010 年度一次性扣除。

特此公告。

2 -1 -93

国家税务总局关于取消合并纳税后以前年度尚未弥补亏损有关企业所得税问题的公告

2010 年 7 月 30 日　国家税务总局公告 2010 年第 7 号

根据《财政部、国家税务总局关于试点企业集团缴纳企业所得税有关问题的通知》（财税〔2008〕119 号）规定，自 2009 年度开始，一些企业集团取消了合并申报缴纳企业所得税。现就取消合并申报缴纳企业所得税后，对汇总在企业集团总部、尚未弥补的累计亏损处理问题，公告如下：

一、企业集团取消了合并申报缴纳企业所得税后，截至 2008 年年底，企业集团合并计算的累计亏损，属于符合《中华人民共和国企业所得税法》第十八条规定 5 年结转期限内的，可分配给其合并成员企业（包括企业集团总部）在剩余结转期限内，结转弥补。

二、企业集团应根据各成员企业截至 2008 年年底的年度所得税申报表中的盈亏情况，凡单独计算是亏损的各成员企业，参与分配第一条所指的可继续弥补的亏损；盈利企业不参与分配。具体分配公式如下：

成员企业分配的亏损额 =（某成员企业单独计算盈亏尚未弥补的亏损额 ÷ 各成员企业单独计算盈亏尚未弥补的亏损额之和）× 集团公司合并计算累计可继续弥补的亏损额

三、企业集团在按照第二条所规定的方法分配亏损时，应根据集团每年汇总计算中这些亏损发生的实际所属年度，确定各成员企业所分配的亏损额中具体所属年度及剩余结转期限。

四、企业集团按照上述方法分配各成员企业亏损额后，应填写《企业集团公司累计亏损分配表》（见附件）并下发给各成员企业，同时抄送企业集团主管税务机关。

五、本公告自2009年1月1日起执行。

特此公告。

附件：企业集团公司累计亏损分配表（编者略）

2－1－94

财政部　国家税务总局关于中华全国总工会公益性捐赠税前扣除资格的通知

2010年10月25日　财税〔2010〕97号

各省、自治区、直辖市、计划单列市财政厅（局）、国家税务局、地方税务局，新疆生产建设兵团财务局：

根据《财政部、国家税务总局关于通过公益性群众团体的公益性捐赠税前扣除有关问题的通知》（财税〔2009〕124号）精神，经财政部、国家税务总局联合审核确认，中华全国总工会具有2008年度、2009年度和2010年度公益性捐赠税前扣除的资格。

2－1－95

国家税务总局关于企业取得财产转让等所得企业所得税处理问题的公告

2010年10月27日　国家税务总局公告2010年第19号

根据《中华人民共和国企业所得税法实施条例》第二十五条规定，现就企业以不同形式取得财产转让等收入征收企业所得税问题公告如下：

一、企业取得财产（包括各类资产、股权、债权等）转让收入、债务重组收入、接受捐赠收入、无法偿付的应付款收入等，不论是以货币形式、还是非货币形式体现，除另有规定外，均应一次性计入确认收入的年度计算缴纳企业所得税。

二、本公告自发布之日起30日后施行。2008年1月1日至本公告施行前，各地就上述收入计算的所得，已分5年平均计入各年度应纳税所得额计算纳税的，在本公告发布后，对尚未计算纳税的应纳税所得额，应一次性作为本年度应纳税所得额计算纳税。

特此公告。

2-1-96

国家税务总局关于查增应纳税所得额弥补以前年度亏损处理问题的公告

2010年10月27日　国家税务总局公告2010年第20号

现就税务机关检查调增的企业应纳税所得额弥补以前年度亏损问题公告如下：

一、根据《中华人民共和国企业所得税法》(以下简称企业所得税法)第五条的规定，税务机关对企业以前年度纳税情况进行检查时调增的应纳税所得额，凡企业以前年度发生亏损、且该亏损属于企业所得税法规定允许弥补的，应允许调增的应纳税所得额弥补该亏损。弥补该亏损后仍有余额的，按照企业所得税法规定计算缴纳企业所得税。对检查调增的应纳税所得额应根据其情节，依照《中华人民共和国税收征收管理法》有关规定进行处理或处罚。

二、本规定自2010年12月1日开始执行。以前(含2008年度之前)没有处理的事项，按本规定执行。

特此公告。

2-1-97

国家税务总局关于工会经费企业所得税税前扣除凭据问题的公告

2010年11月9日　国家税务总局公告2010年第24号

根据《工会法》、《中国工会章程》和财政部颁布的《工会会计制度》，以及财政票据管理的有关规定，全国总工会决定从2010年7月1日起，启用财政部统一印制并套印财政部票据监制章的《工会经费收入专用收据》，同时废止《工会经费拨缴款专用收据》。为加强对工会经费企业所得税税前扣除的管理，现就工会经费税前扣除凭据问题公告如下：

一、自2010年7月1日起，企业拨缴的职工工会经费，不超过工资薪金总额2%的部分，凭工会组织开具的《工会经费收入专用收据》在企业所得税税前扣除。

二、《国家税务总局关于工会经费税前扣除问题的通知》(国税函〔2000〕678号)同时废止。

特此公告。

2 -1 -98

第十七批享受优惠政策的企业(集团)技术中心名单

2010 年 11 月 11 日 国家发展改革委 科学技术部 财政部
海关总署 国家税务总局公告 2010 年第 30 号

根据《国家认定企业技术中心管理办法》,经审定,现将第十七批享受优惠政策的企业(集团)技术中心名单公告如下:

确认中国华电工程(集团)总公司等 93 家企业技术中心和南通中远船务工程有限公司等 4 家分技术中心为第十七批享受优惠政策的企业(集团)技术中心。请享受优惠政策的企业(集团)技术中心按照《海关总署 2007 年第 13 号公告》的规定,向单位所在地直属海关申请办理减免税备案、审批等有关手续。

特此公告。

附件:1. 第十七批国家认定企业(集团)技术中心及分中心名单(编者略)

2. 国家认定企业技术中心名单(编者略)

2 -1 -99

财政部 国家税务总局关于居民企业技术转让有关企业所得税政策问题的通知

2010 年 12 月 31 日 财税〔2010〕111 号

各省、自治区、直辖市、计划单列市财政厅(局)、国家税务局、地方税务局,新疆生产建设兵团财务局:

根据《中华人民共和国企业所得税法》(以下简称企业所得税法)及《中华人民共和国企业所得税法实施条例》(国务院令第 512 号,以下简称实施条例)的有关规定,现就符合条件的技术转让所得减免企业所得税有关问题通知如下:

一、技术转让的范围,包括居民企业转让专利技术、计算机软件著作权、集成电路布图设计权、植物新品种、生物医药新品种,以及财政部和国家税务总局确定的其他技术。

其中:专利技术,是指法律授予独占权的发明、实用新型和非简单改变产品图案的外观设计。

二、本通知所称技术转让,是指居民企业转让其拥有符合本通知第一条规定技术的所有权或 5 年以上(含 5 年)全球独占许可使用权的行为。

三、技术转让应签订技术转让合同。其中,境内的技术转让须经省级以上(含省级)科技部门认定登记,跨境的技术转让须经省级以上(含省级)商务部门认定登记,涉及财政经费支持产生技术的转让,需省级以上(含省级)科技部门审批。

居民企业技术出口应由有关部门按照商务部、科技部发布的《中国禁止出口限制出口技术目录》(商务部、科技部令2008年第12号)进行审查。居民企业取得禁止出口和限制出口技术转让所得,不享受技术转让减免企业所得税优惠政策。

四、居民企业从直接或间接持有股权之和达到100%的关联方取得的技术转让所得,不享受技术转让减免企业所得税优惠政策。

五、本通知自2008年1月1日起执行。

2-1-100

国家税务总局关于发布《海上油气生产设施弃置费企业所得税管理办法》的公告

2011年3月22日　国家税务总局公告2011年第22号

现将《海上油气生产设施弃置费企业所得税管理办法》予以发布,自发布之日起30日后施行。

特此公告。

附件:海上油气生产设施弃置费情况表(编者略)

海上油气生产设施弃置费企业所得税管理办法

第一章　总　则

第一条　为加强和规范海上油气生产设施弃置费企业所得税管理,根据《中华人民共和国税收征收管理法》、《中华人民共和国企业所得税法实施条例》、《国家发展和改革委员会、国家能源局、财政部、国家税务总局、国家海洋局关于印发〈海上油气生产设施废弃处置管理暂行规定〉的通知》(发改能源〔2010〕1305号)的有关规定,制定本办法。

第二条　本办法所指弃置费,是指从事开采我国海上油气资源的企业,为承担油气生产设施废弃处置的责任和义务所发生的,用于井及相关设施的废弃、拆移、填埋等恢复生态环境及其前期准备等各项专项支出。主要包括弃置前期研究、停产准备、工程设施弃置、油井弃置等相关费用。

第三条　本办法所指海上油气生产设施(以下简称设施),包括海上油井、气井、水井、固定平台、人工岛、单点系泊、浮式生产储油装置,海底电缆、管道、水下生产系统,陆岸终端,以及其他水上、水下的油气生产的相关辅助配套设施。

第四条　本办法所指企业,是指参与开采海上油气资源的中国企业和外国企业。

第五条　本办法所指作业者,是指负责海上油(气)田作业的实体。包括开采海上石油资源的本企业、或者投资各方企业。

第二章 废弃处置方案的备案

第六条 企业开始提取弃置费前,应提供作业者编制的海上油(气)田设施废弃处置预备方案,报主管税务机关备案。预备方案应当包括弃置费估算、弃置费筹措方法和弃置方式等内容。

第七条 设施废弃处置预备方案发生修改的,企业应在修改后的30日内报主管税务机关备案。

第八条 海上油(气)田实施弃置作业前,应将其按照国家有关主管部门要求编制的设施废弃处置实施方案,报主管税务机关备案。

第三章 弃置费的计提和税前扣除

第九条 海上油(气)田弃置费,按照设施废弃处置预备方案中规定的方法(产量法或年限平均法)按月提取。多个企业合作开发一个油(气)田的,其弃置费计提应该采取同一方法。企业弃置费计提方法确定后,除设施废弃处置预备方案修改外,不得变更。

第十条 本办法实施后进入商业生产的海上油(气)田,弃置费自进入商业生产的次月起开始计提。

本办法实施前已进入商业生产的海上油(气)田,弃置费自作业者补充编制的设施废弃处置预备方案报主管税务机关备案后的次月起开始计提。

作业者修改废弃处置预备方案的,修改后弃置费在废弃处置预备方案重新报主管税务机关备案的次月起开始计提。

第十一条 采用年限平均法分月计提弃置费,应按照以下公式计算:

当月计提弃置费=(预备方案中的弃置费总额-累计已计提弃置费用)÷合同生产期(月)-当月弃置费专款账户损益

本条及下条公式中的"当月弃置费专款账户损益",包括专款账户利息、汇兑损益等。其中汇兑损益为弃置费以人民币以外货币计提存储情况下,按照上月末即期人民币汇率中间价折算为人民币时,弃置费专款账户余额发生的汇兑损益。

本办法实施前已进入商业生产的海上油(气)田,合同生产期(月)为开始计提弃置费的剩余月份。

第十二条 采用产量法计提弃置费,应按照以下公式计算:

本月计提弃置费=(预备方案中的弃置费总额-累计已计提弃置费用)×本月计提比例-当月弃置费专款账户损益

本月计提比例=本月油(气)田实际产量÷(本月油(气)田实际产量+期末探明已开发储量)

期末探明已开发储量是指,已探明的开发储量,在现有设施条件下对应的可开采储量。

第十三条 作业者应在纳税年度结束后,就当年提取的弃置费具体情况进行调整。企业应在年度汇算清缴时,根据作业者的调整情况,确认本年度弃置费列支数额。

第十四条 修改设施废弃处置预备方案,导致弃置费提取数额、方法发生变化的,应自方案修改后的下个月开始，就新方案中的弃置费总额，减去累计已计提弃置费后的余额，按照新方案确定的方法继续计提。

第十五条 油(气)田企业或合作各方企业应承担或者按投资比例承担设施废弃处置的责任和义务，其按本办法计提的弃置费，应依照规定作为环境保护、生态恢复等方面专项资金，并准予在计算企业年度应纳税所得额时扣除。

第十六条 合作油(气)田的合同生产期尚未结束，一方企业决定放弃生产，将油(气)田所有权全部转移给另一方企业、或者合作油(气)田的合同生产期结束，一方企业决定继续生产，若放弃方或退出方企业取得已经计提的弃置费补偿，应作为收入计入企业当年度应纳税所得计算纳税。支付方企业可以作为弃置费，在支付年度一次性扣除。

第四章 弃置费的使用

第十七条 作业者实施海上油(气)田设施废弃处置时发生的弃置费，应单独归集核算，并从按照本办法规定提取的弃置费中扣除。

第十八条 作业者完成海上油(气)田设施废弃处置后，提取的弃置费仍有余额，应相应调增弃置费余额所归属企业当年度的应纳税所得额。

第十九条 作业者完成海上油(气)田设施废弃处置后，实际发生的弃置费超过计提的部分，应作为企业当年度费用，在计算企业应纳税所得额时扣除。

第五章 弃置费的管理

第二十条 弃置费专款账户资金所产生的损益，应计入弃置费，并相应调整当期弃置费提取额。

第二十一条 弃置费的计提、清算应统一使用人民币作为货币单位。发生的汇兑损益，直接增加或减少弃置费。

第二十二条 企业在申报当年度企业所得税汇算清缴资料时，应附送海上油气生产设施弃置费情况表(见附表)。

第二十三条 海上油(气)田设施废弃处置作业完成后，在进行税务清算时，应提供企业对弃置费的计提、使用和各投资方承担等情况的说明。

第六章 附 则

第二十四条 企业依本办法计提的弃置费，凡改变用途的，不得在企业所得税前扣除。已经扣除的，应调增改变用途当年的应纳税所得额，并按《中华人民共和国税收征收管理法》的有关规定处理。

2－1－101

国家税务总局关于非居民企业所得税管理若干问题的公告

2011年3月28日　国家税务总局公告2011年第24号

依据《中华人民共和国企业所得税法》及其实施条例(以下简称企业所得税法)，现就非居民企业所得税管理有关问题公告如下：

一、关于到期应支付而未支付的所得扣缴企业所得税问题

中国境内企业(以下称为企业)和非居民企业签订与利息、租金、特许权使用费等所得有关的合同或协议，如果未按照合同或协议约定的日期支付上述所得款项，或者变更或修改合同或协议延期支付，但已计入企业当期成本、费用，并在企业所得税年度纳税申报中作税前扣除的，应在企业所得税年度纳税申报时按照企业所得税法有关规定代扣代缴企业所得税。

如果企业上述到期未支付的所得款项，不是一次性计入当期成本、费用，而是计入相应资产原价或企业筹办费，在该类资产投入使用或开始生产经营后分期摊入成本、费用，分年度在企业所得税前扣除的，应在企业计入相关资产的年度纳税申报时就上述所得全额代扣代缴企业所得税。

如果企业在合同或协议约定的支付日期之前支付上述所得款项的，应在实际支付时按照企业所得税法有关规定代扣代缴企业所得税。

二、关于担保费税务处理问题

非居民企业取得来源于中国境内的担保费，应按照企业所得税法对利息所得规定的税率计算缴纳企业所得税。上述来源于中国境内的担保费，是指中国境内企业、机构或个人在借贷、买卖、货物运输、加工承揽、租赁、工程承包等经济活动中，接受非居民企业提供的担保所支付或负担的担保费或相同性质的费用。

三、关于土地使用权转让所得征税问题

非居民企业在中国境内未设立机构、场所而转让中国境内土地使用权，或者虽设立机构、场所但取得的土地使用权转让所得与其所设机构、场所没有实际联系的，应以其取得的土地使用权转让收入总额减除计税基础后的余额作为土地使用权转让所得计算缴纳企业所得税，并由扣缴义务人在支付时代扣代缴。

四、关于融资租赁和出租不动产的租金所得税务处理问题

(一)在中国境内未设立机构、场所的非居民企业，以融资租赁方式将设备、物件等租给中国境内企业使用，租赁期满后设备、物件所有权归中国境内企业(包括租赁期满后作价转让给中国境内企业)，非居民企业按照合同约定的期限收取租金，应以租赁费(包括租赁期满后作价转让给中国境内企业的价款)扣除设备、物件价款后的余额，作为贷款利息所得计算缴纳企业所得税，由中国境内企业在支付时代扣代缴。

（二）非居民企业出租位于中国境内的房屋、建筑物等不动产，对未在中国境内设立机构、场所进行日常管理的，以其取得的租金收入全额计算缴纳企业所得税，由中国境内的承租人在每次支付或到期应支付时代扣代缴。

如果非居民企业委派人员在中国境内或者委托中国境内其他单位或个人对上述不动产进行日常管理的，应视为其在中国境内设立机构、场所，非居民企业应在税法规定的期限内自行申报缴纳企业所得税。

五、关于股息、红利等权益性投资收益扣缴企业所得税处理问题

中国境内居民企业向未在中国境内设立机构、场所的非居民企业分配股息、红利等权益性投资收益，应在作出利润分配决定的日期代扣代缴企业所得税。如实际支付时间先于利润分配决定日期的，应在实际支付时代扣代缴企业所得税。

六、关于贯彻《国家税务总局关于加强非居民企业股权转让所得企业所得税管理的通知》（国税函〔2009〕698 号，以下称为《通知》）有关问题

（一）非居民企业直接转让中国境内居民企业股权，如果股权转让合同或协议约定采取分期付款方式的，应于合同或协议生效且完成股权变更手续时，确认收入实现。

（二）《通知》第一条所称"在公开的证券市场上买入并卖出中国居民企业的股票"，是指股票买入和卖出的对象、数量和价格不是由买卖双方事先约定而是按照公开证券市场通常交易规则确定的行为。

（三）《通知》第五条、第六条和第八条的"境外投资方（实际控制方）"是指间接转让中国居民企业股权的所有投资者；《通知》第五条中的"实际税负"是指股权转让所得的实际税负，"不征所得税"是指对股权转让所得不征企业所得税。

（四）两个及两个以上境外投资方同时间接转让中国居民企业股权的，可由其中一方按照《通知》第五条规定向被转让股权的中国居民企业所在地主管税务机关提供资料。

（五）境外投资方同时间接转让两个及两个以上且不在同一省（市）中国居民企业股权的，可以选择向其中一个中国居民企业所在地主管税务机关按照《通知》第五条规定提供资料，由该主管税务机关所在省（市）税务机关与其他省（市）税务机关协商确定是否征税，并向国家税务总局报告；如果确定征税的，应分别到各中国居民企业所在地主管税务机关缴纳税款。

七、本公告自 2011 年 4 月 1 日起施行。本公告施行前发生但未作税务处理的事项，依据本公告执行。

特此公告。

注释：

条款废止。第五条和第六条自 2017 年 12 月 1 日起废止。参见：《国家税务总局关于非居民企业所得税源泉扣缴有关问题的公告》（国家税务总局公告 2017 年第 37 号）。

条款废止。第六条第三项至第五项有关内容废止。参见：《国家税务总局关于非居民企业间接转让财产企业所得税若干问题的公告》（国家税务总局公告 2015 年第 7 号）。

2 -1 -102

国家税务总局关于发布《企业资产损失所得税税前扣除管理办法》的公告

2011 年 3 月 31 日　国家税务总局公告 2011 年第 25 号

现将《企业资产损失所得税税前扣除管理办法》予以发布,自 2011 年 1 月 1 日起施行。

特此公告。

企业资产损失所得税税前扣除管理办法

第一章　总　　则

第一条　根据《中华人民共和国企业所得税法》(以下简称企业所得税法)及其实施条例、《中华人民共和国税收征收管理法》(以下简称征管法)及其实施细则、《财政部、国家税务总局关于企业资产损失税前扣除政策的通知》(财税〔2009〕57 号)(以下简称《通知》)的规定,制定本办法。

第二条　本办法所称资产是指企业拥有或者控制的、用于经营管理活动相关的资产,包括现金、银行存款、应收及预付款项(包括应收票据、各类垫款、企业之间往来款项)等货币性资产,存货、固定资产、无形资产、在建工程、生产性生物资产等非货币性资产,以及债权性投资和股权(权益)性投资。

第三条　准予在企业所得税税前扣除的资产损失,是指企业在实际处置、转让上述资产过程中发生的合理损失(以下简称实际资产损失),以及企业虽未实际处置、转让上述资产,但符合《通知》和本办法规定条件计算确认的损失(以下简称法定资产损失)。

第四条　企业实际资产损失,应当在其实际发生且会计上已作损失处理的年度申报扣除;法定资产损失,应当在企业向主管税务机关提供证据资料证明该项资产已符合法定资产损失确认条件,且会计上已作损失处理的年度申报扣除。

第五条　企业发生的资产损失,应按规定的程序和要求向主管税务机关申报后方能在税前扣除。未经申报的损失,不得在税前扣除。

第六条　企业以前年度发生的资产损失未能在当年税前扣除的,可以按照本办法的规定,向税务机关说明并进行专项申报扣除。其中,属于实际资产损失,准予追补至该项损失发生年度扣除,其追补确认期限一般不得超过五年,但因计划经济体制转轨过程中遗留的资产损失、企业重组上市过程中因权属不清出现争议而未能及时扣除的资产损失、因承担国家政策性任务而形成的资产损失以及政策定性不明确而形成资产损失等特殊原因形成的资产损失,其追补确认期限经国家税务总局批准后可适当延长。属于法定资产损失,应在申报年度扣除。

企业因以前年度实际资产损失未在税前扣除而多缴的企业所得税税款，可在追补确认年度企业所得税应纳税款中予以抵扣，不足抵扣的，向以后年度递延抵扣。

企业实际资产损失发生年度扣除追补确认的损失后出现亏损的，应先调整资产损失发生年度的亏损额，再按弥补亏损的原则计算以后年度多缴的企业所得税税款，并按前款办法进行税务处理。

第二章　申报管理

第七条　企业在进行企业所得税年度汇算清缴申报时，可将资产损失申报材料和纳税资料作为企业所得税年度纳税申报表的附件一并向税务机关报送。

第八条　企业资产损失按其申报内容和要求的不同，分为清单申报和专项申报两种申报形式。其中，属于清单申报的资产损失，企业可按会计核算科目进行归类、汇总，然后再将汇总清单报送税务机关，有关会计核算资料和纳税资料留存备查；属于专项申报的资产损失，企业应逐项（或逐笔）报送申请报告，同时附送会计核算资料及其他相关的纳税资料。

企业在申报资产损失税前扣除过程中不符合上述要求的，税务机关应当要求其改正，企业拒绝改正的，税务机关有权不予受理。

第九条　下列资产损失，应以清单申报的方式向税务机关申报扣除：

（一）企业在正常经营管理活动中，按照公允价格销售、转让、变卖非货币资产的损失；

（二）企业各项存货发生的正常损耗；

（三）企业固定资产达到或超过使用年限而正常报废清理的损失；

（四）企业生产性生物资产达到或超过使用年限而正常死亡发生的资产损失；

（五）企业按照市场公平交易原则，通过各种交易场所、市场等买卖债券、股票、期货、基金以及金融衍生产品等发生的损失。

第十条　前条以外的资产损失，应以专项申报的方式向税务机关申报扣除。企业无法准确判别是否属于清单申报扣除的资产损失，可以采取专项申报的形式申报扣除。

第十一条　在中国境内跨地区经营的汇总纳税企业发生的资产损失，应按以下规定申报扣除：

（一）总机构及其分支机构发生的资产损失，除应按专项申报和清单申报的有关规定，各自向当地主管税务机关申报外，各分支机构同时还应上报总机构；

（二）总机构对各分支机构上报的资产损失，除税务机关另有规定外，应以清单申报的形式向当地主管税务机关进行申报；

（三）总机构将跨地区分支机构所属资产捆绑打包转让所发生的资产损失，由总机构向当地主管税务机关进行专项申报。

第十二条　企业因国务院决定事项形成的资产损失，应向国家税务总局提供有关资料。国家税务总局审核有关情况后，将损失情况通知相关税务机关。企业应按本办法的要求进行专项申报。

第十三条　属于专项申报的资产损失，企业因特殊原因不能在规定的时限内报送相关资料的，可以向主管税务机关提出申请，经主管税务机关同意后，可适当延期申报。

第十四条 企业应当建立健全资产损失内部核销管理制度,及时收集、整理、编制、审核、申报、保存资产损失税前扣除证据材料,方便税务机关检查。

第十五条 税务机关应按分项建档、分级管理的原则,建立企业资产损失税前扣除管理台账和纳税档案,及时进行评估。对资产损失金额较大或经评估后发现不符合资产损失税前扣除规定、或存有疑点、异常情况的资产损失,应及时进行核查。对有证据证明申报扣除的资产损失不真实、不合法的,应依法作出税收处理。

第三章 资产损失确认证据

第十六条 企业资产损失相关的证据包括具有法律效力的外部证据和特定事项的企业内部证据。

第十七条 具有法律效力的外部证据,是指司法机关、行政机关、专业技术鉴定部门等依法出具的与本企业资产损失相关的具有法律效力的书面文件,主要包括:

(一)司法机关的判决或者裁定;

(二)公安机关的立案结案证明、回复;

(三)工商部门出具的注销、吊销及停业证明;

(四)企业的破产清算公告或清偿文件;

(五)行政机关的公文;

(六)专业技术部门的鉴定报告;

(七)具有法定资质的中介机构的经济鉴定证明;

(八)仲裁机构的仲裁文书;

(九)保险公司对投保资产出具的出险调查单、理赔计算单等保险单据;

(十)符合法律规定的其他证据。

第十八条 特定事项的企业内部证据,是指会计核算制度健全、内部控制制度完善的企业,对各项资产发生毁损、报废、盘亏、死亡、变质等内部证明或承担责任的声明,主要包括:

(一)有关会计核算资料和原始凭证;

(二)资产盘点表;

(三)相关经济行为的业务合同;

(四)企业内部技术鉴定部门的鉴定文件或资料;

(五)企业内部核批文件及有关情况说明;

(六)对责任人由于经营管理责任造成损失的责任认定及赔偿情况说明;

(七)法定代表人、企业负责人和企业财务负责人对特定事项真实性承担法律责任的声明。

第四章 货币资产损失的确认

第十九条 企业货币资产损失包括现金损失、银行存款损失和应收及预付款项损失等。

第二十条 现金损失应依据以下证据材料确认:

（一）现金保管人确认的现金盘点表（包括倒推至基准日的记录）；

（二）现金保管人对于短缺的说明及相关核准文件；

（三）对责任人由于管理责任造成损失的责任认定及赔偿情况的说明；

（四）涉及刑事犯罪的，应有司法机关出具的相关材料；

（五）金融机构出具的假币收缴证明。

第二十一条 企业因金融机构清算而发生的存款类资产损失应依据以下证据材料确认：

（一）企业存款类资产的原始凭据；

（二）金融机构破产、清算的法律文件；

（三）金融机构清算后剩余资产分配情况资料。

金融机构应清算而未清算超过三年的，企业可将该款项确认为资产损失，但应有法院或破产清算管理人出具的未完成清算证明。

第二十二条 企业应收及预付款项坏账损失应依据以下相关证据材料确认：

（一）相关事项合同、协议或说明；

（二）属于债务人破产清算的，应有人民法院的破产、清算公告；

（三）属于诉讼案件的，应出具人民法院的判决书或裁决书或仲裁机构的仲裁书，或者被法院裁定终（中）止执行的法律文书；

（四）属于债务人停止营业的，应有工商部门注销、吊销营业执照证明；

（五）属于债务人死亡、失踪的，应有公安机关等有关部门对债务人个人的死亡、失踪证明；

（六）属于债务重组的，应有债务重组协议及其债务人重组收益纳税情况说明；

（七）属于自然灾害、战争等不可抗力而无法收回的，应有债务人受灾情况说明以及放弃债权申明。

第二十三条 企业逾期三年以上的应收款项在会计上已作为损失处理的，可以作为坏账损失，但应说明情况，并出具专项报告。

第二十四条 企业逾期一年以上，单笔数额不超过五万元或者不超过企业年度收入总额万分之一的应收款项，会计上已经作为损失处理的，可以作为坏账损失，但应说明情况，并出具专项报告。

第五章 非货币资产损失的确认

第二十五条 企业非货币资产损失包括存货损失、固定资产损失、无形资产损失、在建工程损失、生产性生物资产损失等。

第二十六条 存货盘亏损失，为其盘亏金额扣除责任人赔偿后的余额，应依据以下证据材料确认：

（一）存货计税成本确定依据；

（二）企业内部有关责任认定、责任人赔偿说明和内部核批文件；

（三）存货盘点表；

（四）存货保管人对于盘亏的情况说明。

第二十七条　存货报废、毁损或变质损失，为其计税成本扣除残值及责任人赔偿后的余额，应依据以下证据材料确认：

（一）存货计税成本的确定依据；

（二）企业内部关于存货报废、毁损、变质、残值情况说明及核销资料；

（三）涉及责任人赔偿的，应当有赔偿情况说明；

（四）该项损失数额较大的（指占企业该类资产计税成本10%以上，或减少当年应纳税所得、增加亏损10%以上，下同），应有专业技术鉴定意见或法定资质中介机构出具的专项报告等。

第二十八条　存货被盗损失，为其计税成本扣除保险理赔以及责任人赔偿后的余额，应依据以下证据材料确认：

（一）存货计税成本的确定依据；

（二）向公安机关的报案记录；

（三）涉及责任人和保险公司赔偿的，应有赔偿情况说明等。

第二十九条　固定资产盘亏、丢失损失，为其账面净值扣除责任人赔偿后的余额，应依据以下证据材料确认：

（一）企业内部有关责任认定和核销资料；

（二）固定资产盘点表；

（三）固定资产的计税基础相关资料；

（四）固定资产盘亏、丢失情况说明；

（五）损失金额较大的，应有专业技术鉴定报告或法定资质中介机构出具的专项报告等。

第三十条　固定资产报废、毁损损失，为其账面净值扣除残值和责任人赔偿后的余额，应依据以下证据材料确认：

（一）固定资产的计税基础相关资料；

（二）企业内部有关责任认定和核销资料；

（三）企业内部有关部门出具的鉴定材料；

（四）涉及责任赔偿的，应当有赔偿情况的说明；

（五）损失金额较大的或自然灾害等不可抗力原因造成固定资产毁损、报废的，应有专业技术鉴定意见或法定资质中介机构出具的专项报告等。

第三十一条　固定资产被盗损失，为其账面净值扣除责任人赔偿后的余额，应依据以下证据材料确认：

（一）固定资产计税基础相关资料；

（二）公安机关的报案记录，公安机关立案、破案和结案的证明材料；

（三）涉及责任赔偿的，应有赔偿责任的认定及赔偿情况的说明等。

第三十二条　在建工程停建、报废损失，为其工程项目投资账面价值扣除残值后的余额，应依据以下证据材料确认：

（一）工程项目投资账面价值确定依据；

（二）工程项目停建原因说明及相关材料；

(三)因质量原因停建、报废的工程项目和因自然灾害和意外事故停建、报废的工程项目,应出具专业技术鉴定意见和责任认定、赔偿情况的说明等。

第三十三条 工程物资发生损失,可比照本办法存货损失的规定确认。

第三十四条 生产性生物资产盘亏损失,为其账面净值扣除责任人赔偿后的余额,应依据以下证据材料确认:

(一)生产性生物资产盘点表;

(二)生产性生物资产盘亏情况说明;

(三)生产性生物资产损失金额较大的,企业应有专业技术鉴定意见和责任认定、赔偿情况的说明等。

第三十五条 因森林病虫害、疫情、死亡而产生的生产性生物资产损失,为其账面净值扣除残值、保险赔偿和责任人赔偿后的余额,应依据以下证据材料确认:

(一)损失情况说明;

(二)责任认定及其赔偿情况的说明;

(三)损失金额较大的,应有专业技术鉴定意见。

第三十六条 对被盗伐、被盗、丢失而产生的生产性生物资产损失,为其账面净值扣除保险赔偿以及责任人赔偿后的余额,应依据以下证据材料确认:

(一)生产性生物资产被盗后,向公安机关的报案记录或公安机关立案、破案和结案的证明材料;

(二)责任认定及其赔偿情况的说明。

第三十七条 企业由于未能按期赎回抵押资产,使抵押资产被拍卖或变卖,其账面净值大于变卖价值的差额,可认定为资产损失,按以下证据材料确认:

(一)抵押合同或协议书;

(二)拍卖或变卖证明、清单;

(三)会计核算资料等其他相关证据材料。

第三十八条 被其他新技术所代替或已经超过法律保护期限,已经丧失使用价值和转让价值,尚未摊销的无形资产损失,应提交以下证据备案:

(一)会计核算资料;

(二)企业内部核批文件及有关情况说明;

(三)技术鉴定意见和企业法定代表人、主要负责人和财务负责人签章证实无形资产已无使用价值或转让价值的书面申明;

(四)无形资产的法律保护期限文件。

第六章 投资损失的确认

第三十九条 企业投资损失包括债权性投资损失和股权(权益)性投资损失。

第四十条 企业债权投资损失应依据投资的原始凭证、合同或协议、会计核算资料等相关证据材料确认。下列情况债权投资损失的,还应出具相关证据材料:

(一)债务人或担保人依法被宣告破产、关闭、被解散或撤销、被吊销营业执照、失踪或者死亡等,应出具资产清偿证明或者遗产清偿证明。无法出具资产清偿证明或者遗产清偿证明，且上述事项超过三年以上的，或债权投资（包括信用卡透支和助学贷款）余额在三百万元以下的，应出具对应的债务人和担保人破产、关闭、解散证明、撤销文件、工商行政管理部门注销证明或查询证明以及追索记录等（包括司法追索、电话追索、信件追索和上门追索等原始记录）；

（二）债务人遭受重大自然灾害或意外事故，企业对其资产进行清偿和对担保人进行追偿后，未能收回的债权，应出具债务人遭受重大自然灾害或意外事故证明、保险赔偿证明、资产清偿证明等；

（三）债务人因承担法律责任，其资产不足归还所借债务，又无其他债务承担者的，应出具法院裁定证明和资产清偿证明；

（四）债务人和担保人不能偿还到期债务，企业提出诉讼或仲裁的，经人民法院对债务人和担保人强制执行，债务人和担保人均无资产可执行，人民法院裁定终结或终止（中止）执行的，应出具人民法院裁定文书；

（五）债务人和担保人不能偿还到期债务，企业提出诉讼后被驳回起诉的、人民法院不予受理或不予支持的，或经仲裁机构裁决免除（或部分免除）债务人责任，经追偿后无法收回的债权，应提交法院驳回起诉的证明，或法院不予受理或不予支持证明，或仲裁机构裁决免除债务人责任的文书；

（六）经国务院专案批准核销的债权，应提供国务院批准文件或经国务院同意后由国务院有关部门批准的文件。

第四十一条 企业股权投资损失应依据以下相关证据材料确认：

（一）股权投资计税基础证明材料；

（二）被投资企业破产公告、破产清偿文件；

（三）工商行政管理部门注销、吊销被投资单位营业执照文件；

（四）政府有关部门对被投资单位的行政处理决定文件；

（五）被投资企业终止经营、停止交易的法律或其他证明文件；

（六）被投资企业资产处置方案、成交及入账材料；

（七）企业法定代表人、主要负责人和财务负责人签章证实有关投资（权益）性损失的书面申明；

（八）会计核算资料等其他相关证据材料。

第四十二条 被投资企业依法宣告破产、关闭、解散或撤销、吊销营业执照、停止生产经营活动、失踪等，应出具资产清偿证明或者遗产清偿证明。

上述事项超过三年以上且未能完成清算的，应出具被投资企业破产、关闭、解散或撤销、吊销等的证明以及不能清算的原因说明。

第四十三条 企业委托金融机构向其他单位贷款，或委托其他经营机构进行理财，到期不能收回贷款或理财款项，按照本办法第六章有关规定进行处理。

第四十四条 企业对外提供与本企业生产经营活动有关的担保，因被担保人不能按期偿还债务而承担连带责任，经追索，被担保人无偿还能力，对无法追回的金额，比照本办法规定的应收款项损失进行处理。

与本企业生产经营活动有关的担保是指企业对外提供的与本企业应税收入、投资、融资、材料采购、产品销售等生产经营活动相关的担保。

第四十五条 企业按独立交易原则向关联企业转让资产而发生的损失,或向关联企业提供借款、担保而形成的债权损失,准予扣除,但企业应作专项说明,同时出具中介机构出具的专项报告及其相关的证明材料。

第四十六条 下列股权和债权不得作为损失在税前扣除:

(一)债务人或者担保人有经济偿还能力,未按期偿还的企业债权;

(二)违反法律、法规的规定,以各种形式、借口逃废或悬空的企业债权;

(三)行政干预逃废或悬空的企业债权;

(四)企业未向债务人和担保人追偿的债权;

(五)企业发生非经营活动的债权;

(六)其他不应当核销的企业债权和股权。

第七章 其他资产损失的确认

第四十七条 企业将不同类别的资产捆绑(打包),以拍卖、询价、竞争性谈判、招标等市场方式出售,其出售价格低于计税成本的差额,可以作为资产损失并准予在税前申报扣除,但应出具资产处置方案、各类资产作价依据、出售过程的情况说明、出售合同或协议、成交及入账证明、资产计税基础等确定依据。

第四十八条 企业正常经营业务因内部控制制度不健全而出现操作不当、不规范或因业务创新但政策不明确、不配套等原因形成的资产损失,应由企业承担的金额,可以作为资产损失并准予在税前申报扣除,但应出具损失原因证明材料或业务监管部门定性证明、损失专项说明。

第四十九条 企业因刑事案件原因形成的损失,应由企业承担的金额,或经公安机关立案侦查两年以上仍未追回的金额,可以作为资产损失并准予在税前申报扣除,但应出具公安机关、人民检察院的立案侦查情况或人民法院的判决书等损失原因证明材料。

第八章 附 则

第五十条 本办法没有涉及的资产损失事项,只要符合企业所得税法及其实施条例等法律、法规规定的,也可以向税务机关申报扣除。

第五十一条 省、自治区、直辖市和计划单列市国家税务局、地方税务局可以根据本办法制定具体实施办法。

第五十二条 本办法自2011年1月1日起施行,《国家税务总局关于印发〈企业资产损失税前扣除管理办法〉的通知》(国税发〔2009〕88号)、《国家税务总局关于企业以前年度未扣除资产损失企业所得税处理问题的通知》(国税函〔2009〕772号)、《国家税务总局关于电信企业坏账损失税前扣除问题的通知》(国税函〔2010〕196号)同时废止。本办法生效之日前尚未进行税务处理的资产损失事项,也应按本办法执行。

注释:

条款修改。根据《第十三届全国人民代表大会第一次会议关于国务院机构改革方案的决定》等有关规定，税收规范性文件规定的国税地税机关的职责和工作由新的税务机关承担。国家税务总局依据《税收规范性文件制定管理办法》（国家税务总局令第41号公布），对税收规范性文件进行了清理。参见：《国家税务总局关于修改部分税收规范性文件的公告》（国家税务总局公告2018年第31号）。

条款废止。第四条、第七条、第八条、第十三条有关资产损失证据资料、会计核算资料、纳税资料等相关资料报送的内容废止。参见：《国家税务总局关于企业所得税资产损失资料留存备查有关事项的公告》（国家税务总局公告2018年第15号）。

条款废止。第十二条废止。参见：《国家税务总局关于企业因国务院决定事项形成的资产损失税前扣除问题的公告》（国家税务总局公告2014年第18号）。

政策调整。“企业因国务院决定事项形成的资产损失税前扣除审批”取消。参见：《国家税务总局关于贯彻落实〈国务院关于取消和下放一批行政审批项目的决定〉的通知》（税总发〔2014〕6号）。

2-1-103

国家税务总局关于税务机关代收工会经费企业所得税税前扣除凭据问题的公告

2011年5月11日　国家税务总局公告2011年第30号

为进一步加强对工会经费企业所得税税前扣除的管理，现就税务机关代收工会经费税前扣除凭据问题公告如下：

自2010年1月1日起，在委托税务机关代收工会经费的地区，企业拨缴的工会经费，也可凭合法、有效的工会经费代收凭据依法在税前扣除。

特此公告。

2-1-104

民政部关于印发《全国性社会团体公益性捐赠税前扣除资格初审暂行办法》的通知

2011年5月18日　民发〔2011〕81号

各全国性社会团体：

为进一步做好全国性社会团体公益性捐赠税前扣除资格认定的初审工作，我部根据有关法律法规及《关于公益性捐赠税前扣除有关问题的通知》（财税字〔2008〕160号）规定，制定了《全国性社会团体公益性捐赠税前扣除资格初审暂行办法》。现印发你们，请遵照执行。

全国性社会团体公益性捐赠税前扣除资格初审暂行办法

一、根据有关法律法规及《关于公益性捐赠税前扣除有关问题的通知》（财税字〔2008〕160号）规定，为做好全国性社会团体公益性捐赠税前扣除资格认定的资格初审工作，特制定本办法。

二、本办法中社会团体是指按照《社会团体登记管理条例》经民政部批准登记的社会团体法人。

三、申请获得公益性捐赠税前扣除资格的社会团体应当具备以下条件：

（一）有确定的公益目的。社会团体设立的宗旨、目的、业务范围等应当符合《公益事业捐赠法》相关规定，服务对象面向社会公众。

（二）财产权利属性清晰。社会团体应当由捐赠资金设立，捐赠者不以任何形式参与财产分配。净资产不低于登记的活动资金数额。全部资产及其增值属于社会团体法人所有，终止后的剩余财产应当交由其他公益性社会组织管理。

（三）公益活动特点突出。公益活动以捐赠、资助、志愿服务为主要形式。公益活动的受益人或者服务对象应当是会员以外的不特定的社会公众。公益活动应当由社会公众自愿参与。社会团体申请前连续3年每年用于公益活动的支出不低于上年总收入的70%，同时需达到当年总支出的50%以上（含50%）。

（四）财务会计工作规范。执行《民间非营利组织会计制度》，设立银行账号，使用规定票据，实行独立会计核算，财务制度健全，内控制度完善。

（五）活动信息公开透明。社会团体组织机构、业务活动、财务管理、负责人和工作人员工资福利支出、捐赠款物管理使用、公益活动支出情况等信息始终公开透明，并通过指定媒体及时向社会公布。

（六）遵纪守法情况良好。在民政部门依法登记3年以上，申请前的3年内未受过行政处罚，申请前连续2年年度检查合格或者最近一次年度检查合格且评估等级为3A以上（含3A）。

四、下列社会团体不属于公益性捐赠税前扣除资格的认定范围：

（一）以企业、事业单位为会员主体和服务对象的行业协会、商会等行业性社会团体；

（二）以从事同一职业或者具有相同职务称谓、职业资格或者执业资格的自然人为会员主体和服务对象的职业性、专业性社会团体；

（三）以具有相同或者相近的教育背景、职业经历、兴趣爱好的自然人为会员主体和服务对象的联谊性、联合性社会团体。

（四）经批准参照公务员管理，工作人员工资福利由国家财政拨款，业务活动由国家财政资金支持的社会团体。

五、社会团体计算公益活动支出比例时，不得将会议、访问、评比表彰、有偿服务等活动的支出计入公益活动支出，不得将社会团体专职工作人员工资福利和行政办公支出计入公益活动成本。

六、申请资格初审的社会团体应当委托民政部门推荐的会计师事务所，按照财税字〔2008〕160号文件及本通知规定，对社会团体的公益活动支出进行逐项审计，在审计报告中对列举的各项公益活动逐项书面说明，包括活动的性质、目的、受益人或者服务对象、活动形式、参与方式、活动支出、活动成果等详细情况。

七、民政部负责对全国性社会团体获得公益捐赠税前扣除资格进行初审，必要时可以通过评估专家委员会进行事前审议。

2-1-105

财政部　国家税务总局关于高新技术企业境外所得适用税率及税收抵免问题的通知

2011年5月31日　财税〔2011〕47号

各省、自治区、直辖市、计划单列市财政厅（局）、国家税务局、地方税务局，新疆生产建设兵团财务局：

根据《中华人民共和国企业所得税法》及其实施条例，以及《财政部、国家税务总局关于企业境外所得税收抵免有关问题的通知》（财税〔2009〕125号）的有关规定，现就高新技术企业境外所得适用税率及税收抵免有关问题补充明确如下：

一、以境内、境外全部生产经营活动有关的研究开发费用总额、总收入、销售收入总额、高新技术产品（服务）收入等指标申请并经认定的高新技术企业，其来源于境外的所得可以享受高新技术企业所得税优惠政策，即对其来源于境外所得可以按照15%的优惠税率缴纳企业所得税，在计算境外抵免限额时，可按照15%的优惠税率计算境内外应纳税总额。

二、上述高新技术企业境外所得税收抵免的其他事项，仍按照财税〔2009〕125号文件的有关规定执行。

三、本通知所称高新技术企业，是指依照《中华人民共和国企业所得税法》及其实施条例规定，经认定机构按照《高新技术企业认定管理办法》（国科发火〔2008〕172号）和《高新技术企业认定管理工作指引》（国科发火〔2008〕362号）认定取得高新技术企业证书并正在享受企业所得税15%税率优惠的企业。

四、本通知自2010年1月1日起执行。

2－1－106

国家税务总局关于企业所得税若干问题的公告

2011年6月9日　国家税务总局公告2011年第34号

根据《中华人民共和国企业所得税法》(以下简称税法)以及《中华人民共和国企业所得税法实施条例》(以下简称《实施条例》)的有关规定,现就企业所得税若干问题公告如下:

一、关于金融企业同期同类贷款利率确定问题

根据《实施条例》第三十八条规定,非金融企业向非金融企业借款的利息支出,不超过按照金融企业同期同类贷款利率计算的数额的部分,准予税前扣除。鉴于目前我国对金融企业利率要求的具体情况,企业在按照合同要求首次支付利息并进行税前扣除时,应提供"金融企业的同期同类贷款利率情况说明",以证明其利息支出的合理性。

"金融企业的同期同类贷款利率情况说明"中,应包括在签订该借款合同当时,本省任何一家金融企业提供同期同类贷款利率情况。该金融企业应为经政府有关部门批准成立的可以从事贷款业务的企业,包括银行、财务公司、信托公司等金融机构。"同期同类贷款利率"是指在贷款期限、贷款金额、贷款担保以及企业信誉等条件基本相同下,金融企业提供贷款的利率。既可以是金融企业公布的同期同类平均利率,也可以是金融企业对某些企业提供的实际贷款利率。

二、关于企业员工服饰费用支出扣除问题

企业根据其工作性质和特点,由企业统一制作并要求员工工作时统一着装所发生的工作服饰费用,根据《实施条例》第二十七条的规定,可以作为企业合理的支出给予税前扣除。

三、关于航空企业空勤训练费扣除问题

航空企业实际发生的飞行员养成费、飞行训练费、乘务训练费、空中保卫员训练费等空勤训练费用,根据《实施条例》第二十七条规定,可以作为航空企业运输成本在税前扣除。

四、关于房屋、建筑物固定资产改扩建的税务处理问题

企业对房屋、建筑物固定资产在未足额提取折旧前进行改扩建的,如属于推倒重置的,该资产原值减除提取折旧后的净值,应并入重置后的固定资产计税成本,并在该固定资产投入使用后的次月起,按照税法规定的折旧年限,一并计提折旧;如属于提升功能、增加面积的,该固定资产的改扩建支出,并入该固定资产计税基础,并从改扩建完工投入使用后的次月起,重新按税法规定的该固定资产折旧年限计提折旧,如该改扩建后的固定资产尚可使用的年限低于税法规定的最低年限的,可以按尚可使用的年限计提折旧。

五、投资企业撤回或减少投资的税务处理

投资企业从被投资企业撤回或减少投资,其取得的资产中,相当于初始出资的部分,应确认为投资收回;相当于被投资企业累计未分配利润和累计盈余公积按减少实收资本比例计算的部分,应确认为股息所得;其余部分确认为投资资产转让所得。

被投资企业发生的经营亏损，由被投资企业按规定结转弥补；投资企业不得调整减低其投资成本，也不得将其确认为投资损失。

六、关于企业提供有效凭证时间问题

企业当年度实际发生的相关成本、费用，由于各种原因未能及时取得该成本、费用的有效凭证，企业在预缴季度所得税时，可暂按账面发生金额进行核算；但在汇算清缴时，应补充提供该成本、费用的有效凭证。

七、本公告自2011年7月1日起施行。本公告施行以前，企业发生的相关事项已经按照本公告规定处理的，不再调整；已经处理，但与本公告规定处理不一致的，凡涉及需要按照本公告规定调减应纳税所得额的，应当在本公告施行后相应调减2011年度企业应纳税所得额。

特此公告。

2－1－107

财政部　国家税务总局关于新疆困难地区新办企业所得税优惠政策的通知

2011年6月17日　财税〔2011〕53号

新疆维吾尔自治区财政厅、国家税务局、地方税务局，新疆生产建设兵团财务局：

为推进新疆跨越式发展和长治久安，根据中共中央、国务院关于支持新疆经济社会发展的指示精神，现就新疆困难地区有关企业所得税优惠政策通知如下：

一、2010年1月1日至2020年12月31日，对在新疆困难地区新办的属于《新疆困难地区重点鼓励发展产业企业所得税优惠目录》（以下简称《目录》）范围内的企业，自取得第一笔生产经营收入所属纳税年度起，第一年至第二年免征企业所得税，第三年至第五年减半征收企业所得税。

二、新疆困难地区包括南疆三地州、其他国家扶贫开发重点县和边境县市。

三、属于《目录》范围内的企业是指以《目录》中规定的产业项目为主营业务，其主营业务收入占企业收入总额70%以上的企业。

四、第一笔生产经营收入，是指新疆困难地区重点鼓励发展产业项目已建成并投入运营后所取得的第一笔收入。

五、按照本通知规定享受企业所得税定期减免税政策的企业，在减半期内，按照企业所得税25%的法定税率计算的应纳税额减半征税。

六、财政部、国家税务总局会同有关部门研究制订《目录》，经国务院批准后公布实施，并根据新疆经济社会发展需要及企业所得税优惠政策实施情况适时调整。

七、对难以界定是否属于《目录》范围的项目，税务机关应当要求企业提供省级以上（含省级）有关行业主管部门出具的证明文件，并结合其他相关材料进行认定。

注释：

政策调整。“企业享受新疆喀什、霍尔果斯两个特殊经济开发区、新疆困难地区新办企业所得税优惠的核准”取消。参见：《国家税务总局关于公布已取消的22项税务非行政许可审批事项的公告》(国家税务总局公告2015年第58号)。

2－1－108

国家税务总局关于企业国债投资业务企业所得税处理问题的公告

2011年6月22日　国家税务总局公告2011年第36号

根据《中华人民共和国企业所得税法》(以下简称企业所得税法)及其实施条例的规定，现对企业国债投资业务企业所得税处理问题，公告如下：

一、关于国债利息收入税务处理问题

(一)国债利息收入时间确认

1. 根据企业所得税法实施条例第十八条的规定，企业投资国债从国务院财政部门(以下简称发行者)取得的国债利息收入，应以国债发行时约定应付利息的日期，确认利息收入的实现。

2. 企业转让国债，应在国债转让收入确认时确认利息收入的实现。

(二)国债利息收入计算

企业到期前转让国债、或者从非发行者投资购买的国债，其持有期间尚未兑付的国债利息收入，按以下公式计算确定：

国债利息收入＝国债金额×(适用年利率÷365)×持有天数

上述公式中的“国债金额”，按国债发行面值或发行价格确定；“适用年利率”按国债票面年利率或折合年收益率确定；如企业不同时间多次购买同一品种国债的，“持有天数”可按平均持有天数计算确定。

(三)国债利息收入免税问题

根据企业所得税法第二十六条的规定，企业取得的国债利息收入，免征企业所得税。具体按以下规定执行：

1. 企业从发行者直接投资购买的国债持有至到期，其从发行者取得的国债利息收入，全额免征企业所得税。

2. 企业到期前转让国债、或者从非发行者投资购买的国债，其按本公告第一条第(二)项计算的国债利息收入，免征企业所得税。

二、关于国债转让收入税务处理问题

(一)国债转让收入时间确认

1. 企业转让国债应在转让国债合同、协议生效的日期，或者国债移交时确认转让收入的实现。

2. 企业投资购买国债,到期兑付的,应在国债发行时约定的应付利息的日期,确认国债转让收入的实现。

(二)国债转让收益(损失)计算

企业转让或到期兑付国债取得的价款,减除其购买国债成本,并扣除其持有期间按照本公告第一条计算的国债利息收入以及交易过程中相关税费后的余额,为企业转让国债收益(损失)。

(三)国债转让收益(损失)征税问题

根据企业所得税法实施条例第十六条的规定,企业转让国债,应作为转让财产,其取得的收益(损失)应作为企业应纳税所得额计算纳税。

三、关于国债成本确定问题

(一)通过支付现金方式取得的国债,以买入价和支付的相关税费为成本;

(二)通过支付现金以外的方式取得的国债,以该资产的公允价值和支付的相关税费为成本。

四、关于国债成本计算方法问题

企业在不同时间购买同一品种国债的,其转让时的成本计算方法,可在先进先出法、加权平均法、个别计价法中选用一种。计价方法一经选用,不得随意改变。

五、本公告自2011年1月1日起施行。

特此公告。

2-1-109

国家税务总局关于企业转让上市公司限售股有关所得税问题的公告

2011年7月7日 国家税务总局公告2011年第39号

根据《中华人民共和国企业所得税法》(以下简称企业所得税法)及其实施条例的有关规定,现就企业转让上市公司限售股(以下简称限售股)有关所得税问题,公告如下:

一、纳税义务人的范围界定问题

根据企业所得税法第一条及其实施条例第三条的规定,转让限售股取得收入的企业(包括事业单位、社会团体、民办非企业单位等),为企业所得税的纳税义务人。

二、企业转让代个人持有的限售股征税问题

因股权分置改革造成原由个人出资而由企业代持有的限售股,企业在转让时按以下规定处理:

(一)企业转让上述限售股取得的收入,应作为企业应税收入计算纳税。

上述限售股转让收入扣除限售股原值和合理税费后的余额为该限售股转让所得。企业未能提供完整、真实的限售股原值凭证,不能准确计算该限售股原值的,主管税务机关一律按该限售股转让收入的15%,核定为该限售股原值和合理税费。

依照本条规定完成纳税义务后的限售股转让收入余额转付给实际所有人时不再纳税。

(二)依法院判决、裁定等原因,通过证券登记结算公司,企业将其代持的个人限售股直接变更到实际所有人名下的,不视同转让限售股。

三、企业在限售股解禁前转让限售股征税问题

企业在限售股解禁前将其持有的限售股转让给其他企业或个人(以下简称受让方),其企业所得税问题按以下规定处理:

(一)企业应按减持在证券登记结算机构登记的限售股取得的全部收入,计入企业当年度应税收入计算纳税。

(二)企业持有的限售股在解禁前已签订协议转让给受让方,但未变更股权登记、仍由企业持有的,企业实际减持该限售股取得的收入,依照本条第一项规定纳税后,其余额转付给受让方的,受让方不再纳税。

四、本公告自2011年7月1日起执行。本公告生效后尚未处理的纳税事项,按照本公告规定处理;已经处理的纳税事项,不再调整。

特此公告。

2-1-110

国家税务总局关于执行税收协定教师和研究人员条款有关问题的公告

2011年7月25日　国家税务总局公告2011年第42号

中国政府对外签署的一些双边税收协定或安排(以下统称税收协定)列有专门的教师和研究人员条款。按照税收协定教师和研究人员条款规定,来自缔约对方的教师和研究人员符合规定条件的,可以在中国享受规定期限的免税待遇。现将执行税收协定教师和研究人员条款有关问题公告如下:

一、除税收协定另有明确规定外,税收协定教师和研究人员条款仅适用于与中国境内的学校或研究机构(简称境内机构)有聘用关系的教师和研究人员。聘用关系是指相关教师或研究人员与境内机构间签有聘用合同,或虽未有明确的聘用合同,但其在境内机构担任职务并且实际从事的教学、讲学或研究活动的内容、方式、时间等均由境内机构安排或控制的情况。

凡与境内机构没有上述聘用关系,而以独立身份或者以非境内机构的雇员身份在中国境内从事教学、讲学或研究活动的人员,以及受境外教育机构的指派为该境外教育机构与境内机构的合作项目开展相关教学活动的人员,不适用税收协定教师和研究人员条款的规定。上述合作项目指境外教育机构与境内机构以各自名义合作开展的相关教学活动项目,不包括中外教育机构联合在中国境内成立的独立教育机构。

二、税收协定教师和研究人员条款规定的教学、讲学或研究包括按照聘用单位要求在境内外进行的各种教学、讲学或研究活动，以及在承担教学、讲学或研究活动的同时，承担的相关规划、咨询和行政管理等活动。但不包括仅从事规划、咨询和行政管理的活动。在承担此类规划、咨询和行政管理活动中偶尔从事的讲座活动不应视为承担了教学、讲学或研究活动。

三、上述境内机构应限于《国家税务总局关于明确我国对外签订税收协定中教师和研究人员条款适用范围的通知》（国税函〔1999〕37 号）规定的范围。

四、除双方主管当局通过相互协商达成的共同意见另有规定外，税收协定教师和研究人员条款规定的停留期或免税期仍应按照《财政部税务总局关于对来自同我国签订税收协定国家的教师和研究人员征免个人所得税问题的通知》（〔86〕财税协字第 030 号）的规定计算。

五、来自缔约对方的税收居民需要享受税收协定教师和研究人员条款规定待遇的，应按照《国家税务总局关于印发〈非居民享受税收协定待遇管理办法（试行）〉的通知》（国税发〔2009〕124 号）及其相关规定办理备案报告手续。不能适用税收协定教师和研究人员条款规定的所得，仍可以按照有关规定适用税收协定其他条款（如独立个人劳务条款、非独立个人劳务条款等）。

六、本公告自所涉及税收协定教师和研究人员条款生效执行之日起施行，对公告生效前已做处理的事项不予追溯。

2 -1 -111

国家税务总局关于印发《境外注册中资控股居民企业所得税管理办法（试行）》的公告

2011 年 7 月 27 日　国家税务总局公告 2011 年第 45 号

为规范和加强对依据实际管理机构标准被认定为居民企业的境外注册中资控股企业的所得税管理，国家税务总局制定了《境外注册中资控股居民企业所得税管理办法（试行）》，现予以发布，自 2011 年 9 月 1 日起施行。

特此公告。

附件：1. 境外注册中资控股企业居民身份认定书（编者略）

2. 境外注册中资控股居民企业所得税管理情况汇总表（编者略）

境外注册中资控股居民企业所得税管理办法（试行）

第一章　总　　则

第一条　为规范和加强境外注册中资控股居民企业的所得税税收管理，根据《中华人民共和国企业所得税法》(以下简称企业所得税法)及其实施条例、《中华人民共和国税收征收管理法》(以下简称税收征管法)及其实施细则、中国政府对外签署的避免双重征税协定(含与香港、澳门特别行政区签署的税收安排,以下简称税收协定)、《国家税务总局关于境外注册中资控股企业依据实际管理机构标准认定为居民企业有关问题的通知》(国税发〔2009〕82号,以下简称《通知》)和其他有关规定,制定本办法。

第二条 本办法所称境外注册中资控股企业(以下简称境外中资企业)是指由中国内地企业或者企业集团作为主要控股投资者,在中国内地以外国家或地区(含香港、澳门、台湾)注册成立的企业。

第三条 本办法所称境外注册中资控股居民企业(以下简称非境内注册居民企业)是指因实际管理机构在中国境内而被认定为中国居民企业的境外注册中资控股企业。

第四条 非境内注册居民企业应当按照企业所得税法及其实施条例和相关管理规定的要求,履行居民企业所得税纳税义务,并在向非居民企业支付企业所得税法第三条第三款规定的款项时,依法代扣代缴企业所得税。

第五条 本办法所称主管税务机关包括:

(一)非境内注册居民企业的实际管理机构所在地与境内主要控股投资者所在地一致的,为境内主要控股投资者的企业所得税主管税务机关。

(二)非境内注册居民企业的实际管理机构所在地与境内主要控股投资者所在地不一致的,为实际管理机构所在地的国税局主管机关;经共同的上级税务机关批准,企业也可以选择境内主要控股投资者的企业所得税主管税务机关为其主管税务机关。

(三)非境内注册居民企业存在多个实际管理机构所在地的,由相关税务机关报共同的上级税务机关确定。

主管税务机关确定后,不得随意变更;确需变更的,应当层报税务总局批准。

第二章 居民身份认定管理

第六条 境外中资企业居民身份的认定,采用企业自行判定提请税务机关认定和税务机关调查发现予以认定两种形式。

第七条 境外中资企业应当根据生产经营和管理的实际情况,自行判定实际管理机构是否设立在中国境内。如其判定符合《通知》第二条规定的居民企业条件,应当向其主管税务机关书面提出居民身份认定申请,同时提供以下资料:

(一)企业法律身份证明文件;

(二)企业集团组织结构说明及生产经营概况;

(三)企业上一个纳税年度的公证会计师审计报告;

(四)负责企业生产经营等事项的高层管理机构履行职责场所的地址证明;

(五)企业上一年度及当年度董事及高层管理人员在中国境内居住的记录;

(六)企业上一年度及当年度重大事项的董事会决议及会议记录;

(七)主管税务机关要求提供的其他资料。

第八条 主管税务机关发现境外中资企业符合《通知》第二条规定但未申请成为中国居民企业的,可以对该境外中资企业的实际管理机构所在地情况进行调查,并要求境外中资企业提供本办法第七条规定的资料。调查过程中，主管税务机关有权要求该企业的境内投资者提供相关资料。

第九条 主管税务机关依法对企业提供的相关资料进行审核，提出初步认定意见，将据以做出初步认定的相关事实（资料）、认定理由和结果层报税务总局确认。

税务总局认定境外中资企业居民身份的，应当将相关认定结果同时书面告知境内投资者、境内被投资者的主管税务机关。

第十条 非境内注册居民企业的主管税务机关收到税务总局关于境外中资企业居民身份的认定结果后，应当在10日内向该企业下达《境外注册中资控股企业居民身份认定书》（见附件1），通知其从企业居民身份确认年度开始按照我国居民企业所得税管理规定及本办法规定办理有关税收事项。

第十一条 非境内注册居民企业发生下列重大变化情形之一的，应当自变化之日起15日内报告主管税务机关，主管税务机关应当按照本办法规定层报税务总局确定是否取消其居民身份。

（一）企业实际管理机构所在地变更为中国境外的；

（二）中方控股投资者转让企业股权，导致中资控股地位发生变化的。

第十二条 税务总局认定终止非境内注册居民企业居民身份的，应当将相关认定结果同时书面告知境内投资者、境内被投资者的主管税务机关。企业应当自主管税务机关书面告知之日起停止履行中国居民企业的所得税纳税义务与扣缴义务，同时停止享受中国居民企业税收待遇。上述主管税务机关应当依法做好减免税款追缴等后续管理工作。

第三章 税务登记管理

第十三条 非境内注册居民企业应当自收到居民身份认定书之日起30日内向主管税务机关提供以下资料申报办理税务登记，主管税务机关核发临时税务登记证及副本：

（一）居民身份认定书；

（二）境外注册登记证件；

（三）税务机关要求提供的其他资料。

第十四条 非境内注册居民企业经税务总局确认终止居民身份的，应当自收到主管税务机关书面通知之日起15日内向主管税务机关申报办理注销税务登记。

第十五条 发生本办法第四条扣缴义务的非境内注册居民企业应当自扣缴义务发生之日起30日内，向主管税务机关申报办理扣缴税款登记。

第四章 账簿凭证管理

第十六条 非境内注册居民企业应当按照中国有关法律、法规和国务院财政、税务主管部门的规定，编制财务、会计报表，并在领取税务登记证件之日起15日内将企业的财务、会计制度或者财务会计、处理办法及有关资料报送主管税务机关备案。

第十七条 非境内注册居民企业存放在中国境内的会计账簿和境内税务机关要求提供的报表等资料，应当使用中文。

第十八条 发生扣缴义务的非境内注册居民企业应当设立代扣代缴税款账簿和合同

资料档案，准确记录扣缴企业所得税情况。

第十九条 非境内注册居民企业与境内单位或者个人发生交易的，应当按照发票管理办法规定使用发票，发票存根应当保存在中国境内，以备税务机关查验。

第五章 申报征收管理

第二十条 非境内注册居民企业按照分季预缴、年度汇算清缴方法申报缴纳所得税。

第二十一条 非境内注册居民企业发生终止生产经营或者居民身份变化情形的，应当自停止生产经营之日或者税务总局取消其居民企业之日起60日内，向其主管税务机关办理当期企业所得税汇算清缴。

非境内注册居民企业需要申报办理注销税务登记的，应在注销税务登记前，就其清算所得向主管税务机关申报缴纳企业所得税。

第二十二条 非境内注册居民企业应当以人民币计算缴纳企业所得税；所得以人民币以外的货币计算的，应当按照企业所得税法及其实施条例有关规定折合成人民币计算并缴纳企业所得税。

第二十三条 对非境内注册居民企业未依法履行居民企业所得税纳税义务的，主管税务机关应依据税收征管法及其实施细则的有关规定追缴税款、加收滞纳金，并处罚款。

主管税务机关应当在非境内注册居民企业年度申报和汇算清缴结束后两个月内，判定其构成居民身份的条件是否发生实质性变化。对实际管理机构转移至境外或者企业中资控股地位发生变化的，主管税务机关应层报税务总局终止其居民身份。

对于境外中资企业频繁转换企业身份，又无正当理由的，主管税务机关应层报国家税务总局核准后追回其已按居民企业享受的股息免税待遇。

第二十四条 主管税务机关应按季度核查非境内注册居民企业向非居民企业支付股息、利息、租金、特许权使用费、转让财产收入及其他收入依法扣缴企业所得税的情况，发现该企业未依法履行相关扣缴义务的，应按照税收征管法及其实施细则和企业所得税法及其实施条例等有关规定对其进行处罚，并向非居民企业追缴税款。

第六章 特定事项管理

第二十五条 非境内注册居民企业取得来源于中国境内的股息、红利等权益性投资收益和利息、租金、特许权使用费所得、转让财产所得以及其他所得，应当向相关支付方出具本企业的《境外注册中资控股企业居民身份认定书》复印件。

相关支付方凭上述复印件不予履行该所得的税款扣缴义务，并在对外支付上述外汇资金时凭该复印件向主管税务机关申请开具相关税务证明。其中涉及个人所得税、营业税等其他税种纳税事项的，仍按对外支付税务证明开具的有关规定办理。

第二十六条 非居民企业转让非境内注册居民企业股权所得，属于来源于中国境内所得，被转让的非境内注册居民企业应当自股权转让协议签订之日起30日内，向其主管税务机关报告并提供股权转让合同及相关资料。

第二十七条 非境内注册居民企业应当按照企业所得税法及其实施条例以及《特别纳税调整实施办法（试行）》（国税发〔2009〕2号）的相关规定，履行关联申报及同期资料准备等义务。

第二十八条 非境内注册居民企业同时被我国与其注册所在国家(地区)税务当局确认为税收居民的,应当按照双方签订的税收协定的有关规定确定其居民身份;如经确认为我国税收居民,可适用我国与其他国家(地区)签订的税收协定,并按照有关规定办理享受税收协定优惠待遇手续;需要证明其中国税收居民身份的,可向其主管税务机关申请开具《中国税收居民身份证明》,主管税务机关应在受理申请之日起10个工作日内办结。

第二十九条 境外税务当局拒绝给予非境内注册居民企业税收协定待遇,或者将其认定为所在国家(地区)税收居民的,该企业可按有关规定书面申请启动税务相互协商程序。

主管税务机关受理企业提请协商的申请后,应当及时将申请及有关资料层报税务总局,由税务总局与有关国家(地区)税务当局进行协商。

第七章 附 则

第三十条 主管税务机关应当做好非境内注册居民企业所得税管理情况汇总统计工作,于每年8月15日前向税务总局层报《境外注册中资控股居民企业所得税管理情况汇总表》(见附件2)。税务总局不定期对各地相关管理工作进行检查,并将检查情况通报各地。

第三十一条 本办法由税务总局负责解释。各省、自治区、直辖市和计划单列市国家税务局、地方税务局可根据本办法制定具体操作规程。

第三十二条 本办法自2011年9月1日起施行。此前根据《通知》规定已经被认定为非境内注册居民企业的,适用本办法相关规定处理。

注释:

条款修改。根据《第十三届全国人民代表大会第一次会议关于国务院机构改革方案的决定》等有关规定,税收规范性文件规定的国税地税机关的职责和工作由新的税务机关承担。国家税务总局依据《税收规范性文件制定管理办法》(国家税务总局令第41号公布),对税收规范性文件进行了清理。参见:《国家税务总局关于修改部分税收规范性文件的公告》(国家税务总局公告2018年第31号)。

条款废止。第二十八条自2016年10月1日起废止。参见:《国家税务总局关于开具〈中国税收居民身份证明〉有关事项的公告》(国家税务总局公告2016年第40号)。

政策调整。"非境内注册居民企业选择主管税务机关批准"取消。参见:1.《国家税务总局贯彻落实〈国务院关于第二批取消152项中央指定地方实施行政审批事项的决定〉的通知》(税总发〔2016〕23号)。2.《国务院关于第二批取消152项中央指定地方实施行政审批事项的决定》(国发〔2016〕9号)。3.《国务院关于取消和调整一批行政审批项目等事项的决定》(国发〔2015〕11号)。

政策调整。"境外注册中资控股居民企业主管税务机关的变更审批"取消。参见:1.《国家税务总局关于贯彻落实〈国务院关于第一批取消62项中央指定地方实施行政审批事项的决定〉的通知》(税总发〔2015〕141号)。2.《国务院关于第一批取消62项中央指定地方实施行政审批事项的决定》(国发〔2015〕57号)。3.《国务院关于取消和调整一批行政审批项目等事项的决定》(国发〔2015〕11号)。

条款修改。第五条修改为:“本办法所称主管税务机关是指境外注册中资控股居民企业中国境内主要投资者登记注册地主管税务机关。”自2015年6月1日起施行。参见:《国家税务总局关于修改〈非居民企业所得税核定征收管理办法〉等文件的公告》(国家税务总局公告2015年第22号)。

2-1-112

财政部　国家税务总局　国家发展改革委　工业和信息化部关于公布新疆困难地区重点鼓励发展产业企业所得税优惠目录(试行)的通知

2011年8月26日　财税〔2011〕60号

新疆维吾尔自治区财政厅、国家税务局、地方税务局、发展和改革委员会、经济和信息化委员会,新疆生产建设兵团财务局、发展和改革委员会、信息化工作办公室:

《新疆困难地区重点鼓励发展产业企业所得税优惠目录(试行)》(以下简称《目录》)已经国务院批准,现予以公布,并将有关事项通知如下:

一、申请享受新疆困难地区重点鼓励发展产业企业所得税优惠政策的企业,涉及外商投资的,应符合现行外商投资产业政策。

二、新疆困难地区各级财政、税务机关应根据《财政部、国家税务总局关于新疆困难地区新办企业所得税优惠政策的通知》(财税〔2011〕53号)和《目录》的规定,认真落实相关企业所得税优惠政策,对执行中发现的新情况、新问题要及时向上级财政、税务主管部门反映。

三、本通知自2010年1月1日起施行。

附件:新疆困难地区重点鼓励发展产业企业所得税优惠目录(试行)

附件

新疆困难地区重点鼓励发展产业企业所得税优惠目录(试行)

一、农林业

1. 中低产田综合治理与稳产高产基本农田建设。
2. 农产品基地建设。
3. 蔬菜、瓜果、花卉设施栽培(含无土栽培)先进技术开发与应用。
4. 优质、高产、高效标准化栽培技术开发与应用。
5. 畜禽标准化规模养殖技术开发与应用。
6. 重大病虫害及动物疫病防治。

7. 农作物、家畜、家禽及水生动植物、野生动植物遗传工程及基因库建设。

8. 动植物(含野生)优良品种选育、繁育、保种和开发;生物育种;种子生产、加工、贮藏及鉴定。

9. 种(苗)脱毒技术开发与应用。

10. 旱作节水农业、保护性耕作、生态农业建设、耕地质量建设及新开耕地快速培肥技术开发与应用。

11. 生态种(养)技术开发与应用。

12. 农用薄膜无污染降解技术及农田土壤重金属降解技术开发与应用。

13. 绿色无公害饲料及添加剂开发。

14. 内陆流域性大湖资源增殖保护工程。

15. 牛羊胚胎(体内)及精液工厂化生产。

16. 农业生物技术开发与应用。

17. 耕地保养管理与土、肥、水速测技术开发与应用。

18. 农、林作物和渔业种质资源保护地、保护区建设;动植物种质资源收集、保存、鉴定、开发与应用。

19. 农作物秸秆还田与综合利用(青贮饲料,秸秆氨化养牛、还田,秸秆沼气及热解、气化,培育食用菌,固化成型燃料,秸秆人造板,秸秆纤维素燃料乙醇、非粮饲料资源开发利用等)。

20. 农村可再生资源综合利用开发工程(沼气工程、“三沼”综合利用、沼气灌装提纯等)。

21. 食(药)用菌菌种培育。

22. 草原、森林灾害综合治理工程。

23. 利用非耕地的退耕(牧)还林(草)及天然草原植被恢复工程。

24. 动物疫病新型诊断试剂、疫苗及低毒低残留兽药(含兽用生物制品)新工艺、新技术开发与应用。

25. 优质高产牧草人工种植与加工。

26. 无公害农产品及其产地环境的有害元素监测技术开发与应用。

27. 有机废弃物无害化处理及有机肥料产业化技术开发与应用。

28. 农牧渔产品无公害、绿色生产技术开发与应用。

29. 农林牧渔产品储运、保鲜、加工与综合利用。

30. 天然林等自然资源保护工程。

31. 碳汇林建设、植树种草工程及林木种苗工程。

32. 水土流失综合治理技术开发与应用。

33. 生态系统恢复与重建工程。

34. 海洋、森林、野生动植物、湿地、荒漠、草原等自然保护区建设及生态示范工程。

35. 防护林工程。

36. 固沙、保水、改土新材料生产。

37. 抗盐与耐旱植物培植。

38. 速生丰产林工程、工业原料林工程、珍贵树种培育及名特优新经济林建设。

39. 森林抚育、低产林改造工程。

40. 野生经济林树种保护、改良及开发利用。

41. 珍稀濒危野生动植物保护工程。

42. 林业基因资源保护工程。

43. 次小薪材、沙生灌木及三剩物深加工与产品开发。

44. 野生动植物培植、驯养繁育基地及疫源疫病监测预警体系建设。

45. 道地中药材及优质、丰产、濒危或紧缺动植物药材的种植(养殖)。

46. 香料、野生花卉等林下资源人工培育与开发。

47. 木基复合材料及结构用人造板技术开发。

48. 木质复合材料、竹质工程材料生产及综合利用。

49. 松脂林建设、林产化学品深加工。

50. 数字(信息)农业技术开发与应用。

51. 农业环境与治理保护技术开发与应用。

52. 生态清洁型小流域建设及面源污染防治。

53. 农田主要机耕道(桥)建设。

54. 生物质能源林定向培育与产业化。

55. 粮油干燥节能设备、农户绿色储粮生物技术、驱鼠技术、农户新型储粮仓(彩钢板组合仓、钢骨架矩形仓、钢网式干燥仓、热浸镀锌钢板仓等)推广应用。

56. 农作物、林木害虫密度自动监测技术开发与应用。

57. 森林、草原火灾自动监测报警技术开发与应用。

58. 气象卫星工程(卫星研制、生产及配套软件系统、地面接收处理设备等)和气象信息服务。

59. 荒漠化和沙化监测体系及能力建设。

60. 盐渍羊肠衣及制品开发与生产。

61. 防沙治沙工程。

62. 退耕还林还草、天然林保护等国家重点生态工程后续产业开发。

63. 优质番茄、特色香梨、葡萄、甜瓜、红枣、核桃和枸杞的种植及深加工。

64. 优质酿酒葡萄基地。

65. 天然香料的种植、加工。

66. 甜菜糖加工及副产品综合利用。

67. 亚麻种植及其制品生产。

68. 高档棉毛产品升级改造。

69. 丝绸产品深加工。

70. 畜禽骨深加工新技术。

二、水利

1. 江河堤防建设及河道、水库治理工程。

2. 跨流域调水工程。

3. 城乡供水水源工程。
4. 农村饮水安全工程。
5. 蓄滞洪区建设。
6. 病险水库、水闸除险加固工程。
7. 城市积涝预警和防洪工程。
8. 综合利用水利枢纽工程。
9. 牧区水利工程。
10. 灌区改造及配套设施建设。
11. 防洪抗旱应急设施建设。
12. 高效输配水、节水灌溉技术推广应用。
13. 水文应急测报、旱情监测基础设施建设。
14. 灌溉排水泵站更新改造工程。
15. 农田水利设施建设工程(灌排渠道、涵闸、泵站建设等)。
16. 防汛抗旱新技术新产品开发与应用。
17. 山洪地质灾害防治工程(山洪地质灾害防治区监测预报预警体系建设及山洪沟、泥石流沟和滑坡治理等)。
18. 水生态系统及地下水保护与修复工程。
19. 水源地保护工程(水源地保护区划分、隔离防护、水土保持、水资源保护、水生态环境修复及有关技术开发推广)。
20. 水文站网基础设施建设及其仪器设备开发与应用。

三、煤炭

1. 煤田地质及地球物理勘探。
2. 120万吨/年及以上高产高效煤矿(含矿井、露天)、高效选煤厂建设。
3. 矿井灾害(瓦斯、煤尘、矿井水、火、围岩、地温、冲击地压等)防治。
4. 型煤及水煤浆技术开发与应用。
5. 煤炭共伴生资源加工与综合利用。
6. 煤层气勘探、开发、利用和煤矿瓦斯抽采、利用。
7. 煤矸石、煤泥、洗中煤等低热值燃料综合利用。
8. 管道输煤。
9. 煤炭高效洗选脱硫技术开发与应用。
10. 选煤工程技术开发与应用。
11. 地面沉陷区治理、矿井水资源保护与利用。
12. 煤电一体化建设。
13. 提高资源回收率的采煤方法、工艺开发与应用。
14. 矿井采空区矸石回填技术开发与应用。
15. 井下救援技术及特种装备开发与应用。
16. 煤炭生产过程综合监控技术、装备开发与应用。
17. 大型煤炭储运中心、煤炭交易市场建设。

18. 新型矿工避险自救器材开发与应用。

19. 建筑物下、铁路等基础设施下、水体下采用煤矸石等物质充填采煤技术开发与应用。

20. 煤炭加工应用技术开发和产品生产。

四、电力

1. 水力发电。

2. 缺水地区单机60万千瓦及以上大型空冷机组电站建设。

3. 重要用电负荷中心且天然气充足地区天然气调峰发电项目。

4. 30万千瓦及以上循环流化床、增压流化床、整体煤气化联合循环发电等洁净煤发电。

5. 单机30万千瓦及以上采用流化床锅炉并利用煤矸石、中煤、煤泥等发电。

6. 在役发电机组脱硫、脱硝改造。

7. 跨区电网互联工程技术开发与应用。

8. 输变电节能、环保技术推广应用。

9. 降低输、变、配电损耗技术开发与应用。

10. 分布式供电及并网技术推广应用。

11. 燃煤发电机组脱硫、脱硝及复合污染物治理。

12. 火力发电脱硝催化剂开发生产。

13. 水力发电中低温水恢复措施工程、过鱼措施工程技术开发与应用。

14. 大容量电能储存技术开发与应用。

15. 电动汽车充电设施。

16. 乏风瓦斯发电技术及开发利用。

17. 利用余热余压、煤层气、高炉气、焦炉气、垃圾发电。

18. 采用单机30万千瓦及以上集中供热机组的热电联产,背压式热电联产,以及热、电、冷多联产。

19. 南疆喀什、和田应急燃机电站。

五、新能源

1. 生物质纤维素乙醇、生物柴油等非粮生物质燃料生产技术开发与应用。

2. 太阳能热发电集热系统、太阳能光伏发电系统集成技术开发应用、逆变控制系统开发制造。

3. 风电与光伏发电互补系统技术开发与应用。

六、石油、天然气

1. 油气伴生资源综合利用。

2. 放空天然气回收利用及装置制造。

七、钢铁

1. 黑色金属矿山接替资源勘探及关键勘探技术开发。

2. 高性能、高质量及升级换代钢材产品技术开发与应用。包括600兆帕级及以上高强度汽车板、油气输送高性能管线钢、高强度船舶用宽厚板、海洋工程用钢、420兆帕级及以上建筑和桥梁等结构用中厚板、高速重载铁路用钢、低铁损高磁感硅钢、耐腐蚀耐磨损钢材、节约合金资源不锈钢(现代铁素体不锈钢、双相不锈钢、含氮不锈钢)、高性能基础件(高性能齿轮、12.9级及以上螺栓、高强度弹簧、长寿命轴承等)用特殊钢棒线材、高品质特钢锻轧材(工模具钢、不锈钢、机械用钢等)等。

3. 焦炉、高炉、热风炉用长寿命节能环保耐火材料生产工艺;精炼钢用低碳、无碳耐火材料和高效连铸用功能环保性耐火材料生产工艺。

4. 生产过程在线质量检测技术应用。

5. 利用钢铁生产设备处理社会废弃物。

6. 烧结烟气脱硫、脱硝、脱二恶英等多功能干法脱除,以及副产物资源化、再利用化技术。

7. 难选贫矿、(共)伴生矿综合利用先进工艺技术。

8. 冶金固体废弃物(含冶金矿山废石、尾矿,钢铁厂产生的各类尘、泥、渣、铁皮等)综合利用先进工艺技术。

9. 冶金废液(含废水、废酸、废油等)循环利用工艺技术与设备。

10. 高炉、转炉煤气干法除尘。

八、有色金属

1. 有色金属现有矿山接替资源勘探开发,紧缺资源的深部及难采矿床开发。

2. 高效、低耗、低污染、新型冶炼技术开发。

3. 高效、节能、低污染、规模化再生资源回收与综合利用(1)废杂有色金属回收(2)有价元素的综合利用(3)赤泥及其他冶炼废渣综合利用(4)高铝粉煤灰提取氧化铝。

4. 铝铜硅钨钼等大规格高纯靶材、超大规模集成电路铜镍硅和铜铬锆引线框架材料、电子焊料等开发与生产。

5. 抗压强度不低于500Mpa、导电率不低于80%IACS的铜合金精密带材和超长线材制品等高强铜合金、交通运输工具主承力结构用的新型高强、高韧、耐蚀铝合金材料及大尺寸制品开发与生产。

6. 铜、铅、锌、铝等有色金属精深加工。

九、黄金

1. 从尾矿及废石中回收黄金资源。

十、石化化工

1. 含硫含酸重质、劣质原油炼制技术,高标准油品生产技术开发与应用。

2. 高效、安全、环境友好的农药新品种、新剂型(水基化剂型等)、专用中间体、助剂(水基化助剂等)的开发与生产;甲叉法乙草胺、水相法毒死蜱工艺,草甘膦回收氯甲烷工艺、定向合成法手性和立体结构农药生产、乙基氯化物合成技术等清洁生产工艺的开发和应用,生物农药新产品、新技术的开发与生产。

3. 改性型、水基型胶粘剂和新型热熔胶,环保型吸水剂、水处理剂,分子筛固汞、无汞等新型高效、环保催化剂和助剂,安全型食品添加剂、饲料添加剂,纳米材料,功能性膜材料,超净高纯试剂、光刻胶、电子气、高性能液晶材料等新型精细化学品的开发与生产。

4. 聚合物改性沥青开发与生产。

5. 硫、钾、硼、锂等短缺化工矿产资源开发及综合利用,以及精细无机盐产品生产。

6. 优质钾肥及各种专用肥、缓控释肥的生产,钾肥生产剩余物的综合开发利用,氮肥企业节能减排和原料结构调整,磷石膏综合利用技术开发与应用。

7. 水性木器、工业、船舶涂料、高固体分、无溶剂、辐射固化、功能性外墙保温涂料等环境友好、资源节约型涂料生产。

8. 采用离子膜法烧碱生产技术、烧碱用盐水膜法脱硝、纯碱行业干法蒸馏、联碱不冷碳化等清洁生产技术对现有装置进行改造和回收锅炉烟道气 CO_2 生产纯碱。

9. 盐化工下游产品生产及开发(列入《产业结构调整指导目录》、《外商投资产业指导目录》限制类、禁止类的除外)。

十一、建材

1. 一次冲洗用水量 6 升及以下的坐便器、蹲便器、节水型小便器及节水控制设备开发与生产。

2. 使用合成矿物纤维、芳纶纤维等作为增强材料的无石棉摩擦、密封材料新工艺、新产品开发与生产。

3. 废矿石、尾矿和建筑废弃物的综合利用。

4. 农用田间建设材料技术开发与生产。

5. 利用工业副产石膏生产新型墙体材料及技术装备开发与制造。

6. 2000 吨/日及以上新型干法水泥和利用 2000 吨/日及以上新型干法水泥窑炉处置工业废弃物、城市污泥和生活垃圾的生产,纯低温余热发电;粉磨系统等节能改造。

7. 3 万吨/年及以上无碱玻璃纤维池窑拉丝技术和高性能玻璃纤维及制品技术开发与生产。

8. 优质节能复合门窗及五金配件生产。

9. 20 万立方米/年以上大型石材荒料、30 万平方米/年以上超薄复合石材生产。

10. 年产 100 万平方米及以上建筑陶瓷砖生产线。

11. 3000 万标砖/年及以上的煤矸石、页岩等非粘土烧结构多孔砖和空心砖生产线。

12. 年产 500 万平方米及以上改性沥青类防水卷材生产线。

13. 新型墙体材料开发与生产。

14. 蛭石、云母、石棉、菱镁矿、石墨、石灰石、红柱石、石材等非金属矿产的综合利用(勘查、开发除外)。

15. 特殊品种(超白、超薄、在线 Low - E)优质浮法玻璃技术开发及深加工。

十二、医药

1. 拥有自主知识产权的新药开发和生产,天然药物开发和生产,新型计划生育药物(包括第三代孕激素的避孕药)开发和生产,满足我国重大、多发性疾病防治需求的通用名药物首次开发和生产,药物新剂型、新辅料的开发和生产,药物生产过程中的膜分离、超临界萃取、新型结晶、手性合成、酶促合成、生物转化、自控等技术开发与应用,原料药生产节能降耗减排技术、新型药物制剂技术开发与应用。

2. 新型药用包装材料及其技术开发和生产(一级耐水药用玻璃,可降解材料,具有避光、高阻隔性、高透过性的功能性材料,新型给药方式的包装;药包材无苯油墨印刷工艺等)。

3. 濒危稀缺药用动植物人工繁育技术及代用品开发和生产，先进农业技术在中药材规范化种植、养殖中的应用，中药有效成分的提取、纯化、质量控制新技术开发和应用，中药现代剂型的工艺技术、生产过程控制技术和装备的开发与应用，中药饮片创新技术开发和应用，中成药二次开发和生产。

4. 民族药物开发和生产。

5. 基本药物质量和生产技术水平提升及降低成本。

6. 以牛羊内脏为原料的生物制药产品的开发利用。

十三、机械

1. 土壤修复技术装备制造。

2. 适合新疆煤炭蕴藏特点的煤矿采掘设备制造。

3. 农业、林果业、畜牧业机械制造。

4. 安全饮水设备制造。

十四、轻工

1. 无元素氯(ECF)和全无氯(TCF)化学纸浆漂白工艺开发及应用。

2. 生物可降解塑料及其系列产品开发、生产与应用。

3. 农用塑料节水器材和长寿命(三年及以上)功能性农用薄膜的开发、生产。

4. 新型塑料建材(高气密性节能塑料窗、大口径排水排污管道、抗冲击改性聚氯乙烯管、地源热泵系统用聚乙烯管、非开挖用塑料管材、复合塑料管材、塑料检查井)；防渗土工膜；塑木复合材料和分子量≥200 万的超高分子量聚乙烯管材及板材生产。

5. 少数民族特需用品制造。

6. 制革及毛皮加工清洁生产、皮革后整饰新技术开发及关键设备制造、皮革废弃物综合利用；皮革铬鞣废液的循环利用，三价铬污泥综合利用；无灰膨胀(助)剂、无氨脱灰(助)剂、无盐浸酸(助)剂、高吸收铬鞣(助)剂、天然植物鞣剂、水性涂饰(助)剂等高档皮革用功能性化工产品开发、生产与应用。

7. 多效、节能、节水、环保型表面活性剂和浓缩型合成洗涤剂的开发与生产。

8. 节能环保型玻璃窑炉(含全电熔、电助熔、全氧燃烧技术)的设计、应用；废(碎)玻璃回收再利用。

9. 水性油墨、紫外光固化油墨、植物油油墨等节能环保型油墨生产。

10. 天然食品添加剂、天然香料新技术开发与生产。

11. 热带果汁、浆果果汁、谷物饮料、本草饮料、茶浓缩液、茶粉、植物蛋白饮料等高附加价值植物饮料的开发生产与加工原料基地建设；果渣、茶渣等的综合开发与利用。

12. 营养健康型大米、小麦粉(食品专用米、发芽糙米、留胚米、食品专用粉、全麦粉及营养强化产品等)及制品的开发生产；传统主食工业化生产；杂粮加工专用设备开发与生产。

13. 菜籽油生产线：采用膨化、负压蒸发、热能自平衡利用、低消耗蒸汽真空系统等技术，油菜籽主产区日处理油菜籽 400 吨及以上、吨料溶剂消耗 1.5 公斤以下(其中西部地区日处理油菜籽 200 吨及以上、吨料溶剂消耗 2 公斤)以下；花生油生产线：花生主产区日处理花生 200 吨及以上，吨料溶剂消耗 2 公斤以下；棉籽油生产线：棉籽产区日处理棉籽 300 吨及以上，吨料溶剂消耗 2 公斤以下；米糠油生产线：采用分散快速膨化，集中制油、精炼技术；玉米胚芽油生产线;油茶籽、核桃等木本油料和胡麻、芝麻、葵花籽等小品种油料加工生产线。

14. 发酵法工艺生产小品种氨基酸(赖氨酸、谷氨酸除外),新型酶制剂(糖化酶、淀粉酶除外)、多元醇、功能性发酵制品(功能性糖类、真菌多糖、功能性红曲、发酵法抗氧化和复合功能配料、活性肽、微生态制剂)等生产。

15. 薯类变性淀粉。

16. 畜禽骨、血及内脏等副产物综合利用与无害化处理。

17. 采用生物发酵技术生产优质低温肉制品。

18. 单条生产线年生产能力化学木浆年产30万吨及以上、化学机械木浆10万吨及以上、非木原料制浆5万吨及以上、箱纸板和白板纸10万吨及以上的造纸项目。

19. 高档营养配方乳粉、优质工业乳粉、奶酪、酪蛋白、奶油、炼乳、酸奶等固态、半固态乳制品生产。

20. 年产10万千升以上啤酒生产线。

21. 年产1万千升以上葡萄酒生产线。

22. 年产1000千升以上果酒生产线。

23. 民族乐器及其零件生产。

24. 手工地毯、玉雕、民族刺绣等民族特色手工艺品、工艺美术品和旅游纪念品生产。

25. 粮油加工副产物(稻壳、米糠、麸皮、胚芽、饼粕、秸秆等)综合利用关键技术开发应用。

26. 综合利用钾盐生产剩余物生产鲜皮处理剂。

27. 年产10万件及以上木制家具、5万件及以上金属家具、3万件及以上塑料家具、1万件及以上软体家具生产。

28. 年产3万吨以上玻璃瓶罐、玻璃包装容器生产线。

29. 金属包装容器、日用金属工具、日用金属制品、建筑及家具用金属配件、建筑装饰及水暖管道零件、建筑安全消防用金属制品生产。

30. 包装容器材料及日用玻璃制品生产。

十五、纺织

1. 符合生态、资源综合利用与环保要求的特种动物纤维、麻纤维、竹原纤维、桑柞茧丝、彩色棉花、彩色桑茧丝类天然纤维的加工技术与产品。

2. 采用紧密纺、低扭矩纺、赛络纺、嵌入式纺纱等高速、新型纺纱技术生产多品种纤维混纺纱线及采用自动络筒、细络联、集体络纱等自动化设备生产高品质纱线。

3. 采用编织、非织造布复合、多层在线复合、长效多功能整理等高新技术,生产满足国民经济各领域需求的产业用纺织品。

4. 高档地毯、抽纱、刺绣产品生产。

5. 5万锭以上棉纺织生产。

6. 大容量聚酯及涤纶纤维生产。

7. 差别化、功能性改性化学纤维生产。

8. 新型聚酯及纤维、再生资源纤维、生物质纤维开发、生产及应用。

9. 采用无梭织机、大圆机等先进织造设备生产高档机织、针织纺织品。

10. 节能环保型印染高档面料生产。
11. 采用信息化、自动化技术的服装生产。
12. 纺织行业三废高效治理以及废旧资源回收再利用技术的推广应用。
十六、建筑
1. 集中供热系统计量与调控技术、产品的研发与推广。
2. 商品混凝土、商品砂浆及其施工技术开发。
十七、城市基础设施
1. 城市公共交通建设。
2. 城市道路及智能交通体系建设。
3. 城镇安全饮水工程。
4. 城镇地下管道共同沟建设。
5. 城镇供排水管网工程、供水水源及净水厂工程。
6. 城市燃气工程。
7. 城镇集中供热建设和改造工程。
8. 城镇园林绿化及生态小区建设。
9. 城市建设管理信息化技术应用。
10. 城市生态系统关键技术应用。
11. 城市节水技术开发与应用。
12. 城市照明智能化、绿色照明产品及系统技术开发与应用。
13. 再生水利用技术与工程。
14. 城市下水管线非开挖施工技术开发与应用。
15. 城市供水、排水、燃气塑料管道应用工程。
十八、铁路
1. 铁路新线建设。
2. 既有铁路改扩建。
3. 客运专线、高速铁路系统技术开发与建设。
4. 铁路行车及客运、货运安全保障系统技术与装备,铁路列车运行控制与车辆控制系统、铁路运输信息系统开发建设。
5. 铁路运输信息系统开发与建设。
6. 7200 千瓦及以上交流传动电力机车、6000 马力及以上交流传动内燃机车、时速 200 公里以上动车组、海拔 3000 米以上高原机车、大型专用货车、机车车辆特种救援设备。
7. 干线轨道车辆交流牵引传动系统、制动系统及核心元器件(含 IGCT、IGBT 元器件)。
8. 时速 200 公里及以上铁路接触网、道岔、扣配件、牵引供电设备。
9. 电气化铁路牵引供电功率因数补偿技术应用。
10. 大型养路机械、铁路工程建设机械装备、线桥隧检测设备。
11. 行车调度指挥自动化技术开发。
12. 混凝土结构物修补和提高耐久性技术、材料开发。
13. 铁路旅客列车集便器及污物地面接收、处理工程。

14. 铁路 GSM－R 通信信号系统。
15. 铁路宽带通信系统开发与建设。
16. 数字铁路与智能运输开发建设。
17. 时速在 300 公里及以上高速铁路或客运专线减震降噪技术应用。
18. 城际轨道交通建设。

十九、公路及道路运输(含城市客运)

1. 西部开发公路干线、国家高速公路网项目建设。
2. 国省干线改造升级。
3. 汽车客货运站、城市公交站。
4. 高速公路不停车收费系统相关技术开发与应用。
5. 公路智能运输、快速客货运输、公路甩挂运输系统开发与建设。
6. 公路管理服务、应急保障系统开发与建设。
7. 公路工程新材料开发生产。
8. 公路集装箱和厢式运输。
9. 特大跨径桥梁修筑和养护维修技术应用。
10. 长大隧道修筑和维护技术应用。
11. 农村客货运输网络开发与建设。
12. 农村公路建设。
13. 城际快速系统开发与建设。
14. 出租汽车服务调度信息系统开发与建设。
15. 高速公路车辆应急疏散通道建设。
16. 低噪音路面技术开发。
17. 高速公路快速修筑与维护技术和材料开发应用。
18. 城市公交。
19. 运营车辆安全监控记录系统开发应用。

二十、水运

1. 水上交通安全监管和救助系统建设。
2. 港口危险化学品、油品应急设施建设及设备制造。
3. 水上高速客运。
4. 水运行业信息系统建设。

二十一、航空运输

1. 机场建设。
2. 公共航空运输。
3. 通用航空。
4. 空中交通管制和通讯导航系统建设。
5. 航空计算机管理及其网络系统开发与建设。
6. 航空油料设施建设。
7. 小型航空器应急起降场地建设。

二十二、综合交通运输

1. 综合交通枢纽建设及改造。

2. 综合交通枢纽便捷换乘及行李捷运系统建设。

3. 综合交通枢纽运营管理信息系统建设及应用。

4. 综合交通枢纽诱导系统建设。

5. 综合交通枢纽一体化服务设施建设。

6. 综合交通枢纽防灾救灾及应急疏散系统。

7. 综合交通枢纽便捷货运换装系统建设。

8. 集装箱多式联运系统建设。

二十三、信息产业

1. 软件开发生产(含民族语言信息化标准研究与推广应用)。

2. 电子商务和电子政务系统开发及应用服务。

3. 数字音乐、手机媒体、动漫游戏等数字内容产品的开发系统。

4. 防伪技术开发与运用。

5. 卫星数字电视广播系统建设。

6. 通信"村村通"工程。

7. 信息安全产品开发生产。

8. 宽带光缆、宽带无线接入网络技术开发及通信管道和网络建设。

9. 物联网和下一代互联网技术产品开发与建设及应用平台建设和服务。

10. 应急通信、农村通信、行业和信息化通信设施建设、设备制造及网络改造、业务运营。

11. 增值电信业务开发与运营。

二十四、现代物流业

1. 粮食、棉花、食用油、食糖、化肥、石油等重要商品现代化物流设施建设。

2. 农产品物流配送(含冷链)设施建设,食品物流质量安全控制技术服务。

3. 药品物流配送(含冷链)技术应用和设施建设,药品物流质量安全控制技术服务。

4. 出版物等文化产品供应链管理技术服务。

5. 第三方物流服务设施建设。

6. 仓储和转运设施设备、运输工具、物流器具的标准化改造。

7. 自动识别和标识技术、电子数据交换技术、可视化技术、货物跟踪和快速分拣技术、移动物流信息服务技术、全球定位系统、地理信息系统、道路交通信息通讯系统、智能交通系统、物流信息系统安全技术及立体仓库技术的研发和应用。

8. 应急物流设施建设。

9. 物流公共信息平台建设。

10. 实现铁路与公路、民用航空与地面交通等多式联运物流节点设施建设与经营。

11. 空港、产业聚集区、商贸集散地的物流中心建设。

二十五、金融服务业

1. 信用担保服务体系建设。

2. 农村金融服务体系建设。

3. 农业保险、责任保险、信用保险。

4. 创业投资。

二十六、科技服务业

1. 工业设计、气象、生物、新材料、新能源、节能、环保、测绘、海洋等专业科技服务,商品质量认证和质量检测服务、科技普及。

2. 数字音乐、手机媒体、网络出版等数字内容服务,地理、国际贸易等领域信息资源开发服务。

3. 科技信息交流、文献信息检索、技术咨询、技术孵化、科技成果评估和科技鉴证等服务。

4. 知识产权代理、转让、登记、鉴定、检索、评估、认证、咨询和相关投融资服务。

5. 信息技术外包、业务流程外包、知识流程外包等技术先进型服务。

二十七、商务服务业

1. 工程咨询服务(包括规划编制与咨询、投资机会研究、可行性研究、评估咨询、工程勘查设计、招标代理、工程和设备监理、工程项目管理等)。

2. 产权交易服务平台。

3. 广告创意、广告策划、广告设计、广告制作。

4. 就业和创业指导、网络招聘、培训、人员派遣、高级人才访聘、人员测评、人力资源管理咨询、人力资源服务外包等人力资源服务业。

5. 人力资源市场及配套服务设施建设。

6. 农村劳动力转移就业服务平台建设。

7. 会展服务(不含会展场馆建设)。

二十八、商贸服务业

1. 现代化的农产品、生产资料市场流通设施建设。

2. 种子、种苗、种畜禽和鱼苗(种)、化肥、农药、农机具、农膜等农资连锁经营。

3. 面向农村的日用品、药品、出版物等生活用品连锁经营。

4. 农产品拍卖服务。

5. 商贸企业的统一配送和分销网络建设。

6. 利用信息技术改造提升传统商品交易市场。

二十九、旅游业

1. 休闲、登山、滑雪、潜水、探险等各类户外活动用品开发与营销服务。

2. 乡村旅游、生态旅游、森林旅游、工业旅游、体育旅游、红色旅游、民族风情游及其他旅游资源综合开发服务。

3. 旅游基础设施建设及旅游信息服务。

4. 旅游商品、旅游纪念品开发及营销。

5. 旅游景区(点)保护、开发和经营及其配套设施建设。

三十、邮政业

1. 邮政储蓄网络建设。

2. 邮政综合业务网建设。

3. 邮件处理自动化工程。

4. 邮政普遍服务基础设施台账、快递企业备案许可、邮(快)件时限监测、消费者申诉、满意度调查与公示、邮编及行业资费查询等公共服务和市场监管功能等邮政业公共服务信息平台建设。

5. 城乡快递营业网点、门店等快递服务网点建设。

6. 城市、区域内和区域间的快件分拣中心、转运中心、集散中心、处理枢纽等快递处理设施建设。

7. 快件跟踪查询、自动分拣、运递调度、快递客服呼叫中心等快递信息系统开发与应用。

8. 快件分拣处理、数据采集、集装容器等快递技术、装备开发与应用。

9. 邮件、快件运输与交通运输网络融合技术开发。

三十一、教育、文化、卫生、体育服务业

1. 学前教育。

2. 特殊教育。

3. 职业教育。

4. 远程教育。

5. 文化创意设计服务。

6. 广播影视制作、发行、交易、播映、出版、衍生品开发。

7. 动漫创作、制作、传播、出版、衍生产品开发。

8. 移动多媒体广播电视、广播影视数字化、数字电影服务监管技术及应用。

9. 语言文字技术开发与应用。

10. 非物质文化遗产保护与开发。

11. 民族和民间艺术、传统工艺美术保护与发展。

12. 民族文化艺术精品的国际营销与推广。

13. 计划生育、优生优育、生殖健康咨询与服务。

14. 全科医疗服务。

15. 远程医疗服务。

16. 卫生咨询、健康管理、医疗知识等医疗信息服务。

17. 传染病、儿童、精神卫生专科医院和护理院(站)设施建设与服务。

18. 残疾人社会化、专业化康复服务和托养服务。

19. 体育竞赛表演、体育场馆设施建设及运营、大众体育健身休闲服务。

20. 中华老字号的保护与发展。

三十二、其他服务业

1. 保障性住房建设与管理。

2. 老年人、未成年人活动场所。

3. 养老服务。

4. 社区照料服务。

5. 病患陪护服务。
6. 再生资源回收利用网络体系建设。
7. 基层就业和社会保障服务设施建设。
8. 农民工留守家属服务设施建设。
9. 工伤康复中心建设。

三十三、环境保护与资源节约综合利用

1. 矿山生态环境恢复工程。
2. 环境监测体系工程。
3. “三废”综合利用及治理工程。
4. “三废”处理用生物菌种和添加剂开发及生产。
5. 重复用水技术应用。
6. 高效、低能耗污水处理与再生技术开发。
7. 城镇垃圾及其他固体废弃物减量化、资源化、无害化处理和综合利用工程。
8. 废物填埋防渗技术与材料。
9. 新型水处理药剂开发与生产。
10. 节能、节水、节材环保及资源综合利用等技术开发、应用及设备制造。
11. 鼓励推广共生、伴生矿产资源中有价元素的分离及综合利用技术。
12. 低品位、复杂、难处理矿开发及综合利用。
13. 尾矿、废渣等资源综合利用。
14. 再生资源回收利用产业化。
15. 高效、节能、环保采选矿技术。
16. 为用户提供节能诊断、设计、融资、改造、运行管理等服务。

三十四、公共安全与应急产品

1. 生物灾害、动物疫情监测预警技术开发与应用。
2. 堤坝、尾矿库安全自动监测报警技术开发与应用。
3. 煤炭、矿山等安全生产监测报警技术开发与应用。
4. 公共交通工具事故预警技术开发与应用。
5. 水、土壤、空气污染物快速监测技术与产品。
6. 食品药品安全快速检测仪器。
7. 新发传染病检测试剂和仪器。
8. 城市公共安全监测预警平台技术。
9. 易燃、易爆、高腐蚀性、放射性等危险物品快速检测技术与产品。
10. 应急救援人员防护用品开发与应用。
11. 社会群体个人防护用品开发与应用。
12. 矿井等特殊作业场所应急避险设施。
13. 突发事件现场信息探测与快速获取技术及产品。
14. 大型公共建筑、高层建筑、森林、水上和地下设施消防灭火救援技术与产品。
15. 因灾损毁交通设施应急抢通装备及器材开发与应用。

16. 公共交通设施除冰雪机械及环保型除雪剂开发与应用。

17. 突发环境灾难应急环保技术装备：热墙式沥青路面地热再生设备（再生深度：0～60毫米）；无辐射高速公路雾雪屏蔽器；有毒有害液体快速吸纳处理技术装备；移动式医疗垃圾快速处理装置；移动式小型垃圾清洁处理装备；人畜粪便无害化快速处理装置；禽类病原体无害化快速处理装置；危险废物特性鉴别专用仪器。

18. 应急发电设备。

19. 应急照明器材及灯具。

20. 机动医疗救护系统。

21. 防控突发公共卫生和生物事件疫苗和药品。

22. 饮用水快速净化装置。

23. 应急通信技术与产品的开发与生产。

24. 应急决策指挥平台技术开发与应用。

25. 反恐技术与装备。

26. 交通、社区等应急救援社会化服务。

27. 应急物流设施及服务。

28. 应急咨询、培训、租赁和保险服务。

29. 应急物资储备基础设施建设。

30. 应急救援基地、公众应急体验基础设施建设。

2－1－113

财政部　国家税务总局关于地方政府债券利息所得免征所得税问题的通知

2011年8月26日　财税〔2011〕76号

各省、自治区、直辖市、计划单列市财政厅（局）、国家税务局、地方税务局，新疆生产建设兵团财务局：

经国务院批准，现就地方政府债券利息所得有关所得税政策通知如下：

一、对企业和个人取得的2009年、2010年和2011年发行的地方政府债券利息所得，免征企业所得税和个人所得税。

二、地方政府债券是指经国务院批准，以省、自治区、直辖市和计划单列市政府为发行和偿还主体的债券。

2－1－114

财政部　国家税务总局关于专项用途财政性资金企业所得税处理问题的通知

2011年9月7日　财税〔2011〕70号

各省、自治区、直辖市、计划单列市财政厅（局）、国家税务局、地方税务局，新疆生产建设兵团财务局：

根据《中华人民共和国企业所得税法》及《中华人民共和国企业所得税法实施条例》（国务院令第512号，以下简称实施条例）的有关规定，经国务院批准，现就企业取得的专项用途财政性资金企业所得税处理问题通知如下：

一、企业从县级以上各级人民政府财政部门及其他部门取得的应计入收入总额的财政性资金，凡同时符合以下条件的，可以作为不征税收入，在计算应纳税所得额时从收入总额中减除：

（一）企业能够提供规定资金专项用途的资金拨付文件；

（二）财政部门或其他拨付资金的政府部门对该资金有专门的资金管理办法或具体管理要求；

（三）企业对该资金以及以该资金发生的支出单独进行核算。

二、根据实施条例第二十八条的规定，上述不征税收入用于支出所形成的费用，不得在计算应纳税所得额时扣除；用于支出所形成的资产，其计算的折旧、摊销不得在计算应纳税所得额时扣除。

三、企业将符合本通知第一条规定条件的财政性资金作不征税收入处理后，在5年（60个月）内未发生支出且未缴回财政部门或其他拨付资金的政府部门的部分，应计入取得该资金第六年的应税收入总额；计入应税收入总额的财政性资金发生的支出，允许在计算应纳税所得额时扣除。

四、本通知自2011年1月1日起执行。

2－1－115

财政部　国家税务总局关于铁路建设债券利息收入企业所得税政策的通知

2011年10月10日　财税〔2011〕99号

各省、自治区、直辖市、计划单列市财政厅（局）、国家税务局、地方税务局，新疆生产建设兵团财务局：

经国务院批准，现就企业取得中国铁路建设债券利息收入有关企业所得税政策通知

如下：

一、对企业持有2011～2013年发行的中国铁路建设债券取得的利息收入，减半征收企业所得税。

二、中国铁路建设债券是指经国家发展改革委核准，以铁道部为发行和偿还主体的债券。

请遵照执行。

2－1－116

关于第十八批享受优惠政策的企业(集团)技术中心名单、撤销和调整的国家认定企业技术中心名单的公告

2011年11月4日 国家发展改革委 科学技术部 财政部
海关总署 国家税务总局公告2011年第29号

根据《国家认定企业技术中心管理办法》，经审定，现将第十八批享受优惠政策的企业(集团)技术中心名单、撤销和调整的国家认定企业技术中心名单公告如下：

一、确认北京神州泰岳软件股份有限公司等83家技术中心和中国石油集团济柴动力总厂等5家分中心为第十八批享受优惠政策的企业(集团)技术中心。请享受优惠政策的企业(集团)技术中心按照《海关总署2007年第13号公告》的规定，向单位所在地直属海关申请办理减免税备案、审批等有关手续。

二、在2011年的评价中，江西铜业集团公司等10家企业技术中心评价为不合格，上海广电(集团)有限公司等6家企业技术中心未上报评价材料，新疆天山水泥股份有限公司连续两次评价得分在65分至60分之间，撤销上述17家国家认定企业技术中心资格。

三、将华北制药集团有限责任公司、际华三五四二纺织有限公司等2家企业国家认定企业技术中心调整为其母公司国家认定企业技术中心的分中心。

四、湖北京山轻工机械股份有限公司因涉税违法行为，受到税务行政处罚，停止享受科技开发用品免征进口税收优惠政策一年(从发布本公告之日算起)。

特此公告。

附件：1. 第十八批国家认定企业(集团)技术中心及分中心名单(编者略)

2. 撤销、调整和处罚的国家认定企业技术中心名单(编者略)

3. 国家认定企业技术中心名单(编者略)

2-1-117

财政部　国家税务总局关于新疆喀什霍尔果斯两个特殊经济开发区企业所得税优惠政策的通知

2011年11月29日　财税〔2011〕112号

新疆维吾尔自治区财政厅、国家税务局、地方税务局,新疆生产建设兵团财务局:

为推进新疆跨越式发展和长治久安,贯彻落实《中共中央、国务院关于推进新疆跨越式发展和长治久安的意见》和《国务院关于支持喀什、霍尔果斯经济开发区建设的若干意见》(国发〔2011〕33号)精神,现就新疆喀什、霍尔果斯两个特殊经济开发区有关企业所得税优惠政策通知如下:

一、2010年1月1日至2020年12月31日,对在新疆喀什、霍尔果斯两个特殊经济开发区内新办的属于《新疆困难地区重点鼓励发展产业企业所得税优惠目录》(以下简称《目录》)范围内的企业,自取得第一笔生产经营收入所属纳税年度起,五年内免征企业所得税。

第一笔生产经营收入,是指产业项目已建成并投入运营后所取得的第一笔收入。

二、属于《目录》范围内的企业是指以《目录》中规定的产业项目为主营业务,其主营业务收入占企业收入总额70%以上的企业。

三、对难以界定是否属于《目录》范围的项目,税务机关应当要求企业提供省级以上(含省级)有关行业主管部门出具的证明文件,并结合其他相关材料进行认定。

注释:

政策调整。"企业享受新疆喀什、霍尔果斯两个特殊经济开发区、新疆困难地区新办企业所得税优惠的核准"取消。参见:1.《国家税务总局贯彻落实〈国务院关于第二批取消152项中央指定地方实施行政审批事项的决定〉的通知》(税总发〔2016〕23号)。2.《国务院关于第二批取消152项中央指定地方实施行政审批事项的决定》(国发〔2016〕9号)。3.《国家税务总局关于公布已取消的22项税务非行政许可审批事项的公告》(国家税务总局公告2015年第58号)。

2－1－118

财政部 国家税务总局关于公共基础设施项目和环境保护节能节水项目企业所得税优惠政策问题的通知

2012年1月5日 财税〔2012〕10号

各省、自治区、直辖市、计划单列市财政厅(局)、国家税务局、地方税务局,新疆生产建设兵团财务局:

根据《中华人民共和国企业所得税法》(以下简称新税法)和《中华人民共和国企业所得税法实施条例》(国务院令第512号)的有关规定,现就企业享受公共基础设施项目和环境保护、节能节水项目企业所得税优惠政策问题通知如下:

一、企业从事符合《公共基础设施项目企业所得税优惠目录》规定,于2007年12月31日前已经批准的公共基础设施项目投资经营的所得,以及从事符合《环境保护、节能节水项目企业所得税优惠目录》规定,于2007年12月31日前已经批准的环境保护、节能节水项目的所得,可在该项目取得第一笔生产经营收入所属纳税年度起,按新税法规定计算的企业所得税"三免三减半"优惠期间内,自2008年1月1日起享受其剩余年限的减免企业所得税优惠。

二、如企业既符合享受上述税收优惠政策的条件,又符合享受《国务院关于实施企业所得税过渡优惠政策的通知》(国发〔2007〕39号)第一条规定的企业所得税过渡优惠政策的条件,由企业选择最优惠的政策执行,不得叠加享受。

2－1－119

国家税务总局关于深入实施西部大开发战略有关企业所得税问题的公告

2012年4月6日 国家税务总局公告2012年第12号

根据《中华人民共和国企业所得税法》(以下简称《企业所得税法》)及其实施条例和《财政部、国家税务总局、海关总署关于深入实施西部大开发战略有关税收政策问题的通知》(财税〔2011〕58号)的规定,现将深入实施西部大开发战略有关企业所得税问题公告如下:

一、自2011年1月1日至2020年12月31日,对设在西部地区以《西部地区鼓励类产业目录》中规定的产业项目为主营业务,且其当年度主营业务收入占企业收入总额70%以上的企业,经企业申请,主管税务机关审核确认后,可减按15%税率缴纳企业所得税。

上述所称收入总额，是指《企业所得税法》第六条规定的收入总额。

二、企业应当在年度汇算清缴前向主管税务机关提出书面申请并附送相关资料。第一年须报主管税务机关审核确认，第二年及以后年度实行备案管理。各省、自治区、直辖市和计划单列市税务机关可结合本地实际制定具体审核、备案管理办法，并报国家税务总局（所得税司）备案。

凡对企业主营业务是否属于《西部地区鼓励类产业目录》难以界定的，税务机关应要求企业提供省级（含副省级）政府有关行政主管部门或其授权的下一级行政主管部门出具的证明文件。

企业主营业务属于《西部地区鼓励类产业目录》范围的，经主管税务机关确认，可按照15%税率预缴企业所得税。年度汇算清缴时，其当年度主营业务收入占企业总收入的比例达不到规定标准的，应按税法规定的税率计算申报并进行汇算清缴。

三、在《西部地区鼓励类产业目录》公布前，企业符合《产业结构调整指导目录（2005 年版）》、《产业结构调整指导目录（2011 年版）》、《外商投资产业指导目录（2007 年修订）》和《中西部地区优势产业目录（2008 年修订）》范围的，经税务机关确认后，其企业所得税可按照 15% 税率缴纳。《西部地区鼓励类产业目录》公布后，已按 15% 税率进行企业所得税汇算清缴的企业，若不符合本公告第一条规定的条件，可在履行相关程序后，按税法规定的适用税率重新计算申报。

四、2010 年 12 月 31 日前新办的交通、电力、水利、邮政、广播电视企业，凡已经按照《国家税务总局关于落实西部大开发有关税收政策具体实施意见的通知》（国税发〔2002〕47号）第二条第二款规定，取得税务机关审核批准的，其享受的企业所得税“两免三减半”优惠可以继续享受到期满为止；凡符合享受原西部大开发税收优惠规定条件，但由于尚未取得收入或尚未进入获利年度等原因，2010 年 12 月 31 日前尚未按照国税发〔2002〕47 号第二条规定完成税务机关审核确认手续的，可按照本公告的规定，履行相关手续后享受原税收优惠。

五、根据《财政部、国家税务总局关于执行企业所得税优惠政策若干问题的通知》（财税〔2009〕69 号）第一条及第二条的规定，企业既符合西部大开发 15% 优惠税率条件，又符合《企业所得税法》及其实施条例和国务院规定的各项税收优惠条件的，可以同时享受。在涉及定期减免税的减半期内，可以按照企业适用税率计算的应纳税额减半征税。

六、在优惠地区内外分别设有机构的企业享受西部大开发优惠税率问题。

（一）总机构设在西部大开发税收优惠地区的企业，仅就设在优惠地区的总机构和分支机构（不含优惠地区外设立的二级分支机构在优惠地区内设立的三级以下分支机构）的所得确定适用 15% 优惠税率。在确定该企业是否符合优惠条件时，以该企业设在优惠地区的总机构和分支机构的主营业务是否符合《西部地区鼓励类产业目录》及其主营业务收入占其收入总额的比重加以确定，不考虑该企业设在优惠地区以外分支机构的因素。该企业应纳所得税额的计算和所得税缴纳，按照《国家税务总局关于印发〈跨地区经营汇总纳税企业所得税征收管理暂行办法〉的通知》（国税发〔2008〕28 号）第十六条和《国家税务总局关于跨地区经营汇总纳税企业所得税征收管理若干问题的通知》（国税函〔2009〕221 号）第二条的规定执行。有关审核、备案手续向总机构主管税务机关申请办理。

（二）总机构设在西部大开发税收优惠地区外的企业，其在优惠地区内设立的分支机构（不含仅在优惠地区内设立的三级以下分支机构），仅就该分支机构所得确定适用15%优惠税率。在确定该分支机构是否符合优惠条件时，仅以该分支机构的主营业务是否符合《西部地区鼓励类产业目录》及其主营业务收入占其收入总额的比重加以确定。该企业应纳所得税额的计算和所得税缴纳，按照国税发〔2008〕28号第十六条和国税函〔2009〕221号第二条的规定执行。有关审核、备案手续向分支机构主管税务机关申请办理，分支机构主管税务机关需将该分支机构享受西部大开发税收优惠情况及时函告总机构所在地主管税务机关。

七、本公告自2011年1月1日起施行。

特此公告。

注释：

条款废止。第一条中"经企业申请，主管税务机关审核确认后"废止。参见：《国家税务总局关于公布全文失效废止和部分条款废止的税收规范性文件目录的公告》（国家税务总局公告2016年第34号）。

条款停止执行。第三条中有关重新计算申报的规定停止执行。参见：《国家税务总局关于执行〈西部地区鼓励类产业目录〉有关企业所得税问题的公告》（国家税务总局公告2015年第14号）。

2－1－120

国家税务总局关于企业所得税应纳税所得额若干税务处理问题的公告

2012年4月24日　国家税务总局公告2012年第15号

根据《中华人民共和国企业所得税法》（以下简称《企业所得税法》）及其实施条例（以下简称《实施条例》）以及相关规定，现就企业所得税应纳税所得额若干税务处理问题公告如下：

一、关于季节工、临时工等费用税前扣除问题

企业因雇用季节工、临时工、实习生、返聘离退休人员以及接受外部劳务派遣用工所实际发生的费用，应区分为工资薪金支出和职工福利费支出，并按《企业所得税法》规定在企业所得税前扣除。其中属于工资薪金支出的，准予计入企业工资薪金总额的基数，作为计算其他各项相关费用扣除的依据。

二、关于企业融资费用支出税前扣除问题

企业通过发行债券、取得贷款、吸收保户储金等方式融资而发生的合理的费用支出，符合资本化条件的，应计入相关资产成本；不符合资本化条件的，应作为财务费用，准予在企业所得税前据实扣除。

三、关于从事代理服务企业营业成本税前扣除问题

从事代理服务、主营业务收入为手续费、佣金的企业(如证券、期货、保险代理等企业),其为取得该类收入而实际发生的营业成本(包括手续费及佣金支出),准予在企业所得税前据实扣除。

四、关于电信企业手续费及佣金支出税前扣除问题

电信企业在发展客户、拓展业务等过程中(如委托销售电话入网卡、电话充值卡等),需向经纪人、代办商支付手续费及佣金的,其实际发生的相关手续费及佣金支出,不超过企业当年收入总额5%的部分,准予在企业所得税前据实扣除。

五、关于筹办期业务招待费等费用税前扣除问题

企业在筹建期间,发生的与筹办活动有关的业务招待费支出,可按实际发生额的60%计入企业筹办费,并按有关规定在税前扣除;发生的广告费和业务宣传费,可按实际发生额计入企业筹办费,并按有关规定在税前扣除。

六、关于以前年度发生应扣未扣支出的税务处理问题

根据《中华人民共和国税收征收管理法》的有关规定,对企业发现以前年度实际发生的、按照税收规定应在企业所得税前扣除而未扣除或者少扣除的支出,企业做出专项申报及说明后,准予追补至该项目发生年度计算扣除,但追补确认期限不得超过5年。

企业由于上述原因多缴的企业所得税税款,可以在追补确认年度企业所得税应纳税款中抵扣,不足抵扣的,可以向以后年度递延抵扣或申请退税。

亏损企业追补确认以前年度未在企业所得税前扣除的支出,或盈利企业经过追补确认后出现亏损的,应首先调整该项支出所属年度的亏损额,然后再按照弥补亏损的原则计算以后年度多缴的企业所得税款,并按前款规定处理。

七、关于企业不征税收入管理问题

企业取得的不征税收入,应按照《财政部　国家税务总局关于专项用途财政性资金企业所得税处理问题的通知》(财税〔2011〕70号,以下简称《通知》)的规定进行处理。凡未按照《通知》规定进行管理的,应作为企业应税收入计入应纳税所得额,依法缴纳企业所得税。

八、关于税前扣除规定与企业实际会计处理之间的协调问题

根据《企业所得税法》第二十一条规定,对企业依据财务会计制度规定,并实际在财务会计处理上已确认的支出,凡没有超过《企业所得税法》和有关税收法规规定的税前扣除范围和标准的,可按企业实际会计处理确认的支出,在企业所得税前扣除,计算其应纳税所得额。

九、本公告施行时间

本公告规定适用于2011年度及以后各年度企业应纳税所得额的处理。

特此公告。

注释:

条款废止。第一条有关企业接受外部劳务派遣用工的相关规定废止。参见:《国家税务总局关于企业工资薪金和职工福利费等支出税前扣除问题的公告》(国家税务总局公告2015年第34号)。

2 -1 -121

国家税务总局关于执行内地与港澳间税收安排涉及个人受雇所得有关问题的公告

2012 年 4 月 26 日　国家税务总局公告 2012 年第 16 号

为了解决往来内地与港、澳间跨境工作个人双重征税问题，根据内地与香港、澳门签署的关于对所得避免双重征税和防止偷漏税安排（以下简称《安排》）受雇所得条款（与澳门间安排为非独立个人劳务条款，以下统称受雇所得条款）的有关规定，经与相关税务主管当局协商，现就在港、澳受雇或在内地与港、澳间双重受雇的港澳税收居民执行《安排》受雇所得条款涉及的居民个人所得税问题公告如下：

一、执行《安排》受雇所得条款相关规定及计税方法

（一）港澳税收居民在内地从事相关活动取得所得，根据《安排》受雇所得条款第一款的规定，应仅就归属于内地工作期间的所得，在内地缴纳个人所得税。计算公式为：

应纳税额 =（当期境内外工资薪金应纳税所得额 × 适用税率 - 速算扣除数）× 当期境内实际停留天数 ÷ 当期公历天数

（二）港澳税收居民在内地从事相关活动取得所得，根据《安排》受雇所得条款第二款的规定，可就符合条件部分在内地免予征税；内地征税部分的计算公式为：

应纳税额 =（当期境内外工资薪金应纳税所得额 × 适用税率 - 速算扣除数）×（当期境内实际停留天数 ÷ 当期公历天数）×（当期境内支付工资 ÷ 当期境内外支付工资总额）

二、有关公式项目或用语的解释

（一）"当期"：指按国内税收规定计算工资薪金所得应纳税所得额的当个所属期间。

（二）"当期境内外工资薪金应纳税所得额"：指应当计入当期的工资薪金收入按照国内税收规定计算的应纳税所得额。

（三）"适用税率"和"速算扣除数"均按照国内税收规定确定。

（四）"当期境内支付工资"：指当期境内外支付工资总额中由境内居民或常设机构支付或负担的部分。

（五）"当期境内外支付工资总额"：指应当计入当期的工资薪金收入总额，包括未做任何费用减除计算的各种境内外来源数额。

（六）"当期境内实际停留天数"指港澳税收居民当期在内地的实际停留天数，但对其入境、离境、往返或多次往返境内外的当日，按半天计算为当期境内实际停留天数。

（七）"当期公历天数"指当期包含的全部公历天数，不因当日实际停留地是否在境内而做任何扣减。

三、一次取得跨多个计税期间收入

港澳税收居民一次取得跨多个计税期间的各种形式的奖金、加薪、劳动分红等（以下统称奖金，不包括应按每个计税期间支付的奖金），仍应以按照国内税收规定确定的计税期间

作为执行"安排"规定的所属期间,并分别情况适用本公告第一条第(一)项或第(二)项公式计算个人所得税应纳税额。在适用本公告上述公式时,公式中"当期境内实际停留天数"指在据以获取该奖金的期间中属于在境内实际停留的天数;"当期公历天数"指据以获取该奖金的期间所包含的全部公历天数。

四、备案报告

港澳税收居民在每次按本公告规定享受《安排》相关待遇时,应该按照《非居民享受税收协定待遇管理办法(试行)》(国税发〔2009〕124号)的有关规定,向主管税务机关备案,并按照《国家税务总局关于在中国境内无住所的个人计算缴纳个人所得税若干具体问题的通知》(国税函发〔1995〕125号)第五条规定提供有关资料。

五、执行日期

本公告适用于自2012年6月1日起取得的工资薪金所得。

港澳税收居民执行上述规定在计算缴纳个人所得税时不再执行下列文件条款规定,但在处理与《安排》受雇所得条款规定无关税务问题时,下列文件条款规定的效力不受本公告影响:

(一)《国家税务总局关于在中国境内无住所的个人取得工资薪金所得纳税义务问题的通知》(国税发〔1994〕148号)第二条、第三条和第六条;

(二)《国家税务总局关于在中国境内无住所的个人计算缴纳个人所得税若干具体问题的通知》(国税函发〔1995〕125号)第一条和第二条;

(三)《国家税务总局关于三井物产(株)大连事务所外籍雇员取得数月奖金确定纳税义务问题的批复》(国税函发〔1997〕546号)第一条;

(四)《国家税务总局关于在中国境内无住所的个人执行税收协定和个人所得税法若干问题的通知》(国税发〔2004〕97号)第二条以及第三条第一款第(一)项和第(二)项。

2-1-122

国家税务总局关于我国居民企业实行股权激励计划有关企业所得税处理问题的公告

2012年5月23日　国家税务总局公告2012年第18号

为推进我国资本市场改革,促进企业建立健全激励与约束机制,根据国务院证券管理委员会发布的《上市公司股权激励管理办法(试行)》(证监公司字〔2005〕151号,以下简称《管理办法》)的规定,一些在我国境内上市的居民企业(以下简称上市公司),为其职工建立了股权激励计划。根据《中华人民共和国企业所得税法》及其实施条例(以下简称税法)的有关规定,现就上市公司实施股权激励计划有关企业所得税处理问题,公告如下:

一、本公告所称股权激励,是指《管理办法》中规定的上市公司以本公司股票为标的,对其董事、监事、高级管理人员及其他员工(以下简称激励对象)进行的长期性激励。股权激励实行方式包括授予限制性股票、股票期权以及其他法律法规规定的方式。

限制性股票，是指《管理办法》中规定的激励对象按照股权激励计划规定的条件，从上市公司获得的一定数量的本公司股票。

股票期权，是指《管理办法》中规定的上市公司按照股权激励计划授予激励对象在未来一定期限内，以预先确定的价格和条件购买本公司一定数量股票的权利。

二、上市公司依照《管理办法》要求建立职工股权激励计划，并按我国企业会计准则的有关规定，在股权激励计划授予激励对象时，按照该股票的公允价格及数量，计算确定作为上市公司相关年度的成本或费用，作为换取激励对象提供服务的对价。上述企业建立的职工股权激励计划，其企业所得税的处理，按以下规定执行：

（一）对股权激励计划实行后立即可以行权的，上市公司可以根据实际行权时该股票的公允价格与激励对象实际行权支付价格的差额和数量，计算确定作为当年上市公司工资薪金支出，依照税法规定进行税前扣除。

（二）对股权激励计划实行后，需待一定服务年限或者达到规定业绩条件（以下简称等待期）方可行权的。上市公司等待期内会计上计算确认的相关成本费用，不得在对应年度计算缴纳企业所得税时扣除。在股权激励计划可行权后，上市公司方可根据该股票实际行权时的公允价格与当年激励对象实际行权支付价格的差额及数量，计算确定作为当年上市公司工资薪金支出，依照税法规定进行税前扣除。

（三）本条所指股票实际行权时的公允价格，以实际行权日该股票的收盘价格确定。

三、在我国境外上市的居民企业和非上市公司，凡比照《管理办法》的规定建立职工股权激励计划，且在企业会计处理上，也按我国会计准则的有关规定处理的，其股权激励计划有关企业所得税处理问题，可以按照上述规定执行。

四、本公告自2012年7月1日起施行。

特此公告。

2－1－123

财政部　国家税务总局关于确认中华全国总工会和中国红十字会总会2011年度公益性捐赠税前扣除资格的通知

2012年5月24日　财税〔2012〕47号

各省、自治区、直辖市、计划单列市财政厅（局）、国家税务局、地方税务局，新疆生产建设兵团财务局：

根据《财政部、国家税务总局关于通过公益性群众团体的公益性捐赠税前扣除有关问题的通知》（财税〔2009〕124号）精神，经财政部、国家税务总局联合审核确认，中华全国总工会和中国红十字会总会具有2011年度公益性捐赠税前扣除资格，企业（包括企业、事业单位、社会团体以及其他取得收入的组织）或个人2011年度通过中华全国总工会和中国红十字会总会进行的公益性捐赠支出，可按规定予以税前扣除。

2－1－124

国家税务总局关于企业所得税核定征收有关问题的公告

2012年6月19日　国家税务总局公告2012年第27号

根据《中华人民共和国企业所得税法》及其实施条例、《国家税务总局关于印发〈企业所得税核定征收办法〉（试行）的通知》（国税发〔2008〕30号）和《国家税务总局关于企业所得税核定征收若干问题的通知》（国税函〔2009〕377号）的相关规定，现就企业所得税核定征收若干问题公告如下：

一、专门从事股权（股票）投资业务的企业，不得核定征收企业所得税。

二、依法按核定应税所得率方式核定征收企业所得税的企业，取得的转让股权（股票）收入等转让财产收入，应全额计入应税收入额，按照主营项目（业务）确定适用的应税所得率计算征税；若主营项目（业务）发生变化，应在当年汇算清缴时，按照变化后的主营项目（业务）重新确定适用的应税所得率计算征税。

三、本公告自2012年1月1日起施行。企业以前年度尚未处理的上述事项，按照本公告的规定处理。已经处理的，不再调整。

2－1－125

国家税务总局关于发布《企业政策性搬迁所得税管理办法》的公告

2012年8月10日　国家税务总局公告2012年第40号

现将《企业政策性搬迁所得税管理办法》予以发布，自2012年10月1日起施行。

特此公告。

企业政策性搬迁所得税管理办法

第一章　总　　则

第一条　为规范企业政策性搬迁的所得税征收管理，根据《中华人民共和国企业所得税法》（以下简称《企业所得税法》）及其实施条例的有关规定，制定本办法。

第二条　本办法执行范围仅限于企业政策性搬迁过程中涉及的所得税征收管理事项，不包括企业自行搬迁或商业性搬迁等非政策性搬迁的税务处理事项。

第三条　企业政策性搬迁，是指由于社会公共利益的需要，在政府主导下企业进行整体搬迁或部分搬迁。企业由于下列需要之一，提供相关文件证明资料的，属于政策性搬迁：

（一）国防和外交的需要；

（二）由政府组织实施的能源、交通、水利等基础设施的需要；

（三）由政府组织实施的科技、教育、文化、卫生、体育、环境和资源保护、防灾减灾、文物保护、社会福利、市政公用等公共事业的需要；

（四）由政府组织实施的保障性安居工程建设的需要；

（五）由政府依照《中华人民共和国城乡规划法》有关规定组织实施的对危房集中、基础设施落后等地段进行旧城区改建的需要；

（六）法律、行政法规规定的其他公共利益的需要。

第四条　企业应按本办法的要求，就政策性搬迁过程中涉及的搬迁收入、搬迁支出、搬迁资产税务处理、搬迁所得等所得税征收管理事项，单独进行税务管理和核算。不能单独进行税务管理和核算的，应视为企业自行搬迁或商业性搬迁等非政策性搬迁进行所得税处理，不得执行本办法规定。

第二章　搬迁收入

第五条　企业的搬迁收入，包括搬迁过程中从本企业以外（包括政府或其他单位）取得的搬迁补偿收入，以及本企业搬迁资产处置收入等。

第六条　企业取得的搬迁补偿收入，是指企业由于搬迁取得的货币性和非货币性补偿收入。具体包括：

（一）对被征用资产价值的补偿；

（二）因搬迁、安置而给予的补偿；

（三）对停产停业形成的损失而给予的补偿；

（四）资产搬迁过程中遭到毁损而取得的保险赔款；

（五）其他补偿收入。

第七条　企业搬迁资产处置收入，是指企业由于搬迁而处置企业各类资产所取得的收入。

企业由于搬迁处置存货而取得的收入，应按正常经营活动取得的收入进行所得税处理，不作为企业搬迁收入。

第三章　搬迁支出

第八条　企业的搬迁支出，包括搬迁费用支出以及由于搬迁所发生的企业资产处置支出。

第九条　搬迁费用支出，是指企业搬迁期间所发生的各项费用，包括安置职工实际发生的费用、停工期间支付给职工的工资及福利费、临时存放搬迁资产而发生的费用、各类资产搬迁安装费用以及其他与搬迁相关的费用。

第十条　资产处置支出，是指企业由于搬迁而处置各类资产所发生的支出，包括变卖及处置各类资产的净值、处置过程中所发生的税费等支出。

企业由于搬迁而报废的资产，如无转让价值，其净值作为企业的资产处置支出。

第四章　搬迁资产税务处理

第十一条　企业搬迁的资产，简单安装或不需要安装即可继续使用的，在该项资产重新投入使用后，就其净值按《企业所得税法》及其实施条例规定的该资产尚未折旧或摊销的年限，继续计提折旧或摊销。

第十二条　企业搬迁的资产，需要进行大修理后才能重新使用的，应就该资产的净值，加上大修理过程所发生的支出，为该资产的计税成本。在该项资产重新投入使用后，按该资产尚可使用的年限，计提折旧或摊销。

第十三条　企业搬迁中被征用的土地，采取土地置换的，换入土地的计税成本按被征用土地的净值，以及该换入土地投入使用前所发生的各项费用支出，为该换入土地的计税成本，在该换入土地投入使用后，按《企业所得税法》及其实施条例规定年限摊销。

第十四条　企业搬迁期间新购置的各类资产，应按《企业所得税法》及其实施条例等有关规定，计算确定资产的计税成本及折旧或摊销年限。企业发生的购置资产支出，不得从搬迁收入中扣除。

第五章　应税所得

第十五条　企业在搬迁期间发生的搬迁收入和搬迁支出，可以暂不计入当期应纳税所得额，而在完成搬迁的年度，对搬迁收入和支出进行汇总清算。

第十六条　企业的搬迁收入，扣除搬迁支出后的余额，为企业的搬迁所得。

企业应在搬迁完成年度，将搬迁所得计入当年度企业应纳税所得额计算纳税。

第十七条　下列情形之一的，为搬迁完成年度，企业应进行搬迁清算，计算搬迁所得：

（一）从搬迁开始，5 年内（包括搬迁当年度）任何一年完成搬迁的。

（二）从搬迁开始，搬迁时间满 5 年（包括搬迁当年度）的年度。

第十八条　企业搬迁收入扣除搬迁支出后为负数的，应为搬迁损失。搬迁损失可在下列方法中选择其一进行税务处理：

（一）在搬迁完成年度，一次性作为损失进行扣除。

（二）自搬迁完成年度起分 3 个年度，均匀在税前扣除。

上述方法由企业自行选择，但一经选定，不得改变。

第十九条　企业同时符合下列条件的，视为已经完成搬迁：

（一）搬迁规划已基本完成；

（二）当年生产经营收入占规划搬迁前年度生产经营收入 50% 以上。

第二十条　企业边搬迁、边生产的，搬迁年度应从实际开始搬迁的年度计算。

第二十一条　企业以前年度发生尚未弥补的亏损的，凡企业由于搬迁停止生产经营无所得的，从搬迁年度次年起，至搬迁完成年度前一年度止，可作为停止生产经营活动年度，从法定亏损结转弥补年限中减除；企业边搬迁、边生产的，其亏损结转年度应连续计算。

第六章　征收管理

第二十二条　企业应当自搬迁开始年度，至次年 5 月 31 日前，向主管税务机关（包括迁出地和迁入地)报送政策性搬迁依据、搬迁规划等相关材料。逾期未报的,除特殊原因并经主管税务机关认可外,按非政策性搬迁处理,不得执行本办法的规定。

第二十三条 企业应向主管税务机关报送的政策性搬迁依据、搬迁规划等相关材料,包括:

(一)政府搬迁文件或公告;

(二)搬迁重置总体规划;

(三)拆迁补偿协议;

(四)资产处置计划;

(五)其他与搬迁相关的事项。

第二十四条 企业迁出地和迁入地主管税务机关发生变化的,由迁入地主管税务机关负责企业搬迁清算。

第二十五条 企业搬迁完成当年,其向主管税务机关报送企业所得税年度纳税申报表时,应同时报送《企业政策性搬迁清算损益表》(表样附后)及相关材料。

第二十六条 企业在本办法生效前尚未完成搬迁的,符合本办法规定的搬迁事项,一律按本办法执行。本办法生效年度以前已经完成搬迁且已按原规定进行税务处理的,不再调整。

第二十七条 本办法未规定的企业搬迁税务事项,按照《企业所得税法》及其实施条例等相关规定进行税务处理。

第二十八条 本办法施行后,《国家税务总局关于企业政策性搬迁或处置收入有关企业所得税处理问题的通知》(国税函〔2009〕118 号)同时废止。

附件:中华人民共和国企业政策性搬迁清算损益表(编者略)

注释:

条款废止。第二十五条关于"应同时报送《企业政策性搬迁清算损益表》(表样附后)"的规定和附件《企业政策性搬迁清算损益表》废止。参见:《国家税务总局关于企业所得税年度纳税申报有关事项的公告》(国家税务总局公告 2022 年第 27 号)。

条款废止。第二十六条自 2012 年 10 月 1 日起废止。参见:《国家税务总局关于企业政策性搬迁所得税有关问题的公告》(国家税务总局公告 2013 年第 11 号)。

2－1－126

国家税务总局关于中日税收协定适用于日本新增税种的公告

2012 年 12 月 4 日 国家税务总局公告 2012 年第 49 号

中日双方主管当局代表经过协商,同意将中日税收协定适用于日方新增加的重建专项所得税(the special income tax for reconstruction)和重建专项法人税(the special corporation tax for reconstruction)。这两个税种是日本根据其国内相关法案设立,分别以中日税收协定中税种范围条款日方所列的所得税和法人税为税基,且与其实质相同。

本公告自发布之日起施行。

特此公告。

2-1-127

财政部　国家税务总局　中国人民银行关于《跨省市总分机构企业所得税分配及预算管理办法》的补充通知

2012年12月25日　财预〔2012〕453号

各省、自治区、直辖市、计划单列市财政厅(局)、国家税务局、地方税务局,财政部驻各省、自治区、直辖市、计划单列市财政监察专员办事处,中国人民银行上海总部,各分行、营业管理部,省会(首府)城市中心支行,深圳、大连、青岛、厦门、宁波市中心支行:

为更好落实《财政部、国家税务总局、中国人民银行关于印发〈跨省市总分机构企业所得税分配及预算管理办法〉的通知》(财预〔2012〕40号),现对有关事项补充通知如下:

一、关于分支机构查补收入的归属。二级分支机构所在地主管税务机关自行对二级分支机构实施税务检查,二级分支机构应将查补所得税款、滞纳金、罚款地方分享部分的50%归属该二级分支机构所在地,就地办理缴库;其余50%分摊给总机构办理缴库,其中,25%归属总机构所在地,25%就地全额缴入中央国库,由中央财政按照一定比例在各地区间分配。

二、关于税款滞纳金、罚款收入的归属。除查补税款滞纳金、罚款收入实行跨地区分享外,跨省市总分机构企业缴纳的其他企业所得税滞纳金、罚款收入不实行跨地区分享,按照规定的缴库程序就地缴库。

三、关于预算科目的调整。将财预〔2012〕40号文件和2013年《政府收支分类科目》中1010450项名称修改为"企业所得税税款滞纳金、罚款、加收利息收入"。1010450项下01目名称修改为"内资企业所得税税款滞纳金、罚款、加收利息收入";02目名称修改为"港澳台和外商投资企业所得税税款滞纳金、罚款、加收利息收入";03目名称修改为"中央企业所得税税款滞纳金、罚款、加收利息收入"。科目具体修改情况见附件。

四、关于缴库程序。分支机构分摊的查补税款入库的预算科目为1010449项"分支机构汇算清缴所得税"下的有关目级科目,级次为"中央60%、地方40%";滞纳金、罚款入库的预算科目为1010450项"企业所得税税款滞纳金、罚款、加收利息收入"下的有关目级科目,级次为"中央60%、地方40%"。

总机构分摊的查补税款入库的预算科目为1010442项"总机构汇算清缴所得税"下的有关目级科目,级次为"中央60%、中央20%(待分配)、地方20%";滞纳金、罚款入库的预算科目为1010450项"企业所得税税款滞纳金、罚款、加收利息收入"下的有关目级科目,级次为“中央60%、中央20%(待分配)、地方20%”。国库部门收到总机构企业查补税款和滞纳金、罚款后,将其中60%列入中央级1010442项“总机构汇算清缴所得税”下的有关目级科目和1010450项“企业所得税税款滞纳金、罚款、加收利息收入”下的有关目级科目,20%列入中央级1010443“企业所得税待分配收入”下的有关目级科目,20%列入地方级1010442项“总机构汇算清缴所得税”下的有关目级科目和1010450项“企业所得税税款滞纳金、罚款、加收利息收入”下的有关目级科目。

五、其他。本办法实施后,缴纳和退还2012年及以前年度的企业所得税,仍按原办法执行。

财预〔2012〕40号文件规定与本文规定不一致的,按本文规定执行。

2－1－128

国家税务总局关于印发《跨地区经营汇总纳税企业所得税征收管理办法》的公告

2012年12月27日　国家税务总局公告2012年第57号

为加强跨地区经营汇总纳税企业所得税的征收管理,根据《中华人民共和国企业所得税法》及其实施条例、《中华人民共和国税收征收管理法》及其实施细则和《财政部、国家税务总局、中国人民银行关于印发〈跨省市总分机构企业所得税分配及预算管理办法〉的通知》(财预〔2012〕40号)等文件的精神,国家税务总局制定了《跨地区经营汇总纳税企业所得税征收管理办法》。现予发布,自2013年1月1日起施行。

特此公告。

跨地区经营汇总纳税企业所得税征收管理办法

第一章　总　　则

第一条　为加强跨地区经营汇总纳税企业所得税的征收管理,根据《中华人民共和国企业所得税法》及其实施条例(以下简称《企业所得税法》)、《中华人民共和国税收征收管理法》及其实施细则(以下简称《征收管理法》)和《财政部、国家税务总局、中国人民银行关于印发〈跨省市总分机构企业所得税分配及预算管理办法〉的通知》(财预〔2012〕40号)等的有关规定,制定本办法。

第二条　居民企业在中国境内跨地区(指跨省、自治区、直辖市和计划单列市,下同)设立不具有法人资格分支机构的,该居民企业为跨地区经营汇总纳税企业(以下简称汇总纳税企业),除另有规定外,其企业所得税征收管理适用本办法。

国有邮政企业(包括中国邮政集团公司及其控股公司和直属单位)、中国工商银行股份有限公司、中国农业银行股份有限公司、中国银行股份有限公司、国家开发银行股份有限公司、中国农业发展银行、中国进出口银行、中国投资有限责任公司、中国建设银行股份有限公司、中国建银投资有限责任公司、中国信达资产管理股份有限公司、中国石油天然气股份有限公司、中国石油化工股份有限公司、海洋石油天然气企业(包括中国海洋石油总公司、中海石油(中国)有限公司、中海油田服务股份有限公司、海洋石油工程股份有限公司)、中国长江电力股份有限公司等企业缴纳的企业所得税(包括滞纳金、罚款)为中央收入,全额上缴中央国库,其企业所得税征收管理不适用本办法。

铁路运输企业所得税征收管理不适用本办法。

第三条 汇总纳税企业实行"统一计算、分级管理、就地预缴、汇总清算、财政调库"的企业所得税征收管理办法:

(一)统一计算,是指总机构统一计算包括汇总纳税企业所属各个不具有法人资格分支机构在内的全部应纳税所得额、应纳税额。

(二)分级管理,是指总机构、分支机构所在地的主管税务机关都有对当地机构进行企业所得税管理的责任,总机构和分支机构应分别接受机构所在地主管税务机关的管理。

(三)就地预缴,是指总机构、分支机构应按本办法的规定,分月或分季分别向所在地主管税务机关申报预缴企业所得税。

(四)汇总清算,是指在年度终了后,总机构统一计算汇总纳税企业的年度应纳税所得额、应纳所得税额,抵减总机构、分支机构当年已就地分期预缴的企业所得税款后,多退少补。

(五)财政调库,是指财政部定期将缴入中央国库的汇总纳税企业所得税待分配收入,按照核定的系数调整至地方国库。

第四条 总机构和具有主体生产经营职能的二级分支机构,就地分摊缴纳企业所得税。

二级分支机构,是指汇总纳税企业依法设立并领取非法人营业执照(登记证书),且总机构对其财务、业务、人员等直接进行统一核算和管理的分支机构。

第五条 以下二级分支机构不就地分摊缴纳企业所得税:

(一)不具有主体生产经营职能,且在当地不缴纳增值税、营业税的产品售后服务、内部研发、仓储等汇总纳税企业内部辅助性的二级分支机构,不就地分摊缴纳企业所得税。

(二)上年度认定为小型微利企业的,其二级分支机构不就地分摊缴纳企业所得税。

(三)新设立的二级分支机构,设立当年不就地分摊缴纳企业所得税。

(四)当年撤销的二级分支机构,自办理注销税务登记之日所属企业所得税预缴期间起,不就地分摊缴纳企业所得税。

(五)汇总纳税企业在中国境外设立的不具有法人资格的二级分支机构,不就地分摊缴纳企业所得税。

第二章 税款预缴和汇算清缴

第六条 汇总纳税企业按照《企业所得税法》规定汇总计算的企业所得税,包括预缴税款和汇算清缴应缴应退税款,50%在各分支机构间分摊,各分支机构根据分摊税款就地办理缴库或退库;50% 由总机构分摊缴纳,其中 25% 就地办理缴库或退库,25% 就地全额缴入中央国库或退库。具体的税款缴库或退库程序按照财预〔2012〕40 号文件第五条等相关规定执行。

第七条 企业所得税分月或者分季预缴,由总机构所在地主管税务机关具体核定。

汇总纳税企业应根据当期实际利润额,按照本办法规定的预缴分摊方法计算总机构和分支机构的企业所得税预缴额,分别由总机构和分支机构就地预缴;在规定期限内按实际利润额预缴有困难的,也可以按照上一年度应纳税所得额的 1/12 或 1/4,按照本办法规定的预缴分摊方法计算总机构和分支机构的企业所得税预缴额,分别由总机构和分支机构就地预缴。预缴方法一经确定,当年度不得变更。

第八条 总机构应将本期企业应纳所得税额的 50% 部分,在每月或季度终了后 15 日内就地申报预缴。总机构应将本期企业应纳所得税额的另外 50% 部分,按照各分支机构应分摊的比例,在各分支机构之间进行分摊,并及时通知到各分支机构;各分支机构应在每月或季度终了之日起 15 日内,就其分摊的所得税额就地申报预缴。

分支机构未按税款分配数额预缴所得税造成少缴税款的,主管税务机关应按照《征收管理法》的有关规定对其处罚,并将处罚结果通知总机构所在地主管税务机关。

第九条 汇总纳税企业预缴申报时,总机构除报送企业所得税预缴申报表和企业当期财务报表外,还应报送汇总纳税企业分支机构所得税分配表和各分支机构上一年度的年度财务报表(或年度财务状况和营业收支情况);分支机构除报送企业所得税预缴申报表(只填列部分项目)外,还应报送经总机构所在地主管税务机关受理的汇总纳税企业分支机构所得税分配表。

在一个纳税年度内,各分支机构上一年度的年度财务报表(或年度财务状况和营业收支情况)原则上只需要报送一次。

第十条 汇总纳税企业应当自年度终了之日起 5 个月内,由总机构汇总计算企业年度应纳所得税额,扣除总机构和各分支机构已预缴的税款,计算出应缴应退税款,按照本办法规定的税款分摊方法计算总机构和分支机构的企业所得税应缴应退税款,分别由总机构和分支机构就地办理税款缴库或退库。

汇总纳税企业在纳税年度内预缴企业所得税税款少于全年应缴企业所得税税款的,应在汇算清缴期内由总、分机构分别结清应缴的企业所得税税款;预缴税款超过应缴税款的,主管税务机关应及时按有关规定分别办理退税,或者经总、分机构同意后分别抵缴其下一年度应缴企业所得税税款。

第十一条 汇总纳税企业汇算清缴时,总机构除报送企业所得税年度纳税申报表和年度财务报表外,还应报送汇总纳税企业分支机构所得税分配表、各分支机构的年度财务报表和各分支机构参与企业年度纳税调整情况的说明;分支机构除报送企业所得税年度纳税申报表(只填列部分项目)外,还应报送经总机构所在地主管税务机关受理的汇总纳税企业分支机构所得税分配表、分支机构的年度财务报表(或年度财务状况和营业收支情况)和分支机构参与企业年度纳税调整情况的说明。

分支机构参与企业年度纳税调整情况的说明,可参照企业所得税年度纳税申报表附表"纳税调整项目明细表"中列明的项目进行说明,涉及需由总机构统一计算调整的项目不进行说明。

第十二条 分支机构未按规定报送经总机构所在地主管税务机关受理的汇总纳税企业分支机构所得税分配表，分支机构所在地主管税务机关应责成该分支机构在申报期内报送，同时提请总机构所在地主管税务机关督促总机构按照规定提供上述分配表；分支机构在申报期内不提供的，由分支机构所在地主管税务机关对分支机构按照《征收管理法》的有关规定予以处罚；属于总机构未向分支机构提供分配表的，分支机构所在地主管税务机关还应提请总机构所在地主管税务机关对总机构按照《征收管理法》的有关规定予以处罚。

第三章 总分机构分摊税款的计算

第十三条 总机构按以下公式计算分摊税款：

总机构分摊税款＝汇总纳税企业当期应纳所得税额×50%

第十四条 分支机构按以下公式计算分摊税款：

所有分支机构分摊税款总额＝汇总纳税企业当期应纳所得税额×50%

某分支机构分摊税款＝所有分支机构分摊税款总额×该分支机构分摊比例

第十五条 总机构应按照上年度分支机构的营业收入、职工薪酬和资产总额三个因素计算各分支机构分摊所得税款的比例；三级及以下分支机构，其营业收入、职工薪酬和资产总额统一计入二级分支机构；三因素的权重依次为0.35、0.35、0.30。

计算公式如下：

某分支机构分摊比例＝（该分支机构营业收入/各分支机构营业收入之和）×0.35＋（该分支机构职工薪酬/各分支机构职工薪酬之和）×0.35＋（该分支机构资产总额/各分支机构资产总额之和）×0.30 分支机构分摊比例按上述方法一经确定后，除出现本办法第五条第（四）项和第十六条第二、三款情形外，当年不作调整。

第十六条 总机构设立具有主体生产经营职能的部门（非本办法第四条规定的二级分支机构），且该部门的营业收入、职工薪酬和资产总额与管理职能部门分开核算的，可将该部门视同一个二级分支机构，按本办法规定计算分摊并就地缴纳企业所得税；该部门与管理职能部门的营业收入、职工薪酬和资产总额不能分开核算的，该部门不得视同一个二级分支机构，不得按本办法规定计算分摊并就地缴纳企业所得税。

汇总纳税企业当年由于重组等原因从其他企业取得重组当年之前已存在的二级分支机构，并作为本企业二级分支机构管理的，该二级分支机构不视同当年新设立的二级分支机构，按本办法规定计算分摊并就地缴纳企业所得税。

汇总纳税企业内就地分摊缴纳企业所得税的总机构、二级分支机构之间，发生合并、分立、管理层级变更等形成的新设或存续的二级分支机构，不视同当年新设立的二级分支机构，按本办法规定计算分摊并就地缴纳企业所得税。

第十七条 本办法所称分支机构营业收入，是指分支机构销售商品、提供劳务、让渡资产使用权等日常经营活动实现的全部收入。其中，生产经营企业分支机构营业收入是指生产经营企业分支机构销售商品、提供劳务、让渡资产使用权等取得的全部收入。金融企业分支机构营业收入是指金融企业分支机构取得的利息、手续费、佣金等全部收入。保险企业分支机构营业收入是指保险企业分支机构取得的保费等全部收入。

本办法所称分支机构职工薪酬,是指分支机构为获得职工提供的服务而给予各种形式的报酬以及其他相关支出。

本办法所称分支机构资产总额,是指分支机构在经营活动中实际使用的应归属于该分支机构的资产合计额。

本办法所称上年度分支机构的营业收入、职工薪酬和资产总额,是指分支机构上年度全年的营业收入、职工薪酬数据和上年度12月31日的资产总额数据,是依照国家统一会计制度的规定核算的数据。

一个纳税年度内,总机构首次计算分摊税款时采用的分支机构营业收入、职工薪酬和资产总额数据,与此后经过中国注册会计师审计确认的数据不一致的,不作调整。

第十八条 对于按照税收法律、法规和其他规定,总机构和分支机构处于不同税率地区的,先由总机构统一计算全部应纳税所得额,然后按本办法第六条规定的比例和按第十五条计算的分摊比例,计算划分不同税率地区机构的应纳税所得额,再分别按各自的适用税率计算应纳税额后加总计算出汇总纳税企业的应纳所得税总额,最后按本办法第六条规定的比例和按第十五条计算的分摊比例,向总机构和分支机构分摊就地缴纳的企业所得税款。

第十九条 分支机构所在地主管税务机关应根据经总机构所在地主管税务机关受理的汇总纳税企业分支机构所得税分配表、分支机构的年度财务报表(或年度财务状况和营业收支情况)等,对其主管分支机构计算分摊税款比例的三个因素、计算的分摊税款比例和应分摊缴纳的所得税税款进行查验核对;对查验项目有异议的,应于收到汇总纳税企业分支机构所得税分配表后30日内向企业总机构所在地主管税务机关提出书面复核建议,并附送相关数据资料。

总机构所在地主管税务机关必须于收到复核建议后30日内,对分摊税款的比例进行复核,作出调整或维持原比例的决定,并将复核结果函复分支机构所在地主管税务机关。分支机构所在地主管税务机关应执行总机构所在地主管税务机关的复核决定。

总机构所在地主管税务机关未在规定时间内复核并函复复核结果的,上级税务机关应对总机构所在地主管税务机关按照有关规定进行处理。

复核期间,分支机构应先按总机构确定的分摊比例申报缴纳税款。

第二十条 汇总纳税企业未按照规定准确计算分摊税款,造成总机构与分支机构之间同时存在一方(或几方)多缴另一方(或几方)少缴税款的,其总机构或分支机构分摊缴纳的企业所得税低于按本办法规定计算分摊的数额的,应在下一税款缴纳期内,由总机构将按本办法规定计算分摊的税款差额分摊到总机构或分支机构补缴;其总机构或分支机构就地缴纳的企业所得税高于按本办法规定计算分摊的数额的,应在下一税款缴纳期内,由总机构将按本办法规定计算分摊的税款差额从总机构或分支机构的分摊税款中扣减。

第四章 日常管理

第二十一条 汇总纳税企业总机构和分支机构应依法办理税务登记,接受所在地主管税务机关的监督和管理。

第二十二条 总机构应将其所有二级及以下分支机构(包括本办法第五条规定的分支

机构)信息报其所在地主管税务机关备案,内容包括分支机构名称、层级、地址、邮编、纳税人识别号及企业所得税主管税务机关名称、地址和邮编。

分支机构(包括本办法第五条规定的分支机构)应将其总机构、上级分支机构和下属分支机构信息报其所在地主管税务机关备案,内容包括总机构、上级机构和下属分支机构名称、层级、地址、邮编、纳税人识别号及企业所得税主管税务机关名称、地址和邮编。

上述备案信息发生变化的,除另有规定外,应在内容变化后 30 日内报总机构和分支机构所在地主管税务机关备案,并办理变更税务登记。

分支机构注销税务登记后 15 日内,总机构应将分支机构注销情况报所在地主管税务机关备案,并办理变更税务登记。

第二十三条 以总机构名义进行生产经营的非法人分支机构,无法提供汇总纳税企业分支机构所得税分配表,应在预缴申报期内向其所在地主管税务机关报送非法人营业执照(或登记证书)的复印件、由总机构出具的二级及以下分支机构的有效证明和支持有效证明的相关材料(包括总机构拨款证明、总分机构协议或合同、公司章程、管理制度等),证明其二级及以下分支机构身份。

二级及以下分支机构所在地主管税务机关应对二级及以下分支机构进行审核鉴定,对应按本办法规定就地分摊缴纳企业所得税的二级分支机构,应督促其及时就地缴纳企业所得税。

第二十四条 以总机构名义进行生产经营的非法人分支机构,无法提供汇总纳税企业分支机构所得税分配表,也无法提供本办法第二十三条规定相关证据证明其二级及以下分支机构身份的,应视同独立纳税人计算并就地缴纳企业所得税,不执行本办法的相关规定。

按上款规定视同独立纳税人的分支机构,其独立纳税人身份一个年度内不得变更。

汇总纳税企业以后年度改变组织结构的,该分支机构应按本办法第二十三条规定报送相关证据,分支机构所在地主管税务机关重新进行审核鉴定。

第二十五条 汇总纳税企业发生的资产损失,应按以下规定申报扣除:

(一)总机构及二级分支机构发生的资产损失,除应按专项申报和清单申报的有关规定各自向所在地主管税务机关申报外,二级分支机构还应同时上报总机构;三级及以下分支机构发生的资产损失不需向所在地主管税务机关申报,应并入二级分支机构,由二级分支机构统一申报。

(二)总机构对各分支机构上报的资产损失,除税务机关另有规定外,应以清单申报的形式向所在地主管税务机关申报。

(三)总机构将分支机构所属资产捆绑打包转让所发生的资产损失,由总机构向所在地主管税务机关专项申报。

二级分支机构所在地主管税务机关应对二级分支机构申报扣除的资产损失强化后续管理。

第二十六条 对于按照税收法律、法规和其他规定,由分支机构所在地主管税务机关管理的企业所得税优惠事项,分支机构所在地主管税务机关应加强审批(核)、备案管理,并通过评估、检查和台账管理等手段,加强后续管理。

第二十七条 总机构所在地主管税务机关应加强对汇总纳税企业申报缴纳企业所得得

税的管理,可以对企业自行实施税务检查,也可以与二级分支机构所在地主管税务机关联合实施税务检查。

总机构所在地主管税务机关应对查实项目按照《企业所得税法》的规定统一计算查增的应纳税所得额和应纳税额。

总机构应将查补所得税款(包括滞纳金、罚款,下同)的50%按照本办法第十五条规定计算的分摊比例,分摊给各分支机构(不包括本办法第五条规定的分支机构)缴纳,各分支机构根据分摊查补税款就地办理缴库;50%分摊给总机构缴纳,其中25%就地办理缴库,25%就地全额缴入中央国库。具体的税款缴库程序按照财预〔2012〕40号文件第五条等相关规定执行。

汇总纳税企业缴纳查补所得税款时,总机构应向其所在地主管税务机关报送汇总纳税企业分支机构所得税分配表和总机构所在地主管税务机关出具的税务检查结论,各分支机构也应向其所在地主管税务机关报送经总机构所在地主管税务机关受理的汇总纳税企业分支机构所得税分配表和税务检查结论。

第二十八条 二级分支机构所在地主管税务机关应配合总机构所在地主管税务机关对其主管二级分支机构实施税务检查,也可以自行对该二级分支机构实施税务检查。

二级分支机构所在地主管税务机关自行对其主管二级分支机构实施税务检查,可对查实项目按照《企业所得税法》的规定自行计算查增的应纳税所得额和应纳税额。

计算查增的应纳税所得额时,应减除允许弥补的汇总纳税企业以前年度亏损;对于需由总机构统一计算的税前扣除项目,不得由分支机构自行计算调整。

二级分支机构应将查补所得税款的50%分摊给总机构缴纳,其中25%就地办理缴库,25%就地全额缴入中央国库;50%分摊给该二级分支机构就地办理缴库。具体的税款缴库程序按照财预〔2012〕40号文件第五条等相关规定执行。

汇总纳税企业缴纳查补所得税款时,总机构应向其所在地主管税务机关报送经二级分支机构所在地主管税务机关受理的汇总纳税企业分支机构所得税分配表和二级分支机构所在地主管税务机关出具的税务检查结论,二级分支机构也应向其所在地主管税务机关报送汇总纳税企业分支机构所得税分配表和税务检查结论。

第二十九条 税务机关应将汇总纳税企业总机构、分支机构的税务登记信息、备案信息、总机构出具的分支机构有效证明情况及分支机构审核鉴定情况、企业所得税月(季)度预缴纳税申报表和年度纳税申报表、汇总纳税企业分支机构所得税分配表、财务报表(或年度财务状况和营业收支情况)、企业所得税款入库情况、资产损失情况、税收优惠情况、各分支机构参与企业年度纳税调整情况的说明、税务检查及查补税款分摊和入库情况等信息,定期分省汇总上传至国家税务总局跨地区经营汇总纳税企业管理信息交换平台。

第三十条 2008年底之前已成立的汇总纳税企业,2009年起新设立的分支机构,其企业所得税的征管部门应与总机构企业所得税征管部门一致;2009年起新增汇总纳税企业,其分支机构企业所得税的管理部门也应与总机构企业所得税管理部门一致。

第三十一条 汇总纳税企业不得核定征收企业所得税。

第五章 附 则

第三十二条 居民企业在中国境内没有跨地区设立不具有法人资格分支机构,仅在同一省、自治区、直辖市和计划单列市（以下称同一地区）内设立不具有法人资格分支机构的，其企业所得税征收管理办法，由各省、自治区、直辖市和计划单列市国家税务局、地方税务局参照本办法联合制定。

居民企业在中国境内既跨地区设立不具有法人资格分支机构，又在同一地区内设立不具有法人资格分支机构的，其企业所得税征收管理实行本办法。

第三十三条 本办法自2013年1月1日起施行。

《国家税务总局关于印发〈跨地区经营汇总纳税企业所得税征收管理暂行办法〉的通知》（国税发〔2008〕28号）、《国家税务总局关于跨地区经营汇总纳税企业所得税征收管理有关问题的通知》（国税函〔2008〕747号）、《国家税务总局关于跨地区经营外商独资银行汇总纳税问题的通知》（国税函〔2008〕958号）、《国家税务总局关于华能国际电力股份有限公司汇总计算缴纳企业所得税问题的通知》（国税函〔2009〕33号）、《国家税务总局关于跨地区经营汇总纳税企业所得税征收管理若干问题的通知》（国税函〔2009〕221号）和《国家税务总局关于华能国际电力股份有限公司所属分支机构2008年度预缴企业所得税款问题的通知》（国税函〔2009〕674号）同时废止。

《国家税务总局关于发布〈中华人民共和国企业所得税月（季）度预缴纳税申报表〉等报表的公告》（税务总局公告2011年第64号）和《国家税务总局关于发布〈中华人民共和国企业所得税月（季）度预缴纳税申报表〉等报表的补充公告》（税务总局公告2011年第76号）规定与本办法不一致的，按本办法执行。

注释：

条款废止。第十条“或者经总、分机构同意后分别抵缴其下一年度应缴企业所得税税款”的规定废止。参见：《国家税务总局关于企业所得税年度汇算清缴有关事项的公告》（国家税务总局公告2021年第34号）。

条款修改。根据《第十三届全国人民代表大会第一次会议关于国务院机构改革方案的决定》等有关规定，税收规范性文件规定的国税地税机关的职责和工作由新的税务机关承担。国家税务总局依据《税收规范性文件制定管理办法》（国家税务总局令第41号公布），对税收规范性文件进行了清理。参见：《国家税务总局关于修改部分税收规范性文件的公告》（国家税务总局公告2018年第31号）。

政策调整。“汇总纳税企业组织结构变更审核”取消。参见：1.《国家税务总局关于贯彻落实〈国务院关于第一批取消62项中央指定地方实施行政审批事项的决定〉的通知》（税总发〔2015〕141号）。2.《国务院关于第一批取消62项中央指定地方实施行政审批事项的决定》（国发〔2015〕57号）。3.《国务院关于取消和调整一批行政审批项目等事项的决定》（国发〔2014〕50号）。

条款废止。第二十四条第三款“汇总纳税企业以后年度改变组织结构的，该分支机构应按本办法第二十三条规定报送相关证据，分支机构所在地主管税务机关重新进行审核鉴定”的规定自2015年1月1日起废止。参见：《国家税务总局关于3项企业所得税事项取消审批后加强后续管理的公告》（国家税务总局公告2015年第6号）。

2－1－129

国家税务总局关于税收协定中财产收益条款有关问题的公告

2012年12月31日　国家税务总局公告2012年第59号

为了规范和统一税收协定中财产收益条款的执行，现将《中华人民共和国政府和新加坡共和国政府关于对所得避免双重征税和防止偷漏税的协定》（以下称“中新税收协定”）和《国家税务总局关于印发〈中华人民共和国政府和新加坡共和国政府关于对所得避免双重征税和防止偷漏税的协定及议定书条文解释〉的通知》（国税发〔2010〕75号）中的有关问题公告如下：

一、“中新税收协定”第十三条第四款，以及国税发〔2010〕75号所附的《〈中华人民共和国政府和新加坡共和国政府关于对所得避免双重征税和防止偷漏税的协定〉及议定书条文解释》（以下称“国税发〔2010〕75号所附条文解释”）所述的不动产，均应包括各种营业用或非营业用房屋等建筑物和土地使用权，以及附属于不动产的财产。

二、根据“国税发〔2010〕75号所附条文解释”规定，公司股份价值50%以上直接或间接由位于中国的不动产所组成，是指公司股份被转让之前的一段时间（目前该协定对具体时间未作规定，执行中可暂按三年处理）内任一时间，被转让股份的公司直接或间接持有位于中国的不动产价值占公司全部财产价值的比率在50%以上。该规定所述及的公司股份被转让之前的三年是指公司股份被转让之前（不含转让当月）的连续36个公历月份。

三、“中新税收协定”第十三条第四款以及“国税发〔2010〕75号所附条文解释”所述的公司财产和不动产均应按照当时有效的中国会计制度有关资产（不考虑负债）处理的规定进行确认和计价，但相关不动产所含土地或土地使用权价值额不得低于按照当时可比相邻或同类地段的市场价格计算的数额。

纳税人不能按照上款规定进行可靠计算的，相关资产确认和计价由税务机关参照上款规定合理估定。

四、“国税发〔2010〕75号所附条文解释”第十三条第五款第四段由以下规定替代：

“新加坡居民直接或间接参与一个中国居民公司的资本包括以下几种情况：

（一）该新加坡居民直接参与该中国居民公司的资本。如果该新加坡居民通过其他名义参与人（含个人、公司和其他实体）参与中国居民公司的资本，且该新加坡居民对于该名义参与人参与的资本享有排他性资本参与利益，并实质承担资本参与风险，该名义参与人参与的该中国居民公司资本可以视同该新加坡居民直接参与该中国居民公司的资本；

（二）该新加坡居民通过具有10%以上（含10%）直接资本关系的单层或多层公司或其他实体（含单个或多个参与链）间接参与该中国居民公司的资本。间接参与的资本按照每一参与链中各公司或其他实体的资本比例乘积计算；

（三）与该新加坡居民具有显著利益关系的关联集团内其他成员在该中国居民公司直

接参与或者通过具有10%以上(含10%)直接资本关系的单层或多层公司或其他实体(含单个或多个参与链)间接参与该中国居民公司的资本。间接参与的资本按照每一参与链中各公司或其他实体的资本比例乘积计算,但在汇总计算该关联集团直接或间接参与该中国居民公司总资本份额时,符合前述规定的每一参与链所参与的资本份额不重复计算。上述与新加坡居民具有显著利益关系的关联集团内成员包括:

1. 在该新加坡居民为个人的情况下,与该新加坡个人居民具有相同资本参与利益的个人(包括其配偶、父母及父母以上前辈直系亲属、子女及子女以下后辈直系亲属);

2. 在该新加坡居民为公司或其他实体的情况下,直接或间接拥有该新加坡居民100%资本的个人(包括与其配偶、父母及父母以上前辈直系亲属、子女以及子女以下后辈直系亲属共同拥有的情形)、公司或其他实体。"

五、本公告自公布之日起执行,"国税发〔2010〕75号所附条文解释"第十三条第五款第四段同时废止。

2－1－130

国家税务总局关于企业政策性搬迁所得税有关问题的公告

2013年3月12日　国家税务总局公告2013年第11号

现就《国家税务总局关于发布〈企业政策性搬迁所得税管理办法〉的公告》(国家税务总局2012年第40号公告)贯彻落实过程中有关问题,公告如下:

一、凡在国家税务总局2012年第40号公告生效前已经签订搬迁协议且尚未完成搬迁清算的企业政策性搬迁项目,企业在重建或恢复生产过程中购置的各类资产,可以作为搬迁支出,从搬迁收入中扣除。但购置的各类资产,应剔除该搬迁补偿收入后,作为该资产的计税基础,并按规定计算折旧或费用摊销。凡在国家税务总局2012年第40号公告生效后签订搬迁协议的政策性搬迁项目,应按国家税务总局2012年第40号公告有关规定执行。

二、企业政策性搬迁被征用的资产,采取资产置换的,其换入资产的计税成本按被征用资产的净值,加上换入资产所支付的税费(涉及补价,还应加上补价款)计算确定。

三、本公告自2012年10月1日起执行。国家税务总局2012年第40号公告第二十六条同时废止。

2-1-131

国家税务总局关于非居民企业派遣人员在中国境内提供劳务征收企业所得税有关问题的公告

2013年4月19日　国家税务总局公告2013年第19号

根据《中华人民共和国企业所得税法》及其实施条例、中国政府对外签署的避免双重征税协定(含与香港、澳门特别行政区签署的税收安排,以下统称税收协定)以及《国家税务总局关于印发〈中华人民共和国政府和新加坡共和国政府关于对所得避免双重征税和防止偷漏税的协定及议定书条文解释〉的通知》(国税发〔2010〕75号)等规定,现就非居民企业派遣人员在中国境内提供劳务征收企业所得税有关问题公告如下:

一、非居民企业(以下统称"派遣企业")派遣人员在中国境内提供劳务,如果派遣企业对被派遣人员工作结果承担部分或全部责任和风险,通常考核评估被派遣人员的工作业绩,应视为派遣企业在中国境内设立机构、场所提供劳务;如果派遣企业属于税收协定缔约对方企业,且提供劳务的机构、场所具有相对的固定性和持久性,该机构、场所构成在中国境内设立的常设机构。

在做出上述判断时,应结合下列因素予以确定:

(一)接收劳务的境内企业(以下统称"接收企业")向派遣企业支付管理费、服务费性质的款项;

(二)接收企业向派遣企业支付的款项金额超出派遣企业代垫、代付被派遣人员的工资、薪金、社会保险费及其他费用;

(三)派遣企业并未将接收企业支付的相关费用全部发放给被派遣人员,而是保留了一定数额的款项;

(四)派遣企业负担的被派遣人员的工资、薪金未全额在中国缴纳个人所得税;

(五)派遣企业确定被派遣人员的数量、任职资格、薪酬标准及其在中国境内的工作地点。

二、如果派遣企业仅为在接收企业行使股东权利、保障其合法股东权益而派遣人员在中国境内提供劳务的,包括被派遣人员为派遣企业提供对接收企业投资的有关建议、代表派遣企业参加接收企业股东大会或董事会议等活动,均不因该活动在接收企业营业场所进行而认定为派遣企业在中国境内设立机构、场所或常设机构。

三、符合第一条规定的派遣企业和接收企业应按照《非居民承包工程作业和提供劳务税收管理暂行办法》(国家税务总局令第19号)规定办理税务登记和备案、税款申报及其他涉税事宜。

四、符合第一条规定的派遣企业应依法准确计算其取得的所得并据实申报缴纳企业所得税;不能如实申报的,税务机关有权按照相关规定核定其应纳税所得额。

五、主管税务机关应加强对派遣行为的税收管理，重点审核下列与派遣行为有关的资料，以及派遣安排的经济实质和执行情况，确定非居民企业所得税纳税义务：

（一）派遣企业、接收企业和被派遣人员之间的合同协议或约定；

（二）派遣企业或接收企业对被派遣人员的管理规定，包括被派遣人员的工作职责、工作内容、工作考核、风险承担等方面的具体规定；

（三）接收企业向派遣企业支付款项及相关账务处理情况，被派遣人员个人所得税申报缴纳资料；

（四）接收企业是否存在通过抵消交易、放弃债权、关联交易或其他形式隐蔽性支付与派遣行为相关费用的情形。

六、主管税务机关根据企业所得税法及本公告规定确定派遣企业纳税义务时，应与被派遣人员提供劳务涉及的个人所得税、营业税的主管税务机关加强协调沟通，交换被派遣人员提供劳务的相关信息，确保税收政策的准确执行。

七、各地在执行本公告规定对非居民企业派遣人员提供劳务进行税务处理时，应严格按照有关规定为派遣企业或接收企业及时办理对外支付相关手续。

八、本公告自2013年6月1日起施行。本公告施行前发生但未作税务处理的事项，依据本公告执行。

特此公告。

2－1－132

国家税务总局关于中澳税收协定适用于澳大利亚新增税种的公告

2013年4月26日　国家税务总局公告2013年第20号

中澳双方税务主管当局代表经过协商，同意将中澳税收协定适用于澳大利亚新增加的矿产资源租赁税（Mineral Resource Rent Tax）。该税种是澳大利亚根据其国内相关法案设立，以铁矿石项目和煤矿项目取得的利润为征税对象，与中澳税收协定税种范围条款澳方所列的石油资源租赁税实质相同。

本公告自2013年6月1日起施行。

特此公告。

2 -1 -133

国家税务总局关于企业混合性投资业务企业所得税处理问题的公告

2013 年 7 月 15 日 国家税务总局公告 2013 年第 41 号

根据《中华人民共和国企业所得税法》及其实施条例(以下简称税法)的规定,现就企业混合性投资业务企业所得税处理问题公告如下:

一、企业混合性投资业务,是指兼具权益和债权双重特性的投资业务。同时符合下列条件的混合性投资业务,按本公告进行企业所得税处理:

(一)被投资企业接受投资后,需要按投资合同或协议约定的利率定期支付利息(或定期支付保底利息、固定利润、固定股息,下同);

(二)有明确的投资期限或特定的投资条件,并在投资期满或者满足特定投资条件后,被投资企业需要赎回投资或偿还本金;

(三)投资企业对被投资企业净资产不拥有所有权;

(四)投资企业不具有选举权和被选举权;

(五)投资企业不参与被投资企业日常生产经营活动。

二、符合本公告第一条规定的混合性投资业务,按下列规定进行企业所得税处理:

(一)对于被投资企业支付的利息,投资企业应于被投资企业应付利息的日期,确认收入的实现并计入当期应纳税所得额;被投资企业应于应付利息的日期,确认利息支出,并按税法和《国家税务总局关于企业所得税若干问题的公告》(2011 年第 34 号)第一条的规定,进行税前扣除。

(二)对于被投资企业赎回的投资,投资双方应于赎回时将赎价与投资成本之间的差额确认为债务重组损益,分别计入当期应纳税所得额。

三、本公告自 2013 年 9 月 1 日起执行。此前发生的已进行税务处理的混合性投资业务,不再进行纳税调整。

特此公告。

2 -1 -134

国家税务总局关于发布《税收协定相互协商程序实施办法》的公告

2013 年 9 月 24 日 国家税务总局公告 2013 年第 56 号

为正确适用税收协定,避免双重征税,解决国际税收争议,维护中国居民(国民)的合法利益和国家税收权益,规范与外国(地区)税务主管当局涉及税收协定的相互协商工作,国家税务总局制定了《税收协定相互协商程序实施办法》。现予发布,自 2013 年 11 月 1 日起施行。

特此公告。

附件:1. 启动税收协定相互协商程序申请表(编者略)

2. 税收协定相互协商程序异议申请表(编者略)

税收协定相互协商程序实施办法

第一章　总　　则

第一条　为正确适用税收协定,避免双重征税,解决国际税收争议,维护中国居民(国民)的合法利益和国家税收权益,规范税务机关的相互协商工作,根据中华人民共和国政府对外签署的避免双重征税协定(含内地与香港、澳门特别行政区签署的税收安排,以下统称税收协定)、《中华人民共和国税收征收管理法》(以下简称税收征管法)及其实施细则以及其他有关法律法规规定,结合中国税收征管工作实际,制定本办法。

第二条　本办法所称相互协商程序,是指我国主管当局根据税收协定有关条款规定,与缔约对方主管当局之间,通过协商共同处理涉及税收协定解释和适用问题的过程。

相互协商程序的主要目的在于确保税收协定正确和有效适用,切实避免双重征税,消除缔约双方对税收协定的解释或适用产生的分歧。

第三条　相互协商的事项限于税收协定适用范围内的事项,但超出税收协定适用范围,且会造成双重征税后果或对缔约一方或双方利益产生重大影响的事项,经我国主管当局和缔约对方主管当局同意,也可以进行相互协商。

第四条　我国负责相互协商工作的主管当局为国家税务总局(以下简称税务总局);处理相互协商程序事务的税务总局授权代表为税务总局国际税务司司长或副司长,以及税务总局指定的其他人员。

省、自治区、直辖市和计划单列市国家税务局或地方税务局(以下简称省税务机关)及以下各级税务机关负责协助税务总局处理相互协商程序涉及的本辖区内事务。

第五条　各级税务机关应对缔约对方主管当局与相关纳税人、扣缴义务人、代理人等在相互协商程序中提供的资料保密。

第六条　本办法所称缔约对方,是指与中国签订税收协定,且该税收协定已经生效执行的国家或地区。

第二章　中国居民(国民)申请启动的相互协商程序

第七条　如果中国居民(国民)认为,缔约对方所采取的措施,已经或将会导致不符合税收协定所规定的征税行为,可以按本办法的规定向省税务机关提出申请,请求税务总局与缔约对方主管当局通过相互协商程序解决有关问题。

第八条　本办法所称中国居民,是指按照《中华人民共和国个人所得税法》和《中华人民共和国企业所得税法》,就来源于中国境内境外的所得在中国负有纳税义务的个人、法人或其他组织。

本办法所称中国国民,是指具有中国国籍的个人,以及依照中国法律成立的法人或其他组织。

第九条　中国居民有下列情形之一的,可以申请启动相互协商程序:

(一)对居民身份的认定存有异议,特别是相关税收协定规定双重居民身份情况下需要通过相互协商程序进行最终确认的;

(二)对常设机构的判定,或者常设机构的利润归属和费用扣除存有异议的;

(三)对各项所得或财产的征免税或适用税率存有异议的;

(四)违反税收协定非歧视待遇(无差别待遇)条款的规定,可能或已经形成税收歧视的;

(五)对税收协定其他条款的理解和适用出现争议而不能自行解决的;

(六)其他可能或已经形成不同税收管辖权之间重复征税的。

第十条　中国国民认为缔约对方违背了税收协定非歧视待遇(无差别待遇)条款的规定,对其可能或已经形成税收歧视时,可以申请启动相互协商程序。

第十一条　申请人应在有关税收协定规定的期限内,以书面形式向省税务机关提出启动相互协商程序的申请(附件1,需提供纸质版和电子版)。

第十二条　负责申请人个人所得税或企业所得税征管的省税务机关为受理申请的税务机关。申请人就缔约对方征收的非所得税类税收提出相互协商申请的,负责与该税收相同或相似的国内税收征收的省税务机关为受理申请的税务机关。国内没有征收相同或相似税收的,省国家税务局为受理申请的税务机关。

第十三条　申请人依本办法第十条申请启动相互协商程序,且未构成我国税收居民的,个人户籍所在地、法人或其他组织设立地的省税务机关为受理申请的税务机关。

第十四条　申请人按本章规定提出的相互协商申请符合以下全部条件的,税务机关应当受理:

(一)申请人为按照本办法第九条或第十条规定可以提起相互协商请求的中国居民或中国国民;

(二)提出申请的时间没有超过税收协定规定的时限;

(三)申请协商的事项为缔约对方已经或有可能发生的违反税收协定规定的行为;

(四)申请人提供的事实和证据能够证实或者不能合理排除缔约对方的行为存在违反税收协定规定的嫌疑;

(五)申请相互协商的事项不存在本办法第十九条规定的情形。

对于不符合上款规定全部条件的申请,税务机关认为涉及严重双重征税或损害我国税收权益、有必要进行相互协商的,也可以决定受理。

第十五条　受理申请的省税务机关应在十五个工作日内,将申请上报税务总局,并将情况告知申请人,同时通知省以下主管税务机关。

第十六条　因申请人提交的信息不全等原因导致申请不具备启动相互协商程序条件的,省税务机关可以要求申请人补充材料。申请人补充材料后仍不具备启动相互协商程序条件的,省税务机关可以拒绝受理,并以书面形式告知申请人。

申请人对省税务机关拒绝受理的决定不服的,可在收到书面告知之日起十五个工作日内向省税务机关或税务总局提出异议申请(附件2,需提供纸质版和电子版)。省税务机关收到异议后,应在五个工作日内将申请人的材料,连同省税务机关的意见和依据上报税务总局。

第十七条 税务总局收到省税务机关上报的申请后,应在二十个工作日内按下列情况分别处理:

(一)申请具备启动相互协商程序条件的,决定启动相互协商程序,并将情况告知受理申请的省税务机关,省税务机关应告知申请人;

(二)申请已超过税收协定规定的期限,或申请人的申请明显缺乏事实法律依据,或出现其他不具备相互协商条件情形的,不予启动相互协商程序,并以书面形式告知受理申请的省税务机关,省税务机关应告知申请人;

(三)因申请人提交的信息不全等原因导致申请不具备启动相互协商程序条件的,通过受理申请的省税务机关要求申请人补充材料或说明情况。申请人补充材料或说明情况后,再按前两项规定处理。

第十八条 税务总局启动相互协商程序后,可通过受理申请的省税务机关要求申请人进一步补充材料或说明情况,申请人应在规定的时间内提交,并确保材料的真实与全面。

对于紧急案件,税务总局可以直接与申请人联系。

第十九条 发生下列情形之一的,税务总局可以决定终止相互协商程序,并以书面形式告知省税务机关,省税务机关应告知申请人:

(一)申请人故意隐瞒重要事实,或在提交的资料中弄虚作假的;

(二)申请人拒绝提供税务机关要求的、与案件有关的必要资料的;

(三)因各种原因,申请人与税务机关均无法取得必要的证据,导致相关事实或申请人立场无法被证明,相互协商程序无法继续进行的;

(四)缔约对方主管当局单方拒绝或终止相互协商程序的;

(五)其他导致相互协商程序无法进行、或相互协商程序无法达到预期目标的。

第二十条 在两国主管当局达成一致意见之前,申请人可以以书面方式撤回相互协商申请。申请人撤回申请或者拒绝接受缔约双方主管当局达成一致的相互协商结果的,税务机关不再受理基于同一事实和理由的申请。

第二十一条 对于相互协商结果,税务总局应以书面形式告知受理申请的省税务机关,省税务机关应告知申请人。

第三章 缔约对方主管当局请求启动的相互协商程序

第二十二条 税务总局接受缔约对方主管当局的相互协商请求的范围参照本办法第九条、第十条的规定执行。

第二十三条 发生下列情形之一的,税务总局可以拒绝缔约对方主管当局启动相互协商程序的请求,或者要求缔约对方主管当局补充材料:

(一)请求相互协商的事项不属于税收协定适用范围的;

(二)纳税人提出相互协商的申请超过了税收协定规定时限的;

（三）缔约对方主管当局的请求明显缺乏事实或法律依据的；

（四）缔约对方主管当局提供的事实和材料不完整、不清楚，使税务机关无法进行调查或核实的；

虽属于上款规定的一种或多种情形，但税务总局认为有利于避免双重征税、维护我国税收权益或促进经济合作的，仍可决定接受缔约对方启动相互协商程序的请求。

第二十四条 税务总局在收到缔约对方启动相互协商程序的函后，查清事实，决定是否同意启动相互协商程序，并书面回复对方。在做出是否同意启动相互协商程序决定前，认为需要征求相关省税务机关意见的，可以将相关情况和要求告知省税务机关，省税务机关应在税务总局要求的时间内予以回复。

第二十五条 税务总局在收到缔约对方主管当局提出的启动相互协商程序的请求时，相关税务机关的处理决定尚未做出的，税务总局应将对方提起相互协商程序的情况告知相关税务机关。相互协商程序不影响相关税务机关对有关案件的调查与处理，但税务总局认为需要停止调查和处理的除外。

第二十六条 相互协商程序进行期间，不停止税务机关已生效决定的执行，税务机关或者税务总局认为需要停止执行的除外。

第二十七条 在相互协商过程中，如果缔约对方主管当局撤回相互协商请求，或出现其他情形致使相互协商程序无法进行的，税务总局可以终止相互协商程序。

第二十八条 税务总局决定启动相互协商程序后，如有必要，可将缔约对方主管当局提交的相互协商请求所涉及的案件基本情况、主要证据等以书面形式下达给相关省税务机关，要求其在规定期限内完成核查。

第二十九条 接受任务的省税务机关应组织专人对案件进行核查，并在税务总局要求的期限内将核查结果以公文形式上报税务总局。对复杂或重大的案件，不能在期限内完成核查的，应在核查期限截止日期前五个工作日内向税务总局提出延期申请，经税务总局同意后，上报核查结果的时间可适当延长，但延长时间不超过一个月。

第三十条 接受任务的省税务机关认为核查缔约对方主管当局提交的案件需要对方补充材料或就某一事项做出进一步说明的，应及时向税务总局提出。税务总局同意向缔约对方主管当局提出补充要求的，等待对方回复的时间不计入核查时间。缔约对方主管当局在回复中改变立场，或提出新的请求的，核查时间重新计算。

第三十一条 省税务机关上报的核查结果，应包括案件调查的过程、对所涉案件的观点、事实根据和法律依据等内容。

第四章 税务总局主动向缔约对方请求启动的相互协商程序

第三十二条 税务总局在下列情况下可以主动向缔约对方主管当局提出相互协商请求：

（一）发现过去相互协商达成一致的案件或事项存在错误，或有新情况需要变更处理的；

（二）对税收协定中某一问题的解释及相关适用程序需要达成一致意见的；

（三）税务总局认为有必要与缔约对方主管当局对其他税收协定适用问题进行相互协

商的。

第三十三条 省以下税务机关在适用税收协定时,发现本办法第三十二条规定的情形,认为有必要向缔约对方主管当局提起相互协商请求的,应层报税务总局。

第五章 协议的执行及法律责任

第三十四条 双方主管当局经过相互协商达成一致意见的,分别按不同情况处理如下:

(一)双方就协定的某一条文解释或某一事项的理解达成共识的,税务总局应将结果以公告形式发布;

(二)双方就具体案件的处理达成共识,需要涉案税务机关执行的,税务总局应将结果以书面形式通知相关税务机关。

第三十五条 经双方主管当局相互协商达成一致的案件,涉及我国税务机关退税或其他处理的,相关税务机关应在收到通知之日起三个月内执行完毕,并将情况报告税务总局。

第三十六条 纳税人、扣缴义务人、代理人等在税务机关对相互协商案件的核查中弄虚作假,或有其他违法行为的,税务机关应按税收征管法等有关规定处理。

第三十七条 省税务机关在相互协商程序实施过程中存在下列情形之一的,税务总局除发文催办或敦促补充核查、重新核查外,视具体情况予以通报:

(一)未按规定程序受理,或未在规定期限内向税务总局上报我国居民(国民)相互协商请求的;

(二)未按规定时间上报相互协商案件核查报告的;

(三)上报的核查报告内容不全、数据不准,不能满足税务总局对外回复需要的;

(四)未按规定时间执行相互协商达成的协议的。

第六章 附 则

第三十八条 申请人依照本办法第七条的规定向省税务机关提起相互协商程序申请的,填报或提交的资料应采用中文文本。相关资料原件为外文文本且税务机关根据有关规定要求翻译成中文文本的,申请人应按照税务机关的要求翻译成中文文本。

第三十九条 关于特别纳税调整的相互协商程序实施办法,另行规定。

第四十条 本办法由税务总局负责解释。

第四十一条 本办法自2013年11月1日起施行。《国家税务总局关于印发〈中国居民(国民)申请启动税务相互协商程序暂行办法〉的通知》(国税发〔2005〕115号)同时废止。

本办法施行前已按国税发〔2005〕115号受理但尚未处理完毕的相互协商案件,适用本办法的规定。

注释:

条款修改。根据《第十三届全国人民代表大会第一次会议关于国务院机构改革方案的决定》等有关规定,税收规范性文件规定的国税地税机关的职责和工作由新的税务机关承担。国家税务总局依据《税收规范性文件制定管理办法》(国家税务总局令第41号公布),

对税收规范性文件进行了清理。参见:《国家税务总局关于修改部分税收规范性文件的公告》(国家税务总局公告2018年第31号)。

2－1－135

财政部　国家税务总局关于企业参与政府统一组织的棚户区改造有关企业所得税政策问题的通知

2013年9月30日　财税〔2013〕65号

各省、自治区、直辖市、计划单列市财政厅(局)、国家税务局、地方税务局,新疆生产建设兵团财务局:

根据《国务院关于加快棚户区改造工作的意见》(国发〔2013〕25号)精神,为鼓励企业参与政府统一组织的棚户区(危房)改造工作,帮助解决低收入家庭住房困难,现将企业参与政府统一组织的工矿(含中央下放煤矿)棚户区改造、林区棚户区改造、垦区危房改造有关企业所得税政策问题通知如下:

一、企业参与政府统一组织的工矿(含中央下放煤矿)棚户区改造、林区棚户区改造、垦区危房改造并同时符合一定条件的棚户区改造支出,准予在企业所得税前扣除。

二、本通知所称同时符合一定条件的棚户区改造支出,是指同时满足以下条件的棚户区改造支出:

(一)棚户区位于远离城镇、交通不便,市政公用、教育医疗等社会公共服务缺乏城镇依托的独立矿区、林区或垦区;

(二)该独立矿区、林区或垦区不具备商业性房地产开发条件;

(三)棚户区市政排水、给水、供电、供暖、供气、垃圾处理、绿化、消防等市政服务或公共配套设施不齐全;

(四)棚户区房屋集中连片户数不低于50户,其中,实际在该棚户区居住且在本地区无其他住房的职工(含离退休职工)户数占总户数的比例不低于75%;

(五)棚户区房屋按照《房屋完损等级评定标准》和《危险房屋鉴定标准》评定属于危险房屋、严重损坏房屋的套内面积不低于该片棚户区建筑面积的25%;

(六)棚户区改造已纳入地方政府保障性安居工程建设规划和年度计划,并由地方政府牵头按照保障性住房标准组织实施;异地建设的,原棚户区土地由地方政府统一规划使用或者按规定实行土地复垦、生态恢复。

三、在企业所得税年度纳税申报时,企业应向主管税务机关提供其棚户区改造支出同时符合本通知第二条规定条件的书面说明材料。

四、本通知自2013年1月1日起施行。2012年1月10日财政部与国家税务总局颁布的《关于企业参与政府统一组织的棚户区改造支出企业所得税税前扣除政策有关问题的通知》(财税〔2012〕12号)同时废止。

2－1－136

国家税务总局关于技术转让所得减免企业所得税有关问题的公告

2013年10月21日　国家税务总局公告2013年第62号

为加强技术转让所得减免企业所得税的征收管理，现将《国家税务总局关于技术转让所得减免企业所得税有关问题的通知》（国税函〔2009〕212号）中技术转让收入计算的有关问题，公告如下：

一、可以计入技术转让收入的技术咨询、技术服务、技术培训收入，是指转让方为使受让方掌握所转让的技术投入使用、实现产业化而提供的必要的技术咨询、技术服务、技术培训所产生的收入，并应同时符合以下条件：

（一）在技术转让合同中约定的与该技术转让相关的技术咨询、技术服务、技术培训；

（二）技术咨询、技术服务、技术培训收入与该技术转让项目收入一并收取价款。

二、本公告自2013年11月1日起施行。此前已进行企业所得税处理的相关业务，不作纳税调整。

2－1－137

财政部　国家税务总局关于中国（上海）自由贸易试验区内企业以非货币性资产对外投资等资产重组行为有关企业所得税政策问题的通知

2013年11月15日　财税〔2013〕91号

各省、自治区、直辖市、计划单列市财政厅（局）、国家税务局、地方税务局，新疆生产建设兵团财务局：

根据《国务院关于印发中国（上海）自由贸易试验区总体方案的通知》（国发〔2013〕38号）有关规定，现就中国（上海）自由贸易试验区（简称试验区）非货币性资产投资资产评估增值企业所得税政策通知如下：

一、注册在试验区内的企业，因非货币性资产对外投资等资产重组行为产生资产评估增值，据此确认的非货币性资产转让所得，可在不超过5年期限内，分期均匀计入相应年度的应纳税所得额，按规定计算缴纳企业所得税。

二、企业以非货币性资产对外投资，应于投资协议生效且完成资产实际交割并办理股权登记手续时，确认非货币性资产转让收入的实现。

企业以非货币性资产对外投资,应对非货币性资产进行评估并按评估后的公允价值扣除计税基础后的余额,计算确认非货币性资产转让所得。

三、企业以非货币性资产对外投资,其取得股权的计税基础应以非货币性资产的原计税基础为基础,加上每年计入的非货币性资产转让所得,逐年进行调整。

被投资企业取得非货币性资产的计税基础,可以非货币性资产的公允价值确定。

四、企业在对外投资5年内转让上述股权或投资收回的,应停止执行递延纳税政策,并将递延期内尚未计入的非货币性资产转让所得,在转让股权或投资收回当年的企业所得税年度汇算清缴时,一次性计算缴纳企业所得税;企业在计算股权转让所得时,可按本通知第三条第一款规定将股权的计税基础一次调整到位。

企业在对外投资5年内注销的,应停止执行递延纳税政策,并将递延期内尚未计入的非货币性资产转让所得,在歇业当年的企业所得税年度汇算清缴时,一次性计算缴纳企业所得税。

五、企业应于投资协议生效且完成资产实际交割并办理股权登记手续30日内,持相关资料向主管税务机关办理递延纳税备案登记手续。

主管税务机关应对报送资料进行审核,在规定时间内将备案登记结果回复企业。

六、企业应在确认收入实现的当年,以项目为单位,做好相应台账,准确记录应予确认的非货币性资产转让所得,并在相应年度的企业所得税汇算清缴时对当年计入额及分年结转额的情况做出说明。

主管税务机关应在备案登记结果回复企业的同时,将相关信息纳入系统管理,并及时做好企业申报信息与备案信息的比对工作。

七、主管税务机关在组织开展企业所得税汇算清缴后续管理工作时,应将企业递延纳税的执行情况纳入后续管理体系,并视风险高低情况,适时纳入纳税服务提醒平台或风险监控平台进行管理。

八、本通知所称注册在试验区内的企业,是指在试验区注册并在区内经营,实行查账征收的居民企业。

本通知所称非货币性资产对外投资等资产重组行为,是指以非货币性资产出资设立或注入公司,限于以非货币性资产出资设立新公司和符合《财政部、国家税务总局关于企业重组业务企业所得税处理若干问题的通知》(财税〔2009〕59号)第一条规定的股权收购、资产收购。

九、本通知自印发之日起执行。

2－1－138

国家税务总局关于企业维简费支出企业所得税税前扣除问题的公告

2013年11月26日　国家税务总局公告2013年第67号

根据《中华人民共和国企业所得税法》及其实施条例(以下简称企业所得税法)规定,现就企业维简费支出企业所得税税前扣除问题公告如下:

一、企业实际发生的维简费支出,属于收益性支出的,可作为当期费用税前扣除;属于资本性支出的,应计入有关资产成本,并按企业所得税法规定计提折旧或摊销费用在税前扣除。

企业按照有关规定预提的维简费,不得在当期税前扣除。

二、本公告实施前,企业按照有关规定提取且已在当期税前扣除的维简费,按以下规定处理:

(一)尚未使用的维简费,并未作纳税调整的,可不作纳税调整,应首先抵减2013年实际发生的维简费,仍有余额的,继续抵减以后年度实际发生的维简费,至余额为零时,企业方可按照本公告第一条规定执行;已作纳税调整的,不再调回,直接按照本公告第一条规定执行。

(二)已用于资产投资并形成相关资产全部成本的,该资产提取的折旧或费用摊销额,不得税前扣除;已用于资产投资并形成相关资产部分成本的,该资产提取的折旧或费用摊销额中与该部分成本对应的部分,不得税前扣除;已税前扣除的,应调整作为2013年度应纳税所得额。

三、本公告自2013年1月1日起施行。

煤矿企业不执行本公告,继续执行《国家税务总局关于煤矿企业维简费和高危行业企业安全生产费用企业所得税税前扣除问题的公告》(国家税务总局公告2011年第26号)。

特此公告。

2－1－139

国家税务总局关于非居民企业股权转让适用特殊性税务处理有关问题的公告

2013年12月12日　国家税务总局公告2013年第72号

为规范和加强非居民企业股权转让适用特殊性税务处理的管理,根据《中华人民共和国企业所得税法》及其实施条例、《财政部、国家税务总局关于企业重组业务企业所得税处理若干问题的通知》(财税〔2009〕59号,以下简称《通知》)的有关规定,现就有关问题公告

如下：

一、本公告所称股权转让是指非居民企业发生《通知》第七条第（一）、（二）项规定的情形；其中《通知》第七条第（一）项规定的情形包括因境外企业分立、合并导致中国居民企业股权被转让的情形。

二、非居民企业股权转让选择特殊性税务处理的，应于股权转让合同或协议生效且完成工商变更登记手续30日内进行备案。属于《通知》第七条第（一）项情形的，由转让方向被转让企业所在地所得税主管税务机关备案；属于《通知》第七条第（二）项情形的，由受让方向其所在地所得税主管税务机关备案。

股权转让方或受让方可以委托代理人办理备案事项；代理人在代为办理备案事项时，应向主管税务机关出具备案人的书面授权委托书。

三、股权转让方、受让方或其授权代理人（以下简称备案人）办理备案时应填报以下资料：

（一）《非居民企业股权转让适用特殊性税务处理备案表》（见附件1）；

（二）股权转让业务总体情况说明，应包括股权转让的商业目的、证明股权转让符合特殊性税务处理条件、股权转让前后的公司股权架构图等资料；

（三）股权转让业务合同或协议（外文文本的同时附送中文译本）；

（四）工商等相关部门核准企业股权变更事项证明资料；

（五）截至股权转让时，被转让企业历年的未分配利润资料；

（六）税务机关要求的其他材料。

以上资料已经向主管税务机关报送的，备案人可不再重复报送。其中以复印件向税务机关提交的资料，备案人应在复印件上注明“本复印件与原件一致”字样，并签字后加盖备案人印章；报送中文译本的，应在中文译本上注明“本译文与原文表述内容一致”字样，并签字后加盖备案人印章。

四、主管税务机关应当按规定受理备案，资料齐全的，应当场在《非居民企业股权转让适用特殊性税务处理备案表》上签字盖章，并退1份给备案人；资料不齐全的，不予受理，并告知备案人各应补正事项。

五、非居民企业发生股权转让属于《通知》第七条第（一）项情形的，主管税务机关应当自受理之日起30个工作日内就备案事项进行调查核实、提出处理意见，并将全部备案资料以及处理意见层报省（含自治区、直辖市和计划单列市，下同）税务机关。

税务机关在调查核实时，如发现此种股权转让情形造成以后该项股权转让所得预提税负担变化，包括转让方把股权由应征税的国家或地区转让到不征税或低税率的国家或地区，应不予适用特殊性税务处理。

六、非居民企业发生股权转让属于《通知》第七条第（二）项情形的，应区分以下两种情形予以处理：

（一）受让方和被转让企业在同一省且同属国税机关或地税机关管辖的，按照本公告第五条规定执行。

（二）受让方和被转让企业不在同一省或分别由国税机关和地税机关管辖的，受让方所在地省税务机关收到主管税务机关意见后30日内，应向被转让企业所在地省税务机关发出

《非居民企业股权转让适用特殊性税务处理告知函》(见附件2)。

七、非居民企业股权转让未进行特殊性税务处理备案或备案后经调查核实不符合条件的,适用一般性税务处理规定,应按照有关规定缴纳企业所得税。

八、非居民企业发生股权转让属于《通知》第七条第(一)项情形且选择特殊性税务处理的,转让方和受让方不在同一国家或地区的,若被转让企业股权转让前的未分配利润在转让后分配给受让方的,不享受受让方所在国家(地区)与中国签订的税收协定(含税收安排)的股息减税优惠待遇,并由被转让企业按税法相关规定代扣代缴企业所得税,到其所在地所得税主管税务机关申报缴纳。

九、省税务机关应做好辖区内非居民企业股权转让适用特殊性税务处理的管理工作,于年度终了后30日内向国家税务总局报送《非居民企业股权转让适用特殊性税务处理情况统计表》(见附件3)。

十、本公告自发布之日起施行。本公告实施之前发生的非居民企业股权转让适用特殊性税务处理事项尚未处理的,可依据本公告规定办理。《国家税务总局关于加强非居民企业股权转让所得企业所得税管理的通知》(国税函〔2009〕698号)第九条同时废止。

特此公告。

附件:1. 非居民企业股权转让适用特殊性税务处理备案表(编者略)

2. 非居民企业股权转让适用特殊性税务处理告知函(编者略)

3. 非居民企业股权转让适用特殊性税务处理情况统计表(编者略)

注释:

条款修改。根据《第十三届全国人民代表大会第一次会议关于国务院机构改革方案的决定》等有关规定,税收规范性文件规定的国税地税机关的职责和工作由新的税务机关承担。国家税务总局依据《税收规范性文件制定管理办法》(国家税务总局令第41号公布),对税收规范性文件进行了清理。参见:《国家税务总局关于修改部分税收规范性文件的公告》(国家税务总局公告2018年第31号)。

条款修改。第七条修改为:"非居民企业股权转让适用特殊性税务处理备案后经调查核实不符合条件的,应调整适用一般性税务处理,按照有关规定缴纳企业所得税。非居民企业股权转让适用特殊性税务处理未进行备案的,税务机关应告知其按照本公告第二条、第三条的规定办理备案手续。"自2015年6月1日起施行。参见:《国家税务总局关于修改〈非居民企业所得税核定征收管理办法〉等文件的公告》(国家税务总局公告2015年第22号)。

2－1－140

国家税务总局关于依据实际管理机构标准实施居民企业认定有关问题的公告

2014 年 1 月 29 日　国家税务总局公告 2014 年第 9 号

为完善依据实际管理机构实施居民企业的认定工作，加强企业所得税征收管理，根据《国务院关于取消和下放一批行政审批项目的决定》（国发〔2013〕44 号），国家税务总局对《国家税务总局关于境外注册中资控股企业依据实际管理机构标准认定为居民企业有关问题的通知》（国税发〔2009〕82 号，以下简称《通知》）有关条款进行了修订，现公告如下：

一、符合《通知》第二条规定的居民企业认定条件的境外中资企业，须向其中国境内主要投资者登记注册地主管税务机关提出居民企业认定申请，主管税务机关对其居民企业身份进行初步判定后，层报省级税务机关确认。经省级税务机关确认后抄送其境内其他投资地相关省级税务机关。

二、按本公告实施居民企业认定时，经省级税务机关确认后，30 日内抄报国家税务总局，由国家税务总局网站统一对外公布。国家税务总局适时开展检查，对不符合条件的，责令其纠正。

三、境外注册中资控股企业自其被认定为居民企业的年度起，从中国境内其他居民企业取得以前年度（限于 2008 年 1 月 1 日以后）的股息、红利等权益性投资收益，应按照《中华人民共和国企业所得税法》第二十六条及其实施条例第十七条、第八十三条的规定处理。

四、境外注册中资控股企业所得税征管的其他事项，仍按照《通知》的相关规定执行。

五、本公告适用于 2013 年度及以后年度企业所得税申报。

特此公告。

2－1－141

国家税务总局关于企业因国务院决定事项形成的资产损失税前扣除问题的公告

2014 年 3 月 17 日　国家税务总局公告 2014 年第 18 号

为贯彻落实《国务院关于取消和下放一批行政审批项目的决定》（国发〔2013〕44 号），现对企业因国务院决定事项形成的资产损失税前扣除问题公告如下：

一、自国发〔2013〕44 号文件发布之日起，企业因国务院决定事项形成的资产损失，不再上报国家税务总局审核。国家税务总局公告 2011 年第 25 号发布的《企业资产损失所得税税前扣除管理办法》第十二条同时废止。

二、企业因国务院决定事项形成的资产损失，应以专项申报的方式向主管税务机关申报扣除。专项申报扣除的有关事项,按照国家税务总局公告2011年第25号规定执行。

三、本公告适用于2013年度及以后年度企业所得税申报。

特此公告。

2－1－142

国家税务总局关于委托投资情况下认定受益所有人问题的公告

2014年4月21日　国家税务总局公告2014年第24号

根据《国家税务总局关于印发〈非居民享受税收协定待遇管理办法(试行)〉的通知》(国税发〔2009〕124号)、《国家税务总局关于如何理解和认定税收协定中“受益所有人”的通知》(国税函〔2009〕601号)和《国家税务总局关于认定税收协定中“受益所有人”的公告》(国家税务总局公告2012年第30号)的有关规定,对于委托投资情况下受益所有人身份的认定问题,在符合上述文件规定的前提下,补充公告如下:

一、本公告所称“委托投资”是指非居民将自有资金直接委托给境外专业机构用于对居民企业的股权、债权投资,其中的“境外专业机构”指经其所在地国家或地区政府许可从事证券经纪、资产管理、资金以及证券托管等业务的金融机构。在委托投资期间,境外专业机构将受托资金独立于其自有资金进行专项管理。境外专业机构根据相应的委托或代理协议收取服务费或佣金。受托资金的投资收益和风险应由该非居民取得和承担。

二、非居民通过委托投资取得投资收益提出享受税收协定待遇申请的,应向税务机关提供以下资料:

(一)投资链条各方(包括该非居民、投资管理人或投资经理、各级托管人、证券公司等)签署的与投资相关的合同或协议,以及能够说明投资业务的其他资料,资料内容应包括委托投资本金来源和组成情况以及各方收取费用或取得所得的约定;

(二)投资收益和其他所得逐级返回至该非居民的信息和凭据,以及对所得类型认定与划分的说明资料;

(三)税务机关为认定受益所有人所需要的其他资料。

三、税务机关应对非居民提交的资料进行审核,并区分所得类型进行处理:

(一)如果投资收益的所得类型为股息或利息,该所得在逐级返回至该非居民的过程中所得性质未发生改变,且有凭据证明该所得实际返回至该非居民,则可以认定该非居民为该笔所得的受益所有人,能够享受税收协定相应条款规定的待遇;

(二)如果投资链条上除该非居民以外的各方收取的费用或取得的报酬与股息、利息有关,则该非居民不是该部分费用或报酬的受益所有人,该部分费用或报酬不得享受税收协定股息和利息条款规定的待遇;

(三)如果投资收益的所得类型为财产收益,或其他不适用受益所有人规则的所得类型,则应按税收协定相应条款的规定处理。

四、非居民或其委托代理人拒绝提供资料，或提供的资料不能区分非居民委托投资收益与投资链条上其他各方报酬的，税务机关应不予批准相应的税收协定待遇。

五、非居民与投资链条上一方或多方形成关联关系的，应向税务机关提供关联交易定价原则、方法及相关资料。不提供资料或提供资料不足以证明相关联各方交易符合独立交易原则的，税务机关可拒绝给予相应的税收协定待遇。

六、对于非居民或其委托代理人提供的凭据、所得类型认定与划分及其他相关证明资料，税务机关可视情况通过信息交换方式核实其真实性和准确性。经核实与实际情况不符，不应享受税收协定待遇而税务机关已批准享受的，应撤销原审批决定，并按税收征管法和国税发〔2009〕124 号文件有关规定处理。

七、税务机关按照本公告第三条的规定认定非居民为受益所有人，且根据税收协定股息或利息条款的规定，该非居民取得股息或利息应仅在缔约国对方征税的，如果该非居民通过委托投资取得投资收益同时符合以下条件，则在其首次享受股息或利息条款税收协定待遇之日起 3 个公历年度内（含本年度），同一主管税务机关可免于对其受益所有人身份进行重复认定，但应对其取得的投资收益所得类型进行审核：

（一）通过同一架构安排进行委托投资；

（二）投资链条上除被投资企业之外的各方保持不变；

（三）投资链条上除被投资企业之外的各方签署的与投资相关的合同或协议保持不变。

该非居民与受益所有人身份认定有关的信息发生变化的，应及时告知主管税务机关。该非居民因信息变化不能继续享受税收协定待遇的，应自发生变化之日起停止享受有关税收协定待遇，并按国内法规定申报纳税。

八、本公告自 2014 年 6 月 1 日起施行。本公告施行前已发生但税务处理未完结的事项，按本公告执行。

特此公告。

2－1－143

财政部　国家税务总局　民政部关于公布获得 2013 年度第二批公益性捐赠税前扣除资格的公益性社会团体名单的通知

2014 年 5 月 7 日　财税〔2014〕36 号

各省、自治区、直辖市、计划单列市财政厅（局）、国家税务局、地方税务局、民政厅（局），新疆生产建设兵团财务局、民政局：

根据《财政部、国家税务总局、民政部关于公益性捐赠税前扣除有关问题的通知》（财税〔2008〕160 号）和《财政部、国家税务总局、民政部关于公益性捐赠税前扣除有关问题的补充通知》（财税〔2010〕45 号）规定，现将财政部、国家税务总局和民政部联合审核确认的获得 2013 年度第二批公益性捐赠税前扣除资格的公益性社会团体名单予以公布。

附件：获得2013年度第二批公益性捐赠税前扣除资格的公益性社会团体名单（编者略）

2－1－144

国家税务总局关于企业所得税应纳税所得额若干问题的公告

2014年5月23日　国家税务总局公告2014年第29号

根据《中华人民共和国企业所得税法》及其实施条例（以下简称税法）的规定，现将企业所得税应纳税所得额若干问题公告如下：

一、企业接收政府划入资产的企业所得税处理

（一）县级以上人民政府（包括政府有关部门，下同）将国有资产明确以股权投资方式投入企业，企业应作为国家资本金（包括资本公积）处理。该项资产如为非货币性资产，应按政府确定的接收价值确定计税基础。

（二）县级以上人民政府将国有资产无偿划入企业，凡指定专门用途并按《财政部、国家税务总局关于专项用途财政性资金企业所得税处理问题的通知》（财税〔2011〕70号）规定进行管理的，企业可作为不征税收入进行企业所得税处理。其中，该项资产属于非货币性资产的，应按政府确定的接收价值计算不征税收入。

县级以上人民政府将国有资产无偿划入企业，属于上述（一）、（二）项以外情形的，应按政府确定的接收价值计入当期收入总额计算缴纳企业所得税。政府没有确定接收价值的，按资产的公允价值计算确定应税收入。

二、企业接收股东划入资产的企业所得税处理

（一）企业接收股东划入资产（包括股东赠与资产、上市公司在股权分置改革过程中接收原非流通股股东和新非流通股股东赠与的资产、股东放弃本企业的股权，下同），凡合同、协议约定作为资本金（包括资本公积）且在会计上已做实际处理的，不计入企业的收入总额，企业应按公允价值确定该项资产的计税基础。

（二）企业接收股东划入资产，凡作为收入处理的，应按公允价值计入收入总额，计算缴纳企业所得税，同时按公允价值确定该项资产的计税基础。

三、保险企业准备金支出的企业所得税处理

根据《财政部、国家税务总局关于保险公司准备金支出企业所得税税前扣除有关政策问题的通知》（财税〔2012〕45号）有关规定，保险企业未到期责任准备金、寿险责任准备金、长期健康险责任准备金、已发生已报告未决赔款准备金和已发生未报告未决赔款准备金应按财政部下发的企业会计有关规定计算扣除。

保险企业在计算扣除上述各项准备金时，凡未执行财政部有关会计规定仍执行中国保险监督管理委员会有关监管规定的，应将两者之间的差额调整当期应纳税所得额。

四、核电厂操纵员培养费的企业所得税处理

核力发电企业为培养核电厂操纵员发生的培养费用，可作为企业的发电成本在税前扣除。企业应将核电厂操纵员培养费与员工的职工教育经费严格区分，单独核算，员工实际发生的职工教育经费支出不得计入核电厂操纵员培养费直接扣除。

五、固定资产折旧的企业所得税处理

（一）企业固定资产会计折旧年限如果短于税法规定的最低折旧年限，其按会计折旧年限计提的折旧高于按税法规定的最低折旧年限计提的折旧部分，应调增当期应纳税所得额；企业固定资产会计折旧年限已期满且会计折旧已提足，但税法规定的最低折旧年限尚未到期且税收折旧尚未足额扣除，其未足额扣除的部分准予在剩余的税收折旧年限继续按规定扣除。

（二）企业固定资产会计折旧年限如果长于税法规定的最低折旧年限，其折旧应按会计折旧年限计算扣除，税法另有规定除外。

（三）企业按会计规定提取的固定资产减值准备，不得税前扣除，其折旧仍按税法确定的固定资产计税基础计算扣除。

（四）企业按税法规定实行加速折旧的，其按加速折旧办法计算的折旧额可全额在税前扣除。

（五）石油天然气开采企业在计提油气资产折耗（折旧）时，由于会计与税法规定计算方法不同导致的折耗（折旧）差异，应按税法规定进行纳税调整。

六、施行时间

本公告适用于2013年度及以后年度企业所得税汇算清缴。

企业2013年度汇算清缴前接收政府或股东划入资产，尚未进行企业所得税处理的，可按本公告执行。对于手续不齐全、证据不清的，企业应在2014年12月31日前补充完善。企业凡在2014年12月31日前不能补充完善的，一律作为应税收入或计入收入总额进行企业所得税处理。

特此公告。

2-1-145

财政部　国家税务总局关于公共基础设施项目享受企业所得税优惠政策问题的补充通知

2014年7月4日　财税〔2014〕55号

各省、自治区、直辖市、计划单列市财政厅（局）、国家税务局、地方税务局，新疆生产建设兵团财务局：

根据《中华人民共和国企业所得税法》和《中华人民共和国企业所得税法实施条例》（国务院令第512号）的有关规定，现就企业享受公共基础设施项目企业所得税优惠政策有关问题补充通知如下：

一、企业投资经营符合《公共基础设施项目企业所得税优惠目录》规定条件和标准的公共基础设施项目，采用一次核准、分批次（如码头、泊位、航站楼、跑道、路段、发电机组等）建设的，凡同时符合以下条件的，可按每一批次为单位计算所得，并享受企业所得税“三免三减半”优惠：

（一）不同批次在空间上相互独立；

（二）每一批次自身具备取得收入的功能；

（三）以每一批次为单位进行会计核算，单独计算所得，并合理分摊期间费用。

二、公共基础设施项目企业所得税“三免三减半”优惠的其他问题，继续按《财政部、国家税务总局关于执行公共基础设施项目企业所得税优惠目录有关问题的通知》（财税〔2008〕46号）、《国家税务总局关于实施国家重点扶持的公共基础设施项目企业所得税优惠问题的通知》（国税发〔2009〕80号）、《财政部、国家税务总局关于公共基础设施项目和环境保护、节能节水项目企业所得税优惠政策问题的通知》（财税〔2012〕10号）的规定执行。

请遵照执行。

2－1－146

财政部　国家税务总局关于完善固定资产加速折旧企业所得税政策的通知

2014年10月20日　财税〔2014〕75号

各省、自治区、直辖市、计划单列市财政厅（局）、国家税务局、地方税务局，新疆生产建设兵团财务局：

为贯彻落实国务院完善固定资产加速折旧政策精神，现就有关固定资产加速折旧企业所得税政策问题通知如下：

一、对生物药品制造业，专用设备制造业，铁路、船舶、航空航天和其他运输设备制造业，计算机、通信和其他电子设备制造业，仪器仪表制造业，信息传输、软件和信息技术服务业等6个行业的企业2014年1月1日后新购进的固定资产，可缩短折旧年限或采取加速折旧的方法。

对上述6个行业的小型微利企业2014年1月1日后新购进的研发和生产经营共用的仪器、设备，单位价值不超过100万元的，允许一次性计入当期成本费用在计算应纳税所得额时扣除，不再分年度计算折旧；单位价值超过100万元的，可缩短折旧年限或采取加速折旧的方法。

二、对所有行业企业2014年1月1日后新购进的专门用于研发的仪器、设备，单位价值不超过100万元的，允许一次性计入当期成本费用在计算应纳税所得额时扣除，不再分年度计算折旧；单位价值超过100万元的，可缩短折旧年限或采取加速折旧的方法。

三、对所有行业企业持有的单位价值不超过5000元的固定资产，允许一次性计入当期成本费用在计算应纳税所得额时扣除，不再分年度计算折旧。

四、企业按本通知第一条、第二条规定缩短折旧年限的，最低折旧年限不得低于企业所得税法实施条例第六十条规定折旧年限的60%；采取加速折旧方法的，可采取双倍余额递减法或者年数总和法。本通知第一至三条规定之外的企业固定资产加速折旧所得税处理问题，继续按照企业所得税法及其实施条例和现行税收政策规定执行。

五、本通知自2014年1月1日起执行。

2－1－147

财政部　国家税务总局　证监会关于QFII和RQFII取得中国境内的股票等权益性投资资产转让所得暂免征收企业所得税问题的通知

2014年10月31日　财税〔2014〕79号

各省、自治区、直辖市、计划单列市财政厅（局）、国家税务局、地方税务局，新疆生产建设兵团财务局，中国证券登记结算公司：

经国务院批准，从2014年11月17日起，对合格境外机构投资者（简称QFII）、人民币合格境外机构投资者（简称RQFII）取得来源于中国境内的股票等权益性投资资产转让所得，暂免征收企业所得税。在2014年11月17日之前QFII和RQFII取得的上述所得应依法征收企业所得税。

本通知适用于在中国境内未设立机构、场所，或者在中国境内虽设立机构、场所，但取得的上述所得与其所设机构、场所没有实际联系的QFII、RQFII。

2－1－148

国家税务总局关于固定资产加速折旧税收政策有关问题的公告

2014年11月14日　国家税务总局公告2014年第64号

为落实国务院完善固定资产加速折旧政策，促进企业技术改造，支持创业创新，根据《中华人民共和国企业所得税法》（以下简称企业所得税法）及其实施条例、《财政部、国家税务总局关于完善固定资产加速折旧企业所得税政策的通知》（财税〔2014〕75号）规定，现就落实完善固定资产加速折旧企业所得税政策有关问题公告如下：

一、对生物药品制造业，专用设备制造业，铁路、船舶、航空航天和其他运输设备制造业，计算机、通信和其他电子设备制造业，仪器仪表制造业，信息传输、软件和信息技术服务业等行业企业(以下简称六大行业),2014年1月1日后购进的固定资产(包括自行建造),允许按不低于企业所得税法规定折旧年限的60%缩短折旧年限,或选择采取双倍余额递减法或年数总和法进行加速折旧。

六大行业按照国家统计局《国民经济行业分类与代码(GB/4754－2011)》确定。今后国家有关部门更新国民经济行业分类与代码,从其规定。

六大行业企业是指以上述行业业务为主营业务,其固定资产投入使用当年主营业务收入占企业收入总额50%(不含)以上的企业。所称收入总额,是指企业所得税法第六条规定的收入总额。

二、企业在2014年1月1日后购进并专门用于研发活动的仪器、设备,单位价值不超过100万元的,可以一次性在计算应纳税所得额时扣除;单位价值超过100万元的,允许按不低于企业所得税法规定折旧年限的60%缩短折旧年限,或选择采取双倍余额递减法或年数总和法进行加速折旧。

用于研发活动的仪器、设备范围口径,按照《国家税务总局关于印发〈企业研究开发费用税前扣除管理办法(试行)〉的通知》(国税发〔2008〕116号)或《科学技术部、财政部、国家税务总局关于印发〈高新技术企业认定管理工作指引〉的通知》(国科发火〔2008〕362号)规定执行。

企业专门用于研发活动的仪器、设备已享受上述优惠政策的,在享受研发费加计扣除时,按照《国家税务总局关于印发〈企业研发费用税前扣除管理办法(试行)〉的通知》(国税发〔2008〕116号)、《财政部、国家税务总局关于研究开发费用税前加计扣除有关政策问题的通知》(财税〔2013〕70号)的规定,就已经进行会计处理的折旧、费用等金额进行加计扣除。

六大行业中的小型微利企业研发和生产经营共用的仪器、设备,可以执行本条第一、二款的规定。所称小型微利企业,是指企业所得税法第二十八条规定的小型微利企业。

三、企业持有的固定资产,单位价值不超过5000元的,可以一次性在计算应纳税所得额时扣除。企业在2013年12月31日前持有的单位价值不超过5000元的固定资产,其折余价值部分,2014年1月1日以后可以一次性在计算应纳税所得额时扣除。

四、企业采取缩短折旧年限方法的,对其购置的新固定资产,最低折旧年限不得低于企业所得税法实施条例第六十条规定的折旧年限的60%;企业购置已使用过的固定资产,其最低折旧年限不得低于实施条例规定的最低折旧年限减去已使用年限后剩余年限的60%。最低折旧年限一经确定,一般不得变更。

五、企业的固定资产采取加速折旧方法的,可以采用双倍余额递减法或者年数总和法。加速折旧方法一经确定,一般不得变更。

所称双倍余额递减法或者年数总和法,按照《国家税务总局关于企业固定资产加速折旧所得税处理有关问题的通知》(国税发〔2009〕81号)第四条的规定执行。

六、企业的固定资产既符合本公告优惠政策条件,同时又符合《国家税务总局关于企业固定资产加速折旧所得税处理有关问题的通知》(国税发〔2009〕81号)、《财政部、国家税务总局关于进一步鼓励软件产业和集成电路产业发展企业所得税政策的通知》(财税〔2012〕27号)中相关加速折旧政策条件的,可由企业选择其中最优惠的政策执行,且一经选择,不得改变。

七、企业固定资产采取一次性税前扣除、缩短折旧年限或加速折旧方法的，预缴申报时，须同时报送《固定资产加速折旧（扣除）预缴情况统计表》（见附件1），年度申报时，实行事后备案管理，并按要求报送相关资料。

企业应将购进固定资产的发票、记账凭证等有关凭证、凭据（购入已使用过的固定资产，应提供已使用年限的相关说明）等资料留存备查，并应建立台账，准确核算税法与会计差异情况。

主管税务机关应对适用本公告规定优惠政策的企业加强后续管理，对预缴申报时享受了优惠政策的企业，年终汇算清缴时应对企业全年主营业务收入占企业收入总额的比例进行重点审核。

八、本公告适用于2014年及以后纳税年度。

特此公告。

附件：1. 固定资产加速折旧（扣除）预缴情况统计表（编者略）

2.《固定资产加速折旧（扣除）预缴情况统计表》填报说明（编者略）

注释：

条款废止。第七条第一款废止。参见：《国家税务总局关于公布全文失效废止和部分条款废止的税收规范性文件目录的公告》（国家税务总局公告2016年第34号）。

条款废止。附件《固定资产加速折旧预缴情况统计表》及其填报说明自2015年7月1日起废止。参见：《国家税务总局关于发布〈中华人民共和国企业所得税月（季）度预缴纳税申报表（2015年版）等报表〉的公告》（国家税务总局公告2015年第31号）。

2－1－149

一般反避税管理办法（试行）

2014年12月2日　国家税务总局令第32号

《一般反避税管理办法（试行）》已经2014年11月25日国家税务总局2014年度第3次局务会议审议通过，现予公布，自2015年2月1日起施行。

国家税务总局局长：王　军

2014年12月2日

一般反避税管理办法(试行)

第一章　总　　则

第一条　为规范一般反避税管理,根据《中华人民共和国企业所得税法》(以下简称企业所得税法)及其实施条例、《中华人民共和国税收征收管理法》(以下简称税收征管法)及其实施细则,制定本办法。

第二条　本办法适用于税务机关按照企业所得税法第四十七条、企业所得税法实施条例第一百二十条的规定,对企业实施的不具有合理商业目的而获取税收利益的避税安排,实施的特别纳税调整。

下列情况不适用本办法:

(一)与跨境交易或者支付无关的安排;

(二)涉嫌逃避缴纳税款、逃避追缴欠税、骗税、抗税以及虚开发票等税收违法行为。

第三条　税收利益是指减少、免除或者推迟缴纳企业所得税应纳税额。

第四条　避税安排具有以下特征:

(一)以获取税收利益为唯一目的或者主要目的;

(二)以形式符合税法规定、但与其经济实质不符的方式获取税收利益。

第五条　税务机关应当以具有合理商业目的和经济实质的类似安排为基准,按照实质重于形式的原则实施特别纳税调整。调整方法包括:

(一)对安排的全部或者部分交易重新定性;

(二)在税收上否定交易方的存在,或者将该交易方与其他交易方视为同一实体;

(三)对相关所得、扣除、税收优惠、境外税收抵免等重新定性或者在交易各方间重新分配;

(四)其他合理方法。

第六条　企业的安排属于转让定价、成本分摊、受控外国企业、资本弱化等其他特别纳税调整范围的,应当首先适用其他特别纳税调整相关规定。

企业的安排属于受益所有人、利益限制等税收协定执行范围的,应当首先适用税收协定执行的相关规定。

第二章　立　　案

第七条　各级税务机关应当结合工作实际,应用各种数据资源,如企业所得税汇算清缴、纳税评估、同期资料管理、对外支付税务管理、股权转让交易管理、税收协定执行等,及时发现一般反避税案源。

第八条　主管税务机关发现企业存在避税嫌疑的,层报省、自治区、直辖市和计划单列市(以下简称省)税务机关复核同意后,报税务总局申请立案。

第九条　省税务机关应当将税务总局形成的立案申请审核意见转发主管税务机关。税务总局同意立案的,主管税务机关实施一般反避税调查。

第三章 调 查

第十条 主管税务机关实施一般反避税调查时,应当向被调查企业送达《税务检查通知书》。

第十一条 被调查企业认为其安排不属于本办法所称避税安排的,应当自收到《税务检查通知书》之日起60日内提供下列资料:

(一)安排的背景资料;

(二)安排的商业目的等说明文件;

(三)安排的内部决策和管理资料,如董事会决议、备忘录、电子邮件等;

(四)安排涉及的详细交易资料,如合同、补充协议、收付款凭证等;

(五)与其他交易方的沟通信息;

(六)可以证明其安排不属于避税安排的其他资料;

(七)税务机关认为有必要提供的其他资料。

企业因特殊情况不能按期提供的,可以向主管税务机关提交书面延期申请,经批准可以延期提供,但是最长不得超过30日。主管税务机关应当自收到企业延期申请之日起15日内书面回复。逾期未回复的,视同税务机关同意企业的延期申请。

第十二条 企业拒绝提供资料的,主管税务机关可以按照税收征管法第三十五条的规定进行核定。

第十三条 主管税务机关实施一般反避税调查时,可以要求为企业筹划安排的单位或者个人(以下简称筹划方)提供有关资料及证明材料。

第十四条 一般反避税调查涉及向筹划方、关联方以及与关联业务调查有关的其他企业调查取证的,主管税务机关应当送达《税务事项通知书》。

第十五条 主管税务机关审核企业、筹划方、关联方以及与关联业务调查有关的其他企业提供的资料,可以采用现场调查、发函协查和查阅公开信息等方式核实。需取得境外有关资料的,可以按有关规定启动税收情报交换程序,或者通过我驻外机构调查收集有关信息。涉及境外关联方相关资料的,主管税务机关也可以要求企业提供公证机构的证明。

第四章 结 案

第十六条 主管税务机关根据调查过程中获得的相关资料,自税务总局同意立案之日起9个月内进行审核,综合判断企业是否存在避税安排,形成案件不予调整或者初步调整方案的意见和理由,层报省税务机关复核同意后,报税务总局申请结案。

第十七条 主管税务机关应当根据税务总局形成的结案申请审核意见,分别以下情况进行处理:

(一)同意不予调整的,向被调查企业下发《特别纳税调查结论通知书》;

(二)同意初步调整方案的,向被调查企业下发《特别纳税调查初步调整通知书》;

(三)税务总局有不同意见的,按照税务总局的意见修改后再次层报审核。

被调查企业在收到《特别纳税调查初步调整通知书》之日起7日内未提出异议的,主管税务机关应当下发《特别纳税调查调整通知书》。

被调查企业在收到《特别纳税调查初步调整通知书》之日起7日内提出异议,但是主管税务机关经审核后认为不应采纳的,应将被调查企业的异议及不应采纳的意见和理由层报省税务机关复核同意后,报税务总局再次申请结案。

被调查企业在收到《特别纳税调查初步调整通知书》之日起7日内提出异议,主管税务机关经审核后认为确需对调整方案进行修改的,应当将被调查企业的异议及修改后的调整方案层报省税务机关复核同意后,报税务总局再次申请结案。

第十八条 主管税务机关应当根据税务总局考虑企业异议形成的结案申请审核意见,分别以下情况进行处理:

(一)同意不应采纳企业所提异议的,向被调查企业下发《特别纳税调查调整通知书》;

(二)同意修改后调整方案的,向被调查企业下发《特别纳税调查调整通知书》;

(三)税务总局有不同意见的,按照税务总局的意见修改后再次层报审核。

第五章 争议处理

第十九条 被调查企业对主管税务机关作出的一般反避税调整决定不服的,可以按照有关法律法规的规定申请法律救济。

第二十条 主管税务机关作出的一般反避税调整方案导致国内双重征税的,由税务总局统一组织协调解决。

第二十一条 被调查企业认为我国税务机关作出的一般反避税调整,导致国际双重征税或者不符合税收协定规定征税的,可以按照税收协定及其相关规定申请启动相互协商程序。

第六章 附 则

第二十二条 本办法自2015年2月1日起施行。2015年2月1日前税务机关尚未结案处理的避税安排适用本办法。

2-1-150

国家税务总局关于内地与澳门税务主管当局就两地税收安排条款内容进行确认的公告

2014年12月18日 国家税务总局公告2014年第68号

2014年6月,中国内地税务主管当局代表与澳门税务主管当局代表在澳门,就《内地和澳门特别行政区关于对所得避免双重征税和防止偷漏税的安排》(以下简称《安排》)有关条款规定的理解及执行问题进行了磋商。双方税务主管当局代表分别于2014年9月23日和2014年10月20日通过换函对磋商中涉及的相关条款规定予以确认。现将确认内容公告如下:

《安排》第十一条第三款所指的双方主管当局认同的机构：

在澳门特别行政区，指“澳门金融管理局”、“退休基金会”和“社会保障基金”；

在内地，指“国家开发银行”、“中国进出口银行”、“中国农业发展银行”、“全国社会保障基金理事会”和“中国出口信用保险公司”。

特此公告。

2-1-151

财政部　国家税务总局关于促进企业重组有关企业所得税处理问题的通知

2014年12月25日　财税〔2014〕109号

各省、自治区、直辖市、计划单列市财政厅(局)、国家税务局、地方税务局，新疆生产建设兵团财务局：

为贯彻落实《国务院关于进一步优化企业兼并重组市场环境的意见》(国发〔2014〕14号)，根据《中华人民共和国企业所得税法》及其实施条例有关规定，现就企业重组有关企业所得税处理问题明确如下：

一、关于股权收购

将《财政部、国家税务总局关于企业重组业务企业所得税处理若干问题的通知》(财税〔2009〕59号)第六条第(二)项中有关“股权收购，收购企业购买的股权不低于被收购企业全部股权的75%”规定调整为“股权收购，收购企业购买的股权不低于被收购企业全部股权的50%”。

二、关于资产收购

将财税〔2009〕59号文件第六条第(三)项中有关“资产收购，受让企业收购的资产不低于转让企业全部资产的75%”规定调整为“资产收购，受让企业收购的资产不低于转让企业全部资产的50%”。

三、关于股权、资产划转

对100%直接控制的居民企业之间，以及受同一或相同多家居民企业100%直接控制的居民企业之间按账面净值划转股权或资产，凡具有合理商业目的、不以减少、免除或者推迟缴纳税款为主要目的，股权或资产划转后连续12个月内不改变被划转股权或资产原来实质性经营活动，且划出方企业和划入方企业均未在会计上确认损益的，可以选择按以下规定进行特殊性税务处理：

1. 划出方企业和划入方企业均不确认所得。

2. 划入方企业取得被划转股权或资产的计税基础，以被划转股权或资产的原账面净值确定。

3. 划入方企业取得的被划转资产，应按其原账面净值计算折旧扣除。

四、本通知自2014年1月1日起执行。本通知发布前尚未处理的企业重组,符合本通知规定的可按本通知执行。

2-1-152

财政部　国家税务总局关于非货币性资产投资企业所得税政策问题的通知

2014年12月31日　财税〔2014〕116号

各省、自治区、直辖市、计划单列市财政厅(局)、国家税务局、地方税务局,新疆生产建设兵团财务局:

为贯彻落实《国务院关于进一步优化企业兼并重组市场环境的意见》(国发〔2014〕14号),根据《中华人民共和国企业所得税法》及其实施条例有关规定,现就非货币性资产投资涉及的企业所得税政策问题明确如下:

一、居民企业(以下简称企业)以非货币性资产对外投资确认的非货币性资产转让所得,可在不超过5年期限内,分期均匀计入相应年度的应纳税所得额,按规定计算缴纳企业所得税。

二、企业以非货币性资产对外投资,应对非货币性资产进行评估并按评估后的公允价值扣除计税基础后的余额,计算确认非货币性资产转让所得。

企业以非货币性资产对外投资,应于投资协议生效并办理股权登记手续时,确认非货币性资产转让收入的实现。

三、企业以非货币性资产对外投资而取得被投资企业的股权,应以非货币性资产的原计税成本为计税基础,加上每年确认的非货币性资产转让所得,逐年进行调整。

被投资企业取得非货币性资产的计税基础,应按非货币性资产的公允价值确定。

四、企业在对外投资5年内转让上述股权或投资收回的,应停止执行递延纳税政策,并就递延期内尚未确认的非货币性资产转让所得,在转让股权或投资收回当年的企业所得税年度汇算清缴时,一次性计算缴纳企业所得税;企业在计算股权转让所得时,可按本通知第三条第一款规定将股权的计税基础一次调整到位。

企业在对外投资5年内注销的,应停止执行递延纳税政策,并就递延期内尚未确认的非货币性资产转让所得,在注销当年的企业所得税年度汇算清缴时,一次性计算缴纳企业所得税。

五、本通知所称非货币性资产,是指现金、银行存款、应收账款、应收票据以及准备持有至到期的债券投资等货币性资产以外的资产。

本通知所称非货币性资产投资,限于以非货币性资产出资设立新的居民企业,或将非货币性资产注入现存的居民企业。

六、企业发生非货币性资产投资,符合《财政部、国家税务总局关于企业重组业务企业所得税处理若干问题的通知》(财税〔2009〕59号)等文件规定的特殊性税务处理条件的,也可选择按特殊性税务处理规定执行。

七、本通知自2014年1月1日起执行。本通知发布前尚未处理的非货币性资产投资，符合本通知规定的可按本通知执行。

2－1－153

国家税务总局关于3项企业所得税事项取消审批后加强后续管理的公告

2015年2月2日　国家税务总局公告2015年第6号

根据《国务院关于取消和调整一批行政审批项目等事项的决定》(国发〔2014〕27号、国发〔2014〕50号)规定，取消"享受小型微利企业所得税优惠的核准"、"收入全额归属中央的企业下属二级及二级以下分支机构名单的备案审核"和"汇总纳税企业组织结构变更审核"等项目审批，现就有关企业所得税后续管理问题公告如下：

一、进一步简化小型微利企业享受所得税优惠政策备案手续

实行查账征收的小型微利企业，在办理2014年及以后年度企业所得税汇算清缴时，通过填报《国家税务总局关于发布〈中华人民共和国企业所得税年度纳税申报表(A类，2014年版)的公告〉》(国家税务总局公告2014年第63号)之《基础信息表》(A000000表)中的"104从业人数"、"105资产总额(万元)"栏次，履行备案手续，不再另行备案。

二、取消"收入全额归属中央的企业下属二级及二级以下分支机构名单的备案审核"的后续管理

收入全额归属中央的企业(本条简称中央企业)所属二级及二级以下分支机构名单发生变化的，按照以下规定分别向其主管税务机关报送相关资料：

(一)中央企业所属二级分支机构名单发生变化的，中央企业总机构应将调整后情况及分支机构变化情况报送主管税务机关。

(二)中央企业新增二级及以下分支机构的，二级分支机构应将营业执照和总机构出具的其为二级或二级以下分支机构证明文件，在报送企业所得税预缴申报表时，附送其主管税务机关。

新增的三级及以下分支机构，应将营业执照和总机构出具的其为三级或三级以下分支机构证明文件，报送其主管税务机关。

(三)中央企业撤销(注销)二级及以下分支机构的，被撤销分支机构应当按照《中华人民共和国税收征收管理法》规定办理注销手续。二级分支机构应将撤销(注销)二级及以下分支机构情况报送其主管税务机关。

主管税务机关应根据中央企业二级及以下分支机构变更备案情况，及时调整完善税收管理信息。

三、取消"汇总纳税企业组织结构变更审核"的后续管理

汇总纳税企业改变组织结构的，总机构和相关二级分支机构应于组织结构改变后30日

内，将组织结构变更情况报告主管税务机关。总机构所在省税务局按照《国家税务总局关于印发〈跨地区经营汇总纳税企业所得税征收管理办法〉的公告》（国家税务总局公告2012年第57号）第二十九条规定，将汇总纳税企业组织结构变更情况上传至企业所得税汇总纳税信息管理系统。

废止国家税务总局公告2012年第57号第二十四条第三款“汇总纳税企业以后年度改变组织结构的，该分支机构应按本办法第二十三条规定报送相关证据，分支机构所在地主管税务机关重新进行审核鉴定”的规定。

四、除第一条外，本公告自2015年1月1日起施行。

特此公告。

注释：

条款废止。第一条废止。参见：《国家税务总局关于公布全文和部分条款失效废止的税务规范性文件目录的公告》（国家税务总局公告2022年第24号）。

2－1－154

国家税务总局关于非居民企业间接转让财产企业所得税若干问题的公告

2015年2月3日　国家税务总局公告2015年第7号

为进一步规范和加强非居民企业间接转让中国居民企业股权等财产的企业所得税管理，依据《中华人民共和国企业所得税法》（以下称企业所得税法）及其实施条例（以下称企业所得税法实施条例），以及《中华人民共和国税收征收管理法》（以下称税收征管法）及其实施细则的有关规定，现就有关问题公告如下：

一、非居民企业通过实施不具有合理商业目的的安排，间接转让中国居民企业股权等财产，规避企业所得税纳税义务的，应按照企业所得税法第四十七条的规定，重新定性该间接转让交易，确认为直接转让中国居民企业股权等财产。

本公告所称中国居民企业股权等财产，是指非居民企业直接持有，且转让取得的所得按照中国税法规定，应在中国缴纳企业所得税的中国境内机构、场所财产，中国境内不动产，在中国居民企业的权益性投资资产等（以下称中国应税财产）。

间接转让中国应税财产，是指非居民企业通过转让直接或间接持有中国应税财产的境外企业（不含境外注册中国居民企业，以下称境外企业）股权及其他类似权益（以下称股权），产生与直接转让中国应税财产相同或相近实质结果的交易，包括非居民企业重组引起境外企业股东发生变化的情形。间接转让中国应税财产的非居民企业称股权转让方。

二、适用本公告第一条规定的股权转让方取得的转让境外企业股权所得归属于中国应税财产的数额（以下称间接转让中国应税财产所得），应按以下顺序进行税务处理：

（一）对归属于境外企业及直接或间接持有中国应税财产的下属企业在中国境内所设

机构、场所财产的数额（以下称间接转让机构、场所财产所得），应作为与所设机构、场所有实际联系的所得，按照企业所得税法第三条第二款规定征税；

（二）除适用本条第（一）项规定情形外，对归属于中国境内不动产的数额（以下称间接转让不动产所得），应作为来源于中国境内的不动产转让所得，按照企业所得税法第三条第三款规定征税；

（三）除适用本条第（一）项或第（二）项规定情形外，对归属于在中国居民企业的权益性投资资产的数额（以下称间接转让股权所得），应作为来源于中国境内的权益性投资资产转让所得，按照企业所得税法第三条第三款规定征税。

三、判断合理商业目的，应整体考虑与间接转让中国应税财产交易相关的所有安排，结合实际情况综合分析以下相关因素：

（一）境外企业股权主要价值是否直接或间接来自于中国应税财产；

（二）境外企业资产是否主要由直接或间接在中国境内的投资构成，或其取得的收入是否主要直接或间接来源于中国境内；

（三）境外企业及直接或间接持有中国应税财产的下属企业实际履行的功能和承担的风险是否能够证实企业架构具有经济实质；

（四）境外企业股东、业务模式及相关组织架构的存续时间；

（五）间接转让中国应税财产交易在境外应缴纳所得税情况；

（六）股权转让方间接投资、间接转让中国应税财产交易与直接投资、直接转让中国应税财产交易的可替代性；

（七）间接转让中国应税财产所得在中国可适用的税收协定或安排情况；

（八）其他相关因素。

四、除本公告第五条和第六条规定情形外，与间接转让中国应税财产相关的整体安排同时符合以下情形的，无需按本公告第三条进行分析和判断，应直接认定为不具有合理商业目的：

（一）境外企业股权75%以上价值直接或间接来自于中国应税财产；

（二）间接转让中国应税财产交易发生前一年内任一时点，境外企业资产总额（不含现金）的90%以上直接或间接由在中国境内的投资构成，或间接转让中国应税财产交易发生前一年内，境外企业取得收入的90%以上直接或间接来源于中国境内；

（三）境外企业及直接或间接持有中国应税财产的下属企业虽在所在国家（地区）登记注册，以满足法律所要求的组织形式，但实际履行的功能及承担的风险有限，不足以证实其具有经济实质；

（四）间接转让中国应税财产交易在境外应缴所得税税负低于直接转让中国应税财产交易在中国的可能税负。

五、与间接转让中国应税财产相关的整体安排符合以下情形之一的，不适用本公告第一条的规定：

（一）非居民企业在公开市场买入并卖出同一上市境外企业股权取得间接转让中国应税财产所得；

（二）在非居民企业直接持有并转让中国应税财产的情况下，按照可适用的税收协定或安排的规定，该项财产转让所得在中国可以免予缴纳企业所得税。

六、间接转让中国应税财产同时符合以下条件的，应认定为具有合理商业目的：

（一）交易双方的股权关系具有下列情形之一：

1. 股权转让方直接或间接拥有股权受让方80%以上的股权；

2. 股权受让方直接或间接拥有股权转让方80%以上的股权；

3. 股权转让方和股权受让方被同一方直接或间接拥有80%以上的股权。

境外企业股权50%以上（不含50%）价值直接或间接来自于中国境内不动产的，本条第（一）项第1、2、3目的持股比例应为100%。

上述间接拥有的股权按照持股链中各企业的持股比例乘积计算。

（二）本次间接转让交易后可能再次发生的间接转让交易相比在未发生本次间接转让交易情况下的相同或类似间接转让交易，其中国所得税负担不会减少。

（三）股权受让方全部以本企业或与其具有控股关系的企业的股权（不含上市企业股权）支付股权交易对价。

七、间接转让机构、场所财产所得按照本公告规定应缴纳企业所得税的，应计入纳税义务发生之日所属纳税年度该机构、场所的所得，按照有关规定申报缴纳企业所得税。

八、间接转让不动产所得或间接转让股权所得按照本公告规定应缴纳企业所得税的，依照有关法律规定或者合同约定对股权转让方直接负有支付相关款项义务的单位或者个人为扣缴义务人。

扣缴义务人未扣缴或未足额扣缴应纳税款的，股权转让方应自纳税义务发生之日起7日内向主管税务机关申报缴纳税款，并提供与计算股权转让收益和税款相关的资料。主管税务机关应在税款入库后30日内层报税务总局备案。

扣缴义务人未扣缴，且股权转让方未缴纳应纳税款的，主管税务机关可以按照税收征管法及其实施细则相关规定追究扣缴义务人责任；但扣缴义务人已在签订股权转让合同或协议之日起30日内按本公告第九条规定提交资料的，可以减轻或免除责任。

九、间接转让中国应税财产的交易双方及被间接转让股权的中国居民企业可以向主管税务机关报告股权转让事项，并提交以下资料：

（一）股权转让合同或协议（为外文文本的需同时附送中文译本，下同）；

（二）股权转让前后的企业股权架构图；

（三）境外企业及直接或间接持有中国应税财产的下属企业上两个年度财务、会计报表；

（四）间接转让中国应税财产交易不适用本公告第一条的理由。

十、间接转让中国应税财产的交易双方和筹划方，以及被间接转让股权的中国居民企业，应按照主管税务机关要求提供以下资料：

（一）本公告第九条规定的资料（已提交的除外）；

（二）有关间接转让中国应税财产交易整体安排的决策或执行过程信息；

（三）境外企业及直接或间接持有中国应税财产的下属企业在生产经营、人员、账务、财产等方面的信息，以及内外部审计情况；

（四）用以确定境外股权转让价款的资产评估报告及其他作价依据；

（五）间接转让中国应税财产交易在境外应缴纳所得税情况；

（六）与适用公告第五条和第六条有关的证据信息；

（七）其他相关资料。

十一、主管税务机关需对间接转让中国应税财产交易进行立案调查及调整的，应按照一般反避税的相关规定执行。

十二、股权转让方通过直接转让同一境外企业股权导致间接转让两项以上中国应税财产，按照本公告的规定应予征税，涉及两个以上主管税务机关的，股权转让方应分别到各所涉主管税务机关申报缴纳企业所得税。

各主管税务机关应相互告知税款计算方法，取得一致意见后组织税款入库；如不能取得一致意见的，应报其共同上一级税务机关协调。

十三、股权转让方未按期或未足额申报缴纳间接转让中国应税财产所得应纳税款，扣缴义务人也未扣缴税款的，除追缴应纳税款外，还应按照企业所得税法实施条例第一百二十一条、第一百二十二条规定对股权转让方按日加收利息。

股权转让方自签订境外企业股权转让合同或协议之日起 30 日内提供本公告第九条规定的资料或按照本公告第七条、第八条的规定申报缴纳税款的，按企业所得税法实施条例第一百二十二条规定的基准利率计算利息；未按规定提供资料或申报缴纳税款的，按基准利率加 5 个百分点计算利息。

十四、本公告适用于在中国境内未设立机构、场所的非居民企业取得的间接转让中国应税财产所得，以及非居民企业虽设立机构、场所但取得与其所设机构、场所没有实际联系的间接转让中国应税财产所得。

股权转让方转让境外企业股权取得的所得（含间接转让中国应税财产所得）与其所设境内机构、场所有实际联系的，无须适用本公告规定，应直接按照企业所得税法第三条第二款规定征税。

十五、本公告所称纳税义务发生之日是指股权转让合同或协议生效，且境外企业完成股权变更之日。

十六、本公告所称的主管税务机关，是指在中国应税财产被非居民企业直接持有并转让的情况下，财产转让所得应纳企业所得税税款的主管税务机关，应分别按照本公告第二条规定的三种情形确定。

十七、本公告所称“以上”除有特别标明外均含本数。

十八、本公告规定与税收协定不一致的，按照税收协定办理。

十九、本公告自发布之日起施行。本公告发布前发生但未作税务处理的事项，依据本公告执行。《国家税务总局关于加强非居民企业股权转让所得企业所得税管理的通知》（国税函〔2009〕698 号）第五条、第六条及《国家税务总局关于非居民企业所得税管理若干问题的公告》（国家税务总局公告 2011 年第 24 号）第六条第（三）、（四）、（五）项有关内容同时废止。

特此公告。

注释：

条款废止。第十三条废止。参见：《国家税务总局关于公布失效废止的税务部门规章和税收规范性文件目录的决定》(国家税务总局令第42号)。

条款废止。第八条第二款自2017年12月1日起废止。参见:《国家税务总局关于非居民企业所得税源泉扣缴有关问题的公告》(国家税务总局公告2017年第37号)。

2-1-155

国家税务总局关于修订《企业所得税汇算清缴数据采集规范》的通知

2015年2月12日　税总函〔2015〕102号

各省、自治区、直辖市和计划单列市国家税务局、地方税务局:

2014版企业所得税年度汇算清缴申报表做了重大调整,并已发布。据此,现对2011年税务总局发布的《网上纳税申报软件业务标准》(标准编号:SW 2—2011)中企业所得税汇算清缴内容进行变更,修订后的《企业所得税汇算清缴数据采集规范》详见附件,本标准修改单编号是:SW 2—2011/XG 1—2015。现将具体事项通知如下:

一、做好网上申报软件的调整修改

各地税务机关应督促网上申报软件开发商、使用适应自身管理需要的自有申报软件的纳税人按发布的标准规范修改,税务机关自行开发的网上申报软件也应按发布的标准规范同步修改,以确保汇算清缴工作顺利开展,确保数据采集的规范、完整、准确,为企业所得税后续管理奠定坚实基础。

二、进一步明确使用网上申报软件的选择权利属于纳税人

各地税务机关应遵循符合标准规范即不禁止的原则,将选择网上申报软件的权利交给纳税人,进一步提升纳税人对税务机关纳税服务的良好体验,确保各地税务机关同时可接收各种网上申报方式报送的企业所得税汇算清缴表单,确保符合本次标准要求的企业所得税申报数据均能进行受理和反馈。

附件:企业所得税汇算清缴数据采集规范(编者略)

2-1-156

国家税务总局关于中日税收协定适用于日本新开征地方法人税的公告

2015年2月26日　国家税务总局公告2015年第13号

中国和日本税务主管当局经过协商,同意将《中华人民共和国政府和日本国政府关于对所得避免双重征税和防止偷漏税的协定》适用于日方2014年10月1日新开征的地方法人税(the Local Corporation Tax),特此公告。

2－1－157

国家税务总局关于修改《非居民企业所得税核定征收管理办法》等文件的公告

2015年4月17日　国家税务总局公告2015年第22号

根据《国务院关于取消和调整一批行政审批项目等事项的决定》（国发〔2015〕11号）和《国务院关于取消和下放一批行政审批项目的决定》（国发〔2014〕5号）有关取消非居民企业税收管理审批事项的要求，国家税务总局决定对相关文件规定进行修改，现公告如下：

一、《非居民企业所得税核定征收管理办法》（国税发〔2010〕19号）第九条修改为："主管税务机关应及时向非居民企业送达《非居民企业所得税征收方式鉴定表》（见附件，以下简称《鉴定表》），非居民企业应在收到《鉴定表》后10个工作日内，完成《鉴定表》的填写并送达主管税务机关，主管税务机关在受理《鉴定表》后20个工作日内，完成该项征收方式的确认工作。"

同时，对《鉴定表》做了相应修改，详见本公告附件。

二、《境外注册中资控股居民企业所得税管理办法（试行）》（国家税务总局公告2011年第45号发布）第五条修改为："本办法所称主管税务机关是指境外注册中资控股居民企业中国境内主要投资者登记注册地主管税务机关。"

三、《国家税务总局关于非居民企业股权转让适用特殊性税务处理有关问题的公告》（国家税务总局公告2013年第72号）第七条修改为："非居民企业股权转让适用特殊性税务处理备案后经调查核实不符合条件的，应调整适用一般性税务处理，按照有关规定缴纳企业所得税。非居民企业股权转让适用特殊性税务处理未进行备案的，税务机关应告知其按照本公告第二条、第三条的规定办理备案手续。"

四、本公告自2015年6月1日起施行。

特此公告。

附件：非居民企业所得税征收方式鉴定表（编者略）

2－1－158

国家税务总局关于发布《中华人民共和国非居民企业所得税年度纳税申报表》等报表的公告

2015年4月30日　国家税务总局公告2015年第30号

为进一步规范和加强非居民企业所得税管理，根据《中华人民共和国企业所得税法》及其实施条例和有关规定，现将国家税务总局修订的《中华人民共和国非居民企业所得税年度纳税申报表（适用于据实申报企业）》、《中华人民共和国非居民企业所得税季度纳税申报表（适用于据实申报企业）》、《中华人民共和国非居民企业所得税季度和年度纳税申报表（适用于核定征收企业）/（不构成常设机构和国际运输免税申报）》、《中华人民共和国扣缴企业所得税报告表》及相应填报说明予以发布，并就有关事项公告如下：

一、《中华人民共和国非居民企业所得税季度纳税申报表（适用于据实申报企业）》适用于非居民企业预缴季度税款时填报。《中华人民共和国非居民企业所得税年度纳税申报表（适用于据实申报企业）》适用于非居民企业年度企业所得税汇算清缴时填报，其中附表《金融企业收入明细表》、《金融企业支出明细表》和《对外合作开采石油企业勘探开发费用年度明细表》，由特定行业企业填报，一般企业无需填报。《中华人民共和国非居民企业所得税季度和年度纳税申报表（适用于核定征收企业）/（不构成常设机构和国际运输免税申报）》适用于非居民企业预缴季度税款、年度企业所得税汇算清缴时填报，同时，不构成常设机构和国际运输免税申报也使用本表。

二、《中华人民共和国扣缴企业所得税报告表》适用于扣缴义务人，包括法定扣缴义务人和指定扣缴义务人，以及扣缴义务人未依法扣缴或者无法履行扣缴义务情况下自行申报的纳税人，按次或按期扣缴或申报企业所得税税款时填报。

三、本公告自2015年7月1日起施行。《国家税务总局关于印发〈中华人民共和国非居民企业所得税申报表〉等报表的通知》（国税函〔2008〕801号）同时废止。

特此公告。

附件：1. 中华人民共和国非居民企业所得税年度纳税申报表（适用于据实申报企业）

2.《中华人民共和国非居民企业所得税年度纳税申报表（适用于据实申报企业）》填报说明（编者略）

3. 中华人民共和国非居民企业所得税季度纳税申报表（适用于据实申报企业）

4.《中华人民共和国非居民企业所得税季度纳税申报表（适用于据实申报企业）》填报说明（编者略）

5. 中华人民共和国非居民企业所得税季度和年度纳税申报表（适用于核定征收企业）（不构成常设机构和国际运输免税申报）

6.《中华人民共和国非居民企业所得税季度和年度纳税申报表（适用于核定征收企业）（不构成常设机构和国际运输免税申报）》填报说明（编者略）

7. 中华人民共和国扣缴企业所得税报告表

8.《中华人民共和国扣缴企业所得税报告表》填报说明（编者略）

附件 1

F100

中华人民共和国
非居民企业所得税年度纳税申报表

（适用于据实申报企业）

税款所属期间：　年　月　日至　年　月　日

纳税人识别号：□□□□□□□□□□□□□□□□□　　单位：万支、元（列至角分）

纳税人名称		居民国（地区）名称及代码	

行次	项　目	金　额
1	一、营业收入（填写附表 F110/F111）	
2	减：营业成本（填写附表 F120/F121）	
3	营业税金及附加	
4	销售费用（填写附表 F130）	
5	管理费用（填写附表 F130）	
6	财务费用（填写附表 F130）	
7	资产减值损失	
8	加：公允价值变动收益	
9	投资收益	
10	二、营业利润 10 = 1 - 2 - 3 - 4 - 5 - 6 - 7 + 8 + 9	
11	加：营业外收入（填写附表 F110/F111）	
12	减：营业外支出（填写附表 F120/F121）	
13	三、利润总额 13 = 10 + 11 - 12	
14	加：纳税调整增加额（填写附表 F140）	
15	减：纳税调整减少额（填写附表 F140）	
16	免税、减计收入及加计扣除（填写附表 F150）	
17	四、纳税调整后所得 17 = 13 + 14 - 15 - 16	
18	减：弥补以前年度亏损（填写附表 F160）	
19	五、应纳税所得额 19 = 17 - 18	
20	税率（25%）	
21	六、应纳所得税额 21 = 19 × 20	
22	减：减免所得税额（填写附表 F150）	
23	抵免所得税额（填写附表 F150）	

续表

行次	项　目	金　额
24	七、应纳税额 24 = 21 - 22 - 23	
25	加：境外所得应补所得税额	
26	八、实际应纳所得税额 26 = 24 + 25	
27	减：本年度累计实际已预缴的所得税额	
28	九、本年度应补（退）所得税额 28 = 26 - 27	
29	以前年度多缴的所得税额在本年抵减额	
30	以前年度应缴未缴在本年入库所得税额	

谨声明：此纳税申报表是根据《中华人民共和国企业所得税法》、《中华人民共和国企业所得税法实施条例》、有关税收政策以及国家统一会计制度的规定填报的，是真实的、可靠的、完整的。

声明人签字：　　　　年　月　日

纳税人公章： 会计主管： 填表日期：　年　月　日	代理申报中介机构公章： 经办人： 经办人执业证件号码： 代理申报日期：　年　月　日	主管税务机关受理专用章： 受理人： 受理日期：　年　月　日

国家税务总局监制

附1－1：一般企业收入明细表（编者略）

附1－2：金融企业收入明细表（编者略）

附1－3：一般企业成本支出明细表（编者略）

附1－4：金融企业支出明细表（编者略）

附1－5：期间费用明细表（编者略）

附1－6：纳税调整项目明细表（编者略）

附1－7：税收优惠明细表（编者略）

附1－8：企业所得税弥补亏损明细表（编者略）

附1－9：
F170

对外合作开采石油企业勘探开发费用年度明细表

External Cooperative Exploration Petroleum Enterprise Annual Report of Expenses for Exploration and Development Period

本报告期自 年 月 日至 年 月 日

For the Report Year from to

Items 项目	Contract Area No. and Its Participation Percentage 合同区号及其参股比例	从联合账本分摊费用 Allocated from Joint Account					不能列入联合账本的费用 Not Allowed into Joint Account			
					本期数合计 Total for the Period	累计总数 Accumulated	公司集团分摊的 Shared under Consortium	单独发生的 Proprietary	本期合计 Total for the Period	累计总数 Accumulated
勘探费用支出额 Exploration Gapex Expense	01 勘探作业费 Exploration Operation Expenses									
	02 勘探借款利息 Interest on Exploration Loans									
	03 经营管理费 Administration Expenses									
	04 上级管理费 Head Office Overhead									
	05 合计 Total									
开发费用支出额 Development Capex Expense	06 开发作业费 Development Operating Expenses									
	07 开发借款利息 Interest on Development Loans									

续表

Items 项目	Contract Area No. and Its Participation Percentage 合同区号及其参股比例	从联合账本分摊费用 Allocated from Joint Account					不能列入联合账本的费用 Not Allowed into Joint Account			
					本期数合计 Total for the Period	累计总数 Accumulated	公司集团分摊的 Shared under Consortium	单独发生的 Proprietary	本期合计 Total for the Period	累计总数 Accumulated
开发费用支出额 Development Capex Expense	08 经营管理费 Administration Expenses									
	09 上级管理费 Head Office Overhead									
	10 合计 Total									
	11 总计 Grand Total									
按税法法定的摊销，折旧额 Amorlization and Depreciation According to Tax Law	12 勘探费用已摊销额 Amortized Exploration Expenses									
	13 开发费用已折旧额 Depreciated Development Expense									
	14 勘探费用待摊销额 Exploration Expenses to be Amortized									
	15 开发费用待折旧额 Development Expenses to be Depreciated									
	企业负责人(签字) Responsible Officer(Signature)		总会计师(签字) Financial Controller(Signature)				填表日期 Date of Filling 年 月 日			

附件3

F200

中华人民共和国
非居民企业所得税季度纳税申报表

（适用于据实申报企业）

税款所属期间： 年 月 日至 年 月 日

纳税人识别号：□□□□□□□□□□□□□□□□□ 金额单位：人民币元（列至角分）

纳税人名称		居民国（地区）名称及代码	
行次	项 目	本期金额	累计金额
1	营业收入		
2	营业成本		
3	利润总额		
4	减：免税、减计收入及加计扣除（填写附表F210）		
5	固定资产加速折旧（扣除）调减额（填写附表F210）		
6	按规定可弥补的以前年度亏损额		
7	实际利润额 7 = 3 - 4 - 5 - 6		
8	税率（25%）		
9	应纳企业所得税额 9 = 7 × 8		
10	减：减免所得税额（填写附表F210）		
11	实际应纳企业所得税额 11 = 9 - 10		
12	已预缴企业所得税额	—	
13	应补（退）企业所得税额 13 = 11 - 12	—	
14	减：以前年度多缴在本期抵缴所得税额		
15	本季实际应补（退）所得税额 15 = 13 - 14	—	

谨声明：此纳税申报表是根据《中华人民共和国企业所得税法》、《中华人民共和国企业所得税法实施条例》、有关税收政策以及国家统一会计制度的规定填报的，是真实的、可靠的、完整的。

声明人签字： 年 月 日

纳税人公章：	代理申报中介机构公章：	主管税务机关受理专用章：
会计主管：	经办人： 经办人执业证件号码：	受理人：
填表日期： 年 月 日	代理申报日期： 年 月 日	受理日期： 年 月 日

国家税务总局监制

附3-1：税收优惠明细表（编者略）

附件5

中华人民共和国
非居民企业所得税季度和年度纳税申报表

（适用于核定征收企业）/（不构成常设机构和国际运输免税申报）

税款所属期间：　　年　月　日至　　年　月　日

纳税人识别号：□□□□□□□□□□□□□□□□□　　　　金额单位：人民币元（列至角分）

<table>
<tr><td colspan="2">纳税人名称</td><td colspan="3"></td><td>居民国（地区）名称及代码</td><td colspan="2"></td></tr>
<tr><td colspan="2">行业或类型</td><td colspan="6">○承包工程作业、设计和咨询劳务○管理服务○其他劳务或劳务以外经营活动
○国际运输○常驻代表机构</td></tr>
<tr><td colspan="2">项目名称</td><td colspan="3"></td><td>项目编号</td><td colspan="2"></td></tr>
<tr><td colspan="3" rowspan="2">是否享受协定待遇</td><td rowspan="2">○是</td><td colspan="3">○不构成常设机构　○国际运输完全免税　○国际运输减免税</td><td rowspan="2">○否</td></tr>
<tr><td>协定名称</td><td colspan="2"></td></tr>
<tr><td colspan="5">申报项目</td><td colspan="3">累计金额</td></tr>
<tr><td rowspan="11">按收入总额核定应纳税所得额的计算</td><td rowspan="3">项目1名称</td><td rowspan="3"></td><td colspan="2">1. 收入额</td><td colspan="3"></td></tr>
<tr><td colspan="2">2. 经税务机关核定的利润率（%）</td><td colspan="3"></td></tr>
<tr><td colspan="2">3. 应纳税所得额 3 = 1 × 2</td><td colspan="3"></td></tr>
<tr><td rowspan="3">项目2名称</td><td rowspan="3"></td><td colspan="2">4. 收入额</td><td colspan="3"></td></tr>
<tr><td colspan="2">5. 经税务机关核定的利润率（%）</td><td colspan="3"></td></tr>
<tr><td colspan="2">6. 应纳税所得额 6 = 4 × 5</td><td colspan="3"></td></tr>
<tr><td rowspan="3">项目3名称</td><td rowspan="3"></td><td colspan="2">7. 收入额</td><td colspan="3"></td></tr>
<tr><td colspan="2">8. 经税务机关核定的利润率（%）</td><td colspan="3"></td></tr>
<tr><td colspan="2">9. 应纳税所得额 9 = 7 × 8</td><td colspan="3"></td></tr>
<tr><td colspan="4">10. 收入总额 10 = 1 + 4 + 7</td><td colspan="3"></td></tr>
<tr><td colspan="4">11. 应纳税所得额合计 11 = 3 + 6 + 9</td><td colspan="3"></td></tr>
<tr><td rowspan="9">按经费支出换算应纳税所得额的计算</td><td colspan="4">12. 经费支出总额</td><td colspan="3"></td></tr>
<tr><td colspan="4">其中：工资薪金</td><td colspan="3"></td></tr>
<tr><td colspan="4">奖金</td><td colspan="3"></td></tr>
<tr><td colspan="4">津贴</td><td colspan="3"></td></tr>
<tr><td colspan="4">福利费</td><td colspan="3"></td></tr>
<tr><td colspan="4">物品采购费</td><td colspan="3"></td></tr>
<tr><td colspan="4">装修费</td><td colspan="3"></td></tr>
<tr><td colspan="4">通讯费</td><td colspan="3"></td></tr>
<tr><td colspan="4">差旅费</td><td colspan="3"></td></tr>
</table>

续表

<table>
<tr><th colspan="2">申报项目</th><th>累计金额</th></tr>
<tr><td rowspan="8">按经费支出换算应纳税所得额的计算</td><td>房租</td><td></td></tr>
<tr><td>设备租赁费</td><td></td></tr>
<tr><td>交通费</td><td></td></tr>
<tr><td>业务招待费</td><td></td></tr>
<tr><td>其他费用</td><td></td></tr>
<tr><td>13. 换算的收入额</td><td></td></tr>
<tr><td>14. 经税务机关核定的利润率(%)</td><td></td></tr>
<tr><td>15. 应纳税所得额 15 = 13 × 14</td><td></td></tr>
<tr><td rowspan="4">按成本费用核定应纳税所得额的计算</td><td>16. 成本费用总额</td><td></td></tr>
<tr><td>17. 换算的收入额</td><td></td></tr>
<tr><td>18. 经税务机关核定的利润率(%)</td><td></td></tr>
<tr><td>19. 应纳税所得额 19 = 17 × 18</td><td></td></tr>
<tr><td rowspan="2">应纳企业所得税额的计算</td><td>20. 税率(25%)</td><td></td></tr>
<tr><td>21. 应纳企业所得税额 21 = 11 × 20 或 15 × 20 或 19 × 20</td><td></td></tr>
<tr><td rowspan="3">应补(退)所得税额的计算</td><td>22. 国际运输减免所得税额</td><td></td></tr>
<tr><td>23. 已预缴企业所得税额</td><td></td></tr>
<tr><td>24. 应补(退)企业所得税额 24 = 21 − 22 − 23</td><td></td></tr>
<tr><td rowspan="7">免税收入的申报</td><td>25. 免税收入 25 = (1) + (2) + (3) + (4) + (5) + (6)</td><td></td></tr>
<tr><td>(1)国债利息收入</td><td></td></tr>
<tr><td>(2)从居民企业取得与该机构、场所有实际联系的股息、红利</td><td></td></tr>
<tr><td>(3)符合条件的非营利组织的收入</td><td></td></tr>
<tr><td>(4)取得的地方政府债券利息所得或收入</td><td></td></tr>
<tr><td>(5)其他减免项目名称及减免性质代码:</td><td></td></tr>
<tr><td>(6)其他减免项目名称及减免性质代码:</td><td></td></tr>
<tr><td>声明</td><td colspan="2">谨声明:此纳税申报表是根据《中华人民共和国企业所得税法》及其实施条例和国家有关税收规定填报的,是真实的、可靠的、完整的。
声明人签字: 年 月 日</td></tr>
</table>

纳税人公章:	代理申报中介机构公章:	主管税务机关:
经办人:	经办人及其执业证件号码:	受理人:
申报日期:年月日	代理申报日期: 年 月 日	受理日期: 年 月 日

国家税务总局监制

附件7

中华人民共和国扣缴企业所得税报告表

税款所属期间：　年　月　日至　年　月　日

○扣缴申报　　○自行申报　　金额单位：人民币元（列至角分）

<table>
<tr><td colspan="8">扣缴义务人基本信息：</td></tr>
<tr><td>纳税人识别号</td><td colspan="3"></td><td>经济类型代码及名称</td><td colspan="3"></td></tr>
<tr><td rowspan="2">名　称</td><td colspan="3">中：</td><td>经济行业分类代码及名称</td><td colspan="3"></td></tr>
<tr><td colspan="3">英：</td><td>联系人</td><td colspan="3"></td></tr>
<tr><td rowspan="2">地　址</td><td colspan="3">中：</td><td>联系电话</td><td colspan="3"></td></tr>
<tr><td colspan="3">英：</td><td>邮政编码</td><td colspan="3"></td></tr>
<tr><td colspan="8">纳税人基本信息：</td></tr>
<tr><td>在中国纳税人识别号</td><td colspan="7"></td></tr>
<tr><td>在其居民国纳税识别号</td><td colspan="2"></td><td rowspan="2">在中国境内的名称</td><td colspan="4">中：</td></tr>
<tr><td>居民国（地区）名称及代码</td><td colspan="2"></td><td colspan="4">英：</td></tr>
<tr><td rowspan="2">在其居民国名称</td><td colspan="2">中：</td><td rowspan="2">在其居民国地址</td><td colspan="4">中：</td></tr>
<tr><td colspan="2">英：</td><td colspan="4">英：</td></tr>
<tr><td>申报所得类型及代码</td><td colspan="3"></td><td>本次申报所得取得日期</td><td colspan="3"></td></tr>
<tr><td>合同名称</td><td colspan="3"></td><td>合同编号</td><td colspan="3"></td></tr>
<tr><td>合同执行起始时间</td><td></td><td>合同执行终止时间</td><td></td><td>合同总金额</td><td></td><td>币种</td><td></td></tr>
<tr><td>是否享受税收协定待遇</td><td colspan="2">○是　○否</td><td>适用税收协定条款</td><td colspan="4"></td></tr>
<tr><td>是否享受其他类协定待遇</td><td colspan="2">○是　○否</td><td>其他类协定名称</td><td colspan="4"></td></tr>
<tr><td>是否享受国内税法优惠</td><td colspan="2">○是　○否</td><td>国内税法优惠项目</td><td colspan="4"></td></tr>
<tr><td colspan="8">以下内容适用于法定源泉扣缴和自行申报情况填写：</td></tr>
<tr><td>行次</td><td colspan="3">项　目</td><td colspan="4">依法申报数据</td></tr>
<tr><td>1</td><td rowspan="6">本次申报收入</td><td colspan="2">人民币金额</td><td colspan="4"></td></tr>
<tr><td>2</td><td rowspan="4">外币</td><td>名称</td><td colspan="4"></td></tr>
<tr><td>3</td><td>金额</td><td colspan="4"></td></tr>
<tr><td>4</td><td>汇率</td><td colspan="4"></td></tr>
<tr><td>5</td><td>折算人民币金额5＝3×4</td><td colspan="4"></td></tr>
<tr><td>6</td><td colspan="2">人民币金额合计6＝1＋5</td><td colspan="4"></td></tr>
</table>

续表

行次	项　目		依法申报数据
7	应纳税所得额的计算	扣除额	
8		所得减免	
9		应纳税所得额 9 = 6 - 7 - 8	
10	应纳企业所得税额的计算	适用税率(10%)	
11		应缴纳的企业所得税额 11 = 9 × 10	
12		实际征收率(%)	
13		实际应缴纳的企业所得税额 13 = 9 × 12	
14		减免企业所得税额 14 = 11 - 13	
以下内容适用于主管税务机关指定扣缴情况填写:			
行次	项　目		依法申报数据
15	行业:○承包工程作业、设计和咨询劳务　○管理服务　○其他劳务或劳务以外经营活动　○国际运输		
16	本次申报的收入总额		
17	税务机关核定的利润率(%)		
18	应纳税所得额 18 = 16 × 17		
19	税率(25%)		
20	应纳企业所得税额 20 = 18 × 19		
21	减免所得税额		
22	实际应缴纳的企业所得税额 22 = 20 - 21		
谨声明:此扣缴所得税报告是根据《中华人民共和国企业所得税法》及其实施条例和相关协定和国家有关税收规定填报的,是真实的、可靠的、完整的。 声明人签字:　　年　月　日			
扣缴义务人(纳税人)公章: 经办人: 申报日期:　年　月　日	代理申报中介机构公章: 经办人及其执业证件号码: 代理申报日期:　年　月　日	主管税务机关受理专用章: 受理人: 受理日期:　年　月　日	

国家税务总局监制

注释:

条款废止。自 2019 年 10 月 1 日起,不再使用本文发布的相应报表。参见:《国家税务总局关于发布〈中华人民共和国非居民企业所得税预缴申报表(2019 年版)〉等报表的公告》(国家税务总局公告 2019 年第 16 号)。

条款修改。附件 6 第七条第 13 项的计算公式修改为:换算的收入额 = 经费支出总额 ÷ (1 - 核定利润率)。自 2016 年 5 月 1 日起施行。参见:《国家税务总局关于修改按经费支出换算收入方式核定非居民企业应纳税所得额计算公式的公告》(国家税务总局公告 2016 年第 28 号)。

2－1－159

国家税务总局关于非货币性资产投资企业所得税有关征管问题的公告

2015年5月8日　国家税务总局公告2015年第33号

《国务院关于进一步优化企业兼并重组市场环境的意见》(国发〔2014〕14号)和《财政部、国家税务总局关于非货币性资产投资企业所得税政策问题的通知》(财税〔2014〕116号)发布后,各地陆续反映在非货币性资产投资企业所得税政策执行过程中有些征管问题亟须明确。经研究,现就非货币性资产投资企业所得税有关征管问题公告如下:

一、实行查账征收的居民企业(以下简称企业)以非货币性资产对外投资确认的非货币性资产转让所得,可自确认非货币性资产转让收入年度起不超过连续5个纳税年度的期间内,分期均匀计入相应年度的应纳税所得额,按规定计算缴纳企业所得税。

二、关联企业之间发生的非货币性资产投资行为,投资协议生效后12个月内尚未完成股权变更登记手续的,于投资协议生效时,确认非货币性资产转让收入的实现。

三、符合财税〔2014〕116号文件规定的企业非货币性资产投资行为,同时又符合《财政部、国家税务总局关于企业重组业务企业所得税处理若干问题的通知》(财税〔2009〕59号)、《财政部、国家税务总局关于促进企业重组有关企业所得税处理问题的通知》(财税〔2014〕109号)等文件规定的特殊性税务处理条件的,可由企业选择其中一项政策执行,且一经选择,不得改变。

四、企业选择适用本公告第一条规定进行税务处理的,应在非货币性资产转让所得递延确认期间每年企业所得税汇算清缴时,填报《中华人民共和国企业所得税年度纳税申报表》(A类,2014年版)中"A105100企业重组纳税调整明细表"第13行"其中:以非货币性资产对外投资"的相关栏目,并向主管税务机关报送《非货币性资产投资递延纳税调整明细表》(详见附件)。

五、企业应将股权投资合同或协议、对外投资的非货币性资产(明细)公允价值评估确认报告、非货币性资产(明细)计税基础的情况说明、被投资企业设立或变更的工商部门证明材料等资料留存备查,并单独准确核算税法与会计差异情况。

主管税务机关应加强企业非货币性资产投资递延纳税的后续管理。

六、本公告适用于2014年度及以后年度企业所得税汇算清缴。此前尚未处理的非货币性资产投资,符合财税〔2014〕116号文件和本公告规定的可按本公告执行。

特此公告。

附件:非货币性资产投资递延纳税调整明细表

附件

非货币性资产投资递延纳税调整明细表

所属年度：

纳税人名称（盖章）： 纳税人识别号： 金额单位：元（列至角分）

行次	被投资企业情况				非货币性资产情况			非货币性资产投资基本信息					本年税收金额	递延纳税差异调整额					结转以后年度递延确认所得税收金额
	企业名称	纳税人识别号	主管税务机关	与投资方是否为关联企业	公允价值	账面价值	计税基础	非货币性资产转让收入实现年度	本年账载金额	非货币性资产转让所得（税收金额）	分期确认税收所得年限	分期均匀确认税收所得额		前四年度	前三年度	前二年度	前一年度	本年	
	1	2	3	4	5	6	7	8	9	10 = 5 - 7	11	12	13	14	15	16	17	18 = 13 - 9	19 = [本表第 10 列 - 第 13 列（第 1 年该项目填报时）] 或 = [上年度明细表的相应行次第 19 列 - 本表第 13 列（以后递延期间该项目填报时）]
1																			
2																			
3																			
4																			
5																			
6																			
…																			
合计	—	—	—	—				—			—	—		—	—	—	—		

谨声明：本人知悉并保证本表填报内容及所附证明材料真实、完整，并承担因资料虚假而产生的法律和行政责任。

法定代表人签章：

年 月 日

填表人： 填表日期：

填表说明

1. 本表适用于执行《财政部、国家税务总局关于非货币性资产投资企业所得税政策问题的通知》（财税〔2014〕116号）和本公告规定的纳税人填报。纳税人应在非货币性资产投资每年确认税收金额年度的企业所得税年度汇算清缴申报时，一并向主管税务机关报送本表。

2. 纳税人应以被投资企业为单位逐行填列。若纳税人在一个纳税年度内发生两次及以上对同一家企业非货币资产投资业务，则应作为一项投资项目进行填报；若纳税人在一个纳税年度内对两个及以上不同企业发生非货币资产投资业务，则作为不同的投资项目分别填报。

3. 第8列"非货币性资产转让收入实现年度"：是指非货币性资产投资协议生效并办理股权登记手续的年度。关联企业之间非货币性资产投资，投资协议生效后12个月内尚未完成股权变更登记手续的，确认年度为投资协议生效年度。

4. 第9列"本年账载金额"：填报纳税人根据会计规定在所属年度确认的非货币性资产转让所得。

5. 第10列"非货币性资产转让所得（税收金额）"：本列只在非货币性资产投资税收确认转让收入实现年度的当年填报，以后递延期间不再填报。

6. 第11列"分期确认税收所得年限"：填报纳税人按照税法规定需分期确认非货币性资产转让所得（税收金额）的年度数。

7. 第12列"分期均匀确认税收所得额"：填报纳税人按照税法规定分期均匀计入相应年度应纳税所得额的金额；等于非货币性资产转让所得（税收金额）除以分期确认税收所得年限。

8. 第13列"本年税收金额"：填报纳税人按照税法规定在所属年度确认的非货币性资产转让所得，包括纳税人在对外投资5年内转让股权、投资收回或注销时，须一次性确认的在递延期内尚未确认的非货币性资产转让所得。

9. "递延纳税差异调整额"：纳税调整减少的，以负数表示；纳税调整增加的，以正数表示；第18列"本年"为所属年度，第17至14列为依次从所属年度往前倒推的年度。

10. 第19列"结转以后年度递延确认所得税收金额"：填报按照税法规定结转以后年度的尚未确认的非货币性资产转让所得。

2－1－160

国家税务总局关于企业工资薪金和职工福利费等支出税前扣除问题的公告

2015年5月8日　国家税务总局公告2015年第34号

根据《中华人民共和国企业所得税法》及其实施条例相关规定，现对企业工资薪金和职工福利费等支出企业所得税税前扣除问题公告如下：

一、企业福利性补贴支出税前扣除问题

列入企业员工工资薪金制度、固定与工资薪金一起发放的福利性补贴，符合《国家税务总局关于企业工资薪金及职工福利费扣除问题的通知》（国税函〔2009〕3号）第一条规定的，可作为企业发生的工资薪金支出，按规定在税前扣除。

不能同时符合上述条件的福利性补贴，应作为国税函〔2009〕3号文件第三条规定的职工福利费，按规定计算限额税前扣除。

二、企业年度汇算清缴结束前支付汇缴年度工资薪金税前扣除问题

企业在年度汇算清缴结束前向员工实际支付的已预提汇缴年度工资薪金，准予在汇缴年度按规定扣除。

三、企业接受外部劳务派遣用工支出税前扣除问题

企业接受外部劳务派遣用工所实际发生的费用,应分两种情况按规定在税前扣除:按照协议(合同)约定直接支付给劳务派遣公司的费用,应作为劳务费支出;直接支付给员工个人的费用,应作为工资薪金支出和职工福利费支出。其中属于工资薪金支出的费用,准予计入企业工资薪金总额的基数,作为计算其他各项相关费用扣除的依据。

四、施行时间

本公告适用于2014年度及以后年度企业所得税汇算清缴。本公告施行前尚未进行税务处理的事项,符合本公告规定的可按本公告执行。

《国家税务总局关于企业所得税应纳税所得额若干税务处理问题的公告》(国家税务总局公告2012年第15号)第一条有关企业接受外部劳务派遣用工的相关规定同时废止。

特此公告。

2－1－161

国家税务总局关于资产(股权)划转企业所得税征管问题的公告

2015年5月27日 国家税务总局公告2015年第40号

《国务院关于进一步优化企业兼并重组市场环境的意见》(国发〔2014〕14号)和《财政部、国家税务总局关于促进企业重组有关企业所得税处理问题的通知》(财税〔2014〕109号,以下简称《通知》)下发后,各地陆续反映在企业重组所得税政策执行过程中有些征管问题亟需明确。经研究,现就股权或资产划转企业所得税征管问题公告如下:

一、《通知》第三条所称"100%直接控制的居民企业之间,以及受同一或相同多家居民企业100%直接控制的居民企业之间按账面净值划转股权或资产",限于以下情形:

(一)100%直接控制的母子公司之间,母公司向子公司按账面净值划转其持有的股权或资产,母公司获得子公司100%的股权支付。母公司按增加长期股权投资处理,子公司按接受投资(包括资本公积,下同)处理。母公司获得子公司股权的计税基础以划转股权或资产的原计税基础确定。

(二)100%直接控制的母子公司之间,母公司向子公司按账面净值划转其持有的股权或资产,母公司没有获得任何股权或非股权支付。母公司按冲减实收资本(包括资本公积,下同)处理,子公司按接受投资处理。

(三)100%直接控制的母子公司之间,子公司向母公司按账面净值划转其持有的股权或资产,子公司没有获得任何股权或非股权支付。母公司按收回投资处理,或按接受投资处理,子公司按冲减实收资本处理。母公司应按被划转股权或资产的原计税基础,相应调减持有子公司股权的计税基础。

(四)受同一或相同多家母公司100%直接控制的子公司之间,在母公司主导下,一家子公司向另一家子公司按账面净值划转其持有的股权或资产,划出方没有获得任何股权或非

股权支付。划出方按冲减所有者权益处理,划入方按接受投资处理。

二、《通知》第三条所称“股权或资产划转后连续12个月内不改变被划转股权或资产原来实质性经营活动”,是指自股权或资产划转完成日起连续12个月内不改变被划转股权或资产原来实质性经营活动。

股权或资产划转完成日,是指股权或资产划转合同(协议)或批复生效,且交易双方已进行会计处理的日期。

三、《通知》第三条所称“划入方企业取得被划转股权或资产的计税基础,以被划转股权或资产的原账面净值确定”,是指划入方企业取得被划转股权或资产的计税基础,以被划转股权或资产的原计税基础确定。

《通知》第三条所称“划入方企业取得的被划转资产,应按其原账面净值计算折旧扣除”,是指划入方企业取得的被划转资产,应按被划转资产的原计税基础计算折旧扣除或摊销。

四、按照《通知》第三条规定进行特殊性税务处理的股权或资产划转,交易双方应在协商一致的基础上,采取一致处理原则统一进行特殊性税务处理。

五、交易双方应在企业所得税年度汇算清缴时,分别向各自主管税务机关报送《居民企业资产(股权)划转特殊性税务处理申报表》(详见附件)和相关资料(一式两份)。

相关资料包括:

1. 股权或资产划转总体情况说明,包括基本情况、划转方案等,并详细说明划转的商业目的;

2. 交易双方或多方签订的股权或资产划转合同(协议),需有权部门(包括内部和外部)批准的,应提供批准文件;

3. 被划转股权或资产账面净值和计税基础说明;

4. 交易双方按账面净值划转股权或资产的说明(需附会计处理资料);

5. 交易双方均未在会计上确认损益的说明(需附会计处理资料);

6. 12个月内不改变被划转股权或资产原来实质性经营活动的承诺书。

六、交易双方应在股权或资产划转完成后的下一年度的企业所得税年度申报时,各自向主管税务机关提交书面情况说明,以证明被划转股权或资产自划转完成日后连续12个月内,没有改变原来的实质性经营活动。

七、交易一方在股权或资产划转完成日后连续12个月内发生生产经营业务、公司性质、资产或股权结构等情况变化,致使股权或资产划转不再符合特殊性税务处理条件的,发生变化的交易一方应在情况发生变化的30日内报告其主管税务机关,同时书面通知另一方。另一方应在接到通知后30日内将有关变化报告其主管税务机关。

八、本公告第七条所述情况发生变化后60日内,原交易双方应按以下规定进行税务处理:

(一)属于本公告第一条第(一)项规定情形的,母公司应按原划转完成时股权或资产的公允价值视同销售处理,并按公允价值确认取得长期股权投资的计税基础;子公司按公允价值确认划入股权或资产的计税基础。

属于本公告第一条第(二)项规定情形的,母公司应按原划转完成时股权或资产的公允价值视同销售处理;子公司按公允价值确认划入股权或资产的计税基础。

属于本公告第一条第(三)项规定情形的,子公司应按原划转完成时股权或资产的公允价值视同销售处理;母公司应按撤回或减少投资进行处理。

属于本公告第一条第(四)项规定情形的,划出方应按原划转完成时股权或资产的公允价值视同销售处理;母公司根据交易情形和会计处理对划出方按分回股息进行处理,或者按撤回或减少投资进行处理,对划入方按以股权或资产的公允价值进行投资处理;划入方按接受母公司投资处理,以公允价值确认划入股权或资产的计税基础。

(二)交易双方应调整划转完成纳税年度的应纳税所得额及相应股权或资产的计税基础,向各自主管税务机关申请调整划转完成纳税年度的企业所得税年度申报表,依法计算缴纳企业所得税。

九、交易双方的主管税务机关应对企业申报适用特殊性税务处理的股权或资产划转加强后续管理。

十、本公告适用2014年度及以后年度企业所得税汇算清缴。此前尚未进行税务处理的股权、资产划转,符合《通知》第三条和本公告规定的可按本公告执行。

特此公告。

附件:居民企业资产(股权)划转特殊性税务处理申报表

附件

居民企业资产(股权)划转特殊性税务处理申报表

企业名称(章):　　纳税人识别号:　　金额单位:元(列至角分)

<table>
<tr><td rowspan="14">基本情况</td><td>划出方企业名称</td><td colspan="5"></td></tr>
<tr><td>划出方纳税人识别号</td><td colspan="2"></td><td>主管税务机关名称</td><td colspan="2"></td></tr>
<tr><td>划入方企业名称</td><td colspan="5"></td></tr>
<tr><td>划入方纳税人识别号</td><td colspan="2"></td><td>主管税务机关名称</td><td colspan="2"></td></tr>
<tr><td rowspan="8">划转双方关系</td><td colspan="5">○关系1:100%直接控制的母子公司
母公司是:○划出方　○划入方
100%控股起始时间:　年　月　日</td></tr>
<tr><td colspan="5">○关系2:受同一或相同多家居民企业100%直接控制</td></tr>
<tr><td rowspan="2">股东名称
(划转双方为关系2时填报)</td><td colspan="2">划出方</td><td colspan="2">划入方</td></tr>
<tr><td>持股比例</td><td>持股起始时间
(年月日)</td><td>持股比例</td><td>持股起始时间
(年月日)</td></tr>
<tr><td></td><td></td><td></td><td></td><td></td></tr>
<tr><td></td><td></td><td></td><td></td><td></td></tr>
<tr><td>合计</td><td>100%</td><td></td><td>100%</td><td></td></tr>
<tr><td colspan="5"></td></tr>
<tr><td>划转完成日(年　月　日)</td><td colspan="5"></td></tr>
<tr><td>被划转资产(股权)账面净值</td><td colspan="2"></td><td>被划转资产(股权)计税基础</td><td colspan="2"></td></tr>
</table>

续表

			会计科目	金　额	资产(股权)计税基础
会计处理	划出方	借			
		贷			
	划入方	借			
		贷			
申报企业其他需说明的情况:					
谨声明:本人知悉并保证本表填报内容及所附证明材料真实、完整,并承担因资料虚假而产生的法律和行政责任。 法定代表人签章:　　年　月　日					

填表人:　　　　　　　　　　　　　　　　　　　　　　　　填表日期:

填表说明:

1.“持股起始时间”是指填报的持股比例起始时间,如2013年1月1日持股80%,2015年1月1日持股100%,“持股比例”填100%,“持股起始时间”填报2015年1月1日。

2.“会计处理”栏次应明细填报划转的每一项资产,且划出方与划入方资产应一一对应填报。

3.“会计处理”栏次划出方、划入方的会计科目涉及“所有者权益类”科目的,不填报资产计税基础;划出方、划入方填报的借贷应平衡。

4. 本表一式三份,受理税务机关、划出方、划入方各一份。相关行次不够的可自行添加。

2-1-162

国家税务总局关于规范成本分摊协议管理的公告

2015年6月16日　国家税务总局公告2015年第45号

为贯彻落实《国务院关于取消非行政许可审批事项的决定》(国发〔2015〕27号),规范成本分摊协议管理,依据《中华人民共和国企业所得税法》及其实施条例、《中华人民共和国税收征收管理法》及其实施细则,现就有关事项公告如下:

一、企业应自与关联方签订(变更)成本分摊协议之日起30日内,向主管税务机关报送成本分摊协议副本,并在年度企业所得税纳税申报时,附送《中华人民共和国企业年度关联业务往来报告表》。

二、税务机关应当加强成本分摊协议的后续管理，对不符合独立交易原则和成本与收益相匹配原则的成本分摊协议，实施特别纳税调查调整。

三、企业执行成本分摊协议期间，参与方实际分享的收益与分摊的成本不配比的，应当根据实际情况做出补偿调整。参与方未做补偿调整的，税务机关应当实施特别纳税调查调整。

四、本公告自2015年7月16日起施行。《特别纳税调整实施办法（试行）》（国税发〔2009〕2号文件印发）第六十九条同时废止。

特此公告。

2－1－163

国家税务总局关于境内机构向我国银行的境外分行支付利息扣缴企业所得税有关问题的公告

2015年6月19日　国家税务总局公告2015年第47号

根据《中华人民共和国企业所得税法》及其实施条例的有关规定，现对我国银行的境外分行业务活动中涉及从境内取得的利息收入有关企业所得税问题，公告如下：

一、本公告所称境外分行是指我国银行在境外设立的不具备所在国家（地区）法人资格的分行。境外分行作为中国居民企业在境外设立的分支机构，与其总机构属于同一法人。境外分行开展境内业务，并从境内机构取得的利息，为该分行的收入，计入分行的营业利润，按《财政部、国家税务总局关于企业境外所得税收抵免有关问题的通知》（财税〔2009〕125号）的相关规定，与总机构汇总缴纳企业所得税。境内机构向境外分行支付利息时，不代扣代缴企业所得税。

二、境外分行从境内取得的利息，如果据以产生利息的债权属于境内总行或总行其他境内分行的，该项利息应为总行或其他境内分行的收入。总行或其他境内分行和境外分行之间应严格区分此类收入，不得将本应属于总行或其他境内分行的境内业务及收入转移到境外分行。

三、境外分行从境内取得的利息如果属于代收性质，据以产生利息的债权属于境外非居民企业，境内机构向境外分行支付利息时，应代扣代缴企业所得税。

四、主管税务机关应加强监管，严格审核相关资料，并利用第三方信息进行比对分析，对违反本公告相关规定的，应按照有关法律法规处理。

五、本公告自2015年7月19日起施行。《国家税务总局关于加强非居民企业来源于我国利息所得扣缴企业所得税工作的通知》（国税函〔2008〕955号）第二条同时废止。

特此公告。

2－1－164

国家税务总局关于企业重组业务企业所得税征收管理若干问题的公告

2015年6月24日　国家税务总局公告2015年第48号

根据《中华人民共和国企业所得税法》及其实施条例、《中华人民共和国税收征收管理法》及其实施细则、《国务院关于取消非行政许可审批事项的决定》(国发〔2015〕27号)、《财政部、国家税务总局关于企业重组业务企业所得税处理若干问题的通知》(财税〔2009〕59号)和《财政部、国家税务总局关于促进企业重组有关企业所得税处理问题的通知》(财税〔2014〕109号)等有关规定,现对企业重组业务企业所得税征收管理若干问题公告如下:

一、按照重组类型,企业重组的当事各方是指:

(一)债务重组中当事各方,指债务人、债权人。

(二)股权收购中当事各方,指收购方、转让方及被收购企业。

(三)资产收购中当事各方,指收购方、转让方。

(四)合并中当事各方,指合并企业、被合并企业及被合并企业股东。

(五)分立中当事各方,指分立企业、被分立企业及被分立企业股东。

上述重组交易中,股权收购中转让方、合并中被合并企业股东和分立中被分立企业股东,可以是自然人。

当事各方中的自然人应按个人所得税的相关规定进行税务处理。

二、重组当事各方企业适用特殊性税务处理的(指重组业务符合财税〔2009〕59号文件和财税〔2014〕109号文件第一条、第二条规定条件并选择特殊性税务处理的,下同),应按如下规定确定重组主导方:

(一)债务重组,主导方为债务人。

(二)股权收购,主导方为股权转让方,涉及两个或两个以上股权转让方,由转让被收购企业股权比例最大的一方作为主导方(转让股权比例相同的可协商确定主导方)。

(三)资产收购,主导方为资产转让方。

(四)合并,主导方为被合并企业,涉及同一控制下多家被合并企业的,以净资产最大的一方为主导方。

(五)分立,主导方为被分立企业。

三、财税〔2009〕59号文件第十一条所称重组业务完成当年,是指重组日所属的企业所得税纳税年度。

企业重组日的确定,按以下规定处理:

1. 债务重组,以债务重组合同(协议)或法院裁定书生效日为重组日。

2. 股权收购,以转让合同(协议)生效且完成股权变更手续日为重组日。关联企业之间发生股权收购,转让合同(协议)生效后12个月内尚未完成股权变更手续的,应以转让合同

(协议)生效日为重组日。

3. 资产收购,以转让合同(协议)生效且当事各方已进行会计处理的日期为重组日。

4. 合并,以合并合同(协议)生效、当事各方已进行会计处理且完成工商新设登记或变更登记日为重组日。按规定不需要办理工商新设或变更登记的合并,以合并合同(协议)生效且当事各方已进行会计处理的日期为重组日。

5. 分立,以分立合同(协议)生效、当事各方已进行会计处理且完成工商新设登记或变更登记日为重组日。

四、企业重组业务适用特殊性税务处理的,除财税〔2009〕59 号文件第四条第(一)项所称企业发生其他法律形式简单改变情形外,重组各方应在该重组业务完成当年,办理企业所得税年度申报时,分别向各自主管税务机关报送《企业重组所得税特殊性税务处理报告表及附表》(详见附件 1)和申报资料(详见附件 2)。合并、分立中重组一方涉及注销的,应在尚未办理注销税务登记手续前进行申报。

重组主导方申报后,其他当事方向其主管税务机关办理纳税申报。申报时还应附送重组主导方经主管税务机关受理的《企业重组所得税特殊性税务处理报告表及附表》(复印件)。

五、企业重组业务适用特殊性税务处理的,申报时,应从以下方面逐条说明企业重组具有合理的商业目的:

(一)重组交易的方式;

(二)重组交易的实质结果;

(三)重组各方涉及的税务状况变化;

(四)重组各方涉及的财务状况变化;

(五)非居民企业参与重组活动的情况。

六、企业重组业务适用特殊性税务处理的,申报时,当事各方还应向主管税务机关提交重组前连续 12 个月内有无与该重组相关的其他股权、资产交易情况的说明,并说明这些交易与该重组是否构成分步交易,是否作为一项企业重组业务进行处理。

七、根据财税〔2009〕59 号文件第十条规定,若同一项重组业务涉及在连续 12 个月内分步交易,且跨两个纳税年度,当事各方在首个纳税年度交易完成时预计整个交易符合特殊性税务处理条件,经协商一致选择特殊性税务处理的,可以暂时适用特殊性税务处理,并在当年企业所得税年度申报时提交书面申报资料。

在下一纳税年度全部交易完成后,企业应判断是否适用特殊性税务处理。如适用特殊性税务处理的,当事各方应按本公告要求申报相关资料;如适用一般性税务处理的,应调整相应纳税年度的企业所得税年度申报表,计算缴纳企业所得税。

八、企业发生财税〔2009〕59 号文件第六条第(一)项规定的债务重组,应准确记录应予确认的债务重组所得,并在相应年度的企业所得税汇算清缴时对当年确认额及分年结转额的情况做出说明。

主管税务机关应建立台账,对企业每年申报的债务重组所得与台账进行比对分析,加强后续管理。

九、企业发生财税〔2009〕59 号文件第七条第(三)项规定的重组,居民企业应准确记录应予确认的资产或股权转让收益总额,并在相应年度的企业所得税汇算清缴时对当年确认额及分年结转额的情况做出说明。

主管税务机关应建立台账，对居民企业取得股权的计税基础和每年确认的资产或股权转让收益进行比对分析，加强后续管理。

十、适用特殊性税务处理的企业，在以后年度转让或处置重组资产（股权）时，应在年度纳税申报时对资产（股权）转让所得或损失情况进行专项说明，包括特殊性税务处理时确定的重组资产（股权）计税基础与转让或处置时的计税基础的比对情况，以及递延所得税负债的处理情况等。

适用特殊性税务处理的企业，在以后年度转让或处置重组资产（股权）时，主管税务机关应加强评估和检查，将企业特殊性税务处理时确定的重组资产（股权）计税基础与转让或处置时的计税基础及相关的年度纳税申报表比对，发现问题的，应依法进行调整。

十一、税务机关应对适用特殊性税务处理的企业重组做好统计和相关资料的归档工作。各省、自治区、直辖市和计划单列市国家税务局、地方税务局应于每年 8 月底前将《企业重组所得税特殊性税务处理统计表》（详见附件 3）上报税务总局（所得税司）。

十二、本公告适用于 2015 年度及以后年度企业所得税汇算清缴。《国家税务总局关于发布〈企业重组业务企业所得税管理办法〉的公告》（国家税务总局公告 2010 年第 4 号）第三条、第七条、第八条、第十六条、第十七条、第十八条、第二十二条、第二十三条、第二十四条、第二十五条、第二十七条、第三十二条同时废止。

本公告施行时企业已经签订重组协议，但尚未完成重组的，按本公告执行。

特此公告。

附件：1. 企业重组所得税特殊性税务处理报告表及附表

2. 企业重组所得税特殊性税务处理申报资料一览表

3. 企业重组所得税特殊性税务处理统计表（编者略）

附件 1

企业重组所得税特殊性税务处理报告表

纳税人名称（盖章）		纳税人识别号	
单位地址		财务负责人	
主管税务机关（全称）		联系电话	
重组日：	重组业务开始年度：	重组业务完成年度：	
重组交易类型	企业在重组业务中所属当事方类型		
□法律形式改变			
□债务重组	□债务人	□债权人	
□股权收购	□收购方	□转让方	□被收购企业
□资产收购	□收购方	□转让方	
□合并	□合并企业	□被合并企业	□被合并企业股东
□分立	□分立企业	□被分立企业	□被分立企业股东

续表

特殊性税务处理条件	(一)具有合理的商业目的,且不以减少、免除或者推迟缴纳税款为主要目的。	□
	(二)被收购、合并或分立部分的资产或股权比例符合规定的比例。	□比例　%
	(三)企业重组后的连续12个月内不改变重组资产原来的实质性经营活动。	□
	(四)重组交易对价中涉及股权支付金额符合规定比例。	□比例　%
	(五)企业重组中取得股权支付的原主要股东,在重组后连续12个月内,不得转让所取得的股权。	□
主管税务机关受理意见	(受理专用章)　　年　月　日	
其他需要说明的事项(重组业务其他需要说明的事项,如没有则填"无"):		
纳税人声明	谨声明:本人知悉并保证本表填报内容及所附证明材料真实、完整,并承担因资料虚假而产生的法律和行政责任。 法定代表人签章:　　年　月　日	

填表人:　　　　　　　　　　　　　　　　　　填表日期:

填表说明:

1. 本表为企业重组业务适用特殊性税务处理申报时填报。涉及两个及以上重组交易类型的,应分别填报。

2. "特殊性税务处理条件",债务重组中重组所得超50%的,只需填写条件(一),债转股的,只需填写条件(一)和(五);合并中同一控制下且不需要支付对价的合并,只需填写条件(一)、(二)、(三)和(五)。

3. 本表一式两份,重组当事方及其所属主管税务机关各一份。

4. 除法律形式简单改变外,重组各方应在该重组业务完成当年,办理企业所得税年度申报时,分别向各自主管税务机关报送《企业重组所得税特殊性税务处理报告表及附表》和申报资料。合并、分立中重组一方涉及注销的,应在尚未办理注销税务登记手续前进行申报。重组主导方申报后,其他当事方向其主管税务机关办理纳税申报。申报时还应附送重组主导方经主管税务机关受理的《企业重组所得税特殊性税务处理报告表及附表》(复印件)。

附件1-1:企业重组所得税特殊性税务处理报告表(债务重组)(编者略)

附件1-2:企业重组所得税特殊性税务处理报告表(股权收购)(编者略)

附件1-3:企业重组所得税特殊性税务处理报告表(资产收购)(编者略)

附件1-4:企业重组所得税特殊性税务处理报告表(企业合并)(编者略)

附件1-5:企业重组所得税特殊性税务处理报告表(企业分立)(编者略)

附件2

企业重组所得税特殊性税务处理申报资料一览表

重组类型	资料提供方	申报资料
债务重组	当事各方	1. 债务重组的总体情况说明，包括债务重组方案、基本情况、债务重组所产生的应纳税所得额，并逐条说明债务重组的商业目的；以非货币资产清偿债务的，还应包括企业当年应纳税所得额情况；
		2. 清偿债务或债权转股权的合同（协议）或法院裁定书，需有权部门（包括内部和外部）批准的，应提供批准文件；
		3. 债权转股权的，提供相关股权评估报告或其他公允价值证明；以非货币资产清偿债务的，提供相关资产评估报告或其他公允价值证明；
		4. 重组当事各方一致选择特殊性税务处理并加盖当事各方公章的证明资料；
		5. 债权转股权的，还应提供工商管理部门等有权机关登记的相关企业股权变更事项的证明材料，以及债权人12个月内不转让所取得股权的承诺书；
		6. 重组前连续12个月内有无与该重组相关的其他股权、资产交易，与该重组是否构成分步交易、是否作为一项企业重组业务进行处理情况的说明；
		7. 按会计准则规定当期应确认资产（股权）转让损益的，应提供按税法规定核算的资产（股权）计税基础与按会计准则规定核算的相关资产（股权）账面价值的暂时性差异专项说明。
股权收购	当事各方	1. 股权收购业务总体情况说明，包括股权收购方案、基本情况，并逐条说明股权收购的商业目的；
		2. 股权收购、资产收购业务合同（协议），需有权部门（包括内部和外部）批准的，应提供批准文件；
		3. 相关股权评估报告或其他公允价值证明；
		4. 12个月内不改变重组资产原来的实质性经营活动、原主要股东不转让所取得股权的承诺书；
		5. 工商管理部门等有权机关登记的相关企业股权变更事项的证明材料；
		6. 重组当事各方一致选择特殊性税务处理并加盖当事各方公章的证明资料；
		7. 涉及非货币性资产支付的，应提供非货币性资产评估报告或其他公允价值证明；
		8. 重组前连续12个月内有无与该重组相关的其他股权、资产交易，与该重组是否构成分步交易、是否作为一项企业重组业务进行处理情况的说明；
		9. 按会计准则规定当期应确认资产（股权）转让损益的，应提供按税法规定核算的资产（股权）计税基础与按会计准则规定核算的相关资产（股权）账面价值的暂时性差异专项说明。
资产收购	当事各方	1. 资产收购业务总体情况说明，包括资产收购方案、基本情况，并逐条说明资产收购的商业目的；
		2. 资产收购业务合同（协议），需有权部门（包括内部和外部）批准的，应提供批准文件；
		3. 相关资产评估报告或其他公允价值证明；
		4. 被收购资产原计税基础的证明；
		5. 12个月内不改变资产原来的实质性经营活动、原主要股东不转让所取得股权的承诺书；
		6. 工商管理部门等有权机关登记的相关企业股权变更事项的证明材料；
资产收购	当事各方	7. 重组当事各方一致选择特殊性税务处理并加盖当事各方公章的证明资料；
		8. 涉及非货币性资产支付的，应提供非货币性资产评估报告或其他公允价值证明；
		9. 重组前连续12个月内有无与该重组相关的其他股权、资产交易，与该重组是否构成分步交易、是否作为一项企业重组业务进行处理情况的说明；
		10. 按会计准则规定当期应确认资产（股权）转让损益的，提供按税法规定核算的资产（股权）计税基础与按会计准则规定核算的相关资产（股权）账面价值的暂时性差异专项说明。

续表

重组类型	资料提供方	申报资料
合并	当事各方	1. 企业合并的总体情况说明,包括合并方案、基本情况,并逐条说明企业合并的商业目的;
		2. 企业合并协议或决议,需有权部门(包括内部和外部)批准的,应提供批准文件;
		3. 企业合并当事各方的股权关系说明,若属同一控制下且不需支付对价的合并,还需提供在企业合并前,参与合并各方受最终控制方的控制在12个月以上的证明材料;
		4. 被合并企业净资产、各单项资产和负债的账面价值和计税基础等相关资料;
		5. 12个月内不改变资产原来的实质性经营活动、原主要股东不转让所取得股权的承诺书;
		6. 工商管理部门等有权机关登记的相关企业股权变更事项的证明材料;
		7. 合并企业承继被合并企业相关所得税事项(包括尚未确认的资产损失、分期确认收入和尚未享受期满的税收优惠政策等)情况说明;
		8. 涉及可由合并企业弥补被合并企业亏损的,需要提供其合并日净资产公允价值证明材料及主管税务机关确认的亏损弥补情况说明;
		9. 重组当事各方一致选择特殊性税务处理并加盖当事各方公章的证明资料;
		10. 涉及非货币性资产支付的,应提供非货币性资产评估报告或其他公允价值证明;
		11. 重组前连续12个月内有无与该重组相关的其他股权、资产交易,与该重组是否构成分步交易、是否作为一项企业重组业务进行处理情况的说明;
		12. 按会计准则规定当期应确认资产(股权)转让损益的,应提供按税法规定核算的资产(股权)计税基础与按会计准则规定核算的相关资产(股权)账面价值的暂时性差异专项说明。
分立	当事各方	1. 企业分立的总体情况说明,包括分立方案、基本情况,并逐条说明企业分立的商业目的;
		2. 被分立企业董事会、股东会(股东大会)关于企业分立的决议,需有权部门(包括内部和外部)批准的,应提供批准文件;
		3. 被分立企业的净资产、各单项资产和负债账面价值和计税基础等相关资料;
		4. 12个月内不改变资产原来的实质性经营活动、原主要股东不转让所取得股权的承诺书;
		5. 工商管理部门等有权机关认定的分立和被分立企业股东股权比例证明材料;分立后,分立和被分立企业工商营业执照复印件;
		6. 重组当事各方一致选择特殊性税务处理并加盖当事各方公章的证明资料;
		7. 涉及非货币性资产支付的,应提供非货币性资产评估报告或其他公允价值证明;
		8. 分立企业承继被分立企业所分立资产相关所得税事项(包括尚未确认的资产损失、分期确认收入和尚未享受期满的税收优惠政策等)情况说明;
		9. 若被分立企业尚有未超过法定弥补期限的亏损,应提供亏损弥补情况说明、被分立企业重组前净资产和分立资产公允价值的证明材料;
		10. 重组前连续12个月内有无与该重组相关的其他股权、资产交易,与该重组是否构成分步交易、是否作为一项企业重组业务进行处理情况的说明;
		11. 按会计准则规定当期应确认资产(股权)转让损益的,应提供按税法规定核算的资产(股权)计税基础与按会计准则规定核算的相关资产(股权)账面价值的暂时性差异专项说明。

注释:

条款修改。根据《第十三届全国人民代表大会第一次会议关于国务院机构改革方案的决定》等有关规定,税收规范性文件规定的国税地税机关的职责和工作由新的税务机关承担。国家税务总局依据《税收规范性文件制定管理办法》(国家税务总局令第41号公布),对税收规范性文件进行了清理。参见:《国家税务总局关于修改部分税收规范性文件的公告》(国家税务总局公告2018年第31号)。

2-1-165

财政部　国家税务总局关于进一步完善固定资产加速折旧企业所得税政策的通知

2015年9月17日　财税〔2015〕106号

各省、自治区、直辖市、计划单列市财政厅(局)、国家税务局、地方税务局,新疆生产建设兵团财务局:

根据国务院常务会议的有关决定精神,现就有关固定资产加速折旧企业所得税政策问题通知如下:

一、对轻工、纺织、机械、汽车等四个领域重点行业(具体范围见附件)的企业2015年1月1日后新购进的固定资产,可由企业选择缩短折旧年限或采取加速折旧的方法。

二、对上述行业的小型微利企业2015年1月1日后新购进的研发和生产经营共用的仪器、设备,单位价值不超过100万元的,允许一次性计入当期成本费用在计算应纳税所得额时扣除,不再分年度计算折旧;单位价值超过100万元的,可由企业选择缩短折旧年限或采取加速折旧的方法。

三、企业按本通知第一条、第二条规定缩短折旧年限的,最低折旧年限不得低于企业所得税法实施条例第六十条规定折旧年限的60%;采取加速折旧方法的,可采取双倍余额递减法或者年数总和法。

按照企业所得税法及其实施条例有关规定,企业根据自身生产经营需要,也可选择不实行加速折旧政策。

四、本通知自2015年1月1日起执行。2015年前3季度按本通知规定未能计算办理的,统一在2015年第4季度预缴申报时享受优惠或2015年度汇算清缴时办理。

附件:轻工、纺织、机械、汽车四个领域重点行业范围

附件

轻工、纺织、机械、汽车四个领域重点行业范围

代码			类别名称	备注
大类	中类	小类		
	268		日用化学产品制造	轻工
		2681	肥皂及合成洗涤剂制造	
		2682	化妆品制造	
		2683	口腔清洁用品制造	
		2684	香料、香精制造	
		2689	其他日用化学产品制造	
27			医药制造业	轻工
	271		化学药品原料药制造	
	272		化学药品制剂制造	
	273		中药饮片加工	
	274		中成药生产	
	275		兽用药品制造	
	277		卫生材料及医药用品制造	
13			农副食品加工业	轻工
	131		谷物磨制	
	132		饲料加工	
	133		植物油加工	
	134		制糖业	
	135		屠宰及肉类加工	
	136		水产品加工	
	137		蔬菜、水果和坚果加工	
	139		其他农副食品加工	
14			食品制造业	轻工
	141		焙烤食品制造	
	142		糖果、巧克力及蜜饯制造	
	143		方便食品制造	
	144		乳制品制造	
	145		罐头食品制造	
	146		调味品、发酵制品制造	
	149		其他食品制造	
17			纺织业	纺织
	171		棉纺织及印染精加工	
	172		毛纺织及染整精加工	
	173		麻纺织及染整精加工	
	174		丝绢纺织及印染精加工	
	175		化纤织造及印染精加工	
	176		针织或钩针编织物及其制品制造	
	177		家用纺织制成品制造	
	178		非家用纺织制成品制造	
18			纺织服装、服饰业	纺织
	181		机织服装制造	

续表

代码			类别名称	备注
大类	中类	小类		
	182		针织或钩针编织服装制造	
	183		服饰制造	
19			皮革、毛皮、羽毛及其制品和制鞋业	轻工
	191		皮革鞣制加工	
	192		皮革制品制造	
	193		毛皮鞣制及制品加工	
	194		羽毛(绒)加工及制品制造	
	195		制鞋业	
20			木材加工和木、竹、藤、棕、草制品业	轻工
	201		木材加工	
	202		人造板制造	
	203		木制品制造	
	204		竹、藤、棕、草等制品制造	
21			家具制造业	轻工
	211		木质家具制造	
	212		竹、藤家具制造	
	213		金属家具制造	
	214		塑料家具制造	
	219		其他家具制造	
22			造纸和纸制品业	轻工
	221		纸浆制造	
	222		造纸	
	223		纸制品制造	
23			印刷和记录媒介复制业	轻工
	231		印刷	
	232		装订及印刷相关服务	
	233		记录媒介复制	
24			文教、工美、体育和娱乐用品制造业	轻工
	241		文教办公用品制造	
	242		乐器制造	
	243		工艺美术品制造	
	244		体育用品制造	
	245		玩具制造	
28			化学纤维制造业	纺织
	281		纤维素纤维原料及纤维制造	
	282		合成纤维制造	
	292		塑料制品业	轻工
		2921	塑料薄膜制造	
		2922	塑料板、管、型材制造	
		2923	塑料丝、绳及编织品制造	
		2924	泡沫塑料制造	
		2925	塑料人造革、合成革制造	

续表

代码			类别名称	备注
大类	中类	小类		
		2926	塑料包装箱及容器制造	
		2927	日用塑料制品制造	
		2928	塑料零件制造	
		2929	其他塑料制品制造	
33			金属制品业	机械
	331		结构性金属制品制造	
	332		金属工具制造	
	333		集装箱及金属包装容器制造	
	334		金属丝绳及其制品制造	
	335		建筑、安全用金属制品制造	
	336		金属表面处理及热处理加工	
	337		搪瓷制品制造	
	338		金属制日用品制造	
	339		其他金属制品制造	
34			通用设备制造业	机械
	341		锅炉及原动设备制造	
	342		金属加工机械制造	
	343		物料搬运设备制造	
	344		泵、阀门、压缩机及类似机械制造	
	345		轴承、齿轮和传动部件制造	
	346		烘炉、风机、衡器、包装等设备制造	
	347		文化、办公用机械制造	
	348		通用零部件制造	
	349		其他通用设备制造业	
36			汽车制造业	汽车
	361		汽车整车制造	
	362		改装汽车制造	
	363		低速载货汽车制造	
	364		电车制造	
	365		汽车车身、挂车制造	
	366		汽车零部件及配件制造	
38			电气机械和器材制造业	机械
	381		电机制造	
	382		输配电及控制设备制造	
	383		电线、电缆、光缆及电工器材制造	
	384		电池制造	
	385		家用电力器具制造	
	386		非电力家用器具制造	
	387		照明器具制造	
	389		其他电气机械及器材制造	

注：以上代码和类别名称来自《国民经济行业分类（GB/T 4754—2011）》。

2－1－166

国家税务总局关于进一步完善固定资产加速折旧企业所得税政策有关问题的公告

2015年9月25日　国家税务总局公告2015年第68号

为落实国务院扩大固定资产加速折旧优惠范围的决定，根据《中华人民共和国企业所得税法》（以下简称企业所得税法）及其实施条例（以下简称实施条例）、《财政部、国家税务总局关于进一步完善固定资产加速折旧企业所得税政策的通知》（财税〔2015〕106号）规定，现就进一步完善固定资产加速折旧企业所得税政策有关问题公告如下：

一、对轻工、纺织、机械、汽车等四个领域重点行业（以下简称四个领域重点行业）企业2015年1月1日后新购进的固定资产（包括自行建造，下同），允许缩短折旧年限或采取加速折旧方法。

四个领域重点行业按照财税〔2015〕106号附件“轻工、纺织、机械、汽车四个领域重点行业范围”确定。今后国家有关部门更新国民经济行业分类与代码，从其规定。

四个领域重点行业企业是指以上述行业业务为主营业务，其固定资产投入使用当年的主营业务收入占企业收入总额50%（不含）以上的企业。所称收入总额，是指企业所得税法第六条规定的收入总额。

二、对四个领域重点行业小型微利企业2015年1月1日后新购进的研发和生产经营共用的仪器、设备，单位价值不超过100万元（含）的，允许在计算应纳税所得额时一次性全额扣除；单位价值超过100万元的，允许缩短折旧年限或采取加速折旧方法。

用于研发活动的仪器、设备范围口径，按照《国家税务总局关于印发〈企业研究开发费用税前扣除管理办法（试行）〉的通知》（国税发〔2008〕116号）或《科学技术部、财政部、国家税务总局关于印发〈高新技术企业认定管理工作指引〉的通知》（国科发火〔2008〕362号）规定执行。

小型微利企业，是指企业所得税法第二十八条规定的小型微利企业。

三、企业按本公告第一条、第二条规定缩短折旧年限的，对其购置的新固定资产，最低折旧年限不得低于实施条例第六十条规定的折旧年限的60%；对其购置的已使用过的固定资产，最低折旧年限不得低于实施条例规定的最低折旧年限减去已使用年限后剩余年限的60%。最低折旧年限一经确定，不得改变。

四、企业按本公告第一条、第二条规定采取加速折旧方法的，可以采用双倍余额递减法或者年数总和法。加速折旧方法一经确定，不得改变。

双倍余额递减法或者年数总和法，按照《国家税务总局关于固定资产加速折旧所得税处理有关问题的通知》（国税发〔2009〕81号）第四条的规定执行。

五、企业的固定资产既符合本公告优惠政策条件，又符合《国家税务总局关于企业固定资产加速折旧所得税处理有关问题的通知》（国税发〔2009〕81号）、《财政部、国家税务总局关于进一步鼓励软件产业和集成电路产业发展企业所得税政策的通知》(财税〔2012〕27号)中有关加速折旧优惠政策条件,可由企业选择其中一项加速折旧优惠政策执行,且一经选择,不得改变。

六、企业应将购进固定资产的发票、记账凭证等有关资料留存备查,并建立台账,准确反映税法与会计差异情况。

七、本公告适用于2015年及以后纳税年度。企业2015年前3季度按本公告规定未能享受加速折旧优惠的,可将前3季度应享受的加速折旧部分,在2015年第4季度企业所得税预缴申报时享受,或者在2015年度企业所得税汇算清缴时统一享受。

特此公告。

2-1-167

国家税务总局关于企业境外所得适用简易征收和饶让抵免的核准事项取消后有关后续管理问题的公告

2015年10月10日 国家税务总局公告2015年第70号

根据《国家税务总局关于公布已取消的22项税务非行政许可审批事项的公告》(国家税务总局公告2015年第58号),为加强后续管理,经商财政部同意,现就"企业境外所得适用简易征收和饶让抵免的核准"审批事项取消后有关管理问题公告如下:

一、企业境外所得符合《财政部、国家税务总局关于企业境外所得税收抵免有关问题的通知》(财税〔2009〕125号)第十条第(一)项和第(二)项规定情形的,可以采取简易办法对境外所得已纳税额计算抵免。企业在年度汇算清缴期内,应向主管税务机关报送备案资料,备案资料的具体内容按照《国家税务总局关于发布〈企业境外所得税收抵免操作指南〉的公告》(国家税务总局公告2010年第1号)第30条的规定执行。

二、本公告自公布之日起施行。《财政部、国家税务总局关于企业境外所得税收抵免有关问题的通知》(财税〔2009〕125号)第十条中"经企业申请,主管税务机关核准"的规定同时废止。

特此公告。

2-1-168

财政部 国家税务总局 科技部关于完善研究开发费用税前加计扣除政策的通知

2015年11月2日 财税〔2015〕119号

各省、自治区、直辖市、计划单列市财政厅(局)、国家税务局、地方税务局、科技厅(局),新疆生产建设兵团财务局、科技局:

根据《中华人民共和国企业所得税法》及其实施条例有关规定,为进一步贯彻落实《中共中央、国务院关于深化体制机制改革加快实施创新驱动发展战略的若干意见》精神,更好地鼓励企业开展研究开发活动(以下简称研发活动)和规范企业研究开发费用(以下简称研发费用)加计扣除优惠政策执行,现就企业研发费用税前加计扣除有关问题通知如下:

一、研发活动及研发费用归集范围

本通知所称研发活动,是指企业为获得科学与技术新知识,创造性运用科学技术新知识,或实质性改进技术、产品(服务)、工艺而持续进行的具有明确目标的系统性活动。

(一)允许加计扣除的研发费用。

企业开展研发活动中实际发生的研发费用,未形成无形资产计入当期损益的,在按规定据实扣除的基础上,按照本年度实际发生额的50%,从本年度应纳税所得额中扣除;形成无形资产的,按照无形资产成本的150%在税前摊销。研发费用的具体范围包括:

1. 人员人工费用。

直接从事研发活动人员的工资薪金、基本养老保险费、基本医疗保险费、失业保险费、工伤保险费、生育保险费和住房公积金,以及外聘研发人员的劳务费用。

2. 直接投入费用。

(1)研发活动直接消耗的材料、燃料和动力费用。

(2)用于中间试验和产品试制的模具、工艺装备开发及制造费,不构成固定资产的样品、样机及一般测试手段购置费,试制产品的检验费。

(3)用于研发活动的仪器、设备的运行维护、调整、检验、维修等费用,以及通过经营租赁方式租入的用于研发活动的仪器、设备租赁费。

3. 折旧费用。

用于研发活动的仪器、设备的折旧费。

4. 无形资产摊销。

用于研发活动的软件、专利权、非专利技术(包括许可证、专有技术、设计和计算方法等)的摊销费用。

5. 新产品设计费、新工艺规程制定费、新药研制的临床试验费、勘探开发技术的现场试验费。

6. 其他相关费用。

与研发活动直接相关的其他费用，如技术图书资料费、资料翻译费、专家咨询费、高新科技研发保险费，研发成果的检索、分析、评议、论证、鉴定、评审、评估、验收费用，知识产权的申请费、注册费、代理费，差旅费、会议费等。此项费用总额不得超过可加计扣除研发费用总额的10%。

7. 财政部和国家税务总局规定的其他费用。

（二）下列活动不适用税前加计扣除政策。

1. 企业产品（服务）的常规性升级。

2. 对某项科研成果的直接应用，如直接采用公开的新工艺、材料、装置、产品、服务或知识等。

3. 企业在商品化后为顾客提供的技术支持活动。

4. 对现存产品、服务、技术、材料或工艺流程进行的重复或简单改变。

5. 市场调查研究、效率调查或管理研究。

6. 作为工业（服务）流程环节或常规的质量控制、测试分析、维修维护。

7. 社会科学、艺术或人文学方面的研究。

二、特别事项的处理

1. 企业委托外部机构或个人进行研发活动所发生的费用，按照费用实际发生额的80%计入委托方研发费用并计算加计扣除，受托方不得再进行加计扣除。委托外部研究开发费用实际发生额应按照独立交易原则确定。

委托方与受托方存在关联关系的，受托方应向委托方提供研发项目费用支出明细情况。

企业委托境外机构或个人进行研发活动所发生的费用，不得加计扣除。

2. 企业共同合作开发的项目，由合作各方就自身实际承担的研发费用分别计算加计扣除。

3. 企业集团根据生产经营和科技开发的实际情况，对技术要求高、投资数额大，需要集中研发的项目，其实际发生的研发费用，可以按照权利和义务相一致、费用支出和收益分享相配比的原则，合理确定研发费用的分摊方法，在受益成员企业间进行分摊，由相关成员企业分别计算加计扣除。

4. 企业为获得创新性、创意性、突破性的产品进行创意设计活动而发生的相关费用，可按照本通知规定进行税前加计扣除。

创意设计活动是指多媒体软件、动漫游戏软件开发，数字动漫、游戏设计制作；房屋建筑工程设计（绿色建筑评价标准为三星）、风景园林工程专项设计；工业设计、多媒体设计、动漫及衍生产品设计、模型设计等。

三、会计核算与管理

1. 企业应按照国家财务会计制度要求，对研发支出进行会计处理；同时，对享受加计扣除的研发费用按研发项目设置辅助账，准确归集核算当年可加计扣除的各项研发费用实际发生额。企业在一个纳税年度内进行多项研发活动的，应按照不同研发项目分别归集可加计扣除的研发费用。

2. 企业应对研发费用和生产经营费用分别核算，准确、合理归集各项费用支出，对划分不清的，不得实行加计扣除。

四、不适用税前加计扣除政策的行业

1. 烟草制造业。

2. 住宿和餐饮业。

3. 批发和零售业。

4. 房地产业。

5. 租赁和商务服务业。

6. 娱乐业。

7. 财政部和国家税务总局规定的其他行业。

上述行业以《国民经济行业分类与代码(GB/4754—2011)》为准，并随之更新。

五、管理事项及征管要求

1. 本通知适用于会计核算健全、实行查账征收并能够准确归集研发费用的居民企业。

2. 企业研发费用各项目的实际发生额归集不准确、汇总额计算不准确的，税务机关有权对其税前扣除额或加计扣除额进行合理调整。

3. 税务机关对企业享受加计扣除优惠的研发项目有异议的，可以转请地市级(含)以上科技行政主管部门出具鉴定意见，科技部门应及时回复意见。企业承担省部级(含)以上科研项目的，以及以前年度已鉴定的跨年度研发项目，不再需要鉴定。

4. 企业符合本通知规定的研发费用加计扣除条件而在2016年1月1日以后未及时享受该项税收优惠的，可以追溯享受并履行备案手续，追溯期限最长为3年。

5. 税务部门应加强研发费用加计扣除优惠政策的后续管理，定期开展核查，年度核查面不得低于20%。

六、执行时间

本通知自2016年1月1日起执行。《国家税务总局关于印发〈企业研究开发费用税前扣除管理办法(试行)〉的通知》(国税发〔2008〕116号)和《财政部、国家税务总局关于研究开发费用税前加计扣除有关政策问题的通知》(财税〔2013〕70号)同时废止。

注释：

条款废止。第二条中"企业委托境外机构或个人进行研发活动所发生的费用，不得加计扣除"的规定自2018年1月1日起废止。参见：《财政部　税务总局　科技部关于企业委托境外研究开发费用税前加计扣除有关政策问题的通知》(财税〔2018〕64号)。

2 - 1 - 169

国家税务总局关于有限合伙制创业投资企业法人合伙人企业所得税有关问题的公告

2015 年 11 月 16 日 国家税务总局公告 2015 年第 81 号

根据《中华人民共和国企业所得税法》及其实施条例、《财政部、国家税务总局关于将国家自主创新示范区有关税收试点政策推广到全国范围实施的通知》(财税〔2015〕116 号)规定,现就有限合伙制创业投资企业法人合伙人企业所得税有关问题公告如下:

一、有限合伙制创业投资企业是指依照《中华人民共和国合伙企业法》、《创业投资企业管理暂行办法》(国家发展和改革委员会令第 39 号)和《外商投资创业投资企业管理规定》(外经贸部、科技部、工商总局、税务总局、外汇管理局令 2003 年第 2 号)设立的专门从事创业投资活动的有限合伙企业。

二、有限合伙制创业投资企业的法人合伙人,是指依照《中华人民共和国企业所得税法》及其实施条例以及相关规定,实行查账征收企业所得税的居民企业。

三、有限合伙制创业投资企业采取股权投资方式投资于未上市的中小高新技术企业满 2 年(24 个月,下同)的,其法人合伙人可按照对未上市中小高新技术企业投资额的 70% 抵扣该法人合伙人从该有限合伙制创业投资企业分得的应纳税所得额,当年不足抵扣的,可以在以后纳税年度结转抵扣。

所称满 2 年是指 2015 年 10 月 1 日起,有限合伙制创业投资企业投资于未上市中小高新技术企业的实缴投资满 2 年,同时,法人合伙人对该有限合伙制创业投资企业的实缴出资也应满 2 年。

如果法人合伙人投资于多个符合条件的有限合伙制创业投资企业,可合并计算其可抵扣的投资额和应分得的应纳税所得额。当年不足抵扣的,可结转以后纳税年度继续抵扣;当年抵扣后有结余的,应按照企业所得税法的规定计算缴纳企业所得税。

四、有限合伙制创业投资企业的法人合伙人对未上市中小高新技术企业的投资额,按照有限合伙制创业投资企业对中小高新技术企业的投资额和合伙协议约定的法人合伙人占有限合伙制创业投资企业的出资比例计算确定。其中,有限合伙制创业投资企业对中小高新技术企业的投资额按实缴投资额计算;法人合伙人占有限合伙制创业投资企业的出资比例按法人合伙人对有限合伙制创业投资企业的实缴出资额占该有限合伙制创业投资企业的全部实缴出资额的比例计算。

五、有限合伙制创业投资企业应纳税所得额的确定及分配,按照《财政部、国家税务总局关于合伙企业合伙人所得税问题的通知》(财税〔2008〕159 号)相关规定执行。

六、有限合伙制创业投资企业法人合伙人符合享受优惠条件的,应在符合条件的年度终了后 3 个月内向其主管税务机关报送《有限合伙制创业投资企业法人合伙人应纳税所得额分配情况明细表》(附件 1)。

七、法人合伙人向其所在地主管税务机关备案享受投资抵扣应纳税所得额时，应提交《法人合伙人应纳税所得额抵扣情况明细表》（附件2）以及有限合伙制创业投资企业所在地主管税务机关受理后的《有限合伙制创业投资企业法人合伙人应纳税所得额分配情况明细表》，同时将《国家税务总局关于实施创业投资企业所得税优惠问题的通知》（国税发〔2009〕87号）规定报送的备案资料留存备查。

八、本公告自2015年10月1日起执行。2015年度符合优惠条件的企业，可统一在2015年度汇算清缴时办理相关手续。《国家税务总局关于苏州工业园区有限合伙制创业投资企业法人合伙人企业所得税政策试点有关征收管理问题的公告》（国家税务总局公告2013年第25号）同时废止。

特此公告。

附件：1. 有限合伙制创业投资企业法人合伙人应纳税所得额分配情况明细表（编者略）

2. 法人合伙人应纳税所得额抵扣情况明细表（编者略）

2－1－170

国家税务总局关于许可使用权技术转让所得企业所得税有关问题的公告

2015年11月16日　国家税务总局公告2015年第82号

根据《中华人民共和国企业所得税法》及其实施条例、《财政部、国家税务总局关于将国家自主创新示范区有关税收试点政策推广到全国范围实施的通知》（财税〔2015〕116号）规定，现就许可使用权技术转让所得企业所得税有关问题公告如下：

一、自2015年10月1日起，全国范围内的居民企业转让5年（含，下同）以上非独占许可使用权取得的技术转让所得，纳入享受企业所得税优惠的技术转让所得范围。居民企业的年度技术转让所得不超过500万元的部分，免征企业所得税；超过500万元的部分，减半征收企业所得税。

所称技术包括专利（含国防专利）、计算机软件著作权、集成电路布图设计专有权、植物新品种权、生物医药新品种，以及财政部和国家税务总局确定的其他技术。其中，专利是指法律授予独占权的发明、实用新型以及非简单改变产品图案和形状的外观设计。

二、企业转让符合条件的5年以上非独占许可使用权的技术，限于其拥有所有权的技术。技术所有权的权属由国务院行政主管部门确定。其中，专利由国家知识产权局确定权属；国防专利由总装备部确定权属；计算机软件著作权由国家版权局确定权属；集成电路布图设计专有权由国家知识产权局确定权属；植物新品种权由农业部确定权属；生物医药新品种由国家食品药品监督管理总局确定权属。

三、符合条件的5年以上非独占许可使用权技术转让所得应按以下方法计算：

技术转让所得＝技术转让收入－无形资产摊销费用－相关税费－应分摊期间费用

技术转让收入是指转让方履行技术转让合同后获得的价款，不包括销售或转让设备、仪器、零部件、原材料等非技术性收入。不属于与技术转让项目密不可分的技术咨询、服务、培训等收入,不得计入技术转让收入。技术许可使用权转让收入,应按转让协议约定的许可使用权人应付许可使用权使用费的日期确认收入的实现。

无形资产摊销费用是指该无形资产按税法规定当年计算摊销的费用。涉及自用和对外许可使用的,应按照受益原则合理划分。

相关税费是指技术转让过程中实际发生的有关税费,包括除企业所得税和允许抵扣的增值税以外的各项税金及其附加、合同签订费用、律师费等相关费用。

应分摊期间费用(不含无形资产摊销费用和相关税费)是指技术转让按照当年销售收入占比分摊的期间费用。

四、企业享受技术转让所得企业所得税优惠的其他相关问题,仍按照《国家税务总局关于技术转让所得减免企业所得税有关问题的通知》(国税函〔2009〕212 号)、《财政部、国家税务总局关于居民企业技术转让有关企业所得税政策问题的通知》(财税〔2010〕111 号)、《国家税务总局关于技术转让所得减免企业所得税有关问题的公告》(国家税务总局公告2013 年第 62 号)规定执行。

五、本公告自 2015 年 10 月 1 日起施行。本公告实施之日起,企业转让 5 年以上非独占许可使用权确认的技术转让收入,按本公告执行。

特此公告。

2－1－171

国家税务总局关于贯彻落实研发费用加计扣除和全国推广自主创新示范区所得税政策的通知

2015 年 12 月 9 日　税总发〔2015〕146 号

各省、自治区、直辖市和计划单列市国家税务局、地方税务局:

根据 109 次国务院常务会议决定精神,现就税务机关贯彻落实研发费用加计扣除政策和在全国范围内推广国家自主创新示范区所得税试点政策工作通知如下:

一、统一思想认识,全面落实研发费用加计扣除和推广自主创新示范区所得税试点政策

为落实创新驱动发展战略,以定向结构性减税拉动有效投资,推动创新创业和促进产业升级,国务院决定,进一步完善研发费用税前加计扣除政策,将原适用于国家自主创新示范区的有限合伙制创投企业抵扣应纳税所得额,居民企业转让 5 年以上非独占许可使用权所得减免企业所得税,中小高新技术企业向个人股东转增股本、高新技术企业对本企业相关技术人员股权奖励可以在 5 年内分期缴纳个人所得税 4 项所得税政策,在全国范围内推广实施。

适时完善研发费用税前加计扣除政策和推广国家自主创新示范区所得税试点政策,对

发挥积极财政政策作用，推进结构调整和创新创业，缓解经济下行压力具有积极意义。这几项税收优惠政策“含金量”大、导向性强、社会关注度高，税务机关要统一思想、高度重视，统筹谋划、扎实部署，税政、征管、纳服、电税、宣传等部门要加强配合、通力合作，为纳税人享受税收优惠政策创造条件，切实减轻创新创业企业税收负担，将对企业的减免税转化为推动研究开发活动、促进创业创新的强大动力。

二、强化宣传辅导，让享受优惠的纳税人有更多获得感

一是利用报刊杂志、税务网站、微博、微信、办税服务厅宣传区域、12366 纳税咨询热线等载体，通过答记者问、在线访谈等多种方式，扎实开展政策宣传工作。二是将税收优惠的政策规定、办税流程、申报要求、管理方式及时充实到 12366 知识库，规范 12366 人员答复口径，保证政策解释权威准确、容易理解、便于操作。三是尊重纳税人选择优惠政策权利。所得税优惠政策多，有些优惠政策不允许重叠享受，税务机关落实研发费用加计扣除和自主创新税收政策时，应尊重纳税人对不同优惠政策选择权，由纳税人自主选择优惠项目。四是要抓好优惠政策的学习消化和贯彻实施，使税务干部迅速掌握税收政策，增强服务技能。五是所得税管理部门要广开言路、跟踪问效，认真收集政策实施情况和存在问题，研究解决办法、提出解决建议，提升优惠政策贯彻落实水平。

三、简化备案手续，建立“放、管、服”相结合管理机制

严格按照《国家税务总局关于发布〈企业所得税优惠政策事项办理办法〉的公告》（国家税务总局公告 2015 年第 76 号）和《国家税务总局关于股权奖励和转增股本个人所得税征管问题的公告》（国家税务总局公告 2015 年第 80 号）规定，认真落实所得税优惠政策备案和后续管理工作。一是严禁擅自改变税收优惠管理方式，不得以任何理由变相审批。二是根据税收征管工作规范和纳税服务工作规范中有关所得税优惠内容，理顺办理流程，减轻办税负担。三是及时调整纳税申报软件、信息系统和纳税人端软件，为全面落实税收优惠政策提供技术支撑。四是把落实税收优惠和堵塞税收漏洞有机结合，既让符合税收政策条件的企业享受优惠，又善于利用风险管理、纳税评估、稽查等方法开展核查，发现弄虚作假套取税收优惠的，按照税收征管法规定处理。

四、加强数据统计，认真做好减免税核算和政策效应分析工作

要把研发费用加计扣除和自主创新税收政策作为当前重点减免税核算项目，扎实做好统计分析工作。按照不同优惠政策分项统计享受优惠的纳税人户数、占比、税额、同比增减情况和存在问题，既要纵向对比分析，又要从财政、工商、科技、开发区管委会等部门获取企业生产经营、高新技术企业资格、股权变更、研发项目立项等第三方信息进行横向比对，将其作为查摆问题，推动工作的抓手。通过深入细致的数据分析，研究论证税收优惠政策促进研发活动和创业创新的政策效应，为进一步完善政策、加强管理，提供参考依据。

2－1－172

国家税务总局关于企业研究开发费用税前加计扣除政策有关问题的公告

2015年12月29日 国家税务总局公告2015年第97号

根据《中华人民共和国企业所得税法》及其实施条例（以下简称税法）、《财政部、国家税务总局、科技部关于完善研究开发费用税前加计扣除政策的通知》（财税〔2015〕119号，以下简称《通知》）规定，现就落实完善研究开发费用（以下简称研发费用）税前加计扣除政策有关问题公告如下：

一、研究开发人员范围

企业直接从事研发活动人员包括研究人员、技术人员、辅助人员。研究人员是指主要从事研究开发项目的专业人员；技术人员是指具有工程技术、自然科学和生命科学中一个或一个以上领域的技术知识和经验，在研究人员指导下参与研发工作的人员；辅助人员是指参与研究开发活动的技工。

企业外聘研发人员是指与本企业签订劳务用工协议（合同）和临时聘用的研究人员、技术人员、辅助人员。

二、研发费用归集

（一）加速折旧费用的归集

企业用于研发活动的仪器、设备，符合税法规定且选择加速折旧优惠政策的，在享受研发费用税前加计扣除时，就已经进行会计处理计算的折旧、费用的部分加计扣除，但不得超过按税法规定计算的金额。

（二）多用途对象费用的归集

企业从事研发活动的人员和用于研发活动的仪器、设备、无形资产，同时从事或用于非研发活动的，应对其人员活动及仪器设备、无形资产使用情况做必要记录，并将其实际发生的相关费用按实际工时占比等合理方法在研发费用和生产经营费用间分配，未分配的不得加计扣除。

（三）其他相关费用的归集与限额计算

企业在一个纳税年度内进行多项研发活动的，应按照不同研发项目分别归集可加计扣除的研发费用。在计算每个项目其他相关费用的限额时应当按照以下公式计算：

其他相关费用限额＝《通知》第一条第一项允许加计扣除的研发费用中的第1项至第5项的费用之和×10%/（1－10%）。

当其他相关费用实际发生数小于限额时，按实际发生数计算税前加计扣除数额；当其他相关费用实际发生数大于限额时，按限额计算税前加计扣除数额。

（四）特殊收入的扣减

企业在计算加计扣除的研发费用时，应扣减已按《通知》规定归集计入研发费用，但在当期取得的研发过程中形成的下脚料、残次品、中间试制品等特殊收入；不足扣减的，允许加计扣除的研发费用按零计算。

企业研发活动直接形成产品或作为组成部分形成的产品对外销售的，研发费用中对应的材料费用不得加计扣除。

（五）财政性资金的处理

企业取得作为不征税收入处理的财政性资金用于研发活动所形成的费用或无形资产，不得计算加计扣除或摊销。

（六）不允许加计扣除的费用

法律、行政法规和国务院财税主管部门规定不允许企业所得税前扣除的费用和支出项目不得计算加计扣除。

已计入无形资产但不属于《通知》中允许加计扣除研发费用范围的，企业摊销时不得计算加计扣除。

三、委托研发

企业委托外部机构或个人开展研发活动发生的费用，可按规定税前扣除；加计扣除时按照研发活动发生费用的80%作为加计扣除基数。委托个人研发的，应凭个人出具的发票等合法有效凭证在税前加计扣除。

企业委托境外研发所发生的费用不得加计扣除，其中受托研发的境外机构是指依照外国和地区（含港澳台）法律成立的企业和其他取得收入的组织。受托研发的境外个人是指外籍（含港澳台）个人。

四、不适用加计扣除政策行业的判定

《通知》中不适用税前加计扣除政策行业的企业，是指以《通知》所列行业业务为主营业务，其研发费用发生当年的主营业务收入占企业按税法第六条规定计算的收入总额减除不征税收入和投资收益的余额50%（不含）以上的企业。

五、核算要求

企业应按照国家财务会计制度要求，对研发支出进行会计处理。研发项目立项时应设置研发支出辅助账，由企业留存备查；年末汇总分析填报研发支出辅助账汇总表，并在报送《年度财务会计报告》的同时随附注一并报送主管税务机关。研发支出辅助账、研发支出辅助账汇总表可参照本公告所附样式（见附件）编制。

六、申报及备案管理

（一）企业年度纳税申报时，根据研发支出辅助账汇总表填报研发项目可加计扣除研发费用情况归集表（见附件），在年度纳税申报时随申报表一并报送。

（二）研发费用加计扣除实行备案管理，除“备案资料”和“主要留存备查资料”按照本公告规定执行外，其他备案管理要求按照《国家税务总局关于发布〈企业所得税优惠政策事项办理办法〉的公告》（国家税务总局公告2015年第76号）的规定执行。

（三）企业应当不迟于年度汇算清缴纳税申报时，向税务机关报送《企业所得税优惠事项备案表》和研发项目文件完成备案，并将下列资料留存备查：

1. 自主、委托、合作研究开发项目计划书和企业有权部门关于自主、委托、合作研究开发项目立项的决议文件；

2. 自主、委托、合作研究开发专门机构或项目组的编制情况和研发人员名单；

3. 经科技行政主管部门登记的委托、合作研究开发项目的合同；

4. 从事研发活动的人员和用于研发活动的仪器、设备、无形资产的费用分配说明（包括工作使用情况记录）；

5. 集中研发项目研发费决算表、集中研发项目费用分摊明细情况表和实际分享收益比例等资料；

6. “研发支出”辅助账；

7. 企业如果已取得地市级（含）以上科技行政主管部门出具的鉴定意见，应作为资料留存备查；

8. 省税务机关规定的其他资料。

七、后续管理与核查

税务机关应加强对享受研发费用加计扣除优惠企业的后续管理和监督检查。每年汇算清缴期结束后应开展核查，核查面不得低于享受该优惠企业户数的20%。省级税务机关可根据实际情况制订具体核查办法或工作措施。

八、执行时间

本公告适用于2016年度及以后年度企业所得税汇算清缴。

特此公告。

附件：1. 自主研发“研发支出”辅助账（编者略）

2. 委托研发“研发支出”辅助账（编者略）

3. 合作研发“研发支出”辅助账（编者略）

4. 集中研发“研发支出”辅助账（编者略）

5. “研发支出”辅助账汇总表（编者略）

6. 研发项目可加计扣除研究开发费用情况归集表（编者略）

注释：

条款废止。第二条第（三）项“其他相关费用的归集与限额计算”的规定废止。参见：《国家税务总局关于进一步落实研发费用加计扣除政策有关问题的公告》（国家税务总局公告2021年第28号）。

条款废止。第五条中“并在报送《年度财务会计报告》的同时随附注一并报送主管税务机关”的规定和第六条第一项、附件6《研发项目可加计扣除研究开发费用情况归集表》废止。参见：《国家税务总局关于修订企业所得税年度纳税申报表有关问题的公告》（国家税务总局公告2019年第41号）。

条款废止。第一条、第二条第一项、第二条第二项、第二条第四项废止。参见：《国家税务总局关于研发费用税前加计扣除归集范围有关问题的公告》（国家税务总局公告2017年第40号）。

2－1－173

科技部 财政部 国家税务总局关于修订印发《高新技术企业认定管理办法》的通知

2016年1月29日 国科发火〔2016〕32号

各省、自治区、直辖市及计划单列市科技厅（委、局）、财政厅（局）、国家税务局、地方税务局：

根据《中华人民共和国企业所得税法》及其实施条例有关规定，为加大对科技型企业特别是中小企业的政策扶持，有力推动大众创业、万众创新，培育创造新技术、新业态和提供新供给的生力军，促进经济升级发展，科技部、财政部、国家税务总局对《高新技术企业认定管理办法》进行了修订完善。经国务院批准，现将新修订的《高新技术企业认定管理办法》印发给你们，请遵照执行。

高新技术企业认定管理办法

第一章 总 则

第一条 为扶持和鼓励高新技术企业发展，根据《中华人民共和国企业所得税法》（以下称《企业所得税法》）、《中华人民共和国企业所得税法实施条例》（以下称《实施条例》）有关规定，特制定本办法。

第二条 本办法所称的高新技术企业是指：在《国家重点支持的高新技术领域》内，持续进行研究开发与技术成果转化，形成企业核心自主知识产权，并以此为基础开展经营活动，在中国境内（不包括港、澳、台地区）注册的居民企业。

第三条 高新技术企业认定管理工作应遵循突出企业主体、鼓励技术创新、实施动态管理、坚持公平公正的原则。

第四条 依据本办法认定的高新技术企业，可依照《企业所得税法》及其《实施条例》、《中华人民共和国税收征收管理法》（以下称《税收征管法》）及《中华人民共和国税收征收管理法实施细则》（以下称《实施细则》）等有关规定，申报享受税收优惠政策。

第五条 科技部、财政部、税务总局负责全国高新技术企业认定工作的指导、管理和监督。

第二章 组织与实施

第六条 科技部、财政部、税务总局组成全国高新技术企业认定管理工作领导小组（以下称“领导小组”），其主要职责为：

（一）确定全国高新技术企业认定管理工作方向，审议高新技术企业认定管理工作

报告;

(二)协调、解决认定管理及相关政策落实中的重大问题;

(三)裁决高新技术企业认定管理事项中的重大争议,监督、检查各地区认定管理工作,对发现的问题指导整改。

第七条 领导小组下设办公室,由科技部、财政部、税务总局相关人员组成,办公室设在科技部,其主要职责为:

(一)提交高新技术企业认定管理工作报告,研究提出政策完善建议;

(二)指导各地区高新技术企业认定管理工作,组织开展对高新技术企业认定管理工作的监督检查,对发现的问题提出整改处理建议;

(三)负责各地区高新技术企业认定工作的备案管理,公布认定的高新技术企业名单,核发高新技术企业证书编号;

(四)建设并管理"高新技术企业认定管理工作网";

(五)完成领导小组交办的其他工作。

第八条 各省、自治区、直辖市、计划单列市科技行政管理部门同本级财政、税务部门组成本地区高新技术企业认定管理机构(以下称"认定机构")。认定机构下设办公室,由省级、计划单列市科技、财政、税务部门相关人员组成,办公室设在省级、计划单列市科技行政主管部门。认定机构主要职责为:

(一)负责本行政区域内的高新技术企业认定工作,每年向领导小组办公室提交本地区高新技术企业认定管理工作报告;

(二)负责将认定后的高新技术企业按要求报领导小组办公室备案,对通过备案的企业颁发高新技术企业证书;

(三)负责遴选参与认定工作的评审专家(包括技术专家和财务专家),并加强监督管理;

(四)负责对已认定企业进行监督检查,受理、核实并处理复核申请及有关举报等事项,落实领导小组及其办公室提出的整改建议;

(五)完成领导小组办公室交办的其他工作。

第九条 通过认定的高新技术企业,其资格自颁发证书之日起有效期为三年。

第十条 企业获得高新技术企业资格后,自高新技术企业证书颁发之日所在年度起享受税收优惠,可依照本办法第四条的规定到主管税务机关办理税收优惠手续。

第三章 认定条件与程序

第十一条 认定为高新技术企业须同时满足以下条件:

(一)企业申请认定时须注册成立一年以上;

(二)企业通过自主研发、受让、受赠、并购等方式,获得对其主要产品(服务)在技术上发挥核心支持作用的知识产权的所有权;

(三)对企业主要产品(服务)发挥核心支持作用的技术属于《国家重点支持的高新技术领域》规定的范围;

(四)企业从事研发和相关技术创新活动的科技人员占企业当年职工总数的比例不低

于10%；

（五）企业近三个会计年度（实际经营期不满三年的按实际经营时间计算，下同）的研究开发费用总额占同期销售收入总额的比例符合如下要求：

1. 最近一年销售收入小于5000万元（含）的企业，比例不低于5%；

2. 最近一年销售收入在5000万元至2亿元（含）的企业，比例不低于4%；

3. 最近一年销售收入在2亿元以上的企业，比例不低于3%。

其中，企业在中国境内发生的研究开发费用总额占全部研究开发费用总额的比例不低于60%；

（六）近一年高新技术产品（服务）收入占企业同期总收入的比例不低于60%；

（七）企业创新能力评价应达到相应要求；

（八）企业申请认定前一年内未发生重大安全、重大质量事故或严重环境违法行为。

第十二条 高新技术企业认定程序如下：

（一）企业申请

企业对照本办法进行自我评价。认为符合认定条件的在“高新技术企业认定管理工作网”注册登记，向认定机构提出认定申请。申请时提交下列材料：

1. 高新技术企业认定申请书；

2. 证明企业依法成立的相关注册登记证件；

3. 知识产权相关材料、科研项目立项证明、科技成果转化、研究开发的组织管理等相关材料；

4. 企业高新技术产品（服务）的关键技术和技术指标、生产批文、认证认可和相关资质证书、产品质量检验报告等相关材料；

5. 企业职工和科技人员情况说明材料；

6. 经具有资质的中介机构出具的企业近三个会计年度研究开发费用和近一个会计年度高新技术产品（服务）收入专项审计或鉴证报告，并附研究开发活动说明材料；

7. 经具有资质的中介机构鉴证的企业近三个会计年度的财务会计报告（包括会计报表、会计报表附注和财务情况说明书）；

8. 近三个会计年度企业所得税年度纳税申报表。

（二）专家评审

认定机构应在符合评审要求的专家中，随机抽取组成专家组。专家组对企业申报材料进行评审，提出评审意见。

（三）审查认定

认定机构结合专家组评审意见，对申请企业进行综合审查，提出认定意见并报领导小组办公室。认定企业由领导小组办公室在“高新技术企业认定管理工作网”公示10个工作日，无异议的，予以备案，并在“高新技术企业认定管理工作网”公告，由认定机构向企业颁发统一印制的“高新技术企业证书”；有异议的，由认定机构进行核实处理。

第十三条 企业获得高新技术企业资格后，应每年5月底前在“高新技术企业认定管理工作网”填报上一年度知识产权、科技人员、研发费用、经营收入等年度发展情况报表。

第十四条 对于涉密企业，按照国家有关保密工作规定，在确保涉密信息安全的前提下，按认定工作程序组织认定。

第四章 监督管理

第十五条 科技部、财政部、税务总局建立随机抽查和重点检查机制，加强对各地高新技术企业认定管理工作的监督检查。对存在问题的认定机构提出整改意见并限期改正，问题严重的给予通报批评，逾期不改的暂停其认定管理工作。

第十六条 对已认定的高新技术企业，有关部门在日常管理过程中发现其不符合认定条件的，应提请认定机构复核。复核后确认不符合认定条件的，由认定机构取消其高新技术企业资格，并通知税务机关追缴其不符合认定条件年度起已享受的税收优惠。

第十七条 高新技术企业发生更名或与认定条件有关的重大变化（如分立、合并、重组以及经营业务发生变化等）应在三个月内向认定机构报告。经认定机构审核符合认定条件的，其高新技术企业资格不变，对于企业更名的，重新核发认定证书，编号与有效期不变；不符合认定条件的，自更名或条件变化年度起取消其高新技术企业资格。

第十八条 跨认定机构管理区域整体迁移的高新技术企业，在其高新技术企业资格有效期内完成迁移的，其资格继续有效；跨认定机构管理区域部分搬迁的，由迁入地认定机构按照本办法重新认定。

第十九条 已认定的高新技术企业有下列行为之一的，由认定机构取消其高新技术企业资格：

（一）在申请认定过程中存在严重弄虚作假行为的；

（二）发生重大安全、重大质量事故或有严重环境违法行为的；

（三）未按期报告与认定条件有关重大变化情况，或累计两年未填报年度发展情况报表的。

对被取消高新技术企业资格的企业，由认定机构通知税务机关按《税收征管法》及有关规定，追缴其自发生上述行为之日所属年度起已享受的高新技术企业税收优惠。

第二十条 参与高新技术企业认定工作的各类机构和人员对所承担的有关工作负有诚信、合规、保密义务。违反高新技术企业认定工作相关要求和纪律的，给予相应处理。

第五章 附 则

第二十一条 科技部、财政部、税务总局根据本办法另行制定《高新技术企业认定管理工作指引》。

第二十二条 本办法由科技部、财政部、税务总局负责解释。

第二十三条 本办法自 2016 年 1 月 1 日起实施。原《高新技术企业认定管理办法》（国科发火〔2008〕172 号）同时废止。

附件：国家重点支持的高新技术领域（编者略）

2－1－174

国家税务总局关于全面开展企业所得税重点税源和高风险事项团队管理工作的通知

2016年3月31日　税总函〔2016〕148号

各省、自治区、直辖市和计划单列市国家税务局、地方税务局：

构建以风险管理为导向的企业所得税管理体系，是落实《深化国税、地税征管体制改革方案》的重要举措，是推进行政审批制度改革、加强企业所得税事中事后管理的必然要求。税务总局决定，从2016年起，全面开展企业所得税重点税源和高风险事项风险分析团队管理工作。现将有关事项通知如下：

一、组建企业所得税风险管理团队

根据《国家税务总局关于加强税收风险管理工作的意见》（税总发〔2014〕105号）和《国家税务总局关于加强企业所得税后续管理的指导意见》（税总发〔2013〕55号）规定，企业所得税风险管理团队要按照税收风险管理统一部署，发挥所得税专业优势，认真做好企业所得税风险管理工作。风险管理团队主要工作：一是研究、设计、修改企业所得税风险指标，根据税收征管和风险应对情况设计、修改企业所得税风险指标预警值；二是研究、排查、识别企业所得税风险，通过税务总局、省局两级税收风险管理平台推送风险点；三是对部分重点税源企业和重要事项提出应对建议，跟踪、指导部分所得税风险应对工作。

省局根据企业所得税重点税源分布、机构人员配置、所得税管理和税收信息化建设等实际，研究部署本省市风险管理团队组建工作，优先选拔领军人才、人才库人才、业务能手等熟悉所得税、税收征管、数据管理、稽查等专家型人才。风险管理中涉及自然科学、工程技术等专业问题，可以外聘专家参加除税收风险指标、预警值之外的其他专项工作。

二、企业所得税风险管理团队的工作内容

（一）重点税源企业的企业所得税事项

省局要统筹确定企业所得税重点行业和重点税源企业名单。认真研究重要行业和重点税源企业生产经营特点和盈利模式，解剖样本企业营业收入、生产成本、期间费用等情况，掌握企业主要产品的投入产出关系，摸清对外投资和近年投资收益情况，发掘税收风险点。利用重要行业和重点税源企业相关行业指标、税收征管数据、历年汇算清缴数据、第三方涉税信息等，对比财务会计数据、不同税种信息、上市公司公告信息、政府网站、企业营销广告等信息，梳理印证同一涉税事项的不同渠道信息描述是否吻合。关注重点税源企业享受税收优惠政策、资产损失、不征税收入、政策性搬迁、特殊重组、弥补亏损、境外所得税收抵免等高风险事项是否符合税法规定。跟踪指导部分重点税源企业涉税风险的实际应对工作。

（二）企业所得税高风险事项

对重要行业、重点税源企业以外的其他企业有关优惠政策、跨年度事项、企业重组、资产损失、汇总纳税等高风险事项，可以列示本省市近3年至5年基本数据和变化情况，从不同维度细分高风险事项，掌握每项高风险事项的风险点、风险高发环节、主要问题，向风险应对部门推送风险点。研究摸索风险事项的应对规律，逐步形成高风险事项的应对模板或指引，跟踪部分高风险事项的应对情况，提高应对准确性和效率。

三、工作要求

（一）加强组织领导，推进所得税风险团队管理工作

重点税源和高风险事项团队管理是加强后续管理、堵漏增收的有效措施，对提高企业所得税管理工作有积极意义。省局要加强领导、周密部署，组建团队，调动各方面积极性，集中优势兵力发现、分析、评估、识别企业所得税风险点，统筹研究风险应对，推进企业所得税风险团队管理工作。

（二）用好各项数据，建立所得税风险指标模型

以税收征管数据、历年汇算清缴数据、财务会计数据为基础，进一步拓展相关行业指标、上市公司公告、网站信息、政府部门信息等第三方涉税信息渠道，充实税务机关涉税信息"占有量"，统筹利用涉税信息处理软件，研究建立"好使、管用"的企业所得税风险指标模型。

已经开展风险团队试点的省市，要进一步提高数据质量，了解所得税风险事项的不同特点，建立丰富实用的企业所得税风险指标或模型，提高风险识别能力。此前未试点省市，要理顺所在单位风险管理机制，开展数据收集分析，逐步建立企业所得税风险数据相关指标和模型。税务机关要加强经验交流，"走出去"、"引进来"，对本单位和兄弟省市所得税风险指标进行效能评估，完善企业所得税风险指标和相关模型。

（三）协同各方面资源，分类应对所得税风险

利用税收风险管理平台，根据风险识别、等级排序确定风险事项应对等级，有针对性地采取风险提示、纳税评估、税务稽查等应对方法。有效利用省以下管理资源，跟踪指导重要行业、重点税源企业和部分高风险事项的应对工作，评估所得税风险应对质量，不断提升风险应对效能。

（四）开展绩效考评，及时总结报告

企业所得税重点税源和高风险事项团队管理是税务总局对省局的绩效考评项目。省局要用好"绩效考评"指挥棒，向下传导压力，部署工作要求，统筹管理资源，加强业务指导，认真总结风险团队管理工作。省局请于2016年11月20日前向税务总局（所得税司、征管科技发展司）报告工作情况。

报告主要内容：风险团队建设、风险管理机制建设、风险点的识别和推送情况、协助千户集团风险管理查补收入（含调减亏损情况，下同）、重要行业和重点税源企业所得税查补收入、各项高风险事项查补收入、所得税风险应对效能、查补收入占所在单位所得税收入比重等情况，对完善所得税风险管理工作的意见建议等。

2－1－175

财政部　国家税务总局关于公益股权捐赠企业所得税政策问题的通知

2016年4月20日　财税〔2016〕45号

各省、自治区、直辖市、计划单列市财政厅（局）、国家税务局、地方税务局，新疆生产建设兵团财务局：

为支持和鼓励公益事业发展，根据《中华人民共和国企业所得税法》及其实施条例有关规定，经国务院批准，现将股权捐赠企业所得税政策问题通知如下：

一、企业向公益性社会团体实施的股权捐赠，应按规定视同转让股权，股权转让收入额以企业所捐赠股权取得时的历史成本确定。

前款所称的股权，是指企业持有的其他企业的股权、上市公司股票等。

二、企业实施股权捐赠后，以其股权历史成本为依据确定捐赠额，并依此按照企业所得税法有关规定在所得税前予以扣除。公益性社会团体接受股权捐赠后，应按照捐赠企业提供的股权历史成本开具捐赠票据。

三、本通知所称公益性社会团体，是指注册在中华人民共和国境内，以发展公益事业为宗旨、且不以营利为目的，并经确定为具有接受捐赠税前扣除资格的基金会、慈善组织等公益性社会团体。

四、本通知所称股权捐赠行为，是指企业向中华人民共和国境内公益性社会团体实施的股权捐赠行为。企业向中华人民共和国境外的社会组织或团体实施的股权捐赠行为不适用本通知规定。

五、本通知自2016年1月1日起执行。

本通知发布前企业尚未进行税收处理的股权捐赠行为，符合本通知规定条件的可比照本通知执行，已经进行相关税收处理的不再进行税收调整。

请遵照执行。

2－1－176

国家税务总局关于修改按经费支出换算收入方式核定非居民企业应纳税所得额计算公式的公告

2016年5月5日　国家税务总局公告2016年第28号

自2016年5月1日起，全国范围内全面推开营业税改征增值税（以下称营改增）试点。

在营改增后，按经费支出换算收入方式核定非居民企业应纳税所得额的计算公式需要修改，现将修改内容公告如下：

一、《外国企业常驻代表机构税收管理暂行办法》（国税发〔2010〕18 号文件印发）第七条第一项第 1 目规定的计算公式修改为：

应纳税所得额 = 本期经费支出额/（1 - 核定利润率）× 核定利润率

二、《非居民企业所得税核定征收管理办法》（国税发〔2010〕19 号文件印发）第四条第三项规定的计算公式修改为：

应纳税所得额 = 本期经费支出额/（1 - 核定利润率）× 核定利润率

三、《国家税务总局关于发布〈中华人民共和国非居民企业所得税年度纳税申报表〉等报表的公告》（国家税务总局公告 2015 年第 30 号）附件 6 第七条第 13 项的计算公式修改为：

换算的收入额 = 经费支出总额 ÷（1 - 核定利润率）

本公告自 2016 年 5 月 1 日起施行。

特此公告。

2 - 1 - 177

科技部　财政部　国家税务总局关于修订印发《高新技术企业认定管理工作指引》的通知

2016 年 6 月 22 日　国科发火〔2016〕195 号

各省、自治区、直辖市及计划单列市科技厅（委、局）、财政厅（局）、国家税务局、地方税务局：

根据《高新技术企业认定管理办法》（国科发火〔2016〕32 号，以下称《认定办法》）第二十一条的规定，现将《高新技术企业认定管理工作指引》（以下称《工作指引》）印发给你们，并就有关事项通知如下：

一、2016 年 1 月 1 日前已按《高新技术企业认定管理办法》（国科发火〔2008〕172 号，以下称 2008 版《认定办法》）认定的仍在有效期内的高新技术企业，其资格依然有效，可依照《企业所得税法》及其实施条例等有关规定享受企业所得税优惠政策。

二、按 2008 版《认定办法》认定的高新技术企业，在 2015 年 12 月 31 日前发生 2008 版《认定办法》第十五条规定情况，且有关部门在 2015 年 12 月 31 日前已经做出处罚决定的，仍按 2008 版《认定办法》相关规定进行处理，认定机构 5 年内不再受理企业认定申请的处罚执行至 2015 年 12 月 31 日止。

三、本指引自 2016 年 1 月 1 日起实施。原《高新技术企业认定管理工作指引》（国科发火〔2008〕362 号）、《关于高新技术企业更名和复审等有关事项的通知》（国科火字〔2011〕123 号）同时废止。

高新技术企业认定管理工作指引（编者略）

2-1-178

国家税务总局关于开具《中国税收居民身份证明》有关事项的公告

2016年6月28日　国家税务总局公告2016年第40号

根据《中华人民共和国税收征收管理法》及其实施细则、《中华人民共和国企业所得税法》及其实施条例、《中华人民共和国个人所得税法》及其实施条例以及相关法律法规，为服务企业和个人开展对外投资、经营和提供劳务活动，便利《中国税收居民身份证明》（以下简称《税收居民证明》，见附件1）开具，现就有关事项公告如下：

一、企业或者个人（以下统称申请人）为享受中国政府对外签署的税收协定（含与香港、澳门和台湾签署的税收安排或者协议）、航空协定税收条款、海运协定税收条款、汽车运输协定税收条款、互免国际运输收入税收协议或者换函（以下统称税收协定）待遇，可以向税务机关申请开具《税收居民证明》。

二、申请人向主管其所得税的县国家税务局、地方税务局（以下统称主管税务机关）申请开具《税收居民证明》。

中国居民企业的境内、外分支机构应当通过其总机构向总机构主管税务机关提出申请。合伙企业应当以其中国居民合伙人作为申请人，向中国居民合伙人主管税务机关提出申请。

三、申请人可以就其构成中国税收居民的任一公历年度申请开具《税收居民证明》。

四、申请人申请开具《税收居民证明》应当提交以下申请表和资料：

（一）《中国税收居民身份证明》申请表（见附件2）；

（二）与拟享受税收协定待遇的收入有关的合同、协议、董事会或者股东会决议、支付凭证等证明资料；

（三）申请人为个人且在中国境内有住所的，提供因户籍、家庭、经济利益关系而在中国境内习惯性居住的证明材料，证明材料包括申请人身份信息、说明材料或者其他材料；

（四）申请人为个人且无住所、在中国境内居住满一年的，提供在中国境内实际居住时间的相关证明材料，证明材料包括护照信息、说明材料或者其他材料；

（五）境内、外分支机构通过其总机构提出申请时，还需提供总分机构的登记注册情况；

（六）以合伙企业的中国居民合伙人提出申请时，还需提供合伙企业登记注册情况。

上述填报或报送的资料应当采用中文文本。相关资料原件为外文文本的，应当同时提供中文译本。申请人可以向主管税务机关提交上述资料的复印件，但是应当在复印件上加盖申请人印章或签章，并按照主管税务机关要求报验原件。

五、申请人提交资料齐全的，主管税务机关应当按规定当场受理；资料不齐全的，主管税务机关不予受理，并一次性告知申请人应补正内容。

六、主管税务机关根据《中华人民共和国企业所得税法》及其实施条例、《中华人民共和国个人所得税法》及其实施条例等规定,结合纳税人登记注册、在中国境内住所及居住时间等情况对居民身份进行判定。

七、主管税务机关在受理申请之日起10个工作日内,由负责人签发《税收居民证明》并加盖公章或者将不予开具的理由书面告知申请人。

主管税务机关无法准确判断居民身份的,应当及时报告上级税务机关。需要报告上级税务机关的,主管税务机关应当在受理申请之日起20个工作日内办结。

八、主管税务机关或者上级税务机关根据申请人提交资料无法作出判断的,可以要求申请人补充提供相关资料,需要补充的内容应当一次性书面告知。申请人补充资料的时间不计入上述工作时限。

九、主管税务机关对开具的《税收居民证明》进行统一编号,编号格式为:税务机构代码(前7位)+年份(4位)+顺序号(5位)。"年份"为开具《税收居民证明》的公历年度,"顺序号"为本年度主管税务机关开具的自然顺序号。

十、缔约对方税务主管当局对《税收居民证明》样式有特殊要求的,申请人应当提供书面说明以及《税收居民证明》样式,主管税务机关可以按照上述规定予以办理。

十一、各地税务机关可以进一步拓展或者优化服务方式,提高信息化水平和办理时效,为申请人享受税收协定待遇提供便利。各地税务机关要加强对开具《税收居民证明》的申请人来源于境外所得的税收管理,帮助其降低税收风险。

十二、本公告自2016年10月1日起施行。《国家税务总局关于做好〈中国税收居民身份证明〉开具工作的通知》(国税函〔2008〕829号)、《国家税务总局关于做好〈中国税收居民身份证明〉开具工作的补充通知》(国税函〔2010〕218号)、《国家税务总局关于印发〈境外注册中资控股居民企业所得税管理办法(试行)〉的公告》(国家税务总局公告2011年第45号)第二十八条同时废止。

特此公告。

附件:1. 中国税收居民身份证明(编者略)

2.《中国税收居民身份证明》申请表(编者略)

注释:

条款废止。第二条、第四条、附件1和附件2自2019年5月1日起废止。参见:《国家税务总局关于调整〈中国税收居民身份证明〉有关事项的公告》(国家税务总局公告2019年第17号)。

条款修改。根据《第十三届全国人民代表大会第一次会议关于国务院机构改革方案的决定》等有关规定,税收规范性文件规定的国税地税机关的职责和工作由新的税务机关承担。国家税务总局依据《税收规范性文件制定管理办法》(国家税务总局令第41号公布),对税收规范性文件进行了清理。参见:《国家税务总局关于修改部分税收规范性文件的公告》(国家税务总局公告2018年第31号)。

2－1－179

国家税务总局关于规范全国千户集团及其成员企业纳税申报时附报财务会计报表有关事项的公告

2016年10月26日　国家税务总局公告2016年第67号

为进一步加强大企业税收服务和管理工作，根据《中华人民共和国税收征收管理法》及其实施细则、《中华人民共和国企业所得税法》及其实施条例的相关规定，现将国家税务总局确定的重点大企业集团（以下简称“全国千户集团”）及其成员企业纳税申报时附报财务会计报表有关事项公告如下：

一、全国千户集团总部及其成员企业应在企业所得税预缴纳税申报时附报本级财务会计报表，以及税务机关根据实际需要要求附报的其他纳税资料，境外成员企业可暂不附报。年度终了，应在企业所得税年度纳税申报时，附报本级年度财务会计报表，以及税务机关根据实际需要要求附报的其他纳税资料。按照会计准则、会计制度等要求编制合并财务报表的全国千户集团总部，应在每年5月31日前附报上一年度的合并财务报表。

二、全国千户集团及其成员企业应附报的财务会计报表，是指按照企业所适用的会计准则、会计制度等编制的财务会计报表，包括资产负债表、利润表、现金流量表、所有者权益（股东权益）变动表、附注等。原则上，所有资料应以电子形式附报。企业编制的原始财务会计报表与税务机关核心征管系统中报表格式不一致的，应将原始财务会计报表以EXCEL表格式，作为附件一并附报。企业应确保报送的财务会计报表数据的真实、完整、准确。

三、本公告自2016年12月1日起施行。

特此公告。

2－1－180

国家税务总局关于企业所得税有关问题的公告

2016年12月9日　国家税务总局公告2016年第80号

根据《中华人民共和国企业所得税法》及其实施条例有关规定，现对企业所得税有关问题公告如下：

一、关于企业差旅费中人身意外保险费支出税前扣除问题

企业职工因公出差乘坐交通工具发生的人身意外保险费支出，准予企业在计算应纳税所得额时扣除。

二、企业移送资产所得税处理问题

企业发生《国家税务总局关于企业处置资产所得税处理问题的通知》（国税函〔2008〕

828 号)第二条规定情形的,除另有规定外,应按照被移送资产的公允价值确定销售收入。

三、施行时间

本公告适用于 2016 年度及以后年度企业所得税汇算清缴。

《国家税务总局关于企业处置资产所得税处理问题的通知》(国税函〔2008〕828 号)第三条同时废止。

特此公告。

2－1－181

国家税务总局关于进一步做好企业研究开发费用税前加计扣除政策贯彻落实工作的通知

2016 年 12 月 21 日　税总函〔2016〕685 号

各省、自治区、直辖市和计划单列市国家税务局、地方税务局:

为贯彻中央经济工作会议有关精神,切实在 2017 年 1 月 1 日至 5 月 31 日企业所得税汇算清缴中做好研究开发费用税前加计扣除税收优惠政策(以下简称"加计扣除优惠政策")落实工作,现就有关事项通知如下:

一、提高思想认识,加强组织领导。各级税务机关应提高思想认识,加强组织领导,增强服务观念,精心谋划部署,夯实管理责任,确定责任人和责任部门,积极稳妥地做好加计扣除优惠政策贯彻落实工作。

二、加大宣传力度,实现应知尽知。从现在起至整个企业所得税汇算清缴期间,各级税务机关要充分利用官方网站、微信、微博、APP 等方式开展多维度、多渠道的宣传,提醒纳税人及时申报享受加计扣除优惠政策。要通过纳税人学堂等方式开展"面对面"的精准辅导,扩大宣传辅导覆盖面,方便企业及时了解政策和管理要求。要充分发挥 12366 纳税服务热线作用,统一政策口径,规范政策解答,及时为企业答疑解惑。

三、优化纳税服务,畅通办税渠道。各级税务机关应依托信息化手段,进一步优化办税流程,简化办税手续,提高税务机关办事效率,为企业及时、准确享受加计扣除优惠政策提供便利条件。对纳税人反映的相关问题和投诉,各级税务机关应当在接到问题和投诉后的 10 个工作日内予以解决。

四、明确工作重点,确保应享尽享。各级税务机关在落实加计扣除优惠政策时,应以核实企业享受 2016 年度优惠的有关情况为基准,原则上不核实以前年度有关情况。如企业以前年度存在或发现存在涉税问题,应按相关规定另行处理,不得影响企业享受 2016 年度加计扣除优惠政策。如企业申报享受加计扣除优惠政策,但账证不健全、资料不齐全或适用优惠政策不准确的,各级税务机关要积极做好辅导解释工作,帮助企业建账建制,补充资料,确保企业享受加计扣除优惠政策。如企业 2016 年度未及时申报享受加计扣除优惠政策,可在以后 3 年内追溯享受。

五、加强督促检查，加大落实力度。各级税务机关应组织开展加计扣除优惠政策落实情况的督促检查工作，并将落实情况列入绩效考评，切实加大优惠政策落实力度。

六、做好政策评估，强化效应分析。2017 年企业所得税汇算清缴期结束后，各级税务机关要及时做好数据统计和政策评估工作，强化政策效应分析，查找存在问题，进行针对性改进与完善，不断提升管理服务水平，同时，对完善加计扣除优惠政策及操作事宜向总局提出具体意见和建议。

2 - 1 - 182

国家税务总局关于修订企业所得税 2 个规范性文件的公告

2016 年 12 月 29 日　国家税务总局公告 2016 年第 88 号

根据《国务院关于取消和调整一批行政审批项目等事项的决定》（国发〔2014〕50 号）以及税务总局关于享受小型微利企业所得税优惠政策的企业包括核定征收企业的相关规定，为做好政策衔接工作，现对企业所得税有关规范性文件修订问题公告如下：

一、关于收入全额归属中央的企业分支机构名单管理问题

《国家税务总局关于中国工商银行股份有限公司等企业企业所得税有关征管问题的通知》（国税函〔2010〕184 号）第二、三条废止。收入全额归属中央的企业所属二级及二级以下分支机构，发生资产损失的，按照《国家税务总局关于发布〈企业资产损失所得税税前扣除管理办法〉的公告》（国家税务总局公告 2011 年第 25 号）的规定办理；发生名单变化的，按照《国家税务总局关于 3 项企业所得税事项取消审批后加强后续管理的公告》（国家税务总局公告 2015 年第 6 号）第二条的规定办理。

二、关于核定征收的小型微利企业享受优惠问题

《国家税务总局关于企业所得税核定征收若干问题的通知》（国税函〔2009〕377 号）第一条第（一）项修订为：享受《中华人民共和国企业所得税法》及其实施条例和国务院规定的一项或几项企业所得税优惠政策的企业（不包括仅享受《中华人民共和国企业所得税法》第二十六条规定免税收入优惠政策的企业、第二十八条规定的符合条件的小型微利企业）。

三、施行时间

本公告第一条根据涉及的事项分别按照国家税务总局 2011 年第 25 号公告和国家税务总局 2015 年第 6 号公告施行时间执行；第二条适用于 2016 年度及以后年度企业所得税汇算清缴。

特此公告。

2－1－183

国家税务总局关于发布《特别纳税调查调整及相互协商程序管理办法》的公告

2017年3月17日　国家税务总局公告2017年第6号

为深入贯彻落实《深化国税、地税征管体制改革方案》，进一步完善特别纳税调查调整及相互协商程序管理工作，积极应用税基侵蚀和利润转移（BEPS）行动计划成果，有效执行我国对外签署的避免双重征税协定、协议或者安排，根据《中华人民共和国企业所得税法》及其实施条例、《中华人民共和国税收征收管理法》及其实施细则的有关规定，国家税务总局制定了《特别纳税调查调整及相互协商程序管理办法》，现予以发布，自2017年5月1日起施行。

特此公告。

附件：1. 特别纳税调整自行缴纳税款表（编者略）

2. 关联关系认定表（编者略）

3. 关联交易认定表（编者略）

4. 特别纳税调查结论通知书（编者略）

5. 协商内容记录（编者略）

6. 特别纳税调查初步调整通知书（编者略）

7. 特别纳税调查调整通知书（编者略）

8. 启动特别纳税调整相互协商程序申请表（编者略）

9. 特别纳税调整相互协商协议补（退）税款通知书（编者略）

特别纳税调查调整及相互协商程序管理办法

第一条　根据《中华人民共和国企业所得税法》（以下简称企业所得税法）及其实施条例、《中华人民共和国税收征收管理法》（以下简称税收征管法）及其实施细则以及我国对外签署的避免双重征税协定、协议或者安排（以下简称税收协定）的有关规定，制定本办法。

第二条　税务机关以风险管理为导向，构建和完善关联交易利润水平监控管理指标体系，加强对企业利润水平的监控，通过特别纳税调整监控管理和特别纳税调查调整，促进企业税法遵从。

第三条　税务机关通过关联申报审核、同期资料管理和利润水平监控等手段，对企业实施特别纳税调整监控管理，发现企业存在特别纳税调整风险的，可以向企业送达《税务事项通知书》，提示其存在的税收风险。

企业收到特别纳税调整风险提示或者发现自身存在特别纳税调整风险的，可以自行调整补税。企业自行调整补税的,应当填报《特别纳税调整自行缴纳税款表》。

企业自行调整补税的,税务机关仍可按照有关规定实施特别纳税调查调整。

企业要求税务机关确认关联交易定价原则和方法等特别纳税调整事项的,税务机关应当启动特别纳税调查程序。

第四条 税务机关实施特别纳税调查,应当重点关注具有以下风险特征的企业:

(一)关联交易金额较大或者类型较多;

(二)存在长期亏损、微利或者跳跃性盈利;

(三)低于同行业利润水平;

(四)利润水平与其所承担的功能风险不相匹配,或者分享的收益与分摊的成本不相配比;

(五)与低税国家(地区)关联方发生关联交易;

(六)未按照规定进行关联申报或者准备同期资料;

(七)从其关联方接受的债权性投资与权益性投资的比例超过规定标准;

(八)由居民企业,或者由居民企业和中国居民控制的设立在实际税负低于12.5%的国家(地区)的企业,并非由于合理的经营需要而对利润不作分配或者减少分配;

(九)实施其他不具有合理商业目的的税收筹划或者安排。

第五条 税务机关应当向已确定立案调查的企业送达《税务检查通知书(一)》。被立案调查企业为非居民企业的,税务机关可以委托境内关联方或者与调查有关的境内企业送达《税务检查通知书(一)》。

经预备会谈与税务机关达成一致意见,已向税务机关提交《预约定价安排谈签意向书》,并申请预约定价安排追溯适用以前年度的企业,或者已向税务机关提交《预约定价安排续签申请书》的企业,可以暂不作为特别纳税调整的调查对象。预约定价安排未涉及的年度和关联交易除外。

第六条 税务机关实施特别纳税调查时,可以要求被调查企业及其关联方,或者与调查有关的其他企业提供相关资料:

(一)要求被调查企业及其关联方,或者与调查有关的其他企业提供相关资料的,应当向该企业送达《税务事项通知书》,该企业在境外的,税务机关可以委托境内关联方或者与调查有关的境内企业向该企业送达《税务事项通知书》;

(二)需要到被调查企业的关联方或者与调查有关的其他企业调查取证的,应当向该企业送达《税务检查通知书(二)》。

第七条 被调查企业及其关联方以及与调查有关的其他企业应当按照税务机关要求提供真实、完整的相关资料:

(一)提供由自身保管的书证原件。原本、正本和副本均属于书证的原件。提供原件确有困难的,可以提供与原件核对无误的复印件、照片、节录本等复制件。提供方应当在复制件上注明"与原件核对无误,原件存于我处",并由提供方签章;

(二)提供由有关方保管的书证原件复制件、影印件或者抄录件的,提供方应当在复制件、影印件或者抄录件上注明"与原件核对无误",并注明出处,由该有关方及提供方签章;

(三)提供外文书证或者外文视听资料的,应当附送中文译本。提供方应当对中文译本的准确性和完整性负责；

（四）提供境外相关资料的，应当说明来源。税务机关对境外资料真实性和完整性有疑义的，可以要求企业提供公证机构的证明。

第八条 税务机关实施特别纳税调查时，应当按照法定权限和程序进行，可以采用实地调查、检查纸质或者电子数据资料、调取账簿、询问、查询存款账户或者储蓄存款、发函协查、国际税收信息交换、异地协查等方式，收集能够证明案件事实的证据材料。收集证据材料过程中，可以记录、录音、录像、照相和复制，录音、录像、照相前应当告知被取证方。记录内容应当由两名以上调查人员签字，并经被取证方核实签章确认。被取证方拒绝签章的，税务机关调查人员（两名以上）应当注明。

第九条 以电子数据证明案件事实的，税务机关可以采取以下方式进行取证：

（一）要求提供方将电子数据打印成纸质资料，在纸质资料上注明数据出处、打印场所，并注明“与电子数据核对无误”，由提供方签章；

（二）采用有形载体形式固定电子数据，由调查人员与提供方指定人员一起将电子数据复制到只读存储介质上并封存。在封存包装物上注明电子数据名称、数据来源、制作方法、制作时间、制作人、文件格式及大小等，并注明“与原始载体记载的电子数据核对无误”，由提供方签章。

第十条 税务机关需要将以前年度的账簿、会计凭证、财务会计报告和其他有关资料调回检查的，应当按照税收征管法及其实施细则有关规定，向被调查企业送达《调取账簿资料通知书》，填写《调取账簿资料清单》交其核对后签章确认。调回资料应当妥善保管，并在法定时限内完整退还。

第十一条 税务机关需要采用询问方式收集证据材料的，应当由两名以上调查人员实施询问，并制作《询问（调查）笔录》。

第十二条 需要被调查当事人、证人陈述或者提供证言的，应当事先告知其不如实陈述或者提供虚假证言应当承担的法律责任。被调查当事人、证人可以采取书面或者口头方式陈述或者提供证言，以口头方式陈述或者提供证言的，调查人员可以笔录、录音、录像。笔录应当使用能够长期保持字迹的书写工具书写，也可使用计算机记录并打印，陈述或者证言应当由被调查当事人、证人逐页签章。

陈述或者证言中应当写明被调查当事人、证人的姓名、工作单位、联系方式等基本信息，注明出具日期，并附居民身份证复印件等身份证明材料。

被调查当事人、证人口头提出变更陈述或者证言的，调查人员应当就变更部分重新制作笔录，注明原因，由被调查当事人、证人逐页签章。被调查当事人、证人变更书面陈述或者证言的，不退回原件。

第十三条 税务机关应当结合被调查企业年度关联业务往来报告表和相关资料，对其与关联方的关联关系以及关联交易金额进行确认，填制《关联关系认定表》和《关联交易认定表》，并由被调查企业确认签章。被调查企业拒绝确认的，税务机关调查人员（两名以上）应当注明。

第十四条 被调查企业不提供特别纳税调查相关资料，或者提供虚假、不完整资料的，由税务机关责令限期改正，逾期仍未改正的，税务机关按照税收征管法及其实施细则有关规定进行处理,并依法核定其应纳税所得额。

第十五条 税务机关实施转让定价调查时,应当进行可比性分析,可比性分析一般包括以下五个方面。税务机关可以根据案件情况选择具体分析内容:

(一)交易资产或者劳务特性,包括有形资产的物理特性、质量、数量等;无形资产的类型、交易形式、保护程度、期限、预期收益等;劳务的性质和内容;金融资产的特性、内容、风险管理等;

(二)交易各方执行的功能、承担的风险和使用的资产。功能包括研发、设计、采购、加工、装配、制造、维修、分销、营销、广告、存货管理、物流、仓储、融资、管理、财务、会计、法律及人力资源管理等;风险包括投资风险、研发风险、采购风险、生产风险、市场风险、管理风险及财务风险等;资产包括有形资产、无形资产、金融资产等;

(三)合同条款,包括交易标的、交易数量、交易价格、收付款方式和条件、交货条件、售后服务范围和条件、提供附加劳务的约定、变更或者修改合同内容的权利、合同有效期、终止或者续签合同的权利等。合同条款分析应当关注企业执行合同的能力与行为,以及关联方之间签署合同条款的可信度等;

(四)经济环境,包括行业概况、地理区域、市场规模、市场层级、市场占有率、市场竞争程度、消费者购买力、商品或者劳务可替代性、生产要素价格、运输成本、政府管制,以及成本节约、市场溢价等地域特殊因素;

(五)经营策略,包括创新和开发、多元化经营、协同效应、风险规避及市场占有策略等。

第十六条 税务机关应当在可比性分析的基础上,选择合理的转让定价方法,对企业关联交易进行分析评估。转让定价方法包括可比非受控价格法、再销售价格法、成本加成法、交易净利润法、利润分割法及其他符合独立交易原则的方法。

第十七条 可比非受控价格法以非关联方之间进行的与关联交易相同或者类似业务活动所收取的价格作为关联交易的公平成交价格。可比非受控价格法可以适用于所有类型的关联交易。

可比非受控价格法的可比性分析,应当按照不同交易类型,特别考察关联交易与非关联交易中交易资产或者劳务的特性、合同条款、经济环境和经营策略上的差异:

(一)有形资产使用权或者所有权的转让,包括:

1. 转让过程,包括交易时间与地点、交货条件、交货手续、支付条件、交易数量、售后服务等;

2. 转让环节,包括出厂环节、批发环节、零售环节、出口环节等;

3. 转让环境,包括民族风俗、消费者偏好、政局稳定程度以及财政、税收、外汇政策等;

4. 有形资产的性能、规格、型号、结构、类型、折旧方法等;

5. 提供使用权的时间、期限、地点、费用收取标准等;

6. 资产所有者对资产的投资支出、维修费用等。

(二)金融资产的转让,包括金融资产的实际持有期限、流动性、安全性、收益性。其中,股权转让交易的分析内容包括公司性质、业务结构、资产构成、所属行业、行业周期、经营模式、企业规模、资产配置和使用情况、企业所处经营阶段、成长性、经营风险、财务风险、交易时间、地理区域、股权关系、历史与未来经营情况、商誉、税收利益、流动性、经济趋势、宏观政策、企业收入和成本结构及其他因素；

（三）无形资产使用权或者所有权的转让，包括：

1. 无形资产的类别、用途、适用行业、预期收益；

2. 无形资产的开发投资、转让条件、独占程度、可替代性、受有关国家法律保护的程度及期限、地理位置、使用年限、研发阶段、维护改良及更新的权利、受让成本和费用、功能风险情况、摊销方法以及其他影响其价值发生实质变动的特殊因素等。

（四）资金融通，包括融资的金额、币种、期限、担保、融资人的资信、还款方式、计息方法等；

（五）劳务交易，包括劳务性质、技术要求、专业水准、承担责任、付款条件和方式、直接和间接成本等。

关联交易与非关联交易在以上方面存在重大差异的，应当就该差异对价格的影响进行合理调整，无法合理调整的，应当选择其他合理的转让定价方法。

第十八条　再销售价格法以关联方购进商品再销售给非关联方的价格减去可比非关联交易毛利后的金额作为关联方购进商品的公平成交价格。其计算公式如下：

公平成交价格 = 再销售给非关联方的价格 ×（1 - 可比非关联交易毛利率）

可比非关联交易毛利率 = 可比非关联交易毛利/可比非关联交易收入净额 ×100%

再销售价格法一般适用于再销售者未对商品进行改变外形、性能、结构或者更换商标等实质性增值加工的简单加工或者单纯购销业务。

再销售价格法的可比性分析，应当特别考察关联交易与非关联交易中企业执行的功能、承担的风险、使用的资产和合同条款上的差异，以及影响毛利率的其他因素，具体包括营销、分销、产品保障及服务功能，存货风险，机器、设备的价值及使用年限，无形资产的使用及价值，有价值的营销型无形资产，批发或者零售环节，商业经验，会计处理及管理效率等。

关联交易与非关联交易在以上方面存在重大差异的，应当就该差异对毛利率的影响进行合理调整，无法合理调整的，应当选择其他合理的转让定价方法。

第十九条　成本加成法以关联交易发生的合理成本加上可比非关联交易毛利后的金额作为关联交易的公平成交价格。其计算公式如下：

公平成交价格 = 关联交易发生的合理成本 ×（1 + 可比非关联交易成本加成率）

可比非关联交易成本加成率 = 可比非关联交易毛利/可比非关联交易成本 ×100%

成本加成法一般适用于有形资产使用权或者所有权的转让、资金融通、劳务交易等关联交易。

成本加成法的可比性分析，应当特别考察关联交易与非关联交易中企业执行的功能、承担的风险、使用的资产和合同条款上的差异，以及影响成本加成率的其他因素，具体包括制造、加工、安装及测试功能，市场及汇兑风险，机器、设备的价值及使用年限，无形资产的使用及价值，商业经验，会计处理，生产及管理效率等。

关联交易与非关联交易在以上方面存在重大差异的，应当就该差异对成本加成率的影响进行合理调整，无法合理调整的，应当选择其他合理的转让定价方法。

第二十条　交易净利润法以可比非关联交易的利润指标确定关联交易的利润。利润指标包括息税前利润率、完全成本加成率、资产收益率、贝里比率等。具体计算公式如下：

（一）息税前利润率＝息税前利润/营业收入×100%

（二）完全成本加成率＝息税前利润/完全成本×100%

（三）资产收益率＝息税前利润/［（年初资产总额＋年末资产总额）/2］×100%

（四）贝里比率＝毛利/（营业费用＋管理费用）×100%

利润指标的选取应当反映交易各方执行的功能、承担的风险和使用的资产。利润指标的计算以企业会计处理为基础，必要时可以对指标口径进行合理调整。

交易净利润法一般适用于不拥有重大价值无形资产企业的有形资产使用权或者所有权的转让和受让、无形资产使用权受让以及劳务交易等关联交易。

交易净利润法的可比性分析，应当特别考察关联交易与非关联交易中企业执行的功能、承担的风险和使用的资产，经济环境上的差异，以及影响利润的其他因素，具体包括行业和市场情况，经营规模，经济周期和产品生命周期，收入、成本、费用和资产在各交易间的分配，会计处理及经营管理效率等。

关联交易与非关联交易在以上方面存在重大差异的，应当就该差异对利润的影响进行合理调整，无法合理调整的，应当选择其他合理的转让定价方法。

第二十一条 利润分割法根据企业与其关联方对关联交易合并利润（实际或者预计）的贡献计算各自应当分配的利润额。利润分割法主要包括一般利润分割法和剩余利润分割法。

一般利润分割法通常根据关联交易各方所执行的功能、承担的风险和使用的资产，采用符合独立交易原则的利润分割方式，确定各方应当取得的合理利润；当难以获取可比交易信息但能合理确定合并利润时，可以结合实际情况考虑与价值贡献相关的收入、成本、费用、资产、雇员人数等因素，分析关联交易各方对价值做出的贡献，将利润在各方之间进行分配。

剩余利润分割法将关联交易各方的合并利润减去分配给各方的常规利润后的余额作为剩余利润，再根据各方对剩余利润的贡献程度进行分配。

利润分割法一般适用于企业及其关联方均对利润创造具有独特贡献，业务高度整合且难以单独评估各方交易结果的关联交易。利润分割法的适用应当体现利润应在经济活动发生地和价值创造地征税的基本原则。

利润分割法的可比性分析，应当特别考察关联交易各方执行的功能、承担的风险和使用的资产，收入、成本、费用和资产在各方之间的分配，成本节约、市场溢价等地域特殊因素，以及其他价值贡献因素，确定各方对剩余利润贡献所使用的信息和假设条件的可靠性等。

第二十二条 其他符合独立交易原则的方法包括成本法、市场法和收益法等资产评估方法，以及其他能够反映利润与经济活动发生地和价值创造地相匹配原则的方法。

成本法是以替代或者重置原则为基础，通过在当前市场价格下创造一项相似资产所发生的支出确定评估标的价值的评估方法。成本法适用于能够被替代的资产价值评估。

市场法是利用市场上相同或者相似资产的近期交易价格，经过直接比较或者类比分析以确定评估标的价值的评估方法。市场法适用于在市场上能找到与评估标的相同或者相似的非关联可比交易信息时的资产价值评估。

收益法是通过评估标的未来预期收益现值来确定其价值的评估方法。收益法适用于企业整体资产和可预期未来收益的单项资产评估。

第二十三条 税务机关分析评估被调查企业关联交易时，应当在分析评估交易各方功能风险的基础上，选择功能相对简单的一方作为被测试对象。

第二十四条 税务机关在进行可比性分析时，优先使用公开信息，也可以使用非公开信息。

第二十五条 税务机关分析评估被调查企业关联交易是否符合独立交易原则时，可以根据实际情况选择算术平均法、加权平均法或者四分位法等统计方法，逐年分别或者多年度平均计算可比企业利润或者价格的平均值或者四分位区间。

税务机关应当按照可比利润水平或者可比价格对被调查企业各年度关联交易进行逐年测试调整。

税务机关采用四分位法分析评估企业利润水平时，企业实际利润水平低于可比企业利润率区间中位值的，原则上应当按照不低于中位值进行调整。

第二十六条 税务机关分析评估被调查企业为其关联方提供的来料加工业务，在可比企业不是相同业务模式，且业务模式的差异会对利润水平产生影响的情况下，应当对业务模式的差异进行调整，还原其不作价的来料和设备价值。企业提供真实完整的来料加工产品整体价值链相关资料，能够反映各关联方总体利润水平的，税务机关可以就被调查企业与可比企业因料件还原产生的资金占用差异进行可比性调整，利润水平调整幅度超过10%的，应当重新选择可比企业。

除本条第一款外，对因营运资本占用不同产生的利润差异不作调整。

第二十七条 税务机关分析评估被调查企业关联交易是否符合独立交易原则时，选取的可比企业与被调查企业处于不同经济环境的，应当分析成本节约、市场溢价等地域特殊因素，并选择合理的转让定价方法确定地域特殊因素对利润的贡献。

第二十八条 企业为境外关联方从事来料加工或者进料加工等单一生产业务，或者从事分销、合约研发业务，原则上应当保持合理的利润水平。

上述企业如出现亏损，无论是否达到《国家税务总局关于完善关联申报和同期资料管理有关事项的公告》（国家税务总局公告2016年第42号）中的同期资料准备标准，均应当就亏损年度准备同期资料本地文档。税务机关应当重点审核上述企业的本地文档，加强监控管理。

上述企业承担由于决策失误、开工不足、产品滞销、研发失败等原因造成的应当由关联方承担的风险和损失的，税务机关可以实施特别纳税调整。

第二十九条 税务机关对关联交易进行调查分析时，应当确定企业所获得的收益与其执行的功能或者承担的风险是否匹配。

企业与其关联方之间隐匿关联交易直接或者间接导致国家总体税收收入减少的，税务机关可以通过还原隐匿交易实施特别纳税调整。

企业与其关联方之间抵消关联交易直接或者间接导致国家总体税收收入减少的，税务机关可以通过还原抵消交易实施特别纳税调整。

第三十条　判定企业及其关联方对无形资产价值的贡献程度及相应的收益分配时，应当全面分析企业所属企业集团的全球营运流程，充分考虑各方在无形资产开发、价值提升、维护、保护、应用和推广中的价值贡献，无形资产价值的实现方式，无形资产与集团内其他业务的功能、风险和资产的相互作用。

企业仅拥有无形资产所有权而未对无形资产价值做出贡献的，不应当参与无形资产收益分配。无形资产形成和使用过程中，仅提供资金而未实际执行相关功能和承担相应风险的，应当仅获得合理的资金成本回报。

第三十一条　企业与其关联方转让或者受让无形资产使用权而收取或者支付的特许权使用费，应当根据下列情形适时调整，未适时调整的，税务机关可以实施特别纳税调整：

（一）无形资产价值发生根本性变化；

（二）按照营业常规，非关联方之间的可比交易应当存在特许权使用费调整机制；

（三）无形资产使用过程中，企业及其关联方执行的功能、承担的风险或者使用的资产发生变化；

（四）企业及其关联方对无形资产进行后续开发、价值提升、维护、保护、应用和推广做出贡献而未得到合理补偿。

第三十二条　企业与其关联方转让或者受让无形资产使用权而收取或者支付的特许权使用费，应当与无形资产为企业或者其关联方带来的经济利益相匹配。与经济利益不匹配而减少企业或者其关联方应纳税收入或者所得额的，税务机关可以实施特别纳税调整。未带来经济利益，且不符合独立交易原则的，税务机关可以按照已税前扣除的金额全额实施特别纳税调整。

企业向仅拥有无形资产所有权而未对其价值创造做出贡献的关联方支付特许权使用费，不符合独立交易原则的，税务机关可以按照已税前扣除的金额全额实施特别纳税调整。

第三十三条　企业以融资上市为主要目的在境外成立控股公司或者融资公司，仅因融资上市活动所产生的附带利益向境外关联方支付特许权使用费，不符合独立交易原则的，税务机关可以按照已税前扣除的金额全额实施特别纳税调整。

第三十四条　企业与其关联方发生劳务交易支付或者收取价款不符合独立交易原则而减少企业或者其关联方应纳税收入或者所得额的，税务机关可以实施特别纳税调整。

符合独立交易原则的关联劳务交易应当是受益性劳务交易，并且按照非关联方在相同或者类似情形下的营业常规和公平成交价格进行定价。受益性劳务是指能够为劳务接受方带来直接或者间接经济利益，且非关联方在相同或者类似情形下，愿意购买或者愿意自行实施的劳务活动。

第三十五条　企业向其关联方支付非受益性劳务的价款，税务机关可以按照已税前扣除的金额全额实施特别纳税调整。非受益性劳务主要包括以下情形：

（一）劳务接受方从其关联方接受的，已经购买或者自行实施的劳务活动；

（二）劳务接受方从其关联方接受的，为保障劳务接受方的直接或者间接投资方的投资利益而实施的控制、管理和监督等劳务活动。该劳务活动主要包括：

1. 董事会活动、股东会活动、监事会活动和发行股票等服务于股东的活动；

2. 与劳务接受方的直接或者间接投资方、集团总部和区域总部的经营报告或者财务报告编制及分析有关的活动；

3. 与劳务接受方的直接或者间接投资方、集团总部和区域总部的经营及资本运作有关的筹资活动；

4. 为集团决策、监管、控制、遵从需要所实施的财务、税务、人事、法务等活动；

5. 其他类似情形。

（三）劳务接受方从其关联方接受的，并非针对其具体实施的，只是因附属于企业集团而获得额外收益的劳务活动。该劳务活动主要包括：

1. 为劳务接受方带来资源整合效应和规模效应的法律形式改变、债务重组、股权收购、资产收购、合并、分立等集团重组活动；

2. 由于企业集团信用评级提高，为劳务接受方带来融资成本下降等利益的相关活动；

3. 其他类似情形。

（四）劳务接受方从其关联方接受的，已经在其他关联交易中给予补偿的劳务活动。该劳务活动主要包括：

1. 从特许权使用费支付中给予补偿的与专利权或者非专利技术相关的服务；

2. 从贷款利息支付中给予补偿的与贷款相关的服务；

3. 其他类似情形。

（五）与劳务接受方执行的功能和承担的风险无关，或者不符合劳务接受方经营需要的关联劳务活动；

（六）其他不能为劳务接受方带来直接或者间接经济利益，或者非关联方不愿意购买或者不愿意自行实施的关联劳务活动。

第三十六条 企业接受或者提供的受益性劳务应当充分考虑劳务的具体内容和特性，劳务提供方的功能、风险、成本和费用，劳务接受方的受益情况、市场环境，交易双方的财务状况，以及可比交易的定价情况等因素，按照本办法的有关规定选择合理的转让定价方法，并遵循以下原则：

（一）关联劳务能够分别按照各劳务接受方、劳务项目为核算单位归集相关劳务成本费用的，应当以劳务接受方、劳务项目合理的成本费用为基础，确定交易价格；

（二）关联劳务不能分别按照各劳务接受方、劳务项目为核算单位归集相关劳务成本费用的，应当采用合理标准和比例向各劳务接受方分配，并以分配的成本费用为基础，确定交易价格。分配标准应当根据劳务性质合理确定，可以根据实际情况采用营业收入、营运资产、人员数量、人员工资、设备使用量、数据流量、工作时间以及其他合理指标，分配结果应当与劳务接受方的受益程度相匹配。非受益性劳务的相关成本费用支出不得计入分配基数。

第三十七条 企业向未执行功能、承担风险，无实质性经营活动的境外关联方支付费用，不符合独立交易原则的，税务机关可以按照已税前扣除的金额全额实施特别纳税调整。

第三十八条 实际税负相同的境内关联方之间的交易，只要该交易没有直接或者间接导致国家总体税收收入的减少，原则上不作特别纳税调整。

第三十九条 经调查，税务机关未发现企业存在特别纳税调整问题的，应当作出特别纳税调查结论，并向企业送达《特别纳税调查结论通知书》。

第四十条 经调查,税务机关发现企业存在特别纳税调整问题的,应当按照以下程序实施调整:

(一)在测算、论证、可比性分析的基础上,拟定特别纳税调查调整方案;

(二)根据拟定调整方案与企业协商谈判,双方均应当指定主谈人,调查人员应当做好《协商内容记录》,并由双方主谈人签字确认。企业拒签的,税务机关调查人员(两名以上)应当注明。企业拒绝协商谈判的,税务机关向企业送达《特别纳税调查初步调整通知书》;

(三)协商谈判过程中,企业对拟定调整方案有异议的,应当在税务机关规定的期限内进一步提供相关资料。税务机关收到资料后,应当认真审议,并作出审议结论。根据审议结论,需要进行特别纳税调整的,税务机关应当形成初步调整方案,向企业送达《特别纳税调查初步调整通知书》;

(四)企业收到《特别纳税调查初步调整通知书》后有异议的,应当自收到通知书之日起7日内书面提出。税务机关收到企业意见后,应当再次协商、审议。根据审议结论,需要进行特别纳税调整,并形成最终调整方案的,税务机关应当向企业送达《特别纳税调查调整通知书》;

(五)企业收到《特别纳税调查初步调整通知书》后,在规定期限内未提出异议的,或者提出异议后又拒绝协商的,或者虽提出异议但经税务机关审议后不予采纳的,税务机关应当以初步调整方案作为最终调整方案,向企业送达《特别纳税调查调整通知书》。

第四十一条 企业收到《特别纳税调查调整通知书》后有异议的,可以在依照《特别纳税调查调整通知书》缴纳或者解缴税款、利息、滞纳金或者提供相应的担保后,依法申请行政复议。

企业收到国家税务局送达的《特别纳税调查调整通知书》后有异议的,向其上一级国家税务局申请行政复议;企业收到地方税务局送达的《特别纳税调查调整通知书》后有异议的,可以选择向其上一级地方税务局或者本级人民政府申请行政复议。

对行政复议决定不服的,可以依法向人民法院提起行政诉讼。

第四十二条 税务机关对企业实施特别纳税调整,涉及企业向境外关联方支付利息、租金、特许权使用费的,除另有规定外,不调整已扣缴的税款。

第四十三条 企业可以在《特别纳税调查调整通知书》送达前自行缴纳税款。企业自行缴纳税款的,应当填报《特别纳税调整自行缴纳税款表》。

第四十四条 税务机关对企业实施特别纳税调整的,应当根据企业所得税法及其实施条例的有关规定对2008年1月1日以后发生交易补征的企业所得税按日加收利息。

特别纳税调查调整补缴的税款,应当按照应补缴税款所属年度的先后顺序确定补缴税款的所属年度,以入库日为截止日,分别计算应加收的利息额:

(一)企业在《特别纳税调查调整通知书》送达前缴纳或者送达后补缴税款的,应当自税款所属纳税年度的次年6月1日起至缴纳或者补缴税款之日止计算加收利息。企业超过《特别纳税调查调整通知书》补缴税款期限仍未缴纳税款的,应当自补缴税款期限届满次日起按照税收征管法及其实施细则的有关规定加收滞纳金,在加收滞纳金期间不再加收利息;

(二)利息率按照税款所属纳税年度12月31日公布的与补税期间同期的中国人民银

行人民币贷款基准利率(以下简称基准利率)加5个百分点计算,并按照一年365天折算日利息率;

(三)企业按照有关规定提供同期资料及有关资料的,或者按照有关规定不需要准备同期资料但根据税务机关要求提供其他相关资料的,可以只按照基准利率加收利息。

经税务机关调查,企业实际关联交易额达到准备同期资料标准,但未按照规定向税务机关提供同期资料的,税务机关补征税款加收利息,适用本条第二款第二项规定。

第四十五条 企业自行调整补税且主动提供同期资料等有关资料,或者按照有关规定不需要准备同期资料但根据税务机关要求提供其他相关资料的,其2008年1月1日以后发生交易的自行调整补税按照基准利率加收利息。

第四十六条 被调查企业在税务机关实施特别纳税调查调整期间申请变更经营地址或者注销税务登记的,税务机关在调查结案前原则上不予办理税务变更、注销手续。

第四十七条 根据我国对外签署的税收协定的有关规定,国家税务总局可以依据企业申请或者税收协定缔约对方税务主管当局请求启动相互协商程序,与税收协定缔约对方税务主管当局开展协商谈判,避免或者消除由特别纳税调整事项引起的国际重复征税。

相互协商内容包括:

(一)双边或者多边预约定价安排的谈签;

(二)税收协定缔约一方实施特别纳税调查调整引起另一方相应调整的协商谈判。

第四十八条 企业申请启动相互协商程序的,应当在税收协定规定期限内,向国家税务总局书面提交《启动特别纳税调整相互协商程序申请表》和特别纳税调整事项的有关说明。企业当面报送上述资料的,以报送日期为申请日期;邮寄报送的,以国家税务总局收到上述资料的日期为申请日期。

国家税务总局收到企业提交的上述资料后,认为符合税收协定有关规定的,可以启动相互协商程序;认为资料不全的,可以要求企业补充提供资料。

第四十九条 税收协定缔约对方税务主管当局请求启动相互协商程序的,国家税务总局收到正式来函后,认为符合税收协定有关规定的,可以启动相互协商程序。

国家税务总局认为税收协定缔约对方税务主管当局提供的资料不完整、事实不清晰的,可以要求对方补充提供资料,或者通过主管税务机关要求涉及的境内企业协助核实。

第五十条 国家税务总局决定启动相互协商程序的,应当书面通知省税务机关,并告知税收协定缔约对方税务主管当局。负责特别纳税调整事项的主管税务机关应当在收到书面通知后15个工作日内,向企业送达启动相互协商程序的《税务事项通知书》。

第五十一条 在相互协商过程中,税务机关可以要求企业进一步补充提供资料,企业应当在规定的时限内提交。

第五十二条 有下列情形之一的,国家税务总局可以拒绝企业申请或者税收协定缔约对方税务主管当局启动相互协商程序的请求:

(一)企业或者其关联方不属于税收协定任一缔约方的税收居民;

(二)申请或者请求不属于特别纳税调整事项;

(三)申请或者请求明显缺乏事实或者法律依据;

(四)申请不符合税收协定有关规定;

（五）特别纳税调整案件尚未结案或者虽然已经结案但是企业尚未缴纳应纳税款。

第五十三条 有下列情形之一的，国家税务总局可以暂停相互协商程序：

（一）企业申请暂停相互协商程序；

（二）税收协定缔约对方税务主管当局请求暂停相互协商程序；

（三）申请必须以另一被调查企业的调查调整结果为依据，而另一被调查企业尚未结束调查调整程序；

（四）其他导致相互协商程序暂停的情形。

第五十四条 有下列情形之一的，国家税务总局可以终止相互协商程序：

（一）企业或者其关联方不提供与案件有关的必要资料，或者提供虚假、不完整资料，或者存在其他不配合的情形；

（二）企业申请撤回或者终止相互协商程序；

（三）税收协定缔约对方税务主管当局撤回或者终止相互协商程序；

（四）其他导致相互协商程序终止的情形。

第五十五条 国家税务总局决定暂停或者终止相互协商程序的，应当书面通知省税务机关。负责特别纳税调整事项的主管税务机关应当在收到书面通知后15个工作日内，向企业送达暂停或者终止相互协商程序的《税务事项通知书》。

第五十六条 国家税务总局与税收协定缔约对方税务主管当局签署相互协商协议后，应当书面通知省税务机关，附送相互协商协议。负责特别纳税调整事项的主管税务机关应当在收到书面通知后15个工作日内，向企业送达《税务事项通知书》，附送相互协商协议。需要补（退）税的，应当附送《特别纳税调整相互协商协议补（退）税款通知书》或者《预约定价安排补（退）税款通知书》，并监控执行补（退）税款情况。

应纳税收入或者所得额以外币计算的，应当按照相互协商协议送达企业之日上月最后一日人民币汇率中间价折合成人民币，计算应补缴或者应退还的税款。

补缴税款应当加收利息的，按照《中华人民共和国企业所得税法实施条例》第一百二十二条规定的人民币贷款基准利率执行。

第五十七条 各级税务机关应当对税收协定缔约对方税务主管当局、企业或者其扣缴义务人、代理人等在相互协商中提供的有关资料保密。

第五十八条 企业或者其扣缴义务人、代理人等在相互协商中弄虚作假，或者有其他违法行为的，税务机关应当按照税收征管法及其实施细则的有关规定处理。

第五十九条 企业按照本办法规定向国家税务总局提起相互协商申请的，提交的资料应当同时采用中文和英文文本，企业向税收协定缔约双方税务主管当局提交资料内容应当保持一致。

第六十条 涉及税收协定条款解释或者执行的相互协商程序，按照《国家税务总局关于发布〈税收协定相互协商程序实施办法〉的公告》（国家税务总局公告2013年第56号）的有关规定执行。

第六十一条 本办法施行前已受理但尚未达成一致的相互协商案件，适用本办法的规定。

第六十二条 本办法自2017年5月1日起施行。《特别纳税调整实施办法（试行）》

(国税发〔2009〕2号文件印发)第四章、第五章、第十一章和第十二章、《国家税务总局关于加强转让定价跟踪管理有关问题的通知》(国税函〔2009〕188号)、《国家税务总局关于强化跨境关联交易监控和调查的通知》(国税函〔2009〕363号)、《国家税务总局关于特别纳税调整监控管理有关问题的公告》(国家税务总局公告2014年第54号)、《国家税务总局关于企业向境外关联方支付费用有关企业所得税问题的公告》(国家税务总局公告2015年第16号)同时废止。

注释:

条款失效废止。第四十一条第二款失效废止。参见:《国家税务总局关于公布全文失效废止和部分条款失效废止的税收规范性文件目录的公告》(国家税务总局公告2018年第33号)。

2-1-184

国家税务总局关于为纳税人提供企业所得税税收政策风险提示服务有关问题的公告

2017年4月18日 国家税务总局公告2017年第10号

为创新纳税服务方式,持续推进税务机关"放管服"改革,税务总局决定为纳税人提供企业所得税汇算清缴税收政策风险提示服务(以下简称"税收政策风险提示服务"),现就有关事项公告如下:

一、税收政策风险提示服务是指纳税人进行企业所得税汇算清缴时,税务机关在纳税人正式申报纳税前,依据现行税收法律法规及相关管理规定,利用税务登记信息、纳税申报信息、财务会计信息、备案资料信息、第三方涉税信息等内在规律和联系,依托现代技术手段,就税款计算的逻辑性、申报数据的合理性、税收与财务指标关联性等,提供风险提示服务。目的是帮助纳税人提高税收遵从度,减少纳税风险。

二、税收政策风险提示服务对象为查账征收,且通过互联网进行纳税申报的居民企业纳税人。

三、税收政策风险提示服务流程:

(一)纳税人在互联网上填报完成《中华人民共和国企业所得税年度纳税申报表》(A类,2014年版)后,选择"风险提示服务",系统即对纳税人提交的申报表数据和信息进行风险扫描,并在很短时间内将风险提示信息推送给纳税人;

(二)针对系统推送的风险提示信息,由纳税人自愿选择是否修正,可以自行确定是否调整、修改、补充数据或信息,也可以直接进入纳税申报程序;

(三)纳税人完成风险提示信息修正后,可以再次选择"风险提示服务",查看是否已经处理风险提示问题,也可以直接进入纳税申报程序。

四、有关说明

（一）税收政策风险提示服务不改变纳税人依法自行计算申报缴纳税额、享受法定权益、承担法律责任的权利和义务。

（二）税收政策风险提示服务是税务机关为纳税人提供的一项纳税服务，纳税人可以根据自身经营情况，自愿选择风险提示服务，自行决定风险修正。

（三）税收政策风险提示服务是在纳税人正式申报纳税前进行的，需要纳税人提前一天将本企业的财务报表、企业所得税优惠事项备案表等信息，通过互联网报送至税务机关。纳税人之前已经完成以上信息报送的，无需重复报送。

五、本公告自发布之日起施行。本公告发布实施前，纳税人已经完成2016年度企业所得税汇算清缴申报纳税的，系统将不再提供税收政策风险提示服务。

特此公告。

2－1－185

科技部　财政部　国家税务总局关于进一步做好企业研发费用加计扣除政策落实工作的通知

2017年7月21日　国科发政〔2017〕211号

各省、自治区、直辖市和计划单列市科技厅（委、局）、财政厅（局）、国家税务局、地方税务局，新疆生产建设兵团科技局、财务局：

为贯彻落实国务院关于“简政放权、放管结合、优化服务”要求，强化政策服务，降低纳税人风险，增强企业获得感，根据《关于完善研究开发费用税前加计扣除政策的通知》（财税〔2015〕119号）的有关规定，现就进一步做好企业研发费用加计扣除政策落实工作通知如下：

一、建立协同工作机制

地方各级人民政府科技、财政和税务主管部门要建立工作协调机制，加强工作衔接，形成工作合力。要切实加强对企业的事前事中事后管理和服务，以多种形式开展政策宣讲，引导企业规范研发项目管理和费用归集，确保政策落实、落细、落地。

二、事中异议项目鉴定

1. 税务部门对企业享受加计扣除优惠的研发项目有异议的，应及时通过县（区）级科技部门将项目资料送地市级（含）以上科技部门进行鉴定；由省直接管理的县/市，可直接由县级科技部门进行鉴定（以下统称“鉴定部门”）。

2. 鉴定部门在收到税务部门的鉴定需求后，应及时组织专家进行鉴定，并在规定时间内通过原渠道将鉴定意见反馈税务部门。鉴定时，应由3名以上相关领域的产业、技术、管理等专家参加。

3. 税务部门对鉴定部门的鉴定意见有异议的，可转请省级人民政府科技行政管理部门出具鉴定意见。

4. 对企业承担的省部级(含)以上科研项目,以及以前年度已鉴定的跨年度研发项目,税务部门不再要求进行鉴定。

三、事后核查异议项目鉴定

税务部门在对企业享受的研发费用加计扣除优惠开展事后核查中,对企业研发项目有异议的,可按照本通知第二条的规定送科技部门鉴定。

四、有关要求

1. 开展企业研发项目鉴定,不得向企业收取任何费用,所需要的工作经费应纳入部门经费预算给予保障。

2. 有条件的地方可建立信息化服务平台,为企业提供自我评价、材料提交、工作流转与信息传递等服务,提高工作效率,降低企业成本。

3. 各地方可根据本通知精神,制定实施细则,进一步明确职责分工、工作程序、办理时限等。

各地方在落实企业研发费用加计扣除政策过程中出现的问题以及意见和建议,要及时报科技部政策法规与监督司、财政部税政司和税务总局所得税司。

2 -1 -186

国家税务总局　科技部关于加强企业研发费用税前加计扣除政策贯彻落实工作的通知

2017 年 9 月 18 日　税总发〔2017〕106 号

各省、自治区、直辖市和计划单列市国家税务局、地方税务局、科技厅(委、局),新疆生产建设兵团科技局:

为进一步推进简政放权、放管结合、优化服务改革,积极为企业减负增效,增强企业技术创新动力,结合《财政部　国家税务总局　科技部关于完善研究开发费用税前加计扣除政策的通知》(财税〔2015〕119 号)、《财政部　税务总局　科技部关于提高科技型中小企业研究开发费用税前加计扣除比例的通知》(财税〔2017〕34 号)、《科技部　财政部　国家税务总局关于印发〈科技型中小企业评价办法〉的通知》(国科发政〔2017〕115 号)以及《科技部　财政部　国家税务总局关于进一步做好企业研发费用加计扣除政策落实工作的通知》(国科发政〔2017〕211 号)规定,现就加强企业研发费用税前加计扣除政策贯彻落实工作通知如下:

一、提高思想认识,加强组织领导。各级税务部门和科技部门应提高思想认识,站在贯彻落实创新驱动发展战略、深化供给侧结构性改革、促进新旧动能转换的高度,通过落实好研发费用税前加计扣除政策,积极主动谋创新、促发展。要把落实好研发费用税前加计扣除政策作为本单位的一项重要工作,加强组织领导,增强服务观念,精心谋划部署,夯实管理责任,依据相关政策及管理规定,强化有关事项的事前、事中、事后管理和服务,积极、稳妥地做好研发费用税前加计扣除政策的贯彻落实工作。要将研发费用税前加计扣除等创新支持政策落实情况作为对各级税务和科技部门绩效考核的重要内容。

二、强化合作意识,完善合作机制。各级税务部门和科技部门要紧密配合,建立和完善研发费用税前加计扣除政策部门间的联合工作机制。就涉及企业切身利益的研发项目鉴定问题,包括事中异议项目鉴定以及事后核查异议项目鉴定,统一政策口径,明确专门协调机制,制定异议研发项目鉴定实施细则,规范办理流程。

三、简化管理方式,优化操作流程。各级税务部门和科技部门要简化管理方式,优化操作流程,确保政策落地。优化委托研发与合作研发项目合同登记管理方式,坚持"实质重于形式"的原则。凡研发项目合同具备技术合同登记的实质性要素,仅在形式上与技术合同示范文本存在差异的,也应予以登记,不得要求企业重新按照技术合同示范文本进行修改报送。

四、加大宣传力度,实现"应知尽知"。各地要充分利用官方网站、微信、微博、APP 等方式开展多维度、多渠道的宣传,提醒纳税人及时申报享受研发费用税前加计扣除政策。税务部门和科技部门要联合开展宣传活动,精准锁定政策受惠企业群体,通过开展"键对键"的网上沟通,"面对面"的精准辅导,印发宣传资料等多种方式,扩大宣传辅导覆盖面,方便企业及时了解政策和管理要求。在宣传辅导工作中,要规范政策解答,及时为企业答疑解惑。

五、加强政策辅导,确保"应享尽享"。各级税务部门和科技部门要通过各种方式为企业提供研发项目管理和研发费用归集等政策辅导,切实加大政策落实力度。对尚处于亏损期的企业,进一步加大宣传及服务力度,引导企业及时办理税务备案等相关手续。要督促广大科技型中小企业按照《科技型中小企业评价办法》(国科发政〔2017〕115 号文件印发)规定,到"全国科技型中小企业信息服务平台"进行自主评价和登记,及时取得登记编号,确保纳税人政策落实"应享尽享"。

六、强化督导检查,确保落地见效。各省税务部门和科技部门要开展联合督导检查,加大对政策落实的督导力度,密切跟踪政策执行情况,随时收集基层和纳税人政策落实情况的反馈和工作建议,并加强部门间的信息沟通,确保优惠政策落地见效。税务总局和科技部将视情况适时联合开展督导检查。

2－1－187

国家税务总局关于研发费用税前加计扣除归集范围有关问题的公告

2017 年 11 月 8 日　国家税务总局公告 2017 年第 40 号

为进一步做好研发费用税前加计扣除优惠政策的贯彻落实工作,切实解决政策落实过程中存在的问题,根据《财政部　国家税务总局　科技部关于完善研究开发费用税前加计扣除政策的通知》(财税〔2015〕119 号)及《国家税务总局关于企业研究开发费用税前加计扣除政策有关问题的公告》(国家税务总局公告 2015 年第 97 号)等文件的规定,现就研发费用税前加计扣除归集范围有关问题公告如下:

一、人员人工费用

指直接从事研发活动人员的工资薪金、基本养老保险费、基本医疗保险费、失业保险费、工伤保险费、生育保险费和住房公积金,以及外聘研发人员的劳务费用。

(一)直接从事研发活动人员包括研究人员、技术人员、辅助人员。研究人员是指主要从事研究开发项目的专业人员;技术人员是指具有工程技术、自然科学和生命科学中一个或一个以上领域的技术知识和经验,在研究人员指导下参与研发工作的人员;辅助人员是指参与研究开发活动的技工。外聘研发人员是指与本企业或劳务派遣企业签订劳务用工协议(合同)和临时聘用的研究人员、技术人员、辅助人员。

接受劳务派遣的企业按照协议(合同)约定支付给劳务派遣企业,且由劳务派遣企业实际支付给外聘研发人员的工资薪金等费用,属于外聘研发人员的劳务费用。

(二)工资薪金包括按规定可以在税前扣除的对研发人员股权激励的支出。

(三)直接从事研发活动的人员、外聘研发人员同时从事非研发活动的,企业应对其人员活动情况做必要记录,并将其实际发生的相关费用按实际工时占比等合理方法在研发费用和生产经营费用间分配,未分配的不得加计扣除。

二、直接投入费用

指研发活动直接消耗的材料、燃料和动力费用;用于中间试验和产品试制的模具、工艺装备开发及制造费,不构成固定资产的样品、样机及一般测试手段购置费,试制产品的检验费;用于研发活动的仪器、设备的运行维护、调整、检验、维修等费用,以及通过经营租赁方式租入的用于研发活动的仪器、设备租赁费。

(一)以经营租赁方式租入的用于研发活动的仪器、设备,同时用于非研发活动的,企业应对其仪器设备使用情况做必要记录,并将其实际发生的租赁费按实际工时占比等合理方法在研发费用和生产经营费用间分配,未分配的不得加计扣除。

(二)企业研发活动直接形成产品或作为组成部分形成的产品对外销售的,研发费用中对应的材料费用不得加计扣除。

产品销售与对应的材料费用发生在不同纳税年度且材料费用已计入研发费用的,可在销售当年以对应的材料费用发生额直接冲减当年的研发费用,不足冲减的,结转以后年度继续冲减。

三、折旧费用

指用于研发活动的仪器、设备的折旧费。

(一)用于研发活动的仪器、设备,同时用于非研发活动的,企业应对其仪器设备使用情况做必要记录,并将其实际发生的折旧费按实际工时占比等合理方法在研发费用和生产经营费用间分配,未分配的不得加计扣除。

(二)企业用于研发活动的仪器、设备,符合税法规定且选择加速折旧优惠政策的,在享受研发费用税前加计扣除政策时,就税前扣除的折旧部分计算加计扣除。

四、无形资产摊销费用

指用于研发活动的软件、专利权、非专利技术(包括许可证、专有技术、设计和计算方法等)的摊销费用。

(一)用于研发活动的无形资产,同时用于非研发活动的,企业应对其无形资产使用情况做必要记录,并将其实际发生的摊销费按实际工时占比等合理方法在研发费用和生产经营费用间分配,未分配的不得加计扣除。

(二)用于研发活动的无形资产,符合税法规定且选择缩短摊销年限的,在享受研发费用税前加计扣除政策时,就税前扣除的摊销部分计算加计扣除。

五、新产品设计费、新工艺规程制定费、新药研制的临床试验费、勘探开发技术的现场试验费

指企业在新产品设计、新工艺规程制定、新药研制的临床试验、勘探开发技术的现场试验过程中发生的与开展该项活动有关的各类费用。

六、其他相关费用

指与研发活动直接相关的其他费用,如技术图书资料费、资料翻译费、专家咨询费、高新科技研发保险费,研发成果的检索、分析、评议、论证、鉴定、评审、评估、验收费用,知识产权的申请费、注册费、代理费,差旅费、会议费,职工福利费、补充养老保险费、补充医疗保险费。

此类费用总额不得超过可加计扣除研发费用总额的10%。

七、其他事项

(一)企业取得的政府补助,会计处理时采用直接冲减研发费用方法且税务处理时未将其确认为应税收入的,应按冲减后的余额计算加计扣除金额。

(二)企业取得研发过程中形成的下脚料、残次品、中间试制品等特殊收入,在计算确认收入当年的加计扣除研发费用时,应从已归集研发费用中扣减该特殊收入,不足扣减的,加计扣除研发费用按零计算。

(三)企业开展研发活动中实际发生的研发费用形成无形资产的,其资本化的时点与会计处理保持一致。

(四)失败的研发活动所发生的研发费用可享受税前加计扣除政策。

(五)国家税务总局公告2015年第97号第三条所称"研发活动发生费用"是指委托方实际支付给受托方的费用。无论委托方是否享受研发费用税前加计扣除政策,受托方均不得加计扣除。

委托方委托关联方开展研发活动的,受托方需向委托方提供研发过程中实际发生的研发项目费用支出明细情况。

八、执行时间和适用对象

本公告适用于2017年度及以后年度汇算清缴。以前年度已经进行税务处理的不再调整。涉及追溯享受优惠政策情形的,按照本公告的规定执行。科技型中小企业研发费用加计扣除事项按照本公告执行。

国家税务总局公告2015年第97号第一条、第二条第(一)项、第二条第(二)项、第二条第(四)项同时废止。

2－1－188

财政部　税务总局关于完善企业境外所得税收抵免政策问题的通知

2017 年 12 月 28 日　财税〔2017〕84 号

各省、自治区、直辖市、计划单列市财政厅(局)、国家税务局、地方税务局，新疆生产建设兵团财务局：

根据《中华人民共和国企业所得税法》及其实施条例和《财政部　国家税务总局关于企业境外所得税收抵免有关问题的通知》(财税〔2009〕125 号)的有关规定，现就完善我国企业境外所得税收抵免政策问题通知如下：

一、企业可以选择按国(地区)别分别计算(即“分国(地区)不分项”)，或者不按国(地区)别汇总计算(即“不分国(地区)不分项”)其来源于境外的应纳税所得额，并按照财税〔2009〕125 号文件第八条规定的税率，分别计算其可抵免境外所得税税额和抵免限额。上述方式一经选择，5 年内不得改变。

企业选择采用不同于以前年度的方式(以下简称新方式)计算可抵免境外所得税税额和抵免限额时，对该企业以前年度按照财税〔2009〕125 号文件规定没有抵免完的余额，可在税法规定结转的剩余年限内，按新方式计算的抵免限额中继续结转抵免。

二、企业在境外取得的股息所得，在按规定计算该企业境外股息所得的可抵免所得税额和抵免限额时，由该企业直接或者间接持有 20% 以上股份的外国企业，限于按照财税〔2009〕125 号文件第六条规定的持股方式确定的五层外国企业，即：

第一层：企业直接持有 20% 以上股份的外国企业；

第二层至第五层：单一上一层外国企业直接持有 20% 以上股份，且由该企业直接持有或通过一个或多个符合财税〔2009〕125 号文件第六条规定持股方式的外国企业间接持有总和达到 20% 以上股份的外国企业。

三、企业境外所得税收抵免的其他事项，按照财税〔2009〕125 号文件的有关规定执行。

四、本通知自 2017 年 1 月 1 日起执行。

2－1－189

国家税务总局关于发布《中华人民共和国企业所得税年度纳税申报表（A类,2017年版）》的公告

2017年12月29日　国家税务总局公告2017年第54号

为贯彻落实《中华人民共和国企业所得税法》及有关政策,现将《中华人民共和国企业所得税年度纳税申报表(A类,2017年版)》予以发布,适用于2017年度及以后年度企业所得税汇算清缴纳税申报。《国家税务总局关于发布〈中华人民共和国企业所得税年度纳税申报表(A类,2014年版)〉的公告》(国家税务总局公告2014年第63号)、《国家税务总局关于修改企业所得税年度纳税申报表(A类,2014年版)部分申报表的公告》(国家税务总局公告2016年第3号)同时废止。

特此公告。

附件:《中华人民共和国企业所得税年度纳税申报表(A类,2017年版)》(编者略)

注释:

条款废止。相关表单和填报说明废止。参见:《国家税务总局关于企业所得税年度纳税申报有关事项的公告》(国家税务总局公告2022年第27号)。

条款废止。相关表单和填报说明废止。参见:《国家税务总局关于企业所得税年度汇算清缴有关事项的公告》(国家税务总局公告2021年第34号)。

条款废止。相关表单和填报说明废止。参见:《国家税务总局关于修订企业所得税年度纳税申报表的公告》(国家税务总局公告2020年第24号)。

条款废止。相关表单和填报说明废止。参见:《国家税务总局关于修订企业所得税年度纳税申报表有关问题的公告》(国家税务总局公告2019年第41号)。

条款废止。相关表单及填报说明废止。参见:《国家税务总局关于修订〈中华人民共和国企业所得税年度纳税申报表(A类,2017年版)〉部分表单样式及填报说明的公告》(国家税务总局公告2018年第57号)。

2 -1 -190

财政部　税务总局关于非营利组织免税资格认定管理有关问题的通知

2018 年 2 月 7 日　财税〔2018〕13 号

各省、自治区、直辖市、计划单列市财政厅(局)、国家税务局、地方税务局,新疆生产建设兵团财政局:

根据《中华人民共和国企业所得税法》第二十六条及《中华人民共和国企业所得税法实施条例》第八十四条的规定,现对非营利组织免税资格认定管理有关问题明确如下:

一、依据本通知认定的符合条件的非营利组织,必须同时满足以下条件:

(一)依照国家有关法律法规设立或登记的事业单位、社会团体、基金会、社会服务机构、宗教活动场所、宗教院校以及财政部、税务总局认定的其他非营利组织;

(二)从事公益性或者非营利性活动;

(三)取得的收入除用于与该组织有关的、合理的支出外,全部用于登记核定或者章程规定的公益性或者非营利性事业;

(四)财产及其孳息不用于分配,但不包括合理的工资薪金支出;

(五)按照登记核定或者章程规定,该组织注销后的剩余财产用于公益性或者非营利性目的,或者由登记管理机关采取转赠给与该组织性质、宗旨相同的组织等处置方式,并向社会公告;

(六)投入人对投入该组织的财产不保留或者享有任何财产权利,本款所称投入人是指除各级人民政府及其部门外的法人、自然人和其他组织;

(七)工作人员工资福利开支控制在规定的比例内,不变相分配该组织的财产,其中:工作人员平均工资薪金水平不得超过税务登记所在地的地市级(含地市级)以上地区的同行业同类组织平均工资水平的两倍,工作人员福利按照国家有关规定执行;

(八)对取得的应纳税收入及其有关的成本、费用、损失应与免税收入及其有关的成本、费用、损失分别核算。

二、经省级(含省级)以上登记管理机关批准设立或登记的非营利组织,凡符合规定条件的,应向其所在地省级税务主管机关提出免税资格申请,并提供本通知规定的相关材料;经地市级或县级登记管理机关批准设立或登记的非营利组织,凡符合规定条件的,分别向其所在地的地市级或县级税务主管机关提出免税资格申请,并提供本通知规定的相关材料。

财政、税务部门按照上述管理权限,对非营利组织享受免税的资格联合进行审核确认,并定期予以公布。

三、申请享受免税资格的非营利组织,需报送以下材料:

(一)申请报告;

（二）事业单位、社会团体、基金会、社会服务机构的组织章程或宗教活动场所、宗教院校的管理制度；

（三）非营利组织注册登记证件的复印件；

（四）上一年度的资金来源及使用情况、公益活动和非营利活动的明细情况；

（五）上一年度的工资薪金情况专项报告，包括薪酬制度、工作人员整体平均工资薪金水平、工资福利占总支出比例、重要人员工资薪金信息（至少包括工资薪金水平排名前10的人员）；

（六）具有资质的中介机构鉴证的上一年度财务报表和审计报告；

（七）登记管理机关出具的事业单位、社会团体、基金会、社会服务机构、宗教活动场所、宗教院校上一年度符合相关法律法规和国家政策的事业发展情况或非营利活动的材料；

（八）财政、税务部门要求提供的其他材料。

当年新设立或登记的非营利组织需提供本条第（一）项至第（三）项规定的材料及本条第（四）项、第（五）项规定的申请当年的材料，不需提供本条第（六）项、第（七）项规定的材料。

四、非营利组织免税优惠资格的有效期为五年。非营利组织应在免税优惠资格期满后六个月内提出复审申请，不提出复审申请或复审不合格的，其享受免税优惠的资格到期自动失效。

非营利组织免税资格复审，按照初次申请免税优惠资格的规定办理。

五、非营利组织必须按照《中华人民共和国税收征收管理法》及《中华人民共和国税收征收管理法实施细则》等有关规定，办理税务登记，按期进行纳税申报。取得免税资格的非营利组织应按照规定向主管税务机关办理免税手续，免税条件发生变化的，应当自发生变化之日起十五日内向主管税务机关报告；不再符合免税条件的，应当依法履行纳税义务；未依法纳税的，主管税务机关应当予以追缴。取得免税资格的非营利组织注销时，剩余财产处置违反本通知第一条第五项规定的，主管税务机关应追缴其应纳企业所得税款。

有关部门在日常管理过程中，发现非营利组织享受优惠年度不符合本通知规定的免税条件的，应提请核准该非营利组织免税资格的财政、税务部门，由其进行复核。

核准非营利组织免税资格的财政、税务部门根据本通知规定的管理权限，对非营利组织的免税优惠资格进行复核，复核不合格的，相应年度不得享受税收优惠政策。

六、已认定的享受免税优惠政策的非营利组织有下述情形之一的，应自该情形发生年度起取消其资格：

（一）登记管理机关在后续管理中发现非营利组织不符合相关法律法规和国家政策的；

（二）在申请认定过程中提供虚假信息的；

（三）纳税信用等级为税务部门评定的C级或D级的；

（四）通过关联交易或非关联交易和服务活动，变相转移、隐匿、分配该组织财产的；

（五）被登记管理机关列入严重违法失信名单的；

（六）从事非法政治活动的。

因上述第（一）项至第（五）项规定的情形被取消免税优惠资格的非营利组织，财政、税务部门自其被取消资格的次年起一年内不再受理该组织的认定申请；因上述第（六）项规定的情形被取消免税优惠资格的非营利组织，财政、税务部门将不再受理该组织的认定申请。

被取消免税优惠资格的非营利组织，应当依法履行纳税义务；未依法纳税的，主管税务机关应当自其存在取消免税优惠资格情形的当年起予以追缴。

七、各级财政、税务部门及其工作人员在认定非营利组织免税资格工作中，存在违法违纪行为的，按照《公务员法》、《行政监察法》等国家有关规定追究相应责任；涉嫌犯罪的，移送司法机关处理。

八、本通知自2018年1月1日起执行。《财政部　国家税务总局关于非营利组织免税资格认定管理有关问题的通知》（财税〔2014〕13号）同时废止。

2－1－191

财政部　税务总局关于公益性捐赠支出企业所得税税前结转扣除有关政策的通知

2018年2月11日　财税〔2018〕15号

各省、自治区、直辖市、计划单列市财政厅（局）、国家税务局、地方税务局，新疆生产建设兵团财政局：

根据《中华人民共和国企业所得税法》和《中华人民共和国企业所得税法实施条例》的有关规定，现就公益性捐赠支出企业所得税税前结转扣除有关政策通知如下：

一、企业通过公益性社会组织或者县级（含县级）以上人民政府及其组成部门和直属机构，用于慈善活动、公益事业的捐赠支出，在年度利润总额12%以内的部分，准予在计算应纳税所得额时扣除；超过年度利润总额12%的部分，准予结转以后三年内在计算应纳税所得额时扣除。

本条所称公益性社会组织，应当依法取得公益性捐赠税前扣除资格。

本条所称年度利润总额，是指企业依照国家统一会计制度的规定计算的大于零的数额。

二、企业当年发生及以前年度结转的公益性捐赠支出，准予在当年税前扣除的部分，不能超过企业当年年度利润总额的12%。

三、企业发生的公益性捐赠支出未在当年税前扣除的部分，准予向以后年度结转扣除，但结转年限自捐赠发生年度的次年起计算最长不得超过三年。

四、企业在对公益性捐赠支出计算扣除时，应先扣除以前年度结转的捐赠支出，再扣除当年发生的捐赠支出。

五、本通知自2017年1月1日起执行。2016年9月1日至2016年12月31日发生的公益性捐赠支出未在2016年税前扣除的部分，可按本通知执行。

2 -1 -192

国家税务总局关于企业所得税资产损失资料留存备查有关事项的公告

2018 年 4 月 10 日　国家税务总局公告 2018 年第 15 号

为了进一步深化税务系统“放管服”改革，简化企业纳税申报资料报送，减轻企业办税负担，现就企业所得税资产损失资料留存备查有关事项公告如下：

一、企业向税务机关申报扣除资产损失，仅需填报企业所得税年度纳税申报表《资产损失税前扣除及纳税调整明细表》，不再报送资产损失相关资料。相关资料由企业留存备查。

二、企业应当完整保存资产损失相关资料，保证资料的真实性、合法性。

三、本公告规定适用于 2017 年度及以后年度企业所得税汇算清缴。《国家税务总局关于发布〈企业资产损失所得税税前扣除管理办法〉的公告》（国家税务总局公告 2011 年第 25 号）第四条、第七条、第八条、第十三条有关资产损失证据资料、会计核算资料、纳税资料等相关资料报送的内容同时废止。

特此公告。

2 -1 -193

国家税务总局关于发布修订后的《企业所得税优惠政策事项办理办法》的公告

2018 年 4 月 25 日　国家税务总局公告 2018 年第 23 号

为优化税收环境，有效落实企业所得税各项优惠政策，根据《国家税务总局关于进一步深化税务系统“放管服”改革　优化税收环境的若干意见》（税总发〔2017〕101 号）有关精神，现将修订后的《企业所得税优惠政策事项办理办法》予以发布。

特此公告。

附件：企业所得税优惠事项管理目录（2017 年版）（编者略）

企业所得税优惠政策事项办理办法

第一条　为落实国务院简政放权、放管结合、优化服务要求，规范企业所得税优惠政策事项（以下简称“优惠事项”）办理，根据《中华人民共和国企业所得税法》（以下简称“企业所得税法”）及其实施条例、《中华人民共和国税收征收管理法》（以下简称“税收征管法”）及其实施细则，制定本办法。

第二条 本办法所称优惠事项是指企业所得税法规定的优惠事项，以及国务院和民族自治地方根据企业所得税法授权制定的企业所得税优惠事项。包括免税收入、减计收入、加计扣除、加速折旧、所得减免、抵扣应纳税所得额、减低税率、税额抵免等。

第三条 优惠事项的名称、政策概述、主要政策依据、主要留存备查资料、享受优惠时间、后续管理要求等，见本公告附件《企业所得税优惠事项管理目录（2017 年版）》（以下简称《目录》）。

《目录》由税务总局编制、更新。

第四条 企业享受优惠事项采取"自行判别、申报享受、相关资料留存备查"的办理方式。企业应当根据经营情况以及相关税收规定自行判断是否符合优惠事项规定的条件，符合条件的可以按照《目录》列示的时间自行计算减免税额，并通过填报企业所得税纳税申报表享受税收优惠。同时，按照本办法的规定归集和留存相关资料备查。

第五条 本办法所称留存备查资料是指与企业享受优惠事项有关的合同、协议、凭证、证书、文件、账册、说明等资料。留存备查资料分为主要留存备查资料和其他留存备查资料两类。主要留存备查资料由企业按照《目录》列示的资料清单准备，其他留存备查资料由企业根据享受优惠事项情况自行补充准备。

第六条 企业享受优惠事项的，应当在完成年度汇算清缴后，将留存备查资料归集齐全并整理完成，以备税务机关核查。

第七条 企业同时享受多项优惠事项或者享受的优惠事项按照规定分项目进行核算的，应当按照优惠事项或者项目分别归集留存备查资料。

第八条 设有非法人分支机构的居民企业以及实行汇总纳税的非居民企业机构、场所享受优惠事项的，由居民企业的总机构以及汇总纳税的主要机构、场所负责统一归集并留存备查资料。分支机构以及被汇总纳税的非居民企业机构、场所按照规定可独立享受优惠事项的，由分支机构以及被汇总纳税的非居民企业机构、场所负责归集并留存备查资料，同时分支机构以及被汇总纳税的非居民企业机构、场所应在当完成年度汇算清缴后将留存的备查资料清单送总机构以及汇总纳税的主要机构、场所汇总。

第九条 企业对优惠事项留存备查资料的真实性、合法性承担法律责任。

第十条 企业留存备查资料应从企业享受优惠事项当年的企业所得税汇算清缴期结束次日起保留 10 年。

第十一条 税务机关应当严格按照本办法规定的方式管理优惠事项，严禁擅自改变优惠事项的管理方式。

第十二条 企业享受优惠事项后，税务机关将适时开展后续管理。在后续管理时，企业应当根据税务机关管理服务的需要，按照规定的期限和方式提供留存备查资料，以证实享受优惠事项符合条件。其中，享受集成电路生产企业、集成电路设计企业、软件企业、国家规划布局内的重点软件企业和集成电路设计企业等优惠事项的企业，应当在完成年度汇算清缴后，按照《目录》"后续管理要求"项目中列示的清单向税务机关提交资料。

第十三条 企业享受优惠事项后发现其不符合优惠事项规定条件的，应当依法及时自行调整并补缴税款及滞纳金。

第十四条 企业未能按照税务机关要求提供留存备查资料，或者提供的留存备查资料与实际生产经营情况、财务核算情况、相关技术领域、产业、目录、资格证书等不符,无法证实符合优惠事项规定条件的,或者存在弄虚作假情况的,税务机关将依法追缴其已享受的企业所得税优惠,并按照税收征管法等相关规定处理。

第十五条 本办法适用于2017年度企业所得税汇算清缴及以后年度企业所得税优惠事项办理工作。《国家税务总局关于发布〈企业所得税优惠政策事项办理办法〉的公告》(国家税务总局公告2015年第76号)同时废止。

2-1-194

财政部 税务总局关于企业职工教育经费税前扣除政策的通知

2018年5月7日 财税〔2018〕51号

各省、自治区、直辖市、计划单列市财政厅(局)、国家税务局、地方税务局,新疆生产建设兵团财政局:

为鼓励企业加大职工教育投入,现就企业职工教育经费税前扣除政策通知如下:

一、企业发生的职工教育经费支出,不超过工资薪金总额8%的部分,准予在计算企业所得税应纳税所得额时扣除;超过部分,准予在以后纳税年度结转扣除。

二、本通知自2018年1月1日起执行。

2-1-195

财政部 税务总局关于设备 器具扣除有关企业所得税政策的通知

2018年5月7日 财税〔2018〕54号

各省、自治区、直辖市、计划单列市财政厅(局)、国家税务局、地方税务局,新疆生产建设兵团财政局:

为引导企业加大设备、器具投资力度,现就有关企业所得税政策通知如下:

一、企业在2018年1月1日至2020年12月31日期间新购进的设备、器具,单位价值不超过500万元的,允许一次性计入当期成本费用在计算应纳税所得额时扣除,不再分年度计算折旧;单位价值超过500万元的,仍按企业所得税法实施条例、《财政部 国家税务总局关于完善固定资产加速折旧企业所得税政策的通知》(财税〔2014〕75号)、《财政部 国家税务总局关于进一步完善固定资产加速折旧企业所得税政策的通知》(财税〔2015〕106号)等相关规定执行。

二、本通知所称设备、器具,是指除房屋、建筑物以外的固定资产。

注释：

政策调整。税收优惠政策已经到期的，执行期限延长至2027年12月31日。参见：《财政部　税务总局关于设备、器具扣除有关企业所得税政策的公告》（财政部　税务总局公告2023年第37号）。

2－1－196

财政部　税务总局　商务部　科技部　国家发展改革委关于将服务贸易创新发展试点地区技术先进型服务企业所得税政策推广至全国实施的通知

2018年5月19日　财税〔2018〕44号

各省、自治区、直辖市、计划单列市财政厅（局）、国家税务局、地方税务局、商务主管部门、科技厅（委、局）、发展改革委，新疆生产建设兵团财政局、商务局、科技局、发展改革委：

为进一步推动服务贸易创新发展、优化外贸结构，现就服务贸易类技术先进型服务企业所得税优惠政策通知如下：

一、自2018年1月1日起，对经认定的技术先进型服务企业（服务贸易类），减按15%的税率征收企业所得税。

二、本通知所称技术先进型服务企业（服务贸易类）须符合的条件及认定管理事项，按照《财政部　税务总局　商务部　科技部　国家发展改革委关于将技术先进型服务企业所得税政策推广至全国实施的通知》（财税〔2017〕79号）的相关规定执行。其中，企业须满足的技术先进型服务业务领域范围按照本通知所附《技术先进型服务业务领域范围（服务贸易类）》执行。

三、省级科技部门应会同本级商务、财政、税务和发展改革部门及时将《技术先进型服务业务领域范围（服务贸易类）》增补入本地区技术先进型服务企业认定管理办法，并据此开展认定管理工作。省级人民政府财政、税务、商务、科技和发展改革部门应加强沟通与协作，发现新情况、新问题及时上报财政部、税务总局、商务部、科技部和国家发展改革委。

四、省级科技、商务、财政、税务和发展改革部门及其工作人员在认定技术先进型服务企业工作中，存在违法违纪行为的，按照《公务员法》、《行政监察法》等国家有关规定追究相应责任；涉嫌犯罪的，移送司法机关处理。

附件：技术先进型服务业务领域范围（服务贸易类）

附件

技术先进型服务业务领域范围(服务贸易类)

类　别	适用范围
一、计算机和信息服务	
1. 信息系统集成服务	系统集成咨询服务;系统集成工程服务;提供硬件设备现场组装、软件安装与调试及相关运营维护支撑服务;系统运营维护服务,包括系统运行检测监控、故障定位与排除、性能管理、优化升级等。
2. 数据服务	数据存储管理服务,提供数据规划、评估、审计、咨询、清洗、整理、应用服务,数据增值服务,提供其他未分类数据处理服务。
二、研究开发和技术服务	
3. 研究和实验开发服务	物理学、化学、生物学、基因学、工程学、医学、农业科学、环境科学、人类地理科学、经济学和人文科学等领域的研究和实验开发服务。
4. 工业设计服务	对产品的材料、结构、机理、形状、颜色和表面处理的设计与选择;对产品进行的综合设计服务,即产品外观的设计、机械结构和电路设计等服务。
5. 知识产权跨境许可与转让	以专利、版权、商标等为载体的技术贸易。知识产权跨境许可是指授权境外机构有偿使用专利、版权和商标等;知识产权跨境转让是指将专利、版权和商标等知识产权售卖给境外机构。
三、文化技术服务	
6. 文化产品数字制作及相关服务	采用数字技术对舞台剧目、音乐、美术、文物、非物质文化遗产、文献资源等文化内容以及各种出版物进行数字化转化和开发,为各种显示终端提供内容,以及采用数字技术传播、经营文化产品等相关服务。
7. 文化产品的对外翻译、配音及制作服务	将本国文化产品翻译或配音成其他国家语言,将其他国家文化产品翻译或配音成本国语言以及与其相关的制作服务。
四、中医药医疗服务	
8. 中医药医疗保健及相关服务	与中医药相关的远程医疗保健、教育培训、文化交流等服务。

2－1－197

国家税务总局关于发布《企业所得税税前扣除凭证管理办法》的公告

2018年6月6日　国家税务总局公告2018年第28号

为加强企业所得税税前扣除凭证管理,规范税收执法,优化营商环境,国家税务总局制定了《企业所得税税前扣除凭证管理办法》,现予以发布。

特此公告。

企业所得税税前扣除凭证管理办法

第一条 为规范企业所得税税前扣除凭证(以下简称“税前扣除凭证”)管理,根据《中华人民共和国企业所得税法》(以下简称“企业所得税法”)及其实施条例、《中华人民共和国税收征收管理法》及其实施细则、《中华人民共和国发票管理办法》及其实施细则等规定,制定本办法。

第二条 本办法所称税前扣除凭证,是指企业在计算企业所得税应纳税所得额时,证明与取得收入有关的、合理的支出实际发生,并据以税前扣除的各类凭证。

第三条 本办法所称企业是指企业所得税法及其实施条例规定的居民企业和非居民企业。

第四条 税前扣除凭证在管理中遵循真实性、合法性、关联性原则。真实性是指税前扣除凭证反映的经济业务真实,且支出已经实际发生;合法性是指税前扣除凭证的形式、来源符合国家法律、法规等相关规定;关联性是指税前扣除凭证与其反映的支出相关联且有证明力。

第五条 企业发生支出,应取得税前扣除凭证,作为计算企业所得税应纳税所得额时扣除相关支出的依据。

第六条 企业应在当年度企业所得税法规定的汇算清缴期结束前取得税前扣除凭证。

第七条 企业应将与税前扣除凭证相关的资料,包括合同协议、支出依据、付款凭证等留存备查,以证实税前扣除凭证的真实性。

第八条 税前扣除凭证按照来源分为内部凭证和外部凭证。

内部凭证是指企业自制用于成本、费用、损失和其他支出核算的会计原始凭证。内部凭证的填制和使用应当符合国家会计法律、法规等相关规定。

外部凭证是指企业发生经营活动和其他事项时,从其他单位、个人取得的用于证明其支出发生的凭证,包括但不限于发票(包括纸质发票和电子发票)、财政票据、完税凭证、收款凭证、分割单等。

第九条 企业在境内发生的支出项目属于增值税应税项目(以下简称“应税项目”)的,对方为已办理税务登记的增值税纳税人,其支出以发票(包括按照规定由税务机关代开的发票)作为税前扣除凭证;对方为依法无需办理税务登记的单位或者从事小额零星经营业务的个人,其支出以税务机关代开的发票或者收款凭证及内部凭证作为税前扣除凭证,收款凭证应载明收款单位名称、个人姓名及身份证号、支出项目、收款金额等相关信息。

小额零星经营业务的判断标准是个人从事应税项目经营业务的销售额不超过增值税相关政策规定的起征点。

税务总局对应税项目开具发票另有规定的,以规定的发票或者票据作为税前扣除凭证。

第十条 企业在境内发生的支出项目不属于应税项目的,对方为单位的,以对方开具的发票以外的其他外部凭证作为税前扣除凭证;对方为个人的,以内部凭证作为税前扣除凭证。

企业在境内发生的支出项目虽不属于应税项目，但按税务总局规定可以开具发票的，可以发票作为税前扣除凭证。

第十一条 企业从境外购进货物或者劳务发生的支出，以对方开具的发票或者具有发票性质的收款凭证、相关税费缴纳凭证作为税前扣除凭证。

第十二条 企业取得私自印制、伪造、变造、作废、开票方非法取得、虚开、填写不规范等不符合规定的发票（以下简称“不合规发票”），以及取得不符合国家法律、法规等相关规定的其他外部凭证（以下简称“不合规其他外部凭证”），不得作为税前扣除凭证。

第十三条 企业应当取得而未取得发票、其他外部凭证或者取得不合规发票、不合规其他外部凭证的，若支出真实且已实际发生，应当在当年度汇算清缴期结束前，要求对方补开、换开发票、其他外部凭证。补开、换开后的发票、其他外部凭证符合规定的，可以作为税前扣除凭证。

第十四条 企业在补开、换开发票、其他外部凭证过程中，因对方注销、撤销、依法被吊销营业执照、被税务机关认定为非正常户等特殊原因无法补开、换开发票、其他外部凭证的，可凭以下资料证实支出真实性后，其支出允许税前扣除：

（一）无法补开、换开发票、其他外部凭证原因的证明资料（包括工商注销、机构撤销、列入非正常经营户、破产公告等证明资料）；

（二）相关业务活动的合同或者协议；

（三）采用非现金方式支付的付款凭证；

（四）货物运输的证明资料；

（五）货物入库、出库内部凭证；

（六）企业会计核算记录以及其他资料。

前款第一项至第三项为必备资料。

第十五条 汇算清缴期结束后，税务机关发现企业应当取得而未取得发票、其他外部凭证或者取得不合规发票、不合规其他外部凭证并且告知企业的，企业应当自被告知之日起60日内补开、换开符合规定的发票、其他外部凭证。其中，因对方特殊原因无法补开、换开发票、其他外部凭证的，企业应当按照本办法第十四条的规定，自被告知之日起60日内提供可以证实其支出真实性的相关资料。

第十六条 企业在规定的期限未能补开、换开符合规定的发票、其他外部凭证，并且未能按照本办法第十四条的规定提供相关资料证实其支出真实性的，相应支出不得在发生年度税前扣除。

第十七条 除发生本办法第十五条规定的情形外，企业以前年度应当取得而未取得发票、其他外部凭证，且相应支出在该年度没有税前扣除的，在以后年度取得符合规定的发票、其他外部凭证或者按照本办法第十四条的规定提供可以证实其支出真实性的相关资料，相应支出可以追补至该支出发生年度税前扣除，但追补年限不得超过五年。

第十八条 企业与其他企业（包括关联企业）、个人在境内共同接受应纳增值税劳务（以下简称“应税劳务”）发生的支出，采取分摊方式的，应当按照独立交易原则进行分摊，企业以发票和分割单作为税前扣除凭证，共同接受应税劳务的其他企业以企业开具的分割单作为税前扣除凭证。

企业与其他企业、个人在境内共同接受非应税劳务发生的支出，采取分摊方式的，企业以发票外的其他外部凭证和分割单作为税前扣除凭证，共同接受非应税劳务的其他企业以企业开具的分割单作为税前扣除凭证。

第十九条　企业租用（包括企业作为单一承租方租用）办公、生产用房等资产发生的水、电、燃气、冷气、暖气、通讯线路、有线电视、网络等费用，出租方作为应税项目开具发票的，企业以发票作为税前扣除凭证；出租方采取分摊方式的，企业以出租方开具的其他外部凭证作为税前扣除凭证。

第二十条　本办法自2018年7月1日起施行。

2－1－198

财政部　税务总局　科技部关于企业委托境外研究开发费用税前加计扣除有关政策问题的通知

2018年6月25日　财税〔2018〕64号

各省、自治区、直辖市、计划单列市财政厅（局）、科技厅（局），国家税务总局各省、自治区、直辖市、计划单列市税务局，新疆生产建设兵团财政局、科技局：

为进一步激励企业加大研发投入，加强创新能力开放合作，现就企业委托境外进行研发活动发生的研究开发费用（以下简称研发费用）企业所得税前加计扣除有关政策问题通知如下：

一、委托境外进行研发活动所发生的费用，按照费用实际发生额的80%计入委托方的委托境外研发费用。委托境外研发费用不超过境内符合条件的研发费用三分之二的部分，可以按规定在企业所得税前加计扣除。

上述费用实际发生额应按照独立交易原则确定。委托方与受托方存在关联关系的，受托方应向委托方提供研发项目费用支出明细情况。

二、委托境外进行研发活动应签订技术开发合同，并由委托方到科技行政主管部门进行登记。相关事项按技术合同认定登记管理办法及技术合同认定规则执行。

三、企业应在年度申报享受优惠时，按照《国家税务总局关于发布修订后的〈企业所得税优惠政策事项办理办法〉的公告》（国家税务总局公告2018年第23号）的规定办理有关手续，并留存备查以下资料：

（一）企业委托研发项目计划书和企业有权部门立项的决议文件；

（二）委托研究开发专门机构或项目组的编制情况和研发人员名单；

（三）经科技行政主管部门登记的委托境外研发合同；

（四）"研发支出"辅助账及汇总表；

（五）委托境外研发银行支付凭证和受托方开具的收款凭据；

（六）当年委托研发项目的进展情况等资料。

企业如果已取得地市级(含)以上科技行政主管部门出具的鉴定意见,应作为资料留存备查。

四、企业对委托境外研发费用以及留存备查资料的真实性、合法性承担法律责任。

五、委托境外研发费用加计扣除其他政策口径和管理要求按照《财政部　国家税务总局　科技部关于完善研究开发费用税前加计扣除政策的通知》(财税〔2015〕119 号)、《财政部　税务总局　科技部关于提高科技型中小企业研究开发费用税前加计扣除比例的通知》(财税〔2017〕34 号)、《国家税务总局关于企业研究开发费用税前加计扣除政策有关问题的公告》(国家税务总局公告 2015 年第 97 号)等文件规定执行。

六、本通知所称委托境外进行研发活动不包括委托境外个人进行的研发活动。

七、本通知自 2018 年 1 月 1 日起执行。财税〔2015〕119 号文件第二条中“企业委托境外机构或个人进行研发活动所发生的费用,不得加计扣除”的规定同时废止。

2-1-199

财政部　税务总局　科技部关于提高研究开发费用税前加计扣除比例的通知

2018 年 9 月 20 日　财税〔2018〕99 号

各省、自治区、直辖市、计划单列市财政厅(局)、科技厅(局),国家税务总局各省、自治区、直辖市、计划单列市税务局,新疆生产建设兵团财政局、科技局:

为进一步激励企业加大研发投入,支持科技创新,现就提高企业研究开发费用(以下简称研发费用)税前加计扣除比例有关问题通知如下:

一、企业开展研发活动中实际发生的研发费用,未形成无形资产计入当期损益的,在按规定据实扣除的基础上,在 2018 年 1 月 1 日至 2020 年 12 月 31 日期间,再按照实际发生额的 75% 在税前加计扣除;形成无形资产的,在上述期间按照无形资产成本的 175% 在税前摊销。

二、企业享受研发费用税前加计扣除政策的其他政策口径和管理要求按照《财政部　国家税务总局　科技部关于完善研究开发费用税前加计扣除政策的通知》(财税〔2015〕119 号)、《财政部　税务总局　科技部关于企业委托境外研究开发费用税前加计扣除有关政策问题的通知》(财税〔2018〕64 号)、《国家税务总局关于企业研究开发费用税前加计扣除政策有关问题的公告》(国家税务总局公告 2015 年第 97 号)等文件规定执行。

注释:

政策调整。税收优惠政策已经到期的,执行期限延长至 2023 年 12 月 31 日。参见:《财政部　税务总局关于延长部分税收优惠政策执行期限的公告》(财政部　税务总局公告 2021 年第 6 号)。

2－1－200

财政部　税务总局　国家发展改革委商务部关于扩大境外投资者以分配利润直接投资暂不征收预提所得税政策适用范围的通知

2018年9月29日　财税〔2018〕102号

各省、自治区、直辖市、计划单列市财政厅（局）、发展改革委、商务主管部门，国家税务总局各省、自治区、直辖市、计划单列市税务局，新疆生产建设兵团财政局、发展改革委、商务局：

为贯彻落实党中央、国务院决策部署，进一步鼓励境外投资者在华投资，现就境外投资者以分配利润直接投资暂不征收预提所得税政策问题通知如下：

一、对境外投资者从中国境内居民企业分配的利润，用于境内直接投资暂不征收预提所得税政策的适用范围，由外商投资鼓励类项目扩大至所有非禁止外商投资的项目和领域。

二、境外投资者暂不征收预提所得税须同时满足以下条件：

（一）境外投资者以分得利润进行的直接投资，包括境外投资者以分得利润进行的增资、新建、股权收购等权益性投资行为，但不包括新增、转增、收购上市公司股份（符合条件的战略投资除外）。具体是指：

1. 新增或转增中国境内居民企业实收资本或者资本公积；

2. 在中国境内投资新建居民企业；

3. 从非关联方收购中国境内居民企业股权；

4. 财政部、税务总局规定的其他方式。

境外投资者采取上述投资行为所投资的企业统称为被投资企业。

（二）境外投资者分得的利润属于中国境内居民企业向投资者实际分配已经实现的留存收益而形成的股息、红利等权益性投资收益。

（三）境外投资者用于直接投资的利润以现金形式支付的，相关款项从利润分配企业的账户直接转入被投资企业或股权转让方账户，在直接投资前不得在境内外其他账户周转；境外投资者用于直接投资的利润以实物、有价证券等非现金形式支付的，相关资产所有权直接从利润分配企业转入被投资企业或股权转让方，在直接投资前不得由其他企业、个人代为持有或临时持有。

三、境外投资者符合本通知第二条规定条件的，应按照税收管理要求进行申报并如实向利润分配企业提供其符合政策条件的资料。利润分配企业经适当审核后认为境外投资者符合本通知规定的，可暂不按照企业所得税法第三十七条规定扣缴预提所得税，并向其主管税务机关履行备案手续。

四、税务部门依法加强后续管理。境外投资者已享受本通知规定的暂不征收预提所得税政策，经税务部门后续管理核实不符合规定条件的，除属于利润分配企业责任外，视为境外投资者未按照规定申报缴纳企业所得税，依法追究延迟纳税责任，税款延迟缴纳期限自相关利润支付之日起计算。

五、境外投资者按照本通知规定可以享受暂不征收预提所得税政策但未实际享受的，可在实际缴纳相关税款之日起三年内申请追补享受该政策，退还已缴纳的税款。

六、境外投资者通过股权转让、回购、清算等方式实际收回享受暂不征收预提所得税政策待遇的直接投资，在实际收取相应款项后7日内，按规定程序向税务部门申报补缴递延的税款。

七、境外投资者享受本通知规定的暂不征收预提所得税政策待遇后，被投资企业发生重组符合特殊性重组条件，并实际按照特殊性重组进行税务处理的，可继续享受暂不征收预提所得税政策待遇，不按本通知第六条规定补缴递延的税款。

八、本通知所称"境外投资者"，是指适用《企业所得税法》第三条第三款规定的非居民企业；本通知所称"中国境内居民企业"，是指依法在中国境内成立的居民企业。

九、本通知自2018年1月1日起执行。《财政部　税务总局　国家发展改革委　商务部关于境外投资者以分配利润直接投资暂不征收预提所得税政策问题的通知》（财税〔2017〕88号）同时废止。境外投资者在2018年1月1日（含当日）以后取得的股息、红利等权益性投资收益可适用本通知，已缴税款按本通知第五条规定执行。

2－1－201

财政部　税务总局　民政部关于公益性捐赠税前扣除资格有关问题的补充通知

2018年9月29日　财税〔2018〕110号

各省、自治区、直辖市、计划单列市财政厅（局）、民政厅（局），国家税务总局各省、自治区、直辖市、计划单列市税务局，新疆生产建设兵团财政局、民政局：

为进一步规范对公益性捐赠税前扣除资格的管理，现就公益性捐赠税前扣除资格相关的行政处罚问题补充通知如下：

一、《财政部　国家税务总局　民政部关于公益性捐赠税前扣除有关问题的通知》（财税〔2008〕160号）和《财政部　国家税务总局关于通过公益性群众团体的公益性捐赠税前扣除有关问题的通知》（财税〔2009〕124号）中的"行政处罚"，是指税务机关和登记管理机关给予的行政处罚（警告或单次1万元以下罚款除外）。

二、本通知自发布之日起执行。本通知执行前未确认公益性捐赠税前扣除资格的公益性社会团体，按本通知规定执行。

2-1-202

国家税务总局关于扩大境外投资者以分配利润直接投资暂不征收预提所得税政策适用范围有关问题的公告

2018年10月29日 国家税务总局公告2018年第53号

根据国务院决定，财政部、国家税务总局、国家发展和改革委员会、商务部联合发布了《关于扩大境外投资者以分配利润直接投资暂不征收预提所得税政策适用范围的通知》（财税〔2018〕102号，以下称《通知》），对境外投资者从中国境内居民企业分配的利润，用于境内直接投资暂不征收预提所得税政策的适用范围，由外商投资鼓励类项目扩大至所有非禁止外商投资的项目和领域。现对有关执行问题公告如下：

一、境外投资者以分得的利润用于补缴其在境内居民企业已经认缴的注册资本，增加实收资本或资本公积的，属于符合"新增或转增中国境内居民企业实收资本或者资本公积"情形。

二、境外投资者按照金融主管部门的规定，通过人民币再投资专用存款账户划转再投资资金，并在相关款项从利润分配企业账户转入境外投资者人民币再投资专用存款账户的当日，再由境外投资者人民币再投资专用存款账户转入被投资企业或股权转让方账户的，视为符合"境外投资者用于直接投资的利润以现金形式支付的，相关款项从利润分配企业的账户直接转入被投资企业或股权转让方账户，在直接投资前不得在境内外其他账户周转"的规定。

三、按照《通知》第四条或者第六条规定补缴税款的，境外投资者可按照有关规定享受税收协定待遇，但是仅可适用相关利润支付时有效的税收协定。后续税收协定另有规定的，按后续税收协定执行。

四、境外投资者按照《通知》第三条规定享受暂不征税政策时，应当填写《非居民企业递延缴纳预提所得税信息报告表》（附件），并提交给利润分配企业。

境外投资者按照《通知》第五条规定追补享受暂不征税政策时，应向利润分配企业主管税务机关提交《非居民企业递延缴纳预提所得税信息报告表》以及相关合同、支付凭证等办理退税的其他资料。

境外投资者按照《通知》第四条或者第六条规定补缴税款时，应当填写《中华人民共和国扣缴企业所得税报告表》，并提交给利润分配企业主管税务机关。

五、利润分配企业应当按照《通知》第三条规定审核境外投资者提交的资料信息，并确认以下结果后，执行暂不征税政策：

（一）境外投资者填报的信息完整，没有缺项；

（二）利润实际支付过程与境外投资者填报信息吻合；

（三）境外投资者填报信息涉及利润分配企业的内容真实、准确。

六、利润分配企业已按照《通知》第三条规定执行暂不征税政策的，应在实际支付利润之日起7日内，向主管税务机关提交以下资料：

（一）由利润分配企业填写的《中华人民共和国扣缴企业所得税报告表》；

（二）由境外投资者提交并经利润分配企业补填信息后的《非居民企业递延缴纳预提所得税信息报告表》。

利润分配企业主管税务机关应在收到《非居民企业递延缴纳预提所得税信息报告表》后10个工作日内，向《通知》第二条第一项规定的被投资企业（以下称被投资企业）主管税务机关或其他相关税务机关发送《非居民企业税务事项联络函》，转发相关信息。

七、被投资企业主管税务机关或者其他税务机关发现以下情况的，应在5个工作日内以《非居民企业税务事项联络函》反馈给利润分配企业主管税务机关：

（一）被投资企业不符合享受暂不征税政策条件的相关事实或信息；

（二）境外投资者处置已享受暂不征税政策的投资的相关事实或信息。

八、主管税务机关在税务管理中可以依法要求境外投资者、利润分配企业、被投资企业、股权转让方等相关单位或个人限期提供与境外投资者享受暂不征税政策相关的资料和信息。

九、利润分配企业未按照本公告第五条审核确认境外投资者提交的资料信息，致使不应享受暂不征税政策的境外投资者实际享受了暂不征税政策的，利润分配企业主管税务机关依照有关规定追究利润分配企业应扣未扣税款的责任，并依法向境外投资者追缴应当缴纳的税款。

十、境外投资者填报信息有误，致使其本不应享受暂不征税政策，但实际享受暂不征税政策的，利润分配企业主管税务机关依照《通知》第四条规定处理。

十一、境外投资者部分处置持有的包含已享受暂不征税政策和未享受暂不征税政策的同一项中国境内居民企业投资，视为先行处置已享受暂不征税政策的投资。

境外投资者未按照《通知》第六条规定补缴递延税款的，利润分配企业主管税务机关追究境外投资者延迟缴纳税款责任，税款延迟缴纳期限自实际收取相关款项后第8日（含第8日）起计算。

十二、境外投资者、利润分配企业可以委托代理人办理本公告规定的相关事项，但应当向主管税务机关提供书面委托证明。

十三、本公告自2018年1月1日起施行。《国家税务总局关于境外投资者以分配利润直接投资暂不征收预提所得税政策有关执行问题的公告》（国家税务总局公告2018年第3号）同时废止。

特此公告。

附件：非居民企业递延缴纳预提所得税信息报告表（编者略）

2－1－203

国家税务总局关于修订《中华人民共和国企业所得税年度纳税申报表（A类，2017年版）》部分表单样式及填报说明的公告

2018年12月17日　国家税务总局公告2018年第57号

为贯彻落实《中华人民共和国企业所得税法》及有关政策，税务总局对《中华人民共和国企业所得税年度纳税申报表（A类，2017年版）》部分表单和填报说明进行修订。现将有关情况公告如下：

一、对《中华人民共和国企业所得税年度纳税申报表（A类，2017年版）》封面、《企业所得税年度纳税申报表填报表单》、《企业基础信息表》（A000000）、《纳税调整项目明细表》（A105000）、《职工薪酬支出及纳税调整明细表》（A105050）、《资产折旧、摊销及纳税调整明细表》（A105080）、《资产损失税前扣除及纳税调整明细表》（A105090）、《企业所得税弥补亏损明细表》（A106000）、《免税、减计收入及加计扣除优惠明细表》（A107010）、《研发费用加计扣除优惠明细表》（A107012）、《所得减免优惠明细表》（A107020）、《减免所得税优惠明细表》（A107040）、《高新技术企业优惠情况及明细表》（A107041）、《软件、集成电路企业优惠情况及明细表》（A107042）、《境外分支机构弥补亏损明细表》（A108020）的表单样式及填报说明进行修订。

二、对《中华人民共和国企业所得税年度纳税申报表（A类）》（A100000）、《投资收益纳税调整明细表》（A105030）、《境外所得税收抵免明细表》（A108000）的填报说明进行修订。

三、本公告适用于2018年度及以后年度企业所得税汇算清缴纳税申报。《国家税务总局关于发布〈中华人民共和国企业所得税年度纳税申报表（A类，2017年版）〉的公告》（国家税务总局公告2017年第54号）中的上述表单和填报说明同时废止。

特此公告。

附件：《中华人民共和国企业所得税年度纳税申报表（A类，2017年版）》部分表单及填报说明（2018年修订）（编者略）

注释：

条款废止。相关表单和填报说明废止。参见：《国家税务总局关于企业所得税年度纳税申报有关事项的公告》（国家税务总局公告2022年第27号）。

条款废止。相关表单和填报说明废止。参见：《国家税务总局关于企业所得税年度汇算清缴有关事项的公告》（国家税务总局公告2021年第34号）。

条款废止。相关表单和填报说明废止。参见：《国家税务总局关于修订企业所得税年度纳税申报表的公告》（国家税务总局公告2020年第24号）。

条款废止。相关表单和填报说明废止。参见：《国家税务总局关于修订企业所得税年

度纳税申报表有关问题的公告》(国家税务总局公告2019年第41号)。

条款废止。相关表单和填报说明于2018年度企业所得税汇算清缴结束后废止。参见:《国家税务总局关于修订〈中华人民共和国企业所得税月(季)度预缴纳税申报表(A类2018年版)〉等部分表单样式及填报说明的公告》(国家税务总局公告2019年第3号)。

2-1-204

国家税务总局关于简化小型微利企业所得税年度纳税申报有关措施的公告

2018年12月17日　国家税务总局公告2018年第58号

为切实减轻小型微利企业纳税申报负担,根据《国家税务总局关于进一步深化税务系统"放管服"改革　优化税收环境的若干意见》(税总发〔2017〕101号)有关精神,现就实行查账征收企业所得税的小型微利企业(以下简称"小型微利企业")填报《中华人民共和国企业所得税年度纳税申报表(A类,2017年版)》(国家税务总局公告2017年第54号发布,国家税务总局公告2018年第57号修订)有关事项公告如下:

一、《中华人民共和国企业所得税年度纳税申报表(A类)》(A100000)为小型微利企业必填表单。

二、《企业所得税年度纳税申报基础信息表》(A000000)中的"基本经营情况"为小型微利企业必填项目;"有关涉税事项情况"为选填项目,存在或者发生相关事项时小型微利企业必须填报;"主要股东及分红情况"为小型微利企业免填项目。

三、小型微利企业免于填报《一般企业收入明细表》(A101010)、《金融企业收入明细表》(A101020)、《一般企业成本支出明细表》(A102010)、《金融企业支出明细表》(A102020)、《事业单位、民间非营利组织收入、支出明细表》(A103000)、《期间费用明细表》(A104000)。

上述表单相关数据应当在《中华人民共和国企业所得税年度纳税申报表(A类)》(A100000)中直接填写。

四、除本公告第一条、第二条、第三条规定的表单、项目外,小型微利企业可结合自身经营情况,选择表单填报。未发生表单中规定的事项,无需填报。

五、本公告所称小型微利企业,是指符合《中华人民共和国企业所得税法》及其实施条例、《财政部　税务总局关于进一步扩大小型微利企业所得税优惠政策范围的通知》(财税〔2018〕77号)等规定的企业。上述政策规定发生调整的,按照最新政策规定执行。

六、本公告适用于小型微利企业2018年度及以后年度企业所得税汇算清缴纳税申报。

特此公告。

2－1－205

国家税务总局 财政部 中国人民银行 关于非居民企业机构场所汇总缴纳 企业所得税有关问题的公告

2019年3月1日 国家税务总局公告2019年第12号

根据《中华人民共和国企业所得税法》(以下称“企业所得税法”)及其实施条例的有关规定，现就非居民企业机构、场所(以下称机构、场所)汇总缴纳企业所得税有关问题公告如下：

一、在境内设立多个机构、场所的非居民企业依照企业所得税法第五十一条的规定，选择由其主要机构、场所汇总其他境内机构、场所(以下称“被汇总机构、场所”)缴纳企业所得税的，相关税务处理事项适用本公告。

二、汇总纳税的非居民企业应在汇总纳税的年度中持续符合下列所有条件：

(一)汇总纳税的各机构、场所已在所在地主管税务机关办理税务登记，并取得纳税人识别号；

(二)主要机构、场所符合企业所得税法实施条例第一百二十六条规定，汇总纳税的各机构、场所不得采用核定方式计算缴纳企业所得税；

(三)汇总纳税的各机构、场所能够按照本公告规定准确计算本机构、场所的税款分摊额，并按要求向所在地主管税务机关办理纳税申报。

三、汇总纳税的各机构、场所实行“统一计算、分级管理、就地预缴、汇总清算、财政调库”的企业所得税征收管理办法。除本公告另有规定外，相关税款计算、税款分摊、缴库或退库地点、缴库或退库比例、征管流程等事项，比照《财政部 国家税务总局 中国人民银行关于印发〈跨省市总分机构企业所得税分配及预算管理办法〉的通知》(财预〔2012〕40号)、《财政部 国家税务总局 中国人民银行关于〈跨省市总分机构企业所得税分配及预算管理办法〉的补充通知》(财预〔2012〕453号)、《国家税务总局关于印发〈跨地区经营汇总纳税企业所得税征收管理办法〉的公告》(国家税务总局公告2012年第57号)等适用于居民企业汇总缴纳企业所得税的规定执行。

四、除本公告第五条规定外，主要机构、场所比照居民企业总机构就地分摊缴纳企业所得税；被汇总机构、场所比照居民企业分支机构就地分摊缴纳企业所得税。

五、符合本公告第二条规定的机构、场所不具有主体生产经营职能，不从纳入汇总缴纳企业所得税的其他机构、场所之外取得营业收入，仅具有内部辅助管理或服务职能的，可以纳入汇总计算缴纳企业所得税的范围，但不就地分摊缴纳企业所得税。

六、汇总纳税的各机构、场所应在首次办理汇总缴纳企业所得税申报时，向所在地主管税务机关报送以下信息资料：

(一)主要机构、场所名称及纳税人识别号；

（二）全部被汇总机构、场所名称及纳税人识别号；

（三）符合汇总缴纳企业所得税条件的财务会计核算制度安排。

已按上款规定报送的信息资料发生变更的，汇总纳税的各机构、场所应在发生变更后首次办理汇总缴纳企业所得税申报时，向所在地主管税务机关报告变化情况。

七、除国家税务总局另有规定外，汇总纳税的各机构、场所应按照企业所得税法第五十四条及其他有关规定，分季度预缴和年终汇算清缴企业所得税。

八、在办理季度预缴申报时，汇总纳税的各机构、场所应向所在地主管税务机关报送以下资料：

（一）非居民企业所得税申报表；

（二）季度财务报表（限于按实际利润预缴企业所得税的情形）。

九、在办理年度汇算清缴申报时，汇总纳税的各机构、场所应向所在地主管税务机关报送以下资料：

（一）非居民企业所得税申报表；

（二）年度财务报表。

十、汇总纳税的各机构、场所主管税务机关对管理的机构、场所执行本公告规定负有日常管理和监督检查责任，各主管税务机关之间应及时沟通信息，协调管理。主要机构、场所主管税务机关应在每季度终了和年度汇算清缴期满后30日内，将主要机构、场所申报信息传递给各被汇总机构、场所主管税务机关。各被汇总机构、场所主管税务机关应在每季度终了和年度汇算清缴期满后30日内，将本地被汇总纳税机构、场所申报信息传递给主要机构、场所主管税务机关。

汇总纳税的各机构、场所主管税务机关不得对汇总纳税的各机构、场所同一税务处理事项作出不一致的处理决定。相关主管税务机关就有关处理事项不能达成一致的，报共同上级税务机关决定。

主要机构、场所主管税务机关发现主要机构、场所不具备本公告第二条规定条件的，在征得各被汇总机构、场所主管税务机关同意后，责令其限期改正，逾期不改正的，取消该非居民企业所有机构、场所相关年度企业所得税汇总缴纳方式，并通知各被汇总机构、场所主管税务机关。

被汇总机构、场所主管税务机关发现被汇总机构、场所不具备本公告第二条规定条件的，在征得主要机构、场所主管税务机关同意后，责令其限期改正，逾期不改正的，取消该被汇总机构、场所相关年度企业所得税汇总缴纳方式，并通知主要机构、场所及其他被汇总机构、场所主管税务机关。

十一、汇总纳税的各机构、场所全部处于同一省、自治区、直辖市或计划单列市税务机关（以下称省税务机关）管辖区域内的，该省税务机关在不改变本公告第二条规定汇总纳税适用条件的前提下，可以按照不增加纳税义务，不减少办税便利的原则规定管理办法。

十二、本公告自发布之日起施行，《国家税务总局关于印发〈非居民企业所得税汇算清缴管理办法〉的通知》（国税发〔2009〕6号）第三条第六项规定同时废止。

在本公告施行前未汇总纳税的非居民企业在2018年度符合本公告第二条规定条件的，可按本公告规定办理2018年度企业所得税汇算清缴；在2018年度汇算清缴前按原规定已办理2018年度季度预缴申报的，不作调整，季度预缴税款可在2018年度汇算清缴汇总纳税应纳税款中抵减。非居民企业自2019年度起汇总纳税的，当年度各季度预缴申报和年终汇算清缴申报均应按本公告规定执行。

非居民企业在本公告施行前已经按原规定汇总纳税的，可以在本公告施行后选择按本公告规定汇总纳税，也可以选择继续按原规定办理2018和2019两个年度季度预缴申报和年度汇算清缴申报；自2020年度起，季度预缴申报和年终汇算清缴申报一律按本公告规定执行。

特此公告。

2－1－206

国家税务总局关于发布《中华人民共和国非居民企业所得税预缴申报表（2019年版）》等报表的公告

2019年3月28日 国家税务总局公告2019年第16号

根据《中华人民共和国企业所得税法》及其实施条例，现将修订的《中华人民共和国非居民企业所得税预缴申报表（2019年版）》《中华人民共和国非居民企业所得税年度纳税申报表（2019年版）》《中华人民共和国扣缴企业所得税报告表（2019年版）》等报表及相应填报说明予以发布，并就有关事项公告如下：

一、《中华人民共和国非居民企业所得税预缴申报表（2019年版）》适用于非居民企业预缴企业所得税税款时填报，其附表为《非居民企业机构、场所汇总缴纳所得税税款分配表》《非居民企业机构、场所核定计算明细表》。本条规定报表自办理2020年度第一季度企业所得税预缴申报起启用；非居民企业机构、场所按照《国家税务总局 财政部 中国人民银行关于非居民企业机构场所汇总缴纳企业所得税有关问题的公告》（国家税务总局公告2019年第12号）的规定自2019年度起汇总纳税的，本条规定报表自办理2019年度第一季度企业所得税预缴申报起启用。

二、《中华人民共和国非居民企业所得税年度纳税申报表（2019年版）》适用于非居民企业年度企业所得税汇算清缴时填报，其附表为《纳税调整项目明细表》《企业所得税弥补亏损明细表》《对外合作开采石油企业勘探开发费用年度明细表》《非居民企业机构、场所汇总缴纳所得税税款分配表》《非居民企业机构、场所核定计算明细表》。本条规定报表自办理2020年度企业所得税汇算清缴申报起启用；非居民企业机构、场所按照《国家税务总局 财政部 中国人民银行关于非居民企业机构场所汇总缴纳企业所得税有关问题的公告》（国家税务总局公告2019年第12号）规定自2018年度或2019年度起汇总纳税的，本条规定报表自办理2018年度或2019年度企业所得税汇算清缴申报起启用。

三、《中华人民共和国扣缴企业所得税报告表（2019年版）》适用于源泉扣缴和指定扣缴的扣缴义务人，以及扣缴义务人未依法扣缴或者无法履行扣缴义务情况下自行申报的纳税人,按次或按期扣缴或申报企业所得税税款时填报。本条规定报表自2019年10月1日起启用。

四、本公告规定的报表启用前,仍按《国家税务总局关于发布〈中华人民共和国非居民企业所得税年度纳税申报表〉等报表的公告》(国家税务总局公告2015年第30号)的规定执行;本公告规定的报表启用后,不再使用国家税务总局公告2015年第30号发布的相应报表。

特此公告。

附件:1.《中华人民共和国非居民企业所得税预缴申报表(2019年版)》及填报说明(编者略)

2.《中华人民共和国非居民企业所得税年度纳税申报表(2019年版)》及填报说明(编者略)

3.《纳税调整项目明细表》及填报说明(编者略)

4.《企业所得税弥补亏损明细表》及填报说明(编者略)

5.《对外合作开采石油企业勘探开发费用年度明细表》及填报说明(编者略)

6.《非居民企业机构、场所汇总缴纳所得税税款分配表》及填报说明(编者略)

7.《非居民企业机构、场所核定计算明细表》及填报说明(编者略)

8.《中华人民共和国扣缴企业所得税报告表(2019年版)》及填报说明(编者略)

2－1－207

财政部　税务总局关于永续债企业所得税政策问题的公告

2019年4月16日　财政部　税务总局公告2019年第64号

进一步明确永续债的企业所得税政策适用,根据《中华人民共和国企业所得税法》及其实施条例的有关规定,现就有关问题公告如下:

一、企业发行的永续债,可以适用股息、红利企业所得税政策,即:投资方取得的永续债利息收入属于股息、红利性质,按照现行企业所得税政策相关规定进行处理,其中,发行方和投资方均为居民企业的,永续债利息收入可以适用企业所得税法规定的居民企业之间的股息、红利等权益性投资收益免征企业所得税规定;同时发行方支付的永续债利息支出不得在企业所得税税前扣除。

二、企业发行符合规定条件的永续债,也可以按照债券利息适用企业所得税政策,即:发行方支付的永续债利息支出准予在其企业所得税税前扣除;投资方取得的永续债利息收入应当依法纳税。

三、本公告第二条所称符合规定条件的永续债,是指符合下列条件中5条(含)以上的永续债:

(一)被投资企业对该项投资具有还本义务;

（二）有明确约定的利率和付息频率；

（三）有一定的投资期限；

（四）投资方对被投资企业净资产不拥有所有权；

（五）投资方不参与被投资企业日常生产经营活动；

（六）被投资企业可以赎回，或满足特定条件后可以赎回；

（七）被投资企业将该项投资计入负债；

（八）该项投资不承担被投资企业股东同等的经营风险；

（九）该项投资的清偿顺序位于被投资企业股东持有的股份之前。

四、企业发行永续债，应当将其适用的税收处理方法在证券交易所、银行间债券市场等发行市场的发行文件中向投资方予以披露。

五、发行永续债的企业对每一永续债产品的税收处理方法一经确定，不得变更。企业对永续债采取的税收处理办法与会计核算方式不一致的，发行方、投资方在进行税收处理时须作出相应纳税调整。

六、本公告所称永续债是指经国家发展改革委员会、中国人民银行、中国银行保险监督管理委员会、中国证券监督管理委员会核准，或经中国银行间市场交易商协会注册、中国证券监督管理委员会授权的证券自律组织备案，依照法定程序发行、附赎回（续期）选择权或无明确到期日的债券，包括可续期企业债、可续期公司债、永续债务融资工具（含永续票据）、无固定期限资本债券等。

七、本公告自2019年1月1日起施行。

2－1－208

财政部　税务总局关于扩大固定资产加速折旧优惠政策适用范围的公告

2019年4月23日　财政部　税务总局公告2019年第66号

为支持制造业企业加快技术改造和设备更新，现就有关固定资产加速折旧政策公告如下：

一、自2019年1月1日起，适用《财政部　国家税务总局关于完善固定资产加速折旧企业所得税政策的通知》（财税〔2014〕75号）和《财政部　国家税务总局关于进一步完善固定资产加速折旧企业所得税政策的通知》（财税〔2015〕106号）规定固定资产加速折旧优惠的行业范围，扩大至全部制造业领域。

二、制造业按照国家统计局《国民经济行业分类与代码（GB/4754—2017）》确定。今后国家有关部门更新国民经济行业分类与代码，从其规定。

三、本公告发布前，制造业企业未享受固定资产加速折旧优惠的，可自本公告发布后在月（季）度预缴申报时享受优惠或在2019年度汇算清缴时享受优惠。

特此公告。

2－1－209

国家税务总局关于发布《非居民纳税人享受协定待遇管理办法》的公告

2019年10月14日　国家税务总局公告2019年第35号

为深化“放管服”改革，进一步优化税收营商环境，提高非居民纳税人享受协定待遇的便捷性，国家税务总局制定了《非居民纳税人享受协定待遇管理办法》，现予发布，自2020年1月1日起施行。

特此公告。

附件：非居民纳税人享受协定待遇信息报告表

非居民纳税人享受协定待遇管理办法

第一章　总　　则

第一条　为执行中华人民共和国政府签署的避免双重征税协定（以下简称“税收协定”）和国际运输协定税收条款，规范非居民纳税人享受协定待遇管理，根据《中华人民共和国企业所得税法》（以下简称“企业所得税法”）及其实施条例、《中华人民共和国个人所得税法》及其实施条例、《中华人民共和国税收征收管理法》（以下简称“税收征管法”）及其实施细则（以下统称“国内税收法律规定”）的有关规定，制定本办法。

第二条　在中国境内发生纳税义务的非居民纳税人需要享受协定待遇的，适用本办法。

第三条　非居民纳税人享受协定待遇，采取“自行判断、申报享受、相关资料留存备查”的方式办理。非居民纳税人自行判断符合享受协定待遇条件的，可在纳税申报时，或通过扣缴义务人在扣缴申报时，自行享受协定待遇，同时按照本办法的规定归集和留存相关资料备查，并接受税务机关后续管理。

第四条　本办法所称非居民纳税人，是指按照税收协定居民条款规定应为缔约对方税收居民的纳税人。

本办法所称协定包括税收协定和国际运输协定。国际运输协定包括中华人民共和国政府签署的航空协定、海运协定、道路运输协定、汽车运输协定、互免国际运输收入税收协议或换函以及其他关于国际运输的协定。

本办法所称协定待遇，是指按照协定可以减轻或者免除按照国内税收法律规定应当履行的企业所得税、个人所得税纳税义务。

本办法所称扣缴义务人，是指按国内税收法律规定，对非居民纳税人来源于中国境内的所得负有扣缴税款义务的单位或个人，包括法定扣缴义务人和企业所得税法规定的指定扣缴义务人。

本办法所称主管税务机关，是指按国内税收法律规定，对非居民纳税人在中国的纳税义务负有征管职责的税务机关。

第二章 协定适用和纳税申报

第五条 非居民纳税人自行申报的，自行判断符合享受协定待遇条件且需要享受协定待遇，应在申报时报送《非居民纳税人享受协定待遇信息报告表》(见附件)，并按照本办法第七条的规定归集和留存相关资料备查。

第六条 在源泉扣缴和指定扣缴情况下，非居民纳税人自行判断符合享受协定待遇条件且需要享受协定待遇的，应当如实填写《非居民纳税人享受协定待遇信息报告表》，主动提交给扣缴义务人，并按照本办法第七条的规定归集和留存相关资料备查。

扣缴义务人收到《非居民纳税人享受协定待遇信息报告表》后，确认非居民纳税人填报信息完整的，依国内税收法律规定和协定规定扣缴，并如实将《非居民纳税人享受协定待遇信息报告表》作为扣缴申报的附表报送主管税务机关。

非居民纳税人未主动提交《非居民纳税人享受协定待遇信息报告表》给扣缴义务人或填报信息不完整的，扣缴义务人依国内税收法律规定扣缴。

第七条 本办法所称留存备查资料包括：

(一)由协定缔约对方税务主管当局开具的证明非居民纳税人取得所得的当年度或上一年度税收居民身份的税收居民身份证明；享受税收协定国际运输条款或国际运输协定待遇的，可用能够证明符合协定规定身份的证明代替税收居民身份证明；

(二)与取得相关所得有关的合同、协议、董事会或股东会决议、支付凭证等权属证明资料；

(三)享受股息、利息、特许权使用费条款协定待遇的，应留存证明"受益所有人"身份的相关资料；

(四)非居民纳税人认为能够证明其符合享受协定待遇条件的其他资料。

第八条 非居民纳税人对《非居民纳税人享受协定待遇信息报告表》填报信息和留存备查资料的真实性、准确性、合法性承担法律责任。

第九条 非居民纳税人发现不应享受而享受了协定待遇，并少缴或未缴税款的，应当主动向主管税务机关申报补税。

第十条 非居民纳税人可享受但未享受协定待遇而多缴税款的，可在税收征管法规定期限内自行或通过扣缴义务人向主管税务机关要求退还多缴税款，同时提交本办法第七条规定的资料。

主管税务机关应当自接到非居民纳税人或扣缴义务人退还多缴税款申请之日起30日内查实，对符合享受协定待遇条件的多缴税款办理退还手续。

第十一条 非居民纳税人享受协定待遇留存备查资料应按照税收征管法及其实施细则规定的期限保存。

第三章　税务机关后续管理

第十二条　各级税务机关应当对非居民纳税人享受协定待遇开展后续管理，准确执行协定，防范协定滥用和逃避税风险。

第十三条　主管税务机关在后续管理时，可要求非居民纳税人限期提供留存备查资料。

主管税务机关在后续管理或税款退还查实工作过程中，发现依据本办法第七条规定的资料不足以证明非居民纳税人符合享受协定待遇条件，或非居民纳税人存在逃避税嫌疑的，可要求非居民纳税人或扣缴义务人限期提供相关资料并配合调查。

第十四条　本办法规定的资料原件为外文文本的，按照主管税务机关要求提供时，应当附送中文译本，并对中文译本的准确性和完整性负责。

非居民纳税人、扣缴义务人可以向主管税务机关提供资料复印件，但是应当在复印件上标注原件存放处，加盖报告责任人印章或签章。主管税务机关要求报验原件的，应报验原件。

第十五条　非居民纳税人、扣缴义务人应配合主管税务机关进行非居民纳税人享受协定待遇的后续管理与调查。非居民纳税人、扣缴义务人均未按照税务机关要求提供相关资料，或逃避、拒绝、阻挠税务机关进行后续调查，主管税务机关无法查实其是否符合享受协定待遇条件的，应视为不符合享受协定待遇条件。

第十六条　非居民纳税人不符合享受协定待遇条件而享受了协定待遇且未缴或少缴税款的，除因扣缴义务人未按本办法第六条规定扣缴申报外，视为非居民纳税人未按照规定申报缴纳税款，主管税务机关依法追缴税款并追究非居民纳税人延迟纳税责任。在扣缴情况下，税款延迟缴纳期限自扣缴申报享受协定待遇之日起计算。

第十七条　扣缴义务人未按本办法第六条规定扣缴申报，或者未按本办法第十三条规定提供相关资料，发生不符合享受协定待遇条件的非居民纳税人享受协定待遇且未缴或少缴税款情形的，主管税务机关依据有关规定追究扣缴义务人责任，并责令非居民纳税人限期缴纳税款。

第十八条　依据企业所得税法第三十九条规定，非居民纳税人未依法缴纳税款的，主管税务机关可以从该非居民纳税人在中国境内其他收入项目的支付人应付的款项中，追缴该非居民纳税人的应纳税款。

第十九条　主管税务机关在后续管理或税款退还查实工作过程中，发现不能准确判定非居民纳税人是否可以享受协定待遇的，应当向上级税务机关报告；需要启动相互协商或情报交换程序的，按有关规定启动相应程序。

第二十条　本办法第十条所述查实时间不包括非居民纳税人或扣缴义务人补充提供资料、个案请示、相互协商、情报交换的时间。税务机关因上述原因延长查实时间的，应书面通知退税申请人相关决定及理由。

第二十一条　主管税务机关在后续管理过程中，发现需要适用税收协定主要目的测试条款或国内税收法律规定中的一般反避税规则的，适用一般反避税相关规定。

第二十二条　主管税务机关应当对非居民纳税人不当享受协定待遇情况建立信用档

案,并采取相应后续管理措施。

第四章 附 则

第二十三条 协定与本办法规定不同的,按协定执行。

第二十四条 非居民纳税人需要享受内地与香港、澳门特别行政区签署的避免双重征税安排待遇的,按照本公告执行。

第二十五条 本办法自2020年1月1日起施行。《非居民纳税人享受税收协定待遇管理办法》(国家税务总局公告2015年第60号发布,国家税务总局公告2018年第31号修改)同时废止。

附件 Attach Form(s)

非居民纳税人享受协定待遇信息报告表
Information Reporting Form for Non-resident Taxpayers Claiming Treaty Benefits

金额单位:人民币元(列至角分)

Monetary unit: RMB Yuan (Keep two decimal places)

非居民纳税人填写第1项至第17项信息,并对填报信息的真实性、准确性、合法性承担法律责任。 Non-resident Taxpayers fill in the blanks of item 1 to 17 and take legal responsibility for the authenticity, accuracy and legitimacy of the information.			
1. 中文名称 Name in Chinese		2. 在中国的纳税人识别号(统一社会信用代码) Tax identification number in China (Uniform social credit code)	
3. 在居民国(地区)名称 Name in resident jurisdiction		4. 在居民国(地区)的纳税人识别号 Tax identification number in resident jurisdiction	
5. 在中国的联系地址、邮政编码 Contact address and zip code in China		6. 在中国的联系电话 Telephone number in China	
7. 在居民国(地区)的联系地址、邮政编码 Contact address and zip code in resident jurisdiction		8. 在居民国(地区)的联系电话 Telephone number in resident jurisdiction	
9. 居民国(地区) Resident jurisdiction		10. 电子邮箱 E-mail address	
11. 享受协定名称 The applicable treaty		12. 适用协定条款名称 Applicable articles of the treaty	

续表

<table>
<tr><td colspan="5">13. 非居民纳税人是否取得缔约对方税务主管当局开具的证明非居民纳税人取得所得的当年度或上一年度税收居民身份的税收居民身份证明
Whether the non-resident taxpayer obtained the tax resident certificate issued by the competent tax authority of the other contracting jurisdiction to prove the residence status of non-resident taxpayer for the year or its previous year during which the payment is received</td><td>□ 是 Yes
□ 否 No</td></tr>
<tr><td>14. 享受协定待遇所得金额
Amount of the income with respect to which tax treaty benefits are claimed</td><td colspan="2"></td><td colspan="2">15. 享受协定待遇减免税额
Amount of tax reduced or exempted</td><td></td></tr>
<tr><td colspan="6">16. 适用股息、利息、特许权使用费条款时，非居民纳税人为“受益所有人”的政策依据是《国家税务总局关于税收协定中“受益所有人”有关问题的公告》（国家税务总局公告 2018 年第 9 号）的：
□ 第二条；□ 第三条第（一）项；□ 第三条第（二）项；□第四条；□ 其他：请说明____________
If the article of dividends, interest or royalties is applied, the policy basis for non-resident taxpayer to be the “beneficial owner” is the □ Article 2; □ Item 1 of Article 3; □ Item 2 of Article 3; □ Article 4; □ Others: Please specify ____________ of the Public Notice of the State Taxation Administration on “Beneficial Owner” set forth in Double Taxation Agreements (Public Notice〔2018〕No. 9 of the State Taxation Administration).</td></tr>
<tr><td colspan="6">17. 我谨声明：根据缔约对方法律法规和税收协定居民条款，我为缔约对方税收居民，相关安排和交易的主要目的不是为了获取税收协定待遇。我自行判断符合协定待遇条件，自行享受协定待遇，承担相应法律责任。我将按规定归集和留存相关资料备查，接受税务机关后续管理。
I hereby declare: According to the laws, regulations of the other contracting jurisdiction and the article of resident of the tax treaty, I am a resident of the other contracting jurisdiction, the principal purpose of the relevant arrangement and transaction is not to obtain tax treaty benefits. Through self-assessment, I believe that I am in conformity with the conditions for claiming tax treaty benefits, so I will enjoy tax treaty benefits. Therefore, I take due legal responsibilities. I will collect and retain relevant materials for review in accordance with the regulations, and accept the follow-up administration of the tax authority.
非居民纳税人签章或签字　　　　年　月　日
Seal or signature of non-resident taxpayer　　　　Y　M　D</td></tr>
<tr><td colspan="6">以下信息不需要非居民纳税人填写
Non-resident taxpayers do not need to fill in the following blanks</td></tr>
<tr><td>18. 扣缴义务人名称
Name of withholding agent</td><td colspan="5"></td></tr>
<tr><td colspan="6">19. 扣缴义务人纳税人识别号（统一社会信用代码）：□□□□□□□□□□□□□□□□□□□□
Tax identification number of withholding agent (Uniform social credit code)</td></tr>
<tr><td colspan="2">经办人签字：
Signature of the case handler:

经办人身份证件号码：
ID number of the case handler:

扣缴义务人签章：
Seal of the withholding agent:</td><td colspan="2">经办人签字：
Signature of the case handler:
经办人身份证件号码：
ID number of the case handler:
代理机构签章：
Seal of the tax agent:
代理机构统一社会信用代码：
Uniform social credit code of the tax agent:</td><td colspan="2">受理人：
Received by:
受理税务机关（章）：
Tax authority in charge (Seal):

受理日期：年　月　日
Date of case acceptance:
Y　M　D</td></tr>
</table>

国家税务总局监制

2-1-210

国家税务总局关于修订企业所得税年度纳税申报表有关问题的公告

2019年12月9日 国家税务总局公告2019年第41号

为贯彻落实《中华人民共和国企业所得税法》及有关税收政策，进一步优化纳税申报，现将修订企业所得税年度纳税申报表有关问题公告如下：

一、对《中华人民共和国企业所得税年度纳税申报表（A类，2017年版）》部分表单和填报说明进行修订，修订后的部分表单和填报说明详见附件。

（一）对《企业所得税年度纳税申报表填报表单》、《企业所得税年度纳税申报基础信息表》（A000000）、《纳税调整项目明细表》（A105000）、《广告费和业务宣传费跨年度纳税调整明细表》（A105060）、《捐赠支出及纳税调整明细表》（A105070）、《免税、减计收入及加计扣除优惠明细表》（A107010）、《符合条件的居民企业之间的股息、红利等权益性投资收益优惠明细表》（A107011）、《减免所得税优惠明细表》（A107040）的表单样式及填报说明进行修订。

（二）对《中华人民共和国企业所得税年度纳税申报表（A类）》（A100000）、《资产折旧、摊销及纳税调整明细表》（A105080）、《企业所得税弥补亏损明细表》（A106000）、《所得减免优惠明细表》（A107020）、《境外所得纳税调整后所得明细表》（A108010）的填报说明进行修订。

二、企业申报享受研发费用加计扣除政策时，按照《国家税务总局关于发布修订后的〈企业所得税优惠政策事项办理办法〉的公告》（国家税务总局公告2018年第23号）的规定执行，不再填报《研发项目可加计扣除研究开发费用情况归集表》和报送《“研发支出”辅助账汇总表》。《“研发支出”辅助账汇总表》由企业留存备查。

三、本公告适用于2019年度及以后年度企业所得税汇算清缴申报。《国家税务总局关于发布〈中华人民共和国企业所得税年度纳税申报表（A类，2017年版）〉的公告》（国家税务总局公告2017年第54号）、《国家税务总局关于修订〈中华人民共和国企业所得税年度纳税申报表（A类，2017年版）〉部分表单样式及填报说明的公告》（国家税务总局公告2018年第57号）、《国家税务总局关于修订〈中华人民共和国企业所得税月（季）度预缴纳税申报表（A类，2018年版）〉等部分表单样式及填报说明的公告》（国家税务总局公告2019年第3号）中的上述表单和填报说明同时废止。《国家税务总局关于企业研究开发费用税前加计扣除政策有关问题的公告》（国家税务总局公告2015年第97号）第五条中“并在报送《年度财务会计报告》的同时随附注一并报送主管税务机关”的规定和第六条第一项、附件6《研发项目可加计扣除研究开发费用情况归集表》同时废止。

特此公告。

附件：《中华人民共和国企业所得税年度纳税申报表（A类，2017年版）》部分表单及填

报说明(2019年修订)(编者略)

注释:

条款废止。相关表单和填报说明废止。参见:《国家税务总局关于企业所得税年度汇算清缴有关事项的公告》(国家税务总局公告2021年第34号)。

条款废止。相关表单和填报说明废止。参见:《国家税务总局关于修订企业所得税年度纳税申报表的公告》(国家税务总局公告2020年第24号)。

2－1－211

财政部　税务总局　民政部关于公益性捐赠税前扣除有关事项的公告

2020年5月13日　财政部公告2020年第27号

为贯彻落实《中华人民共和国企业所得税法》及其实施条例、《中华人民共和国个人所得税法》及其实施条例,现就公益性捐赠税前扣除有关事项公告如下:

一、企业或个人通过公益性社会组织、县级以上人民政府及其部门等国家机关,用于符合法律规定的公益慈善事业捐赠支出,准予按税法规定在计算应纳税所得额时扣除。

二、本公告第一条所称公益慈善事业,应当符合《中华人民共和国公益事业捐赠法》第三条对公益事业范围的规定或者《中华人民共和国慈善法》第三条对慈善活动范围的规定。

三、本公告第一条所称公益性社会组织,包括依法设立或登记并按规定条件和程序取得公益性捐赠税前扣除资格的慈善组织、其他社会组织和群众团体。公益性群众团体的公益性捐赠税前扣除资格确认及管理按照现行规定执行。依法登记的慈善组织和其他社会组织的公益性捐赠税前扣除资格确认及管理按本公告执行。

四、在民政部门依法登记的慈善组织和其他社会组织(以下统称社会组织),取得公益性捐赠税前扣除资格应当同时符合以下规定:

(一)符合企业所得税法实施条例第五十二条第一项到第八项规定的条件。

(二)每年应当在3月31日前按要求向登记管理机关报送经审计的上年度专项信息报告。报告应当包括财务收支和资产负债总体情况、开展募捐和接受捐赠情况、公益慈善事业支出及管理费用情况(包括本条第三项、第四项规定的比例情况)等内容。

首次确认公益性捐赠税前扣除资格的,应当报送经审计的前两个年度的专项信息报告。

(三)具有公开募捐资格的社会组织,前两年度每年用于公益慈善事业的支出占上年总收入的比例均不得低于70%。计算该支出比例时,可以用前三年收入平均数代替上年总收入。

不具有公开募捐资格的社会组织,前两年度每年用于公益慈善事业的支出占上年末净资产的比例均不得低于8%。计算该比例时,可以用前三年年末净资产平均数代替上年末净资产。

（四）具有公开募捐资格的社会组织，前两年度每年支出的管理费用占当年总支出的比例均不得高于10%。

不具有公开募捐资格的社会组织，前两年每年支出的管理费用占当年总支出的比例均不得高于12%。

（五）具有非营利组织免税资格，且免税资格在有效期内。

（六）前两年度未受到登记管理机关行政处罚（警告除外）。

（七）前两年度未被登记管理机关列入严重违法失信名单。

（八）社会组织评估等级为3A以上（含3A）且该评估结果在确认公益性捐赠税前扣除资格时仍在有效期内。

公益慈善事业支出、管理费用和总收入的标准和范围，按照《民政部　财政部　国家税务总局关于印发〈关于慈善组织开展慈善活动年度支出和管理费用的规定〉的通知》（民发〔2016〕189号）关于慈善活动支出、管理费用和上年总收入的有关规定执行。

按照《中华人民共和国慈善法》新设立或新认定的慈善组织，在其取得非营利组织免税资格的当年，只需要符合本条第一项、第六项、第七项条件即可。

五、公益性捐赠税前扣除资格的确认按以下规定执行：

（一）在民政部登记注册的社会组织，由民政部结合社会组织公益活动情况和日常监督管理、评估等情况，对社会组织的公益性捐赠税前扣除资格进行核实，提出初步意见。根据民政部初步意见，财政部、税务总局和民政部对照本公告相关规定，联合确定具有公益性捐赠税前扣除资格的社会组织名单，并发布公告。

（二）在省级和省级以下民政部门登记注册的社会组织，由省、自治区、直辖市和计划单列市财政、税务、民政部门参照本条第一项规定执行。

（三）公益性捐赠税前扣除资格的确认对象包括：

1. 公益性捐赠税前扣除资格将于当年末到期的公益性社会组织；

2. 已被取消公益性捐赠税前扣除资格但又重新符合条件的社会组织；

3. 登记设立后尚未取得公益性捐赠税前扣除资格的社会组织。

（四）每年年底前，省级以上财政、税务、民政部门按权限完成公益性捐赠税前扣除资格的确认和名单发布工作，并按本条第三项规定的不同审核对象，分别列示名单及其公益性捐赠税前扣除资格起始时间。

六、公益性捐赠税前扣除资格在全国范围内有效，有效期为三年。

本公告第五条第三项规定的第一种情形，其公益性捐赠税前扣除资格自发布名单公告的次年1月1日起算。本公告第五条第三项规定的第二种和第三种情形，其公益性捐赠税前扣除资格自发布公告的当年1月1日起算。

七、公益性社会组织存在以下情形之一的，应当取消其公益性捐赠税前扣除资格：

（一）未按本公告规定时间和要求向登记管理机关报送专项信息报告的；

（二）最近一个年度用于公益慈善事业的支出不符合本公告第四条第三项规定的；

（三）最近一个年度支出的管理费用不符合本公告第四条第四项规定的；

（四）非营利组织免税资格到期后超过六个月未重新获取免税资格的；

（五）受到登记管理机关行政处罚（警告除外）的；

（六）被登记管理机关列入严重违法失信名单的；

（七）社会组织评估等级低于3A或者无评估等级的。

八、公益性社会组织存在以下情形之一的，应当取消其公益性捐赠税前扣除资格，且取消资格的当年及之后三个年度内不得重新确认资格：

（一）违反规定接受捐赠的，包括附加对捐赠人构成利益回报的条件、以捐赠为名从事营利性活动、利用慈善捐赠宣传烟草制品或法律禁止宣传的产品和事项、接受不符合公益目的或违背社会公德的捐赠等情形；

（二）开展违反组织章程的活动，或者接受的捐赠款项用于组织章程规定用途之外的；

（三）在确定捐赠财产的用途和受益人时，指定特定受益人，且该受益人与捐赠人或公益性社会组织管理人员存在明显利益关系的。

九、公益性社会组织存在以下情形之一的，应当取消其公益性捐赠税前扣除资格且不得重新确认资格：

（一）从事非法政治活动的；

（二）从事、资助危害国家安全或者社会公共利益活动的。

十、对应当取消公益性捐赠税前扣除资格的公益性社会组织，由省级以上财政、税务、民政部门核实相关信息后，按权限及时向社会发布取消资格名单公告。自发布公告的次月起，相关公益性社会组织不再具有公益性捐赠税前扣除资格。

十一、公益性社会组织、县级以上人民政府及其部门等国家机关在接受捐赠时，应当按照行政管理级次分别使用由财政部或省、自治区、直辖市财政部门监（印）制的公益事业捐赠票据，并加盖本单位的印章。

企业或个人将符合条件的公益性捐赠支出进行税前扣除，应当留存相关票据备查。

十二、公益性社会组织登记成立时的注册资金捐赠人，在该公益性社会组织首次取得公益性捐赠税前扣除资格的当年进行所得税汇算清缴时，可按规定对其注册资金捐赠额进行税前扣除。

十三、除另有规定外，公益性社会组织、县级以上人民政府及其部门等国家机关在接受企业或个人捐赠时，按以下原则确认捐赠额：

（一）接受的货币性资产捐赠，以实际收到的金额确认捐赠额。

（二）接受的非货币性资产捐赠，以其公允价值确认捐赠额。捐赠方在向公益性社会组织、县级以上人民政府及其部门等国家机关捐赠时，应当提供注明捐赠非货币性资产公允价值的证明；不能提供证明的，接受捐赠方不得向其开具捐赠票据。

十四、为方便纳税主体查询，省级以上财政、税务、民政部门应当及时在官方网站上发布具备公益性捐赠税前扣除资格的公益性社会组织名单公告。

企业或个人可通过上述渠道查询社会组织公益性捐赠税前扣除资格及有效期。

十五、本公告自2020年1月1日起执行。《财政部　国家税务总局　民政部关于公益性捐赠税前扣除有关问题的通知》（财税〔2008〕160号）、《财政部　国家税务总局　民政部关于公益性捐赠税前扣除有关问题的补充通知》（财税〔2010〕45号）、《财政部　国家税务总局　民政部关于公益性捐赠税前扣除资格确认审批有关调整事项的通知》（财税〔2015〕

141号)同时废止。

尚未完成2019年度及以前年度社会组织公益性捐赠税前扣除资格确认工作的,各级财政、税务、民政部门按照原政策规定执行。2020年度及以后年度的公益性捐赠税前扣除资格的确认及管理按本公告规定执行。

特此公告。

2－1－212

国家税务总局关于修订《中华人民共和国企业所得税月(季)度预缴纳税申报表(A类,2018年版)》等报表的公告

2020年6月29日　国家税务总局公告2020年第12号

为贯彻落实《中华人民共和国企业所得税法》及有关政策,国家税务总局修订了《中华人民共和国企业所得税月(季)度预缴纳税申报表(A类,2018年版)》《中华人民共和国企业所得税月(季)度预缴和年度纳税申报表(B类,2018年版)》,现予以发布,自2020年7月1日起施行。《国家税务总局关于发布〈中华人民共和国企业所得税月(季)度预缴纳税申报表(A类,2018年版)〉等报表的公告》(2018年第26号)、《国家税务总局关于修订〈中华人民共和国企业所得税月(季)度预缴纳税申报表(A类,2018年版)〉等部分表单样式及填报说明的公告》(2019年第3号)、《国家税务总局关于修订2018年版企业所得税预缴纳税申报表部分表单及填报说明的公告》(2019年第23号)同时废止。

特此公告。

附件:1.《中华人民共和国企业所得税月(季)度预缴纳税申报表(A类,2018年版)》(2020年修订)(编者略)

2.《中华人民共和国企业所得税月(季)度预缴和年度纳税申报表(B类,2018年版)》(2020年修订)(编者略)

注释:

条款废止。附件1《中华人民共和国企业所得税月(季)度预缴纳税申报表(A类,2018年版)》(2020年修订)自2021年4月1日起废止。参见:《国家税务总局关于发布〈中华人民共和国企业所得税月(季)度预缴纳税申报表(A类)〉的公告》(国家税务总局公告2021年第3号)。

2－1－213

财政部　税务总局关于广告费和业务宣传费支出税前扣除有关事项的公告

2020年11月27日　财政部　税务总局公告2020年第43号

根据《中华人民共和国企业所得税法》及其实施条例，现就广告费和业务宣传费支出税前扣除有关事项公告如下：

一、对化妆品制造或销售、医药制造和饮料制造（不含酒类制造）企业发生的广告费和业务宣传费支出，不超过当年销售（营业）收入30%的部分，准予扣除；超过部分，准予在以后纳税年度结转扣除。

二、对签订广告费和业务宣传费分摊协议（以下简称分摊协议）的关联企业，其中一方发生的不超过当年销售（营业）收入税前扣除限额比例内的广告费和业务宣传费支出可以在本企业扣除，也可以将其中的部分或全部按照分摊协议归集至另一方扣除。另一方在计算本企业广告费和业务宣传费支出企业所得税税前扣除限额时，可将按照上述办法归集至本企业的广告费和业务宣传费不计算在内。

三、烟草企业的烟草广告费和业务宣传费支出，一律不得在计算应纳税所得额时扣除。

四、本通知自2021年1月1日起至2025年12月31日止执行。《财政部　税务总局关于广告费和业务宣传费支出税前扣除政策的通知》（财税〔2017〕41号）自2021年1月1日起废止。

2－1－214

国家税务总局关于修订企业所得税年度纳税申报表的公告

2020年12月30日　国家税务总局公告2020年第24号

为贯彻落实《中华人民共和国企业所得税法》及有关税收政策，税务总局对《中华人民共和国企业所得税年度纳税申报表（A类，2017年版）》部分表单和填报说明进行修订。现公告如下：

一、对《企业所得税年度纳税申报表填报表单》、《企业所得税年度纳税申报基础信息表》（A000000）、《纳税调整项目明细表》（A105000）、《捐赠支出及纳税调整明细表》（A105070）、《资产折旧、摊销及纳税调整明细表》（A105080）、《资产损失税前扣除及纳税调整明细表》（A105090）、《特殊行业准备金及纳税调整明细表》（A105120）、《企业所得税弥补亏损明细表》(A106000)、《所得减免优惠明细表》(A107020)、《减免所得税优惠明细表》(A107040)、《软件、集成电路企业优惠情况及明细表》(A107042)、《境外所得纳税调整后所得明细表》(A108010)的表单样式及填报说明进行修订。其中,《特殊行业准备金及纳税调整明细表》(A105120)调整为《贷款损失准备金及纳税调整明细表》(A105120)。

二、对《中华人民共和国企业所得税年度纳税申报表(A类)》(A100000)、《境外所得税收抵免明细表》(A108000)的填报说明进行修订。

三、本公告适用于2020年度及以后年度企业所得税汇算清缴申报。《国家税务总局关于发布〈中华人民共和国企业所得税年度纳税申报表(A类,2017年版)〉的公告》(2017年第54号)、《国家税务总局关于修订〈中华人民共和国企业所得税年度纳税申报表(A类,2017年版)〉部分表单样式及填报说明的公告》(2018年第57号)、《国家税务总局关于修订企业所得税年度纳税申报表有关问题的公告》(2019年第41号)中的上述表单和填报说明同时废止。

特此公告。

附件:《中华人民共和国企业所得税年度纳税申报表(A类,2017年版)》部分表单及填报说明(2020年修订)(编者略)

注释:

条款废止。相关表单和填报说明废止。参见:《国家税务总局关于企业所得税年度纳税申报有关事项的公告》(国家税务总局公告2022年第27号)。

条款废止。相关表单和填报说明废止。参见:《国家税务总局关于企业所得税年度汇算清缴有关事项的公告》(国家税务总局公告2021年第34号)。

2-1-215

财政部 税务总局 民政部关于公益性捐赠税前扣除资格确认有关衔接事项的公告

2021年2月4日 财政部 税务总局 民政部公告2021年第3号

为鼓励社会公益性捐赠,做好《财政部 税务总局 民政部关于公益性捐赠税前扣除有关事项的公告》(财政部 税务总局 民政部公告2020年第27号)与相关文件的衔接工作,并考虑新冠肺炎疫情影响,现就有关事项公告如下:

一、确认2020年度—2022年度公益性捐赠税前扣除资格时,部分条件可按照以下规定执行:

(一)在民政部门依法登记的慈善组织和其他社会组织(以下统称社会组织)2018年和2019年的公益慈善事业支出和管理费用比例,可按照《民政部 财政部 国家税务总局关于印发〈关于慈善组织开展慈善活动年度支出和管理费用的规定〉的通知》(民发〔2016〕

189 号)有关规定执行。

(二)社会组织 2018 年至本公告发布之日最近一期的评估等级达到 3A 以上(含 3A)。对于 2019 年成立的社会组织,以及 2019 年至本公告发布之日已接受评估但尚未出具结论的社会组织,确认资格时可暂不考虑其评估等级。

(三)确认公益性捐赠税前扣除资格时,可暂不考虑社会组织的非营利组织免税资格。

(四)按照本条取得公益性捐赠税前扣除资格的,在资格有效期内,应取得 3A 以上(含 3A)评估等级,且取得非营利组织免税资格。

二、确认 2021 年度—2023 年度公益性捐赠税前扣除资格时,社会组织 2019 年和 2020 年的公益慈善事业支出和管理费用比例,可按照《民政部　财政部　国家税务总局关于印发〈关于慈善组织开展慈善活动年度支出和管理费用的规定〉的通知》(民发〔2016〕189 号)有关规定执行。

三、本公告自 2020 年 1 月 1 日起执行。

特此公告。

2－1－216

国家税务总局关于发布《中华人民共和国企业所得税月(季)度预缴纳税申报表(A 类)》的公告

2021 年 3 月 15 日　国家税务总局公告 2021 年第 3 号

为贯彻落实党中央、国务院关于深化"放管服"改革、优化营商环境的部署,进一步减轻纳税人负担,优化执法方式,税务总局决定,在 2021 年"我为纳税人缴费人办实事暨便民办税春风行动"中推出"修订查账征收企业所得税预缴纳税申报表,简化表单样式"的行动举措。根据《中华人民共和国企业所得税法》及有关税收政策,现将简化后的《中华人民共和国企业所得税月(季)度预缴纳税申报表(A 类)》予以发布,并就有关事项公告如下:

一、《中华人民共和国企业所得税月(季)度预缴纳税申报表(A 类)》适用于实行查账征收企业所得税的居民企业月度、季度预缴申报时填报。

二、执行《跨地区经营汇总纳税企业所得税征收管理办法》(国家税务总局公告 2012 年第 57 号发布,2018 年第 31 号修改)的跨地区经营汇总纳税企业的分支机构,使用《中华人民共和国企业所得税月(季)度预缴纳税申报表(A 类)》进行月度、季度预缴申报和年度汇算清缴申报。

三、省(自治区、直辖市和计划单列市)税务机关对仅在本省(自治区、直辖市和计划单列市)内设立不具有法人资格分支机构的企业,参照《跨地区经营汇总纳税企业所得税征收管理办法》征收管理的,企业的分支机构按照本公告第二条规定进行月度、季度预缴申报和年度汇算清缴申报。

四、企业申报各类优惠事项及扶贫捐赠等特定事项时,根据《企业所得税申报事项目录》中的事项名称填报。《企业所得税申报事项目录》在国家税务总局网站"纳税服务"栏目另行发布,并根据政策调整情况适时更新。

五、本公告自2021年4月1日起施行。《国家税务总局关于修订〈中华人民共和国企业所得税月(季)度预缴纳税申报表(A类,2018年版)〉等报表的公告》(2020年第12号)中的附件1《中华人民共和国企业所得税月(季)度预缴纳税申报表(A类,2018年版)》(2020年修订)同时废止。

特此公告。

附件:中华人民共和国企业所得税月(季)度预缴纳税申报表(A类)

附件

中华人民共和国企业所得税月(季)度预缴纳税申报表
(A类)

国家税务总局
2021年

A200000 中华人民共和国企业所得税月(季)度预缴纳税申报表(A类)

税款所属时间: 年 月 日至 年 月 日

纳税人识别号(统一社会信用代码):□□□□□□□□□□□□□□□□□□□□

纳税人名称: 金额单位:人民币元(列至角分)

优惠及附报事项有关信息									
项目	一季度		二季度		三季度		四季度		季度平均值
	季初	季末	季初	季末	季初	季末	季初	季末	
从业人数									
资产总额(万元)									
国家限制或禁止行业	□是 □否				小型微利企业				□是 □否

	附报事项名称	金额或选项
事项1	(填写特定事项名称)	
事项2	(填写特定事项名称)	

	预缴税款计算	本年累计
1	营业收入	
2	营业成本	
3	利润总额	
4	加:特定业务计算的应纳税所得额	
5	减:不征税收入	
6	减:资产加速折旧、摊销(扣除)调减额(填写A201020)	
7	减:免税收入、减计收入、加计扣除(7.1+7.2+…)	
7.1	(填写优惠事项名称)	
7.2	(填写优惠事项名称)	
8	减:所得减免(8.1+8.2+…)	
8.1	(填写优惠事项名称)	
8.2	(填写优惠事项名称)	
9	减:弥补以前年度亏损	
10	实际利润额(3+4-5-6-7-8-9)\按照上一纳税年度应纳税所得额平均额确定的应纳税所得额	
11	税率(25%)	
12	应纳所得税额(10×11)	
13	减:减免所得税额(13.1+13.2+…)	
13.1	(填写优惠事项名称)	
13.2	(填写优惠事项名称)	
14	减:本年实际已缴纳所得税额	
15	减:特定业务预缴(征)所得税额	
16	本期应补(退)所得税额(12-13-14-15)\税务机关确定的本期应纳所得税额	

续表

<table>
<tr><td></td><td colspan="3">预缴税款计算</td><td>本年累计</td></tr>
<tr><td colspan="5">汇总纳税企业总分机构税款计算</td></tr>
<tr><td>17</td><td rowspan="4">机构</td><td colspan="2">总机构本期分摊应补(退)所得税额(18 +19 +20)</td><td></td></tr>
<tr><td>18</td><td colspan="2">其中:总机构分摊应补(退)所得税额(16 × 总机构分摊比例____%)</td><td></td></tr>
<tr><td>19</td><td colspan="2">财政集中分配应补(退)所得税额(16 × 财政集中分配比例____%)</td><td></td></tr>
<tr><td>20</td><td colspan="2">总机构具有主体生产经营职能的部门分摊所得税额(16 × 全部分支机构分摊比例____% × 总机构具有主体生产经营职能部门分摊比例____%)</td><td></td></tr>
<tr><td>21</td><td rowspan="2">分支机构</td><td colspan="2">分支机构本期分摊比例</td><td></td></tr>
<tr><td>22</td><td colspan="2">分支机构本期分摊应补(退)所得税额</td><td></td></tr>
<tr><td colspan="5">实际缴纳企业所得税计算</td></tr>
<tr><td>23</td><td colspan="2">减:民族自治地区企业所得税地方分享部分:□免征 □减征:减征幅度____%</td><td>本年累计应减免金额[(12 - 13 - 15) ×40% ×减征幅度]</td><td></td></tr>
<tr><td>24</td><td colspan="3">实际应补(退)所得税额</td><td></td></tr>
<tr><td colspan="5">谨声明:本纳税申报表是根据国家税收法律法规及相关规定填报的,是真实的、可靠的、完整的。
纳税人(签章): 年 月 日</td></tr>
<tr><td colspan="3">经办人:
经办人身份证号:
代理机构签章:
代理机构统一社会信用代码:</td><td colspan="2">受理人:
受理税务机关(章):
受理日期: 年 月 日</td></tr>
</table>

国家税务总局监制

A200000《中华人民共和国企业所得税月(季)度预缴纳税申报表(A 类)》填报说明

一、适用范围

本表适用于实行查账征收企业所得税的居民企业纳税人(以下简称"纳税人")在月(季)度预缴纳税申报时填报。执行《跨地区经营汇总纳税企业所得税征收管理办法》(国家税务总局公告2012 年第57 号发布,2018 年第31 号修改)的跨地区经营汇总纳税企业的分支机构,除预缴纳税申报时填报外,在年度纳税申报时也填报本表。省(自治区、直辖市和计划单列市)税务机关对仅在本省(自治区、直辖市和计划单列市)内设立不具有法人资格分支机构的企业,参照《跨地区经营汇总纳税企业所得税征收管理办法》征收管理的,企业的分支机构在除预缴纳税申报时填报外,在年度纳税申报时也填报本表。

二、表头项目

(一)税款所属期间

1. 月(季)度预缴纳税申报

正常经营的纳税人,填报税款所属期月(季)度第一日至税款所属期月(季)度最后一日;年度中间开业的纳税人,在首次月(季)度预缴纳税申报时,填报开始经营之日至税款所属月(季)度最后一日,以后月(季)度预缴纳税申报时按照正常情况填报;年度中间终止经营活动的纳税人,在终止经营活动当期纳税申报时,填报税款所属期月(季)度第一日至终止经营活动之日,以后月(季)度预缴纳税申报时不再填报。

2. 年度纳税申报

填报税款所属年度 1 月 1 日至 12 月 31 日。

（二）纳税人识别号（统一社会信用代码）

填报税务机关核发的纳税人识别号或有关部门核发的统一社会信用代码。

（三）纳税人名称

填报营业执照、税务登记证等证件载明的纳税人名称。

三、优惠及附报事项信息

本项下所有项目按季度填报。按月申报的纳税人，在季度最后一个属期的月份填报。企业类型为“跨地区经营汇总纳税企业分支机构”的，不填报“优惠及附报事项有关信息”所有项目。

（一）从业人数

必报项目。

纳税人填报第一季度至税款所属季度各季度的季初、季末、季度平均从业人员的数量。季度中间开业的纳税人，填报开业季度至税款所属季度各季度的季初、季末从业人员的数量，其中开业季度“季初”填报开业时从业人员的数量。季度中间停止经营的纳税人，填报第一季度至停止经营季度各季度的季初、季末从业人员的数量，其中停止经营季度“季末”填报停止经营时从业人员的数量。“季度平均值”填报截至本税款所属期末从业人员数量的季度平均值，计算方法如下：

各季度平均值＝（季初值＋季末值）÷2

截至本税款所属期末季度平均值＝截至本税款所属期末各季度平均值之和÷相应季度数

年度中间开业或者终止经营活动的，以其实际经营期计算上述指标。

从业人数是指与企业建立劳动关系的职工人数和企业接受的劳务派遣用工人数之和。汇总纳税企业总机构填报包括分支机构在内的所有从业人数。

（二）资产总额（万元）

必报项目。

纳税人填报第一季度至税款所属季度各季度的季初、季末、季度平均资产总额的金额。季度中间开业的纳税人，填报开业季度至税款所属季度各季度的季初、季末资产总额的金额，其中开业季度“季初”填报开业时资产总额的金额。季度中间停止经营的纳税人，填报第一季度至停止经营季度各季度的季初、季末资产总额的金额，其中停止经营季度“季末”填报停止经营时资产总额的金额。“季度平均值”填报截至本税款所属期末资产总额金额的季度平均值，计算方法如下：

各季度平均值＝（季初值＋季末值）÷2

截至本税款所属期末季度平均值＝截至本税款所属期末各季度平均值之和÷相应季度数

年度中间开业或者终止经营活动的，以其实际经营期计算上述指标。

填报单位为人民币万元，保留小数点后2位。

（三）国家限制或禁止行业

必报项目。

纳税人从事行业为国家限制或禁止行业的，选择“是”；其他选择“否”。

（四）小型微利企业

必报项目。

本纳税年度截至本期末的从业人数季度平均值不超过300人、资产总额季度平均值不超过5000万元、本表“国家限制或禁止行业”选择“否”且本期本表第10行“实际利润额\按照上一纳税年度应纳税所得额平均额确定的应纳税所得额”不超过300万元的纳税人，选择“是”；否则选择“否”。

（五）附报事项

纳税人根据《企业所得税申报事项目录》，发生符合税法相关规定的支持新型冠状病毒感染的肺炎疫情防控捐赠支出、扶贫捐赠支出、软件集成电路企业优惠政策适用类型等特定事项时，填报事项名称、该事项本年累计享受金额或选择享受优惠政策的有关信息。同时发生多个事项，可以增加行次。

四、预缴税款计算

预缴方式为“按照实际利润额预缴”的纳税人，填报第1行至第16行，预缴方式为“按照上一纳税年度应纳税所得额平均额预缴”的纳税人填报第10、11、12、13、14、16行，预缴方式为“按照税务机关确定的其他方法预缴”的纳税人填报第

16 行。

1. 第 1 行“营业收入”：填报纳税人截至本税款所属期末，按照国家统一会计制度规定核算的本年累计营业收入。

如：以前年度已经开始经营且按季度预缴纳税申报的纳税人，第二季度预缴纳税申报时本行填报本年 1 月 1 日至 6 月 30 日期间的累计营业收入。

2. 第 2 行“营业成本”：填报纳税人截至本税款所属期末，按照国家统一会计制度规定核算的本年累计营业成本。

3. 第 3 行“利润总额”：填报纳税人截至本税款所属期末，按照国家统一会计制度规定核算的本年累计利润总额。

4. 第 4 行“特定业务计算的应纳税所得额”：从事房地产开发等特定业务的纳税人，填报按照税收规定计算的特定业务的应纳税所得额。房地产开发企业销售未完工开发产品取得的预售收入，按照税收规定的预计计税毛利率计算出预计毛利额，扣除实际缴纳且在会计核算中未计入当期损益的土地增值税等税金及附加后的金额，在此行填报。

5. 第 5 行“不征税收入”：填报纳税人已经计入本表“利润总额”行次但税收规定不征税收入的本年累计金额。

6. 第 6 行“资产加速折旧、摊销(扣除)调减额”：填报资产税收上享受加速折旧、摊销优惠政策计算的折旧额、摊销额大于同期会计折旧额、摊销额期间发生纳税调减的本年累计金额。

本行根据《资产加速折旧、摊销(扣除)优惠明细表》(A201020)填报。

7. 第 7 行“免税收入、减计收入、加计扣除”：根据相关行次计算结果填报。根据《企业所得税申报事项目录》，在第 7.1 行、第 7.2 行……填报税收规定的免税收入、减计收入、加计扣除等优惠事项的具体名称和本年累计金额。发生多项且根据税收规定可以同时享受的优惠事项，可以增加行次，但每个事项仅能填报一次。

8. 第 8 行“所得减免”：根据相关行次计算结果填报。第 3 +4 −5 −6 −7 行≤0 时，本行不填报。

根据《企业所得税申报事项目录》，在第 8.1 行、第 8.2 行……填报税收规定的所得减免优惠事项的名称和本年累计金额。发生多项且根据税收规定可以同时享受的优惠事项，可以增加行次，但每个事项仅能填报一次。每项优惠事项下有多个具体项目的，应分别确定各具体项目所得，并填写盈利项目(项目所得 >0)的减征、免征所得额的合计金额。

9. 第 9 行“弥补以前年度亏损”：填报纳税人截至本税款所属期末，按照税收规定在企业所得税税前弥补的以前年度尚未弥补亏损的本年累计金额。

当本表第 3 +4 −5 −6 −7 −8 行≤0 时，本行 =0。

10. 第 10 行“实际利润额\按照上一纳税年度应纳税所得额平均额确定的应纳税所得额”：预缴方式为“按照实际利润额预缴”的纳税人，根据本表相关行次计算结果填报，第 10 行 = 第 3 +4 −5 −6 −7 −8 −9 行；预缴方式为“按照上一纳税年度应纳税所得额平均额预缴”的纳税人，填报按照上一纳税年度应纳税所得额平均额计算的本年累计金额。

11. 第 11 行“税率(25%)”：填报 25%。

12. 第 12 行“应纳所得税额”：根据相关行次计算结果填报。第 12 行 = 第 10 ×11 行，且第 12 行≥0。

13. 第 13 行“减免所得税额”：根据相关行次计算结果填报。根据《企业所得税申报事项目录》，在第 13.1 行、第 13.2 行……填报税收规定的减免所得税额优惠事项的具体名称和本年累计金额。发生多项且根据税收规定可以同时享受的优惠事项，可以增加行次，但每个事项仅能填报一次。

14. 第 14 行“本年实际已缴纳所得税额”：填报纳税人按照税收规定已在此前月(季)度申报预缴企业所得税的本年累计金额。

建筑企业总机构直接管理的跨地区设立的项目部，按照税收规定已经向项目所在地主管税务机关预缴企业所得税的金额不填本行，而是填入本表第 15 行。

15. 第 15 行“特定业务预缴(征)所得税额”：填报建筑企业总机构直接管理的跨地区设立的项目部，按照税收规定已经向项目所在地主管税务机关预缴企业所得税的本年累计金额。

本行本期填报金额不得小于本年上期申报的金额。

16. 第 16 行“本期应补(退)所得税额\税务机关确定的本期应纳所得税额”：按照不同预缴方式，分情况填报：

预缴方式为“按照实际利润额预缴”以及“按照上一纳税年度应纳税所得额平均额预缴”的纳税人，根据本表相关行次计算填报。第 16 行 = 第 12 −13 −14 −15 行，当第 12 −13 −14 −15 行 <0 时，本行填 0。其中，企业所得税收入全额归属中央且按比例就地预缴企业的分支机构，以及在同一省(自治区、直辖市、计划单列市)内的按比例就地预缴企业的分支机构，第 16 行 = 第 12 行 × 就地预缴比例 − 第 13 行 × 就地预缴比例 − 第 14 行 − 第 15 行，当第 12 行 × 就地预缴比例 − 第 13 行 × 就地预缴比例 − 第 14 行 − 第 15 行 <0 时，本行填 0。

预缴方式为“按照税务机关确定的其他方法预缴”的纳税人，本行填报本期应纳企业所得税的金额。

五、汇总纳税企业总分机构税款计算

"跨地区经营汇总纳税企业总机构"的纳税人填报第17、18、19、20行;"跨地区经营汇总纳税企业分支机构"的纳税人填报第21、22行。

1. 第17行"总机构本期分摊应补(退)所得税额":跨地区经营汇总纳税企业的总机构根据相关行次计算结果填报,第17行=第18+19+20行。

2. 第18行"总机构分摊应补(退)所得税额(16×总机构分摊比例____%)":根据相关行次计算结果填报,第18行=第16行×总机构分摊比例。其中:跨省、自治区、直辖市和计划单列市经营的汇总纳税企业"总机构分摊比例"填报25%,同一省(自治区、直辖市、计划单列市)内跨地区经营汇总纳税企业"总机构分摊比例"按照各省(自治区、直辖市、计划单列市)确定的总机构分摊比例填报。

3. 第19行"财政集中分配应补(退)所得税额(16×财政集中分配比例____%)":根据相关行次计算结果填报,第19行=第16行×财政集中分配比例。其中:跨省、自治区、直辖市和计划单列市经营的汇总纳税企业"财政集中分配比例"填报25%,同一省(自治区、直辖市、计划单列市)内跨地区经营汇总纳税企业"财政集中分配比例"按照各省(自治区、直辖市、计划单列市)确定的财政集中分配比例填报。

4. 第20行"总机构具有主体生产经营职能的部门分摊所得税额(16×全部分支机构分摊比例____%×总机构具有主体生产经营职能部门分摊比例____%)":根据相关行次计算结果填报,第20行=第16行×全部分支机构分摊比例×总机构具有主体生产经营职能部门分摊比例。其中:跨省、自治区、直辖市和计划单列市经营的汇总纳税企业"全部分支机构分摊比例"填报50%,同一省(自治区、直辖市、计划单列市)内跨地区经营汇总纳税企业"分支机构分摊比例"按照各省(自治区、直辖市、计划单列市)确定的分支机构分摊比例填报;"总机构具有主体生产经营职能部门分摊比例"按照设立的具有主体生产经营职能的部门在参与税款分摊的全部分支机构中的分摊比例填报。

5. 第21行"分支机构本期分摊比例":跨地区经营汇总纳税企业分支机构填报其总机构出具的本期《企业所得税汇总纳税分支机构所得税分配表》"分配比例"列次中列示的本分支机构的分配比例。

6. 第22行"分支机构本期分摊应补(退)所得税额":跨地区经营汇总纳税企业分支机构填报其总机构出具的本期《企业所得税汇总纳税分支机构所得税分配表》"分配所得税额"列次中列示的本分支机构应分摊的所得税额。

六、实际缴纳企业所得税

适用于民族自治地区纳税人填报。

1. 第23行"民族自治地方的自治机关对本民族自治地方的企业应缴纳的企业所得税中属于地方分享的部分减征或免征(□免征□减征:减征幅度____%)":根据《中华人民共和国企业所得税法》《中华人民共和国民族区域自治法》《财政部 国家税务总局关于贯彻落实国务院关于实施企业所得税过渡优惠政策有关问题的通知》(财税〔2008〕21号)等规定,实行民族区域自治的自治区、自治州、自治县的自治机关对本民族自治地方的企业应缴纳的企业所得税中属于地方分享的部分,可以决定免征或减征,自治州、自治县决定减征或者免征的,须报省、自治区、直辖市人民政府批准。

纳税人填报该行次时,根据享受政策的类型选择"免征"或"减征",二者必选其一。选择"免征"是指免征企业所得税税收地方分享部分;选择"减征:减征幅度____%"是指减征企业所得税税收地方分享部分。此时需填写"减征幅度",减征幅度填写范围为1至100,表示企业所得税税收地方分享部分的减征比例。例如:地方分享部分减半征收,则选择"减征",并在"减征幅度"后填写"50%"。

本行填报纳税人按照规定享受的民族自治地方的自治机关对本民族自治地方的企业应缴纳的企业所得税中属于地方分享的部分减征或免征额的本年累计金额。

2. 第24行"本期实际应补(退)所得税额":本行填报民族自治地区纳税人本期实际应补(退)所得税额。

七、表内表间关系

(一)表内关系

1. 第7行=第7.1+7.2+…行。

2. 第8行=第8.1+8.2+…行。

3. 预缴方式为"按照实际利润额预缴"的纳税人,第10行=第3+4-5-6-7-8-9行。

4. 第12行=第10×11行。

5. 第13行=第13.1+13.2+…行

6. 预缴方式为"按照实际利润额预缴""按照上一纳税年度应纳税所得额平均额预缴"的纳税人,第16行=第12-

13 - 14 - 15 行。当第 12 - 13 - 14 - 15 行 <0 时,第 16 行 =0。

其中,企业所得税收入全额归属中央且按比例就地预缴企业的分支机构,以及在同一省(自治区、直辖市、计划单列市)内的按比例就地预缴企业的分支机构,第 16 行 = 第 12 行 × 就地预缴比例 - 第 13 行 × 就地预缴比例 - 第 14 行 - 第 15 行。当第 12 行 × 就地预缴比例 - 第 13 行 × 就地预缴比例 - 第 14 行 - 第 15 行 <0 时,第 16 行 =0。

7. 第 17 行 = 第 18 + 19 + 20 行。

8. 第 18 行 = 第 16 行 × 总机构分摊比例。

9. 第 19 行 = 第 16 行 × 财政集中分配比例。

10. 第 20 行 = 第 16 行 × 全部分支机构分摊比例 × 总机构具有主体生产经营职能部门分摊比例。

(二)表间关系

1. 第 6 行 = 表 A201020 第 3 行第 5 列。

2. 第 16 行 = 表 A202000“应纳所得税额”栏次填报的金额。

3. 第 18 行 = 表 A202000“总机构分摊所得税额”栏次填报的金额。

4. 第 19 行 = 表 A202000“总机构财政集中分配所得税额”栏次填报的金额。

5. 第 20 行 = 表 A202000“分支机构情况”中对应总机构独立生产经营部门行次的“分配所得税额”列次填报的金额。

A201020　资产加速折旧、摊销(扣除)优惠明细表

行次	项目	本年享受优惠的资产原值	本年累计折旧\摊销(扣除)金额				
			账载折旧\摊销金额	按照税收一般规定计算的折旧\摊销金额	享受加速政策计算的折旧\摊销金额	纳税调减金额	享受加速政策优惠金额
		1	2	3	4	5	6(4-3)
1	一、加速折旧、摊销(不含一次性扣除,1.1+1.2+…)						
1.1	(填写优惠事项名称)						
1.2	(填写优惠事项名称)						
2	二、一次性扣除(2.1+2.2+…)						
2.1	(填写优惠事项名称)						
2.2	(填写优惠事项名称)						
3	合计(1+2)						

A201020《资产加速折旧、摊销(扣除)优惠明细表》填报说明

一、适用范围及总体说明

(一)适用范围

本表为《中华人民共和国企业所得税月(季)度预缴纳税申报表(A类)》(A200000)附表,适用于按照《财政部　国家税务总局关于完善固定资产加速折旧企业所得税政策的通知》(财税〔2014〕75号)、《财政部　国家税务总局关于进一步完善固定资产加速折旧企业所得税政策的通知》(财税〔2015〕106号)、《财政部　税务总局关于设备　器具扣除有关企业所得税政策的通知》(财税〔2018〕54号)、《财政部　税务总局关于扩大固定资产加速折旧优惠政策适用范围的公告》(2019年第66号)、《财政部　税务总局关于支持新型冠状病毒感染的肺炎疫情防控有关税收政策的公告》(2020年第8号)、《财政部　税务总局关于支持疫情防控保供等税费政策实施期限的公告》(2020年第28号)、《财政部　税务总局关于海南自由贸易港企业所得税优惠政策的通知》(财税〔2020〕31号)等文件规定,享受资产加速折旧、摊销和一次性扣除优惠政策的纳税人填报。不享受资产加速折旧、摊销和一次性扣除优惠政策的纳税人,无需填报。

根据《国家税务总局关于企业固定资产加速折旧所得税处理有关问题的通知》(国税发〔2009〕81号)、《财政部　国家税务总局关于进一步鼓励软件产业和集成电路产业发展企业所得税政策的通知》(财税〔2012〕27号)等规定,上述政策仅适用于汇算清缴,纳税人在月(季)度预缴申报时不填报本表。

(二)总体说明

1. 本表主要目的

(1)落实税收优惠政策。本年度内享受相关文件规定的资产加速折旧、摊销和一次性扣除优惠政策的纳税人,在月(季)度预缴纳税申报时对其相应资产的折旧、摊销金额进行纳税调整,以调减其应纳税所得额。

(2)实施减免税核算。对本年度内享受上述文件规定的资产加速折旧、摊销和一次性扣除优惠政策的纳税人,核算其减免税情况。

2. 填报原则

纳税人享受文件规定资产加速折旧、摊销和一次性扣除优惠政策,应按以下原则填报:

(1)按照上述政策,本表仅填报执行加速折旧、摊销和一次性扣除政策的资产,不执行上述政策的资产不在本表填报。

(2)自该资产开始计提折旧、摊销起,在“享受加速政策计算的折旧\摊销金额”大于“按照税收一般规定计算的折旧\摊销金额”的折旧、摊销期间内,必须填报本表。

“享受加速政策计算的折旧\摊销金额”是指纳税人享受文件规定资产加速折旧、摊销优惠政策的资产,采取税收加速折旧、摊销或一次性扣除方式计算的税收折旧、摊销额。

“按照税收一般规定计算的折旧\摊销金额”是指该资产按照税收一般规定计算的折旧、摊销金额,即该资产在不享受加速折旧、摊销政策情况下,按照税收规定的最低折旧年限以直线法计算的折旧、摊销金额。对于享受一次性扣除的资产,“按照税收一般规定计算的折旧\摊销金额”直接填报按照税收一般规定计算的1个月的折旧、摊销金额。

(3)自该资产开始计提折旧、摊销起,在“享受加速政策计算的折旧\摊销金额”小于“按照税收一般规定计算的折旧\摊销金额”的折旧、摊销期间内,不填报本表。

资产折旧、摊销本年先后出现“税收折旧、摊销大于一般折旧、摊销”和“税收折旧、摊销小于等于一般折旧、摊销”两种情形的,在“税收折旧、摊销小于等于一般折旧、摊销”期间,仍需根据该资产“税收折旧、摊销大于一般折旧、摊销”期内最后一期折旧、摊销的有关情况填报本表,直至本年最后一次月(季)度预缴纳税申报。

(4)以前年度开始享受加速政策的,若该资产本年符合第(2)条原则,应继续填报本表。

二、有关项目填报说明

(一)行次填报

1. 第1行“一、加速折旧、摊销(不含一次性扣除)”:根据相关行次计算结果填报。根据《企业所得税申报事项目录》,在第1.1行、第1.2行……填报税收规定的资产加速折旧、摊销(不含一次性扣除)优惠事项的具体信息。同时发生多个事项的可以增加行次,但每个事项仅能填报一次。一项资产仅可适用一项优惠事项,不得重复填报。

2. 第2行“二、一次性扣除”:根据相关行次计算结果填报。根据《企业所得税申报事项目录》,在第2.1行、第2.2行……填报税收规定的资产一次性扣除优惠事项的具体信息。发生多项且根据税收规定可以同时享受的优惠事项,可

以增加行次，但每个事项仅能填报一次。一项资产仅可适用一项优惠事项，不得重复填报。

（二）列次填报

列次填报时间口径：纳税人享受加速折旧、摊销和一次性扣除优惠政策的资产，仅填报采取税收加速折旧、摊销计算的税收折旧、摊销额大于按照税法一般规定计算的折旧、摊销金额期间的金额；税收折旧、摊销小于一般折旧、摊销期间的金额，不再填报本表。同时，保留本年税收折旧、摊销大于一般折旧摊销期间最后一期的本年累计金额继续填报，直至本年度最后一期月（季）度预缴纳税申报。

1. 第1列“本年享受优惠的资产原值”

填报纳税人按照文件规定享受资产加速折旧、摊销和一次性扣除优惠政策的资产，会计处理计提折旧、摊销的资产原值（或历史成本）的金额。

2. 第2列“账载折旧\摊销金额”

填报纳税人按照文件规定享受资产加速折旧、摊销和一次性扣除优惠政策的资产，会计核算的本年资产折旧额、摊销额。

3. 第3列“按照税收一般规定计算的折旧\摊销金额”

填报纳税人按照文件规定享受资产加速折旧、摊销优惠政策的资产，按照税收一般规定计算的允许税前扣除的本年资产折旧、摊销额；享受一次性扣除的资产，本列填报该资产按照税法一般规定计算的一个月的折旧、摊销金额。

所有享受上述优惠的资产都须计算填报一般折旧、摊销额，包括税收和会计处理不一致的资产。

4. 第4列“享受加速政策计算的折旧\摊销金额”

填报纳税人文件规定享受资产加速折旧、摊销和一次性扣除优惠政策的资产，按照税收规定的加速折旧、摊销方法计算的本年资产折旧、摊销额和按上述文件规定一次性税前扣除的金额。

5. 第5列“纳税调减金额”

纳税人按照文件规定享受资产加速折旧、摊销和一次性扣除优惠政策的资产，在列次填报时间口径规定的期间内，根据会计折旧、摊销金额与税收加速折旧、摊销金额填报：

当会计折旧、摊销金额小于等于税收折旧、摊销金额时，该项资产的“纳税调减金额”=“享受加速政策计算的折旧\摊销金额”-“账载折旧\摊销金额”。

当会计折旧、摊销金额大于税收折旧、摊销金额时，该项资产“纳税调减金额”按0填报。

6. 第6列“享受加速政策优惠金额”：根据相关列次计算结果填报。本列=第4-3列。

三、表内、表间关系

（一）表内关系

1. 第1行=第1.1+1.2+…行。

2. 第2行=第2.1+2.2+…行。

3. 第3行=第1+2行。

4. 第6列=第4-3列。

（二）表间关系

第3行第5列=表A200000第6行。

A202000　企业所得税汇总纳税分支机构所得税分配表

税款所属期间：　　年　月　日至　　年　月　日

总机构名称（盖章）：

总机构纳税人识别号（统一社会信用代码）：

金额单位：元（列至角分）

<table>
<tr><td colspan="2">应纳所得税额</td><td>总机构分摊所得税额</td><td colspan="3">总机构财政集中分配所得税额</td><td colspan="2">分支机构分摊所得税额</td></tr>
<tr><td colspan="2"></td><td></td><td></td><td></td><td></td><td></td><td></td></tr>
<tr><td rowspan="16">分支机构情况</td><td rowspan="2">分支机构纳税人识别号
（统一社会信用代码）</td><td rowspan="2">分支机构名称</td><td colspan="3">三项因素</td><td rowspan="2">分配比例</td><td rowspan="2">分配所得税额</td></tr>
<tr><td>营业收入</td><td>职工薪酬</td><td>资产总额</td></tr>
<tr><td></td><td></td><td></td><td></td><td></td><td></td><td></td></tr>
<tr><td></td><td></td><td></td><td></td><td></td><td></td><td></td></tr>
<tr><td></td><td></td><td></td><td></td><td></td><td></td><td></td></tr>
<tr><td></td><td></td><td></td><td></td><td></td><td></td><td></td></tr>
<tr><td></td><td></td><td></td><td></td><td></td><td></td><td></td></tr>
<tr><td></td><td></td><td></td><td></td><td></td><td></td><td></td></tr>
<tr><td></td><td></td><td></td><td></td><td></td><td></td><td></td></tr>
<tr><td></td><td></td><td></td><td></td><td></td><td></td><td></td></tr>
<tr><td></td><td></td><td></td><td></td><td></td><td></td><td></td></tr>
<tr><td></td><td></td><td></td><td></td><td></td><td></td><td></td></tr>
<tr><td></td><td></td><td></td><td></td><td></td><td></td><td></td></tr>
<tr><td></td><td></td><td></td><td></td><td></td><td></td><td></td></tr>
<tr><td></td><td></td><td></td><td></td><td></td><td></td><td></td></tr>
<tr><td colspan="2">合计</td><td></td><td></td><td></td><td></td><td></td></tr>
</table>

A202000《企业所得税汇总纳税分支机构所得税分配表》填报说明

一、适用范围及报送要求

本表为《中华人民共和国企业所得税月(季)度预缴纳税申报表(A类)》(A200000)附表,适用于跨地区经营汇总纳税企业的总机构填报。纳税人应根据《财政部 国家税务总局 中国人民银行关于印发〈跨省市总分机构企业所得税分配及预算管理办法〉的通知》(财预〔2012〕40号)、《跨地区经营汇总纳税企业所得税征收管理办法》(国家税务总局公告2012年第57号发布,2018年第31号修改)规定,计算总分机构每一预缴期应纳的企业所得税额、总机构和分支机构应分摊的企业所得税额。对于仅在同一省(自治区、直辖市和计划单列市)内设立不具有法人资格分支机构的企业,本省(自治区、直辖市和计划单列市)参照上述文件规定制定企业所得税分配管理办法的,按照其规定填报本表。

二、具体项目填报说明

1.“税款所属时期”:填报税款所属期月(季)度第一日至税款所属期月(季)度最后一日。如:按季度预缴纳税申报的纳税人,第二季度申报时“税款所属期间”填报“××年4月1日至××年6月30日”。

2.“总机构名称”“分支机构名称”:填报营业执照、税务登记证等证件载明的纳税人名称。

3.“总机构纳税人识别号(统一社会信用代码)”“分支机构纳税人识别号(统一社会信用代码)”:填报税务机关核发的纳税人识别号或有关部门核发的统一社会信用代码。

4.“应纳所得税额”:填报本税款所属期企业汇总计算的本期应补(退)的所得税额。

5.“总机构分摊所得税额”:对于跨省(自治区、直辖市和计划单列市)经营汇总纳税企业,填报本期《中华人民共和国企业所得税月(季)度预缴纳税申报表(A类)》(A200000)第16行×25%的金额;对于同一省(自治区、直辖市、计划单列市)内跨地区经营汇总纳税企业,填报本期《中华人民共和国企业所得税月(季)度预缴纳税申报表(A类)》(A200000)第16行×各省(自治区、直辖市和计划单列市)确定的总机构分摊比例的金额。

6.“总机构财政集中分配所得税额”:对于跨省(自治区、直辖市和计划单列市)经营汇总纳税企业,填报本期《中华人民共和国企业所得税月(季)度预缴纳税申报表(A类)》(A200000)第16行×25%的金额;对于同一省(自治区、直辖市、计划单列市)内跨地区经营汇总纳税企业,填报本期《中华人民共和国企业所得税月(季)度预缴纳税申报表(A类)》(A200000)第16行×各省(自治区、直辖市和计划单列市)确定的财政集中分配比例的金额。

7.“分支机构分摊所得税额”:对于跨省(自治区、直辖市和计划单列市)经营汇总纳税企业,填报本期《中华人民共和国企业所得税月(季)度预缴纳税申报表(A类)》(A200000)第16行×50%的金额;对于同一省(自治区、直辖市、计划单列市)内跨地区经营汇总纳税企业,填报本期《中华人民共和国企业所得税月(季)度预缴纳税申报表(A类)》(A200000)第16行×各省(自治区、直辖市和计划单列市)确定的全部分支机构分摊比例的金额。

8.“营业收入”:填报上一年度各分支机构销售商品、提供劳务、让渡资产使用权等日常经营活动实现的全部收入的合计额。

9.“职工薪酬”:填报上一年度各分支机构为获得职工提供的服务而给予各种形式的报酬以及其他相关支出的合计额。

10.“资产总额”:填报上一年度各分支机构在经营活动中实际使用的应归属于该分支机构的资产合计额。

11.“分配比例”:填报经总机构所在地主管税务机关审核确认的各分支机构分配比例,分配比例应保留小数点后十位。

12.“分配所得税额”:填报分支机构按照分支机构分摊所得税额乘以相应的分配比例的金额。

13.“合计”:填报上一年度各分支机构的营业收入总额、职工薪酬总额和资产总额三项因素的合计金额及本年各分支机构分配比例和分配税额的合计金额。

三、表间关系

1.“应纳所得税额”栏次=表A200000第16行。

2.“总机构分摊所得税额”栏次=表A200000第18行。

3.“总机构财政集中分配所得税额”栏次=表A200000第19行。

4.“分支机构情况”中对应总机构独立生产经营部门行次的“分配所得税额”栏次=表A200000第20行。

2 - 1 - 217

国家税务总局关于企业所得税若干政策征管口径问题的公告

2021年6月22日　国家税务总局公告2021年第17号

为贯彻落实中办、国办印发的《关于进一步深化税收征管改革的意见》，深入开展2021年“我为纳税人缴费人办实事暨便民办税春风行动”，推进税收领域“放管服”改革，更好服务市场主体，根据《中华人民共和国企业所得税法》及其实施条例（以下简称税法）等相关规定，对企业所得税若干政策征管口径问题公告如下：

一、关于公益性捐赠支出相关费用的扣除问题

企业在非货币性资产捐赠过程中发生的运费、保险费、人工费用等相关支出，凡纳入国家机关、公益性社会组织开具的公益捐赠票据记载的数额中的，作为公益性捐赠支出按照规定在税前扣除；上述费用未纳入公益性捐赠票据记载的数额中的，作为企业相关费用按照规定在税前扣除。

二、关于可转换债券转换为股权投资的税务处理问题

（一）购买方企业的税务处理

1. 购买方企业购买可转换债券，在其持有期间按照约定利率取得的利息收入，应当依法申报缴纳企业所得税。

2. 购买方企业可转换债券转换为股票时，将应收未收利息一并转为股票的，该应收未收利息即使会计上未确认收入，税收上也应当作为当期利息收入申报纳税；转换后以该债券购买价、应收未收利息和支付的相关税费为该股票投资成本。

（二）发行方企业的税务处理

1. 发行方企业发生的可转换债券的利息，按照规定在税前扣除。

2. 发行方企业按照约定将购买方持有的可转换债券和应付未付利息一并转为股票的，其应付未付利息视同已支付，按照规定在税前扣除。

三、关于跨境混合性投资业务企业所得税的处理问题

境外投资者在境内从事混合性投资业务，满足《国家税务总局关于企业混合性投资业务企业所得税处理问题的公告》（2013年第41号）第一条规定的条件的，可以按照该公告第二条第一款的规定进行企业所得税处理，但同时符合以下两种情形的除外：

（一）该境外投资者与境内被投资企业构成关联关系；

（二）境外投资者所在国家（地区）将该项投资收益认定为权益性投资收益，且不征收企业所得税。

同时符合上述第（一）项和第（二）项规定情形的，境内被投资企业向境外投资者支付的利息应视为股息，不得进行税前扣除。

四、企业所得税核定征收改为查账征收后有关资产的税务处理问题

（一）企业能够提供资产购置发票的，以发票载明金额为计税基础；不能提供资产购置发票的，可以凭购置资产的合同（协议）、资金支付证明、会计核算资料等记载金额，作为计税基础。

（二）企业核定征税期间投入使用的资产，改为查账征税后，按照税法规定的折旧、摊销年限，扣除该资产投入使用年限后，就剩余年限继续计提折旧、摊销额并在税前扣除。

五、关于文物、艺术品资产的税务处理问题

企业购买的文物、艺术品用于收藏、展示、保值增值的，作为投资资产进行税务处理。文物、艺术品资产在持有期间，计提的折旧、摊销费用，不得税前扣除。

六、关于企业取得政府财政资金的收入时间确认问题

企业按照市场价格销售货物、提供劳务服务等，凡由政府财政部门根据企业销售货物、提供劳务服务的数量、金额的一定比例给予全部或部分资金支付的，应当按照权责发生制原则确认收入。

除上述情形外，企业取得的各种政府财政支付，如财政补贴、补助、补偿、退税等，应当按照实际取得收入的时间确认收入。

本公告适用于2021 年及以后年度汇算清缴。

特此公告。

2 -1 -218

国家税务总局关于单边预约定价安排适用简易程序有关事项的公告

2021 年 7 月 26 日　国家税务总局公告 2021 年第 24 号

为贯彻落实中办、国办印发的《关于进一步深化税收征管改革的意见》，深化税务领域“放管服”改革，优化营商环境，促进税企合作，提高对跨境投资者的个性化服务水平和税收确定性，根据《中华人民共和国企业所得税法》及其实施条例、《中华人民共和国税收征收管理法》及其实施细则的有关规定，现就单边预约定价安排适用简易程序有关事项公告如下：

一、企业按照《国家税务总局关于完善预约定价安排管理有关事项的公告》（2016 年第64 号，以下简称 64 号公告）的有关规定申请单边预约定价安排，符合本公告要求的，可以适用简易程序。

二、简易程序包括申请评估、协商签署和监控执行 3 个阶段。

三、企业在主管税务机关向其送达受理申请的《税务事项通知书》之日所属纳税年度前3 个年度，每年度发生的关联交易金额 4000 万元人民币以上，并符合下列条件之一的，可以申请适用简易程序。

（一）已向主管税务机关提供拟提交申请所属年度前 3 个纳税年度的、符合《国家税务总局关于完善关联申报和同期资料管理有关事项的公告》（2016 年第 42 号）规定的同期

资料；

（二）自企业提交申请之日所属纳税年度前10个年度内，曾执行预约定价安排，且执行结果符合安排要求的；

（三）自企业提交申请之日所属纳税年度前10个年度内，曾受到税务机关特别纳税调查调整且结案的。

四、企业应当向主管税务机关提出适用简易程序的申请，主管税务机关分析评估后，决定是否受理。

（一）企业有申请意向的，应当向主管税务机关提交《单边预约定价安排简易程序申请书》（附件），并附送申请报告。申请报告包括以下内容：

1. 单边预约定价安排涉及的关联方及关联交易；

2. 单边预约定价安排的适用年度；

3. 单边预约定价安排是否追溯适用以前年度；

4. 企业及其所属企业集团的组织结构和管理架构；

5. 企业最近3至5个纳税年度生产经营情况、财务会计报告、审计报告、同期资料等；

6. 单边预约定价安排涉及各关联方功能和风险的说明，包括功能和风险划分所依据的机构、人员、费用、资产等；

7. 单边预约定价安排使用的定价原则和计算方法，以及支持这一定价原则和计算方法的功能风险分析、可比性分析和假设条件等；

8. 价值链或者供应链分析，以及对成本节约、市场溢价等地域特殊优势的考虑；

9. 市场情况的说明，包括行业发展趋势和竞争环境等；

10. 单边预约定价安排适用期间的年度经营规模、经营效益预测以及经营规划等；

11. 对单边预约定价安排有影响的境内、外行业相关法律、法规；

12. 符合本公告第三条的有关情况；

13. 其他需要说明的情况。

（二）有下列情形之一的，主管税务机关不予受理企业提交的申请：

1. 税务机关已经对企业实施特别纳税调整立案调查或者其他涉税案件调查，且尚未结案；

2. 未按照有关规定填报年度关联业务往来报告表，且不按时更正；

3. 未按照有关规定准备、保存和提供同期资料；

4. 未按照本公告要求提供相关资料或者提供的资料不符合税务机关要求，且不按时补正或者更正；

5. 拒不配合税务机关进行功能和风险实地访谈。

（三）主管税务机关收到企业申请后，应当开展分析评估，进行功能和风险实地访谈，并于收到企业申请之日起90日内向企业送达《税务事项通知书》，告知其是否受理；不予受理的，说明理由。

五、主管税务机关受理企业申请后，应当与企业就其关联交易是否符合独立交易原则进行协商，并于向企业送达受理申请的《税务事项通知书》之日起6个月内协商完毕。协商期间，主管税务机关可以要求企业补充提交相关资料，企业补充提交资料时间不计入上述6

个月内。

（一）主管税务机关与企业协商一致的，应当拟定单边预约定价安排文本。双方的法定代表人或法定代表人授权的代表签署单边预约定价安排。

（二）主管税务机关不能与企业协商一致的，应当向企业送达终止简易程序的《税务事项通知书》。企业可以按照64号公告的规定，重新申请单边预约定价安排。已经提交过的资料，无需重复提交。

六、税务机关应当按照64号公告的要求，做好单边预约定价安排的监控执行工作。

单边预约定价安排执行期间，企业发生影响单边预约定价安排的实质性变化，导致终止执行的，可以按照本公告的规定，重新申请单边预约定价安排。

七、单边预约定价安排适用于主管税务机关向企业送达受理申请的《税务事项通知书》之日所属纳税年度起3至5个年度的关联交易。

八、同时涉及两个或者两个以上省、自治区、直辖市和计划单列市税务机关的单边预约定价安排，暂不适用简易程序。

九、本公告未作具体规定的其他单边预约定价安排事项，按照64号公告的规定执行。

十、本公告自2021年9月1日起施行。

特此公告。

附件：单边预约定价安排简易程序申请书

附件

单边预约定价安排简易程序申请书

____________税务局：

根据《中华人民共和国企业所得税法》及其实施条例、《中华人民共和国税收征收管理法》及其实施细则的有关规定，现就我企业与关联方________________（关联企业或者个人全称）之间的业务往来，提出单边预约定价安排简易程序申请，并附上以下附件。

附报资料：共　份　页

1. ______________________________________

2. ______________________________________

3. ______________________________________

……

企业名称（盖章）：

纳税人识别号（统一社会信用代码）：

法定代表人（签章）：

年　月　日

2 -1 -219

财政部 税务总局关于确认中国红十字会总会等群众团体2021年度—2023年度公益性捐赠税前扣除资格的公告

2021年7月29日 财政部 税务总局公告2021年第26号

根据《中华人民共和国企业所得税法》及《中华人民共和国企业所得税法实施条例》有关规定,按照《财政部 税务总局关于通过公益性群众团体的公益性捐赠税前扣除有关事项的公告》有关要求,现将2021年度—2023年度符合公益性捐赠税前扣除资格的群众团体名单公告如下:

1. 中国红十字会总会
2. 中华全国总工会
3. 中国宋庆龄基金会
4. 中国国际人才交流基金会

2 -1 -220

国家税务总局关于进一步落实研发费用加计扣除政策有关问题的公告

2021年9月13日 国家税务总局公告2021年第28号

为贯彻落实国务院激励企业加大研发投入、优化研发费用加计扣除政策实施的举措,深入开展2021年“我为纳税人缴费人办实事暨便民办税春风行动”,方便企业提前享受研发费用加计扣除优惠政策,现就有关事项公告如下:

一、关于2021年度享受研发费用加计扣除政策问题

(一)企业10月份预缴申报第3季度(按季预缴)或9月份(按月预缴)企业所得税时,可以自主选择就前三季度研发费用享受加计扣除优惠政策。

对10月份预缴申报期未选择享受优惠的,可以在2022年办理2021年度企业所得税汇算清缴时统一享受。

(二)企业享受研发费用加计扣除政策采取“真实发生、自行判别、申报享受、相关资料留存备查”的办理方式,由企业依据实际发生的研发费用支出,自行计算加计扣除金额,填报《中华人民共和国企业所得税月(季)度预缴纳税申报表(A类)》享受税收优惠,并根据享受加计扣除优惠的研发费用情况(前三季度)填写《研发费用加计扣除优惠明细表》

(A107012)。《研发费用加计扣除优惠明细表》(A107012)与政策规定的其他资料一并留存备查。

二、关于研发支出辅助账样式的问题

(一)《国家税务总局关于企业研究开发费用税前加计扣除政策有关问题的公告》(2015年第97号,以下简称97号公告)发布的研发支出辅助账和研发支出辅助账汇总表样式(以下简称2015版研发支出辅助账样式)继续有效。另增设简化版研发支出辅助账和研发支出辅助账汇总表样式(以下简称2021版研发支出辅助账样式),具体样式及填写说明见附件。

(二)企业按照研发项目设置辅助账时,可以自主选择使用2015版研发支出辅助账样式,或者2021版研发支出辅助账样式,也可以参照上述样式自行设计研发支出辅助账样式。

企业自行设计的研发支出辅助账样式,应当包括2021版研发支出辅助账样式所列数据项,且逻辑关系一致,能准确归集允许加计扣除的研发费用。

三、关于其他相关费用限额计算的问题

(一)企业在一个纳税年度内同时开展多项研发活动的,由原来按照每一研发项目分别计算"其他相关费用"限额,改为统一计算全部研发项目"其他相关费用"限额。

企业按照以下公式计算《财政部　国家税务总局　科技部关于完善研究开发费用税前加计扣除政策的通知》(财税〔2015〕119号)第一条第(一)项"允许加计扣除的研发费用"第6目规定的"其他相关费用"的限额,其中资本化项目发生的费用在形成无形资产的年度统一纳入计算:

全部研发项目的其他相关费用限额 = 全部研发项目的人员人工等五项费用之和 × 10%/(1 - 10%)

"人员人工等五项费用"是指财税〔2015〕119号文件第一条第(一)项"允许加计扣除的研发费用"第1目至第5目费用,包括"人员人工费用""直接投入费用""折旧费用""无形资产摊销"和"新产品设计费、新工艺规程制定费、新药研制的临床试验费、勘探开发技术的现场试验费"。

(二)当"其他相关费用"实际发生数小于限额时,按实际发生数计算税前加计扣除额;当"其他相关费用"实际发生数大于限额时,按限额计算税前加计扣除额。

四、执行时间

本公告第一条适用于2021年度,其他条款适用于2021年及以后年度。97号公告第二条第(三)项"其他相关费用的归集与限额计算"的规定同时废止。

特此公告。

附件:1. 2021版研发支出辅助账(样式)

2. 2021版研发支出辅助账汇总表(样式)

附件 1

2021 版研发支出辅助账(样式)

项目编号： 项目名称： 完成情况： 支出类型： 金额单位:元

凭证信息				会计凭证记载金额	税法规定的归集金额	费用明细(税法规定)							
												委托研发费用	
日期	种类	号数	摘要			人员人工费用	直接投入费用	折旧费用	无形资产摊销	新产品设计费等	其他相关费用	委托境内机构或个人进行研发活动所发生的费用	委托境外机构进行研发活动所发生的费用
合计金额													

会计主管： 录人人：

填写说明：

一、有关项目填写说明

（一）对享受加计扣除的研发费用按项目设置研发支出辅助账，用于归集已按照国家财务会计制度进行会计处理，且属于税前加计扣除归集范围的研发费用。

对于单个研发项目涉及多种研发形式的，该研发项目只需建立一套辅助账，无需再按不同研发形式分别设置辅助账。如：某一研发项目，其一部分采取自主研发形式，另一部分采取委托研发形式，企业不必分别设置自主研发和委托研发两套辅助账，对同时包括两种及两种以上研发形式的支出，统一在一套辅助账中归集。

（二）项目编号：企业可自行对本企业的研发项目进行编号，并据此填写本栏次。

（三）项目名称：根据企业研发项目计划书或立项决议文件等据实填写。

（四）完成情况：根据项目完成进度，选填"未结束"或"已结束"。其中：对于跨年度的研发项目，截至所属期末尚未完成的项目，填写"未结束"；对于企业确认研发失败的项目，填写"已结束"。

（五）支出类型：根据会计处理情况，选填"费用化"或"资本化"。其中："费用化"是研发支出直接计入当期损益，在发生年度一次性扣除；"资本化"是指相关研发支出计入无形资产的成本，待其研发成功后，从无形资产可供使用时起，通过分期摊销的方式跨年度扣除。

需要说明：一是对于单个研发项目涉及费用化支出和资本化支出两个阶段的，应当按照费用化支出和资本化支出分别设置辅助账。具体操作方法：当研发项目在研发初期采取费用化方式时，支出类型填写"费用化"，按规定设置辅助账。当该项目进入资本化阶段后，费用化辅助账完成情况选择"已结束"；同时对该项目新设辅助账，将支出类型选择为"资本化"，按规定归集该项目的资本化支出。二是对于支出类型为"资本化"的跨年度研发项目，可仅设置一套辅助账，在形成无形资产年度再将相关数据填写汇总表；若企业根据自身核算方式，选择每年新设辅助账的，可在辅助账中自行新增"期初余额"行次，实现每个年度资本化金额的结转，在形成无形资产年度再将相关数据填写到汇总表。

（六）凭证信息中有关日期、种类、号数、摘要等信息：按照每一张可以加计扣除的研发费用的会计凭证信息填写。采用会计电算化的企业，通过软件导出的明细数据，可以视同相关凭证信息，不再重复填写。

（七）会计凭证记载金额：按照国家财务会计制度规定核算的金额填写。每张会计凭证对应一个行次，若一张会计凭证上记载了多项不同类型的费用的，如既记载了人员人工费用，又记载了其他相关费用，可填写在同一行，无需再分行填写。

（八）税法规定的归集金额：填写对应的会计凭证中，可纳入加计扣除范围的研发费用的金额。

（九）费用明细（税法规定）：按不同费用类型分项填写可加计扣除范围的研发费用数额。对于同一凭证涉及多个研发项目的费用的，按合理方法在不同研发项目之间分配后填写。合理方法由企业根据实际情况具体确定。

1. 人员人工费用。填写会计凭证中，可纳入加计扣除范围的人员人工费用，具体包括：直接从事研发活动人员的工资薪金、基本养老保险费、基本医疗保险费、失业保险费、工伤保险费、生育保险费和住房公积金，以及外聘研发人员的劳务费用。其中，对于研发人员的股权激励支出，如在税前扣除的当年，该人员仍从事研发工作，则可将可加计扣除的金额填入本栏次；对于该人员不再从事研发活动的，对其应归属于研发费用的部分不再填写本表，直接填入《2021 版研发支出辅助账汇总表》"其中：其他事项"行"人员人工费用"列。

2. 直接投入费用。填写会计凭证中，可纳入加计扣除范围的直接投入费用，具体包括：研发活动直接消耗的材料、燃料和动力费用，用于中间试验和产品试制的模具、工艺装备开发及制造费，不构成固定资产的样品、样机及一般测试手段购置费，试制产品的检验费，用于研发活动的仪器、设备的运行维护、调整、检验、维修等费用，以及通过经营租赁方式租入的用于研发活动的仪器、设备租赁费。

3. 折旧费用。填写会计凭证中，可纳入加计扣除范围的折旧费用，具体是指用于研发活动的仪器、设备的折旧费。

4. 无形资产摊销。填写会计凭证中，可纳入加计扣除范围的无形资产摊销费用，具体是指用于研发活动的软件、专利权、非专利技术（包括许可证、专有技术、设计和计算方法等）的摊销费用。

5. 新产品设计费等。填写会计凭证中，可纳入加计扣除范围的新产品设计费、新工艺规程制定费、新药研制的临床试验费、勘探开发技术的现场试验费。

6. 其他相关费用。填写会计凭证中，可纳入加计扣除范围的与研发活动直接相关的其他费用，具体包括：技术图书资料费、资料翻译费、专家咨询费、高新科技研发保险费，研发成果的检索、分析、评议、论证、鉴定、评审、评估、验收费用，知识产权的申请费、注册费、代理费,差旅费、会议费,职工福利费、补充养老保险费、补充医疗保险费。

7. 委托研发费用。填写会计凭证中,可纳入加计扣除范围的委托研发费用,具体填写委托方实际支付给受托方的金额。对于研发项目仅涉及委托研发一种研发形式的,其他栏次无需填写。

二、表内表间关系

(一)合计金额:根据各行数据汇总填写。

(二)税法规定的归集金额:根据费用明细(税法规定)各列数据汇总填写。

(三)所属期间的费用化项目、已结束的资本化项目的辅助账,按项目编号、项目名称、完成情况、支出类型等表头信息和表中"合计金额"行的相关栏次金额填至《2021 版研发支出辅助账汇总表》中。

附件2

2021版研发支出辅助账汇总表(样式)

纳税人识别号(统一社会信用代码):　　　　纳税人名称:　　　　属期:　　　　金额单位:元

项目编号	项目名称	完成情况	支出类型	允许加计扣除金额合计	人员人工费用	直接投入费用	折旧费用	无形资产摊销	新产品设计费等	前五项小计	其他相关费用及限额		委托研发费用及限额			
											其他相关费用合计	经限额调整后的其他相关费用	委托境内机构或个人进行研发活动所发生的费用	允许加计扣除的委托境内机构或个人进行研发活动所发生的费用	委托境外机构进行研发活动所发生的费用	经限额调整后的委托境外机构进行研发活动所发生的费用
					1	2	3	4	5	6	7.1	7.2	8.1	8.2	8.3	8.4
资本化金额小计																
费用化金额小计																
其中:其他事项																
金额合计																

法定代表人(签章):

填写说明：

一、有关项目填写说明

（一）本表根据所属期间的费用化、已结束的资本化项目的《2021 版研发支出辅助账》中项目编号、项目名称、完成情况、支出类型等表头信息和"合计金额"行的相应栏次金额填写、计算。

（二）"其中：其他事项"行次填写符合研发费用加计扣除条件，但不能归集到具体研发项目的支出，例如：接受股权激励的研发人员，在税前扣除当年不再从事研发活动的，将股权激励支出直接填入"其中：其他事项"行次。

二、表内表间关系

（一）"资本化金额小计"行：汇总填写所属期间已结束的资本化项目的合计金额。

（二）"费用化金额小计"行：汇总填写所属期间费用化项目及"其中：其他事项"行的合计金额。

（三）"金额合计"行 = "资本化金额小计"行 + "费用化金额小计"行。

（四）"允许加计扣除金额合计"列 = 第 6 列 + 第 7.2 列 + 第 8.2 列 + 第 8.4 列。

（五）"前五项小计"列 = 第 1 列 + 第 2 列 + 第 3 列 + 第 4 列 + 第 5 列。

（六）第 7.2 列"经限额调整后的其他相关费用"按以下规则填写：

1. "金额合计"行：第 7.2 列根据第 7.1 列合计数与第 6 列 × 10%/(1 − 10%) 孰小值填写。

2. 除费用化项目以外的其他行：第 7.2 列 = ("金额合计"行第 7.2 列 ÷ "金额合计"行第 7.1 列) × 相应行第 7.1 列，主要是将允许加计扣除的其他相关费用分摊至每一资本化项目，以便其以后年度采取摊销方式加计扣除。

（七）第 8.2 列 = 第 8.1 列 × 80%。

（八）第 8.4 列"经限额调整后的委托境外机构进行研发活动所发生的费用"按以下原则填写：

1. "金额合计"行：第 8.4 列根据（第 6 列 + 第 7.2 列 + 第 8.2 列）× 2/3 与第 8.3 列 × 80% 的孰小值填写。

2. 除费用化项目以外的其他行：第 8.4 列 = ("金额合计"行第 8.4 列 ÷ "金额合计"行第 8.3 列) × 相应行第 8.3 列，主要是将允许加计扣除的委托境外研发费用分摊至每一资本化项目，以便其以后年度采取摊销方式加计扣除。

（九）企业享受研发费用加计扣除优惠时，将本表"金额合计"行全部栏次、"资本化金额小计"行及"费用化金额小计"行对应的"允许加计扣除金额合计"栏次，填写至《研发费用加计扣除优惠明细表》（A107012）相应栏次。

注释：

条款废止。第一条废止。参见：《国家税务总局关于公布全文和部分条款失效废止的税务规范性文件目录的公告》（国家税务总局公告 2023 年第 8 号）。

2 − 1 − 221

财政部　税务总局　民政部关于 2021 年度—2023 年度公益性社会组织捐赠税前扣除资格名单的公告

2021 年 12 月 28 日　财政部　税务总局　民政部公告 2021 年第 39 号

根据《中华人民共和国企业所得税法》及《中华人民共和国企业所得税法实施条例》有关规定，按照《财政部　税务总局　民政部关于公益性捐赠税前扣除有关事项的公告》（财政部　税务总局　民政部公告 2020 年第 27 号）及《财政部　税务总局　民政部关于公益性捐赠税前扣除资格确认有关衔接事项的公告》（财政部　税务总局　民政部公告 2021 年第 3 号）有关要求，现将 2021 年度—2023 年度符合公益性捐赠税前扣除资格的公益性社会组织名单公告如下：

1. 河南大学教育发展基金会
2. 中国古生物化石保护基金会
3. 澜之教育基金会
4. 中国慈善联合会

2－1－222

国家税务总局关于企业所得税年度汇算清缴有关事项的公告

2021 年 12 月 31 日　国家税务总局公告 2021 年第 34 号

为贯彻落实《中华人民共和国企业所得税法》及有关税收政策，优化办税服务，减轻办税负担，现就企业所得税汇算清缴有关事项公告如下：

一、对《中华人民共和国企业所得税年度纳税申报表（A 类，2017 年版）》部分表单和填报说明进行修订，具体如下：对《企业所得税年度纳税申报基础信息表》（A000000）、《中华人民共和国企业所得税年度纳税申报表（A 类）》（A100000）、《资产折旧、摊销及纳税调整明细表》（A105080）、《免税、减计收入及加计扣除优惠明细表》（A107010）、《所得减免优惠明细表》（A107020）、《减免所得税优惠明细表》（A107040）、《软件、集成电路企业优惠情况及明细表》（A107042）、《境外所得纳税调整后所得明细表》（A108010）、《跨地区经营汇总纳税企业年度分摊企业所得税明细表》（A109000）的表单样式及填报说明进行修订；对《研发费用加计扣除优惠明细表》（A107012）的填报说明进行修订。

二、纳税人在纳税年度内预缴企业所得税税款超过汇算清缴应纳税款的，纳税人应及时申请退税，主管税务机关应及时按有关规定办理退税，不再抵缴其下一年度应缴企业所得税税款。

三、本公告适用于 2021 年度及以后年度企业所得税汇算清缴。《国家税务总局关于发布〈中华人民共和国企业所得税年度纳税申报表（A 类，2017 年版）〉的公告》（2017 年第 54 号）、《国家税务总局关于修订〈中华人民共和国企业所得税年度纳税申报表（A 类，2017 年版）〉部分表单样式及填报说明的公告》（2018 年第 57 号）、《国家税务总局关于修订企业所得税年度纳税申报表有关问题的公告》（2019 年第 41 号）、《国家税务总局关于修订企业所得税年度纳税申报表的公告》（2020 年第 24 号）中的上述表单和填报说明同时废止。《国家税务总局关于印发〈企业所得税汇算清缴管理办法〉的通知》（国税发〔2009〕79 号，国家税务总局公告 2018 年第 31 号修改）第十一条“或者经纳税人同意后抵缴其下一年度应缴企业所得税税款”和《国家税务总局关于印发〈跨地区经营汇总纳税企业所得税征收管理办法〉的公告》（2012 年第 57 号，2018 年第 31 号修改）第十条“或者经总、分机构同意后分别抵缴其下一年度应缴企业所得税税款”的规定同时废止。

特此公告。

附件：《中华人民共和国企业所得税年度纳税申报表（A 类，2017 年版）》部分表单及填

报说明(2021年修订)(编者略)

注释:

条款废止。相关表单和填报说明废止。参见:《国家税务总局关于企业所得税年度纳税申报有关事项的公告》(国家税务总局公告2022年第27号)。

2－1－223

财政部　税务总局关于中小微企业设备器具所得税税前扣除有关政策的公告

2022年3月2日　财政部　税务总局公告2022年第12号

为促进中小微企业设备更新和技术升级,持续激发市场主体创新活力,现就有关企业所得税税前扣除政策公告如下:

一、中小微企业在2022年1月1日至2022年12月31日期间新购置的设备、器具,单位价值在500万元以上的,按照单位价值的一定比例自愿选择在企业所得税税前扣除。其中,企业所得税法实施条例规定最低折旧年限为3年的设备器具,单位价值的100%可在当年一次性税前扣除;最低折旧年限为4年、5年、10年的,单位价值的50%可在当年一次性税前扣除,其余50%按规定在剩余年度计算折旧进行税前扣除。

企业选择适用上述政策当年不足扣除形成的亏损,可在以后5个纳税年度结转弥补,享受其他延长亏损结转年限政策的企业可按现行规定执行。

二、本公告所称中小微企业是指从事国家非限制和禁止行业,且符合以下条件的企业:

(一)信息传输业、建筑业、租赁和商务服务业:从业人员2000人以下,或营业收入10亿元以下或资产总额12亿元以下;

(二)房地产开发经营:营业收入20亿元以下或资产总额1亿元以下;

(三)其他行业:从业人员1000人以下或营业收入4亿元以下。

三、本公告所称设备、器具,是指除房屋、建筑物以外的固定资产;所称从业人数,包括与企业建立劳动关系的职工人数和企业接受的劳务派遣用工人数。

从业人数和资产总额指标,应按企业全年的季度平均值确定。具体计算公式如下:

季度平均值＝(季初值＋季末值)÷2

全年季度平均值＝全年各季度平均值之和÷4

年度中间开业或者终止经营活动的,以其实际经营期作为一个纳税年度确定上述相关指标。

四、中小微企业可按季(月)在预缴申报时享受上述政策。本公告发布前企业在2022年已购置的设备、器具,可在本公告发布后的预缴申报、年度汇算清缴时享受。

五、中小微企业可根据自身生产经营核算需要自行选择享受上述政策,当年度未选择享受的,以后年度不得再变更享受。

2－1－224

财政部　税务总局关于进一步实施小微企业所得税优惠政策的公告

2022年3月14日　财政部　税务总局公告2022年第13号

为进一步支持小微企业发展，现将有关税收政策公告如下：

一、对小型微利企业年应纳税所得额超过100万元但不超过300万元的部分，减按25%计入应纳税所得额，按20%的税率缴纳企业所得税。

二、本公告所称小型微利企业，是指从事国家非限制和禁止行业，且同时符合年度应纳税所得额不超过300万元、从业人数不超过300人、资产总额不超过5000万元等三个条件的企业。

从业人数，包括与企业建立劳动关系的职工人数和企业接受的劳务派遣用工人数。所称从业人数和资产总额指标，应按企业全年的季度平均值确定。具体计算公式如下：

季度平均值＝（季初值＋季末值）÷2

全年季度平均值＝全年各季度平均值之和÷4

年度中间开业或者终止经营活动的，以其实际经营期作为一个纳税年度确定上述相关指标。

三、本公告执行期限为2022年1月1日至2024年12月31日。

特此公告。

2－1－225

财政部　税务总局关于企业投入基础研究税收优惠政策的公告

2022年9月30日　财政部　税务总局公告2022年第32号

为鼓励企业加大创新投入，支持我国基础研究发展，现就企业投入基础研究相关税收政策公告如下：

一、对企业出资给非营利性科学技术研究开发机构（科学技术研究开发机构以下简称科研机构）、高等学校和政府性自然科学基金用于基础研究的支出，在计算应纳税所得额时可按实际发生额在税前扣除，并可按100%在税前加计扣除。

对非营利性科研机构、高等学校接收企业、个人和其他组织机构基础研究资金收入，免征企业所得税。

二、第一条所称非营利性科研机构、高等学校包括国家设立的科研机构和高等学校、民办非营利性科研机构和高等学校，具体按以下条件确定：

(一)国家设立的科研机构和高等学校是指利用财政性资金设立的、取得《事业单位法人证书》的科研机构和公办高等学校,包括中央和地方所属科研机构和高等学校。

(二)民办非营利性科研机构和高等学校,是指同时满足以下条件的科研机构和高等学校:

1. 根据《民办非企业单位登记管理暂行条例》在民政部门登记,并取得《民办非企业单位(法人)登记证书》。

2. 对于民办非营利性科研机构,其《民办非企业单位(法人)登记证书》记载的业务范围应属于科学研究与技术开发、成果转让、科技咨询与服务、科技成果评估范围。对业务范围存在争议的,由税务机关转请县级(含)以上科技行政主管部门确认。

对于民办非营利性高等学校,应取得教育主管部门颁发的《民办学校办学许可证》,记载学校类型为"高等学校"。

3. 经认定取得企业所得税非营利组织免税资格。

三、第一条所称政府性自然科学基金是指国家和地方政府设立的自然科学基金委员会管理的自然科学基金。

四、第一条所称基础研究是指通过对事物的特性、结构和相互关系进行分析,从而阐述和检验各种假设、原理和定律的活动。具体依据以下内容判断:

(一)基础研究不预设某一特定的应用或使用目的,主要是为获得关于现象和可观察事实的基本原理的新知识,可针对已知或具有前沿性的科学问题,或者针对人们普遍感兴趣的某些广泛领域,以未来广泛应用为目标。

(二)基础研究可细分为两种类型,一是自由探索性基础研究,即为了增进知识,不追求经济或社会效益,也不积极谋求将其应用于实际问题或把成果转移到负责应用的部门。二是目标导向(定向)基础研究,旨在获取某方面知识、期望为探索解决当前已知或未来可能发现的问题奠定基础。

(三)基础研究成果通常表现为新原理、新理论、新规律或新知识,并以论文、著作、研究报告等形式为主。同时,由于基础研究具有较强的探索性、存在失败的风险,论文、著作、研究报告等也可以体现为试错或证伪等成果。

上述基础研究不包括在境外开展的研究,也不包括社会科学、艺术或人文学方面的研究。

五、企业出资基础研究应签订相关协议或合同,协议或合同中需明确资金用于基础研究领域。

六、企业和非营利性科研机构、高等学校和政府性自然科学基金管理单位应将相关资料留存备查,包括企业出资协议、出资合同、相关票据等,出资协议、出资合同和出资票据应包含出资方、接收方、出资用途(注明用于基础研究)、出资金额等信息。

七、非营利性科研机构、高等学校和政府性自然科学基金管理单位应做好企业投入基础研究的资金管理,建立健全监督机制,确保资金用于基础研究,提高资金使用效率。

八、本公告自 2022 年 1 月 1 日起执行。

特此公告。

2－1－226

国家税务总局关于企业所得税年度纳税申报有关事项的公告

2022年12月30日　国家税务总局公告2022年第27号

为贯彻落实《中华人民共和国企业所得税法》及有关税收政策，进一步减轻纳税人办税负担，现就企业所得税年度纳税申报有关事项公告如下：

一、对《中华人民共和国企业所得税年度纳税申报表（A类，2017年版）》部分表单和填报说明进行修订，具体如下：对《资产折旧、摊销及纳税调整明细表》（A105080）、《企业重组及递延纳税事项纳税调整明细表》（A105100）、《免税、减计收入及加计扣除优惠明细表》（A107010）、《研发费用加计扣除优惠明细表》（A107012）、《减免所得税优惠明细表》（A107040）的表单样式及填报说明进行修订；对《纳税调整项目明细表》（A105000）的填报说明进行修订。

二、企业搬迁完成当年，向主管税务机关报送企业所得税年度纳税申报表时，不再报送《企业政策性搬迁清算损益表》。

三、本公告适用于2022年度及以后年度企业所得税汇算清缴申报。《国家税务总局关于发布〈中华人民共和国企业所得税年度纳税申报表（A类，2017年版）〉的公告》（2017年第54号）、《国家税务总局关于修订〈中华人民共和国企业所得税年度纳税申报表（A类，2017年版）〉部分表单样式及填报说明的公告》（2018年第57号）、《国家税务总局关于修订企业所得税年度纳税申报表的公告》（2020年第24号）、《国家税务总局关于企业所得税年度汇算清缴有关事项的公告》（2021年第34号）中的上述表单和填报说明同时废止。《国家税务总局关于发布〈企业政策性搬迁所得税管理办法〉的公告》（2012年第40号）第二十五条关于“应同时报送《企业政策性搬迁清算损益表》（表样附后）”的规定和附件《企业政策性搬迁清算损益表》同时废止。

特此公告。

附件：《中华人民共和国企业所得税年度纳税申报表（A类，2017年版）》部分表单及填报说明（2022年修订）（编者略）

2－1－227

财政部　税务总局　民政部关于 2022 年度—2024 年度和 2023 年度—2025 年度公益性社会组织捐赠税前扣除资格名单的公告

2022 年 12 月 30 日　财政部　税务总局　民政部公告 2022 年第 40 号

根据《中华人民共和国企业所得税法》及《中华人民共和国企业所得税法实施条例》有关规定，按照《财政部　税务总局　民政部关于公益性捐赠税前扣除有关事项的公告》（财政部　税务总局　民政部公告 2020 年第 27 号）等有关要求，现将 2022 年度—2024 年度和 2023 年度—2025 年度符合公益性捐赠税前扣除资格的公益性社会组织名单公告如下：

一、2022 年度—2024 年度符合公益性捐赠税前扣除资格的公益性社会组织名单

1. 周大福慈善基金会
2. 中国老龄事业发展基金会
3. 中国退役军人关爱基金会
4. 中国法学交流基金会
5. 华鼎国学研究基金会
6. 欧美同学基金会
7. 铁路青少年发展捐助中心
8. 中联肝健康促进中心
9. 中国社会工作联合会

二、2023 年度—2025 年度符合公益性捐赠税前扣除资格的公益性社会组织名单

1. 中国社会福利基金会
2. 中华少年儿童慈善救助基金会
3. 中华社会救助基金会
4. 中社社会工作发展基金会
5. 凯风公益基金会
6. 南都公益基金会
7. 中国人保公益慈善基金会
8. 爱佑慈善基金会
9. 国家能源集团公益基金会
10. 阿里巴巴公益基金会
11. 开明慈善基金会
12. 智善公益基金会
13. 中天爱心慈善基金会
14. 香江社会救助基金会
15. 中远海运慈善基金会
16. 中国人寿慈善基金会
17. 腾讯公益慈善基金会
18. 万科公益基金会
19. 招商局慈善基金会
20. 中国移动慈善基金会
21. 华润慈善基金会
22. 亨通慈善基金会
23. 致福慈善基金会
24. 青山慈善基金会
25. 启明公益基金会
26. 东润公益基金会
27. 国家电网公益基金会
28. 中兴通讯公益基金会
29. 爱慕公益基金会
30. 白求恩公益基金会
31. 中山博爱基金会
32. 善小公益基金会
33. 王振滔慈善基金会
34. 三峡集团公益基金会

35. 紫金矿业慈善基金会
36. 北京大学教育基金会
37. 清华大学教育基金会
38. 中国下一代教育基金会
39. 中国农业大学教育基金会
40. 中国教师发展基金会
41. 中央财经大学教育基金会
42. 西北农林科技大学教育发展基金会
43. 四川大学教育基金会
44. 浙江大学教育基金会
45. 张学良教育基金会
46. 宝钢教育基金会
47. 中南大学教育基金会
48. 传媒大学教育基金会
49. 中国国际中文教育基金会
50. 中国初级卫生保健基金会
51. 中国人口福利基金会
52. 中国预防性病艾滋病基金会
53. 中国癌症基金会
54. 中国医学基金会
55. 中国听力医学发展基金会
56. 中国器官移植发展基金会
57. 中国医药卫生事业发展基金会
58. 中国肝炎防治基金会
59. 中国健康促进基金会
60. 中国牙病防治基金会
61. 余彭年慈善基金会
62. 中国少年儿童文化艺术基金会
63. 中华社会文化发展基金会
64. 中国国际文化交流基金会
65. 中国民族文化艺术基金会
66. 星云文化教育公益基金会
67. 中华思源工程基金会
68. 亿利公益基金会
69. 中国留学人才发展基金会
70. 中国海洋发展基金会
71. 中国绿化基金会
72. 中国绿色碳汇基金会
73. 纺织之光科技教育基金会
74. 北京理工大学教育基金会
75. 金龙鱼慈善公益基金会
76. 黄奕聪慈善基金会
77. 中国足球发展基金会
78. 萨马兰奇体育发展基金会
79. 中国青少年发展基金会
80. 中国青年创业就业基金会
81. 中国光华科技基金会
82. 华阳慈善基金会
83. 顶新公益基金会
84. 威盛信望爱公益基金会
85. 中国乡村发展基金会
86. 友成企业家乡村发展基金会
87. 中国生物多样性保护与绿色发展基金会
88. 中国科技馆发展基金会
89. 中国禁毒基金会
90. 中国文物保护基金会
91. 中国儿童少年基金会
92. 中国西部人才开发基金会
93. 中国人权发展基金会
94. 中国残疾人福利基金会
95. 中国红十字基金会
96. 中国和平发展基金会
97. 中国职工发展基金会
98. 中国金融教育发展基金会
99. 中信改革发展研究基金会
100. 中华文学基金会
101. 中国应急救援人员关爱和矿山尘肺病防治基金会
102. 中国发展研究基金会
103. 中国经济改革研究基金会
104. 中华见义勇为基金会
105. 顺丰公益基金会
106. 中华国际科学交流基金会
107. 中国滋根乡村教育与发展促进会

108. 中国孔子基金会
109. 安利公益基金会
110. 中国教育发展基金会
111. 思利及人公益基金会
112. 华中农业大学教育发展基金会
113. 慈济慈善事业基金会
114. 东风公益基金会
115. 孙冶方经济科学基金会
116. 北京航空航天大学教育基金会
117. 北京科技大学教育发展基金会
118. 比亚迪慈善基金会
119. 波司登公益基金会
120. 韩美林艺术基金会
121. 兰州大学教育发展基金会
122. 民生通惠公益基金会
123. 中国妇女发展基金会
124. 中华慈善总会
125. 中华国际医学交流基金会
126. 中华环境保护基金会
127. 重庆大学教育发展基金会
128. 李四光地质科学奖基金会
129. 中国华文教育基金会
130. 中国文学艺术基金会
131. 北京交通大学教育基金会
132. 陈香梅公益基金会
133. 民福社会福利基金会
134. 南航"十分"关爱基金会
135. 中国法律援助基金会
136. 中国志愿服务基金会
137. 中诚公益创投发展促进中心
138. 智惠乡村志愿服务中心
139. 国际儒学联合会
140. 中国乡村发展志愿服务促进会
141. 中华志愿者协会
142. 中国社会组织促进会
143. 中国肢残人协会
144. 中国青年志愿者协会
145. 中国政策科学研究会

2-1-228

财政部　税务总局关于进一步完善研发费用税前加计扣除政策的公告

2023年3月26日　财政部　税务总局公告2023年第7号

为进一步激励企业加大研发投入,更好地支持科技创新,现就企业研发费用税前加计扣除政策有关问题公告如下:

一、企业开展研发活动中实际发生的研发费用,未形成无形资产计入当期损益的,在按规定据实扣除的基础上,自2023年1月1日起,再按照实际发生额的100%在税前加计扣除;形成无形资产的,自2023年1月1日起,按照无形资产成本的200%在税前摊销。

二、企业享受研发费用加计扣除政策的其他政策口径和管理要求,按照《财政部　国家税务总局　科技部关于完善研究开发费用税前加计扣除政策的通知》(财税〔2015〕119号)、《财政部　税务总局　科技部关于企业委托境外研究开发费用税前加计扣除有关政策问题的通知》(财税〔2018〕64号)等文件相关规定执行。

三、本公告自2023年1月1日起执行,《财政部　税务总局关于进一步完善研发费用税前加计扣除政策的公告》(财政部　税务总局公告2021年第13号)、《财政部　税务总局　科技部关于进一步提高科技型中小企业研发费用税前加计扣除比例的公告》(财政部　税务总局　科技部公告2022年第16号)、《财政部　税务总局　科技部关于加大支持科技创新税前扣除力度的公告》(财政部　税务总局　科技部公告2022年第28号)同时废止。

特此公告。

2-1-229

国家税务总局关于落实小型微利企业所得税优惠政策征管问题的公告

2023年3月27日　国家税务总局公告2023年第6号

为支持小微企业发展,落实好小型微利企业所得税优惠政策,现就有关征管问题公告如下:

一、符合财政部、税务总局规定的小型微利企业条件的企业(以下简称小型微利企业),按照相关政策规定享受小型微利企业所得税优惠政策。

企业设立不具有法人资格分支机构的,应当汇总计算总机构及其各分支机构的从业人数、资产总额、年度应纳税所得额,依据合计数判断是否符合小型微利企业条件。

二、小型微利企业无论按查账征收方式或核定征收方式缴纳企业所得税,均可享受小型微利企业所得税优惠政策。

三、小型微利企业在预缴和汇算清缴企业所得税时,通过填写纳税申报表,即可享受小型微利企业所得税优惠政策。

小型微利企业应准确填报基础信息,包括从业人数、资产总额、年度应纳税所得额、国家限制或禁止行业等,信息系统将为小型微利企业智能预填优惠项目、自动计算减免税额。

四、小型微利企业预缴企业所得税时,从业人数、资产总额、年度应纳税所得额指标,暂按当年度截至本期预缴申报所属期末的情况进行判断。

五、原不符合小型微利企业条件的企业,在年度中间预缴企业所得税时,按照相关政策标准判断符合小型微利企业条件的,应按照截至本期预缴申报所属期末的累计情况,计算减免税额。当年度此前期间如因不符合小型微利企业条件而多预缴的企业所得税税款,可在以后季度应预缴的企业所得税税款中抵减。

六、企业预缴企业所得税时享受了小型微利企业所得税优惠政策,但在汇算清缴时发现不符合相关政策标准的,应当按照规定补缴企业所得税税款。

七、小型微利企业所得税统一实行按季度预缴。

按月度预缴企业所得税的企业,在当年度4月、7月、10月预缴申报时,若按相关政策标准判断符合小型微利企业条件的,下一个预缴申报期起调整为按季度预缴申报,一经调整,当年度内不再变更。

八、本公告自2023年1月1日起施行。《国家税务总局关于小型微利企业所得税优惠政策征管问题的公告》(2022 年第 5 号)同时废止。

特此公告。

2 - 1 - 230

国家税务总局　财政部关于优化预缴申报享受研发费用加计扣除政策有关事项的公告

2023 年 6 月 21 日　国家税务总局　财政部公告 2023 年第 11 号

为更好地支持企业创新发展,根据《中华人民共和国企业所得税法》及其实施条例等相关规定,现就优化预缴申报享受研发费用加计扣除政策有关事项公告如下:

一、企业 7 月份预缴申报第 2 季度(按季预缴)或 6 月份(按月预缴)企业所得税时,能准确归集核算研发费用的,可以结合自身生产经营实际情况,自主选择就当年上半年研发费用享受加计扣除政策。

对 7 月份预缴申报期未选择享受优惠的企业,在 10 月份预缴申报或年度汇算清缴时能够准确归集核算研发费用的,可结合自身生产经营实际情况,自主选择在 10 月份预缴申报或年度汇算清缴时统一享受。

二、企业 10 月份预缴申报第 3 季度(按季预缴)或 9 月份(按月预缴)企业所得税时,能准确归集核算研发费用的,企业可结合自身生产经营实际情况,自主选择就当年前三季度研发费用享受加计扣除政策。

对 10 月份预缴申报期未选择享受优惠的企业,在年度汇算清缴时能够准确归集核算研发费用的,可结合自身生产经营实际情况,自主选择在年度汇算清缴时统一享受。

三、企业享受研发费用加计扣除优惠政策采取“真实发生、自行判别、申报享受、相关资料留存备查”的办理方式,由企业依据实际发生的研发费用支出,自行计算加计扣除金额,填报《中华人民共和国企业所得税月(季)度预缴纳税申报表(A 类)》享受税收优惠,并根据享受加计扣除优惠的研发费用情况(上半年或前三季度)填写《研发费用加计扣除优惠明细表》(A107012)。《研发费用加计扣除优惠明细表》(A107012)与规定的其他资料一并留存备查。

四、本公告自 2023 年 1 月 1 日起施行。《国家税务总局关于企业预缴申报享受研发费用加计扣除优惠政策有关事项的公告》(2022 年第 10 号)同时废止。

特此公告。

2－1－231

财政部　税务总局关于设备、器具扣除有关企业所得税政策的公告

2023年8月18日　财政部　税务总局公告2023年第37号

为引导企业加大设备、器具投资力度，现就有关企业所得税政策公告如下：

一、企业在2024年1月1日至2027年12月31日期间新购进的设备、器具，单位价值不超过500万元的，允许一次性计入当期成本费用在计算应纳税所得额时扣除，不再分年度计算折旧；单位价值超过500万元的，仍按企业所得税法实施条例、《财政部　国家税务总局关于完善固定资产加速折旧企业所得税政策的通知》（财税〔2014〕75号）、《财政部　国家税务总局关于进一步完善固定资产加速折旧企业所得税政策的通知》（财税〔2015〕106号）等相关规定执行。

二、本公告所称设备、器具，是指除房屋、建筑物以外的固定资产。

2－1－232

国家税务总局关于优化纳税服务简并居民企业报告境外投资和所得信息有关报表的公告

2023年9月7日　国家税务总局公告2023年第17号

为贯彻落实中办、国办印发的《关于进一步深化税收征管改革的意见》，持续深化税务系统“放管服”改革，优化税收营商环境，深入开展“便民办税春风行动”，根据《中华人民共和国税收征收管理法》及其实施细则、《中华人民共和国企业所得税法》（以下简称企业所得税法）及其实施条例等有关规定，国家税务总局修订了居民企业报告境外投资和所得信息有关报表，简并优化了信息报告内容和方式，现公告如下：

一、居民企业或其通过境内合伙企业，在一个纳税年度中的任何一天，直接或间接持有外国企业股份或有表决权股份达到10%（含）以上的，应当在办理该年度企业所得税年度申报时向主管税务机关报送简并后的《居民企业境外投资信息报告表》（见附件）。

二、本公告附表所称受控外国企业是指由居民企业，或者由居民企业和中国居民控制的依照外国（地区）法律成立且实际管理机构不在中国境内的企业。

在判定控制时，多层间接持有股份按各层持股比例相乘计算，中间层持有股份超过50%的，按100%计算。

三、非居民企业在境内设立机构、场所，取得发生在境外但与其所设机构、场所有实际

联系的所得的,参照本公告执行。

四、本公告自2023年10月10日起施行。2023年度及以后年度发生的应报告信息,适用本公告规定。《国家税务总局关于印发〈特别纳税调整实施办法(试行)〉的通知》(国税发〔2009〕2号)第八章第七十六条、第七十七条、第七十九条,《国家税务总局关于居民企业报告境外投资和所得信息有关问题的公告》(国家税务总局公告2014年第38号)同时废止。

特此公告。

附件:居民企业境外投资信息报告表

附件

居民企业境外投资信息报告表

一、报告人信息				
纳税人统一社会信用代码(纳税人识别号)		企业名称		
二、外国企业信息				
单位:元人民币				
(一)外国企业基本信息				
1. 外国企业名称				
2. 外国企业名称(中文译文)				
3. 外国企业识别号				
4. 注册地国家(地区)				
5. 税收居民身份所在国家(地区)				
6. 首次取得股权时间				
7. 主要业务活动	□研发 □持有或管理无形资产 □采购 □生产制造 □销售、市场营销或分销 □行政、管理或支持服务 □融资 □提供劳务 □金融服务 □保险 □持有股份或其他权益工具 □非营运企业 □其他______			
8. 行业类别及代码				
9. 是否上市公司	□是		□否	
10. 报告人持股比例(年末数)	直接持股		间接持股	
11. 报告人实际投资额(年末数)				
12. 雇员人数				
13. 外国企业所在层级				
(二)外国企业生产经营信息				
14. 收入总额				
15. 股息收入				
16. 利息收入				
17. 特许权使用费收入				
18. 利润总额				
19. 实际已缴纳所得税额				

续表

20. 资产总额				
21. 其中：长期股权投资				
22. 无形资产				
23. 所有者权益合计				
24. 其中：未分配利润				
（三）受控外国企业信息				
25. 受控外国企业构成条件	□股份控制 □实质控制 □不构成控制			
直接或间接持有外国企业 10% 以上股份的其他中方股东信息	股东一	股东二	股东三	股东四
26.（1）持股股东名称				
27.（2）纳税人统一社会信用代码（纳税人识别号或身份证号）				
28.（3）持股比例				
三、报告人声明				
我谨在此声明：此表是根据国家税收法律法规及相关规定填写，对填报内容的真实性、可靠性、完整性负责。 报告人（签章）： 报告日期： 年 月 日				
四、以下由税务机关填写				
主管税务机关受理人： 联系电话：	税务机关（盖章） 年 月 日			

《居民企业境外投资信息报告表》填报说明

一、报告人信息

1. 纳税人统一社会信用代码（纳税人识别号）：填写境内企业的纳税人统一社会信用代码（纳税人识别号）。

2. 企业名称：填写境内企业的中文名称。

二、外国企业信息

（一）外国企业基本信息

1. 报告人直接或间接投资多家外国企业，符合规定条件的，应分别按每个符合条件的境外被投资企业填报本表。

2. 外国企业名称：填写境外被投资企业的名称。填报的名称为外文的，应同时填报中文译文名称。

3. 外国企业识别号：填写境外被投资企业在注册地的纳税识别号。

4. 注册地国家（地区）：填写境外被投资企业的注册地国家（地区）。

5. 税收居民身份所在国家（地区）：填写境外被投资企业税收居民身份所在国家（地区）。

6. 首次取得股权时间：填写报告人首次取得境外被投资企业股权年度。

7. 主要业务活动：根据境外被投资企业在相关国家（地区）开展主要业务活动情况，在对应项目下勾选一个或多个项目。如果勾选“其他”，请说明该境外被投资企业的具体业务活动。

8. 行业类别及代码：按照《国民经济行业分类》（GB/T 4754—2017）标准，填写境外被投资企业的行业门类（大类）及代码。

9. 是否上市公司：填写境外被投资企业是否为上市公司，若是上市公司，填“是”，若不是上市公司，填“否”。

10. 报告人持股比例：填写所属期末对境外被投资企业的直接持股比例和间接持股比例。持股比例按照本公告第二条第二款规定计算。

11. 报告人实际投资额：报告人直接持有境外企业股份时填写。对境外被投资企业的实际投资额，按照所属期末账载金额人民币数填报。

12. 雇员人数：填写境外被投资企业年末或全年平均雇员人数。

13. 外国企业所在层级：填写报告人与境外被投资企业之间的持股架构中，境外被投资企业所在层级。当报告人直接持有境外被投资企业时，填“1”；间接持有第一层境外被投资企业时，填“2”。

（二）外国企业生产经营信息

14. 境外被投资企业相关信息应为个别财务报表数据，所在国家（地区）在税收处理上有特殊规定的从其规定。

15. 境外被投资企业纳税年度与我国纳税年度不一致的，与我国纳税年度当年度相对应的境外纳税年度，应为在我国有关纳税年度中任何一日结束的境外纳税年度。

16. 境外被投资企业使用人民币以外的货币进行核算的，按照我国纳税年度最后一日的人民币汇率中间价折算。

17. 收入总额：填写境外被投资企业纳税年度的收入总额，包括主营业务收入、其他业务收入、投资收益、营业外收入等。

18. 利润总额：填写境外被投资企业纳税年度会计利润总额。

（三）受控外国企业信息

19. 受控外国企业构成条件：企业自行判定是否构成受控外国企业及控制类型并勾选相应选项。股份控制是指：在纳税年度任何一天，居民企业持有境外被投资企业50%以上股份或有表决权的股份；居民企业或者中国居民直接或者间接单一持有境外被投资企业10%以上有表决权股份，且由其共同持有该境外被投资企业50%以上股份。实质控制是指居民企业，或者居民企业和中国居民持股比例没有达到股份控制标准，但在股份、资金、经营、购销等方面对该境外被投资企业构成实质控制。未达到上述标准的不构成控制。

20. 直接或间接持有外国企业10%以上股份的其他中方股东信息：填报所属期末持有境外被投资企业10%以上股份的其他中国股东（居民企业或中国居民）信息，如有多个中国股东持股比例超过10%以上，填写持股比例前四位的股东信息。

2－1－233

财政部　税务总局关于确认中国红十字会总会等群众团体2024年度—2026年度公益性捐赠税前扣除资格的公告

2023年11月13日　财政部　税务总局公告2023年第72号

根据《中华人民共和国企业所得税法》及《中华人民共和国企业所得税法实施条例》有关规定，按照《财政部　税务总局关于通过公益性群众团体的公益性捐赠税前扣除有关事项的公告》（财政部　税务总局公告2021年第20号）有关要求，现将2024年度—2026年度符合公益性捐赠税前扣除资格的群众团体名单公告如下：

1. 中国红十字会总会
2. 中华全国总工会
3. 中国宋庆龄基金会
4. 中国国际人才交流基金会

2－1－234

财政部　税务总局　民政部关于2023年度—2025年度和2024年度—2026年度公益性社会组织捐赠税前扣除资格名单的公告

2023年12月29日　财政部　税务总局　民政部公告2023年第76号

根据《中华人民共和国企业所得税法》及《中华人民共和国企业所得税法实施条例》有关规定，按照《财政部　税务总局　民政部关于公益性捐赠税前扣除有关事项的公告》（财政部　税务总局　民政部公告2020年第27号）等有关要求，现将2023年度—2025年度和2024年度—2026年度符合公益性捐赠税前扣除资格的公益性社会组织名单公告如下：

一、2023年度—2025年度符合公益性捐赠税前扣除资格的公益性社会组织名单

1. 中国海油海洋环境与生态保护公益基金会
2. 新华人寿保险公益基金会
3. 章如庚慈善基金会
4. 光华工程科技奖励基金会
5. 健坤慈善基金会
6. 陶行知教育基金会
7. 吴阶平医学基金会
8. 中华同心温暖工程基金会
9. 中国电影基金会
10. 韬奋基金会
11. 中国敦煌石窟保护研究基金会
12. 中国科学院大学教育基金会
13. 中国马克思主义研究基金会
14. 中国保护黄河基金会
15. 中国互联网发展基金会
16. 中国航天基金会
17. 中华农业科教基金会
18. 鲁迅文化基金会
19. 河仁慈善基金会
20. 中国关心下一代健康体育基金会
21. 开放原子开源基金会
22. 中国国际民间组织合作促进会
23. 中华健康快车基金会

二、2024年度—2026年度符合公益性捐赠税前扣除资格的公益性社会组织名单

1. 河南大学教育发展基金会
2. 中国慈善联合会

2－1－235

外国企业常驻代表机构登记管理条例

2010 年 11 月 19 日中华人民共和国国务院令第 584 号公布　2013 年 7 月 18 日中华人民共和国国务院令第 638 号第一次修订　2018 年 9 月 18 日中华人民共和国国务院令第 703 号第二次修订　2024 年 3 月 10 日中华人民共和国国务院令第 777 号第三次修订

第一章　总　　则

第一条　为了规范外国企业常驻代表机构的设立及其业务活动，制定本条例。

第二条　本条例所称外国企业常驻代表机构（以下简称代表机构），是指外国企业依照本条例规定，在中国境内设立的从事与该外国企业业务有关的非营利性活动的办事机构。代表机构不具有法人资格。

第三条　代表机构应当遵守中国法律，不得损害中国国家安全和社会公共利益。

第四条　代表机构设立、变更、终止，应当依照本条例规定办理登记。

外国企业申请办理代表机构登记，应当对申请文件、材料的真实性负责。

第五条　省、自治区、直辖市人民政府市场监督管理部门是代表机构的登记和管理机关（以下简称登记机关）。

登记机关应当与其他有关部门建立信息共享机制，相互提供有关代表机构的信息。

第六条　代表机构应当于每年 3 月 1 日至 6 月 30 日向登记机关提交年度报告。年度报告的内容包括外国企业的合法存续情况、代表机构的业务活动开展情况及其经会计师事务所审计的费用收支情况等相关情况。

第七条　代表机构应当依法设置会计账簿，真实记载外国企业经费拨付和代表机构费用收支情况，并置于代表机构驻在场所。

代表机构不得使用其他企业、组织或者个人的账户。

第八条　外国企业委派的首席代表、代表以及代表机构的工作人员应当遵守法律、行政法规关于出入境、居留、就业、纳税、外汇登记等规定；违反规定的，由有关部门依照法律、行政法规的相关规定予以处理。

第二章　登记事项

第九条　代表机构的登记事项包括：代表机构名称、首席代表姓名、业务范围、驻在场所、驻在期限、外国企业名称及其住所。

第十条　代表机构名称应当由以下部分依次组成：外国企业国籍、外国企业中文名称、驻在城市名称以及“代表处”字样，并不得含有下列内容和文字：

（一）有损于中国国家安全或者社会公共利益的；

（二）国际组织名称；

（三）法律、行政法规或者国务院规定禁止的。

代表机构应当以登记机关登记的名称从事业务活动。

第十一条 外国企业应当委派一名首席代表。首席代表在外国企业书面授权范围内，可以代表外国企业签署代表机构登记申请文件。

外国企业可以根据业务需要，委派1至3名代表。

第十二条 有下列情形之一的，不得担任首席代表、代表：

（一）因损害中国国家安全或者社会公共利益，被判处刑罚的；

（二）因从事损害中国国家安全或者社会公共利益等违法活动，依法被撤销设立登记、吊销登记证或者被有关部门依法责令关闭的代表机构的首席代表、代表，自被撤销、吊销或者责令关闭之日起未逾5年的；

（三）国务院市场监督管理部门规定的其他情形。

第十三条 代表机构不得从事营利性活动。

中国缔结或者参加的国际条约、协定另有规定的，从其规定，但是中国声明保留的条款除外。

第十四条 代表机构可以从事与外国企业业务有关的下列活动：

（一）与外国企业产品或者服务有关的市场调查、展示、宣传活动；

（二）与外国企业产品销售、服务提供、境内采购、境内投资有关的联络活动。

法律、行政法规或者国务院规定代表机构从事前款规定的业务活动须经批准的，应当取得批准。

第十五条 代表机构的驻在场所由外国企业自行选择。

根据国家安全和社会公共利益需要，有关部门可以要求代表机构调整驻在场所，并及时通知登记机关。

第十六条 代表机构的驻在期限不得超过外国企业的存续期限。

第十七条 登记机关应当将代表机构登记事项记载于代表机构登记簿，供社会公众查阅、复制。

第十八条 代表机构应当将登记机关颁发的外国企业常驻代表机构登记证（以下简称登记证）置于代表机构驻在场所的显著位置。

第十九条 任何单位和个人不得伪造、涂改、出租、出借、转让登记证和首席代表、代表的代表证（以下简称代表证）。

登记证和代表证遗失或者毁坏的，代表机构应当在指定的媒体上声明作废，申请补领。

登记机关依法作出准予变更登记、准予注销登记、撤销变更登记、吊销登记证决定的，代表机构原登记证和原首席代表、代表的代表证自动失效。

第二十条 代表机构设立、变更，外国企业应当在登记机关指定的媒体上向社会公告。

代表机构注销或者被依法撤销设立登记、吊销登记证的，由登记机关进行公告。

第二十一条 登记机关对代表机构涉嫌违反本条例的行为进行查处，可以依法行使下列职权：

（一）向有关的单位和个人调查、了解情况；

（二）查阅、复制、查封、扣押与违法行为有关的合同、票据、账簿以及其他资料；

（三）查封、扣押专门用于从事违法行为的工具、设备、原材料、产品（商品）等财物；

（四）查询从事违法行为的代表机构的账户以及与存款有关的会计凭证、账簿、对账单等。

第三章　设立登记

第二十二条　设立代表机构应当向登记机关申请设立登记。

第二十三条　外国企业申请设立代表机构，应当向登记机关提交下列文件、材料：

（一）代表机构设立登记申请书；

（二）外国企业住所证明和存续2年以上的合法营业证明；

（三）外国企业章程或者组织协议；

（四）外国企业对首席代表、代表的任命文件；

（五）首席代表、代表的身份证明和简历；

（六）同外国企业有业务往来的金融机构出具的资金信用证明；

（七）代表机构驻在场所的合法使用证明。

法律、行政法规或者国务院规定设立代表机构须经批准的，外国企业应当自批准之日起90日内向登记机关申请设立登记，并提交有关批准文件。

中国缔结或者参加的国际条约、协定规定可以设立从事营利性活动的代表机构的，还应当依照法律、行政法规或者国务院规定提交相应文件。

第二十四条　登记机关应当自受理申请之日起15日内作出是否准予登记的决定，作出决定前可以根据需要征求有关部门的意见。作出准予登记决定的，应当自作出决定之日起5日内向申请人颁发登记证和代表证；作出不予登记决定的，应当自作出决定之日起5日内向申请人出具登记驳回通知书，说明不予登记的理由。

登记证签发日期为代表机构成立日期。

第二十五条　代表机构、首席代表和代表凭登记证、代表证申请办理居留、就业、纳税、外汇登记等有关手续。

第四章　变更登记

第二十六条　代表机构登记事项发生变更，外国企业应当向登记机关申请变更登记。

第二十七条　变更登记事项的，应当自登记事项发生变更之日起60日内申请变更登记。

变更登记事项依照法律、行政法规或者国务院规定在登记前须经批准的，应当自批准之日起30日内申请变更登记。

第二十八条　代表机构驻在期限届满后继续从事业务活动的，外国企业应当在驻在期限届满前60日内向登记机关申请变更登记。

第二十九条　申请代表机构变更登记，应当提交代表机构变更登记申请书以及国务院市场监督管理部门规定提交的相关文件。

变更登记事项依照法律、行政法规或者国务院规定在登记前须经批准的，还应当提交有关批准文件。

第三十条 登记机关应当自受理申请之日起10日内作出是否准予变更登记的决定。作出准予变更登记决定的,应当自作出决定之日起5日内换发登记证和代表证;作出不予变更登记决定的,应当自作出决定之日起5日内向申请人出具变更登记驳回通知书,说明不予变更登记的理由。

第三十一条 外国企业的有权签字人、企业责任形式、资本(资产)、经营范围以及代表发生变更的,外国企业应当自上述事项发生变更之日起60日内向登记机关备案。

第五章 注销登记

第三十二条 有下列情形之一的,外国企业应当在下列事项发生之日起60日内向登记机关申请注销登记:

(一)外国企业撤销代表机构;

(二)代表机构驻在期限届满不再继续从事业务活动;

(三)外国企业终止;

(四)代表机构依法被撤销批准或者责令关闭。

第三十三条 外国企业申请代表机构注销登记,应当向登记机关提交下列文件:

(一)代表机构注销登记申请书;

(二)代表机构税务登记注销证明;

(三)海关出具的相关事宜已清理完结或者该代表机构未办理相关手续的证明;

(四)国务院市场监督管理部门规定提交的其他文件。

法律、行政法规或者国务院规定代表机构终止活动须经批准的,还应当提交有关批准文件。

第三十四条 登记机关应当自受理申请之日起10日内作出是否准予注销登记的决定。作出准予注销决定的,应当自作出决定之日起5日内出具准予注销通知书,收缴登记证和代表证;作出不予注销登记决定的,应当自作出决定之日起5日内向申请人出具注销登记驳回通知书,说明不予注销登记的理由。

第六章 法律责任

第三十五条 未经登记,擅自设立代表机构或者从事代表机构业务活动的,由登记机关责令停止活动,处以5万元以上20万元以下的罚款。

代表机构违反本条例规定从事营利性活动的,由登记机关责令改正,没收违法所得,没收专门用于从事营利性活动的工具、设备、原材料、产品(商品)等财物,处以5万元以上50万元以下罚款;情节严重的,吊销登记证。

第三十六条 提交虚假材料或者采取其他欺诈手段隐瞒真实情况,取得代表机构登记或者备案的,由登记机关责令改正,对代表机构处以2万元以上20万元以下的罚款,对直接负责的主管人员和其他直接责任人员处以1000元以上1万元以下的罚款;情节严重的,由登记机关撤销登记或者吊销登记证,缴销代表证。

代表机构提交的年度报告隐瞒真实情况、弄虚作假的,由登记机关责令改正,对代表机构处以2万元以上20万元以下的罚款;情节严重的,吊销登记证。

伪造、涂改、出租、出借、转让登记证、代表证的，由登记机关对代表机构处以1万元以上10万元以下的罚款；对直接负责的主管人员和其他直接责任人员处以1000元以上1万元以下的罚款；情节严重的，吊销登记证，缴销代表证。

第三十七条 代表机构违反本条例第十四条规定从事业务活动以外活动的，由登记机关责令限期改正；逾期未改正的，处以1万元以上10万元以下的罚款；情节严重的，吊销登记证。

第三十八条 有下列情形之一的，由登记机关责令限期改正，处以1万元以上3万元以下的罚款；逾期未改正的，吊销登记证：

（一）未依照本条例规定提交年度报告的；

（二）未按照登记机关登记的名称从事业务活动的；

（三）未按照中国政府有关部门要求调整驻在场所的；

（四）未依照本条例规定公告其设立、变更情况的；

（五）未依照本条例规定办理有关变更登记、注销登记或者备案的。

第三十九条 代表机构从事危害中国国家安全或者社会公共利益等严重违法活动的，由登记机关吊销登记证。

代表机构违反本条例规定被撤销设立登记、吊销登记证，或者被中国政府有关部门依法责令关闭的，自被撤销、吊销或者责令关闭之日起5年内，设立该代表机构的外国企业不得在中国境内设立代表机构。

第四十条 登记机关及其工作人员滥用职权、玩忽职守、徇私舞弊，未依照本条例规定办理登记、查处违法行为，或者支持、包庇、纵容违法行为的，依法给予处分。

第四十一条 违反本条例规定，构成违反治安管理行为的，依照《中华人民共和国治安管理处罚法》的规定予以处罚；构成犯罪的，依法追究刑事责任。

第七章 附 则

第四十二条 本条例所称外国企业，是指依照外国法律在中国境外设立的营利性组织。

第四十三条 代表机构登记的收费项目依照国务院财政部门、价格主管部门的有关规定执行，代表机构登记的收费标准依照国务院价格主管部门、财政部门的有关规定执行。

第四十四条 香港特别行政区、澳门特别行政区和台湾地区企业在中国境内设立代表机构的，参照本条例规定进行登记管理。

第四十五条 本条例自2011年3月1日起施行。1983年3月5日经国务院批准，1983年3月15日原国家工商行政管理局发布的《关于外国企业常驻代表机构登记管理办法》同时废止。

特殊规定

2－1－236

国家税务总局关于华夏、国泰、南方证券有限公司纳税地点问题的通知

1995年8月18日　国税函发〔1995〕470号

近接一些地区来函，要求明确华夏、国泰、南方证券有限公司及其分支机构企业所得税纳税地点问题。根据《中华人民共和国企业所得税暂行条例》及《财政部、国家税务总局关于金融、保险企业有关所得税问题的通知》（财税字〔1994〕27号）的有关规定，华夏、国泰、南方证券有限公司及其分支机构的企业所得税，应以独立核算单位为纳税人，由所在地国家税务局负责征收管理，税款就地缴入中央金库。

特此通知。

2－1－237

财政部　国家税务总局关于烟草工业企业用利润消化历史亏损挂账处理意见的复函

1997年2月13日　财税字〔1997〕2号

国家烟草专卖局：

你局《关于烟草工业企业用利润消化历史亏损挂账问题的函》〔国烟财函（1996）第33号〕收悉。为了促使烟草工业企业尽快甩掉历史遗留亏损挂账包袱，发展生产，提高经济效益，为国家作出更大的贡献，报经国务院批准，同意烟草工业企业用实现利润弥补历史遗留亏损挂账。具体意见如下：

一、烟草工业企业截止1992年底发生的明亏，可按原规定在3年内用实现利润进行弥补；超过3年弥补期限的，用税后利润进行弥补。

二、烟草工业企业截止1993年底发生的潜亏挂账，视同明亏，在5年期限内，用1994年及以后年度实现的利润进行弥补。1994～1996年度已用实现利润弥补潜亏挂账尚未弥补完的，可以继续弥补；1994～1996年度实现利润已缴纳所得税的，已缴税款不予退库补亏，其潜亏挂账可由1997、1998年度的实现利润进行弥补。

弥补潜亏挂账的具体数额，由你局报请国家税务总局审核确认后下达执行。

2－1－238

财政部　国家税务总局关于中国民族国际信托投资公司所得税问题的通知

1997年3月14日　财税字〔1997〕31号

经国务院批准，从1996年1月1日起，《关于中国民族国际信托投资公司有关所得税问题的通知》（财税字〔1995〕12号）规定的企业所得税返还政策已经到期，停止执行。

特此通知。

2－1－239

国家税务总局关于中国国际信托投资公司所属企业缴纳企业所得税问题的通知

1999年4月19日　国税函〔1999〕196号

中信集团是经国家税务总局批准试行合并纳税的大型集团，到1998年底，合并纳税期限已满。为进一步支持中信集团的发展，经研究，现将该集团缴纳企业所得税的问题通知如下：

一、中信集团全资控股部分成员企业（名单附后），在1999年由中国国际信托投资公司在北京合并缴纳企业所得税，税款入中央金库。

中信集团其他成员企业从1999年起就地缴纳企业所得税，税款缴入中央金库。

二、中信集团所属合并纳税的成员企业，在企业改组、改造或资产重组过程中，因股权发生变化而变成非全资控股的企业，经当地国税局确认后，从股权发生变化的年度起，就地缴纳企业所得税。

三、中信集团所属合并纳税的成员企业，应按照国家税务总局的有关规定，向所在地国税局报送所得税纳税申报表和相关会计报表，并接受所在地国税局的检查和监管；当地国税局应按照国家税务总局的统一规定，认真受理企业的纳税申报，切实履行纳税检查和监管职责。

附件：中国国际信托投资公司合并纳税企业名单（编者略）

2－1－240

财政部　国家税务总局关于中国石油天然气集团公司企业所得税有关问题的通知

2000年4月5日　财税字〔2000〕53号

为支持中国石油天然气集团公司(以下简称石油集团)的资产重组和企业制度改革,经国务院批准,现对石油集团企业所得税有关问题通知如下:

一、关于股份公司和存续企业纳税问题。石油集团重组后,新设立的股份公司及存续企业,均应按照国家税收法规的统一规定缴纳企业所得税。

二、关于石油集团资产评估增值征免企业所得税问题。对石油集团资产评估增值的1400亿元,按规定应缴纳的企业所得税不征收入库,直接转计石油集团资本公积金,作为国有资本金。石油集团将评估增值部分再注入到股份公司,作为股份公司的国有股权。

石油集团投入股份公司的资产,股份公司按评估后的价值计提折旧,并在所得税前扣除。

三、关于股份公司合并缴纳企业所得税问题。股份公司所属分公司和全资子公司(大庆石油公司),由股份公司合并缴纳企业所得税。具体办法由国家税务总局另行制定。

2－1－241

国家税务总局关于中国国际信托投资公司所属企业缴纳企业所得税问题的通知

2000年6月22日　国税函〔2000〕483号

中信集团是经国家税务总局批准试行合并纳税的大型集团,到1999年底,合并纳税期限已满。为进一步支持中信集团的发展,经研究,现将该集团缴纳企业所得税的问题通知如下:

一、中信集团全资控股部分成员企业25家(名单附后),在2000年度由中国国际信托投资公司在北京合并缴纳企业所得税。

中信集团其他成员企业就地缴纳企业所得税。

二、中信集团所属合并纳税的成员企业,在企业改组、改造或资产重组过程中,因股权发生变化而变成非全资控股的企业,经当地国税局确认后,从股权发生变化的年度起,就地缴纳企业所得税。

三、中信集团所属合并纳税的成员企业,应按照国家税务总局的有关规定,向所在地国税局报送所得税纳税申报表和相关会计报表,并接受所在地国税局的检查和监管;当地国税局应按照国家税务总局的统一规定,认真受理企业的纳税申报,切实履行纳税检查和监管职责。

附件:中国国际信托投资公司合并纳税企业名单(编者略)

2－1－242

财政部　国家税务总局关于中国石油化工集团公司企业所得税有关问题的通知

2000年7月5日　财税〔2000〕22号

为支持中国石油化工集团公司(以下称石化集团)的资产重组和企业制度改革,经国务院批准,现对石化集团企业所得税有关问题通知如下:

一、关于中国石油化工股份有限公司(以下称股份公司)和存续企业纳税问题。石化集团重组后,新设立的股份公司和存续企业,均应按照国家税收法规的统一规定缴纳企业所得税。

二、关于股份公司合并缴纳企业所得税问题。股份公司所属的分公司和全资子公司,由股份公司合并缴纳企业所得税。具体办法由国家税务总局另行制定。

三、关于石化集团资产评估增值征免企业所得税问题。对石化集团资产评估增值的720亿元,按规定应缴纳的企业所得税不征收入库,直接转计石化集团的资本公积金,作为国有资本金。石化集团将评估增值部分再注入到股份公司,作为股份公司的国有股权。

石化集团投入到股份公司的资产,股份公司按评估后的价值计提折旧,并在所得税前扣除。

2－1－243

财政部　国家税务总局关于对青少年活动场所、电子游戏厅有关所得税和营业税政策问题的通知

2000年7月18日　财税〔2000〕21号

根据中共中央办公厅、国务院办公厅《关于加强青少年学生活动场所建设和管理工作的通知》精神,现对青少年活动场所以及社会力量对青少年活动场所的捐赠和电子游戏厅有关所得税、营业税政策问题通知如下:

一、对公益性青少年活动场所暂免征收企业所得税;对企事业单位、社会团体和个人等社会力量,通过非营利性的社会团体和国家机关对公益性青少年活动场所(其中包括新建)的捐赠,在缴纳企业所得税和个人所得税前准予全额扣除。

本通知所称公益性青少年活动场所,是指专门为青少年学生提供科技、文化、德育、爱

国主义教育、体育活动的青少年宫、青少年活动中心等校外活动的公益性场所。

二、对电子游戏厅一律按20%的税率征收营业税。

三、对账证不全及按有关规定应采取核定征收企业所得税的电子游戏厅，应根据《国家税务总局关于印发〈核定征收企业所得税暂行办法〉的通知》（国税发〔2000〕38号）规定，调高定额或应税所得率，调高幅度为20%—50%，具体幅度比例可根据电子游戏厅经营情况确定。

四、对核定征收个人所得税的电子游戏厅，一律调高50%的个人所得税定额。

本通知第一条规定自2000年1月1日起执行，第二至第四条规定自2000年7月1日起执行。

注释：

条款废止或失效。第二条废止或失效。参见：《财政部　国家税务总局关于公布若干废止和失效的营业税规范性文件目录的通知》（财税〔2009〕61号）。

2－1－244

国家税务总局关于国泰君安证券股份有限公司所属分支机构缴纳企业所得税问题的通知

2000年7月31日　国税函〔2000〕577号

近接上海市国家税务局《关于对国泰君安证券股份有限公司企业所得税汇总缴纳问题的请示》（沪财企一〔2000〕88号），经研究，现对国泰君安证券股份有限公司各分支机构缴纳企业所得税的问题通知如下：

一、按照《中华人民共和国企业所得税暂行条例》及其实施细则的规定，实行独立经济核算的企业为所得税纳税人。国泰君安证券股份有限公司下属的主要从事代理买卖各种有价证券业务的各分支机构，凡属于非独立核算的，可并入国泰君安证券股份有限公司统一缴纳企业所得税；凡属于独立核算的，应就地缴纳企业所得税。

二、根据《中华人民共和国企业所得税暂行条例》及其实施细则的规定，结合证券行业的特点，国泰君安证券股份有限公司的各分支机构同时符合下列条件的，为非独立核算机构：

（一）分支机构客户保证金除留存小额备付外，其余部分全部上交总机构统一管理；

（二）分支机构代理买卖各种有价证券交易业务，由总机构与证券交易所统一清算。

三、该公司所属分支机构所在地税务机关，应严格按国家税务总局关于加强汇总纳税企业所得税征收管理的有关规定，实施就地监管。

四、该公司附属独立法人公司及分支机构，仍按有关规定就地缴纳企业所得税。

2 - 1 - 245

财政部关于停止执行中央外贸企业所得税返还问题的通知

2001 年 4 月 4 日　财税〔2001〕58 号

各中央外贸(工贸)进出口总公司:

经国务院批准,自 2001 年 1 月 1 日起,对财政部《关于中央外贸企业所得税返还实施办法》(财外字〔2000〕16 号)中,关于中央外贸企业按实际缴纳企业所得税的 70% 比例先征后返还的政策,停止执行。

2 - 1 - 246

国家税务总局关于国家开发银行、中国农业发展银行缴纳企业所得税问题的通知

2001 年 4 月 29 日　国税函〔2001〕324 号

近接国家开发银行《关于继续实行集中缴纳所得税办法的请示》(开行发〔2001〕68 号)和中国农业发展银行《关于对我行不实行就地预交企业所得税的请示》(农发行函字〔2001〕47 号)。鉴于政策性银行的特殊性,经研究,现将国家开发银行、中国农业发展银行所属分支机构缴纳企业所得税问题通知如下:

一、国家开发银行、中国农业发展银行所属分支机构,在 2001 年度由总行在北京市汇总缴纳企业所得税,暂不实行"统一计算、分级管理、就地预交、集中清算"的汇总纳税办法。总行按照征收管理的有关规定,按期汇总申报预缴企业所得税,年终进行汇算清缴。

二、国家开发银行、中国农业发展银行所属分支机构,应按照国家税务总局关于加强汇总纳税企业所得税征收管理的有关规定,向所在地税务机关报送所得税纳税申报表,所在地税务机关要严格履行就地监管的责任。

三、国家开发银行、中国农业发展银行附属独立法人公司及分支机构,仍按有关规定就地缴纳企业所得税。

附件:1. 国家开发银行分支机构名单(编者略)

2. 中国农业发展银行分支机构名单(编者略)

2－1－247

国家税务总局关于中国光大银行缴纳企业所得税问题的通知

2001年5月9日　国税函〔2001〕325号

北京、天津、上海、重庆、黑龙江、吉林、广东、云南、湖北、江苏、浙江、山东、河南、陕西、海南、福建、四川、辽宁、河北、安徽、湖南、广西、山西省(自治区、直辖市)国家税务局;深圳、青岛、大连、厦门、宁波市国家税务局:

为了加强企业所得税的征收管理,保证国家税款及时、足额入库,现对中国光大银行及其各分支机构缴纳企业所得税的问题明确如下:

一、中国光大银行及其所属分支机构,在2001年底前,按照《国家税务总局关于汇总(合并)纳税企业实行统一计算、分级管理、就地预交、集中清算所得税问题的通知》(国税发〔2001〕13号)规定,实行汇总缴纳企业所得税。

二、中国光大银行所属各分行、直属支行按年度应缴纳企业所得税额的60%比例就地预缴,总行、总行营业部、上海、长春、重庆、成都、济南、郑州分行按年度应缴纳企业所得税额的15%比例就地预缴。

三、从2001年度起,中国光大银行及所属成员企业、企业所得税年度纳税申报表的格式和内容,应按照《国家税务总局关于印发并试行新修订的〈企业所得税纳税申报表〉的通知》(国税发〔1998〕190号)的规定执行。

四、中国光大银行及所属成员企业,应严格执行国家税务总局关于汇总(合并)纳税企业所得税征收管理的有关规定,接受所在地国税局的管理和检查。

附件:中国光大银行分行、直属支行名单(编者略)

2－1－248

国家税务总局关于中信集团缴纳企业所得税问题的通知

2001年5月17日　国税函〔2001〕339号

为了加强企业所得税的征收管理,保证国家税款及时、足额入库,现对中信集团所属各成员企业缴纳企业所得税的问题明确如下:

一、中信集团所属各成员企业,在2001年底前,按照《国家税务总局关于汇总(合并)纳税企业实行统一计算、分级管理、就地预交、集中清算所得税问题的通知》(国税发〔2001〕13号)文件规定,实行汇总缴纳企业所得税。

二、中信集团所属各成员企业,按年度应纳所得税额的60%比例就地预缴;中信实业银行所属分机构由中信集团本部在北京统一预缴。

三、从2001年度起，中信集团所属各成员企业，企业所得税年度纳税申报表的格式和内容，应按照《国家税务总局关于印发并试行新修订的〈企业所得税纳税申报表〉的通知》（国税发〔1998〕190号）的规定执行。

四、中信集团所属各成员企业，应严格执行国家税务总局关于汇总（合并）纳税企业所得税征收管理的有关规定，接受所在地国税局的管理和检查。

附件：中信集团按60%就地预缴税企业名单（编者略）

2－1－249

国家税务总局关于广东发展银行缴纳企业所得税问题的通知

2001年5月23日　国税函〔2001〕243号

北京、上海、广东、河南、江苏、浙江、云南、辽宁省（直辖市）国家税务局，大连市国家税务局：

为了加强企业所得税的征收管理，保证国家税款及时、足额入库，现对广东发展银行及其各分支机构缴纳企业所得税的问题明确如下：

一、广东发展银行及其所属分支机构，在2001年底前，按照“统一计算、分级管理、就地预交、集中清算”的原则，实行汇总缴纳企业所得税。

二、广东发展银行总部和所属各分行及分行所属的异地支行（不含深圳分行），应根据《中华人民共和国企业所得税暂行条例》及其有关规定，计算每一纳税年度应缴纳的企业所得税，并按规定的比例在当地预缴，年终办理汇算清缴。

广东发展银行所属各分行按年度应缴所得税额的60%比例就地预缴，广东省内各分行可汇总到总行一并纳税。省级以下成员单位的具体预缴比例，由各省、自治区、直辖市及计划单列市国家税务局按照国税发〔2001〕13号文件第八条的规定确定。

三、广东发展银行在汇总所属各分行年度企业所得税申报表的基础上，统一计算广东发展银行每一纳税年度应缴纳的企业所得税，并在广东省集中进行汇算清缴。

广东发展银行统一计算的每一纳税年度应缴纳的企业所得税额大于所属各成员企业在当地预交的企业所得税额的部分，由广东发展银行在规定时间内补缴；小于所属各成员企业在当地预交的企业所得税额的部分，由广东发展银行抵缴下一年度统一计算应缴的企业所得税额。

四、广东发展银行及所属分支机构均应根据税收法规的有关规定，向所在地税务机关报送企业所得税纳税申报表和有关财务会计报表。

从2001年度起，广东发展银行及所属分支机构，企业所得税年度纳税申报表的格式和内容，应按照《国家税务总局关于印发并试行新修订的〈企业所得税纳税申报表〉的通知》（国税发〔1998〕190号）的规定执行。

五、广东发展银行及所属分支机构，应在年度终了后45天内，向所在地主管税务机关报送《企业所得税年度纳税申报表》及有关财务会计报表，并缴足全年按照本通知第二条规定按规定的比例应就地预缴的企业所得税。

广东发展银行在年度终了后4个月内，向所在地主管税务机关报送合并后的《企业所得税年度纳税申报表》及有关财务会计报表，并附有各成员企业的《企业所得税年度纳税申报表》，集中办理年度企业所得税清算。

六、广东发展银行及所属分支机构，应严格执行国家税务总局关于汇总（合并）纳税企业所得税征收管理的有关规定，接受所在地国税局的管理和检查。

七、各级税务机关要及时核实广东发展银行及其所属分支机构的名单，掌握基本情况，做好基础工作，切实加强管理。广东发展银行各分支机构所在地国家税务局应认真受理其纳税申报，及时办理有关税收事宜，切实履行纳税检查和管理职责，对查出的应缴企业所得税，就地征收入库；查补的税款，不得作为当年的预交税款合并清算。

2－1－250

国家税务总局关于交通银行缴纳企业所得税问题的通知

2001年5月28日　国税函〔2001〕354号

为了加强企业所得税的征收管理，保证国家税款及时、足额入库，现对交通银行及其各分支机构缴纳企业所得税的问题明确如下：

一、交通银行及其所属分支机构，在2001年底前，按照《国家税务总局关于汇总（合并）纳税企业实行统一计算、分级管理、就地预交、集中清算所得税问题的通知》（国税发〔2001〕13号）规定，实行汇总缴纳企业所得税。

二、交通银行总行本部和上海分行等20个分行，按年度应缴纳企业所得税额的10%比例就地预缴，其他所属各分行、直属支行按年度应缴纳企业所得税额的60%比例就地预缴。

三、从2001年度起，交通银行及所属成员企业，企业所得税年度纳税申报表的格式和内容，应按照《国家税务总局关于印发并试行新修订的〈企业所得税纳税申报表〉的通知》（国税发〔1998〕190号）的规定执行。

四、交通银行及所属成员企业，应严格执行国家税务总局关于汇总（合并）纳税企业所得税征收管理的有关规定，接受所在地国税局的管理和检查。

附件：1. 交通银行分支机构名单（编者略）

2. 交通银行按10%就地预交分行名单（编者略）

2 -1 -251

国家税务总局关于中国移动通信集团公司企业所得税问题的通知

2001 年 6 月 1 日 国税函〔2001〕381 号

中国移动通信集团公司是属于国务院确定的试点大型企业集团之一,根据《国家税务总局关于大型企业集团征收所得税问题的通知》(国税发〔1994〕27 号)的有关规定,为支持该集团公司的进一步发展,现就该集团公司缴纳企业所得税的问题通知如下:

一、中国移动通信集团公司所属由该集团公司 100% 投资管理的各省级移动通信公司,2001 年度由中国移动通信集团公司在北京市合并缴纳企业所得税。

该集团公司所属合并纳税的各省级移动通信公司,应按照《国家税务总局关于汇总(合并)纳税企业实行统一计算、分级管理、就地预交、集中清算所得税问题的通知》(国税发〔2001〕13 号)实行就地预交企业所得税办法。

二、中国移动通信集团公司所属西部地区的内蒙古、重庆、四川、贵州、云南、广西、甘肃、陕西、宁夏、西藏、新疆按各省级移动通信公司年度应纳税所得额的 15% 比例就地预交;其他地区,按省级移动通信公司年度应缴纳企业所得税额的 15% 比例就地预交。

三、中国移动通信集团公司所属合并纳税的省级移动通信公司,在企业改组、改造或资产重组过程中,因股权发生变化而变成非全资控股的企业,经所在地省级国税局确认后,从股权发生变化的年度起,就地缴纳企业所得税,并报国家税务总局备案。

四、中国移动通信集团公司所属合并纳税的省级移动通信公司,应按照国家税务总局的有关规定,向所在地国税局报送所得税纳税申报表,并接受所在地国税局的检查和监管;当地国税局应按国家税务总局的统一规定,认真受理企业的纳税申报,切实履行纳税检查和监管职责。

2 -1 -252

国家税务总局关于吉通网络通信股份有限公司企业所得税问题的通知

2001 年 6 月 6 日 国税函〔2001〕397 号

为了加强企业所得税的征收管理,保证国家税款及时、足额入库,现对吉通网络通信股份有限公司缴纳企业所得税的有关问题通知如下:

一、吉通网络通信股份有限公司所属 100% 投资管理的分公司,2001 年度由该公司在北京市缴纳企业所得税,税款入中央金库。鉴于合并纳税后亏损,该公司所属分公司在 2001 年度暂不实行就地预缴企业所得税的办法。

二、从2001年度起，吉通网络通信股份有限公司及所属分公司，企业所得税年度纳税申报表的格式和内容，应按照《国家税务总局关于印发并试行新修订的〈企业所得税纳税申报表〉的通知》（国税发〔1998〕190号）规定执行。

三、吉通网络通信股份有限公司及所属分公司，应严格执行国家税务总局关于汇总（合并）纳税企业所得税征收管理的有关规定，接受所在地国税局的管理和检查。

2－1－253

国家税务总局关于福建兴业银行缴纳企业所得税问题的通知

2001年6月6日　国税函〔2001〕398号

北京、上海、重庆、福建、湖南、江苏、广东、浙江、山东省（直辖市）国家税务局，深圳、厦门、宁波市国家税务局：

为了加强企业所得税的征收管理，保证国家税款及时、足额入库，现对福建兴业银行所属各成员企业缴纳企业所得税的问题明确如下：

一、福建兴业银行所属各成员企业，在2001年底前，按照《国家税务总局关于汇总（合并）纳税企业实行统一计算、分级管理、就地预交、集中清算所得税问题的通知》（国税发〔2001〕13号）规定，实行汇总缴纳企业所得税。

二、福建兴业银行所属各分行（名单附后），按年度应纳所得税额的60%比例就地预缴。

三、从2001年度起，福建兴业银行所属各成员企业，企业所得税年度纳税申报表的格式和内容，应按照《国家税务总局关于印发并试行新修订的〈企业所得税纳税申报表〉的通知》（国税发〔1998〕190号）的规定执行。

四、福建兴业银行所属各成员企业，应严格执行国家税务总局关于汇总（合并）纳税企业所得税征收管理的有关规定，接受所在地国税局的管理和检查。

附件：福建兴业银行分行名单（编者略）

2－1－254

国家税务总局关于中国远洋运输（集团）总公司缴纳企业所得税问题的通知

2001年6月7日　国税函〔2001〕418号

各省、自治区、直辖市（不含吉林、江西、西藏）国家税务局，大连、青岛、厦门、宁波市国家税务局：

中国远洋运输（集团）总公司（以下称中远集团）是属于国务院确定的120家试点大型

企业集团之一，根据《国家税务总局关于大型企业集团征收所得税问题的通知》（国税发〔1994〕27号）的有关规定，为支持中远集团的进一步发展，现将该集团缴纳企业所得税的问题通知如下：

一、中远集团所属的96家全资控股企业（名单见附件），2001年度由中国远洋运输（集团）总公司在北京市合并缴纳企业所得税，税款入中央金库。

中远集团所属合并纳税的成员企业，2001年度暂不实行就地预交企业所得税办法。

二、中远集团所属合并纳税的成员企业，在企业改组、改造或资产重组过程中，因股权发生变化而变成非全资控股的企业，经当地国家税务局确认后，从股权发生变化的年度起，就地缴纳企业所得税，并报国家税务总局备案。

三、中远集团所属合并纳税的成员企业，应按照国家税务总局的有关规定，向所在地国家税务局报送所得税纳税申报表，并接受所在地国家税务局的检查和监管；当地国家税务局应按国家税务总局的统一规定，认真受理企业的纳税申报，切实履行纳税检查和监管职责。

附件：中远集团合并缴税成员企业名单（编者略）

2－1－255

国家税务总局关于中国石油化工股份有限公司有关企业所得税问题的通知

2001年6月28日　国税函〔2001〕488号

现将中国石油化工股份有限公司缴纳企业所得税的有关问题通知如下：

一、从2001年度起，中国石油化工股份有限公司及所属合并纳税成员企业，统一按照《国家税务总局关于汇总（合并）纳税企业实行统一计算、分级管理、就地预交、集中清算所得税问题的通知》（国税发〔2001〕13号）的有关规定执行。

二、胜利油田有限责任公司在当地预交的比例，由国家税务总局每年核定，2001年预交比例为年度应缴纳企业所得税额的40%。

三、中国石油化工股份有限公司华北销售分公司、华东销售分公司、中南销售分公司、西南销售分公司、三川销售分公司、宏烨公司和润展中心从2001年度起，不在当地预交所得税，由中国石油化工销售总公司统一在北京合并缴纳。各销售分公司2000年度在当地预交中超交的所得税，统一由中国石油化工销售总公司抵减2001年度应预交的所得税。

2－1－256

国家税务总局关于中国石油天然气股份有限公司有关企业所得税问题的通知

2001年6月28日　国税函〔2001〕504号

现将中国石油天然气股份有限公司缴纳企业所得税的有关问题通知如下：

一、从2001年度起，中国石油天然气股份有限公司及所属合并纳税成员企业，统一按照《国家税务总局关于汇总（合并）纳税企业实行统一计算、分级管理、就地预交、集中清算所得税问题的通知》（国税发〔2001〕13号）的有关规定执行。

二、大庆油田有限责任公司在当地预交的比例，由国家税务总局每年核定，2001年预交比例为年度应缴纳企业所得税额的40%。

三、中国石油天然气股份有限公司华北销售分公司、东北销售分公司、华东销售分公司、西南销售分公司、西北销售分公司和大连海运分公司从2001年度起，不在当地预交所得税，由中国石油销售总公司统一在北京合并缴纳。各销售分公司2000年度在当地预交中超交的所得税，统一由中国石油销售总公司抵减2001年度应预交的所得税。

2－1－257

国家税务总局关于武汉钢铁（集团）公司缴纳企业所得税问题的通知

2001年7月3日　国税函〔2001〕519号

上海、天津、重庆、湖北、四川、河南、陕西、江苏、湖南、广东、山东、安徽省（直辖市）国家税务局：

武汉钢铁（集团）公司是属于国务院确定的试点大型企业集团之一，根据《国家税务总局关于大型企业集团征收所得税问题的通知》（国税发〔1994〕27号）的有关规定，为支持该集团公司的进一步发展，现就该集团公司缴纳企业所得税的问题通知如下：

一、武汉钢铁（集团）公司所属的50家全资控股企业（名单见附件），2001年由武汉钢铁（集团）公司在武汉市缴纳企业所得税，暂不实行就地预交所得税办法。

二、武汉钢铁（集团）公司所属合并纳税的成员企业，在企业改组、改造或资产重组过程中，因股权发生变化而变成非全资控股的企业，经所在地省级国家税务局确认后，从股权发生变化的年度起，就地缴纳企业所得税，并报国家税务总局备案。

三、武汉钢铁（集团）公司所属合并纳税的成员企业，应按照国家税务总局的有关规定，向所在地国家税务局报送所得税纳税申报表，并接受所在地国家税务局的检查和监管；当地国家税务局应按国家税务总局的统一规定，认真受理企业的纳税申报，切实履行纳税检查和监管职责。

附件:武汉钢铁集团公司合并纳税企业名单(编者略)

2-1-258

国家税务总局关于中国太平洋保险公司缴纳企业所得税问题的通知

2001年7月11日 国税函〔2001〕543号

为了加强企业所得税的征收管理,保证国家税款及时、足额入库,现对中国太平洋保险公司及其各分支机构缴纳企业所得税的问题明确如下:

一、中国太平洋保险公司及其各分支机构,在2001年底前,按照《国家税务总局关于汇总(合并)纳税企业实行统一计算、分级管理、就地预交、集中清算所得税问题的通知》(国税发〔2001〕13号)规定,实行汇总缴纳企业所得税。

二、中国太平洋保险公司所属上海、广东、浙江、北京、江苏、天津分公司,按年度应纳所得税额的15%比例就地预缴;其他各分公司按年度应纳所得税额的60%比例就地预缴。

三、从2001年度起,中国太平洋保险公司所属各成员企业,企业所得税年度纳税申报表的格式和内容,应按照《国家税务总局关于印发并试行新修订的〈企业所得税纳税申报表〉的通知》(国税发〔1998〕190号)的规定执行。

四、中国太平洋保险公司所属各成员企业,应严格执行国家税务总局关于汇总(合并)纳税企业所得税征收管理有关规定,接受所在地国税局的管理和检查。

附件:中国太平洋保险公司分公司名单(编者略)

2-1-259

国家税务总局关于舞阳钢铁有限责任公司企业所得税征管问题的批复

2001年7月13日 国税函〔2001〕551号

河南省地方税务局:

你局《关于舞阳钢铁有限责任公司企业所得税征管问题的请示》(豫地税发〔2001〕132号)收悉。经研究,现批复如下:

一、财政部、国家税务总局《关于债转股企业所得税有关问题的通知》(财税〔2000〕2号)第一条规定的“债转股企业的所得税,按照实行债转股后企业的组织形式,由国家税务局负责征管”,是指企业的所得税征管权限应在债转股实施工作全部完成后再移交国家税务局。

二、债转股实施工作全部完成必须同时符合以下条件:

(一)持有国家经贸委等部门批准企业债转股的批复文件;

(二)所欠债务已经停止计息;

(三)国有产权登记已办理完毕;

(四)债转股企业已按规定或协议进行账务处理;

(五)企业重新办理或变更工商登记。

三、债转股实施工作未全部完成的企业,其所得税征管权限已经按照财税〔2000〕2 号文件移交国家税务局管理的不再调整;未办理移交手续的,债转股实施工作按照第二条规定的条件全部完成后,再移交国家税务局管理。

2-1-260

国家税务总局关于中国第一汽车集团公司缴纳企业所得税问题的通知

2001 年 7 月 13 日　国税函〔2001〕558 号

吉林、江苏、黑龙江、广西、辽宁、四川省(自治区)国家税务局,大连、青岛市国家税务局:

中国第一汽车集团公司(以下简称一汽集团)是属于国务院确定的 120 家大型企业集团之一,根据《国家税务总局关于大型企业集团征收所得税问题的通知》(国税发〔1994〕27 号)的有关规定,为支持一汽集团的进一步发展,现将该集团缴纳企业所得税的问题通知如下:

一、一汽集团所属的 25 家全资控股企业(名单见附件),在 2001 年度由中国第一汽车集团公司在长春市合并缴纳企业所得税,税款入中央金库。

由于 2000 年度成员企业合并后亏损,一汽集团所属合并纳税的成员企业 2001 年度暂不实行就地预交企业所得税办法。

二、一汽集团所属合并纳税的成员企业,在企业改组、改造或资产重组过程中,因股权发生变化而变成非全资控股的企业,经当地国家税务局确认后,从股权变化的年度起,就地缴纳企业所得税,并报国家税务总局备案。

三、一汽集团所属合并纳税的成员企业,应按照国家税务总局的有关规定,向所在地国家税务局报送所得税纳税申报表,并接受所在地国家税务局的检查和监管。当地国家税务局应按国家税务总局的统一规定,认真受理企业的纳税申报,切实履行纳税检查和监管职责。

附件:一汽集团公司合并纳税企业名单(编者略)

2 - 1 - 261

国家税务总局关于深圳发展银行缴纳企业所得税问题的通知

2001 年 7 月 18 日 国税函〔2001〕565 号

北京、天津、上海、重庆、广东、海南、浙江、江苏、四川、山东、贵州省(直辖市)国家税务局,深圳、大连、青岛、宁波市国家税务局:

为了加强企业所得税的征收管理,保证国家税款及时、足额入库,现对深圳发展银行所属各成员企业缴纳企业所得税的问题明确如下:

一、深圳发展银行所属各成员企业,在 2001 年底前,按照《国家税务总局关于汇总(合并)纳税企业实行统一计算、分级管理、就地预交、集中清算所得税问题的通知》(国税发〔2001〕13 号)规定,实行汇总缴纳企业所得税。

二、深圳发展银行所属各分行,按年度应纳所得税额的 60% 比例就地预缴企业所得税。

三、深圳发展银行应将深圳特区内的业务与特区外业务分别核算,分别按规定税率缴纳企业所得税。

四、从 2001 年度起,深圳发展银行所属各成员企业,企业所得税年度纳税申报表的格式和内容,应按照《国家税务总局关于印发并试行新修订的〈企业所得税纳税申报表〉的通知》(国税发〔1998〕190 号)的规定执行。

五、深圳发展银行所属各成员企业,应严格执行国家税务总局关于汇总(合并)纳税企业所得税征收管理的有关规定,接受所在地国税局的管理和检查。

附件:深圳发展银行分支机构名单(编者略)

2 - 1 - 262

国家税务总局关于中国东方电气集团公司缴纳企业所得税问题的通知

2001 年 7 月 18 日 国税函〔2001〕566 号

北京、上海、重庆、河南、新疆、山西、湖北、海南、陕西、江苏、湖南、广东、四川省(自治区、直辖市)国家税务局:

中国东方电气集团公司(以下简称东电集团)是属于国务院确定的 120 家大型企业集团之一,根据《国家税务总局关于大型企业集团征收所得税问题的通知》(国税发〔1994〕27 号)的有关规定,为进一步支持东电集团的发展,现将该集团缴纳企业所得税的问题通知如下:

一、东电集团所属的 26 家全资控股企业(名单见附件),在 2001 年度由中国东方电气集团公司在成都市合并缴纳企业所得税,税款入中央金库。

由于2000年度成员企业合并后亏损,东电集团所属合并纳税的成员企业2001年度暂不实行就地预交企业所得税办法。

二、东电集团所属合并纳税的成员企业,在企业改级、改造或资产重组过程中,因股权发生变化而变成非全资控股的企业,经当地国家税务局确认后,从股权变化的年度起,就地缴纳企业所得税,并报国家税务总局备案。

三、东电集团所属合并纳税的成员企业,应按照国家税务总局的有关规定,向所在地国家税务局报送所得税纳税申报表,并接受所在地国家税务局的检查和监管。当地国家税务局应按国家税务总局的统一规定,认真受理企业的纳税申报,切实履行纳税检查和监管职责。

附件:中国东方电气集团公司合并纳税企业名单(编者略)

2-1-263

国家税务总局关于中国新型建筑材料(集团)公司缴纳企业所得税问题的通知

2001年7月18日 国税函〔2001〕567号

北京、浙江、广东、河南省(直辖市)国家税务局:

中国新型建筑材料(集团)公司是属于国务院确定的120家大型企业集团之一,根据《国家税务总局关于大型企业集团征收所得税问题的通知》(国税发〔1994〕27号)的有关规定,为进一步支持该集团的发展,现将该集团缴纳企业所得税的问题通知如下:

一、中国新型建筑材料(集团)公司所属的11家全资控股企业(名单见附件),在2001年度由中国新型建筑材料(集团)公司在北京市合并缴纳企业所得税,税款入中央金库。

由于2000年度成员企业合并后亏损,中国新型建筑材料(集团)公司所属合并纳税的成员企业2001年度暂不实行就地预交企业所得税办法。

二、中国新型建筑材料(集团)公司所属合并纳税的成员企业,在企业改组、改造或资产重组过程中,因股权发生变化而变成非全资控股的企业,经当地国家税务局确认后,从股权变化的年度起,就地缴纳企业所得税,并报国家税务总局备案。

三、中国新型建筑材料(集团)公司所属合并纳税的成员企业,应按照国家税务总局的有关规定,向所在地国家税务局报送所得税纳税申报表,并接受所在地国家税务局的检查和监管。当地国家税务局应按国家税务总局的统一规定,认真受理企业的纳税申报,切实履行纳税检查和监管职责。

附件:中国新型建筑材料(集团)公司合并纳税企业名单(编者略)

2－1－264

国家税务总局关于鞍钢集团缴纳企业所得税问题的通知

2001年7月18日　国税函〔2001〕568号

北京、上海、辽宁、河南、山东省（直辖市）国家税务局，大连市国家税务局：

鞍山钢铁集团公司（以下称鞍钢集团）是属于国务院确定的120家试点大型企业集团之一，根据《国家税务总局关于大型企业集团征收所得税问题的通知》（国税发〔1994〕27号）的有关规定，为支持鞍钢集团的进一步发展，现将该集团缴纳企业所得税的问题通知如下：

一、鞍钢集团所属的29家全资控股企业（名单见附件），在2001年度由鞍山钢铁集团公司在鞍山市缴纳企业所得税，由于合并后出现亏损，因此，鞍钢集团所属合并纳税成员企业暂不实行就地预交所得税办法。

二、鞍钢集团所属合并纳税的成员企业，在企业改组、改造或资产重组过程中，因股权发生变化而变成非全资控股的企业，经所在地省级国税局确认后，从股权发生变化的年度起，就地缴纳企业所得税，并报国家税务总局备案。

三、鞍钢集团公司所属合并纳税的成员企业，应按照国家税务总局的有关规定，向所在地国税局报送所得税纳税申报表，并接受所在地国税局的检查和监管；当地国税局应按国家税务总局的统一规定，认真受理企业的纳税申报，切实履行纳税检查和监管职责。

附件：鞍钢集团所属合并纳税企业名单（编者略）

2－1－265

国家税务总局关于招商银行缴纳企业所得税问题的通知

2001年7月18日　国税函〔2001〕569号

北京、天津、上海、重庆、湖北、广东、辽宁、四川、甘肃、陕西、江苏、浙江、福建、山东、江西、湖南、安徽、新疆、云南省（自治区、直辖市）国家税务局，深圳、青岛、大连、宁波市国家税务局：

为了加强企业所得税的征收管理，保证国家税款及时、足额入库，现对招商银行及其各成员企业缴纳企业所得税问题明确如下：

一、招商银行及其各成员企业，在2001年底前，按照《国家税务总局关于汇总（合并）纳税企业实行统一计算、分级管理、就地预交、集中清算所得税问题的通知》（国税发〔2001〕13号）规定，实行汇总缴纳企业所得税。

二、招商银行所属各分行、直属支行（名单见附件），按年度应纳所得税额60%的比例就地预缴企业所得税。

三、招商银行应将深圳特区内业务与特区外业务分别核算，分别按规定税率缴纳企业所得税。

四、从2001年度起，招商银行所属各成员企业，企业所得税年度纳税申报表的格式和内容，应按照《国家税务总局关于印发并试行新修订的〈企业所得税纳税申报表〉的通知》（国税发〔1998〕190号）的规定执行。

五、招商银行所属各成员企业，应严格执行国家税务总局关于汇总（合并）纳税企业所得税征收管理的有关规定，接受所在地国税局的管理和检查。

附件：招商银行就地纳税成员企业名单（编者略）

2－1－266

国家税务总局关于南方证券有限公司缴纳企业所得税问题的通知

2001年7月18日　国税函〔2001〕570号

北京、天津、上海、河北、山西、广东、福建、黑龙江、辽宁、江西、安徽、河南、青海、江苏、湖北、四川、山东、陕西省（直辖市）国家税务局，深圳、大连、青岛市国家税务局：

为了加强企业所得税的征收管理，保证国家税款及时、足额入库，现对南方证券有限公司及其各分支机构缴纳企业所得税的问题明确如下：

一、南方证券有限公司及其各分支机构，在2001年底前，按照《国家税务总局关于汇总（合并）纳税企业实行统一计算、分级管理、就地预交、集中清算所得税问题的通知》（国税发〔2001〕13号）规定，实行汇总缴纳企业所得税。

二、南方证券有限公司所属北京、上海、广州分公司，南京、成都、济南管理总部，按年度应纳所得税额的15%比例就地预缴企业所得税；其他一级分支机构，按年度应纳所得税额的60%比例就地预缴。

三、南方证券有限公司应将深圳特区内业务与特区外业务分别核算，分别按规定税率缴纳企业所得税。

四、从2001年度起，南方证券有限公司所属各分支机构，企业所得税年度纳税申报表的格式和内容，应按照《国家税务总局关于印发并试行新修订的〈企业所得税纳税申报表〉的通知》（国税发〔1998〕190号）的规定执行。

五、南方证券有限公司所属各分支机构，应严格执行国家税务总局关于汇总（合并）纳税企业所得税征收管理的有关规定，接受所在地国税局的管理和检查。

附件：南方证券有限公司分支机构名单（编者略）

2－1－267

财政部关于上市公司企业所得税先征后返政策执行时间的复函

2001年7月19日　财税〔2001〕128号

广东省财政厅：

你厅报来《关于上市公司企业所得税先征后返政策执行时间问题的请示》（粤财法〔2001〕62号）收悉，经研究，现函复如下：

为深化国有企业改革，保持股市相对稳定，经国务院批准，我部下发的《关于进一步认真贯彻落实国务院〈关于纠正地方自行制定税收先征后返政策的通知〉的通知》（财税〔2000〕99号）规定，对地方实行的对上市公司企业所得税先按33%的法定税率征收再返还18%（实征15%）的优惠政策，允许保留到2001年12月31日，并提前予以公示。从2002年1月1日起，除法律和行政法规另有规定者外，企业所得税一律按法定税率征收。对于跨年度清缴入库的2001年度上市公司企业所得税可以在汇算清缴完成后于2002年度办理先征后返手续。

请遵照执行。

2－1－268

国家税务总局关于中国电信集团公司缴纳企业所得税问题的通知

2001年7月30日　国税函〔2001〕596号

中国电信集团公司是属于国务院确定的试点大型企业集团之一，根据《国家税务总局关于大型企业集团征收所得税问题的通知》（国税发〔1994〕27号）的有关规定，为支持该集团的进一步发展，现将该集团2001年度缴纳企业所得税的有关问题通知如下：

一、中国电信集团公司所属全资控股的电信公司、分公司，2001年度由中国电信集团公司在北京市缴纳企业所得税，税款入中央金库。

鉴于将对中国电信集团公司进行经营管理体制的重大改革，因此，该集团公司所属全资控股的电信公司、分公司2001年度暂不实行就地预交企业所得税办法。

二、中国电信集团公司所属电信公司、分公司主附业改革过程中分离出去的企业，不再纳入汇总纳税范围，其缴纳企业所得税的有关问题，由省级国家税务局根据税收法规的规定予以确定。

三、中国电信集团公司所属合并纳税的成员企业，在企业改组、改造或资产重组过程中，因股权发生变化而变成非全资控股的企业，经当地国税局确认后，从股权发生变化的年度起，就地缴纳企业所得税，并报国家税务总局备案。

四、中国电信集团公司所属合并纳税的成员企业，应按照国家税务总局的有关规定，向所在地国税局报送所得税纳税申报表，并接受所在地国税局的检查和监管；当地国税局应按国家税务总局的统一规定，认真受理企业的纳税申报，切实履行纳税检查和监管职责。

2 -1 -269

国家税务总局关于中国平安保险股份有限公司缴纳企业所得税问题的通知

2001 年 7 月 30 日　国税函〔2001〕599 号

北京、天津、上海、重庆、广东、江苏、浙江、四川、安徽、福建、黑龙江、辽宁、吉林、湖南、海南、云南、江西、广西、河北、新疆、湖北、陕西省（自治区、直辖市）国家税务局，深圳、青岛、大连市国家税务局：

为了加强企业所得税的征收管理，保证国家税款及时、足额入库，现对中国平安保险股份有限公司及其各支机构缴纳企业所得税的问题明确如下：

一、中国平安保险股份有限公司及其分支机构，在 2001 年底前，按照《国家税务总局关于汇总（合并）纳税企业实行统一计算、分级管理、就地预交、集中清算所得税问题的通知》（国税发〔2001〕13 号）规定，实行汇总缴纳企业所得税。

二、中国平安保险股份有限公司所属北京、上海、广州、南京、杭州、青岛分公司，按年度应纳所得税额的 15% 比例就地预缴；其他各分公司，按年度应纳所得税额的 60% 比例就地预缴。

三、中国平安保险股份有限公司应将深圳特区业务与特区外业务分别核算，分别按规定税率缴纳企业所得税。

四、从 2001 年度起，中国平安保险股份有限公司所属分支机构，企业所得税年度纳税申报表的格式和内容，应按照《国家税务总局关于印发并试行新修订的〈企业所得税纳税申报表〉的通知》（国税发〔1998〕190 号）的规定执行。

五、中国平安保险股份公司所属各成员企业，应严格执行国家税务总局关于汇总（合并）纳税企业所得税征收管理的有关规定，接受所在地国税局的管理和检查。

附件：中国平安保险股份有限公司分支机构名单（编者略）

2 -1 -270

中国人民银行　国家税务总局关于调整农村信用社应收利息核算办法的通知

2001 年 8 月 21 日　银发〔2001〕278 号

根据《国家税务总局关于金融企业应收未收利息税务处理问题的通知》（国税发〔2001〕

69号)、《财政部关于调整金融企业应收利息核算办法的通知》(财金〔2001〕25号)规定的精神,现就农村信用社应收未收利息核算办法调整中的有关问题明确如下:

一、更改有关会计科目名称,调整核算内容

(一)将原"1291贷款呆账准备"科目名称更改为"1291呆账准备"。信用社按照规定,以各项承担风险和损失的资产的年末余额的一定比例提取的呆账准备在本科目核算。该科目是资产类的减项,余额在贷方。

信用社提取呆账准备的资产包括贷款(含抵押、质押、担保等贷款)、银行卡透支、贴现、银行承兑汇票垫款、信用证垫款、担保垫款、进出口押汇、股权投资和债权投资(不含采用成本与市价孰低法确定期末价值的债券投资和购买的国债本息部分的投资)、拆借(拆出)、应收利息(不含贷款应收利息)、应收股利、应收租赁款等债权和股权(呆账准备的提取比例另文下发)。

(二)将原"108已核销贷款呆账"科目名称更改为"108已核销呆账",本科目核算经批准已核销的呆账资金和经批准冲减当期利息收入的表内应收利息(统称为呆账,下同)。已核销的呆账记本科目的收方,收回已核销呆账按表内科目进行核算外,同时记本科目的付方。本科目余额反映信用社已核销呆账的期末总量。

本科目应按已核销呆账资金的种类设置明细账户。

二、取消科目

(一)取消"1293待处理抵债资产损失"科目,将该科目余额分别转入相关的呆账贷款类科目中。

(二)取消"110已核销坏账损失"科目,将该科目余额全额转入"108已核销呆账"科目中。

三、农村信用社发放贷款后,其贷款利息自结息日起,逾期未满180天(含180天)的应收未收利息,应按规定计入当期损益;贷款利息逾期超过180天(不含180天)的应收未收利息,无论该贷款本金是否逾期,发生的应收未收利息不再计入当期损益,列入表外核算,待实际收回时再计入损益。有关会计分录为:

(一)贷款利息自结息日起,逾期未满180天(含180天)的应收未收利息,应按规定计入当期损益:

借:应收利息——××贷款户

　贷:利息收入——××贷款利息收入

(二)贷款利息自结息日起,逾期超过180天(不含180天)的应收未收利息不计入当期损益,列入表外核算:

1. 计算应收利息时:

收:逾期贷款应收利息(表外科目)——××贷款户

2. 收回逾期贷款利息时:

借:现金(或有关科目)

　贷:利息收入——××贷款利息收入

付:逾期贷款应收利息(表外科目)——××贷款户

四、对已经纳入损益的应收未收利息,在其贷款本金或应收利息逾期超过180天(不含

180 天)以后,农村信用社要相应做冲减利息收入处理。会计分录为:

贷:利息收入——××贷款利息收入(红字)

贷:应收利息——××贷款户

同时:

收:已核销呆账(表外科目)——××贷款应收利息

五、对于 2000 年 12 月 31 日以前纳入损益的应收未收利息,农村信用社应分项逐笔及时按规定进行清理,并写出书面报告,报主管国家税务局备案。对清理出来符合冲减利息收入条件的应收未收利息,原则上分 5 年均匀冲减利息收入。由于情况特殊需要延长期限的,必须报国家税务总局批准。同时,停止执行坏账核销政策。

各省应在“1321 应收利息”科目下增设“待核销应收利息”二级科目,反映农村信用社 2000 年 12 月 31 日以前已计入损益的应收未收利息的核销情况,该二级科目内的数字只能减少,不能增加。

农村信用社按规定对 2000 年 12 月 31 日以前已计入损益的应收未收利息分项逐笔及时清理后,符合冲减利息收入条件的应收未收利息,转入“1321 应收利息——待核销应收利息”科目核算。其会计分录为:

借:应收利息——待核销应收利息

贷:应收利息——××贷款户

冲减利息收入时的会计分录按本文四、中的规定执行。

六、农村信用社按规定应向借款人收取的应收未收利息的复利,暂不计入损益,在表外核算,待实际收回时再计入损益。会计分录按本文三、(二)中的规定执行。

七、贷款本金逾期超过 180 天(不含 180 天)的,作为呆滞贷款,其应收未收利息不计入当期损益,在表外核算,实际收回时再计入损益。会计分录按本文三、(二)中的规定执行。

八、农村信用社取得的不能当即变现的抵债资产,应根据其计价价值的大小,依次冲减贷款本金和应收利息。其中,冲减贷款本金不足的,不足部分作为呆账并按规定进行核销,应收利息(表内,下同)则按规定冲减利息收入;冲减贷款本金有余额的,继续冲减应收利息,冲减应收利息不足的,则不足的部分按规定冲减利息收入。其会计分录为:

(一)抵债资产的计价价值低于贷款本金时,抵债资产的计价价值全部用于冲减贷款本金,其差额作为呆账,按规定的程序、方法和权限报经批准后,冲减呆账准备;同时将应收利息冲减利息收入。

1. 按抵债资产计价价值入账时:

借:待处理抵债资产

贷:××贷款——××户

2. 将抵债资产计价价值与贷款本金之间的差额转入呆账贷款科目时:

借:呆账贷款类科目

贷:××贷款——××户

3. 经批准将其差额冲减呆账准备时:

借:呆账准备

贷:呆账贷款类科目

同时：

收：已核销呆账（表外科目）——××贷款户

4. 将应收利息作冲减利息收入处理时：

贷：利息收入——××贷款利息收入（红字）

贷：应收利息——××贷款户

同时：

收：已核销呆账（表外科目）——××贷款应收利息

（二）抵债资产的计价价值等于贷款本金时，作为贷款本金收回处理，即将抵债资产的计价价值全部用于冲减贷款本金；其应收利息冲减利息收入。

1. 按抵债资产的计价价值入账时：

借：待处理抵债资产

贷：××贷款——××户

2. 将应收利息冲减利息收入时：

贷：利息收入——××贷款利息收入（红字）

贷：应收利息——××贷款户

同时：

收：已核销呆账（表外科目）——××贷款应收利息

（三）抵债资产的计价价值高于贷款本金但低于贷款本金与应收利息之和时，其相当于贷款本金的数额作为贷款本金收回处理；超过贷款本金的部分作为应收利息收回处理，不足应收利息部分冲减利息收入。

1. 按抵债资产的计价价值入账时：

借：待处理抵债资产

贷：××贷款——××户（本金）

贷：应收利息（超过本金的部分）——××贷款户

2. 将抵债资产的计价价值低于贷款本金与应收利息之和的差额部分冲减利息收入时：

贷：利息收入——××贷款利息收入（红字）

贷：应收利息——××贷款户

同时：

收：已核销呆账（表外科目）——××贷款应收利息

（四）抵债资产的计价价值等于贷款本金与应收利息之和时，作为收回贷款本金与应收利息处理。

借：待处理抵债资产

贷：××贷款——××户

贷：应收利息——××贷款户

（五）抵债资产的计价价值高于贷款本金与表内外应收利息之和时，其等于贷款本金与表内应收利息之和的部分，作为收回贷款本金与应收利息处理；能够抵偿表外应收利息的部分，作为利息收入计入当期损益；结余部分暂作为信用社的负债处理，待抵债资产变现后再按借贷双方事前签订的合同或协议的有关约定，作为信用社的当期收入或退还借款人。

借:待处理抵债资产

贷:××贷款——××户

贷:应收利息——××贷款户

贷:利息收入——××贷款利息收入

贷:其他应付款(结余部分)

同时:

付:逾期贷款应收利息(表外科目)——××贷款户

九、本通知自2001年1月1日起施行。

2-1-271

国家税务总局关于中国铁路通信信号总公司所属企业技术开发费扣除标准的通知

2001年10月10日　国税函〔2001〕746号

北京、天津、上海、辽宁、陕西、四川、甘肃、河南省(直辖市)国家税务局:

近接中国铁路通信信号总公司《关于申请集中提取技术开发费税前扣除的请示》(通财〔2001〕第150号)。根据《国家税务总局关于印发〈企业技术开发费税前扣除管理办法〉的通知》(国税发〔1999〕49号)的有关规定,经审核,同意中国铁路通信信号总公司2001年度向所属企业提取技术开发费800万元。其所属企业按规定标准上交的技术开发费(详见附件),准予在税前扣除,超过规定标准上交的技术开发费,应进行纳税调整。该公司提取的技术开发费年终如有结余,应并入当年度应纳税所得额,缴纳企业所得税。

附件:中国铁路通信信号总公司所属企业技术开发费扣除标准(编者略)

2-1-272

国家税务总局关于中国铁路通信信号总公司所属企业总机构管理费扣除标准的通知

2001年11月6日　国税函〔2001〕810号

北京、天津、上海、陕西、四川、甘肃、山东、河南、辽宁省(直辖市)国家税务局:

近接中国铁路通信信号总公司《关于总机构管理费在所得税前扣除的申请》(通财〔2001〕第155号),根据《国家税务总局关于印发〈总机构管理费税前扣除审批办法〉的通知》(国税发〔1996〕177号)的有关规定,经审核,同意该公司2001年度向所属企业提取800万元的总机构管理费。其所属企业按规定标准上交的管理费(详见附件),准予在税前扣除,超过规定标准上交的管理费,应进行纳税调整。该公司提取的管理费年终如有结余,应并入公司的应纳税所得额缴纳企业所得税。

附件:中国铁路通信信号总公司所属企业总机构管理费扣除标准(编者略)

2－1－273

国家税务总局关于中国船舶重工集团公司所属企业合并缴纳企业所得税问题的通知

2001年11月6日 国税函〔2001〕811号

重庆、辽宁、湖北、河南省(直辖市)国家税务局,大连市国家税务局:

中国船舶重工集团公司(以下称船舶重工集团)是属于国务院确定的人型企业集团之一,根据《国家税务总局关于大型企业集团征收所得税问题的通知》(国税发〔1994〕27号)的有关规定,为支持船舶重工集团的进一步发展,现将该集团缴纳企业所得税的问题通知如下:

一、船舶重工集团的重庆船舶工业公司、大连船舶工业公司、武汉船舶工业公司所属的35户全资控股企业2001年度企业所得税,分别由重庆船舶工业公司(17户企业名单见附件)、大连船舶工业公司(8户企业名单见附件)、武汉船舶工业公司(10户企业名单见附件)在重庆市、大连市、武汉市合并缴纳,税款入中央金库。

二、合并纳税的成员企业,在企业改组、改造或资产重组过程中,因股权发生变化而变成非全资控股的企业,经当地国税局确认后,从股权发生变化的年度起,就地缴纳企业所得税。

三、合并纳税的成员企业,应按照国家税务总局的有关规定,向所在地国税局报送所得税纳税申报表,并接受所在地国税局的检查和监管;当地国税局应按国家税务总局的统一规定,认真受理企业的纳税申报,切实履行纳税检查和监管职责。

附件:中国船舶重工集团公司所属合并纳税企业名单(编者略)

2－1－274

国家税务总局关于中国生物制品总公司所属企业总机构管理费扣除标准的通知

2001年11月9日 国税函〔2001〕833号

北京、吉林、四川、甘肃、上海、湖北(直辖市)国家税务局:

近接中国生物制品总公司《关于申请2001年度向所属企业收取管理费的请示》(中生财字〔2001〕第18号)。根据《国家税务总局关于印发〈总机构提取管理费税前扣除审批办法〉的通知》(国税发〔1996〕177号)、《国家税务总局关于总机构管理费税前扣除审批办法的补充通知》(国税函〔1999〕136号)的有关规定,经审核,同意该公司2001年向所属6家企业提取420万元的总机构管理费。其所属企业按规定标准上交的管理费(详见附件),准予在税前扣除,超过规定标准上交的管理费,应进行纳税调整。该公司提取的管理费年终如有结余,应并入该公司的应纳税所得额缴纳企业所得税。

附件:中国生物制品总公司所属企业2001年度总机构管理费扣除标准(编者略)

2-1-275

国家税务总局关于大兴安岭林业集团公司缴纳企业所得税问题的通知

2001年11月9日　国税函〔2001〕834号

黑龙江、内蒙古、海南省(自治区)国家税务局,深圳、大连市国家税务局:

近接大兴安岭林业集团公司《关于大兴安岭林业集团公司合并缴纳所得税的请示》(大林集财〔2001〕12号)。根据《国家税务总局关于大型企业集团征收所得税问题的通知》(国税发〔1994〕27号)等有关规定和该企业申请,现将该集团缴纳企业所得税问题通知如下:

一、大兴安岭林业集团是国务院批准的第一批大型企业试点集团,为支持该集团发展,同意该集团全资控股的30家成员企业(名单附后)在2001年度由其母公司在黑龙江省大兴安岭地区合并缴纳企业所得税,税款入中央金库。

二、该集团汇总纳税的成员企业,凡根据《财政部、国家税务总局关于国有农口企事业单位征收企业所得税问题的通知》(财税字〔1997〕49号)规定免征企业所得税的,不执行《国家税务总局关于汇总(合并)纳税企业实行统一计算、分级管理、就地预缴、集中清算所得税问题的通知》(国税发〔2001〕13号)所规定的就地预缴所得税的办法;其他成员企业应按照国税发〔2001〕13号文规定,就地预缴企业所得税。

三、大兴安岭林业集团公司合并纳税的成员企业,在企业改组、改制或资产重组过程中,因股权发生变动而变成非全资控股的企业,经当地税务机关确认后,从股权发生变化的年度起,就地缴纳企业所得税。

四、大兴安岭林业集团公司所属合并纳税的成员企业,应按照国家税务总局的有关规定,向所在地主管税务机关报送所得税纳税申报表和相关会计报表,并接受所在地主管税务机关检查和监管;当地主管税务机关应按照国家税务总局的统一规定,认真受理企业的纳税申报,切实履行纳税检查和监管职责。

附件:大兴安岭林业集团公司2001年度合并纳税企业名单(编者略)

2－1－276

国家税务总局关于华泰财产保险股份有限公司缴纳企业所得税问题的通知

2001年11月9日　国税函〔2001〕836号

北京、天津、上海、江苏、广东省(直辖市)国家税务局,青岛、深圳、大连市国家税务局:

为了加强企业所得税的征收管理,保证国家税款及时、足额入库,现对华泰财产保险股份有限公司及其各分支机构缴纳企业所得税的有关问题明确如下:

一、华泰财产保险股份有限公司及其各分支机构,在2001年底前,按照《国家税务总局关于汇总(合并)纳税企业实行统一计算、分级管理、就地预缴、集中清算所得税问题的通知》(国税发〔2001〕13号)规定,在北京汇总缴纳企业所得税。

二、华泰财产保险股份有限公司所属分支机构,按年度应纳所得税额的60%比例,就地预缴企业所得税。

三、从2001年度起,华泰财产保险股份有限公司所属各分支机构,企业所得税年度纳税申报表的格式和内容,应按照《国家税务总局关于印发并试行新修订的〈企业所得税纳税申报表〉的通知》(国税发〔1998〕190号)的规定执行。

四、华泰财产保险股份有限公司所属各分支机构,应严格执行国家税务总局关于汇总(合并)纳税企业所得税征收管理的有关规定,接受所在地国税局的管理和检查。

附件:华泰财产保险股份有限公司所属分支机构名单(编者略)

2－1－277

国家税务总局关于广州铁路(集团)公司缴纳企业所得税问题的通知

2001年11月9日　国税函〔2001〕837号

广东、海南、湖南省国家税务局:

广州铁路(集团)公司(以下称广铁集团)是属于国务院确定的120家试点大型企业集团之一,根据《国家税务总局关于大型企业集团征收所得税问题的通知》(国税发〔1994〕27号)的有关规定,为支持广铁集团的进一步发展,现将该集团缴纳企业所得税的问题通知如下:

一、广铁集团总部及其所属的8家全资控股企业(名单见附件),2001年由广州铁路(集团)公司在广州市缴纳企业所得税,税款入中央金库。

广铁集团所属合并纳税的成员企业2001年暂不实行就地预缴企业所得税办法。

二、广铁集团所属合并纳税的成员企业,在企业改组、改造或资产重组过程中,因股权发生变化而变成非全资控股的企业,经当地国税局确认后,从股权发生变化的年度起,就地缴纳企业所得税。

三、广铁集团所属合并纳税的成员企业,应按照国家税务总局的有关规定,向所在地国税局报送所得税纳税申报表,并接受所在地国税局的检查和监管;当地国税局应按国家税务总局的统一规定,认真受理企业的纳税申报,切实履行纳税检查和监管职责。

附件:广州铁路(集团)公司合并纳税企业名单(编者略)

2－1－278

国家税务总局关于中国外运集团缴纳企业所得税问题的通知

2001年11月15日　国税函〔2001〕851号

北京、天津、上海、江苏、广东、福建省(直辖市)国家税务局,青岛、大连市国家税务局:

中国外运集团是经国家税务总局批准试行合并纳税的大型企业集团,到2000年底,合并纳税期限已满。为支持该集团的发展,经研究,现将该集团2001年缴纳企业所得税问题通知如下:

一、中国外运集团及所属全资子公司,在2001年底前,按照《国家税务总局关于汇总(合并)纳税企业实行统一计算、分级管理、就地预缴、集中清算所得税问题的通知》(国税发〔2001〕13号)规定,实行汇总缴纳企业所得税。

二、中国外运集团全资控股23家成员企业(名单附后),由中国对外贸易运输总公司在北京合并缴纳企业所得税,其中中外运国际联运代理公司、中国外运上海公司、上海船务代理公司按年度应纳所得税额的15%比例就地预缴企业所得税;其他20家成员企业,按年度应纳所得税额的60%比例就地预缴企业所得税。

三、中外运集装箱运输有限公司及其所属山东、天津分公司,分别按年度应纳所得税额的60%比例就地预缴企业所得税。

四、中国外运山东公司全资控股8家成员企业、中国外运辽宁公司全资控股7家成员企业、中国外运江苏公司全资控股16家成员企业、中国外运广东公司全资控股14家成员企业、中国外运福建公司全资控股14家成员企业,经省、计划单列市国税局核准后,可由上述公司分别在其所在地合并缴纳企业所得税。

上述所列合并纳税企业就地预缴企业所得税的办法,由所在省、计划单列市国家税务局依据《国家税务总局关于汇总(合并)纳税企业实行统一计算、分级管理、就地预缴、集中清算所得税问题的通知》(国税发〔2001〕13号)的有关规定确定。

五、从2001年度起,中国外运集团所属各级成员企业填报的企业所得税年度纳税申报表的格式和内容,应按照《国家税务总局关于印发并试行新修订的〈企业所得税纳税申报表〉的通知》(国税发〔1998〕190号)的规定执行。

六、中国外运集团所属各级成员企业,应严格执行国家税务总局关于汇总(合并)纳税企业所得税征收管理的有关规定,接受所在地国税局的管理和检查。

附件:中国外运集团合并纳税企业名单(编者略)

2-1-279

国家税务总局关于中国铁路工程总公司所属企业总机构管理费扣除标准的通知

2001年11月15日　国税函〔2001〕852号

北京、天津、上海、陕西、四川、山西、安徽、贵州、河南、河北、辽宁、湖北、甘肃、江苏省(直辖市)国家税务局,青岛、宁波市国家税务局,深圳市地方税务局:

近接中国铁路工程总公司《关于报批2001年收取上级管理费计划的函》(中铁程财函〔2001〕65号)。根据《国家税务总局关于印发〈总机构提取管理费税前扣除审批办法〉的通知》(国税发〔1996〕177号)的有关规定,经审核,同意该公司2001年向所属企业提取总机构管理费3540万元。其所属企业按规定标准上交的管理费(详见附件),准予在税前扣除,超过规定标准上交的管理费,应进行纳税调整。该总公司提取的管理费年终如有结余,应并入总公司的应纳税所得额缴纳企业所得税。

附件:中国铁路工程总公司所属企业总机构管理费扣除标准(编者略)

2-1-280

国家税务总局关于国通证券有限责任公司缴纳企业所得税问题的通知

2001年11月21日　国税函〔2001〕859号

北京、上海、四川、广东、黑龙江、海南、云南、江苏、湖北、广西、浙江省(自治区、直辖市)国家税务局,深圳市国家税务局:

为了加强企业所得税的征收管理,保证国家税款及时、足额入库,现对国通证券有限责任公司及其各分支机构缴纳企业所得税的问题明确如下:

一、国通证券有限责任公司及其各分支机构,在2001年底前,按照《国家税务总局关于汇总(合并)纳税企业实行统一计算、分级管理、就地预缴、集中清算所得税问题的通知》(国税发〔2001〕13号)规定,在深圳市汇总缴纳企业所得税。

二、国通证券有限责任公司应将深圳特区内业务与区外业务分别核算,分别按规定税率缴纳企业所得税。

三、国通证券有限责任公司所属分支机构,按年度应纳所得税额的60%比例就地预缴企业所得税。

四、从2001年度起,国通证券有限责任公司所属各分支机构,企业所得税年度纳税申报表的格式和内容,应按照《国家税务总局关于印发并试行新修订的〈企业所得税纳税申报表〉的通知》(国税发〔1998〕190 号)的规定执行。

五、国通证券有限责任公司所属各分支机构,应严格执行国家税务总局关于汇总(合并)纳税企业所得税征收管理的有关规定,接受所在地国税局的管理和检查。

附件:国通证券有限责任公司所属分支机构名单(编者略)

2－1－281

国家税务总局关于神华集团企业所得税问题的通知

2001 年 12 月 10 日　国税函〔2001〕898 号

北京、河北、内蒙古、陕西省(自治区、直辖市)国家税务局:

神华集团有限责任公司(以下称神华集团)是国务院确定的 120 家试点大型企业集团之一,根据《国家税务总局关于大型企业集团征收所得税问题的通知》(国税发〔1994〕27 号)的有关规定,为支持神华集团的进一步发展,现将该集团缴纳企业所得税的问题通知如下:

一、神华集团所属的 12 家全资控股企业(名单见附件),2001 年由神华集团有限责任公司在北京市合并缴纳企业所得税。合并纳税成员企业暂不实行就地预交企业所得税办法。

二、神华集团所属合并纳税的成员企业,在企业改组、改造或资产重组过程中,因股权发生变化而变成非全资控股的企业,经当地国税局确认后,从股权发生变化的年度起,就地缴纳企业所得税。

三、神华集团所属合并纳税的成员企业,应按照国家税务总局的有关规定,向所在地国税局报送所得税纳税申报表,并接受所在地国税局的检查和监管;当地国税局应按国家税务总局的统一规定,认真受理企业的纳税申报,切实履行纳税检查和监管职责。

附件:神华集团所属合并纳税企业名单(编者略)

2－1－282

国家税务总局关于中国重汽集团缴纳企业所得税问题的通知

2002 年 2 月 1 日　国税函〔2002〕123 号

山东、浙江、湖南、重庆、广西、贵州、陕西、北京、山西、河北、上海、天津、辽宁、湖北、广东、云南、海南、黑龙江、河南、江苏、安徽、内蒙古、新疆、福建省(自治区、直辖市)地方税务局,厦门、青岛、大连市地方税务局:

近接中国重型汽车集团有限公司《关于合并缴纳企业所得税的请示》(中国重汽发字

〔2001〕107 号)，请求继续汇总缴纳企业所得税。根据《国家税务总局关于大型企业集团征收所得税问题的通知》(国税发〔1994〕27 号)等有关税收规定，现将该集团 2001 年度缴纳企业所得税问题通知如下：

一、同意中国重汽集团全资控股的 50 家所属企业(名单附后)，在 2001 年度由其母公司中国重型汽车集团有限公司在山东省济南市合并缴纳企业所得税。

二、鉴于中国重汽集团亏损数额较大并且近期难以全部弥补的实际，根据《国家税务总局关于汇总(合并)纳税企业实行统一计算、分级管理、就地预交、集中清算所得税问题的通知》(国税发〔2001〕13 号)，同意中国重汽集团所属合并纳税企业 2001 年度不实行就地预交所得税办法。

三、中国重汽集团合并纳税的成员企业，在企业改组、改制或资产重组过程中，因股权发生变动而变成非全资控股的企业，经当地主管税务机关确认后，从股权发生变化的年度起，就地缴纳企业所得税。

四、中国重汽集团所属合并纳税的成员企业，应按照国家税务总局的有关规定，向所在地主管税务机关报送所得税纳税申报表和相关会计报表，并接受所在地主管税务机关检查和监管；当地主管税务机关应按照国家税务总局的统一规定，认真受理企业的纳税申报，切实履行纳税检查和监管职责。

附件：中国重型汽车集团 2001 年度合并纳税名单(编者略)

2－1－283

国家税务总局关于中信集团缴纳企业所得税问题的通知

2002 年 4 月 2 日　国税函〔2002〕282 号

各省、自治区、直辖市和计划单列市国家税务局：

为了加强企业所得税的征收管理，保证国家税款及时、足额入库，现对中信集团所属各成员企业缴纳企业所得税的问题明确如下：

一、中信集团所属各成员企业，在 2002 年底前，按照《国家税务总局关于汇总(合并)纳税企业实行统一计算、分级管理、就地预缴、集中清算所得税问题的通知》(国税发〔2001〕13 号)文件规定，实行汇总缴纳企业所得税。

二、中信集团所属各成员企业，按年度应纳所得税额 60% 的比例就地预缴；中信实业银行所属分支机构由中信集团本部汇总统一纳税。

三、中信集团所属各成员企业，应严格执行国家税务总局关于汇总(合并)纳税企业所得税征收管理的有关规定，接受所在地国税局的管理和检查。

附件：中信集团所属企业名单(编者略)

2－1－284

国家税务总局关于交通银行缴纳企业所得税问题的通知

2002年4月24日　国税函〔2002〕342号

各省、自治区、直辖市和计划单列市国家税务局：

为了加强企业所得税的征收管理，保证国家税款及时、足额入库，现对交通银行及其各分支机构缴纳企业所得税的问题明确如下：

一、交通银行及其所属分支机构，在2002年底前，按照《国家税务总局关于汇总（合并）纳税企业实行统一计算、分级管理、就地预缴、集中清算所得税问题的通知》（国税发〔2001〕13号）规定，实行汇总缴纳企业所得税。

二、交通银行总行本部和上海分行等34个分行（名单附后），按年度应缴纳企业所得税额的15%比例就地预缴，其他所属各分行，直属支行按年度应缴纳企业所得税额的60%比例就地预缴。

交通银行汇总纳税成员企业层次较多，各成员企业就地预缴的比例，应按国税发〔2001〕13号文第八条的有关规定执行。

三、交通银行及所属成员企业，应严格执行国家税务总局关于汇总（合并）纳税企业所得税征收管理的有关规定，接受所在地国税局的管理和检查。

附件：1. 交通银行分支机构名单（编者略）

　　　2. 交通银行按15%就地预交分支机构名单（编者略）

2－1－285

国家税务总局关于国家开发银行、中国农业发展银行缴纳企业所得税问题的通知

2002年4月25日　国税函〔2002〕354号

各省、自治区、直辖市和计划单列市国家税务局：

近接国家开发银行《关于企业所得税集中缴纳问题的请示》（开行发〔2002〕35号）和中国农业发展银行《关于我行继续实行集中汇缴所得税的请示》（农发行字〔2002〕41号）。鉴于政策性银行的特殊性，经研究，现将国家开发银行、中国农业发展银行所属分支机构缴纳企业所得税问题通知如下：

一、国家开发银行、中国农业发展银行所属分支机构，在2002年底前由总行在北京市汇总缴纳企业所得税，暂不实行"统一计算、分级管理、就地预缴、集中清算"的汇总纳税办法。总行按照征收管理的有关规定，按期汇总申报预缴企业所得税，年终进行汇算清缴。

二、国家开发银行、中国农业发展银行所属分支机构，应按照国家税务总局关于加强汇总纳税企业所得税征收管理的有关规定，向所在地税务机关报送所得税纳税申报表，所在地税务机关要严格履行就地监管的责任。

三、国家开发银行、中国农业发展银行附属独立法人公司及分支机构，仍按有关规定就地缴纳企业所得税。

附件：1. 国家开发银行分支机构名单（编者略）

2. 中国农业发展银行分支机构名单（编者略）

2－1－286

国家税务总局关于民航总局所属机场等企业缴纳企业所得税问题的通知

2002 年 4 月 25 日　国税函〔2002〕355 号

各省、自治区、直辖市和计划单列市国家税务局：

近接民航总局《关于申请民航总局所属机场和空管中心（站）2002 年继续执行集中缴纳所得税和就地预缴税率为零的函》（民航财函〔2002〕97 号），现就民航总局所属机场等企业缴纳所得税的有关问题通知如下：

一、民航总局投资和管理的机场（包括航站、空管站、空管中心，机场名单详见附件），2002 年度继续由民航总局集中在北京缴纳企业所得税，由于汇总后亏损，由民航总局汇总纳税的机场（包括航站、空管站、空管中心）暂不实行就地预缴所得税办法。

二、对进行重组的航空公司缴纳企业所得税问题，在国家税务总局明确前，仍按照《国家税务总局关于民航总局所属企业事业单位缴纳企业所得税问题的通知》（国税函〔2001〕502 号）的有关规定执行，重组后有关航空公司缴纳企业所得税的问题，国家税务总局将另行研究明确。

三、民航总局所属其他企业、事业单位和社会团体，仍按照《国家税务总局关于民航总局所属企业事业单位缴纳企业所得税问题的通知》（国税函〔2001〕502 号）和有关规定执行。

附件：民航总局所属机场名单（编者略）

2－1－287

国家税务总局关于中国远洋运输（集团）总公司有关税收问题的通知

2002 年 4 月 28 日　国税函〔2002〕366 号

各省、自治区、直辖市和计划单列市国家税务局：

近接中国远洋运输(集团)总公司(以下简称中远集团)《关于中国远洋运输集团缴税情况的专题汇报及相关问题的申请》(中远财金〔2001〕674 号)。为支持中远集团发展壮大,现将该集团缴纳增值税和企业所得税的有关问题通知如下:

一、从 2002 年度起,中远集团的轮船修理业务,免征增值税。

二、中远集团所属的 105 家全资控股企业(名单见附件),2002 年度由中国远洋运输(集团)总公司在北京市合并缴纳企业所得税,暂不实行就地预交企业所得税的办法。

中远集团所属合并纳税的成员企业,在企业改组、改造或资产重组过程中,因股权发生变化而变成非全资控股的企业,经当地国家税务局确认后,从股权发生变化的年度起,就地缴纳企业所得税。

中远集团公司所属合并纳税的成员企业,应按照国家税务总局的有关规定,向所在地国家税务局报送所得税纳税申报表,并接受所在地国家税务局的检查和监管;当地国家税务局应按国家税务总局的统一规定,认真受理企业的纳税申报,切实履行纳税检查和监管职责。

附件:中远集团合并纳税企业名单(编者略)

注释:

条款失效。第一条停止执行。参见:《国家税务总局关于停止执行中国远洋运输(集团)总公司增值税优惠政策的通知》(国税函〔2009〕100 号)。

2 -1 -288

国家税务总局关于中国移动通信集团公司所属企业合并缴纳企业所得税问题的通知

2002 年 7 月 22 日　国税函〔2002〕664 号

各省、自治区、直辖市和计划单列市国家税务局:

中国移动通信集团公司(以下称移动集团)是属于国务院确定的试点大型企业集团之一,根据《国家税务总局关于大型企业集团征收所得税问题的通知》(国税发〔1994〕27 号)的有关规定,为支持该集团公司的进一步发展,现将该集团公司 2002 年度合并缴纳企业所得税问题通知如下:

一、中国移动通信集团公司所属的 29 家全资控股企业(名单见附件)及其分支机构,2002 年度由移动集团在北京市合并缴纳企业所得税。

二、经批准享受西部地区优惠政策的成员企业,按照《国家税务总局关于落实西部大开发有关税收政策具体实施意见的通知》(国税发〔2002〕47 号)的有关规定,可由移动集团单独合并申报缴纳企业所得税。

移动集团所属各成员企业,均按照年度应纳所得税额的 15% 比例,就地预交企业所得税，年终由移动集团在北京市进行清算。

各成员企业分支机构就地预交所得税办法，由各成员企业所在地的省、自治区、直辖市国家税务局按有关文件的规定确定。

三、移动集团所属合并纳税的成员企业，在企业改组、改造或资产重组过程中，因股权发生变化而变成非全资控股的企业，经当地国税局确认后，从股权发生变化的年度起，就地缴纳企业所得税，并报国家税务总局备案。

四、移动集团所属合并纳税的成员企业，应按照国家税务总局的有关规定，向所在地国家税务局报送所得税纳税申报表，并接受所在地国家税务局的检查和监管；当地国家税务局应按国家税务总局的统一规定，认真受理企业的纳税申报，切实履行纳税检查和监管职责。

附件：中国移动通信集团公司2002年度合并纳税成员企业名单（编者略）

2－1－289

国家税务总局关于中国平安保险股份有限公司缴纳企业所得税问题的通知

2002年9月18日　国税函〔2002〕832号

北京、天津、上海、重庆、江苏、浙江、福建、安徽、四川、云南、陕西、新疆、贵州、宁夏、青海、广东、湖北、湖南、江西、广西、海南、黑龙江、吉林、辽宁、河北、内蒙古、山东省（自治区、直辖市）国家税务局，大连、青岛、深圳、厦门、宁波国家税务局：

为了加强企业所得税的征收管理，保证国家税款及时、足额入库，现对中国平安保险股份有限公司及其各分支机构缴纳企业所得税的问题明确如下：

一、中国平安保险股份有限公司及其分支机构，在2002年底前，按照《国家税务总局关于汇总（合并）纳税企业实行统一计算、分级管理、就地预缴、集中清算所得税问题的通知》（国税发〔2001〕13号）规定，实行汇总缴纳企业所得税。

二、中国平安保险股份有限公司所属北京、上海、广州、南京、杭州、青岛分公司，按年度应纳所得税额的15%比例就地预缴；其他各分公司，按年度应纳所得税额的60%比例就地预缴。

三、中国平安保险股份有限公司应将深圳特区内业务与特区外业务分别核算，分别按规定税率缴纳企业所得税。

四、中国平安保险股份公司所属各成员企业，应严格执行国家税务总局关于汇总（合并）纳税企业所得税征收管理的有关规定，接受所在地国家税务局的管理和检查。

附件：中国平安保险股份有限公司分支机构名单（编者略）

2－1－290

国家税务总局关于国家电力公司所属企业技术开发费扣除标准问题的通知

2002年9月28日　国税函〔2002〕867号

各省、自治区、直辖市和计划单列市国家税务局：

近接国家电力公司《关于向所属企业提取技术开发费的请示》（国电财〔2002〕287号）。根据《国家税务总局关于印发〈企业技术开发费税前扣除管理办法〉的通知》（国税发〔1999〕49号）的有关规定，经审核，同意国家电力公司2002年度向所属企业提取技术开发费16700万元。其所属企业按规定标准上交的技术开发费（详见附件），准予在税前扣除，超过规定标准上交的技术开发费，应进行纳税调整。该公司提取的技术开发费年终如有结余，应并入当年度应纳税所得额，缴纳企业所得税。

附件：国家电力公司所属企业2002年度技术开发费扣除标准（编者略）

2－1－291

国家税务总局关于新华通讯社所属事业单位缴纳企业所得税问题的通知

2002年9月29日　国税函〔2002〕885号

各省、自治区、直辖市国家税务局：

新华通讯社是国务院直属事业单位，考虑到新华社承担的社会政治职能及其经济核算的特殊性，根据有关税收规定，现将新华通讯社缴纳所得税问题通知如下：

一、同意新华通讯社所属44家事业单位和分支机构（名单附后），在2002年度由新华通讯社在北京市汇总缴纳企业所得税。

二、鉴于新华通讯社所属事业单位盈亏相差较多并且汇总亏损的实际，根据《国家税务总局关于汇总（合并）纳税企业实行统一计算、分级管理、就地预缴、集中清算所得税问题的通知》（国税发〔2001〕13号）规定，同意新华社所属汇总纳税单位2002年度暂不就地预缴所得税。

三、新华社系统机构改革中，汇总纳税单位和分权机构变更为独立法人的，经当地国家税务局确认，从变更年度起，就地缴纳所得税。

四、新华社所属合并纳税单位和分支机构，应接受当地主管税务机关检查和监管，配合支持税务机关做好企业所得税征管工作。

附件：2002年度新华通讯社所属合并纳税单位名单（编者略）

2 - 1 - 292

国家税务总局关于国家开发投资公司与中国石油化工股份有限公司改组业务涉及的企业所得税问题的通知

2002年12月13日　国税函〔2002〕1065号

北京、湖北、甘肃、江苏省（直辖市）国家税务局：

现就国家开发投资公司（以下简称“国投公司”）与中国石油化工股份有限公司（以下简称“中石化”）进行资产置换、改组交易中涉及的企业所得税处理问题通知如下：

一、国投公司将持有的三家电力公司的全部权益性资产7.88亿元（包括甘肃小三峡水电开发有限责任公司50%的股权，甘肃靖远第二发电有限公司50%的股权和徐州华润电力有限公司30%的股权）与湖北兴化的全部石化资产7.79亿元进行置换，然后再以换得的石化资产与中石化持有的湖北兴化的近58%的股权进行置换。从交易实质分析，该项业务活动类似于企业整体资产置换的改组，且交易中涉及的货币性资产补价金额较小。为保证企业有正常经营需要的投资改组活动的顺利进行，防止对经济功能相同或相似的改组活动采取不同政策而导致不公平，根据国家税务总局《关于企业股权投资业务若干所得税问题的通知》（国税发〔2000〕118号）的有关规定，同意对上述改组比照整体资产置换交易处理，即改组涉及的当事各方之间的资产置换暂不确认所得或损失。

二、为防止国家税款流失，湖北兴化取得的国投公司持有的上述三家电力企业的股权的计税成本，必须以原持有全部石化资产在改组交易评估基准日前的账面价值为基础确定，国投公司取得的中石化持有的湖北兴化的股票的投资计税成本，必须以原持有上述三家电力企业的股权的投资成本为基础确定，中石化取得的湖北兴化的全部石化资产的计税成本，必须以原持有的湖北兴化的股票的投资成本为基础确定。交易中涉及补价的，有关资产的成本确定要按规定考虑补价因素。企业会计账务中对有关股权（股票）和经营资产已按评估价调整有关资产成本的，应按税法有关规定进行纳税调整。

2 - 1 - 293

财政部　国家税务总局关于连锁经营企业有关税收问题的通知

2003年2月27日　财税〔2003〕1号

为贯彻落实《国务院办公厅转发国务院体改办、国家经贸委关于促进连锁经营发展若干意见的通知》（国办发〔2002〕49号）的精神，支持连锁经营的发展，现将连锁经营企业实行统一缴纳增值税、所得税的有关问题进一步明确如下：

一、在省、自治区、直辖市、计划单列市内跨区域经营的统一核算的连锁企业，需要实行由总机构向其所在地主管税务机关统一申报缴纳增值税的，按照财政部、国家税务总局《关于连锁经营企业增值税纳税地点问题的通知》(财税字〔1997〕97号)的有关规定办理。

二、根据《中华人民共和国企业所得税暂行条例》和《中华人民共和国企业所得税暂行条例实施细则》的有关规定，对内资连锁企业省内跨区域设立的直营门店，凡在总部领导下统一经营、与总部微机联网、并由总部实行统一采购配送、统一核算、统一规范化管理，并且不设银行结算账户、不编制财务报表和账簿的，由总部向其所在地主管税务机关统一缴纳企业所得税。依照《中华人民共和国外商投资和外国企业所得税法》和《中华人民共和国外商投资和外国企业所得税法实施细则》的有关规定，对从事跨区域连锁经营的外商投资企业，由总机构向其所在地主管税务机关统一缴纳企业所得税。

三、上述跨区域经营的连锁企业实行统一缴纳增值税、所得税后，各级财政部门要认真贯彻执行国办发〔2002〕49号文件的精神，及时制定统一纳税后所属地区间财政利益调整办法，妥善处理好各级财政利益分配关系，以确保连锁企业门店所在地的财政利益在纳税地点变化后不受影响，以利于连锁经营的发展。

2－1－294

国家税务总局关于中央电视台广告收入和有线电视费收入适用企业所得税政策问题的通知

2003年3月12日　国税函〔2003〕319号

北京市国家税务局：

近接国家广播电影电视总局《关于中央电视台执行国税发〔2001〕15号文有关问题的函》〔(2002)广发计字1093号〕，经研究，现就中央电视台广告收入和有线电视费收入适用企业所得税政策问题通知如下：

一、根据财政部、国家税务总局《关于事业单位、社会团体征收企业所得税有关问题的通知》(财税字〔1997〕75号)和《国家税务总局关于印发〈事业单位、社会团体、民办非企业单位企业所得税征收管理办法〉的通知》(国税发〔1999〕65号)的有关规定，考虑到中央电视台的广告收入和有线电视费收入纳入中央财政预算外资金专户管理的实际情况，同意对中央电视台广告收入和有线电视费收入在2003年底前继续执行《国家税务总局关于广播电视事业单位征收企业所得税若干问题的通知》(国税发〔2001〕15号)第三条第二款的有关规定，即：中央电视台广告收入和有线电视费收入在2003年底前暂不作为企业所得税应纳税收入。

二、中央电视台应按照财务、税收的有关规定，加强对广告收入和有线电视费收入的管理和监督，并向当地税务征收机关单独报告，自觉接收当地税务机关的监督检查。

2－1－295

财政部　国家税务总局关于中国对外贸易运输集团资产评估增值有关企业所得税问题的通知

2003年3月31日　财税〔2003〕48号

为支持中国对外贸易运输集团(以下简称中国外运集团)重组改制的顺利进行,有效解决企业重组改制过渡时期出现的新问题,根据国务院对企业重组上市的有关指示精神,现将有关税收政策明确如下:

对中国外运集团资产评估增值83984.23万元应缴的企业所得税款不征收入库,直接转计中国外运集团的资本公积金,作为国有资本金。中国外运集团将评估增值部分再注入到中国外运股份有限公司(以下简称股份公司),作为股份公司的国有股权。中国外运集团投入到股份公司的资产,股份公司可按评估后的价值计提折旧或摊销,并在企业所得税前扣除。

请遵照执行。

2－1－296

国家税务总局关于湘财证券有限责任公司缴纳企业所得税问题的通知

2003年4月7日　国税函〔2003〕377号

北京、上海、湖南、四川、广东、海南、新疆、辽宁、黑龙江、福建、贵州、陕西、江苏、浙江、湖北、云南省(自治区、直辖市)国家税务局,深圳市国家税务局:

近接湘财证券有限责任公司《关于申请继续批准公司所属机构统一汇总缴纳企业所得税的报告》(湘财证券〔2002〕第169号)。经研究,现对湘财证券有限责任公司及所属分支机构缴纳企业所得税问题通知如下:

一、湘财证券有限责任公司及26家分支机构(名单附后),在2003年度由总公司在湖南省汇总缴纳企业所得税,暂不实行就地预交所得税办法。总公司按照征收管理的有关规定,按期汇总申报预缴企业所得税,年终进行汇算清缴。

二、湘财证券有限责任公司所属分支机构,应按照国家税务总局关于加强汇总纳税企业所得税征收管理的有关规定,向所在地税务机关报送所得税纳税申报表,所在地税务机关要严格履行就地监管的责任。

三、湘财证券有限责任公司附属独立法人公司及其他分支机构,仍按有关规定就地缴纳企业所得税。

附件:湘财证券有限责任公司所属分支机构名单(编者略)

2-1-297

国家税务总局关于中国太平洋人寿保险股份有限公司缴纳企业所得税问题的通知

2003年4月17日　国税函〔2003〕400号

为了加强企业所得税的征收管理,保证国家税款及时、足额入库,现对中国太平洋人寿保险股份有限公司2003年度缴纳企业所得税的问题明确如下:

一、中国太平洋人寿保险股份有限公司所属各分支机构(名单附后),可由公司总部在其所在地上海继续实行全额汇总方式缴纳企业所得税,暂不实行就地预交所得税办法。

二、中国太平洋人寿保险股份有限公司所属各成员企业,应严格执行国家税务总局关于汇总(合并)纳税企业所得税征收管理的有关规定,接受所在地国家税务局的管理和检查。

附件:中国太平洋人寿保险股份有限公司2003年度合并纳税成员企业名单(编者略)

2-1-298

国家税务总局关于中国太平洋财产保险股份有限公司缴纳企业所得税问题的通知

2003年4月17日　国税函〔2003〕401号

各省、自治区、直辖市和计划单列市国家税务局(不发西藏、内蒙古自治区):

为了加强企业所得税的征收管理,保证国家税款及时、足额入库,现对中国太平洋财产保险股份有限公司2003年度缴纳企业所得税的问题明确如下:

一、中国太平洋财产保险股份有限公司所属各分支机构(名单附后),可由公司总部在其所在地上海继续实行全额汇总方式缴纳企业所得税,暂不实行就地预交所得税办法。

二、中国太平洋财产保险股份有限公司以前年度多预缴的所得税,可凭当地主管税务机关的完税凭证,抵顶公司总部2003年度应缴纳的企业所得税。

三、中国太平洋财产保险股份有限公司所属各成员企业,应严格执行国家税务总局关于汇总(合并)纳税企业所得税征收管理的有关规定,接受所在地国家税务局的管理和检查。

附件:中国太平洋财产保险股份有限公司2003年度合并纳税成员企业名单(编者略)

2－1－299

国家税务总局关于交通银行汇总缴纳企业所得税问题的通知

2003 年 4 月 22 日 国税函〔2003〕425 号

近接交通银行《交通银行关于所得税预缴清算的请示》(交银函〔2002〕225 号),申请继续执行汇总纳税政策。经研究,现对交通银行缴纳企业所得税的问题明确如下:

一、交通银行在 2003 年度按照《国家税务总局关于汇总(合并)纳税企业实行统一计算、分级管理、就地预交、集中清算所得税问题的通知》(国税发〔2001〕13 号)规定,在上海实行汇总缴纳企业所得税,所属分支机构暂不实行就地预交企业所得税的办法。

二、交通银行所属合并纳税成员单位(名单附后),应按照国家税务总局有关规定,向所在地主管税务机关报送纳税申报表和相关会计报表,接受所在地主管税务机关检查和监管;当地主管税务机关应按照国家税务总局的统一规定,切实履行纳税检查和监管职责。

附件:交通银行分支机构名单(编者略)

2－1－300

国家税务总局关于中信集团缴纳企业所得税问题的通知

2003 年 4 月 22 日 国税函〔2003〕427 号

为了加强企业所得税的征收管理,保证国家税款及时、足额入库,现对中信集团所属各成员企业缴纳企业所得税的问题明确如下:

一、中信集团所属各成员企业,在 2003 年底前,按照《国家税务总局关于汇总(合并)纳税企业实行统一计算、分级管理、就地预交、集中清算所得税问题的通知》(国税发〔2001〕13 号)规定,实行汇总缴纳企业所得税。

二、中信集团所属各成员企业,按年度应纳税所得额的 60% 比例就地预缴;中信实业银行所属分支机构由中信集团本部汇总统一纳税。

三、中信集团所属各成员企业,应严格执行国家税务总局关于汇总(合并)纳税企业所得税征收管理的有关规定,接受所在地国税局的管理和检查。

附件:中信集团合并纳税名单(编者略)

2－1－301

国家税务总局关于中化集团缴纳企业所得税问题的通知

2003年4月23日　国税函〔2003〕436号

北京、天津、上海、江苏、河北、广东、辽宁、山东、黑龙江、安徽、湖北、湖南、江西省（直辖市）国家税务局，青岛、大连市国家税务局：

中化集团是国务院确定的120家大型企业集团之一，根据《国家税务总局关于大型企业集团征收所得税问题的通知》（国税发〔1994〕27号）的有关规定，为进一步支持中化集团的发展，现将该集团公司缴纳企业所得税的问题通知如下：

一、中化集团及所属全资子公司（名单附后），在2003年底前，按照《国家税务总局关于汇总（合并）纳税企业实行统一计算、分级管理、就地预交、集中清算所得税问题的通知》（国税发〔2001〕13号）文件规定，实行汇总缴纳企业所得税。

二、中化集团所属中化江苏进出口公司、中化辽宁进出口公司，中化广东进出口公司，暂不实行就地预交企业所得税办法；其他成员企业按年度应纳所得税额60%的比例就地预交。京内的成员企业汇总到总公司，一并按年度应纳所得税额的60%比例就地预交。

三、中化集团所属各成员企业，应严格执行国家税务总局关于汇总（合并）纳税企业所得税征收管理的有关规定，接受所在地国税局的管理和检查。

附件：中化集团合并纳税企业名单（编者略）

2－1－302

国家税务总局关于中国出口信用保险公司缴纳企业所得税问题的通知

2003年4月24日　国税函〔2003〕428号

北京、天津、上海、江苏、浙江、福建、广东省（直辖市）国家税务局，大连、宁波、厦门、青岛、深圳市国家税务局：

近接中国出口信用保险公司《关于企业所得税集中申报，汇总缴纳的报告》（信保财字〔2003〕45号）。经研究，现将中国出口信用保险公司所属分支机构缴纳企业所得税问题通知如下：

一、中国出口信用保险公司所属分支机构（名单附后）在2003年度实行由总公司在北京市全额汇总的方式缴纳企业所得税，暂不实行就地预交的汇总纳税办法。

二、中国出口信用保险公司所属分支机构，应按照国家税务总局关于加强汇总纳税企业所得税征收管理的有关规定，向所在地税务机关报送所得税纳税申报表，所在地税务机关要严格履行就地监管的责任。

附件：中国出口信用保险公司2003年度合并纳税成员企业名单（编者略）

2－1－303

国家税务总局关于中国东方电气集团公司缴纳企业所得税问题的通知

2003年4月24日　国税函〔2003〕431号

北京、上海、重庆、河南、广东、湖北、江苏、湖南、新疆、陕西、四川、山西省（自治区、直辖市）国家税务局：

中国东方电气集团公司是国务院确定的120家大型企业集团之一，根据《国家税务总局关于大型企业集团征收所得税问题的通知》（国税发〔1994〕27号）的有关规定，为进一步支持中国东方电气集团公司的发展，现将该集团公司缴纳企业所得税的问题通知如下：

一、中国东方电气集团公司所属全资控股企业（名单见附件），在2003年度由中国东方电气集团公司在四川省合并缴纳企业所得税；中国东方电气集团公司及所属合并纳税的成员企业，暂不实行就地预交企业所得税办法。

二、中国东方电气集团公司所属合并纳税的成员企业，在企业改组、改造或资产重组过程中，因股权发生变化而变成非全资控股的企业，经当地国家税务局确认后，从股权变化的年度起，就地缴纳企业所得税，并报国家税务总局备案。

三、中国东方电气集团公司所属合并纳税的成员企业，应按照国家税务总局的有关规定，向所在地国家税务局报送所得税纳税申报表，并接受所在地国家税务局的检查和监管。当地国家税务局应按国家税务总局的统一规定，认真受理企业的纳税申报，切实履行纳税检查和监管职责。

附件：中国东方电气集团公司所属企业合并纳税企业名单（编者略）

2－1－304

财政部　国家税务总局关于中国电信集团公司市话初装费企业所得税有关问题的通知

2003年4月28日　财税〔2003〕99号

北京、上海、江苏、浙江、广东省（市）财政厅（局）、国家税务局：

为支持中国电信集团公司顺利进行重组改制，有效解决企业重组改制过程中出现的新问题，现将中国电信股份有限公司市话初装费的企业所得税政策明确如下：

一、从2002年起到2011年期间，对中国电信股份有限公司每年从“递延收入”中转入“主营业务收入”的市话初装费，暂不计入企业的应纳税所得额。

二、中国电信股份有限公司的市话初装费收入应全额转为任意公积金，并单独设置明细科目进行核算，不作为股息红利分配。如进行分配，应计入企业当年应纳税所得额，缴纳企业所得税。

请遵照执行。

2－1－305

国家税务总局关于中国工艺品进出口总公司缴纳企业所得税问题的通知

2003年4月30日　国税函〔2003〕448号

北京市国家税务局：

中国工艺品进出口总公司是国务院确定的120家大型企业集团之一，根据《国家税务总局关于大型企业集团征收所得税问题的通知》（国税发〔1994〕27号）的有关规定，为进一步支持中国工艺品进出口总公司的发展，现将该公司缴纳企业所得税的问题通知如下：

一、中国工艺品进出口总公司所属的14家全资控股企业（名单见附件），在2003年度由中国工艺品进出口总公司在北京市合并缴纳企业所得税。中国工艺品进出口总公司及所属合并纳税的成员企业，2003年度暂不实行就地预交企业所得税办法。

二、中国工艺品进出口总公司所属合并纳税的成员企业，在企业改组、改造或资产重组过程中，因股权发生变化而变成非全资控股的企业，经当地国家税务局确认后，从股权变化的年度起，就地缴纳企业所得税，并报国家税务总局备案。

三、中国工艺品进出口总公司所属合并纳税的成员企业，应按照国家税务总局的有关规定，向所在地国家税务局报送所得税纳税申报表，并接受所在地国家税务局的检查和监管。当地国家税务局应按国家税务总局的统一规定，认真受理企业的纳税申报，切实履行纳税检查和监管职责。

附件：中国工艺品进出口总公司合并纳税企业名单（编者略）

2－1－306

国家税务总局关于中国再保险公司缴纳企业所得税问题的通知

2003年4月30日　国税函〔2003〕449号

北京、上海、四川省（直辖市）国家税务局，深圳市国家税务局：

近接《中国再保险公司关于继续实行企业所得税汇总缴纳问题的请示》(中再发〔2003〕27号)。经研究,现将中国再保险公司所属分支机构缴纳企业所得税问题通知如下:

一、中国再保险公司所属的上海、深圳、成都分公司在2003年度继续实行由总公司在北京市全额汇总的方式缴纳企业所得税,暂不实行就地预交的汇总纳税办法。

二、中国再保险公司所属分支机构,应按照国家税务总局关于加强汇总纳税企业所得税征收管理的有关规定,向所在地税务机关报送所得税纳税申报表,所在地税务机关要严格履行就地监管的责任。

三、中国再保险公司所属独立法人公司,应按有关规定就地缴纳企业所得税。

2-1-307

国家税务总局关于国家开发银行缴纳企业所得税问题的通知

2003年4月30日　国税函〔2003〕451号

北京、天津、上海、重庆、四川、江苏、广东、浙江、湖北、山东、黑龙江、辽宁、河北、河南、湖南、福建、江西、安徽、新疆、云南、陕西、海南、广西、山西、吉林、内蒙古、甘肃、贵州省(自治区、直辖市)国家税务局,大连、深圳市国家税务局:

近接《国家开发银行关于企业所得税交纳问题的请示》(开行发〔2003〕78号)。鉴于政策性银行的特殊性,经研究,现将国家开发银行所属分支机构缴纳企业所得税问题通知如下:

一、国家开发银行所属分支机构(名单附后),2003年度由总行在北京市继续实行全额汇总的方式申报缴纳企业所得税,暂不实行“统一计算、分级管理、就地预交、集中清算”的汇总纳税办法。

二、国家开发银行所属分支机构,应按照国家税务总局关于加强汇总纳税企业所得税征收管理的有关规定,向所在地税务机关报送所得税纳税申报表,所在地税务机关要严格履行就地监管的责任。

三、国家开发银行附属独立法人公司及其分支机构,仍按有关规定就地缴纳企业所得税。

附件:国家开发银行2003年度合并纳税成员企业名单(编者略)

2－1－308

国家税务总局关于中国农业发展银行缴纳企业所得税问题的通知

2003年4月30日　国税函〔2003〕452号

近接中国农业发展银行《关于我行继续实行集中汇缴企业所得税的请示》(农发行字〔2003〕51号)。鉴于政策性银行的特殊性,经研究,现将中国农业发展银行所属分支机构缴纳企业所得税问题通知如下:

一、中国农业发展银行所属分支机构(名单附后),2003年度由总行在北京市继续实行全额汇总的方式申报缴纳企业所得税,暂不实行"统一计算、分级管理、就地预交、集中清算"的汇总纳税办法。

二、中国农业发展银行所属分支机构,应按照国家税务总局关于加强汇总纳税企业所得税征收管理的有关规定,向所在地税务机关报送所得税纳税申报表,所在地税务机关要严格履行就地监管的责任。

三、中国农业发展银行附属独立法人公司及其分支机构,仍按有关规定就地缴纳企业所得税。

附件:中国农业发展银行2003年度合并纳税成员企业名单(编者略)

2－1－309

国家税务总局关于中国进出口银行缴纳企业所得税问题的通知

2003年5月6日　国税函〔2003〕467号

北京、上海市国家税务局,深圳市国家税务局:

近接中国进出口银行《关于申请继续实行集中缴纳所得税办法的请示》(进出银财发〔2003〕21号)。鉴于政策性银行的特殊性,经研究,现将中国进出口银行所属分支机构缴纳企业所得税问题通知如下:

一、中国进出口银行所属总行营业部和上海分行、深圳分行以及今年成立的新的分行,2003年度可由总行在北京市实行全额汇总的方式缴纳企业所得税,暂不实行就地预交的汇总纳税办法。

二、中国进出口银行所属分支机构,应按照国家税务总局关于加强汇总纳税企业所得税征收管理的有关规定,向所在地税务机关报送所得税纳税申报表,所在地税务机关要严格履行就地监管的责任。

三、中国进出口银行附属独立法人公司,仍按有关规定就地缴纳企业所得税。

2 -1 -310

国家税务总局关于中粮集团缴纳企业所得税问题的通知

2003 年 5 月 9 日　国税函〔2003〕480 号

北京市国家税务局,青岛市国家税务局:

中粮集团是经国家税务总局批准试行合并纳税的大型企业集团,到 2002 年底,合并纳税期限已满。为进一步支持该集团的发展,经研究,现将该集团缴纳企业所得税的问题通知如下:

一、中粮集团全资控股的 9 家成员企业(名单附后),2003 年度由中国粮油食品进出口(集团)有限公司在北京市合并缴纳企业所得税;中粮山东粮油进出口公司全资控股的 7 家成员企业(名单附后),2003 年度由中粮山东粮油进出口公司在青岛市合并缴纳企业所得税。合并纳税的成员企业暂不实行就地预交所得税办法。

二、中粮集团所属合并纳税的成员企业,在企业改组、改造或资产重组过程中,因股权发生变化而变成非全资控股的企业,经当地国税局确认后,从股权发生变化的年度起,就地缴纳企业所得税。

三、中粮集团所属合并纳税的成员企业,应按照国家税务总局的有关规定,向所在地国税局报送所得税纳税申报表和相关会计报表,并接受所在地国税局的检查和监管;当地国税局应按照国家税务总局的统一规定,认真受理企业的纳税申报,切实履行纳税检查和监管职责。

附件:1. 中粮集团合并纳税企业名单(编者略)

　　2. 中粮山东粮油进出口公司合并纳税企业名单(编者略)

2 -1 -311

国家税务总局关于中国华能集团公司合并缴纳企业所得税问题的通知

2003 年 5 月 9 日　国税函〔2003〕481 号

北京、上海、四川、山东、浙江、辽宁、广东、黑龙江、河北、内蒙古、陕西省(自治区、直辖市)国家税务局:

中国华能集团公司是国务院确定的 120 家大型企业集团之一,根据《国家税务总局关于大型企业集团征收所得税问题的通知》(国税发〔1994〕27 号)的有关规定,为进一步支持中国华能集团公司的发展,现将该集团公司缴纳企业所得税的问题通知如下:

一、中国华能集团公司所属全资控股企业(名单见附件),在 2003 年度由中国华能集团公司在北京市合并缴纳企业所得税,中国华能集团公司及所属合并纳税的成员企业暂不实行就地预交企业所得税办法。

二、中国华能集团公司所属合并纳税的成员企业,在企业改组、改造或资产重组过程中,因股权发生变化而变成非全资控股的企业,经当地国家税务局确认后,从股权变化的年度起,就地缴纳企业所得税,并报国家税务总局备案。

三、中国华能集团公司所属合并纳税的成员企业,应按照国家税务总局的有关规定,向所在地国家税务局报送所得税纳税申报表,并接受所在地国家税务局的检查和监管。当地国家税务局应按国家税务总局的统一规定,认真受理企业的纳税申报,切实履行纳税检查和监管职责。

附件:中国华能集团公司合并纳税成员企业名单(编者略)

2-1-312

国家税务总局关于中国第一汽车集团公司有关企业所得税问题的批复

2003年5月9日　国税函〔2003〕482号

吉林省国家税务局:

你局《关于中国第一汽车集团公司有关企业所得税问题的请示》(吉国税发〔2002〕231号)收悉。经研究,批复如下:

一、关于固定资产折旧问题。根据国家税务总局《企业所得税税前扣除办法》(国税发〔2000〕84号)有关规定,同意一汽集团公司及所属公司2001年及以后年度增加的、长期处于使用强度大、工作时间长、磨损严重的生产机器设备类固定资产采用双倍余额递减法计提折旧并在税前扣除。加速折旧固定资产明细标准及相关审核事宜委托你局负责办理,并抄报国家税务总局备案。

二、关于工效挂钩工资税前扣除问题。为便于各地国税机关对一汽集团公司汇总纳税成员企业的所得税监管工作,一汽集团公司所属汇总纳税成员企业在进行纳税申报时,应将财政部、劳动部批准的工效挂钩工资标准分解方案报当地国税局备案。当地国税局在工资标准内按实际发放数予以税前扣除,如实际发放数超过国家批准的工资标准,由一汽集团公司总部所在地国税局对其进行纳税调整,并补征企业所得税。

2－1－313

国家税务总局关于新疆生产建设兵团缴纳企业所得税问题的通知

2003年5月9日　国税函〔2003〕484号

新疆、北京、上海、天津、重庆、浙江、江苏、河南、湖南、陕西、四川、广东省（自治区、直辖市）国家税务局，大连、深圳市国家税务局：

近接新疆生产建设兵团财务局《关于新疆生产建设兵团请求继续执行企业所得税统一合并纳税政策的请示》（兵财发〔2003〕20号），申请继续执行汇总纳税政策。考虑到其是国务院确定的120家大型试点集团企业之一，经研究，现将新疆生产建设兵团2003年度缴纳所得税问题通知如下：

一、根据《国家税务总局关于汇总（合并）纳税企业实行统一计算、分级管理、就地预交、集中清算所得税问题的通知》（国税发〔2001〕13号）规定，同意新疆生产建设兵团所属100%控股31家企业（所属二级企业20家，驻外直属企业11家，名单附后）、所属中华联合财产保险公司的9家分支机构、所属驻外三、四级企业（名单附后），在2003年度由新疆生产建设兵团在新疆维吾尔自治区乌鲁木齐市合并缴纳企业所得税，暂不实行就地预交企业所得税办法。

二、新疆生产建设兵团所属合并纳税成员企业，在企业改组、改制或资产重组过程中，因股权发生变动而变成非全资控股的企业，经当地国家税务局确认后，从股权发生变化年度起，就地缴纳企业所得税。

三、新疆生产建设兵团所属合并纳税成员企业，应按照国家税务总局有关规定，向所在地主管税务机关报送所得税纳税申报表和相关会计报表，接受所在地主管税务机关检查和监管；当地主管税务机关应按照国家税务总局统一规定，认真受理企业的纳税申报，切实履行纳税检查和监管职责。

附件：1. 新疆生产建设兵团所属二级企业及驻外直属企业名单（编者略）

2. 新疆生产建设兵团所属三、四级企业名单（编者略）

2－1－314

国家税务总局关于葛洲坝集团公司缴纳企业所得税问题的通知

2003年5月19日　国税函〔2003〕535号

湖北省国家税务局：

葛洲坝集团公司是国务院确定的120家大型企业集团之一，根据《国家税务总局关于大型企业集团征收所得税问题的通知》(国税发〔1994〕27号)的有关规定,为进一步支持葛洲坝集团公司的发展,现将该集团公司缴纳企业所得税的问题通知如下:

一、葛洲坝集团公司所属的22家全资控股企业(名单见附件),在2003年度,由葛洲坝集团公司在湖北省合并缴纳企业所得税。葛洲坝集团公司及所属合并纳税的成员企业,暂不实行就地预交企业所得税办法。

二、葛洲坝集团公司所属合并纳税的成员企业,在企业改组、改造或资产重组过程中,因股权发生变化而变成非全资控股的企业,经当地国家税务局确认后,从股权变化的年度起,就地缴纳企业所得税,并报国家税务总局备案。

三、葛洲坝集团公司所属合并纳税的成员企业,应按照国家税务总局的有关规定,向所在地国家税务局报送所得税纳税申报表,并接受所在地国家税务局的检查和监管。当地国家税务局应按国家税务总局的统一规定,认真受理企业的纳税申报,切实履行纳税检查和监管职责。

附件:葛洲坝集团公司合并纳税成员企业名单(编者略)

2-1-315

国家税务总局关于中国第一汽车集团公司缴纳企业所得税问题的通知

2003年5月30日　国税函〔2003〕575号

吉林、黑龙江、四川、广西、辽宁、江苏、海南省(自治区)国家税务局,大连、青岛市国家税务局:

中国第一汽车集团公司(以下简称一汽集团)是国务院确定的120家大型企业集团之一,根据《国家税务总局关于大型企业集团征收所得税问题的通知》(国税发〔1994〕27号)的有关规定,为支持一汽集团的进一步发展,现将该集团缴纳企业所得税的问题通知如下:

一、一汽集团所属的24家全资控股企业(名单见附件),在2003年度由中国第一汽车集团公司在长春市合并缴纳企业所得税。

一汽集团所属合并纳税的成员企业,2003年度暂不实行就地预交企业所得税办法。

二、一汽集团所属合并纳税的成员企业,在企业改组、改造或资产重组过程中,因股权发生变化而变成非全资控股的企业,经当地国家税务局确认后,从股权变化的年度起,就地缴纳企业所得税,并报国家税务总局备案。

三、一汽集团所属合并纳税的成员企业,应按照国家税务总局的有关规定,向所在地国家税务局报送所得税纳税申报表,并接受所在地国家税务局的检查和监管。当地国家税务局应按国家税务总局的统一规定,认真受理企业的纳税申报,切实履行纳税检查和监管职责。

附件:中国第一汽车集团公司合并纳税企业名单(编者略)

2 -1 -316

国家税务总局关于中纺集团缴纳企业所得税问题的通知

2003 年 6 月 3 日 国税函〔2003〕583 号

北京市国家税务局:

中纺集团是经国家税务总局批准实行合并纳税的大型企业集团之一,到 2002 年底,合并纳税期限已满。为进一步支持该集团的发展,经研究,现将该集团缴纳企业所得税的问题通知如下:

一、中纺集团全资控股的 22 家成员企业(名单附后),2003 年度由中国纺织品进出口总公司在北京市合并缴纳企业所得税。合并纳税的成员企业暂不实行就地预交企业所得税办法。

二、中纺集团所属合并纳税的成员企业,在企业改组、改造或资产重组过程中,因股权发生变化而变成非全资控股的企业,经当地国税局确认后,从股权发生变化的年度起,就地缴纳企业所得税。

三、中纺集团所属合并纳税的成员企业,应按照国家税务总局的有关规定,向所在地国税局报送所得税纳税申报表和相关会计报表,并接受所在地国税局的检查和监管;当地国税局应按照国家税务总局的统一规定,认真受理企业的纳税申报,切实履行纳税检查和监管职责。

附件:中纺集团合并纳税企业名单(编者略)

2 -1 -317

国家税务总局关于中国第一重型机械(集团)有限公司缴纳企业所得税问题的通知

2003 年 6 月 3 日 国税函〔2003〕585 号

黑龙江省国家税务局,大连市国家税务局:

第一重型机械(集团)有限公司是国务院确定的 120 家大型企业集团之一,根据《国家税务总局关于大型企业集团征收所得税问题的通知》(国税发〔1994〕27 号)的有关规定,为进一步支持该集团的发展,现将该集团缴纳企业所得税的问题通知如下:

一、第一重型机械(集团)有限公司所属的 7 家全资控股企业(名单见附件),在 2003 年度由第一重型机械(集团)有限公司在黑龙江省合并缴纳企业所得税,合并纳税的成员企业暂不实行就地预交企业所得税办法。

二、第一重型机械(集团)有限公司所属合并纳税的成员企业,在企业改组、改造或资产重组过程中,因股权发生变化而变成非全资控股的企业,经当地国家税务局确认后,从股权变化的年度起,就地缴纳企业所得税,并报国家税务总局备案。

三、第一重型机械(集团)有限公司所属合并纳税的成员企业,应按照国家税务总局的有关规定,向所在地国家税务局报送所得税纳税申报表,并接受所在地国家税务局的检查和监管。当地国家税务局应按国家税务总局的统一规定,认真受理企业的纳税申报,切实履行纳税检查和监管职责。

附件:中国第一重型机械(集团)有限公司合并纳税企业名单(编者略)

2-1-318

国家税务总局关于中国航空集团公司所属飞机、发动机大修理预提费用余额征收企业所得税问题的复函

2003年7月7日　国税函〔2003〕804号

中国航空集团公司:

你公司《关于中航集团所属航空公司飞机和发动机大修费预提余额在税前列支的请示》(中航集团〔2003〕42号)收悉,经研究,答复如下:

根据国家税务总局下发的《企业所得税税前扣除办法》(国税发〔2000〕84号)规定精神,企业所得税税前扣除费用必须遵循真实发生的原则,除国家另有规定外,提取准备金或其他预提方式发生的费用均不得在税前扣除。因此,对纳税人按照会计制度的规定预提的费用余额,在申报纳税时应作纳税调整,依法缴纳企业所得税。纳税人实际发生的固定资产修理支出可以据实在税前扣除。

2-1-319

国家税务总局关于中国移动通信集团公司有关所得税问题的通知

2003年7月14日　国税函〔2003〕847号

各省、自治区、直辖市和计划单列市国家税务局、地方税务局:

近接中国移动通信集团公司(以下简称中移动)《关于企业所得税有关问题的请示》(中移财〔2003〕115号)。根据现行所得税政策规定,经研究,现对将中移动及所属公司企业所得税有关费用税前扣除等问题通知如下:

一、关于业务销售附带赠送的处理

中移动为留住老用户、发展新用户或鼓励入网和推广使用新业务，采用积分计划等各种营销方式，对具备一定消费条件的自有用户免费赠送一定的业务使用时长、流量或业务使用费额度，有价卡预存款和有价卡实物，SIM卡，手机或手机补贴，其他有价物品或等价物等支出，应作为商业折扣或成本费用允许在税前扣除。给予已有用户或使用者（包括个人消费者和单位法人）的，凡是作为商业折扣给予单位使用者的，应在账面上反映；给予法人单位的特定人员（如业务联系人、单位领导等），应作为企业业务招待费按规定标准扣除；为宣传推广目的随机给予不确定客户（包括实际用户和潜在用户）的，应作为业务宣传费按规定标准扣除。

二、关于有价电话卡销售折扣的处理

中移动公司的有价电话卡面值金额与实际销售取得有价卡款的差额，是企业为市场竞争激烈需要采取的正常销售折扣折让，按销售折扣折让冲减收入后的净额计算缴纳企业所得税。

三、关于预收款的处理

中移动在提供产品或服务时，收取的预收性质的价款（包括用户预存款、预收有价卡款和其他预收款）应按权责发生制原则确认销售营业收入的实现时间，据以计算缴纳企业所得税。以前年度已征收企业所得税的预收款不再按权责发生制确认为在以后年度应纳税收入。

四、关于广告宣传费用的处理

鉴于中移动公司广告宣传的特殊性，同意该公司实际发生的广告费和业务宣传费支出，按现有主营业务收入的8.5%在企业所得税前合并计算扣除。

五、关于固定资产价值调整的折旧处理

中移动因实际价值调整原暂估价或发现原计价有错误等原因调整固定资产价值，并按规定补提的以前年度少提的折旧，不允许在补提年度扣除，应相应调整原所属年度的应纳税所得额，相应多交的税额可抵顶以后年度应交的所得税。

六、关于免收的为中国儿童少年基金会捐款提供短信服务费的处理

为支持我国的公益事业，救助失学儿童，中移动与中国儿童少年基金会合作开展“短信零钱捐款”业务，对中移动免收中国少年儿童基金会不均衡下行短信通信费和按代收信息费9%计算的劳务费，不计入应纳税所得额。

七、关于企业债券利息的处理

中移动公司发生企业债券支付的利息是企业正常的借款费用，允许按规定在企业所得税前扣除。

八、关于职工教育经费的税前扣除

根据《国务院关于大力推进职业教育改革与发展的决定》（国发〔2002〕16号）规定，从业人员技术素质要求高、培训任务重、经济效益较好的企业可按2.5%提取，列入成本开支。考虑到电信行业的激烈竞争，要求从业人员素质较高，需要不断加大职工的培训等实际情况，按照国发〔2002〕16号文件规定精神，同意中移动职工教育经费按照计税工资总额的2.5%的标准在企业所得税前扣除。

九、本通知自2003年1月1日起开始执行。

注释：

条款失效。第四条关于业务宣传费与广告费合并计算在企业所得税前扣除的规定自2007年1月1日起停止执行。参见:《国家税务总局关于〈求是〉杂志社等单位广告费和业务宣传费所得税扣除问题的通知》(国税函〔2007〕345号)。

2－1－320

国家税务总局关于新华通讯社所属事业单位缴纳企业所得税问题的通知

2003年9月3日　国税函〔2003〕1001号

各省、自治区、直辖市和计划单列市国家税务局：

新华通讯社是国务院直属事业单位,考虑到新华社承担的社会政治职能及其经济核算的特殊性,根据有关税收规定,现将新华通讯社缴纳所得税问题通告如下：

一、新华通讯社所属42家事业单位和分支机构(名单附后),在2003年度由新华通讯社在北京市汇总缴纳企业所得税,汇总纳税的成员企业暂不实行就地预缴企业所得税办法。

二、新华通讯社所属汇总纳税的成员企业,应按照国家税务总局的有关规定,向所在地主管税务机关报送所得税纳税申报表,并接受所在地主管税务机关的检查和监管。当地主管税务机关应按规定,认真受理企业的纳税申报,切实履行纳税检查和监管职责。

附件:新华通讯社所属汇总纳税单位名单(编者略)

2－1－321

财政部　国家税务总局关于香港中银集团重组上市有关税收问题的通知

2003年9月9日　财税〔2003〕126号

各省、自治区、直辖市、计划单列市财政厅(局)、国家税务局、地方税务局,财政部驻各省、自治区、直辖市、计划单列市财政监察专员办事处：

经国务院批准,现对中国银行所属香港中银集团重组上市过程中的有关税收问题明确如下：

一、中国银行在中银香港重组上市过程中,将其所属的新华银行、金城银行、盐业银行、国华商业银行、中南银行、广东省银行、浙江兴业银行和中国银行总行等八家银行的香港分行及其中两家的深圳分行,宝生银行、华侨商业银行、南洋商业银行、集友银行以及中银信用卡有限公司的经评估后的整体净资产,分步换取中银香港(集团)有限公司、中银香港

(BVI)有限公司、中银香港(控股)有限公司和中国银行(香港)有限公司的股权。根据《国家税务总局关于企业股权投资业务若干所得税问题的通知》(国税发〔2000〕118号)的规定,对上述以股权形式支付的整体资产转让所得不予计算确认,免予缴纳企业所得税。

二、对在香港中银集团在重组过程中,上述中国银行子公司发生的房地产评估增值113.58亿港元应缴的企业所得税款不征收入库,作为国有资本金直接转计中国银行的资本公积金,并作为国有股权由中国银行注入到中银香港(集团)有限公司。

三、对中国银行在此次上市过程中出售其所持有的中银香港(控股)有限公司老股获得的投资收益,应缴的所得税税款不征收入库,直接全额转增中国银行国家资本金。

四、对中国银行在此次重组上市过程中以不动产或无形资产换取股权的行为,不予征收营业税。

五、根据《财政部　国家税务总局关于企业改革中有关契税政策的通知》(财税〔2001〕161号)的规定,免征中国银行在香港中银集团重组上市过程中的契税。

六、为了避免由于企业改革而引起的重复征税,支持国有企业重组上市,对中国银行在香港中银集团重组前已贴花的资金及重组过程中因资产转移所签订的产权转移书据免征印花税。

请遵照执行。

注释:

条款失效。第六条失效。参见:《财政部　税务总局关于印花税法实施后有关优惠政策衔接问题的公告》(财政部　税务总局公告2022年第23号)。

条款失效。第五条失效。参见:《财政部　税务总局关于契税法实施后有关优惠政策衔接问题的公告》(财政部　税务总局公告2021年第29号)。

2－1－322

财政部　国家税务总局关于核定中国人民财产保险股份有限公司计税工资税前扣除标准有关问题的通知

2003年9月18日　财税〔2003〕209号

北京市财政局、国家税务局:

按照国务院批准的中国人民保险公司重组改制方案精神,为支持其改制上市工作的顺利进行,现就中国人民财产保险股份有限公司工资税前扣除标准的有关问题通知如下:

一、2003年度,中国人民财产保险股份有限公司计税工资税前扣除总额为26.52亿元,超过部分不得在税前扣除。

二、从2004年起,以该公司2003年计税工资税前扣除总额为基数,按照工资总额增长低于经济效益增长、工资总额增长低于劳动生产率增长幅度的原则核定其当年实际工资总额，具体办法由国家有关部门另行确定。

请遵照执行。

2－1－323

国家税务总局关于中国通信建设总公司及其子公司股权投资所得确认问题的通知

2003年9月28日　国税函〔2003〕1102号

北京、河北、陕西、河南、湖北省(直辖市)国家税务局：

近接中国通信建设总公司《关于确认“投资收益”的申请》(建财〔2003〕15号)。中国通信建设总公司(以下简称“总公司”)原隶属于信息产业部，是我国通信建设行业最大的通信建设骨干企业，是建设部审定的全国19家大型建筑施工企业之一和全国建筑行业经营业绩百强企业之一。总公司由本部和下属的6家全资子公司(即6个工程局)组成，均为独立的法人单位，独立核算、独立纳税。为适应市场经济发展需要，提高公司整体规模效益，2001年11月1日，总公司作为主发起人，以中国通信建设总公司整个系统(包括本部及其所属工程局)从事通信建设施工的生产经营性净资产，并联合信息产业部邮电设计院、中国普天信息产业集团、电信科学研究院、中国集邮总公司等4家企业以现金出资共同发起设立中通建设股份有限公司(以下简称“股份公司”)。现就中国通信建设总公司及其子公司用其经营性资产以总公司名义投资后从股份公司取得的投资分红的所得税处理进一步明确如下：

鉴于总公司及其子公司对股份公司的投资实质上是整个系统生产经营性净资产对股份公司的投资，其投资分红应根据投出资产的比例确定各自应享有的份额。根据企业所得税有关规定精神，该总公司及其子公司用其经营性资产以总公司名义投资后从股份公司取得的投资分红，并按照合法、有效的投资方案和凭据再分配给其全资子公司部分，可确认为股权投资所得，按照《国家税务总局关于企业股权投资业务若干所得税问题的通知》(国税发〔2000〕118号)规定进行所得税处理。

2－1－324

财政部　国家税务总局关于核定中国人寿保险股份有限公司计税工资税前扣除标准有关问题的通知

2003年10月10日　财税〔2003〕216号

各省、自治区、直辖市、计划单列市财政厅(局)、国家税务局，新疆生产建设兵团财务局：

按照国务院批准的中国人寿保险公司重组改制方案精神，为支持其改制上市工作的顺利进行，现就中国人寿保险股份有限公司工资税前扣除标准的有关问题通知如下：

一、2003 年度，中国人寿保险股份有限公司计税工资税前扣除总额为 27.98 亿元，超过部分不得在税前扣除。

二、从 2004 年起，以该公司 2003 年计税工资税前扣除总额为基数，按照工资总额增长低于经济效益增长、工资总额增长低于劳动生产率增长幅度的原则核定其当年实际工资总额，具体办法由国家有关部门另行确定。

请遵照执行。

2 -1 -325

财政部　国家税务总局关于中国华润总公司资产评估增值有关企业所得税和印花税政策的通知

2003 年 10 月 23 日　财税〔2003〕214 号

各省、自治区、直辖市、计划单列市财政厅(局)、国家税务局、地方税务局，财政部驻各省、自治区、直辖市、计划单列市财政监察专员办事处：

为支持中国华润总公司重组改制的顺利进行，根据国务院对企业重组上市的有关批示精神，现将有关税收政策明确如下：

一、对中国华润总公司资产评估增值 3.13 亿元应缴的企业所得税款不征收入库，直接转计中国华润总公司的资本公积金，作为国有资本金。中国华润总公司将评估增值部分再注入到华润股份有限公司(以下简称股份公司)，作为股份公司的国有股权。中国华润总公司投入到股份公司的资产，股份公司可按评估后的价值计提折旧或摊销，并在企业所得税前扣除。

二、对中国华润总公司在重组前已贴花的资金及重组过程中因资产转移所签订的产权转移书据免征印花税。

注释：

条款失效。第二条失效。参见：《财政部　税务总局关于印花税法实施后有关优惠政策衔接问题的公告》(财政部　税务总局公告 2022 年第 23 号)。

2－1－326

国家税务总局关于中国铝业股份有限公司缴纳企业所得税问题的通知

2003年10月23日　国税函〔2003〕1168号

北京、山东、河南、贵州、山西、广西、青海省（自治区、直辖市）国家税务局：

中国铝业股份有限公司是国务院确定试点、境外上市的大型企业集团，为支持该公司的进一步发展，现就该公司缴纳企业所得税问题通知如下：

一、中国铝业股份有限公司所属8家全资控股企业（名单见附件），在2003年度由中国铝业股份有限公司在北京市合并计算缴纳企业所得税。

各成员企业应按《国家税务总局关于汇总（合并）纳税企业实行统一计算、分级管理、就地预缴、集中清算所得税问题的通知》（国税发〔2001〕13号）的有关规定，就地预缴企业所得税。

二、中国铝业股份有限公司所属合并纳税的成员企业，在企业改组、改制或资产重组过程中，因股权发生变化而变成非全资控股的企业，经当地主管税务机关确认后，从股权变化的年度起，就地缴纳企业所得税，并报国家税务总局备案。

三、中国铝业股份有限公司所属合并纳税的成员企业，应按照国家税务总局的有关规定，向所在地主管税务机关报送所得税纳税申报表，并接受所在地主管税务机关的检查和监管。当地主管税务机关应按国家税务总局的统一规定，认真受理企业的纳税申报、切实履行纳税检查和监管职责。

附件：中国铝业股份有限公司合并纳税企业名单（编者略）

2－1－327

国家税务总局关于中国移动（香港）有限公司内地子公司缴纳企业所得税有关问题的通知

2003年11月21日　国税函〔2003〕1252号

各省、自治区、直辖市和计划单列市国家税务局：

近接中国移动通信集团公司（以下简称中国移动）《关于中国移动上市公司内地子公司所得税有关问题的请示》（中移财〔2003〕308号），要求明确该公司在香港上市的公司——中国移动（香港）有限公司在内地所设立的子公司（以下简称上市公司内地子公司）缴纳企业所得税所涉及若干问题。根据《中华人民共和国外商投资企业和外国企业所得税法》（以

下简称税法)及其实施细则的有关规定,现就上市公司内地子公司缴纳企业所得税的有关问题通知如下:

一、关于业务销售附带赠送的处理

上市公司内地子公司为留住老用户、发展新用户或鼓励入网和推广使用新业务,采用积分计划等各种营销方式,向满足一定消费条件的已有用户或潜在用户赠送一定的业务使用时长、流量或业务使用费额度、有价卡预存款或有价卡实物、SIM 卡、手机或手机补贴、其他有价物品或等价物等,上述所发生的折扣、赠送支出应区分以下情况进行税务处理:

(一)对已有用户或使用者的赠送支出,可做为商业折扣,直接按所赠送服务的正常价格抵减营业收入;

(二)对单位使用者的特定人员(如业务联系人、单位领导等)的赠送支出,应做为企业交际应酬费,并按税法实施细则的有关规定处理。其中,属于服务赠送的,应按所赠送服务的市场价格计算营业收入,并就相应数额作为交际应酬费;属于外购实物赠送的,可按取得该实物的实际成本作为交际应酬费。

(三)对用于宣传推广目的随机给予不确定客户(包括实际用户和潜在用户)的赠送支出,可做为企业成本费用扣除。

二、关于有价电话卡销售折扣的处理

上市公司内地子公司的有价电话卡面值金额与实际销售取得有价电话卡款的差额,为销售折扣折让。企业可按电话卡面值金额冲减销售折扣折让后的净额,计算缴纳企业所得税。

三、关于预收款的处理

上市公司内地子公司在提供产品或服务时,其所收取的预收性质的价款(包括用户预存款、预收有价卡款和其他预收款),应按权责发生制的原则确认其收入,即在提供相关产品或服务时确认收入的实现,并据以计算缴纳企业所得税。2003 年以前年度已确认收入并征收了企业所得税的预收款,可不再调整,企业以后按照权责发生制原则确定此部分收入实现时,可不再并入企业应纳税所得额。

四、关于固定资产价值调整的折旧处理

上市公司内地子公司由于对部分固定资产投入使用时尚未进行竣工结算,导致其预提的折旧与结算后实际应计提的折旧存在差额。上述折旧差额应相应调整原所属年度的应纳税所得额,其中,已导致多缴纳的税额予以退还、或者抵顶以后年度应缴纳的所得税。

五、关于免收中国儿童少年基金会“短信零钱捐款”业务短信通信费和代收劳务费的处理

上市公司内地子公司与中国儿童少年基金会(以下简称儿基会)合作开展“短信零钱捐款”业务,对通过手机短信为儿基会捐款的业务,将应收儿基会的不均衡下行短信通信费和按代收信息费 9% 计算的劳务费免予收取。对这部分免予收取的短信通信费和劳务费,在计算企业应纳税所得额时,应计入营业收入,同时可作为企业对公益事业的捐赠支出予以扣除。

六、固定资产残值的问题

按照中国移动固定资产统一管理的要求,上市公司内地子公司固定资产计提折旧前的预留残值,可统一按固定资产原值的 3% 执行。

七、基本或补充养老保险、医疗保险基金税前扣除问题

上市公司内地子公司按国务院及各地政府规定的比例或标准缴纳的职工基本养老保险基金和医疗保险基金等,其税务处理问题,应按照《国家税务总局关于外商投资企业和外国企业为其雇员提存医疗保险等三项基金以外的职工集体福利类费用税务处理问题的通知》(国税函〔1999〕709号)规定执行。其为职工额外建立的补充养老、医疗保险所发生的支出,可做为其他职工福利类支出,凡属于国税函〔1999〕709号文件规定比例限度以内的,可在计算企业应纳税所得额时给予扣除。

八、本通知自2003年1月1日起执行。以前发生的事项尚未处理的,按本通知规定执行。

2-1-328

国家税务总局关于岭澳核电有限公司远期外汇合约收益确认问题的批复

2003年12月12日　国税函〔2003〕1334号

深圳市地方税务局:

你局《关于岭澳核电有限公司远期外汇合约收益确认问题的请示》(深地税发〔2003〕771号)收悉,经研究,批复如下:

根据《中华人民共和国企业所得税暂行条例》及其实施细则的有关规定精神,对岭澳核电有限公司为降低外汇风险,开展保值交易,进行超远期外汇合约买卖收益的确认,同意按已交割部分外汇合约实现的损益计算缴纳企业所得税。

2-1-329

国家税务总局关于中国民用航空总局缴纳企业所得税问题的通知

2004年2月6日　国税函〔2004〕171号

各省、自治区、直辖市和计划单列市国家税务局:

近接中国民用航空总局《关于申请民航空管系统集中缴纳所得税有关问题的函》(民航规财函〔2003〕488号),现就民航系统缴纳企业所得税有关问题通知如下:

一、中国民用航空总局所属空管系统(见附件1),在2003年度由中国民用航空总局在北京市合并缴纳企业所得税,合并纳税的成员单位暂不实行就地预交企业所得税办法。

二、中国民用航空总局所属首都国际机场、西藏自治区内民用机场及下放地方管理的机场(见附件2),在2003年度就地缴纳企业所得税。省(自治区、直辖市)内机场,在2003年度内是否实行在省内合并纳税,由所在地省级国家税务局确定。

三、中国民用航空总局所属合并纳税的成员单位，在企业改组、改制或资产重组过程中，因股权发生变化而变成非全资控股的单位，经当地主管税务机关确认后，从股权变化的年度起，就地缴纳企业所得税，并报国家税务总局备案。

四、中国民用航空总局所属合并纳税的成员单位，应按照国家税务总局的有关规定，向所在地主管税务机关报送所得税纳税申报表，并接受所在地主管税务机关的检查和监管。当地主管税务机关应按国家税务总局的统一规定，认真受理各单位的纳税申报，切实履行纳税检查和监管职责。

附件：1. 民航空管系统合并纳税企业名单（编者略）

2. 机场就地纳税名单（编者略）

2－1－330

国家税务总局关于中国石化齐鲁股份有限公司技术改造国产设备投资抵免企业所得税问题的通知

2004年2月13日　国税函〔2004〕219号

山东省国家税务局：

中国石化齐鲁股份有限公司合成树脂产品结构调整技术改造项目，已经取得国家发展和改革委员会发展规划司《符合国家产业政策的企业技术改造项目确认书》（编号：发改规划准字〔2003〕1号）。该项目投资概算总额466,737万元，其中国产设备投资概算总额为138,285万元，全部为自筹资金和银行贷款。申报抵免企业所得税的第一批招标国产设备投资额为27,813万元。经审核，该项目符合财政部、国家税务总局《技术改造国产设备投资抵免企业所得税暂行办法》（财税字〔1999〕290号）和国家税务总局《技术改造国产设备投资抵免企业所得税审核管理办法》（国税发〔2000〕13号）的有关规定，其利用自筹资金和银行贷款购买《技术改造国产设备投资抵免企业所得税申请表》所列国产设备的投资，准予按规定计算抵免企业所得税。请你局及时通知主管税务机关，计算审核中国石化齐鲁股份有限公司各年度国产设备投资额和抵免企业所得税额，具体办理抵免事宜。

2－1－331

国家税务总局关于中国铝业公司改组中涉及有关企业所得税问题的通知

2004年2月19日　国税函〔2004〕261号

北京市国家税务局：

近接中国铝业公司《关于明确中国铝业公司改制中所得税政策问题的请示》(中铝财字〔2003〕284 号),经研究,为进一步完善企业改制上市所得税政策,现将中国铝业公司改制过程中涉及的有关所得税问题通知如下:

一、关于企业改制上市以前年度模拟虚增的所得税费用的处理

根据现行有关法律法规的规定,现有企业申请上市发行股票必须有连续数年的盈利会计记录。为此,改制后的新公司法律上正式成立前,以现有企业有关优质资产模拟的会计主体或经济实体,不是企业所得税的独立纳税人,仍应当由现存的改制前企业按规定缴纳企业所得税。模拟会计主体或经济实体按模拟应纳税所得额计算的所得税费用超过现存改制前企业实际应缴纳所得税额的部分,应该作为现存企业投资者的权益。

中国铝业股份有限公司 2001 年 7 月 1 日经济重组日至同年 9 月 10 日实际工商注册成立期间,实际模拟企业经营成果时,中国铝业股份有限公司模拟报表中多提的所得税费用,应转为中国铝业公司权益。

二、关于中国铝业股份公司实际完成工商登记前的所得税问题

中国铝业公司改制上市的资产涉及多个省市,中国铝业股份有限公司 2001 年 9 月 10 日注册后,各分公司当年未全部完成工商登记注册。中国铝业公司当年没有按中国铝业股份有限公司和存续公司分开独立纳税。鉴于国务院有关会议纪要关于中国铝业公司改制后多缴所得税用于补贴存续企业安置富余人员的精神,以及财政部关于中国铝业公司所得税返还的有关意见,中国铝业股份有限公司 2001 年 9 月 11 日至年底正常运行日与独立纳税日之间,因改制多计算的所得税费用应全额转为中国铝业公司权益。

2 -1 -332

国家税务总局关于中国普天信息产业集团公司与南京熊猫电子股份有限公司改组业务涉及的企业所得税问题的通知

2004 年 3 月 9 日　国税函〔2004〕348 号

北京、江苏省(直辖市)国家税务局:

接中国普天信息产业集团公司来函(中普财〔2003〕52、500 号),请求明确关于中国普天信息产业集团公司(以下简称中国普天)与南京熊猫电子股份有限公司(以下简称南京熊猫)因所投资企业整体资产整合而进行股权置换交易中涉及的企业所得税处理问题。经研究,现就有关问题通知如下:

一、来函反映的整体资产整合和股权置换交易的基本情况

中国普天是北京爱立信移动通信有限公司(以下简称北京爱立信)的股东,南京熊猫是南京爱立信移动通信有限公司(以下简称南京爱立信)的股东。

北京爱立信和南京爱立信原来均同时从事移动通信终端业务和系统业务,为发挥规模效益和专业化管理优势,通过整体资产分拆整合,将北京爱立信的系统业务转移到南京爱

立信，而将南京爱立信的终端业务划转到北京爱立信，北京爱立信和南京爱立信将分别只从事终端业务和系统业务。

由于移动通讯终端业务和系统业务盈利水平存在差异，分拆整合后，两个企业的盈利能力受到影响，进而影响股东的投资回报。为了均衡业务重组后两个公司及其股东的利益，中国普天将其持有的北京爱立信20%的股权置换南京熊猫持有的南京爱立信16%的股权。经评估，中国普天持有的北京爱立信20%的股权价值9311万元，南京熊猫持有的南京爱立信16%的股权价值10837万元。置换后中普天向南京熊猫支付现金补价1526万元，该现金补价低于支付的股权成本价的20%。

二、企业整体资产整合的所得税处理

企业整体资产整合是企业改组的形式之一，它是指两个以上企业（通常是集团性企业）为了提升规模效益，发挥专业管理优势，在整合业务的同时，将全部经营性资产进行分拆整合，将不同类型的资产随业务分别集中归入各个企业。由于不同企业的资产盈利水平不同，为平衡各方股东利益，企业整体资产整合可能还涉及到不同企业股东之间的股权置换。

企业整体资产整合改组业务涉及的所得税问题应按下列方法进行处理：

（一）企业整体资产整合业务发生时，原则上应视为资产转让（包括股权转让）业务，当事各方均应确认相关资产转让所得或损失。

（二）资产置换中（包括股权置换）补价的货币性资产占换入或换出总资产的账面价值20%以下的，经税务机关审核确认（跨省、自治区、直辖市的资产置换需报国家税务总局审核确认），当事各方可暂不确认交易中涉及的资产转让所得或损失。

但收到补价的当事方应将换出资产中与取得补价相对应部分的增值确认为转让所得。计算公式为：与取得补价相对应部分的转让所得 = (1 - 换出资产账面价值 ÷ 换出资产公允价值) × 补价。

（三）企业暂不确认资产转让所得或损失的整体资产整合交易，取得的换入资产的计税基础（即通常所说的计税成本）为换出资产的原账面计税基础加上交易中应支付的相关税费。

三、对来函反映问题的具体处理意见

爱立信公司的整体资产整合交易涉及的企业所得税事项，应按上述规定处理。

2－1－333

国家税务总局关于中国建设银行呆账损失税前扣除问题的通知

2004年3月29日　国税函〔2004〕430号

北京市国家税务局：

近接中国建设银行《关于中国建设银行总行税前列支各类损失的请示》（建总报〔2004〕22号）。经研究，现对该行申请的呆账损失税前扣除问题通知如下：

根据来文及所附材料反映,中国建设银行总行发生了4笔(项)呆账损失,其金额分别为人民币140600000元、美元158708525.86元、港币26785265.80元、日元39亿元。在申请的4笔呆账损失中,前一笔是因对中国新兴(集团)总公司贷款而产生的;后三笔是因中国光大银行在企业并购过程中与其资金纠纷而产生的。鉴于该行申请的4笔呆账损失均已经过国务院批准同意核销,因此,根据《金融企业呆账损失税前扣除管理办法》(国家税务总局令第4号)和《国家税务总局关于金融企业呆账损失税前扣除审批事项的通知》(国税发〔2003〕73号)的规定,准予其作为2003年度的呆账损失按规定在税前扣除。

2-1-334

国务院　国有资产监督管理委员会 国家税务总局关于国资委监管企业 实行工效挂钩办法工资税前扣除 有关管理问题的通知

2004年4月5日　国资发分配〔2004〕209号

各中央企业,各省、自治区、直辖市和计划单列市国家税务局、地方税务局:

根据《企业国有资产监督管理暂行条例》(国务院令第378号)、《国务院办公厅关于印发国务院国有资产监督管理委员会主要职责内设机构和人员编制规定的通知》(国办发〔2003〕28号)规定,国务院国资委与劳动和社会保障部完成了国资委监管企业工资分配管理工作的交接。根据国有资产监管条例,国务院国资委为有效行使出资者职责,需要加强对其监管企业薪酬制度的管理。同时,在企业所得税制度改革之前,工效挂钩办法仍然是计税工资管理的一种重要形式。为协调好改革完善国有企业薪酬制度和加强计税工资管理的关系,现就国务院国资委监管的实行工效挂钩办法国有企业的计税工资管理问题通知如下:

一、国务院国资委负责审核确定所监管企业的工效挂钩方案,并抄送国家税务总局。国资委监管企业要及时将经审核批准的工效挂钩方案报主管税务机关备案。

二、各级主管税务机关对所管辖的上述企业,根据有关工效挂钩方案,要按"两个低于"原则认真对税前扣除的计税工资进行事后监督检查。

三、企业税前扣除的计税工资不得超过根据经审核批准的工效挂钩方案提取的效益工资总额。企业在效益工资总额范围内实际发放的工资可以税前扣除;效益工资中用于建立工资储备部分只能在实际发放年度税前扣除;提取的效益工资改变用途的不得在税前扣除。

2－1－335

财政部　国家税务总局关于中国人保控股公司资产评估增值有关企业所得税政策的通知

2004年4月12日　财税〔2004〕41号

各省、自治区、直辖市、计划单列市财政厅（局）、国家税务局、地方税务局，财政部驻各省、自治区、直辖市、计划单列市财政监察专员办事处：

根据国务院的批示精神，现对中国人保控股公司资产重组和企业改制上市工作中的企业所得税政策问题明确如下：

一、企业重组改制后设立的中国人保控股公司、中国人民财产保险股份有限公司，均应按照国家税收法规的统一规定缴纳企业所得税。

二、对中国人保控股公司用于设立中国人民财产保险股份有限公司的资产评估净增值28.34亿元，按规定应缴纳的企业所得税不征收入库，直接转计集团公司的资本公积金，作为国有资本金。中国人保控股公司将该资产评估增值部分再注入到中国人民财产保险股份有限公司，作为股份公司的国有股权。

三、中国人民财产保险股份有限公司按评估增值后的资产价值计提折旧或摊销，并在企业所得税税前扣除。

请遵照执行。

2－1－336

财政部　国家税务总局关于国有企业办中小学教师待遇问题有关所得税政策的通知

2004年4月12日　财税〔2004〕68号

各省、自治区、直辖市、计划单列市财政厅（局）、国家税务局、地方税务局，新疆生产建设兵团财务局：

为妥善解决国有企业办中小学移交地方管理过程中教师待遇问题，进一步分离企业办社会职能，为加快国有企业改革创造良好的条件，根据《国务院办公厅关于妥善解决国有企业办中小学退休教师待遇问题的通知》的文件精神，现将国有企业办中小学移交地方管理过程中有关所得税政策通知如下：

一、对已经移交地方政府管理的企业所办中小学，其退休教师仍留在企业的，由企业按照《教师法》的有关规定，对退休教师基本养老金加统筹外项目补助低于政府办中小学同类人员退休金标准的，其差额部分由所在企业予以计发，所需支出允许计入企业费用，在所得税前扣除。

二、尚未移交地方政府管理的企业办中小学，其在职教师的工资和退休教师的基本养老金加统筹外项目补助，低于政府办中小学同类人员标准的，由企业按政府办中小学同类人员标准计发，所需支出允许计入企业费用，在所得税前扣除。

三、上述规定自2004年1月1日起执行。

2-1-337

国家税务总局关于中国大唐集团公司等四家集团公司所属分支机构缴纳企业所得税问题的通知

2004年4月13日　国税函〔2004〕491号

各省、自治区、直辖市和计划单列市国家税务局：

根据国务院批复精神，中国大唐集团公司、中国国电集团公司、中国华电集团公司和中国电力投资集团公司（以下统称中国大唐等四家集团公司）均为国务院确定的大型企业试点集团，享受国家相应政策。现就中国大唐等四家集团公司所属企业2003年度缴纳企业所得税问题通知如下：

一、中国大唐等四家集团公司所属内部核算电厂及分公司（名单见附件），在2003年度由各集团公司在北京市合并缴纳企业所得税，合并纳税的成员企业暂不实行就地预交企业所得税办法。

二、中国大唐等四家集团公司所属合并纳税的成员企业，在企业改组、改制或资产重组过程中，因股权发生变化而变成非全资控股的企业，经当地主管税务机关确认后，从股权变化的年度起，就地缴纳企业所得税，并报国家税务总局备案。

三、中国大唐等四家集团公司所属合并纳税的成员企业，应按照国家税务总局的有关规定，向所在地主管税务机关报送所得税纳税申报表，并接受所在地主管税务机关的检查和监管。所在地主管税务机关应按国家税务总局的统一规定，认真受理企业的纳税申报，切实履行纳税检查和监管职责。

附件：1. 中国大唐集团公司2003年度合并纳税企业名单（编者略）
2. 中国国电集团公司2003年度合并纳税企业名单（编者略）
3. 中国华电集团公司2003年度合并纳税企业名单（编者略）
4. 中国电力投资集团公司2003年度合并纳税企业名单（编者略）

2－1－338

财政部　国家税务总局关于中国航空科技工业股份有限公司有关企业所得税政策问题的通知

2004年4月21日　财税〔2004〕73号

各省、自治区、直辖市、计划单列市财政厅（局）、国家税务局、地方税务局，财政部驻各省、自治区、直辖市、计划单列市财政监察专员办事处：

根据国务院对企业改制上市的有关批示精神，现对中国航空工业第二集团公司（以下简称“中航第二集团公司”）改制上市工作中的企业所得税政策问题明确如下：

一、企业重组改制后设立的中国航空工业第二集团公司、中国航空科技工业股份有限公司（以下简称“中航科工”），均应按照国家税收法规的统一规定缴纳企业所得税。

二、对“中航科工”及其全资子公司当年实际交纳的企业所得税，比2002年多交的部分，按企业所得税收入中央与地方分享比例计算的中央财政收入，从2003年1月1日至2005年12月31日，由中央财政返还给“中航第二集团公司”。

三、所得税返还资金专项用于“中航第二集团公司”的政策性和社会性支出。“中航第二集团公司”要加强对所得税返还资金的使用管理，严禁挪作他用，并制定出资金使用计划和管理办法上报财政部备案。

请遵照执行。

2－1－339

国家税务总局关于农村信用社体制改革中有关税务处理问题的通知

2004年4月29日　国税发〔2004〕46号

各省、自治区、直辖市和计划单列市国家税务局：

根据《国务院关于印发深化农村信用社改革试点方案的通知》（国发〔2003〕15号）的要求，从2003年度起，全国农村信用社（以下简称信用社）进行改革试点并在今后几年全面展开。为了贯彻落实国务院的有关决定，做好深化信用社改革工作，现对信用社改革中涉及的企业所得税问题明确如下：

一、关于贷款呆账损失的税务处理问题

信用社在清产核资中，应对各项贷款进行全面、认真的清理核实。对清理出来的贷款呆账损失，按照国家税务总局《金融企业呆账损失税前扣除管理办法》（国家税务总局令第

4号)和《国家税务总局关于金融企业呆账损失税前扣除审批事项的通知》(国税发〔2003〕73号)的规定进行税前扣除。其中,对贷款呆账损失数额较大,当年一次性扣除有困难的,可按不超过8年的期限进行扣除。

二、关于各项资产盘盈、盘亏和损失的税务处理问题

信用社在清产核资中发生的各项资产(不包括贷款,下同)盘盈、盘亏和损失,先列入待处理财产损溢,并在此基础上进行清理核实。核实后其资产盘盈应计入当期应纳税所得额依法缴纳企业所得税;其资产盘亏和损失应按《国家税务总局关于印发〈企业财产损失税前扣除管理办法〉的通知》(国税发〔1997〕190号)的规定进行扣除,其中,资产盘亏和损失数额较大,当年一次扣除有困难的,可按不超过8年的期限进行扣除。

三、关于逾期使用和一次性列入成本的固定资产税务处理问题

信用社在清产核资中清理出来逾期使用和已按规定一次性列入成本的固定资产,不得列入计提折旧的固定资产范围,但可单独建账进行日常管理。

四、关于固定资产重估增值或减值的税务处理问题

信用社在清产核资中,如需对固定资产进行价值重估,其重估增加的价值,可以相应调整相关资产的账面价值,但增加价值提取的折旧不得在税前扣除;其重估减少的价值,可以按会计规定计提资产减值准备,但其计税基础(计税成本)不得调整,提取的资产减值准备也不得在税前扣除。

五、关于无法付出款项的税务处理问题

信用社在清产核资中清理出来的各项无法付出的款项,应计入当期应纳税所得额依法缴纳企业所得税。

六、关于企业所得税纳税人的确定问题

信用社以县(市)为单位组成统一法人或组建农村商业银行、农村合作银行后,应以新组建的县(市)联社或农村商业银行、农村合作银行为纳税人,统一申报缴纳企业所得税。

七、本通知自2004年1月1日起执行。

2-1-340

国家税务总局关于常熟益成特殊钢有限公司等三家企业适用企业所得税税率问题的批复

2004年5月17日　国税函〔2004〕572号

江苏省国家税务局:

你局《关于常熟益成特殊钢有限公司申请减按15%税率缴纳企业所得税的请示》(苏国税发〔2004〕43号)、《关于华润电力(常熟)有限公司享受15%税率优惠的请示》(苏国税发〔2004〕43号)、《关于南通中远川崎船舶工程有限公司适用税率问题的请示》(苏国税发〔2004〕69号)收悉,现批复如下:

常熟益成特殊钢有限公司是2001年成立的中外合资经营企业,经营范围为热轧不锈钢卷板、热轧碳钢板等的生产和销售,注册资本3909万美元,其中外方资金为3200万美元;华润电力(常熟)有限公司是2002年成立的外商独资经营企业,经营范围为电力生产销售、灰渣综合利用等,注册资本17352万美元;南通中远川崎船舶工程有限公司是1999年成立的中外合资经营企业,经营范围为建造、销售、检修各种船舶和其他相关业务,注册资本8000万美元,其中外方资金为4000万美金。鉴于上述三家企业均属从事国家鼓励外商投资的产业范畴,且外方所投资本均已全部到位,根据《中华人民共和国外商投资企业和外国企业所得税法实施细则》第七十三条第一款第(一)项第2目规定,同意上述三家企业的生产经营所得,自2003年度起减按15%税率计算征收企业所得税。

2-1-341

国家税务总局关于中国移动(香港)有限公司内地子公司免收中国残疾人福利基金会有关费用企业所得税处理问题的通知

2004年5月18日　国税函〔2004〕595号

各省、自治区、直辖市和计划单列市国家税务局、地方税务局:

近接中国残疾人福利基金会来函称,中国移动集团公司代表中国移动(香港)有限公司内地子公司(以下简称上市公司内地子公司)与其合作,开通面向社会为残疾人募集捐款短信服务,号码专用,专门为残疾人事业募集资金。上市公司内地子公司对应收取的基金会不均衡下行短信通信费和按代收信息费9%计算的劳务费免予收取,作为对残疾人事业的捐赠。关于上市公司内地子公司上述免予收取的费用税务处理问题,根据《中华人民共和国外商投资企业和外国企业所得税法实施细则》第十九条第(八)项的规定,上述免予收取的费用,在计算企业应纳税所得额时,应计入营业收入,同时作为企业对公益事业的捐赠支出予以扣除。

2-1-342

财政部　国家税务总局关于中国人寿保险(集团)公司评估增值企业所得税政策的通知

2004年5月19日　财税〔2004〕56号

各省、自治区、直辖市、计划单列市财政厅(局)、国家税务局、地方税务局,新疆生产建设兵

团财务局：

根据国务院的批示精神，现对中国人寿保险公司资产重组和企业改制上市工作中的企业所得税政策问题明确如下：

一、企业重组改制后设立的中国人寿保险(集团)公司、中国人寿保险股份公司和中国人寿资产管理公司，均应分别按照国家税收法规的统一规定缴纳企业所得税。

二、对中国人寿保险(集团)公司用于设立中国人寿保险股份公司的资产评估净增值16亿元，按规定应缴纳的企业所得税不征收入库，直接转计中国人寿保险(集团)公司资本公积金，作为国有资本金。中国人寿保险(集团)公司将该资产评估增值部分再注入到中国人寿保险股份公司，作为股份公司的国有股权。

三、中国人寿保险股份公司按评估增值后的资产价值计提折旧，并在企业所得税税前扣除。

请遵照执行。

2－1－343

国家税务总局关于日本国际协力银行取得贷款利息免征企业所得税问题的批复

2004年5月20日　国税函〔2004〕619号

江苏省国家税务局：

你局《关于日本协力银行从无锡联美兰达取得贷款利息免征预提所得税的请示》(苏国税函〔2004〕39号)收悉，现批复如下：

日本国际协力银行于2003年8月8日与日本电盛兰达株式会社签订贷款协议，贷款1.8亿日元，期限为2003年8月1日至2011年7月31日，年利率为0.75%。日本电盛兰达株式会社再按相同条件转贷至无锡联美兰达电子有限公司。关于日本国际协力银行通过日本电盛兰达株式会社向无锡联美兰达电子有限公司提供间接贷款所取得的利息收入免税问题，根据《中华人民共和国政府和日本国政府关于对所得避免双重征税和防止偷漏税的协定》第十一条第三款的规定，同意对日本国际协力银行提供上述贷款取得的利息免予征收企业所得税。

2 -1 -344

国家税务总局关于江苏省农村信用合作社电子化综合业务网络系统建设费用税务处理的批复

2004 年 5 月 22 日　国税函〔2004〕624 号

江苏省国家税务局：

你局《关于江苏省农村信用合作联社电子化建设费用实行专款专用的请示》（苏国税发〔2003〕255 号）收悉。经研究，现批复如下：

一、江苏省农村信用合作联社（以下简称省联社）统一购建全省电子化综合业务网络系统所需的费用，首先应用省联社管理费历年结余、地方政府专项补助等项资金解决，不足部分以及上述项目运转费用，经你局专项审核同意后，允许向其所辖的入网县联社、农村商业银行筹集解决。

二、入网县联社、农村商业银行按规定上交省联社的上述项目的专项购建费用，从 2004 年度起，按不短于 3 年的时间在税前均匀扣除；每年按规定上交的上述项目运转费用，当年可直接在税前扣除。

三、省联社应按指定的用途使用上述项目的购建资金，不得挪作他用。上述项目建成后应作为固定资产进行管理，但不得在税前扣除该项固定资产的折旧费。所筹集的购建费用如有结余，则应作为上述项目运转费用使用。

2 -1 -345

国家税务总局关于中国人寿保险公司重组改制后企业所得税有关问题的通知

2004 年 5 月 22 日　国税函〔2004〕627 号

各省、自治区、直辖市和计划单列市国家税务局：

经国务院批准，中国人寿保险公司重组改制后依法设立了中国人寿保险（集团）公司、中国人寿保险股份有限公司和中国人寿保险资产管理公司。现对上述新设立的三个公司涉及的企业所得税有关问题明确如下：

一、关于企业所得税纳税地点问题

中国人寿保险公司重组改制后新设立的中国人寿保险（集团）公司、中国人寿保险股份有限公司和中国人寿保险资产管理公司，均应按照国家税收法规的统一规定依法缴纳企业所得税。其中，中国人寿保险（集团）公司及成员企业、中国人寿保险股份有限公司及成员企业在2003年度和2004年度实行由其公司总部在其所在地(北京)全额汇总方式缴纳企业所得税,暂不实行就地预交企业所得税办法。

二、关于工资扣除问题

中国人寿保险股份有限公司应严格按照《财政部、国家税务总局关于核定中国人寿保险股份有限公司计税工资税前扣除标准有关问题的通知》(财税〔2003〕216号)的规定税前扣除工资支出。为方便纳税人,公司总部及其成员企业实际发放的工资可先据实预扣除;年度终了汇总后如实际发放的工资超过了工效挂钩标准,则要进行纳税调整,超过标准的部分不得在税前扣除。

注释:

条款失效或废止。第一条失效或废止。参见:《国家税务总局关于发布已失效或废止的税收规范性文件目录的通知》(国税发〔2006〕62号)。

2-1-346

国家税务总局关于江苏省南通海盟股份有限公司享受“两个密集型企业”税收优惠问题的批复

2004年6月7日　国税函〔2004〕728号

江苏省国家税务局:

你局《关于江苏省南通海盟股份有限公司申请享受“两个密集型企业”税收优惠问题的请示》(苏国税发〔2003〕28号)收悉,现批复如下:

江苏南通海盟股份有限公司是在南通市成立的一家中外合资企业。该公司2002年11月被江苏省科学技术厅认定为“技术密集、知识密集型企业”。其主导产品“环保记忆衬布”、“多功能柔弹复合衬”被列为国家重点新产品,并占公司年总销售收入的90%以上。2004年5月,科技部火炬中心来函确认该公司所生产的环保记忆衬布和HM热熔复合衬属于高新技术产品。根据《中华人民共和国外商投资企业和外国企业所得税法实施细则》第七十三条第一款第(一)项的规定,同意江苏南通海盟股份有限公司从2003年起减按15%的税率计算缴纳企业所得税。

2－1－347

国家税务总局关于丹阳丹皇协联热电有限公司适用企业所得税税率问题的批复

2004年6月7日 国税函〔2004〕733号

江苏省国家税务局：

你局《关于丹阳丹皇协联热电有限公司申请减按15%税率征收企业所得税的请示》（苏国税函〔2004〕150号）收悉，现批复如下：

丹阳丹皇协联热电有限公司是1994年在镇江（属沿海经济开放区）成立的外商投资企业，经营范围为电力、蒸汽的生产供应，属于从事能源基础设施建设项目。根据《中华人民共和国外商投资企业和外国企业所得税法实施细则》第七十三条第一款的规定，同意丹阳丹皇协联热电有限公司从事电力、蒸汽所得，减按15%税率计算缴纳企业所得税。

2－1－348

国家税务总局关于华夏证券股份有限公司等证券公司缴纳企业所得税问题的通知

2004年8月13日 国税函〔2004〕964号

北京、上海、天津、重庆、云南、山东、河北、湖北、湖南、广东、广西、安徽、海南、陕西、甘肃、福建、江西、辽宁、吉林、黑龙江、贵州、四川、江苏、浙江省（直辖市、自治区）国家税务局，深圳、青岛、大连、厦门、宁波市国家税务局：

现就华夏证券股份有限公司、招商证券股份有限公司、兴业证券股份有限公司、联合证券有限责任公司、天同证券有限责任公司（以下简称证券公司）及所属分支机构（名单附后）缴纳企业所得税问题，通知如下：

一、从2004年起，上述证券公司所属分支机构按照《国家税务总局关于汇总（合并）纳税企业实行统一计算、分级管理、就地预交、集中清算所得税问题的通知》（国税发〔2001〕13号）规定，在各公司总部所在地汇总缴纳企业所得税，暂不实行就地预交企业所得税办法。

二、上述证券公司应在每年年度纳税申报后，向国家税务总局（所得税管理司）报送汇总纳税财务报表和纳税申报表。

三、总部设在深圳特区内的证券公司，应将深圳特区内的业务与特区外业务分别核算，分别按规定税率缴纳企业所得税。

四、上述证券公司所属分支机构，应严格执行国家税务总局关于汇总（合并）纳税企业所得税征收管理的有关规定，接受所在地主管税务机关的管理和检查。

五、上述证券公司在以后生产经营年度中，因所属分支机构发生变化，需调整汇总范围、变更名称和调整预交税款比例的，由国家税务总局另行通知。

附件：1. 华夏证券股份有限公司所属分支机构名单（编者略）

2. 招商证券股份有限公司所属分支机构名单（编者略）

3. 兴业证券股份有限公司所属分支机构名单（编者略）

4. 联合证券有限责任公司所属分支机构名单（编者略）

5. 天同证券有限责任公司所属分支机构名单（编者略）

2－1－349

国家税务总局关于中国民生银行缴纳企业所得税问题的通知

2004年8月13日　国税函〔2004〕965号

北京、上海、重庆、河北、山东、江苏、浙江、福建、山西、陕西、广东、湖北、四川省（直辖市）国家税务局，大连、宁波、深圳市国家税务局：

近接中国民生银行《关于继续实行汇总缴纳企业所得税的请示》（民银发〔2004〕123号），申请继续实行汇总缴纳企业所得税。经研究，现对中国民生银行及其分支机构（名单附后）缴纳企业所得税的问题通知如下：

一、从2004年起，中国民生银行按照《国家税务总局关于汇总（合并）纳税企业实行统一计算、分级管理、就地预交、集中清算所得税问题的通知》（国税发〔2001〕13号）规定，在北京市实行汇总缴纳企业所得税，所属各分支机构，按年度应纳所得税额60%的比例就地预交企业所得税。

二、中国民生银行应在每年年度纳税申报后，向国家税务总局（所得税管理司）报送合并纳税财务报表和纳税申报表。

三、各分支机构应严格执行国家税务总局关于汇总（合并）纳税企业所得税征收管理的有关规定，向所在地主管税务机关报送企业所得税纳税申报表，接受所在地主管税务机关的管理和检查。所在地主管税务机关应严格履行就地监管的责任。

四、中国民生银行在以后生产经营年度中，因所属成员企业发生变化，需调整合并纳税范围、预缴税款比例和变更名称的，由国家税务总局另行通知。

附件：中国民生银行所属各分支机构名单（编者略）

2－1－350

国家税务总局关于中国农业发展银行等3家政策性银行缴纳企业所得税问题的通知

2004年8月13日　国税函〔2004〕966号

各省、自治区、直辖市和计划单列市国家税务局：

现就中国农业发展银行、中国进出口银行、国家开发银行及所属分支机构（名单附后）缴纳企业所得税问题通知如下：

一、2004年起，上述银行所属分支机构按照《国家税务总局关于汇总（合并）纳税企业实行统一计算、分级管理、就地预交、集中清算所得税问题的通知》（国税发〔2001〕13号）规定，在各银行总部所在地汇总缴纳企业所得税，暂不实行就地预交企业所得税办法。

二、上述银行应在每年年度纳税申报后，向国家税务总局（所得税管理司）报送汇总纳税财务报表和纳税申报表。

三、上述银行所属分支机构，应严格执行国家税务总局关于汇总（合并）纳税企业所得税征收管理的有关规定，接受所在地主管税务机关的管理和检查。

四、上述银行在以后生产经营年度中，因所属分支机构发生变化，需调整汇总范围、预交税款比例和变更名称的，由国家税务总局另行通知。

附件：1. 中国农业发展银行汇总纳税分支机构名单（编者略）

2. 中国进出口银行汇总纳税分支机构名单（编者略）

3. 国家开发银行汇总纳税分支机构名单（编者略）

2－1－351

国家税务总局关于中原证券股份有限公司等证券公司缴纳企业所得税问题的通知

2004年8月24日　国税函〔2004〕991号

北京、上海、天津、江苏、湖北、山西、陕西、吉林、新疆、海南、辽宁、河南、广东、广西、云南、浙江省（自治区、直辖市）国家税务局；深圳、青岛、宁波、大连市国家税务局：

现就中原证券股份有限公司、方正证券有限责任公司、山西证券有限责任公司、中关村证券股份有限公司、德邦证券有限责任公司、宏源证券股份有限公司（以下简称证券公司）及分支机构（名单附后）缴纳企业所得税问题，通知如下：

一、2004 年起，上述证券公司所属分支机构按照《国家税务总局关于汇总（合并）纳税企业实行统一计算、分级管理、就地预交、集中清算所得税问题的通知》（国税发〔2001〕13 号）规定，在各公司总部所在地汇总缴纳企业所得税。

二、上述证券公司所属分支机构，按年度应纳税所得额 60% 的比例就地预交企业所得税。

三、上述证券公司应在每年年度纳税申报后，向国家税务总局（所得税管理司）报送汇总纳税财务报表和纳税申报表。

四、上述证券公司所属分支机构，应严格执行国家税务总局关于汇总（合并）纳税企业所得税征收管理的有关规定，接受所在地主管税务机关的管理和检查。

五、上述证券公司在以后生产经营年度中，因所属分支机构发生变化，需调整汇总范围、预交税款比例和变更名称的，由国家税务总局另行通知。

附件：1. 中原证券股份有限公司汇总纳税成员企业名单（编者略）
2. 方正证券有限责任公司汇总纳税成员企业名单（编者略）
3. 山西证券有限责任公司汇总纳税成员企业名单（编者略）
4. 中关村证券股份有限公司汇总纳税成员企业名单（编者略）
5. 德邦证券有限责任公司汇总纳税成员企业名单（编者略）
6. 宏源证券股份有限公司汇总纳税成员企业名单（编者略）

2－1－352

国家税务总局关于中国大地财产保险股份有限公司等保险企业缴纳企业所得税问题的通知

2004 年 8 月 24 日　国税函〔2004〕992 号

北京、上海、重庆、陕西、广东、云南、山西、新疆、甘肃、安徽、福建、浙江、河北、四川、山东、河南、辽宁、江苏省（自治区、直辖市）国家税务局，大连、青岛、宁波、深圳市国家税务局：

现就中国大地财产保险股份有限公司、中国人寿再保险股份有限公司、生命人寿保险股份有限公司、大众保险股份有限公司、民生人寿保险股份有限公司、永安财产保险股份有限公司（以下简称保险公司）及所属分支机构（名单附后）缴纳企业所得税问题，通知如下：

一、从 2004 年起，上述保险公司所属分支机构按照《国家税务总局关于汇总（合并）纳税企业实行统一计算、分级管理、就地预交、集中清算所得税问题的通知》（国税发〔2001〕13 号）规定，在各公司总部所在地汇总缴纳企业所得税，暂不实行就地预交企业所得税办法。

二、上述保险公司应在每年年度纳税申报后，向国家税务总局所得税管理司报送汇总纳税财务报表和纳税申报表。

三、上述保险公司所属分支机构，应严格执行国家税务总局关于汇总（合并）纳税企业所得税征收管理的有关规定，接受所在地主管税务机关的管理和检查。

四、上述保险公司在以后生产经营年度中，因所属分支机构发生变化，需调整汇总范围、就地预交税款比例和变更名称的，由国家税务总局另行通知。

附件：1. 中国大地财产保险股份有限公司汇总纳税成员企业名单（编者略）

2. 中国人寿再保险股份有限公司汇总纳税成员企业名单（编者略）

3. 生命人寿保险股份有限公司汇总纳税成员企业名单（编者略）

4. 大众保险股份有限公司汇总纳税成员企业名单（编者略）

5. 民生人寿保险股份有限公司汇总纳税成员企业名单（编者略）

6. 永安财产保险股份有限公司汇总纳税成员企业名单（编者略）

2－1－353

国家税务总局关于交通银行缴纳企业所得税问题的通知

2004年8月27日　国税函〔2004〕997号

各省、自治区、直辖市和计划单列市国家税务局：

现就交通银行及所属分支机构（名单附后）缴纳企业所得税的问题，通知如下：

一、从2004年起，交通银行所属分支机构按照《国家税务总局关于汇总（合并）纳税企业实行统一计算、分级管理、就地预交、集中清算所得税问题的通知》（国税发〔2001〕13号）规定，在交通银行总部所在地汇总缴纳企业所得税，暂不实行就地预交企业所得税的办法。

二、交通银行应在每年年度纳税申报后，向国家税务总局（所得税管理司）报送汇总纳税财务报表和纳税申报表。

三、交通银行所属分支机构，应严格执行国家税务总局关于汇总（合并）纳税企业所得税征收管理的有关规定，接受所在地主管税务机关检查和监管。

四、交通银行在以后生产经营年度中，因所属分支机构发生变化，需调整汇总范围、预交税款比例和变更名称的，由国家税务总局另行通知。

附件：交通银行所属分支机构名单（编者略）

2－1－354

财政部　国家税务总局关于中国电信股份有限公司收购10省(自治区)电信业务资产过程中市话初装费有关企业所得税问题的通知

2004年8月30日　财税〔2004〕145号

湖北、湖南、海南、贵州、云南、陕西、甘肃、青海、宁夏、新疆省(自治区)财政厅、国家税务局,财政部驻湖北、湖南、海南、贵州、云南、陕西、甘肃、青海、宁夏、新疆省(自治区)财政监察专员办事处:

根据国务院支持企业改革的精神,为支持中国电信集团公司整体重组改制工作的顺利进行,现将中国电信股份有限公司收购10省(自治区)电信业务资产过程中有关市话初装费的企业所得税问题明确如下:

一、从2004年起到2011年期间,对中国电信股份有限公司收购的湖北、湖南、海南、贵州、云南、陕西、甘肃、青海、宁夏、新疆10省(自治区)电信业务资产中,每年从"递延收入"转入"主营业务收入"的市话初装费,不计入企业的应纳税所得额。

二、中国电信股份有限公司的市话初装费收入应全额转为任意公积金,并单独设置明细科目进行核算,不分配股息红利。如进行分配,应计入企业当年应纳税所得额,缴纳企业所得税。

2－1－355

国家税务总局关于中国移动通信有限公司税务处理有关问题的通知

2004年8月31日　国税函〔2004〕1020号

各省、自治区、直辖市和计划单列市国家税务局、地方税务局:

近接中国移动通信集团公司来函称,其下属的中国移动(香港)有限公司(以下简称香港公司)于2004年3月在北京注册成立了全资子公司——中国移动通信有限公司(以下简称有限公司),其主要业务是承担香港公司内地整体通信业务管理和运营职能。关于有限公司及其下属各子公司有关成本费用税务处理问题,根据《中华人民共和国税收征收管理法》、《中华人民共和国外商投资企业和外国企业所得税法》、《中华人民共和国营业税暂行条例》以及《国家税务总局关于外商投资性公司对其子公司提供服务有关税务处理问题的通知》(国税发〔2002〕128号)的有关规定,现通知如下:

一、有限公司向其子公司提供各项管理及通讯全程全网服务，可以按照国税发〔2002〕128 号文第三条规定的方法，以其实际发生的费用，确定服务总收费额，按各子公司接受服务的业务量或合理比例，向各子公司收取，并按规定计算缴纳营业税和企业所得税。

二、有限公司代表其子公司与其他企业签订合同，与其子公司共同接受其他企业服务，由有限公司代其子公司统一支付的各项费用，包括电路及网元租赁费、资源占用费、业务技术支撑费、广告费、业务宣传费、展览费、研究开发费、咨询费、审计费等，根据国税发〔2002〕128 号文第五条规定，可以按照实际发生额向其子公司分摊，不作为有限公司的收入计算缴纳营业税和企业所得税。

三、有限公司于 2001 年和 2002 年先后以广东移动通信有限公司名义两次发行 130 亿元人民币债券，此项债券资金中由有关子公司使用的部分，其实际发生的利息，应由有关子公司负担，并在计算企业所得税时给予扣除。上述利息采取由有限公司统一支付后分别由有关子公司负担的，应附有利息支付单据（复印件）及分摊计算表。

四、有限公司按照本通知第一、二条规定向其子公司分摊收取费用或收回代付费用时，可以采取按子公司间的总投资额、注册资本、销售收入、资产等参数项确定分摊数额。收取或收回费用时，可以采取按月或按季预收，年度清算的方法。

有限公司向其子公司收取或收回上述费用时，应将收取或收回的费用名称、数额及具体分摊标准等，以书面的形式通知其子公司，其中对代付费用，应附发票的复印件。如果发票数量较多，可将发票号码、金额等信息汇总后附送各子公司。子公司据此支付费用，并在计算其应纳税所得额时扣除。

五、本通知自 2004 年 1 月 1 日起执行。

2－1－356

国家税务总局关于爱建证券有限责任公司等证券公司缴纳企业所得税问题的通知

2004 年 9 月 1 日　国税函〔2004〕1016 号

北京、上海、天津、重庆、黑龙江、江西、陕西、内蒙古、云南、河北、河南、安徽、宁夏、广西、海南、广东、湖北、四川、湖南、浙江、辽宁、吉林、江苏省（自治区、直辖市）国家税务局；深圳、宁波、厦门、大连、青岛市国家税务局：

现就爱建证券有限责任公司、万联证券有限责任公司、巨田证券有限责任公司、恒信证券有限责任公司、兴安证券有限责任公司、中山证券有限责任公司、世纪证券有限责任公司、亚洲证券有限责任公司（以下简称证券公司）及分支机构（名单附后）缴纳企业所得税问题，通知如下：

一、从 2004 年起，上述证券公司所属分支机构按照《国家税务总局关于汇总（合并）纳税企业实行统一计算、分级管理、就地预交、集中清算所得税问题的通知》（国税发〔2001〕13

号）规定，在各证券公司总部所在地汇总缴纳企业所得税，暂不实行就地预缴企业所得税办法。

二、上述证券公司应在每年年度纳税申报后，向国家税务总局（所得税管理司）报送汇总纳税财务报表和纳税申报表。

三、总部设在深圳特区内的证券公司，应将深圳特区内的业务与特区外业务分别核算，分别按规定税率缴纳企业所得税。

四、上述证券公司所属分支机构，应严格执行国家税务总局关于汇总（合并）纳税企业所得税征收管理的有关规定，接受所在地主管税务机关的管理和检查。

五、上述证券公司在以后生产经营年度中，因所属分支机构发生变化，需调整汇总范围、预交税款比例和变更名称的，由国家税务总局另行通知。

附件：1. 爱建证券有限责任公司汇总纳税成员企业名单（编者略）

2. 万联证券有限责任公司汇总纳税成员企业名单（编者略）

3. 巨田证券有限责任公司汇总纳税成员企业名单（编者略）

4. 恒信证券有限责任公司汇总纳税成员企业名单（编者略）

5. 兴安证券有限责任公司汇总纳税成员企业名单（编者略）

6. 中山证券有限责任公司汇总纳税成员企业名单（编者略）

7. 世纪证券有限责任公司汇总纳税成员企业名单（编者略）

8. 亚洲证券有限责任公司汇总纳税成员企业名单（编者略）

2－1－357

国家税务总局关于太平洋财产保险股份有限公司等3家保险公司缴纳企业所得税问题的通知

2004年9月1日　国税函〔2004〕1017号

各省、自治区、直辖市和计划单列市国家税务局（不发西藏）：

现就中国太平洋财产保险股份有限公司、华安财产保险股份有限公司和中国太平洋人寿保险股份有限公司及所属分支机构（名单附后）缴纳企业所得税问题通知如下：

一、从2004年起，上述公司所属分支机构按照《国家税务总局关于汇总（合并）纳税企业实行统一计算、分级管理、就地预缴、集中清算所得税问题的通知》（国税发〔2001〕13号）规定，在各公司总部所在地汇总缴纳企业所得税，暂不实行就地预交企业所得税的办法。

二、总部设在深圳特区的公司，应将深圳特区内的业务与区外业务分别核算，分别按规定的税率缴纳企业所得税。

三、上述公司应在每年年度纳税申报后，向国家税务总局（所得税管理司）报送汇总财务会计报表和纳税申报表。

四、上述公司所属分支机构，应严格执行国家税务总局关于汇总（合并）纳税企业所得税征收管理的有关规定，接受所在地主管税务机关的管理和检查。

五、上述公司在以后生产经营年度中，因所属分支机构发生变化，需要调整汇总范围、预交税款比例和变更名称的，由国家税务总局另行通知。

附件：1. 中国太平洋财产保险股份有限公司汇总纳税分支机构名单（编者略）

2. 华安财产保险股份有限公司汇总纳税分支机构名单（编者略）

3. 中国太平洋人寿保险股份有限公司汇总纳税分支机构名单（编者略）

2－1－358

国家税务总局关于东吴证券有限责任公司等证券公司缴纳企业所得税问题的通知

2004 年 9 月 1 日　国税函〔2004〕1018 号

北京、上海、天津、重庆、福建、河南、江苏、广东、河北、湖南、新疆、内蒙古、浙江省（直辖市、自治区）国家税务局；深圳、厦门、青岛市国家税务局：

现就东吴证券有限责任公司、恒泰证券有限责任公司、新时代证券有限责任公司、第一创业证券有限责任公司、新疆证券有限责任公司（以下简称证券公司）及所属分支机构（名单附后）缴纳企业所得税问题，通知如下：

一、从 2004 年起，上述证券公司所属分支机构按照《国家税务总局关于汇总（合并）纳税企业实行统一计算、分级管理、就地预交、集中清算所得税问题的通知》（国税发〔2001〕13 号）规定，在各证券公司总部所在地汇总缴纳企业所得税，暂不实行就地预交企业所得税办法。

二、上述证券公司应在每年年度纳税申报后，向国家税务总局（所得税管理司）报送汇总纳税财务报表和纳税申报表。

三、总部设在深圳特区内的证券公司，应将深圳特区内的业务与特区外业务分别核算，分别按规定税率缴纳企业所得税。

四、上述证券公司所属分支机构，应严格执行国家税务总局关于汇总（合并）纳税企业所得税征收管理的有关规定，接受所在地主管税务机关的管理和检查。

五、上述证券公司在以后生产经营年度中，因所属分支机构发生变化，需调整汇总范围、预交税款比例和变更名称的，由国家税务总局另行通知。

附件：1. 东吴证券有限责任公司汇总纳税成员企业名单（编者略）

2. 恒泰证券有限责任公司汇总纳税成员企业名单（编者略）

3. 新时代证券有限责任公司汇总纳税成员企业名单（编者略）

4. 第一创业证券有限责任公司汇总纳税成员企业名单（编者略）

5. 新疆证券有限责任公司汇总纳税成员企业名单（编者略）

2－1－359

农业部　发改委　财政部　商务部
关于公布第三批农业产业化
国家重点龙头企业名单的通知

2004年9月3日　农经发〔2004〕5号

各省、自治区、直辖市、新疆生产建设兵团农业厅(局)、农委(办)、发展改革委、财政厅(局)、商务主管部门、国家税务局、地方税务局、供销合作社,人民银行各分行、营业管理部,证监会各派出机构:

根据《农业产业化国家重点龙头企业认定和运行监测管理暂行办法》的规定,在各省、自治区、直辖市、计划单列市和新疆生产建设兵团推荐的基础上,经审核、公示,全国农业产业化联席会议认定,北京天惠药业股份有限公司等210家企业为第三批农业产业化国家重点龙头企业。

发展农业产业化,是农业和农村经济工作中一件带有全局性、方向性的大事。农业产业化国家重点龙头企业是推动农业产业化经营发展的骨干力量,对带动农村产业结构调整、促进农民增收、推进农业区域化、专业化和提高农业综合效益等具有关键的作用。农业产业化国家重点龙头企业要坚持和树立科学的发展观,坚持以人为本,将促进农民增收作为重要任务,通过订单农业或基地加农户等方式,搞好产销衔接和生产技术服务,与农民建立稳定紧密的利益联结机制,不断提高带动农户的能力;要坚持可持续发展,处理好企业发展与资源利用、生态保护的关系,加强技术改造和技术进步,切实提高科技创新的能力,形成科研、生产、加工、销售一体化的产业链,不断增强市场竞争力,为全面建设小康社会做出新的更大的贡献。

各有关部门要按照《中共中央、国务院关于促进农民增加收入若干政策的意见》关于"加快发展农业产业化经营"的要求,采取更有力的措施,切实落实财政、税收、金融等优惠政策,大力支持农业产业化国家重点龙头企业的发展。要加强对农业产业化国家重点龙头企业运行情况的监测管理,建立健全竞争和淘汰机制,对于监测不合格的企业,取消其农业产业化国家重点龙头企业资格。

附件:第三批农业产业化国家重点龙头企业名单(编者略)

2 -1 -360

国家税务总局关于中国银联股份有限公司和中国信达资产管理公司缴纳企业所得税问题的通知

2004 年 9 月 3 日　国税函〔2004〕1026 号

各省、自治区、直辖市和计划单列市国家税务局（不发西藏、宁波）：

现就中国银联股份有限公司和中国信达资产管理公司及其所属分支机构（名单附后）缴纳企业所得税问题通知如下：

一、从 2004 年起，上述公司所属分支机构按照《国家税务总局关于汇总（合并）纳税企业实行统一计算、分级管理、就地预交、集中清算所得税问题的通知》（国税发〔2001〕13 号）规定，在各公司总部所在地汇总缴纳企业所得税，暂不实行就地预交企业所得税的办法。

二、上述公司应在每年年度纳税申报后，向国家税务总局（所得税司）报送汇总财务会计报表和纳税申报表。

三、上述公司所属分支机构，应严格执行国家税务总局关于汇总（合并）纳税企业所得税征收管理的有关规定，接受所在地主管税务机关的管理和检查。

四、上述公司在以后生产经营年度中，因所属分支机构发生变化，需要调整汇总范围、预交税款比例和变更名称的，由国家税务总局另行通知。

附件：1. 中国银联股份有限公司汇总纳税成员企业名单（编者略）

2. 中国信达资产管理公司汇总纳税成员企业名单（编者略）

2 -1 -361

国家税务总局关于天安保险有限公司等保险公司缴纳企业所得税有关问题的通知

2004 年 9 月 3 日　国税函〔2004〕1040 号

各省、自治区、直辖市、计划单列市国家税务局（不发西藏）：

现就天安保险股份有限公司、华泰财产保险股份有限公司、中国平安人寿保险股份有限公司、中国平安财产保险股份有限公司、泰康人寿保险股份有限公司、中国出口信用保险公司、太平人寿保险有限公司、太平保险有限公司、江泰保险经纪有限公司（以下简称保险公司）及所属分支机构（名单附后）缴纳企业所得税问题，通知如下：

一、从 2004 年起，上述保险公司所属分支机构按照《国家税务总局关于汇总（合并）纳税企业实行统一计算、分级管理、就地预交、集中清算所得税问题的通知》(国税发〔2001〕13号)规定,在公司总部所在地汇总缴纳企业所得税,暂不实行就地预交企业所得税办法。

二、总部设在深圳特区内的保险公司,应将深圳特区内的业务与特区外业务分别核算,分别按规定税率缴纳企业所得税。

三、上述保险公司应在每年年度纳税申报后,向国家税务总局所得税管理司报送汇总纳税财务报表和纳税申报表。

四、上述保险公司所属分支机构,应严格执行国家税务总局关于汇总(合并)纳税企业所得税征收管理的有关规定,接受所在地主管税务机关的管理和检查。

五、上述保险公司在以后生产经营年度中,因所属分支机构发生变化,需调整汇总范围、预交税款比例和变更名称的,由国家税务总局另行通知。

附件:1. 天安保险股份有限公司汇总纳税成员企业名单(编者略)

2. 华泰财产保险股份有限公司汇总纳税成员企业名单(编者略)

3. 中国平安财产保险股份有限公司汇总纳税成员企业名单(编者略)

4. 中国平安人寿保险股份有限公司汇总纳税成员企业名单(编者略)

5. 太平保险有限公司汇总纳税成员企业名单(编者略)

6. 太平人寿保险有限公司汇总纳税成员企业名单(编者略)

7. 中国出口信用保险公司汇总纳税成员企业名单(编者略)

8. 泰康人寿保险股份有限公司汇总纳税成员企业名单(编者略)

9. 江泰保险经纪有限公司汇总纳税成员企业名单(编者略)

2-1-362

国家税务总局关于长城证券有限责任公司等证券公司缴纳企业所得税问题的通知

2004年9月20日　国税函〔2004〕1062号

北京、上海、天津、重庆、广东、河南、山东、湖北、湖南、辽宁、黑龙江、福建、四川、陕西、江苏、云南、广西、江西、河北、海南、吉林、浙江、安徽省(直辖市、自治区)国家税务局,深圳、大连、青岛、宁波市国家税务局:

现就长城证券有限责任公司、河北证券有限责任公司、天一证券有限责任公司、长江证券有限责任公司、中信万通证券有限责任公司、武汉证券有限责任公司、东北证券有限责任公司、华安证券有限责任公司、民生证券有限责任公司(以下简称证券公司)及所属分支机构(名单附后)缴纳企业所得税问题,通知如下:

一、从2004年起,上述证券公司所属分支机构按照《国家税务总局关于汇总(合并)纳税企业实行统一计算、分级管理、就地预缴、集中清算所得税问题的通知》(国税发〔2001〕13号)规定,在各公司总部所在地汇总缴纳企业所得税,暂不实行就地预缴企业所得税办法。

二、上述证券公司应在每年年度纳税申报后,向国家税务总局所得税管理司报送汇总纳税财务报表和纳税申报表。

三、总部设在深圳特区内的证券公司,应将深圳特区内的业务与特区外业务分别核算,分别按规定税率缴纳企业所得税。

四、上述证券公司所属分支机构,应严格执行国家税务总局关于汇总(合并)纳税企业所得税征收管理的有关规定,接受所在地主管税务机关的管理和检查。

五、上述证券公司在以后生产经营年度中,因所属分支机构发生变化,需调整汇总范围、变更名称和调整预交税款比例的,由国家税务总局另行通知。

附件:1. 长城证券有限责任公司汇总纳税成员企业名单(编者略)

2. 河北证券有限责任公司汇总纳税成员企业名单(编者略)

3. 天一证券有限责任公司汇总纳税成员企业名单(编者略)

4. 长江证券有限责任公司汇总纳税成员企业名单(编者略)

5. 中信万通证券有限责任公司汇总纳税成员企业名单(编者略)

6. 武汉证券有限责任公司汇总纳税成员企业名单(编者略)

7. 东北证券有限责任公司汇总纳税成员企业名单(编者略)

8. 华安证券有限责任公司汇总纳税成员企业名单(编者略)

9. 民生证券有限责任公司汇总纳税成员企业名单(编者略)

2-1-363

国家税务总局关于中信证券股份有限公司等证券公司缴纳企业所得税问题的通知

2004年9月22日 国税函〔2004〕1068号

北京、上海、天津、重庆、广东、河南、河北、山西、辽宁、山东、福建、江西、云南、陕西、内蒙古、甘肃、新疆、青海、江苏、广西、湖北、吉林、黑龙江、安徽、四川、湖南、浙江省(直辖市、自治区)国家税务局;深圳、大连、宁波、青岛、厦门市国家税务局:

现就中信证券股份有限公司、东方证券股份有限公司、北方证券有限责任公司、国联证券有限责任公司(以下简称证券公司)及分支机构(名单附后)缴纳企业所得税问题,通知如下:

一、2004年起,上述证券公司所属分支机构按照《国家税务总局关于汇总(合并)纳税企业实行统一计算、分级管理、就地预交、集中清算所得税问题的通知》(国税发〔2001〕13号)规定,在各公司总部所在地汇总缴纳企业所得税。

二、上述证券公司所属分支机构,按年度应纳税所得额60%的比例就地预交企业所得税。

三、上述证券公司应在每年年度纳税申报后,向国家税务总局所得税管理司报送汇总纳税财务报表和纳税申报表。

四、总部设在深圳特区内的证券公司，应将深圳特区内的业务与特区外业务分别核算，分别按规定税率缴纳企业所得税。

五、上述证券公司所属分支机构，应严格执行国家税务总局关于汇总（合并）纳税企业所得税征收管理的有关规定，接受所在地主管税务机关的管理和检查。

六、上述证券公司在以后生产经营年度中，因所属分支机构发生变化，需调整汇总范围、预交税款比例和变更名称的，由国家税务总局另行通知。

附件：1. 中信证券股份有限公司所属分支机构名单（编者略）

2. 东方证券股份有限公司所属分支机构名单（编者略）

3. 北方证券有限责任公司所属分支机构名单（编者略）

4. 国联证券有限责任公司所属分支机构名单（编者略）

2－1－364

国家税务总局关于湘财证券有限责任公司等证券公司缴纳企业所得税问题的通知

2004年9月22日　国税函〔2004〕1069号

北京、上海、天津、重庆、广东、山东、湖南、吉林、河南、安徽、山西、湖北、新疆、江苏、广西、浙江、辽宁、海南、四川、陕西、甘肃、云南、江西、黑龙江、贵州、福建省（直辖市、自治区）国家税务局；深圳、大连、青岛、厦门市国家税务局：

现就湘财证券有限责任公司、汉唐证券有限责任公司、平安证券有限责任公司、申银万国证券股份有限公司、国元证券有限责任公司、广发证券股份有限公司、国都证券有限责任公司、中国科技证券有限责任公司（以下简称证券公司）及所属分支机构（名单附后）缴纳企业所得税问题，通知如下：

一、从2004年起，上述证券公司所属分支机构，按照《国家税务总局关于汇总（合并）纳税企业实行统一计算、分级管理、就地预交、集中清算所得税问题的通知》（国税发〔2001〕13号）规定，在各证券公司总部所在地汇总缴纳企业所得税，暂不实行就地预交企业所得税办法。

二、上述证券公司应在每年年度纳税申报后，向国家税务总局（所得税管理司）报送汇总纳税财务报表和纳税申报表。

三、总部设在深圳特区内的证券公司，应将深圳特区内的业务与特区外业务分别核算，分别按规定税率缴纳企业所得税。

四、上述证券公司所属分支机构，应严格执行国家税务总局关于汇总（合并）纳税企业所得税征收管理的有关规定，接受所在地主管税务机关的管理和检查。

五、上述证券公司在以后生产经营年度中，因所属分支机构发生变化，需调整汇总范围、预交税款比例和变更名称的，由国家税务总局另行通知。

附件:1. 湘财证券有限责任公司汇总纳税成员企业名单(编者略)
2. 汉唐证券有限责任公司汇总纳税成员企业名单(编者略)
3. 平安证券有限责任公司汇总纳税成员企业名单(编者略)
4. 申银万国证券股份有限公司汇总纳税成员企业名单(编者略)
5. 国元证券有限责任公司汇总纳税成员企业名单(编者略)
6. 广发证券股份有限公司汇总纳税成员企业名单(编者略)
7. 国都证券有限责任公司汇总纳税成员企业名单(编者略)
8. 中国科技证券有限责任公司汇总纳税成员企业名单(编者略)

2-1-365

国家税务总局关于中国石油化工股份有限公司缴纳企业所得税有关问题的通知

2004年9月22日　国税函〔2004〕1071号

各省、自治区、直辖市和计划单列市国家税务局:

根据《国家税务总局关于大型企业集团征收所得税问题的通知》(国税发〔1994〕27号)等有关规定,现将中国石油化工股份有限公司合并缴纳企业所得税问题,通知如下:

一、中国石油化工股份有限公司所属的全资控股企业(名单见附件),从2004年度起,按照《国家税务总局关于汇总(合并)纳税企业实行统一计算、分级管理、就地预交、集中清算所得税问题的通知》(国税发〔2001〕13号)的有关规定,由中国石油化工股份有限公司合并缴纳企业所得税。

二、胜利油田有限责任公司,按年度应纳税额40%的比例就地预交企业所得税。

三、中国石油化工股份有限公司新成立的上海晴纶销售分公司、西安石化分公司、塔河分公司,从2004年开始作为股份公司的合并纳税成员企业,按规定预交企业所得税。

四、中国石油化工股份有限公司所属东北、西北、川渝大区销售公司及所属全资单位,暂不实行就地预交所得税办法,统一由中国石化销售有限公司在北京市合并缴纳。

五、中国石油化工股份有限公司润滑油分公司所属单位,2004年度不在当地预交所得税,由中国石油化工股份有限公司润滑油分公司统一在北京合并缴纳。其所属单位2003年度在当地预交中超交的所得税,统一由中国石油化工股份有限公司润滑油分公司抵减2004年度应预交的所得税。

六、中国石油化工股份有限公司合并纳税的其他企业,仍按照《国家税务总局关于中国石油化工股份有限公司2003年度缴纳企业所得税问题的通知》(国税函〔2003〕1312号)的规定执行。

七、经批准享受西部地区优惠政策的成员企业,由中国石油化工股份有限公司按照《国家税务总局关于落实西部大开发有关税收政策具体实施意见的通知》(国税发〔2002〕47

号)的有关规定,单独合并申报缴纳企业所得税。

八、中国石油化工股份有限公司下属的中国国际石油化工联合有限责任公司(以下简称:联合石化)2003年度退还给炼化企业的原油采购款属于联合石化正常的经营支出,允许在企业所得税前扣除;炼化企业应将从联合石化得到退还的原油采购款调增应纳税所得额并缴纳企业所得税。

九、中国石油化工股份有限公司合并纳税的成员企业,在企业改组、改造或资产重组过程中,因股权发生变化而变成非全资控股的企业,经当地税务机关确认后,从股权发生变化的年度起,就地缴纳企业所得税,并报国家税务总局备案。

十、中国石油化工股份有限公司应在每年的年度纳税申报后,向国家税务总局(所得税管理司)报送集团公司的汇总(合并)财务报表和纳税申报表。

十一、合并纳税的成员企业,应按照国家税务总局的有关规定,向所在地主管税务机关报送所得税纳税申报表,并接受所在地主管税务机关的检查和监管;当地主管税务机关应按国家税务总局的统一规定,认真受理企业的纳税申报,切实履行纳税检查和监管职责。

十二、中国石油化工股份有限公司在以后生产经营年度中,因成员企业情况发生变化,需调整合并纳税成员企业范围、变更成员企业名称、地址和调整就地预交税款比例的,报国家税务总局另行明确。

附件:中国石油化工股份有限公司合并纳税成员企业名单(编者略)

2-1-366

国家税务总局关于中国人民保险公司重组改制后企业所得税有关问题的通知

2004年11月5日　国税函〔2004〕1229号

各省、自治区、直辖市和计划单列市国家税务局:

经国务院批准,原中国人民保险公司重组改制后依法设立了中国人保控股公司、中国人民财产保险股份有限公司和中国人保资产管理公司。现对上述新设立的3个公司涉及的企业所得税有关问题明确如下:

一、关于企业所得税纳税地点问题

原中国人民保险公司重组改制后新设立的中国人保控股公司、中国人民财产保险股份有限公司和中国人保资产管理公司,均应按照国家税收法规的统一规定依法缴纳企业所得税。其中,中国人民财产保险股份有限公司及成员企业实行由其公司总部在其所在地(北京)全额汇总方式缴纳企业所得税,各成员企业暂不就地预交企业所得税。

二、关于重组前的呆账损失税前扣除的纳税调整问题

根据国务院批准的中国人民保险公司重组改制方案精神,凡在重组生效日前(含重组生效日)税务事项涉及的纳税调整问题,均由中国人保控股公司承接并履行相关义务。据

此,同时考虑到中国人保控股公司在各地的办事处或其他机构不具有纳税主体地位,无法就地补缴税款,因此,中国人民保险公司已按《国家税务总局关于中国人民保险公司重组改制过程中呆账损失税前扣除的通知》(国税函〔2003〕1068 号)规定扣除的呆账损失项目,如不符合呆账损失认定条件,由中国人保控股公司统一进行纳税调整,补交企业所得税。

北京市主管税务机关应切实加强对其呆账损失税前扣除的管理工作,逐笔进行审核认定,按规定进行处理。

三、关于工资扣除问题

中国人民财产保险股份有限公司应严格按照《财政部　国家税务总局关于核定中国人民财产保险股份有限公司计税工资税前扣除标准有关问题的通知》(财税〔2003〕209 号)的规定税前扣除工资支出。为方便纳税人,公司总部及其成员企业实际发放的工资可先据实扣除;年度终了汇总后,如实际发放的工资超过工效挂钩标准,则要进行纳税调整,超过标准的部分不得在税前扣除。

2 －1 －367

国家税务总局关于对中国银行股份有限公司和中国建设银行股份有限公司缴纳企业所得税问题的通知

2004 年 11 月 11 日　国税函〔2004〕1252 号

各省、自治区、直辖市和计划单列市国家税务局:

经国务院批准,中国银行和中国建设银行从 2003 年度开始进行重组改制,现已完成该项工作并更名为中国银行股份有限公司和中国建设银行股份有限公司。现对上述两行更名后缴纳企业所得税问题通知如下:

一、鉴于上述两行更名后不仅继续经营原有的业务范围,而且还全面继承原有的权利、义务,享受原有的法律地位,因此,其所属分行、支行可继续按《国家税务总局关于汇总(合并)纳税企业实行统一计算、分级管理、就地预交、集中清算所得税问题的通知》(国税发〔2001〕13 号)的规定,实行全额汇总的方式在公司总部所在地统一申报缴纳企业所得税,暂不实行“统一计算、分级管理、就地预交、集中清算”的征收管理办法。

二、上述两行应在每年年度纳税申报后,向国家税务总局(所得税管理司)报送汇总纳税财务会计报表和纳税申报表。

三、上述两行所属分支机构,应严格执行国家税务总局关于汇总纳税企业所得税征收管理的有关规定,接受所在地主管税务机关的管理和检查。

2－1－368

国家税务总局关于中国建设银行股份有限公司承继相关业务经营资格后有关税收问题的通知

2004年11月23日　国税函〔2004〕1290号

各省、自治区、直辖市和计划单列市国家税务局、地方税务局：

近接中国建设银行《关于中国建设银行股份有限公司承继相关业务经营资格的函》（建总函〔2004〕900号）。中国建设银行作为国务院决定实施股份制改造的试点行，2004年6月8日在银监会的批准下以分立方式进行股份制改革。原中国建设银行分立为中国建设银行股份有限公司和中国建银投资有限责任公司。中国建设银行股份有限公司承继原中国建设银行全部商业银行业务和相关的资产与负债，以及境内外分支机构和营业网点，并于2004年9月17日在工商行政管理部门进行了设立登记。现将中国建设银行股份有限公司承继原中国建设银行的税务登记及各分支机构和营业网点的储蓄存款利息所得个人所得税的代扣代缴义务人资格问题通知如下：

一、按照《中华人民共和国税收征收管理法》及其实施细则和《税务登记管理办法》的有关规定，企业税务登记内容发生变化时，应当到税务机关办理变更登记事项。根据中国建设银行改制情况，中国建设银行股份有限公司及其分支机构应当按照规定，持有关证件、资料到主管税务机关办理变更税务登记手续，作相关涉税事宜的确认。

二、同意保留中国建设银行各支行及相当于支行的储蓄机构个人所得税的扣缴义务人资格。具体由中国建设银行股份有限公司各支行及相当于支行的储蓄机构向主管税务机关办理变更税务登记事宜时，在税务登记证件上登记扣缴税款事项。

2－1－369

国家税务总局关于中谷粮油集团公司缴纳企业所得税问题的通知

2004年11月25日　国税函〔2004〕989号

北京、吉林、江苏、浙江、安徽省（直辖市）国家税务局：

中谷粮油集团公司是属于国务院确定的试点大型企业集团之一，根据《国家税务总局关于大型企业集团征收所得税问题的通知》（国税发〔1994〕27号）的有关规定，为支持集团公司的进一步发展，现将有关合并缴纳企业所得税问题，通知如下：

一、中谷粮油集团公司所属的12家全资控股企业（名单见附件），从2004年度起，按照

《国家税务总局关于汇总(合并)纳税企业实行统一计算、分级管理、就地预交、集中清算所得税问题的通知》(国税发〔2001〕13号)的有关规定,由中谷粮油集团公司在北京市合并缴纳企业所得税。

中谷粮油集团公司所属合并纳税的成员企业,应按60%的比例就地预交企业所得税。

二、中谷粮油集团公司所属合并纳税的成员企业,在企业改组、改造或资产重组过程中,因股权发生变化而变成非全资控股的企业,集团公司应及时报告成员企业所在地税务机关,经所在地税务机关确认后,从股权发生变化的年度起,就地缴纳企业所得税,并报国家税务总局备案。

三、中谷粮油集团公司应在每年的年度纳税申报后,向国家税务总局(所得税管理司)报送集团公司的合并纳税财务报表和纳税申报表。

四、集团公司所属合并纳税的成员企业,应按照国家税务总局的有关规定,向所在地税务机关报送所得税纳税申报表,并接受所在地税务机关的检查和监管;所在地税务机关应按国家税务总局的统一规定,认真受理企业的纳税申报,切实履行纳税检查和监管职责。

五、中谷粮油集团公司在以后生产经营年度中,因成员企业情况发生变化,需调整合并纳税成员企业范围、变更成员企业名称、地址和调整就地预交税款比例的,由国家税务总局另行通知。

附件:中谷粮油集团公司所属合并纳税成员企业名单(编者略)

2-1-370

国家税务总局关于中国航空工业第二集团公司所属企业合并缴纳企业所得税问题的通知

2004年12月14日　国税函〔2004〕1375号

黑龙江、陕西、湖南、江西省国家税务局:

中国航空工业第二集团公司是国务院确定的试点大型企业集团,根据《国家税务总局关于大型企业集团征收所得税问题的通知》(国税发〔1994〕27号)的有关规定,为支持该集团公司的进一步发展,现将该集团公司所属企业合并缴纳企业所得税问题通知如下:

一、中国航空工业第二集团公司的哈尔滨飞机制造有限责任公司所属27户全资企业、哈尔滨东安发动机(集团)有限公司所属6户全资企业、汉中航空工业(集团)有限公司所属16户全资企业、江西洪都航空工业集团有限责任公司所属13户全资企业(含2003年度)、中国南方航空动力机械集团所属6户全资企业(名单见附件),从2004年度起,按照《国家税务总局关于汇总(合并)纳税企业实行统一计算、分级管理、就地预交、集中清算所得税问题的通知》(国税发〔2001〕13号)的有关规定,由各集团(总)公司合并缴纳企业所得税。各成员企业就地预交企业所得税办法,由各集团(总)公司所在地省级国家税务局根据有关文件的规定确定。

二、各集团(总)公司所属合并纳税的成员企业,在企业改组、改制或资产重组过程中,因股权发生变化而变成非全资控股的企业,经当地主管税务机关确认后,从股权发生变化的年度起,就地缴纳企业所得税,并报国家税务总局备案。

三、各集团(总)公司应在每年的年度纳税申报后,向国家税务总局(所得税管理司)报送集团(总)公司的合并财务会计报表和纳税申报表。

四、各集团(总)公司所属合并纳税的成员企业,应按照国家税务总局的有关规定,向所在地主管税务机关报送所得税纳税申报表,并接受所在地主管税务机关的检查和监管;所在地主管税务机关应按国家税务总局的统一规定,认真受理企业的纳税申报,切实履行纳税检查和监管职责。

五、各集团(总)公司在以后生产经营年度中,因成员企业情况发生变化,需调整合并纳税成员企业范围、变更成员企业名称和地址等情况的,报国家税务总局另行明确。

附件:中国航空工业第二集团公司所属企业合并纳税名单(编者略)

2 -1 -371

国家税务总局关于华夏银行缴纳企业所得税问题的通知

2004 年 12 月 17 日　国税函〔2004〕1390 号

北京、上海、重庆、辽宁、河北、山西、山东、江苏、浙江、陕西、湖北、四川、云南、广东省(直辖市)国家税务局;青岛、大连市国家税务局:

近接华夏银行《华夏银行关于申请实行汇总纳税的请示》(华银发〔2004〕251 号),申请实行汇总缴纳企业所得税。经研究,现对华夏银行及其分支机构(名单附后)缴纳企业所得税的问题通知如下:

一、从 2004 年起,华夏银行按照《国家税务总局关于汇总(合并)纳税企业实行统一计算、分级管理、就地预交、集中清算所得税问题的通知》(国税发〔2001〕13 号)规定,在北京市实行汇总缴纳企业所得税,所属各分支机构,按年度应纳所得税额 60% 的比例就地预交企业所得税。

二、华夏银行应在每年年度纳税申报后,向国家税务总局(所得税管理司)报送合并纳税财务会计报表和纳税申报表。

三、各分支机构应严格执行国家税务总局关于汇总(合并)纳税企业所得税征收管理的有关规定,向所在地主管税务机关报送企业所得税纳税申报表,接受所在地主管税务机关的管理和检查。所在地主管税务机关应严格履行就地监管的责任。

四、华夏银行在以后生产经营年度中,因所属成员企业发生变化,需调整合并纳税范围、预交税款比例和变更名称的,由国家税务总局另行通知。

附件:华夏银行所属分支机构名单(编者略)

2－1－372

国家税务总局关于中国船级社缴纳企业所得税问题的通知

2005年1月6日　国税函〔2005〕9号

北京、天津、上海、重庆、河北、福建、海南、江苏、湖北、安徽、辽宁、山东、广西、四川、广东省（自治区、直辖市）国家税务局，青岛、大连、厦门、深圳、宁波市国家税务局，深圳市地方税务局：

近接交通部《关于申请中国船级社合并统一缴纳企业所得税事宜的函》（交函财〔2004〕109号）。现将中国船级社缴纳企业所得税有关问题通知如下：

一、中国船级社对中国籍非入级船舶进行法定检验并签发证书所收取的船舶检验费，属于行政事业性收费项目，纳入了财政预算"收支两条线"专户管理。按照《国家税务总局关于印发事业单位、社会团体、民办非企业单位所得税征收管理办法》（国税发〔1999〕65号）的规定精神，对这部分收入免征企业所得税。

二、中国船级社对在中国登记或拟在中国登记的入级船舶、海上设施、船运货物集装箱及其相应的材料、产品和设备进行检验并签发证书，以及根据船东申请进行的公证检验收取的船舶检验费，属于经营服务性收费，自2004年1月1日起，照章缴纳企业所得税。

三、根据《中华人民共和国企业所得税暂行条例》及其实施细则的有关规定，中国船级社所属各分支机构，凡实行非独立核算，不具备独立核算条件的，可并入中国船级社在北京统一缴纳企业所得税。

四、由中国船级社统一纳税的所属非独立核算分支机构，应根据国家税务总局有关税收管理的规定，接受所在地主管税务机关的检查和监督。

2－1－373

国家税务总局关于中国航空油料集团公司和中国航空器材进出口集团公司合并缴纳企业所得税问题的通知

2005年1月6日　国税函〔2005〕16号

北京、天津、上海、四川、陕西、辽宁、黑龙江、吉林、新疆、云南、山西、广东、湖北省（自治区、直辖市）、大连市国家税务局、地方税务局：

中国航空油料集团公司和中国航空器材进出口集团公司是属于国务院确定的试点大型企业集团，根据《国家税务总局关于大型企业集团征收所得税问题的通知》（国税发

〔1994〕27号)的有关规定,为支持集团公司的进一步发展,现将有关合并缴纳企业所得税问题通知如下:

一、中国航空油料集团公司所属的17户全资控股企业和中国航空器材进出口集团公司所属的18户全资控股企业(名单见附件),从2004年度起,按照《国家税务总局关于汇总(合并)纳税企业实行统一计算、分级管理、就地预交、集中清算所得税问题的通知》(国税发〔2001〕13号)的有关规定,分别由中国航空油料集团公司和中国航空器材进出口集团公司在北京市合并缴纳企业所得税。

集团公司所属合并纳税的成员企业,应按《国家税务总局关于汇总(合并)纳税企业实行统一计算、分级管理、就地预交、集中清算所得税问题的通知》(国税发〔2001〕13号)规定的比例就地预交企业所得税。

二、两集团公司所属合并纳税的成员企业,在企业改组、改造或资产重组过程中,因股权发生变化而变成非全资控股的企业,集团公司应及时报告成员企业所在地税务机关,经所在地税务机关确认后,从股权发生变化的年度起,就地缴纳企业所得税,并报国家税务总局备案。

三、两集团公司应在每年的年度纳税申报后,向国家税务总局(所得税管理司)报送集团公司的汇总(合并)财务会计报表和纳税申报表。

四、两集团公司所属合并纳税的成员企业,应按照国家税务总局的有关规定,向所在地主管税务机关报送所得税纳税申报表,并接受所在地主管税务机关的检查和监管;所在地主管税务机关应按国家税务总局的统一规定,认真受理企业的纳税申报,切实履行纳税检查和监管职责。

五、两集团公司在以后生产经营年度中,因成员企业情况发生变化,需调整合并纳税成员企业范围、变更成员企业名称、地址和调整就地预交税款比例的,报国家税务总局另行明确。

附件:1. 中国航空油料集团公司合并纳税成员企业名单(编者略)

2. 中国航空器材进出口集团公司合并纳税成员企业名单(编者略)

2－1－374

中华全国总工会　国家税务总局关于进一步加强工会经费税前扣除管理的通知

2005年1月21日　总工发〔2005〕9号

各省、自治区、直辖市总工会、国家税务局、地方税务局,中华全国铁路总工会,中国民航工会全国委员会,中国金融工会全国委员会,中共中央直属机关工会联合会,中央国家机关工会联合会:

2000年9月,《国家税务总局关于工会经费税前扣除问题的通知》(国税函〔2000〕678号)下发后,各地税务部门和总工会认真贯彻落实通知精神,有力地推动了工会经费收缴工作。但是,在执行过程中也出现了一些需要亟待明确和解决的问题。为了进一步贯彻落实好《工会法》有关规定和国税函〔2000〕678 号文件精神,现就有关事项通知如下:

一、凡依法建立工会组织的企业、事业单位以及其他组织,每月按照全部职工工资总额的 2% 向工会拨缴工会经费,并凭工会组织开具的《工会经费拨缴款专用收据》在税前扣除。工资总额按照国家统计局《关于工资总额组成的规定》(1990 年第 1 号令)颁布的标准执行,工资总额组成范围内的各种奖金、津贴和补贴等,均计算在内。

二、《工会经费拨缴款专用收据》是由财政部、全国总工会统一监制和印制的收据,由工会系统统一管理。各级工会所需收据应到有经费拨缴关系的上一级工会财务部门领购。

三、对企业、事业单位以及其他组织没有取得《工会经费拨缴款专用收据》而在税前扣除的,税务部门按照现行税收有关规定在计算企业所得税时予以调整,并按照《税收征管法》的有关规定予以处理。

四、各级税务部门和工会组织要密切配合,做好工会经费收缴工作。税务部门要加大对工会经费税前扣除的检查力度,将其纳入税务机关日常和专项检查工作。

2 - 1 - 375

国家税务总局关于大亚湾核电运营管理有限责任公司职工教育经费税前扣除标准问题的通知

2005 年 1 月 21 日　国税函〔2005〕70 号

深圳市国家税务局:

近接大亚湾核电运营管理有限责任公司 2004 年 11 月 15 日来文《有关大亚湾核电运营管理有限责任公司职工教育经费列支事宜的申请》,就其职工教育经费税前扣除标准问题提出有关申请事项。经研究,通知如下:

根据《国务院关于大力推进职业教育改革与发展的决定》(国发〔2002〕16 号)中“从业人员技术素质要求高、培训任务重、经济效益较好的企业可按 2.5% 提取,列入成本开支”的规定,考虑到大亚湾核电运营管理有限责任公司要求从业人员素质较高,需要不断加强职工教育培训等实际情况,同意该公司提取的职工教育经费,从 2004 年度起,按照计税工资总额 2.5% 的标准在企业所得税前扣除。

2－1－376

国家税务总局关于新疆生产建设兵团缴纳企业所得税问题的通知

2005年1月27日　国税函〔2005〕106号

新疆、北京、上海、天津、重庆、浙江、江苏、河南、甘肃、湖南、陕西、四川、广东省（自治区、直辖市）国家税务局，大连、青岛、深圳市国家税务局：

近接新疆生产建设兵团财务局《关于新疆生产建设兵团请求继续执行企业所得税统一合并纳税政策的请示》（兵财〔2004〕63号），申请继续执行汇总纳税政策。经研究，现将新疆生产建设兵团缴纳所得税问题通知如下：

一、根据《国家税务总局关于汇总（合并）纳税企业实行统一计算、分级管理、就地预交、集中清算所得税问题的通知》（国税发〔2001〕13号）规定，同意新疆生产建设兵团所属成员企业（名单附后），2004年度由新疆生产建设兵团在新疆维吾尔自治区乌鲁木齐市合并缴纳企业所得税，暂不实行就地预交企业所得税办法。

二、新疆生产建设兵团应在每年年度纳税申报后，向国家税务总局（所得税管理司）报送合并纳税财务会计报表和纳税申报表。

三、新疆生产建设兵团所属合并纳税的成员企业，应按照国家税务总局的有关规定，向所在地主管税务机关报送所得税纳税申报表和相关的财务会计报表，并接受所在地主管税务机关的检查和监管；当地主管税务机关应按照国家税务总局的统一规定，认真受理企业的纳税申报，切实履行纳税检查和监管职责。

四、新疆生产建设兵团在以后生产经营年度中，因所属成员企业发生变化，需调整合并纳税范围、预交税款比例和变更名称的，由国家税务总局另行通知。

附件：1. 新疆生产建设兵团所属二级企业名单（编者略）

2. 新疆生产建设兵团所属三、四级企业名单（编者略）

2－1－377

财政部　国家税务总局关于中国重型汽车财务有限责任公司重组中有关损失在税前扣除问题的通知

2005年1月28日　财税〔2005〕5号

上海、山东、河南、陕西省（市）财政厅（局）、国家税务局、地方税务局，北京、天津、河北、辽宁、安徽、福建、厦门、湖北、湖南、深圳、重庆、新疆省（区、市）财政厅（局）、国家税务局，吉

林、青岛、四川省(市)财政厅(局)、地方税务局:

为了进一步做好中国重型汽车集团的重组工作,经国务院批准,现对中国重型汽车财务有限责任公司(以下简称重汽财务公司)重组中有关税收问题通知如下:

对重汽财务公司债务重组中,债权人(名单见附件)因免除重汽财务公司2001年7月31日前所欠付的利息以及欠付本金打折后一次性偿还而实际发生的损失,允许债权人在计算当期应纳税所得额时进行扣除。对重汽财务公司相应增加的收益,应计入当期应纳税所得额,缴纳企业所得税。

附件:重汽财务公司重组损失税前列支的债权人名单(编者略)

2-1-378

国家税务总局关于交通银行资产评估增值有关企业所得税问题的通知

2005年1月31日　国税函〔2005〕143号

各省、自治区、直辖市和计划单列市国家税务局:

为支持交通银行股份制改革工作,现对交通银行股份制改革过程中资产评估增值涉及的企业所得税问题通知如下:

一、交通银行在股份制改革过程中发生的资产评估增值直接转计资本公积、作为国有资本金后,不征收企业所得税。

二、允许交通银行按评估增值后的资产价值调整相关资产的计税成本,并按调整后的计税成本计提折旧在所得税前扣除。

2-1-379

财政部　国家税务总局关于全国社会保障基金股权投资收益企业所得税问题的通知

2005年2月16日　财税〔2005〕27号

北京市财政局、国家税务局:

经研究,对全国社会保障基金投资于交通银行和中国-比利时直接股权投资基金(以下简称"中比基金")的股权投资收益有关企业所得税问题明确如下:

经国务院和有关部门批准,全国社会保障基金向交通银行和中比基金分别进行了100亿元人民币和0.15亿欧元的投资。鉴于这种投资属于股权性质投资,因此,对全国社会保障基金进行上述投资所获的收益,比照《财政部、国家税务总局关于全国社会保障基金有关税收政策问题的通知》(财税〔2002〕75号)规定,暂免征收企业所得税。

2-1-380

国家税务总局关于东北证券有限责任公司等企业增加汇总纳税成员企业的通知

2005年3月9日　国税函〔2005〕197号

北京、上海、重庆、吉林、辽宁、山西、江苏、湖北、广东省(直辖市)国家税务局,深圳市国家税务局:

现就东北证券有限责任公司、广发证券股份有限责任公司、中国进出口银行、中国水产(集团)总公司新增加的成员企业或分支机构缴纳企业所得税问题通知如下:

从2004年起,按照《国家税务总局关于汇总(合并)纳税企业实行统一计算、分级管理、就地预交、集中清算所得税问题的通知》(国税发〔2001〕13号)规定,东北证券有限责任公司、广发证券股份有限责任公司、中国进出口银行、中国水产(集团)总公司新增加的汇总纳税成员企业或分支机构(名单附后),由总公司或总机构的汇总(合并)纳税。

附件:新增汇总纳税成员企业(分支机构)名单(编者略)

2-1-381

财政部　国家税务总局关于中国国际航空公司对奥运会航空服务赞助有关税收问题的通知

2005年4月4日　财税〔2005〕54号

各省、自治区、直辖市、计划单列市财政厅(局)、地方税务局、新疆生产建设兵团财务局:

经研究,现将中国国际航空公司对奥运会航空服务赞助有关税收问题通知如下:

一、对国航向北京奥组委提供航空服务(包括客票、逾重行李费、包机及相关服务)等赞助,在国航按市场价格确认这部分赞助支出的情况下,可按照《财政部、国家税务总局、海关总署关于第29届奥运会税收政策问题的通知》(财税〔2003〕10号)第二条第(四)项规定,对这部分赞助支出在计算企业应纳税所得额时予以全额扣除。

二、对国航向北京奥组委提供航空服务(现金等价物)形式的赞助,不征收营业税。

2－1－382

国家税务总局关于仪征双环活塞环有限公司适用企业所得税税率问题的批复

2005年4月5日　国税函〔2005〕288号

江苏省国家税务局：

你局《关于仪征双环活塞环有限公司享受“两个密集型”税收优惠问题的请示》（苏国税发〔2004〕222号）收悉，批复如下：仪征双环活塞环有限公司是1995年在江苏仪征（属沿海经济开放区）成立的中外合资经营企业，经营范围为生产、销售活塞环及内燃机零部件。2002年11月，江苏省科技厅认定该公司为“两个密集型企业”。科技部火炬中心以（国科火函字〔2005〕4号）确认该公司的主导产品“车用柴油机活塞环”为高新技术产品。2003年，其主导产品销售收入占全年总销售收入的75%。根据《中华人民共和国外商投资企业和外国企业所得税法实施细则》第七十三条第一款第一项第1目和《国家税务总局关于外商投资企业享受“两个密集型”税收优惠政策有关问题的通知》（国税发〔2003〕135号）规定，同意仪征双环活塞环有限公司从2004年度起，减按15%税率缴纳企业所得税。

2－1－383

国家税务总局关于中国进出口银行呆账损失税前扣除问题的通知

2005年4月27日　国税函〔2005〕378号

北京、江苏省（直辖市）国家税务局：

近接《关于中国进出口银行呆账损失税前扣除的请示》（进出银发〔2005〕116号）。经研究，现对该行申请的呆账损失税前扣除问题通知如下：

中国进出口银行向江苏江扬船舶集团有限公司发放贷款，由于该公司资不抵债，导致中国进出口银行发生了2.482亿元的贷款呆账损失。鉴于该项损失业经国务院批准核销，同时，在2004年7月，中国进出口银行已正式确认，因此，根据《金融企业呆账损失税前扣除管理办法》（国家税务总局令第4号）和《国家税务总局关于金融企业呆账损失税前扣除审批事项的通知》（国税发〔2003〕73号）的有关规定，准予其作为2004年度的呆账损失按规定在税前扣除。

2－1－384

国家税务总局关于香江集团有限公司所属企业总机构管理费扣除标准问题的通知

2005年4月27日　国税函〔2005〕379号

广东、河南、江西省国家税务局，广东、山东、湖北、江西、河南省地方税务局，深圳市国家税务局：

近接香江集团有限公司《关于向下属公司提取管理费的申请》（集字〔2004〕第10号），现将有关问题通知如下：

根据《国家税务总局关于印发〈总机构提取管理费税前扣除审批办法〉的通知》（国税发〔1996〕177号）、《国家税务总局关于总机构提取管理费税前扣除审批办法的补充通知》（国税函〔1999〕136号）和《国家税务总局关于进一步加强总机构提取管理费税前扣除审批管理的通知》（国税函〔2005〕115号）的有关规定，核定该公司及其所属的南方香江集团有限公司2004年度向其所属企业按2000万元的限额（详见附件）提取总机构管理费。其所属企业在规定限额内上交的管理费，准予在税前据实扣除；超过规定限额上交的管理费，应进行纳税调整。该公司及其所属的南方香江集团有限公司提取的管理费年终如有结余，应分别并入公司的应纳税所得额依法缴纳企业所得税。

各主管税务机关应按照上述三个总局文件的规定精神，在该公司及其所属企业进行年终纳税申报时，对其总机构管理费的提取、使用、税前扣除等有关事项进行严格审核和管理。

附件：香江集团有限公司所属企业2004年度总机构管理费税前扣除标准（编者略）

2－1－385

国家税务总局关于浙江青田伯品电站有限公司适用企业所得税税率问题的批复

2005年5月11日　国税函〔2005〕423号

浙江省国家税务局：

你局《关于浙江青田伯品电站有限公司减按15%税率征收企业所得税的请示》（浙国税外〔2005〕27号）收悉，批复如下：

浙江青田伯品电站有限公司是1995年成立的外商独资企业，经营范围为水力发电，属于从事能源基础设施项目建设。根据《中华人民共和国外商投资企业和外国企业所得税法实施细则》第七十三条和《国务院关于扩大外商投资企业从事能源交通基础设施税收优惠规定适用范围的通知》(国发〔1999〕13 号)规定,同意浙江青田伯品电站有限公司从 2005 年度起,减按 15% 的税率计算缴纳企业所得税。

2 -1 -386

国家税务总局关于中国人寿保险股份有限公司缴纳企业所得税问题的通知

2005 年 5 月 11 日　国税函〔2005〕430 号

各省、自治区、直辖市和计划单列市国家税务局(不发西藏):

关于中国人寿保险股份有限公司及所属分支机构缴纳企业所得税问题,经研究,现通知如下:

一、从 2005 年起,该公司所属分支机构(名单附后)按照《国家税务总局关于汇总(合并)纳税企业实行统一计算、分级管理、就地预缴、集中清算所得税问题的通知》(国税发〔2001〕13 号)规定,在公司总部所在地汇总缴纳企业所得税,暂不实行就地预交企业所得税的办法。

二、该公司应在每年年度纳税申报后,向国家税务总局(所得税管理司)报送汇总财务会计报表和纳税申报表。

三、该公司所属分支机构,应严格执行国家税务总局关于汇总(合并)纳税企业所得税征收管理的有关规定,接受所在地主管税务机关的管理和检查。

四、上述公司在以后生产经营年度中,因所属分支机构发生变化,需要调整汇总范围、预交税款比例和变更名称的,由国家税务总局另行通知。

附件:中国人寿保险股份有限公司汇总纳税成员企业名单(编者略)

2 -1 -387

国家税务总局关于浙江大学企业集团控股有限公司转让股权有关企业所得税问题的批复

2005 年 5 月 13 日　国税函〔2005〕435 号

浙江省国家税务局:

你局《关于浙江大学企业集团控股有限公司转让股权企业所得税问题的请示》(浙国税所〔2005〕14 号)收悉。经研究,批复如下:

根据有关法律规定,上市公司国有股权的转让必须得到有关部门批准并经过户登记公告后才能生效。虽然浙江大学企业集团控股有限公司的股权转让协议于2003年度签订,但鉴于该股权转让业务得到国资委批准和过户登记、公告均发生在2004年度的实际情况,其股权转让收入应确认在2004年度。请你局据此办理有关企业所得税涉税事项。

2－1－388

财政部　国家税务总局关于中国建设银行股份有限公司有关企业所得税政策问题的通知

2005年6月1日　财税〔2005〕90号

各省、自治区、直辖市、计划单列市财政厅(局),国家税务局,地方税务局,新疆生产建设兵团财政局,财政部驻各省、自治区、直辖市、计划单列市财政监察专员办事处:

为支持中国建设银行股份制改革工作的顺利进行,根据国务院的有关规定,现对中国建设银行股份有限公司冲抵风险准备款项有关企业所得税问题通知如下:

一、同意中国建设银行股份有限公司在2004年用417.18亿元税前利润总抵其风险拨备有关款项;在2005年上半年用税前利润冲抵风险拨备的剩余缺口237.81亿元,不是冲抵部分由中国建设银行股份有限公司用税后利润弥补。

二、对中国建设银行股份有限公司在2004年用于分配的51.16亿元利润,按33%的企业所得税税率计算缴纳企业所得税。

2－1－389

国家税务总局关于中国水产(集团)总公司所属企业总机构管理费税前扣除标准的通知

2005年6月3日　国税函〔2005〕565号

北京、上海、山东、江苏、浙江、广东省(直辖市)国家税务局,大连市国家税务局:

近接中国水产(集团)总公司《关于提取2004年度管理费用的请示》(中水总财〔2004〕189号),现将有关问题通知如下:

根据《国家税务总局关于印发〈总机构管理费税前扣除审批办法〉的通知》(国税发〔1996〕177号)、《国家税务总局关于提取管理费税前扣除审批办法的补充通知》(国税函〔1999〕136号)、《国家税务总局关于进一步加强总机构管理费税前扣除审批管理的通知》(国税函〔2005〕115号)的有关规定,经审核,同意该公司2004年度向所属企业提取总机构管理费4550万元。其所属企业按规定标准上交的管理费(详见附件),准予在税前扣除;超过规定标准上交的管理费,应进行纳税调整。该公司提取的管理费年终如有结余,应并入公司的应纳税所得额缴纳企业所得税。

各主管税务机关应按照上述三个总局文件的规定精神,在该公司及其所属企业进行年终纳税申报时,对其总机构管理费的提取、使用、税前扣除等有关事项进行严格审核和管理。

附件:中国水产(集团)总公司所属企业2004年度总机构管理费扣除标准(编者略)

2-1-390

国家税务总局关于中国民生银行缴纳企业所得税问题的通知

2005年6月3日 国税函〔2005〕566号

北京、天津、上海、重庆、河北、山东、江苏、浙江、福建、山西、陕西、广东、湖北、四川省(直辖市)国家税务局,大连、宁波、深圳市国家税务局:

近接中国民生银行《关于调整汇总纳税范围的请示》(民银发〔2005〕76号),申请调整汇总纳税企业的范围。经研究,现对中国民生银行及其分支机构(名单附后)缴纳企业所得税的问题重新明确如下:

一、从2005年起,中国民生银行及其所属分支机构按照《国家税务总局关于汇总(合并)纳税企业实行统一计算、分级管理、就地预交、集中清算所得税问题的通知》(国税发〔2001〕13号)规定,在北京市实行汇总缴纳企业所得税,所属各分支机构,按年度应纳所得税额60%的比例就地预交企业所得税。

二、中国民生银行应在每年年度纳税申报后,向国家税务总局(所得税管理司)报送合并纳税财务报表和纳税申报表。

三、各分支机构应严格执行国家税务总局关于汇总(合并)纳税企业所得税征收管理的有关规定,向所在地主管税务机关报送企业所得税纳税申报表,接受所在地主管税务机关的管理和检查。所在地主管税务机关应严格履行就地监管的责任。

四、中国民生银行在以后生产经营年度中,因所属成员企业发生变化,需调整合并纳税范围、预交税款比例和变更名称的,由国家税务总局另行通知。

附件:中国民生银行所属各分支机构名单(编者略)

2－1－391

国家税务总局关于交通银行等银行缴纳企业所得税问题的通知

2005年6月10日　国税函〔2005〕593号

北京、上海、天津、福建、辽宁、山西、内蒙古、河南、陕西、广东、云南省（直辖市、自治区）国家税务局：

现就交通银行、兴业银行、华夏银行新增加的汇总纳税成员企业缴纳企业所得税问题通知如下：

从2005年度起，交通银行、兴业银行、华夏银行新增加的汇总纳税分支机构（名单附后），分别按照《国家税务总局关于交通银行缴纳企业所得税问题的通知》（国税函〔2004〕997号）、《国家税务总局关于兴业银行缴纳企业所得税问题的通知》（国税函〔2004〕1233号）、《国家税务总局关于华夏银行缴纳企业所得税问题的通知》（国税函〔2004〕1390号）的有关规定执行。

附件：交通银行、兴业银行、华夏银行新增加的汇总纳税分支机构名单（编者略）

2－1－392

国家税务总局关于中原证券股份有限公司缴纳企业所得税问题的通知

2005年6月24日　国税函〔2005〕664号

北京、上海、河南、浙江省（直辖市）国家税务局，深圳、青岛市国家税务局：

现就中原证券股份有限公司及分支机构（名单附后）缴纳企业所得税问题，通知如下：

一、自2005年起，中原证券股份有限公司所属分支机构按照《国家税务总局关于汇总（合并）纳税企业实行统一计算、分级管理、就地预交、集中清算所得税问题的通知》（国税发〔2001〕13号）规定，在公司总部所在地汇总缴纳企业所得税，暂不实行就地预缴企业所得税办法。

二、中原证券股份有限公司应在每年年度纳税申报后，向国家税务总局（所得税管理司）报送汇总纳税财务会计报表和纳税申报表。

三、中原证券股份有限公司所属分支机构，应严格执行国家税务总局关于汇总（合并）纳税企业所得税征收管理的有关规定，接受所在地主管税务机关的管理和检查。

四、中原证券股份有限公司在以后生产经营年度中，因所属分支机构发生变化，需调整汇总范围、预交税款比例和变更名称的，由国家税务总局另行通知。

附件：中原证券股份有限公司所属分支机构名单（编者略）

2－1－393

农业部　发改委　财政部　商务部　人民银行　国家税务总局　证监会　供销总社关于公布21家企业递补为农业产业化国家重点龙头企业的通知

2005年7月7日　农经发〔2005〕8号

各省、自治区、直辖市及新疆生产建设兵团农业厅(局)、农委(办)、发展改革委、财政厅(局)、商务主管部门、国税局、地税局、供销合作社,人民银行各分行、营业管理部、各省会(首府)城市中心支行,证监会各派出机构:

按照《农业产业化国家重点龙头企业认定和运行监测管理暂行办法》关于"对农业产业化国家重点龙头企业实行动态管理,建立竞争和淘汰机制,做到可进可出"的规定,在有关省(自治区、直辖市)推荐初审的基础上,经全国农业产业化联席会议审定,对监测不合格的企业取消其国家重点龙头企业资格,同时,递补辽源金昌企业集团公司等21家企业为农业产业化国家重点龙头企业。

为统一开展农业产业化国家重点龙头企业的监测工作,按照第六次全国农业产业化联席会议的意见,对第三批农业产业化国家重点龙头企业的监测由原来的2005年底推迟到2006年底,与第二次监测到期的372家国家重点龙头企业一并进行。在这期间,第三批国家重点龙头企业资格不变,继续享受有关政策。

附件:21家农业产业化国家重点龙头企业递补企业名单(编者略)

2－1－394

国家税务总局关于太平洋证券有限责任公司等证券公司缴纳企业所得税的通知

2005年7月7日　国税函〔2005〕706号

北京、上海、天津、重庆、黑龙江、辽宁、吉林、山东、江苏、浙江、湖北、湖南、四川、云南、陕西、甘肃、新疆、福建、广东、海南省(直辖市、自治区)国家税务局,深圳、大连市国家税务局:

现就太平洋证券有限责任公司、金元证券有限责任公司、齐鲁证券有限责任公司、东海证券有限责任公司、国信证券有限责任公司、财达证券有限责任公司、华龙证券有限责任公司(以下简称证券公司)及所属分支机构缴纳企业所得税问题,通知如下:

一、从2005年起,上述证券公司所属分支机构(名单附后)按照《国家税务总局关于汇总(合并)纳税企业实行统一计算、分级管理、就地预交、集中清算所得税问题的通知》(国税发〔2001〕13 号)规定,在各证券公司总部所在地汇总缴纳企业所得税,暂不实行就地预交企业所得税办法。

二、上述证券公司应在每年年度纳税申报后,向国家税务总局(所得税管理司)报送汇总纳税财务报表和纳税申报表。

三、总部设在深圳特区内的证券公司,应将深圳特区内的业务与特区外业务分别核算,分别按规定税率缴纳企业所得税。

四、上述证券公司所属分支机构,应严格执行国家税务总局关于汇总(合并)纳税企业所得税征收管理的有关规定,接受所在地主管税务机关的管理和检查。

五、上述证券公司在以后生产经营年度中,因所属分支机构发生变化,需调整汇总范围、预交税款比例和变更名称的,由国家税务总局另行通知。

附件:1. 太平洋证券有限责任公司汇总纳税成员企业名单(编者略)
2. 金元证券有限责任公司汇总纳税成员企业名单(编者略)
3. 齐鲁证券有限责任公司汇总纳税成员企业名单(编者略)
4. 东海证券有限责任公司汇总纳税成员企业名单(编者略)
5. 国信证券有限责任公司汇总纳税成员企业名单(编者略)
6. 华龙证券有限责任公司汇总纳税成员企业名单(编者略)
7. 财达证券有限责任公司汇总纳税成员企业名单(编者略)

2 -1 -395

国家税务总局关于南京化学工业有限公司增加合并纳税成员企业的通知

2005 年 8 月 15 日　国税函〔2005〕799 号

江苏省国家税务局:

近接中国石化集团南京化学工业有限公司(以下简称南化集团)《关于中国石化集团南京化学工业有限公司增加企业所得税合并纳税成员企业的请示》(南化司财〔2005〕19 号),现将有关问题通知如下:

南化集团是合并纳税企业集团,所申请新增合并纳税的中国石化集团南京化学工业有限公司化工厂(原南京化工厂),为南化集团的全资成员企业,符合国家合并缴纳企业所得税的有关规定,经研究,同意从 2005 年度起,纳入南化集团合并纳税成员企业范围。请你局按照有关规定征收管理。

2－1－396

国家税务总局关于中国石油天然气股份有限公司和中国石油化工股份有限公司职工教育经费税前扣除标准的通知

2005年9月5日 国税函〔2005〕854号

各省、自治区、直辖市和计划单列市国家税务局：

近接中国石油天然气股份有限公司和中国石油化工股份有限公司关于职工教育经费税前扣除标准的请示，经研究，现就其职工教育经费税前扣除标准问题通知如下：

根据《国务院关于大力推进职业教育改革与发展的决定》（国发〔2002〕16号）中“从业人员技术素质要求高、培训任务重、经济效益较好的企业可按2.5%提取，列入成本开支”的规定，考虑到石油天然气和石油化工行业要求从业人员素质较高，需要不断加强职工教育培训等实际情况，同意中国石油天然气股份有限公司和中国石油化工股份有限公司提取的职工教育经费，从2005年度起，按照计税工资总额2.5%的标准在企业所得税前扣除。

2－1－397

国家税务总局关于兖矿集团有限公司合并缴纳企业所得税问题的通知

2005年9月14日 国税函〔2005〕882号

山东省、上海市地方税务局：

兖矿集团有限公司是国务院确定的试点大型企业集团之一，根据《国家税务总局关于大型企业集团征收所得税问题的通知》（国税发〔1994〕27号）的有关规定，为支持该集团的进一步发展，现将有关合并缴纳企业所得税问题通知如下：

一、兖矿集团有限公司所属的15家全资控股企业（名单见附件），从2005年度起，按照《国家税务总局关于汇总（合并）纳税企业实行统一计算、分级管理、就地预交、集中清算所得税问题的通知》（国税发〔2001〕13号）的有关规定，由兖矿集团有限公司在山东省邹城市合并缴纳企业所得税。合并纳税各成员企业暂不实行就地预交企业所得税办法。

二、兖矿集团有限公司所属合并纳税的成员企业，在企业改组、改制或资产重组过程中，因股权发生变化而变成非全资控股的企业，集团公司应及时报告成员企业所在地主管税务机关，经所在地主管税务机关确认后，从股权发生变化的年度起，就地缴纳企业所得税，并报国家税务总局备案。

三、兖矿集团有限公司应在每年的年度纳税申报后,向国家税务总局(所得税管理司)报送集团公司的汇总(合并)财务会计报表和纳税申报表。

四、兖矿集团有限公司所属合并纳税的成员企业,应按照国家税务总局的有关规定,向所在地主管税务机关报送所得税纳税申报表,并接受所在地主管税务机关的检查和监管;所在地主管税务机关应按国家税务总局的统一规定,认真受理企业的纳税申报,切实履行纳税检查和监管职责。

五、兖矿集团有限公司在以后生产经营年度中,因成员企业情况发生变化,需调整合并纳税成员企业范围、变更成员企业名称、地址的,报国家税务总局另行明确。

附件:兖矿集团有限公司合并纳税成员企业名单(编者略)

2-1-398

国家税务总局关于中国重型汽车集团有限公司合并缴纳企业所得税问题的通知

2005年9月14日　国税函〔2005〕886号

北京、上海、重庆、河北、辽宁、湖北、山东、浙江、陕西、广东、云南、黑龙江、内蒙古、新疆、江苏、福建、河南省(自治区、直辖市)地方税务局,青岛市地方税务局:

中国重型汽车集团有限公司是国务院确定的试点大型企业集团,根据《国家税务总局关于大型企业集团征收所得税问题的通知》(国税发〔1994〕27号)的有关规定,为支持该集团公司的进一步发展,现将有关合并缴纳企业所得税问题,通知如下:

一、中国重型汽车集团有限公司所属的55家全资控股成员企业,从2005年度起,按照《国家税务总局关于汇总(合并)纳税企业实行统一计算、分级管理、就地预交、集中清算所得税问题的通知》(国税发〔2001〕13号)的有关规定,由中国重型汽车集团有限公司在山东省合并缴纳企业所得税。合并纳税的成员企业暂不实行就地预交企业所得税办法。

二、中国重型汽车集团有限公司所属合并纳税的成员企业在改组、改造或资产重组过程中,因股权发生变化而变成非全资控股的企业,集团公司应及时报告该公司所在地主管税务机关,经所在地主管税务机关确认后,从股权发生变化的年度起,就地缴纳企业所得税,并报国家税务总局备案。

三、中国重型汽车集团有限公司应在每年的年度纳税申报后,向国家税务总局(所得税管理司)报送集团公司的汇总(合并)财务会计报表和纳税申报表。

四、中国重型汽车集团有限公司所属合并纳税的成员企业应按照国家税务总局的有关规定,向所在地主管税务机关报送所得税纳税申报表,并接受所在地主管税务机关的检查和监管;所在地主管税务机关应按国家税务总局的统一规定,认真受理企业的纳税申报,切实履行纳税检查和监管职责。

五、中国重型汽车集团有限公司所属合并纳税的成员企业在以后生产经营年度中,因成员企业情况发生变化,需调整合并纳税成员企业范围、变更成员企业名称、地址的,报国家税务总局另行明确。

附件:中国重型汽车集团有限公司合并纳税企业名单(编者略)

2－1－399

财政部　国家税务总局关于中国航空集团公司重组上市过程中资产评估增值有关企业所得税政策问题的通知

2005年10月19日　财税〔2005〕112号

各省、自治区、直辖市、计划单列市财政厅(局)、国家税务局、地方税务局:

为支持中国航空集团公司重组改制上市工作,现将其改制过程中资产评估增值涉及的企业所得税政策问题通知如下:

一、中国航空集团公司在重组改制上市过程中发生的境内资产评估增值总计32.56亿元,直接转计中国航空集团公司的资本公积,作为国有资本,不征收企业所得税。

二、同意中国国际航空股份有限公司按评估后的资产价值计提折旧或摊销,并在企业所得税税前扣除。

请遵照执行。

2－1－400

国家税务总局关于中国中化集团公司合并缴纳企业所得税问题的通知

2005年10月19日　国税函〔2005〕984号

北京、天津、上海、山东、江苏、辽宁、广东、河北省(直辖市)国家税务局,大连、青岛市国家税务局:

中国中化集团公司是国务院确定的试点大型企业集团,根据《国家税务总局关于大型企业集团征收所得税问题的通知》(国税发〔1994〕27号)的有关规定,为支持该集团公司的进一步发展,现将有关合并缴纳企业所得税问题通知如下:

一、中国中化集团公司所属的25家全资控股成员企业,从2005年度起,按照《国家税务总局关于汇总(合并)纳税企业实行统一计算、分级管理、就地预交、集中清算所得税问题的通知》(国税发〔2001〕13号)的有关规定,由中国中化集团公司在北京市合并缴纳企业所得税。中国中化集团公司所属合并纳税的中化辽宁、中化江苏、中化广东进出口公司暂不实行就地预交企业所得税办法,其他成员企业应按年度应纳所得税额60%的比例就地预交企业所得税。

二、中国中化集团公司所属合并纳税的成员企业在改组、改造或资产重组过程中，因股权发生变化而变成非全资控股的企业，集团公司应及时报告该公司所在地主管税务机关，经所在地主管税务机关确认后，从股权发生变化的年度起，就地缴纳企业所得税，并报国家税务总局备案。

三、中国中化集团公司应在每年的年度纳税申报后，向国家税务总局（所得税管理司）报送集团公司的汇总（合并）财务会计报表和纳税申报表。

四、中国中化集团公司所属合并纳税的成员企业应按照国家税务总局的有关规定，向所在地主管税务机关报送所得税纳税申报表，并接受所在地主管税务机关的检查和监管；所在地主管税务机关应按国家税务总局的统一规定，认真受理企业的纳税申报，切实履行纳税检查和监管职责。

五、中国中化集团公司所属合并纳税的成员企业在以后生产经营年度中，因成员企业情况发生变化，需调整合并纳税成员企业范围、变更成员企业名称、地址的，报国家税务总局另行明确。

附件：中国中化集团公司合并纳税企业名单（编者略）

2－1－401

国家税务总局关于调整中国太平洋财产保险股份有限公司等11家保险公司汇总纳税范围的通知

2005年10月20日　国税函〔2005〕987号

各省、自治区、直辖市和计划单列市国家税务局（不发西藏）：

现就太平洋财产保险股份有限公司、太平保险有限公司、华泰财产保险股份有限公司、华安财产保险股份有限公司、大地财产保险股份有限公司、太平洋人寿保险股份有限公司、泰康人寿保险股份有限公司、生命人寿保险股份有限公司、新华人寿保险股份有限公司、太平人寿保险股份有限公司、中国出口信用保险公司等11家公司更名的分支机构和新增的分支机构缴纳企业所得税问题通知如下：

从2005年起，按照《国家税务总局关于汇总（合并）纳税企业实行统一计算、分级管理、就地预交、集中清算所得税问题的通知》（国税发〔2001〕13号）规定，上述11家公司更名的分支机构（名单见附件1）和新增的分支机构（名单见附件2），由公司总部汇总缴纳企业所得税。

附件：1. 中国太平洋财产保险股份有限公司等5家保险公司更名分支机构名单（编者略）

2. 中国大地财产保险股份有限公司等9家保险公司新增分支机构名单（编者略）

2－1－402

发展改革委　信息产业部　税务总局海关总署关于印发《国家鼓励的集成电路企业认定管理办法（试行）》的通知

2005年10月21日　发改高技〔2005〕2136号

各省、自治区、直辖市、计划单列市发展改革委、经委（经贸委）、信息产业主管部门、国家税务局、地方税务局、海关：

为贯彻落实国务院《鼓励软件产业和集成电路产业发展的若干政策》（国发〔2000〕18号）及其配套优惠政策，规范国家鼓励的集成电路企业认定工作，特制定《国家鼓励的集成电路企业认定管理办法（试行）》，现印发给你们，请按照执行，并做好有关工作。

特此通知。

附件：国家鼓励的集成电路企业认定管理办法（试行）

附件

国家鼓励的集成电路企业认定管理办法（试行）

第一条　为使企业享受国务院《鼓励软件产业和集成电路产业发展的若干政策》（国发〔2000〕18号，简称《若干政策》）及其配套的优惠政策，加速我国集成电路产业发展，根据《若干政策》第四十九条和有关规定，制定本办法。

第二条　本办法所指的集成电路企业，是指在中国境内（不含香港、澳门、台湾）依法设立的从事集成电路芯片制造、封装、测试以及6英寸（含）以上硅单晶材料生产的具有独立法人资格的组织，不包括集成电路设计企业。

第三条　国家发展和改革委员会、信息产业部、国家税务总局和海关总署为集成电路企业认定主管部门（以下简称主管部门），负责全国集成电路企业的认定管理工作，其职责是：

（一）组织集成电路企业认定机构（以下简称认定机构）开展认定工作；

（二）监督检查全国集成电路企业的认定工作，审核批准认定结果；

（三）受理对认定结果、年审结果以及有关认定决定的异议申诉。

第四条　主管部门共同委托中国半导体行业协会为集成电路企业认定机构，负责集成电路企业认定和年审工作。其职责是：

（一）受理集成电路企业认定申请；

（二）具体组织集成电路企业认定工作，提出认定意见；

（三）负责集成电路企业年度审查，并将结果报主管部门备案。

第五条 申请认定的集成电路企业须满足下列条件：

（一）是依法成立的从事集成电路芯片制造、封装、测试以及6英寸（含）以上硅单晶材料生产的法人单位；

（二）具有与集成电路产品生产相适应的生产经营场所、软硬件设施和人员等基本条件，其生产过程符合集成电路产品生产的基本流程、管理规范，具有保证产品生产的手段与能力；

（三）自产（含代工）集成电路产品销售收入占企业当年总收入的60%以上（新建企业除外）；

（四）企业主管税务机关认定企业无恶意欠税或偷税骗税等违法行为。

第六条 企业在申请集成电路企业认定时，须按认定实施细则要求提供相关资料，提交的资料及其内容必须真实有效。

第七条 集成电路企业的认定，由企业向认定机构提出申请。认定机构应依照相关实施细则进行审理，并于15个工作日内向主管部门提出认定意见及相关资料。国家发展和改革委员会会同信息产业部、国家税务总局、海关总署，于45个工作日内联合发文确定或将否定意见告认定机构。

第八条 认定结果在认定机构的网站及有关媒体上发布，接受社会监督。

第九条 国家对认定的集成电路企业实行年度审查制度。企业向认定机构提交年度审查报告，认定机构出具年审意见报主管部门备案。

第十条 企业应按规定的时限向认定机构提交年度审查报告，逾期未报的企业视为自动放弃认定资格；年审不合格的集成电路企业，其认定资格自下一年度起取消。

第十一条 经认定的集成电路企业发生调整、分立、合并、重组等变更情况时，须在作出变更决定之日起30日内，向原认定机构办理变更认定或重新申报手续。未经国家发展和改革委员会与有关部门批准同意变更认定的，取消企业的认定资格，停止享受有关优惠政策。

第十二条 集成电路企业一经发现有偷税等违法行为的，经核实后取消该企业认定资格，停止享受有关优惠政策。

第十三条 经查明企业在申请集成电路企业认定时提供虚假材料及内容的，中止其认定申请；已认定的，撤销其集成电路企业的认定资格，并予以通报，同时追回已减免税收款项；认定机构3年内不再受理其认定申请。

第十四条 经认定的集成电路企业，凭主管部门共同签发的认定文件，到有关部门办理享受有关优惠政策的手续。

第十五条 本办法由国家发展和改革委员会会同信息产业部、国家税务总局、海关总署负责解释。

第十六条 本办法自印发之日起施行。

2－1－403

国家税务总局关于本溪钢铁(集团)有限责任公司合并缴纳企业所得税问题的通知

2005年11月1日 国税函〔2005〕1029号

辽宁、吉林省地方税务局,大连、深圳市地方税务局:

本溪钢铁(集团)有限公司是国务院确定的试点大型企业集团之一,为支持该集团公司的进一步发展,根据《国家税务总局关于大型企业集团征收所得税问题的通知》(国税发〔1994〕27号)的有关规定,现将该集团公司合并缴纳企业所得税的有关问题通知如下:

一、本溪钢铁(集团)有限公司所属全资控股企业(名单见附件),从2005年度起,按照《国家税务总局关于汇总(合并)纳税企业实行统一计算、分级管理、就地预交、集中清算所得税问题的通知》(国税发〔2001〕13号)的有关规定,由本溪钢铁(集团)有限公司在辽宁省合并缴纳企业所得税。各成员企业暂不实行就地预交企业所得税办法。

二、本溪钢铁(集团)有限公司所属合并纳税的成员企业,在企业改组、改造或资产重组过程中,因股权发生变化而变成非全资控股的企业,集团公司应及时报告成员企业所在地主管税务机关,经所在地主管税务机关确认后,从股权发生变化的年度起,应地缴纳企业所得税,并报国家税务总局备案。

三、本溪钢铁(集团)有限公司应在每年的年度纳税申报后,向国家税务总局(所得税管理司)报送集团公司的汇总(合并)财务会计报表和纳税申报表。

四、本溪钢铁(集团)有限公司所属合并纳税的成员企业,应按照国家税务总局的有关规定,向所在地主管税务机关报送所得税纳税申报表和财务会计报表,并接受所在地主管税务机关的检查和监管;所在地主管税务机关应按国家税务总局的统一规定,认真受理企业的纳税申报,切实履行纳税检查和监管职责。

五、本溪钢铁(集团)有限公司在以后生产经营年度中,因成员企业情况发生变化,需调整合并纳税成员企业范围、变更成员企业名称、地址和调整就地预交税款比例的,报国家税务总局另行明确。

2－1－404

国家税务总局关于中国长江航运(集团)总公司合并缴纳企业所得税问题的通知

2005年11月2日 国税函〔2005〕1036号

北京、上海、重庆、湖北、江苏、四川、安徽省(市)国家税务局、宁波市国家税务局:

中国长江航运(集团)总公司是国务院确定的试点大型企业集团之一。根据《国家税务总局关于大型企业集团征收所得税问题的通知》(国税发〔1994〕27号)的有关规定,为支持中国长江航运(集团)总公司的进一步发展,现将该公司合并缴纳企业所得税的有关问题通知如下:

一、中国长江航运(集团)总公司所属的93家全资控股企业(名单见附件),从2005年度起,由中国长江航运(集团)总公司在湖北省合并缴纳企业所得税。各成员企业暂不实行就地预交企业所得税办法。

二、中国长江航运(集团)总公司所属合并纳税的成员企业,在企业改组、改造或资产重组过程中,因股权发生变化而变成非全资控股的企业,集团公司应及时报告成员企业所在地主管税务机关,经所在地主管税务机关确认后,从股权发生变化的年度起,就地缴纳企业所得税,并报国家税务总局备案。

三、中国长江航运(集团)总公司应在每年的年度纳税申报后,向国家税务总局(所得税管理司)报送集团公司的汇总(合并)财务报表和纳税申报表。

四、中国长江航运(集团)总公司所属合并纳税的成员企业,应按照国家税务总局的有关规定,向所在地主管税务机关报送所得税纳税申报表,并接受所在地主管税务机关的检查和监管;所在地主管税务机关应按国家税务总局的统一规定,认真受理企业的纳税申报,切实履行纳税检查和监管职责。

五、中国长江航运(集团)总公司在以后生产经营年度中,因成员企业情况发生变化,需调整合并纳税成员企业范围、变更成员企业名称、地址和调整就地预交税款比例的,由国家税务总局另行明确。

附件:中国长江航运(集团)总公司合并纳税企业名单(编者略)

2－1－405

国家税务总局关于首钢总公司缴纳企业所得税问题的通知

2005年11月3日　国税函〔2005〕1038号

首钢总公司是国务院确定的试点大型企业集团之一,为支持该集团公司的进一步发展,根据《国家税务总局关于大型企业集团征收所得税问题的通知》(国税发〔1994〕27号)的有关规定,现将该集团公司合并缴纳企业所得税的有关问题通知如下:

一、首钢总公司所属的48家全资控股企业(名单见附件),从2005年度起,按照《国家税务总局关于汇总(合并)纳税企业实行统一计算、分级管理、就地预交、集中清算所得税问题的通知》(国税发〔2001〕13号)的有关规定,由首钢总公司在北京市合并缴纳企业所得税。各成员企业暂不实行就地预交企业所得税办法。

二、首钢总公司所属合并纳税的成员企业,在企业改组、改造或资产重组过程中,因股权发生变化而变成非全资控股的企业,集团公司应及时报告成员企业所在地主管税务机关,经所在地主管税务机关确认后,从股权发生变化的年度起,就地缴纳企业所得税,并报国家税务总局备案。

三、首钢总公司应在每年的年度纳税申报后，向国家税务总局（所得税管理司）报送集团公司的汇总（合并）财务会计报表和纳税申报表。

四、首钢总公司所属合并纳税的成员企业，应按照国家税务总局的有关规定，向所在地主管税务机关报送所得税纳税申报表和财务会计报表，并接受所在地主管税务机关的检查和监管；所在地主管税务机关应按国家税务总局的统一规定，认真受理企业的纳税申报，切实履行纳税检查和监管职责。

五、首钢总公司在以后生产经营年度中，因成员企业情况发生变化，需调整合并纳税成员企业范围、变更成员企业名称、地址和调整就地预交税款比例的，报国家税务总局另行明确。

附件：首钢总公司合并纳税企业名单（编者略）

2－1－406

国家税务总局关于中国电力投资集团公司合并缴纳企业所得税问题的通知

2005年11月3日　国税函〔2005〕1040号

北京、上海、重庆、湖南、福建、安徽、山西、辽宁、江西、河南省（市）国家税务局：

中国电力投资集团公司是国务院确定的试点大型企业集团之一，为支持该集团公司的进一步发展，根据《国家税务总局关于大型企业集团征收所得税问题的通知》（国税发〔1994〕27号）的有关规定，现将该集团公司合并缴纳企业所得税的有关问题通知如下：

一、中国电力投资集团公司所属全资控股企业（名单见附件），从2005年度起，按照《国家税务总局关于汇总（合并）纳税企业实行统一计算、分级管理、就地预交、集中清算所得税问题的通知》（国税发〔2001〕13号）的有关规定，由中国电力投资集团公司在北京市合并缴纳企业所得税。各成员企业暂不实行就地预交企业所得税办法。

二、中国电力投资集团公司所属合并纳税的成员企业，在企业改组、改造或资产重组过程中，因股权发生变化而变成非全资控股的企业，集团公司应及时报告成员企业所在地主管税务机关，经所在地主管税务机关确认后，从股权发生变化的年度起，就地缴纳企业所得税，并报国家税务总局备案。

三、中国电力投资集团公司应在每年的年度纳税申报后，向国家税务总局（所得税管理司）报送集团公司的汇总（合并）财务会计报表和纳税申报表。

四、中国电力投资集团公司所属合并纳税的成员企业，应按照国家税务总局的有关规定，向所在地主管税务机关报送所得税纳税申报表和财务会计报表，并接受所在地主管税务机关的检查和监管；所在地主管税务机关应按国家税务总局的统一规定，认真受理企业的纳税申报，切实履行纳税检查和监管职责。

五、中国电力投资集团公司在以后生产经营年度中，因成员企业情况发生变化，需调整合并纳税成员企业范围、变更成员企业名称、地址和调整就地预交税款比例的，报国家税务总局另行明确。

附件：中国电力投资集团公司合并纳税企业名单（编者略）

2－1－407

国家税务总局关于中国民用航空总局缴纳企业所得税问题的通知

2005年11月14日　国税函〔2005〕1075号

各省、自治区、直辖市和计划单列市国家税务局：

现将中国民用航空总局空管系统合并缴纳企业所得税问题通知如下：

一、中国民用航空总局空管系统所属企业、单位（名单见附件），从2005年起，按照《国家税务总局关于汇总（合并）纳税企业实行统一计算、分级管理、就地预交、集中清算所得税问题的通知》（国税发〔2001〕13号）的有关规定，由中国民用航空总局在北京市合并缴纳企业所得税。各成员企业暂不实行就地预交企业所得税办法。

二、中国民用航空总局空管系统所属合并纳税的成员企业，在企业改组、改造或资产重组过程中，因股权发生变化而变成非全资控股的企业，中国民用航空总局应及时报告成员企业所在地主管税务机关，经所在地主管税务机关确认后，从股权发生变化的年度起，就地缴纳企业所得税，并报国家税务总局备案。

三、中国民用航空总局应在每年的年度纳税申报后，向国家税务总局（所得税管理司）报送集团公司的汇总（合并）财务会计报表和纳税申报表。

四、中国民用航空总局所属合并纳税的成员企业，应按照国家税务总局的有关规定，向所在地主管税务机关报送所得税纳税申报表和财务会计报表，并接受所在地主管税务机关的检查和监管；所在地主管税务机关应按国家税务总局的统一规定，认真受理企业的纳税申报，切实履行纳税检查和监管职责。

五、中国民用航空总局在以后生产经营年度中，因成员企业情况发生变化，需调整合并纳税成员企业范围、变更成员企业名称、地址和调整就地预交税款比例的，报国家税务总局另行明确。

附件：民航空管系统合并纳税企业名单（编者略）

2－1－408

国家税务总局关于中国铁通集团有限公司缴纳企业所得税问题的通知

2005年11月14日　国税函〔2005〕1080号

各省、自治区、直辖市和计划单列市国家税务局：

根据《国家税务总局关于大型企业集团征收所得税问题的通知》(国税发〔1994〕27 号)等有关规定,现将中国铁通集团有限公司合并缴纳企业所得税有关问题通知如下:

一、中国铁通集团有限公司所属的全资控股企业(名单见附件),自 2005 年度起,按照《国家税务总局关于汇总(合并)纳税企业实行统一计算、分级管理、就地预交、集中清算所得税问题的通知》(国税发〔2001〕13 号)的有关规定,由中国铁通集团有限公司在北京市合并缴纳企业所得税,各成员企业暂不实行就地预交企业所得税办法。

二、经批准享受西部地区优惠政策的成员企业,分别由中国铁通集团有限公司按照《国家税务总局关于落实西部大开发有关税收政策具体实施意见的通知》(国税发〔2002〕47 号)的有关规定,单独合并申报缴纳企业所得税。

三、中国铁通集团有限公司所属合并纳税的成员企业,在企业改组、改造或资产重组过程中,因股权发生变化而变成非全资控股的企业,集团公司应及时报告成员企业所在地主管税务机关,经所在地主管税务机关确认后,从股权发生变化的年度起,就地缴纳企业所得税,并报国家税务总局备案。

四、中国铁通集团有限公司应在每年的年度纳税申报后,向国家税务总局(所得税管理司)报送集团公司的汇总(合并)财务会计报表和纳税申报表。

五、中国铁通集团有限公司所属合并纳税的成员企业,应按照国家税务总局的有关规定,向所在地主管税务机关报送所得税纳税申报表和财务会计报表,并接受所在地主管税务机关的检查和监管;所在地主管税务机关应按国家税务总局的统一规定,认真受理企业的纳税申报,切实履行纳税检查和监管职责。

六、中国铁通集团有限公司在以后生产经营年度中,因成员企业情况发生变化,需调整合并纳税成员企业范围、变更成员企业名称、地址和调整就地预交税款比例的,报国家税务总局另行明确。

附件:中国铁通集团有限公司合并纳税成员企业名单(编者略)

2 - 1 - 409

国家税务总局关于中国移动通信集团公司合并缴纳企业所得税问题的通知

2005 年 11 月 15 日　国税函〔2005〕1086 号

各省、自治区、直辖市和计划单列市国家税务局:

近接中国移动通信集团公司(以下称移动集团)《关于 2005 年度合并缴纳企业所得税问题的请示》(中移财〔2005〕59 号),为支持该集团公司的进一步发展,现将其合并缴纳企业所得税问题通知如下:

一、中国移动通信集团公司所属的 29 家全资控股企业及分支机构(名单见附件),自 2005 年度起,由移动集团在北京市合并缴纳企业所得税。各成员企业暂不实行就地预交企业所得税办法。

二、经批准享受西部地区优惠政策的成员企业，按照《国家税务总局关于落实西部大开发有关税收政策具体实施意见的通知》(国税发〔2002〕47号)的有关规定，可由移动集团单独合并申报缴纳企业所得税。

三、移动集团所属合并纳税的成员企业，在企业改组、改造或资产重组过程中，因股权发生变化而变成非全资控股的企业，集团公司应及时报告成员企业所在地主管税务机关，经所在地主管税务机关确认后，从股权发生变化的年度起，就地缴纳企业所得税，并报国家税务总局备案。

四、移动集团应在每年的年度纳税申报后，向国家税务总局(所得税管理司)报送集团公司的汇总(合并)财务会计报表和纳税申报表。

五、移动集团所属合并纳税的成员企业，应按照国家税务总局的有关规定，向所在地主管税务机关报送所得税纳税申报表和财务会计报表，并接受所在地主管税务机关的检查和监管；所在地主管税务机关应按国家税务总局的统一规定，认真受理企业的纳税申报，切实履行纳税检查和监管职责。

六、移动集团在以后生产经营年度中，因成员企业情况发生变化，需调整合并纳税成员企业范围、变更成员企业名称、地址和调整就地预交税款比例的，报国家税务总局另行明确。

附件：中国移动通信集团公司合并纳税成员企业名单(编者略)

2－1－410

国家税务总局关于中国卫星通信集团公司合并缴纳企业所得税问题的通知

2005年11月18日　国税函〔2005〕1095号

各省、自治区、直辖市和计划单列市国家税务局：

近接中国卫星通信集团公司《关于中国卫星通信集团公司统一汇缴所得税的申请》(中国卫通财字〔2005〕300号)，为进一步支持该集团公司发展，现将该集团公司合并缴纳企业所得税问题通知如下：

一、中国卫星通信集团公司所属的199家全资控股企业(名单见附件)，自2005年起，由中国卫星通信集团公司在北京市统一按33%的税率合并缴纳企业所得税。

各合并纳税的成员企业暂不实行就地预交企业所得税办法。

二、中国卫星通信集团公司所属合并纳税的成员企业，在企业改组、改制或资产重组过程中，因股权发生变化而变成非全资控股的企业，经当地主管税务机关确认后，从股权发生变化的年度起，就地缴纳企业所得税，并报国家税务总局备案。

三、中国卫星通信集团公司所属合并纳税的成员企业，应按照国家税务总局的有关规定，向所在地主管税务机关报送所得税纳税申报表，并接受所在地主管税务机关的检查和监管；当地国家税务局应按国家税务总局的统一规定，认真受理企业的纳税申报，切实履行纳税检查和监管职责。

附件：中国卫星通信集团公司合并纳税成员企业名单（编者略）

2－1－411

国家税务总局关于上海浦东发展银行缴纳企业所得税问题的通知

2005年11月28日 国税函〔2005〕1116号

北京、上海、天津、重庆、黑龙江、辽宁、山西、陕西、河南、山东、江苏、浙江、安徽、江西、湖北、湖南、广东、云南、四川省（直辖市、自治区）国家税务局，大连、青岛、宁波、深圳市国家税务局：

近接上海浦东发展银行《上海浦东发展银行关于确认分支机构纳税情况的请示》（浦银发〔2005〕264号），申请将新增加的分支机构纳入汇总纳税范围。经研究，现对上海浦东发展银行及其分支机构（名单附后）缴纳企业所得税的问题通知如下：

一、从2005年起，上海浦东发展银行继续按照《国家税务总局关于汇总（合并）纳税企业实行统一计算、分级管理、就地预交、集中清算所得税问题的通知》（国税发〔2001〕13号）规定，在上海市实行汇总缴纳企业所得税，所属各分支机构，按年度应纳所得税额60%的比例就地预交企业所得税。

二、上海浦东发展银行应在每年年度纳税申报后，向国家税务总局（所得税管理司）报送合并纳税财务会计报表和纳税申报表。

三、上海浦东发展银行所属各分支机构应严格执行国家税务总局关于汇总（合并）纳税企业所得税征收管理的有关规定，向所在地主管税务机关报送企业所得税纳税申报表，接受所在地主管税务机关的管理和检查。所在地主管税务机关应严格履行就地监管的责任。

四、上海浦东发展银行在以后生产经营年度中，因所属成员企业发生变化，需调整合并纳税范围、预交税款比例和变更名称的，由国家税务总局另行通知。

附件：上海浦东发展银行所属分支机构名单（编者略）

2－1－412

国家税务总局关于中国联合通信有限公司合并缴纳企业所得税问题的通知

2005年12月1日 国税函〔2005〕1130号

各省、自治区、直辖市和计划单列市国家税务局：

近接中国联合通信有限公司（以下称联通公司）《关于中国联合通信有限公司2005年在京汇总缴纳所得税的请示》（中国联通计财字〔2005〕375号），为支持该集团公司的进一步发展，现将该集团公司合并缴纳企业所得税的问题通知如下：

一、中国联合通信有限公司所属分公司、联通新时空移动通信有限公司及所属分公司、联通新国信通信有限公司及所属分公司（名单见附件），从2005年度起，由中国联合通信有限公司在北京市合并缴纳企业所得税。各合并纳税成员企业暂不实行就地预交企业所得税办法。

二、经批准享受西部地区优惠政策的成员企业，由中国联合通信有限公司按照《国家税务总局关于落实西部大开发税收政策具体实施意见的通知》（国税发〔2002〕47号）的有关规定，单独合并申报缴纳企业所得税。

三、联通公司所属合并纳税的成员企业，在企业改组、改造或资产重组过程中，因股权发生变化而变成非全资控股的企业，集团公司应及时报告成员企业所在地主管税务机关，经所在地主管税务机关确认后，从股权发生变化的年度起，就地缴纳企业所得税，并报国家税务总局备案。

四、联通公司应在每年的年度纳税申报后，向国家税务总局（所得税管理司）报送集团公司的汇总（合并）财务会计报表和纳税申报表。

五、联通公司所属合并纳税的成员企业，应按照国家税务总局的有关规定，向所在地主管税务机关报送所得税纳税申报表和财务会计报表，并接受所在地主管税务机关的检查和监管；所在地主管税务机关应按国家税务总局的统一规定，认真受理企业的纳税申报，切实履行纳税检查和监管职责。

六、联通公司在以后生产经营年度中，因成员企业情况发生变化，需调整合并纳税成员企业范围、变更成员企业名称、地址和调整就地预交税款比例的，报国家税务总局另行明确。

附件：中国联合通信有限公司合并纳税成员企业名单（编者略）

2－1－413

国家税务总局关于东莞天明电力有限公司适用企业所得税税率问题的批复

2005年12月6日　国税函〔2005〕1194号

广东省国家税务局：

你局《关于东莞天明电力有限公司申请减按15%税率缴纳企业所得税问题的请示》（粤国税发〔2005〕264号）收悉。经研究，批复如下：

东莞天明电力有限公司是2002年在东莞（属沿海经济开放区）成立的外商投资企业，经营范围为天然气电站的建设、经营，属于从事能源基础设施建设项目。根据《中华人民共和国外商投资企业和外国企业所得税法实施细则》第七十三条第一款第一项第3目规定，同意东莞天明电力有限公司减按15%税率缴纳企业所得税。

2－1－414

国家税务总局关于中国网络通信集团公司合并缴纳企业所得税问题的通知

2005年12月15日 国税函〔2005〕1188号

各省、自治区、直辖市和计划单列市国家税务局：

近接中国网络通信集团公司《关于中国网通集团公司合并缴纳企业所得税的请示》（中网集团财务〔2005〕322号）。经研究，为进一步支持中国网络通信集团公司发展，现将该集团公司合并缴纳企业所得税问题通知如下：

一、中国网络通信集团公司所属的全资控股企业及其分支机构（具体名单见附件），自2005年起，由中国网络通信集团公司在北京市合并缴纳企业所得税。上述合并纳税的成员企业，暂不实行就地预交企业所得税办法。山西、内蒙古、吉林和黑龙江四省区通信公司2005年度重组改制业务仍按内资企业由各属地通信公司计算合并缴纳企业所得税。

二、经批准享受西部地区优惠政策的成员企业，由中国网络通信集团公司按照《国家税务总局关于落实西部大开发有关税收政策具体实施意见的通知》（国税发〔2002〕47号）的有关规定，单独合并申报缴纳企业所得税。

三、合并纳税的成员企业，在企业改组、改造或资产重组过程中，因股权发生变化而变成非全资控股的企业，经所在地主管税务机关确认后，从股权发生变化的年度起，就地缴纳企业所得税，并报国家税务总局备案。

四、合并纳税的成员企业，应按照国家税务总局的有关规定，向所在地主管税务机关报送所得税纳税申报表，并接受所在地主管税务机关的检查和监管；所在地主管税务机关应按国家税务总局的统一规定，认真受理企业的纳税申报，切实履行纳税检查和监管职责。

附件：中国网络通信集团公司合并纳税成员企业名单（编者略）

2－1－415

国家税务总局关于中国中信集团公司缴纳企业所得税问题的通知

2005年12月26日 国税函〔2005〕1005号

北京、天津、上海、河北、河南、广东省（直辖市）国家税务局，宁波市国家税务局：

现就中国中信集团公司及所属各成员企业（名单附后）缴纳企业所得税的问题，通知如下：

一、中国中信集团公司所属各成员企业，从2005年起，按照《国家税务总局关于汇总（合并）纳税企业实行统一计算、分级管理、就地预交、集中清算所得税问题的通知》（国税发

〔2001〕13号)规定,实行合并缴纳企业所得税。

二、中国中信集团公司所属各成员企业,除北京所属成员企业全额汇总外,其余按年度应纳税所得额的60%比例就地预交;中信实业银行所属分支机构由中信集团公司本部汇总统一纳税。

三、该公司应在每年年度纳税申报后,向国家税务总局(所得税管理司)报送合并财务会计报表和纳税申报表。

四、中国中信集团公司所属各成员企业,应严格执行国家税务总局关于汇总(合并)纳税企业所得税征收管理的有关规定,接受所在地国税局的管理和检查。

附件:中国中信集团公司合并纳税成员企业名单(编者略)

2-1-416

国家税务总局关于阳江市通能天然气有限公司减按15%税率缴纳企业所得税的批复

2005年12月28日　国税函〔2005〕1115号

广东省国家税务局:

你局《关于阳江市通能天然气有限公司减按15%税率计算缴纳企业所得税的请示》(粤国税发〔2005〕246号)收悉。经研究,批复如下:

阳江市通能天然气有限公司是2004年经批准在广东省阳江市成立的外商独资经营企业,经营范围为阳江市辖区燃气项目的投资、建设、经营、管理,城市压缩天然气、液化天然气、液化石油气、加气站的建设、经营及相关设备的生产、经营、销售。鉴于该公司所从事的天然气投资建设属于能源建设项目,根据《中华人民共和国外商投资企业和外国企业所得税法实施细则》第七十三条第一款第(一)项第3目的规定,同意对阳江市通能天然气有限公司从事上述能源建设的项目所取得的所得,从获利年度起,减按15%税率计算缴纳企业所得税。

2-1-417

国家税务总局关于广州风神汽车有限公司减按15%税率缴纳企业所得税的批复

2005年12月28日　国税函〔2005〕1117号

广东省国家税务局:

你局《关于广州风神汽车有限公司申请减按15%税率缴纳企业所得税问题的请示》

(粤国税发〔2005〕247 号)收悉。经研究,批复如下:

广州风神汽车有限公司是2001 年经批准在广州成立的中外合资经营企业,经营范围为研究、开发、制造汽车及其零部件,在东风汽车公司产品目录下接受委托生产、销售本公司产品,并提供售后服务等,经营期限为50 年。该企业注册资本中,外商投资约4439 万美元,于2003 年10 月30 日全部到位。鉴于该企业所从事的生产经营项目属于国家鼓励类的交通运输设备制造业,且属于回收投资期长的产业项目,根据《中华人民共和国外商投资企业和外国企业所得税法实施细则》第七十三条第一款第(一)项第2 目的规定,同意对广州风神汽车有限公司的生产经营所得,从2004 年度起,减按15% 的税率缴纳企业所得税。

2 -1 -418

国家税务总局关于中国南方机车车辆工业集团公司合并纳税问题的通知

2005 年12 月29 日　国税函〔2005〕1253 号

北京、湖南、四川、江苏、安徽、湖北、河南、河北、贵州省(直辖市)国家税务局:

中国南方机车车辆工业集团公司是国务院确定的试点大型企业集团,为支持该集团公司的进一步发展,根据《国家税务总局关于大型企业集团征收所得税问题的通知》(国税发〔1994〕27 号)的有关规定,现将该公司有关合并缴纳企业所得税问题通知如下:

一、中国南方机车车辆工业集团公司全资控股成员企业(名单见附件),从2005 年度起,按照《国家税务总局关于汇总(合并)纳税企业实行统一计算、分级管理、就地预交、集中清算所得税问题的通知》(国税发〔2001〕13 号)的有关规定,由中国南方机车车辆工业集团公司在北京市合并缴纳企业所得税。成员企业暂不实行就地预交企业所得税办法。

二、中国南方机车车辆工业集团公司所属合并纳税的成员企业在改组、改造或资产重组过程中,因股权发生变化而变成非全资控股的企业,集团公司应及时报告该公司所在地主管税务机关,经所在地主管税务机关确认后,从股权发生变化的年度起,就地缴纳企业所得税,并报国家税务总局备案。

三、中国南方机车车辆工业集团公司应在每年的年度纳税申报后,向国家税务总局(所得税管理司)报送集团公司的汇总(合并)财务会计报表和纳税申报表。

四、中国南方机车车辆工业集团公司所属合并纳税的成员企业应按照国家税务总局的有关规定,向所在地主管税务机关报送所得税纳税申报表,并接受所在地主管税务机关的检查和监管;所在地主管税务机关应按国家税务总局的统一规定,认真受理企业的纳税申报,切实履行纳税检查和监管职责。

五、中国南方机车车辆工业集团公司所属合并纳税的成员企业在以后生产经营年度中,因成员企业情况发生变化,需调整合并纳税成员企业范围、变更成员企业名称、地址的,报国家税务总局另行明确。

附件:中国南方机车车辆工业集团公司合并纳税企业名单(编者略)

2－1－419

国家税务总局关于中国兵器工业集团公司所属企业合并缴纳企业所得税有关问题的通知

2005年12月29日　国税函〔2005〕1254号

北京、天津、重庆、内蒙古、辽宁、吉林、黑龙江、湖南、云南、广东、陕西、江苏、河南、山西、四川、山东省（自治区、直辖市）国家税务局，大连、青岛市国家税务局，深圳市地方税务局：

中国兵器工业集团公司（以下简称兵工集团）是国务院确定的大型企业集团之一，根据《国家税务总局关于大型企业集团征收所得税问题的通知》（国税发〔1994〕27号）的有关规定，为支持该集团公司的进一步发展，现将有关合并缴纳企业所得税问题通知如下：

一、兵工集团北京北方红旗机电有限公司、北京北方车辆集团有限公司、内蒙古北方重工业集团有限公司、内蒙古第一机械制造（集团）公司、辽宁庆阳化学工业集团公司、湖南江麓机械集团有限公司、哈尔滨第一机器制造集团有限公司、黑龙江华安工业（集团）公司、中国北方工业公司、吉林东光集团有限公司、沈阳东基集团有限公司、中国北方车辆研究所、北方夜视技术股份有限公司、河南北方星光机电有限责任公司、山西江阳化工有限公司、泰安北方机电总厂、四川红光化工公司、中国兵器工业第五三研究所、中兵勘察设计研究院及所属的全资控股成员企业（名单见附件），从2005年度起，按照《国家税务总局关于汇总（合并）纳税企业实行统一计算、分级管理、就地预交、集中清算所得税问题的通知》（国税发〔2001〕13号）的有关规定，分别由各公司（所）合并缴纳企业所得税。

各公司（所）合并纳税成员企业就地预交企业所得税办法，由各公司（所）所在地省级税务机关根据有关文件的规定确定。

二、兵工集团各公司（所）所属合并纳税的成员企业，在企业改组、改制或资产重组过程中，因股权发生变化而变成非全资控股的企业，集团公司应及时报告成员企业所在地主管税务机关，经所在地主管税务机关确认后，从股权发生变化的年度起，就地缴纳企业所得税，并报国家税务总局备案。

三、兵工集团各公司（所）应在每年的年度纳税申报后，向国家税务总局（所得税管理司）报送集团公司的汇总（合并）财务报表和纳税申报表。

四、兵工集团各公司（所）合并纳税的成员企业，应按照国家税务总局的有关规定，向所在地主管税务机关报送所得税纳税申报表，并接受所在地主管税务机关的检查和监管；所在地主管税务机关应按国家税务总局的统一规定，认真受理企业的纳税申报，切实履行纳税检查和监管职责。

五、兵工集团各公司（所）在以后生产经营年度中，因成员企业情况发生变化，需调整合并纳税成员企业范围、变更成员企业名称、地址的，报国家税务总局另行明确。

附件：中国兵器工业集团公司所属企业合并纳税企业名单（编者略）

2－1－420

财政部　国家税务总局关于中国银行资产评估增值有关企业所得税政策问题的通知

2005年12月30日　财税〔2005〕188号

各省、自治区、直辖市、计划单列市财政厅(局)、国家税务局：

为支持中国银行股份制改革工作，现对中国银行股份制改革过程中资产评估增值涉及的企业所得税政策问题通知如下：

一、对中国银行在股份制改革过程中发生并经主管部门确认的资产评估净增值，按规定应缴纳的企业所得税不再征收。

二、中国银行股份有限公司按评估增值后的资产价值计提折旧或摊销，并在企业所得税税前扣除。

2－1－421

国家税务总局关于招商银行、中国民生银行新增分支机构缴纳企业所得税问题的通知

2005年12月30日　国税函〔2005〕1259号

北京、辽宁、江苏、云南、福建省(直辖市)国家税务局，深圳市国家税务局：

现就招商银行、中国民生银行新增加的汇总纳税分支机构缴纳企业所得税问题通知如下：

从2005年度起，招商银行、中国民生银行新增加的汇总纳税分支机构(名单附后)，分别按照《国家税务总局关于深圳发展银行等股份制银行缴纳企业所得税问题的通知》(国税函〔2004〕1113号)、《国家税务总局关于中国民生银行缴纳企业所得税问题的通知》(国税函〔2005〕566号)的有关规定执行。

附件：招商银行、中国民生银行新增加汇总纳税分支机构名单(编者略)

2-1-422

国家税务总局关于中国铁路物资总公司所属企业合并缴纳企业所得税问题的通知

2005年12月30日　国税函〔2005〕1264号

北京、天津、上海、重庆、河南、黑龙江、广西、江西、四川、安徽、辽宁、吉林、山西、江苏、广东、湖北、湖南、山东、江西、陕西、甘肃省(自治区、直辖市)国家税务局,厦门、大连市国家税务局:

中国铁路物资总公司是国务院确定的试点大型企业集团,为支持该集团公司的进一步发展,根据《国家税务总局关于大型企业集团征收所得税问题的通知》(国税发〔1994〕27号)的有关规定,现将有关合并缴纳企业所得税问题通知如下:

一、中国铁路物资总公司所属全资控股成员企业(名单见附件),从2005年度起,按照《国家税务总局关于汇总(合并)纳税企业实行统一计算、分级管理、就地预交、集中清算所得税问题的通知》(国税发〔2001〕13号)的有关规定,由中国铁路物资总公司在北京市合并缴纳企业所得税。中国铁路物资总公司所属柳州铁路桂龙竹材人造板厂和中国铁路物资成都公司(本部)按照企业应纳所得税额60%的比例就地缴纳企业所得税,其他成员企业暂不实行就地预交企业所得税办法。

二、中国铁路物资总公司所属合并纳税的成员企业在改组、改造或资产重组过程中,因股权发生变化而变成非全资控股的企业,集团公司应及时报告该公司所在地主管税务机关,经所在地主管税务机关确认后,从股权发生变化的年度起,就地缴纳企业所得税,并报国家税务总局备案。

三、中国铁路物资总公司应在每年的年度纳税申报后,向国家税务总局(所得税管理司)报送集团公司的汇总(合并)财务会计报表和纳税申报表。

四、中国铁路物资总公司所属合并纳税的成员企业应按照国家税务总局的有关规定,向所在地主管税务机关报送所得税纳税申报表,并接受所在地主管税务机关的检查和监管;所在地主管税务机关应按国家税务总局的统一规定,认真受理企业的纳税申报,切实履行纳税检查和监管职责。

五、中国铁路物资总公司所属合并纳税的成员企业在以后生产经营年度中,因成员企业情况发生变化,需调整合并纳税成员企业范围、变更成员企业名称、地址的,报国家税务总局另行明确。

附件:中国铁路物资总公司合并纳税企业名单(编者略)

2－1－423

国家税务总局关于中国民族证券有限责任公司新增分支机构缴纳企业所得税问题的通知

2005 年 12 月 30 日　国税函〔2005〕1265 号

北京、上海、山东、江苏、浙江、福建、广东省（直辖市）国家税务局，宁波市国家税务局：

近接中国民族证券有限责任公司《关于新增分支机构汇总缴纳企业所得税的申请》（民证报〔2005〕84 号），申请新增加的 7 家证券营业部纳入该公司的汇总纳税范围。经研究，现就该公司新增加的分支机构缴纳企业所得税问题通知如下：

从 2005 年起，中国民族证券有限责任公司新增加的汇总纳税分支机构（名单附后），按照《国家税务总局关于国泰君安证券股份有限公司等证券公司缴纳企业所得税问题的通知》（国税函〔2004〕1084 号）的有关规定执行。

附件：中国民族证券有限责任公司新增加汇总纳税分支机构名单（编者略）

2－1－424

国家税务总局关于中国银河证券有限责任公司等证券公司缴纳企业所得税问题的通知

2005 年 12 月 30 日　国税函〔2005〕1266 号

北京、上海、黑龙江、吉林、河北、山东、安徽、江苏、浙江、福建、湖北、湖南、陕西、广东、广西、四川、江西、云南、贵州省（直辖市、自治区）国家税务局：

现就中国银河证券有限责任公司、湘财证券有限责任公司、华夏证券股份有限公司、民生证券有限责任公司、金通证券股份有限公司、广发证券股份有限公司、中国科技证券有限责任公司、国都证券有限责任公司、国海证券有限责任公司、亚洲证券有限责任公司、天同证券有限责任公司、招商证券股份有限公司、泰阳证券有限责任公司（以下简称证券公司）新增加和更名的所属分支机构缴纳企业所得税问题通知如下：

从 2005 年起，上述证券公司新增加和更名的汇总纳税分支机构（名单附后），分别按照《国家税务总局关于中国银河证券有限责任公司等四家证券公司缴纳企业所得税问题的通知》（国税函〔2004〕1236 号）、《国家税务总局关于国泰君安证券股份有限公司等证券公司缴纳企业所得税问题的通知》（国税函〔2004〕1084 号）、《国家税务总局关于华夏证券股份有限公司等证券公司缴纳企业所得税问题的通知》（国税函〔2004〕964 号）、《国家税务总局关于湘财证券有限责任公司等证券公司缴纳企业所得税问题的通知》(国税函〔2004〕1069号)、《国家税务总局关于长城证券有限责任公司等证券公司缴纳企业所得税问题的通知》(国税函〔2004〕1062号)的有关规定执行。

附件:中国银河证券有限责任公司等证券公司新增加和更名汇总纳税分支机构名单(编者略)

2－1－425

国家税务总局关于天安保险股份有限公司等5家保险公司新增和更名分支机构缴纳企业所得税问题的通知

2006年1月5日　国税函〔2006〕21号

安徽、广东、河南、湖北、辽宁、湖南、黑龙江、四川、云南、吉林、陕西、江西、甘肃、新疆、广西、山西、河北、海南、贵州、内蒙古、福建、江苏、浙江、山东省(自治区)国家税务局,青岛、深圳市国家税务局:

现就天安保险股份有限公司、中国大地财产保险股份有限公司、华泰财产保险股份有限公司、太平保险有限公司和太平人寿保险有限公司等5家保险公司更名和新增分支机构缴纳企业所得税的问题通知如下:

从2005年起,按照《国家税务总局关于汇总(合并)纳税企业实行统一计算、分级管理、就地预交、集中清算所得税问题的通知》(国税发〔2001〕13号)规定,上述5家保险公司更名的分支机构(名单见附件1)和新增的分支机构(名单见附件2),由公司总部汇总缴纳企业所得税。

附件:1. 天安财产保险股份有限公司和太平人寿保险有限公司更名机构名单(编者略)
　　2. 天安保险股份有限公司等4家保险公司新增机构名单(编者略)

2－1－426

国家税务总局关于中国船舶重工集团公司所属企业新增合并纳税成员单位的通知

2006年1月17日　国税函〔2006〕49号

山西、陕西、湖北省国家税务局:

近接中国船舶重工集团公司《中国船舶重工集团公司关于部分新成立企业2005年度实行合并纳税的请示》(船重财〔2005〕703号),经研究,现将有关问题通知如下:

中国船舶重工集团公司是国务院确定的大型企业集团,我局批准其所属的武汉船舶工业公司等6家企业自2004年起合并缴纳企业所得税。为支持该集团的进一步发展，同意自2005年起，其新成立的山西汾西重工有限责任公司、山西江淮重工有限责任公司和山西平阳重工机械有限责任公司进入西安船舶设备工业公司的合并纳税范围；武汉船机设备安装工程有限公司进入武汉船舶工业公司的合并纳税范围。请你局根据《国家税务总局关于中国船舶重工集团公司和中国船舶工业集团公司所属企业合并缴纳企业所得税问题的通知》（国税函〔2004〕1255号）等有关规定进行征收管理。

2－1－427

国家税务总局关于中国网通（集团）有限公司赞助奥运会有关税收问题的通知

2006年1月24日　国税发〔2006〕13号

各省、自治区、直辖市和计划单列市国家税务局、地方税务局：

经研究，现将中国网通（集团）有限公司（以下简称网通）对第29届奥运会提供现金等价物赞助（包括电信产品和服务支撑，下同）有关税收问题通知如下：

一、对网通向北京奥组委提供的按照市场价格确认的现金等价物赞助支出，可以按照《财政部、国家税务总局、海关总署关于第29届奥运会税收政策问题的通知》（财税〔2003〕10号）第二条第四款的规定，在计算企业应纳税所得额时予以全额扣除。

二、对网通向北京奥组委提供现金等价物赞助过程中发生的各项通信及相关劳务不征收营业税。

2－1－428

国家税务总局关于中国电信集团公司和中国电信股份有限公司合并缴纳企业所得税问题的通知

2006年1月25日　国税函〔2006〕110号

各省、自治区、直辖市和计划单列市国家税务局：

为支持中国电信集团公司和中国电信股份有限公司的进一步发展，根据合并缴纳企业所得税的有关规定，现就两家企业合并缴纳企业所得税有关问题通知如下：

一、中国电信集团公司所属的154家全资子公司或分支机构（具体名单见附件1），从2005年度起，由中国电信集团公司在北京市合并缴纳企业所得税。上述合并纳税的成员企业，暂不实行就地预交企业所得税办法。

中国电信股份有限公司所属的28家全资子公司或分支机构（具体名单见附件2），从

2005年度起，由中国电信股份有限公司在北京市合并缴纳企业所得税，各成员企业按应纳所得税额的60%就地预交企业所得税。

广东省电信有限公司所属的深圳、珠海、汕头分公司，福建省电信有限公司所属的厦门分公司，海南省电信有限公司不纳入合并纳税范围，按有关规定就地缴纳企业所得税。

二、经批准享受西部地区优惠政策的成员企业，分别由中国电信集团公司和中国电信股份有限公司按照《国家税务总局关于落实西部大开发有关税收政策具体实施意见的通知》（国税发〔2002〕47号）的有关规定，单独合并申报缴纳企业所得税。

三、合并纳税的成员企业，在企业改组、改造或资产重组过程中，因股权发生变化而变成非全资控股的企业，集团公司应及时报告成员企业所在地主管税务机关，经所在地主管税务机关确认后，从股权发生变化的年度起，就地缴纳企业所得税，并报国家税务总局备案。

四、中国电信集团公司和中国电信股份有限公司应在每年的年度纳税申报后，向国家税务总局（所得税管理司）报送集团公司的汇总（合并）财务会计报表和纳税申报表。

五、合并纳税的成员企业，应按照国家税务总局的有关规定，向所在地主管税务机关报送所得税纳税申报表和财务会计报表，并接受所在地主管税务机关的检查和监管；所在地主管税务机关应按国家税务总局的统一规定，认真受理企业的纳税申报，切实履行纳税检查和监管职责。

六、中国电信集团公司和中国电信股份有限公司在以后生产经营年度中，因成员企业情况发生变化，需调整合并纳税成员企业范围、变更成员企业名称、地址和调整就地预交税款比例的，报国家税务总局另行明确。

附件：1. 中国电信集团公司合并纳税成员企业名单（编者略）

2. 中国电信股份有限公司合并纳税成员企业名单（编者略）

2-1-429

国家税务总局关于安邦财产保险公司等4家保险公司缴纳企业所得税问题的通知

2006年1月25日　国税函〔2006〕111号

北京、上海、天津、重庆、辽宁、安徽、广东、河南、湖北、湖南、黑龙江、四川、云南、吉林、陕西、江西、广西、河北、海南、福建、江苏、浙江、山东省（自治区、直辖市）国家税务局，深圳、宁波市国家税务局：

现将安邦财产保险股份有限公司、永诚财产保险股份有限公司、阳光财产保险股份有限公司和合众人寿保险股份有限公司等4家保险公司及所属分支机构缴纳企业所得税问题通知如下：

一、从2005年起，上述4家保险公司及所属分支机构（名单附后）按照《国家税务总局关于汇总（合并）纳税企业实行统一计算、分级管理、就地预缴、集中清算所得税问题的通知》(国税发〔2001〕13号)规定，在公司总部所在地汇总缴纳企业所得税，暂不实行就地预交企业所得税的办法。

二、上述4家保险公司应在每年年度纳税申报后，向国家税务总局(所得税管理司)报送汇总财务会计报表和纳税申报表。

三、上述4家保险公司及所属分支机构，应严格执行国家税务总局关于汇总(合并)纳税企业所得税征收管理的有关规定，接受所在地主管税务机关的管理和检查。

四、上述4家保险公司在以后生产经营年度中，因所属分支机构发生变化，需要调整汇总范围、预缴税款比例和变更名称的，由国家税务总局另行通知。

附件：安邦财产保险股份有限公司等4家保险公司汇总纳税成员企业名单(编者略)

2－1－430

国家税务总局关于增加铁道部合并纳税成员企业的补充通知

2006年1月26日　国税函〔2006〕115号

各省、自治区、直辖市和计划单列市国家税务局：

现将铁道部增加汇总缴纳企业所得税成员企业的有关问题补充通知如下：

从2005年起，将上海铁路局纳入铁道部合并纳税范围，并执行《国家税务总局关于铁道部及所属企业2005年度汇总缴纳企业所得税问题的通知》(国税函〔2005〕1198号)文件的有关规定。

2－1－431

国家税务总局关于调整永安财产保险股份有限公司汇总纳税范围的通知

2006年2月6日　国税函〔2006〕120号

北京、河北、山西、辽宁、江苏、浙江、山东、河南、湖北、广东、重庆、四川、云南、陕西、甘肃、新疆(自治区、直辖市)省国家税务局，大连、青岛、深圳市国家税务局：

现就永安财产保险股份有限公司更名的分支机构和新增的分支机构缴纳企业所得税问题通知如下：

从2005年起，按照《国家税务总局关于汇总(合并)纳税企业实行统一计算、分级管理、就地预交、集中清算所得税问题的通知》(国税发〔2001〕13号)和《国家税务总局关于中国大地财产保险股份有限公司等保险企业缴纳企业所得税问题的通知》(国税函〔2004〕992号)规定，永安财产保险股份有限公司更名的分支机构(名单见附件1)和新增的分支机构(名单见附件2)，在公司总部所在地汇总缴纳企业所得税。

附件:1. 永安财产保险股份有限公司更名分支机构名单(编者略)
2. 永安财产保险股份有限公司新增分支机构名单(编者略)

2-1-432

国家税务总局关于中国水利水电建设集团公司所属企业技术开发费税前扣除标准的通知

2006年2月6日 国税函〔2006〕127号

北京、天津、辽宁、吉林、浙江、河南、湖南、四川、贵州、云南、陕西、青海省(直辖市)国家税务局:

近接中国水利水电建设集团公司《关于中国水利水电建设集团公司2005年技术开发费税前列支的请示》(中水电财〔2005〕116号),根据《国家税务总局关于印发〈企业技术开发费税前扣除管理办法〉的通知》(国税发〔1999〕49号)的有关规定,经审核,同意中国水利水电建设集团公司2005年度向所属企业提取技术开发费1489万元。其所属企业按规定标准上交的技术开发费(详见附件),准予在税前扣除,超过规定标准上交的技术开发费,应进行纳税调整。该公司提取的技术开发费年终如有结余,应并入当年度应纳税所得额,缴纳企业所得税。该公司当年实际发生的技术开发费超过集中提取数额的部分,可以按照有关规定在税前扣除。

附件:中国水利水电建设集团公司所属企业2005年度技术开发费扣除标准(编者略)

2-1-433

国家税务总局关于中国华星集团公司改制企业缴纳企业所得税问题的通知

2006年2月6日 国税函〔2006〕128号

北京市国家税务局:

近接中国华星集团公司《关于将北京华星利通投资有限公司纳入合并纳税范围的请示》(华星财字〔2005〕82号),申请新设的北京华星利通投资有限公司纳入该公司的合并纳税范围。经研究,现就中国华星集团公司缴纳企业所得税问题通知如下:

从2005年起,中国华星集团公司新增加的北京华星利通投资有限公司纳入合并纳税范围,按照《国家税务总局关于中国华星集团公司缴纳企业所得税问题的通知》(国税函〔2004〕1155号)的有关规定执行;中国华星汽车贸易(集团)公司不再纳入合并纳税范围,就地缴纳企业所得税。

2 - 1 - 434

财政部 国家税务总局关于核定交通银行股份有限公司计税工资税前扣除标准有关问题的通知

2006 年 2 月 7 日 财税〔2006〕7 号

各省、自治区、直辖市、计划单列市财政厅(局)、国家税务局:

按照国务院批准交通银行深化股份制改革整体方案的有关精神,为支持交通银行股份有限公司改制上市工作顺利进行,现就其计税工资税前扣除标准的有关问题通知如下:

一、2005 年度,交通银行股份有限公司计税工资税前扣除总额为 33.15 亿元,超过部分不得在税前扣除。

二、从 2006 年起,以交通银行股份有限公司 2005 年计税工资税前扣除总额为基数,按照工资总额增长低于经济效益增长、工资总额增长低于劳动生产率增长幅度的原则核定其当年税前扣除计税工资总额。

2 - 1 - 435

国家税务总局关于中国航空集团公司合并缴纳企业所得税问题的通知

2006 年 2 月 20 日 国税函〔2006〕176 号

北京、天津、内蒙古、上海、江苏、浙江、海南、重庆、四川省(自治区、直辖市)国家税务局,大连市国家税务局:

中国航空集团公司是国务院确定的试点大型企业集团之一,根据《国家税务总局关于大型企业集团征收所得税问题的通知》(国税发〔1994〕27 号)的有关规定,为支持集团公司的进一步发展,现将中国航空集团公司有关合并缴纳企业所得税的问题通知如下:

一、中国航空集团公司所属全资控股企业(名单见附件),从 2005 年度起,按照《国家税务总局关于汇总(合并)纳税企业实行统一计算、分级管理、就地预交、集中清算所得税问题的通知》(国税发〔2001〕13 号)的有关规定,由中国航空集团公司在北京市合并缴纳企业所得税。各成员企业暂不实行就地预交企业所得税办法。

二、中国航空集团公司所属合并纳税的成员企业,在企业改组、改造或资产重组过程中,因股权发生变化而变成非全资控股的企业,集团公司应及时报告成员企业所在地主管税务机关,经所在地主管税务机关确认后,从股权发生变化的年度起,就地缴纳企业所得税,并报国家税务总局备案。

三、中国航空集团公司应在每年的年度纳税申报后，向国家税务总局（所得税管理司）报送集团公司的汇总（合并）财务会计报表和纳税申报表。

四、中国航空集团公司所属合并纳税的成员企业，应按照国家税务总局的有关规定，向所在地主管税务机关报送所得税纳税申报表和财务会计报表，并接受所在地主管税务机关的检查和监管。所在地主管税务机关应按国家税务总局的统一规定，认真受理企业的纳税申报，切实履行纳税检查和监管职责。

五、中国航空集团公司在以后生产经营年度中，因成员企业情况发生变化，需调整合并纳税成员企业范围、变更成员企业名称、地址和调整就地预交税款比例的，报国家税务总局另行明确。

附件：中国航空集团公司合并纳税企业名单（编者略）

2－1－436

国家税务总局关于中国东方航空集团公司缴纳企业所得税问题的通知

2006年2月20日　国税函〔2006〕195号

天津、上海、云南、陕西、浙江、山西省（直辖市）国家税务局：

中国东方航空集团公司是国务院确定的试点大型企业集团。根据《国家税务总局关于大型企业集团征收所得税问题的通知》（国税发〔1994〕27号）的有关规定，为支持集团公司的进一步发展，现将有关合并缴纳企业所得税问题通知如下：

一、中国东方航空集团公司所属全资控股企业（名单见附件），从2005年度起，按照《国家税务总局关于汇总（合并）纳税企业实行统一计算、分级管理、就地预交、集中清算所得税问题的通知》（国税发〔2001〕13号）的有关规定，由中国东方航空集团公司在上海市合并缴纳企业所得税。各成员企业暂不实行就地预交企业所得税办法。

二、中国东方航空集团公司所属合并纳税的成员企业，在企业改组、改造或资产重组过程中，因股权发生变化而变成非全资控股的企业，集团公司应及时报告成员企业所在地主管税务机关，经所在地主管税务机关确认后，从股权发生变化的年度起，就地缴纳企业所得税，并报国家税务总局备案。

三、中国东方航空集团公司应在每年的企业所得税年度纳税申报后，向国家税务总局（所得税管理司）报送集团公司的汇总（合并）财务会计报表和纳税申报表。

四、中国东方航空集团公司所属合并纳税的成员企业，应按照国家税务总局的有关规定，向所在地主管税务机关报送所得税纳税申报表和财务会计报表，并接受所在地主管税务机关的检查和监管。所在地主管税务机关应按国家税务总局的统一规定，认真受理企业的纳税申报，切实履行纳税检查和监管职责。

五、中国东方航空集团公司在以后生产经营年度中，因成员企业情况发生变化，需调整合并纳税成员企业范围、变更成员企业名称、地址和调整就地预交税款比例的，报国家税务总局另行明确。

附件：中国东方航空集团公司合并纳税企业名单(编者略)

2－1－437

国家税务总局关于中国石油天然气股份有限公司合并缴纳企业所得税问题的补充通知

2006年2月20日 国税函〔2006〕196号

各省、自治区、直辖市和计划单列市国家税务局：

近接中国石油天然气集团公司《关于中油股份公司2005年企业所得税有关问题的请示》(中油股字〔2005〕337号)，经研究，现将有关问题通知如下：

一、自2005年起，中国石油天然气股份有限公司宁夏炼化分公司、中国石油天然气股份有限公司庆阳炼化分公司、中国石油天然气股份有限公司华中天然气销售分公司和中国石油天然气股份有限公司管道华中输气分公司纳入合并纳税范围，按照年度应纳所得税额的60%就地预交企业所得税。

二、自2005年起，大庆油田有限责任公司呼伦贝尔分公司纳入大庆油田有限责任公司的合并纳税范围，并按年度应纳税额40%的比例就地预缴企业所得税。

三、各新增合并纳税成员企业的所得税征收管理，仍按《国家税务总局关于中国石油天然气股份有限公司缴纳企业所得税有关问题的通知》(国税函〔2004〕1072号)的规定执行。

2－1－438

国家税务总局关于中国国际航空股份有限公司缴纳企业所得税问题的通知

2006年2月21日 国税函〔2006〕207号

各省、自治区、直辖市和计划单列市国家税务局：

现将中国国际航空股份有限公司有关汇总缴纳企业所得税问题通知如下：

一、中国国际航空股份有限公司所属全资控股企业(名单见附件)，从成立之日起，按照《国家税务总局关于汇总(合并)纳税企业实行统一计算、分级管理、就地预交、集中清算所得税问题的通知》(国税发〔2001〕13号)的有关规定，由中国国际航空股份有限公司在北京市合并缴纳企业所得税。各成员企业暂不实行就地预交企业所得税办法。

二、中国国际航空股份有限公司所属汇总纳税的成员企业，在企业改组、改造或资产重组过程中，因股权发生变化而变成非全资控股的企业，公司应及时报告成员企业所在地主管税务机关,经所在地主管税务机关确认后,从股权发生变化的年度起,就地缴纳企业所得税,并报国家税务总局备案。

三、中国国际航空股份有限公司应在每年的企业所得税年度纳税申报后,向国家税务总局(所得税管理司)报送公司的汇总(合并)财务会计报表和纳税申报表。

四、中国国际航空股份有限公司所属汇总纳税的成员企业,应按照国家税务总局的有关规定,向所在地主管税务机关报送所得税纳税申报表和财务会计报表,并接受所在地主管税务机关的检查和监管。所在地主管税务机关应按国家税务总局的统一规定,认真受理企业的纳税申报,切实履行纳税检查和监管职责。

五、中国国际航空股份有限公司在以后生产经营年度中,因成员企业情况发生变化,需调整合并纳税成员企业范围、变更成员企业名称、地址和调整就地预交税款比例的,报国家税务总局另行明确。

附件:中国国际航空股份有限公司汇总纳税企业名单(编者略)

2－1－439

国家税务总局关于中国石油化工股份有限公司并缴纳企业所得税问题的补充通知

2006年2月22日　国税函〔2006〕206号

各省、自治区、直辖市和计划单列市国家税务局:

近接中国石油化工集团公司《关于调整中国石油化工股份有限公司2005年合并纳税成员企业范围及预交比例的请示》(中国石化财〔2005〕155号),经研究,现将有关问题通知如下:

一、中国石油化工股份有限公司上海沥青销售分公司、中国石油化工股份有限公司催化剂分公司、中国石油化工股份有限公司东北勘探新区项目管理部、中国石油化工股份有限公司化工销售分公司和中国石油化工股份有限公司天然气分公司从2005年开始作为股份公司的合并纳税成员企业,执行国家税务总局有关合并纳税政策,按照年度应纳所得税额的60%就地预交企业所得税。

二、中国石油化工股份有限公司催化剂分公司、中国石油化工股份有限公司化工销售分公司和中国石化国际事业有限公司所属的全资单位从2005年开始作为上述企业的合并纳税成员企业,按照年度应纳所得税额的40%就地预交企业所得税,年终由其上级机构汇算后报股份公司汇总。

三、中国石油化工股份有限公司胜利油田分公司(原胜利油田有限责任公司)的企业所得税,继续由中国石油化工股份有限公司合并缴纳,就地预交比例仍为40%。

四、中国石化销售有限公司华北、华东、中南、西南、西北、东北、川渝分公司等七家单位在对其下属单位进行合并纳税申报后,再上报中国石化销售有限公司在北京进行所得税合并申报和缴纳。

五、本通知下发前,2005年新增的合并纳税成员企业在当地已预交所得税的超交部分,抵减其下一年度在当地应交所得税。

六、各新增合并纳税成员企业的所得税征收管理，仍按《国家税务总局关于中国石油化工股份有限公司缴纳企业所得税有关问题的通知》（国税函〔2004〕1071 号）的规定执行。

附件：中国石油化工股份有限公司 2005 年新增合并纳税成员企业名单（编者略）

2 －1 －440

国家税务总局关于杭州华为三康技术有限公司适用企业所得税税率的批复

2006 年 3 月 3 日 国税函〔2006〕236 号

浙江省国家税务局：

你局《关于杭州华为三康技术有限公司享受税收优惠的请示》（浙国税外〔2006〕2 号）收悉，批复如下：

杭州华为三康技术有限公司 2003 年经股权转让变更为外商独资经营企业，注册资本为 8000 万美元，经营范围为软件开发，千兆比以上网络交换机，IP 数据通信系统设备、网关、网管系统及配套设备的研究、开发、生产和销售。其主导产品路由器、网络交换机属于《中国高新技术产品目录（2000）》中“电子信息”中“交换设备”（序号：01050103）范围。2005 年，该公司被浙江省科技厅认定为“两个密集型企业”。根据《中华人民共和国外商投资企业和外国企业所得税法实施细则》第七十三条第一款第一项第 1 目规定，同意杭州华为三康技术有限公司从 2005 年度起，减按 15% 的税率缴纳企业所得税。

2 －1 －441

国家税务总局关于中国建设银行股份有限公司股份制改革资产评估增值有关企业所得税问题的通知

2006 年 3 月 8 日 国税函〔2006〕248 号

各省、自治区、直辖市和计划单列市国家税务局：

为支持中国建设银行股份制改革工作，现对中国建设银行股份制改革过程中资产评估增值涉及的企业所得税问题通知如下：

一、对中国建设银行股份有限公司在股份制改革过程中，发生的直接增加其国有资本金的资产评估增值 1422012.84 万元，不征收企业所得税。

二、允许中国建设银行股份有限公司按资产评估增值后的资产价值调整相关资产的计税成本，并按调整后的计税成本计算扣除折旧或进行费用摊销。

2－1－442

国家税务总局关于延长中国农业银行应收未收利息税前扣除期限的通知

2006年3月13日　国税函〔2006〕259号

各省、自治区、直辖市和计划单列市国家税务局：

近接《中国农业银行关于冲减应收未收利息所得税相关税务处理问题的请示》（农银发〔2005〕368号）。经研究，现就有关问题通知如下：

鉴于中国农业银行面向农村并服务于“三农”，多年来承担了许多国家政策性支农任务，存在较大亏损挂账、经营困难的情况，根据《国家税务总局关于金融企业应收利息税务处理问题的通知》（国税发〔2001〕69号）的有关规定，同意该行将2000年12月31日以前已按规定缴纳企业所得税的应收未收利息税前扣除期限延长至2007年12月31日。

2－1－443

财政部　国家税务总局关于中国网络通信集团公司北方四省重组改制有关企业所得税问题的通知

2006年3月15日　财税〔2006〕27号

北京、山西、内蒙古、吉林、黑龙江（省、自治区、直辖市）财政厅（局）、国家税务局、财政监察专员办事处：

根据国务院有关企业重组改制的精神，为支持中国网络通信集团公司重组改制的顺利进行，现将该集团公司对山西省、内蒙古自治区、吉林省和黑龙江省（以下简称北方四省）电信资产重组过程中涉及的企业所得税问题通知如下：

一、从2005年起到2011年，对中国网络通信集团公司（以下简称集团公司）所属上市公司收购的北方四省电信业务资产中，每年从“递延收益”中转入“主营业务收入”的市话初装费，暂不计入企业的应纳税所得额。

上述市话初装费收入应全额转为任意公积金，并单独设置明细科目进行核算，不作为股息红利分配。如进行分配，应计入企业当年应纳税所得额，缴纳企业所得税。

二、集团公司此次重组改制过程中，其所属的北方四省的电信业务资产评估增值25.81亿元应缴的企业所得税不征收入库，直接转计集团公司的资本公积金，作为国有资本金；资产评估减值68.99亿元部分，作为国有资本金减值，不得在企业所得税前扣除。

集团公司所属上市公司收购北方四省的上述电信业务资产，可按评估后的价值计提折旧或摊销,并在企业所得税前扣除。

请遵照执行。

2－1－444

财政部 国家税务总局关于中国银行股份有限公司财务重组有关企业所得税政策问题的通知

2006年3月22日 财税〔2006〕16号

各省、自治区、直辖市、计划单列市财政厅(局)、国家税务局,新疆生产建设兵团财务局:

为支持中国银行股份制改革工作的顺利进行,根据国务院有关规定精神,现对中国银行股份有限公司财务重组有关企业所得税政策问题明确如下:

一、对中国银行股份有限公司2004年已在企业所得税税前扣除的103亿元呆账损失,除58亿元可在企业所得税税前扣除外,其余45亿元不得在企业所得税税前扣除,具体由中国银行股份有限公司总行统一做出纳税调整。

二、对中国银行股份有限公司2004年度之前(包括2004年度)来自所属全资境外机构的所得额,可按照现行国内税收政策规定,仅对其中的资产减值准备和国内支付海外工资项目进行纳税调整后确认。

对中国银行股份有限公司根据上述规定确认的来自境外机构的应纳税所得额,按16.5%的比率定率抵扣境外缴纳的企业所得税。

三、对中国银行股份有限公司通过收取境外机构管理费等方式形成的所得收入65亿元,应全额作为应纳税所得额,按33%税率计算缴纳企业所得税。

四、对中国银行股份有限公司以划转股权投资方式注入东方资产管理公司形成的尚未扣除的8.6亿元投资划转损失,准予其在企业所得税税前扣除。

请遵照执行。

2－1－445

财政部 国家税务总局关于核定中国建设银行股份有限公司计税工资税前扣除标准有关问题的通知

2006年3月30日 财税〔2006〕12号

各省、自治区、直辖市、计划单列市财政厅(局)、国家税务局,新疆生产建设兵团财务局,财政部驻各省、自治区、直辖市、计划单列市财政监察专员办事处:

按照国务院批准中国建设银行股份制改革整体方案的有关精神，现就中国建设银行股份有限公司计税工资税前扣除标准的有关问题通知如下：

一、2005年度，中国建设银行股份有限公司计税工资按166.55亿元的限额在企业所得税前据实扣除，超过限额部分不得在税前扣除。

二、从2006年起，该公司以上一年度计税工资税前扣除限额为基数，按照工资总额增长低于经济效益增长（包括利润增长和所得税增长）、工资总额增长低于劳动生产率增长幅度的原则确定当年工资税前扣除限额。

请遵照执行。

2－1－446

财政部　国家税务总局关于核定中国人寿保险股份有限公司计税工资税前扣除标准有关问题的通知

2006年3月30日　财税〔2006〕43号

各省、自治区、直辖市、计划单列市财政厅（局）、国家税务局，新疆生产建设兵团财务局：

按照《财政部、国家税务总局关于核定中国人寿保险股份有限公司计税工资税前扣除标准有关问题的通知》（财税〔2003〕216号）的有关规定，现就中国人寿保险股份有限公司计税工资税前扣除标准有关问题通知如下：

一、2004年度，中国人寿保险股份有限公司计税工资按30.43亿元的限额在企业所得税前据实扣除，超过限额部分不得在税前扣除。

二、从2005年起，该公司以上一年度计税工资税前扣除限额为基数，按照工资总额增长低于经济效益增长（包括利润增长和所得税增长）、工资总额低于劳动生产率增长幅度的原则确定当年工资税前扣除限额。

请遵照执行。

2－1－447

国家税务总局关于调整中国大地财产保险股份有限公司和大众保险股份有限公司汇总纳税范围的通知

2006年3月31日　国税函〔2006〕311号

河北、山西、内蒙古、辽宁、吉林、黑龙江、江苏、浙江、安徽、福建、江西、山东、河南、湖北、湖南、广东、广西、四川、云南、陕西、甘肃省（自治区）国家税务局，青岛市国家税务局：

现就中国大地财产保险股份有限公司更名的分支机构和大众保险股份有限公司新增的分支机构缴纳企业所得税问题通知如下：

按照《国家税务总局关于汇总（合并）纳税企业实行统一计算、分级管理、就地预交、集中清算所得税问题的通知》（国税发〔2001〕13号）和《国家税务总局关于中国大地财产保险股份有限公司等保险企业缴纳企业所得税问题的通知》（国税函〔2004〕992号）规定，从2006年起，中国大地财产保险股份有限公司更名分支机构（名单见附件1）和大众保险股份有限公司新增的分支机构（名单见附件2），在公司总部所在地汇总缴纳企业所得税。

附件：1. 中国大地财产保险股份有限公司更名分支机构名单（编者略）

2. 大众保险股份有限公司新增分支机构名单（编者略）

2-1-448

财政部　国家税务总局关于中国远洋运输（集团）总公司重组上市有关税收政策问题的通知

2006年4月11日　财税〔2006〕30号

各省、自治区、直辖市、计划单列市财政厅（局）、国家税务局、地方税务局，新疆生产建设兵团财务局：

按照国务院批准中国远洋运输（集团）总公司深化股份制改革方案的有关精神，现就其改制中涉及的税收政策问题明确如下：

一、中国远洋运输（集团）总公司在重组改制上市过程中发生的境内资产评估增值总计2.2亿元，对其应缴纳的企业所得税不征收入库，直接转计中国远洋运输（集团）总公司的资本公积，作为国有资本。

二、中国远洋控股股份有限公司可以按评估后的固定资产和无形资产价值计提折旧和摊销费用，并在企业所得税税前扣除。

请遵照执行。

2－1－449

国家税务总局关于加强中国石油天然气股份有限公司和中国石油化工股份有限公司所属合并缴纳企业所得税的加油站及其他所属全资分支机构管理问题的通知

2006年4月27日　国税函〔2006〕414号

各省、自治区、直辖市和计划单列市国家税务局：

为加强对中国石油天然气股份有限公司、中国石油化工股份有限公司各大区和省级石油公司所属汇总（合并）纳税加油站，及其他所属全资分支机构的企业所得税管理，经研究，现将有关问题通知如下：

一、自2006年度起，国家税务总局不再对中国石油天然气股份有限公司、中国石油化工股份有限公司各大区和省级石油公司新增汇总（合并）纳税非独立核算的加油站及其他所属全资分支机构下发名单，具体名单由各大区和省级石油公司于每个纳税年度12月31日前报所在地省级国家税务局确认。大区石油公司所属跨省非独立核算的加油站及其他所属全资分支机构名单，由跨省加油站及其他所属全资分支机构的所在地省级国家税务局确认。

二、省级国家税务局确认新增汇总（合并）纳税非独立核算的加油站及其他所属全资分支机构名单时必须严格把关，只有中国石油天然气股份有限公司和中国石油化工股份有限公司100％投资的全资加油站和全资分支机构才能进入汇总（合并）纳税范围。对于登记为“中国石油或中国石化××加油站”等，但事实上属于承包、租赁或其他合作经营方式的加油站或分支机构，不能进入汇总（合并）纳税范围。

三、各非独立核算的加油站及其他所属全资分支机构的所在地主管税务机关，应对辖区内的非独立核算的加油站及其他所属全资分支机构的资产投资关系进行核查，发现省级国家税务局确认的名单中有属于非全资、承包、租赁或其他合作经营方式的分支机构，应逐级报省级国家税务局，由省级国家税务局取消其汇总纳税资格。

四、各汇总（合并）纳税成员企业的主管税务机关，应加强对非独立核算加油站及其他所属全资分支机构的企业所得税管理，可直接或者委托非独立核算加油站及其他所属全资分支机构的所在地主管税务机关对其收入、资产、人员工资等税前扣除成本费用项目进行审核、检查，建立信息沟通和协查机制。

五、中国石油天然气股份有限公司各大区和省级石油公司2005年度新增汇总（合并）纳税非独立核算加油站及其他所属全资分支机构的名单确认和有关管理问题，按上述原则处理。

2－1－450

国家税务总局关于中国农业发展集团总公司缴纳企业所得税问题的通知

2006年4月30日　国税函〔2006〕419号

北京、天津、辽宁、黑龙江、上海、江苏、浙江、福建、山东、河南、广东、四川、甘肃省(市)国家税务局;大连、宁波市国家税务局:

接中国农业发展集团总公司《关于汇总(合并)缴纳企业所得税的请示》(中农总财〔2005〕179号)。经研究,现将中国农业发展集团总公司缴纳企业所得税问题通知如下:

一、根据《国家税务总局关于大型企业集团征收所得税问题的通知》(国税发〔1994〕27号)和《国家税务总局关于汇总(合并)纳税企业实行统一计算、分级管理、就地预交、集中清算所得税问题的通知》(国税发〔2001〕13号)的有关规定,准予其所属成员企业(名单附后),从2005年起,由集团总公司合并缴纳企业所得税,暂不实行就地预交企业所得税办法。

二、该集团应在每年年度纳税申报后,向国家税务总局(所得税管理司)报送合并纳税财务会计报表和纳税申报表。

三、该集团所属合并纳税的成员企业,应按照国家税务总局的有关规定,向所在地主管税务机关报送所得税纳税申报表和相关的财务会计报表,并接受所在地主管税务机关的检查和监管;当地主管税务机关应按照国家税务总局的统一规定,认真受理企业的纳税申报,切实履行纳税检查和监管职责。

四、该集团在以后生产经营年度中,因所属成员企业发生变化,需调整合并纳税范围、预交税款比例和变更名称的,由国家税务总局另行通知。

附件:中国农业发展集团总公司所属成员企业名单(编者略)

2－1－451

财政部　国家税务总局关于核定中国平安财产保险股份有限公司和中国平安人寿保险股份有限公司计税工资税前扣除标准有关问题的通知

2006年5月8日　财税〔2006〕58号

各省、自治区、直辖市、计划单列市财政厅(局)、地方税务局,新疆生产建设兵团财务局:

中国平安保险(集团)股份有限公司已于2004年度在境外成功上市,为保持境外上市保险公司工资税前扣除政策的平衡，现就中国平安保险（集团）股份有限公司的子公司中国平安财产保险股份有限公司和中国平安人寿保险股份有限公司工资税前扣除问题通知如下：

一、2004 年度，中国平安财产保险股份有限公司计税工资按 7 亿元的限额，中国平安人寿保险股份有限公司计税工资按 11.54 亿元的限额，在企业所得税前据实扣除，超过限额部分不得在税前扣除。

二、从 2005 年起，上述两个公司以上一年度计税工资税前扣除限额为基数，按照工资总额增长低于经济效益增长（包括利润增长和所得税增长）、工资总额增长低于劳动生产率增长的原则确定当年工资税前扣除限额。

请遵照执行。

2 -1 -452

国家税务总局关于贵州引子渡发电有限责任公司享受西部大开发税收优惠政策有关问题的批复

2006 年 5 月 14 日　国税函〔2006〕466 号

贵州省国家税务局：

你局《关于贵州引子渡发电有限责任公司享受西部大开发税收优惠政策有关问题的请示》（黔国税发〔2005〕163 号）收悉。经研究，批复如下：

贵州引子渡发电有限责任公司主营业务是从事水电站开发运营，属于国家鼓励类产业项目，且其主营业务收入超过企业总收入的 70%，按照《财政部、国家税务总局、海关总署关于西部大开发税收优惠政策问题的通知》（财税〔2001〕202 号）第二条的规定，该企业可按 15% 的税率缴纳企业所得税。同时，可自开始生产经营之日起，第一年至第二年免征企业所得税，第三年至第五年减半征收企业所得税（以下简称“两免三减半”）。由于该企业在 2003 年度中间开业，当年实际生产经营期不足 6 个月，按照《国家税务总局关于新办企业减免税执行期限问题的通知》（国税发〔1996〕23 号）的规定，该企业可自 2004 年度开始享受“两免三减半”的税收优惠政策，2003 年度可按 15% 的税率缴纳企业所得税。

2－1－453

财政部　国家税务总局关于中国工商银行股份有限公司重组改制过程中资产评估增值有关企业所得税问题的通知

2006 年 8 月 14 日　财税〔2006〕81 号

各省、自治区、直辖市、计划单列市财政厅(局)、国家税务局,新疆生产建设兵团财务局,财政部驻各省、自治区、直辖市、计划单列市财政监察专员办事处:

为支持中国工商银行重组改制和上市工作的顺利进行,根据国务院有关支持企业重组改制的精神,现将有关税收问题通知如下:

一、对中国工商银行改制过程中发生的资产评估增值,经财政主管部门确认并计入国有资本金的,其按规定应缴纳的企业所得税不予征收。

二、中国工商银行股份有限公司可以按照评估后的资产价值计提折旧或摊销,并在企业所得税税前扣除。

请遵照执行。

2－1－454

国家税务总局关于中国民生银行调整企业所得税汇总纳税范围的通知

2006 年 9 月 8 日　国税函〔2006〕830 号

北京、河北、山西、上海、江苏、浙江、福建、山东、湖北、广东、重庆、四川、云南、陕西省(直辖市)国家税务局,大连、宁波、厦门、青岛、深圳市国家税务局:

近接中国民生银行《关于将新设立三家分支机构纳入 2006 年度合并纳税范围的请示》(民银发〔2006〕275 号),申请调整汇总纳税企业的范围。经研究,现对中国民生银行及其分支机构缴纳企业所得税问题明确如下:

一、从 2006 年起,中国民生银行及其所属分支机构(名单附后)按照《国家税务总局关于汇总(合并)纳税企业实行统一计算、分级管理、就地预交、集中清算所得税问题的通知》(国税发〔2001〕13 号)规定,在北京市实行汇总缴纳企业所得税,所属各分支机构,按年度应纳所得税额 60% 的比例就地预交企业所得税。

二、中国民生银行应在每年年度纳税申报后,向国家税务总局(所得税管理司)报送合并纳税财务会计报表和纳税申报表。

三、中国民生银行各分支机构应严格执行国家税务总局关于汇总(合并)纳税企业所得税征收管理的有关规定,向所在地主管税务机关报送企业所得税纳税申报表,接受所在地主管税务机关的管理和检查。所在地主管税务机关应严格履行就地监管的责任。

四、中国民生银行在以后生产经营年度中,因所属成员企业发生变化,需调整合并纳税范围、预交税款比例和变更名称的,由国家税务总局另行通知。

附件:中国民生银行所属各分支机构名单(编者略)

2-1-455

财政部　国家税务总局关于免征国际奥委会收取的特许权费使用费相关税收批复

2006年9月22日　财税〔2006〕133号

北京市财政局、国家税务局、地方税务局:

你们《关于免征国际奥委会收取的特许权费相关税收的请示》(京财税〔2006〕467号)收悉,现批复如下:

国际奥委会对奥运会举办国国内特许企业出口特许商品按照出口批发价收取一定比例的特许权使用费。该类特许权使用费属于国际奥委会取得的来源于中国境内与第29届奥运会有关的收入。根据《财政部、国家税务总局、海关总署关于第29届奥运会税收政策问题的通知》(财税〔2003〕10号)第二条第一款的规定,同意对国际奥委会取得的上述收入,免征相关税收。

2-1-456

国家税务总局关于调整太平人寿保险股份有限公司等4家保险公司汇总纳税范围的通知

2006年12月8日　国税函〔2006〕1185号

各省、自治区、直辖市和计划单列市国家税务局(不发西藏、广西、宁夏、青海、甘肃、吉林、重庆、大连):

现就太平人寿保险有限公司、合众人寿保险有限公司、阳光财产保险股份有限公司和永安财产保险股份有限公司4家保险公司更名和新增分支机构缴纳企业所得税的问题通知如下:

从2006年度起,按照《国家税务总局关于汇总(合并)纳税企业实行统一计算、分级管理、就地预交、集中清算所得税问题的通知》(国税发〔2001〕13号)规定,上述公司更名的分支机构（名单见附件1）和新增的分支机构（名单见附件2），由公司总部汇总缴纳企业所得税。

附件：1. 太平人寿保险股份有限公司等2家保险公司更名机构名单（编者略）

2. 永安财产保险股份有限公司等3家保险公司新增机构名单（编者略）

2-1-457

国家税务总局关于兴业银行上海浦东发展银行新设和更名分支机构缴纳企业所得税问题的通知

2006年12月16日　国税函〔2006〕1213号

山西、吉林、上海、浙江、安徽、福建、江西、广西、云南、新疆省（区、市）国家税务局：

现就兴业银行、上海浦东发展银行新设和更名的分支机构缴纳企业所得税问题通知如下：

从2006年度起，兴业银行、上海浦东发展银行新设和更名的分支机构（名单附后），分别按照《国家税务总局关于兴业银行缴纳企业所得税问题的通知》（国税函〔2004〕1233号）、《国家税务总局关于上海浦东发展银行缴纳企业所得税问题的通知》（国税函〔2005〕1116号）的有关规定执行。

附件：兴业银行、上海浦东发展银行新设和更名分支机构名单

附件

兴业银行新设分支机构名单

序　号	新设分支机构名称	地　　址
1	太原分行	山西省太原市
2	昆明分行	云南省昆明市
3	南昌分行	江西省南昌市
4	合肥分行	安徽省合肥市

上海浦东发展银行新设、更名分支机构名单

<table>
<tr><td>序号</td><td colspan="2">新设分支机构名称</td><td colspan="2">地　　址</td></tr>
<tr><td>1</td><td colspan="2">南宁分行</td><td colspan="2">广西壮族自治区南宁市</td></tr>
<tr><td>2</td><td colspan="2">乌鲁木齐银行</td><td colspan="2">新疆维吾尔自治区乌鲁木齐市</td></tr>
<tr><td>3</td><td colspan="2">长春分行</td><td colspan="2">吉林省长春市</td></tr>
<tr><td></td><td>原分支机构名称</td><td colspan="2">更名后分支机构名称</td><td>地　　址</td></tr>
<tr><td>1</td><td>上海地区管理总部</td><td colspan="2">上海分行</td><td>上海市浦东新区</td></tr>
<tr><td>2</td><td>温州支行</td><td colspan="2">温州分行</td><td>浙江省温州市</td></tr>
</table>

2－1－458

国家税务总局关于调整中国外运(集团)公司合并纳税范围的通知

2006年12月18日　国税函〔2006〕1218号

北京、天津、河北、内蒙古、辽宁、吉林、黑龙江、上海、山东、江苏、浙江、江西、安徽、福建、河南、湖北、湖南、广东、广西、海南、重庆、四川、贵州、新疆、陕西省(区、市)国家税务局,大连、青岛、宁波、厦门市国家税务局,深圳市地方税务局:

现将中国外运(集团)公司调整合并纳税企业范围等有关问题通知如下:

按照《国家税务总局关于汇总(合并)纳税企业实行统一计算、分级管理、就地预交、集中清算所得税问题的通知》(国税发〔2001〕13号)和《国家税务总局关于中国外运(集团)公司缴纳企业所得税问题的通知》(国税函〔2005〕914号)规定,从2006年起,对中国外运(集团)公司调整后的合并纳税成员企业(名单附后),继续实行合并缴纳企业所得税政策。对由中国外运(集团)公司在北京市合并纳税的成员企业,暂不实行就地预交所得税办法;对中国外运河南公司、中国外运内蒙古公司、中国外运安徽公司、中国外运秦皇岛公司、中国外运九江公司所在地合并纳税的成员企业,是否实行就地预交所得税办法,由各省(区、市)税务机关确定。今后国家如有新的政策规定,按新规定执行。

附件:中国外运(集团)公司调整后合并纳税名单(编者略)

2－1－459

国家税务总局关于调整中国第一汽车集团公司合并纳税范围的通知

2006年12月18日　国税函〔2006〕1220号

天津、内蒙古、辽宁、吉林、黑龙江、山东、江苏、广西、海南、四川省(区、市)国家税务局,大连、青岛市国家税务局:

现就中国第一汽车集团公司调整合并纳税企业范围等有关问题通知如下:

按照《国家税务总局关于汇总(合并)纳税企业实行统一计算、分级管理、就地预交、集中清算所得税问题的通知》(国税发〔2001〕13号)和《国家税务总局关于中国第一汽车集团公司缴纳企业所得税问题的通知》(国税函〔2005〕508号)规定,从2006年起,对中国第一汽车集团公司调整后的合并纳税成员企业(名单见附件),由中国第一汽车集团公司在吉林省合并缴纳企业所得税。合并纳税成员企业暂不实行就地预交企业所得税办法,今后国家如有新政策规定,按新规定执行。

附件:中国第一汽车集团公司合并纳税企业名单(编者略)

2－1－460

国家税务总局关于中国工商银行股份有限公司缴纳企业所得税问题的通知

2006年12月19日　国税函〔2006〕1223号

各省、自治区、直辖市和计划单列市国家税务局：

经国务院批准，中国工商银行已于2005年度完成了重组改制工作，并更名为中国工商银行股份有限公司。现对该行更名后缴纳企业所得税问题通知如下：

一、鉴于该行更名后不仅继续经营原有的业务范围，而且还全面继承原有的权利、义务，享受原有的法律地位，因此，其所属分行、支行可继续按《国家税务总局关于汇总（合并）纳税企业实行统一计算、分级管理、就地预缴、集中清算所得税问题的通知》（国税发〔2001〕13号）的规定，实行全额汇总的方式在公司总部所在地统一申报缴纳企业所得税，暂不实行“统一计算、分级管理、就地预缴、集中清算”的征收管理办法。国家在汇总纳税政策方面有新的规定，统一按新规定执行。

二、该行应在每年年度纳税申报后，向国家税务总局（所得税管理司）报送汇总纳税财务会计报表和纳税申报表。

三、该行所属分支机构，应严格执行国家税务总局关于汇总纳税企业所得税征收管理的有关规定，接受所在地主管税务机关的管理和检查。

四、该行在以后生产经营年度中，因所属分支机构发生变化，需要调整汇总范围、预缴税款比例和变更名称的，由国家税务总局另行通知。

2－1－461

国家税务总局关于调整中国中化集团公司合并纳税范围的通知

2006年12月19日　国税函〔2006〕1224号

北京、天津、河北、辽宁、上海、山东、江苏、广东省（市）国家税务局，大连、青岛市国家税务局：

现就中国中化集团公司调整合并纳税企业范围问题通知如下：

按照《国家税务总局关于汇总（合并）纳税企业实行统一计算、分级管理、就地预交、集中清算所得税问题的通知》（国税发〔2001〕13号）和《国家税务总局关于中国中化集团公司缴纳企业所得税问题的通知》（国税函〔2005〕984号）规定，从2006年起，对中国中化集团公司调整后的合并纳税成员企业（名单见附件），由中国中化集团公司在北京市合并缴纳企业所得税。中国中化集团公司所属中化辽宁、中化江苏、中化广东公司及在京的全资子公司,暂不实行就地预交办法,其他成员企业应按年度应纳所得税额60%的比例就地预交企业所得税,今后如汇总(合并)纳税政策有新规定的,统一按新规定执行。

附件:中国中化集团公司合并企业名单(编者略)

2-1-462

国家税务总局关于巨化集团公司合并缴纳企业所得税问题的通知

2006年12月22日　国税函〔2006〕1237号

广东省国家税务局,浙江省、上海市、深圳市、宁波市地方税局:

巨化集团公司是国务院确定的试点大型企业集团之一,根据《国家税务总局关于大型企业集团征收所得税问题的通知》(国税发〔1994〕27号)的有关规定,为支持该集团的进一步发展,现将有关合并缴纳企业所得税问题通知如下:

一、巨化集团公司所属的34家全资控股企业(名单见附件),从2006年度起,按照《国家税务总局关于汇总(合并)纳税企业实行统一计算、分级管理、就地预缴、集中清算所得税问题的通知》(国税发〔2001〕13号)的有关规定,由巨化集团公司在浙江省衢州市合并缴纳企业所得税。

二、巨化集团公司所属合并纳税的成员企业,在企业改组、改制或资产重组过程中,因股权发生变化而变成非全资控股的企业,集团公司应及时报告成员企业所在地主管税务机关,经所在地主管税务机关确认后,从股权发生变化的年度起,就地缴纳企业所得税,并报国家税务总局备案。

三、巨化集团公司应在每年的年度纳税申报后,向国家税务总局(所得税管理司)报送集团公司的汇总(合并)财务报表和纳税申报表。

四、巨化集团公司所属合并纳税的成员企业,应按照国家税务总局的有关规定,向所在地税务机关报送所得税纳税申报表,并接受所在地税务机关的检查和监管;所在地税务机关应按国家税务总局的统一规定,认真受理企业的纳税申报,切实履行纳税检查和监管职责。

五、巨化集团公司在以后生产经营年度中,因成员企业情况发生变化,需调整合并纳税成员企业范围、变更成员企业名称、地址和调整就地预缴税款比例的,报国家税务总局另行明确。

附件:巨化集团公司合并纳税成员企业名单(编者略)

2 - 1 - 463

国家税务总局关于调整安邦财产保险股份有限公司汇总纳税范围的通知

2006 年 12 月 25 日　国税函〔2006〕1252 号

各省、自治区、直辖市和计划单列市国家税务局：

现就安邦财产保险股份有限公司新增分支机构缴纳企业所得税问题通知如下：

从 2006 年起，按照《国家税务总局关于汇总(合并)纳税企业实行统一计算、分级管理、就地预交、集中清算所得税问题的通知》(国税发〔2001〕13 号)规定，该公司新增的分支机构(名单见附件)，由其总部汇总缴纳企业所得税。

附件：安邦财产保险股份有限公司新增机构名单(编者略)

2 - 1 - 464

财政部　国家税务总局关于核定民生银行股份有限公司计税工资税前扣除标准有关问题的通知

2006 年 12 月 29 日　财税〔2006〕190 号

各省、自治区、直辖市、计划单列市财政厅(局)、国家税务局、地方税务局，新疆生产建设兵团财务局：

根据《财政部、国家税务总局关于调整企业所得税工资支出税前扣除政策的通知》(财税〔2006〕126 号)的有关规定，现就中国民生银行股份有限公司计税工资税前扣除标准的有关问题通知如下：

一、2006 年度，中国民生银行股份有限公司计税工资税前扣除限额为 24.50 亿元，超过部分不得在税前扣除。

二、2007 年，以 2006 年计税工资税前扣除限额为基数，按照工资总额增长低于经济效益增长、工资总额增长低于劳动生产率增长幅度的原则，确定中国民生银行股份有限公司当年工资税前扣除限额。

请遵照执行。

2－1－465

国家税务总局关于调整中国华电集团公司合并纳税范围的通知

2006年12月29日　国税函〔2006〕1230号

北京、河北、内蒙古、黑龙江、江苏、浙江、福建、湖北、湖南、广西、四川、贵州、新疆、云南省(区、市)国家税务局,厦门市国家税务局:

现就中国华电集团公司调整合并纳税企业范围问题通知如下:

按照《国家税务总局关于汇总(合并)纳税企业实行统一计算、分级管理、就地预交、集中清算所得税问题的通知》(国税发〔2001〕13号)和《国家税务总局关于中国华电集团公司缴纳企业所得税问题的通知》(国税函〔2005〕510号)规定,从2006年起,中国华电集团公司调整后合并纳税成员企业(名单见附件),由中国华电集团公司在北京市合并缴纳企业所得税。

附件:中国华电集团公司合并纳税名单(编者略)

2－1－466

财政部　国家税务总局关于核定中国人民财产保险股份有限公司计税工资税前扣除标准有关问题的通知

2006年12月31日　财税〔2006〕57号

北京市财政局、国家税务局:

按照《财政部、国家税务总局关于核定中国人民财产保险股份有限公司计税工资税前扣除标准有关问题的通知》(财税〔2005〕71号)的有关规定,现就中国人民财产保险股份有限公司工资税前扣除标准的有关问题通知如下:

一、根据中国人民财产保险股份有限公司2005年人均保费收入、人均已赚净保费、人均营业利润和人均利润等经济效益情况,核定该公司2005年计税工资税前扣除总额为29.9亿元,超过部分不得在税前扣除。

二、从2006年起,该公司以上一年度计税工资税前扣除限额为基数,按照工资总额增长低于经济效益增长幅度(包括利润和所得税增长)、工资总额增长低于劳动生产率增长幅度的原则确定当年工资税前扣除限额。

请遵照执行。

2－1－467

国家税务总局关于中信银行财产损失企业所得税前扣除问题的通知

2006年12月31日　国税函〔2006〕1284号

北京、辽宁、山东、上海、江苏、浙江、福建、安徽、湖南、广东省（市）国家税务局，大连、青岛、深圳市国家税务局：

现对中信银行发生的财产损失税前扣除问题通知如下：

一、根据《企业财产损失所得税前扣除管理办法》（国家税务总局令第13号）和《金融企业呆账损失税前扣除管理办法》（国家税务总局令第4号）的有关规定，中信银行在股改上市清理出的财产损失6091225578元，准予该行先以清单（见附件）的形式，在2006年和2007年由该行总部统一申报扣除，其分支机构不得重复扣除。北京市国家税务局要依据该行报送的有关部门、机构鉴定确认的财产损失等税前扣除项目的资料，按规定逐笔逐项进行审查核实，如有不实，应调整该行当期应纳税所得额并依法补缴税款。

二、各地税务机关要对清单中的财产损失等税前扣除项目进行审查核实，如有不实，应及时将有关情况和资料向北京市国家税务局反馈。

附件：中信银行财产损失明细表（编者略）

2－1－468

国家税务总局关于中信银行资产评估增值有关企业所得税问题的通知

2006年12月31日　国税函〔2006〕1285号

北京、天津、河北、辽宁、上海、江苏、浙江、安徽、福建、山东、河南、湖北、湖南、广东、重庆、四川、云南、陕西省（市）国家税务局，大连、宁波、厦门、青岛、深圳市国家税务局：

为支持中信银行股份制改革工作，现对中信银行股份制改革过程中资产评估增值涉及的企业所得税问题通知如下：

中信银行在股份制改革过程中发生的资产评估增值295720.08万元，增加国家资本金，不征收企业所得税。中信银行按评估增值后的资产价值调整相关资产的计税成本，按调整后的计税成本计提的折旧和摊销允许在企业所得税前扣除。

2 －1 －469

国家税务总局关于调整中国航空集团公司合并纳税范围的通知

2006 年 12 月 31 日　国税函〔2006〕1304 号

北京、天津、内蒙古、上海、江苏、浙江、海南、重庆、四川、陕西省（区、市）国家税务局，大连市国家税务局：

现就中国航空集团公司调整合并纳税企业范围问题通知如下：

按照《国家税务总局关于汇总（合并）纳税企业实行统一计算、分级管理、就地预交、集中清算所得税问题的通知》（国税发〔2001〕13 号）和《国家税务总局关于中国航空集团公司合并缴纳企业所得税问题的通知》（国税函〔2006〕176 号）规定，从 2006 年起，对中国航空集团公司调整后的合并纳税成员企业（名单见附件），由中国航空集团公司在北京市合并缴纳企业所得税；各成员企业暂不实行就地预交企业所得税办法，今后国家如对汇总（合并）纳税有新的政策规定，按照新规定执行。

附件：中国航空集团公司合并纳税企业名单（编者略）

2 －1 －470

国家税务总局关于都邦财产保险股份有限公司和天平汽车保险股份有限公司缴纳企业所得税问题的通知

2006 年 12 月 31 日　国税函〔2006〕1306 号

北京、河北、吉林、上海、江苏、浙江、广东、广西、重庆、四川省（区、市）国家税务局，宁波、深圳市国家税务局：

现将都邦财产保险股份有限公司和天平汽车保险股份有限公司等 2 家保险公司及所属分支机构缴纳企业所得税的问题通知如下：

一、从 2006 年度起，上述 2 家保险公司及所属分支机构（名单附后）按照《国家税务总局关于汇总（合并）纳税企业实行统一计算、分级管理、就地预缴、集中清算所得税问题的通知》（国税发〔2001〕13 号）规定，在公司总部所在地汇总缴纳企业所得税，暂不实行就地预交企业所得税的办法。

二、上述 2 家保险公司应在每年年度纳税申报后，向国家税务总局（所得税管理司）报送汇总财务会计报表和纳税申报表。

三、上述 2 家保险公司及所属分支机构，应严格执行国家税务总局关于汇总（合并）纳税企业所得税征收管理的有关规定，接受所在地主管税务机关的管理和检查。

四、上述2家保险公司在以后生产经营年度中，因所属分支机构发生变化，需要调整汇总范围、预交税款比例和变更名称的，由国家税务总局另行通知。

附件：都邦财产保险股份有限公司和天平汽车保险股份有限公司汇总纳税机构名单（编者略）

2－1－471

国家税务总局关于调整南京汽车集团有限公司合并纳税范围的通知

2007年1月8日　国税函〔2007〕19号

江苏省国家税务局：

现就南京汽车集团有限公司调整合并纳税范围的问题通知如下：

从2006年起，按照《国家税务总局关于汇总（合并）纳税企业实行统一计算、分级管理、就地预交、集中清算所得税问题的通知》（国税发〔2001〕13号）和《国家税务总局关于南京汽车集团有限公司合并缴纳企业所得税问题的通知》（国税函〔2004〕1121号）规定，南京汽车集团有限公司调整后合并纳税成员企业（名单见附件），由南京汽车集团有限公司在江苏省合并缴纳企业所得税。

附件：南京汽车集团有限公司合并纳税企业名单（编者略）

2－1－472

国家税务总局关于中国建银投资证券有限责任公司缴纳企业所得税问题的通知

2007年1月9日　国税函〔2007〕14号

北京、河北、山西、黑龙江、吉林、辽宁、上海、山东、安徽、江苏、江西、河南、湖北、湖南、广东、海南、四川、贵州、重庆、青海省（区、市）国家税务局；大连、青岛、深圳市国家税务局：

现就中国建银投资证券有限责任公司及所属分支机构（名单附后）缴纳企业所得税问题，通知如下：

一、按照《国家税务总局关于汇总（合并）纳税企业实行统一计算、分级管理、就地预缴、集中清算所得税问题的通知》（国税发〔2001〕13号）规定，从2006年度起，中国建银投资证券有限责任公司所属分支机构以其应纳税所得额的30%就地预缴企业所得税，年度终了后，在公司总部所在地汇总缴纳企业所得税。

二、中国建银投资证券有限责任公司应在每年年度纳税申报后，向国家税务总局（所得税管理司）报送汇总纳税财务会计报表和纳税申报表。

三、中国建银投资证券有限责任公司所属分支机构，应严格执行国家税务总局关于汇总（合并）纳税企业所得税征收管理的有关规定，接受所在地主管税务机关的管理和检查。

四、中国建银投资证券有限责任公司在以后生产经营年度中，因所属分支机构发生变化，需调整汇总范围、就地预缴税款比例和变更名称的，由国家税务总局另行通知。

附件：中国建银投资证券有限责任公司所属分支机构名单（编者略）

2－1－473

国家税务总局关于万向集团公司合并缴纳企业所得税问题的通知

2007 年 1 月 10 日　国税函〔2007〕60 号

浙江省国家税务局、地方税务局：

万向集团公司是国务院确定的试点大型企业集团之一，根据《国家税务总局关于大型企业集团征收所得税问题的通知》（国税发〔1994〕27 号）的有关规定，为支持集团公司的进一步发展，现将有关合并缴纳企业所得税问题通知如下：

一、万向集团公司所属的 9 家全资控股企业（名单见附件），从 2006 年度起，按照《国家税务总局关于汇总（合并）纳税企业实行统一计算、分级管理、就地预缴、集中清算所得税问题的通知》（国税发〔2001〕13 号）的有关规定，由万向集团公司在浙江省合并缴纳企业所得税。各成员企业暂不实行就地预缴企业所得税办法，对汇总（合并）纳税如有新的政策规定，按照新规定执行。

二、万向集团公司所属合并纳税的成员企业，在企业改组、改造或资产重组过程中，因股权发生变化而变成非全资控股的企业，集团公司应及时报告成员企业所在地主管税务机关，经所在地主管税务机关确认后，从股权发生变化的年度起，就地缴纳企业所得税，并报国家税务总局备案。

三、万向集团公司应在每年的年度纳税申报后向国家税务总局（所得税管理司）报送集团公司的汇总（合并）财务会计报表和纳税申报表。

四、万向集团公司所属合并纳税的成员企业，应按照国家税务总局的有关规定向所在地主管税务机关报送所得税纳税申报表和财务会计报表，并接受所在地主管税务机关的检查和监管；所在地主管税务机关应按国家税务总局的统一规定，认真受理企业的纳税申报，切实履行纳税检查和监管职责。

五、万向集团公司在以后生产经营年度中，因成员企业情况发生变化，需调整合并纳税成员企业范围、变更成员企业名称、地址和调整就地预缴税款比例的，报国家税务总局另行明确。

附件：万向集团合并纳税企业名单（编者略）

2－1－474

国家税务总局关于长江证券有限责任公司等证券公司缴纳企业所得税问题的通知

2007年1月10日　国税函〔2007〕61号

北京、天津、河北、内蒙古、辽宁、吉林、黑龙江、上海、江苏、浙江、安徽、江西、河南、湖北、湖南、广东、广西、海南、四川、重庆、新疆、宁夏、陕西省(区、市)国家税务局,大连、宁波、厦门、青岛、深圳市国家税务局:

现就长江证券有限责任公司、联合证券有限责任公司、兴业证券股份有限公司、巨田证券有限责任公司、德邦证券有限责任公司、东海证券有限责任公司、金元证券有限责任公司、民生证券有限责任公司、招商证券股份有限公司、中原证券股份有限公司、华泰有限责任公司、东方证券股份有限公司新增加和更名的所属分支机构缴纳企业所得税问题通知如下:

从2006年起,上述证券公司新增加和更名的分支机构(详见附件)分别按照《国家税务总局关于华夏证券股份有限公司等证券公司缴纳企业所得税问题的通知》(国税函〔2004〕964号)、《国家税务总局关于中原证券股份有限公司等证券公司缴纳企业所得税问题的通知》(国税函〔2004〕991号)、《国家税务总局关于爱建证券有限责任公司等证券公司缴纳企业所得税问题的通知》(国税函〔2004〕1016号)、《国家税务总局关于长城证券有限责任公司等证券公司缴纳企业所得税问题的通知》(国税函〔2004〕1062号)、《国家税务总局关于中信证券股份有限公司等证券公司缴纳企业所得税问题的通知》(国税函〔2004〕1068号)、《国家税务总局关于信泰证券有限责任公司等证券公司缴纳企业所得税问题的通知》(国税函〔2004〕1092号)、《国家税务总局关于中原证券股份有限公司缴纳企业所得税问题的通知》(国税函〔2005〕664号)、《国家税务总局关于太平洋证券有限责任公司缴纳企业所得税问题的通知》(国税函〔2005〕706号)的有关规定由公司总部汇总缴纳企业所得税。

附件:长江证券有限责任公司等证券公司新增加和更名汇总纳税分支机构名单(编者略)

2－1－475

国家税务总局关于中国南方机车车辆工业集团公司所属企业技术开发费扣除标准的通知

2007年1月10日　国税函〔2007〕62号

北京、河北、山东、江苏、安徽、河南、湖北、湖南、四川省(市)国家税务局，青岛市国家税务局：

现将中国南方机车车辆工业集团公司所属企业2006年度技术开发费扣除标准通知如下：

根据《国家税务总局关于印发〈企业技术开发费税前扣除管理办法〉的通知》(国税发〔1999〕49号)的有关规定，经审核，同意中国南方机车车辆工业集团公司2006年度向所属企业提取技术开发费3124万元。其所属企业按规定标准上交的技术开发费(详见附件)，准予在税前扣除，超过规定标准上交的技术开发费，应进行纳税调整。该公司提取的技术开发费年终如有结余，应并入当年度应纳税所得额，缴纳企业所得税。该公司当年实际发生的技术开发费超过集中提取数额的部分，可以按照有关规定在税前扣除。

附件：中国南方机车车辆工业集团公司所属企业2006年度技术开发费扣除标准(编者略)

2－1－476

国家税务总局关于调整中国重汽集团公司合并纳税范围的通知

2007年1月11日　国税函〔2007〕67号

北京、辽宁、上海、山东、江苏、浙江、湖北、广东、重庆、新疆、陕西省(区、市)地方税务局，青岛市地方税务局：

现将中国重汽集团有限公司调整合并纳税企业范围的问题通知如下：

按照《国家税务总局关于汇总(合并)纳税企业实行统一计算、分级管理、就地预缴、集中清算所得税问题的通知》(国税发〔2001〕13号)和《国家税务总局关于中国重汽集团有限公司合并缴纳企业所得税问题的通知》(国税函〔2005〕886号)规定，从2006年起，对中国重汽集团有限公司按调整后的合并纳税成员企业，由中国重汽集团有限公司在山东省合并纳税；各成员企业暂不实行就地预缴企业所得税办法，如以后有新政策规定，按照新规定执行。对合并纳税成员企业中国重型汽车财务有限责任公司以前年度发生尚未处理的净损益，应由主管税务机关审核后，并入合并纳税范围，由中国重型汽车集团有限公司统一计缴企业所得税或在税法规定年限内弥补亏损。

2－1－477

国家税务总局关于徽商银行等3家银行缴纳企业所得税问题的通知

2007年1月23日　国税函〔2007〕100号

北京、天津、上海、浙江、安徽省（市）国家税务局，宁波市国家税务局：

根据《国家税务总局关于规范汇总合并缴纳企业所得税范围的通知》（国税函〔2006〕48号）的规定，现将徽商银行、北京银行和上海银行缴纳企业所得税问题通知如下：

一、从2006年起上述3家银行及其所属分支机构（详见附件）按照《国家税务总局关于汇总（合并）纳税企业实行统一计算、分级管理、就地预缴、集中清算所得税问题的通知》（国税发〔2001〕13号）规定，在总行所在地汇总缴纳企业所得税，暂不实行就地预缴企业所得税的办法。

二、上述3家银行应在每年年度纳税申报后，向国家税务总局（所得税管理司）报送汇总财务会计报表和纳税申报表。

三、上述3家银行及所属分支机构，应严格执行国家税务总局关于汇总（合并）纳税企业所得税征收管理的有关规定，接受所在地主管税务机关的管理和检查。

四、上述3家银行在以后生产经营年度中，因所属分支机构发生变化，需要调整汇总范围、预缴税款比例和变更名称的，由国家税务总局另行通知。

附件：徽商银行分支机构名单和北京银行、上海银行新增机构名单（编者略）

2－1－478

国家税务总局关于调整中国南方电网有限责任公司合并纳税成员企业范围的通知

2007年1月28日　国税函〔2007〕133号

广东省国家税务局：

现将中国南方电网有限责任公司调整合并纳税企业范围问题通知如下：

从2006年起，按照《国家税务总局关于汇总（合并）纳税企业实行统一计算、分级管理、就地预交、集中清算所得税问题的通知》（国税发〔2001〕13号）和《国家税务总局关于中国南方电网有限责任公司合并缴纳企业所得税问题的通知》（国税函〔2004〕1329号）的规定，将中国南方电网有限责任公司调峰调频发电公司纳入中国南方电网有限责任公司的合并纳税范围。

2－1－479

国家税务总局关于调整中国铁路物资总公司合并纳税范围的通知

2007年2月3日 国税函〔2007〕180号

北京、江苏、安徽、湖北、湖南省（市）国家税务局：

现将中国铁路物资总公司调整合并纳税企业范围的有关问题通知如下：

从2006年度起，按照《国家税务总局关于汇总（合并）纳税企业实行统一计算、分级管理、就地预交、集中清算所得税问题的通知》（国税发〔2001〕13号）和《国家税务总局关于中国铁路物资总公司所属合并缴纳企业所得税问题的通知》（国税函〔2005〕1264号）的规定，中国铁路物资总公司所属企业继续实行合并纳税政策。原“武汉铁路物资贸易储运公司”更名为“武汉中铁华通物流公司”，继续合并纳税。北京中铁运通仓储贸易公司、中国铁路物资武汉公司株洲供应站长沙销售处、武汉中南铁路物资贸易中心、中国铁路物资武汉公司南京经营部和铁道部马鞍山材料检测所从2006年度起，不再纳入合并纳税范围，由各企业就地缴纳企业所得税。

各地税务机关应按照《国家税务总局关于中国铁路物资总公司所属合并缴纳企业所得税问题的通知》（国税函〔2005〕1264号）和有关规定，对中国铁路物资总公司所属合并纳税成员进行征收管理。合并缴纳企业所得税政策如有新规定，按新规定统一执行。

2－1－480

国家税务总局关于调整中国电力投资集团公司合并纳税范围的通知

2007年2月7日 国税函〔2007〕164号

北京、山西、内蒙古、辽宁、上海、安徽、江西、福建、河南、湖南、广东、重庆、陕西省（区、市）国家税务局：

现将中国电力投资集团公司调整合并纳税企业范围的有关问题通知如下：

按照《国家税务总局关于汇总（合并）纳税企业实行统一计算、分级管理、就地预交、集中清算所得税问题的通知》（国税发〔2001〕13号）和《国家税务总局关于中国电力投资集团公司合并缴纳企业所得税问题的通知》（国税函〔2005〕1040号）规定，从2006年起，对中国电力投资集团公司按调整后的合并纳税成员企业（名单附后），由中国电力投资集团公司在北京市合并纳税；各成员企业暂不实行就地预交办法。今后如国家对汇总（合并）纳税有新的政策规定，按照新规定执行。

附件：中国电力投资集团公司调整后合并纳税企业名单（编者略）

2－1－481

国家税务总局关于调整中国中信集团公司汇总纳税范围的通知

2007年2月10日　国税函〔2007〕185号

各省、自治区、直辖市和计划单列市国家税务局，北京、上海、湖北、湖南、广东省（市）地方税务局：

现就调整中国中信集团公司汇总（合并）缴纳企业所得税范围的有关问题通知如下：

从2006年度起，中国中信集团公司所属新增、变更名称的成员企业（名单附后），按照《国家税务总局关于中国中信集团公司缴纳企业所得税问题的通知》（国税函〔2005〕1005号）的有关规定执行。中信集团公司所属取消汇总（合并）企业所得税资格的成员企业（名单附后），不再纳入汇总（合并）缴纳企业所得税范围。

附件：1. 中国中信集团公司新增和更名成员企业名单（编者略）
2. 中国中信集团公司取消汇总纳税资格成员企业名单（编者略）
3. 中国中信集团所属新增三级成员企业名单（编者略）

2－1－482

国家税务总局关于调整民生人寿股份有限公司和永诚财产保险股份有限公司汇总纳税范围的通知

2007年2月13日　国税函〔2007〕202号

北京、河北、山西、内蒙古、辽宁、上海、江苏、浙江、福建、山东、河南、湖北、广东、广西、四川、云南、陕西省（区、市）国家税务局，深圳市国家税务局：

现就民生人寿保险股份有限公司更名、新增分支机构和永诚财产保险股份有限公司新增分支机构缴纳企业所得税的问题通知如下：

从2006年起，按照《国家税务总局关于汇总（合并）纳税企业实行统一计算、分级管理、就地预缴、集中清算所得税问题的通知》（国税发〔2001〕13号）规定，民生人寿保险股份有限公司更名、新增分支机构（名单见附件1、2）和永诚财产保险股份有限公司新增的分支机构（名单见附件3），分别由公司总部汇总缴纳企业所得税。

附件：1. 民生人寿保险股份有限公司更名机构名单（编者略）

2. 民生人寿保险股份有限公司新增机构名单(编者略)
3. 永诚财产保险股份有限公司新增机构名单(编者略)

2－1－483

国家税务总局关于调整中国农业发展集团总公司合并纳税成员企业范围的通知

2007年2月14日　国税函〔2007〕200号

北京、河北、上海、山东、江苏省(市)国家税务局,大连市国家税务局:

现将中国农业发展集团总公司新设、更名和取消的成员企业缴纳企业所得税问题通知如下:

从2006年度起,中国农业发展集团总公司新设、更名和取消所属成员企业(名单附后),按照《国家税务总局关于中国农业发展集团总公司缴纳企业所得税问题的通知》(国税函〔2006〕419号)的有关规定执行。

附件:中国农业发展集团总公司新增、更名和取消所属成员企业名单(编者略)

2－1－484

国家税务总局关于调整天安保险股份有限公司等3家保险公司汇总纳税范围的通知

2007年2月14日　国税函〔2007〕207号

天津、河北、山西、辽宁、吉林、黑龙江、上海、江苏、浙江、江西、安徽、山东、福建、河南、湖南、湖北、广东、广西、云南、贵州、四川、新疆、陕西、甘肃省(区、市)国家税务局,深圳市国家税务局:

现将天安保险股份有限公司、太平保险有限公司、华安财产保险股份有限公司等3家保险公司更名和新增分支机构缴纳企业所得税的问题通知如下:

从2006年度起,按照《国家税务总局关于汇总(合并)纳税企业实行统一计算、分级管理、就地预缴、集中清算所得税问题的通知》(国税发〔2001〕13号)规定,上述公司更名的分支机构(名单见附件1)和新增的分支机构(名单见附件2),由公司总部汇总缴纳企业所得税。

附件:1. 天安保险股份有限公司等3家保险公司更名分支机构名单(编者略)
2. 天安保险股份有限公司等3家保险公司新增分支机构名单(编者略)

2－1－485

财政部　海关总署　国家税务总局关于公布第二批不在试点地区的文化体制改革试点单位名单和新增试点地区名单的通知

2007年2月27日　财税〔2007〕36号

按照财政部、海关总署、国家税务总局《关于文化体制改革中经营性文化事业单位转制为企业的若干税收政策问题的通知》(财税〔2005〕1号)和《关于文化体制改革试点中支持文化产业发展若干税收政策问题的通知》(财税〔2005〕2号)的规定,中央文化体制改革领导小组办公室提供了第二批不在文化体制改革试点地区的文化体制改革试点单位名单和文化体制改革新增试点地区名单。

现将该名单发给你们,名单所列不在试点地区的试点单位和新增试点地区的所有文化单位,从2006年1月1日起,均按上述两个《通知》的规定享受税收优惠政策。

特此通知。

附件:1. 第二批不在文化体制改革试点地区的文化体制改革试点单位名单(编者略)

2. 文化体制改革新增试点地区名单(编者略)

2－1－486

国家税务总局关于调整中国五矿集团公司合并纳税范围的通知

2007年3月6日　国税函〔2007〕260号

北京、江苏省(市)国家税务局、地方税务局:

现将中国五矿集团公司调整合并纳税企业范围问题通知如下:

按照《国家税务总局关于汇总(合并)纳税企业实行统一计算、分级管理、就地预交、集中清算所得税问题的通知》(国税发〔2001〕13号)和《国家税务总局关于中粮集团等企业合并缴纳企业所得税问题的通知》(国税函〔2004〕1104号)的规定,从2006年起,中国五矿集团公司调整后的合并纳税成员企业(名单附后),继续由中国五矿集团公司在北京市合并缴纳企业所得税,其成员企业暂不实行就地预交企业所得税办法。汇总(合并)纳税如有新的政策规定,按照新规定执行。

附件:中国五矿集团公司调整后合并纳税企业名单(编者略)

2－1－487

国家税务总局关于调整生命人寿保险股份有限公司等3家保险公司汇总纳税范围的通知

2007年3月8日　国税函〔2007〕286号

各省、自治区、直辖市国家税务局（不发天津、重庆、西藏），宁波市国家税务局：

现将生命人寿保险股份有限公司、泰康人寿保险股份有限公司和新华人寿保险股份有限公司等3家保险公司更名和新增分支机构缴纳企业所得税的问题通知如下：

按照《国家税务总局关于汇总（合并）纳税企业实行统一计算、分级管理、就地预缴、集中清算所得税问题的通知》（国税发〔2001〕13号）规定，从2006年度起，生命人寿保险股份有限公司、泰康人寿保险股份有限公司和新华人寿保险股份有限公司更名的分支机构（名单见附件1）和新增的分支机构（名单见附件2），由公司总部汇总缴纳企业所得税。

附件：1. 生命人寿保险股份有限公司和新华人寿保险股份有限公司更名分支机构名单（编者略）

2. 生命人寿保险股份有限公司和泰康人寿保险股份有限公司新增分支机构名单（编者略）

2－1－488

国家税务总局关于铁道部及所属企业汇总缴纳企业所得税问题的通知

2007年3月8日　国税函〔2007〕287号

各省、自治区、直辖市和计划单列市国家税务局：

根据企业所得税汇总（合并）纳税的有关规定，现将铁道部直属运输企业以及中铁快运股份有限公司、广州铁路（集团）公司从2006年度起缴纳企业所得税有关问题通知如下：

一、铁道部直属运输企业，按照《国家税务总局关于汇总（合并）纳税企业实行统一计算、分级管理、就地预交、集中清算所得税问题的通知》（国税发〔2001〕13号）的有关规定，以各成员企业（名单见附件1）为纳税人进行纳税申报，由铁道部在北京市汇总缴纳企业所得税。

中铁快运股份有限公司所属全资成员企业（名单见附件2）、广州铁路（集团）公司所属全资成员企业（名单见附件3），分别由各（集团）公司汇总（合并）缴纳企业所得税。中铁快运股份有限公司所属各营业部为非独立核算单位，由各分公司统一计算缴纳企业所得税。

上述汇总(合并)纳税的各成员企业,暂不实行就地预交企业所得税办法。汇总(合并)缴纳企业所得税政策如有新规定,统一按新规定执行。

二、铁道部和各总(集团)公司所属汇总(合并)纳税的成员企业,在企业改组、改制或资产重组过程中,因股权发生变化而变成非全资控股的企业,铁道部和各总(集团)公司应及时报告成员企业所在地主管税务机关,经所在地主管税务机关确认后,从股权发生变化的年度起,就地缴纳企业所得税,并报国家税务总局备案。

三、铁道部和各总(集团)公司应在每年的年度纳税申报后,向国家税务总局(所得税管理司)报送汇总(合并)财务会计报表和纳税申报表。

四、铁道部和各总(集团)公司所属合并纳税的成员企业,应按照国家税务总局的有关规定,向所在地主管税务机关报送所得税纳税申报表,并接受所在地主管税务机关的检查和监管;所在地主管税务机关应按国家税务总局的统一规定,认真受理企业的纳税申报,切实履行纳税检查和监管职责。

附件:1. 铁道部汇总纳税名单(编者略)

2. 中铁快运有限公司合并纳税企业名单(编者略)

3. 广州铁路(集团)公司合并纳税企业名单(编者略)

2 -1 -489

国家税务总局关于招商银行股份有限公司等金融机构调整汇总纳税范围的通知

2007 年 3 月 8 日　国税函〔2007〕292 号

北京、河北、山西、内蒙古、江苏、浙江、福建、山东、广东、云南省(区、市)国家税务局,宁波、深圳市国家税务局:

现对招商银行股份有限公司、交通银行股份有限公司、华夏银行股份有限公司新设、增加和更名的分支机构缴纳企业所得税问题通知如下:

从 2006 年度起,招商银行股份有限公司、交通银行股份有限公司、华夏银行股份有限公司新设、增加和更名的分支机构(名单附后)纳入汇总缴纳企业所得税的范围,分别按照《国家税务总局关于深圳银行等股份制银行缴纳企业所得税问题的通知》(国税函〔2004〕1113 号)、《国家税务总局关于交通银行缴纳企业所得税问题的通知》(国税函〔2004〕997 号)、《国家税务总局关于华夏银行缴纳企业所得税问题的通知》(国税函〔2004〕1390 号)的有关规定执行。

附件:招商银行股份有限公司、交通银行股份有限公司和华夏银行股份有限公司新设和增加的分支机构名单(编者略)

2-1-490

国家税务总局关于中国保利集团公司调整合并纳税成员企业范围的通知

2007年3月9日　国税函〔2007〕306号

北京、河北、上海、江苏、山东省(市)国家税务局,大连市国家税务局:

现就中国保利集团公司新增和取消的成员企业缴纳企业所得税问题通知如下:

从2006年度起,中国保利集团新增和取消的分支机构(名单附后),按照《国家税务总局关于中国保利集团缴纳企业所得税问题的通知》(国税函〔2004〕987号)的有关规定执行。

附件:中国保利集团公司新增和取消汇总纳税成员企业名单(编者略)

2-1-491

国家税务总局关于中国银联股份有限公司特别风险准备金及风险损失税前扣除问题的通知

2007年3月12日　国税函〔2007〕307号

各省、自治区、直辖市和计划单列市国家税务局:

为了防范与化解中国银联股份有限公司提供银行卡跨行交易业务而出现的风险和损失,促进其稳健经营和持续发展,现对中国银联股份有限公司及其分公司(以下简称中国银联)提取的特别风险准备金和发生的特别风险损失所得税前扣除问题明确如下:

一、特别风险准备金的税前扣除

(一)中国银联提取的特别风险准备金同时符合下列条件的,允许税前扣除:

1. 按可能承担风险和损失的银行卡跨行交易清算总额(以下简称清算总额)计算提取。清算总额的具体范围包括:ATM取现交易清算额、POS消费交易清算额、网上交易清算额、跨行转账交易清算额和其他支付服务清算额。

2. 按照纳税年度末清算总额的0.1‰计算提取。具体计算公式如下:

首次提取的特别风险准备金=本纳税年度末清算总额×0.1‰

以后纳税年度提取的特别风险准备金=本纳税年度末清算总额×0.1‰-上一纳税年度末特别风险准备金余额

3. 由中国银联总部统一计算提取。

4. 中国银联总部在向主管税务机关报送企业所得税纳税申报表时,同时附送了特别风险准备金提取情况的说明和报表。

（二）特别风险准备金余额达到注册资本20%后，再提取的特别风险准备金不得在税前扣除。

二、特别风险损失的税前扣除

（一）中国银联经采取所有可能的追缴措施和实施必要的法律程序之后，确实无法追偿的下列特别风险损失允许税前扣除：

1. 因技术及操作规范、网络安全等方面事故而发生的无法追偿的损失；

2. 银行卡跨行交易发生的因责任人或责任原因不明，确属不能判定责任方的损失；

3. 银行卡跨行有效交易发生后，因成员企业破产，中国银联代为清偿后无法追偿的损失；

4. 因自然灾害发生的应由中国银联偿付的损失。

（二）中国银联发生的特别风险损失，由中国银联分公司在年度终了45日内按规定向当地主管税务机关申报。凡未申报或未按规定申报的，则视为其自动放弃权益，不得在以后年度再用特别风险准备金偿付或在所得税前扣除。

（三）中国银联分公司发生的特别风险损失经当地主管税务机关审核确认后，报送中国银联总部，由中国银联总部用税前提取的特别风险准备金统一计算扣除，税前提取的特别风险准备不足扣除的，其不足部分可直接在税前据实扣除。

三、中国银联总部税前提取特别风险准备金后，提取的呆账准备金或其他风险准备金不得在税前扣除。

四、中国银联收回已在税前扣除的特别风险损失，应直接计入当期的应纳税所得额缴纳企业所得税。

五、银行卡跨行交易为外币的，应按税法规定折算为人民币统一计算。

六、主管税务机关应按国家税务总局发布的《企业财产损失所得税前扣除管理办法》（国家税务总局令第13号）和上述规定，认真履行审核职责。

七、本规定自2006年1月1日起执行。

2-1-492

财政部　国家税务总局关于核定中国银行股份有限公司计税工资税前扣除标准有关问题的通知

2007年3月14日　财税〔2007〕40号

各省、自治区、直辖市、计划单列市财政厅（局）、国家税务局、地方税务局，新疆生产建设兵团财务局：

为支持中国银行股份有限公司改制上市，按照《财政部、国家税务总局关于调整企业所得税工资支出税前扣除政策的通知》（财税〔2006〕126号）有关规定，现就其计税工资税前扣除问题明确如下：

一、根据中国银行股份有限公司2006年度人均利润、人均应缴所得税、人均营业收入和人均利息收入等经营效益情况，按照工资总额增长低于经济效益增长，工资总额增长低于劳动生产率增长的原则，核定该公司2006年度计税工资税前扣除总额为156.69亿元，超过部分不得在税前扣除。

二、中国银行股份有限公司2007年度计税工资税前扣除总额，以其2006年度计税工资税前扣除总额为基数，按照工资总额增长低于经济效益增长（税前利润和应缴所得税）、工资总额增长低于劳动生产率增长（营业收入和利息收入）的原则进行核定，并允许在企业所得税税前扣除。

请遵照执行。

2－1－493

财政部　国家税务总局关于核定中国工商银行股份有限公司计税工资税前扣除问题的通知

2007年3月21日　财税〔2007〕44号

各省、自治区、直辖市、计划单列市财政厅（局）、国家税务局，新疆生产建设兵团财务局：

为支持中国工商银行股份有限公司改制上市，按照《财政部、国家税务总局关于调整企业所得税工资支出税前扣除政策的通知》（财税〔2006〕126号）规定，现就中国工商银行股份有限公司计税工资税前扣除问题通知如下：

一、根据中国工商银行股份有限公司年度利润总额、应纳税所得额和人均经营收入等经营效益情况，按照工资总额增长低于经济效益增长、工资总额增长低于劳动生产率增长的原则，核定中国工商银行股份有限公司2006年度计税工资税前扣除总额为237.49亿元，超过部分不得在企业所得税税前扣除。

二、中国工商银行股份有限公司2007年度计税工资税前扣除总额，以其2006年度计税工资税前扣除总额为基数，按照工资总额增长幅度低于经济效益增长（按利润增长幅度和应纳税所得额增长幅度孰低的原则计算），工资总额增长幅度低于劳动生产率增长（按人均经营收入增长幅度计算）的原则，计算确定当年计税工资税前扣除限额。中国工商银行股份有限公司实际发放的工资在当年计税工资扣除限额以内的，允许据实扣除；超过限额的部分，不得在企业所得税税前扣除。

请遵照执行。

2－1－494

国家税务总局关于广东物资集团公司等6家企业停止执行汇总（合并）纳税的通知

2007年3月21日　国税函〔2007〕347号

各省、自治区、直辖市和计划单列市国家税务局、地方税务局：

为规范汇总（合并）纳税的管理，现对广东物资集团公司、海南省农垦总局、广东省农垦总局、汉江水利水电（集团）有限责任公司、北京外交人员服务总公司和新华通讯社等6户企业缴纳企业所得税的问题通知如下：

一、从2007年度起，广东物资集团公司、海南省农垦总局、广东省农垦总局、汉江水利水电（集团）有限责任公司、北京外交人员服务总公司和新华通讯社等6户企业不再实行在公司总部汇总（合并）缴纳企业所得税的办法。

二、上述6户企业及其独立核算的分支机构或者子公司，按照《中华人民共和国企业所得税暂行条例》及其实施细则的规定，就地缴纳企业所得税。

三、各地税务机关应按照企业所得税有关规定，加强对上述企业所得税的征收管理。

2－1－495

国家税务总局关于调整西南证券有限责任公司汇总纳税范围的通知

2007年3月27日　国税函〔2007〕358号

北京、上海、重庆、江苏省（市）国家税务局，深圳市国家税务局：

近接重庆市国家税务局《关于调整西南证券有限责任公司企业所得税汇总纳税成员企业范围的请示》（渝国税发〔2006〕245号）。经研究，现将有关问题通知如下：

根据《国家税务总局关于汇总（合并）纳税企业实行统一计算、分级管理、就地预缴、集中清算所得税问题的通知》（国税发〔2001〕13号）和《国家税务总局关于规范汇总合并缴纳企业所得税范围的通知》（国税函〔2006〕48号）规定，从2006年度起，西南证券有限责任公司新设和变更的分支机构（名单附后）纳入汇总纳税范围，由其总部所在地汇总缴纳企业所得税，并按照《国家税务总局关于德恒、西南证券有限责任公司缴纳企业所得税问题的批复》（国税函〔2004〕1063号）有关规定执行。

附件：西南证券有限责任公司新设和变更的分支机构名单（编者略）

2－1－496

国家税务总局关于调整安华农业保险股份有限公司和阳光财产保险股份有限公司汇总纳税范围的通知

2007年3月27日　国税函〔2007〕359号

北京、河北、内蒙古、辽宁、吉林、上海、山东、湖南、广东、广西、海南、四川、重庆、贵州、云南、青海省(区、市)国家税务局:

现将安华农业保险股份有限公司和阳光财产保险股份有限公司新增分支机构缴纳企业所得税的问题通知如下:

从2006年度起,按照《国家税务总局关于汇总(合并)纳税企业实行统一计算、分级管理、就地预缴、集中清算所得税问题的通知》(国税发〔2001〕13号)规定,上述2家公司新增的分支机构(名单见附件),由公司总部汇总缴纳企业所得税。

附件:安华农业保险股份有限公司和阳光财产保险股份有限公司新增分支机构名单(编者略)

2－1－497

国家税务总局关于调整中国人民健康保险股份有限公司汇总纳税范围的通知

2007年3月27日　国税函〔2007〕361号

北京、天津、辽宁、山东、浙江、江苏、福建、广东省(市)国家税务局:

现将中国人民健康保险股份有限公司新增分支机构缴纳企业所得税的问题通知如下:

根据《国家税务总局关于汇总(合并)纳税企业实行统一计算、分级管理、就地预交、集中清算所得税问题的通知》(国税发〔2001〕13号)规定,从2006年度起,中国人民健康保险股份有限公司新增的分支机构(名单见附件),按照《国家税务总局关于中国人民健康保险股份有限公司缴纳企业所得税问题的通知》(国税函〔2006〕363号)的规定,由公司总部汇总缴纳企业所得税。

附件:中国人民健康保险股份有限公司新增分支机构名单(编者略)

2 -1 -498

财政部　国家税务总局关于源讯(北京)公司和欧米茄(瑞士)公司对第29届奥运会服务赞助有关税收政策问题的通知

2007年3月29日　财税〔2007〕38号

各省、自治区、直辖市、计划单列市财政厅(局)、国家税务局、地方税务局:

为支持我国成功举办第29届奥林匹克运动会,经研究,现对源讯(北京)公司和欧米茄(瑞士)公司对第29届奥运会提供现金等价物形式的服务赞助有关税收问题明确如下:

一、对源讯(北京)公司根据赞助协议向北京奥组委提供的价值为8251万美元服务赞助支出,可按照《财政部、国家税务总局、海关总署关于第29届奥运会税收政策问题的通知》(财税〔2003〕10号)第二条第四项的规定,以当年实际发生数在计算企业应纳税所得额时予以全额扣除。

二、对欧米茄(瑞士)公司根据赞助协议向北京奥组委提供的价值为5311万美元服务赞助支出,如其按照《中华人民共和国政府和瑞士联邦委员会关于对所得和财产避免双重征税的协定》规定不构成中国境内的常设机构,则不涉及税前扣除问题;如构成中国境内的常设机构,可按照《财政部、国家税务总局、海关总署关于第29届奥运会税收政策问题的通知》(财税〔2003〕10号)第二条第四项的规定,以当年实际发生数在计算企业应纳税所得额时予以全额扣除。如对其采用核定利润方式征收企业所得税,该服务赞助支出可直接在据以核定征税的收入额中减除。

三、对源讯(北京)公司和欧米茄(瑞士)公司根据赞助协议向北京奥组委无偿提供的赞助服务,不征收营业税。

四、对源讯(北京)公司和欧米茄(瑞士)公司除了服务赞助外,向北京奥组委收取的其他服务收入,应按中国税法及协定规定缴纳相关税收。

2 -1 -499

财政部　国家税务总局关于核定招商银行股份有限公司计税工资税前扣除标准有关问题的通知

2007年4月5日　财税〔2007〕63号

各省、自治区、直辖市、计划单列市财政厅(局)、国家税务局、地方税务局,新疆生产建设兵团财务局:

根据《财政部、国家税务总局关于调整企业所得税工资支出税前扣除政策的通知》(财税〔2006〕126号)的有关规定,现就招商银行股份有限公司计税工资税前扣除标准的有关问题通知如下:

一、根据招商银行股份有限公司主营业务收入、利润总额和缴纳企业所得税等经营效益情况,按照工资总额增长低于经济效益增长、工资总额增长低于劳动生产率增长幅度的原则,核定招商银行股份有限公司2006年度计税工资税前扣除限额为34.51亿元,超过部分不得在税前扣除。

二、招商银行股份有限公司2007年度计税工资税前扣除限额,以其2006年度计税工资税前扣除限额为基数,按照工资总额增长低于经济效益增长、工资总额增长低于劳动生产率增长幅度的原则计算确定。招商银行股份有限公司实际发放的工资在当年计税工资税前扣除限额以内的,允许据实扣除;超过限额的部分,不得在企业所得税税前扣除。

请遵照执行。

2-1-500

国家税务总局关于中国轻工集团公司汇总缴纳企业所得税问题的通知

2007年4月5日　国税函〔2007〕410号

北京、河北、辽宁、上海、湖北、广东、重庆、陕西省(市)国家税务局,天津、重庆市地方税务局,大连市地方税务局:

现将中国轻工集团公司缴纳企业所得税的有关问题通知如下:

一、根据《国家税务总局关于大型企业集团征收所得税问题的通知》(国税发〔1994〕27号)和《国家税务总局关于汇总(合并)纳税企业实行统一计算、分级管理、就地预缴、集中清算所得税问题的通知》(国税发〔2001〕13号)的有关规定,准予中国轻工集团公司所属成员企业,从2006年度起,由中国轻工集团公司合并缴纳企业所得税。

二、中国轻工集团公司及其所属成员企业,按年度应纳所得税额30%比例就地预缴企业所得税。

三、中国轻工集团公司应在每年年度纳税申报后,向国家税务总局(所得税管理司)报送财务会计报表和纳税申报表。

四、中国轻工集团公司及其所属合并纳税成员企业,应按照国家税务总局的有关规定,向所在地主管税务机关报送所得税纳税申报表和相关的会计报表,接受所在地主管税务机关的检查和监管;所在地主管税务机关应按照国家税务总局的统一规定,认真受理企业的纳税申报,切实履行纳税检查和监管职责。

五、中国轻工集团公司在以后生产经营年度中,因其所属成员企业发生变化,需调整合并纳税范围、预缴税款比例和变更合并纳税成员企业名称的,由国家税务总局另行通知。

2－1－501

国家税务总局关于中信建投证券有限责任公司缴纳企业所得税问题的通知

2007 年 4 月 16 日　国税函〔2007〕428 号

北京、天津、河北、辽宁、吉林、黑龙江、上海、江苏、浙江、山东、江西、福建、湖北、湖南、广东、四川、重庆、陕西、甘肃省（市）国家税务局，大连、青岛、宁波、厦门市国家税务局：

现就中信建投证券有限责任公司及所属分支机构（名单附后）缴纳企业所得税的问题通知如下：

一、从 2007 年度起，中信建投证券有限责任公司及所属分支机构按照《国家税务总局关于汇总（合并）纳税企业实行统一计算、分级管理、就地预缴、集中清算所得税问题的通知》（国税发〔2001〕13 号）规定，在中信建投证券有限责任公司总部所在地汇总缴纳企业所得税，分支机构按照 30% 比例就地预缴企业所得税。

二、中信建投证券有限责任公司应在每年年度纳税申报后，向国家税务总局（所得税管理司）报送财务会计报表和纳税申报表。

三、中信建投证券有限责任公司及所属分支机构，应严格执行国家税务总局关于汇总（合并）纳税企业所得税征收管理的有关规定，接受所在地主管税务机关的管理和检查。

四、中信建投证券有限责任公司在以后生产经营年度中，因所属分支机构发生变化，需调整汇总纳税范围、就地预缴税款比例和变更名称的，由国家税务总局另行通知。

附件：中信建投证券有限责任公司及所属分支机构名单（编者略）

2－1－502

国家税务总局关于大通证券股份有限公司缴纳企业所得税问题的通知

2007 年 4 月 16 日　国税函〔2007〕429 号

北京、天津、辽宁、上海、江苏、福建、江西、广西、广东省（区、市）国家税务局，大连、深圳市国家税务局：

现将大通证券股份有限公司及所属分支机构缴纳企业所得税的问题通知如下：

一、从 2006 年起，大通证券股份有限公司所属分支机构（名单附后）按照《国家税务总局关于汇总（合并）纳税企业实行统一计算、分级管理、就地预缴、集中清算所得税问题的通知》（国税发〔2001〕13 号）规定，在该公司总部所在地汇总缴纳企业所得税。

二、大通证券股份有限公司所属分支机构，按年度应纳所得税额 60% 的比例就地预缴企业所得税。

三、大通证券股份有限公司应在每年年度纳税申报后,向国家税务总局(所得税管理司)报送财务会计报表和纳税申报表。

四、大通证券股份有限公司所属分支机构,应严格执行国家税务总局关于汇总(合并)缴纳企业所得税征收管理的有关规定,接受所在地主管税务机关的管理和检查。

五、大通证券股份有限公司在以后生产经营年度中,因所属分支机构发生变化,需调整汇总范围、变更名称和调整预交税款比例的,由国家税务总局另行通知。

附件:大通证券股份有限责任公司所属分支机构名单(编者略)

2-1-503

国家税务总局关于中国石油天然气股份有限公司合并纳税问题的补充通知

2007年4月17日　国税函〔2007〕434号

各省、自治区、直辖市和计划单列市国家税务局:

现将中国石油天然气股份有限公司合并纳税的有关问题补充通知如下:

一、从2006年度起,北京市春晖投资有限责任公司、北京市同晖投资有限责任公司、中国石油天然气股份有限公司北京油气调控中心,纳入中国石油天然气股份有限公司合并纳税范围,按照年度应纳税额的60%就地预交企业所得税。

二、中国石油天然气股份有限公司各二级成员企业新增所属企业(不含成品油销售企业,详见附件1),从2006年度起,纳入中国石油天然气股份有限公司合并纳税范围,按照年度应纳税额的60%就地预交企业所得税。

三、中国石油天然气股份有限公司部分变更名称的合并纳税成员企业(详见附件2),继续执行合并纳税政策。

四、中国石油天然气股份有限公司所属各成品油销售企业租入经营的加油站,凡由各成品油销售企业统一核算的,其租赁经营所得由成品油销售企业汇总计算缴纳企业所得税。

五、中国石油天然气股份有限公司2006年新增合并纳税成员企业在当地已预缴所得税的超缴部分,经当地税务机关核实后,就地退还或者抵减其下一年度在当地应缴所得税。

各新增和变更名称的合并纳税成员企业的所得税征收管理,仍按《国家税务总局关于中国石油天然气股份有限公司缴纳企业所得税问题的通知》(国税函〔2004〕1072号)的规定执行。

附件:1. 中国石油天然气股份有限公司2006年度合并纳税新增企业名单(编者略)
　　2. 中国石油天然气股份有限公司2006年度合并纳税企业名称变更名单(编者略)

2 - 1 - 504

国家税务总局关于中国石油化工股份有限公司合并纳税问题的补充通知

2007 年 4 月 19 日 国税函〔2007〕438 号

各省、自治区、直辖市和计划单列市国家税务局：

近接中国石油化工集团公司《关于调整中国石油化工股份有限公司 2006 年合并纳税成员企业范围及预缴比例的请示》（中国石化财〔2006〕155 号）。经研究，现就中国石油化工股份有限公司合并缴纳企业所得税的有关问题通知如下：

一、中国石油化工股份有限公司润滑油分公司下属新增的全资单位，中国石油化工股份有限公司润滑油郑州分公司、中国石油化工股份有限公司润滑油研发（北京）中心，从 2006 年起，作为中国石油化工股份有限公司润滑油分公司的合并纳税成员企业，年终由中国石油化工股份有限公司润滑油分公司统一汇算清缴企业所得税。原中国石油化工股份有限公司重庆一坪润滑油分公司更名为中国石油化工股份有限公司润滑油重庆分公司后，继续作为中国石油化工股份有限公司润滑油分公司合并纳税成员企业，执行中国石油化工股份有限公司润滑油分公司合并纳税有关政策。

二、中国石油化工股份有限公司催化剂分公司下属新增的全资单位，中国石油化工股份有限公司催化剂北京燕山分公司、中国石油化工股份有限公司催化剂上海分公司，从 2006 年起，作为中国石油化工股份有限公司催化剂分公司的合并纳税成员企业，执行中国石油化工股份有限公司催化剂分公司合并纳税有关政策。

三、中国石油化工股份有限公司天然气分公司下属新增的全资单位，中国石油化工股份有限公司天然气分公司济南天然气管道管理处、中国石油化工股份有限公司天然气分公司山东天然气销售营业部，从 2006 年起，作为中国石油化工股份有限公司天然气分公司的合并纳税成员企业，执行中国石油化工股份有限公司天然气分公司合并纳税有关政策。

四、中国石化销售有限公司下属新增的全资单位，中国石化销售有限公司华南分公司，从 2006 年起，作为中国石化销售有限公司的合并纳税成员企业，年终由中国石化销售有限公司统一汇算清缴企业所得税。原中国石化销售有限公司西北西安分公司更名为中国石化销售有限公司西北陕西分公司，原中国石化销售有限公司东北沈阳分公司更名为中国石化销售有限公司东北辽宁分公司，继续作为中国石化销售有限公司合并纳税成员企业，执行中国石化销售有限公司合并纳税有关政策。

五、中国石油化工股份有限公司润滑油分公司下属全资单位（包括新增单位）以前年度和 2006 年已经就地预交和超交的所得税，均由中国石油化工股份有限公司润滑油分公司在北京统一抵减其 2006 年应交所得税。

六、中国石油化工股份有限公司所属各成品油销售企业租入经营并由各成品油销售企业统一核算的加油站的租赁经营所得，并入成品油销售企业应纳税所得额汇总计算缴纳企业所得税。

各新增和变更名称合并纳税成员企业的所得税征收管理,仍按《国家税务总局关于中国石油化工股份有限公司缴纳企业所得税有关问题的通知》(国税函〔2004〕1071号)的规定执行。

附件:中国石油化工股份有限公司2006年新增合并纳税成员企业名单(编者略)

2-1-505

财政部 国家税务总局关于中国电信实业资产重组上市过程中资产评估增值有关企业所得税政策问题的通知

2007年4月27日 财税〔2007〕68号

各省、自治区、直辖市、计划单列市财政厅(局)、国家税务局、地方税务局,新疆生产建设兵团财务局:

为支持中国电信集团公司实业资产重组改制上市工作,现对其改制过程中资产评估增值涉及的企业所得税政策问题明确如下:

一、中国电信集团公司在实业资产重组改制上市过程中发生的资产评估增值6.45亿元,直接转计中国电信集团公司的资本公积,作为国有资本,不征收企业所得税。

二、同意中国通信服务股份有限公司对上述资产按评估后的价值计提折旧或摊销,并在企业所得税税前扣除。

请遵照执行。

2-1-506

财政部 国家税务总局关于核定中国人保资产管理有限公司计税工资税前扣除标准有关问题的通知

2007年4月29日 财税〔2007〕52号

各省、自治区、直辖市、计划单列市财政厅(局)、国家税务局,新疆生产建设兵团财务局:

按照《财政部、国家税务总局关于调整企业所得税工资支出税前扣除政策的通知》(财税〔2006〕126号)有关规定,现就中国人保资产管理有限公司计税工资税前扣除问题明确如下:

一、根据中国人保资产管理有限公司2006年度人均利润、人均应缴所得税、人均受托资产和人均管理费收入等经营效益情况,按照工资总额增长低于经济效益增长,工资总额增长低于劳动生产率增长的原则，核定该公司2006年度计税工资税前扣除总额为2513.70万元，超过部分不得在税前扣除。

二、中国人保资产管理有限公司2007年度计税工资税前扣除总额，以其2006年度计税工资税前扣除总额为基数，按照工资总额增长低于经济效益增长（税前利润和应缴所得税）、工资总额增长低于劳动生产率增长（受托资产和管理费收入）的原则进行核定，并允许在企业所得税税前扣除。

请遵照执行。

2－1－507

国家税务总局关于方正证券有限责任公司缴纳企业所得税问题的通知

2007年4月30日　国税函〔2007〕471号

北京、天津、上海、浙江、河南、湖北、湖南省（市）国家税务局，深圳、宁波市国家税务局：

现将方正证券有限责任公司缴纳企业所得税的问题通知如下：

一、2006年方正证券有限责任公司所属分支机构（名单附后）按照《国家税务总局关于汇总（合并）纳税企业实行统一计算、分级管理、就地预缴、集中清算所得税问题的通知》（国税发〔2001〕13号）规定，在公司总部所在地汇总缴纳企业所得税，不实行就地预缴企业所得税办法。

二、从2007年起，方正证券有限责任公司所属分支机构按应纳所得税额的30%比例，就地预缴所得税。

三、方正证券有限责任公司应在每年年度纳税申报后，向国家税务总局（所得税管理司）报送财务会计报表和纳税申报表。

四、方正证券有限责任公司所属分支机构，应严格执行国家税务总局关于汇总（合并）纳税企业所得税征收管理的有关规定，接受所在地主管税务机关的管理和检查。

五、方正证券有限责任公司在以后生产经营年度中，因所属分支机构发生变化，需调整汇总范围、预缴税款比例和变更名称的，由国家税务总局另行通知。

附件：方正证券有限责任公司及所属分支机构名单（编者略）

2－1－508

国家税务总局关于浙商证券有限责任公司缴纳企业所得税问题的通知

2007年4月30日　国税函〔2007〕472号

北京、天津、上海、重庆、浙江省（市）国家税务局，深圳市国家税务局：

现将浙商证券有限责任公司及所属分支机构缴纳企业所得税的问题通知如下：

一、2006年浙商证券有限责任公司所属分支机构（名单附后）按照《国家税务总局关于汇总（合并）纳税企业实行统一计算、分级管理、就地预缴、集中清算所得税问题的通知》（国税发〔2001〕13号）规定，在浙商证券有限责任公司总部所在地汇总缴纳企业所得税，不实行就地预缴企业所得税办法。

二、从2007年起，浙商证券有限责任公司所属分支机构按应纳所得税额的30%比例，就地预缴所得税。

三、浙商证券有限责任公司应在每年年度纳税申报后，向国家税务总局（所得税管理司）报送财务会计报表和纳税申报表。

四、浙商证券有限责任公司及所属分支机构，应严格执行国家税务总局关于汇总（合并）纳税企业所得税征收管理的有关规定，接受所在地主管税务机关的管理和检查。

五、浙商证券有限责任公司在以后生产经营年度中，因所属分支机构发生变化，需要调整汇总范围、就地预缴税款比例和变更名称的，由国家税务总局另行通知。

附件：浙商证券有限责任公司及所属分支机构名单（编者略）

2－1－509

财政部　国家税务总局关于中国交通建设集团有限公司重组改制过程中资产评估增值有关企业所得税政策问题的通知

2007年5月9日　财税〔2007〕58号

各省、自治区、直辖市、计划单列市财政厅（局）、国家税务局、地方税务局，新疆生产建设兵团财务局：

为支持中国交通建设集团有限公司重组改制上市工作，现对其改制过程中资产评估增值涉及的企业所得税政策问题明确如下：

一、中国交通建设集团有限公司在重组改制上市过程中发生的资产评估增值79.60亿元，直接转计中国交通建设集团有限公司的资本公积，作为国有资本，不征收企业所得税。

二、同意中国交通建设股份有限公司按评估后的资产价值计提折旧或摊销，并在企业所得税税前扣除。

请遵照执行。

2－1－510

农业部　发展改革委　财政部　商务部　中国人民银行　国家税务总局　中国证券监督管理委员会　中华全国供销合作总社关于递补41家企业为农业产业化国家重点龙头企业的通知

2007年6月20日　农经发〔2007〕9号

各省、自治区、直辖市及新疆生产建设兵团农业厅(局)、农委(办)、发展改革委、财政厅(局)、商务主管部门、国家税务局、地方税务局、供销合作社,人民银行各分行、营业管理部,证监会各派出机构:

按照《农业产业化国家重点龙头企业认定和运行监测管理暂行办法》有关规定,在有关省(自治区、直辖市)推荐初审基础上,通过专家审核,并经全国农业产业化联席会议审定,对监测不合格的企业取消其国家重点龙头企业资格,同时,等额递补北京德青源农业科技股份有限公司等41家企业为农业产业化国家重点龙头企业。

递补的农业产业化国家重点龙头企业,要认真学习贯彻党中央、国务院关于发展农业产业化经营的各项政策,按照八部门对国家重点龙头企业的相关要求,坚持服务"三农"的发展方向,密切与农民的利益联结关系,使农民通过产业化经营真正得到实惠;坚持市场导向,以市场为基础优化配置生产要素,带领农民发展市场经济;坚持科技创新,大力引进、应用、开发新品种、新技术、新设备,用现代物质条件装备农业,用现代科学技术建设农业,培养更多有文化、懂技术、会经营的新型农民;坚持可持续发展,强化质量安全意识、诚信意识、节约意识和环境保护意识,实现企业不断壮大,农民显著增收,农产品质量安全水平明显提高,为发展现代农业、建设社会主义新农村和构建和谐社会作出新的贡献。

附件:41家农业产业化国家重点龙头企业名单

附件

41家农业产业化国家重点龙头企业名单

北京德青源农业科技股份有限公司
北京顺鑫牵手果蔬饮品股份有限公司
北京市蟹岛绿色生态农庄有限公司
天津市水产集团有限公司
泊头东方果品有限公司
河北晨光天然色素有限公司
山西省文水县大象禽业有限公司
山西纪元玉米产业有限公司
内蒙古小肥羊餐饮连锁有限公司
吉林省德春米业集团有限责任公司

抚松长白山人参市场投资发展有限公司
黑龙江省镜泊湖农业开发股份有限公司
黑龙江依安瑞雪糖业有限公司
黑龙江飞鹤乳业有限公司
上海良友(集团)有限公司
江苏省农垦米业有限公司
江苏胜阳实业股份有限公司
浙江不老神食品有限公司
江西阳光乳业集团有限公司
山东禹王实业有限公司
山东金城股份有限公司
山东美佳集团有限公司
临沂新程金锣肉制品有限公司
河南财鑫集团有限责任公司
湖北稻花香集团
湖北国宝桥米有限公司
湖北神丹健康食品有限公司
湖北采花茶业有限公司
湖南泰格林纸集团有限责任公司
广东省现代农业集团有限公司
广东瑞昌食品进出口有限公司
洋浦南华糖业集团有限公司
重庆白市驿板鸭食品有限责任公司
重庆德庄实业(集团)有限公司
四川省美宁实业集团食品有限公司
成都春源食品有限公司
云南特安呐制药股份有限公司
甘肃巨龙供销(集团)股份有限公司
青藏高原绿色肉食品有限公司
新疆泰昆集团有限责任公司
新疆拓普农产品有限公司

2－1－511

财政部　国家税务总局关于核定中央国债登记结算有限责任公司计税工资税前扣除标准有关问题的通知

2007年7月6日　财税〔2007〕86号

各省、自治区、直辖市、计划单列市财政厅(局)、国家税务局,新疆生产建设兵团财务局:

根据《财政部、国家税务总局关于调整企业所得税工资支出税前扣除政策的通知》(财税〔2006〕126号)的有关规定,现就中央国债登记结算有限责任公司计税工资税前扣除标准的有关问题通知如下:

一、根据中央国债登记结算有限责任公司利税总额、人均债券发行量、人均债券交割量和人均资金结算量等经营效益情况,按照工资总额增长低于经济效益增长幅度、职工平均工资增长低于劳动生产率增长幅度的原则,核定中央国债登记结算有限责任公司2006年度计税工资税前扣除限额为2063.92万元,超过部分不得在税前扣除。

二、中央国债登记结算有限责任公司2007年度计税工资税前扣除限额,以其2006年度计税工资税前扣除限额为基数,按照工资总额增长低于经济效益(利税总额)增长幅度、职工平均工资增长低于劳动生产率(人均债券发行量、人均债券交割量和人均资金结算量)增长幅度的原则计算核定,并允许在企业所得税税前扣除。

请遵照执行。

2－1－512

财政部　国家税务总局关于核定兴业银行股份有限公司计税工资税前扣除标准有关问题的通知

2007年7月31日　财税〔2007〕111号

各省、自治区、直辖市、计划单列市财政厅(局)、国家税务局、地方税务局,新疆生产建设兵团财务局,财政部驻各省、自治区、直辖市、计划单列市财政监察专员办事处:

按照《财政部、国家税务总局关于调整企业所得税工资支出税前扣除政策的通知》(财税〔2006〕126号)有关规定,现将兴业银行股份有限公司计税工资税前扣除问题通知如下:

一、根据兴业银行股份有限公司2006年度人均利润、人均应缴企业所得税、人均营业收入等经营效益情况,按照工资总额增长低于经济效益增长,工资总额增长低于劳动生产率增长的原则,核定该公司2006年度计税工资税前扣除总额为15.93亿元,超过部分不得在税前扣除。

二、兴业银行股份有限公司2007年度计税工资税前扣除总额,以其2006年度计税工资税前扣除总额为基数,按照工资总额增长低于经济效益增长(税前利润和应缴所得税)、工资总额增长低于劳动生产率增长(营业收入)的原则进行核定,并允许在企业所得税税前扣除。

请遵照执行。

2－1－513

国家税务总局关于中央和国务院各部门机关服务中心恢复征税的通知

2007年8月1日　国税发〔2007〕94号

各省、自治区、直辖市和计划单列市国家税务局、地方税务局:

《财政部、国家税务总局关于延长中央和国务院各部门机关服务中心有关税收政策执行期限的通知》(财税〔2006〕109号)已于2006年12月末执行期满,自2007年1月1日起,对机关服务中心为机关内部提供的后勤保障服务所取得的收入,恢复征收企业所得税、营业税、城市维护建设税和教育费附加。

注释：

条款废止。"恢复征收企业所得税"的规定被《中华人民共和国企业所得税法》第一条废止。参见：《国家税务总局关于公布全文失效废止　部分条款失效废止的税收规范性文件目录的公告》（国家税务总局公告2011年第2号）。

2－1－514

国家税务总局关于兴业银行股份有限公司所属分支机构缴纳企业所得税问题的通知

2007年8月1日　国税函〔2007〕830号

北京、上海、天津、重庆、辽宁、山东、江苏、浙江、福建、湖北、湖南、广东、新疆、四川省（自治区、直辖市）国家税务局、宁波市国家税务局：

现就兴业银行股份有限公司所属分支机构缴纳企业所得税的问题通知如下：

从2007年度起，兴业银行股份有限公司所属乌鲁木齐分行（地址：新疆维吾尔自治区乌鲁木齐市），按照《国家税务总局关于汇总（合并）纳税企业实行统一计算、分级管理、就地预缴、集中清算所得税问题的通知》（国税发〔2001〕13号）的规定纳入汇总纳税范围，与其他汇总缴纳企业所得税的分行，统一按照30%的比例就地预缴企业所得税。

2－1－515

国家发展和改革委员会　信息产业部　海关总署　国家税务总局关于发布第一批国家鼓励的集成电路企业名单的通知

2007年8月1日　发改高技〔2007〕1879号

各省、自治区、直辖市及计划单列市发展改革委、经委（经贸委）、信息产业主管机构、海关、国家税务局、地方税务局：

为贯彻落实集成电路产业政策，根据《国家鼓励的集成电路企业认定管理办法（试行）》（发改高技〔2005〕2136号），经研究，国家发展改革委、信息产业部、海关总署、国家税务总局联合审核认定了第一批国家鼓励的集成电路企业（名单附后），现予以公布。其中部分企业线宽小于0.25微米或0.8微米（含）（见名单备注），可享受有关优惠政策，具体事宜按规定程序办理。

此前按有关规定认定的集成电路生产企业继续享受相关政策。

附件：国家鼓励的集成电路企业（第一批）名单（编者略）

2－1－516

财政部　国家税务总局关于中国长江航运（集团）总公司改组改制过程中有关企业所得税政策问题的通知

2007 年 8 月 27 日　财税〔2007〕105 号

各省、自治区、直辖市、计划单列市财政厅（局）、国家税务局、地方税务局：

为支持中国长江航运（集团）总公司重组上市工作，经国务院批准，现对其改制过程中资产评估增值等涉及的企业所得税政策问题明确如下：

一、中国长江航运（集团）总公司在债务重组、改制上市过程中发生的资产评估增值、债务减免、资产转让等所得，按规定应缴纳的企业所得税不征收入库，直接转计长航集团的资本公积，作为国有资本。

二、中国长江航运（集团）总公司投资到有限责任公司和上市公司的资产，允许按评估后的价值计提折旧或摊销，并允许在企业所得税税前扣除。

请遵照执行。

2－1－517

国家税务总局关于内蒙古蒙牛乳业（集团）股份有限公司抵免所得税后的国产设备用于投资和转让有关企业所得税问题的批复

2007 年 8 月 30 日　国税函〔2007〕937 号

内蒙古自治区国家税务局：

你局《关于内蒙古蒙牛乳业（集团）股份有限公司抵免所得税后的国产设备用于股权投资和出售转让有关所得税业务问题的请示》（内国税际字〔2007〕1 号）收悉，批复如下：

内蒙古蒙牛乳业（集团）股份有限公司成立于 1999 年 8 月，2002 年 6 月经批准改制为外商投资企业。2006 年 5 月，该公司以有形资产和无形资产出资的方式与另外三家企业合资成立了内蒙古蒙牛阿拉乳制品有限公司，此后，内蒙古蒙牛乳业（集团）股份有限公司又向内蒙古蒙牛阿拉乳制品有限公司出售转让了部分有形资产，总价值为 10460 万元，其中，3765 万元为国产固定资产设备，已按现行规定享受了增值税退税和抵免企业所得税的优惠。关于以上述方式转让资产所涉及的转让前已抵免的企业所得税的处理问题，虽然内蒙古蒙牛乳业(集团)股份有限公司对内蒙古蒙牛阿拉乳制品有限公司存在控股关系,但从法律形式上讲前者对后者投资和出售的有形资产的所有权已经发生了实质性改变,内蒙古蒙牛乳业(集团)股份有限公司对该项资产已具有直接的所有权,因此,内蒙古蒙牛乳业(集团)股份有限公司上述资产转让行为,应按照《财政部、国家税务总局关于外商投资企业和外国企业购买国产设备投资抵免企业所得税有关问题的通知》(财税字〔2000〕49 号)第七条的规定,补缴资产转让前已抵免的企业所得税税款。

2-1-518

国家税务总局关于恒丰银行股份有限公司新增分支机构缴纳企业所得税问题的通知

2007 年 9 月 13 日　国税函〔2007〕971 号

江苏、浙江、山东省国家税务局,青岛市国家税务局:

现对恒丰银行股份有限公司新设的分支机构缴纳企业所得税问题通知如下:

恒丰银行股份有限公司新设立的南京分行、杭州分行,2007 年度纳入恒丰银行股份有限公司汇总缴纳企业所得税的范围。

2007 年度,恒丰银行股份有限公司所属分支机构,统一按照当期应纳所得税额 30% 的比例就地预缴企业所得税,其他事项按照《国家税务总局关于恒丰银行缴纳企业所得税有关问题的通知》(国税函〔2006〕1178 号)的有关规定执行。

2-1-519

第十四批享受优惠政策的企业(集团)技术中心名单

2007 年 9 月 20 日　国家发展改革委　科技部　财政部
海关总署　国家税务总局公告 2007 年第 58 号

根据《国家认定企业技术中心管理办法》,经审定,现将第十四批享受优惠政策的企业(集团)技术中心名单、撤销和调整的国家认定企业技术中心名单公告如下:

一、确认中国建筑工程总公司等 74 家企业技术中心和金堆城钼业集团有限公司分技术中心为第十四批享受优惠政策的企业(集团)技术中心。请享受优惠政策的企业(集团)技术中心按照《海关总署 2007 年第 13 号公告》的规定,向单位所在地直属海关申请办理减免税备案、审批等有关手续。

二、在 2007 年的评价中,深圳市长园新材料股份有限公司等 9 家企业技术中心评价为不合格,撤销其国家认定企业技术中心资格。

三、中国建筑第二工程局、抚顺特殊钢(集团)有限责任公司、颐中烟草(集团)有限公司等3家企业的母公司已被确认为国家认定企业技术中心,相应取消上述3家企业国家认定企业技术中心资格,不再单独享受优惠政策。

四、长沙卷烟厂和常德卷烟厂已整合重组为湖南中烟工业公司,确认湖南中烟工业公司技术中心为国家认定企业技术中心,相应取消长沙卷烟厂和常德卷烟厂的国家认定企业技术中心资格。

五、将中国长城计算机集团公司、中国洛阳浮法玻璃集团有限责任公司、上汽通用五菱汽车股份有限公司等3家企业国家认定企业技术中心调整为其集团公司国家认定企业技术中心的分中心。

六、恢复常柴股份有限公司、桂林橡胶机械厂、新汶矿业集团有限责任公司等3家企业的国家认定企业技术中心资格。

特此公告。

附件:1. 第十四批国家认定企业(集团)技术中心及分中心名单(编者略)

2. 撤销和调整的国家认定企业技术中心名单(编者略)

3. 国家认定企业技术中心名单(编者略)

2-1-520

国家税务总局关于中信银行股份有限公司所属分支机构缴纳企业所得税问题的通知

2007年9月28日　国税函〔2007〕1016号

北京、天津、河北、辽宁、上海、山东、江苏、浙江、福建、安徽、河南、湖北、湖南、广东、重庆、四川、云南、陕西省(市)国家税务局,大连、青岛、宁波、厦门、深圳市国家税务局:

现就中信银行股份有限公司所属分支机构缴纳企业所得税问题通知如下:

一、中信银行股份有限公司所属各分支机构(名单附后),2007年按照《国家税务总局关于汇总(合并)纳税企业实行统一计算、分级管理、就地预缴、集中清算所得税问题的通知》(国税发〔2001〕13号)规定,在总部所在地汇总缴纳企业所得税。

二、中信银行股份有限公司所属分支机构按年度应纳所得税额的30%比例就地预缴企业所得税。

三、中信银行股份有限公司应在年度纳税申报后,向国家税务总局(所得税管理司)报送纳税申报表和汇总财务会计报表。

四、中信银行股份有限公司所属分支机构,应严格执行国家税务总局关于汇总(合并)纳税企业所得税征收管理的有关规定,接受所在地主管税务机关的管理和检查。

附件:中信银行股份有限公司所属分支机构名单(编者略)

2－1－521

财政部　国家税务总局关于核定华夏银行股份有限公司计税工资税前扣除标准有关问题的通知

2007年9月29日　财税〔2007〕118号

各省、自治区、直辖市、计划单列市财政厅(局)、国家税务局、地方税务局,新疆生产建设兵团财务局:

按照《财政部、国家税务总局关于调整企业所得税工资支出税前扣除政策的通知》(财税〔2006〕126号)有关规定,现就华夏银行股份有限公司计税工资税前扣除问题明确如下:

一、根据华夏银行股份有限公司2006年度人均利润、人均应缴企业所得税、人均营业收入等经营效益情况,按照工资总额增长低于经济效益增长,工资总额增长低于劳动生产率增长的原则,核定该公司2006年度计税工资税前扣除总额为9.71亿元,超过部分不得在税前扣除。

二、华夏银行股份有限公司2007年度计税工资税前扣除总额,以其2006年度计税工资税前扣除总额为基数,按照工资总额增长低于经济效益增长(税前利润、应缴所得税等)、工资总额增长低于劳动生产率增长(营业收入等)的原则进行核定,并允许在企业所得税税前扣除。

请遵照执行。

2－1－522

国家税务总局关于调整中国外运(集团)公司合并纳税范围问题的通知

2007年10月12日　国税函〔2007〕1039号

北京、天津、河北、山西、内蒙古、辽宁、吉林、黑龙江、上海、江苏、浙江、安徽、福建、江西、山东、河南、湖北、湖南、广东、广西、重庆、四川、贵州、新疆、陕西省(自治区、直辖市)和大连、宁波、厦门、青岛市国家税务局,深圳市地方税务局:

现将中国对外贸易运输(集团)总公司调整合并纳税企业范围问题通知如下:

根据《国家税务总局关于汇总(合并)纳税企业实行统一计算、分级管理、就地预缴、集中清算所得税问题的通知》(国税发〔2001〕13号)和《国家税务总局关于中国外运(集团)公司缴纳企业所得税问题的通知》(国税函〔2006〕1218号)规定,2007年,中国外运(集团)公司调整后的合并纳税成员企业(名单附后),继续实行合并缴纳企业所得税政策。对由中国外运(集团)公司在北京市合并纳税的成员企业,暂不实行就地预缴所得税办法;对中国外运内蒙古公司、中国外运秦皇岛公司所在地合并纳税的成员企业,是否实行就地预缴所得税办法,由所在省(区)税务机关确定。

附件:中国外运集团调整后合并纳税企业名单(编者略)

2 -1 -523

国家税务总局关于国信证券新增分支机构缴纳企业所得税问题的通知

2007 年 10 月 12 日　国税函〔2007〕1040 号

北京、辽宁、上海、江苏、安徽、广东、云南省国家税务局,深圳市国家税务局:

现就国信证券有限责任公司新增加的所属分支机构缴纳企业所得税问题通知如下:

从 2007 年起,国信证券有限责任公司新增加的分支机构(详见附件)按照《国家税务总局关于太平洋证券有限责任公司等证券公司缴纳企业所得税问题的通知》(国税函〔2005〕706 号)的有关规定,由公司总部在深圳市汇总缴纳企业所得税。

附件:国信证券有限责任公司新增所属分支机构名单(编者略)

2 -1 -524

国家税务总局关于中国东方资产管理公司和中国长城资产管理公司缴纳企业所得税问题的通知

2007 年 10 月 23 日　国税函〔2007〕1048 号

各省、自治区、直辖市和计划单列市国家税务局(不发西藏、青海、宁夏自治区国家税务局和宁波、厦门市国家税务局):

根据《国家税务总局关于规范汇总合并缴纳企业所得税范围的通知》(国税函〔2006〕48 号)的规定,现将中国东方资产管理公司和中国长城资产管理公司缴纳企业所得税问题通知如下:

一、根据《国家税务总局关于汇总(合并)纳税企业实行统一计算、分级管理、就地预缴、集中清算所得税问题的通知》(国税发〔2001〕13 号)规定,中国东方资产管理公司和中国长城资产管理公司及其所属分支机构(详见附件),2007 年度可在公司总部所在地按全额汇总的方式缴纳企业所得税。

二、上述两个公司应在年度纳税申报后,向国家税务总局(所得税管理司)报送汇总财务会计报表和纳税申报表。

三、上述两个公司及其所属分支机构,应严格执行国家税务总局关于汇总(合并)纳税企业所得税征收管理的有关规定，接受所在地主管税务机关的管理和检查。

附件：中国东方资产管理公司和中国长城资产管理公司汇总纳税所属分支机构名单（编者略）

2－1－525

国家税务总局关于中国建银投资证券有限责任公司等证券公司新增和更名的分支机构缴纳企业所得税问题的通知

2007年10月30日　国税函〔2007〕1062号

北京、天津、辽宁、黑龙江、上海、浙江、福建、广东、海南省（市）国家税务局，厦门、深圳市国家税务局：

现将中国建银投资证券有限责任公司、联合证券有限责任公司、中山证券有限责任公司（以下简称证券公司）新增加和更名的所属分支机构缴纳企业所得税问题通知如下：

2007年度，上述证券公司新增加和更名的汇总纳税分支机构（名单附后），分别按照《国家税务总局关于中国建银投资证券有限责任公司缴纳企业所得税问题的通知》（国税函〔2007〕74号）、《国家税务总局关于华夏证券股份有限公司等证券公司缴纳企业所得税问题的通知》（国税函〔2004〕964号）、《国家税务总局关于爱建证券有限责任公司等证券公司缴纳企业所得税问题的通知》（国税函〔2004〕1016号）的有关规定执行。

附件：中国建银投资证券有限责任公司等证券公司新增加和更名的所属分支机构名单（编者略）

2－1－526

国家税务总局关于齐鲁证券有限责任公司新增和更名分支机构缴纳企业所得税问题的通知

2007年11月1日　国税函〔2007〕1070号

北京、天津、辽宁、吉林、上海、浙江、山东、福建、湖北、广东省（市）国家税务局：

现就齐鲁证券有限责任公司新增加和更名的所属分支机构缴纳企业所得税问题通知如下：

2007年度，齐鲁证券有限责任公司新增加和更名的所属分支机构（名单附后），按照《国家税务总局关于太平洋证券有限责任公司等证券公司缴纳企业所得税问题的通知》（国税函〔2005〕706号）的有关规定执行。

附件:齐鲁证券有限公司所属新设、更名分支机构名单(编者略)

2-1-527

国家税务总局关于调整上海浦东发展银行及其分支机构企业所得税就地预缴比例的通知

2007年11月8日 国税函〔2007〕1088号

北京、天津、山西、内蒙古、辽宁、吉林、黑龙江、上海、江苏、浙江、山东、安徽、江西、河南、湖北、湖南、广东、广西、四川、重庆、云南、新疆、陕西省(自治区、直辖市)国家税务局,大连、青岛、宁波、深圳市国家税务局:

现对上海浦东发展银行及其所属分支机构就地预缴企业所得税的有关问题通知如下:

根据《国家税务总局关于汇总(合并)纳税企业实行统一计算、分级管理、就地预缴、集中清算所得税问题的通知》(国税发〔2001〕13号)规定,2007年度,上海浦东发展银行及其所属分支机构,按年度应纳所得税额的30%比例就地预缴企业所得税。

2-1-528

国家税务总局关于中国邮政集团公司所属全资企业合并缴纳企业所得税问题的通知

2007年11月19日 国税函〔2007〕1138号

各省、自治区、直辖市和计划单列市国家税务局:

根据《国家税务总局关于大型企业集团征收所得税问题的通知》(国税发〔1994〕27号)等有关规定,现将中国邮政集团公司所属企业合并缴纳企业所得税问题通知如下:

一、中国邮政集团公司所属的全资控股企业(名单见附件),2007年度由中国邮政集团公司在北京市合并缴纳企业所得税。各合并纳税成员企业暂不实行就地预缴企业所得税办法。

二、合并纳税的成员企业,在企业改组、改制或资产重组过程中,因股权发生变化而变成非全资控股的企业,经所在地主管税务机关确认后,从股权发生变化的年度起,就地缴纳企业所得税,并报国家税务总局备案。

三、合并纳税的成员企业,应按照国家税务总局的有关规定,向所在地主管税务机关报送所得税纳税申报表,并接受所在地主管税务机关的检查和监管;所在地主管税务机关应按国家税务总局的统一规定,认真受理企业的纳税申报,切实履行纳税检查和监管职责。

附件:中国邮政集团公司合并纳税企业名单(编者略)

2-1-529

国家税务总局关于调整阳光财产保险股份有限公司汇总纳税范围的通知

2007年11月23日 国税函〔2007〕1154号

北京、河北、山西、辽宁、吉林、江苏、浙江、河南、湖北、湖南、广西、云南、贵州、四川、新疆、陕西省(自治区、直辖市)国家税务局,大连、宁波市国家税务局:

现就阳光财产保险股份有限公司新增分支机构缴纳企业所得税的问题通知如下:

2007年度,阳光财产保险股份有限公司新增的分支机构(名单见附件)按照《国家税务总局关于汇总(合并)纳税企业实行统一计算、分级管理、就地预缴、集中清算所得税问题的通知》(国税发〔2001〕13号)的规定,由公司总部在公司总部所在地按全额汇总的方式缴纳企业所得税,新增的分支机构暂不执行就地预缴企业所得税的办法。

附件:阳光财产保险股份有限公司新增分支机构名单(编者略)

2-1-530

国家税务总局关于调整中国华电集团公司合并纳税成员企业名单的通知

2007年12月3日 国税函〔2007〕1168号

北京、河北、内蒙古、辽宁、黑龙江、江苏、浙江、福建、湖北、湖南、广西、四川、贵州、新疆、云南省(市、区)国家税务局,厦门市国家税务局:

现将中国华电集团公司调整合并纳税成员企业范围的问题通知如下:

按照《国家税务总局关于汇总(合并)纳税企业实行统一计算、分级管理、就地预缴、集中清算所得税问题的通知》(国税发〔2001〕13号)和《国家税务总局关于调整中国华电集团公司合并纳税范围的通知》(国税函〔2006〕1230号)的规定,2007年度,中国华电集团公司调整后的合并纳税成员企业(名单附后),继续实行合并纳税政策,其成员企业暂不实行就地预缴企业所得税办法。如以后有新政策规定,按照新规定执行。

附件:中国华电集团公司调整后合并纳税成员企业名单(编者略)

2－1－531

国家税务总局关于调整中国国电集团公司合并纳税范围的通知

2007年12月7日 国税函〔2007〕1214号

北京、天津、河北、山西、辽宁、吉林、上海、江苏、浙江、江西、山东、河南、湖北、广东、广西、四川、贵州、云南、宁夏、新疆、陕西省(自治区、直辖市)国家税务局:

现将中国国电集团公司调整合并纳税范围的问题通知如下:

按照《国家税务总局关于汇总(合并)纳税企业实行统一计算、分级管理、就地预缴、集中清算所得税问题的通知》(国税发〔2001〕13号)和《国家税务总局关于大唐集团公司等5家集团公司缴纳企业所得税问题的通知》(国税函〔2004〕1278号)规定,2007年度,中国国电集团公司调整后的合并纳税成员企业(名单附后),继续实行合并纳税政策,各成员企业暂不实行就地预缴企业所得税办法。

附件:中国国电集团公司调整后合并纳税成员企业名单(编者略)

2－1－532

国家税务总局关于调整中国卫星通信集团公司合并纳税成员企业范围的通知

2007年12月7日 国税函〔2007〕1215号

北京、广东、浙江、江西、四川省(市)国家税务局:

一、中国东方通信卫星有限责任公司为中国卫星通信集团公司的全资成员单位,符合合并纳税条件,2007年度由中国卫星通信集团公司合并缴纳企业所得税。

二、中国卫星通信集团公司所属的原合并纳税成员企业梅州分公司、湛江分公司、河源分公司、潮州分公司、汕尾分公司、阳江分公司、清远分公司、揭阳分公司、嘉兴分公司、达州分公司、九江分公司和赣州分公司因改制注销,不再符合合并纳税条件,2007年度不再纳入合并纳税范围。

请你局按照《国家税务总局关于中国卫星通信集团公司合并缴纳企业所得税问题的通知》(国税函〔2005〕1095号)的有关规定进行征收管理。

2－1－533

国家税务总局关于调整生命人寿保险股份有限公司等3家保险公司汇总纳税范围的通知

2007年12月7日　国税函〔2007〕1217号

北京、河北、山西、内蒙古、辽宁、吉林、黑龙江、上海、浙江、安徽、江西、山东、河南、湖北、湖南、广西、四川、贵州、新疆、甘肃省（自治区、直辖市）国家税务局：

现就生命人寿保险股份有限公司、泰康人寿保险股份有限公司和合众人寿保险股份有限公司新增分支机构缴纳企业所得税的问题通知如下：

2007年度，上述3家公司新增的分支机构（名单见附件）可按照《国家税务总局关于汇总（合并）纳税企业实行统一计算、分级管理、就地预交、集中清算所得税问题的通知》（国税发〔2001〕13号）的规定，由公司总部在其所在地按全额汇总的方式缴纳企业所得税，暂不实行就地预缴企业所得税的办法。

附件：生命人寿保险股份有限公司等3家保险股份有限公司新增分支机构名单（编者略）

2－1－534

国家税务总局关于调整攀枝花钢铁（集团）公司合并纳税范围的通知

2007年12月7日　国税函〔2007〕1218号

北京、江苏、湖南、广西、重庆、四川、贵州、云南省（自治区、直辖市）国家税务局，青岛市国家税务局，深圳市地方税务局：

现将攀枝花钢铁（集团）公司调整合并纳税范围问题通知如下：

按照《国家税务总局关于汇总（合并）纳税企业实行统一计算、分级管理、就地预缴、集中清算所得税问题的通知》（国税发〔2001〕13号）和《国家税务总局关于调整攀枝花钢铁（集团）公司合并纳税范围的通知》（国税函〔2007〕259号）的有关规定，2007年度，攀枝花钢铁（集团）公司调整后的合并纳税成员企业（名单附后），继续实行合并纳税政策，其成员企业暂不实行就地预缴所得税办法。

附件：攀枝花钢铁（集团）公司调整后合并纳税企业名单（编者略）

2－1－535

国家税务总局关于调整天平汽车保险股份有限公司等3家保险公司汇总纳税范围的通知

2007年12月7日 国税函〔2007〕1219号

河北、山西、辽宁、上海、江苏、浙江、安徽、福建、湖北、广东、海南、四川、云南、贵州、新疆、陕西省（自治区、直辖市）国家税务局，大连、深圳市国家税务局：

现就天平汽车保险股份有限公司、大地财产保险股份有限公司和太平保险有限公司更名分支机构和新增分支机构缴纳企业所得税的问题通知如下：

2007年度，上述3家公司新增的分支机构（名单见附件1）和更名的分支机构（名单见附件2），按照《国家税务总局关于汇总（合并）纳税企业实行统一计算、分级管理、就地预缴、集中清算所得税问题的通知》（国税发〔2001〕13号）的规定，由公司总部在其所在地按全额汇总的方式缴纳企业所得税，暂不实行就地预缴企业所得税办法。

附件：1. 太平保险有限公司更名分支机构名单（编者略）

2. 天平汽车保险股份有限公司等3家保险公司新增分支机构名单（编者略）

2－1－536

国家税务总局关于嘉禾人寿保险股份有限公司和长城人寿保险股份有限公司缴纳企业所得税问题的通知

2007年12月7日 国税函〔2007〕1222号

北京、河北、辽宁、江苏、浙江、福建、山东、河南、湖北、湖南、四川、陕西省（市）国家税务局，青岛市国家税务局：

根据《国家税务总局关于规范汇总合并缴纳企业所得税范围的通知》（国税函〔2006〕48号）的规定，现就嘉禾人寿保险股份有限公司和长城人寿保险股份有限公司缴纳企业所得税问题通知如下：

一、根据《国家税务总局关于汇总（合并）纳税企业实行统一计算、分级管理、就地预缴、集中清算所得税问题的通知》（国税发〔2001〕13号）规定，嘉禾人寿保险股份有限公司和长城人寿保险股份有限公司2007年度由公司总部在其所在地按全额汇总的方式缴纳企业所得税，两公司所属分支机构暂不实行就地预缴企业所得税办法。

二、上述两个公司应在年度纳税申报后，向国家税务总局（所得税管理司）报送汇总财务会计报表和纳税申报表。

三、上述两个公司及其所属分支机构，应严格执行国家税务总局关于汇总（合并）纳税企业所得税征收管理的有关规定，接受所在地主管税务机关的管理和检查。

附件：嘉禾人寿保险股份有限公司和长城人寿保险股份有限公司所属分支机构名单（编者略）

2－1－537

国家税务总局关于调整铁道部及所属企业汇总（合并）纳税成员企业范围的通知

2007年12月17日　国税函〔2007〕1260号

各省、自治区、直辖市和计划单列市国家税务局：

现将铁道部及所属企业调整汇总（合并）纳税范围有关问题通知如下：

2007年度，铁道部及所属企业调整后的汇总（合并）纳税成员企业（名单附后），继续按照《国家税务总局关于汇总（合并）纳税企业实行统一计算、分级管理、就地预缴、集中清算所得税问题的通知》（国税发〔2001〕13号）和《国家税务总局关于铁道部及所属企业汇总缴纳企业所得税问题的通知》（国税函〔2007〕287号）的规定，实行汇总（合并）纳税政策；其成员企业暂不实行就地预缴企业所得税办法。

附件：1. 铁道部汇总纳税名单（编者略）
2. 中铁快运有限公司合并纳税企业名单（编者略）
3. 广州铁路集团公司合并纳税企业名单（编者略）

2－1－538

国家税务总局关于调整中国第一汽车集团公司合并纳税范围的通知

2007年12月17日　国税函〔2007〕1262号

天津、内蒙古、辽宁、吉林、黑龙江、江苏、山东、广西、海南、四川省（自治区、直辖市）国家税务局，大连、青岛市国家税务局：

现就中国第一汽车集团公司调整合并纳税范围的问题通知如下：

按照《国家税务总局关于汇总（合并）纳税企业实行统一计算、分级管理、就地预缴、集中清算所得税问题的通知》（国税发〔2001〕13号）和《国家税务总局关于调整中国第一汽车集团公司合并纳税范围的通知》（国税函〔2006〕1220号）的规定，2007年度，中国第一汽车集团公司调整后的合并纳税成员企业（名单附后），继续实行合并纳税政策，各成员企业暂不实行就地预缴企业所得税办法。

附件:中国第一汽车集团公司调整后合并纳税成员企业名单(编者略)

2-1-539

国家税务总局关于招商证券股份有限公司缴纳企业所得税问题的通知

2007年12月17日 国税函〔2007〕1263号

北京、辽宁、上海、浙江、山东、湖北、广东、重庆、四川省(直辖市)国家税务局,深圳市国家税务局:

现将招商证券股份有限公司新增加和更名的所属分支机构缴纳企业所得税的问题通知如下:

2007年度,招商证券股份有限公司新增和更名的所属分支机构(名单附后),按照《国家税务总局关于华夏证券股份有限公司等证券公司缴纳企业所得税问题的通知》(国税函〔2004〕246号)的有关规定执行,并统一按应纳所得税额的30%就地预缴企业所得税。

附件:招商证券股份有限公司新增、更名所属分支机构名单(编者略)

2-1-540

国家税务总局关于调整民生人寿保险股份有限公司等3家保险公司汇总纳税范围的通知

2007年12月24日 国税函〔2007〕1295号

北京、河北、黑龙江、辽宁、山东、上海、江苏、浙江、福建、河南、广东、湖北、湖南、重庆、四川省(市)国家税务局,大连、深圳市国家税务局:

现就民生人寿保险股份有限公司、华安财产保险股份有限公司和永安财产保险股份有限公司等3家保险公司更名分支机构和新增分支机构缴纳企业所得税的问题通知如下:

2007年度,上述3家公司更名的分支机构(名单见附件1)和新增的分支机构(名单见附件2)按照《国家税务总局关于汇总(合并)纳税企业实行统一计算、分级管理、就地预缴、集中清算所得税问题的通知》(国税发〔2001〕13号)的规定,由公司总部在公司总部所在地按全额汇总的方式缴纳企业所得税,暂不就地预缴企业所得税。

附件:1. 民生人寿保险股份有限公司更名分支机构名单(编者略)

2. 民生人寿保险股份有限公司等3家保险公司新增分支机构名单(编者略)

2－1－541

国务院关于经济特区和上海浦东新区新设立高新技术企业实行过渡性税收优惠的通知

2007 年 12 月 26 日　国发〔2007〕40 号

各省、自治区、直辖市人民政府，国务院各部委、各直属机构：

根据《中华人民共和国企业所得税法》第五十七条的有关规定，国务院决定对法律设置的发展对外经济合作和技术交流的特定地区内，以及国务院已规定执行上述地区特殊政策的地区内新设立的国家需要重点扶持的高新技术企业，实行过渡性税收优惠。现就有关问题通知如下：

一、法律设置的发展对外经济合作和技术交流的特定地区，是指深圳、珠海、汕头、厦门和海南经济特区；国务院已规定执行上述地区特殊政策的地区，是指上海浦东新区。

二、对经济特区和上海浦东新区内在 2008 年 1 月 1 日（含）之后完成登记注册的国家需要重点扶持的高新技术企业（以下简称新设高新技术企业），在经济特区和上海浦东新区内取得的所得，自取得第一笔生产经营收入所属纳税年度起，第一年至第二年免征企业所得税，第三年至第五年按照 25% 的法定税率减半征收企业所得税。

国家需要重点扶持的高新技术企业，是指拥有核心自主知识产权，同时符合《中华人民共和国企业所得税法实施条例》第九十三条规定的条件，并按照《高新技术企业认定管理办法》认定的高新技术企业。

三、经济特区和上海浦东新区内新设高新技术企业同时在经济特区和上海浦东新区以外的地区从事生产经营的，应当单独计算其在经济特区和上海浦东新区内取得的所得，并合理分摊企业的期间费用；没有单独计算的，不得享受企业所得税优惠。

四、经济特区和上海浦东新区内新设高新技术企业在按照本通知的规定享受过渡性税收优惠期间，由于复审或抽查不合格而不再具有高新技术企业资格的，从其不再具有高新技术企业资格年度起，停止享受过渡性税收优惠；以后再次被认定为高新技术企业的，不得继续享受或者重新享受过渡性税收优惠。

五、本通知自 2008 年 1 月 1 日起执行。

2 -1 -542

财政部　国家税务总局关于北京华储食糖交易市场有关企业所得税政策问题的通知

2007 年 12 月 27 日　财税〔2007〕113 号

北京市财政局、国家税务局、地方税务局：

现将中国华孚贸易发展集团公司所属北京华储食糖交易市场有限责任公司的有关企业所得税政策问题明确如下：

对北京华储食糖交易市场有限责任公司取得来源于中央财政的交易手续费收入，自 2006 年 1 月 1 日起至 2007 年 12 月 31 日止，不计入企业所得税应纳税所得额。

请遵照执行。

2 -1 -543

财政部　国家税务总局关于核定上海浦东发展银行股份有限公司计税工资税前扣除标准有关问题的通知

2007 年 12 月 29 日　财税〔2007〕177 号

各省、自治区、直辖市、计划单列市财政厅（局）、国家税务局，新疆生产建设兵团财务局：

根据《财政部、国家税务总局关于调整企业所得税工资支出税前扣除政策的通知》（财税〔2006〕126 号）的有关规定，现就上海浦东发展银行股份有限公司计税工资税前扣除标准的有关问题通知如下：

一、根据上海浦东发展银行股份有限公司 2006 年度人均利润、人均应缴企业所得税、人均营业收入等经营效益情况，按照工资总额增长低于经济效益增长幅度、职工平均工资增长低于劳动生产率增长幅度的原则，核定上海浦东发展银行股份有限公司 2006 年度计税工资税前扣除限额为 25.14 亿元，超过限额部分不得在税前扣除。

二、上海浦东发展银行股份有限公司 2007 年度计税工资税前扣除限额，以其 2006 年度计税工资税前扣除限额为基数，按照工资总额增长低于经济效益（税前利润、应缴企业所得税）增长幅度、职工平均工资增长低于劳动生产率（人均营业收入）增长幅度的原则计算核定，并允许在企业所得税税前扣除。

请遵照执行。

2-1-544

国家税务总局关于调整中国中化集团公司合并纳税范围的通知

2008年2月3日　国税函〔2008〕149号

北京、天津、河北、上海、江苏、广东省(直辖市)国家税务局,大连、青岛市国家税务局:

现就中国中化集团公司调整合并纳税范围问题通知如下:

按照《国家税务总局关于汇总(合并)纳税企业实行统一计算、分级管理、就地预缴、集中清算所得税问题的通知》(国税发〔2001〕13号)的规定,2007年度,中国中化集团公司所属新成立的中化石油公司天津分公司、中化塑料公司上海分公司纳入合并纳税范围,并按年度应纳所得税额60%的比例就地预缴企业所得税。其他合并纳税成员企业(名单附后),继续按照《国家税务总局关于调整中国中化集团公司合并纳税范围的通知》(国税函〔2006〕1224号)的规定执行。

附件:中国中化集团公司调整后合并纳税企业名单(编者略)

2-1-545

财政部　海关总署　国家税务总局关于发布第三批不在试点地区的文化体制改革试点单位名单的通知

2008年2月4日　财税〔2008〕25号

各省、自治区、直辖市财政厅(局)、国家税务局、地方税务局,海关总署广东分署、天津、上海特派办,各直属海关:

按照财政部、海关总署、国家税务总局《关于文化体制改革中经营性文化事业单位转制为企业的若干税收政策问题的通知》(财税〔2005〕1号)和《关于文化体制改革试点中支持文化产业发展若干税收政策问题的通知》(财税〔2005〕2号)的规定,中央文化体制改革领导小组办公室提供了第三批不在文化体制改革试点地区的文化体制改革试点单位名单。

现将名单发给你们。考虑到《中华人民共和国车船使用税暂行条例》(国发〔1986〕90号)已于2006年年底废止,名单所列试点单位(见附件)的自用车船,应按照《中华人民共和国车船税暂行条例》(国务院令第482号)的有关规定缴纳车船税。从2007年1月1日起,名单所列试点单位按上述两个通知的规定享受除免征车船使用税以外的税收优惠政策。

特此通知。

附件：第三批不在试点地区的文化体制改革试点单位名单（编者略）

2－1－546

财政部　国家税务总局关于广深铁路股份有限公司改制上市和资产收购有关税收问题的通知

2008年3月7日　财税〔2008〕12号

广东省、湖南省、深圳市财政厅（局）、国家税务局、地方税务局：

经国务院批准，现将广深铁路股份有限公司（以下简称广深股份）股改上市和整体收购广州铁路（集团）公司（以下简称广铁集团）所属羊城铁路实业发展总公司（以下简称羊城公司）运输主业资产的有关税收问题通知如下：

一、对广铁集团向广深股份转让羊城公司广州至坪石段铁路运输资产过程中，广铁集团所属羊城公司资产评估增值36.3亿元应缴的企业所得税款不征收入库，作为国有资本金直接转计广铁集团的资本公积金。广深股份收购羊城公司的资产，按照评估后的资产价值计提折旧或摊销，并在企业所得税前扣除。

二、广铁集团所属羊城公司向广深股份整体转让羊城公司原管辖的与铁路运输相关的铁路运营资产、负债及其他业务的行为，不属于增值税和营业税征收范围，按照现行增值税暂行条例、营业税暂行条例的规定，不征收增值税和营业税。

三、对广铁集团所属羊城公司重组转让资产过程中有关产权转移书据、租赁合同及其他业务涉及的印花税，按照《财政部、国家税务总局关于企业改制过程中有关印花税政策的通知》（财税〔2003〕183号）的规定予以征免。

四、对广铁集团租赁给广深公司的铁路运输土地涉及的城镇土地使用税予以免征。

五、对广铁集团所属羊城公司向广深公司整体转让资产涉及的土地增值税予以免征。

请遵照执行。

注释：

条款失效。第三条失效。参见：《财政部　税务总局关于印花税法实施后有关优惠政策衔接问题的公告》（财政部　税务总局公告2022年第23号）。

2-1-547

国家税务总局关于中华联合财产保险股份有限公司和华夏人寿保险股份有限公司缴纳企业所得税有关问题的通知

2008年3月14日　国税函〔2008〕233号

北京、天津、河北、内蒙古、辽宁、上海、江苏、浙江、山东、福建、河南、湖北、湖南、广东、四川、重庆、陕西、新疆、甘肃省（自治区、直辖市）国家税务局，大连、青岛、宁波、深圳市国家税务局：

根据《国家税务总局关于规范汇总合并缴纳企业所得税范围的通知》（国税函〔2006〕48号）和《国家税务总局关于汇总（合并）纳税企业实行统一计算、分级管理、就地预缴、集中清算所得税问题的通知》（国税发〔2001〕13号）的规定，现将中华联合财产保险股份有限公司和华夏人寿保险股份有限公司2007年度缴纳企业所得税问题通知如下：

2007年度，上述2个保险公司及其分支机构（名单附后），由公司总部在公司总部所在地按全额汇总的方式缴纳企业所得税，暂不实行就地预缴企业所得税办法。

附件：中华联合财产保险股份有限公司和华夏人寿保险股份有限公司汇总纳税成员企业名单（编者略）

2-1-548

国家税务总局关于平安健康保险股份有限公司和英大泰和人寿保险股份有限公司缴纳企业所得税有关问题的通知

2008年3月21日　国税函〔2008〕252号

北京、上海、江苏、广东省（市）国家税务局：

现将平安健康保险股份有限公司和英大泰和人寿保险股份有限公司缴纳企业所得税的问题通知如下：

一、根据《国家税务总局关于汇总（合并）纳税企业实行统一计算、分级管理、就地预缴、集中清算所得税问题的通知》（国税发〔2001〕13号）、《国家税务总局关于规范汇总合并缴纳企业所得税范围的通知》（国税函〔2006〕48号）的规定，2007年度，平安健康保险股份有限公司、英大泰和人寿保险股份有限公司所属分支机构（详见附件），由公司总部在公司总部所在地按全额汇总的方式缴纳企业所得税，暂不实行就地预缴企业所得税办法。

二、上述两个公司及其所属分支机构，应严格执行国家税务总局关于汇总（合并）纳税企业所得税征收管理的有关规定，接受所在地主管税务机关的管理和检查。

附件：平安健康保险股份有限公司和英大泰和人寿保险股份有限公司新增分支机构名单（编者略）

2-1-549

财政部　国家税务总局关于核定中信银行股份有限公司计税工资税前扣除标准有关问题的通知

2008年3月24日　财税〔2008〕36号

各省、自治区、直辖市、计划单列市财政厅（局）、国家税务局，新疆生产建设兵团财务局：

按照《财政部、国家税务总局关于调整企业所得税工资支出税前扣除政策的通知》（财税〔2006〕126号）有关规定，现就中信银行股份有限公司计税工资税前扣除问题明确如下：

根据中信银行股份有限公司2007年度人均利润、人均应缴企业所得税、人均营业净收入等经营效益情况，按照工资总额增长低于经济效益增长，工资总额增长低于劳动生产率增长的原则，核定该公司2007年度计税工资限额为29.84亿元。该公司2007年度实际发生的工资总额在上述限额以内的准予据实扣除，超过的部分不得在税前扣除。

请遵照执行。

2-1-550

国家税务总局关于国家核电技术公司合并缴纳企业所得税问题的通知

2008年3月26日　国税函〔2008〕266号

北京、上海、广西、山东省（区、市）国家税务局：

经国务院批准，现就国家核电技术公司合并缴纳企业所得税问题通知如下：

一、国家核电技术公司所属全资控股企业（名单见附件），2007年度按照《国家税务总局关于汇总（合并）纳税企业实行统一计算、分级管理、就地预缴、集中清算所得税问题的通知》（国税发〔2001〕13号）的有关规定，由国家核电技术公司在北京市合并缴纳企业所得税。各成员企业应按年度应纳所得税额30%的比例就地预缴企业所得税。

二、国家核电技术公司所属合并纳税的成员企业，在企业改组、改造或资产重组过程中，因股权发生变化而变成非全资控股的企业，该公司应及时报告成员企业所在地主管税务机关，经所在地主管税务机关确认后，从股权发生变化的年度起，就地缴纳企业所得税，并报国家税务总局备案。

三、国家核电技术公司应在每年的年度纳税申报后，向国家税务总局（所得税管理司）报送该公司的汇总（合并）财务会计报表和纳税申报表。

四、国家核电技术公司所属合并纳税的成员企业，应按照国家税务总局的有关规定，向所在地主管税务机关报送所得税纳税申报表和财务会计报表，并接受所在地主管税务机关的检查和监管；所在地主管税务机关应按国家税务总局的统一规定，认真受理企业的纳税申报，切实履行纳税检查和监管职责。

附件：国家核电技术公司合并纳税成员企业名单（编者略）

2－1－551

财政部　国家税务总局关于中国光大银行财务重组中税收政策问题的通知

2008 年 3 月 27 日　财税〔2008〕29 号

各省、自治区、直辖市、计划单列市财政厅（局）、国家税务局，新疆生产建设兵团财务局：

经国务院批准，现对中国光大银行重组改制过程中有关税收政策明确如下：

1. 中国光大银行在重组改制过程中，按国家有关规定提取减值准备后形成的账面累计亏损 139 亿元，自 2008 年 1 月 1 日起至 2010 年 12 月 31 日止，允许用企业所得税税前所得弥补。

2. 中国光大银行上述纳入集中处置范围内的不良资产，在实际发生损失时，凡已按本通知第一条享受税前所得弥补的部分，一律不得在企业所得税税前重复扣除。

请遵照执行。

2－1－552

国家税务总局关于中国石油化工股份有限公司合并纳税问题的补充通知

2008 年 4 月 2 日　国税函〔2008〕291 号

各省、自治区、直辖市和计划单列市国家税务局：

现就中国石油化工股份有限公司合并缴纳企业所得税的有关问题补充通知如下：

一、新成立的中国石油化工股份有限公司镇海炼化分公司、中国石油化工股份有限公司勘探分公司、中国石油化工股份有限公司石家庄炼化分公司、北京中石化井田工程建设有限公司、中国石油化工股份有限公司中原油田普光分公司，2007 年度作为中国石油化工股份有限公司的合并纳税成员企业，按照年度应纳所得税额的 60% 就地预缴企业所得税，年终中国石油化工股份有限公司总部统一汇算清缴。

二、中国石油化工股份有限公司勘探分公司新增下属全资单位，中国石油化工股份有限公司勘探南方分公司、中国石油化工股份有限公司勘探西北分公司、中国石油化工股份有限公司勘探北方分公司,2007 年度作为中国石油化工股份有限公司勘探分公司的合并纳税成员企业,按照年度应纳所得税额的 60% 就地预缴企业所得税,年终由中国石油化工股份有限公司勘探分公司统一汇算清缴。

三、中国石油化工股份有限公司催化剂分公司新增下属全资单位,中国石油化工股份有限公司催化剂贵金属分公司、中国石油化工股份有限公司催化剂抚顺分公司,2007 年度作为中国石油化工股份有限公司催化剂分公司的合并纳税成员企业。

原中国石油化工股份有限公司催化剂分公司下属的中国石油化工科技开发有限公司因股权变更,从 2007 年度起不再作为中国石油化工股份有限公司催化剂分公司的合并纳税成员企业。

四、中国石油化工股份有限公司润滑油分公司新增下属全资单位,中国石油化工股份有限公司润滑油燕化分公司、中国石油化工股份有限公司润滑油北京包装容器分公司、中国石油化工股份有限公司润滑油天津金属包装分公司,2007 年度作为中国石油化工股份有限公司润滑油分公司的合并纳税成员企业。

原中国石油化工股份有限公司润滑油分公司上海石油商品应用研究所更名为中国石油化工股份有限公司润滑油研发(上海)中心后,继续作为中国石油化工股份有限公司润滑油公司的合并纳税成员企业。

五、中国石油化工股份有限公司物资装备部新增下属全资单位,中国石油化工股份有限公司川东北物资供应储备中心 2007 年度作为中国石油化工股份有限公司物资装备部的合并纳税成员企业,按照年度应纳所得税额的 60% 就地预缴企业所得税,年终由中国石油化工股份有限公司物资装备部统一汇算清缴。

六、中国石油化工股份有限公司上海腈纶销售分公司注销,从 2007 年度起不再作为中国石油化工股份有限公司的合并纳税成员企业。

原中国石油化工股份有限公司西南分公司更名为中国石油化工股份有限公司西南油气分公司,继续作为中国石油化工股份有限公司的合并纳税成员企业。

原中国石化国际事业有限公司江苏化工经营部更名为中国石化国际事业有限公司江苏分公司后,继续作为中国石化国际事业有限公司的合并纳税成员企业。

七、各新增和变更名称的合并纳税成员企业(详见附件)的所得税征收管理,仍按《国家税务总局关于中国石油化工股份有限公司缴纳企业所得税有关问题的通知》(国税函〔2004〕1071 号)的规定执行。

附件:中国石油化工股份有限公司 2007 年新增合并纳税成员企业名单(编者略)

2－1－553

国家税务总局关于调整中国石油天然气股份有限公司合并纳税范围的通知

2008年4月8日　国税函〔2008〕305号

各省、自治区、直辖市和计划单列市国家税务局：

现就调整中国石油天然气股份有限公司合并纳税成员企业范围的问题通知如下：

一、关于部分二级成员企业新增所属企业合并纳税问题

中国石油天然气股份有限公司华北油田分公司等7家二级成员企业的新增所属企业（详见附件），2007年度纳入中国石油天然气股份有限公司合并纳税范围，并按年度应纳税额的60%就地预缴企业所得税。

二、关于西北化工销售分公司及东北化工销售分公司的合并纳税问题

原西北化工销售兰州分公司等四个分公司及化工产品巴彦淖尔销售部等19个销售部（详见附件）划归西北化工销售分公司后，2007年度纳入西北化工销售分公司合并纳税范围，并按年度应纳税额的60%就地预缴企业所得税。

原东北化工销售大庆分公司等五个分公司及化工产品哈尔滨销售部（详见附件）划归东北化工销售分公司后，2007年度纳入东北化工销售分公司合并纳税范围，并按年度应纳税额的60%就地预缴企业所得税。

三、各新增合并纳税成员企业的所得税征收管理，仍按《国家税务总局关于中国石油天然气股份有限公司缴纳企业所得税有关问题的通知》（国税函〔2004〕1072号）的规定执行。

附件：中国石油天然气股份有限公司2007年新增合并纳税成员企业名单（编者略）

2－1－554

财政部　国家税务总局关于中国中材集团公司重组改制过程中资产评估增值有关企业所得税政策问题的通知

2008年7月18日　财税〔2008〕42号

各省、自治区、直辖市、计划单列市财政厅（局）、国家税务局、地方税务局，新疆生产建设兵团财务局：

为支持中国中材集团公司重组改制上市工作，现对其改制过程中资产评估增值涉及的企业所得税政策问题明确如下：

一、中国中材集团公司在重组改制上市过程中发生的资产评估增值11.95亿元，直接转

计中国中材集团公司的资本公积，作为国有资本，不征收企业所得税。

二、允许中国中材股份有限公司按评估后的资产价值计提折旧或摊销，并在企业所得税税前扣除。

请遵照执行。

2－1－555

财政部　国家税务总局关于中国国旅集团有限公司重组上市资产评估增值有关企业所得税政策问题的通知

2008 年 8 月 7 日　财税〔2008〕82 号

各省、自治区、直辖市、计划单列市财政厅（局）、国家税务局、地方税务局，新疆生产建设兵团财务局：

为支持中国国旅集团有限公司整体改制上市工作，经国务院批准，现对其改制过程中资产评估增值涉及的企业所得税政策问题明确如下：

一、中国国旅集团有限公司在整体改制上市过程中发生的资产评估增值 42612.36 万元，直接转计中国国旅集团有限公司的资本公积，作为国有资本，不征收企业所得税。

二、对上述经过评估的资产，中国国旅股份有限公司及其所属子公司可按评估后的资产价值计提折旧或摊销，并在企业所得税税前扣除。

请遵照执行。

2－1－556

财政部　国家税务总局　国家发展改革委关于公布公共基础设施项目企业所得税优惠目录（2008 年版）的通知

2008 年 9 月 8 日　财税〔2008〕116 号

各省、自治区、直辖市、计划单列市财政厅（局）、国家税务局、地方税务局、发展改革委、经贸委（经委），新疆生产建设兵团财务局：

《公共基础设施项目企业所得税优惠目录（2008 年版）》已经国务院批准，现予以公布，自 2008 年 1 月 1 日起施行。

附件：公共基础设施项目企业所得税优惠目录（2008 年版）

附件

公共基础设施项目企业所得税优惠目录(2008年版)

序号	类别	项目	范围、条件及技术标准
1	港口码头	码头、泊位、通航建筑物新建项目	由省级以上政府投资主管部门核准的沿海港口万吨级及以上泊位、内河千吨级及以上泊位、滚装泊位、内河航运枢纽新建项目
2	机场	民用机场新建项目	由国务院核准的民用机场新建项目,包括民用机场迁建、军航机场军民合用改造项目
3	铁路	铁路新线建设项目	由省级以上政府投资主管部门或国务院行业主管部门核准的客运专线、城际轨道交通和Ⅲ级及以上铁路建设项目
4		既有线路改造项目	由省级以上政府投资主管部门或国务院行业主管部门核准的铁路电气化改造、增建二线项目以及其他改造投入达到项目固定资产账面原值75%以上的改造项目
5	公路	公路新建项目	由省级以上政府投资主管部门核准的一级以上的公路建设项目
6	城市公共交通	城市快速轨道交通新建项目	由国务院核准的城市地铁、轻轨新建项目
7	电力	水力发电新建项目(包括控制性水利枢纽工程)	由国务院投资主管部门核准的在主要河流上新建的水电项目,总装机容量在25万千瓦及以上的新建水电项目,以及抽水蓄能电站项目
8		核电站新建项目	由国务院核准的核电站新建项目
9		电网(输变电设施)新建项目	由国务院投资主管部门核准的330kv及以上跨省及长度超过200km的交流输变电新建项目,500kv及以上直流输变电新建项目;由省级以上政府投资主管部门核准的革命老区、老少边穷地区电网新建工程项目;农网输变电新建项目
10		风力发电新建项目	由政府投资主管部门核准的风力发电新建项目
11		海洋能发电新建项目	由省级以上政府投资主管部门核准的海洋能发电新建项目
12		太阳能发电新建项目	由政府投资主管部门核准的太阳能发电新建项目
13		地热发电新建项目	由政府投资主管部门核准的地热发电新建项目
14	水利	灌区配套设施及农业节水灌溉工程新建项目	由政府投资主管部门核准的灌区水源工程、灌排系统工程、节水工程
15		地表水水源工程新建项目	由政府投资主管部门核准的水库、塘堰、水窖及配套工程
16		调水工程新建项目	由政府投资主管部门核准的取水、输水、配水工程
17		农村人畜饮水工程新建项目	由政府投资主管部门核准的农村人畜饮水工程中取水、输水、净化水、配水工程
18		牧区水利工程新建项目	由政府投资主管部门核准的牧区水利工程中的取水、输配水、节水灌溉及配套工程

2－1－557

财政部　国家税务总局关于执行公共基础设施项目企业所得税优惠目录有关问题的通知

2008年9月23日　财税〔2008〕46号

各省、自治区、直辖市、计划单列市财政厅（局）、国家税务局、地方税务局，新疆生产建设兵团财务局：

根据《中华人民共和国企业所得税法》（以下简称企业所得税法）和《中华人民共和国企业所得税法实施条例》（国务院令第512号）的有关规定，经国务院批准，财政部、税务总局、发展改革委公布了《公共基础设施项目企业所得税优惠目录》（以下简称《目录》）。现将执行《目录》的有关问题通知如下：

一、企业从事《目录》内符合相关条件和技术标准及国家投资管理相关规定、于2008年1月1日后经批准的公共基础设施项目，其投资经营的所得，自该项目取得第一笔生产经营收入所属纳税年度起，第一年至第三年免征企业所得税，第四年至第六年减半征收企业所得税。

第一笔生产经营收入，是指公共基础设施项目已建成并投入运营后所取得的第一笔收入。

二、企业同时从事不在《目录》范围内的项目取得的所得，应与享受优惠的公共基础设施项目所得分开核算，并合理分摊期间费用，没有分开核算的，不得享受上述企业所得税优惠政策。

三、企业承包经营、承包建设和内部自建自用公共基础设施项目，不得享受上述企业所得税优惠。

四、根据经济社会发展需要及企业所得税优惠政策实施情况，国务院财政、税务主管部门会同国家发展改革委等有关部门适时对《目录》内的项目进行调整和修订，并在报国务院批准后对《目录》进行更新。

2－1－558

财政部　国家税务总局关于执行资源综合利用企业所得税优惠目录有关问题的通知

2008年9月23日　财税〔2008〕47号

各省、自治区、直辖市、计划单列市财政厅（局）、国家税务局、地方税务局，新疆生产建设兵

团财务局：

根据《中华人民共和国企业所得税法》和《中华人民共和国企业所得税法实施条例》（国务院令第512号，以下简称实施条例）有关规定，经国务院批准，财政部、税务总局、发展改革委公布了《资源综合利用企业所得税优惠目录》（以下简称《目录》）。现将执行《目录》的有关问题通知如下：

一、企业自2008年1月1日起以《目录》中所列资源为主要原材料，生产《目录》内符合国家或行业相关标准的产品取得的收入，在计算应纳税所得额时，减按90%计入当年收入总额。享受上述税收优惠时，《目录》内所列资源占产品原料的比例应符合《目录》规定的技术标准。

二、企业同时从事其他项目而取得的非资源综合利用收入，应与资源综合利用收入分开核算，没有分开核算的，不得享受优惠政策。

三、企业从事不符合实施条例和《目录》规定范围、条件和技术标准的项目，不得享受资源综合利用企业所得税优惠政策。

四、根据经济社会发展需要及企业所得税优惠政策实施情况，国务院财政、税务主管部门会同国家发展改革委等有关部门适时对《目录》内的项目进行调整和修订，并在报国务院批准后对《目录》进行更新。

2－1－559

财政部　国家税务总局关于执行环境保护专用设备企业所得税优惠目录节能节水专用设备企业所得税优惠目录和安全生产专用设备企业所得税优惠目录有关问题的通知

2008年9月23日　财税〔2008〕48号

各省、自治区、直辖市、计划单列市财政厅（局）、国家税务局、地方税务局，新疆生产建设兵团财务局：

根据《中华人民共和国企业所得税法》（以下简称企业所得税法）和《中华人民共和国企业所得税法实施条例》（国务院令第512号）有关规定，经国务院批准，财政部、税务总局、发展改革委公布了《环境保护专用设备企业所得税优惠目录》、《节能节水专用设备企业所得税优惠目录》，财政部、税务总局、安监总局公布了《安全生产专用设备企业所得税优惠目录》（以下统称《目录》）。现将执行《目录》的有关问题通知如下：

一、企业自2008年1月1日起购置并实际使用列入《目录》范围内的环境保护、节能节水和安全生产专用设备，可以按专用设备投资额的10%抵免当年企业所得税应纳税额；企业当年应纳税额不足抵免的，可以向以后年度结转，但结转期不得超过5个纳税年度。

二、专用设备投资额，是指购买专用设备发票价税合计价格，但不包括按有关规定退还的增值税税款以及设备运输、安装和调试等费用。

三、当年应纳税额，是指企业当年的应纳税所得额乘以适用税率，扣除依照企业所得税法和国务院有关税收优惠规定以及税收过渡优惠规定减征、免征税额后的余额。

四、企业利用自筹资金和银行贷款购置专用设备的投资额，可以按企业所得税法的规定抵免企业应纳所得税额；企业利用财政拨款购置专用设备的投资额，不得抵免企业应纳所得税额。

五、企业购置并实际投入适用、已开始享受税收优惠的专用设备，如从购置之日起5个纳税年度内转让、出租的，应在该专用设备停止使用当月停止享受企业所得税优惠，并补缴已经抵免的企业所得税税款。转让的受让方可以按照该专用设备投资额的10%抵免当年企业所得税应纳税额；当年应纳税额不足抵免的，可以在以后5个纳税年度结转抵免。

六、根据经济社会发展需要及企业所得税优惠政策实施情况，国务院财政、税务主管部门会同国家发展改革委、安监总局等有关部门适时对《目录》内的项目进行调整和修订，并在报国务院批准后对《目录》进行更新。

注释：

政策调整。“企业购置用于环境保护、节能节水、安全生产的专用设备的投资额享受所得税优惠的备案核准”取消。参见：《国家税务总局关于公布已取消的22项税务非行政许可审批事项的公告》（国家税务总局公告2015年第58号）。

2－1－560

财政部　国家税务总局关于发布《享受企业所得税优惠政策的农产品初加工范围（试行）》的通知

2008年11月20日　财税〔2008〕149号

各省、自治区、直辖市、计划单列市财政厅（局）、国家税务局、地方税务局，新疆生产建设兵团财务局：

根据《中华人民共和国企业所得税法》及其实施条例的规定，为贯彻落实农、林、牧、渔业项目企业所得税优惠政策，现将《享受企业所得税优惠政策的农产品初加工范围（试行）》印发给你们，自2008年1月1日起执行。

各地财政、税务机关对《享受企业所得税优惠政策的农产品初加工范围（试行）》执行中发现的新情况、新问题应及时向国务院财政、税务主管部门反馈，国务院财政、税务主管部门会同有关部门将根据经济社会发展需要，适时对《享受企业所得税优惠政策的农产品初加工范围（试行）》内的项目进行调整和修订。

附件：享受企业所得税优惠政策的农产品初加工范围（试行）（2008年版）

附件

享受企业所得税优惠政策的农产品初加工范围(试行)(2008年版)

一、种植业类

(一)粮食初加工

1. 小麦初加工。通过对小麦进行清理、配麦、磨粉、筛理、分级、包装等简单加工处理,制成的小麦面粉及各种专用粉。

2. 稻米初加工。通过对稻谷进行清理、脱壳、碾米(或不碾米)、烘干、分级、包装等简单加工处理,制成的成品粮及其初制品,具体包括大米、蒸谷米。

3. 玉米初加工。通过对玉米籽粒进行清理、浸泡、粉碎、分离、脱水、干燥、分级、包装等简单加工处理,生产的玉米粉、玉米碴、玉米片等;鲜嫩玉米经筛选、脱皮、洗涤、速冻、分级、包装等简单加工处理,生产的鲜食玉米(速冻粘玉米、甜玉米、花色玉米、玉米籽粒)。

4. 薯类初加工。通过对马铃薯、甘薯等薯类进行清洗、去皮、磋磨、切制、干燥、冷冻、分级、包装等简单加工处理,制成薯类初级制品。具体包括:薯粉、薯片、薯条。

5. 食用豆类初加工。通过对大豆、绿豆、红小豆等食用豆类进行清理去杂、浸洗、晾晒、分级、包装等简单加工处理,制成的豆面粉、黄豆芽、绿豆芽。

6. 其他类粮食初加工。通过对燕麦、荞麦、高粱、谷子等杂粮进行清理去杂、脱壳、烘干、磨粉、轧片、冷却、包装等简单加工处理,制成的燕麦米、燕麦粉、燕麦麸皮、燕麦片、荞麦米、荞麦面、小米、小米面、高粱米、高粱面。

(二)林木产品初加工

通过将伐倒的乔木、竹(含活立木、竹)去枝、去梢、去皮、去叶、锯段等简单加工处理,制成的原木、原竹、锯材。

(三)园艺植物初加工

1. 蔬菜初加工

(1)将新鲜蔬菜通过清洗、挑选、切割、预冷、分级、包装等简单加工处理,制成净菜、切割蔬菜。

(2)利用冷藏设施,将新鲜蔬菜通过低温贮藏,以备淡季供应的速冻蔬菜,如速冻茄果类、叶类、豆类、瓜类、葱蒜类、柿子椒、蒜苔。

(3)将植物的根、茎、叶、花、果、种子和食用菌通过干制等简单加工处理,制成的初制干菜,如黄花菜、玉兰片、萝卜干、冬菜、梅干菜、木耳、香菇、平菇。

*以蔬菜为原料制作的各类蔬菜罐头(罐头是指以金属罐、玻璃瓶、经排气密封的各种食品。下同)及碾磨后的园艺植物(如胡椒粉、花椒粉等)不属于初加工范围。

2. 水果初加工。通过对新鲜水果(含各类山野果)清洗、脱壳、切块(片)、分类、储藏保鲜、速冻、干燥、分级、包装等简单加工处理,制成的各类水果、果干、原浆果汁、果仁、坚果。

3. 花卉及观赏植物初加工。通过对观赏用、绿化及其他各种用途的花卉及植物进行保鲜、储藏、烘干、分级、包装等简单加工处理,制成的各类鲜、干花。

（四）油料植物初加工

通过对菜籽、花生、大豆、葵花籽、蓖麻籽、芝麻、胡麻籽、茶子、桐子、棉籽、红花籽及米糠等粮食的副产品等，进行清理、热炒、磨坯、榨油（搅油、墩油）、浸出等简单加工处理，制成的植物毛油和饼粕等副产品。具体包括菜籽油、花生油、豆油、葵花油、蓖麻籽油、芝麻油、胡麻籽油、茶子油、桐子油、棉籽油、红花油、米糠油以及油料饼粕、豆饼、棉籽饼。

＊精炼植物油不属于初加工范围。

（五）糖料植物初加工

通过对各种糖料植物，如甘蔗、甜菜、甜菊等，进行清洗、切割、压榨等简单加工处理，制成的制糖初级原料产品。

（六）茶叶初加工

通过对茶树上采摘下来的鲜叶和嫩芽进行杀青（萎凋、摇青）、揉捻、发酵、烘干、分级、包装等简单加工处理，制成的初制毛茶。

＊精制茶、边销茶、紧压茶和掺兑各种药物的茶及茶饮料不属于初加工范围。

（七）药用植物初加工

通过对各种药用植物的根、茎、皮、叶、花、果实、种子等，进行挑选、整理、捆扎、清洗、晾晒、切碎、蒸煮、炒制等简单加工处理，制成的片、丝、块、段等中药材。

＊加工的各类中成药不属于初加工范围。

（八）纤维植物初加工

1. 棉花初加工。通过轧花、剥绒等脱绒工序简单加工处理，制成的皮棉、短绒、棉籽。

2. 麻类初加工。通过对各种麻类作物（大麻、黄麻、槿麻、苎麻、苘麻、亚麻、罗布麻、蕉麻、剑麻等）进行脱胶、抽丝等简单加工处理，制成的干（洗）麻、纱条、丝、绳。

3. 蚕茧初加工。通过烘干、杀蛹、缫丝、煮剥、拉丝等简单加工处理，制成的蚕、蛹、生丝、丝棉。

（九）热带、南亚热带作物初加工

通过对热带、南亚热带作物去除杂质、脱水、干燥、分级、包装等简单加工处理，制成的工业初级原料。具体包括：天然橡胶生胶和天然浓缩胶乳、生咖啡豆、胡椒籽、肉桂油、桉油、香茅油、木薯淀粉、木薯干片、坚果。

二、畜牧业类

（一）畜禽类初加工

1. 肉类初加工。通过对畜禽类动物（包括各类牲畜、家禽和人工驯养、繁殖的野生动物以及其他经济动物）宰杀、去头、去蹄、去皮、去内脏、分割、切块或切片、冷藏或冷冻、分级、包装等简单加工处理，制成的分割肉、保鲜肉、冷藏肉、冷冻肉、绞肉、肉块、肉片、肉丁。

2. 蛋类初加工。通过对鲜蛋进行清洗、干燥、分级、包装、冷藏等简单加工处理，制成的各种分级、包装的鲜蛋、冷藏蛋。

3. 奶类初加工。通过对鲜奶进行净化、均质、杀菌或灭菌、灌装等简单加工处理，制成的巴氏杀菌奶、超高温灭菌奶。

4. 皮类初加工。通过对畜禽类动物皮张剥取、浸泡、刮里、晾干或熏干等简单加工处理，制成的生皮、生皮张。

5. 毛类初加工。通过对畜禽类动物毛、绒或羽绒分级、去杂、清洗等简单加工处理，制成的洗净毛、洗净绒或羽绒。

6. 蜂产品初加工。通过去杂、过滤、浓缩、熔化、磨碎、冷冻简单加工处理，制成的蜂蜜、蜂蜡、蜂胶、蜂花粉。

* 肉类罐头、肉类熟制品、蛋类罐头、各类酸奶、奶酪、奶油、王浆粉、各种蜂产品口服液、胶囊不属于初加工范围。

(二)饲料类初加工

1. 植物类饲料初加工。通过碾磨、破碎、压榨、干燥、酿制、发酵等简单加工处理，制成的糠麸、饼粕、糟渣、树叶粉。

2. 动物类饲料初加工。通过破碎、烘干、制粉等简单加工处理，制成的鱼粉、虾粉、骨粉、肉粉、血粉、羽毛粉、乳清粉。

3. 添加剂类初加工。通过粉碎、发酵、干燥等简单加工处理，制成的矿石粉、饲用酵母。

(三)牧草类初加工

通过对牧草、牧草种籽、农作物秸秆等，进行收割、打捆、粉碎、压块、成粒、分选、青贮、氨化、微化等简单加工处理，制成的干草、草捆、草粉、草块或草饼、草颗粒、牧草种籽以及草皮、秸秆粉(块、粒)。

三、渔业类

(一)水生动物初加工

将水产动物(鱼、虾、蟹、鳖、贝、棘皮类、软体类、腔肠类、两栖类、海兽类动物等)整体或去头、去鳞(皮、壳)、去内脏、去骨(刺)、擂溃或切块、切片，经冰鲜、冷冻、冷藏等保鲜防腐处理、包装等简单加工处理，制成的水产动物初制品。

* 熟制的水产品和各类水产品的罐头以及调味烤制的水产食品不属于初加工范围。

(二)水生植物初加工

将水生植物(海带、裙带菜、紫菜、龙须菜、麒麟菜、江篱、浒苔、羊栖菜、莼菜等)整体或去根、去边梢、切段，经热烫、冷冻、冷藏等保鲜防腐处理、包装等简单加工处理的初制品，以及整体或去根、去边梢、切段、经晾晒、干燥(脱水)、包装、粉碎等简单加工处理的初制品。

* 罐装(包括软罐)产品不属于初加工范围。

注释：

政策调整。本文涉及的有关事项细化。参见:《财政部　国家税务总局关于享受企业所得税优惠的农产品初加工有关范围的补充通知》(财税〔2011〕26号)。

2－1－561

财政部　国家税务总局关于全国社会保障基金有关企业所得税问题的通知

2008年11月21日　财税〔2008〕136号

各省、自治区、直辖市、计划单列市财政厅(局)、国家税务局、地方税务局,新疆生产建设兵团财务局:

经国务院同意,现对全国社会保障基金理事会(简称社保基金理事会)管理的社会保障基金(简称社保基金)的有关企业所得税问题通知如下:

一、对社保基金理事会、社保基金投资管理人管理的社保基金银行存款利息收入,社保基金从证券市场中取得的收入,包括买卖证券投资基金、股票、债券的差价收入,证券投资基金红利收入,股票的股息、红利收入,债券的利息收入及产业投资基金收益、信托投资收益等其他投资收入,作为企业所得税不征税收入。

二、对社保基金投资管理人、社保基金托管人从事社保基金管理活动取得的收入,依照税法的规定征收企业所得税。

三、本通知从2008年1月1日起执行。

2－1－562

国家税务总局关于中国建设银行股份有限公司转让实体类债权损失税前扣除问题的通知

2008年11月22日　国税函〔2008〕798号

北京、天津、河北、辽宁、黑龙江、江苏、浙江、山东、安徽、河南、湖北、湖南、广东、广西、四川、贵州、陕西、甘肃省(自治区、直辖市)国家税务局,青岛市国家税务局:

经研究,现对中国建设银行股份有限公司2007年度发生的转让实体类债权损失税前扣除问题通知如下:

一、根据《金融企业呆账损失税前扣除管理办法》(国家税务总局令第4号)、《国家税务总局关于做好2007年度企业所得税汇算清缴工作的补充通知》(国税函〔2008〕264号)的有关规定,中国建设银行股份有限公司2007年度发生的实体类债权转让损失可在所得税前扣除。由于实体类债权以“打包”方式转让,中国建设银行股份有限公司可先以清单上载明的损失金额(损失清单见附件)在税前扣除。北京市国家税务局应依据该行报送的有关部门、机构鉴定确认的实体类债权转让损失的证明资料,按规定逐笔逐项进行审查核实,如有不实,应调整该行当期应纳税所得额并依法补征税款。

二、各地主管税务机关要协助北京市国家税务局对该行2007年度申报的实体类债权转让损失进行审查核实,如有不实,应及时将有关情况和资料反馈北京市国家税务局。

附件:中国建设银行2007年度实体类债权转让损失税前扣除清单(编者略)

2-1-563

文化部　财政部　国家税务总局关于印发《动漫企业认定管理办法(试行)》的通知

2008年12月18日　文市发〔2008〕51号

各省、自治区、直辖市、计划单列市文化厅(局)、财政厅(局)、国家税务局、地方税务局:

现将《动漫企业认定管理办法(试行)》印发给你们,请遵照执行。

特此通知。

动漫企业认定管理办法(试行)

第一章　总　　则

第一条　为扶持我国动漫产业发展,落实国家对动漫企业的财税优惠政策,根据《国务院办公厅转发财政部等部门〈关于推动我国动漫产业发展的若干意见〉的通知》(国办发〔2006〕332号,以下简称《通知》)规定,制定本办法。

第二条　按照本办法认定的动漫企业,方可申请享受《通知》规定的有关优惠和扶持政策。

第三条　动漫企业认定管理工作坚持为动漫企业服务、促进动漫产业发展的宗旨,遵循公开、公平、公正的原则。

第四条　本办法所称动漫企业包括:

(一)漫画创作企业;

(二)动画创作、制作企业;

(三)网络动漫(含手机动漫)创作、制作企业;

(四)动漫舞台剧(节)目制作、演出企业;

(五)动漫软件开发企业;

(六)动漫衍生产品研发、设计企业。

第五条　本办法所称动漫产品包括:

（一）漫画：单幅和多格漫画、插画、漫画图书、动画装帧图书、漫画报刊、漫画原画等；

（二）动画：动画电影、动画电视剧、动画短片、动画音像制品，影视特效中的动画片段，科教、军事、气象、医疗等影视节目中的动画片段等；

（三）网络动漫（含手机动漫）：以计算机互联网和移动通信网等信息网络为主要传播平台，以电脑、手机及各种手持电子设备为接收终端的动画、漫画作品，包括 FLASH 动画、网络表情、手机动漫等；

（四）动漫舞台剧（节）目：改编自动漫平面与影视等形式作品的舞台演出剧（节）目、采用动漫造型或含有动漫形象的舞台演出剧（节）目等；

（五）动漫软件：漫画平面设计软件、动画制作专用软件、动画后期音视频制作工具软件等；

（六）动漫衍生产品：与动漫形象有关的服装、玩具、文具、电子游戏等。

第二章 认定管理

第六条 文化部、财政部、国家税务总局共同确定全国动漫企业认定管理工作方向，负责指导、管理和监督全国动漫企业及其动漫产品的认定工作，并定期公布通过认定的动漫企业名单。

第七条 全国动漫企业认定管理工作办公室（以下称办公室）设在文化部，主要职责为：

（一）具体组织实施动漫企业认定管理工作；

（二）协调、解决认定及相关政策落实中的重大问题；

（三）组织建设和管理“动漫企业认定管理工作平台”；

（四）负责对已认定的重点动漫企业进行监督检查和年审，根据情况变化和产业发展需要对重点动漫产品、重点动漫企业的具体认定标准进行动态调整；

（五）受理、核实并处理有关举报。

第八条 各省、自治区、直辖市文化行政部门与同级财政、税务部门组成本行政区域动漫企业认定管理机构（以下称省级认定机构），根据本办法开展下列工作：

（一）负责本行政区域内动漫企业及其动漫产品的认定初审工作；

（二）负责向本行政区域内通过认定的动漫企业颁发“动漫企业证书”；

（三）负责对本行政区域内已认定的动漫企业进行监督检查和年审；

（四）受理、核实并处理本行政区域内有关举报，必要时向办公室报告；

（五）办公室委托的其他工作。

第九条 各级认定机构应制订本辖区内的动漫企业认定工作规程，定期召开认定工作会议。推进认定工作电子政务建设，建立高效、便捷的认定工作机制。

动漫企业认定管理工作所需经费由各级认定机构的同级财政部门拨付。

第三章 认定标准

第十条 申请认定为动漫企业的应同时符合以下标准：

（一）在我国境内依法设立的企业；

（二）动漫企业经营动漫产品的主营收入占企业当年总收入的60%以上；

（三）自主开发生产的动漫产品收入占主营收入的50%以上；

（四）具有大学专科以上学历的或通过国家动漫人才专业认证的、从事动漫产品开发或技术服务的专业人员占企业当年职工总数的30%以上，其中研发人员占企业当年职工总数的10%以上；

（五）具有从事动漫产品开发或相应服务等业务所需的技术装备和工作场所；

（六）动漫产品的研究开发经费占企业当年营业收入8%以上；

（七）动漫产品内容积极健康，无法律法规禁止的内容；

（八）企业产权明晰，管理规范，守法经营。

第十一条 自主开发、生产的动漫产品，是指动漫企业自主创作、研发、设计、生产、制作、表演的符合本办法第五条规定的动漫产品（不含动漫衍生产品）；仅对国外动漫创意进行简单外包、简单模仿或简单离岸制造，既无自主知识产权，也无核心竞争力的除外。

第十二条 申请认定为重点动漫产品的应符合以下标准之一：

（一）漫画产品销售年收入在100万元（报刊300万元）人民币以上或年销售10万册（报纸1000万份、期刊100万册）以上的，动画产品销售年收入在1000万元人民币以上的，网络动漫（含手机动漫）产品销售年收入在100万元人民币以上的，动漫舞台剧（节）目演出年收入在100万元人民币以上或年演出场次50场以上的；

（二）动漫产品版权出口年收入100万元人民币以上的；

（三）获得国际、国家级专业奖项的；

（四）经省级认定机构、全国性动漫行业协会、国家动漫产业基地等推荐的在思想内涵、艺术风格、技术应用、市场营销、社会影响等方面具有示范意义的动漫产品。

第十三条 符合本办法第十条标准的动漫企业申请认定为重点动漫企业的，应在申报前开发生产出1部以上重点动漫产品，并符合以下标准之一：

（一）注册资本1000万元人民币以上的；

（二）动漫企业年营业收入500万元人民币以上，且连续2年不亏损的；

（三）动漫企业的动漫产品版权出口和对外贸易年收入200万元人民币以上，且自主知识产权动漫产品出口收入占总收入30%以上的；

（四）经省级认定机构、全国性动漫行业协会、国家动漫产业基地等推荐的在资金、人员规模、艺术创意、技术应用、市场营销、品牌价值、社会影响等方面具有示范意义的动漫企业。

第四章 认定程序

第十四条 动漫企业认定的程序如下：

（一）企业自我评价及申请

企业认为符合认定标准的，可向省级认定机构提出认定申请。

（二）提交下列申请材料

1. 动漫企业认定申请书；

2. 企业营业执照副本复印件、税务登记证复印件；

3. 法定代表人或者主要负责人的身份证明材料；

4. 企业职工人数、学历结构以及研发人员占企业职工的比例说明；

5. 营业场所产权证明或者租赁意向书（含出租方的产权证明）；

6. 开发、生产、创作、经营的动漫产品列表、销售合同及销售合同约定的款项银行入账证明；

7. 自主开发、生产和拥有自主知识产权的动漫产品的情况说明及有关证明材料（包括版权登记证书或专利证书等知识产权证书的复印件）；

8. 由有关行政机关颁发的从事相关业务所涉及的行政许可证件复印件；

9. 经具有资质的中介机构鉴证的企业财务年度报表（含资产负债表、损益表、现金流量表）等企业经营情况，以及企业年度研究开发费用情况表，并附研究开发活动说明材料；

10. 认定机构要求出具的其他材料。

（三）材料审查、认定与公布

省级认定机构根据本办法，对申请材料进行初审，提出初审意见，将通过初审的动漫企业申请材料报送办公室。

文化部会同财政部、国家税务总局依据本办法第十条规定标准进行审核，审核合格的，由文化部、财政部、国家税务总局联合公布通过认定的动漫企业名单。

省级认定机构根据通过认定的动漫企业名单，向企业颁发“动漫企业证书”并附其本年度动漫产品列表；并根据本办法第五条、第十一条的规定，在动漫产品列表中，对动漫产品属性分类以及是否属于自主开发生产的动漫产品等情况予以标注。

动漫企业设有分支机构的，在企业法人注册地进行申报。

第十五条 已取得“动漫企业证书”的动漫企业生产的动漫产品符合本办法第十二条规定标准的，可向办公室提出申请认定为重点动漫产品，并提交下列材料：

1. 重点动漫产品认定申请书；

2. 企业营业执照副本复印件、税务登记证复印件，“动漫企业证书”复印件；

3. 符合本办法第十二条规定标准的相关证明材料：经具有资质的中介机构鉴证的企业财务年度报表（含资产负债表、损益表、现金流量表）等企业经营情况，并附每项产品销售收入的情况说明；获奖证明复印件或版权出口贸易合同复印件等版权出口收入证明；有关机构的推荐证明；

4. 认定机构要求出具的其他材料。

办公室收到申报材料后，参照本办法第十四条第三款规定的程序予以审核。符合标准的，由办公室颁发“重点动漫产品文书”。

第十六条 已取得“动漫企业证书”的动漫企业符合本办法第十三条规定标准的，可向办公室提出申请认定为重点动漫企业，并提交下列材料：

1. 重点动漫企业认定申请书；

2. 企业营业执照副本复印件、税务登记证复印件，“动漫企业证书”复印件，“重点动漫产品文书”复印件；

3. 符合本办法第十三条规定标准的相关证明材料：经具有资质的中介机构鉴证的企业近两个会计年度财务报表（含资产负债表、损益表、现金流量表）等企业经营情况或版权出

口贸易合同复印件等版权出口收入证明;有关机构的推荐证明;

4. 认定机构要求出具的其他材料。

办公室收到申报材料后,参照本办法第十四条第三款规定的程序予以审核。符合标准的,由文化部会同财政部、国家税务总局联合公布通过认定的重点动漫企业名单,并由办公室颁发“重点动漫企业证书”。

第十七条 动漫企业认定实行年审制度。各级认定机构应按本办法第十条、第十三条规定的标准对已认定并发证的动漫企业、重点动漫企业进行年审。对年度认定合格的企业在证书和年度自主开发生产的动漫产品列表上加盖年审专用章。

不提出年审申请或年度认定不合格的企业,其动漫企业、重点动漫企业资格到期自动失效。

省级认定机构应将对动漫企业的年审情况、年度认定合格及不合格企业名单报办公室备案,并由办公室对外公布。

重点动漫企业通过办公室年审后,不再由省级认定机构进行年审。

第十八条 动漫企业对年审结果有异议的,可在公布后20个工作日内,向办公室提出复核申请。

提请复核的企业应当提交复核申请书及有关证明材料。办公室收到复核申请后,对复核申请调查核实,由文化部、财政部、国家税务总局作出复核决定,通知省级认定机构并公布。

第十九条 经认定的动漫企业经营活动发生变化(如更名、调整、分立、合并、重组等)的,应在15个工作日内,向原发证单位办理变更手续,变化后不符合本办法规定标准的,省级认定机构应报办公室审核同意后,撤销其“动漫企业证书”,终止其资格。不符合本办法规定标准的重点动漫企业,由办公室直接撤销其“重点动漫企业证书”,终止其资格。

动漫企业更名的,原认定机构为其办理变更手续后,重新核发证书,编号不变。

第二十条 经认定的动漫企业、重点动漫企业,凭本年度有效的“动漫企业证书”、“重点动漫企业证书”,以及本年度自主开发生产的动漫产品列表、“重点动漫产品文书”,向主管税务机关申请享受《通知》规定的有关税收优惠政策。

第二十一条 重点动漫产品、重点动漫企业优先享受国家及地方各项财政资金、信贷等方面的扶持政策。

第五章 罚　　则

第二十二条 申请认定和已认定的动漫企业有下列情况之一的,一经查实,认定机构停止受理其认定申请,或撤销其证(文)书,终止其资格并予以公布:

(一)在申请认定过程中提供虚假信息的;

(二)有偷税、骗税、抗税等税收违法行为的;

(三)从事制作、生产、销售、传播存在违法内容或盗版侵权动漫产品的,或者使用未经授权许可的动漫产品的;

(四)有其他违法经营行为,受到有关部门处罚的。

被撤销证书的企业,认定机构在3年内不再受理该企业的认定申请。

第二十三条　对被撤销证书和年度认定不合格的动漫企业,同时停止其享受《通知》规定的各项财税优惠政策。

第二十四条　参与动漫企业认定工作的机构和人员对所承担的认定工作负有诚信以及合规义务,并对申报认定企业的有关资料信息负有保密义务。违反动漫企业认定工作相关要求和纪律的,依法追究责任。

第二十五条　对违反本办法规定的省级认定机构,由办公室责令整改。

第六章　附　　则

第二十六条　"动漫企业证书"、"重点动漫产品文书"、"重点动漫企业证书"等证书、文书,由办公室统一监制。

第二十七条　按照本办法认定的动漫企业及其自主开发生产的动漫产品享受的财税优惠政策的具体范围、具体内容由财政部、国家税务总局另行发布。

第二十八条　本办法中涉及数字的规定,表述为"以上"的,均含本数字在内。

第二十九条　本办法由文化部、财政部、国家税务总局负责解释。

第三十条　本办法自2009年1月1日起实施。

2－1－564

国家税务总局关于印发《房地产开发经营业务企业所得税处理办法》的通知

2009年3月6日　国税发〔2009〕31号

各省、自治区、直辖市和计划单列市国家税务局、地方税务局:

为了加强从事房地产开发经营企业的企业所得税征收管理,规范从事房地产开发经营业务企业的纳税行为,根据《中华人民共和国企业所得税法》及其实施条例、《中华人民共和国税收征收管理法》及其实施细则等有关税收法律、行政法规的规定,结合房地产开发经营业务的特点,国家税务总局制定了《房地产开发经营业务企业所得税处理办法》,现印发给你们,请遵照执行。

房地产开发经营业务企业所得税处理办法

第一章　总　　则

第一条　根据《中华人民共和国企业所得税法》及其实施条例、《中华人民共和国税收征收管理法》及其实施细则等有关税收法律、行政法规的规定,制定本办法。

第二条　本办法适用于中国境内从事房地产开发经营业务的企业(以下简称企业)。

第三条 企业房地产开发经营业务包括土地的开发,建造、销售住宅、商业用房以及其他建筑物、附着物、配套设施等开发产品。除土地开发之外,其他开发产品符合下列条件之一的,应视为已经完工:

(一)开发产品竣工证明材料已报房地产管理部门备案。

(二)开发产品已开始投入使用。

(三)开发产品已取得了初始产权证明。

第四条 企业出现《中华人民共和国税收征收管理法》第三十五条规定的情形,税务机关可对其以往应缴的企业所得税按核定征收方式进行征收管理,并逐步规范,同时按《中华人民共和国税收征收管理法》等税收法律、行政法规的规定进行处理,但不得事先确定企业的所得税按核定征收方式进行征收、管理。

第二章 收入的税务处理

第五条 开发产品销售收入的范围为销售开发产品过程中取得的全部价款,包括现金、现金等价物及其他经济利益。企业代有关部门、单位和企业收取的各种基金、费用和附加等,凡纳入开发产品价内或由企业开具发票的,应按规定全部确认为销售收入;未纳入开发产品价内并由企业之外的其他收取部门、单位开具发票的,可作为代收代缴款项进行管理。

第六条 企业通过正式签订《房地产销售合同》或《房地产预售合同》所取得的收入,应确认为销售收入的实现,具体按以下规定确认:

(一)采取一次性全额收款方式销售开发产品的,应于实际收讫价款或取得索取价款凭据(权利)之日,确认收入的实现。

(二)采取分期收款方式销售开发产品的,应按销售合同或协议约定的价款和付款日确认收入的实现。付款方提前付款的,在实际付款日确认收入的实现。

(三)采取银行按揭方式销售开发产品的,应按销售合同或协议约定的价款确定收入额,其首付款应于实际收到日确认收入的实现,余款在银行按揭贷款办理转账之日确认收入的实现。

(四)采取委托方式销售开发产品的,应按以下原则确认收入的实现:

1. 采取支付手续费方式委托销售开发产品的,应按销售合同或协议中约定的价款于收到受托方已销开发产品清单之日确认收入的实现。

2. 采取视同买断方式委托销售开发产品的,属于企业与购买方签订销售合同或协议,或企业、受托方、购买方三方共同签订销售合同或协议的,如果销售合同或协议中约定的价格高于买断价格,则应按销售合同或协议中约定的价格计算的价款于收到受托方已销开发产品清单之日确认收入的实现;如果属于前两种情况中销售合同或协议中约定的价格低于买断价格,以及属于受托方与购买方签订销售合同或协议的,则应按买断价格计算的价款于收到受托方已销开发产品清单之日确认收入的实现。

3. 采取基价(保底价)并实行超基价双方分成方式委托销售开发产品的,属于由企业与购买方签订销售合同或协议,或企业、受托方、购买方三方共同签订销售合同或协议的,如果销售合同或协议中约定的价格高于基价,则应按销售合同或协议中约定的价格计算的价款于收到受托方已销开发产品清单之日确认收入的实现,企业按规定支付受托方的分成额,不得直接从销售收入中减除;如果销售合同或协议约定的价格低于基价的,则应按基价计算的价款于收到受托方已销开发产品清单之日确认收入的实现。属于由受托方与购买方直接签订销售合同的,则应按基价加上按规定取得的分成额于收到受托方已销开发产品清单之日确认收入的实现。

4. 采取包销方式委托销售开发产品的,包销期内可根据包销合同的有关约定,参照上述1至3项规定确认收入的实现;包销期满后尚未出售的开发产品,企业应根据包销合同或协议约定的价款和付款方式确认收入的实现。

第七条 企业将开发产品用于捐赠、赞助、职工福利、奖励、对外投资、分配给股东或投资人、抵偿债务、换取其他企事业单位和个人的非货币性资产等行为,应视同销售,于开发产品所有权或使用权转移,或于实际取得利益权利时确认收入(或利润)的实现。确认收入(或利润)的方法和顺序为:

(一)按本企业近期或本年度最近月份同类开发产品市场销售价格确定;

(二)由主管税务机关参照当地同类开发产品市场公允价值确定;

(三)按开发产品的成本利润率确定。开发产品的成本利润率不得低于15%,具体比例由主管税务机关确定。

第八条 企业销售未完工开发产品的计税毛利率由各省、自治区、直辖市国家税务局、地方税务局按下列规定进行确定:

(一)开发项目位于省、自治区、直辖市和计划单列市人民政府所在地城市城区和郊区的,不得低于15%。

(二)开发项目位于地级市城区及郊区的,不得低于10%。

(三)开发项目位于其他地区的,不得低于5%。

(四)属于经济适用房、限价房和危改房的,不得低于3%。

第九条 企业销售未完工开发产品取得的收入,应先按预计计税毛利率分季(或月)计算出预计毛利额,计入当期应纳税所得额。开发产品完工后,企业应及时结算其计税成本并计算此前销售收入的实际毛利额,同时将其实际毛利额与其对应的预计毛利额之间的差额,计入当年度企业本项目与其他项目合并计算的应纳税所得额。

在年度纳税申报时,企业须出具对该项开发产品实际毛利额与预计毛利额之间差异调整情况的报告以及税务机关需要的其他相关资料。

第十条 企业新建的开发产品在尚未完工或办理房地产初始登记、取得产权证前,与承租人签订租赁预约协议的,自开发产品交付承租人使用之日起,出租方取得的预租价款按租金确认收入的实现。

第三章 成本、费用扣除的税务处理

第十一条 企业在进行成本、费用的核算与扣除时,必须按规定区分期间费用和开发产品计税成本、已销开发产品计税成本与未销开发产品计税成本。

第十二条 企业发生的期间费用、已销开发产品计税成本、营业税金及附加、土地增值税准予当期按规定扣除。

第十三条 开发产品计税成本的核算应按第四章的规定进行处理。

第十四条 已销开发产品的计税成本,按当期已实现销售的可售面积和可售面积单位工程成本确认。可售面积单位工程成本和已销开发产品的计税成本按下列公式计算确定:

可售面积单位工程成本 = 成本对象总成本 ÷ 成本对象总可售面积

已销开发产品的计税成本 = 已实现销售的可售面积 × 可售面积单位工程成本

第十五条 企业对尚未出售的已完工开发产品和按照有关法律、法规或合同规定对已售开发产品(包括共用部位、共用设施设备)进行日常维护、保养、修理等实际发生的维修费用,准予在当期据实扣除。

第十六条 企业将已计入销售收入的共用部位、共用设施设备维修基金按规定移交给有关部门、单位的,应于移交时扣除。

第十七条 企业在开发区内建造的会所、物业管理场所、电站、热力站、水厂、文体场馆、幼儿园等配套设施,按以下规定进行处理:

(一)属于非营利性且产权属于全体业主的,或无偿赠与地方政府、公用事业单位的,可将其视为公共配套设施,其建造费用按公共配套设施费的有关规定进行处理。

(二)属于营利性的,或产权归企业所有的,或未明确产权归属的,或无偿赠与地方政府、公用事业单位以外其他单位的,应当单独核算其成本。除企业自用应按建造固定资产进行处理外,其他一律按建造开发产品进行处理。

第十八条 企业在开发区内建造的邮电通讯、学校、医疗设施应单独核算成本,其中,由企业与国家有关业务管理部门、单位合资建设,完工后有偿移交的,国家有关业务管理部门、单位给予的经济补偿可直接抵扣该项目的建造成本,抵扣后的差额应调整当期应纳税所得额。

第十九条 企业采取银行按揭方式销售开发产品的,凡约定企业为购买方的按揭贷款提供担保的,其销售开发产品时向银行提供的保证金(担保金)不得从销售收入中减除,也不得作为费用在当期税前扣除,但实际发生损失时可据实扣除。

第二十条 企业委托境外机构销售开发产品的,其支付境外机构的销售费用(含佣金或手续费)不超过委托销售收入10%的部分,准予据实扣除。

第二十一条 企业的利息支出按以下规定进行处理:

(一)企业为建造开发产品借入资金而发生的符合税收规定的借款费用,可按企业会计准则的规定进行归集和分配,其中属于财务费用性质的借款费用,可直接在税前扣除。

(二)企业集团或其成员企业统一向金融机构借款分摊集团内部其他成员企业使用的,借入方凡能出具从金融机构取得借款的证明文件,可以在使用借款的企业间合理的分摊利息费用,使用借款的企业分摊的合理利息准予在税前扣除。

第二十二条 企业因国家无偿收回土地使用权而形成的损失,可作为财产损失按有关规定在税前扣除。

第二十三条 企业开发产品(以成本对象为计量单位)整体报废或毁损,其净损失按有关规定审核确认后准予在税前扣除。

第二十四条 企业开发产品转为自用的,其实际使用时间累计未超过12个月又销售的,不得在税前扣除折旧费用。

第四章 计税成本的核算

第二十五条 计税成本是指企业在开发、建造开发产品(包括固定资产,下同)过程中所发生的按照税收规定进行核算与计量的应归入某项成本对象的各项费用。

第二十六条 成本对象是指为归集和分配开发产品开发、建造过程中的各项耗费而确定的费用承担项目。计税成本对象的确定原则如下:

(一)可否销售原则。开发产品能够对外经营销售的,应作为独立的计税成本对象进行成本核算;不能对外经营销售的,可先作为过渡性成本对象进行归集,然后再将其相关成本摊入能够对外经营销售的成本对象。

(二)分类归集原则。对同一开发地点、竣工时间相近、产品结构类型没有明显差异的群体开发的项目,可作为一个成本对象进行核算。

(三)功能区分原则。开发项目某组成部分相对独立,且具有不同使用功能时,可以作为独立的成本对象进行核算。

(四)定价差异原则。开发产品因其产品类型或功能不同等而导致其预期售价存在较大差异的,应分别作为成本对象进行核算。

(五)成本差异原则。开发产品因建筑上存在明显差异可能导致其建造成本出现较大差异的,要分别作为成本对象进行核算。

(六)权益区分原则。开发项目属于受托代建的或多方合作开发的,应结合上述原则分别划分成本对象进行核算。

成本对象由企业在开工之前合理确定,并报主管税务机关备案。成本对象一经确定,不能随意更改或相互混淆,如确需改变成本对象的,应征得主管税务机关同意。

第二十七条 开发产品计税成本支出的内容如下:

(一)土地征用费及拆迁补偿费。指为取得土地开发使用权(或开发权)而发生的各项费用,主要包括土地买价或出让金、大市政配套费、契税、耕地占用税、土地使用费、土地闲置费、土地变更用途和超面积补交的地价及相关税费、拆迁补偿支出、安置及动迁支出、回迁房建造支出、农作物补偿费、危房补偿费等。

(二)前期工程费。指项目开发前期发生的水文地质勘察、测绘、规划、设计、可行性研究、筹建、场地通平等前期费用。

(三)建筑安装工程费。指开发项目开发过程中发生的各项建筑安装费用。主要包括开发项目建筑工程费和开发项目安装工程费等。

(四)基础设施建设费。指开发项目在开发过程中所发生的各项基础设施支出,主要包括开发项目内道路、供水、供电、供气、排污、排洪、通讯、照明等社区管网工程费和环境卫生、园林绿化等园林环境工程费。

(五)公共配套设施费:指开发项目内发生的、独立的、非营利性的,且产权属于全体业主的,或无偿赠与地方政府、政府公用事业单位的公共配套设施支出。

(六)开发间接费。指企业为直接组织和管理开发项目所发生的,且不能将其归属于特定成本对象的成本费用性支出。主要包括管理人员工资、职工福利费、折旧费、修理费、办公费、水电费、劳动保护费、工程管理费、周转房摊销以及项目营销设施建造费等。

第二十八条 企业计税成本核算的一般程序如下：

（一）对当期实际发生的各项支出，按其性质、经济用途及发生的地点、时间区进行整理、归类，并将其区分为应计入成本对象的成本和应在当期税前扣除的期间费用。同时还应按规定对在有关预提费用和待摊费用进行计量与确认。

（二）对应计入成本对象中的各项实际支出、预提费用、待摊费用等合理的划分为直接成本、间接成本和共同成本，并按规定将其合理的归集、分配至已完工成本对象、在建成本对象和未建成本对象。

（三）对期前已完工成本对象应负担的成本费用按已销开发产品、未销开发产品和固定资产进行分配，其中应由已销开发产品负担的部分，在当期纳税申报时进行扣除，未销开发产品应负担的成本费用待其实际销售时再予扣除。

（四）对本期已完工成本对象分类为开发产品和固定资产并对其计税成本进行结算。其中属于开发产品的，应按可售面积计算其单位工程成本，据此再计算已销开发产品计税成本和未销开发产品计税成本。对本期已销开发产品的计税成本，准予在当期扣除，未销开发产品计税成本待其实际销售时再予扣除。

（五）对本期未完工和尚未建造的成本对象应当负担的成本费用，应按分别建立明细台账，待开发产品完工后再予结算。

第二十九条 企业开发、建造的开发产品应按制造成本法进行计量与核算。其中，应计入开发产品成本中的费用属于直接成本和能够分清成本对象的间接成本，直接计入成本对象，共同成本和不能分清负担对象的间接成本，应按受益的原则和配比的原则分配至各成本对象，具体分配方法可按以下规定选择其一：

（一）占地面积法。指按已动工开发成本对象占地面积占开发用地总面积的比例进行分配。

1. 一次性开发的，按某一成本对象占地面积占全部成本对象占地总面积的比例进行分配。

2. 分期开发的，首先按本期全部成本对象占地面积占开发用地总面积的比例进行分配，然后再按某一成本对象占地面积占期内全部成本对象占地总面积的比例进行分配。

期内全部成本对象应负担的占地面积为期内开发用地占地面积减除应由各期成本对象共同负担的占地面积。

（二）建筑面积法。指按已动工开发成本对象建筑面积占开发用地总建筑面积的比例进行分配。

1. 一次性开发的，按某一成本对象建筑面积占全部成本对象建筑面积的比例进行分配。

2. 分期开发的，首先按期内成本对象建筑面积占开发用地计划建筑面积的比例进行分配，然后再按某一成本对象建筑面积占期内成本对象总建筑面积的比例进行分配。

（三）直接成本法。指按期内某一成本对象的直接开发成本占期内全部成本对象直接开发成本的比例进行分配。

（四）预算造价法。指按期内某一成本对象预算造价占期内全部成本对象预算造价的比例进行分配。

第三十条 企业下列成本应按以下方法进行分配：

（一）土地成本，一般按占地面积法进行分配。如果确需结合其他方法进行分配的，应商税务机关同意。

土地开发同时连结房地产开发的，属于一次性取得土地分期开发房地产的情况，其土地开发成本经商税务机关同意后可先按土地整体预算成本进行分配，待土地整体开发完毕再行调整。

（二）单独作为过渡性成本对象核算的公共配套设施开发成本，应按建筑面积法进行分配。

（三）借款费用属于不同成本对象共同负担的，按直接成本法或按预算造价法进行分配。

（四）其他成本项目的分配法由企业自行确定。

第三十一条 企业以非货币交易方式取得土地使用权的，应按下列规定确定其成本：

（一）企业、单位以换取开发产品为目的，将土地使用权投资企业的，按下列规定进行处理：

1. 换取的开发产品如为该项土地开发、建造的，接受投资的企业在接受土地使用权时暂不确认其成本，待首次分出开发产品时，再按应分出开发产品（包括首次分出的和以后应分出的）的市场公允价值和土地使用权转移过程中应支付的相关税费计算确认该项土地使用权的成本。如涉及补价，土地使用权的取得成本还应加上应支付的补价款或减除应收到的补价款。

2. 换取的开发产品如为其他土地开发、建造的，接受投资的企业在投资交易发生时，按应付出开发产品市场公允价值和土地使用权转移过程中应支付的相关税费计算确认该项土地使用权的成本。如涉及补价，土地使用权的取得成本还应加上应支付的补价款或减除应收到的补价款。

（二）企业、单位以股权的形式，将土地使用权投资企业的，接受投资的企业应在投资交易发生时，按该项土地使用权的市场公允价值和土地使用权转移过程中应支付的相关税费计算确认该项土地使用权的取得成本。如涉及补价，土地使用权的取得成本还应加上应支付的补价款或减除应收到的补价款。

第三十二条 除以下几项预提（应付）费用外，计税成本均应为实际发生的成本。

（一）出包工程未最终办理结算而未取得全额发票的，在证明资料充分的前提下，其发票不足金额可以预提，但最高不得超过合同总金额的10%。

（二）公共配套设施尚未建造或尚未完工的，可按预算造价合理预提建造费用。此类公共配套设施必须符合已在售房合同、协议或广告、模型中明确承诺建造且不可撤销，或按照法律法规规定必须配套建造的条件。

（三）应向政府上交但尚未上交的报批报建费用、物业完善费用可以按规定预提。物业完善费用是指按规定应由企业承担的物业管理基金、公建维修基金或其他专项基金。

第三十三条 企业单独建造的停车场所，应作为成本对象单独核算。利用地下基础设施形成的停车场所，作为公共配套设施进行处理。

第三十四条 企业在结算计税成本时其实际发生的支出应当取得但未取得合法凭据

的,不得计入计税成本,待实际取得合法凭据时,再按规定计入计税成本。

第三十五条 开发产品完工以后,企业可在完工年度企业所得税汇算清缴前选择确定计税成本核算的终止日,不得滞后。凡已完工开发产品在完工年度未按规定结算计税成本,主管税务机关有权确定或核定其计税成本,据此进行纳税调整,并按《中华人民共和国税收征收管理法》的有关规定对其进行处理。

第五章 特定事项的税务处理

第三十六条 企业以本企业为主体联合其他企业、单位、个人合作或合资开发房地产项目,且该项目未成立独立法人公司的,按下列规定进行处理:

(一)凡开发合同或协议中约定向投资各方(即合作、合资方,下同)分配开发产品的,企业在首次分配开发产品时,如该项目已经结算计税成本,其应分配给投资方开发产品的计税成本与其投资额之间的差额计入当期应纳税所得额;如未结算计税成本,则将投资方的投资额视同销售收入进行相关的税务处理。

(二)凡开发合同或协议中约定分配项目利润的,应按以下规定进行处理:

1. 企业应将该项目形成的营业利润额并入当期应纳税所得额统一申报缴纳企业所得税,不得在税前分配该项目的利润。同时不能因接受投资方投资额而在成本中摊销或在税前扣除相关的利息支出。

2. 投资方取得该项目的营业利润应视同股息、红利进行相关的税务处理。

第三十七条 企业以换取开发产品为目的,将土地使用权投资其他企业房地产开发项目的,按以下规定进行处理:

企业应在首次取得开发产品时,将其分解为转让土地使用权和购入开发产品两项经济业务进行所得税处理,并按应从该项目取得的开发产品(包括首次取得的和以后应取得的)的市场公允价值计算确认土地使用权转让所得或损失。

第六章 附 则

第三十八条 从事房地产开发经营业务的外商投资企业在2007年12月31日前存有销售未完工开发产品取得的收入,至该项开发产品完工后,一律按本办法第九条规定的办法进行税务处理。

第三十九条 本通知自2008年1月1日起执行。

注释:

条款修改。根据《第十三届全国人民代表大会第一次会议关于国务院机构改革方案的决定》等有关规定,税收规范性文件规定的国税地税机关的职责和工作由新的税务机关承担。国家税务总局依据《税收规范性文件制定管理办法》(国家税务总局令第41号公布),对税收规范性文件进行了清理。参见:《国家税务总局关于修改部分税收规范性文件的公告》(国家税务总局公告2018年第31号)。

政策调整。"房地产开发企业计税成本对象确定核准审批"取消。参见:1.《国家税务总局贯彻落实〈国务院关于第二批取消152项中央指定地方实施行政审批事项的决定〉的通知》(税总发〔2016〕23号)。2.《国务院关于第二批取消152项中央指定地方实施行政审批事项的决定》(国发〔2016〕9号)。3.《国务院关于取消和下放一批行政审批项目的决定》(国发〔2014〕5号)。

条款废止。第二十六条第二款废止。参见:《国家税务总局关于房地产开发企业成本对象管理问题的公告》(国家税务总局公告2014年第35号)。

2－1－565

财政部　国家税务总局关于中国清洁发展机制基金及清洁发展机制项目实施企业有关企业所得税政策问题的通知

2009年3月23日　财税〔2009〕30号

各省、自治区、直辖市、计划单列市财政厅(局)、国家税务局、地方税务局,新疆生产建设兵团财务局:

经国务院批准,现就中国清洁发展机制基金(以下简称清洁基金)和清洁发展机制项目(以下简称CDM项目)实施企业的有关企业所得税政策明确如下:

一、关于清洁基金的企业所得税政策

对清洁基金取得的下列收入,免征企业所得税:

(一)CDM项目温室气体减排量转让收入上缴国家的部分;

(二)国际金融组织赠款收入;

(三)基金资金的存款利息收入、购买国债的利息收入;

(四)国内外机构、组织和个人的捐赠收入。

二、关于CDM项目实施企业的企业所得税政策

(一)CDM项目实施企业按照《清洁发展机制项目运行管理办法》(发展改革委、科技部、外交部、财政部令第37号)的规定,将温室气体减排量的转让收入,按照以下比例上缴给国家的部分,准予在计算应纳税所得额时扣除:

1. 氢氟碳化物(HFC)和全氟碳化物(PFC)类项目,为温室气体减排量转让收入的65%;

2. 氧化亚氮(N_2O)类项目,为温室气体减排量转让收入的30%;

3.《清洁发展机制项目运行管理办法》第四条规定的重点领域以及植树造林项目等类清洁发展机制项目,为温室气体减排量转让收入的2%。

(二)对企业实施的将温室气体减排量转让收入的65%上缴给国家的HFC和PFC类CDM项目,以及将温室气体减排量转让收入的30%上缴给国家的N_2O类CDM项目,其实施该类CDM项目的所得,自项目取得第一笔减排量转让收入所属纳税年度起,第一年至第三年免征企业所得税,第四年至第六年减半征收企业所得税。

企业实施CDM项目的所得,是指企业实施CDM项目取得的温室气体减排量转让收入

扣除上缴国家的部分,再扣除企业实施 CDM 项目发生的相关成本、费用后的净所得。

企业应单独核算其享受优惠的 CDM 项目的所得,并合理分摊有关期间费用,没有单独核算的,不得享受上述企业所得税优惠政策。

三、本通知自 2007 年 1 月 1 日起执行。

注释:

政策调整。"中国清洁发展机制基金及清洁发展机制项目实施企业享受所得税优惠的备案核准"取消。参见:1.《国家税务总局关于贯彻落实〈国务院关于第一批取消 62 项中央指定地方实施行政审批事项的决定〉的通知》(税总发〔2015〕141 号)。2.《国务院关于第一批取消 62 项中央指定地方实施行政审批事项的决定》(国发〔2015〕57 号)。3.《国家税务总局关于公布已取消的 22 项税务非行政许可审批事项的公告》(国家税务总局公告 2015 年第 58 号)。

2 -1 -566

财政部　国家税务总局关于中国对外贸易运输(集团)总公司资产评估增值有关企业所得税问题的通知

2009 年 4 月 7 日　财税〔2009〕56 号

各省、自治区、直辖市、计划单列市财政厅(局)、国家税务局、地方税务局,新疆生产建设兵团财务局:

根据国务院有关批示精神,现将中国对外贸易运输(集团)总公司(以下简称中外运集团)资产评估增值企业所得税政策明确如下:

对中外运集团实施集团资源整合中第一批改制企业资产评估增值 30679. 78 万元的部分,在资产转让发生时,按照规定在集团总部所在地缴纳企业所得税。中国对外股份有限公司及其子公司收购中外运集团第一批改制企业的资产,可按评估后的价值计提折旧或摊销,并在企业所得税前扣除。

请遵照执行。

2－1－567

财政部 国家税务总局关于开采油(气)资源企业费用和有关固定资产折耗摊销 折旧税务处理问题的通知

2009年4月12日 财税〔2009〕49号

各省、自治区、直辖市、计划单列市财政厅(局)、国家税务局、地方税务局,新疆生产建设兵团财务局:

根据《中华人民共和国企业所得税法实施条例》(国务院令第512号,以下简称《实施条例》)第六十一条的规定,现就从事开采石油、天然气(包括煤层气,下同)的矿产资源油气企业(以下简称油气企业)在开始商业性生产前发生的费用和有关固定资产的折耗、摊销、折旧方法通知如下:

一、本通知所称费用和有关固定资产,是指油气企业在开始商业性生产前取得矿区权益和勘探、开发的支出所形成的费用和固定资产。

本通知所称商业性生产,是指油(气)田(井)经过勘探、开发、稳定生产并商业销售石油、天然气的阶段。

二、关于矿区权益支出的折耗

(一)矿区权益支出,是指油气企业为了取得在矿区内的探矿权、采矿权、土地或海域使用权等所发生的各项支出,包括有偿取得各类矿区权益的使用费、相关中介费或其他可直接归属于矿区权益的合理支出。

(二)油气企业在开始商业性生产前发生的矿区权益支出,可在发生的当期,从本企业其他油(气)田收入中扣除;或者自对应的油(气)田开始商业性生产月份的次月起,分3年按直线法计提的折耗准予扣除。

(三)油气企业对其发生的矿区权益支出未选择在发生的当期扣除的,由于未发现商业性油(气)构造而终止作业,其尚未计提折耗的剩余部分,可在终止作业的当年作为损失扣除。

三、关于勘探支出的摊销

(一)勘探支出,是指油气企业为了识别勘探区域或探明油气储量而进行的地质调查、地球物理勘探、钻井勘探活动以及其他相关活动所发生的各项支出。

(二)油气企业在开始商业性生产前发生的勘探支出(不包括预计可形成资产的钻井勘探支出),可在发生的当期,从本企业其他油(气)田收入中扣除;或者自对应的油(气)田开始商业性生产月份的次月起,分3年按直线法计提的摊销准予扣除。

(三)油气企业对其发生的勘探支出未选择在发生的当期扣除的,由于未发现商业性油(气)构造而终止作业,其尚未摊销的剩余部分,可在终止作业的当年作为损失扣除。

(四)油气企业的钻井勘探支出,凡确定该井可作商业性生产,且该钻井勘探支出形成的资产符合《实施条例》第五十七条规定条件的,应当将该钻井勘探支出结转为开发资产的成本，按照本通知第四条的规定计提折旧。

四、关于开发资产的折旧

（一）开发支出，是指油气企业为了取得已探明矿区中的油气而建造或更新井及相关设施活动所发生的各项支出。`

（二）油气企业在开始商业性生产之前发生的开发支出，可不分用途，全部累计作为开发资产的成本，自对应的油（气）田开始商业性生产月份的次月起，可不留残值，按直线法计提的折旧准予扣除，其最低折旧年限为8年。

（三）油气企业终止本油（气）田生产的，其开发资产尚未计提折旧的剩余部分可在该油（气）田终止生产的当年作为损失扣除。

五、油气企业应按照本通知规定选择有关费用和资产的折耗、摊销、折旧方法和年限，一经确定，不得变更。

六、油气企业在本油（气）田进入商业性生产之后对本油（气）田新发生的矿区权益、勘探支出、开发支出，按照本通知规定处理。

七、本通知自发布之日起实施。《实施条例》实施之日至本通知发布之日前，油气企业矿区权益、勘探、开发等费用和固定资产的折耗、摊销、折旧方法和年限事项按本通知规定处理。

《实施条例》实施之日前，油气企业矿区权益、勘探、开发等费用和固定资产已发生且开始摊销或计提的折耗、折旧，不做调整。对没有摊销完的费用和继续使用的矿区权益和有关固定资产，可以就其尚未摊销或计提折耗、折旧的余额，按本通知规定处理。

2－1－568

财政部　国家税务总局关于中国冶金科工集团公司重组改制上市资产评估增值有关企业所得税政策问题的通知

2009年4月30日　财税〔2009〕47号

各省、自治区、直辖市、计划单位列市财政厅（局）、国家税务局、地方税务局：

为支持中国冶金科工集团公司重组改制上市工作，经国务院批准，现对其重组改制上市过程资产评估增值涉及的企业所得税政策问题明确如下：

一、中国冶金科工集团公司在重组改制上市过程中发生的资产评估增值2129385万元应缴纳的企业所得税不征收入库，直接转计中国冶金科工集团公司的国有资本金。

二、对上述经过评估的资产，中国冶金科工股份有限公司及其所属子公司可按评估后的资产价值折旧或摊销，并在企业所得税税前扣除。

请遵照执行。

2－1－569

国家税务总局关于江门市新江煤气有限公司亏损弥补问题的批复

2009年5月15日　国税函〔2009〕254号

广东省国家税务局：

你局《关于江门市新江煤气有限公司亏损弥补问题的请示》（粤国税发〔2009〕6号）收悉。经研究，现批复如下：

江门市新江煤气有限公司原为中外合资企业，经相关部门批准，于2006年整体转让给珠海市煤气公司（国有独资企业），成为珠海市煤气公司的全资子公司。鉴于江门市新江煤气有限公司只是股权发生改变，其法律主体、经营范围、资产和债权债务等并没有发生变化。经研究，同意江门市新江煤气有限公司2006年及以前年度发生的亏损，在税法规定的年限内，用以后年度发生的应纳税所得额进行弥补。

2－1－570

国家税务总局关于调整中国石油化工股份有限公司合并纳税范围的通知

2009年5月31日　国税函〔2009〕300号

各省、自治区、直辖市和计划单列市国家税务局：

现将2008年度中国石油化工股份有限公司变更合并纳税范围的有关问题通知如下：

一、杭州石化有限责任公司、中国石油化工股份有限公司勘探南方分公司纳入中国石油化工股份有限公司的合并纳税范围。

二、中国国际石油化工联合有限责任公司及所属宁波分公司、青岛分公司、二连分公司、阿拉山口分公司纳入中国石油化工股份有限公司的合并纳税范围。

三、中国石油化工股份有限公司齐鲁分公司下属齐鲁达州化肥分公司纳入中国石油化工股份有限公司的合并纳税范围。

四、中国石化销售有限公司下属中国石化销售有限公司技术培训中心，纳入中国石油化工股份有限公司的合并纳税范围，暂不实行就地预缴企业所得税办法。

五、中国石油化工股份有限公司化工销售分公司下属天津分公司、武汉分公司，纳入中国石油化工股份有限公司的合并纳税范围，按照年度应纳所得税额的40%就地预缴企业所得税。

六、中国石油化工股份有限公司天然气分公司下属川气东送管道分公司，纳入中国石油化工股份有限公司的合并纳税范围，按照年度应纳所得税额的40%就地预缴企业所得税。

七、中国石油化工股份有限公司物资装备部下属南京阀门供应储备中心,纳入中国石油化工股份有限公司的合并纳税范围。

八、中国石油化工股份有限公司中南分公司、勘探分公司不再作为石化股份公司的合并纳税成员企业。

九、原中国石油化工股份有限公司东北分公司更名为中国石油化工股份有限公司东北油气分公司,继续作为中国石油化工股份有限公司的合并纳税成员企业。

十、各新设和更名的合并纳税成员企业(详见附件)的所得税征收管理,仍按照《国家税务总局关于中国石油化工股份有限公司缴纳企业所得税有关问题的通知》(国税函〔2004〕1071号)及相关补充规定进行征收管理。本通知下发之前,2008年新增的合并纳税成员企业在当地已预缴的企业所得税超过应预缴比例的,就地退还或抵减其下一年度在当地应缴的企业所得税。

附件:中国石油化工股份有限公司2008年新增合并纳税成员企业名单(编者略)

2-1-571

文化部　财政部　国家税务总局关于实施《动漫企业认定管理办法(试行)》有关问题的通知

2009年6月4日　文产发〔2009〕18号

各省、自治区、直辖市、计划单列市文化厅(局)、财政厅(局)、国家税务局、地方税务局:

为贯彻落实《动漫企业认定管理办法(试行)》(文市发〔2008〕51号,以下简称《办法》),做好动漫企业认定管理工作,确保动漫企业认定工作顺利推进,推动我国动漫产业的健康快速发展,现就有关事项通知如下:

一、尽快建立健全工作机制,加快认定进程。

各省、自治区、直辖市文化行政部门与同级财政、税务部门要抓紧成立省级认定机构,健全工作机制,在严格执行认定工作原则和规范的情况下,对符合条件的企业尽快开展认定初审和材料上报工作。省级认定机构办公室设在各省、自治区、直辖市文化行政部门。认定工作中遇到问题请及时研究解决和上报全国动漫企业认定管理工作办公室。文化部、财政部和国家税务总局将对动漫产业税收政策执行情况进行监督检查。

二、严格把握认定标准。

《办法》所称动漫企业,不包括漫画出版、发行,动画播出、放映,网络动漫传播以及动漫衍生产品生产、销售等为主营业务的企业。

企业拥有的自主知识产权是指企业近3年内(至申报日前)获得的自主知识产权。

企业营业场所产权证明或者租赁意向书(含出租方的产权证明),营业场所为企业自有产权的,提供房产证复印件加盖企业公章;营业场所为企业租赁的,提供产权方房产证复印件加盖公章或房主签字，并提供房屋租赁合同加盖企业公章。

企业申请动漫企业资格，应提供具有资质的中介机构鉴证的企业财务年度报表（含资产负债表、损益表、现金流量表）等企业经营情况，以及企业年度研究开发费用情况表，并附研究开发活动说明材料，并加盖具有资质的中介机构的公章。各地认定机构应认真核验申请材料。

三、动漫企业认定年审受理申请时间为每年的5月1日—7月31日。

四、计划单列市所在省文化厅本着方便、快捷原则，可根据本地实际情况制订计划单列市动漫企业认定工作的具体办法。

五、《办法》第十四条规定的动漫企业认定申请材料格式见本通知附件1，申请认定的企业应填写动漫企业认定申请书，格式见本通知附件2。

特此通知。

附件：1. 动漫企业认定申请材料（编者略）

2. 动漫企业认定申请书（编者略）

2－1－572

国家税务总局关于保险公司再保险业务赔款支出税前扣除问题的通知

2009年6月4日　国税函〔2009〕313号

各省、自治区、直辖市和计划单列市国家税务局：

现将保险公司再保险业务赔款支出税前扣除问题通知如下：

根据《中华人民共和国企业所得税法实施条例》第九条的规定，从事再保险业务的保险公司（以下称再保险公司）发生的再保险业务赔款支出，按照权责发生制的原则，应在收到从事直保业务公司（以下称直保公司）再保险业务赔款账单时，作为企业当期成本费用扣除。为便于再保险公司再保险业务的核算，凡在次年企业所得税汇算清缴前，再保险公司收到直保公司再保险业务赔款账单中属于上年度的赔款，准予调整作为上年度的成本费用扣除，同时调整已计提的未决赔款准备金；次年汇算清缴后收到直保公司再保险业务赔款账单的，按该赔款账单上发生的赔款支出，在收单年度作为成本费用扣除。

2－1－573

国家税务总局关于外交人员服务局出售外交馆舍收入企业所得税有关问题的通知

2009年6月30日　国税函〔2009〕349号

北京市国家税务局：

现将外交人员服务局出售外交馆舍收入有关企业所得税问题通知如下：

鉴于外交馆舍属于政府资产，外交人员服务局是代表政府对外交馆舍行使经营管理权，财政部曾以《关于外交人员服务局将出售馆舍款留作更改资金的复函》[(92)财外字第805号]明确规定，该局根据政府间协议出售馆舍收入可视同国家财政拨款，全部留用，专款用于改造老馆舍、公寓及附属设施。因此，在企业所得税处理上，该局取得的上述收入，也视同国家财政拨款，不计入当期应纳税所得额，专款用于改造老馆舍、公寓及附属设施。

2－1－574

国家税务总局关于下发试点物流企业名单（第五批）的通知

2009年11月30日　国税函〔2009〕663号

各省、自治区、直辖市和计划单列市国家税务局、地方税务局：

根据《国家税务总局关于试点物流企业有关税收政策问题的通知》（国税发〔2005〕208号）的有关规定，经国家发改委和国家税务总局确认，现将第五批试点物流企业名单予以公布（具体企业名单见附件）。纳入试点范围的物流企业，有关税收问题按国税发〔2005〕208号文件执行。

本通知自2009年12月1日起执行。

附件：试点物流企业名单（第五批）（编者略）

2－1－575

国家税务总局关于火力发电企业有关项目能否享受西部大开发企业所得税优惠政策问题的批复

2009年12月15日　国税函〔2009〕710号

内蒙古自治区地方税务局：

你局《关于企业能否继续享受西部大开发企业所得税优惠政策的请示》（内地税字〔2009〕377号）收悉。请示要求明确火力发电企业主营业务属于《产业结构调整指导目录（2005年本）》限制类项目，但投运发电机组脱硫改造属于鼓励类项目，能否继续享受西部大开发企业所得税优惠。经研究，批复如下：

一、内蒙古蒙达发电有限责任公司从事的主营业务是火力发电，其发电煤耗属于《产业结构调整指导目录（2005年本）》中的限制类规定情形，根据《财政部、国家税务总局关于西部大开发税收优惠政策适用目录变更问题的通知》（财税〔2006〕165号）的相关规定，该企业应自 2006 年 1 月 1 日起停止执行西部大开发企业所得税优惠。

二、内蒙古蒙达发电有限责任公司投运发电机组脱硫改造项目是为其自身发电业务进行的技术改造，不属于产生业务收入的对外营业项目，根据《财政部、国家税务总局关于西部大开发税收优惠政策适用目录变更问题的通知》（财税〔2006〕165 号）的相关规定，该企业不能依据其投运发电机组脱硫改造项目享受西部大开发的企业所得税优惠。

2－1－576

财政部　国家税务总局关于铁道部统一缴纳企业所得税有关问题的通知

2009 年 12 月 20 日　财税〔2009〕145 号

经国务院批准，现对铁道部及其所属铁路管理机构实行统一计算并缴纳企业所得税（以下简称统一纳税）的有关问题通知如下：

一、实行与铁道部统一纳税企业的条件及范围。实行与铁道部统一纳税的企业（简称成员企业，下同）应同时满足以下条件：

1. 由铁道部 100% 直接出资设立，不包括铁道部与地方政府、其他单位和个人合资、合作等设立的企业；

2. 在我国境内主要从事铁路客、货运输业务，不包括与铁路客、货运输不直接相关的其他单位；

3. 由铁道部统一实行组织与调度，即由铁道部统一制定生产任务、统一配置生产能力、统一负责生产经营；

4. 由铁道部统一清算确认运输收入和支出、统一核算总体经营效益等。

根据以上条件，实行与铁道部统一纳税企业的范围见附件。

二、统一纳税企业范围的调整。铁道部需要扩大成员企业范围的，应在调整年度的 3 月 31 日前向财政部、国家税务总局提出申请，由财政部、国家税务总局根据本通知规定条件核定。实行统一纳税的成员企业，因情况发生变化而不符合本通知规定条件的，应从相关条件发生变化的年度起，取消其统一纳税成员企业资格，并就地缴纳企业所得税。

三、本通知从 2009 年 1 月 1 日起施行。

附件：实行与铁道部统一纳税的成员企业名单（编者略）

2－1－577

国家税务总局关于黑龙江垦区国有农场土地承包费缴纳企业所得税问题的批复

2009年12月31日　国税函〔2009〕779号

黑龙江省国家税务局：

你局《关于黑龙江垦区国有农场土地承包费缴纳企业所得税问题的请示》（黑国税发〔2009〕186号）收悉。经研究，批复如下：

黑龙江垦区国有农场实行以家庭承包经营为基础、统分结合的双层经营体制。国有农场作为法人单位，将所拥有的土地发包给农场职工经营，农场职工以家庭为单位成为家庭承包户，属于农场内部非法人组织。农场对家庭承包户实施农业生产经营和企业行政的统一管理，统一为农场职工上交养老、医疗、失业、工伤、生育五项社会保险和农业保险费；家庭承包户按内部合同规定承包，就其农、林、牧、渔业生产取得的收入，以土地承包费名义向农场上缴。

上述承包形式属于农场内部承包经营的形式，黑龙江垦区国有农场从家庭农场承包户以"土地承包费"形式取得的从事农、林、牧、渔业生产的收入，属于农场"从事农、林、牧、渔业项目"的所得，可以适用《中华人民共和国企业所得税法》第二十七条及《中华人民共和国企业所得税法实施细则》第八十六条规定的企业所得税优惠政策。

2－1－578

国家税务总局关于农村信用社省级联合社收取服务费有关企业所得税税务处理问题的通知

2010年2月22日　国税函〔2010〕80号

各省、自治区、直辖市和计划单列市国家税务局、地方税务局：

为深化农村信用社改革，按照《国务院关于深化农村信用社改革方案的通知》（国发〔2003〕15号）的要求，各省相继组建了省级农村信用联合社（以下简称省联社）。省联社的投资人为本省各农村信用社和地（市）级、县级联社（以下简称基层社），为独立法人机构。省联社的主要职能为对本省各基层社提供管理、指导、协调和服务等，每年发生的服务性支出，由各基层社按比例共同负担。鉴于省联社和基层社的特殊的组成关系，关于省联社每年发生的服务性支出有关企业所得税处理问题，根据《中华人民共和国企业所得税法》第四十一条及其实施条例第一百一十二条的规定，经研究，现通知如下：

一、省联社每年度为履行其职能所发生的各项费用支出，包括人员费用、办公费用、差旅费、利息支出、研究与开发费以及固定资产折旧费、无形资产摊销费等，应统一归集，作为其基层社共同发生的费用，按合理比例分摊后由基层社税前扣除。

上款所指每年度固定资产折旧费、无形资产摊销费是指省联社购置的固定资产和无形资产按照税法规定每年度应提取的折旧额或摊销额。

二、省联社发生的本年度各项费用，在分摊时，应根据本年度实际发生数，按照以下公式，分摊给其各基层社。

各基层社本年度应分摊的费用 = 省联社本年度发生的各项费用 × 本年度该基层社营业收入/本年度各基层社营业总收入

省联社由于特殊情况需要改变上述分摊方法的，由联社提出申请，经省级税务机关确认后执行。

省联社分摊给各基层社的上述费用，在按季或按月申报预缴所得税时，可以按季或按月计算扣除，年度汇算。

三、省联社每年制定费用分摊方案后，应报省级国家税务局确认后执行。各省级国家税务局根据本通知的规定，实施具体管理。

四、本通知实施前，经税务总局批准，有关省联社已向基层社收取专项资金购买固定资产、无形资产等，凡该项资金已按税务总局单项批复由各基层社分摊在税前扣除的，其相应资产不得再按照本办法规定重复提取折旧费、摊销费，并向基层社分摊扣除。各基层社交付给省联社的上述专项资金的税务处理，仍按照税务总局已批准的专项文件规定继续执行到期满。

五、省联社自身从事其他业务取得收入所发生的相应费用，应该单独核算，不能作为基层社共同发生的费用进行分摊。

六、地市与县联社发生上述共同费用的税务处理，也应按照本通知规定执行。

七、本通知自 2009 年 1 月 1 日起执行。2008 年度没有按照本规定或者以前专项规定执行的，可以按照本规定执行，并统一在 2009 年度汇算清缴时进行纳税调整。2008 年度按照以前办法由省联社向基层社收取管理费的，该收取的管理费与按本通知规定计算的可由基层社分摊的费用扣除额的差额，应在 2009 年度汇算清缴时一并进行纳税调整。

2 -1 -579

国家税务总局关于跨地区经营建筑企业所得税征收管理问题的通知

2010 年 4 月 19 日　国税函〔2010〕156 号

各省、自治区、直辖市和计划单列市国家税务局、地方税务局：

为加强对跨地区（指跨省、自治区、直辖市和计划单列市，下同）经营建筑企业所得税的征收管理，根据《中华人民共和国企业所得税法》及其实施条例、《中华人民共和国税收征收管理法》及其实施细则、《国家税务总局关于印发〈跨地区经营汇总纳税企业所得税征收管理暂行办法〉的通知》(国税发〔2008〕28号)的规定，现对跨地区经营建筑企业所得税征收管理问题通知如下：

一、实行总分机构体制的跨地区经营建筑企业应严格执行国税发〔2008〕28号文件规定，按照“统一计算，分级管理，就地预缴，汇总清算，财政调库”的办法计算缴纳企业所得税。

二、建筑企业所属二级或二级以下分支机构直接管理的项目部(包括与项目部性质相同的工程指挥部、合同段等，下同)不就地预缴企业所得税，其经营收入、职工工资和资产总额应汇总到二级分支机构统一核算，由二级分支机构按照国税发〔2008〕28号文件规定的办法预缴企业所得税。

三、建筑企业总机构直接管理的跨地区设立的项目部，应按项目实际经营收入的0.2%按月或按季由总机构向项目所在地预分企业所得税，并由项目部向所在地主管税务机关预缴。

四、建筑企业总机构应汇总计算企业应纳所得税，按照以下方法进行预缴：

(一)总机构只设跨地区项目部的，扣除已由项目部预缴的企业所得税后，按照其余额就地缴纳；

(二)总机构只设二级分支机构的，按照国税发〔2008〕28号文件规定计算总、分支机构应缴纳的税款；

(三)总机构既有直接管理的跨地区项目部，又有跨地区二级分支机构的，先扣除已由项目部预缴的企业所得税后，再按照国税发〔2008〕28号文件规定计算总、分支机构应缴纳的税款。

五、建筑企业总机构应按照有关规定办理企业所得税年度汇算清缴，各分支机构和项目部不进行汇算清缴。总机构年终汇算清缴后应纳所得税额小于已预缴的税款时，由总机构主管税务机关办理退税或抵扣以后年度的应缴企业所得税。

六、跨地区经营的项目部(包括二级以下分支机构管理的项目部)应向项目所在地主管税务机关出具总机构所在地主管税务机关开具的《外出经营活动税收管理证明》，未提供上述证明的，项目部所在地主管税务机关应督促其限期补办；不能提供上述证明的，应作为独立纳税人就地缴纳企业所得税。同时，项目部应向所在地主管税务机关提供总机构出具的证明该项目部属于总机构或二级分支机构管理的证明文件。

七、建筑企业总机构在办理企业所得税预缴和汇算清缴时，应附送其所直接管理的跨地区经营项目部就地预缴税款的完税证明。

八、建筑企业在同一省、自治区、直辖市和计划单列市设立的跨地(市、县)项目部，其企业所得税的征收管理办法，由各省、自治区、直辖市和计划单列市国家税务局、地方税务局共同制定，并报国家税务总局备案。

九、本通知自2010年1月1日起施行。

注释：

条款废止。第七条自2023年2月1日起废止。参见：《国家税务总局关于部分税务事项实行容缺办理和进一步精简涉税费资料报送的公告》(国家税务总局公告2022年第26号)。

条款修改。根据《第十三届全国人民代表大会第一次会议关于国务院机构改革方案的决定》等有关规定,税收规范性文件规定的国税地税机关的职责和工作由新的税务机关承担。国家税务总局依据《税收规范性文件制定管理办法》(国家税务总局令第41号公布),对税收规范性文件进行了清理。参见:《国家税务总局关于修改部分税收规范性文件的公告》(国家税务总局公告2018年第31号)。

2-1-580

国家税务总局关于转发《财政部 环境保护部关于调整环境标志产品政府采购清单的通知》的通知

2010年5月6日 国税函〔2010〕181号

各省、自治区、直辖市和计划单列市国家税务局,局内各单位:

进一步扩大环境标志产品政府采购范围,加大环境标志产品政府采购工作力度,财政部、环境保护部近期发布了调整后的第五期"环境标志产品政府采购清单"。现将《财政部、环境保护部关于调整环境标志产品政府采购清单的通知》(财库〔2010〕31号)转发你们,请结合系统工作实际遵照执行。执行中如有问题,请及时向税务总局集中采购中心进行反馈。

财政部 环境保护部关于调整环境标志产品政府采购清单的通知

财库〔2010〕31号

党中央有关部委,国务院各部委、各直属机构,全国人大常委会办公厅,全国政协办公厅,高法院,高检院,有关人民团体,各省、自治区、直辖市、计划单列市财政厅(局)、环保厅(局),新疆生产建设兵团财务局、环保局:

为进一步扩大环境标志产品政府采购范围,加大环境标志产品政府采购工作力度,我们对已发布的"环境标志产品政府采购清单"(以下简称环保清单)进行了调整。现将调整后的第五期环保清单印发你们,并将有关事项通知如下:

一、采购人购买的产品属于政府强制采购节能产品范围的,应当按照《国务院办公厅关于建立政府强制采购节能产品制度的通知》(国办发〔2007〕51号)和财政部、发展改革委公布的第七期"节能产品政府采购清单",在强制采购节能产品范围内购买。对于其中同时列入环保清单和"节能产品政府采购清单"的产品,应当优先于只获得其中一项认证的产品。

二、采购人购买轻型汽车产品时,应当按照中共中央办公厅、国务院办公厅关于党政机关汽车配备使用标准的有关规定执行。国家公布新的党政机关汽车配备使用标准时,财政部将会同环境保护部及时调整环保清单中的相关产品。

三、环保清单将于2010年9月再次调整并公布,财政部将会同环境保护部对2010年7月底前获得环境标志认证的产品进行审核和公示。

四、相关企业应当保证环保清单所列产品在本期环保清单有效期内稳定供货,凡因企业自身原因出现停产、无货等拒绝参加政府采购活动、拒绝提供环保清单所列产品及相应服务,或者以环保清单以外产品替代环保清单内产品等情况,应当向财政部反映,核实后将从本期环保清单中取消相应产品资格,同时,两年内该企业所有产品不再列入环保清单,并在中国政府采购网(http://www.ccgp.gov.cn/)、国家环境保护部网(http://www.mep.gov.cn/)、中国绿色采购网(http://www.cgpn.org/)上公告。

五、各级政府机构和采购代理机构在执行优先采购环境标志产品制度时,应当以本期环保清单中所列产品为准,不再执行此前公布的环保清单。未列入本期环保清单的产品不属于政府优先采购的环境标志产品范围。凡违反上述规定的,财政部门将依照有关规定予以处理。

六、政府采购工程项目应当严格执行环境标志产品政府优先采购制度。在确定工程总包单位时,采购人及其委托的采购代理机构应当明确落实环境标志产品政府采购政策要求。

七、环保清单在中国政府采购网(http://www.ccgp.gov.cn/)、国家环境保护部网(http://www.mep.gov.cn/)、中国绿色采购网(http://www.cgpn.org/)上发布,请各采购当事人到上述网站查阅、下载。为确保上述信息的准确性,未经财政部、环境保护部允许,不得转载。

八、各级政府机构和采购代理机构在采购环保清单所列产品,需要获取相关销售联系方式的,可向环境保护部环境认证中心查询。

请遵照执行。

附件:环境标志产品政府采购清单(第五期)(编者略)

2－1－581

国家税务总局关于中国工商银行股份有限公司等企业企业所得税有关征管问题的通知

2010年5月6日　国税函〔2010〕184号

各省、自治区、直辖市和计划单列市国家税务局、地方税务局:

为加强企业所得税收入全额归属中央的企业所得税征管,现就铁路运输企业(包括广铁集团和大秦铁路公司)、国有邮政企业、中国工商银行股份有限公司、中国农业银行、中国银行股份有限公司、国家开发银行、中国农业发展银行、中国进出口银行、中央汇金投资有限责任公司、中国建设银行股份有限公司、中国建银投资有限责任公司以及海洋石油天然气企业(包括港澳台和外商投资、外国海上石油天然气企业)等企业的所得税征管问题通知如下:

一、上述企业下属二级分支机构均应按照企业所得税的有关规定向当地主管税务机关报送企业所得税预缴申报表或其他相关资料,但其税款由总机构统一汇总计算后向总机构所在地主管税务机关缴纳。

二、上述企业下属二级(含二级以下)分支机构发生的需要税务机关审批的财产损失,由其二级分支机构将财产损失的有关资料上报其所在地主管税务机关,由二级分支机构所在省、自治区、直辖市和计划单列市税务机关按照国税发〔2009〕88 号文件印发的《企业资产损失税前扣除管理办法》规定的权限审批。

三、上述企业下属二级分支机构名单总局将另行发文明确。企业二级以下(不含二级)分支机构名单,由二级分支机构向所在地主管税务机关提供,经省级税务机关审核后发文明确并报总局备案。对不在总局及省级税务机关文件中明确的名单内的分支机构,不得作为所属企业的分支机构管理。

注释:

条款废止。第二条、第三条废止。参见:《国家税务总局关于修订企业所得税 2 个规范性文件的公告》(国家税务总局公告 2016 年第 88 号)。

政策调整。"收入全额归属中央的企业下属二级及二级以下分支机构名单的备案审核"取消。参见:《国务院关于取消和调整一批行政审批项目等事项的决定》(国发〔2014〕50 号)。

2 -1 -582

国家税务总局关于房地产开发企业开发产品完工条件确认问题的通知

2010 年 5 月 12 日　国税函〔2010〕201 号

各省、自治区、直辖市和计划单列市国家税务局、地方税务局:

现就房地产开发企业开发产品完工条件确认有关问题,通知如下:

根据《国家税务总局关于房地产开发经营业务征收企业所得税问题的通知》(国税发〔2006〕31 号)规定精神和《国家税务总局关于印发〈房地产开发经营业务企业所得税处理办法〉的通知》(国税发〔2009〕31 号)第三条规定,房地产开发企业建造、开发的开发产品,无论工程质量是否通过验收合格,或是否办理完工(竣工)备案手续以及会计决算手续,当企业开始办理开发产品交付手续(包括入住手续)、或已开始实际投入使用时,为开发产品开始投入使用,应视为开发产品已经完工。房地产开发企业应按规定及时结算开发产品计税成本,并计算企业当年度应纳税所得额。

2－1－583

国家税务总局关于环境保护节能节水安全生产等专用设备投资抵免企业所得税有关问题的通知

2010年6月2日　国税函〔2010〕256号

各省、自治区、直辖市和计划单列市国家税务局、地方税务局:

现就环境保护、节能节水、安全生产等专用设备投资抵免企业所得税的有关问题通知如下:

根据《财政部、国家税务总局关于全国实施增值税转型改革若干问题的通知》(财税〔2008〕170号)规定,自2009年1月1日起,增值税一般纳税人购进固定资产发生的进项税额可从其销项税额中抵扣,因此,自2009年1月1日起,纳税人购进并实际使用《环境保护专用设备企业所得税优惠目录》、《节能节水专用设备企业所得税优惠目录》和《安全生产专用设备企业所得税优惠目录》范围内的专用设备并取得增值税专用发票的,在按照《财政部、国家税务总局关于执行环境保护专用设备企业所得税优惠目录、节能节水专用设备企业所得税优惠目录和安全生产专用设备企业所得税优惠目录有关问题的通知》(财税〔2008〕48号)第二条规定进行税额抵免时,如增值税进项税额允许抵扣,其专用设备投资额不再包括增值税进项税额;如增值税进项税额不允许抵扣,其专用设备投资额应为增值税专用发票上注明的价税合计金额。企业购买专用设备取得普通发票的,其专用设备投资额为普通发票上注明的金额。

2－1－584

国家税务总局关于境外分行取得来源于境内利息所得扣缴企业所得税问题的通知

2010年6月2日　国税函〔2010〕266号

各省、自治区、直辖市和计划单列市国家税务局、地方税务局:

关于对境外分行取得来源于境内利息所得扣缴企业所得税有关问题,现通知如下:

一、税收协定列名的免税外国金融机构设在第三国的非法人分支机构与其总机构属于同一法人,除税收协定中明确规定只有列名金融机构的总机构可以享受免税待遇情况外,该分支机构取得的利息可以享受中国与其总机构所在国签订的税收协定中规定的免税待遇。在执行上述规定时,应严格按《国家税务总局关于印发〈非居民享受税收协定待遇管理办法(试行)〉的通知》(国税发〔2009〕124 号)有关规定办理审批手续。

二、属于中国居民企业的银行在境外设立的非法人分支机构同样是中国的居民,该分支机构取得的来源于中国的利息,不论是由中国居民还是外国居民设在中国的常设机构支付,均不适用我国与该分支机构所在国签订的税收协定,应适用我国国内法的相关规定,即按照《国家税务总局关于加强非居民企业来源于我国利息所得扣缴企业所得税工作的通知》(国税函〔2008〕955 号)文件办理。

2-1-585

国家税务总局关于韩国金融公司适用中韩税收协定利息条款免税待遇的通知

2010 年 6 月 11 日　国税函〔2010〕273 号

各省、自治区、直辖市和计划单列市国家税务局、地方税务局:

根据中韩税收协定及其谅解备忘录的规定,经缔约国双方主管当局协商同意,韩国金融公司(英文名称为"Korea Finance Corporation",韩语中的汉字表述为"韩国政策金融公社")作为韩国政府全资拥有的金融公司,可以享受协定第十一条第三款规定的免税待遇。本通知从 2010 年 5 月 1 日起执行。

2-1-586

财政部　国家税务总局关于中国中化集团有限公司重组上市资产评估增值有关企业所得税政策问题的通知

2010 年 6 月 30 日　财税〔2010〕49 号

各省、自治区、直辖市、计划单列市财政厅(局)、国家税务局、地方税务局:

为支持中国中化集团公司重组改制上市工作,经国务院批准,现就其重组改制上市过程中资产评估增值涉及的企业所得税政策问题明确如下:

一、中国中化集团有限公司在重组改制上市过程中发生的资产评估增值 5060464.25 万元应缴纳的企业所得税不征收入库,直接转计中国中化集团有限公司的国有资本金。

二、对上述经过评估的资产,中国中化集团有限公司及其所属子公司可按评估后的资产价值计提折旧或摊销,并在企业所得税税前扣除。

请遵照执行。

2 - 1 - 587

国家税务总局关于“公司 + 农户”经营模式企业所得税优惠问题的公告

2010 年 7 月 9 日　国家税务总局公告 2010 年第 2 号

现就有关“公司 + 农户”模式企业所得税优惠问题公告如下：

目前，一些企业采取“公司 + 农户”经营模式从事牲畜、家禽的饲养，即公司与农户签订委托养殖合同，向农户提供畜禽苗、饲料、兽药及疫苗等（所有权 < 产权 > 仍属于公司），农户将畜禽养大成为成品后交付公司回收。鉴于采取“公司 + 农户”经营模式的企业，虽不直接从事畜禽的养殖，但系委托农户饲养，并承担诸如市场、管理、采购、销售等经营职责及绝大部分经营管理风险，公司和农户是劳务外包关系。为此，对此类以“公司 + 农户”经营模式从事农、林、牧、渔业项目生产的企业，可以按照《中华人民共和国企业所得税法实施条例》第八十六条的有关规定，享受减免企业所得税优惠政策。

本公告自 2010 年 1 月 1 日起施行。

2 - 1 - 588

国家税务总局关于中国冶金科工集团有限公司有关涉税诉求问题的函

2010 年 7 月 29 日　国税办函〔2010〕613 号

中国冶金科工集团有限公司：

现将你公司下属建筑企业跨地区经营中出现的相关涉税诉求答复如下：

一、关于建筑企业跨地区施工项目工作人员的个人所得税征管问题

建筑企业跨地区施工项目工作人员的个人所得税征管问题，按照《国家税务总局关于印发〈建筑安装业个人所得税征收管理暂行办法〉的通知》（国税发〔1996〕127 号）以及《国家税务总局关于建筑安装企业扣缴个人所得税有关问题的批复》（国税函〔2001〕505 号）的相关规定执行。

二、关于建筑企业跨地区经营的企业所得税征管问题

2008 年度及 2009 年度建筑企业跨地区经营的企业所得税征管问题，按照《国家税务总局关于印发〈跨地区经营汇总纳税企业所得税征收管理暂行办法〉的通知》（国税发〔2008〕28 号）以及《国家税务总局关于建筑企业所得税征管有关问题的通知》（国税函〔2010〕39 号）的相关规定执行。

2010 年 1 月 1 日起，建筑企业跨地区经营的企业所得税征管问题，按照《国家税务总局关于印发〈跨地区经营汇总纳税企业所得税征收管理暂行办法〉的通知》（国税发〔2008〕28

号）和《国家税务总局关于跨地区经营建筑企业所得税征收管理问题的通知》（国税函〔2010〕156 号）的相关规定执行。

2 －1 －589

国家税务总局关于金融企业贷款利息收入确认问题的公告

2010 年 10 月 27 日　国家税务总局公告 2010 年第 23 号

根据《中华人民共和国企业所得税法》及其实施条例的规定，现对金融企业贷款利息收入所得税处理问题公告如下：

一、金融企业按规定发放的贷款，属于未逾期贷款（含展期，下同），应根据先收利息后收本金的原则，按贷款合同确认的利率和结算利息的期限计算利息，并于债务人应付利息的日期确认收入的实现；属于逾期贷款，其逾期后发生的应收利息，应于实际收到的日期，或者虽未实际收到，但会计上确认为利息收入的日期，确认收入的实现。

二、金融企业已确认为利息收入的应收利息，逾期 90 天仍未收回，且会计上已冲减了当期利息收入的，准予抵扣当期应纳税所得额。

三、金融企业已冲减了利息收入的应收未收利息，以后年度收回时，应计入当期应纳税所得额计算纳税。

四、本公告自发布之日起 30 日后施行。

特此公告。

2 －1 －590

国家发展和改革委员会关于国家重点节能技术推广目录（第三批）的公告

2010 年 11 月 29 日　国家发展和改革委员会公告 2010 年第 33 号

为贯彻落实《中华人民共和国节约能源法》、《国务院关于加强节能工作的决定》和《国务院关于进一步加大工作力度确保实现“十一五”节能减排目标的通知》，加快重点节能技术的推广普及，引导用能单位采用先进的节能新工艺、新技术和新设备，提高能源利用效率，我们组织编制了《国家重点节能技术推广目录（第三批）》，现予公布。

本目录涉及煤炭、电力、钢铁、有色金属、石油石化、化工、建材、机械、纺织、建筑、交通等 11 个行业，共 30 项高效节能技术。

附件：国家重点节能技术推广目录（第三批）（编者略）

2－1－591

国家税务总局关于电网企业输电线路部分报废损失税前扣除问题的公告

2010年12月24日　国家税务总局公告2010年第30号

根据《中华人民共和国企业所得税法实施条例》第三十二条的规定，现对电网企业输电铁塔和线路损失企业所得税税前扣除问题公告如下：

一、由于加大水电送出和增强电网抵御冰雪能力需要等原因，电网企业对原有输电线路进行改造，部分铁塔和线路拆除报废，形成部分固定资产损失。考虑到该部分资产已形成实质性损失，可以按照有关税收规定作为企业固定资产损失允许税前扣除。

二、上述部分固定资产损失，应按照该固定资产的总计税价格，计算每基铁塔和每公里线路的计税价格后，根据报废的铁塔数量和线路长度以及已计提折旧情况确定。

三、上述报废的部分固定资产，其中部分能够重新利用的，应合理计算价格，冲减当年度固定资产损失。

四、新投资建设的线路和铁塔，应单独作为固定资产，在投入使用后，按照税收的规定计提折旧。

本公告自2011年1月1日起施行。2010年度没有处理的事项，按照本公告规定执行。

特此公告。

2－1－592

财政部　国家税务总局　中宣部关于下发红旗出版社有限责任公司等中央所属转制文化企业名单的通知

2011年3月16日　财税〔2011〕3号

各省、自治区、直辖市、计划单列市党委宣传部、财政厅（局）、国家税务局、地方税务局，新疆生产建设兵团财务局：

一、按照《财政部、国家税务总局、中宣部关于转制文化企业名单及认定问题的通知》（财税〔2009〕105号）的规定，红旗出版社有限责任公司等二十二家中央所属文化企业已被认定为转制文化企业，现将名单发给你们，名单所列转制文化企业按照《财政部、国家税务总局关于文化体制改革中经营性文化事业单位转制为企业的若干税收政策问题的通知》（财税〔2009〕34号）的规定享受税收优惠政策。

二、财税〔2009〕34号文件中“转制注册之日”是指经营性文化事业单位转制为企业并进行工商注册之日。对于经营性文化事业单位转制前已进行企业法人登记，则按注销事业单位法人登记之日或核销事业编制的批复之日（转制前并没有进行事业单位法人登记）起确定转制完成并享受财税〔2009〕34 号文件规定的税收优惠政策。本通知下发前各地不论是按转制注册之日还是按转制批复之日计算已征免的税款部分，不再做调整。

特此通知。

附件：中央所属转制文化企业名单（编者略）

2－1－593

国家税务总局关于煤矿企业维简费和高危行业企业安全生产费用企业所得税税前扣除问题的公告

2011 年 3 月 31 日　国家税务总局公告 2011 年第 26 号

根据《中华人民共和国企业所得税法》（以下简称企业所得税法）和《中华人民共和国企业所得税法实施条例》规定，现就煤矿企业维简费和高危行业企业安全生产费用支出企业所得税税前扣除问题，公告如下：

一、煤矿企业实际发生的维简费支出和高危行业企业实际发生的安全生产费用支出，属于收益性支出的，可直接作为当期费用在税前扣除；属于资本性支出的，应计入有关资产成本，并按企业所得税法规定计提折旧或摊销费用在税前扣除。企业按照有关规定预提的维简费和安全生产费用，不得在税前扣除。

二、本公告实施前，企业按照有关规定提取的、且在税前扣除的煤矿企业维简费和高危行业企业安全生产费用，相关税务问题按以下规定处理：

（一）本公告实施前提取尚未使用的维简费和高危行业企业安全生产费用，应用于抵扣本公告实施后的当年度实际发生的维简费和安全生产费用，仍有余额的，继续用于抵扣以后年度发生的实际费用，至余额为零时，企业方可按本公告第一条规定执行。

（二）已用于资产投资、并计入相关资产成本的，该资产提取的折旧或费用摊销额，不得重复在税前扣除。已重复在税前扣除的，应调整作为 2011 年度应纳税所得额。

（三）已用于资产投资、并形成相关资产部分成本的，该资产成本扣除上述部分成本后的余额，作为该资产的计税基础，按照企业所得税法规定的资产折旧或摊销年限，从本公告实施之日的次月开始，就该资产剩余折旧年限计算折旧或摊销费用，并在税前扣除。

三、本公告自 2011 年 5 月 1 日起执行。

特此公告。

2－1－594

财政部　国家税务总局关于电网企业接受用户资产有关企业所得税政策问题的通知

2011年4月25日　财税〔2011〕35号

各省、自治区、直辖市、计划单列市财政厅（局）、国家税务局、地方税务局，新疆生产建设兵团财务局：

为维护电网安全稳定运行，保障用户用电权益，经国务院批准，现将中央电网企业接受用户资产有关企业所得税政策问题通知如下：

一、对国家电网公司和中国南方电网有限责任公司及所属全资、控股企业接收用户资产应缴纳的企业所得税不征收入库，直接转增国家资本金。

二、有关电网企业对接收的用户资产，可按接收价值计提折旧，并在企业所得税税前扣除。

三、本通知所称用户资产，是指由用户出资建设的、专门用于电力接入服务的专用网架及其附属设备、设施等供电配套资产，包括：由用户出资建设的城市电缆下地等工程形成的资产；由用户出资建设的小区配电设施形成的资产；用户为满足自身用电需要，出资建设的专用输变电、配电及计量资产等。所称用户，包括政府、机关、军队、企业事业单位、社会团体、居民等电力用户。

四、本通知自印发之日起执行。本通知下发前有关电网企业已接收的用户资产，按照本通知规定执行。

2－1－595

财政部　国家税务总局关于享受企业所得税优惠的农产品初加工有关范围的补充通知

2011年5月11日　财税〔2011〕26号

各省、自治区、直辖市、计划单列市财政厅（局）、国家税务局、地方税务局，新疆生产建设兵团财务局：

为进一步规范农产品初加工企业所得税优惠政策，现就《财政部、国家税务总局关于发布享受企业所得税优惠政策的农产品初加工范围（试行）的通知》（财税〔2008〕149号，以下简称《范围》）涉及的有关事项细化如下（以下序数对应《范围》中的序数）：

一、种植业类

（一）粮食初加工。

1. 小麦初加工。

《范围》规定的小麦初加工产品还包括麸皮、麦糠、麦仁。

2. 稻米初加工。

《范围》规定的稻米初加工产品还包括稻糠（砻糠、米糠和统糠）。

4. 薯类初加工。

《范围》规定的薯类初加工产品还包括变性淀粉以外的薯类淀粉。

＊薯类淀粉生产企业需达到国家环保标准，且年产量在一万吨以上。

6. 其他类粮食初加工。

《范围》规定的杂粮还包括大麦、糯米、青稞、芝麻、核桃；相应的初加工产品还包括大麦芽、糯米粉、青稞粉、芝麻粉、核桃粉。

（三）园艺植物初加工。

2. 水果初加工。

《范围》规定的新鲜水果包括番茄。

（四）油料植物初加工。

《范围》规定的粮食副产品还包括玉米胚芽、小麦胚芽。

（五）糖料植物初加工。

《范围》规定的甜菊又名甜叶菊。

（八）纤维植物初加工。

2. 麻类初加工。

《范围》规定的麻类作物还包括芦苇。

3. 蚕茧初加工。

《范围》规定的蚕包括蚕茧，生丝包括厂丝。

二、畜牧业类

（一）畜禽类初加工。

1. 肉类初加工。

《范围》规定的肉类初加工产品还包括火腿等风干肉、猪牛羊杂骨。

三、本通知自2010年1月1日起执行。

注释：

政策调整。“企业从事农林牧渔业项目所得享受所得税优惠的备案核准”取消。参见：1.《国家税务总局关于贯彻落实〈国务院关于第一批取消62项中央指定地方实施行政审批事项的决定〉的通知》（税总发〔2015〕141号）。2.《国务院关于第一批取消62项中央指定地方实施行政审批事项的决定》（国发〔2015〕57号）。3.《国家税务总局关于贯彻落实〈国务院关于取消非行政许可审批事项的决定〉的通知》（税总发〔2015〕74号）。4.《国务院关于取消非行政许可审批事项的决定》（国发〔2015〕27号）。

2－1－596

财政部　国家税务总局关于我国石油企业在境外从事油(气)资源开采所得税收抵免有关问题的通知

2011年5月24日　财税〔2011〕23号

各省、自治区、直辖市、计划单列市财政厅(局)、国家税务局、地方税务局,新疆生产建设兵团财务局:

根据《中华人民共和国企业所得税法》及其实施条例和《财政部　国家税务总局关于企业境外所得税收抵免有关问题的通知》(财税〔2009〕125号)的有关规定,现就我国石油企业在境外从事油(气)资源开采所得计征企业所得税时抵免境外已纳或负担所得税额的有关问题补充通知如下:

一、石油企业可以选择按国(地区)别分别计算(即"分国(地区)不分项"),或者不按国(地区)别汇总计算(即"不分国(地区)不分项")其来源于境外油(气)项目投资、工程技术服务和工程建设的油(气)资源开采活动的应纳税所得额,并按照财税〔2009〕125号文件第八条规定的税率,分别计算其可抵免境外所得税税额和抵免限额。上述方式一经选择,5年内不得改变。

石油企业选择采用不同于以前年度的方式(以下简称新方式)计算可抵免境外所得税税额和抵免限额时,对该企业以前年度按照财税〔2009〕125号文件规定没有抵免完的余额,可在税法规定结转的剩余年限内,按新方式计算的抵免限额中继续结转抵免。

二、石油企业在境外从事油(气)项目投资、工程技术服务和工程建设的油(气)资源开采活动取得股息所得,在按规定计算该石油企业境外股息所得的可抵免所得税额和抵免限额时,由该企业直接或者间接持有20%以上股份的外国企业,限于按照财税〔2009〕125号文件第六条规定的持股方式确定的五层外国企业,即:

第一层:石油企业直接持有20%以上股份的外国企业;

第二层至第五层:单一上一层外国企业直接持有20%以上股份,且由该石油企业直接持有或通过一个或多个符合财税〔2009〕125号文件第六条规定持股方式的外国企业间接持有总和达到20%以上股份的外国企业。

三、石油企业境外所得税收抵免的其他事项,按照财税〔2009〕125号文件的有关规定执行。

四、本通知自2010年1月1日起执行。

2 -1 -597

国家税务总局关于国家开发银行股份有限公司变更二级分支机构名单的公告

2011 年 6 月 17 日 国家税务总局公告 2011 年第 35 号

根据《国家税务总局关于中国工商银行股份有限公司等企业企业所得税有关征管问题的通知》(国税函〔2010〕184 号)规定,现将国家开发银行股份有限公司所属二级分支机构名单予以公布。《国家税务总局关于印发中国工商银行股份有限公司等企业所属二级分支机构名单的公告》(国家税务总局公告 2010 年第 21 号)公布的国家开发银行股份有限公司二级分支机构名单作废。

特此公告。

附件:国家开发银行所属二级分支机构名单(编者略)

2 -1 -598

国家税务总局关于韩国出口保险公司更名后继续享受税收协定相关待遇的通知

2011 年 6 月 30 日 国税函〔2011〕358 号

各省、自治区、直辖市和计划单列市国家税务局、地方税务局:

根据 1994 年签订的《中华人民共和国政府和大韩民国政府关于对所得避免双重征税和防止偷漏税的协定》(以下简称中韩协定)第十一条和第十九条以及 2007 年签订的中韩协定谅解备忘录第一条和第二条的规定,韩国出口保险公司(Korea Export Insurance Corporation)作为韩国政府全资所有且行使政府职能的金融机构,可就其从中国取得的利息等所得享受免税待遇。该公司于 2010 年 7 月更名为韩国贸易保险公司(Korea Trade Insurance Corporation,在韩语中用汉字表述为“韩国贸易保险公社”),但政府全资所有及行使政府职能的性质不变。

中韩两国税务主管当局经协商确定,自公司更名之日起,由“韩国贸易保险公司”代替原“韩国出口保险公司”继续享受中韩协定及谅解备忘录规定的相关免税待遇。本通知发出之前已征收但本应免税的相关税款,按本通知规定予以退税,请各地遵照执行。

2-1-599

国家税务总局关于实施农 林 牧 渔业项目企业所得税优惠问题的公告

2011年9月13日　国家税务总局公告2011年第48号

根据《中华人民共和国企业所得税法》(以下简称企业所得税法)及《中华人民共和国企业所得税法实施条例》(以下简称实施条例)的规定,现对企业(含企业性质的农民专业合作社,下同)从事农、林、牧、渔业项目的所得,实施企业所得税优惠政策和征收管理中的有关事项公告如下:

一、企业从事实施条例第八十六条规定的享受税收优惠的农、林、牧、渔业项目,除另有规定外,参照《国民经济行业分类》(GB/T 4754—2002)的规定标准执行。

企业从事农、林、牧、渔业项目,凡属于《产业结构调整指导目录(2011年版)》(国家发展和改革委员会令第9号)中限制和淘汰类的项目,不得享受实施条例第八十六条规定的优惠政策。

二、企业从事农作物新品种选育的免税所得,是指企业对农作物进行品种和育种材料选育形成的成果,以及由这些成果形成的种子(苗)等繁殖材料的生产、初加工、销售一体化取得的所得。

三、企业从事林木的培育和种植的免税所得,是指企业对树木、竹子的育种和育苗、抚育和管理以及规模造林活动取得的所得,包括企业通过拍卖或收购方式取得林木所有权并经过一定的生长周期,对林木进行再培育取得的所得。

四、企业从事下列项目所得的税务处理

(一)猪、兔的饲养,按"牲畜、家禽的饲养"项目处理;

(二)饲养牲畜、家禽产生的分泌物、排泄物,按"牲畜、家禽的饲养"项目处理;

(三)观赏性作物的种植,按"花卉、茶及其他饮料作物和香料作物的种植"项目处理;

(四)"牲畜、家禽的饲养"以外的生物养殖项目,按"海水养殖、内陆养殖"项目处理。

五、农产品初加工相关事项的税务处理

(一)企业根据委托合同,受托对符合《财政部、国家税务总局关于发布享受企业所得税优惠政策的农产品初加工范围(试行)的通知》(财税〔2008〕149号)和《财政部、国家税务总局关于享受企业所得税优惠的农产品初加工有关范围的补充通知》(财税〔2011〕26号)规定的农产品进行初加工服务,其所收取的加工费,可以按照农产品初加工的免税项目处理。

(二)财税〔2008〕149号文件规定的"油料植物初加工"工序包括"冷却、过滤"等;"糖料植物初加工"工序包括"过滤、吸附、解析、碳脱、浓缩、干燥"等,其适用时间按照财税〔2011〕26号文件规定执行。

(三)企业从事实施条例第八十六条第(二)项适用企业所得税减半优惠的种植、养殖项目,并直接进行初加工且符合农产品初加工目录范围的,企业应合理划分不同项目的各项成本、费用支出，分别核算种植、养殖项目和初加工项目的所得，并各按适用的政策享受税收优惠。

（四）企业对外购茶叶进行筛选、分装、包装后进行销售的所得，不享受农产品初加工的优惠政策。

六、对取得农业部颁发的“远洋渔业企业资格证书”并在有效期内的远洋渔业企业，从事远洋捕捞业务取得的所得免征企业所得税。

七、购入农产品进行再种植、养殖的税务处理

企业将购入的农、林、牧、渔产品，在自有或租用的场地进行育肥、育秧等再种植、养殖，经过一定的生长周期，使其生物形态发生变化，且并非由于本环节对农产品进行加工而明显增加了产品的使用价值的，可视为农产品的种植、养殖项目享受相应的税收优惠。

主管税务机关对企业进行农产品的再种植、养殖是否符合上述条件难以确定的，可要求企业提供县级以上农、林、牧、渔业政府主管部门的确认意见。

八、企业同时从事适用不同企业所得税政策规定项目的，应分别核算，单独计算优惠项目的计税依据及优惠数额；分别核算不清的，可由主管税务机关按照比例分摊法或其他合理方法进行核定。

九、企业委托其他企业或个人从事实施条例第八十六条规定农、林、牧、渔业项目取得的所得，可享受相应的税收优惠政策。

企业受托从事实施条例第八十六条规定农、林、牧、渔业项目取得的收入，比照委托方享受相应的税收优惠政策。

十、企业购买农产品后直接进行销售的贸易活动产生的所得，不能享受农、林、牧、渔业项目的税收优惠政策。

十一、除本公告第五条第二项的特别规定外，公告自2011年1月1日起执行。

特此公告。

注释：

政策调整。“企业从事农林牧渔业项目所得享受所得税优惠的备案核准”取消。参见：1.《国家税务总局关于贯彻落实〈国务院关于第一批取消62项中央指定地方实施行政审批事项的决定〉的通知》（税总发〔2015〕141号）。2.《国务院关于第一批取消62项中央指定地方实施行政审批事项的决定》（国发〔2015〕57号）。3.《国家税务总局关于贯彻落实〈国务院关于取消非行政许可审批事项的决定〉的通知》（税总发〔2015〕74号）。4.《国务院关于取消非行政许可审批事项的决定》（国发〔2015〕27号）。

2-1-600

国家税务总局转发《财政部　环境保护部关于调整公布第九期环境标志产品政府采购清单的通知》等两个文件的通知

2012年2月28日　国税函〔2012〕73号

各省、自治区、直辖市和计划单列市国家税务局、局内各单位：

现将《财政部、环境保护部关于调整公布第九期环境标志产品政府采购清单的通知》(财库〔2012〕8号)、《财政部、发展改革委关于调整公布第十一期节能产品政府采购清单的通知》(财库〔2012〕9号)转发给你们,请认真贯彻执行。环保清单和节能清单将于2012年7月再次调整,请各单位根据清单调整情况,严格按规定组织采购。执行中如有问题,请及时向税务总局(集中采购中心)反映。

财政部　环境保护部关于调整公布第九期环境标志产品政府采购清单的通知

2012年1月19日　财库〔2012〕8号

党中央有关部委,国务院各部委、各直属机构,全国人大常委会办公厅,全国政协办公厅,高法院,高检院,有关人民团体,各省、自治区、直辖市、计划单列市财政厅(局)、环保局(厅),新疆生产建设兵团财务局、环保局：

为加大环境标志产品政府采购工作力度,我们对已发布的"环境标志产品政府采购清单"(以下简称环保清单)进行了调整。现将调整后的第九期环保清单印发你们,并将有关事项通知如下：

一、采购人购买的产品属于政府强制采购节能产品范围的,应当按照《国务院办公厅关于建立政府强制采购节能产品制度的通知》(国办发〔2007〕51号)和财政部、发展改革委公布的第十一期"节能产品政府采购清单",在强制采购节能产品范围内购买。对于同时列入环保清单和"节能产品政府采购清单"的产品,应当优先于只获得其中一项认证的产品。

二、相关企业应当保证环保清单所列型号的产品在本期环保清单有效期内稳定供货,凡发生制造商及其代理商不接受参加政府采购活动邀请、列入环保清单的产品无法正常供货以及其他违反《承诺书》内容情形的,采购人及其他相关当事人应当及时将有关情况向财政部反映,财政部经核实,根据具体违规情形,对制造商作出列入不良供应商行为记录、暂停列入环保清单三个月至两年的处理,并在中华人民共和国财政部网站

(http://www. mof. gov. cn)、中国政府采购网(http://www. ccgp. gov. cn)、中华人民共和国环境保护部网站(http://www. zhb. gov. cn)、中国绿色采购网(http://www. cgpn. org)上公告。

三、第九期环保清单自发布之日起执行。在此之后开展的政府采购活动,应当执行第九期环保清单,不再执行此前公布的环保清单。未列入本期环保清单的产品不属于政府优先采购的环境标志产品范围。凡违反上述规定的,财政部门将依照有关规定予以处理。

四、政府采购工程项目应当严格执行环境标志产品政府优先采购制度。在确定工程总包单位时,采购人及其委托的采购代理机构应当明确落实环境标志产品政府采购政策要求。

五、环保清单在中华人民共和国财政部网站、中国政府采购网、中华人民共和国环境保护部网站、中国绿色采购网上发布,请各采购当事人到上述网站查阅、下载。

六、环保清单中产品的相关销售渠道和联系方式将在上述网站公布。

七、环保清单将于2012年7月再次调整并公布,财政部将会同环境保护部对2012年5月31日前取得环境标志认证证书的产品进行审核和公示。

请遵照执行。

附件:环境标志产品政府采购清单(第九期,请从网上下载)(编者略)

财政部　国家发展改革委关于调整公布第十一期节能产品政府采购清单的通知

2012年1月20日　财库〔2012〕9号

党中央有关部门,国务院各部委、各直属机构,全国人大常委会办公厅,全国政协办公厅,高法院,高检院,有关人民团体,各省、自治区、直辖市、计划单列市财政厅(局)、发展改革委(计委)、经贸委(经委),新疆生产建设兵团财务局、发展改革委、经委:

为了加大节能产品政府采购工作力度,根据《国务院办公厅关于建立政府强制采购节能产品制度的通知》(国办发〔2007〕51号)和财政部、发展改革委发布的《节能产品政府采购实施意见》(财库〔2004〕185号)的规定,我们对已发布的"节能产品政府采购清单"(以下简称节能清单)进行了调整。现将调整后的第十一期节能清单印发给你们,并将有关事项通知如下:

一、第十一期节能清单中的空调机、照明产品、电视机、电热水器、计算机、打印机、显示器、便器、水嘴等九类产品为政府强制采购节能产品(以"★"标注)。

二、相关企业应当保证节能清单所列型号/系列的产品在本期节能清单有效期内稳定供货,凡发生制造商及其代理商不接受参加政府采购活动邀请、列入节能清单的产品无法正常供货以及其他违反《承诺书》内容情形的,采购人及其他相关当事人应当及时将有关情况向财政部反映,财政部经核实,根据具体违规情形,对制造商做出列入不良供应商行为记录、暂停列入节能清单三个月至两年的处理,并在中华人民共和国财政部网站(http://

www. mof. gov. cn)、中国政府采购网(http://www. ccgp. gov. cn)、国家发展改革委网站(http://hzs. ndrc. gov. cn)和中国质量认证中心网站(http://www. cqc. com. cn)上公告。

三、第十一期节能清单自发布之日起执行。在此之后开展的政府采购活动,应当执行第十一期节能清单,不再执行此前公布的节能清单。未列入本期节能清单的产品不属于政府优先采购和强制采购的范围。凡违反上述规定的,财政部门将依照有关规定予以处理。

四、已经确定实施的政府集中采购协议供货产品涉及节能清单产品类别的,集中采购机构应当按照本期节能清单重新组织协议供货活动或进行调整。

五、政府采购工程项目应当严格执行节能产品政府优先采购和强制采购制度。在确定工程总包单位时,采购人及其委托的采购代理机构应当明确落实节能产品政府采购政策要求。

六、节能清单在中华人民共和国财政部网站、中国政府采购网、国家发展改革委网站和中国质量认证中心网站上发布,请各采购当事人到上述网站查阅、下载。

七、节能清单中产品的相关销售渠道和联系方式将在上述网站公布。

八、节能清单将于2012年7月再次调整并公布,财政部将会同国家发展改革委对2012年5月31日前取得节能认证证书的产品进行审核和公示。

请遵照执行。

附件:节能产品政府采购清单(第十一期,请从网上下载)(编者略)

2-1-601

国家发展改革委　财政部关于“节能产品惠民工程”高效电机推广目录(第四批)的公告

2012年3月21日　国家发展改革委　财政部公告2012年第4号

根据《财政部、国家发展改革委关于开展“节能产品惠民工程”的通知》(财建〔2009〕213号)和《财政部、国家发展改革委关于印发“节能产品惠民工程”高效电机推广实施细则的通知》(财建〔2010〕232号)的要求,国家发展改革委、财政部组织对各地上报的高效电机推广申请报告及相关材料进行了审核。现将“节能产品惠民工程”高效电机推广目录(第四批)予以公告,推广目录在国家发展改革委网站(www. ndrc. gov. cn)和财政部网站(www. mof. gov. cn)上发布,请有关部门、单位及企业到上述网站查阅、下载。

附件:1. “节能产品惠民工程”高效电机推广目录(第四批)入围企业(编者略)

2. “节能产品惠民工程”高效电机推广目录(编者略)

2 - 1 - 602

财政部　国家税务总局关于进一步鼓励软件产业和集成电路产业发展企业所得税政策的通知

2012 年 4 月 20 日　财税〔2012〕27 号

各省、自治区、直辖市、计划单列市财政厅(局)、国家税务局、地方税务局:

根据《中华人民共和国企业所得税法》及其实施条例和《国务院关于印发进一步鼓励软件产业和集成电路产业发展若干政策的通知》(国发〔2011〕4 号)精神,为进一步推动科技创新和产业结构升级,促进信息技术产业发展,现将鼓励软件产业和集成电路产业发展的企业所得税政策通知如下:

一、集成电路线宽小于 0.8 微米(含)的集成电路生产企业,经认定后,在 2017 年 12 月 31 日前自获利年度起计算优惠期,第一年至第二年免征企业所得税,第三年至第五年按照 25% 的法定税率减半征收企业所得税,并享受至期满为止。

二、集成电路线宽小于 0.25 微米或投资额超过 80 亿元的集成电路生产企业,经认定后,减按 15% 的税率征收企业所得税,其中经营期在 15 年以上的,在 2017 年 12 月 31 日前自获利年度起计算优惠期,第一年至第五年免征企业所得税,第六年至第十年按照 25% 的法定税率减半征收企业所得税,并享受至期满为止。

三、我国境内新办的集成电路设计企业和符合条件的软件企业,经认定后,在 2017 年 12 月 31 日前自获利年度起计算优惠期,第一年至第二年免征企业所得税,第三年至第五年按照 25% 的法定税率减半征收企业所得税,并享受至期满为止。

四、国家规划布局内的重点软件企业和集成电路设计企业,如当年未享受免税优惠的,可减按 10% 的税率征收企业所得税。

五、符合条件的软件企业按照《财政部、国家税务总局关于软件产品增值税政策的通知》(财税〔2011〕100 号)规定取得的即征即退增值税款,由企业专项用于软件产品研发和扩大再生产并单独进行核算,可以作为不征税收入,在计算应纳税所得额时从收入总额中减除。

六、集成电路设计企业和符合条件软件企业的职工培训费用,应单独进行核算并按实际发生额在计算应纳税所得额时扣除。

七、企业外购的软件,凡符合固定资产或无形资产确认条件的,可以按照固定资产或无形资产进行核算,其折旧或摊销年限可以适当缩短,最短可为 2 年(含)。

八、集成电路生产企业的生产设备,其折旧年限可以适当缩短,最短可为 3 年(含)。

九、本通知所称集成电路生产企业,是指以单片集成电路、多芯片集成电路、混合集成电路制造为主营业务并同时符合下列条件的企业:

(一)依法在中国境内成立并经认定取得集成电路生产企业资质的法人企业;

(二)签订劳动合同关系且具有大学专科以上学历的职工人数占企业当年月平均职工总人数的比例不低于40%,其中研究开发人员占企业当年月平均职工总数的比例不低于20%;

(三)拥有核心关键技术,并以此为基础开展经营活动,且当年度的研究开发费用总额占企业销售(营业)收入(主营业务收入与其他业务收入之和,下同)总额的比例不低于5%;其中,企业在中国境内发生的研究开发费用金额占研究开发费用总额的比例不低于60%;

(四)集成电路制造销售(营业)收入占企业收入总额的比例不低于60%;

(五)具有保证产品生产的手段和能力,并获得有关资质认证(包括ISO质量体系认证、人力资源能力认证等);

(六)具有与集成电路生产相适应的经营场所、软硬件设施等基本条件。

《集成电路生产企业认定管理办法》由发展改革委、工业和信息化部、财政部、税务总局会同有关部门另行制定。

十、本通知所称集成电路设计企业或符合条件的软件企业,是指以集成电路设计或软件产品开发为主营业务并同时符合下列条件的企业:

(一)2011年1月1日后依法在中国境内成立并经认定取得集成电路设计企业资质或软件企业资质的法人企业;

(二)签订劳动合同关系且具有大学专科以上学历的职工人数占企业当年月平均职工总人数的比例不低于40%,其中研究开发人员占企业当年月平均职工总数的比例不低于20%;

(三)拥有核心关键技术,并以此为基础开展经营活动,且当年度的研究开发费用总额占企业销售(营业)收入总额的比例不低于6%;其中,企业在中国境内发生的研究开发费用金额占研究开发费用总额的比例不低于60%;

(四)集成电路设计企业的集成电路设计销售(营业)收入占企业收入总额的比例不低于60%,其中集成电路自主设计销售(营业)收入占企业收入总额的比例不低于50%;软件企业的软件产品开发销售(营业)收入占企业收入总额的比例一般不低于50%(嵌入式软件产品和信息系统集成产品开发销售(营业)收入占企业收入总额的比例不低于40%),其中软件产品自主开发销售(营业)收入占企业收入总额的比例一般不低于40%(嵌入式软件产品和信息系统集成产品开发销售(营业)收入占企业收入总额的比例不低于30%);

(五)主营业务拥有自主知识产权,其中软件产品拥有省级软件产业主管部门认可的软件检测机构出具的检测证明材料和软件产业主管部门颁发的《软件产品登记证书》;

(六)具有保证设计产品质量的手段和能力,并建立符合集成电路或软件工程要求的质量管理体系并提供有效运行的过程文档记录;

(七)具有与集成电路设计或者软件开发相适应的生产经营场所、软硬件设施等开发环境(如EDA工具、合法的开发工具等),以及与所提供服务相关的技术支撑环境;

《集成电路设计企业认定管理办法》、《软件企业认定管理办法》由工业和信息化部、发展改革委、财政部、税务总局会同有关部门另行制定。

十一、国家规划布局内重点软件企业和集成电路设计企业在满足本通知第十条规定条件的基础上，由发展改革委、工业和信息化部、财政部、税务总局等部门根据国家规划布局支持领域的要求，结合企业年度集成电路设计销售（营业）收入或软件产品开发销售（营业）收入、盈利等情况进行综合评比，实行总量控制、择优认定。

《国家规划布局内重点软件企业和集成电路设计企业认定管理办法》由发展改革委、工业和信息化部、财政部、税务总局会同有关部门另行制定。

十二、本通知所称新办企业认定标准按照《财政部、国家税务总局关于享受企业所得税优惠政策的新办企业认定标准的通知》（财税〔2006〕1 号）规定执行。

十三、本通知所称研究开发费用政策口径按照《国家税务总局关于印发〈企业研究开发费用税前扣除管理办法（试行）〉的通知》（国税发〔2008〕116 号）规定执行。

十四、本通知所称获利年度，是指该企业当年应纳税所得额大于零的纳税年度。

十五、本通知所称集成电路设计销售（营业）收入，是指集成电路企业从事集成电路（IC）功能研发、设计并销售的收入。

十六、本通知所称软件产品开发销售（营业）收入，是指软件企业从事计算机软件、信息系统或嵌入式软件等软件产品开发并销售的收入，以及信息系统集成服务、信息技术咨询服务、数据处理和存储服务等技术服务收入。

十七、符合本通知规定须经认定后享受税收优惠的企业，应在获利年度当年或次年的企业所得税汇算清缴之前取得相关认定资质。如果在获利年度次年的企业所得税汇算清缴之前取得相关认定资质，该企业可从获利年度起享受相应的定期减免税优惠；如果在获利年度次年的企业所得税汇算清缴之后取得相关认定资质，该企业应在取得相关认定资质起，就其从获利年度起计算的优惠期的剩余年限享受相应的定期减免优惠。

十八、符合本通知规定条件的企业，应在年度终了之日起 4 个月内，按照本通知及《国家税务总局关于企业所得税减免税管理问题的通知》（国税发〔2008〕111 号）的规定，向主管税务机关办理减免税手续。在办理减免税手续时，企业应提供具有法律效力的证明材料。

十九、享受上述税收优惠的企业有下述情况之一的，应取消其享受税收优惠的资格，并补缴已减免的企业所得税税款：

（一）在申请认定过程中提供虚假信息的；

（二）有偷、骗税等行为的；

（三）发生重大安全、质量事故的；

（四）有环境等违法、违规行为，受到有关部门处罚的。

二十、享受税收优惠的企业，其税收优惠条件发生变化的，应当自发生变化之日起 15 日内向主管税务机关报告；不再符合税收优惠条件的，应当依法履行纳税义务；未依法纳税的，主管税务机关应当予以追缴。同时，主管税务机关在执行税收优惠政策过程中，发现企业不符合享受税收优惠条件的，可暂停企业享受的相关税收优惠。

二十一、在 2010 年 12 月 31 日前，依照《财政部、国家税务总局关于企业所得税若干优惠政策的通知》（财税〔2008〕1 号）第一条规定，经认定并可享受原定期减免税优惠的企业，可在本通知施行后继续享受到期满为止。

二十二、集成电路生产企业、集成电路设计企业、软件企业等依照本通知规定可以享受的企业所得税优惠政策与企业所得税其他相同方式优惠政策存在交叉的，由企业选择一项最优惠政策执行，不叠加享受。

二十三、本通知自2011年1月1日起执行。《财政部 国家税务总局关于企业所得税若干优惠政策的通知》（财税〔2008〕1号）第一条第（一）项至第（九）项自2011年1月1日起停止执行。

注释：

条款失效。第二条中“经认定后，减按15%的税率征收企业所得税”的规定和第四条“国家规划布局内的重点软件企业和集成电路设计企业，如当年未享受免税优惠的，可减按10%的税率征收企业所得税”自2020年1月1日起停止执行。参见：《财政部 税务总局 发展改革委 工业和信息化部关于促进集成电路产业和软件产业高质量发展企业所得税政策的公告》（财政部 税务总局 发展改革委 工业和信息化部公告2020年第45号）。

条款失效。第九条、第十条、第十一条、第十三条、第十七条、第十八条、第十九条和第二十条停止执行。参见：《财政部 国家税务总局 发展改革委 工业和信息化部关于软件和集成电路产业企业所得税优惠政策有关问题的通知》（财税〔2016〕49号）。

政策调整。“软件、集成电路企业享受所得税优惠的备案核准”取消。参见：1.《国家税务总局关于贯彻落实〈国务院关于第一批取消62项中央指定地方实施行政审批事项的决定〉的通知》（税总发〔2015〕141号）。2.《国务院关于第一批取消62项中央指定地方实施行政审批事项的决定》（国发〔2015〕57号）。3.《国家税务总局关于公布已取消的22项税务非行政许可审批事项的公告》（国家税务总局公告2015年第58号）。

2－1－603

财政部 国家税务总局 中国人民银行关于印发《跨省市总分机构企业所得税分配及预算管理办法》的通知

2012年6月12日 财预〔2012〕40号

各省、自治区、直辖市、计划单列市财政厅（局），国家税务局，地方税务局，财政部驻各省、自治区、直辖市、计划单列市财政监察专员办事处，中国人民银行上海总部，各分行、营业管理部，省会（首府）城市中心支行，深圳、大连、青岛、厦门、宁波市中心支行：

现将《跨省市总分机构企业所得税分配及预算管理办法》印发给你们，请认真贯彻执行。

附件：跨省市总分机构企业所得税分配及预算管理办法

附件

跨省市总分机构企业所得税分配及预算管理办法

为了保证《中华人民共和国企业所得税法》的顺利实施，妥善处理地区间利益分配关系，做好跨省市总分机构企业所得税收入的征缴和分配管理工作，制定本办法。

一、主要内容

（一）基本方法。属于中央与地方共享范围的跨省市总分机构企业缴纳的企业所得税，按照统一规范、兼顾总机构和分支机构所在地利益的原则，实行“统一计算、分级管理、就地预缴、汇总清算、财政调库”的处理办法，总分机构统一计算的当期应纳税额的地方分享部分中，25%由总机构所在地分享，50%由各分支机构所在地分享，25%按一定比例在各地间进行分配。

统一计算，是指居民企业应统一计算包括各个不具有法人资格营业机构在内的企业全部应纳税所得额、应纳税额。总机构和分支机构适用税率不一致的，应分别按适用税率计算应纳所得税额。

分级管理，是指居民企业总机构、分支机构，分别由所在地主管税务机关属地进行监督和管理。

就地预缴，是指居民企业总机构、分支机构，应按本办法规定的比例分别就地按月或者按季向所在地主管税务机关申报、预缴企业所得税。

汇总清算，是指在年度终了后，总分机构企业根据统一计算的年度应纳税所得额、应纳所得税额，抵减总机构、分支机构当年已就地分期预缴的企业所得税款后，多退少补。

财政调库，是指财政部定期将缴入中央总金库的跨省市总分机构企业所得税待分配收入，按照核定的系数调整至地方国库。

（二）适用范围。跨省市总分机构企业是指跨省（自治区、直辖市和计划单列市，下同）设立不具有法人资格分支机构的居民企业。

总机构和具有主体生产经营职能的二级分支机构就地预缴企业所得税。三级及三级以下分支机构，其营业收入、职工薪酬和资产总额等统一并入二级分支机构计算。

按照现行财政体制的规定，国有邮政企业（包括中国邮政集团公司及其控股公司和直属单位）、中国工商银行股份有限公司、中国农业银行股份有限公司、中国银行股份有限公司、国家开发银行股份有限公司、中国农业发展银行、中国进出口银行、中国投资有限责任公司、中国建设银行股份有限公司、中国建银投资有限责任公司、中国信达资产管理股份有限公司、中国石油天然气股份有限公司、中国石油化工股份有限公司、海洋石油天然气企业（包括中国海洋石油总公司、中海石油（中国）有限公司、中海油田服务股份有限公司、海洋石油工程股份有限公司）、中国长江电力股份有限公司等企业总分机构缴纳的企业所得税（包括滞纳金、罚款收入）为中央收入，全额上缴中央国库，不实行本办法。

不具有主体生产经营职能且在当地不缴纳营业税、增值税的产品售后服务、内部研发、仓储等企业内部辅助性的二级分支机构以及上年度符合条件的小型微利企业及其分支机构，不实行本办法。

居民企业在中国境外设立不具有法人资格分支机构的，按本办法计算有关分期预缴企业所得税时，其应纳税所得额、应纳所得税额及分摊因素数额，均不包括其境外分支机构。

二、预算科目

从2013年起，在《政府收支分类科目》中增设1010449项“分支机构汇算清缴所得税”科目，其下设01目“国有企业分支机构汇算清缴所得税”、02目“股份制企业分支机构汇算清缴所得税”、03目“港澳台和外商投资企业分支机构汇算清缴所得税”、99目“其他企业分支机构汇算清缴所得税”，有关科目说明及其他修订情况见《2013年政府收支分类科目》。

三、税款预缴

由总机构统一计算企业应纳税所得额和应纳所得税额，并分别由总机构、分支机构按月或按季就地预缴。

（一）分支机构分摊预缴税款。总机构在每月或每季终了之日起十日内，按照上年度各省市分支机构的营业收入、职工薪酬和资产总额三个因素，将统一计算的企业当期应纳税额的50%在各分支机构之间进行分摊（总机构所在省市同时设有分支机构的，同样按三个因素分摊），各分支机构根据分摊税款就地办理缴库，所缴纳税款收入由中央与分支机构所在地按60:40分享。分摊时三个因素权重依次为0.35、0.35和0.3。当年新设立的分支机构第二年起参与分摊；当年撤销的分支机构自办理注销税务登记之日起不参与分摊。

本办法所称的分支机构营业收入，是指分支机构销售商品、提供劳务、让渡资产使用权等日常经营活动实现的全部收入。其中，生产经营企业分支机构营业收入是指生产经营企业分支机构销售商品、提供劳务、让渡资产使用权等取得的全部收入；金融企业分支机构营业收入是指金融企业分支机构取得的利息、手续费、佣金等全部收入；保险企业分支机构营业收入是指保险企业分支机构取得的保费等全部收入。

本办法所称的分支机构职工薪酬，是指分支机构为获得职工提供的服务而给予职工的各种形式的报酬。

本办法所称的分支机构资产总额，是指分支机构在12月31日拥有或者控制的资产合计额。

各分支机构分摊预缴额按下列公式计算：

各分支机构分摊预缴额＝所有分支机构应分摊的预缴总额×该分支机构分摊比例

其中：

所有分支机构应分摊的预缴总额＝统一计算的企业当期应纳所得税额×50%

该分支机构分摊比例＝（该分支机构营业收入/各分支机构营业收入之和）×0.35＋（该分支机构职工薪酬/各分支机构职工薪酬之和）×0.35＋（该分支机构资产总额/各分支机构资产总额之和）×0.30

以上公式中，分支机构仅指需要参与就地预缴的分支机构。

（二）总机构就地预缴税款。总机构应将统一计算的企业当期应纳税额的25%，就地办理缴库，所缴纳税款收入由中央与总机构所在地按60:40分享。

（三）总机构预缴中央国库税款。总机构应将统一计算的企业当期应纳税额的剩余25%，就地全额缴入中央国库，所缴纳税款收入60%为中央收入，40%由财政部按照2004

年至2006年各省市三年实际分享企业所得税占地方分享总额的比例定期向各省市分配。

四、汇总清算

企业总机构汇总计算企业年度应纳所得税额，扣除总机构和各境内分支机构已预缴的税款，计算出应补应退税款，分别由总机构和各分支机构（不包括当年已办理注销税务登记的分支机构）就地办理税款缴库或退库。

（一）补缴的税款按照预缴的分配比例，50%由各分支机构就地办理缴库，所缴纳税款收入由中央与分支机构所在地按60:40分享；25%由总机构就地办理缴库，所缴纳税款收入由中央与总机构所在地按60:40分享；其余25%部分就地全额缴入中央国库，所缴纳税款收入中60%为中央收入，40%由财政部按照2004年至2006年各省市三年实际分享企业所得税占地方分享总额的比例定期向各省市分配。

（二）多缴的税款按照预缴的分配比例，50%由各分支机构就地办理退库，所退税款由中央与分支机构所在地按60:40分担；25%由总机构就地办理退库，所退税款由中央与总机构所在地按60:40分担；其余25%部分就地从中央国库退库，其中60%从中央级1010442项“总机构汇算清缴所得税”下有关科目退付，40%从中央级1010443项“企业所得税待分配收入”下有关科目退付。

五、税款缴库程序

（一）分支机构分摊的预缴税款、汇算补缴税款、查补税款（包括滞纳金和罚款）由分支机构办理就地缴库。分支机构所在地税务机关开具税收缴款书，预算科目栏按企业所有制性质对应填写1010440项“分支机构预缴所得税”、1010449项“分支机构汇算清缴所得税”和1010450项“企业所得税查补税款、滞纳金、罚款收入”下的有关目级科目名称及代码，“级次”栏填写“中央60%、地方40%”。

（二）总机构就地预缴、汇算补缴、查补税款（包括滞纳金和罚款）由总机构合并办理就地缴库。中央与地方分配方式为中央60%，企业所得税待分配收入（暂列中央收入）20%，总机构所在地20%。总机构所在地税务机关开具税收缴款书，预算科目栏按企业所有制性质对应填写1010441项“总机构预缴所得税”、1010442项“总机构汇算清缴所得税”和1010450项“企业所得税查补税款、滞纳金、罚款收入”下的有关目级科目名称及代码，“级次”栏按上述分配比例填写“中央60%、中央20%（待分配）、地方20%”。

国库部门收到税款（包括滞纳金和罚款）后，将其中60%列入中央级1010441项“总机构预缴所得税”、1010442项“总机构汇算清缴所得税”和1010450项“企业所得税查补税款、滞纳金、罚款收入”下有关目级科目，20%列入中央级1010443项“企业所得税待分配收入”下有关目级科目，20%列入地方级1010441项“总机构预缴所得税”、1010442项“总机构汇算清缴所得税”和1010450项“企业所得税查补税款、滞纳金、罚款收入”下有关目级科目。

（三）多缴的税款由分支机构和总机构所在地税务机关开具收入退还书并按规定办理退库。收入退还书预算科目按企业所有制性质对应填写，预算级次按原缴款时的级次填写。

六、财政调库

财政部根据2004年至2006年各省市三年实际分享企业所得税占地方分享总额的比例，定期向中央总金库按目级科目开具分地区调库划款指令，将“企业所得税待分配收入”

全额划转至地方国库。地方国库收款后,全额列入地方级1010441项“总机构预缴所得税”下的目级科目办理入库,并通知同级财政部门。

七、其他

(一)跨省市总分机构企业缴纳的所得税查补税款、滞纳金、罚款收入,按中央与地方60:40分成比例就地缴库。需要退还的所得税查补税款、滞纳金和罚款收入仍按现行管理办法办理审批退库手续。

(二)财政部于每年1月初按中央总金库截至上年12月31日的跨省市总分机构企业所得税待分配收入进行分配,并在库款报解整理期(1月1日至1月10日)内划转至地方国库;地方国库收到下划资金后,金额纳入上年度地方预算收入。地方财政列入上年度收入决算。各省市分库在12月31日向中央总金库报解最后一份中央预算收入日报表后,整理期内再收纳的跨省市分机构企业缴纳的所得税,统一作为新年度的缴库收入处理。

(三)税务机关与国库部门在办理总机构缴纳的所得税对账时,需要将1010441项“总机构预缴所得税”、42项“总机构汇算清缴所得税”、43项“企业所得税待分配收入”下设的目级科目按级次核对一致。

(四)本办法自2013年1月1日起执行。《财政部、国家税务总局、中国人民银行关于印发〈跨省市总分机构企业所得税分配及预算管理暂行办法〉的通知》(财预〔2008〕10号)同时废止。

(五)分配给地方的跨省市总分机构企业所得税收入,以及省区域内跨市县经营企业缴纳的企业所得税收入,可参照本办法制定省以下分配与预算管理办法。

2-1-604

国家税务总局关于中国信达资产管理股份有限公司变更二级分支机构的公告

2012年7月27日　国家税务总局公告2012年第37号

根据《国家税务总局关于中国信达资产管理股份有限公司企业所得税征管问题的通知》(国税函〔2011〕250号)规定,现将中国信达资产管理股份有限公司所属二级分支机构名单(见附件)予以公布。国税函〔2011〕250号文件所附的中国信达资产管理股份有限公司所属二级分支机构名单同时废止。本公告自2012年1月1日起执行。

特此公告。

附件:中国信达资产管理股份有限公司所属二级分支机构名单(编者略)

2－1－605

国家发展改革委　工业和信息化部　财政部　商务部　国家税务总局关于印发《国家规划布局内重点软件企业和集成电路设计企业认定管理试行办法》的通知

2012年8月9日　发改高技〔2012〕2413号

各省、自治区、直辖市及计划单列市发展改革委、工业和信息化主管部门、财政厅（局）、商务厅（局）、国家税务局、地方税务局：

为贯彻落实《国务院关于印发进一步鼓励软件产业和集成电路产业发展若干政策的通知》（国发〔2011〕4号），规范国家规划布局内重点软件企业和集成电路设计企业认定工作，特制定《国家规划布局内重点软件企业和集成电路设计企业认定管理试行办法》，现印发给你们，请按照执行，做好有关工作。

特此通知。

附件：国家规划布局内重点软件企业和集成电路设计企业认定管理试行办法

附件

国家规划布局内重点软件企业和集成电路设计企业认定管理试行办法

第一章　总　　则

第一条　根据《国务院关于印发进一步鼓励软件产业和集成电路产业发展若干政策的通知》（国发〔2011〕4号）及《财政部、国家税务总局关于进一步鼓励软件产业和集成电路产业发展企业所得税政策的通知》（财税〔2012〕27号）的规定，为合理确定国家规划布局内重点软件企业和集成电路设计企业（以下简称“规划布局企业”），特制定本办法。

第二条　国家发展和改革委员会、工业和信息化部、财政部、商务部、国家税务总局（以下简称“认定主管部门”）负责规划布局企业认定工作。

第三条　规划布局企业每两年认定一次，认定资格有效期为两年。

第二章　申报条件

第四条　规划布局企业须同时符合财税〔2012〕27号文件和本办法规定的条件。

第五条　规划布局企业须符合战略性新兴产业发展规划、信息产业发展规划等国家规划部署，在全国软件和集成电路行业中具有相对比较优势。

第六条 符合下列条件之一的软件企业可进行申报：

（一）年度软件产品开发销售（营业）收入总额超过（含）1.5亿元人民币且当年不亏损；

（二）年度软件产品开发销售（营业）收入总额低于1.5亿元人民币，在认定主管部门发布的支持领域内综合评分位居申报企业前五位；

（三）年度软件出口收入总额超过（含）500万美元，且年度软件出口收入总额占本企业年度收入总额比例超过（含）50%。

第七条 符合下列条件之一的集成电路设计企业可进行申报：

（一）年度集成电路设计销售（营业）收入总额超过（含）1.5亿元人民币且当年不亏损；

（二）年度集成电路设计销售（营业）收入总额低于1.5亿元人民币，在认定主管部门发布的支持领域内综合评分位居申报企业前三位。

第八条 认定主管部门可根据产业发展情况对本办法第六条、第七条所规定的申报条件进行必要调整。

第三章 申报材料

第九条 申报国家规划布局内重点软件企业须提交下列材料：

（一）《国家规划布局内重点软件企业申请书》（可从国家发展和改革委员会、工业和信息化部网站下载）；

（二）企业营业执照副本、税务登记证以及按照《软件企业认定管理办法》取得的软件企业认定证书（以上均为复印件）；

（三）经具有国家法定资质的中介机构鉴证的企业认定年度（企业申请享受优惠政策的起始年度，下同）前两个会计年度（实际年限不足两年的按实际经营年限）财务报表（含资产负债表、损益表、现金流量表）以及企业软件产品开发销售（营业）收入、企业软件产品自主开发销售（营业）收入、研究开发费用、境内研究开发费用等情况表并附研究开发活动说明材料；

（四）企业职工人数、学历结构以及研发人员占企业职工比例的说明；

（五）企业主管税务机关受理签章的企业认定年度前两年所得税汇算清缴年度申报表；

（六）按本办法第六条第三类条件申报的，应提供商务主管部门核发的软件出口合同登记证书，以及有效出口合同和结汇证明等材料；

（七）认定主管部门要求提供的其他材料。

第十条 申报国家规划布局内集成电路设计企业须提交下列材料：

（一）《国家规划布局内集成电路设计企业申请书》（可从国家发展和改革委员会、工业和信息化部网站下载）；

（二）企业营业执照副本、税务登记证以及按照《集成电路设计企业认定管理办法》取得的集成电路设计企业认定证书（以上均为复印件）；

（三）经具有国家法定资质的中介机构鉴证的企业认定年度前两个会计年度（实际年限不足两年的按实际经营年限）财务报表（含资产负债表、损益表、现金流量表）以及集成电路设计销售（营业）收入、集成电路自主设计销售（营业）收入、研究开发费用、境内研究开发费用等情况表并附研究开发活动说明材料；

（四）企业职工人数、学历结构以及研发人员占企业职工比例的说明；

（五）企业主管税务机关受理签章的企业认定年度前两年所得税汇算清缴年度申报表；

（六）认定主管部门要求提供的其他材料。

第四章 认定程序

第十一条 认定主管部门根据相关国家规划研究确定支持领域和认定工作要求，并在申报年度（企业提出规划布局企业资格申请的年度，下同）4 月底前发布公告。

第十二条 企业对照公告、财税〔2012〕27 号文件和本办法的要求，进行自我评价。认为符合认定条件的，企业可提出认定申请。

第十三条 各省、自治区、直辖市和计划单列市发展改革委、工业和信息化、财政、商务、税务主管部门（以下简称“地方主管部门”）统一受理企业申请，并对企业申请材料进行汇总、核实。对申报材料不全的企业，地方主管部门应于申报年度 7 月 1 日前予以告之，并于申报年度 8 月底前将本地区所有申报企业情况联合报送认定主管部门。

第十四条 认定主管部门建立评审专家库，依据企业申请材料，随机抽取专家库内专家，在申报年度 9 月底前对申报企业研发水平、经营水平、支撑带动作用等指标进行综合评比（评价指标详见附表）。组织专家评审应符合以下规定：

（一）对国家规划布局内重点软件企业和国家规划布局内集成电路设计企业分别组织专家评审，两个专家组人数分别为 11 人以上和 7 人以上单数；

（二）专家组由技术和管理（财务）两方面专家组成，各占约 50% 比重。技术专家应具有高级职称，管理（财务）专家应具有高级职称或从事相关领域工作 15 年以上；

（三）与申报企业有直接利害关系的人员不得进入专家组；

（四）专家组成员名单应严格保密。

第十五条 认定主管部门依据国家规划和产业政策、专家评审意见，按部门职责进行综合审查研究后，以总量控制原则择优确定规划布局企业。对符合国家规划布局内重点软件企业条件的重点动漫企业，认定工作商文化部。

第十六条 认定主管部门对获认定的规划布局企业核发证书。

第十七条 获认定的规划布局企业应依照《中华人民共和国企业所得税法》及其实施条例、《中华人民共和国税收征收管理法》及其实施细则等有关规定，到主管税务机关办理减税手续。

第十八条 获认定的规划布局企业发生更名、分立、合并、重组以及经营业务重大变化等事项，应当自发生变化之日起 15 日内书面提请地方主管部门报认定主管部门。地方主管部门和企业主管税务机关在执行政策过程中，发现获认定的规划布局企业不符合申报要求的，应报认定主管部门复核。复核期间，可暂停企业享受规划布局企业税收优惠政策。认定主管部门适时作出保留认定资格、撤销认定资格等决定。

第十九条 中国软件行业协会、中国半导体行业协会及地方相应机构（以下简称“有关机构”）配合开展政策实施情况评估等工作，并将有关情况及时报送认定主管部门。

第五章 工作要求

第二十条 地方主管部门不得限制企业申报。

第二十一条　认定主管部门和地方主管部门工作人员不得作为专家参与评审。

第二十二条　认定主管部门、地方主管部门、有关机构工作人员和专家对所承担工作负有诚信以及合规义务，对申请认定企业的有关信息负有保密义务。

第二十三条　除国家法律法规规定的收费项目外，不得因认定工作以手续费、评审费等名目收取企业费用。

第六章　罚　　则

第二十四条　获认定的规划布局企业如有下述情况之一的，取消其认定资格，并在4年内不再受理其认定申请。未依法纳税的，主管税务机关应当予以追缴。

（一）在申请认定过程中提供虚假信息；

（二）有逃避缴纳税款或帮助他人逃避缴纳税款等行为，或因违反《中华人民共和国税收征收管理法》及其实施细则受到税务机关处罚；

（三）在安全、质量、市场竞争行为、公司管理等方面有重大违法违规行为，受到有关部门处罚；

（四）未及时报告使企业减税条件发生变化的更名、分立、合并、重组以及经营业务重大变化等情况。

第二十五条　认定主管部门须加强对地方主管部门和有关机构工作的监督。对违反本办法规定的地方给予通报批评。对违反认定工作规定的有关机构，视情节轻重给予通报批评、取消工作资格等处罚。

第二十六条　参与认定工作的认定主管部门、地方主管部门、有关机构工作人员和专家如有下列行为之一的，对有关责任人员给予处分；构成犯罪的，由司法机关依法追究刑事责任。

（一）违反认定工作程序和工作原则；

（二）滥用职权、玩忽职守、徇私舞弊、索贿受贿；

（三）违反企业信息保密、认定工作保密等要求；

（四）其他违反本办法规定的行为。

第七章　附　　则

第二十七条　原《国家规划布局内重点软件企业认定管理办法》（发改高技〔2005〕2669号），自本办法实施之日起停止执行。

第二十八条　本办法由国家发展和改革委员会、工业和信息化部、财政部、商务部、国家税务总局负责解释。

第二十九条　本办法自发布之日起施行。

附表：1. 国家规划布局内重点软件企业评价指标（试行）（编者略）

　　　2. 国家规划布局内集成电路设计企业评价指标（试行）（编者略）

附件：1. 国家规划布局内集成电路设计企业申请书（编者略）

　　　2. 国家规划布局内重点软件企业申请书（编者略）

注释：

政策调整。"享受税收优惠政策的集成电路企业和国家规划布局内重点软件企业的认定"取消。参见:《国务院关于取消非行政许可审批事项的决定》(国发〔2015〕27号)。

2－1－606

财政部　国家税务总局关于地方政府债券利息免征所得税问题的通知

2013年2月6日　财税〔2013〕5号

各省、自治区、直辖市、计划单列市财政厅(局)、国家税务局、地方税务局,新疆生产建设兵团财务局:

经国务院批准,现就地方政府债券利息有关所得税政策通知如下:

一、对企业和个人取得的2012年及以后年度发行的地方政府债券利息收入,免征企业所得税和个人所得税。

二、地方政府债券是指经国务院批准同意,以省、自治区、直辖市和计划单列市政府为发行和偿还主体的债券。

2－1－607

国家税务总局转发《财政部　国家发展改革委关于调整公布第十三期节能产品政府采购清单的通知》等2个文件的通知

2013年3月7日　税总函〔2013〕99号

各省、自治区、直辖市和计划单列市国家税务局,局内各单位:

为了加大节能产品和环境标志产品政府采购工作力度,财政部、发展改革委近期对已发布的"节能产品政府采购清单"进行了调整,财政部、环境保护部对已发布的"环境标志产品政府采购清单"进行了调整。现将《财政部、国家发展改革委关于调整公布第十三期节能产品政府采购清单的通知》(财库〔2013〕12号)和《财政部、环境保护部关于调整公布第十一期环境标志产品政府采购清单的通知》(财库〔2013〕14号)转发给你们,请结合工作实际认真贯彻执行。执行中如有问题,请与税务总局(集中采购中心)联系。

附件:财库〔2013〕12号文件、财库〔2013〕14号文件(编者略)

2－1－608

国家税务总局关于中国银行股份有限公司等4家企业二级分支机构名单的公告

2013年4月15日　国家税务总局公告2013年第16号

根据《国家税务总局关于中国工商银行股份有限公司等企业企业所得税有关征管问题的通知》(国税函〔2010〕184号)规定,现将中国银行股份有限公司、中国进出口银行、中国农业发展银行、中国建银投资有限责任公司所属二级分支机构名单予以公布。上述4家企业新成立的二级分支机构自成立之日起纳入所属企业的二级分支机构管理,相关涉及企业所得税事宜按国税函〔2010〕184号文件规定办理。

特此公告。

附件:中国银行股份有限公司所属二级分支机构名单(编者略)

2－1－609

财政部关于停止执行中国出口信用保险公司所得税返还政策的通知

2013年4月18日　财税〔2013〕25号

北京市财政局,中国出口信用保险公司:

按照国务院批准的中国出口信用保险公司(以下简称中信保公司)改革方案及有关文件精神,根据中信保公司管理体制变化情况,经研究,《关于中国出口信用保险公司所得税返还政策的通知》(财税〔2007〕138号)自2010年1月1日起停止执行,中信保公司在2010年度及以后年度缴纳的企业所得税不再执行先征后返政策。

请遵照执行。

2－1－610

国家税务总局关于电网企业电网新建项目享受所得税优惠政策问题的公告

2013年5月24日　国家税务总局公告2013年第26号

经研究,现将居民企业电网新建项目享受企业所得税优惠政策的有关问题公告如下:

一、根据《中华人民共和国企业所得税法》及其实施条例的有关规定,居民企业从事符合《公共基础设施项目企业所得税优惠目录(2008年版)》规定条件和标准的电网(输变电设施)的新建项目,可依法享受"三免三减半"的企业所得税优惠政策。基于企业电网新建项目的核算特点,暂以资产比例法,即以企业新增输变电固定资产原值占企业总输变电固定资产原值的比例,合理计算电网新建项目的应纳税所得额,并据此享受"三免三减半"的企业所得税优惠政策。电网企业新建项目享受优惠的具体计算方法如下:

(一)对于企业能独立核算收入的330kV以上跨省及长度超过200kM的交流输变电新建项目和500kV以上直流输变电新建项目,应在项目投运后,按该项目营业收入、营业成本等单独计算其应纳税所得额;该项目应分摊的期间费用,可按照企业期间费用与分摊比例计算确定,计算公式为:

应分摊的期间费用 = 企业期间费用 × 分摊比例

第一年分摊比例 = 该项目输变电资产原值/[(当年企业期初总输变电资产原值 + 当年企业期末总输变电资产原值)/2]×(当年取得第一笔生产经营收入至当年底的月份数/12)

第二年及以后年度分摊比例 = 该项目输变电资产原值/[(当年企业期初总输变电资产原值 + 当年企业期末总输变电资产原值)/2]

(二)对于企业符合优惠条件但不能独立核算收入的其他新建输变电项目,可先依照企业所得税法及相关规定计算出企业的应纳税所得额,再按照项目投运后的新增输变电固定资产原值占企业总输变电固定资产原值的比例,计算得出该新建项目减免的应纳税所得额。享受减免的应纳税所得额计算公式为:

当年减免的应纳税所得额 = 当年企业应纳税所得额 × 减免比例

减免比例 = [当年新增输变电资产原值/(当年企业期初总输变电资产原值 + 当年企业期末总输变电资产原值)/2]×1/2 + (符合税法规定、享受到第二年和第三年输变电资产原值之和)/[(当年企业期初总输变电资产原值 + 当年企业期末总输变电资产原值)/2] + [(符合税法规定、享受到第四年至第六年输变电资产原值之和)/(当年企业期初总输变电资产原值 + 当年企业期末总输变电资产原值)/2]×1/2

二、依照本公告规定享受有关企业所得税优惠的电网企业,应对其符合税法规定的电网新增输变电资产按年建立台账,并将相关资产的竣工决算报告和相关项目政府核准文件的复印件于次年3月31日前报当地主管税务机关备案。

三、本公告自2013年1月1日起施行。居民企业符合条件的2013年1月1日前的电网新建项目,已经享受企业所得税优惠的不再调整;未享受企业所得税优惠的可依照本公告的规定享受剩余年限的企业所得税优惠政策。

特此公告。

注释:

条款废止。第二条废止。参见:《国家税务总局关于公布失效废止的税务部门规章和税收规范性文件目录的决定》(国家税务总局令第42号)。

政策调整。"电网企业新建项目分摊期间费用的核准"取消。参见:1.《国家税务总局关于贯彻落实〈国务院关于第一批取消62项中央指定地方实施行政审批事项的决定〉的通知》(税总发〔2015〕141号)。2.《国务院关于第一批取消62项中央指定地方实施行政审批事项的决定》(国发〔2015〕57号)。3.《国家税务总局关于公布已取消的22项税务非行政许可审批事项的公告》(国家税务总局公告2015年第58号)。

2-1-611

国家税务总局关于中国华融资产管理股份有限公司和中国东方资产管理公司企业所得税征管问题的公告

2013年7月9日　国家税务总局公告2013年第38号

《财政部、国家税务总局、中国人民银行关于明确中国邮政储蓄银行等企业所得税收入归属的通知》(财预〔2013〕34号)规定,中国华融资产管理股份有限公司、中国东方资产管理公司缴纳的企业所得税为中央收入,全部缴入中央国库。根据《国家税务总局关于中国工商银行股份有限公司等企业企业所得税有关征管问题的通知》(国税函〔2010〕184号)精神,现将中国华融资产管理股份有限公司和中国东方资产管理公司企业所得税征管问题公告如下:

一、中国华融资产管理股份有限公司、中国东方资产管理公司应缴纳的企业所得税,由企业总机构统一汇总计算后,向总机构所在地主管税务机关申报预缴,年终进行汇算清缴。上述企业所属二级分支机构应按照企业所得税的有关规定,向其当地主管税务机关报送企业所得税预缴申报表和其他相关资料,各分支机构不就地预缴企业所得税。

二、中国华融资产管理股份有限公司、中国东方资产管理公司及其所属分支机构发生的资产损失,按照《国家税务总局关于发布〈企业资产损失所得税税前扣除管理办法〉的公告》(国家税务总局公告2011年第25号)的规定办理。

三、中国华融资产管理股份有限公司、中国东方资产管理公司所属二级分支机构名单由国家税务总局公布。上述企业所属二级以下(不含)分支机构名单,由二级分支机构向所在地主管税务机关提供,经所在地省税务机关审核后公布。企业分支机构发生增减变化的,应及时上报国家税务总局及二级分支机构所在地主管税务机关,由国家税务总局和二级分支机构所在地省税务机关重新公布所属分支机构名单。

四、本公告自2013年1月1日起执行。

特此公告。

附件:1. 中国华融资产管理股份有限公司所属二级分支机构名单(编者略)

2. 中国东方资产管理公司所属二级分支机构名单(编者略)

2－1－612

国家税务总局关于执行软件企业所得税优惠政策有关问题的公告

2013 年 7 月 25 日 国家税务总局公告 2013 年第 43 号

根据《中华人民共和国企业所得税法》及其实施条例、《国务院关于印发进一步鼓励软件产业和集成电路产业发展若干政策的通知》(国发〔2011〕4 号)、《财政部、国家税务总局关于进一步鼓励软件产业和集成电路产业发展企业所得税政策的通知》(财税〔2012〕27 号)、《国家税务总局关于软件和集成电路企业认定管理有关问题的公告》(国家税务总局公告 2012 年第 19 号)以及《软件企业认定管理办法》(工信部联软〔2013〕64 号)的规定,经商财政部,现将贯彻落实软件企业所得税优惠政策有关问题公告如下:

一、软件企业所得税优惠政策适用于经认定并实行查账征收方式的软件企业。所称经认定,是指经国家规定的软件企业认定机构按照软件企业认定管理的有关规定进行认定并取得软件企业认定证书。

二、软件企业的收入总额,是指《企业所得税法》第六条规定的收入总额。

三、软件企业的获利年度,是指软件企业开始生产经营后,第一个应纳税所得额大于零的纳税年度,包括对企业所得税实行核定征收方式的纳税年度。

软件企业享受定期减免税优惠的期限应当连续计算,不得因中间发生亏损或其他原因而间断。

四、除国家另有政策规定(包括对国家自主创新示范区的规定)外,软件企业研发费用的计算口径按照《国家税务总局关于印发〈企业研究开发费用税前扣除管理办法(试行)〉的通知》(国税发〔2008〕116 号)规定执行。

五、2010 年 12 月 31 日以前依法在中国境内成立但尚未认定的软件企业,仍按照《财政部、国家税务总局关于企业所得税若干优惠政策的通知》(财税〔2008〕1 号)第一条的规定以及《软件企业认定标准及管理办法(试行)》(信部联产〔2000〕968 号)的认定条件,办理相关手续,并继续享受到期满为止。优惠期间内,亦按照信部联产〔2000〕968 号的认定条件进行年审。

六、本公告自 2011 年 1 月 1 日起执行。其中,2011 年 1 月 1 日以后依法在中国境内成立的软件企业认定管理的衔接问题仍按照国家税务总局公告 2012 年第 19 号的规定执行;2010 年 12 月 31 日以前依法在中国境内成立的软件企业的政策及认定管理衔接问题按本公告第五条的规定执行。集成电路生产企业、集成电路设计企业认定和优惠管理涉及的上述事项按本公告执行。

特此公告。

注释：

条款废止。 第一条“经认定并”及“所称经认定，是指经国家规定的软件企业认定机构按照软件企业认定管理的有关规定进行认定并取得软件企业认定证书”的内容、第四条、第五条废止。参见：《国家税务总局关于公布失效废止的税务部门规章和税收规范性文件目录的决定》（国家税务总局令第42号）。

2－1－613

国家税务总局关于中国长城资产管理公司企业所得税征管问题的公告

2013年9月29日　国家税务总局公告2013年第57号

根据《财政部、国家税务总局、中国人民银行关于明确中国邮政储蓄银行等企业所得税收入归属的通知》（财预〔2013〕34号）规定，中国长城资产管理公司缴纳的企业所得税为中央收入，全部缴入中央国库，为此，依据《国家税务总局关于中国工商银行股份有限公司等企业企业所得税有关征管问题的通知》（国税函〔2010〕184号）规定，现将中国长城资产管理公司企业所得税征管问题公告如下：

一、中国长城资产管理公司企业所得税管理，应按国税函〔2010〕184号第一条规定执行。

二、中国长城资产管理公司及其所属分支机构发生的资产损失，按照《国家税务总局关于发布〈企业资产损失所得税税前扣除管理办法〉的公告》（国家税务总局公告2011年第25号）的规定办理。

三、中国长城资产管理公司所属二级分支机构的名单（见附件）现予以公布。企业所属二级以下（不含二级）分支机构名单，由二级分支机构向所在地主管税务机关提供，经所在地省税务机关审核后予以公布。

今后增加的二级分支机构，由二级分支机构提供工商部门出具的二级分支机构营业执照和总机构出具的其为二级分支机构的证明文件，在报送企业所得税预缴申报表时，附送分支机构所在地主管税务机关备案即可，我局不再另行发文公布。今后增加的二级以下（不含二级）分支机构，在报送企业所得税预缴申报表时，将有关情况附送二级分支机构主管税务机关备案即可。

四、本公告自2013年1月1日起施行。

特此公告。

附件：中国长城资产管理公司所属二级分支机构名单（编者略）

2－1－614

国家税务总局关于中国邮政集团公司企业所得税征管问题的公告

2013 年 9 月 30 日　国家税务总局公告 2013 年第 58 号

根据《财政部、国家税务总局、中国人民银行关于印发〈跨省市总分机构企业所得税分配及预算管理办法〉的通知》(财预〔2012〕40 号)和《财政部、国家税务总局、中国人民银行关于明确中国邮政储蓄银行等企业所得税收入归属的通知》(财预〔2013〕34 号)的规定,中国邮政集团公司及其控股公司缴纳的企业所得税为中央收入,全额缴入中央国库。为此,依据《国家税务总局关于中国工商银行股份有限公司等企业企业所得税有关征管问题的通知》(国税函〔2010〕184 号)规定原则,现就中国邮政集团公司及其控股公司企业所得税征管问题公告如下:

一、中国邮政集团公司控股的各省邮政公司和中国邮政速递物流股份有限公司下属各省速递物流公司,是具有独立法人资格的子公司,这些子公司下属的二级及以下分支机构的企业所得税,由这些子公司汇总申报并计算缴纳企业所得税,不就地预缴。二级分支机构的名单,由企业提供,省税务机关予以公布确认。以前对中国邮政集团公司控股的各省级邮政公司二级分支机构名单没有确认的,给予补充确认。

二、中国邮政集团公司控股的中国邮政储蓄银行股份有限公司、中邮人寿保险股份有限公司企业所得税管理,应按国税函〔2010〕184 号第一条规定执行。两家公司的下属二级分支机构名单(见附件)现予以公布。两家公司的下属二级(不含)以下分支机构名单,由二级分支机构向所在地主管税务机关提供,经所在地省税务机关审核后公布确认。

三、中国邮政集团公司控股的上述公司及其分支机构发生的资产损失,按照《国家税务总局关于发布〈企业资产损失所得税税前扣除管理办法〉的公告》(国家税务总局公告 2011 年第 25 号)的规定办理。

四、中国邮政集团公司控股的上述公司二级分支机构名单,国家税务总局或各省税务机关首次确认后,企业今后增加的二级分支机构,由企业出具说明文件,并提供工商部门出具的二级分支机构营业执照后,在报送企业所得税预缴申报表时,附送二级分支机构所在地主管税务机关备案即可,不再另行发文公布。新增加的二级分支机构,应在设立当年,由总机构统一进行企业所得税预缴和汇算清缴。

中国邮政集团公司控股的上述公司二级(不含)以下分支机构名单,各省税务机关首次确认后,企业今后增加的二级(不含)以下分支机构,在报送企业所得税预缴申报表时,将有关情况附送二级分支机构主管税务机关备案即可。

五、中国邮政集团公司及其控股公司自 2013 年起适用本公告申报缴纳企业所得税。

特此公告。

附件:1. 中国邮政储蓄银行股份有限公司所属二级分支机构名单(编者略)
2. 中邮人寿保险股份有限公司所属二级分支机构名单(编者略)

2-1-615

国家税务总局关于电信企业手续费及佣金支出税前扣除问题的公告

2013 年 10 月 10 日　国家税务总局公告 2013 年第 59 号

依据《国家税务总局关于企业所得税应纳税所得额若干税务处理问题的公告》(国家税务总局公告 2012 年第 15 号),现就电信企业手续费及佣金支出税前扣除问题公告如下:

国家税务总局公告 2012 年第 15 号第四条所称电信企业手续费及佣金支出,仅限于电信企业在发展客户、拓展业务等过程中因委托销售电话入网卡、电话充值卡所发生的手续费及佣金支出。

本公告施行时间同国家税务总局公告 2012 年第 15 号施行时间。

特此公告。

2-1-616

国家税务总局　国家发展改革委关于落实节能服务企业合同能源管理项目企业所得税优惠政策有关征收管理问题的公告

2013 年 12 月 17 日　国家税务总局　国家发展改革委公告 2013 年第 77 号

为鼓励企业采用合同能源管理模式开展节能服务,规范合同能源管理项目企业所得税管理,根据《中华人民共和国企业所得税法》及其实施条例(以下简称企业所得税法)、《国务院办公厅转发发展改革委等部门关于加快推行合同能源管理促进节能服务产业发展意见的通知》(国办发〔2010〕25 号)、《财政部、国家税务总局关于促进节能服务产业发展增值税、营业税和企业所得税政策问题的通知》(财税〔2010〕110 号)和《国家税务总局关于进一步做好税收促进节能减排工作的通知》(国税函〔2010〕180 号)的有关规定,现就落实合同能源管理项目企业所得税优惠政策有关征收管理问题公告如下:

一、对实施节能效益分享型合同能源管理项目(以下简称项目)的节能服务企业,凡实行查账征收所得税的居民企业并符合企业所得税法和本公告有关规定的,该项目可享受财税〔2010〕110 号规定的企业所得税“三免三减半”优惠政策。如节能服务企业的分享型合同约定的效益分享期短于 6 年的,按实际分享期享受优惠。

二、节能服务企业享受“三免三减半”项目的优惠期限,应连续计算。对在优惠期限内转让所享受优惠的项目给其他符合条件的节能服务企业，受让企业承续经营该项目的，可自项目受让之日起，在剩余期限内享受规定的优惠；优惠期限届满后转让的，受让企业不得就该项目重复享受优惠。

三、节能服务企业投资项目所发生的支出，应按税法规定作资本化或费用化处理。形成的固定资产或无形资产，应按合同约定的效益分享期计提折旧或摊销。

节能服务企业应分别核算各项目的成本费用支出额。对在合同约定的效益分享期内发生的期间费用划分不清的，应合理进行分摊，期间费用的分摊应按照项目投资额和销售（营业）收入额两个因素计算分摊比例，两个因素的权重各为50%。

四、节能服务企业、节能效益分享型能源管理合同和合同能源管理项目应符合财税〔2010〕110号第二条第（三）项所规定的条件。

五、享受企业所得税优惠政策的项目应属于《财政部、国家税务总局、国家发展改革委关于公布环境保护、节能节水项目企业所得税优惠目录（试行）的通知》（财税〔2009〕166号）规定的节能减排技术改造项目，包括余热余压利用、绿色照明等节能效益分享型合同能源管理项目。

六、合同能源管理项目优惠实行事前备案管理。节能服务企业享受合同能源管理项目企业所得税优惠的，应向主管税务机关备案。涉及多个项目优惠的，应按各项目分别进行备案。节能服务企业应在项目取得第一笔收入的次年4个月内，完成项目享受优惠备案。办理备案手续时需提供以下资料：

（一）减免税备案申请；

（二）能源管理合同复印件；

（三）国家发展改革委、财政部公布的第三方机构出具的《合同能源管理项目情况确认表》（附件1），或者政府节能主管部门出具的合同能源管理项目确认意见；

（四）《合同能源管理项目应纳税所得额计算表》（附件2）；

（五）项目第一笔收入的发票复印件；

（六）合同能源管理项目发生转让的，受让节能服务企业除提供上述材料外，还需提供项目转让合同、项目原享受优惠的备案文件。

七、企业享受优惠条件发生变化的，应当自发生变化之日起15日内向主管税务机关书面报告。如不再符合享受优惠条件的，应停止享受优惠，并依法缴纳企业所得税。对节能服务企业采取虚假手段获取税收优惠的、享受优惠条件发生变化而未及时向主管税务机关报告的以及未按本公告规定报送备案资料而自行减免税的，主管税务机关应按照税收征管法等有关规定进行处理。税务部门应设立节能服务企业项目管理台账和统计制度，并会同节能主管部门建立监管机制。

八、合同能源管理项目确认由国家发展改革委、财政部公布的第三方节能量审核机构负责，并出具《合同能源管理项目情况确认表》，或者由政府节能主管部门出具合同能源管理项目确认意见。第三方机构在合同能源管理项目确认过程中应严格按照国家有关要求认真审核把关，确保审核结果客观、真实。对在审核过程中把关不严、弄虚作假的第三方机构，一经查实，将取消其审核资质，并按相关法律规定追究责任。

九、本公告自2013年1月1日起施行。本公告发布前，已按有关规定享受税收优惠政策的，仍按原规定继续执行；尚未享受的，按本公告规定执行。

特此公告。

附件：1. 合同能源管理项目情况确认表（编者略）

2. 合同能源管理项目应纳税所得额计算表（编者略）

注释：

条款废止。第六条废止。参见：《国家税务总局关于公布失效废止的税务部门规章和税收规范性文件目录的决定》（国家税务总局令第42号）。

2－1－617

国家税务总局关于商业零售企业存货损失税前扣除问题的公告

2014年1月10日　国家税务总局公告2014年第3号

根据《国家税务总局关于发布〈企业资产损失所得税税前扣除管理办法〉的公告》（国家税务总局公告2011年第25号）有关规定，现对商业零售企业存货损失税前扣除问题公告如下：

一、商业零售企业存货因零星失窃、报废、废弃、过期、破损、腐败、鼠咬、顾客退换货等正常因素形成的损失，为存货正常损失，准予按会计科目进行归类、汇总，然后再将汇总数据以清单的形式进行企业所得税纳税申报，同时出具损失情况分析报告。

二、商业零售企业存货因风、火、雷、震等自然灾害，仓储、运输失事，重大案件等非正常因素形成的损失，为存货非正常损失，应当以专项申报形式进行企业所得税纳税申报。

三、存货单笔（单项）损失超过500万元的，无论何种因素形成的，均应以专项申报方式进行企业所得税纳税申报。

四、本公告适用于2013年度及以后年度企业所得税纳税申报。

特此公告。

2－1－618

国家税务总局关于房地产开发企业成本对象管理问题的公告

2014年6月16日　国家税务总局公告2014年第35号

2014年1月28日，国务院发布《关于取消和下放一批行政审批项目的决定》（国发〔2014〕5号），取消了房地产开发企业开发产品计税成本对象事先备案制度。为做好取消房地产开发企业开发产品计税成本对象事先备案制度的落实和后续管理工作，现将有关问

题公告如下:

一、房地产开发企业应依据计税成本对象确定原则确定已完工开发产品的成本对象,并就确定原则、依据,共同成本分配原则、方法,以及开发项目基本情况、开发计划等出具专项报告,在开发产品完工当年企业所得税年度纳税申报时,随同《企业所得税年度纳税申报表》一并报送主管税务机关。

房地产开发企业将已确定的成本对象报送主管税务机关后,不得随意调整或相互混淆。如确需调整成本对象的,应就调整的原因、依据和调整前后成本变化情况等出具专项报告,在调整当年企业所得税年度纳税申报时报送主管税务机关。

二、房地产开发企业应建立健全成本对象管理制度,合理区分已完工成本对象、在建成本对象和未建成本对象,及时收集、整理、保存成本对象涉及的证据材料,以备税务机关检查。

三、各级税务机关要认真清理以前的管理规定,今后不得以任何理由进行变相审批。

主管税务机关应对房地产开发企业报送的成本对象确定专项报告做好归档工作,及时进行分析,加强后续管理。对资料不完整、不规范的,应及时通知房地产开发企业补齐、修正;对成本对象确定不合理或共同成本分配方法不合理的,主管税务机关有权进行合理调整;对成本对象确定情况异常的,主管税务机关应进行专项检查;对不如实出具专项报告或不出具专项报告的,应按《中华人民共和国税收征收管理法》的相关规定进行处理。

四、本公告自发布之日起30日后施行。《国家税务总局关于印发〈房地产开发经营业务企业所得税处理办法〉的通知》(国税发〔2009〕31号)第二十六条第二款同时废止。本公告施行前房地产开发企业尚未完成开发产品成本对象事先备案的,也按本公告执行。

特此公告。

2－1－619

国家税务总局关于发布《非居民企业从事国际运输业务税收管理暂行办法》的公告

2014年6月30日　国家税务总局公告2014年第37号

为规范和加强非居民企业从事国际运输业务的税收管理,国家税务总局制定了《非居民企业从事国际运输业务税收管理暂行办法》,现予以公布,自2014年8月1日起施行。

特此公告。

非居民企业从事国际运输业务税收管理暂行办法

第一章　总　　则

第一条　为规范非居民企业从事国际运输业务的税收管理,根据《中华人民共和国企业所得税法》及其实施条例(以下简称企业所得税法)、《中华人民共和国税收征收管理法》及其实施细则(以下简称税收征管法),以及中国政府对外签署的避免双重征税协定〔含与香港、澳门特别行政区签署的税收安排、互免海运(空运)国际运输收入协定、海运(空运)协定以及其他有关协议或者换文,以下统称税收协定〕等相关法律法规,制定本办法。

第二条 本办法所称从事国际运输业务,是指非居民企业以自有或者租赁的船舶、飞机、舱位,运载旅客、货物或者邮件等进出中国境内口岸的经营活动以及相关装卸、仓储等附属业务。

非居民企业以程租、期租、湿租的方式出租船舶、飞机取得收入的经营活动属于国际运输业务。

非居民企业以光租、干租等方式出租船舶、飞机,或者出租集装箱及其他装载工具给境内机构或者个人取得的租金收入,不属于本办法规定的国际运输业务收入,应按照企业所得税法第三条第三款和《国家税务总局关于印发〈非居民企业所得税源泉扣缴管理暂行办法〉的通知》(国税发〔2009〕3号)的规定执行(税收协定有特殊规定的除外)。

第三条 非居民企业从事本办法规定的国际运输业务,以取得运输收入的非居民企业为纳税人。

第四条 除执行税收协定涉及的其他税种外,本办法仅适用于企业所得税。

本办法所称主管税务机关是指主管国税机关。

第二章　征收管理

第五条 非居民企业应自有关部门批准其经营资格或运输合同、协议签订之日起30日内,自行或委托代理人选择向境内一处业务口岸所在地主管税务机关办理税务登记,并同时提供经营资格证书、经营航线资料、相关业务合同以及境内联系人等相关信息。

非居民企业选择境内一处口岸办理税务登记后,应当在其他业务口岸发生业务时向所在地主管税务机关报送税务登记资料、运输合同及其他相关资料的复印件。

第六条 非居民企业按照本办法第五条规定已经办理税务登记的,应当按照税收征管法及有关法律法规设置账簿,根据合法、有效凭证记账,进行核算,准确计算应纳税所得额,自行或委托代理人向税务登记所在地主管税务机关依法申报缴纳企业所得税。

第七条 非居民企业从事国际运输业务取得的所得应根据企业所得税法的规定,从收入总额中减除实际发生并与取得收入有关、合理的支出后的余额确定应纳税所得额。

收入总额是指非居民企业运载旅客、货物或者邮件等进出中国境内口岸所取得的客运收入、货运收入的总和。客运收入包括客票收入以及逾重行李运费、餐费、保险费、服务费和娱乐费等;货运收入包括基本运费以及各项附加费等。

第八条 非居民企业不能准确计算并据实申报其应纳税所得额的,由主管税务机关按照《国家税务总局关于印发〈非居民企业所得税核定征收管理办法〉的通知》(国税发〔2010〕19号)的规定核定其应纳税所得额。

第九条 非居民企业从事国际运输业务符合企业所得税法指定扣缴情形的,支付人所在地主管税务机关应按照《非居民承包工程作业和提供劳务税收管理暂行办法》(国家税务总局令第19号)第十四条规定的程序,指定支付人为扣缴义务人。支付人包括:

（一）向非居民企业或其境内子公司、分公司或代表机构，或者有权代表非居民企业收取款项的境内外代理人支付款项的单位或个人；

（二）通过其境外关联方或有特殊利益联系的第三方支付款项的单位或个人；

（三）其他符合企业所得税法规定的单位或个人。

第十条 支付人每次代扣代缴税款时，应向其主管税务机关报送《中华人民共和国扣缴企业所得税申报表》及相关资料，并自代扣之日起7日内将税款缴入国库。

第三章 享受税收协定待遇管理

第十一条 非居民企业享受税收协定待遇适用的国际运输收入或所得以及税种的范围，按照税收协定有关规定执行。

第十二条 非居民企业需要享受税收协定待遇的，应在按照国内税法规定发生纳税义务之前或者申报相关纳税义务时，向其登记地主管税务机关备案，一式两份提交《非居民享受税收协定待遇备案报告表》〔见《国家税务总局关于印发〈非居民享受协定待遇管理办法（试行）〉的通知》（国税发〔2009〕124 号）附件1，以下简称享受协定待遇备案表〕及下列资料：

（一）企业注册地所在国签发的企业注册证明副本或复印件；

（二）税收协定缔约对方税务主管当局或者航运主管部门在上一公历年度开始以后出具的居民身份证明、法人证明原件或复印件（提供复印件的，应标明原件存放处）；

（三）与取得国际运输收入、所得有关的合同或协议复印件；

（四）关于运行航线、运输客货邮件及在中国境内的沿途停泊口岸情况的书面说明；

（五）税务机关要求提交的与享受税收协定待遇有关的其他资料。

非居民企业提供的备案资料齐全、完整的，主管税务机关应当场在两份享受协定待遇备案表上加盖印章，一份存档备查，一份退还非居民企业。对于非居民企业提交的备案资料不齐全或填写不完整的，主管税务机关应当场告知其予以补正。上述备案资料中已报送主管税务机关的，可不再重复报送。

同一非居民企业在同一地需要多次享受税收协定待遇的，在首次办理上述备案后3个公历年度内（含本年度）可免于重复办理备案手续。

第十三条 非居民企业未按本办法第十二条规定备案并提交资料的，不得享受税收协定待遇；已经自行享受税收协定待遇的，经主管税务机关责令限期改正仍未改正，又无正当理由的，应补缴税款，并根据税收征管法有关规定处理。

第十四条 非居民企业在境内多个口岸发生国际运输业务的，应将主管税务机关受理后的享受协定待遇备案表复印件提交给其他口岸主管税务机关留存备查。其他口岸主管税务机关如有异议，应与受理享受协定待遇备案的主管税务机关沟通协调，协调不一致的向共同上一级税务机关报告。

第十五条 非居民企业可享受但未曾享受税收协定待遇，且因未享受本可享受的税收协定待遇而多缴税款的，可自结算缴纳该多缴税款之日起三年内向主管税务机关提出追补享受税收协定待遇的要求，并按本办法规定补办备案手续，退还多缴的税款；超过前述规定时限的，主管税务机关不予受理。

第四章　跟踪管理

第十六条　主管税务机关应当按照逐户建档、按户管理的原则，建立非居民企业从事国际运输业务的管理台账和纳税档案，及时、准确掌握其收取运费及相关款项、税款缴纳、享受税收协定待遇等情况。

第十七条　主管税务机关应对非居民企业享受税收协定待遇情况进行跟踪管理。对其按本办法第十二条规定报送的资料与所从事的国际运输业务内容，以及备案提交的资料进行对比稽核，对于不符合享受税收协定待遇条件且未履行纳税义务的情形，应按照税收征管法有关规定处理。

第十八条　主管税务机关应与港务、航管、海关、商检、海监、外汇管理、商务等部门加强合作，获取相关税源信息，对非居民企业进出境内口岸、履行纳税义务、收取运费及相关款项等情况实施监控。

第十九条　主管税务机关在境内难以获取涉税信息时，可以制作专项情报，由税务总局向缔约国对方提出专项情报请求。

第五章　附　　则

第二十条　非居民企业、扣缴义务人或代理人存在税收违法行为的，税务机关应按照税收征管法的有关规定处理。

第二十一条　各省、自治区、直辖市和计划单列市税务机关可根据本办法，结合本地区实际情况，制定具体实施办法。

第二十二条　本办法自2014年8月1日起施行。非居民企业在本办法施行之日以前已经办理享受税收协定待遇审批、备案或免税证明等相关手续的，视同已按本办法第十二条第一款规定备案，在本办法第十二条第三款规定的时限内可免予重新备案。

第二十三条　《国家税务局关于国际航空运输业务若干问题的通知》（国税发〔1993〕097号）、《国家税务总局关于印制使用〈外轮运输收入税收报告表〉的通知》（国税函发〔1996〕729号）、《国家税务总局关于印制使用〈外国公司船舶运输收入免征企业所得税申报表〉和〈外国公司船舶运输收入免征营业税证明表〉的通知》（国税函〔2002〕160号）、《国家税务总局关于印制外国公司有关船舶运输税收情况报告表格的通知》（国税函〔2002〕384号）等上述文件涉及企业所得税的规定和《国家税务总局关于非居民企业船舶、航空运输收入计算征收企业所得税有关问题的通知》（国税函〔2008〕952号）自2014年8月1日起废止。

注释：

条款修改。根据《第十三届全国人民代表大会第一次会议关于国务院机构改革方案的决定》等有关规定，税收规范性文件规定的国税地税机关的职责和工作由新的税务机关承担。国家税务总局依据《税收规范性文件制定管理办法》（国家税务总局令第41号公布），对税收规范性文件进行了清理。参见：《国家税务总局关于修改部分税收规范性文件的公告》（国家税务总局公告2018年第31号）。

条款废止。第二条第三款中"和《国家税务总局关于印发〈非居民企业所得税源泉扣缴管理暂行办法〉的通知》(国税发〔2009〕3号)"自2017年12月1日起废止。参见:《国家税务总局关于非居民企业所得税源泉扣缴有关问题的公告》(国家税务总局公告2017年第37号)。

条款废止。第十一条至第十五条自2015年11月1日起废止。参见:《国家税务总局关于发布〈非居民纳税人享受税收协定待遇管理办法〉的公告》(国家税务总局公告2015年第60号)。

2－1－620

国家税务总局关于金融企业涉农贷款和中小企业贷款损失税前扣除问题的公告

2015年4月27日 国家税务总局公告2015年第25号

为鼓励金融企业加大对涉农贷款和中小企业贷款力度,及时处置涉农贷款和中小企业贷款损失,增强金融企业抵御风险能力,根据《中华人民共和国企业所得税法》及其实施条例、《财政部、国家税务总局关于企业资产损失税前扣除政策的通知》(财税〔2009〕57号)、《国家税务总局关于发布〈企业资产损失所得税税前扣除管理办法〉的公告》(国家税务总局公告2011年第25号)的规定,现就金融企业涉农贷款和中小企业贷款损失所得税前扣除问题公告如下:

一、金融企业涉农贷款、中小企业贷款逾期1年以上,经追索无法收回,应依据涉农贷款、中小企业贷款分类证明,按下列规定计算确认贷款损失进行税前扣除:

(一)单户贷款余额不超过300万元(含300万元)的,应依据向借款人和担保人的有关原始追索记录(包括司法追索、电话追索、信件追索和上门追索等原始记录之一,并由经办人和负责人共同签章确认),计算确认损失进行税前扣除。

(二)单户贷款余额超过300万元至1000万元(含1000万元)的,应依据有关原始追索记录(应当包括司法追索记录,并由经办人和负责人共同签章确认),计算确认损失进行税前扣除。

(三)单户贷款余额超过1000万元的,仍按《国家税务总局关于发布〈企业资产损失所得税税前扣除管理办法〉的公告》(国家税务总局公告2011年第25号)有关规定计算确认损失进行税前扣除。

二、金融企业涉农贷款和中小企业贷款的分类标准,按照《财政部、国家税务总局关于金融企业涉农贷款和中小企业贷款损失准备金税前扣除有关问题的通知》(财税〔2015〕3号)规定执行。

三、金融企业应当建立健全贷款损失内部核销管理制度,严格内部责任认定和追究,及时收集、整理、编制、审核、申报、保存资产损失税前扣除证据材料。

对不符合法定条件扣除的贷款损失,或弄虚作假进行税前扣除的,应追溯调整以前年度的税务处理，并按《中华人民共和国税收征收管理法》有关规定进行处罚。

四、本公告适用2014年度及以后年度涉农贷款和中小企业贷款损失的税前扣除。

特此公告。

2－1－621

国家税务总局关于华为集团内部人员调动离职补偿税前扣除问题的批复

2015年6月2日　税总函〔2015〕299号

深圳市国家税务局、地方税务局：

你局《深圳市国家税务局关于华为公司集团内部人员调动离职补偿金税前扣除问题的请示》（深国税发〔2015〕59号）收悉。经研究，现批复如下：

根据《中华人民共和国企业所得税法》及其实施条例和《国家税务总局关于企业工资薪金及职工福利费扣除问题的通知》（国税函〔2009〕3号）的规定，华为公司对离职补偿事项的税务处理不符合企业所得税据实扣除原则，应该进行纳税调整。

企业根据公司财务制度为职工提取离职补偿费，在进行年度企业所得税汇算清缴时，对当年度“预提费用”科目发生额进行纳税调整，待职工从企业离职并实际领取离职补偿费后，企业可按规定进行税前扣除。

2－1－622

国家税务总局关于中外合作开采石油天然气有关非居民税收问题的批复

2015年9月14日　税总函〔2015〕494号

新疆维吾尔自治区国家税务局：

你局《关于中外合作开采石油天然气相关非居民税收政策的请示》（新国税发〔2015〕105号）收悉。经研究，批复如下：

一、按照《中华人民共和国对外合作开采陆上石油资源条例》、《中华人民共和国对外合作开采海洋石油资源条例》等相关规定，外国企业（不含实际管理机构设立在中国境内的外国企业，下同）与中国境内企业签订协议或合同，在中国境内合作开采石油天然气，凡未按照中国法律设立独立企业的，由合作各方分别缴纳企业所得税，外国企业属于在中国境内设立机构、场所从事生产经营活动的非居民企业，其分取的合作生产经营所得应按照企业所得税法第三条第二款的规定申报缴纳企业所得税。在按前述规定缴纳企业所得税后，该外国企业取得的税后利润不属于适用企业所得税法第三条第三款规定的所得，不予扣缴企业所得税。

二、外国企业与中国境内企业按照《中华人民共和国中外合作经营企业法》在中国境内共同设立中外合作经营企业,由该中外合作经营企业开采石油天然气的,无论其是否具有法人资格,均为企业所得税法第二条规定的居民企业。该中外合作经营企业应就其取得的石油天然气开采所得和其他所得统一缴纳企业所得税。作为投资方的外国企业从中外合作经营企业分取的税后利润属于适用企业所得税法第三条第三款规定的所得,应按有关规定扣缴企业所得税。

三、适用本批复第一条规定在中国境内设立机构、场所取得石油天然气开采所得和其他所得的外国企业,以及适用本批复第二条规定取得石油天然气开采所得和其他所得的中外合作经营企业,符合《财政部、海关总署、国家税务总局关于深入实施西部大开发战略有关税收政策问题的通知》(财税〔2011〕58号)规定条件的,可以享受相关企业所得税优惠。

2-1-623

财政部 国家税务总局关于将国家自主创新示范区有关税收试点政策推广到全国范围实施的通知

2015年10月23日 财税〔2015〕116号

各省、自治区、直辖市、计划单列市财政厅(局)、国家税务局、地方税务局,新疆生产建设兵团财务局:

根据国务院常务会议决定精神,将国家自主创新示范区试点的四项所得税政策推广至全国范围实施。现就有关税收政策问题明确如下:

一、关于有限合伙制创业投资企业法人合伙人企业所得税政策

1. 自2015年10月1日起,全国范围内的有限合伙制创业投资企业采取股权投资方式投资于未上市的中小高新技术企业满2年(24个月)的,该有限合伙制创业投资企业的法人合伙人可按照其对未上市中小高新技术企业投资额的70%抵扣该法人合伙人从该有限合伙制创业投资企业分得的应纳税所得额,当年不足抵扣的,可以在以后纳税年度结转抵扣。

2. 有限合伙制创业投资企业的法人合伙人对未上市中小高新技术企业的投资额,按照有限合伙制创业投资企业对中小高新技术企业的投资额和合伙协议约定的法人合伙人占有限合伙制创业投资企业的出资比例计算确定。

二、关于技术转让所得企业所得税政策

1. 自2015年10月1日起,全国范围内的居民企业转让5年以上非独占许可使用权取得的技术转让所得,纳入享受企业所得税优惠的技术转让所得范围。居民企业的年度技术转让所得不超过500万元的部分,免征企业所得税;超过500万元的部分,减半征收企业所得税。

2. 本通知所称技术,包括专利(含国防专利)、计算机软件著作权、集成电路布图设计专有权、植物新品种权、生物医药新品种,以及财政部和国家税务总局确定的其他技术。其中,专利是指法律授予独占权的发明、实用新型以及非简单改变产品图案和形状的外观

设计。

三、关于企业转增股本个人所得税政策

1. 自2016年1月1日起,全国范围内的中小高新技术企业以未分配利润、盈余公积、资本公积向个人股东转增股本时,个人股东一次缴纳个人所得税确有困难的,可根据实际情况自行制定分期缴税计划,在不超过5个公历年度内(含)分期缴纳,并将有关资料报主管税务机关备案。

2. 个人股东获得转增的股本,应按照“利息、股息、红利所得”项目,适用20%税率征收个人所得税。

3. 股东转让股权并取得现金收入的,该现金收入应优先用于缴纳尚未缴清的税款。

4. 在股东转让该部分股权之前,企业依法宣告破产,股东进行相关权益处置后没有取得收益或收益小于初始投资额的,主管税务机关对其尚未缴纳的个人所得税可不予追征。

5. 本通知所称中小高新技术企业,是指注册在中国境内实行查账征收的、经认定取得高新技术企业资格,且年销售额和资产总额均不超过2亿元、从业人数不超过500人的企业。

6. 上市中小高新技术企业或在全国中小企业股份转让系统挂牌的中小高新技术企业向个人股东转增股本,股东应纳的个人所得税,继续按照现行有关股息红利差别化个人所得税政策执行,不适用本通知规定的分期纳税政策。

四、关于股权奖励个人所得税政策

1. 自2016年1月1日起,全国范围内的高新技术企业转化科技成果,给予本企业相关技术人员的股权奖励,个人一次缴纳税款有困难的,可根据实际情况自行制定分期缴税计划,在不超过5个公历年度内(含)分期缴纳,并将有关资料报主管税务机关备案。

2. 个人获得股权奖励时,按照“工资、薪金所得”项目,参照《财政部、国家税务总局关于个人股票期权所得征收个人所得税问题的通知》(财税〔2005〕35号)有关规定计算确定应纳税额。股权奖励的计税价格参照获得股权时的公平市场价格确定。

3. 技术人员转让奖励的股权(含奖励股权孳生的送、转股)并取得现金收入的,该现金收入应优先用于缴纳尚未缴清的税款。

4. 技术人员在转让奖励的股权之前企业依法宣告破产,技术人员进行相关权益处置后没有取得收益或资产,或取得的收益和资产不足以缴纳其取得股权尚未缴纳的应纳税款的部分,税务机关可不予追征。

5. 本通知所称相关技术人员,是指经公司董事会和股东大会决议批准获得股权奖励的以下两类人员:

(1)对企业科技成果研发和产业化作出突出贡献的技术人员,包括企业内关键职务科技成果的主要完成人、重大开发项目的负责人、对主导产品或者核心技术、工艺流程作出重大创新或者改进的主要技术人员。

(2)对企业发展作出突出贡献的经营管理人员,包括主持企业全面生产经营工作的高级管理人员,负责企业主要产品(服务)生产经营合计占主营业务收入(或者主营业务利润)50%以上的中、高级经营管理人员。

企业面向全体员工实施的股权奖励,不得按本通知规定的税收政策执行。

6. 本通知所称股权奖励，是指企业无偿授予相关技术人员一定份额的股权或一定数量的股份。

7. 本通知所称高新技术企业，是指实行查账征收、经省级高新技术企业认定管理机构认定的高新技术企业。

2－1－624

财政部　国家税务总局关于保险企业计提准备金有关税收处理问题的通知

2015年10月26日　财税〔2015〕115号

各省、自治区、直辖市、计划单列市财政厅（局）、国家税务局、地方税务局，新疆生产建设兵团财务局：

按照《中华人民共和国企业所得税法》及其实施条例有关规定，现就保险企业在执行财政部企业会计规定过程中有关计提准备金的税收处理事项明确如下：

一、保险企业执行财政部《保险合同相关会计处理规定》后，其提取的未到期责任准备金、寿险责任准备金、长期健康险责任准备金、已发生已报告未决赔款准备金和已发生未报告未决赔款准备金，应按照《财政部、国家税务总局关于保险公司准备金支出企业所得税税前扣除有关政策问题的通知》（财税〔2012〕45号）规定计算并准予在企业所得税税前扣除。

二、保险企业因执行财政部企业会计规定计提的准备金与之前执行中国保险业监督管理委员会有关监管规定计提的准备金形成的差额，应计入保险企业应纳税所得额。凡上述准备金差额尚未进行税务处理的，可分10年均匀计入2015年及以后年度应纳税所得额；已进行税务处理的不再分期计入以后年度应纳税所得额。

请遵照执行。

2－1－625

财政部　国家税务总局　发展改革委　工业和信息化部关于软件和集成电路产业企业所得税优惠政策有关问题的通知

2016年5月4日　财税〔2016〕49号

各省、自治区、直辖市、计划单列市财政厅（局）、国家税务局、地方税务局、发展改革委、工业和信息化主管部门：

按照《国务院关于取消和调整一批行政审批项目等事项的决定》（国发〔2015〕11号）和《国务院关于取消非行政许可审批事项的决定》（国发〔2015〕27号）规定，集成电路生产企业、集成电路设计企业、软件企业、国家规划布局内的重点软件企业和集成电路设计企业（以下统称软件、集成电路企业）的税收优惠资格认定等非行政许可审批已经取消。为做好《财政部、国家税务总局关于进一步鼓励软件产业和集成电路产业发展企业所得税政策的通知》（财税〔2012〕27 号）规定的企业所得税优惠政策落实工作，现将有关问题通知如下：

一、享受财税〔2012〕27 号文件规定的税收优惠政策的软件、集成电路企业，每年汇算清缴时应按照《国家税务总局关于发布〈企业所得税优惠政策事项办理办法〉的公告》（国家税务总局公告 2015 年第 76 号）规定向税务机关备案，同时提交《享受企业所得税优惠政策的软件和集成电路企业备案资料明细表》（见附件）规定的备案资料。

为切实加强优惠资格认定取消后的管理工作，在软件、集成电路企业享受优惠政策后，税务部门转请发展改革、工业和信息化部门进行核查。对经核查不符合软件、集成电路企业条件的，由税务部门追缴其已经享受的企业所得税优惠，并按照税收征管法的规定进行处理。

二、财税〔2012〕27 号文件所称集成电路生产企业，是指以单片集成电路、多芯片集成电路、混合集成电路制造为主营业务并同时符合下列条件的企业：

（一）在中国境内（不包括港、澳、台地区）依法注册并在发展改革、工业和信息化部门备案的居民企业；

（二）汇算清缴年度具有劳动合同关系且具有大学专科以上学历职工人数占企业月平均职工总人数的比例不低于 40%，其中研究开发人员占企业月平均职工总数的比例不低于 20%；

（三）拥有核心关键技术，并以此为基础开展经营活动，且汇算清缴年度研究开发费用总额占企业销售（营业）收入（主营业务收入与其他业务收入之和，下同）总额的比例不低于 5%；其中，企业在中国境内发生的研究开发费用金额占研究开发费用总额的比例不低于 60%；

（四）汇算清缴年度集成电路制造销售（营业）收入占企业收入总额的比例不低于 60%；

（五）具有保证产品生产的手段和能力，并获得有关资质认证（包括 ISO 质量体系认证）；

（六）汇算清缴年度未发生重大安全、重大质量事故或严重环境违法行为。

三、财税〔2012〕27 号文件所称集成电路设计企业是指以集成电路设计为主营业务并同时符合下列条件的企业：

（一）在中国境内（不包括港、澳、台地区）依法注册的居民企业；

（二）汇算清缴年度具有劳动合同关系且具有大学专科以上学历的职工人数占企业月平均职工总人数的比例不低于 40%，其中研究开发人员占企业月平均职工总数的比例不低于 20%；

（三）拥有核心关键技术，并以此为基础开展经营活动，且汇算清缴年度研究开发费用总额占企业销售（营业）收入总额的比例不低于 6%；其中，企业在中国境内发生的研究开发费用金额占研究开发费用总额的比例不低于 60%；

（四）汇算清缴年度集成电路设计销售（营业）收入占企业收入总额的比例不低于 60%，其中集成电路自主设计销售（营业）收入占企业收入总额的比例不低于 50%；

（五）主营业务拥有自主知识产权；

（六）具有与集成电路设计相适应的软硬件设施等开发环境（如EDA工具、服务器或工作站等）；

（七）汇算清缴年度未发生重大安全、重大质量事故或严重环境违法行为。

四、财税〔2012〕27号文件所称软件企业是指以软件产品开发销售（营业）为主营业务并同时符合下列条件的企业：

（一）在中国境内（不包括港、澳、台地区）依法注册的居民企业；

（二）汇算清缴年度具有劳动合同关系且具有大学专科以上学历的职工人数占企业月平均职工总人数的比例不低于40%，其中研究开发人员占企业月平均职工总数的比例不低于20%；

（三）拥有核心关键技术，并以此为基础开展经营活动，且汇算清缴年度研究开发费用总额占企业销售（营业）收入总额的比例不低于6%；其中，企业在中国境内发生的研究开发费用金额占研究开发费用总额的比例不低于60%；

（四）汇算清缴年度软件产品开发销售（营业）收入占企业收入总额的比例不低于50%［嵌入式软件产品和信息系统集成产品开发销售（营业）收入占企业收入总额的比例不低于40%］，其中：软件产品自主开发销售（营业）收入占企业收入总额的比例不低于40%［嵌入式软件产品和信息系统集成产品开发销售（营业）收入占企业收入总额的比例不低于30%］；

（五）主营业务拥有自主知识产权；

（六）具有与软件开发相适应软硬件设施等开发环境（如合法的开发工具等）；

（七）汇算清缴年度未发生重大安全、重大质量事故或严重环境违法行为。

五、财税〔2012〕27号文件所称国家规划布局内重点集成电路设计企业除符合本通知第三条规定，还应至少符合下列条件中的一项：

（一）汇算清缴年度集成电路设计销售（营业）收入不低于2亿元，年应纳税所得额不低于1000万元，研究开发人员占月平均职工总数的比例不低于25%；

（二）在国家规定的重点集成电路设计领域内，汇算清缴年度集成电路设计销售（营业）收入不低于2000万元，应纳税所得额不低于250万元，研究开发人员占月平均职工总数的比例不低于35%，企业在中国境内发生的研究开发费用金额占研究开发费用总额的比例不低于70%。

六、财税〔2012〕27号文件所称国家规划布局内重点软件企业是除符合本通知第四条规定，还应至少符合下列条件中的一项：

（一）汇算清缴年度软件产品开发销售（营业）收入不低于2亿元，应纳税所得额不低于1000万元，研究开发人员占企业月平均职工总数的比例不低于25%；

（二）在国家规定的重点软件领域内，汇算清缴年度软件产品开发销售（营业）收入不低于5000万元，应纳税所得额不低于250万元，研究开发人员占企业月平均职工总数的比例不低于25%，企业在中国境内发生的研究开发费用金额占研究开发费用总额的比例不低于70%；

（三）汇算清缴年度软件出口收入总额不低于800万美元，软件出口收入总额占本企业年度收入总额比例不低于50%，研究开发人员占企业月平均职工总数的比例不低于25%。

七、国家规定的重点软件领域及重点集成电路设计领域，由国家发展改革委、工业和信息化部会同财政部、税务总局根据国家产业规划和布局确定，并实行动态调整。

八、软件、集成电路企业规定条件中所称研究开发费用政策口径，2015年度仍按《国家税务总局关于印发〈企业研究开发费用税前扣除管理办法（试行）〉的通知》（国税发〔2008〕116号）和《财政部、国家税务总局关于研究开发费用税前加计扣除有关政策的通知》（财税〔2013〕70号）的规定执行，2016年及以后年度按照《财政部、国家税务总局、科技部关于完善研究开发费用税前加计扣除政策的通知》（财税〔2015〕119号）的规定执行。

九、软件、集成电路企业应从企业的获利年度起计算定期减免税优惠期。如获利年度不符合优惠条件的，应自首次符合软件、集成电路企业条件的年度起，在其优惠期的剩余年限内享受相应的减免税优惠。

十、省级（自治区、直辖市、计划单列市，下同）财政、税务、发展改革和工业和信息化部门应密切配合，通过建立核查机制并有效运用核查结果，切实加强对软件、集成电路企业的后续管理工作。

（一）省级税务部门应在每年3月20日前和6月20日前分两批将汇算清缴年度已申报享受软件、集成电路企业税收优惠政策的企业名单及其备案资料提交省级发展改革、工业和信息化部门。其中，享受软件企业、集成电路设计企业税收优惠政策的名单及备案资料提交给省级工业和信息化部门，省级工业和信息化部门组织专家或者委托第三方机构对名单内企业是否符合条件进行核查；享受其他优惠政策的名单及备案资料提交给省级发展改革部门，省级发展改革部门会同工业和信息化部门共同组织专家或者委托第三方机构对名单内企业是否符合条件进行核查。

2015年度享受优惠政策的企业名单和备案资料，省级税务部门可在2016年6月20日前一次性提交给省级发展改革、工业和信息化部门。

（二）省级发展改革、工业和信息化部门应在收到享受优惠政策的企业名单和备案资料两个月内将复核结果反馈省级税务部门（第一批名单复核结果应在汇算清缴期结束前反馈）。

（三）每年10月底前，省级财政、税务、发展改革、工业和信息化部门应将核查结果及税收优惠落实情况联合汇总上报财政部、税务总局、国家发展改革委、工业和信息化部。

如遇特殊情况汇算清缴延期的，上述期限可相应顺延。

（四）省级财政、税务、发展改革、工业和信息化部门可以根据本通知规定，结合当地实际，制定具体操作管理办法，并报财政部、税务总局、发展改革委、工业和信息化部备案。

十一、国家税务总局公告2015年第76号所附《企业所得税优惠事项备案管理目录（2015年版）》第38、41、42、43、46项软件、集成电路企业优惠政策不再作为“定期减免税优惠备案管理事项”管理，本通知执行前已经履行备案等相关手续的，在享受税收优惠的年度仍应按照本通知的规定办理备案手续。

十二、本通知自2015年1月1日起执行。《财政部、国家税务总局关于进一步鼓励软件产业和集成电路产业发展企业所得税政策的通知》（财税〔2012〕27号）第九条、第十条、第十一条、第十三条、第十七条、第十八条、第十九条和第二十条停止执行。国家税务总局公告2015年第76号所附《企业所得税优惠事项备案管理目录（2015年版）》第38项至43项及第46项至48项软件、集成电路企业优惠政策的“备案资料”、“主要留存备查资料”规定停止执行。

附件：享受企业所得税优惠政策的软件和集成电路企业备案资料明细表

附件

享受企业所得税优惠政策的软件和集成电路企业备案资料明细表

企业类型	备案资料（复印件须加盖企业公章）
集成电路生产企业	1. 在发展改革或工业和信息化部门立项的备案文件（应注明总投资额、工艺线宽标准）复印件以及企业取得的其他相关资质证书复印件等； 2. 企业职工人数、学历结构、研究开发人员情况及其占企业职工总数的比例说明，以及汇算清缴年度最后一个月社会保险缴纳证明等相关证明材料； 3. 加工集成电路产品主要列表及国家知识产权局（或国外知识产权相关主管机构）出具的企业自主开发或拥有的 至两份代表性知识产权（如专利、布图设计登记、软件著作权等）的证明材料； 4. 经具有资质的中介机构鉴证的企业财务会计报告（包括会计报表、会计报表附注和财务情况说明书）以及集成电路制造销售（营业）收入、研究开发费用、境内研究开发费用等情况说明； 5. 与主要客户签订的一至两份代表性销售合同复印件； 6. 保证产品质量的相关证明材料（如质量管理认证证书复印件等）； 7. 税务机关要求出具的其他材料。
集成电路设计企业	1. 企业职工人数、学历结构、研究开发人员情况及其占企业职工总数的比例说明，以及汇算清缴年度最后一个月社会保险缴纳证明等相关证明材料； 2. 企业开发销售的主要集成电路产品列表，以及国家知识产权局（或国外知识产权相关主管机构）出具的企业自主开发或拥有的一至两份代表性知识产权（如专利、布图设计登记、软件著作权等）的证明材料； 3. 经具有资质的中介机构鉴证的企业财务会计报告（包括会计报表、会计报表附注和财务情况说明书）以及集成电路设计销售（营业）收入、集成电路自主设计销售（营业）收入、研究开发费用、境内研究开发费用等情况表； 4. 第三方检测机构提供的集成电路产品测试报告或用户报告，以及与主要客户签订的一至两份代表性销售合同复印件； 5. 企业开发环境等相关证明材料； 6. 税务机关要求出具的其他材料。
软件企业	1. 企业开发销售的主要软件产品列表或技术服务列表； 2. 主营业务为软件产品开发的企业，提供至少1个主要产品的软件著作权或专利权等自主知识产权的有效证明文件，以及第三方检测机构提供的软件产品测试报告；主营业务仅为技术服务的企业提供核心技术说明； 3. 企业职工人数、学历结构、研究开发人员及其占企业职工总数的比例说明，以及汇算清缴年度最后一个月社会保险缴纳证明等相关证明材料； 4. 经具有资质的中介机构鉴证的企业财务会计报告（包括会计报表、会计报表附注和财务情况说明书）以及软件产品开发销售（营业）收入、软件产品自主开发销售（营业）收入、研究开发费用、境内研究开发费用等情况说明； 5. 与主要客户签订的一至两份代表性的软件产品销售合同或技术服务合同复印件； 6. 企业开发环境相关证明材料； 7. 税务机关要求出具的其他材料。
国家规划布局内重点软件企业	1. 企业享受软件企业所得税优惠政策需要报送的备案资料； 2. 符合第二类条件的，应提供在国家规定的重点软件领域内销售（营业）情况说明； 3. 符合第三类条件的，应提供商务主管部门核发的软件出口合同登记证书，以及有效出口合同和结汇证明等材料； 4. 税务机关要求提供的其他材料。
国家规划布局内重点集成电路设计企业	1. 企业享受集成电路设计企业所得税优惠政策需要报送的备案资料； 2. 符合第二类条件的，应提供在国家规定的重点集成电路设计领域内销售（营业）情况说明； 3. 税务机关要求提供的其他材料。

注释：

条款修改。第二条第二项中“具有劳动合同关系”调整为“具有劳动合同关系或劳务派遣、聘用关系”，第三项中汇算清缴年度研究开发费用总额占企业销售(营业)收入总额(主营业务收入与其他业务收入之和)的比例由“不低于5%”调整为“不低于2%”。参见：《财政部　税务总局　国家发展改革委　工业和信息化部关于集成电路生产企业有关企业所得税政策问题的通知》(财税〔2018〕27号)。

2－1－626

财政部　国家税务总局关于银行业金融机构存款保险保费企业所得税税前扣除有关政策问题的通知

2016年10月8日　财税〔2016〕106号

各省、自治区、直辖市、计划单列市财政厅(局)、国家税务局、地方税务局，新疆生产兵团财务局：

根据《中华人民共和国企业所得税法》及《中华人民共和国企业所得税法实施条例》的有关规定，现就银行业金融机构存款保险保费企业所得税税前扣除政策问题明确如下：

一、银行业金融机构依据《存款保险条例》的有关规定、按照不超过万分之一点六的存款保险费率，计算交纳的存款保险保费，准予在企业所得税税前扣除。

二、准予在企业所得税税前扣除的存款保险保费计算公式如下：

准予在企业所得税税前扣除的存款保险保费＝保费基数×存款保险费率。

保费基数以中国人民银行核定的数额为准。

三、准予在企业所得税税前扣除的存款保险保费，不包括存款保险保费滞纳金。

四、银行业金融机构是指《存款保险条例》规定在我国境内设立的商业银行、农村合作银行、农村信用合作社等吸收存款的银行业金融机构。

五、本通知自2015年5月1日起执行。

2-1-627

财政部 国家税务总局关于保险公司准备金支出企业所得税税前扣除有关政策问题的通知

2016年11月2日 财税〔2016〕114号

各省、自治区、直辖市、计划单列市财政厅(局)、国家税务局、地方税务局,新疆生产建设兵团财务局:

根据《中华人民共和国企业所得税法》和《中华人民共和国企业所得税法实施条例》的有关规定,现就保险公司准备金支出企业所得税税前扣除有关问题明确如下:

一、保险公司按下列规定缴纳的保险保障基金,准予据实税前扣除:

1. 非投资型财产保险业务,不得超过保费收入的0.8%;投资型财产保险业务,有保证收益的,不得超过业务收入的0.08%,无保证收益的,不得超过业务收入的0.05%。

2. 有保证收益的人寿保险业务,不得超过业务收入的0.15%;无保证收益的人寿保险业务,不得超过业务收入的0.05%。

3. 短期健康保险业务,不得超过保费收入的0.8%;长期健康保险业务,不得超过保费收入的0.15%。

4. 非投资型意外伤害保险业务,不得超过保费收入的0.8%;投资型意外伤害保险业务,有保证收益的,不得超过业务收入的0.08%,无保证收益的,不得超过业务收入的0.05%。

保险保障基金,是指按照《中华人民共和国保险法》和《保险保障基金管理办法》规定缴纳形成的,在规定情形下用于救助保单持有人、保单受让公司或者处置保险业风险的非政府性行业风险救助基金。

保费收入,是指投保人按照保险合同约定,向保险公司支付的保险费。

业务收入,是指投保人按照保险合同约定,为购买相应的保险产品支付给保险公司的全部金额。

非投资型财产保险业务,是指仅具有保险保障功能而不具有投资理财功能的财产保险业务。

投资型财产保险业务,是指兼具有保险保障与投资理财功能的财产保险业务。

有保证收益,是指保险产品在投资收益方面提供固定收益或最低收益保障。

无保证收益,是指保险产品在投资收益方面不提供收益保证,投保人承担全部投资风险。

二、保险公司有下列情形之一的,其缴纳的保险保障基金不得在税前扣除:

1. 财产保险公司的保险保障基金余额达到公司总资产6%的。

2. 人身保险公司的保险保障基金余额达到公司总资产1%的。

三、保险公司按国务院财政部门的相关规定提取的未到期责任准备金、寿险责任准备金、长期健康险责任准备金、已发生已报案未决赔款准备金和已发生未报案未决赔款准备金，准予在税前扣除。

1. 未到期责任准备金、寿险责任准备金、长期健康险责任准备金依据经中国保监会核准任职资格的精算师或出具专项审计报告的中介机构确定的金额提取。

未到期责任准备金，是指保险人为尚未终止的非寿险保险责任提取的准备金。

寿险责任准备金，是指保险人为尚未终止的人寿保险责任提取的准备金。

长期健康险责任准备金，是指保险人为尚未终止的长期健康保险责任提取的准备金。

2. 已发生已报案未决赔款准备金，按最高不超过当期已经提出的保险赔款或者给付金额的100%提取；已发生未报案未决赔款准备金按不超过当年实际赔款支出额的8%提取。

已发生已报案未决赔款准备金，是指保险人为非寿险保险事故已经发生并已向保险人提出索赔、尚未结案的赔案提取的准备金。

已发生未报案未决赔款准备金，是指保险人为非寿险保险事故已经发生、尚未向保险人提出索赔的赔案提取的准备金。

四、保险公司经营财政给予保费补贴的农业保险，按不超过财政部门规定的农业保险大灾风险准备金（简称大灾准备金）计提比例，计提的大灾准备金，准予在企业所得税前据实扣除。具体计算公式如下：

本年度扣除的大灾准备金 = 本年度保费收入 × 规定比例 - 上年度已在税前扣除的大灾准备金结存余额。

按上述公式计算的数额如为负数，应调增当年应纳税所得额。

财政给予保费补贴的农业保险，是指各级财政按照中央财政农业保险保费补贴政策规定给予保费补贴的种植业、养殖业、林业等农业保险。

规定比例，是指按照《财政部关于印发〈农业保险大灾风险准备金管理办法〉的通知》（财金〔2013〕129号）确定的计提比例。

五、保险公司实际发生的各种保险赔款、给付，应首先冲抵按规定提取的准备金，不足冲抵部分，准予在当年税前扣除。

六、本通知自2016年1月1日至2020年12月31日执行。

注释：

政策调整。准备金企业所得税税前扣除政策到期后继续执行。参见：《财政部　税务总局关于延长部分税收优惠政策执行期限的公告》（财政部　税务总局公告2021年第6号）。

2－1－628

国家税务总局关于房地产开发企业土地增值税清算涉及企业所得税退税有关问题的公告

2016年12月9日 国家税务总局公告2016年第81号

根据《中华人民共和国企业所得税法》及其实施条例、《中华人民共和国税收征收管理法》及其实施细则的相关规定，现就房地产开发企业（以下简称“企业”）由于土地增值税清算，导致多缴企业所得税的退税问题公告如下：

一、企业按规定对开发项目进行土地增值税清算后，当年企业所得税汇算清缴出现亏损且有其他后续开发项目的，该亏损应按照税法规定向以后年度结转，用以后年度所得弥补。后续开发项目，是指正在开发以及中标的项目。

二、企业按规定对开发项目进行土地增值税清算后，当年企业所得税汇算清缴出现亏损，且没有后续开发项目的，可以按照以下方法，计算出该项目由于土地增值税原因导致的项目开发各年度多缴企业所得税税款，并申请退税：

（一）该项目缴纳的土地增值税总额，应按照该项目开发各年度实现的项目销售收入占整个项目销售收入总额的比例，在项目开发各年度进行分摊，具体按以下公式计算：

各年度应分摊的土地增值税＝土地增值税总额×（项目年度销售收入÷整个项目销售收入总额）

本公告所称销售收入包括视同销售房地产的收入，但不包括企业销售的增值额未超过扣除项目金额20%的普通标准住宅的销售收入。

（二）该项目开发各年度应分摊的土地增值税减去该年度已经在企业所得税税前扣除的土地增值税后，余额属于当年应补充扣除的土地增值税；企业应调整当年度的应纳税所得额，并按规定计算当年度应退的企业所得税税款；当年度已缴纳的企业所得税税款不足退税的，应作为亏损向以后年度结转，并调整以后年度的应纳税所得额。

（三）按照上述方法进行土地增值税分摊调整后，导致相应年度应纳税所得额出现正数的，应按规定计算缴纳企业所得税。

（四）企业按上述方法计算的累计退税额，不得超过其在该项目开发各年度累计实际缴纳的企业所得税；超过部分作为项目清算年度产生的亏损，向以后年度结转。

三、企业在申请退税时，应向主管税务机关提供书面材料说明应退企业所得税款的计算过程，包括该项目缴纳的土地增值税总额、项目销售收入总额、项目年度销售收入额、各年度应分摊的土地增值税和已经税前扣除的土地增值税、各年度的适用税率，以及是否存在后续开发项目等情况。

四、本公告自发布之日起施行。本公告发布之日前，企业凡已经对土地增值税进行清算且没有后续开发项目的，在本公告发布后仍存在尚未弥补的因土地增值税清算导致的亏损，按照本公告第二条规定的方法计算多缴企业所得税税款，并申请退税。

《国家税务总局关于房地产开发企业注销前有关企业所得税处理问题的公告》（国家税务总局公告2010年第29号）同时废止。

特此公告。

2－1－629

财政部　国家税务总局关于中小企业融资（信用）担保机构有关准备金企业所得税税前扣除政策的通知

2017年3月21日　财税〔2017〕22号

各省、自治区、直辖市、计划单列市财政厅（局）、国家税务局、地方税务局，新疆生产建设兵团财务局：

根据《中华人民共和国企业所得税法》和《中华人民共和国企业所得税法实施条例》的有关规定，现就中小企业融资（信用）担保机构有关准备金企业所得税税前扣除政策问题通知如下：

一、符合条件的中小企业融资（信用）担保机构按照不超过当年年末担保责任余额1%的比例计提的担保赔偿准备，允许在企业所得税税前扣除，同时将上年度计提的担保赔偿准备余额转为当期收入。

二、符合条件的中小企业融资（信用）担保机构按照不超过当年担保费收入50%的比例计提的未到期责任准备，允许在企业所得税税前扣除，同时将上年度计提的未到期责任准备余额转为当期收入。

三、中小企业融资（信用）担保机构实际发生的代偿损失，符合税收法律法规关于资产损失税前扣除政策规定的，应冲减已在税前扣除的担保赔偿准备，不足冲减部分据实在企业所得税税前扣除。

四、本通知所称符合条件的中小企业融资（信用）担保机构，必须同时满足以下条件：

（一）符合《融资性担保公司管理暂行办法》（银监会等七部委令2010年第3号）相关规定，并具有融资性担保机构监管部门颁发的经营许可证；

（二）以中小企业为主要服务对象，当年中小企业信用担保业务和再担保业务发生额占当年信用担保业务发生总额的70%以上（上述收入不包括信用评级、咨询、培训等收入）；

（三）中小企业融资担保业务的平均年担保费率不超过银行同期贷款基准利率的50%；

（四）财政、税务部门规定的其他条件。

五、申请享受本通知规定的准备金税前扣除政策的中小企业融资（信用）担保机构，在汇算清缴时，需报送法人执照副本复印件、融资性担保机构监管部门颁发的经营许可证复印件、年度会计报表和担保业务情况（包括担保业务明细和风险准备金提取等），以及财政、税务部门要求提供的其他材料。

六、本通知自2016年1月1日起至2020年12月31日止执行。《财政部 国家税务总局关于中小企业信用担保机构有关准备金企业所得税税前扣除政策的通知》(财税〔2012〕25号)同时废止。

注释:

政策调整。准备金企业所得税税前扣除政策到期后继续执行。参见:《财政部 税务总局关于延长部分税收优惠政策执行期限的公告》(财政部 税务总局公告2021年第6号)。

2-1-630

财政部 国家税务总局关于证券行业准备金支出企业所得税税前扣除有关政策问题的通知

2017年3月21日 财税〔2017〕23号

各省、自治区、直辖市、计划单列市财政厅(局)、国家税务局、地方税务局,新疆生产建设兵团财务局:

根据《中华人民共和国企业所得税法》和《中华人民共和国企业所得税法实施条例》的有关规定,现就证券行业准备金支出企业所得税税前扣除有关政策问题明确如下:

一、证券类准备金

(一)证券交易所风险基金。

上海、深圳证券交易所依据《证券交易所风险基金管理暂行办法》(证监发〔2000〕22号)的有关规定,按证券交易所交易收取经手费的20%、会员年费的10%提取的证券交易所风险基金,在各基金净资产不超过10亿元的额度内,准予在企业所得税税前扣除。

(二)证券结算风险基金。

1. 中国证券登记结算公司所属上海分公司、深圳分公司依据《证券结算风险基金管理办法》(证监发〔2006〕65号)的有关规定,按证券登记结算公司业务收入的20%提取的证券结算风险基金,在各基金净资产不超过30亿元的额度内,准予在企业所得税税前扣除。

2. 证券公司依据《证券结算风险基金管理办法》(证监发〔2006〕65号)的有关规定,作为结算会员按人民币普通股和基金成交金额的十万分之三、国债现货成交金额的十万分之一、1天期国债回购成交额的千万分之五、2天期国债回购成交额的千万分之十、3天期国债回购成交额的千万分之十五、4天期国债回购成交额的千万分之二十、7天期国债回购成交额的千万分之五十、14天期国债回购成交额的十万分之一、28天期国债回购成交额的十万分之二、91天期国债回购成交额的十万分之六、182天期国债回购成交额的十万分之十二逐日交纳的证券结算风险基金,准予在企业所得税税前扣除。

(三)证券投资者保护基金。

1. 上海、深圳证券交易所依据《证券投资者保护基金管理办法》(证监会令第27号、第

124 号）的有关规定，在风险基金分别达到规定的上限后，按交易经手费的 20% 缴纳的证券投资者保护基金，准予在企业所得税税前扣除。

2. 证券公司依据《证券投资者保护基金管理办法》（证监会令第 27 号、第 124 号）的有关规定，按其营业收入 0.5%—5% 缴纳的证券投资者保护基金，准予在企业所得税税前扣除。

二、期货类准备金

（一）期货交易所风险准备金。

大连商品交易所、郑州商品交易所和中国金融期货交易所依据《期货交易管理条例》（国务院令第 489 号）、《期货交易所管理办法》（证监会令第 42 号）和《商品期货交易财务管理暂行规定》（财商字〔1997〕44 号）的有关规定，上海期货交易所依据《期货交易管理条例》（国务院令第 489 号）、《期货交易所管理办法》（证监会令第 42 号）和《关于调整上海期货交易所风险准备金规模的批复》（证监函〔2009〕407 号）的有关规定，分别按向会员收取手续费收入的 20% 计提的风险准备金，在风险准备金余额达到有关规定的额度内，准予在企业所得税税前扣除。

（二）期货公司风险准备金。

期货公司依据《期货公司管理办法》（证监会令第 43 号）和《商品期货交易财务管理暂行规定》（财商字〔1997〕44 号）的有关规定，从其收取的交易手续费收入减去应付期货交易所手续费后的净收入的 5% 提取的期货公司风险准备金，准予在企业所得税税前扣除。

（三）期货投资者保障基金。

1. 上海期货交易所、大连商品交易所、郑州商品交易所和中国金融期货交易所依据《期货投资者保障基金管理办法》（证监会令第 38 号、第 129 号）和《关于明确期货投资者保障基金缴纳比例有关事项的规定》（证监会　财政部公告〔2016〕26 号）的有关规定，按其向期货公司会员收取的交易手续费的 2%（2016 年 12 月 8 日前按 3%）缴纳的期货投资者保障基金，在基金总额达到有关规定的额度内，准予在企业所得税税前扣除。

2. 期货公司依据《期货投资者保障基金管理办法》（证监会令第 38 号、第 129 号）和《关于明确期货投资者保障基金缴纳比例有关事项的规定》（证监会　财政部公告〔2016〕26 号）的有关规定，从其收取的交易手续费中按照代理交易额的亿分之五至亿分之十的比例（2016 年 12 月 8 日前按千万分之五至千万分之十的比例）缴纳的期货投资者保障基金，在基金总额达到有关规定的额度内，准予在企业所得税税前扣除。

三、上述准备金如发生清算、退还，应按规定补征企业所得税。

四、本通知自 2016 年 1 月 1 日起至 2020 年 12 月 31 日止执行。《财政部　国家税务总局关于证券行业准备金支出企业所得税税前扣除有关政策问题的通知》（财税〔2012〕11 号）同时废止。

注释：

政策调整。准备金企业所得税税前扣除政策到期后继续执行。参见：《财政部　税务总局关于延长部分税收优惠政策执行期限的公告》（财政部　税务总局公告 2021 年第 6 号）。

2 －1 －631

财政部 税务总局 科技部关于提高科技型中小企业研究开发费用税前加计扣除比例的通知

2017 年 5 月 2 日 财税〔2017〕34 号

各省、自治区、直辖市、计划单列市财政厅(局)、国家税务局、地方税务局、科技厅(局),新疆生产建设兵团财务局、科技局:

为进一步激励中小企业加大研发投入,支持科技创新,现就提高科技型中小企业研究开发费用(以下简称研发费用)税前加计扣除比例有关问题通知如下:

一、科技型中小企业开展研发活动中实际发生的研发费用,未形成无形资产计入当期损益的,在按规定据实扣除的基础上,在 2017 年 1 月 1 日至 2019 年 12 月 31 日期间,再按照实际发生额的 75% 在税前加计扣除;形成无形资产的,在上述期间按照无形资产成本的 175% 在税前摊销。

二、科技型中小企业享受研发费用税前加计扣除政策的其他政策口径按照《财政部 国家税务总局 科技部关于完善研究开发费用税前加计扣除政策的通知》(财税〔2015〕119 号)规定执行。

三、科技型中小企业条件和管理办法由科技部、财政部和国家税务总局另行发布。科技、财政和税务部门应建立信息共享机制,及时共享科技型中小企业的相关信息,加强协调配合,保障优惠政策落实到位。

2 －1 －632

国家税务总局关于实施高新技术企业所得税优惠政策有关问题的公告

2017 年 6 月 19 日 国家税务总局公告 2017 年第 24 号

为贯彻落实高新技术企业所得税优惠政策,根据《科技部 财政部 国家税务总局关于修订印发〈高新技术企业认定管理办法〉的通知》(国科发火〔2016〕32 号,以下简称《认定办法》)及《科技部 财政部 国家税务总局关于修订印发〈高新技术企业认定管理工作指引〉的通知》(国科发火〔2016〕195 号,以下简称《工作指引》)以及相关税收规定,现就实施高新技术企业所得税优惠政策有关问题公告如下:

一、企业获得高新技术企业资格后,自高新技术企业证书注明的发证时间所在年度起申报享受税收优惠,并按规定向主管税务机关办理备案手续。

企业的高新技术企业资格期满当年，在通过重新认定前，其企业所得税暂按15%的税率预缴，在年底前仍未取得高新技术企业资格的，应按规定补缴相应期间的税款。

二、对取得高新技术企业资格且享受税收优惠的高新技术企业，税务部门如在日常管理过程中发现其在高新技术企业认定过程中或享受优惠期间不符合《认定办法》第十一条规定的认定条件的，应提请认定机构复核。复核后确认不符合认定条件的，由认定机构取消其高新技术企业资格，并通知税务机关追缴其证书有效期内自不符合认定条件年度起已享受的税收优惠。

三、享受税收优惠的高新技术企业，每年汇算清缴时应按照《国家税务总局关于发布〈企业所得税优惠政策事项办理办法〉的公告》（国家税务总局公告2015年第76号）规定向税务机关提交企业所得税优惠事项备案表、高新技术企业资格证书履行备案手续，同时妥善保管以下资料留存备查：

1. 高新技术企业资格证书；

2. 高新技术企业认定资料；

3. 知识产权相关材料；

4. 年度主要产品（服务）发挥核心支持作用的技术属于《国家重点支持的高新技术领域》规定范围的说明，高新技术产品（服务）及对应收入资料；

5. 年度职工和科技人员情况证明材料；

6. 当年和前两个会计年度研发费用总额及占同期销售收入比例、研发费用管理资料以及研发费用辅助账，研发费用结构明细表（具体格式见《工作指引》附件2）；

7. 省税务机关规定的其他资料。

四、本公告适用于2017年度及以后年度企业所得税汇算清缴。2016年1月1日以后按《认定办法》认定的高新技术企业按本公告规定执行。2016年1月1日前按《科技部 财政部 国家税务总局关于印发〈高新技术企业认定管理办法〉的通知》（国科发火〔2008〕172号）认定的高新技术企业，仍按《国家税务总局关于实施高新技术企业所得税优惠有关问题的通知》（国税函〔2009〕203号）和国家税务总局公告2015年第76号的规定执行。

《国家税务总局关于高新技术企业资格复审期间企业所得税预缴问题的公告》（国家税务总局公告2011年第4号）同时废止。

特此公告。

2－1－633

财政部　税务总局　国家发展改革委　工业和信息化部　环境保护部关于印发节能节水和环境保护专用设备企业所得税优惠目录(2017 年版)的通知

2017 年 9 月 6 日　财税〔2017〕71 号

各省、自治区、直辖市、计划单列市财政厅(局)、国家税务局、地方税务局、发展改革委、工业和信息化主管部门、环境保护厅(局),新疆生产建设兵团财务局、发展改革委、工业和信息化委员会、环境保护局:

经国务院同意,现就节能节水和环境保护专用设备企业所得税优惠目录调整完善事项及有关政策问题通知如下:

一、对企业购置并实际使用节能节水和环境保护专用设备享受企业所得税抵免优惠政策的适用目录进行适当调整,统一按《节能节水专用设备企业所得税优惠目录(2017 年版)》(附件 1)和《环境保护专用设备企业所得税优惠目录(2017 年版)》(附件 2)执行。

二、按照国务院关于简化行政审批的要求,进一步优化优惠管理机制,实行企业自行申报并直接享受优惠、税务部门强化后续管理的机制。企业购置节能节水和环境保护专用设备,应自行判断是否符合税收优惠政策规定条件,按规定向税务部门履行企业所得税优惠备案手续后直接享受税收优惠,税务部门采取税收风险管理、稽查、纳税评估等方式强化后续管理。

三、建立部门协调配合机制,切实落实节能节水和环境保护专用设备税收抵免优惠政策。税务部门在执行税收优惠政策过程中,不能准确判定企业购置的专用设备是否符合相关技术指标等税收优惠政策规定条件的,可提请地市级(含)以上发展改革、工业和信息化、环境保护等部门,由其委托专业机构出具技术鉴定意见,相关部门应积极配合。对不符合税收优惠政策规定条件的,由税务机关按《税收征管法》及有关规定进行相应处理。

四、本通知所称税收优惠政策规定条件,是指《节能节水专用设备企业所得税优惠目录(2017 年版)》和《环境保护专用设备企业所得税优惠目录(2017 年版)》所规定的设备类别、设备名称、性能参数、应用领域和执行标准。

五、本通知自 2017 年 1 月 1 日起施行。《节能节水专用设备企业所得税优惠目录(2008 年版)》和《环境保护专用设备企业所得税优惠目录(2008 年版)》自 2017 年 10 月 1 日起废止,企业在 2017 年 1 月 1 日至 2017 年 9 月 30 日购置的专用设备符合 2008 年版优惠目录规定的,也可享受税收优惠。

附件:1. 节能节水专用设备企业所得税优惠目录(2017 年版)

2. 环境保护专用设备企业所得税优惠目录(2017 年版)

附件1

节能节水专用设备企业所得税优惠目录(2017年版)

序号	设备类别	设备名称	性能参数	应用领域	执行标准
(一)节能设备					
1	电动机	中小型三相异步电动机	符合执行标准范围和要求,且优于1级能效水平。	电力拖动	GB 18613-2012
2		永磁同步电动机	符合执行标准范围和要求,且优于1级能效水平。	电力拖动	GB 30253-2013
3		高压三相笼型异步电动机	符合执行标准范围和要求,且优于1级能效水平。	电力拖动	GB 30254-2013
4	空气调节设备	多联式空调(热泵)机组	符合执行标准范围和要求,能效比达到能效等级1级指标基础上再提高10%的要求。	制冷(热)	GB 21454-2008
5		冷水机组	符合执行标准范围和要求,且优于1级能效水平。	制冷(热)	GB 19577-2015,电机驱动压缩机冷水机组 GB 29540-2013,溴化锂吸收式
6		房间空气调节器	符合执行标准范围和要求,且优于1级能效水平。	制冷(热)	GB 12021.3-2010,定频 GB 21455-2013,变频
7		水(地)源热泵机组	符合执行标准范围和要求,且优于1级能效水平。	制冷(热)	GB 30721-2014
8	风机	通风机	符合执行标准范围和要求,且优于1级能效水平。	通风	GB 19761-2009
9		离心鼓风机	符合执行标准范围和要求,且优于节能评价值水平。	鼓风	GB 28381-2012
10	水泵	清水离心泵	符合执行标准范围和要求,且优于节能评价值水平。	输送液体	GB 19762-2007
11		石油化工离心泵	符合执行标准范围和要求,且优于1级能效水平。	输送液体	GB 32284-2015
12	压缩机	容积式空气压缩机	符合执行标准范围和要求,且优于1级能效水平。	压缩空气	GB 19153-2009
13	变频器	1kV及以下通用变频调速设备	符合执行标准范围及技术要求。	变频调速	GB/T 30844.1-2014 GB/T 21056-2007
14		1kV以上不超过35kV通用变频调速设备	符合执行标准范围及技术要求。		GB/T 30843.1-2014
15	变压器	三相配电变压器	符合执行标准范围和要求,且优于1级能效水平。	电力输配	GB 20052-2013
16		电力变压器	符合执行标准范围和要求,且优于1级能效水平。	电力输配	GB 24790-2009
17	电焊机	电弧焊机	符合执行标准范围和要求,且优于1级能效水平。	电焊	GB 28736-2012

续表

序号	设备类别	设备名称	性能参数	应用领域	执行标准
18	锅炉	工业锅炉	1. 能效等级达到 TSG G0002《锅炉节能技术监督管理规程》中热效率指标的目标值要求； 2. 工业锅炉大气污染物排放浓度值符合 GB 13271－2014《锅炉大气污染物排放标准》要求，电站锅炉大气污染物排放浓度值符合 GB 13223－2011《火电厂大气污染物排放标准》要求； 3. 燃煤锅炉额定蒸发量（或额定热功率）应当大于 10t/h（或 7MW），天然气锅炉不限。	输出蒸汽、热水等介质提供热能	TSG G0002《锅炉节能技术监督管理规程》
19	换热器	热交换器	能效等级达到 TSG R0010《热交换器能效测试与评价规则》中的目标值要求。	不同流体之间热量传递	TSG R0010《热交换器能效测试与评价规则》
20	LED 照明	LED 路灯、LED 隧道灯/工矿灯	电压 220V，频率 50Hz，规格光通量 3000lm/5400lm/9000lm/14000lm，功率因数不低于 0.95，初始光效不低于 130lm/W，显色指数不低于 70，寿命不低于 30000 小时。	道路、隧道、工矿照明	
21		LED 管灯	电压 220V，频率 50Hz，规格 T8/T5，600mm/1200mm，功率因数不低于 0.9，显色指数不低于 85，寿命不低于 25000 小时；色温为 6500k/5000k/4000k 时，初始光效不低于 120lm/W；色温为 3500k/3000k/2700k 时，初始光效不低于 110lm/W。	商用照明，单次订购量应在 5000 只以上	
22	发电设备	汽轮机	1000MW 级超超临界机组，28MPa/600℃/620℃/4.9kPa，一次再热＋湿冷＋汽泵：热耗率≤7220kJ/kWh。	发电	
			1000MW 级超超临界机组，31MPa/600℃/620℃/620℃/4.9kPa，二次再热＋湿冷＋汽泵：热耗率≤7050kJ/kWh。		
			1000MW 级超超临界机组，28MPa/600℃/620℃/11kPa，一次再热＋空冷＋汽泵：热耗率≤7480kJ/kWh。		
23	时效处理仪	频谱谐波时效仪	最大激振力 80kN；循环选择频率，同时具备加速度延时保护功能；振动参数除激振力调节保证有两个最大振动加速度在 30－70m/s^2，参数选择由振动设备自动完成，以保证处理效果。	机械制造	

续表

序号	设备类别	设备名称	性能参数	应用领域	执行标准
24	通信用铅酸蓄电池	通信用耐高温型阀控式密封铅酸蓄电池	35℃工作环境温度，设计浮充寿命≥10年； 电池最高可承受工作环境温度：75℃； 55℃工作环境温度，80% DOD循环寿命大于12次大循环，每次大循环包含11次80% DOD放电循环。	通信基站数据中心	YD/T 2657－2013
（二）节水设备					
25	洗涤设备	工业洗衣机	用水量≤18L/kg，洗净率>35%。	织物洗涤	QB/T 2323－2004
26	冷却设备	空冷式换热器	耐压、气密性、运转试验符合NB/T 47007－2010的要求。	发电、化工、冶金、机械制造	NB/T 47007－2010
27		机械通风开式冷却塔	循环水量≤1000m³/h的中小型塔：飘水率≤0.006%； 耗电比≤0.035kW/(m³/h)；冷却能力≥95%。	空调制冷、冷冻、化工、发电	GB/T 18870－2011
			循环水量>1000m³/h的大型塔：飘水率≤0.001%； 耗电比≤0.045kW/(m³/h)；冷却能力≥95%。		
28	滴灌设备	喷灌机	大型喷灌机：水量分布均匀系数、同步性能应符合JB/T 6280－2013的要求。	农业、园林灌溉	JB/T 6280－2013
			轻小型喷灌机：喷洒均匀性、燃油消耗率、喷灌机效率、管路系统密封性应符合GB/T 25406－2010的要求。		GB/T 25406－2010
29		滴灌带（管）	流量一致性、流量和进水口压力之间关系、耐静水压、耐拉拔应符合GB/T 17187－2009的要求。	适用于棉花、蔬菜、果树等经济作物的滴灌	GB/T 17187－2009
30	水处理及回用设备	反渗透淡化装置	水回收率≥75%，脱盐率≥95%。	含盐量低于10000mg/L的苦咸水淡化或农村分散地区的饮用水处理	GB/T 19249－2003
31		中空纤维超滤水处理设备	截留率≥90%； 产水量≥额定产水量。	水处理净化	HY/T 060－2002 CJ/T 170－2002
32		海水/苦咸水淡化反渗透膜元件	苦咸水淡化反渗透膜：水通量≥4.5×10⁻²m³/(m²·h)； 脱盐率≥99.0%。	海水、苦咸水淡化	HY/T 107－2008
			海水淡化反渗透膜：水通量≥3.8×10⁻²m³/(m²·h)； 脱盐率≥99.4%。		

附件2

环境保护专用设备企业所得税优惠目录（2017年版）

序号	设备类别	设备名称	性能参数	应用领域
1	水污染防治设备	膜生物反应器	膜通量≥10L/(m^2·h)； 出口水质达到地表水环境质量Ⅳ类标准。	生活污水和工业废水处理
2		污泥脱水机	滤饼含水率≤50%。	生活和工业污泥处理
3		超磁分离水体净化设备	出口水质：悬浮物去除率≥90%；SS≤20mg/L；TP在0.05mg/L～0.5mg/L之间，TP去除率80%～90%；油≤5mg/L；藻类去除率80%～85%；非溶解态COD去除率>80%。	工业废水处理、重金属废水处理、黑臭水体处理（进口水质：SS≤500mg/L；TP在1mg/L～4mg/L之间；油≤50mg/L）
4		一体化污水处理设备	出口水质：COD≤30mg/L；氨氮≤5mg/L；TP≤0.3mg/L；SS≤5mg/L。	生活污水处理（进口水质：COD≤450mg/L；氨氮≤50mg/L；TP≤4mg/L；SS≤200mg/L）
5	大气污染防治设备	袋式除尘器	出口烟尘排放浓度≤10mg/Nm^3；烟气排放达到林格曼一级； 进出口压差≤1200Pa；出口温度≤120℃； 漏风率≤2%； 耐压强度≥5kPa。	燃煤发电行业除外的烟尘处理
6		电袋复合除尘器	出口烟尘排放浓度≤30mg/Nm^3；烟气排放达到林格曼一级； 进出口压差≤1000Pa；设备阻力<900Pa； 漏风率<2%。	燃煤发电行业除外的烟尘处理
7		选择性催化还原（SCR）脱硝设备	脱硝效率>80%；系统氨逃逸质量浓度≤2.5mg/m^3； SO_2转化率<1%。	燃煤发电行业除外的脱硝
8		VOCs吸附回收装置	净化率>90%。	喷涂、石油、化工、包装印刷、油气回收、涂布、制革等行业的VOCs治理
9		生物治理VOCs设备	生物降解净化效率>85%； 恶臭异味和VOCs排放浓度达到有关行业环保标准要求。	生活污水厂、石化或化工污水处理、垃圾处理厂、发酵堆肥行业、制药行业、饲料和肥料行业、食品加工行业、皮革加工行业等产生的有机废气、异味处理
10		VOCs燃烧装置	燃烧净化效率>95%； VOCs排放浓度达到有关行业环保标准要求。	石油、化工、喷涂、电线电缆、制药等行业的VOCs治理
11		连续自动再生式柴油车黑烟净化过滤器	CO的起燃温度<195℃；HC的起燃温度<205℃； 黑烟颗粒PM的去除效果>90%（在所有的工况下）； 黑烟颗粒的再生：开始再生温度为200℃，全部烧完为500℃，所需时间≤10min。	柴油车尾气处理
12	土壤污染防治设备	污染土壤检测修复一体机	掘进速度≥9m/h；最大掘进深度20m；取样量≥$7\times10^{-3}m^3$/h； 注药量≥90L/min；注药半径≥1m。	污染土壤修复

续表

序号	设备类别	设备名称	性能参数	应用领域
13	固体废物处置设备	餐厨垃圾自动分选制浆机	处理对象:餐厨垃圾或分类的厨余垃圾;可实现有机物与其他杂物如轻质塑料、织物和金属等的有效分离,实现接收垃圾中有机质的浆化处理;处理后有机物损失 < 3%;杂物去除率≥95%;处理量≥10t/h。	餐厨垃圾处理
14		废金属破碎分选机	主机功率:450kW~7500kW;处理能力30t/h~420t/h;送料宽度达1500mm~3000mm;磁力分选率≥97%;有色金属涡流分选或有色光选分辨率≥98%;危险废物回收率≥95%。	金属废物处理
15		电子废物、报废汽车破碎分选机	处理对象:废弃电器电子产品,报废汽车;可实现铁、有色金属、塑料和其他杂质的有效分离,危险废物的安全回收;铁、有色金属回收率及纯净度≥95%,塑料回收率及纯净度≥90%; 制冷剂、废油等危险废物回收率≥95%;报废汽车处理能力≥10t/h;废弃电器电子产品处理能力≥1000kg/h。	电子垃圾、报废汽车处理
16		新能源汽车废旧动力蓄电池处理设备	废旧动力蓄电池在物理环节的模组分离装备自动化拆解效率≥2kg/min;单体单机分离装备自动化拆解效率≥3kg/min; 在湿法冶炼条件下,镍、钴、锰的综合回收率≥98%; 在火法冶炼条件下,镍、稀土的综合回收率应≥97%。	新能源汽车废旧动力蓄电池处理
17		危险废弃物焚烧炉	处理量≥20t/d;焚烧温度:一般危险废物≥1100℃,持久性有机污染物废物≥1200℃,医疗废物≥850℃; 烟气停留时间 > 2s;残渣热灼减率≤5%。	医疗、工业领域危险废物处理
18		机械炉排炉	处理量≥200t/d;焚烧温度≥850℃;烟气停留时间≥2s;残渣热灼减率≤5%。	生活垃圾处理
19	环境监测专用仪器仪表	烟气排放连续监测仪	可测量以下一种或几种参数:SO_2、NO_X、CO、Hg、HCl、HF、H_2S、颗粒物、流速;颗粒物零点漂移±2%,量程漂移±2%; 气态污染物响应时间≤200s,零点漂移±2.5%,量程漂移±2.5%,线性误差≤±5%;流速测量范围0~30m/s,流速测量精度±12%;温度示值偏差≤±3℃。	污染源废气监测(火电厂超低排放),垃圾焚烧电厂废气在线监测
20		氨逃逸激光在线分析仪	检测下限:0.1mg/L;重复性:1.0% F.S;线性误差:1.0% F.S; 取样流量:10L/min~20L/min;环境温度:-20℃~45℃。	烟气脱硝氨逃逸检测

续表

序号	设备类别	设备名称	性能参数	应用领域
21	环境监测专用仪器仪表	挥发性有机物 VOCs 分析仪	可测量以下一种或几种气态有机污染物成分：甲烷/非甲烷总烃、总挥发性有机物、半挥发性有机物、苯系物或其他特征有机污染物； 最低检测限： (1) C2 ~ C5：1,3 - 丁二烯或者丁烯 ≤ 0.15ppb，其他 ≤ 0.5ppb； (2) C6 ~ C12：苯 ≤ 0.05ppb，其他 ≤ 0.5ppb； 重现性： (1) C2 ~ C5：< 10% 4ppb（1,3 - 丁二烯或者丁烯）； (2) C6 ~ C12：< 10% 4ppb（苯）。	有机废气排放监测、厂界及周边无组织排放监测
22		重金属水质自动分析仪	可测量以下一种或几种参数：汞、铬、镉、铅和砷； 六价铬水质监测设备：精密度 ≤ 5%，准确度 ±5%，零点漂移 ±5%，量程漂移 ±5%； 汞、镉、铅、砷水质监测设备：示值误差 ±5%，精密度 ≤ 5%，零点漂移 ±5%，量程漂移 ±10%。	污染源废水监测
23	噪声与振动控制	阵列式消声器	吸声体平均吸声系数 ≥ 0.9； 基准长度消声器的全压损失系数 ξ ≤ 0.7。	通风空调系统管道、机房进出风口、空气动力性设备等的消声降噪
24		阻尼弹簧浮置板隔振器	隔振效果 ≥ 18dB；阻尼比 ≥ 0.08； 轨面动态下沉量 ≤ 4mm。	高铁及城市轨道交通噪声控制

2 - 1 - 634

国家税务总局关于全民所有制企业公司制改制企业所得税处理问题的公告

2017 年 9 月 22 日　国家税务总局公告 2017 年第 34 号

为贯彻落实《中共中央　国务院关于深化国有企业改革的指导意见》和《国务院办公厅关于印发中央企业公司制改制工作实施方案的通知》（国办发〔2017〕69 号），根据《财政部　国家税务总局关于企业重组业务企业所得税处理若干问题的通知》（财税〔2009〕59 号）有关规定，现就全民所有制企业公司制改制企业所得税处理问题公告如下：

一、全民所有制企业改制为国有独资公司或者国有全资子公司，属于财税〔2009〕59 号文件第四条规定的"企业发生其他法律形式简单改变"的，可依照以下规定进行企业所得税处理：

改制中资产评估增值不计入应纳税所得额；资产的计税基础按其原有计税基础确定；资产增值部分的折旧或者摊销不得在税前扣除。

二、全民所有制企业资产评估增值相关材料应由改制后的企业留存备查。

三、本公告适用于 2017 年度及以后年度企业所得税汇算清缴。此前发生的全民所有制企业公司制改制,尚未进行企业所得税处理的,可依照本公告执行。

特此公告。

2－1－635

国家税务总局关于非居民企业所得税源泉扣缴有关问题的公告

2017年10月17日　国家税务总局公告2017年第37号

按照《国家税务总局关于进一步深化税务系统“放管服”改革优化税收环境的若干意见》(税总发〔2017〕101号)的安排,根据《中华人民共和国企业所得税法》(以下称“企业所得税法”)及其实施条例、《中华人民共和国税收征收管理法》及其实施细则的有关规定,现就非居民企业所得税源泉扣缴有关问题公告如下:

一、依照企业所得税法第三十七条、第三十九条和第四十条规定办理非居民企业所得税源泉扣缴相关事项,适用本公告。与执行企业所得税法第三十八条规定相关的事项不适用本公告。

二、企业所得税法实施条例第一百零四条规定的支付人自行委托代理人或指定其他第三方代为支付相关款项,或者因担保合同或法律规定等原因由第三方保证人或担保人支付相关款项的,仍由委托人、指定人或被保证人、被担保人承担扣缴义务。

三、企业所得税法第十九条第二项规定的转让财产所得包含转让股权等权益性投资资产(以下称“股权”)所得。股权转让收入减除股权净值后的余额为股权转让所得应纳税所得额。

股权转让收入是指股权转让人转让股权所收取的对价,包括货币形式和非货币形式的各种收入。

股权净值是指取得该股权的计税基础。股权的计税基础是股权转让人投资入股时向中国居民企业实际支付的出资成本,或购买该项股权时向该股权的原转让人实际支付的股权受让成本。股权在持有期间发生减值或者增值,按照国务院财政、税务主管部门规定可以确认损益的,股权净值应进行相应调整。企业在计算股权转让所得时,不得扣除被投资企业未分配利润等股东留存收益中按该项股权所可能分配的金额。

多次投资或收购的同项股权被部分转让的,从该项股权全部成本中按照转让比例计算确定被转让股权对应的成本。

四、扣缴义务人支付或者到期应支付的款项以人民币以外的货币支付或计价的,分别按以下情形进行外币折算:

(一)扣缴义务人扣缴企业所得税的,应当按照扣缴义务发生之日人民币汇率中间价折合成人民币,计算非居民企业应纳税所得额。扣缴义务发生之日为相关款项实际支付或者到期应支付之日。

(二)取得收入的非居民企业在主管税务机关责令限期缴纳税款前自行申报缴纳应源

泉扣缴税款的，应当按照填开税收缴款书之日前一日人民币汇率中间价折合成人民币，计算非居民企业应纳税所得额。

（三）主管税务机关责令取得收入的非居民企业限期缴纳应源泉扣缴税款的，应当按照主管税务机关作出限期缴税决定之日前一日人民币汇率中间价折合成人民币，计算非居民企业应纳税所得额。

五、财产转让收入或财产净值以人民币以外的货币计价的，分扣缴义务人扣缴税款、纳税人自行申报缴纳税款和主管税务机关责令限期缴纳税款三种情形，先将以非人民币计价项目金额比照本公告第四条规定折合成人民币金额；再按企业所得税法第十九条第二项及相关规定计算非居民企业财产转让所得应纳税所得额。

财产净值或财产转让收入的计价货币按照取得或转让财产时实际支付或收取的计价币种确定。原计价币种停止流通并启用新币种的，按照新旧货币市场转换比例转换为新币种后进行计算。

六、扣缴义务人与非居民企业签订与企业所得税法第三条第三款规定的所得有关的业务合同时，凡合同中约定由扣缴义务人实际承担应纳税款的，应将非居民企业取得的不含税所得换算为含税所得计算并解缴应扣税款。

七、扣缴义务人应当自扣缴义务发生之日起 7 日内向扣缴义务人所在地主管税务机关申报和解缴代扣税款。扣缴义务人发生到期应支付而未支付情形，应按照《国家税务总局关于非居民企业所得税管理若干问题的公告》（国家税务总局公告 2011 年第 24 号）第一条规定进行税务处理。

非居民企业取得应源泉扣缴的所得为股息、红利等权益性投资收益的，相关应纳税款扣缴义务发生之日为股息、红利等权益性投资收益实际支付之日。

非居民企业采取分期收款方式取得应源泉扣缴所得税的同一项转让财产所得的，其分期收取的款项可先视为收回以前投资财产的成本，待成本全部收回后，再计算并扣缴应扣税款。

八、扣缴义务人在申报和解缴应扣税款时，应填报《中华人民共和国扣缴企业所得税报告表》。

扣缴义务人可以在申报和解缴应扣税款前报送有关申报资料；已经报送的，在申报时不再重复报送。

九、按照企业所得税法第三十七条规定应当扣缴的所得税，扣缴义务人未依法扣缴或者无法履行扣缴义务的，取得所得的非居民企业应当按照企业所得税法第三十九条规定，向所得发生地主管税务机关申报缴纳未扣缴税款，并填报《中华人民共和国扣缴企业所得税报告表》。

非居民企业未按照企业所得税法第三十九条规定申报缴纳税款的，税务机关可以责令限期缴纳，非居民企业应当按照税务机关确定的期限申报缴纳税款；非居民企业在税务机关责令限期缴纳前自行申报缴纳税款的，视为已按期缴纳税款。

十、非居民企业取得的同一项所得在境内存在多个所得发生地，涉及多个主管税务机关的，在按照企业所得税法第三十九条规定自行申报缴纳未扣缴税款时，可以选择一地办理本公告第九条规定的申报缴税事宜。受理申报地主管税务机关应在受理申报后 5 个工作日内，向扣缴义务人所在地和同一项所得其他发生地主管税务机关发送《非居民企业税务事项联络函》（见附件），告知非居民企业涉税事项。

十一、主管税务机关可以要求纳税人、扣缴义务人和其他知晓情况的相关方提供与应扣缴税款有关的合同和其他相关资料。扣缴义务人应当设立代扣代缴税款账簿和合同资料档案，准确记录非居民企业所得税扣缴情况。

十二、按照企业所得税法第三十七条规定应当扣缴的税款，扣缴义务人应扣未扣的，由扣缴义务人所在地主管税务机关依照《中华人民共和国行政处罚法》第二十三条规定责令扣缴义务人补扣税款，并依法追究扣缴义务人责任；需要向纳税人追缴税款的，由所得发生地主管税务机关依法执行。扣缴义务人所在地与所得发生地不一致的，负责追缴税款的所得发生地主管税务机关应通过扣缴义务人所在地主管税务机关核实有关情况；扣缴义务人所在地主管税务机关应当自确定应纳税款未依法扣缴之日起5个工作日内，向所得发生地主管税务机关发送《非居民企业税务事项联络函》，告知非居民企业涉税事项。

十三、主管税务机关在按照本公告第十二条规定追缴非居民企业应纳税款时，可以采取以下措施：

（一）责令该非居民企业限期申报缴纳应纳税款。

（二）收集、查实该非居民企业在中国境内其他收入项目及其支付人的相关信息，并向该其他项目支付人发出《税务事项通知书》，从该非居民企业其他收入项目款项中依照法定程序追缴欠缴税款及应缴的滞纳金。

其他项目支付人所在地与未扣税所得发生地不一致的，其他项目支付人所在地主管税务机关应给予配合和协助。

十四、按照本公告规定应当源泉扣缴税款的款项已经由扣缴义务人实际支付，但未在规定的期限内解缴应扣税款，并具有以下情形之一的，应作为税款已扣但未解缴情形，按照有关法律、行政法规规定处理：

（一）扣缴义务人已明确告知收款人已代扣税款的；

（二）已在财务会计处理中单独列示应扣税款的；

（三）已在其纳税申报中单独扣除或开始单独摊销扣除应扣税款的；

（四）其他证据证明已代扣税款的。

除上款规定情形外，按本公告规定应该源泉扣缴的税款未在规定的期限内解缴入库的，均作为应扣未扣税款情形，按照有关法律、行政法规规定处理。

十五、本公告与税收协定及其相关规定不一致的，按照税收协定及其相关规定执行。

十六、扣缴义务人所在地主管税务机关为扣缴义务人所得税主管税务机关。

对企业所得税法实施条例第七条规定的不同所得，所得发生地主管税务机关按以下原则确定：

（一）不动产转让所得，为不动产所在地国税机关。

（二）权益性投资资产转让所得，为被投资企业的所得税主管税务机关。

（三）股息、红利等权益性投资所得，为分配所得企业的所得税主管税务机关。

（四）利息所得、租金所得、特许权使用费所得，为负担、支付所得的单位或个人的所得税主管税务机关。

十七、本公告自 2017 年 12 月 1 日起施行。本公告第七条第二款和第三款、第九条第二款可以适用于在本公告施行前已经发生但未处理的所得。下列规定自 2017 年 12 月 1 日起废止：

（一）《国家税务总局关于印发〈非居民企业所得税源泉扣缴管理暂行办法〉的通知》（国税发〔2009〕3 号）。

（二）《国家税务总局关于进一步加强非居民税收管理工作的通知》（国税发〔2009〕32 号）第二条第（三）项中的以下表述：

“各地应按照《国家税务总局关于印发〈非居民企业所得税源泉扣缴管理暂行办法〉的通知》（国税发〔2009〕3 号）规定，落实扣缴登记和合同备案制度，辅导扣缴义务人及时准确扣缴应纳税款，建立管理台账和管理档案，追缴漏税”。

（三）《国家税务总局关于加强税种征管促进堵漏增收的若干意见》（国税发〔2009〕85 号）第四条第（二）项第 3 目中以下表述：

“按照《国家税务总局关于印发〈非居民企业所得税源泉扣缴管理暂行办法〉的通知》（国税发〔2009〕3 号）规定，落实扣缴登记和合同备案制度，辅导扣缴义务人及时准确扣缴应纳税款，建立管理台账和管理档案”。

（四）《国家税务总局关于加强非居民企业股权转让所得企业所得税管理的通知》（国税函〔2009〕698 号）。

（五）《国家税务总局关于印发〈非居民企业税收协同管理办法（试行）〉的通知》（国税发〔2010〕119 号）第九条。

（六）《国家税务总局关于发布〈企业重组业务企业所得税管理办法〉的公告》（国家税务总局公告 2010 年第 4 号）第三十六条。

（七）《国家税务总局关于非居民企业所得税管理若干问题的公告》（国家税务总局公告 2011 年第 24 号）第五条和第六条。

（八）《国家税务总局关于发布〈非居民企业从事国际运输业务税收管理暂行办法〉的公告》（国家税务总局公告 2014 年第 37 号）第二条第三款中以下表述：

“和《国家税务总局关于印发〈非居民企业所得税源泉扣缴管理暂行办法〉的通知》（国税发〔2009〕3 号）”。

（九）《国家税务总局关于非居民企业间接转让财产企业所得税若干问题的公告》（国家税务总局公告 2015 年第 7 号）第八条第二款。

特此公告。

附件：非居民企业税务事项联络函（编者略）

注释：

条款修改。根据《第十三届全国人民代表大会第一次会议关于国务院机构改革方案的决定》等有关规定，税收规范性文件规定的国税地税机关的职责和工作由新的税务机关承担。国家税务总局依据《税收规范性文件制定管理办法》（国家税务总局令第 41 号公布），对税收规范性文件进行了清理。参见：《国家税务总局关于修改部分税收规范性文件的公告》（国家税务总局公告 2018 年第 31 号）。

2－1－636

财政部　税务总局　商务部　科技部　国家发展改革委关于将技术先进型服务企业所得税政策推广至全国实施的通知

2017年11月2日　财税〔2017〕79号

各省、自治区、直辖市、计划单列市财政厅(局)、国家税务局、地方税务局、商务主管部门、科技厅(委、局)、发展改革委,新疆生产建设兵团财务局、商务局、科技局、发展改革委:

为贯彻落实《国务院关于促进外资增长若干措施的通知》(国发〔2017〕39号)要求,发挥外资对优化服务贸易结构的积极作用,引导外资更多投向高技术、高附加值服务业,促进企业技术创新和技术服务能力的提升,增强我国服务业的综合竞争力,现就技术先进型服务企业有关企业所得税政策问题通知如下:

一、自2017年1月1日起,在全国范围内实行以下企业所得税优惠政策:

1. 对经认定的技术先进型服务企业,减按15%的税率征收企业所得税。

2. 经认定的技术先进型服务企业发生的职工教育经费支出,不超过工资薪金总额8%的部分,准予在计算应纳税所得额时扣除;超过部分,准予在以后纳税年度结转扣除。

二、享受本通知第一条规定的企业所得税优惠政策的技术先进型服务企业必须同时符合以下条件:

1. 在中国境内(不包括港、澳、台地区)注册的法人企业;

2. 从事《技术先进型服务业务认定范围(试行)》(详见附件)中的一种或多种技术先进型服务业务,采用先进技术或具备较强的研发能力;

3. 具有大专以上学历的员工占企业职工总数的50%以上;

4. 从事《技术先进型服务业务认定范围(试行)》中的技术先进型服务业务取得的收入占企业当年总收入的50%以上;

5. 从事离岸服务外包业务取得的收入不低于企业当年总收入的35%。

从事离岸服务外包业务取得的收入,是指企业根据境外单位与其签订的委托合同,由本企业或其直接转包的企业为境外单位提供《技术先进型服务业务认定范围(试行)》中所规定的信息技术外包服务(ITO)、技术性业务流程外包服务(BPO)和技术性知识流程外包服务(KPO),而从上述境外单位取得的收入。

三、技术先进型服务企业的认定管理

1. 省级科技部门会同本级商务、财政、税务和发展改革部门根据本通知规定制定本省(自治区、直辖市、计划单列市)技术先进型服务企业认定管理办法,并负责本地区技术先进型服务企业的认定管理工作。各省(自治区、直辖市、计划单列市)技术先进型服务企业认定管理办法应报科技部、商务部、财政部、税务总局和国家发展改革委备案。

2. 符合条件的技术先进型服务企业应向所在省级科技部门提出申请,由省级科技部门会同本级商务、财政、税务和发展改革部门联合评审后发文认定,并将认定企业名单及有关情况通过科技部"全国技术先进型服务企业业务办理管理平台"备案,科技部与商务部、财政部、税务总局和国家发展改革委共享备案信息。符合条件的技术先进型服务企业须在商务部"服务贸易统计监测管理信息系统(服务外包信息管理应用)"中填报企业基本信息,按时报送数据。

3. 经认定的技术先进型服务企业,持相关认定文件向所在地主管税务机关办理享受本通知第一条规定的企业所得税优惠政策事宜。享受企业所得税优惠的技术先进型服务企业条件发生变化的,应当自发生变化之日起15日内向主管税务机关报告;不再符合享受税收优惠条件的,应当依法履行纳税义务。主管税务机关在执行税收优惠政策过程中,发现企业不具备技术先进型服务企业资格的,应提请认定机构复核。复核后确认不符合认定条件的,应取消企业享受税收优惠政策的资格。

4. 省级科技、商务、财政、税务和发展改革部门对经认定并享受税收优惠政策的技术先进型服务企业应做好跟踪管理,对变更经营范围、合并、分立、转业、迁移的企业,如不再符合认定条件,应及时取消其享受税收优惠政策的资格。

5. 省级财政、税务、商务、科技和发展改革部门要认真贯彻落实本通知的各项规定,在认定工作中对内外资企业一视同仁,平等对待,切实做好沟通与协作工作。在政策实施过程中发现问题,要及时反映上报财政部、税务总局、商务部、科技部和国家发展改革委。

6. 省级科技、商务、财政、税务和发展改革部门及其工作人员在认定技术先进型服务企业工作中,存在违法违纪行为的,按照《公务员法》、《行政监察法》等国家有关规定追究相应责任;涉嫌犯罪的,移送司法机关处理。

7. 本通知印发后,各地应按照本通知规定于2017年12月31日前出台本省(自治区、直辖市、计划单列市)技术先进型服务企业认定管理办法并据此开展认定工作。现有31个中国服务外包示范城市已认定的2017年度技术先进型服务企业继续有效。从2018年1月1日起,中国服务外包示范城市技术先进型服务企业认定管理工作依照所在省(自治区、直辖市、计划单列市)制定的管理办法实施。

附件:技术先进型服务业务认定范围(试行)

附件

技术先进型服务业务认定范围(试行)

一、信息技术外包服务(ITO)

(一)软件研发及外包

类别	适用范围
软件研发及开发服务	用于金融、政府、教育、制造业、零售、服务、能源、物流、交通、媒体、电信、公共事业和医疗卫生等部门和企业,为用户的运营/生产/供应链/客户关系/人力资源和财务管理、计算机辅助设计/工程等业务进行软件开发,包括定制软件开发,嵌入式软件、套装软件开发,系统软件开发、软件测试等。
软件技术服务	软件咨询、维护、培训、测试等技术性服务。

（二）信息技术研发服务外包

类别	适用范围
集成电路和电子电路设计	集成电路和电子电路产品设计以及相关技术支持服务等。
测试平台	为软件、集成电路和电子电路的开发运用提供测试平台。

（三）信息系统运营维护外包

类别	适用范围
信息系统运营和维护服务	客户内部信息系统集成、网络管理、桌面管理与维护服务；信息工程、地理信息系统、远程维护等信息系统应用服务。
基础信息技术服务	基础信息技术管理平台整合、IT 基础设施管理、数据中心、托管中心、安全服务、通讯服务等基础信息技术服务。

二、技术性业务流程外包服务（BPO）

类别	适用范围
企业业务流程设计服务	为客户企业提供内部管理、业务运作等流程设计服务。
企业内部管理服务	为客户企业提供后台管理、人力资源管理、财务、审计与税务管理、金融支付服务、医疗数据及其他内部管理业务的数据分析、数据挖掘、数据管理、数据使用的服务；承接客户专业数据处理、分析和整合服务。
企业运营服务	为客户企业提供技术研发服务、为企业经营、销售、产品售后服务提供的应用客户分析、数据库管理等服务。主要包括金融服务业务、政务与教育业务、制造业务和生命科学、零售和批发与运输业务、卫生保健业务、通讯与公共事业业务、呼叫中心、电子商务平台等。
企业供应链管理服务	为客户企业提供采购、物流的整体方案设计及数据库服务。

三、技术性知识流程外包服务（KPO）

适用范围
知识产权研究、医药和生物技术研发和测试、产品技术研发、工业设计、分析学和数据挖掘、动漫及网游设计研发、教育课件研发、工程设计等领域。

2－1－637

国家税务总局关于企业境外承包工程税收抵免凭证有关问题的公告

2017 年 11 月 21 日　国家税务总局公告 2017 年第 41 号

根据《中华人民共和国企业所得税法》及其实施条例、《财政部　国家税务总局关于企业境外所得税收抵免有关问题的通知》（财税〔2009〕125 号）和《国家税务总局关于发布〈企业境外所得税收抵免操作指南〉的公告》（国家税务总局公告 2010 年第 1 号）的有关规定，现就企业境外承包工程税收抵免凭证有关问题公告如下：

一、企业以总分包或联合体方式在境外实施工程项目(包括但不限于工程建设、基础设施建设等项目,下同),其来源于境外所得已在境外缴纳的企业所得税税额,可按本公告规定以总承包企业或联合体主导方企业开具的《境外承包工程项目完税凭证分割单(总分包方式)》(附件1,以下简称《分割单(总分包方式)》)或《境外承包工程项目完税凭证分割单(联合体方式)》(附件2,以下简称《分割单(联合体方式)》)作为境外所得完税证明或纳税凭证进行税收抵免。

二、企业以总分包方式在境外承包工程,除总承包企业自行施工的部分外,发生分包(再分包,下同)的,其分包部分来源于境外所得已由总承包企业在境外缴纳的企业所得税税额,总承包企业可按实际取得的收入、工作量等因素确定的合理比例进行分配,开具《分割单(总分包方式)》,并将《分割单(总分包方式)》复印件提供给分包企业,分包企业据此申报抵免。总承包企业按分配后的余额申报抵免。同一项目分配方法应当一致,且在项目存续期内不得改变。

三、企业以联合体方式中标境外工程,该联合体在境外缴纳的企业所得税税额可由主导方企业按实际取得的收入、工作量等因素确定的合理比例进行分配,开具《分割单(联合体方式)》,并将《分割单(联合体方式)》复印件提供给联合体各方企业,联合体各方企业据此申报抵免。

联合体主导方可按合同收入占比孰高原则或事先约定进行确定。

四、总承包企业作为境外纳税主体,应就其在境外缴纳的企业所得税税额,填制《分割单(总分包方式)》后提交主管税务机关备案,并将以下资料留存备查:

1. 总承包企业与境外发包方签订的总承包合同;

2. 总承包企业与分包企业签订的分包合同,如建设项目再分包的,还需留存备查分包企业与再分包企业签订的再分包合同;

3. 总承包企业境外所得相关完税证明或纳税凭证;

4. 境外所得缴纳的企业所得税税额按收入、工作量等因素确定的合理比例分配的计算过程及相关说明。

五、联合体作为境外纳税主体,应就其在境外缴纳的企业所得税税额,由主导方企业填制《分割单(联合体方式)》后提交主管税务机关备案,并将以下资料留存备查:

1. 联合体与境外发包方签订的工程承包合同;

2. 各方企业组建联合体合同或协议;

3. 联合体境外所得相关完税证明或纳税凭证;

4. 境外所得缴纳的企业所得税税额按收入、工作量等因素确定的合理比例分配的计算过程及相关说明。

六、总承包企业或联合体主导方企业应按项目分别建立分割单台账,准确记录境外所得缴纳税额分配情况。

七、分包企业或联合体各方企业申报抵免时,应将《分割单(总分包方式)》或《分割单(联合体方式)》复印件提交主管税务机关备案。主管税务机关对企业有关境外所得抵免有异议的,可以向总承包企业或联合体主导方企业的主管税务机关提出书面复核建议,总承包企业或联合体主导方企业的主管税务机关在收到复核建议后30日内函复复核结果。

八、总承包企业、分包企业及联合体各方企业主管税务机关在后续管理过程中发现企业存在多抵免税款情况的，应及时将信息告知相关各方企业的主管税务机关。

九、本公告适用于2017年度及以后年度企业所得税汇算清缴。以前年度尚未进行境外税收抵免处理的，可按本公告规定执行。

特此公告。

附件：1. 境外承包工程项目完税凭证分割单（总分包方式）（编者略）

2. 境外承包工程项目完税凭证分割单（联合体方式）（编者略）

2－1－638

财政部　税务总局　国家发展改革委 工业和信息化部关于集成电路生产企业有关企业所得税政策问题的通知

2018年3月28日　财税〔2018〕27号

各省、自治区、直辖市、计划单列市财政厅（局）、国家税务局、地方税务局、发展改革委、工业和信息化主管部门，新疆生产建设兵团财政局、发展改革委、工业和信息化委员会：

为进一步支持集成电路产业发展，现就有关企业所得税政策问题通知如下：

一、2018年1月1日后投资新设的集成电路线宽小于130纳米，且经营期在10年以上的集成电路生产企业或项目，第一年至第二年免征企业所得税，第三年至第五年按照25%的法定税率减半征收企业所得税，并享受至期满为止。

二、2018年1月1日后投资新设的集成电路线宽小于65纳米或投资额超过150亿元，且经营期在15年以上的集成电路生产企业或项目，第一年至第五年免征企业所得税，第六年至第十年按照25%的法定税率减半征收企业所得税，并享受至期满为止。

三、对于按照集成电路生产企业享受本通知第一条、第二条税收优惠政策的，优惠期自企业获利年度起计算；对于按照集成电路生产项目享受上述优惠的，优惠期自项目取得第一笔生产经营收入所属纳税年度起计算。

四、享受本通知第一条、第二条税收优惠政策的集成电路生产项目，其主体企业应符合集成电路生产企业条件，且能够对该项目单独进行会计核算、计算所得，并合理分摊期间费用。

五、2017年12月31日前设立但未获利的集成电路线宽小于0.25微米或投资额超过80亿元，且经营期在15年以上的集成电路生产企业，自获利年度起第一年至第五年免征企业所得税，第六年至第十年按照25%的法定税率减半征收企业所得税，并享受至期满为止。

六、2017年12月31日前设立但未获利的集成电路线宽小于0.8微米（含）的集成电路生产企业，自获利年度起第一年至第二年免征企业所得税，第三年至第五年按照25%的法定税率减半征收企业所得税，并享受至期满为止。

七、享受本通知规定税收优惠政策的集成电路生产企业的范围和条件，按照《财政部

国家税务总局 发展改革委 工业和信息化部关于软件和集成电路产业企业所得税优惠政策有关问题的通知》（财税〔2016〕49 号）第二条执行；财税〔2016〕49 号文件第二条第（二）项中“具有劳动合同关系”调整为“具有劳动合同关系或劳务派遣、聘用关系”，第（三）项中汇算清缴年度研究开发费用总额占企业销售（营业）收入总额（主营业务收入与其他业务收入之和）的比例由“不低于 5%”调整为“不低于 2%”，同时企业应持续加强研发活动，不断提高研发能力。

八、集成电路生产企业或项目享受上述企业所得税优惠的有关管理问题，按照财税〔2016〕49 号文件和税务总局关于办理企业所得税优惠政策事项的相关规定执行。

九、本通知自 2018 年 1 月 1 日起执行。

2－1－639

财政部　税务总局关于延长高新技术企业和科技型中小企业亏损结转年限的通知

2018 年 7 月 11 日　财税〔2018〕76 号

各省、自治区、直辖市、计划单列市财政厅（局），国家税务总局各省、自治区、直辖市、计划单列市税务局，新疆生产建设兵团财政局：

为支持高新技术企业和科技型中小企业发展，现就高新技术企业和科技型中小企业亏损结转年限政策通知如下：

一、自 2018 年 1 月 1 日起，当年具备高新技术企业或科技型中小企业资格（以下统称资格）的企业，其具备资格年度之前 5 个年度发生的尚未弥补完的亏损，准予结转以后年度弥补，最长结转年限由 5 年延长至 10 年。

二、本通知所称高新技术企业，是指按照《科技部　财政部　国家税务总局关于修订印发〈高新技术企业认定管理办法〉的通知》（国科发火〔2016〕32 号）规定认定的高新技术企业；所称科技型中小企业，是指按照《科技部　财政部　国家税务总局关于印发〈科技型中小企业评价办法〉的通知》（国科发政〔2017〕115 号）规定取得科技型中小企业登记编号的企业。

三、本通知自 2018 年 1 月 1 日开始执行。

2－1－640

国家税务总局关于延长高新技术企业和科技型中小企业亏损结转弥补年限有关企业所得税处理问题的公告

2018年8月23日　国家税务总局公告2018年第45号

为支持高新技术企业和科技型中小企业发展，根据《中华人民共和国企业所得税法》及其实施条例、《财政部　税务总局关于延长高新技术企业和科技型中小企业亏损结转年限的通知》（财税〔2018〕76号，以下简称《通知》）规定，现就延长高新技术企业和科技型中小企业亏损结转弥补年限有关企业所得税处理问题公告如下：

一、《通知》第一条所称当年具备高新技术企业或科技型中小企业资格（以下统称“资格”）的企业，其具备资格年度之前5个年度发生的尚未弥补完的亏损，是指当年具备资格的企业，其前5个年度无论是否具备资格，所发生的尚未弥补完的亏损。

2018年具备资格的企业，无论2013年至2017年是否具备资格，其2013年至2017年发生的尚未弥补完的亏损，均准予结转以后年度弥补，最长结转年限为10年。2018年以后年度具备资格的企业，依此类推，进行亏损结转弥补税务处理。

二、高新技术企业按照其取得的高新技术企业证书注明的有效期所属年度，确定其具备资格的年度。

科技型中小企业按照其取得的科技型中小企业入库登记编号注明的年度，确定其具备资格的年度。

三、企业发生符合特殊性税务处理规定的合并或分立重组事项的，其尚未弥补完的亏损，按照《财政部　国家税务总局关于企业重组业务企业所得税处理若干问题的通知》（财税〔2009〕59号）和本公告有关规定进行税务处理：

（一）合并企业承继被合并企业尚未弥补完的亏损的结转年限，按照被合并企业的亏损结转年限确定；

（二）分立企业承继被分立企业尚未弥补完的亏损的结转年限，按照被分立企业的亏损结转年限确定；

（三）合并企业或分立企业具备资格的，其承继被合并企业或被分立企业尚未弥补完的亏损的结转年限，按照《通知》第一条和本公告第一条规定处理。

四、符合《通知》和本公告规定延长亏损结转弥补年限条件的企业，在企业所得税预缴和汇算清缴时，自行计算亏损结转弥补年限，并填写相关纳税申报表。

五、本公告自2018年1月1日起施行。

特此公告。

2－1－641

国家税务总局关于设备　器具扣除有关企业所得税政策执行问题的公告

2018年8月23日　国家税务总局公告2018年第46号

根据《中华人民共和国企业所得税法》及其实施条例（以下简称企业所得税法及其实施条例）、《财政部　税务总局关于设备　器具扣除有关企业所得税政策的通知》（财税〔2018〕54号）规定，现就设备、器具扣除有关企业所得税政策执行问题公告如下：

一、企业在2018年1月1日至2020年12月31日期间新购进的设备、器具，单位价值不超过500万元的，允许一次性计入当期成本费用在计算应纳税所得额时扣除，不再分年度计算折旧（以下简称一次性税前扣除政策）。

（一）所称设备、器具，是指除房屋、建筑物以外的固定资产（以下简称固定资产）；所称购进，包括以货币形式购进或自行建造，其中以货币形式购进的固定资产包括购进的使用过的固定资产；以货币形式购进的固定资产，以购买价款和支付的相关税费以及直接归属于使该资产达到预定用途发生的其他支出确定单位价值，自行建造的固定资产，以竣工结算前发生的支出确定单位价值。

（二）固定资产购进时点按以下原则确认：以货币形式购进的固定资产，除采取分期付款或赊销方式购进外，按发票开具时间确认；以分期付款或赊销方式购进的固定资产，按固定资产到货时间确认；自行建造的固定资产，按竣工结算时间确认。

二、固定资产在投入使用月份的次月所属年度一次性税前扣除。

三、企业选择享受一次性税前扣除政策的，其资产的税务处理可与会计处理不一致。

四、企业根据自身生产经营核算需要，可自行选择享受一次性税前扣除政策。未选择享受一次性税前扣除政策的，以后年度不得再变更。

五、企业按照《国家税务总局关于发布修订后的〈企业所得税优惠政策事项办理办法〉的公告》（国家税务总局公告2018年第23号）的规定办理享受政策的相关手续，主要留存备查资料如下：

（一）有关固定资产购进时点的资料（如以货币形式购进固定资产的发票，以分期付款或赊销方式购进固定资产的到货时间说明，自行建造固定资产的竣工决算情况说明等）；

（二）固定资产记账凭证；

（三）核算有关资产税务处理与会计处理差异的台账。

六、单位价值超过500万元的固定资产，仍按照企业所得税法及其实施条例、《财政部　国家税务总局关于完善固定资产加速折旧企业所得税政策的通知》（财税〔2014〕75号）、《财政部　国家税务总局关于进一步完善固定资产加速折旧企业所得税政策的通知》（财税〔2015〕106号）、《国家税务总局关于固定资产加速折旧税收政策有关问题的公告》（国家税务总局公告2014年第64号）、《国家税务总局关于进一步完善固定资产加速折旧企业所得税政策有关问题的公告》(国家税务总局公告2015年第68号)等相关规定执行。

特此公告。

2-1-642

国家税务总局关于责任保险费企业所得税税前扣除有关问题的公告

2018年10月31日　国家税务总局公告2018年第52号

根据《中华人民共和国企业所得税法》和《中华人民共和国企业所得税法实施条例》有关规定,现就雇主责任险、公众责任险等责任保险有关税务处理问题公告如下:

企业参加雇主责任险、公众责任险等责任保险,按照规定缴纳的保险费,准予在企业所得税税前扣除。

本公告适用于2018年度及以后年度企业所得税汇算清缴。

特此公告。

2-1-643

国家税务总局关于哈萨克斯坦超额利润税税收抵免有关问题的公告

2019年1月3日　国家税务总局公告2019年第1号

根据《中华人民共和国企业所得税法》及其实施条例(以下简称企业所得税法及其实施条例)、《财政部　国家税务总局关于企业境外所得税收抵免有关问题的通知》(财税〔2009〕125号)、《国家税务总局关于发布〈企业境外所得税收抵免操作指南〉的公告》(国家税务总局公告2010年第1号)和《财政部　税务总局关于完善企业境外所得税收抵免政策问题的通知》(财税〔2017〕84号)等有关规定,现就企业在哈萨克斯坦缴纳的超额利润税税收抵免有关问题公告如下:

企业在哈萨克斯坦缴纳的超额利润税,属于企业在境外缴纳的企业所得税性质的税款,依据企业所得税法及其实施条例、财税〔2009〕125号文件、国家税务总局公告2010年第1号和财税〔2017〕84号文件等有关规定,应纳入可抵免境外所得税税额范围,计算境外税收抵免。

本公告适用于2018年及以后年度企业所得税汇算清缴。

特此公告。

2－1－644

财政部　税务总局关于上海国际能源交易中心有关风险准备金和期货投资者保障基金支出企业所得税税前扣除政策问题的通知

2019年3月29日　财税〔2019〕32号

各省、自治区、直辖市、计划单列市财政厅（局），国家税务总局各省、自治区、直辖市、计划单列市税务局，新疆生产建设兵团财政局：

根据《中华人民共和国企业所得税法》和《中华人民共和国企业所得税法实施条例》的有关规定，现就上海国际能源交易中心股份有限公司（以下称上海国际能源交易中心）风险准备金和期货投资者保障基金支出企业所得税税前扣除有关政策问题明确如下：

一、上海国际能源交易中心依据《期货交易管理条例》、《期货交易所管理办法》和《商品期货交易财务管理暂行规定》的有关规定，按其向会员收取手续费收入的20%计提的风险准备金，在风险准备金余额达到有关规定的额度内，准予在企业所得税税前扣除。

二、上海国际能源交易中心依据《期货投资者保障基金管理办法》和《关于明确期货投资者保障基金缴纳比例有关事项的规定》的有关规定，按其向期货公司会员收取的交易手续费的2%缴纳的期货投资者保障基金，在基金总额达到有关规定的额度内，准予在企业所得税税前扣除。

三、上述准备金如发生清算、退还，应按规定补征企业所得税。

四、本通知自2019年1月1日起至2020年12月31日止执行。上海国际能源交易中心于2018年3月上市交易后提取的符合本通知规定的风险准备金和期货投资者保障基金，可按本通知规定执行。

注释：

政策调整。准备金企业所得税税前扣除政策到期后继续执行。参见：《财政部　税务总局关于延长部分税收优惠政策执行期限的公告》（财政部　税务总局公告2021年第6号）。

2－1－645

财政部　税务总局　国务院扶贫办关于企业扶贫捐赠所得税税前扣除政策的公告

2019年4月2日　财政部　税务总局
国务院扶贫办公告2019年第49号

为支持脱贫攻坚，现就企业扶贫捐赠支出的所得税税前扣除政策公告如下：

一、自2019年1月1日至2022年12月31日，企业通过公益性社会组织或者县级（含县级）以上人民政府及其组成部门和直属机构，用于目标脱贫地区的扶贫捐赠支出，准予在计算企业所得税应纳税所得额时据实扣除。在政策执行期限内，目标脱贫地区实现脱贫的，可继续适用上述政策。

“目标脱贫地区”包括832个国家扶贫开发工作重点县、集中连片特困地区县（新疆阿克苏地区6县1市享受片区政策）和建档立卡贫困村。

二、企业同时发生扶贫捐赠支出和其他公益性捐赠支出，在计算公益性捐赠支出年度扣除限额时，符合上述条件的扶贫捐赠支出不计算在内。

三、企业在2015年1月1日至2018年12月31日期间已发生的符合上述条件的扶贫捐赠支出，尚未在计算企业所得税应纳税所得额时扣除的部分，可执行上述企业所得税政策。

特此公告。

注释：

政策调整。税收优惠政策执行期限延长至2025年12月31日。参见：《财政部　税务总局　人力资源社会保障部　国家乡村振兴局关于延长部分扶贫税收优惠政策执行期限的公告》（财政部　税务总局　人力资源社会保障部　国家乡村振兴局公告2021年第18号）。

2 – 1 – 646

财政部　税务总局　国家发展改革委 生态环境部关于从事污染防治的 第三方企业所得税政策问题的公告

2019 年 4 月 13 日　财政部　税务总局
国家发展改革委　生态环境部公告 2019 年第 60 号

为鼓励污染防治企业的专业化、规模化发展，更好支持生态文明建设，现将有关企业所得税政策问题公告如下：

一、对符合条件的从事污染防治的第三方企业（以下称第三方防治企业）减按 15% 的税率征收企业所得税。

本公告所称第三方防治企业是指受排污企业或政府委托，负责环境污染治理设施（包括自动连续监测设施，下同）运营维护的企业。

二、本公告所称第三方防治企业应当同时符合以下条件：

（一）在中国境内（不包括港、澳、台地区）依法注册的居民企业；

（二）具有 1 年以上连续从事环境污染治理设施运营实践，且能够保证设施正常运行；

（三）具有至少 5 名从事本领域工作且具有环保相关专业中级及以上技术职称的技术人员，或者至少 2 名从事本领域工作且具有环保相关专业高级及以上技术职称的技术人员；

（四）从事环境保护设施运营服务的年度营业收入占总收入的比例不低于 60%；

（五）具备检验能力，拥有自有实验室，仪器配置可满足运行服务范围内常规污染物指标的检测需求；

（六）保证其运营的环境保护设施正常运行，使污染物排放指标能够连续稳定达到国家或者地方规定的排放标准要求；

（七）具有良好的纳税信用，近三年内纳税信用等级未被评定为 C 级或 D 级。

三、第三方防治企业，自行判断其是否符合上述条件，符合条件的可以申报享受税收优惠，相关资料留存备查。税务部门依法开展后续管理过程中，可转请生态环境部门进行核查，生态环境部门可以委托专业机构开展相关核查工作，具体办法由税务总局会同国家发展改革委、生态环境部制定。

四、本公告执行期限自 2019 年 1 月 1 日起至 2021 年 12 月 31 日止。

特此公告。

注释：

政策调整。税收优惠政策执行期限延长至 2023 年 12 月 31 日。参见：《财政部　税务总局关于延长部分税收优惠政策执行期限的公告》（财政部　税务总局公告 2022 年第 4 号）。

2－1－647

财政部　税务总局关于铁路债券利息收入所得税政策的公告

2019年4月16日　财政部　税务总局公告2019年第57号

为支持国家铁路建设，现就投资者取得中国铁路总公司发行的铁路债券利息收入有关所得税政策公告如下：

一、对企业投资者持有2019—2023年发行的铁路债券取得的利息收入，减半征收企业所得税。

二、对个人投资者持有2019—2023年发行的铁路债券取得的利息收入，减按50%计入应纳税所得额计算征收个人所得税。税款由兑付机构在向个人投资者兑付利息时代扣代缴。

三、铁路债券是指以中国铁路总公司为发行和偿还主体的债券，包括中国铁路建设债券、中期票据、短期融资券等债务融资工具。

特此公告。

2－1－648

财政部　税务总局关于集成电路设计和软件产业企业所得税政策的公告

2019年5月17日　财政部　税务总局公告2019年第68号

为支持集成电路设计和软件产业发展，现就有关企业所得税政策公告如下：

一、依法成立且符合条件的集成电路设计企业和软件企业，在2018年12月31日前自获利年度起计算优惠期，第一年至第二年免征企业所得税，第三年至第五年按照25%的法定税率减半征收企业所得税，并享受至期满为止。

二、本公告第一条所称"符合条件"，是指符合《财政部　国家税务总局关于进一步鼓励软件产业和集成电路产业发展企业所得税政策的通知》（财税〔2012〕27号）和《财政部　国家税务总局　发展改革委　工业和信息化部关于软件和集成电路产业企业所得税优惠政策有关问题的通知》（财税〔2016〕49号）规定的条件。

特此公告。

2－1－649

财政部 税务总局关于保险企业手续费及佣金支出税前扣除政策的公告

2019年5月28日 财政部 税务总局公告2019年第72号

现就保险企业发生的手续费及佣金支出企业所得税税前扣除政策公告如下：

一、保险企业发生与其经营活动有关的手续费及佣金支出，不超过当年全部保费收入扣除退保金等后余额的18%（含本数）的部分，在计算应纳税所得额时准予扣除；超过部分，允许结转以后年度扣除。

二、保险企业发生的手续费及佣金支出税前扣除的其他事项继续按照《财政部 国家税务总局关于企业手续费及佣金支出税前扣除政策的通知》（财税〔2009〕29号）中第二条至第五条相关规定处理。保险企业应建立健全手续费及佣金的相关管理制度，并加强手续费及佣金结转扣除的台账管理。

三、本公告自2019年1月1日起执行。《财政部 国家税务总局关于企业手续费及佣金支出税前扣除政策的通知》（财税〔2009〕29号）第一条中关于保险企业手续费及佣金税前扣除的政策和第六条同时废止。保险企业2018年度汇算清缴按照本公告规定执行。

特此公告。

2－1－650

财政部 税务总局关于金融企业涉农贷款和中小企业贷款损失准备金税前扣除有关政策的公告

2019年8月23日 财政部 税务总局公告2019年第85号

根据《中华人民共和国企业所得税法》及《中华人民共和国企业所得税法实施条例》的有关规定，现就金融企业涉农贷款和中小企业贷款损失准备金的企业所得税税前扣除政策公告如下：

一、金融企业根据《贷款风险分类指引》（银监发〔2007〕54号），对其涉农贷款和中小企业贷款进行风险分类后，按照以下比例计提的贷款损失准备金，准予在计算应纳税所得额时扣除：

（一）关注类贷款，计提比例为2%；

（二）次级类贷款，计提比例为25%；

（三）可疑类贷款，计提比例为50%；

（四）损失类贷款，计提比例为100%。

二、本公告所称涉农贷款，是指《涉农贷款专项统计制度》（银发〔2007〕246号）统计的以下贷款：

（一）农户贷款；

（二）农村企业及各类组织贷款。

本条所称农户贷款，是指金融企业发放给农户的所有贷款。农户贷款的判定应以贷款发放时的承贷主体是否属于农户为准。农户，是指长期（一年以上）居住在乡镇（不包括城关镇）行政管理区域内的住户，还包括长期居住在城关镇所辖行政村范围内的住户和户口不在本地而在本地居住一年以上的住户，国有农场的职工和农村个体工商户。位于乡镇（不包括城关镇）行政管理区域内和在城关镇所辖行政村范围内的国有经济的机关、团体、学校、企事业单位的集体户；有本地户口，但举家外出谋生一年以上的住户，无论是否保留承包耕地均不属于农户。农户以户为统计单位，既可以从事农业生产经营，也可以从事非农业生产经营。

本条所称农村企业及各类组织贷款，是指金融企业发放给注册地位于农村区域的企业及各类组织的所有贷款。农村区域，是指除地级及以上城市的城市行政区及其市辖建制镇之外的区域。

三、本公告所称中小企业贷款，是指金融企业对年销售额和资产总额均不超过2亿元的企业的贷款。

四、金融企业发生的符合条件的涉农贷款和中小企业贷款损失，应先冲减已在税前扣除的贷款损失准备金，不足冲减部分可据实在计算应纳税所得额时扣除。

五、本公告自2019年1月1日起执行至2023年12月31日。

特此公告。

注释：

政策调整。准备金企业所得税税前扣除政策到期后继续执行。参见：《财政部　税务总局关于延长部分税收优惠政策执行期限的公告》（财政部　税务总局公告2021年第6号）。

2－1－651

财政部　税务总局关于金融企业贷款损失准备金企业所得税税前扣除有关政策的公告

2019年8月23日　财政部　税务总局公告2019年第86号

根据《中华人民共和国企业所得税法》及《中华人民共和国企业所得税法实施条例》的有关规定，现就政策性银行、商业银行、财务公司、城乡信用社和金融租赁公司等金融企业提取的贷款损失准备金的企业所得税税前扣除政策公告如下：

一、准予税前提取贷款损失准备金的贷款资产范围包括：

（一）贷款（含抵押、质押、保证、信用等贷款）；

（二）银行卡透支、贴现、信用垫款（含银行承兑汇票垫款、信用证垫款、担保垫款等）、进出口押汇、同业拆出、应收融资租赁款等具有贷款特征的风险资产；

（三）由金融企业转贷并承担对外还款责任的国外贷款，包括国际金融组织贷款、外国买方信贷、外国政府贷款、日本国际协力银行不附条件贷款和外国政府混合贷款等资产。

二、金融企业准予当年税前扣除的贷款损失准备金计算公式如下：

准予当年税前扣除的贷款损失准备金＝本年末准予提取贷款损失准备金的贷款资产余额×1%－截至上年末已在税前扣除的贷款损失准备金的余额

金融企业按上述公式计算的数额如为负数，应当相应调增当年应纳税所得额。

三、金融企业的委托贷款、代理贷款、国债投资、应收股利、上交央行准备金以及金融企业剥离的债权和股权、应收财政贴息、央行款项等不承担风险和损失的资产，以及除本公告第一条列举资产之外的其他风险资产，不得提取贷款损失准备金在税前扣除。

四、金融企业发生的符合条件的贷款损失，应先冲减已在税前扣除的贷款损失准备金，不足冲减部分可据实在计算当年应纳税所得额时扣除。

五、金融企业涉农贷款和中小企业贷款损失准备金的税前扣除政策，凡按照《财政部　税务总局关于金融企业涉农贷款和中小企业贷款损失准备金税前扣除有关政策的公告》（财政部　税务总局公告2019年第85号）的规定执行的，不再适用本公告第一条至第四条的规定。

六、本公告自2019年1月1日起执行至2023年12月31日。

特此公告。

注释：

政策调整。准备金企业所得税税前扣除政策到期后继续执行。参见：《财政部　税务总局关于延长部分税收优惠政策执行期限的公告》（财政部　税务总局公告2021年第6号）。

2－1－652

国家税务总局关于跨境电子商务综合试验区零售出口企业所得税核定征收有关问题的公告

2019年10月26日　国家税务总局公告2019年第36号

为支持跨境电子商务健康发展，推动外贸模式创新，有效配合《财政部　税务总局　商务部　海关总署关于跨境电子商务综合试验区零售出口货物税收政策的通知》（财税〔2018〕103号）落实工作，现就跨境电子商务综合试验区（以下简称“综试区”）内的跨境电

子商务零售出口企业(以下简称“跨境电商企业”)核定征收企业所得税有关问题公告如下:

一、综试区内的跨境电商企业,同时符合下列条件的,试行核定征收企业所得税办法:

(一)在综试区注册,并在注册地跨境电子商务线上综合服务平台登记出口货物日期、名称、计量单位、数量、单价、金额的;

(二)出口货物通过综试区所在地海关办理电子商务出口申报手续的;

(三)出口货物未取得有效进货凭证,其增值税、消费税享受免税政策的。

二、综试区内核定征收的跨境电商企业应准确核算收入总额,并采用应税所得率方式核定征收企业所得税。应税所得率统一按照4%确定。

三、税务机关应按照有关规定,及时完成综试区跨境电商企业核定征收企业所得税的鉴定工作。

四、综试区内实行核定征收的跨境电商企业符合小型微利企业优惠政策条件的,可享受小型微利企业所得税优惠政策;其取得的收入属于《中华人民共和国企业所得税法》第二十六条规定的免税收入的,可享受免税收入优惠政策。

五、本公告所称综试区,是指经国务院批准的跨境电子商务综合试验区;本公告所称跨境电商企业,是指自建跨境电子商务销售平台或利用第三方跨境电子商务平台开展电子商务出口的企业。

六、本公告自2020年1月1日起施行。

特此公告。

2-1-653

财政部　税务总局　国家发展改革委关于延续西部大开发企业所得税政策的公告

2020年4月23日　财政部　税务总局　国家发展改革委公告2020年第23号

为贯彻落实党中央、国务院关于新时代推进西部大开发形成新格局有关精神,现将延续西部大开发企业所得税政策公告如下:

一、自2021年1月1日至2030年12月31日,对设在西部地区的鼓励类产业企业减按15%的税率征收企业所得税。本条所称鼓励类产业企业是指以《西部地区鼓励类产业目录》中规定的产业项目为主营业务,且其主营业务收入占企业收入总额60%以上的企业。

二、《西部地区鼓励类产业目录》由发展改革委牵头制定。该目录在本公告执行期限内修订的,自修订版实施之日起按新版本执行。

三、税务机关在后续管理中,不能准确判定企业主营业务是否属于国家鼓励类产业项目时,可提请发展改革等相关部门出具意见。对不符合税收优惠政策规定条件的,由税务机关按税收征收管理法及有关规定进行相应处理。具体办法由省级发展改革、税务部门另行制定。

四、本公告所称西部地区包括内蒙古自治区、广西壮族自治区、重庆市、四川省、贵州省、云南省、西藏自治区、陕西省、甘肃省、青海省、宁夏回族自治区、新疆维吾尔自治区和新疆生产建设兵团。湖南省湘西土家族苗族自治州、湖北省恩施土家族苗族自治州、吉林省延边朝鲜族自治州和江西省赣州市，可以比照西部地区的企业所得税政策执行。

五、本公告自2021年1月1日起执行。《财政部 海关总署 国家税务总局关于深入实施西部大开发战略有关税收政策问题的通知》（财税〔2011〕58号）、《财政部 海关总署 国家税务总局关于赣州市执行西部大开发税收政策问题的通知》（财税〔2013〕4号）中的企业所得税政策规定自2021年1月1日起停止执行。

特此公告。

2－1－654

财政部 税务总局关于集成电路设计企业和软件企业2019年度企业所得税汇算清缴适用政策的公告

2020年5月29日 财政部 税务总局公告2020年第29号

现就集成电路设计和软件产业2019年度企业所得税汇算清缴适用政策公告如下：

一、依法成立且符合条件的集成电路设计企业和软件企业，在2019年12月31日前自获利年度起计算优惠期，第一年至第二年免征企业所得税，第三年至第五年按照25%的法定税率减半征收企业所得税，并享受至期满为止。

二、本公告第一条所称"符合条件"是指符合《财政部 国家税务总局关于进一步鼓励软件产业和集成电路产业发展企业所得税政策的通知》（财税〔2012〕27号）和《财政部 国家税务总局 发展改革委 工业和信息化部关于软件和集成电路产业企业所得税优惠政策有关问题的通知》（财税〔2016〕49号）规定的条件。

特此公告。

2－1－655

财政部 税务总局关于海南自由贸易港企业所得税优惠政策的通知

2020年6月23日 财税〔2020〕31号

海南省财政厅，国家税务总局海南省税务局：

为支持海南自由贸易港建设，现就有关企业所得税优惠政策通知如下：

一、对注册在海南自由贸易港并实质性运营的鼓励类产业企业，减按15%的税率征收企业所得税。

本条所称鼓励类产业企业,是指以海南自由贸易港鼓励类产业目录中规定的产业项目为主营业务,且其主营业务收入占企业收入总额60%以上的企业。所称实质性运营,是指企业的实际管理机构设在海南自由贸易港,并对企业生产经营、人员、账务、财产等实施实质性全面管理和控制。对不符合实质性运营的企业,不得享受优惠。

海南自由贸易港鼓励类产业目录包括《产业结构调整指导目录(2019 年本)》、《鼓励外商投资产业目录(2019 年版)》和海南自由贸易港新增鼓励类产业目录。上述目录在本通知执行期限内修订的,自修订版实施之日起按新版本执行。

对总机构设在海南自由贸易港的符合条件的企业,仅就其设在海南自由贸易港的总机构和分支机构的所得,适用15%税率;对总机构设在海南自由贸易港以外的企业,仅就其设在海南自由贸易港内的符合条件的分支机构的所得,适用15%税率。具体征管办法按照税务总局有关规定执行。

二、对在海南自由贸易港设立的旅游业、现代服务业、高新技术产业企业新增境外直接投资取得的所得,免征企业所得税。

本条所称新增境外直接投资所得应当符合以下条件:

(一)从境外新设分支机构取得的营业利润;或从持股比例超过20%(含)的境外子公司分回的,与新增境外直接投资相对应的股息所得。

(二)被投资国(地区)的企业所得税法定税率不低于5%。

本条所称旅游业、现代服务业、高新技术产业,按照海南自由贸易港鼓励类产业目录执行。

三、对在海南自由贸易港设立的企业,新购置(含自建、自行开发)固定资产或无形资产,单位价值不超过500 万元(含)的,允许一次性计入当期成本费用在计算应纳税所得额时扣除,不再分年度计算折旧和摊销;新购置(含自建、自行开发)固定资产或无形资产,单位价值超过500 万元的,可以缩短折旧、摊销年限或采取加速折旧、摊销的方法。

本条所称固定资产,是指除房屋、建筑物以外的固定资产。

四、本通知自2020 年1 月1 日起执行至2024 年12 月31 日。

2-1-656

财政部　税务总局关于中国(上海)自贸试验区临港新片区重点产业企业所得税政策的通知

2020 年7 月13 日　财税〔2020〕38 号

上海市财政局、国家税务总局上海市税务局:

根据《国务院关于印发中国(上海)自由贸易试验区临港新片区总体方案的通知》(国发〔2019〕15 号)有关要求,现就中国(上海)自由贸易试验区临港新片区(以下称“新片区”)内重点产业企业所得税政策通知如下:

一、对新片区内从事集成电路、人工智能、生物医药、民用航空等关键领域核心环节相关产品（技术）业务，并开展实质性生产或研发活动的符合条件的法人企业，自设立之日起5年内减按15%的税率征收企业所得税。

二、本通知所称“符合条件的法人企业”必须同时满足以下第（一）、（二）项条件，以及第（三）项或第（四）项条件中任一子条件：

（一）自2020年1月1日起在新片区内注册登记（不包括从外区域迁入新片区的企业），主营业务为从事《新片区集成电路、人工智能、生物医药、民用航空关键领域核心环节目录》（以下简称《目录》）中相关领域环节实质性生产或研发活动的法人企业；

实质性生产或研发活动是指，企业拥有固定生产经营场所、固定工作人员，具备与生产或研发活动相匹配的软硬件支撑条件，并在此基础上开展相关业务。

（二）企业主要研发或销售产品中至少包含1项关键产品（技术）；

关键产品（技术）是指在集成电路、人工智能、生物医药、民用航空等重点领域产业链中起到重要作用或不可或缺的产品（技术）。

（三）企业投资主体条件：

1. 企业投资主体在国际细分市场影响力排名居于前列，技术实力居于业内前列；

2. 企业投资主体在国内细分市场居于领先地位，技术实力在业内领先。

（四）企业研发生产条件：

1. 企业拥有领军人才及核心团队骨干，在国内外相关领域长期从事科研生产工作；

2. 企业拥有核心关键技术，对其主要产品具备建立自主知识产权体系的能力；

3. 企业具备推进产业链核心供应商多元化，牵引国内产业升级能力；

4. 企业具备高端供给能力，核心技术指标达到国际前列或国内领先；

5. 企业研发成果（技术或产品）已被国际国内一线终端设备制造商采用或已经开展紧密实质性合作（包括资本、科研、项目等领域）；

6. 企业获得国家或省级政府科技或产业化专项资金、政府性投资基金或取得知名投融资机构投资。

三、上海市财税部门会同产业主管部门制定重点产业企业认定具体操作管理办法，并报财政部、税务总局备案。

四、本通知自2020年1月1日起实施。2019年12月31日前已在新片区注册登记且从事《目录》所列业务的实质性生产或研发活动的符合条件的法人企业，可自2020年至该企业设立满5年期限内按照本通知执行。

附件：新片区集成电路、人工智能、生物医药、民用航空关键领域核心环节目录（编者略）

2-1-657

财政部　税务总局　发展改革委 工业和信息化部关于促进集成电路产业和软件产业高质量发展企业所得税政策的公告

2020年12月11日　财政部　税务总局
发展改革委　工业和信息化部公告2020年第45号

根据《国务院关于印发新时期促进集成电路产业和软件产业高质量发展若干政策的通知》(国发〔2020〕8号)有关要求,为促进集成电路产业和软件产业高质量发展,现就有关企业所得税政策问题公告如下:

一、国家鼓励的集成电路线宽小于28纳米(含),且经营期在15年以上的集成电路生产企业或项目,第一年至第十年免征企业所得税;国家鼓励的集成电路线宽小于65纳米(含),且经营期在15年以上的集成电路生产企业或项目,第一年至第五年免征企业所得税,第六年至第十年按照25%的法定税率减半征收企业所得税;国家鼓励的集成电路线宽小于130纳米(含),且经营期在10年以上的集成电路生产企业或项目,第一年至第二年免征企业所得税,第三年至第五年按照25%的法定税率减半征收企业所得税。

对于按照集成电路生产企业享受税收优惠政策的,优惠期自获利年度起计算;对于按照集成电路生产项目享受税收优惠政策的,优惠期自项目取得第一笔生产经营收入所属纳税年度起计算,集成电路生产项目需单独进行会计核算、计算所得,并合理分摊期间费用。

国家鼓励的集成电路生产企业或项目清单由国家发展改革委、工业和信息化部会同财政部、税务总局等相关部门制定。

二、国家鼓励的线宽小于130纳米(含)的集成电路生产企业,属于国家鼓励的集成电路生产企业清单年度之前5个纳税年度发生的尚未弥补完的亏损,准予向以后年度结转,总结转年限最长不得超过10年。

三、国家鼓励的集成电路设计、装备、材料、封装、测试企业和软件企业,自获利年度起,第一年至第二年免征企业所得税,第三年至第五年按照25%的法定税率减半征收企业所得税。

国家鼓励的集成电路设计、装备、材料、封装、测试企业和软件企业条件,由工业和信息化部会同国家发展改革委、财政部、税务总局等相关部门制定。

四、国家鼓励的重点集成电路设计企业和软件企业,自获利年度起,第一年至第五年免征企业所得税,接续年度减按10%的税率征收企业所得税。

国家鼓励的重点集成电路设计和软件企业清单由国家发展改革委、工业和信息化部会同财政部、税务总局等相关部门制定。

五、符合原有政策条件且在2019年(含)之前已经进入优惠期的企业或项目,2020年

（含）起可按原有政策规定继续享受至期满为止，如也符合本公告第一条至第四条规定，可按本公告规定享受相关优惠，其中定期减免税优惠，可按本公告规定计算优惠期，并就剩余期限享受优惠至期满为止。符合原有政策条件，2019 年（含）之前尚未进入优惠期的企业或项目，2020 年（含）起不再执行原有政策。

六、集成电路企业或项目、软件企业按照本公告规定同时符合多项定期减免税优惠政策条件的，由企业选择其中一项政策享受相关优惠。其中，已经进入优惠期的，可由企业在剩余期限内选择其中一项政策享受相关优惠。

七、本公告规定的优惠，采取清单进行管理的，由国家发展改革委、工业和信息化部于每年 3 月底前按规定向财政部、税务总局提供上一年度可享受优惠的企业和项目清单；不采取清单进行管理的，税务机关按照财税〔2016〕49 号第十条的规定转请发展改革、工业和信息化部门进行核查。

八、集成电路企业或项目、软件企业按照原有政策规定享受优惠的，税务机关按照财税〔2016〕49 号第十条的规定转请发展改革、工业和信息化部门进行核查。

九、本公告所称原有政策，包括：《财政部　国家税务总局关于进一步鼓励软件产业和集成电路产业发展企业所得税政策的通知》（财税〔2012〕27 号）、《财政部　国家税务总局　发展改革委　工业和信息化部关于进一步鼓励集成电路产业发展企业所得税政策的通知》（财税〔2015〕6 号）、《财政部　国家税务总局　发展改革委　工业和信息化部关于软件和集成电路产业企业所得税优惠政策有关问题的通知》（财税〔2016〕49 号）、《财政部　税务总局　国家发展改革委　工业和信息化部关于集成电路生产企业有关企业所得税政策问题的通知》（财税〔2018〕27 号）、《财政部　税务总局关于集成电路设计和软件产业企业所得税政策的公告》（财政部　税务总局公告 2019 年第 68 号）、《财政部　税务总局关于集成电路设计企业和软件企业 2019 年度企业所得税汇算清缴适用政策的公告》（财政部　税务总局公告 2020 年第 29 号）。

十、本公告自 2020 年 1 月 1 日起执行。财税〔2012〕27 号第二条中“经认定后，减按 15% 的税率征收企业所得税”的规定和第四条“国家规划布局内的重点软件企业和集成电路设计企业，如当年未享受免税优惠的，可减按 10% 的税率征收企业所得税”同时停止执行。

2－1－658

财政部　税务总局　民政部关于生产和装配伤残人员专门用品企业免征企业所得税的公告

2021 年 4 月 2 日　财政部　税务总局　民政部公告 2021 年第 14 号

为帮助伤残人员康复或者恢复残疾肢体功能，现对生产和装配伤残人员专门用品的企业免征企业所得税政策明确如下：

一、自2021年1月1日至2023年12月31日期间，对符合下列条件的居民企业，免征企业所得税：

1. 生产和装配伤残人员专门用品，且在民政部发布的《中国伤残人员专门用品目录》范围之内。

2. 以销售本企业生产或者装配的伤残人员专门用品为主，其所取得的年度伤残人员专门用品销售收入（不含出口取得的收入）占企业收入总额60%以上。

收入总额，是指《中华人民共和国企业所得税法》第六条规定的收入总额。

3. 企业账证健全，能够准确、完整地向主管税务机关提供纳税资料，且本企业生产或者装配的伤残人员专门用品所取得的收入能够单独、准确核算。

4. 企业拥有假肢制作师、矫形器制作师资格证书的专业技术人员不得少于1人；其企业生产人员如超过20人，则其拥有假肢制作师、矫形器制作师资格证书的专业技术人员不得少于全部生产人员的1/6。

5. 具有与业务相适应的测量取型、模型加工、接受腔成型、打磨、对线组装、功能训练等生产装配专用设备和工具。

6. 具有独立的接待室、假肢或者矫形器（辅助器具）制作室和假肢功能训练室，使用面积不少于115平方米。

二、符合本公告规定条件的企业，按照《国家税务总局关于发布修订后的〈企业所得税优惠政策事项办理办法〉的公告》（国家税务总局公告2018年第23号）的规定，采取“自行判别、申报享受、相关资料留存备查”的办理方式享受税收优惠政策。

附件：中国伤残人员专门用品目录（编者略）

2－1－659

国家税务总局　国家发展改革委生态环境部关于落实从事污染防治的第三方企业所得税政策有关问题的公告

2021年4月29日　国家税务总局　国家发展改革委
生态环境部公告2021年第11号

根据《中华人民共和国企业所得税法》及其实施条例、《财政部　税务总局　国家发展改革委　生态环境部关于从事污染防治的第三方企业所得税政策问题的公告》（2019年第60号，以下简称60号公告）的规定，为落实好从事污染防治的第三方企业（以下简称第三方防治企业）所得税优惠政策，现将有关问题公告如下：

一、优惠事项办理方式

第三方防治企业依照60号公告规定享受优惠政策时，按照《国家税务总局关于发布修订后的〈企业所得税优惠政策事项办理办法〉的公告》（2018年第23号）的规定，采取“自行判别、申报享受、相关资料留存备查”的方式办理。

二、主要留存备查资料

第三方防治企业依照60号公告规定享受优惠政策的，主要留存备查资料为：

（一）连续从事环境污染治理设施运营实践一年以上的情况说明，与环境污染治理设施运营有关的合同、收入凭证。

（二）当年有效的技术人员的职称证书或执（职）业资格证书、劳动合同及工资发放记录等材料。

（三）从事环境保护设施运营服务的年度营业收入、总收入及其占比等情况说明。

（四）可说明当年企业具备检验能力，拥有自有实验室，仪器配置可满足运行服务范围内常规污染物指标的检测需求的有关材料：

1. 污染物检测仪器清单，其中列入《实施强制管理计量器具目录》的检测仪器需同时留存备查相关检定证书；

2. 当年常规理化指标的化验检测全部原始记录，其中污染治理类别为危险废物的利用与处置的，还需留存备查危险废物转移联单。

（五）可说明当年企业能保证其运营的环境保护设施正常运行，使污染物排放指标能够连续稳定达到国家或者地方规定的排放标准要求的有关材料：

1. 环境污染治理运营项目清单、项目简介。

2. 反映污染治理设施运营期间主要污染物排放连续稳定达标的所有自动监测日均值等记录，由具备资质的生态环境监测机构出具的全部检测报告。从事机动车船、非道路移动机械、餐饮油烟治理的，如未进行在线数据监测，也可不留存备查在线监测数据记录。

3. 运营期内能够反映环境污染治理设施日常运行情况的全部记录、能够说明自动监测仪器设备符合生态环境保护相关标准规范要求的材料。

（六）仅从事自动连续监测运营服务的第三方企业，提供反映运营服务期间自动监测故障后及时修复、监测数据"真、准、全"等相关证明材料，无须提供反映污染物排放连续稳定达标相关材料。

三、相关后续管理

（一）第三方防治企业享受60号公告优惠政策后，税务部门将按照规定开展后续管理。

（二）税务部门在后续管理过程中，对享受优惠的企业是否符合60号公告第二条第五项、第六项规定条件有疑义的，可转请《环境污染治理范围》（见附件）所列的同级生态环境或发展改革部门核查。

（三）生态环境或发展改革部门收到同级税务部门转来的核查资料后，应组织专家或者委托第三方机构进行核查。核查可以采取案头审核或实地核查等方式。需要实地核查的，相关部门应协同进行，涉及异地核查的，企业运营项目所在地相关部门应予以配合。生态环境或发展改革部门应在收到核查要求后两个月内，将核查结果反馈同级税务部门。

本公告自2021年6月1日起施行。

特此公告。

附件：环境污染治理范围

附件

环境污染治理范围

序号	领域	污染治理类别	污染治理类别说明	核查部门
1	水污染治理	生活污水处理	主要包括城镇集中式、农村生活污水和生活垃圾填埋场渗滤液等的处理及利用。	生态环境部门
		工业废水治理	主要包括工业园区、工业企业等的工业废水处理(含管网运维)及生活垃圾填埋场或焚烧厂渗滤液等的处理及利用。	生态环境部门
		水体治理与修复	主要指流域、湖库、黑臭水体的治理与修复。	生态环境部门
		地下水污染风险管控和修复	主要包括地下水污染风险管控和修复。	生态环境部门
2	大气污染治理	固定源大气污染治理	工业企业、工业园区、锅炉和集中式污染治理设施的废气治理。	生态环境部门
		移动源大气污染治理	机动车船、非道路移动机械以及加油站、储油库等的废气治理。	生态环境部门
		其他	餐饮油烟、汽修废气等污染治理。	生态环境部门
3	噪声污染治理	噪声污染治理	工业企业等噪声源治理。	生态环境部门
4	土壤污染风险管控和修复	土壤污染风险管控和修复	主要包括土壤污染状况调查和土壤污染风险评估、风险管控、修复、风险管控效果评估、修复效果评估、后期管理等活动。	生态环境部门
5	固体废物处理与处置	生活垃圾处理	主要包括城镇和农村生活垃圾的资源化利用与处置。	发展改革部门
		工业固体废物处理	主要包括生产过程中产生的一般工业固体废物的资源化利用与处置。	生态环境部门
		电子废物的拆解处理与处置	电子废物的拆解处理与处置。	生态环境部门
		危险废物的利用与处置	危险废物的利用与处置。	生态环境部门
		其他	主要包括畜禽废物、污泥处置、餐厨垃圾、食品加工过程中产生的废渣等废物的资源化利用与处置。	发展改革部门
6	自动连续监测	水污染物自动连续监测	主要包括水环境质量自动连续监测或污染源自动连续监测。	生态环境部门
		大气污染物自动连续监测	主要包括大气环境质量自动连续监测或污染源自动连续监测。	生态环境部门
7	清洁生产	清洁生产改造	主要包括为工业企业和服务型企业提供清洁企业改造服务,减少能源资源消耗的污染物排放。	发展改革部门
8	区域环境托管服务	区域环境托管服务	主要包括为企业、园区政府和城市政府提供系统的环境污染第三方治理服务或托管服务。	发展改革部门

2－1－660

财政部　税务总局关于通过公益性群众团体的公益性捐赠税前扣除有关事项的公告

2021年6月2日　财政部　税务总局公告2021年第20号

为贯彻落实《中华人民共和国企业所得税法》及其实施条例、《中华人民共和国个人所得税法》及其实施条例，现就通过公益性群众团体的公益性捐赠税前扣除有关事项公告如下：

一、企业或个人通过公益性群众团体用于符合法律规定的公益慈善事业捐赠支出，准予按税法规定在计算应纳税所得额时扣除。

二、本公告第一条所称公益慈善事业，应当符合《中华人民共和国公益事业捐赠法》第三条对公益事业范围的规定或者《中华人民共和国慈善法》第三条对慈善活动范围的规定。

三、本公告第一条所称公益性群众团体，包括依照《社会团体登记管理条例》规定不需进行社团登记的人民团体以及经国务院批准免予登记的社会团体（以下统称群众团体），且按规定条件和程序已经取得公益性捐赠税前扣除资格。

四、群众团体取得公益性捐赠税前扣除资格应当同时符合以下条件：

（一）符合企业所得税法实施条例第五十二条第一项至第八项规定的条件；

（二）县级以上各级机构编制部门直接管理其机构编制；

（三）对接受捐赠的收入以及用捐赠收入进行的支出单独进行核算，且申报前连续3年接受捐赠的总收入中用于公益慈善事业的支出比例不低于70%。

五、公益性捐赠税前扣除资格的确认按以下规定执行：

（一）由中央机构编制部门直接管理其机构编制的群众团体，向财政部、税务总局报送材料；

（二）由县级以上地方各级机构编制部门直接管理其机构编制的群众团体，向省、自治区、直辖市和计划单列市财政、税务部门报送材料；

（三）对符合条件的公益性群众团体，按照上述管理权限，由财政部、税务总局和省、自治区、直辖市、计划单列市财政、税务部门分别联合公布名单。企业和个人在名单所属年度内向名单内的群众团体进行的公益性捐赠支出，可以按规定进行税前扣除；

（四）公益性捐赠税前扣除资格的确认对象包括：

1. 公益性捐赠税前扣除资格将于当年末到期的公益性群众团体；

2. 已被取消公益性捐赠税前扣除资格但又重新符合条件的群众团体；

3. 尚未取得或资格终止后未取得公益性捐赠税前扣除资格的群众团体。

（五）每年年底前，省级以上财政、税务部门按权限完成公益性捐赠税前扣除资格的确认和名单发布工作,并按本条第(四)项规定的不同审核对象,分别列示名单及其公益性捐赠税前扣除资格起始时间。

六、本公告第五条规定需报送的材料,应在申报年度6月30日前报送,包括:

(一)申报报告;

(二)县级以上各级党委、政府或机构编制部门印发的"三定"规定;

(三)组织章程;

(四)申报前3个年度的受赠资金来源、使用情况,财务报告,公益活动的明细,注册会计师的审计报告或注册会计师、(注册)税务师、律师的纳税审核报告(或鉴证报告)。

七、公益性捐赠税前扣除资格在全国范围内有效,有效期为三年。

本公告第五条第(四)项规定的第一种情形,其公益性捐赠税前扣除资格自发布名单公告的次年1月1日起算。本公告第五条第(四)项规定的第二种和第三种情形,其公益性捐赠税前扣除资格自发公告的当年1月1日起算。

八、公益性群众团体前3年接受捐赠的总收入中用于公益慈善事业的支出比例低于70%的,应当取消其公益性捐赠税前扣除资格。

九、公益性群众团体存在以下情形之一的,应当取消其公益性捐赠税前扣除资格,且被取消资格的当年及之后三个年度内不得重新确认资格:

(一)违反规定接受捐赠的,包括附加对捐赠人构成利益回报的条件、以捐赠为名从事营利性活动、利用慈善捐赠宣传烟草制品或法律禁止宣传的产品和事项、接受不符合公益目的或违背社会公德的捐赠等情形;

(二)开展违反组织章程的活动,或者接受的捐赠款项用于组织章程规定用途之外的;

(三)在确定捐赠财产的用途和受益人时,指定特定受益人,且该受益人与捐赠人或公益性群众团体管理人员存在明显利益关系的;

(四)受到行政处罚(警告或单次1万元以下罚款除外)的。

对存在本条第(一)、(二)、(三)项情形的公益性群众团体,应对其接受捐赠收入和其他各项收入依法补征企业所得税。

十、公益性群众团体存在以下情形之一的,应当取消其公益性捐赠税前扣除资格且不得重新确认资格:

(一)从事非法政治活动的;

(二)从事、资助危害国家安全或者社会公共利益活动的。

十一、获得公益性捐赠税前扣除资格的公益性群众团体,应自不符合本通知第四条规定条件之一或存在本通知第八、九、十条规定情形之一之日起15日内向主管税务机关报告。对应当取消公益性捐赠税前扣除资格的公益性群众团体,由省级以上财政、税务部门核实相关信息后,按权限及时向社会发布取消资格名单公告。自发布公告的次月起,相关公益性群众团体不再具有公益性捐赠税前扣除资格。

十二、公益性群众团体在接受捐赠时,应按照行政管理级次分别使用由财政部或省、自治区、直辖市财政部门监(印)制的公益事业捐赠票据,并加盖本单位的印章;对个人索取捐赠票据的,应予以开具。

企业或个人将符合条件的公益性捐赠支出进行税前扣除,应当留存相关票据备查。

十三、除另有规定外，公益性群众团体在接受企业或个人捐赠时，按以下原则确认捐赠额：

（一）接受的货币性资产捐赠，以实际收到的金额确认捐赠额；

（二）接受的非货币性资产捐赠，以其公允价值确认捐赠额。捐赠方在向公益性群众团体捐赠时，应当提供注明捐赠非货币性资产公允价值的证明；不能提供证明的，接受捐赠方不得向其开具捐赠票据。

十四、为方便纳税主体查询，省级以上财政、税务部门应当及时在官方网站上发布具备公益性捐赠税前扣除资格的公益性群众团体名单公告。

企业或个人可通过上述渠道查询群众团体公益性捐赠税前扣除资格及有效期。

十五、本公告自2021年1月1日起执行。《财政部　国家税务总局关于通过公益性群众团体的公益性捐赠税前扣除有关问题的通知》（财税〔2009〕124号）同时废止。

为做好政策衔接工作，尚未完成2020年度及以前年度群众团体的公益性捐赠税前扣除资格确认工作的，各级财政、税务部门按原政策规定执行；群众团体公益性捐赠税前扣除资格2020年末到期的，其2021年度—2023年度公益性捐赠税前扣除资格自2021年1月1日起算。

特此公告。

2－1－661

财政部　税务总局　发展改革委　生态环境部关于公布《环境保护、节能节水项目企业所得税优惠目录（2021年版）》以及《资源综合利用企业所得税优惠目录（2021年版）》的公告

2021年12月16日　财政部　税务总局
发展改革委　生态环境部公告2021年第36号

为培育壮大节能环保产业，推动资源节约高效利用，现发布《环境保护、节能节水项目企业所得税优惠目录（2021年版）》和《资源综合利用企业所得税优惠目录（2021年版）》，有关事项公告如下：

一、《环境保护、节能节水项目企业所得税优惠目录（2021年版）》和《资源综合利用企业所得税优惠目录（2021年版）》自2021年1月1日起施行。

二、企业从事属于《财政部　国家税务总局　国家发展改革委关于公布环境保护节能节水项目企业所得税优惠目录（试行）的通知》（财税〔2009〕166号）和《财政部　国家税务总局　国家发展改革委关于垃圾填埋沼气发电列入〈环境保护、节能节水项目企业所得税优惠目录（试行）〉的通知》（财税〔2016〕131号）中目录规定范围的项目，2021年12月31

日前已进入优惠期的，可按政策规定继续享受至期满为止；企业从事属于《环境保护、节能节水项目企业所得税优惠目录（2021 年版）》规定范围的项目，若 2020 年 12 月 31 日前已取得第一笔生产经营收入，可在剩余期限享受政策优惠至期满为止。

三、企业从事资源综合利用属于《财政部　国家税务总局　国家发展改革委关于公布资源综合利用企业所得税优惠目录（2008 年版）的通知》（财税〔2008〕117 号）中目录规定范围，但不属于《资源综合利用企业所得税优惠目录（2021 年版）》规定范围的，可按政策规定继续享受优惠至 2021 年 12 月 31 日止。

四、税务机关在后续管理中，如不能准确判定企业从事的项目是否属于《环境保护、节能节水项目企业所得税优惠目录（2021 年版）》，以及资源综合利用是否属于《资源综合利用企业所得税优惠目录（2021 年版）》规定的范围，可提请省级以上（含省级）发展改革和生态环境等部门出具意见。

五、《财政部　国家税务总局　国家发展改革委关于公布环境保护节能节水项目企业所得税优惠目录（试行）的通知》（财税〔2009〕166 号）、《财政部　国家税务总局　国家发展改革委关于公布资源综合利用企业所得税优惠目录（2008 年版）的通知》（财税〔2008〕117 号）以及《财政部　国家税务总局　国家发展改革委关于垃圾填埋沼气发电列入〈环境保护、节能节水项目企业所得税优惠目录（试行）〉的通知》（财税〔2016〕131 号）自 2022 年 1 月 1 日起废止。

附件：1. 环境保护、节能节水项目企业所得税优惠目录（2021 年版）

2. 资源综合利用企业所得税优惠目录（2021 年版）

附件 1

环境保护、节能节水项目企业所得税优惠目录（2021 年版）

类别		项目	条件
一、环境污染防治	大气污染防治	脱硫脱硝除尘排放治理及改造项目	1. 包括电力、钢铁等行业烟气超低排放改造项目；建材、焦化、石化、化工、有色等行业烟气治理项目（含重金属等有毒有害大气污染物治理项目）；颗粒物无组织排放收集治理项目。 2. 电力、钢铁等行业烟气超低排放改造项目符合超低排放改造要求或地方大气污染物排放标准要求；水泥、焦化、石化、化工、有色等行业烟气治理项目（含重金属等有毒有害大气污染物治理项目）烟气排放达到国家或地方规定的排放要求；颗粒物无组织排放收集治理项目烟气排放达到国家或地方规定的排放要求。以上项目通过相关验收。
		有机废气收集净化项目	1. 包括石化、有机化工、表面涂装、包装印刷等行业有机废气排放收集装置改造及净化项目。（单一采用低温等离子、光催化、光氧化以及不具备“点对点”集中回收再生条件的活性炭一次性吸附工艺的项目除外）。 2. 有机废气排放达到国家或地方规定的要求，项目通过相关验收。
		恶臭气体治理项目	1. 各类企业恶臭治理项目。 2. 恶臭排放达到《恶臭污染物排放标准》规定要求，项目通过相关验收。

续表

类别		项目	条件
一、环境污染防治	公共污水处理	城镇污水处理项目	1. 城镇污水处理设施、配套管网的新建、扩建、提标改造项目。 2. 排放连续稳定达到国家或地方规定的排放标准要求，项目通过相关验收。配套管网应建立专业化运行维护机制。
		工业废水处理项目	1. 工业企业、工业园区废水治理项目、配套管网的新建、扩建、提标改造项目。 2. 污染物排放达到国家或地方规定的要求，项目通过相关验收。配套管网应建立专业化运行维护机制。
		农村污水处理项目	1. 包括农村生活污水处理及资源化利用项目、畜禽养殖废水处理及资源化利用项目、农村黑臭水体治理项目。 2. 污染物排放达到国家或地方规定的要求，项目通过相关验收。
		污泥处理处置及资源化利用项目	1. 包括污泥稳定化、无害化和资源化处理处置利用项目。 2. 项目符合国家或地方相关规定，通过相关验收。污泥得到安全处理处置，处理处置后的污泥符合国家有关标准。
		水体修复与治理项目	1. 包括河流、湖泊、海域、黑臭水体、饮用水源地等的修复与治理项目。 2. 项目符合国家相关水体修复与治理要求，并通过相关验收。
	土壤与地下水污染治理	土壤与地下水污染修复项目	1. 包括土壤治理与修复项目、地下水污染修复项目。 2. 项目满足国家或地方相关要求，并通过评审或备案。
	公共垃圾处理	生活垃圾分类和无害化处理处置项目	1. 对城镇和农村生活垃圾（含厨余垃圾）进行减量化、资源化、无害化处理的项目，涉及生活垃圾分类收集、贮存、运输、处理、处置项目。（对原生生活垃圾进行填埋处理的除外） 2. 项目通过相关验收，涉及污染物排放的，指标应达到国家或地方规定的排放要求。
		工业固体废物利用处置项目	1. 对工业固体废物（含建筑垃圾）减量化、资源化、无害化处理的项目，涉及收集、贮存、运输、利用、处置等环节。（直接进行贮存、填埋处置的除外） 2. 项目通过相关验收，涉及污染物排放的，指标应达到国家或地方规定的排放要求。
		危险废物利用处置项目	1. 对危险废物（含医疗废物）减量化、资源化、无害化处理的项目，涉及收集、贮存、运输、利用、处置等环节。（直接进行贮存、填埋处置的除外） 2. 项目应取得危险废物经营许可证，并通过相关验收，涉及污染物排放的，指标应达到国家或地方规定的排放要求。
	沼气综合开发利用	畜禽养殖场和养殖小区沼气工程项目	1. 单体装置容积不小于300立方米，年平均日产沼气量不低于300立方米/天，且符合国家有关沼气工程技术规范的项目。 2. 废水排放、废渣处置、沼气利用符合国家和地方有关标准，不产生二次污染。 3. 项目包括完整的发酵原料的预处理设施、沼渣和沼液的综合利用或进一步处理系统，沼气净化、储存、输配和利用系统。 4. 项目设计、施工和运行管理人员具备国家相应职业资格。 5. 项目按照国家法律法规要求，通过相关验收。
	生态环境监测项目		1. 包括国家、省、市、县级生态环境监测项目。 2. 项目符合国家或地方相关规定，通过相关验收，无弄虚作假行为。

续表

类别	项目	条件
二、节能减排技术改造	既有建筑节能与可再生能源利用项目	1. 对既有建筑实施节能与可再生能源利用改造。 2. 项目应符合《既有居住建筑节能改造技术规程》、《公共建筑节能改造技术规范》、《建筑节能与可再生能源利用通用规范》等国家标准要求。
	热泵技术改造项目	1. 包括地源、水源、空气源等热泵技术改造项目。 2. 采用的技术及设备应符合《浅层地热能利用通用技术要求》等国家标准要求，达到《水（地）源热泵机组能效限定值及能效等级》、《低环境温度空气源热泵（冷水）机组能效限定值及能效等级》等国家标准能效等级二级以上，项目通过相关验收。
	工业锅炉、工业窑炉节能改造项目	1. 年节能量折算后不小于1000吨标准煤。 2. 节能量评估方法应符合《节能量测量和验证技术通则》、《节能量测量和验证技术要求 工业锅炉系统》、《节能量测量和验证技术要求 板坯加热炉系统》等国家标准要求。
	数据中心节能改造项目	1. 对数据中心实施节能改造。 2. 改造后数据中心电能利用效率不高于1.3。
	通信基站节能改造项目	1. 对通信基站进行节能改造。 2. 改造后通信基站单载频运行能耗降低8%以上。
	电机系统节能改造项目	1. 对电机系统实施节能改造。 2. 项目应符合《电机系统（风机、泵、空气压缩机）优化设计指南》等国家标准要求。
	能量系统优化技术改造项目	1. 年节能量折算后不小于1000吨标准煤。 2. 项目应建立完善的能源管理信息系统，节能量评估方法符合《节能量测量和验证技术通则》等国家标准要求。
	余热余压利用项目	1. 包括利用余热、余压等生产电力或热力的节能改造项目。 2. 生产电力、热力的原料100%来源于余热、余压。项目符合国家或地方相关规定，通过相关验收。
	高效精馏设备和系统改造项目	1. 对填料塔高效精馏设备和系统实施节能改造。 2. 改造后应符合以下技术参数：(1)“塔压降”：10－40Pa/米；(2)传质效率：3－4理论板/米；(3)热效率≥20%。
	绿色照明项目	1. 采用高效照明产品、高效照明控制系统等对各类建筑及公共场所实施照明节能改造。 2. 项目应符合《LED城市道路照明应用技术要求》、《隧道照明用LED灯具性能要求》等国家标准要求。
	供热系统节能改造项目	1. 包括供暖、供热水、供蒸汽等供热系统节能改造项目。 2. 项目应符合《供热系统节能改造技术规范》等国家标准要求。
	碳捕集、利用与封存（CCUS）项目	1. 在各领域实施碳捕集、利用与封存。 2. 项目二氧化碳封存量不低于10万吨/年，符合国家或地方相关规定。
三、节水改造及非常规水利用	海水淡化项目	1. 用作工业、生活用水及海岛军民饮用水的海水淡化项目。工业、生活用水项目规模不低于淡水产量10000吨/日；海岛军民饮用水项目规模不低于淡水产量1000吨/日（热法海水淡化项目的能耗消耗指标为吨水耗电量小于1.8千瓦时/吨、造水比大于8；膜法海水淡化项目的能耗指标为吨水耗电量小于4.0千瓦时/吨）。 2. 海水直接利用项目。海水循环冷却规模不小于1万吨/小时、海水浓缩倍数不小于1.6倍、水处理剂使用无磷环境友好型产品。 3. 海水淡化核心技术装备产业化项目。适用于海水淡化反渗透膜组件、高压泵和能量回收装置等技术装备生产项目。

续表

类别	项目	条件
三、节水改造及非常规水利用	污水资源化利用项目	1. 污水资源化利用项目。企业利用污水无害化处理后的再生水量应不低于15万立方米/年。 2. 区域再生水循环利用项目。项目生产的再生水应连续稳定达到《城市污水再生利用》系列国家标准、《再生水水质标准》或相关用途的再生水水质标准，并通过相关验收。
	城镇和工业公共供水管网改造项目	1. 城镇公共供水管网改造项目。项目应符合当地城市供水相关规划要求或列入相关改造计划。综合改造后，项目所在供水区域管网漏损率下降≥5%，或全市（县）公共供水管网漏损率不高于12%。 2. 工业公共供水管网改造项目。综合改造后，工业公共供水管网漏损率不高于5%。
	工业节水改造项目	1. 工业智慧水管理项目。包括水系统智慧大数据中心项目、水系统操作、控制、管理智能一体化项目等。通过实施工业智慧水管理项目，工业企业应达到国家水效领跑者企业用水指标要求。 2. 凝结水回收利用项目。项目精处理后的凝结水应达到中、高压锅炉进水标准、温度不小于85℃、年节水量不低于32万立方米。 3. 电化学循环水处理项目。改造后项目达到《工业循环冷却水处理设计规范》指标要求，浓缩倍数≥5。 4. 煤炭工业复合式干法选煤节水改造项目，年节水量不低于200万立方米。 5. 工业除尘湿法改干法项目。年节水量不低于200万立方米。 6. 石化化工、造纸、纺织印染企业节水技术改造项目。改造后达到国家水效领跑者企业用水指标要求。 7. 干法熄焦改造项目。年节水量不低于90万立方米。 8. 公用纺织品洗涤节水技术改造项目。改造后每吨布草洗涤用水量达到《公用纺织品洗涤设施节水管理规范》取水定额先进值。 9. 毛皮、皮革加工节水改造项目。对于毛皮加工节水改造项目，改造后加工标准张绵羊皮用水量达到《取水定额　毛皮》取水定额先进企业值；对于皮革加工节水技术改造项目，改造后加工单位原料皮用水量达到《取水定额　皮革》取水定额先进企业值。

附件 2

资源综合利用企业所得税优惠目录(2021 年版)

类别	序号	综合利用的资源	生产的产品	技术标准
一、共生、伴生矿产资源	1.1	煤系共生、伴生矿产资源、瓦斯	高岭岩、铝矾土、膨润土,电力、热力及燃气	1. 产品原料 100% 来自所列资源。 2. 产品原料来自煤炭开发中的废弃物。 3. 产品符合国家和行业标准。
	1.2	黑金属矿、有色金属矿、非金属矿共生、伴生矿产资源	共生、伴生矿产资源产品	1. 产品原料 100% 来自所列资源。 2. 共生、伴生矿产资源未达到工业品位。
二、废水(液)、废气、废渣	2.1	煤矸石、煤泥、化工废渣、粉煤灰、尾矿、废石、冶炼渣(钢铁渣、有色冶炼渣、赤泥等)、工业副产石膏、港口航道的疏浚物、江河(渠)道的淤泥淤沙等、风积沙、建筑垃圾、生活垃圾焚烧炉渣	砖(瓦)、电力、热力、煤矸石井下充填开采置换出的呆滞煤量、砌块、新型墙体材料、石膏类制品以及商品粉煤灰、建筑砂石骨料、道路用建筑垃圾再生骨料、再生级配骨料、再生骨料无机混合料、预拌商品混凝土、干混砂浆、预拌砂浆、砂浆预制件、混凝土预制件、盾构土、粒化高炉矿渣、钢渣微粉、微晶玻璃、岩棉、矿渣棉、氧化铝、水泥熟料	1. 建材产品原料 70% 以上来自所列资源。生产其他产品的产品原料 100% 来自所列资源。 2. 用煤矸石、煤泥生产电力、热力产品符合《煤矸石综合利用管理办法》要求。 3. 产品符合国家和行业标准。
	2.2	社会回收的废金属(废钢铁、废铜、废铝等)、冶炼渣(钢铁渣、有色冶炼渣、赤泥等)、化工废渣	金属(含稀贵金属)、铁合金料、精矿粉、氯盐(氯化钾、氯化钠等)、硅酸盐及其衍生产品	1. 产品原料 70% 以上来自所列资源。 2. 产品符合国家和行业标准。
	2.3	化工、纺织、造纸工业废液及废渣	银、盐、锌、纤维、碱、羊毛脂、聚乙烯醇、硫化钠、亚硫酸钠、硫氰酸钠、硝酸、铁盐、铬盐、木素磺酸盐、乙酸、乙二酸、乙酸钠、盐酸、粘合剂、酒精、香兰素、饲料酵母、肥料、甘油、乙氰	1. 产品原料 70% 以上来自所列资源。 2. 产品符合国家和行业标准。
	2.4	制盐液(苦卤)及硼酸废液	氯化钾、硝酸钾、溴素、氯化镁、氢氧化镁、无水硝、石膏、硫酸镁、硫酸钾、肥料	产品原料 70% 以上来自所列资源。
	2.5	工矿废水、城镇污水污泥	再生水、土地改良剂、有机肥料	1. 再生水原料 100% 来自所列资源。 2. 土地改良剂、有机肥料原料 80% 以上来自所列资源。 3. 产品符合《城市污水再生利用》系列国家标准、《再生水水质标准》或相关用途的再生水水质标准。
	2.6	焦炉煤气、转炉煤气、高炉煤气、矿热炉尾气、化工废气、石油(炼油)化工废气、发酵废气、炭黑尾气、二氧化碳、氯化氢废气,生物质合成气	电力、热力、硫磺、硫酸、磷铵、硫铵、脱硫石膏、可燃气、轻烃、氢气、硫酸亚铁、有色金属、二氧化碳(纯度≥99.9%)、干冰、甲醇、合成氨、甲烷、变性燃料乙醇(纯度≥99.5%)、乙醇梭菌蛋白/菌体蛋白(粗蛋白≥80%)、天然气、氯气(含液氯)	1. 产品原料 100% 来自所列资源。 2. 乙醇、蛋白产品等符合国家和行业标准。

续表

类别	序号	综合利用的资源	生产的产品	技术标准
三、再生资源	3.1	废弃电器电子产品、废旧电池、废感光材料、废灯泡（管）、废旧太阳能光伏板、风电机组	金属（含稀贵金属）、非金属产品	1. 产品原料90%以上来自所列资源。 2. 产品原料符合《废弃电器电子产品处理目录》。
	3.2	废塑料	塑料制品、塑木（木塑）产品	1. 产品原料90%以上来自所列资源。 2. 产品符合国家和行业标准。
	3.3	废旧轮胎、废橡胶	再制造轮胎、胶粉、再生橡胶等	1. 产品原料70%以上来自所列资源。 2. 产品符合国家和行业标准。
	3.4	废弃天然纤维、化学纤维、多种废弃纤维混合物及其制品、废弃聚酯瓶及瓶片	浆粕、纤维纱及织物、无纺布、毡、粘合剂、再生聚酯及其制品、再生纤维、燃料块、复合板材、生态修复材料、工程塑料等	1. 生产再生聚酯及其制品的产品原料100%来自所列资源。 2. 生产其他产品的产品原料70%以上来自所列资源。
	3.5	农作物秸秆及壳皮（粮食作物秸秆、粮食壳皮、玉米芯等）、林业三剩物、次小薪材、蔗渣、糠醛渣、菌糠、酒糟、粗糟、中药渣、废旧家具、畜禽养殖废弃物、畜禽屠宰废弃物、农产品加工有机废弃物	纤维板、刨花板、细木工板、生物质压块，生物质破碎料、生物天然气、热解燃气、沼气、生物油、电力、热力、生物炭、活性炭、栲胶、水解酒精、纤维素、木质素、木糖、阿拉伯糖、糠醛、土壤调理剂、有机肥、膨化饲料、颗粒饲料、菌棒、纸浆、秸秆浆、纸制品等	1. 产品原料70%以上来自所列资源。 2. 产品符合国家和行业标准。
	3.6	废生物质油、废弃润滑油	生物柴油、工业级混合油等	1. 产品原料90%以上来自所列资源。 2. 产品符合国家和行业标准。
	3.7	废玻璃、废玻璃纤维	玻璃熟料、玻璃纤维制品、真空绝热板芯材	1. 产品原料90%以上来自所列资源。 2. 产品符合国家和行业标准。
	3.8	废旧汽车、废旧办公设备、废旧工业装备、废旧机电设备	通过再制造方式生产的发动机、变速箱、转向器、起动机、发电机、电动机等汽车零部件、办公设备、工业装备、机电设备零部件等	产品符合国家标准。
	3.9	厨余垃圾	有机肥料、粗油脂、沼气等	1. 产品原料80%以上来自所列资源。 2. 产品符合国家和行业标准。
	3.10	铸造废砂	再生砂型覆膜砂、低氨覆膜砂、再生砂	1. 产品原料70%以上来自所列资源。 2. 产品符合国家和行业标准。
	3.11	废纸	纸浆、纸制品	1. 产品原料90%以上来自所列资源。 2. 产品符合国家和行业标准。

2－1－662

财政部　税务总局关于基础设施领域不动产投资信托基金(REITs)试点税收政策的公告

2022年1月26日　财政部　税务总局公告2022年第3号

为支持基础设施领域不动产投资信托基金(以下称基础设施REITs)试点,现将有关税收政策公告如下:

一、设立基础设施REITs前,原始权益人向项目公司划转基础设施资产相应取得项目公司股权,适用特殊性税务处理,即项目公司取得基础设施资产的计税基础,以基础设施资产的原计税基础确定;原始权益人取得项目公司股权的计税基础,以基础设施资产的原计税基础确定。原始权益人和项目公司不确认所得,不征收企业所得税。

二、基础设施REITs设立阶段,原始权益人向基础设施REITs转让项目公司股权实现的资产转让评估增值,当期可暂不缴纳企业所得税,允许递延至基础设施REITs完成募资并支付股权转让价款后缴纳。其中,对原始权益人按照战略配售要求自持的基础设施REITs份额对应的资产转让评估增值,允许递延至实际转让时缴纳企业所得税。

原始权益人通过二级市场认购(增持)该基础设施REITs份额,按照先进先出原则认定优先处置战略配售份额。

三、对基础设施REITs运营、分配等环节涉及的税收,按现行税收法律法规的规定执行。

四、本公告适用范围为证监会、发展改革委根据有关规定组织开展的基础设施REITs试点项目。

五、本公告自2021年1月1日起实施。2021年1月1日前发生的符合本公告规定的事项,可按本公告规定享受相关政策。

2－1－663

国家发展改革委　工业和信息化部　财政部　海关总署　税务总局关于做好2022年享受税收优惠政策的集成电路企业或项目、软件企业清单制定工作有关要求的通知

2022年3月14日　发改高技〔2022〕390号

各省、自治区、直辖市及计划单列市、新疆生产建设兵团发展改革委、工业和信息化主管部门、财政厅(局),海关总署广东分署、各直属海关,国家税务总局各省、自治区、直辖市、计划

单列市税务局：

根据《国务院关于印发新时期促进集成电路产业和软件产业高质量发展若干政策的通知》（国发〔2020〕8 号，以下简称《若干政策》）及其配套政策有关规定，为做好 2022 年享受税收优惠政策的集成电路企业或项目、软件企业清单（以下简称“清单”）制定工作，现将有关程序、享受税收优惠政策的企业条件和项目标准通知如下：

一、本通知所称清单是指《若干政策》第（一）条提及的国家鼓励的集成电路线宽小于 28 纳米（含）、线宽小于 65 纳米（含）、线宽小于 130 纳米（含）的集成电路生产企业或项目的清单；《若干政策》第（三）、（六）、（七）、（八）条和《财政部、海关总署、税务总局关于支持集成电路产业和软件产业发展进口税收政策的通知》（财关税〔2021〕4 号）、《财政部、国家发展改革委、工业和信息化部、海关总署、税务总局关于支持集成电路产业和软件产业发展进口税收政策管理办法的通知》（财关税〔2021〕5 号）提及的国家鼓励的重点集成电路设计企业和软件企业，集成电路线宽小于 65 纳米（含）的逻辑电路、存储器生产企业，线宽小于 0.25 微米（含）的特色工艺集成电路生产企业，集成电路线宽小于 0.5 微米（含）的化合物集成电路生产企业和先进封装测试企业，集成电路产业的关键原材料、零配件（靶材、光刻胶、掩模版、封装载板、抛光垫、抛光液、8 英寸及以上硅单晶、8 英寸及以上硅片）生产企业，集成电路重大项目和承建企业的清单。

二、2021 年已列入清单的企业如需享受新一年度税收优惠政策（进口环节增值税分期纳税政策除外），2022 年需重新申报。申请列入清单的企业应于 2022 年 3 月 25 日至 4 月 16 日在信息填报系统（https://yyglxxbs.ndrc.gov.cn/xxbs-front/）中提交申请，并生成纸质文件加盖企业公章，连同必要证明材料（电子版、纸质版）报本省、自治区、直辖市及计划单列市、新疆生产建设兵团发展改革委或工业和信息化主管部门（由地方发展改革委确定接受单位）。经审计的企业会计报告须在提交申请时一并提交。

三、鉴于 2021 年国家重点集成电路设计企业和重点软件企业确认工作方式发生调整，2021 年因客观原因未能申请享受企业所得税优惠政策的集成电路设计企业和软件企业，可于 2022 年 3 月 15 日至 3 月 21 日在信息填报系统“补充申请”栏目提出补充申报申请；经本省、自治区、直辖市及计划单列市、新疆生产建设兵团发展改革委和工业和信息化主管部门（以下简称“地方发改和工信部门”）审核通过后，于 2022 年 3 月 25 日至 2022 年 4 月 16 日，在信息填报系统“补充申请”栏目完成信息填写，正式申请列入 2020 年度享受企业所得税优惠政策的国家鼓励的重点集成电路设计企业和重点软件企业清单。企业应按照附件 3 要求提交证明材料，包括经审计的 2020 年度企业会计报告在内的相关证明材料和数据应体现 2020 年度企业实际情况。

四、地方发改和工信部门根据企业条件和项目标准（附后），对企业申报的信息进行初核通过后，报送至国家发展改革委、工业和信息化部。《若干政策》第（一）、（三）、（六）、（七）条，以及财关税〔2021〕4 号文提及的集成电路产业的关键原材料、零配件生产企业清单，由国家发展改革委、工业和信息化部、财政部、海关总署、税务总局进行联审确认并联合印发。《若干政策》第（八）条提及的集成电路重大项目，由国家发展改革委、工业和信息化部形成清单后函告财政部，财政部会同海关总署、税务总局最终确定。

五、清单印发前，企业可依据税务有关管理规定，先行按照企业条件和项目标准享受相关国内税收优惠政策。清单印发后，如企业未被列入清单，应按规定补缴已享受优惠的企业所得税款。申请享受《若干政策》第（一）、（三）、（六）、（七）条，以及财关税〔2021〕4号文提及的关税优惠政策的，可于汇算清缴结束前，从信息填报系统中查询是否列入清单。享受《若干政策》第（八）条优惠政策的，由企业所在地直属海关告知相关企业。

六、已享受《若干政策》第（一）、（三）、（六）、（七）条，以及财关税〔2021〕4号文提及的关税优惠政策的企业或项目发生更名、分立、合并、重组以及主营业务重大变化等情况，应及时向地方发改和工信部门报告，并于完成变更登记之日起60日内，将企业重大变化情况表和相关材料报送国家发展改革委、工业和信息化部。国家发展改革委、工业和信息化部会同相关部门确定发生变更情形后是否继续符合享受优惠政策的企业条件或项目标准。

七、地方发改和工信部门会同财政、海关、税务对清单内的企业加强日常监管。在监管过程中，如发现企业存在以虚报信息获得减免税资格问题，应及时联合核查，并联合上报国家发展改革委、工业和信息化部进行复核。国家发展改革委、工业和信息化部会同相关部门复核后，对确不符合享受优惠政策条件和标准的企业或项目，将函告财政部、海关总署、税务总局按相关规定处理。

八、企业对所提供材料和数据的真实性负责。申报企业应签署承诺书，承诺申报如出现失信行为，则接受有关部门按照法律、法规和国家有关规定处理，涉及违法行为的信息记入企业信用记录，纳入全国信用信息共享平台，并在“信用中国”网站公示。

九、本通知自印发之日起实施，并适用于企业享受2021年度企业所得税优惠政策、补充享受2020年度企业所得税优惠政策，以及享受财关税〔2021〕4号文规定的进口税收政策。国家发展改革委、工业和信息化部会同相关部门，根据产业发展、技术进步等情况，对符合享受优惠政策的企业条件或项目标准适时调整。

附件：1. 享受税收优惠政策的企业条件和项目标准

2. 重点集成电路设计领域和重点软件领域

3. 享受税收优惠政策的集成电路企业、项目和软件企业提交材料明细表

4. 企业重大变化情况表（编者略）

附件1

享受税收优惠政策的企业条件和项目标准

一、《若干政策》第（一）条提及的国家鼓励的集成电路线宽小于28纳米（含）、线宽小于65纳米（含）、线宽小于130纳米（含）的集成电路生产企业或项目享受税收优惠政策条件如下：

（一）在中国境内（不包括港、澳、台地区）依法注册并具有独立法人资格的企业；

（二）符合国家布局规划和产业政策；

（三）汇算清缴年度，具有劳动合同关系或劳务派遣、聘用关系，其中具有本科及以上学历月平均职工人数占企业月平均职工总人数的比例不低于30%，研究开发人员月平均数占企业月平均职工总数的比例不低于20%（从事8英寸及以下集成电路生产的不低

于15%)；

(四)企业拥有关键核心技术和属于本企业的知识产权,并以此为基础开展经营活动,且汇算清缴年度研究开发费用总额占企业销售(营业)收入(主营业务收入与其他业务收入之和)总额的比例不低于2%[本条及下述研究开发费用政策口径,按照《财政部、国家税务总局、科技部关于完善研究开发费用税前加计扣除政策的通知》(财税〔2015〕119号)和《国家税务总局关于研发费用税前加计扣除归集范围有关问题的公告》(国家税务总局公告2017年第40号)的规定执行]；

(五)汇算清缴年度集成电路制造销售(营业)收入占企业收入总额的比例不低于60%；

(六)具有保证相关工艺线宽产品生产的手段和能力；

(七)汇算清缴年度未发生重大安全、重大质量事故或严重环境违法行为；

(八)对于按照集成电路生产项目享受税收优惠政策的,项目主体企业应符合相应的集成电路生产企业条件,且能够对该项目单独进行会计核算、计算所得,并合理分摊期间费用。

二、《若干政策》第(三)、(七)条提及的国家鼓励的重点集成电路设计企业享受税收优惠政策条件,除符合《中华人民共和国工业和信息化部、国家发展改革委、财政部、国家税务总局公告2021年第9号》规定的国家鼓励的集成电路设计企业条件外,还应符合以下条件:

(一)汇算清缴年度具有劳动合同关系或劳务派遣、聘用关系,其中具有本科及以上学历月平均职工人数占企业月平均职工总人数的比例不低于50%,研究开发人员月平均数占企业月平均职工总数的比例不低于40%；

(二)拥有关键核心技术,并以此为基础开展经营活动,且汇算清缴年度研究开发费用总额占企业销售(营业)收入(主营业务收入与其他业务收入之和)总额的比例不低于6%；

(三)汇算清缴年度集成电路设计(含EDA工具、IP和设计服务,下同)销售(营业)收入占企业收入总额的比例不低于70%,其中集成电路自主设计销售(营业)收入占企业收入总额的比例不低于60%;对于集成电路设计销售(营业)收入超过50亿元的企业,汇算清缴年度集成电路设计销售(营业)收入占企业收入总额的比例不低于60%,其中集成电路自主设计销售(营业)收入占企业收入总额的比例不低于50%；

(四)企业拥有核心关键技术和属于本企业的知识产权,企业拥有与集成电路产品设计相关的已授权发明专利(企业为第一权利人)、布图设计登记、计算机软件著作权合计不少于8个。

除以上条件外,还应至少符合下列条件中的一项:

(一)汇算清缴年度,集成电路设计销售(营业)收入不低于5亿元,应纳税所得额不低于3000万元;对于集成电路设计销售(营业)收入不低于50亿元的企业,可不要求应纳税所得额,但研究开发费用总额占企业销售(营业)收入(主营业务收入与其他业务收入之和)总额的比例不低于8%。

(二)在国家鼓励的重点集成电路设计领域内(附件2),汇算清缴年度集成电路设计销售(营业)收入不低于3000万元,应纳税所得额不低于350万元。

三、《若干政策》第(三)、(七)条提及的国家鼓励的重点软件企业享受税收优惠政策条件,除符合《中华人民共和国工业和信息化部、国家发展改革委、财政部、国家税务总局公告2021年第10号》规定的国家鼓励的软件企业条件外,还应至少符合下列条件中的一项:

(一)专业开发基础软件、研发设计类工业软件的企业(具体领域说明见附件2,下同),汇算清缴年度软件产品开发销售及相关信息技术服务(营业)收入(其中相关信息技术服务是指实现软件产品功能直接相关的咨询设计、软件运维、数据服务,下同)不低于5000万元;汇算清缴年度研究开发费用总额占企业销售(营业)收入总额的比例不低于7%;

(二)专业开发生产控制类工业软件、新兴技术软件、信息安全软件的企业,汇算清缴年度软件产品开发销售及相关信息技术服务(营业)收入不低于1亿元;应纳税所得额不低于500万元;研究开发人员月平均数占企业月平均职工总数的比例不低于30%;汇算清缴年度研究开发费用总额占企业销售(营业)收入总额的比例不低于8%;

(三)专业开发重点领域应用软件、经营管理类工业软件、公有云服务软件、嵌入式软件的企业,汇算清缴年度软件产品开发销售及相关信息技术服务(营业)收入不低于5亿元,应纳税所得额不低于2500万元;研究开发人员月平均数占企业月平均职工总数的比例不低于30%;汇算清缴年度研究开发费用总额占企业销售(营业)收入总额的比例不低于7%。

四、《若干政策》第(六)条提及的集成电路线宽小于65纳米(含)的逻辑电路、存储器生产企业、线宽小于0.25微米(含)的特色工艺集成电路生产企业、集成电路线宽小于0.5微米(含)的化合物集成电路生产企业,以及财关税〔2021〕4号文提及的集成电路产业的关键原材料、零配件(靶材、光刻胶、掩模版、封装载板、抛光垫、抛光液、8英寸及以上硅单晶、8英寸及以上硅片)生产企业享受税收优惠政策条件如下:

(一)在中国境内(不包括港、澳、台地区)依法注册并具有独立法人资格的企业;

(二)符合国家布局规划和产业政策;

(三)具有保证产品生产的手段和能力;

(四)汇算清缴年度未发生重大安全、重大质量事故或严重环境违法行为。

五、《若干政策》第(六)条提及的先进封装测试企业享受税收优惠政策条件如下:

(一)在中国境内(不包括港、澳、台地区)依法注册并具有独立法人资格的企业;

(二)符合国家布局规划和产业政策;

(三)汇算清缴年度企业先进封装测试(晶圆级封装、系统级封装、2.5维和3维封装)规划产能占总规划产能比例,按封装产品颗粒数或晶圆数(折合8英寸)计算不低于40%;

(四)具有保证产品生产的手段和能力;

(五)汇算清缴年度未发生重大安全、重大质量事故或严重环境违法行为。

六、《若干政策》第(八)条提及的集成电路重大项目企业享受税收优惠政策条件,除承建企业应符合本通知第四、五条的相对应规定条件外,项目还应符合下列对应条件中的一项:

(一)芯片制造类重大项目,需同时满足以下条件:

1. 符合国家布局规划和产业政策;

2. 对于不同工艺类型芯片制造项目,需分别满足以下条件:

(1)对于工艺线宽小于65纳米(含)的逻辑电路、存储器项目,固定资产总投资额需超过80亿元,规划月产能超过1万片(折合12英寸);

(2)对于工艺线宽小于0.25微米(含)的模拟、数模混合、高压、射频、功率、光电集成、图像传感、微机电系统、绝缘体上硅工艺等特色芯片制造项目,固定资产总投资额超过10亿元,规划月产能超过1万片(折合8英寸);

(3)对于工艺线宽小于0.5微米(含)的基于化合物集成电路制造项目,固定资产总投资额超过10亿元,规划月产能超过1万片(折合6英寸)。

(二)先进封装测试类重大项目,需同时满足以下条件:

1. 符合国家布局规划和产业政策;

2. 固定资产总投资额超过10亿元;

3. 封装规划年产能超过10亿颗芯片或50万片晶圆(折合8英寸)。

附件2

重点集成电路设计领域和重点软件领域

一、重点集成电路设计领域

如业务范围涉及多个领域,仅选择其中一个领域进行申请。选择领域的销售(营业)收入占本企业集成电路设计销售(营业)收入的比例不低于50%。

(一)高性能处理器和FPGA芯片;

(二)存储芯片;

(三)智能传感器;

(四)工业、通信、汽车和安全芯片;

(五)EDA、IP和设计服务。

二、重点软件领域

如业务范围涉及多个领域,仅选择其中一个领域进行申请。选择领域的软件产品开发及相关信息技术服务销售(营业)收入(其中相关信息技术服务是指实现选择领域软件产品功能直接相关的咨询设计、软件运维、数据服务)占本企业软件产品开发及相关信息技术服务销售(营业)收入的比例不低于50%。企业拥有所选择领域相应的发明专利不少于2项(企业为第一权利人),相应领域计算机软件著作权登记证书不少于2项(均应具备对应的测试报告)。

(一)基础软件:操作系统、数据库管理系统、中间件、通用办公软件、固件(BIOS)、开发支撑软件、少数民族语言文字编辑处理软件。

(二)研发设计类工业软件:虚拟仿真系统、计算机辅助设计(CAD)、计算机辅助工程(CAE)、计算机辅助制造(CAM)、计算机辅助工艺规划(CAPP)、建筑信息模型(BIM)、产品数据管理(PDM)软件。

(三)生产控制类工业软件:工业控制系统、制造执行系统(MES)、制造运行管理(MOM)、调度优化系统(ORION)、先进控制系统(APC)、安全仪表系统(SIS)、可编程控制器(PLC)。

(四)新兴技术软件:分布式计算、数据分析挖掘、可视化、数据采集清洗等大数据软件,人机交互、通用算法软件、基础算法库、工具链、机器学习和深度学习框架等人工智能软件,信息系统运行维护软件,超级计算软件,区块链软件,工业互联网平台软件,云管理软件,虚拟化软件。

(五)信息安全软件:信息系统安全、网络安全、密码算法、数据安全、安全测试等方面的软件。

(六)重点行业应用软件:面向党政机关、国防、能源、交通、物流、通信、广电、医疗、建筑、制造业、应急、社保、农业、水利、教育、金融财税、知识产权、检验检测、科学研究、公共安全、节能环保、自然资源、城市管理、地理信息领域的专业应用软件。

(七)经营管理类工业软件:企业资源计划(ERP)、供应链管理(SCM)、客户关系管理(CRM)、人力资源管理(HEM)、企业资产管理(EAM)、产品生命周期管理(PLM)、运维综合保障管理(MRO)软件及相关云服务。

(八)公有云服务软件:大型公有云 IaaS、PaaS 服务软件。

(九)嵌入式软件(软件收入比例不低于50%):通信设备、汽车电子、交通监控设备、电子测量仪器、装备自动控制、电子医疗器械、计算机应用产品、终端设备等嵌入式软件及嵌入式软件开发环境相关软件。

(以上部分软件名词涵盖范围可参考国家标准 GB/T 36475 软件产品分类)

附件3

享受税收优惠政策的集成电路企业、项目和软件企业提交材料明细表

序号	企业或项目类型	材料清单(复印件须加盖企业公章)
一	享受《若干政策》第(一)条的集成电路生产企业或项目	1. 企业法人营业执照副本、企业取得的其他相关资质证书等;(可提供相应查询网址) 2. 项目备案文件(备案表);(可提供相应查询网址) 3. 企业职工人数、学历结构、研究开发人员情况及其占职工总数的比例说明,企业研究开发人员名单,以及汇算清缴年度最后一个月的企业职工社会保险缴纳证明(包括劳务派遣人员代缴社保付款凭证)等相关证明材料; 4. 企业主要工艺、产品列表(名称/规格); 5. 企业拥有与主营产品相关的发明专利等证明材料; 6. 经具有资质的中介机构鉴证的汇算清缴年度企业会计报告(包括会计报表、会计报表附注和财务情况说明书等)和集成电路制造销售(营业)收入、自有集成电路产品制造销售(营业)收入、研究开发费用等情况表;研究开发费用应按财税〔2015〕119 号文及国家税务总局 2017 年第40 号公告要求的口径归集后,在会计报告中单独说明,不能说明的需提供按照上述口径的研究开发费用专项审计报告或税务鉴证报告; 7. 与主要客户签订的两份代表性销售合同复印件; 8. 企业具有保证产品生产的手段和能力的证明材料(包括采购设备清单等); 9. 省级发展改革委(工业和信息化主管部门)要求出具的其他材料。

续表

序号	企业或项目类型	材料清单(复印件须加盖企业公章)
二	享受《若干政策》第(三)、(七)条的重点集成电路设计企业	1. 企业法人营业执照副本、企业取得的其他相关资质证书等;(可提供相应查询网址) 2. 企业职工人数、学历结构、研究开发人员情况及其占职工总数的比例说明,企业研究开发人员名单,以及汇算清缴年度最后一个月的企业职工社会保险缴纳证明(包括劳务派遣人员代缴社保付款凭证)等相关证明材料; 3. 企业开发销售的主要产品和服务列表(名称/重点领域/对应销售(营业)收入规模); 4. 企业拥有与主营产品相关的不少于8项的已授权发明专利(企业为第一权利人)、布图设计登记、计算机软件著作权登记证书的证明材料; 5. 经具有资质的中介机构鉴证的汇算清缴年度企业会计报告(包括会计报表、会计报表附注和财务情况说明书等)和集成电路设计销售(营业)收入、集成电路自主设计销售(营业)收入、研究开发费用等情况表;研究开发费用应按财税〔2015〕119号文及国家税务总局2017年第40号公告要求的口径归集后,在会计报告中单独说明,不能说明的需提供按照上述口径的研究开发费用专项审计报告或税务鉴证报告; 6. 第三方检测机构提供的集成电路产品测试报告或用户报告,以及与主要客户签订的两份代表性销售合同复印件; 7. 税务鉴证报告等可说明企业符合应纳税所得额条件的证明材料; 8. 企业具有与集成电路设计相适应的软硬件设施等开发环境的证明材料; 9. 省级发展改革委(工业和信息化主管部门)要求出具的其他材料。
三	享受《若干政策》第(三)、(七)条的重点软件企业	1. 企业法人营业执照副本、企业取得的其他相关资质证书等;(可提供相应查询网址) 2. 企业职工人数、学历结构、研究开发人员情况及其占职工总数的比例说明,企业研究开发人员名单,以及汇算清缴年度最后一个月的企业职工社会保险缴纳证明(包括劳务派遣人员代缴社保付款凭证)等相关证明材料; 3. 企业开发销售的主要软件产品列表(名称/重点领域/对应销售(营业)收入规模);其中申报公有云服务软件企业应明确区分列明企业公有云、私有云、混合云收入; 4. 企业具有所申报领域相应的已授权发明专利不少于2项(企业为第一权利人),相应领域计算机软件著作权登记证书不少于2项(均应具备对应的测试报告)的证明材料; 5. 经具有资质的中介机构鉴证的汇算清缴年度企业会计报告(包括会计报表、会计报表附注和财务情况说明书等)和软件产品开发销售及相关信息技术服务(营业)收入、软件产品自主开发销售(营业)收入、研究开发费用、境内研究开发费用等情况表;研究开发费用应按财税〔2015〕119号文及国家税务总局2017年第40号公告要求的口径归集后,在会计报告中单独说明,不能说明的需提供按照上述口径的研究开发费用专项审计报告或税务鉴证报告;其中申报嵌入式软件企业应明确企业软硬件收入情况,并提供合同、发票等软件收入比例不低于50%的证明材料(不要求提供全部合同,仅需提供能证明符合申报条件的大额合同及合同中的必要内容); 6. 汇算清缴年度与申报领域相关的合同列表(包含甲乙方、单价、总金额、交易内容、签约和付款时间等信息),及发票等销售凭证; 7. 与主要客户签订的两份代表性销售合同复印件; 8. 税务鉴证报告等可说明企业符合应纳税所得额条件的证明材料; 9. 企业具有与软件开发相适应软硬件设施等开发环境(如合法的开发工具等)的证明材料; 10. 省级发展改革委(工业和信息化主管部门)要求出具的其他材料。

续表

序号	企业或项目类型	材料清单(复印件须加盖企业公章)
四	享受《若干政策》第(六)条的集成电路生产企业和财关税〔2021〕4号文提及的关键原材料、零配件生产企业	1. 企业法人营业执照副本、企业取得的其他相关资质证书等;(可提供相应查询网址) 2. 项目备案文件(备案表)(可提供相应查询网址); 3. 企业具有保证产品生产的手段和能力的证明材料(包括采购设备清单等),先进封装、测试企业需提供按封装产品颗粒数或晶圆数(折合8英寸)计算,先进封装测试(晶圆级封装、系统级封装、2.5维和3维封装)规划产能占总规划产能比例不低于40%的证明材料; 4. 省级发展改革委(工业和信息化主管部门)要求出具的其他材料。
五	享受《若干政策》第(八)条的集成电路重大项目	1. 项目企业对应类别集成电路企业条件材料清单; 2. 固定资产总投资额相关证明材料; 3. 项目开工时间、拟竣工时间、备案时间、项目类型、产品类型、工艺线宽、总规划产能、先进封装测试规划产能、2020年7月27日后申请进口环节增值税分期纳税的首台新设备进口时间、进口设备总金额、进口环节增值税额的相关证明材料; 4. 省级发展改革委(工业和信息化主管部门)要求出具的其他材料。

注:上述企业类型、材料清单依据国发〔2020〕8号文制定,材料模板请询省级发展改革委(工业和信息化主管部门),填报说明见信息填报系统。

2-1-664

财政部　税务总局关于小微企业和个体工商户所得税优惠政策的公告

2023年3月26日

财政部　税务总局公告2023年第6号

为支持小微企业和个体工商户发展,现将有关税收政策公告如下:

一、对小型微利企业年应纳税所得额不超过100万元的部分,减按25%计入应纳税所得额,按20%的税率缴纳企业所得税。

二、对个体工商户年应纳税所得额不超过100万元的部分,在现行优惠政策基础上,减半征收个人所得税。

三、本公告所称小型微利企业,是指从事国家非限制和禁止行业,且同时符合年度应纳税所得额不超过300万元、从业人数不超过300人、资产总额不超过5000万元等三个条件的企业。

从业人数,包括与企业建立劳动关系的职工人数和企业接受的劳务派遣用工人数。所称从业人数和资产总额指标,应按企业全年的季度平均值确定。具体计算公式如下:

季度平均值=(季初值+季末值)÷2

全年季度平均值=全年各季度平均值之和÷4

年度中间开业或者终止经营活动的,以其实际经营期作为一个纳税年度确定上述相关指标。

四、本公告执行期限为2023年1月1日至2024年12月31日。

特此公告。

注释：

条款失效。本文中个体工商户所得税优惠政策自2023年1月1日起相应停止执行。参见:《财政部　税务总局关于进一步支持小微企业和个体工商户发展有关税费政策的公告》(财政部　税务总局公告2023年第12号)。

2－1－665

财政部　税务总局　国家发展改革委生态环境部关于从事污染防治的第三方企业所得税政策问题的公告

2023年8月24日　财政部　税务总局
国家发展改革委　生态环境部公告2023年第38号

为鼓励污染防治企业的专业化、规模化发展，更好支持生态文明建设，现将有关企业所得税政策公告如下：

一、对符合条件的从事污染防治的第三方企业(以下称第三方防治企业)减按15%的税率征收企业所得税。

本公告所称第三方防治企业是指受排污企业或政府委托，负责环境污染治理设施(包括自动连续监测设施，下同)运营维护的企业。

二、本公告所称第三方防治企业应当同时符合以下条件：

(一)在中国境内(不包括港、澳、台地区)依法注册的居民企业；

(二)具有1年以上连续从事环境污染治理设施运营实践，且能够保证设施正常运行；

(三)具有至少5名从事本领域工作且具有环保相关专业中级及以上技术职称的技术人员，或者至少2名从事本领域工作且具有环保相关专业高级及以上技术职称的技术人员；

(四)从事环境保护设施运营服务的年度营业收入占总收入的比例不低于60%；

(五)具备检验能力，拥有自有实验室，仪器配置可满足运行服务范围内常规污染物指标的检测需求；

(六)保证其运营的环境保护设施正常运行，使污染物排放指标能够连续稳定达到国家或者地方规定的排放标准要求；

(七)具有良好的纳税信用，近三年内纳税信用等级未被评定为C级或D级。

三、第三方防治企业，自行判断其是否符合上述条件，符合条件的可以申报享受税收优惠，相关资料留存备查。税务部门依法开展后续管理过程中，可转请生态环境部门进行核查，生态环境部门可以委托专业机构开展相关核查工作，具体办法由税务总局会同国家发展改革委、生态环境部制定。

四、本公告执行期限自2024年1月1日起至2027年12月31日止。

特此公告。

2-1-666

财政部　税务总局　国家发展改革委　工业和信息化部关于提高集成电路和工业母机企业研发费用加计扣除比例的公告

2023年9月12日　财政部　税务总局
国家发展改革委　工业和信息化部公告2023年第44号

为进一步鼓励企业研发创新，促进集成电路产业和工业母机产业高质量发展，现就有关企业研发费用税前加计扣除政策公告如下：

一、集成电路企业和工业母机企业开展研发活动中实际发生的研发费用，未形成无形资产计入当期损益的，在按规定据实扣除的基础上，在2023年1月1日至2027年12月31日期间，再按照实际发生额的120%在税前扣除；形成无形资产的，在上述期间按照无形资产成本的220%在税前摊销。

二、第一条所称集成电路企业是指国家鼓励的集成电路生产、设计、装备、材料、封装、测试企业。具体按以下条件确定：

（一）国家鼓励的集成电路生产企业是指符合《财政部　税务总局　发展改革委　工业和信息化部关于促进集成电路产业和软件产业高质量发展企业所得税政策的公告》（财政部　税务总局　发展改革委　工业和信息化部公告2020年第45号）第一条规定的生产企业或项目归属企业，企业清单由国家发展改革委、工业和信息化部会同财政部、税务总局等部门制定。

（二）国家鼓励的集成电路设计企业是指符合《财政部　税务总局　发展改革委　工业和信息化部关于促进集成电路产业和软件产业高质量发展企业所得税政策的公告》（财政部　税务总局　发展改革委　工业和信息化部公告2020年第45号）第四条规定的重点集成电路设计企业，企业清单由国家发展改革委、工业和信息化部会同财政部、税务总局等部门制定。

（三）国家鼓励的集成电路装备、材料、封装、测试企业是指符合《中华人民共和国工业和信息化部　国家发展改革委　财政部　国家税务总局公告（2021年第9号）》规定条件的企业。如有更新，从其规定。

三、第一条所称工业母机企业是指生产销售符合本公告附件《先进工业母机产品基本标准》产品的企业，具体适用条件和企业清单由工业和信息化部会同国家发展改革委、财政部、税务总局等部门制定。

四、企业享受研发费用加计扣除政策的其他政策口径和管理要求，按照《财政部　国家

税务总局　科技部关于完善研究开发费用税前加计扣除政策的通知》（财税〔2015〕119号）、《财政部　税务总局　科技部关于企业委托境外研究开发费用税前加计扣除有关政策问题的通知》（财税〔2018〕64号）等文件相关规定执行。

五、本公告规定的税收优惠政策，采用清单管理的，由国家发展改革委、工业和信息化部于每年3月底前按规定向财政部、税务总局提供上一年度可享受优惠的企业清单；不采取清单管理的，税务机关可按《财政部　税务总局　发展改革委　工业和信息化部关于促进集成电路产业和软件产业高质量发展企业所得税政策的公告》（财政部　税务总局　发展改革委　工业和信息化部公告2020年第45号）规定的核查机制转请发展改革、工业和信息化部门进行核查。

特此公告。

附件：先进工业母机产品基本标准

附件

先进工业母机产品基本标准

一、金属切削机床

定位精度≤10微米/米，并安装数控系统。

二、铸造装备

1. 真空熔铸装备：坩埚容量≥50千克。

2. 感应熔炼电炉：熔化量≥10吨。

3. 粘土砂造型线：静压造型生产线造型效率≥100型/小时，砂箱尺寸1200毫米×1000毫米及以上；垂直造型线造型效率≥400型/小时。

4. 大型自硬砂成套设备：处理能力≥60吨/小时的连续式混砂机，60吨级及以上振实台、起模机。

5. 高压压铸机：合模力≥6000吨。

6. 挤压铸造成套设备：锁模力≥1000吨。

7. 气力输送铸造废砂再生设备：处理能力30吨/小时以上，旧砂回用率水玻璃砂90%以上、树脂砂94%以上。

三、锻压装备

1. 数控液压机：公称压力≥1000吨。

2. 数控多连杆机械压力机：公称压力≥1000吨，冲压生产线≥2000吨（总吨位）。

3. 冷锻机械压力机：公称压力≥630吨。

4. 热模锻压力机：公称压力≥2000吨。

5. 热等静压装备：有效热区直径≥1000毫米。

四、焊接装备

1. 数字化弧焊装备：数控系统跟踪补偿精度0.1毫米—0.5毫米、焊接工艺参数波动小于2%—5%。

2. 激光、电子束等高能束焊接装备：机电协同控制精度1%、跟踪补偿精度0.1毫米—0.5毫米、焊接工艺参数波动小于2%。

3. 惯性、搅拌摩擦焊及电阻焊装备：机电协同控制精度1%、响应速度5毫秒—10毫秒；数控系统跟踪补偿精度0.05毫米—0.1毫米。

五、热表处理装备

1. 真空热处理装备：装炉量≥1吨。

2. 控制气氛热处理装备：装炉量≥1吨。

3. 绝缘栅双极型晶体管电源感应热处理装备。

4. 连续热处理生产线：生产能力≥1吨/小时。

5. 自动电镀设备：行车上自带独立控制箱和主可编程逻辑控制器网络通信，具备四轴运动能力。

6. 低压等离子喷涂设备：真空室尺寸≥Φ2000毫米×3000毫米，喷枪使用功率≥80千瓦。

7. 溶液等离子喷涂设备：喷枪使用功率≥100千瓦，浆料输送率≥0.5升/分。

8. 真空镀膜装备：膜层不均匀性≤±10%，故障诊断节点数≥1000。

六、数控装置

具备三轴及以上联动控制功能。

七、滚动功能部件（丝杠/导轨）

P3精度以上。

八、电主轴

动态回转精度≤10微米。

九、数控转台

定位精度≤15″。

十、位置反馈元件（光栅尺/编码器）

直线准确度≤±3微米；旋转准确度≤±2.5″。

十一、摆角头

定位精度≤15″。

十二、动力刀架刀库

分度精度≤±6″，换刀时间（T－T）≤2.5秒。

十三、真空系统

1. 镀膜机：整机漏率达到1.0×10^{-8}帕斯卡・升/秒量级，工作真空度保持时间≥6个月。

2. 工业炉：漏率达到1.0×10^{-7}帕斯卡・升/秒量级，工作真空度保持时间≥6个月。

2－1－667

财政部　税务总局关于延续实施支持农村金融发展企业所得税政策的公告

2023年9月25日　财政部　税务总局公告2023年第55号

为支持农村金融发展，现将延续实施有关企业所得税政策公告如下：

一、对金融机构农户小额贷款的利息收入，在计算应纳税所得额时，按90%计入收入总额。

二、对保险公司为种植业、养殖业提供保险业务取得的保费收入，在计算应纳税所得额时，按90%计入收入总额。

三、本公告所称农户，是指长期（一年以上）居住在乡镇（不包括城关镇）行政管理区域内的住户，还包括长期居住在城关镇所辖行政村范围内的住户和户口不在本地而在本地居住一年以上的住户，国有农场的职工和农村个体工商户。位于乡镇（不包括城关镇）行政管理区域内和在城关镇所辖行政村范围内的国有经济的机关、团体、学校、企事业单位的集体户；有本地户口，但举家外出谋生一年以上的住户，无论是否保留承包耕地均不属于农户。农户以户为统计单位，既可以从事农业生产经营，也可以从事非农业生产经营。农户贷款的判定应以贷款发放时的承贷主体是否属于农户为准。

本公告所称小额贷款，是指单笔且该农户贷款余额总额在10万元（含本数）以下的贷款。

本公告所称保费收入，是指原保险保费收入加上分保费收入减去分出保费后的余额。

四、金融机构应对符合条件的农户小额贷款利息收入进行单独核算，不能单独核算的不得适用本公告第一条规定的优惠政策。

五、本公告执行至2027年12月31日。

特此公告。

2－1－668

财政部　税务总局　民政部关于生产和装配伤残人员专门用品企业免征企业所得税的公告

2023年9月25日　财政部　税务总局　民政部公告2023年第57号

为帮助伤残人员康复或者恢复残疾肢体功能，现对生产和装配伤残人员专门用品的企业免征企业所得税政策明确如下：

一、对符合下列条件的居民企业,免征企业所得税:

1. 生产和装配伤残人员专门用品,且在民政部发布的《中国伤残人员专门用品目录》范围之内。

2. 以销售本企业生产或者装配的伤残人员专门用品为主,其所取得的年度伤残人员专门用品销售收入(不含出口取得的收入)占企业收入总额60%以上。

收入总额,是指《中华人民共和国企业所得税法》第六条规定的收入总额。

3. 企业账证健全,能够准确、完整地向主管税务机关提供纳税资料,且本企业生产或者装配的伤残人员专门用品所取得的收入能够单独、准确核算。

4. 企业拥有假肢制作师、矫形器制作师资格证书的专业技术人员不得少于1人;其企业生产人员如超过20人,则其拥有假肢制作师、矫形器制作师资格证书的专业技术人员不得少于全部生产人员的1/6。

5. 具有与业务相适应的测量取型、模型加工、接受腔成型、打磨、对线组装、功能训练等生产装配专用设备和工具。

6. 具有独立的接待室、假肢或者矫形器(辅助器具)制作室和假肢功能训练室,使用面积不少于115平方米。

二、符合本公告规定条件的企业,按照《国家税务总局关于发布修订后的〈企业所得税优惠政策事项办理办法〉的公告》(国家税务总局公告2018年第23号)的规定,采取"自行判别、申报享受、相关资料留存备查"的办理方式享受税收优惠政策。

三、本公告执行至2027年12月31日。

附件:中国伤残人员专门用品目录(编者略)

2-1-669

财政部　税务总局关于铁路债券利息收入所得税政策的公告

2023年9月25日　财政部　税务总局公告2023年第64号

为支持国家铁路建设,现就投资者取得中国国家铁路集团有限公司发行的铁路债券利息收入有关所得税政策公告如下:

一、对企业投资者持有2024—2027年发行的铁路债券取得的利息收入,减半征收企业所得税。

二、对个人投资者持有2024—2027年发行的铁路债券取得的利息收入,减按50%计入应纳税所得额计算征收个人所得税。税款由兑付机构在向个人投资者兑付利息时代扣代缴。

三、铁路债券是指以中国国家铁路集团有限公司为发行和偿还主体的债券,包括中国铁路建设债券、中期票据、短期融资券等债务融资工具。

特此公告。

中华人民共和国税法

第Ⅱ卷

所得税

下册

国家税务总局 ◎ 编

中国税务出版社

目　　录

（接续上册：1 企业所得税）

下　册

2 个人所得税

2

个人所得税

2－2－1

中华人民共和国个人所得税法

1980年9月10日第五届全国人民代表大会第三次会议通过 同日全国人民代表大会常务委员会委员长令第11号公布 1993年10月31日第八届全国人民代表大会常务委员会第四次会议第一次修正 同日中华人民共和国主席令第12号公布 1999年8月30日第九届全国人民代表大会常务委员会第十一次会议第二次修正 同日中华人民共和国主席令第22号公布 2005年10月27日第十届全国人民代表大会常务委员会第十八次会议第三次修正 同日中华人民共和国主席令第44号公布 2007年6月29日第十届全国人民代表大会常务委员会第二十八次会议第四次修正 同日中华人民共和国主席令第66号公布 2007年12月29日第十届全国人民代表大会常务委员会第三十一次会议第五次修正 同日中华人民共和国主席令第85号公布 2011年6月30日第十一届全国人民代表大会常务委员会第二十一次会议第六次修正 同日中华人民共和国主席令第48号公布 2018年8月31日第十三届全国人民代表大会常务委员会第五次会议第七次修正 同日中华人民共和国主席令第9号公布

第一条 在中国境内有住所，或者无住所而一个纳税年度内在中国境内居住累计满一百八十三天的个人，为居民个人。居民个人从中国境内和境外取得的所得，依照本法规定缴纳个人所得税。

在中国境内无住所又不居住，或者无住所而一个纳税年度内在中国境内居住累计不满一百八十三天的个人，为非居民个人。非居民个人从中国境内取得的所得，依照本法规定缴纳个人所得税。

纳税年度，自公历一月一日起至十二月三十一日止。

第二条 下列各项个人所得，应当缴纳个人所得税：

（一）工资、薪金所得；

（二）劳务报酬所得；

（三）稿酬所得；

（四）特许权使用费所得；

（五）经营所得；

（六）利息、股息、红利所得；

（七）财产租赁所得；

（八）财产转让所得；

（九）偶然所得。

居民个人取得前款第一项至第四项所得（以下称综合所得），按纳税年度合并计算个人所得税;非居民个人取得前款第一项至第四项所得,按月或者按次分项计算个人所得税。纳税人取得前款第五项至第九项所得,依照本法规定分别计算个人所得税。

第三条 个人所得税的税率:

(一)综合所得,适用百分之三至百分之四十五的超额累进税率(税率表附后);

(二)经营所得,适用百分之五至百分之三十五的超额累进税率(税率表附后);

(三)利息、股息、红利所得,财产租赁所得,财产转让所得和偶然所得,适用比例税率,税率为百分之二十。

第四条 下列各项个人所得,免征个人所得税:

(一)省级人民政府、国务院部委和中国人民解放军军以上单位,以及外国组织、国际组织颁发的科学、教育、技术、文化、卫生、体育、环境保护等方面的奖金;

(二)国债和国家发行的金融债券利息;

(三)按照国家统一规定发给的补贴、津贴;

(四)福利费、抚恤金、救济金;

(五)保险赔款;

(六)军人的转业费、复员费、退役金;

(七)按照国家统一规定发给干部、职工的安家费、退职费、基本养老金或者退休费、离休费、离休生活补助费;

(八)依照有关法律规定应予免税的各国驻华使馆、领事馆的外交代表、领事官员和其他人员的所得;

(九)中国政府参加的国际公约、签订的协议中规定免税的所得;

(十)国务院规定的其他免税所得。

前款第十项免税规定,由国务院报全国人民代表大会常务委员会备案。

第五条 有下列情形之一的,可以减征个人所得税,具体幅度和期限,由省、自治区、直辖市人民政府规定,并报同级人民代表大会常务委员会备案:

(一)残疾、孤老人员和烈属的所得;

(二)因自然灾害遭受重大损失的。

国务院可以规定其他减税情形,报全国人民代表大会常务委员会备案。

第六条 应纳税所得额的计算:

(一)居民个人的综合所得,以每一纳税年度的收入额减除费用六万元以及专项扣除、专项附加扣除和依法确定的其他扣除后的余额,为应纳税所得额。

(二)非居民个人的工资、薪金所得,以每月收入额减除费用五千元后的余额为应纳税所得额;劳务报酬所得、稿酬所得、特许权使用费所得,以每次收入额为应纳税所得额。

(三)经营所得,以每一纳税年度的收入总额减除成本、费用以及损失后的余额,为应纳税所得额。

(四)财产租赁所得,每次收入不超过四千元的,减除费用八百元;四千元以上的,减除百分之二十的费用,其余额为应纳税所得额。

(五)财产转让所得,以转让财产的收入额减除财产原值和合理费用后的余额,为应纳税所得额。

（六）利息、股息、红利所得和偶然所得，以每次收入额为应纳税所得额。

劳务报酬所得、稿酬所得、特许权使用费所得以收入减除百分之二十的费用后的余额为收入额。稿酬所得的收入额减按百分之七十计算。

个人将其所得对教育、扶贫、济困等公益慈善事业进行捐赠，捐赠额未超过纳税人申报的应纳税所得额百分之三十的部分，可以从其应纳税所得额中扣除；国务院规定对公益慈善事业捐赠实行全额税前扣除的，从其规定。

本条第一款第一项规定的专项扣除，包括居民个人按照国家规定的范围和标准缴纳的基本养老保险、基本医疗保险、失业保险等社会保险费和住房公积金等；专项附加扣除，包括子女教育、继续教育、大病医疗、住房贷款利息或者住房租金、赡养老人等支出，具体范围、标准和实施步骤由国务院确定，并报全国人民代表大会常务委员会备案。

第七条 居民个人从中国境外取得的所得，可以从其应纳税额中抵免已在境外缴纳的个人所得税税额，但抵免额不得超过该纳税人境外所得依照本法规定计算的应纳税额。

第八条 有下列情形之一的，税务机关有权按照合理方法进行纳税调整：

（一）个人与其关联方之间的业务往来不符合独立交易原则而减少本人或者其关联方应纳税额，且无正当理由；

（二）居民个人控制的，或者居民个人和居民企业共同控制的设立在实际税负明显偏低的国家（地区）的企业，无合理经营需要，对应当归属于居民个人的利润不作分配或者减少分配；

（三）个人实施其他不具有合理商业目的的安排而获取不当税收利益。

税务机关依照前款规定作出纳税调整，需要补征税款的，应当补征税款，并依法加收利息。

第九条 个人所得税以所得人为纳税人，以支付所得的单位或者个人为扣缴义务人。

纳税人有中国公民身份号码的，以中国公民身份号码为纳税人识别号；纳税人没有中国公民身份号码的，由税务机关赋予其纳税人识别号。扣缴义务人扣缴税款时，纳税人应当向扣缴义务人提供纳税人识别号。

第十条 有下列情形之一的，纳税人应当依法办理纳税申报：

（一）取得综合所得需要办理汇算清缴；

（二）取得应税所得没有扣缴义务人；

（三）取得应税所得，扣缴义务人未扣缴税款；

（四）取得境外所得；

（五）因移居境外注销中国户籍；

（六）非居民个人在中国境内从两处以上取得工资、薪金所得；

（七）国务院规定的其他情形。

扣缴义务人应当按照国家规定办理全员全额扣缴申报，并向纳税人提供其个人所得和已扣缴税款等信息。

第十一条 居民个人取得综合所得，按年计算个人所得税；有扣缴义务人的，由扣缴义务人按月或者按次预扣预缴税款；需要办理汇算清缴的，应当在取得所得的次年三月一日至六月三十日内办理汇算清缴。预扣预缴办法由国务院税务主管部门制定。

居民个人向扣缴义务人提供专项附加扣除信息的，扣缴义务人按月预扣预缴税款时应当按照规定予以扣除，不得拒绝。

非居民个人取得工资、薪金所得，劳务报酬所得，稿酬所得和特许权使用费所得，有扣缴义务人的，由扣缴义务人按月或者按次代扣代缴税款，不办理汇算清缴。

第十二条 纳税人取得经营所得，按年计算个人所得税，由纳税人在月度或者季度终了后十五日内向税务机关报送纳税申报表，并预缴税款；在取得所得的次年三月三十一日前办理汇算清缴。

纳税人取得利息、股息、红利所得，财产租赁所得，财产转让所得和偶然所得，按月或者按次计算个人所得税，有扣缴义务人的，由扣缴义务人按月或者按次代扣代缴税款。

第十三条 纳税人取得应税所得没有扣缴义务人的，应当在取得所得的次月十五日内向税务机关报送纳税申报表，并缴纳税款。

纳税人取得应税所得，扣缴义务人未扣缴税款的，纳税人应当在取得所得的次年六月三十日前，缴纳税款；税务机关通知限期缴纳的，纳税人应当按照期限缴纳税款。

居民个人从中国境外取得所得的，应当在取得所得的次年三月一日至六月三十日内申报纳税。

非居民个人在中国境内从两处以上取得工资、薪金所得的，应当在取得所得的次月十五日内申报纳税。

纳税人因移居境外注销中国户籍的，应当在注销中国户籍前办理税款清算。

第十四条 扣缴义务人每月或者每次预扣、代扣的税款，应当在次月十五日内缴入国库，并向税务机关报送扣缴个人所得税申报表。

纳税人办理汇算清缴退税或者扣缴义务人为纳税人办理汇算清缴退税的，税务机关审核后，按照国库管理的有关规定办理退税。

第十五条 公安、人民银行、金融监督管理等相关部门应当协助税务机关确认纳税人的身份、金融账户信息。教育、卫生、医疗保障、民政、人力资源社会保障、住房城乡建设、公安、人民银行、金融监督管理等相关部门应当向税务机关提供纳税人子女教育、继续教育、大病医疗、住房贷款利息、住房租金、赡养老人等专项附加扣除信息。

个人转让不动产的，税务机关应当根据不动产登记等相关信息核验应缴的个人所得税，登记机构办理转移登记时，应当查验与该不动产转让相关的个人所得税的完税凭证。个人转让股权办理变更登记的，市场主体登记机关应当查验与该股权交易相关的个人所得税的完税凭证。

有关部门依法将纳税人、扣缴义务人遵守本法的情况纳入信用信息系统，并实施联合激励或者惩戒。

第十六条 各项所得的计算，以人民币为单位。所得为人民币以外的货币的，按照人民币汇率中间价折合成人民币缴纳税款。

第十七条 对扣缴义务人按照所扣缴的税款，付给百分之二的手续费。

第十八条 对储蓄存款利息所得开征、减征、停征个人所得税及其具体办法，由国务院规定，并报全国人民代表大会常务委员会备案。

第十九条 纳税人、扣缴义务人和税务机关及其工作人员违反本法规定的，依照《中华人民共和国税收征收管理法》和有关法律法规的规定追究法律责任。

第二十条 个人所得税的征收管理,依照本法和《中华人民共和国税收征收管理法》的规定执行。

第二十一条 国务院根据本法制定实施条例。

第二十二条 本法自公布之日起施行。

个人所得税税率表一

(综合所得适用)

级数	全年应纳税所得额	税率(%)
1	不超过 36000 元的	3
2	超过 36000 元至 144000 元的部分	10
3	超过 144000 元至 300000 元的部分	20
4	超过 300000 元至 420000 元的部分	25
5	超过 420000 元至 660000 元的部分	30
6	超过 660000 元至 960000 元的部分	35
7	超过 960000 元的部分	45

(注 1:本表所称全年应纳税所得额是指依照本法第六条的规定,居民个人取得综合所得以每一纳税年度收入额减除费用六万元以及专项扣除、专项附加扣除和依法确定的其他扣除后的余额。

注 2:非居民个人取得工资、薪金所得,劳务报酬所得,稿酬所得和特许权使用费所得,依照本表按月换算后计算应纳税额。)

个人所得税税率表二

(经营所得适用)

级数	全年应纳税所得额	税率(%)
1	不超过 30000 元的	5
2	超过 30000 元至 90000 元的部分	10
3	超过 90000 元至 300000 元的部分	20
4	超过 300000 元至 500000 元的部分	30
5	超过 500000 元的部分	35

(注:本表所称全年应纳税所得额是指依照本法第六条的规定,以每一纳税年度的收入总额减除成本、费用以及损失后的余额。)

2－2－2

中华人民共和国个人所得税法实施条例

1994年1月28日中华人民共和国国务院令第142号发布　2005年12月19日中华人民共和国国务院令第452号第一次修订　2008年2月18日中华人民共和国国务院令第519号第二次修订　2011年7月19日中华人民共和国国务院令第600号第三次修订　2018年12月18日中华人民共和国国务院令第707号第四次修订

第一条　根据《中华人民共和国个人所得税法》（以下简称个人所得税法），制定本条例。

第二条　个人所得税法所称在中国境内有住所，是指因户籍、家庭、经济利益关系而在中国境内习惯性居住；所称从中国境内和境外取得的所得，分别是指来源于中国境内的所得和来源于中国境外的所得。

第三条　除国务院财政、税务主管部门另有规定外，下列所得，不论支付地点是否在中国境内，均为来源于中国境内的所得：

（一）因任职、受雇、履约等在中国境内提供劳务取得的所得；

（二）将财产出租给承租人在中国境内使用而取得的所得；

（三）许可各种特许权在中国境内使用而取得的所得；

（四）转让中国境内的不动产等财产或者在中国境内转让其他财产取得的所得；

（五）从中国境内企业、事业单位、其他组织以及居民个人取得的利息、股息、红利所得。

第四条　在中国境内无住所的个人，在中国境内居住累计满183天的年度连续不满六年的，经向主管税务机关备案，其来源于中国境外且由境外单位或者个人支付的所得，免予缴纳个人所得税；在中国境内居住累计满183天的任一年度中有一次离境超过30天的，其在中国境内居住累计满183天的年度的连续年限重新起算。

第五条　在中国境内无住所的个人，在一个纳税年度内在中国境内居住累计不超过90天的，其来源于中国境内的所得，由境外雇主支付并且不由该雇主在中国境内的机构、场所负担的部分，免予缴纳个人所得税。

第六条　个人所得税法规定的各项个人所得的范围：

（一）工资、薪金所得，是指个人因任职或者受雇取得的工资、薪金、奖金、年终加薪、劳动分红、津贴、补贴以及与任职或者受雇有关的其他所得。

（二）劳务报酬所得，是指个人从事劳务取得的所得，包括从事设计、装潢、安装、制图、化验、测试、医疗、法律、会计、咨询、讲学、翻译、审稿、书画、雕刻、影视、录音、录像、演出、表演、广告、展览、技术服务、介绍服务、经纪服务、代办服务以及其他劳务取得的所得。

（三）稿酬所得，是指个人因其作品以图书、报刊等形式出版、发表而取得的所得。

（四）特许权使用费所得，是指个人提供专利权、商标权、著作权、非专利技术以及其他特许权的使用权取得的所得；提供著作权的使用权取得的所得，不包括稿酬所得。

（五）经营所得，是指：

1. 个体工商户从事生产、经营活动取得的所得，个人独资企业投资人、合伙企业的个人合伙人来源于境内注册的个人独资企业、合伙企业生产、经营的所得；

2. 个人依法从事办学、医疗、咨询以及其他有偿服务活动取得的所得；

3. 个人对企业、事业单位承包经营、承租经营以及转包、转租取得的所得；

4. 个人从事其他生产、经营活动取得的所得。

（六）利息、股息、红利所得，是指个人拥有债权、股权等而取得的利息、股息、红利所得。

（七）财产租赁所得，是指个人出租不动产、机器设备、车船以及其他财产取得的所得。

（八）财产转让所得，是指个人转让有价证券、股权、合伙企业中的财产份额、不动产、机器设备、车船以及其他财产取得的所得。

（九）偶然所得，是指个人得奖、中奖、中彩以及其他偶然性质的所得。

个人取得的所得，难以界定应纳税所得项目的，由国务院税务主管部门确定。

第七条 对股票转让所得征收个人所得税的办法，由国务院另行规定，并报全国人民代表大会常务委员会备案。

第八条 个人所得的形式，包括现金、实物、有价证券和其他形式的经济利益；所得为实物的，应当按照取得的凭证上所注明的价格计算应纳税所得额，无凭证的实物或者凭证上所注明的价格明显偏低的，参照市场价格核定应纳税所得额；所得为有价证券的，根据票面价格和市场价格核定应纳税所得额；所得为其他形式的经济利益的，参照市场价格核定应纳税所得额。

第九条 个人所得税法第四条第一款第二项所称国债利息，是指个人持有中华人民共和国财政部发行的债券而取得的利息；所称国家发行的金融债券利息，是指个人持有经国务院批准发行的金融债券而取得的利息。

第十条 个人所得税法第四条第一款第三项所称按照国家统一规定发给的补贴、津贴，是指按照国务院规定发给的政府特殊津贴、院士津贴，以及国务院规定免予缴纳个人所得税的其他补贴、津贴。

第十一条 个人所得税法第四条第一款第四项所称福利费，是指根据国家有关规定，从企业、事业单位、国家机关、社会组织提留的福利费或者工会经费中支付给个人的生活补助费；所称救济金，是指各级人民政府民政部门支付给个人的生活困难补助费。

第十二条 个人所得税法第四条第一款第八项所称依照有关法律规定应予免税的各国驻华使馆、领事馆的外交代表、领事官员和其他人员的所得，是指依照《中华人民共和国外交特权与豁免条例》和《中华人民共和国领事特权与豁免条例》规定免税的所得。

第十三条 个人所得税法第六条第一款第一项所称依法确定的其他扣除，包括个人缴付符合国家规定的企业年金、职业年金，个人购买符合国家规定的商业健康保险、税收递延型商业养老保险的支出，以及国务院规定可以扣除的其他项目。

专项扣除、专项附加扣除和依法确定的其他扣除，以居民个人一个纳税年度的应纳税所得额为限额；一个纳税年度扣除不完的，不结转以后年度扣除。

第十四条 个人所得税法第六条第一款第二项、第四项、第六项所称每次，分别按照下列方法确定：

（一）劳务报酬所得、稿酬所得、特许权使用费所得，属于一次性收入的，以取得该项收入为一次；属于同一项目连续性收入的，以一个月内取得的收入为一次。

（二）财产租赁所得，以一个月内取得的收入为一次。

（三）利息、股息、红利所得，以支付利息、股息、红利时取得的收入为一次。

（四）偶然所得，以每次取得该项收入为一次。

第十五条 个人所得税法第六条第一款第三项所称成本、费用，是指生产、经营活动中发生的各项直接支出和分配计入成本的间接费用以及销售费用、管理费用、财务费用；所称损失，是指生产、经营活动中发生的固定资产和存货的盘亏、毁损、报废损失，转让财产损失，坏账损失，自然灾害等不可抗力因素造成的损失以及其他损失。

取得经营所得的个人，没有综合所得的，计算其每一纳税年度的应纳税所得额时，应当减除费用6万元、专项扣除、专项附加扣除以及依法确定的其他扣除。专项附加扣除在办理汇算清缴时减除。

从事生产、经营活动，未提供完整、准确的纳税资料，不能正确计算应纳税所得额的，由主管税务机关核定应纳税所得额或者应纳税额。

第十六条 个人所得税法第六条第一款第五项规定的财产原值，按照下列方法确定：

（一）有价证券，为买入价以及买入时按照规定交纳的有关费用；

（二）建筑物，为建造费或者购进价格以及其他有关费用；

（三）土地使用权，为取得土地使用权所支付的金额、开发土地的费用以及其他有关费用；

（四）机器设备、车船，为购进价格、运输费、安装费以及其他有关费用。

其他财产，参照前款规定的方法确定财产原值。

纳税人未提供完整、准确的财产原值凭证，不能按照本条第一款规定的方法确定财产原值的，由主管税务机关核定财产原值。

个人所得税法第六条第一款第五项所称合理费用，是指卖出财产时按照规定支付的有关税费。

第十七条 财产转让所得，按照一次转让财产的收入额减除财产原值和合理费用后的余额计算纳税。

第十八条 两个以上的个人共同取得同一项目收入的，应当对每个人取得的收入分别按照个人所得税法的规定计算纳税。

第十九条 个人所得税法第六条第三款所称个人将其所得对教育、扶贫、济困等公益慈善事业进行捐赠，是指个人将其所得通过中国境内的公益性社会组织、国家机关向教育、扶贫、济困等公益慈善事业的捐赠；所称应纳税所得额，是指计算扣除捐赠额之前的应纳税所得额。

第二十条 居民个人从中国境内和境外取得的综合所得、经营所得，应当分别合并计算应纳税额；从中国境内和境外取得的其他所得，应当分别单独计算应纳税额。

第二十一条 个人所得税法第七条所称已在境外缴纳的个人所得税税额，是指居民个人来源于中国境外的所得，依照该所得来源国家（地区）的法律应当缴纳并且实际已经缴纳的所得税税额。

个人所得税法第七条所称纳税人境外所得依照本法规定计算的应纳税额，是居民个人抵免已在境外缴纳的综合所得、经营所得以及其他所得的所得税税额的限额（以下简称抵免限额）。除国务院财政、税务主管部门另有规定外，来源于中国境外一个国家（地区）的综合所得抵免限额、经营所得抵免限额以及其他所得抵免限额之和，为来源于该国家（地区）所得的抵免限额。

居民个人在中国境外一个国家（地区）实际已经缴纳的个人所得税税额，低于依照前款规定计算出的来源于该国家（地区）所得的抵免限额的，应当在中国缴纳差额部分的税款；超过来源于该国家（地区）所得的抵免限额的，其超过部分不得在本纳税年度的应纳税额中抵免，但是可以在以后纳税年度来源于该国家（地区）所得的抵免限额的余额中补扣。补扣期限最长不得超过五年。

第二十二条 居民个人申请抵免已在境外缴纳的个人所得税税额，应当提供境外税务机关出具的税款所属年度的有关纳税凭证。

第二十三条 个人所得税法第八条第二款规定的利息，应当按照税款所属纳税申报期最后一日中国人民银行公布的与补税期间同期的人民币贷款基准利率计算，自税款纳税申报期满次日起至补缴税款期限届满之日止按日加收。纳税人在补缴税款期限届满前补缴税款的，利息加收至补缴税款之日。

第二十四条 扣缴义务人向个人支付应税款项时，应当依照个人所得税法规定预扣或者代扣税款，按时缴库，并专项记载备查。

前款所称支付，包括现金支付、汇拨支付、转账支付和以有价证券、实物以及其他形式的支付。

第二十五条 取得综合所得需要办理汇算清缴的情形包括：

（一）从两处以上取得综合所得，且综合所得年收入额减除专项扣除的余额超过6万元；

（二）取得劳务报酬所得、稿酬所得、特许权使用费所得中一项或者多项所得，且综合所得年收入额减除专项扣除的余额超过6万元；

（三）纳税年度内预缴税额低于应纳税额；

（四）纳税人申请退税。

纳税人申请退税，应当提供其在中国境内开设的银行账户，并在汇算清缴地就地办理税款退库。

汇算清缴的具体办法由国务院税务主管部门制定。

第二十六条 个人所得税法第十条第二款所称全员全额扣缴申报，是指扣缴义务人在代扣税款的次月十五日内，向主管税务机关报送其支付所得的所有个人的有关信息、支付所得数额、扣除事项和数额、扣缴税款的具体数额和总额以及其他相关涉税信息资料。

第二十七条 纳税人办理纳税申报的地点以及其他有关事项的具体办法，由国务院税务主管部门制定。

第二十八条 居民个人取得工资、薪金所得时，可以向扣缴义务人提供专项附加扣除有关信息，由扣缴义务人扣缴税款时减除专项附加扣除。纳税人同时从两处以上取得工资、薪金所得，并由扣缴义务人减除专项附加扣除的，对同一专项附加扣除项目，在一个纳税年度内只能选择从一处取得的所得中减除。

居民个人取得劳务报酬所得、稿酬所得、特许权使用费所得，应当在汇算清缴时向税务机关提供有关信息，减除专项附加扣除。

第二十九条 纳税人可以委托扣缴义务人或者其他单位和个人办理汇算清缴。

第三十条 扣缴义务人应当按照纳税人提供的信息计算办理扣缴申报，不得擅自更改纳税人提供的信息。

纳税人发现扣缴义务人提供或者扣缴申报的个人信息、所得、扣缴税款等与实际情况不符的，有权要求扣缴义务人修改。扣缴义务人拒绝修改的，纳税人应当报告税务机关，税务机关应当及时处理。

纳税人、扣缴义务人应当按照规定保存与专项附加扣除相关的资料。税务机关可以对纳税人提供的专项附加扣除信息进行抽查，具体办法由国务院税务主管部门另行规定。税务机关发现纳税人提供虚假信息的，应当责令改正并通知扣缴义务人；情节严重的，有关部门应当依法予以处理，纳入信用信息系统并实施联合惩戒。

第三十一条 纳税人申请退税时提供的汇算清缴信息有错误的，税务机关应当告知其更正；纳税人更正的，税务机关应当及时办理退税。

扣缴义务人未将扣缴的税款解缴入库的，不影响纳税人按照规定申请退税，税务机关应当凭纳税人提供的有关资料办理退税。

第三十二条 所得为人民币以外货币的，按照办理纳税申报或者扣缴申报的上一月最后一日人民币汇率中间价，折合成人民币计算应纳税所得额。年度终了后办理汇算清缴的，对已经按月、按季或者按次预缴税款的人民币以外货币所得，不再重新折算；对应当补缴税款的所得部分，按照上一纳税年度最后一日人民币汇率中间价，折合成人民币计算应纳税所得额。

第三十三条 税务机关按照个人所得税法第十七条的规定付给扣缴义务人手续费，应当填开退还书；扣缴义务人凭退还书，按照国库管理有关规定办理退库手续。

第三十四条 个人所得税纳税申报表、扣缴个人所得税报告表和个人所得税完税凭证式样，由国务院税务主管部门统一制定。

第三十五条 军队人员个人所得税征收事宜，按照有关规定执行。

第三十六条 本条例自2019年1月1日起施行。

2-2-3

国务院关于印发个人所得税专项附加扣除暂行办法的通知

2018年12月13日　国发〔2018〕41号

各省、自治区、直辖市人民政府，国务院各部委、各直属机构：

现将《个人所得税专项附加扣除暂行办法》印发给你们，请认真贯彻执行。

个人所得税专项附加扣除暂行办法

第一章 总 则

第一条 根据《中华人民共和国个人所得税法》(以下简称个人所得税法)规定,制定本办法。

第二条 本办法所称个人所得税专项附加扣除,是指个人所得税法规定的子女教育、继续教育、大病医疗、住房贷款利息或者住房租金、赡养老人等6项专项附加扣除。

第三条 个人所得税专项附加扣除遵循公平合理、利于民生、简便易行的原则。

第四条 根据教育、医疗、住房、养老等民生支出变化情况,适时调整专项附加扣除范围和标准。

第二章 子女教育

第五条 纳税人的子女接受全日制学历教育的相关支出,按照每个子女每月1000元的标准定额扣除。

学历教育包括义务教育(小学、初中教育)、高中阶段教育(普通高中、中等职业、技工教育)、高等教育(大学专科、大学本科、硕士研究生、博士研究生教育)。

年满3岁至小学入学前处于学前教育阶段的子女,按本条第一款规定执行。

第六条 父母可以选择由其中一方按扣除标准的100%扣除,也可以选择由双方分别按扣除标准的50%扣除,具体扣除方式在一个纳税年度内不能变更。

第七条 纳税人子女在中国境外接受教育的,纳税人应当留存境外学校录取通知书、留学签证等相关教育的证明资料备查。

第三章 继续教育

第八条 纳税人在中国境内接受学历(学位)继续教育的支出,在学历(学位)教育期间按照每月400元定额扣除。同一学历(学位)继续教育的扣除期限不能超过48个月。纳税人接受技能人员职业资格继续教育、专业技术人员职业资格继续教育的支出,在取得相关证书的当年,按照3600元定额扣除。

第九条 个人接受本科及以下学历(学位)继续教育,符合本办法规定扣除条件的,可以选择由其父母扣除,也可以选择由本人扣除。

第十条 纳税人接受技能人员职业资格继续教育、专业技术人员职业资格继续教育的,应当留存相关证书等资料备查。

第四章 大病医疗

第十一条 在一个纳税年度内,纳税人发生的与基本医保相关的医药费用支出,扣除医保报销后个人负担(指医保目录范围内的自付部分)累计超过15000元的部分,由纳税人在办理年度汇算清缴时,在80000元限额内据实扣除。

第十二条 纳税人发生的医药费用支出可以选择由本人或者其配偶扣除；未成年子女发生的医药费用支出可以选择由其父母一方扣除。

纳税人及其配偶、未成年子女发生的医药费用支出，按本办法第十一条规定分别计算扣除额。

第十三条 纳税人应当留存医药服务收费及医保报销相关票据原件（或者复印件）等资料备查。医疗保障部门应当向患者提供在医疗保障信息系统记录的本人年度医药费用信息查询服务。

第五章 住房贷款利息

第十四条 纳税人本人或者配偶单独或者共同使用商业银行或者住房公积金个人住房贷款为本人或者其配偶购买中国境内住房，发生的首套住房贷款利息支出，在实际发生贷款利息的年度，按照每月1000元的标准定额扣除，扣除期限最长不超过240个月。纳税人只能享受一次首套住房贷款的利息扣除。

本办法所称首套住房贷款是指购买住房享受首套住房贷款利率的住房贷款。

第十五条 经夫妻双方约定，可以选择由其中一方扣除，具体扣除方式在一个纳税年度内不能变更。

夫妻双方婚前分别购买住房发生的首套住房贷款，其贷款利息支出，婚后可以选择其中一套购买的住房，由购买方按扣除标准的100%扣除，也可以由夫妻双方对各自购买的住房分别按扣除标准的50%扣除，具体扣除方式在一个纳税年度内不能变更。

第十六条 纳税人应当留存住房贷款合同、贷款还款支出凭证备查。

第六章 住房租金

第十七条 纳税人在主要工作城市没有自有住房而发生的住房租金支出，可以按照以下标准定额扣除：

（一）直辖市、省会（首府）城市、计划单列市以及国务院确定的其他城市，扣除标准为每月1500元；

（二）除第一项所列城市以外，市辖区户籍人口超过100万的城市，扣除标准为每月1100元；市辖区户籍人口不超过100万的城市，扣除标准为每月800元。

纳税人的配偶在纳税人的主要工作城市有自有住房的，视同纳税人在主要工作城市有自有住房。

市辖区户籍人口，以国家统计局公布的数据为准。

第十八条 本办法所称主要工作城市是指纳税人任职受雇的直辖市、计划单列市、副省级城市、地级市（地区、州、盟）全部行政区域范围；纳税人无任职受雇单位的，为受理其综合所得汇算清缴的税务机关所在城市。

夫妻双方主要工作城市相同的，只能由一方扣除住房租金支出。

第十九条 住房租金支出由签订租赁住房合同的承租人扣除。

第二十条 纳税人及其配偶在一个纳税年度内不能同时分别享受住房贷款利息和住房租金专项附加扣除。

第二十一条 纳税人应当留存住房租赁合同、协议等有关资料备查。

第七章 赡养老人

第二十二条 纳税人赡养一位及以上被赡养人的赡养支出,统一按照以下标准定额扣除:

(一)纳税人为独生子女的,按照每月2000元的标准定额扣除;

(二)纳税人为非独生子女的,由其与兄弟姐妹分摊每月2000元的扣除额度,每人分摊的额度不能超过每月1000元。可以由赡养人均摊或者约定分摊,也可以由被赡养人指定分摊。约定或者指定分摊的须签订书面分摊协议,指定分摊优先于约定分摊。具体分摊方式和额度在一个纳税年度内不能变更。

第二十三条 本办法所称被赡养人是指年满60岁的父母,以及子女均已去世的年满60岁的祖父母、外祖父母。

第八章 保障措施

第二十四条 纳税人向收款单位索取发票、财政票据、支出凭证,收款单位不能拒绝提供。

第二十五条 纳税人首次享受专项附加扣除,应当将专项附加扣除相关信息提交扣缴义务人或者税务机关,扣缴义务人应当及时将相关信息报送税务机关,纳税人对所提交信息的真实性、准确性、完整性负责。专项附加扣除信息发生变化的,纳税人应当及时向扣缴义务人或者税务机关提供相关信息。

前款所称专项附加扣除相关信息,包括纳税人本人、配偶、子女、被赡养人等个人身份信息,以及国务院税务主管部门规定的其他与专项附加扣除相关的信息。

本办法规定纳税人需要留存备查的相关资料应当留存五年。

第二十六条 有关部门和单位有责任和义务向税务部门提供或者协助核实以下与专项附加扣除有关的信息:

(一)公安部门有关户籍人口基本信息、户成员关系信息、出入境证件信息、相关出国人员信息、户籍人口死亡标识等信息;

(二)卫生健康部门有关出生医学证明信息、独生子女信息;

(三)民政部门、外交部门、法院有关婚姻状况信息;

(四)教育部门有关学生学籍信息(包括学历继续教育学生学籍、考籍信息)、在相关部门备案的境外教育机构资质信息;

(五)人力资源社会保障等部门有关技工院校学生学籍信息、技能人员职业资格继续教育信息、专业技术人员职业资格继续教育信息;

(六)住房城乡建设部门有关房屋(含公租房)租赁信息、住房公积金管理机构有关住房公积金贷款还款支出信息;

(七)自然资源部门有关不动产登记信息;

(八)人民银行、金融监督管理部门有关住房商业贷款还款支出信息;

(九)医疗保障部门有关在医疗保障信息系统记录的个人负担的医药费用信息;

（十）国务院税务主管部门确定需要提供的其他涉税信息。

上述数据信息的格式、标准、共享方式，由国务院税务主管部门及各省、自治区、直辖市和计划单列市税务局商有关部门确定。

有关部门和单位拥有专项附加扣除涉税信息，但未按规定要求向税务部门提供的，拥有涉税信息的部门或者单位的主要负责人及相关人员承担相应责任。

第二十七条 扣缴义务人发现纳税人提供的信息与实际情况不符的，可以要求纳税人修改。纳税人拒绝修改的，扣缴义务人应当报告税务机关，税务机关应当及时处理。

第二十八条 税务机关核查专项附加扣除情况时，纳税人任职受雇单位所在地、经常居住地、户籍所在地的公安派出所、居民委员会或者村民委员会等有关单位和个人应当协助核查。

第九章 附 则

第二十九条 本办法所称父母，是指生父母、继父母、养父母。本办法所称子女，是指婚生子女、非婚生子女、继子女、养子女。父母之外的其他人担任未成年人的监护人的，比照本办法规定执行。

第三十条 个人所得税专项附加扣除额一个纳税年度扣除不完的，不能结转以后年度扣除。

第三十一条 个人所得税专项附加扣除具体操作办法，由国务院税务主管部门另行制定。

第三十二条 本办法自2019年1月1日起施行。

2－2－4

国务院关于设立3岁以下婴幼儿照护个人所得税专项附加扣除的通知

2022年3月19日 国发〔2022〕8号

各省、自治区、直辖市人民政府，国务院各部委、各直属机构：

为贯彻落实《中共中央 国务院关于优化生育政策促进人口长期均衡发展的决定》，依据《中华人民共和国个人所得税法》有关规定，国务院决定，设立3岁以下婴幼儿照护个人所得税专项附加扣除。现将有关事项通知如下：

一、纳税人照护3岁以下婴幼儿子女的相关支出，按照每个婴幼儿每月1000元的标准定额扣除。

二、父母可以选择由其中一方按扣除标准的100%扣除，也可以选择由双方分别按扣除标准的50%扣除，具体扣除方式在一个纳税年度内不能变更。

三、3岁以下婴幼儿照护个人所得税专项附加扣除涉及的保障措施和其他事项，参照《个人所得税专项附加扣除暂行办法》有关规定执行。

四、3 岁以下婴幼儿照护个人所得税专项附加扣除自 2022 年 1 月 1 日起实施。

2－2－5

国务院关于提高个人所得税有关专项附加扣除标准的通知

2023 年 8 月 28 日　国发〔2023〕13 号

各省、自治区、直辖市人民政府，国务院各部委、各直属机构：

为进一步减轻家庭生育养育和赡养老人的支出负担，依据《中华人民共和国个人所得税法》有关规定，国务院决定，提高 3 岁以下婴幼儿照护等三项个人所得税专项附加扣除标准。现将有关事项通知如下：

一、3 岁以下婴幼儿照护专项附加扣除标准，由每个婴幼儿每月 1000 元提高到 2000 元。

二、子女教育专项附加扣除标准，由每个子女每月 1000 元提高到 2000 元。

三、赡养老人专项附加扣除标准，由每月 2000 元提高到 3000 元。其中，独生子女按照每月 3000 元的标准定额扣除；非独生子女与兄弟姐妹分摊每月 3000 元的扣除额度，每人分摊的额度不能超过每月 1500 元。

四、3 岁以下婴幼儿照护、子女教育、赡养老人专项附加扣除涉及的其他事项，按照《个人所得税专项附加扣除暂行办法》有关规定执行。

五、上述调整后的扣除标准自 2023 年 1 月 1 日起实施。

2－2－6

国家税务总局关于全面实施新个人所得税法若干征管衔接问题的公告

2018 年 12 月 19 日　国家税务总局公告 2018 年第 56 号

为贯彻落实新修改的《中华人民共和国个人所得税法》（以下简称“新个人所得税法”），现就全面实施新个人所得税法后扣缴义务人对居民个人工资、薪金所得，劳务报酬所得，稿酬所得，特许权使用费所得预扣预缴个人所得税的计算方法，对非居民个人上述四项所得扣缴个人所得税的计算方法，公告如下：

一、居民个人预扣预缴方法

扣缴义务人向居民个人支付工资、薪金所得，劳务报酬所得，稿酬所得，特许权使用费所得时，按以下方法预扣预缴个人所得税，并向主管税务机关报送《个人所得税扣缴申报表》（见附件 1）。年度预扣预缴税额与年度应纳税额不一致的，由居民个人于次年 3 月 1 日至 6 月 30 日向主管税务机关办理综合所得年度汇算清缴，税款多退少补。

（一）扣缴义务人向居民个人支付工资、薪金所得时，应当按照累计预扣法计算预扣税款，并按月办理全员全额扣缴申报。具体计算公式如下：

本期应预扣预缴税额=（累计预扣预缴应纳税所得额×预扣率－速算扣除数）－累计减免税额－累计已预扣预缴税额

累计预扣预缴应纳税所得额=累计收入－累计免税收入－累计减除费用－累计专项扣除－累计专项附加扣除－累计依法确定的其他扣除

其中：累计减除费用，按照5000元/月乘以纳税人当年截至本月在本单位的任职受雇月份数计算。

上述公式中，计算居民个人工资、薪金所得预扣预缴税额的预扣率、速算扣除数，按《个人所得税预扣率表一》（见附件2）执行。

（二）扣缴义务人向居民个人支付劳务报酬所得、稿酬所得、特许权使用费所得，按次或者按月预扣预缴个人所得税。具体预扣预缴方法如下：

劳务报酬所得、稿酬所得、特许权使用费所得以收入减除费用后的余额为收入额。其中，稿酬所得的收入额减按百分之七十计算。

减除费用：劳务报酬所得、稿酬所得、特许权使用费所得每次收入不超过四千元的，减除费用按八百元计算；每次收入四千元以上的，减除费用按百分之二十计算。

应纳税所得额：劳务报酬所得、稿酬所得、特许权使用费所得，以每次收入额为预扣预缴应纳税所得额。劳务报酬所得适用百分之二十至百分之四十的超额累进预扣率（见附件2《个人所得税预扣率表二》），稿酬所得、特许权使用费所得适用百分之二十的比例预扣率。

劳务报酬所得应预扣预缴税额=预扣预缴应纳税所得额×预扣率－速算扣除数

稿酬所得、特许权使用费所得应预扣预缴税额=预扣预缴应纳税所得额×20%

二、非居民个人扣缴方法

扣缴义务人向非居民个人支付工资、薪金所得，劳务报酬所得，稿酬所得和特许权使用费所得时，应当按以下方法按月或者按次代扣代缴个人所得税：

非居民个人的工资、薪金所得，以每月收入额减除费用五千元后的余额为应纳税所得额；劳务报酬所得、稿酬所得、特许权使用费所得，以每次收入额为应纳税所得额，适用按月换算后的非居民个人月度税率表（见附件2《个人所得税税率表三》）计算应纳税额。其中，劳务报酬所得、稿酬所得、特许权使用费所得以收入减除百分之二十的费用后的余额为收入额。稿酬所得的收入额减按百分之七十计算。

非居民个人工资、薪金所得，劳务报酬所得，稿酬所得，特许权使用费所得应纳税额=应纳税所得额×税率－速算扣除数

本公告自2019年1月1日起施行。

特此公告。

附件：1.《个人所得税扣缴申报表》及填表说明（编者略）

2. 个人所得税税率表及预扣率表

附件2

个人所得税预扣率表一

（居民个人工资、薪金所得预扣预缴适用）

级数	累计预扣预缴应纳税所得额	预扣率（%）	速算扣除数
1	不超过36000元的部分	3	0
2	超过36000元至144000元的部分	10	2520
3	超过144000元至300000元的部分	20	16920
4	超过300000元至420000元的部分	25	31920
5	超过420000元至660000元的部分	30	52920
6	超过660000元至960000元的部分	35	85920
7	超过960000元的部分	45	181920

个人所得税预扣率表二

（居民个人劳务报酬所得预扣预缴适用）

级数	预扣预缴应纳税所得额	预扣率（%）	速算扣除数
1	不超过20000元的	20	0
2	超过20000元至50000元的部分	30	2000
3	超过50000元的部分	40	7000

个人所得税税率表三

（非居民个人工资、薪金所得，劳务报酬所得，稿酬所得，特许权使用费所得适用）

级数	应纳税所得额	税率（%）	速算扣除数
1	不超过3000元的	3	0
2	超过3000元至12000元的部分	10	210
3	超过12000元至25000元的部分	20	1410
4	超过25000元至35000元的部分	25	2660
5	超过35000元至55000元的部分	30	4410
6	超过55000元至80000元的部分	35	7160
7	超过80000元的部分	45	15160

注释：

条款废止。附件1自2019年1月1日起废止。参见：《国家税务总局关于修订个人所得税申报表的公告》（国家税务总局公告2019年第7号）。

2－2－7

财政部　税务总局关于个人所得税法修改后有关优惠政策衔接问题的通知

2018年12月27日　财税〔2018〕164号

各省、自治区、直辖市、计划单列市财政厅（局），国家税务总局各省、自治区、直辖市、计划单列市税务局，新疆生产建设兵团财政局：

为贯彻落实修改后的《中华人民共和国个人所得税法》，现将个人所得税优惠政策衔接有关事项通知如下：

一、关于全年一次性奖金、中央企业负责人年度绩效薪金延期兑现收入和任期奖励的政策

（一）居民个人取得全年一次性奖金，符合《国家税务总局关于调整个人取得全年一次性奖金等计算征收个人所得税方法问题的通知》（国税发〔2005〕9号）规定的，在2021年12月31日前，不并入当年综合所得，以全年一次性奖金收入除以12个月得到的数额，按照本通知所附按月换算后的综合所得税率表（以下简称月度税率表），确定适用税率和速算扣除数，单独计算纳税。计算公式为：

应纳税额＝全年一次性奖金收入×适用税率－速算扣除数

居民个人取得全年一次性奖金，也可以选择并入当年综合所得计算纳税。

自2022年1月1日起，居民个人取得全年一次性奖金，应并入当年综合所得计算缴纳个人所得税。

（二）中央企业负责人取得年度绩效薪金延期兑现收入和任期奖励，符合《国家税务总局关于中央企业负责人年度绩效薪金延期兑现收入和任期奖励征收个人所得税问题的通知》（国税发〔2007〕118号）规定的，在2021年12月31日前，参照本通知第一条第（一）项执行；2022年1月1日之后的政策另行明确。

二、关于上市公司股权激励的政策

（一）居民个人取得股票期权、股票增值权、限制性股票、股权奖励等股权激励（以下简称股权激励），符合《财政部　国家税务总局关于个人股票期权所得征收个人所得税问题的通知》（财税〔2005〕35号）、《财政部　国家税务总局关于股票增值权所得和限制性股票所得征收个人所得税有关问题的通知》（财税〔2009〕5号）、《财政部　国家税务总局关于将国家自主创新示范区有关税收试点政策推广到全国范围实施的通知》（财税〔2015〕116号）第四条、《财政部　国家税务总局关于完善股权激励和技术入股有关所得税政策的通知》（财税〔2016〕101号）第四条第（一）项规定的相关条件的，在2021年12月31日前，不并入当年综合所得，全额单独适用综合所得税率表，计算纳税。计算公式为：

应纳税额＝股权激励收入×适用税率－速算扣除数

（二）居民个人一个纳税年度内取得两次以上（含两次）股权激励的，应合并按本通知第

二条第(一)项规定计算纳税。

(三)2022年1月1日之后的股权激励政策另行明确。

三、关于保险营销员、证券经纪人佣金收入的政策

保险营销员、证券经纪人取得的佣金收入,属于劳务报酬所得,以不含增值税的收入减除20%的费用后的余额为收入额,收入额减去展业成本以及附加税费后,并入当年综合所得,计算缴纳个人所得税。保险营销员、证券经纪人展业成本按照收入额的25%计算。

扣缴义务人向保险营销员、证券经纪人支付佣金收入时,应按照《个人所得税扣缴申报管理办法(试行)》(国家税务总局公告2018年第61号)规定的累计预扣法计算预扣税款。

四、关于个人领取企业年金、职业年金的政策

个人达到国家规定的退休年龄,领取的企业年金、职业年金,符合《财政部　人力资源社会保障部　国家税务总局关于企业年金　职业年金个人所得税有关问题的通知》(财税〔2013〕103号)规定的,不并入综合所得,全额单独计算应纳税款。其中按月领取的,适用月度税率表计算纳税;按季领取的,平均分摊计入各月,按每月领取额适用月度税率表计算纳税;按年领取的,适用综合所得税率表计算纳税。

个人因出境定居而一次性领取的年金个人账户资金,或个人死亡后,其指定的受益人或法定继承人一次性领取的年金个人账户余额,适用综合所得税率表计算纳税。对个人除上述特殊原因外一次性领取年金个人账户资金或余额的,适用月度税率表计算纳税。

五、关于解除劳动关系、提前退休、内部退养的一次性补偿收入的政策

(一)个人与用人单位解除劳动关系取得一次性补偿收入(包括用人单位发放的经济补偿金、生活补助费和其他补助费),在当地上年职工平均工资3倍数额以内的部分,免征个人所得税;超过3倍数额的部分,不并入当年综合所得,单独适用综合所得税率表,计算纳税。

(二)个人办理提前退休手续而取得的一次性补贴收入,应按照办理提前退休手续至法定离退休年龄之间实际年度数平均分摊,确定适用税率和速算扣除数,单独适用综合所得税率表,计算纳税。计算公式:

应纳税额={[(一次性补贴收入÷办理提前退休手续至法定退休年龄的实际年度数)－费用扣除标准]×适用税率－速算扣除数}×办理提前退休手续至法定退休年龄的实际年度数

(三)个人办理内部退养手续而取得的一次性补贴收入,按照《国家税务总局关于个人所得税有关政策问题的通知》(国税发〔1999〕58号)规定计算纳税。

六、关于单位低价向职工售房的政策

单位按低于购置或建造成本价格出售住房给职工,职工因此而少支出的差价部分,符合《财政部　国家税务总局关于单位低价向职工售房有关个人所得税问题的通知》(财税〔2007〕13号)第二条规定的,不并入当年综合所得,以差价收入除以12个月得到的数额,按照月度税率表确定适用税率和速算扣除数,单独计算纳税。计算公式为:

应纳税额=职工实际支付的购房价款低于该房屋的购置或建造成本价格的差额×适用税率－速算扣除数

七、关于外籍个人有关津补贴的政策

（一）2019 年 1 月 1 日至 2021 年 12 月 31 日期间，外籍个人符合居民个人条件的，可以选择享受个人所得税专项附加扣除，也可以选择按照《财政部　国家税务总局关于个人所得税若干政策问题的通知》（财税〔1994〕20 号）、《国家税务总局关于外籍个人取得有关补贴征免个人所得税执行问题的通知》（国税发〔1997〕54 号）和《财政部　国家税务总局关于外籍个人取得港澳地区住房等补贴征免个人所得税的通知》（财税〔2004〕29 号）规定，享受住房补贴、语言训练费、子女教育费等津补贴免税优惠政策，但不得同时享受。外籍个人一经选择，在一个纳税年度内不得变更。

（二）自 2022 年 1 月 1 日起，外籍个人不再享受住房补贴、语言训练费、子女教育费津补贴免税优惠政策，应按规定享受专项附加扣除。

八、除上述衔接事项外，其他个人所得税优惠政策继续按照原文件规定执行。

九、本通知自 2019 年 1 月 1 日起执行。下列文件或文件条款同时废止：

（一）《财政部　国家税务总局关于个人与用人单位解除劳动关系取得的一次性补偿收入征免个人所得税问题的通知》（财税〔2001〕157 号）第一条；

（二）《财政部　国家税务总局关于个人股票期权所得征收个人所得税问题的通知》（财税〔2005〕35 号）第四条第（一）项；

（三）《财政部　国家税务总局关于单位低价向职工售房有关个人所得税问题的通知》（财税〔2007〕13 号）第三条；

（四）《财政部　人力资源社会保障部　国家税务总局关于企业年金　职业年金个人所得税有关问题的通知》（财税〔2013〕103 号）第三条第 1 项和第 3 项；

（五）《国家税务总局关于个人认购股票等有价证券而从雇主取得折扣或补贴收入有关征收个人所得税问题的通知》（国税发〔1998〕9 号）；

（六）《国家税务总局关于保险企业营销员（非雇员）取得的收入计征个人所得税问题的通知》（国税发〔1998〕13 号）；

（七）《国家税务总局关于个人因解除劳动合同取得经济补偿金征收个人所得税问题的通知》（国税发〔1999〕178 号）；

（八）《国家税务总局关于国有企业职工因解除劳动合同取得一次性补偿收入征免个人所得税问题的通知》（国税发〔2000〕77 号）；

（九）《国家税务总局关于调整个人取得全年一次性奖金等计算征收个人所得税方法问题的通知》（国税发〔2005〕9 号）第二条；

（十）《国家税务总局关于保险营销员取得佣金收入征免个人所得税问题的通知》（国税函〔2006〕454 号）；

（十一）《国家税务总局关于个人股票期权所得缴纳个人所得税有关问题的补充通知》（国税函〔2006〕902 号）第七条、第八条；

（十二）《国家税务总局关于中央企业负责人年度绩效薪金延期兑现收入和任期奖励征收个人所得税问题的通知》（国税发〔2007〕118 号）第一条；

（十三）《国家税务总局关于个人提前退休取得补贴收入个人所得税问题的公告》（国家税务总局公告 2011 年第 6 号）第二条；

(十四)《国家税务总局关于证券经纪人佣金收入征收个人所得税问题的公告》(国家税务总局公告2012年第45号)。

附件:按月换算后的综合所得税率表

附件

按月换算后的综合所得税率表

级数	全月应纳税所得额	税率(%)	速算扣除数
1	不超过3000元的	3	0
2	超过3000元至12000元的部分	10	210
3	超过12000元至25000元的部分	20	1410
4	超过25000元至35000元的部分	25	2660
5	超过35000元至55000元的部分	30	4410
6	超过55000元至80000元的部分	35	7160
7	超过80000元的部分	45	15160

注释:

政策调整。全年一次性奖金单独计税优惠政策,执行期限延长至2027年12月31日。参见:《财政部 税务总局关于延续实施全年一次性奖金个人所得税政策的公告》(财政部 税务总局公告2023年第30号)。

政策调整。外籍个人有关津补贴优惠政策执行期限延长至2027年12月31日。参见:《财政部 税务总局关于延续实施外籍个人有关津补贴个人所得税政策的公告》(财政部 税务总局公告2023年第29号)。

政策调整。上市公司股权激励单独计税优惠政策,执行期限延长至2027年12月31日。参见:《财政部 税务总局关于延续实施上市公司股权激励有关个人所得税政策的公告》(财政部 税务总局公告2023年第25号)。

政策调整。中央企业负责人任期激励单独计税优惠政策,执行期限延长至2023年12月31日。参见:《财政部 税务总局关于延续实施外籍个人津补贴等有关个人所得税优惠政策的公告》(财政部 税务总局公告2021年第43号)。

※　　※　　※　　※

2-2-8

国家税务总局关于印发《征收个人所得税若干问题的规定》的通知

1994年3月31日　国税发〔1994〕89号

现将我们制定的《征收个人所得税若干问题的规定》印发给你们，请认真遵照执行。本规定自1994年1月1日起施行。

征收个人所得税若干问题的规定

为了更好地贯彻执行《中华人民共和国个人所得税法》(以下简称税法)及其实施条例(以下简称条例)，认真做好个人所得税的征收管理，根据税法及条例的规定精神，现将一些具体问题明确如下：

一、关于如何掌握"习惯性居住"的问题

条例第二条规定，在中国境内有住所的个人，是指因户籍、家庭、经济利益关系而在中国境内习惯性居住的个人。所谓习惯性居住，是判定纳税义务人是居民或非居民的一个法律意义上的标准，不是指实际居住或在某一个特定时期内的居住地。如因学习、工作、探亲、旅游等而在中国境外居住的，在其原因消除之后，必须回到中国境内居住的个人，则中国即为该纳税人习惯性居住地。

二、关于工资、薪金所得的征税问题

条例第八条第一款第一项对工资、薪金所得的具体内容和征税范围作了明确规定，应严格按照规定进行征税。对于补贴、津贴等一些具体收入项目应否计入工资、薪金所得的征税范围问题，按下述情况掌握执行：

(一)条例第十三条规定，对按照国务院规定发给的政府特殊津贴和国务院规定免纳个人所得税的补贴、津贴，免予征收个人所得税。其他各种补贴、津贴均应计入工资、薪金所得项目征税。

(二)下列不属于工资、薪金性质的补贴、津贴或者不属于纳税人本人工资、薪金所得项目的收入，不征税：

1. 独生子女补贴；

2. 执行公务员工资制度未纳入基本工资总额的补贴、津贴差额和家属成员的副食品补贴；

3. 托儿补助费；

4. 差旅费津贴、误餐补助。

三、关于在外商投资企业、外国企业和外国驻华机构工作的中方人员取得的工资、薪金所得的征税的问题

（一）在外商投资企业、外国企业和外国驻华机构工作的中方人员取得的工资、薪金收入，凡是由雇佣单位和派遣单位分别支付的，支付单位应依照税法第八条的规定代扣代缴个人所得税。按照税法第六条第一款第一项的规定，纳税义务人应以每月全部工资、薪金收入减除规定费用后的余额为应纳税所得额。为了有利于征管，对雇佣单位和派遣单位分别支付工资、薪金的，采取由支付者中的一方减除费用的方法，即只由雇佣单位在支付工资、薪金时，按税法规定减除费用，计算扣缴个人所得税；派遣单位支付的工资、薪金不再减除费用，以支付全额直接确定适用税率，计算扣缴个人所得税。

上述纳税义务人，应持两处支付单位提供的原始明细工资、薪金单（书）和完税凭证原件，选择并固定到一地税务机关申报每月工资、薪金收入，汇算清缴其工资、薪金收入的个人所得税，多退少补。具体申报期限，由各省、自治区、直辖市税务局确定。

（二）对外商投资企业、外国企业和外国驻华机构发放给中方工作人员的工资、薪金所得，应全额征税。但对可以提供有效合同或有关凭证，能够证明其工资、薪金所得的一部分按照有关规定上交派遣（介绍）单位的，可扣除其实际上交的部分，按其余额计征个人所得税。

四、关于稿酬所得的征税问题

（一）个人每次以图书、报刊方式出版、发表同一作品（文字作品、书画作品、摄影作品以及其他作品），不论出版单位是预付还是分笔支付稿酬，或者加印该作品后再付稿酬，均应合并其稿酬所得按一次计征个人所得税。在两处或两处以上出版、发表或再版同一作品而取得稿酬所得，则可分别各处取得的所得或再版所得按分次所得计征个人所得税。

（二）个人的同一作品在报刊上连载，应合并其因连载而取得的所有稿酬所得为一次，按税法规定计征个人所得税。在其连载之后又出书取得稿酬所得，或先出书后连载取得稿酬所得，应视同再版稿酬分次计征个人所得税。

（三）作者去世后，对取得其遗作稿酬的个人，按稿酬所得征收个人所得税。

五、关于拍卖文稿所得的征税问题

作者将自己的文字作品手稿原件或复印件公开拍卖（竞价）取得的所得，应按特许权使用费所得项目征收个人所得税。

六、关于财产租赁所得的征税问题

（一）纳税义务人在出租财产过程中缴纳的税金和国家能源交通重点建设基金、国家预算调节基金、教育费附加，可持完税（缴款）凭证，从其财产租赁收入中扣除。

（二）纳税义务人出租财产取得财产租赁收入，在计算征税时，除可依法减除规定费用和有关税、费外，还准予扣除能够提供有效、准确凭证，证明由纳税义务人负担的该出租财产实际开支的修缮费用。允许扣除的修缮费用，以每次 800 元为限，一次扣除不完的，准予在下一次继续扣除，直至扣完为止。

（三）确认财产租赁所得的纳税义务人，应以产权凭证为依据。无产权凭证的，由主管税务机关根据实际情况确定纳税义务人。

（四）产权所有人死亡，在未办理产权继承手续期间，该财产出租而有租金收入的，以领

取租金的个人为纳税义务人。

七、关于如何确定转让债权财产原值的问题

转让债权,采用“加权平均法”确定其应予减除的财产原值和合理费用。即以纳税人购进的同一种类债券买入价和买进过程中缴纳的税费总和,除以纳税人购进的该种类债券数量之和,乘以纳税人卖出的该种类债券数量,再加上卖出的该种类债券过程中缴纳的税费。用公式表示为:

$$\text{一次卖出某一种类债券允许扣除的买入价和费用}=\frac{\text{纳税人购进的该种类债券买入价和买进过程中交纳的税费总和}}{\text{纳税人购进的该种类债券总数量}}\times\text{一次卖出的该种类债券的数量}+\text{卖出该种类债券过程中缴纳的税费}$$

八、关于董事费的征税问题

个人由于担任董事职务所取得的董事费收入,属于劳务报酬所得性质,按照劳务报酬所得项目征收个人所得税。

九、关于个人取得不同项目劳务报酬所得的征税问题

条例第二十一条第一款第一项中所述的“同一项目”,是指劳务报酬所得列举具体劳务项目中的某一单项,个人兼有不同的劳务报酬所得,应当分别减除费用,计算缴纳个人所得税。

十、关于外籍纳税人在中国几地工作如何确定纳税地点的问题

(一)在几地工作或提供劳务的临时来华人员,应以税法所规定的申报纳税的日期为准,在某一地达到申报纳税的日期,即在该地申报纳税。但准予其提出申请,经批准后,也可固定在一地申报纳税。

(二)凡由在华企业或办事机构发放工资、薪金的外籍纳税人,由在华企业或办事机构集中向当地税务机关申报纳税。

十一、关于派发红股的征税问题

股份制企业在分配股息、红利时,以股票形式向股东个人支付应得的股息、红利(即派发红股),应以派发红股的股票票面金额为收入额,按利息、股息、红利项目计征个人所得税。

十二、关于运用速算扣除数法计算应纳税额的问题

为简便计算应纳个人所得税额,可对适用超额累进税率的工资、薪金所得,个体工商户的生产、经营所得,对企事业单位的承包经营、承租经营所得,以及适用加成征收税率的劳务报酬所得,运用速算扣除数法计算其应纳税额。应纳税额的计算公式为:

应纳税额 = 应纳税所得额 × 适用税率 − 速算扣除数

适用超额累进税率的应税所得计算应纳税额的速算扣除数,详见附表一、二、三。

十三、关于纳税人一次取得属于数月的奖金或年终加薪、劳动分红的征税问题

纳税人一次取得属于数月的奖金或年终加薪、劳动分红,一般应将全部奖金或年终加薪、劳动分红同当月份的工资、薪金合并计征个人所得税。但对于合并计算后提高适用税率的,可采取以月份所属奖金或年终加薪、劳动分红加当月份工资、薪金,减去当月份费用

扣除标准后的余额为基数确定适用税率,然后,将当月份工资、薪金加上全部奖金或年终加薪、劳动分红,减去当月份费用扣除标准后的余额,按适用税率计算征收个人所得税。对按上述方法计算无应纳税所得额的,免予征税。

十四、关于单位或个人为纳税义务人负担税款的计征办法问题

单位或个人为纳税义务人负担个人所得税税款,应将纳税义务人取得的不含税收入换算为应纳税所得额,计算征收个人所得税。计算公式如下:

(一)应纳税所得额 = (不含税收入额 - 费用扣除标准 - 速算扣除数) ÷ (1 - 税率)

(二)应纳税额 = 应纳税所得额 × 适用税率 - 速算扣除数

公式(一)中的税率,是指不含税所得按不含税级距(详见所附税率表一、二、三)对应的税率;公式(二)中的税率,是指应纳税所得额按含税级距对应的税率。

十五、关于纳税人所得为外国货币如何办理退税和补税的问题

(一)纳税人所得为外国货币并已按照中国人民银行公布的外汇牌价以外国货币兑换成人民币缴纳税款后,如发生多缴税款需要办理退税,凡属于 1993 年 12 月 31 日以前取得应税所得的,可以将应退的人民币税款,按照缴纳税款时的外汇牌价(买入价,以下同)折合成外国货币,再将该外国货币数额按照填开退税凭证当日的外汇牌价折合成人民币退还税款;凡属于 1994 年 1 月 1 日以后取得应税所得的,应直接退还多缴的人民币税款。

(二)纳税人所得为外国货币的,发生少缴税款需要办理补税时,除依照税法规定汇算清缴以外的,应当按照填开补税凭证前一月最后一日的外汇牌价折合成人民币计算应纳税所得额补缴税款。

十六、关于在境内、境外分别取得工资、薪金所得,如何计征税款的问题

纳税义务人在境内、境外同时取得工资、薪金所得的,应根据条例第五条规定的原则,判断其境内、境外取得的所得是否来源于一国的所得。纳税义务人能够提供在境内、境外同时任职或者受雇及其工资、薪金标准的有效证明文件,可判定其所得是来源于境内和境外所得,应按税法和条例的规定分别减除费用并计算纳税;不能提供上述证明文件的,应视为来源于一国的所得,如其任职或者受雇单位在中国境内,应为来源于中国境内的所得,如其任职或受雇单位在中国境外,应为来源于中国境外的所得。

十七、关于承包、承租期不足一年如何计征税款的问题

实行承包、承租经营的纳税义务人,应以每一纳税年度取得的承包、承租经营所得计算纳税,在一个纳税年度内,承包、承租经营不足 12 个月的,以其实际承包、承租经营的月份数为一个纳税年度计算纳税。计算公式为:

应纳税所得额 = 该年度承包、承租经营收入额 -
(800 × 该年度实际承包、承租经营月份数)

应纳税额 = 应纳税所得额 × 适用税率 - 速算扣除数

十八、关于利息、股息、红利的扣缴义务人问题

利息、股息、红利所得实行源泉扣缴的征收方式,其扣缴义务人应是直接向纳税义务人支付利息、股息、红利的单位。

十九、关于工资、薪金所得与劳务报酬所得的区分问题

工资、薪金所得是属于非独立个人劳务活动,即在机关、团体、学校、部队、企事业单位

及其他组织中任职、受雇而得到的报酬;劳务报酬所得则是个人独立从事各种技艺、提供各项劳务取得的报酬。两者的主要区别在于,前者存在雇佣与被雇佣关系,后者则不存在这种关系。

二十、以前规定与本规定抵触的,按本规定执行。

税　率　表　三

(劳务报酬所得适用)

级数	含税级距	不含税级距	税率(%)	速算扣除数
1	不超过20000元的	不超过16000元的	20	0
2	超过20000元至50000元的部分	超过16000元至37000元的部分	30	2000
3	超过50000元的部分	超过37000元的部分	40	7000

注:1. 表中的含税级距、不含税级距,均为按照税法规定减除有关费用后的所得额。

2. 含税级距适用于由纳税人负担税款的劳务报酬所得;不含税级距适用于由他人(单位)代付税款的劳务报酬所得。

注释:

条款废止。第十三条、第十五条废止。参见:《国家税务总局关于公布全文废止和部分条款废止的税务部门规章目录的决定》(国家税务总局令第40号)。

条款废止。第十二条所附税率表一、税率表二废止。参见:1.《国家税务总局关于公布全文废止和部分条款废止的税务部门规章目录的决定》(国家税务总局令第40号)。2.《国家税务总局关于贯彻执行修改后的个人所得税法有关问题的公告》(国家税务总局公告2011年第46号)。

2-2-9

财政部　国家税务总局关于个人所得税若干政策问题的通知

1994年5月13日　(94)财税字第20号

根据《中华人民共和国个人所得税法》及其实施条例的有关规定精神,现将个人所得税的若干政策问题通知如下:

一、关于对个体工商户的征税问题

(一)个体工商户业主的费用扣除标准和从业人员的工资扣除标准,由各省、自治区、直辖市税务局确定。个体工商户在生产、经营期间借款的利息支出,凡有合法证明的,不高于按金融机构同类、同期贷款利率计算的数额的部分,准予扣除。

(二)个体工商户或个人专营种植业、养殖业、饲养业、捕捞业,其经营项目属于农业税(包括农业特产税,下同)、牧业税征税范围并已征收了农业税、牧业税的,不再征收个人所得税;不属于农业税、牧业税征税范围的,应对其所得征收个人所得税。兼营上述四业并四业的所得单独核算的，比照上述原则办理，对于属于征收个人所得税的，应与其他行业的生产、经营所得合并计征个人所得税；对于四业的所得不能单独核算的，应就其全部所得计征个人所得税。

（三）个体工商户与企业联营而分得的利润，按利息、股息、红利所得项目征收个人所得税。

（四）个体工商户和从事生产、经营的个人，取得与生产、经营活动无关的各项应税所得，应按规定分别计算征收个人所得税。

二、下列所得，暂免征收个人所得税

（一）外籍个人以非现金形式或实报实销形式取得的住房补贴、伙食补贴、搬迁费、洗衣费。

（二）外籍个人按合理标准取得的境内、外出差补贴。

（三）外籍个人取得的探亲费、语言训练费、子女教育费等，经当地税务机关审核批准为合理的部分。

（四）个人举报、协查各种违法、犯罪行为而获得的奖金。

（五）个人办理代扣代缴税款手续，按规定取得的扣缴手续费。

（六）个人转让自用达五年以上、并且是唯一的家庭生活用房取得的所得。

（七）对按国发〔1983〕141号《国务院关于高级专家离休退休若干问题的暂行规定》和国办发〔1991〕40号《国务院办公厅关于杰出高级专家暂缓离退休审批问题的通知》精神，达到离休、退休年龄，但确因工作需要，适当延长离休退休年龄的高级专家（指享受国家发放的政府特殊津贴的专家、学者），其在延长离休退休期间的工资、薪金所得，视同退休工资、离休工资免征个人所得税。

（八）外籍个人从外商投资企业取得的股息、红利所得。

（九）凡符合下列条件之一的外籍专家取得的工资、薪金所得可免征个人所得税：

1. 根据世界银行专项贷款协议由世界银行直接派往我国工作的外国专家；

2. 联合国组织直接派往我国工作的专家；

3. 为联合国援助项目来华工作的专家；

4. 援助国派往我国专为该国无偿援助项目工作的专家；

5. 根据两国政府签订文化交流项目来华工作两年以内的文教专家，其工资、薪金所得由该国负担的；

6. 根据我国大专院校国际交流项目来华工作两年以内的文教专家，其工资、薪金所得由该国负担的；

7. 通过民间科研协定来华工作的专家，其工资、薪金所得由该国政府机构负担的。

三、关于中介费扣除问题

对个人从事技术转让、提供劳务等过程中所支付的中介费，如能提供有效、合法凭证的，允许从其所得中扣除。

四、对个人从基层供销社、农村信用社取得的利息或股息、红利收入是否征收个人所得税，由各省、自治区、直辖市税务局报请政府确定，报财政部、国家税务总局备案。

2-2-10

国家税务总局关于曾宪梓教育基金会教师奖免征个人所得税的函

1994年6月29日　国税函发〔1994〕376号

国家教育委员会：

你委教外港〔1994〕249号《关于建议对曾宪梓教育基金会教师奖获得者免征个人收入调节税的函》收悉，经研究，函复如下：

一、根据八届全国人大常委会第四次会议关于修改《中华人民共和国个人所得税法》的决定，个人的应税所得从1994年1月1日起征收个人所得税，个人收入调节税暂行条例已废止，不再执行。

二、曾宪梓教育基金会致力于发展中国的教育事业，评选教师奖具有严格的程序，奖金由国家教委颁发，根据个人所得税法第四条的规定，对个人获得曾宪梓教育基金会教师奖的奖金，可视为国务院部委颁发的教育方面的奖金，免予征收个人所得税。

2-2-11

国家税务总局关于个人对企事业单位实行承包经营、承租经营取得所得征税问题的通知

1994年8月1日　国税发〔1994〕179号

修订后的个人所得税法实施以来，各地反映，目前实行承包(租)经营的形式较多，分配方式也不相同，对企事业单位的承包经营、承租经营所得项目如何计征个人所得税，须作出具体规定。经我们研究，现明确如下：

一、企业实行个人承包、承租经营后，如果工商登记仍为企业的，不管其分配方式如何，均应先按照企业所得税的有关规定缴纳企业所得税。承包经营、承租经营者按照承包、承租经营合同(协议)规定取得的所得，依照个人所得税法的有关规定缴纳个人所得税，具体为：

(一)承包、承租人对企业经营成果不拥有所有权，仅是按合同(协议)规定取得一定所得的，其所得按工资、薪金所得项目征税，适用5%—45%的九级超额累进税率。

(二)承包、承租人按合同(协议)的规定只向发包、出租方交纳一定费用后，企业经营成果归其所有的，承包、承租人取得的所得，按对企事业单位的承包经营、承租经营所得项目，适用5%—35%的五级超额累进税率征税。

二、企业实行个人承包、承租经营后,如工商登记改变为个体工商户的,应依照个体工商户的生产、经营所得项目计征个人所得税,不再征收企业所得税。

三、企业实行承包经营、承租经营后,不能提供完整、准确的纳税资料、正确计算应纳税所得额的,由主管税务机关核定其应纳税所得额,并依据《中华人民共和国税收征收管理法》的有关规定,自行确定征收方式。

2－2－12

国家税务总局关于有奖储蓄中奖收入征收个人所得税问题的批复

1995年3月13日 国税函发〔1995〕98号

吉林省地方税务局:

你局《关于对有奖储蓄中奖收入征收个人所得税的请示》(吉地税所字〔1995〕65号)收悉。经研究,现批复如下:

个人参加有奖储蓄取得的各种形式的中奖所得,属于机遇性的所得,应按照个人所得税法中"偶然所得"应税项目的规定征收个人所得税。虽然这种中奖所得具有银行储蓄利息二次分配的特点,但对中奖个人而言,已不属于按照国家规定利率标准取得的存款利息所得性质。支付该项所得的各级银行部门是税法规定的代扣代缴义务人,在其向个人支付有奖储蓄中奖所得时应按照"偶然所得"应税项目扣缴个人所得税税款。

你省一些银行由于对税法规定缺乏全面了解,因而产生异议的问题,请你们根据税法规定向其做好宣传解释工作,并请他们依照税法规定认真履行代扣代缴税款的义务。

2－2－13

国家税务总局关于印发《机动出租车驾驶员个人所得税征收管理暂行办法》的通知

1995年3月14日 国税发〔1995〕50号

(通知略)

机动出租车驾驶员个人所得税征收管理暂行办法

第一条 为了加强对机动出租车驾驶员(包括大、中、小客货运机动出租车驾驶员,下同)个人所得税的征收管理,根据《中华人民共和国个人所得税法》及其实施条例、《中华人民共和国税收征收管理法》(以下简称征管法)及有关行政法规的规定制定本办法。

第二条 各种机动出租车驾驶员为个人所得税的纳税义务人，其从事出租车运营取得的收入，应依法缴纳个人所得税。

第三条 税务机关可以委托出租汽车经营单位、交通管理部门和运输服务站或者其他有关部门（单位）代收代缴出租车驾驶员应纳的个人所得税。被委托的单位为扣缴义务人，应按期代收代缴出租车驾驶员应纳的个人所得税。

第四条 没有扣缴义务人或扣缴义务人未按规定扣缴税款的，出租车驾驶员应自行向单位所在地或准运证发放地的主管税务机关申报纳税。

第五条 出租车驾驶员办理了个体出租车营业执照的，应在领取营业执照后30日内到当地主管税务机关办理税务登记。

第六条 出租车驾驶员从事出租车运营取得的收入，适用的个人所得税项目为：

（一）出租汽车经营单位对出租车驾驶员采取单车承包或承租方式运营，出租车驾驶员从事客货运营取得的收入，按工资、薪金所得项目征税。

（二）从事个体出租车运营的出租车驾驶员取得的收入，按个体工商户的生产、经营所得项目缴纳个人所得税。

（三）出租车属个人所有，但挂靠出租汽车经营单位或企事业单位，驾驶员向挂靠单位缴纳管理费的，或出租汽车经营单位将出租车所有权转移给驾驶员的，出租车驾驶员从事客货运营取得的收入，比照个体工商户的生产、经营所得项目征税。

第七条 县级以下（含县级）税务机关可以根据出租车的不同经营方式、不同车型、收费标准、缴纳的承包承租费等情况，核定出租车驾驶员的营业额并确定征收率或征收额，按月征收出租车驾驶员应纳的个人所得税。

第八条 出租车驾驶员能够提供有效停运证明的，税务机关应根据其停运期长短，相应核减其停运期间应缴纳的个人所得税。

第九条 纳税义务人和扣缴义务人未按规定缴纳、扣缴个人所得税的，主管税务机关应按《征管法》及有关法律、行政法规的规定予以处罚，触犯刑律的移送司法机关处理。

第十条 扣缴义务人每月所扣的税款、自行申报纳税人每月应纳的税款，应当在次月7日内缴入国库，并向主管税务机关报送扣缴个人所得税报告表或纳税申报表以及税务机关要求报送的其他资料。

第十一条 对扣缴义务人按照所扣缴或代收代缴的税款，付给2%的手续费。

第十二条 各省、自治区、直辖市国家税务局、地方税务局可根据本办法规定的原则，结合当地实际制定有关具体办法，并报国家税务总局备案。

第十三条 本办法由国家税务总局负责解释。

第十四条 本办法从1995年4月1日起执行。

注释：

条款修改。将第十二条中“国家税务局、地方税务局”修改为“税务局”。参见：《国家税务总局关于修改部分税务部门规章的决定》（国家税务总局令第44号）。

2－2－14

国家税务总局关于在中国境内无住所的个人计算缴纳个人所得税若干具体问题的通知

1995年3月23日 国税函发〔1995〕125号

现对《国家税务总局关于在中国境内无住所的个人取得工资薪金所得纳税义务问题的通知》(国税发〔1994〕148号)(以下简称通知)在执行中存在的若干具体问题明确如下:

一、关于个人实际在中国境内、境外工作期间的界定问题

通知中所说在中国境内企业、机构中任职(包括兼职,下同)、受雇的个人,其实际在中国境内工作期间,应包括在中国境内工作期间在境内、外享受的公休假日、个人休假日以及接受培训的天数;其在境外营业机构中任职并在境外履行该项职务或在境外营业场所中提供劳务的期间,包括该期间的公休假日,为在中国境外的工作期间。税务机关在核实个人申报的境外工作期间时,可要求纳税人提供派遣单位出具的其在境外营业机构任职的证明,或者企业在境外设有营业场所的项目合同书及派往该营业场所工作的证明。

不在中国境内企业、机构中任职、受雇的个人受派来华工作,其实际在中国境内工作期间应包括来华工作期间在中国境内所享受的公休假日。

二、关于个人在中国境内、境外企业、机构兼任职务取得的工资、薪金如何纳税问题

个人分别在中国境内和境外企业、机构兼任职务的,不论其工资、薪金是否按职务分别确定,均应就其取得的工资薪金总额,依据《中华人民共和国个人所得税法》(以下简称税法)及通知的有关条款规定,按其实际在中国境内的工作期间确定纳税。

三、关于中国境内企业高层管理职务的界定问题

通知第五条所述中国境内企业高层管理职务,是指公司正、副(总)经理、各职能总师、总监及其他类似公司管理层的职务。

四、境内工作不满全月的个人由境内、境外雇主分别支付工资、薪金的应纳税款计算问题

通知第四条所述在中国境内居住满一年而不超过五年的个人,以及通知第五条所述在中国境内企业担任高层管理职务的个人,凡其工资是由境内雇主和境外雇主分别支付的,并且在一个月中有境外工作天数的,依据通知第四条、第五条规定,对其境外雇主支付的工资中属于境外工作天数部分不予征税。在具体计算应纳税额时,按下述公式计算:

$$\text{当月应纳税款}=\text{按当月境内外工资总额计算的税额}\times\left(1-\frac{\text{当月境外支付工资}}{\text{当月工资总额}}\times\frac{\text{当月境外工作天数}}{\text{当月天数}}\right)$$

五、核实个人工资薪金及实际在中国境内工作期间的凭据证明问题

凡属依据税法及其实施条例以及通知的规定,应就境外雇主支付的工资薪金申报纳税的个人,或者依据通知第二条、第四条的规定,应就视为由中国境内企业、机构支付或负担的工资薪金申报纳税的个人,应如实申报上述工资薪金数额及在中国境内的工作期间,并

提供支付工资证明及必要的公证证明和居住时间的有效凭证。

前述居住时间的有效凭证,包括护照、港澳同胞还乡证、台湾同胞“往来大陆通行证”以及主管税务机关认为有必要提供的其他证明凭据。

注释:

条款废止。第一条至第四条自2019年1月1日起废止。参见:《财政部　税务总局关于非居民个人和无住所居民个人有关个人所得税政策的公告》(财政部　税务总局公告2019年第35号)。

2-2-15

财政部　国家税务总局关于发给见义勇为者的奖金免征个人所得税问题的通知

1995年8月20日　财税字〔1995〕25号

目前,各级政府和社会各界对见义勇为者给予奖励的事例越来越多,各地要求对此明确税收征免政策。经研究,现通知如下:

为了鼓励广大人民群众见义勇为,维护社会治安,对乡、镇(含乡、镇)以上人民政府或经县(含县)以上人民政府主管部门批准成立的有机构、有章程的见义勇为基金会或者类似组织,奖励见义勇为者的奖金或奖品,经主管税务机关核准,免予征收个人所得税。

2-2-16

财政部　国家税务总局关于误餐补助范围确定问题的通知

1995年8月21日　财税字〔1995〕82号

国家税务总局关于《征收个人所得税若干问题的规定》(国税发〔1994〕89号)下发后,一些地区的税务部门和纳税人对其中规定不征税的误餐补助理解不一致,现明确如下:

国税发〔1994〕89号文件规定不征税的误餐补助,是指按财政部门规定,个人因公在城区、郊区工作,不能在工作单位或返回就餐,确实需要在外就餐的,根据实际误餐顿数,按规定的标准领取的误餐费。一些单位以误餐补助名义发给职工的补贴、津贴,应当并入当月工资、薪金所得计征个人所得税。

2－2－17

财政部　国家税务总局关于民航空地勤人员的伙食费征收个人所得税的通知

1995年10月5日　财税字〔1995〕77号

经报国务院同意，民航空地勤人员的伙食费应当按照税法规定，并入工资、薪金所得，计算征收个人所得税，并由支付单位负责代扣代缴。

2－2－18

国家税务总局　文化部关于印发《演出市场个人所得税征收管理暂行办法》的通知

1995年11月18日　国税发〔1995〕171号

（通知略）

演出市场个人所得税征收管理暂行办法

第一条　为加强演出市场个人所得税的征收管理，根据《中华人民共和国个人所得税法》及其实施条例和《国务院办公厅转发文化部关于加强演出市场管理报告的通知》（国办发〔1991〕112号）的有关规定，制定本办法。

第二条　凡参加演出（包括舞台演出、录音、录像、拍摄影视等，下同）而取得报酬的演职员，是个人所得税的纳税义务人；所取得的所得，为个人所得税的应纳税项目。

第三条　向演职员支付报酬的单位或个人，是个人所得税的扣缴义务人。扣缴义务人必须在支付演职员报酬的同时，按税收法律、行政法规及税务机关依照法律、行政法规作出的规定扣缴或预扣个人所得税。

预扣办法由各省、自治区、直辖市地方税务机关根据有利控管的原则自行确定。

第四条　演出经纪机构领取《演出经营许可证》、《临时营业演出许可证》或变更以上证件内容的，必须在领证后或变更登记后的30日内到机构所在地主管税务机关办理税务登记或变更税务登记。文化行政部门向演出经纪机构或个人发放《演出经营许可证》和《临时营业演出许可证》时，应将演出经纪机构的名称、住所、法人代表等情况抄送当地主管税务机关备案。

第五条 演出活动主办单位应在每次演出前两日内，将文化行政部门的演出活动批准件和演出合同、演出计划（时间、地点、场次）、报酬分配方案等有关材料报送演出所在地主管税务机关。演出合同和演出计划的内容如有变化，应按规定程序重新向文化行政部门申报审批并向主管税务机关报送新的有关材料。

第六条 演职员参加非任职单位组织的演出取得的报酬为劳务报酬所得，按次缴纳个人所得税。演职员参加任职单位组织的演出取得的报酬为工资、薪金所得，按月缴纳个人所得税。

上述报酬包括现金、实物和有价证券。

第七条 参加组台（团）演出的演职员取得的报酬，由主办单位或承办单位通过银行转账支付给演职员所在单位或发放演职员演出许可证的文化行政部门或其授权单位的，经演出所在地主管税务机关确认后，由演职员所在单位或者发放演职员许可证的文化行政部门或其授权单位，按实际支付给演职员个人的报酬代扣个人所得税，并在原单位所在地缴入金库。

第八条 组台（团）演出，不按第七条所述方式支付演职员报酬，或者虽按上述方式支付但未经演出所在地主管税务机关确认的，由向演职员支付报酬的演出经纪机构或者主办、承办单位扣缴个人所得税，税款在演出所在地缴纳。申报的演职员报酬明显偏低又无正当理由的，主管税务机关可以在查账核实的基础上，依据演出报酬总额、演职员分工、演员演出通常收费额等情况核定演职员的应纳税所得，扣缴义务人据此扣缴税款。

第九条 税务机关有根据认为从事演出的纳税义务人有逃避纳税义务行为的，可以在规定的纳税期之前，责令其限期缴纳应纳税款；在限期内发现纳税义务人有明显的转移、隐匿演出收入迹象的，税务机关可以责成纳税义务人提供纳税担保。如果纳税义务人不能提供纳税担保，经县以上（含县级）税务局（分局）局长批准，税务机关可以采取税收保全措施。

第十条 参与录音、录像、拍摄影视和在歌厅、舞厅、卡拉OK厅、夜总会、娱乐城等娱乐场所演出的演职员取得的报酬，由向演职员支付报酬的单位或业主扣缴个人所得税。

第十一条 演职员取得报酬后按规定上交给单位和文化行政部门的管理费及收入分成，可以经主管税务机关确认后在计算应纳税所得额时扣除。

第十二条 演职员取得的报酬为不含税收入的，扣缴义务人支付的税款应按以下公式计算：

（一）$应纳税所得额=\frac{不含税收入-费用减除标准-速算扣除数}{1-税率}$

（二）应纳税额=应纳税所得额×适用税率－速算扣除数

第十三条 扣缴义务人扣缴的税款，应在次月七日内缴入国库，同时向主管税务机关报送扣缴个人所得税报告表、支付报酬明细表以及税务机关要求报送的其他资料。

第十四条 有下列情形的，演职员应在取得报酬的次月七日内自行到演出所在地或者单位所在地主管税务机关申报纳税：

（一）在两处或者两处以上取得工资、薪金性质所得的，应将各处取得的工资、薪金性质的所得合并计算纳税；

（二）分笔取得属于一次报酬的；

（三）扣缴义务人没有依法扣缴税款的；

（四）主管税务机关要求其申报纳税的。

第十五条 为了强化征收管理，主管税务机关可以根据当地实际情况，自行确定对在歌厅、舞厅、卡拉OK厅、夜总会、娱乐城等娱乐场所演出的演职员的个人所得税征收管理方式。

第十六条 组台（团）演出，应当建立健全财务会计制度，正确反映演出收支和向演职员支付报酬情况，并接受主管税务机关的监督检查。没有建立财务会计制度，或者未提供完整、准确的纳税资料，主管税务机关可以核定其应纳税所得额，据以征税。

第十七条 扣缴义务人和纳税义务人违反本办法有关规定，主管税务机关可以依照《中华人民共和国税收征收管理法》及其他有关法律和行政法规的有关规定给以处罚。

第十八条 演职员偷税情节恶劣，或者被第三次查出偷税的，除税务机关对其依法惩处外，文化行政部门可据情节轻重停止其演出活动半年至一年。

第十九条 各省、自治区、直辖市地方税务局和文化行政部门可依据本办法规定的原则，制定具体实施细则。

第二十条 本办法由国家税务总局、文化部共同负责解释。

第二十一条 本办法自文到之日起施行。以前规定凡与本办法不符的，按本办法执行。

注释：

条款修改。将第三条第二款中“地方税务机关”修改为“税务局”；将第十九条中“地方税务局”修改为“税务局”，并改为第十八条；将第二十条中“文化部”修改为“文化和旅游部”，并改为第十九条。参见：《国家税务总局关于修改部分税务部门规章的决定》（国家税务总局令第44号）。

条款废止。第十一条废止。参见：《国家税务总局关于公布全文废止和部分条款废止的税务部门规章目录的决定》（国家税务总局令第40号）。

2－2－19

国家税务总局关于世界银行、联合国直接派遣来华工作的专家享受免征个人所得税有关问题的通知

1996年7月3日 国税函发〔1996〕417号

《财政部、国家税务总局关于个人所得税若干政策问题的通知》［（94）财税字第20号］第二条第（九）中第一、二项规定，根据世界银行专项贷款协议由世界银行直接派往我国工作或联合国组织直接派往我国工作的外国专家，其取得的工资薪金所得，免征个人所得税。关于上述规定中的“直接派往”应如何解释及联合国组织的范围应如何界定问题，部分地区

多次询问。现明确如下：

世界银行或联合国“直接派往”是指世界银行或联合国组织直接与该专家签订提供技术服务的协议或与该专家的雇主签订技术服务协议，并指定该专家为有关项目提供技术服务，由世界银行或联合国支付该外国专家的工资、薪金报酬。该外国专家办理上述免税时，应提供其与世界银行签订的有关合同和其工资薪金所得由世界银行或联合国组织支付、负担的证明。

联合国组织是指联合国的有关组织，包括联合国开发计划署、联合国人口活动基金、联合国儿童基金会、联合国技术合作部、联合国工业发展组织、联合国粮农组织、世界粮食计划署、世界卫生组织、世界气象组织、联合国科教文组织等。

除上述由世界银行或联合国组织直接派往中国工作的外国专家以外，其他外国专家从事与世界银行贷款项目有关的技术服务所取得的工资薪金所得或劳务报酬所得，均应依法征收个人所得税。

2－2－20

国家税务总局关于印发《建筑安装业个人所得税征收管理暂行办法》的通知

1996年7月22日　国税发〔1996〕127号

（通知略）

建筑安装业个人所得税征收管理暂行办法

第一条　为了加强对建筑安装业个人所得税的征收管理，根据《中华人民共和国个人所得税法》及其实施条例、《中华人民共和国税收征收管理法》及其实施细则和其他有关法律、行政法规的规定制定本办法。

第二条　本办法所称建筑安装业，包括建筑、安装、修缮、装饰及其他工程作业。从事建筑安装业的工程承包人、个体户及其他个人为个人所得税的纳税义务人。其从事建筑安装业取得的所得，应依法缴纳个人所得税。

第三条　承包建筑安装业各项工程作业的承包人取得的所得，应区别不同情况计征个人所得税：经营成果归承包人个人所有的所得，或按照承包合同（协议）规定，将一部分经营成果留归承包人个人的所得，按对企事业单位的承包经营、承租经营所得项目征税；以其他分配方式取得的所得，按工资、薪金所得项目征税。

从事建筑安装业的个体工商户和未领取营业执照承揽建筑安装业工程作业的建筑安装队和个人，以及建筑安装企业实行个人承包后工商登记改变为个体经济性质的，其从事建筑安装业取得的收入应依照个体工商户的生产、经营所得项目计征个人所得税。

从事建筑安装业工程作业的其他人员取得的所得，分别按照工资、薪金所得项目和劳务报酬所得项目计征个人所得税。

第四条 从事建筑安装业的单位和个人，应依法办理税务登记。在异地从事建筑安装业的单位和个人，必须自工程开工之日前3日内，持营业执照、外出经营活动税收管理证明、城建部门批准开工的文件和工程承包合同（协议）、开户银行账号以及主管税务机关要求提供的其他资料向主管税务机关办理有关登记手续。

第五条 对未领取营业执照承揽建筑安装业工程作业的单位和个人，主管税务机关可以根据其工程规模，责令其缴纳一定数额的纳税保证金。在规定的期限内结清税款后，退还纳税保证金；逾期未结清税款的，以纳税保证金抵缴应纳税款和滞纳金。

第六条 从事建筑安装业的单位和个人应设置会计账簿，健全财务制度，准确、完整地进行会计核算。对未设立会计账簿，或者不能准确、完整地进行会计核算的单位和个人，主管税务机关可根据其工程规模、工程承包合同（协议）价款和工程完工进度等情况，核定其应纳税所得额或应纳税额，据以征税。具体核定办法由县以上（含县级）税务机关制定。

第七条 从事建筑安装业工程作业的单位和个人应按照主管税务机关的规定，购领、填开和保管建筑安装业专用发票或许可使用的其他发票。

第八条 建筑安装业的个人所得税，由扣缴义务人代扣代缴和纳税人自行申报缴纳。

第九条 承揽建筑安装业工程作业的单位和个人是个人所得税的代扣代缴义务人，应在向个人支付收入时依法代扣代缴其应纳的个人所得税。

第十条 没有扣缴义务人的和扣缴义务人未按规定代扣代缴税款的，纳税人应自行向主管税务机关申报纳税。

第十一条 在异地从事建筑安装业工程作业的单位，应在工程作业所在地扣缴个人所得税。但所得在单位所在地分配，并能向主管税务机关提供完整、准确的会计账簿和核算凭证的，经主管税务机关核准后，可回单位所在地扣缴个人所得税。

第十二条 本办法第三条第一款、第二款涉及的纳税人和扣缴义务人应按每月工程完工量预缴、预扣个人所得税，按年结算。一项工程跨年度作业的，应按各年所得预缴、预扣和结算个人所得税。难以划分各年所得的，可以按月预缴、预扣税款，并在工程完工后按各年度工程完工量分摊所得并结算税款。

第十三条 扣缴义务人每月所扣的税款，自行申报纳税人每月应纳的税款，应当在次月7日内缴入国库，并向主管税务机关报送扣缴个人所得税报告表或纳税申报表以及税务机关要求报送的其他资料。

第十四条 对扣缴义务人按照所扣缴的税款，付给2%的手续费。

第十五条 建筑安装业单位所在地税务机关和工程作业所在地税务机关双方可以协商有关个人所得税代扣代缴和征收的具体操作办法，都有权对建筑安装业单位和个人依法进行税收检查，并有权依法处理其违反税收规定的行为。但一方已经处理的，另一方不得重复处理。

第十六条 纳税义务人和扣缴义务人违反本办法规定的，主管税务机关应按《中华人民共和国税收征收管理法》、《个人所得税代扣代缴暂行办法》、《个人所得税自行申报纳税暂行办法》以及有关法律、行政法规的规定予以处罚，触犯刑律的，移送司法机关处理。

第十七条 本办法所称主管税务机关，是指建筑安装业工程作业所在地地方税务局（分局、所）。

第十八条 各省、自治区、直辖市地方税务局可根据本办法规定的原则，结合本地实际制定具体的征管办法，并报国家税务总局备案。

第十九条 本办法未尽事宜，按照《中华人民共和国个人所得税法》及其实施条例、《中华人民共和国税收征收管理法》及其实施细则以及其他有关的法律、行政法规的规定执行。

第二十条 本办法由国家税务总局负责解释。

第二十一条 本办法从1996年1月1日起执行。

注释：

条款修改。将第十七条中"地方税务局"修改为"税务局"，并改为第十五条；将第十八条中"地方税务局"修改为"税务局"，并改为第十六条。参见：《国家税务总局关于修改部分税务部门规章的决定》（国家税务总局令第44号）。

条款废止。第十六条废止。参见：《国家税务总局关于公布全文废止和部分条款废止的税务部门规章目录的决定》（国家税务总局令第40号）。

条款废止。第十一条废止。参见：1.《国家税务总局关于公布全文废止和部分条款废止的税务部门规章目录的决定》（国家税务总局令第40号）。2.《国家税务总局关于建筑安装业跨省异地工程作业人员个人所得税征收管理问题的公告》（国家税务总局公告2015年第52号）。

2－2－21

国家税务总局关于印发《广告市场个人所得税征收管理暂行办法》的通知

1996年8月29日 国税发〔1996〕148号

（通知略）

广告市场个人所得税征收管理暂行办法

第一条 为了进一步加强对广告市场个人所得税的征收管理，依据《中华人民共和国个人所得税法》及其实施条例和《中华人民共和国税收征收管理法》及其实施细则，制定本办法。

第二条 凡在广告中提供名义、形象或在广告设计、制作、发布过程中提供劳务并取得所得的个人以及广告主、广告经营者或受托从事广告制作的单位和广告发布者，均应当依照本办法的规定办理个人所得税有关事宜。

本办法所称广告主，是指为推销商品或者提供服务，自行或者委托他人设计、制作、发布广告的法人、其他经济组织或者个人。

本办法所称广告经营者，是指受委托提供广告设计、制作、代理服务的法人、其他经济组织或者个人。

本办法所称受托从事广告制作的单位，是指受广告主或广告经营者委托而从事广告设计、制作的法人、其他经济组织或者个人。

本办法所称广告发布者，是指为广告主、或者广告主委托的广告经营者发布广告的法人及其他经济组织。

第三条 在广告设计、制作、发布过程中提供名义、形象及劳务并取得所得的个人为个人所得税的纳税义务人（以下简称纳税人）；直接向上述个人支付所得的广告主、广告经营者、受托从事广告制作的单位和广告发布者为个人所得税的扣缴义务人（以下简称扣缴人）。

第四条 扣缴人应当在每项广告制作前向所在地主管税务机关报告广告中名义、形象及劳务提供者的姓名、身份证号码（护照号码及国籍）、工作单位（户籍所在地）、电话号码以及支付报酬的标准和支付形式等情况。双方订立书面合同（协议）的，应同时将合同（协议）副本报送上述税务机关。

广告发布者应当定期向所在地主管税务机关报送当期发布广告的数量及其广告主、广告经营者的名单。

第五条 纳税人在广告设计、制作、发布过程中提供名义、形象而取得的所得，应按劳务报酬所得项目计算纳税。

纳税人在广告设计、制作、发布过程中提供其他劳务取得的所得，视其情况分别按照税法规定的劳务报酬所得、稿酬所得、特许权使用费所得等应税项目计算纳税。

扣缴人的本单位人员在广告设计、制作、发布过程中取得的由本单位支付的所得，按工资、薪金所得项目计算纳税。

第六条 纳税人以现金、实物和有价证券以外的其他形式取得所得，税务机关可以根据其所得的形式和价值，核定其应纳税所得额，据以征税。

对于不能准确提供或划分个人在广告设计、制作、发布过程中提供名义、形象及劳务而取得的所得的纳税人，主管税务机关可以根据支付总额等实际情况，参照同类广告活动名义、形象及其他劳务提供者的所得标准，核定其应纳税所得额，据以征税。

第七条 劳务报酬所得以纳税人每参与一项广告的设计、制作、发布所取得的所得为一次；稿酬所得以在图书、报刊上发布一项广告时使用其作品而取得的所得为一次；特许权使用费所得以提供一项特许权在一项广告的设计、制作、发布过程中使用而取得的所得为一次。上述所得，采取分笔支付的，应合并为一次所得计算纳税。

第八条 扣缴人向纳税人支付所得的同时，应当依照《中华人民共和国个人所得税法》和《个人所得税代扣代缴暂行办法》的规定代扣代缴税款，并向所在地主管税务机关如实填写和报送《扣缴个人所得税报告表》及主管税务机关要求报送的其他资料。

第九条 分笔取得一次所得和扣缴人应扣未扣或少扣税款以及没有扣缴人的纳税人，应当于取得所得的月度终了后七日内，向扣缴人所在地主管税务机关自行申报纳税。

第十条 扣缴人和纳税人必须接受税务机关依法进行的税务检查,如实反映情况,提供有关资料,不得拒绝、隐瞒。

第十一条 扣缴人违反本办法第四条规定的,税务机关应令其限期补报,并可处以二千元以下的罚款;逾期仍未补报的,可以处以二千元以上一万元以下的罚款。

第十二条 扣缴人违反本办法第八条规定的,税务机关可区别情况,按照《个人所得税代扣代缴暂行办法》第十一条和第十八条的规定处理。

第十三条 本办法未尽事宜,按照有关税收法律、行政法规的规定执行。

第十四条 各省、自治区、直辖市地方税务局可以根据本办法规定的原则,结合本地实际,制定具体实施办法,并报国家税务总局备案。

第十五条 本办法由国家税务总局负责解释。

第十六条 本办法自1996年9月1日起执行。

注释:

条款修改。将第十四条中"地方税务局"修改为"税务局",并改为第十一条。参见:《国家税务总局关于修改部分税务部门规章的决定》(国家税务总局令第44号)。

条款废止。第八条、第十一条、第十二条废止。参见:《国家税务总局关于公布全文废止和部分条款废止的税务部门规章目录的决定》(国家税务总局令第40号)。

2-2-22

国家税务总局关于个人所得税偷税案件查处中有关问题的补充通知

1996年9月17日　国税函发〔1996〕602号

最近,一些省、市反映在个人所得税偷税案件的查处中,对违反税收法律、法规的纳税义务人、扣缴义务人及其他责任人,其法律责任应如何认定等问题,要求予以明确。按照《中华人民共和国税收征收管理法》(以下简称税收征管法)、《全国人民代表大会常务委员会关于惩治偷税抗税犯罪的补充规定》和《中华人民共和国个人所得税法》(以下简称个人所得税法)的有关规定,现明确如下:

一、关于纳税义务人或扣缴义务人违反税收法律、法规进行偷税的认定

1. 在扣缴义务人未按规定代扣代缴税款情况下,纳税义务人超过税法规定的纳税申报期限,仍未获取扣缴义务人扣缴税款凭证,又不按规定主动向税务机关办理申报收入或缴纳税款的,为隐匿收入的行为,由此造成税款的少缴或不缴,是偷税。

2. 扣缴义务人以书面形式承诺为纳税义务人代付税款,或以口头形式承诺为纳税义务人代付税款且双方都向税务机关承认的,在其向纳税义务人支付所得时即认定为其已将承诺为纳税义务人代付的税款扣收。扣缴义务人不缴或少缴其已承诺应代付税款的,为偷税。

3. 同一经济活动中扣缴义务人、纳税义务人和中介人通过签订假协议、假合同、填定虚假扣缴报告表和纳税申报表等手段进行虚假申报，造成不缴或少缴已扣已收税款的，为共同偷税。

4. 中介人从事介绍服务、经纪服务和代办服务等活动取得的劳务收入，为应税收入。如未按《国家税务总局关于认真执行个人所得税法的通告》(国税发〔1994〕112 号，以下简称通告)的规定进行纳税申报，为隐匿收入的行为，由此造成不缴或少缴税款的，是偷税。

二、关于对纳税义务人或扣缴义务人偷税的处理

1. 扣缴义务人有偷税行为，偷税数额占应缴税额 10% 以上并且数额在 1 万元以上的，在追缴所偷税款的同时加收滞纳金，并移送司法机关。

2. 扣缴义务人、纳税义务人和中介人根据第一条第三项的规定构成共同偷税的，其偷税数额占应缴税额 10% 以上并且数额在 1 万元以上的，在追缴所偷税款的同时加收滞纳金，将三者一并移送司法机关。

3. 中介人根据第一条第四项的规定有偷税行为，偷税数额占应纳税额 10% 以上并且数额在 1 万元以上的，由税务机关追缴其所偷税款的同时加收滞纳金，并移送司法机关。

4. 扣缴义务人、纳税义务人和中介人偷税行为依据上述 1 至 3 项的规定未构成犯罪的，由税务机关追缴其所偷税款的同时加收滞纳金，并处以偷税数额 5 倍以下的罚款。

三、关于扣缴义务人的认定

扣缴义务人的认定，按照个人所得税法的规定，向个人支付所得的单位和个人为扣缴义务人。由于支付所得的单位和个人与取得所得的人之间有多重支付的现象，有时难以确定扣缴义务人。为保证全国执行的统一，现将认定标准规定为：凡税务机关认定对所得的支付对象和支付数额有决定权的单位和个人，即为扣缴义务人。

四、关于劳务报酬所得“次”的规定

个人所得税法实施条例第二十一条规定“属于同一项目连续性收入的，以一个月内取得的收入为一次”，考虑属地管辖与时间划定有交叉的特殊情况，统一规定以县(含县级市、区)为一地，其管辖内的一个月内的劳务服务为一次；当月跨县地域的，则应分别计算。

五、关于劳务报酬所得费用的计算与扣除

获取劳务报酬所得的纳税义务人从其收入中支付给中介人和相关人员的报酬，在定率扣除 20% 的费用后，一律不再扣除。对中介人和相关人员取得的上述报酬，应分别计征个人所得税。

六、在调查个人所得税偷税案件中，对纳税义务人收入取得地和居住地不在同一省级地区的，以纳税义务人、中介人居住地税务机关为主，案件涉及地区的税务机关应积极配合协助。经查证核实后查补的纳税义务人和中介人的税款、滞纳金和罚款，由其向居住地税务机关缴纳入库，其中 50% 划转给收入取得地的税务机关。

七、关于扣缴义务人未按规定扣缴税款的处理

扣缴义务人未扣缴或未足额扣缴纳税义务人应纳税款的，根据税收征管法第五章法律责任中第四十七条的规定进行处罚。纳税义务人在获取所得时，未同时获取完税证明或未获取足额的完税证明，根据通告及有关规定，应在次月七日内向税务机关申报收入，对不属于代付税款的，在申报的同时还要缴纳税款。

八、本通知自发布之日起执行，通知发布前已经处理的案件，不再变动；尚未处理或者正在处理的案件，一律适用本通知。

注释：

条款失效。第六条失效。参见：《国家税务总局关于公布全文失效废止　部分条款失效废止的税收规范性文件目录的公告》（国家税务总局公告2011年第2号）。

条款失效或废止。第一条、第二条、第七条失效或废止。参见：《国家税务总局关于发布已失效或废止的税收规范性文件目录的通知》（国税发〔2006〕62号）。

2－2－23

财政部　国家税务总局关于国际青少年消除贫困奖免征个人所得税的通知

1997年3月21日　财税字〔1997〕51号

中国青少年发展基金会：

你基金会《关于免除“国际青少年消除贫困奖”个人所得税的申请》收悉。经研究，现批复如下：

考虑到“国际青少年消除贫困奖”是由联合国开发计划署和中国青少年发展基金会共同设立，旨在表彰奖励在与贫困作斗争中取得突出成绩的青少年，根据《中华人民共和国个人所得税法》第四条第一款的规定，特对个人取得的“国际青少年消除贫困奖”，视同从国际组织取得的教育、文化方面的奖金，免予征收个人所得税。

2－2－24

国家税务总局关于外籍个人取得有关补贴征免个人所得税执行问题的通知

1997年4月9日　国税发〔1997〕54号

《中华人民共和国个人所得税法》及其实施条例和《财政部、国家税务总局关于个人所得税若干政策问题的通知》（财税字〔1994〕20号）就外籍个人取得有关补贴规定了免征个人所得税的范围，现就执行上述规定的具体界定及管理问题明确如下：

一、对外籍个人以非现金形式或实报实销形式取得的合理的住房补贴、伙食补贴和洗衣费免征个人所得税，应由纳税人在初次取得上述补贴或上述补贴数额、支付方式发生变化的月份的次月进行工资薪金所得纳税申报时，向主管税务机关提供上述补贴的有效凭证，由主管税务机关核准确认免税。

二、对外籍个人因到中国任职或离职，以实报实销形式取得的搬迁收入免征个人所得税，应由纳税人提供有效凭证，由主管税务机关审核认定，就其合理的部分免税。外商投资企业和外国企业在中国境内的机构、场所，以搬迁费名义每月或定期向其外籍雇员支付的费用，应计入工资薪金所得征收个人所得税。

三、对外籍个人按合理标准取得的境内、外出差补贴免征个人所得税，应由纳税人提供出差的交通费、住宿费凭证（复印件）或企业安排出差的有关计划，由主管税务机关确认免税。

四、对外籍个人取得的探亲费免征个人所得税，应由纳税人提供探亲的交通支出凭证（复印件），由主管税务机关审核，对其实际用于本人探亲，且每年探亲的次数和支付的标准合理的部分给予免税。

五、对外籍个人取得的语言培训费和子女教育费补贴免征个人所得税，应由纳税人提供在中国境内接受上述教育的支出凭证和期限证明材料，由主管税务机关审核，对其在中国境内接受语言培训以及子女在中国境内接受教育取得的语言培训费和子女教育费补贴，且在合理数额内的部分免予纳税。

注释：

政策调整。自2004年7月1日起，取消外籍个人住房、伙食等补贴免征个人所得税审批的后续管理中，外籍个人享受的免征个人所得税的补贴已经取消审批，本文的审批流程不再执行。参见：《国家税务总局关于取消及下放外商投资企业和外国企业以及外籍个人若干税务行政审批项目的后续管理问题的通知》（国税发〔2004〕80号）。

2－2－25

财政部 国家税务总局关于住房公积金、医疗保险金、养老保险金征收个人所得税问题的通知

1997年11月7日 财税字〔1997〕144号

根据国务院的统一部署，各地相继出台了住房制度、医疗保险制度和养老保险制度等改革的实施方案。现对改革制度涉及的住房公积金、医疗保险金、养老保险金征收个人所得税问题通知如下：

一、企业和个人按照国家或地方政府规定的比例提取并向指定金融机构实际缴付的住房公积金、医疗保险金、基本养老保险金，不计入个人当期的工资、薪金收入，免予征收个人所得税。超过国家或地方政府规定的比例缴付的住房公积金、医疗保险金、基本养老保险金，应将其超过部分并入个人当期的工资、薪金收入，计征个人所得税。

二、个人领取原提存的住房公积金、医疗保险金、基本养老保险金时，免予征收个人所得税。

三、企业以现金形式发给个人的住房补贴、医疗补助费，应全额计入领取人的当期工

资、薪金收入计征个人所得税。但对外籍个人以实报实销形式取得的住房补贴,仍按照《财政部、国家税务总局关于个人所得税若干政策问题的通知》[(94)财税字第 20 号]的规定,暂免征收个人所得税。

四、本通知从 1998 年 1 月 1 日起执行。原政策规定与本通知相抵触的,按本通知规定执行。

注释:

条款废止。第一条、第二条废止。参见:《财政部　国家税务总局关于基本养老保险费　基本医疗保险费　失业保险费　住房公积金有关个人所得税政策的通知》(财税〔2006〕10 号)。

2 -2 -26

国家税务总局关于个人从事医疗服务活动征收个人所得税问题的通知

1997 年 11 月 25 日　国税发〔1997〕178 号

为了加强对个人从事医疗服务活动个人所得税的征收管理,根据《中华人民共和国个人所得税法》(以下简称税法)及其实施条例的规定精神,现将一些具体问题明确如下:

一、个人经政府有关部门批准,取得执照,以门诊部、诊所、卫生所(室)、卫生院、医院等医疗机构形式从事疾病诊断、治疗及售药等服务活动,应当以该医疗机构取得的所得,作为个人的应纳税所得,按照"个体工商户的生产、经营所得"应税项目缴纳个人所得税。

个人未经政府有关部门批准,自行连续从事医疗服务活动,不管是否有经营场所,其取得与医疗服务活动相关的所得,按照"个体工商户的生产、经营所得"应税项目缴纳个人所得税。

各省、自治区、直辖市地方税务局可以根据本地实际情况,确定个体工商户业主的费用扣除标准。

二、对于由集体、合伙或个人出资的乡村卫生室(站),由医生承包经营,经营成果归医生个人所有,承包人取得的所得,比照"对企事业单位的承包经营、承租经营所得"应税项目缴纳个人所得税。

乡村卫生室(站)的医务人员取得的所得,按照"工资、薪金所得"应税项目缴纳个人所得税。

三、受医疗机构临时聘请坐堂门诊及售药,由该医疗机构支付报酬,或收入与该医疗机构按比例分成的人员,其取得的所得,按照"劳务报酬所得"应税项目缴纳个人所得税,以一个月内取得的所得为一次,税款由该医疗机构代扣代缴。

四、经政府有关部门批准而取得许可证(执照)的个人,应当在领取执照后 30 日内向当地主管税务机关申报办理税务登记。未经政府有关部门批准而自行开业的个人,应当自开始医疗服务活动后30日内向当地主管税务机关申报办理税务登记。

以前的规定或答复与本文不符的,应以本文为准。

执行中有什么问题和建议,请及时向总局报告。

注释:

条款修改。根据《第十三届全国人民代表大会第一次会议关于国务院机构改革方案的决定》等有关规定,税收规范性文件规定的国税地税机关的职责和工作由新的税务机关承担。国家税务总局依据《税收规范性文件制定管理办法》(国家税务总局令第41号公布),对税收规范性文件进行了清理。参见:《国家税务总局关于修改部分税收规范性文件的公告》(国家税务总局公告2018年第31号)。

2-2-27

国家税务总局关于股份制企业转增股本和派发红股征免个人所得税的通知

1997年12月25日　国税发〔1997〕198号

近接一些地区和单位来文、来电请示,要求对股份制企业用资本公积金转增个人股本是否征收个人所得税的问题作出明确规定。经研究,现明确如下:

一、股份制企业用资本公积金转增股本不属于股息、红利性质的分配,对个人取得的转增股本数额,不作为个人所得,不征收个人所得税。

二、股份制企业用盈余公积金派发红股属于股息、红利性质的分配,对个人取得的红股数额,应作为个人所得征税。

各地要严格按照《国家税务总局关于印发〈征收个人所得税若干问题的规定〉的通知》(国税发〔1994〕89号)的有关规定执行,没有执行的要尽快纠正。派发红股的股份制企业作为支付所得的单位应按照税法规定履行扣缴义务。

2-2-28

财政部　国家税务总局关于个人转让股票所得继续暂免征收个人所得税的通知

1998年3月30日　财税字〔1998〕61号

为了配合企业改制,促进股票市场的稳健发展,经报国务院批准,从1997年1月1日起,对个人转让上市公司股票取得的所得继续暂免征收个人所得税。

2-2-29

财政部　国家税务总局关于个人取得体育彩票中奖所得征免个人所得税问题的通知

1998年4月27日　财税字〔1998〕12号

为了有利于动员全社会力量资助和发展我国的体育事业，经研究决定，对个人购买体育彩票中奖收入的所得税政策作如下调整：凡一次中奖收入不超过1万元的，暂免征收个人所得税；超过1万元的，应按税法规定全额征收个人所得税。

本规定自1998年4月1日起执行。

2-2-30

国家税务总局关于原城市信用社在转制为城市合作银行过程中个人股增值所得应纳个人所得税的批复

1998年5月15日　国税函发〔1998〕289号

重庆市地方税务局：

你局《重庆市地方税务局关于重庆市信用社在转制为重庆城市合作银行过程中个人股增值所得应纳个人所得税问题的请示》（渝地税发〔1998〕88号）收悉。经研究，现批复如下：

一、在城市信用社改制为城市合作银行过程中，个人以现金或股份及其他形式取得的资产评估增值数额，应当按"利息、股息、红利所得"项目计征个人所得税，税款由城市合作银行负责代扣代缴。

二、《国家税务总局关于股份制企业转增股本和派发红股征免个人所得税的通知》（国税发〔1997〕198号）中所表述的"资本公积金"是指股份制企业股票溢价发行收入所形成的资本公积金。将此转增股本由个人取得的数额，不作为应税所得征收个人所得税。而与此不相符合的其他资本公积金分配个人所得部分，应当依法征收个人所得税。

2 -2 -31

财政部　国家税务总局关于对中国科学院中国工程院资深院士津贴免征个人所得税的通知

1998 年 7 月 2 日　财税字〔1998〕118 号

为尊重知识、尊重人才,体现党和政府对老年院士的关心和爱护,对依据《国务院关于在中国科学院、中国工程院院士中实行资深院士制度的通知》(国发〔1998〕8 号)的规定,发给中国科学院资深院士和中国工程院资深院士每人每年 1 万元的资深院士津贴免予征收个人所得税。

2 -2 -32

国家税务总局关于生活补助费范围确定问题的通知

1998 年 9 月 25 日　国税发〔1998〕155 号

近据一些地区反映,《中华人民共和国个人所得税法实施条例》第十四条所说的从福利费或者工会经费中支付给个人的生活补助费,由于缺乏明确的范围,在实际执行中难以具体界定,各地掌握尺度不一,须统一明确规定,以利执行。经研究,现明确如下:

一、上述所称生活补助费,是指由于某些特定事件或原因而给纳税人或其家庭的正常生活造成一定困难,其任职单位按国家规定从提留的福利费或者工会经费中向其支付的临时性生活困难补助。

二、下列收入不属于免税的福利费范围,应当并入纳税人的工资、薪金收入计征个人所得税:

(一)从超出国家规定的比例或基数计提的福利费、工会经费中支付给个人的各种补贴、补助;

(二)从福利费和工会经费中支付给单位职工的人人有份的补贴、补助;

(三)单位为个人购买汽车、住房、电子计算机等不属于临时性生活困难补助性质的支出。

三、以上规定从 1998 年 11 月 1 日起执行。

2－2－33

国家税务总局关于“长江学者奖励计划”有关个人收入免征个人所得税的通知

1998年10月27日　国税函发〔1998〕632号

近接教育部《关于申请“长江学者奖励计划”有关个人收入免纳个人所得税的函》(教人函〔1998〕23号)。为配合“211工程”建设,吸引和培养杰出人才,加速高校中青年学科带头人队伍建设,教育部和香港实业家李嘉诚先生共同筹资建立了“长江学者奖励计划”。该计划包括实行特聘教授岗位制度和设立“长江学者成就奖”两项内容。即是经过一定审核程序,在全国高等学校国家重点学科中,面向国内、外公开招聘学术造诣深、发展潜力大、具有领导本学科在其前沿领域赶超或保持国际先进水平能力的中青年杰出人才,作为特聘教授,在聘期内享受每年10万元人民币的特聘教授岗位津贴,同时享受学校按照国家有关规定提供的工资、保险、福利等待遇;特聘教授任职期间取得重大成就、作出重大贡献,将获得由教育部会同李嘉诚先生审定并公布的每年一次的“长江学者成就奖”,每次一等奖1名,奖金为100万元人民币,二等奖30名,每人奖金为50万元人民币。教育部提出对特聘教授岗位津贴和“长江学者成就奖”的奖金给予免征个人所得税照顾。根据上述情况,经研究,现通知如下:

一、按照个人所得税法的规定,特聘教授取得的岗位津贴应并入其当月的工资、薪金所得计征个人所得税,税款由所在学校代扣代缴。

二、为了鼓励特聘教授积极履行岗位职责,带领本学科在其前沿领域赶超或保持国际先进水平,对特聘教授获得“长江学者成就奖”的奖金,可视为国务院部委颁发的教育方面的奖金,免予征收个人所得税。

教育部在颁发“长江学者成就奖”之前,将获奖人员名单及有关情况报我局一份,由我局通知有关地区免予征税。

2－2－34

国家税务总局关于社会力量办学征收个人所得税问题的批复

1998年12月7日　国税函发〔1998〕738号

安徽省地方税务局:

你局《关于对社会力量办学征收个人所得税问题的请示》(皖地税〔1998〕350号)收悉。文中反映,自1997年10月1日《社会力量办学条例》(国务院令226号)施行以来,由于该条例规定有“社会力量举办教育机构不得以营利为目的,教育机构的积累只能用于增加教育投入和改善办学条件，不得用于分配和校外投资”等内容，引起个人办学者、税务机关就是否缴纳个人所得税问题产生争议。对此问题，经研究，现批复如下：

《中华人民共和国个人所得税法》及其实施条例规定，对于个人经政府有关部门批准，取得执照，从事办学取得的所得，应按“个体工商户的生产、经营所得”应税项目计征个人所得税。据此，对于个人办学者取得的办学所得用于个人消费的部分，应依法计征个人所得税。

2－2－35

国家税务总局关于个人所得税有关政策问题的通知

1999年4月9日　国税发〔1999〕58号

近接一些地区请示，要求对个人所得税有关政策做出规定。经研究，现明确如下：

一、关于企业减员增效和行政、事业单位、社会团体在机构改革过程中实行内部退养办法人员取得收入征税问题。

实行内部退养的个人在其办理内部退养手续后至法定离退休年龄之间从原任职单位取得的工资、薪金，不属于离退休工资，应按“工资、薪金所得”项目计征个人所得税。

个人在办理内部退养手续后从原任职单位取得的一次性收入，应按办理内部退养手续后至法定离退休年龄之间的所属月份进行平均，并与领取当月的“工资、薪金”所得合并后减除当月费用扣除标准，以余额为基数确定适用税率，再将当月工资、薪金加上取得的一次性收入，减去费用扣除标准，按适用税率计征个人所得税。

个人在办理内部退养手续后至法定离退休年龄之间重新就业取得的“工资、薪金”所得，应与其从原任职单位取得的同一月份的“工资、薪金”所得合并，并依法自行向主管税务机关申报缴纳个人所得税。

二、关于个人取得公务交通、通讯补贴收入征税问题

个人因公务用车和通讯制度改革而取得的公务用车、通讯补贴收入，扣除一定标准的公务费用后，按照“工资、薪金”所得项目计征个人所得税。按月发放的，并入当月“工资、薪金”所得计征个人所得税；不按月发放的，分解到所属月份并与该月份“工资、薪金”所得合并后计征个人所得税。

公务费用的扣除标准，由省级地方税务局根据纳税人公务交通、通讯费用的实际发生情况调查测算，报经省级人民政府批准后确定，并报国家税务总局备案。

三、关于个人取得无赔款优待收入征税问题

对于个人因任职单位缴纳有关保险费用而取得的无赔款优待收入，按照“其他所得”应税项目计征个人所得税。

对于个人自己缴纳有关商业保险费（保费全部返还个人的保险除外）而取得的无赔款优待收入，不作为个人的应纳税收入，不征收个人所得税。

注释:

条款废止。第三条自2019年1月1日起废止。参见:《财政部　税务总局关于个人取得有关收入适用个人所得税应税所得项目的公告》(财政部　税务总局公告2019年第74号)。

条款修改。根据《第十三届全国人民代表大会第一次会议关于国务院机构改革方案的决定》等有关规定,税收规范性文件规定的国税地税机关的职责和工作由新的税务机关承担。国家税务总局依据《税收规范性文件制定管理办法》(国家税务总局令第41号公布),对税收规范性文件进行了清理。参见:《国家税务总局关于修改部分税收规范性文件的公告》(国家税务总局公告2018年第31号)。

2-2-36

国家税务总局关于外国企业的董事在中国境内兼任职务有关税收问题的通知

1999年5月17日　国税函〔1999〕284号

近来,一些地方反映,有些外国企业的董事(长)或合伙人(在中国境内无住所的个人,下同)在中国境内该企业设立的机构、场所担任职务,应取得工资、薪金所得,但其申报仅以董事费名义或分红形式取得收入。现就对其应如何征收个人所得税的问题明确如下:

外国企业的董事或合伙人担任该企业设立在中国境内的机构、场所的职务,或者名义上不担任该机构、场所的职务,但实际上从事日常经营、管理工作,其在中国境内从事上述工作取得的工资、薪金所得,属于来源于中国境内的所得,应按照《中华人民共和国个人所得税法》及其实施条例和其他有关规定计算缴纳个人所得税。上述个人凡未申报或未如实申报其工资、薪金所得的,可比照《国家税务总局关于外商投资企业的董事担任直接管理职务征收个人所得税问题的通知》(国税发〔1996〕214号)第二条和第三条的规定核定其应取得的工资、薪金所得,并作为该中国境内机构、场所应负担的工资薪金确定纳税义务,计算应纳税额。

2-2-37

国家税务总局关于明确残疾人所得征免个人所得税范围的批复

1999年5月21日　国税函〔1999〕329号

河南省地方税务局:

你局《关于如何确定残疾人所得征免个人所得税的范围的请示》(豫地税函〔1999〕67

号)收悉。经研究,现批复如下:

根据《中华人民共和国个人所得税法》(以下简称税法)第五条第一款及其实施条例第十六条的规定,经省级人民政府批准可减征个人所得税的残疾、孤老人员和烈属的所得仅限于劳动所得,具体所得项目为:工资、薪金所得;个体工商户的生产经营所得;对企事业单位的承包经营、承租经营所得;劳务报酬所得;稿酬所得;特许权使用费所得。

税法第二条所列的其他各项所得,不属减征照顾的范围。

2－2－38

国家税务总局关于促进科技成果转化有关个人所得税问题的通知

1999年7月1日　国税发〔1999〕125号

为便于《财政部　国家税务总局关于促进科技成果转化有关税收政策的通知》(财税字〔1999〕45号)的贯彻执行,现将有关个人所得税的问题明确如下:

一、科研机构、高等学校转化职务科技成果以股份或出资比例等股权形式给予科技人员个人奖励,经主管税务机关审核后,暂不征收个人所得税。

为了便于主管税务机关审核,奖励单位或获奖人应向主管税务机关提供有关部门根据国家科委和国家工商行政管理局联合制定的《关于以高新技术成果出资入股若干问题的规定》(国科发政字〔1997〕326号)和科学技术部和国家工商行政管理局联合制定的《〈关于以高新技术成果出资入股若干问题的规定〉实施办法》(国科发政字〔1998〕171号)出具的《出资入股高新技术成果认定书》、工商行政管理部门办理的企业登记手续及经工商行政管理机关登记注册的评估机构的技术成果价值评估报告和确认书。不提供上述资料的,不得享受暂不征收个人所得税优惠政策。

上述科研机构是指按中央机构编制委员会和国家科学技术委员会《关于科研事业单位机构设置审批事项的通知》(中编办发〔1997〕14号)的规定设置审批的自然科学研究事业单位机构。

上述高等学校是指全日制普通高等学校(包括大学、专门学院和高等专科学校)。

二、在获奖人按股份、出资比例获得分红时,对其所得按"利息、股息、红利所得"应税项目征收个人所得税。

三、获奖人转让股权、出资比例,对其所得按"财产转让所得"应税项目征收个人所得税,财产原值为零。

四、享受上述优惠政策的科技人员必须是科研机构和高等学校的在编正式职工。

附件:1. 中央机构编制委员会办公室、国家科学技术委员会关于科研事业单位机构设置审批事项的通知(编者略)

2. 国家科委、国家工商行政管理局关于印发《关于以高新技术成果出资入股若干问题的规定》的通知(编者略)

3. 科学技术部、国家工商行政管理局关于印发《〈关于以高新技术成果出资入股若干问题的规定〉实施办法》的通知(编者略)

注释：

政策调整。第一条规定的“科研机构、高等学校转化职务科技成果以股份或出资比例等股权形式给予个人奖励,经主管税务机关审核后,暂不征收个人所得税。”的审核权自2007年8月1日起停止执行。参见:《国家税务总局关于取消促进科技成果转化暂不征收个人所得税审核权有关问题的通知》(国税函〔2007〕833号)。

2-2-39

国家税务总局关于“特聘教授奖金”免征个人所得税的通知

1999年8月3日　国税函〔1999〕525号

近接教育部来函,称由教育部与香港实业家李嘉诚先生及其领导的长江基建(集团)有限公司合作建立的“长江学者奖励计划”实施高等教育特聘教授岗位制度,根据教育部1999年6月10日印发的《高等学校特聘教授岗位制度实施办法》规定,“特聘教授在聘期内享受特聘教授奖金”,标准为每人每年10万元人民币,要求对其免予征收个人所得税。经研究,现通知如下:

一、根据个人所得税法第四条第一项的有关规定,对教育部颁发的“特聘教授奖金”免予征收个人所得税。

二、本通知自文到之日起执行。对文到之日前已征个人所得税的,不再退税。

三、各地应加强对该免税项目的监管,要求设岗的高等学校将聘任的特聘教授名单、聘任合同及发放奖金的情况报当地主管税务机关。

2-2-40

国家税务总局关于纠正在征收利息、股息、红利所得个人所得税时扣除同期银行储蓄存款利息做法的通知

1999年9月28日　国税发〔1999〕181号

现行个人所得税法自1994年实施以来,一些地区出于种种考虑,超越权限规定股份制企业分配的股息、红利和企业债券利息以及企事业单位集资利息扣除同期银行储蓄存款利息后征收个人所得税。

根据九届全国人大常委会第十一次会议审议通过的《全国人大常委会关于修订个人所得税法的决定》的规定，国家恢复对储蓄存款利息所得征收个人所得税。为统一税收政策，严格执法，保证储蓄存款利息所得征税工作的顺利进行，各地自定的对“利息、股息、红利”所得征收个人所得税的规定，凡与个人所得税法不一致的，一律停止执行，由各地税务机关或提请当地政府立即发文纠正。今后，各地应严格按照税法的统一规定执行，不得再擅开减免税口子。

2－2－41

国家税务总局关于印发《储蓄存款利息所得个人所得税征收管理办法》的通知

1999年10月8日　国税发〔1999〕179号

（通知略）

储蓄存款利息所得个人所得税征收管理办法

第一条　根据《中华人民共和国个人所得税法》、《中华人民共和国税收征收管理法》和国务院关于《对个人储蓄存款利息所得征收个人所得税的实施办法》（以下简称《实施办法》）的有关规定，特制定本办法。

第二条　储蓄存款利息所得个人所得税以取得储蓄存款利息所得的个人为纳税义务人，以办理结付个人储蓄存款利息的储蓄机构为扣缴义务人。扣缴义务人区分不同情况具体规定如下：

一、内资商业银行以支行或相当于支行的储蓄机构为扣缴义务人。经各省、自治区、直辖市和计划单列市国家税务局批准，扣缴义务人所扣税款或由其上一级机构汇总向其所在地主管税务机关申报缴纳。

二、城市信用社和农村信用社以独立核算的单位为扣缴义务人。

三、外资银行以设在中国境内的分行为扣缴义务人。

四、邮政储蓄机构以县级邮政局为扣缴义务人。

根据上述规定难以认定扣缴义务人的，由省、自治区、直辖市和计划单列市国家税务局依据便于扣缴义务人操作和税务机关征收管理、有利于明确扣缴义务人法律责任的原则进行认定。

第三条　凡办理个人储蓄业务的储蓄机构，在向个人结付储蓄存款利息时，应依法代扣代缴其应缴纳的个人所得税税款。

前款所称结付储蓄存款利息，是指向个人储户支付利息、结息日和办理存款自动转存业务时结息。

第四条 扣缴义务人应指定财务会计部门或其他有关部门的专门人员,具体负责扣缴税款的纳税申报及有关事宜。人员发生变动时,应将名单及时报告主管税务机关。

第五条 扣缴义务人在代扣税款时,应当在给储户的利息清单上注明已扣税款的数额。注明已扣税款的利息清单视同完税证明,除另有规定者外,不再开具代扣代收税款凭证。

第六条 扣缴义务人应扣未扣税款的,由扣缴义务人缴纳应扣未扣税款以及相应的滞纳金。其应纳税款按下列公式计算:

应纳税所得额 = 结付的利息额 ÷ (1 - 税率)

应纳税额 = 应纳税所得额 × 适用税率

第七条 扣缴义务人每月所扣的税款,应当在次月7日内缴入中央金库,并向主管税务机关报送《储蓄存款利息所得扣缴个人所得税报告表》和主管税务机关要求报送的其他有关资料;所扣税款为外币的,应当按照缴款上一月最后一日中国人民银行公布的人民币基准汇价折算成人民币,以人民币缴入国库。

第八条 现有储蓄机构,符合本办法第二条规定的,应于《实施办法》公布后至11月1日前到当地主管税务机关办理扣缴税款登记;11月1日后成立的储蓄机构,凡符合本办法第二条规定的,应自中国人民银行批准开业之日起30日内,到当地主管税务机关办理扣缴税款登记。

第九条 税务机关应依法对扣缴义务人的代扣代缴税款情况进行检查,扣缴义务人必须如实反映有关情况,提供有关资料,不得拒绝或隐瞒。

税务机关在依法检查中了解的情况,应依照《中华人民共和国商业银行法》的有关规定,为储户保密。

第十条 主管税务机关应对扣缴义务人登记建档,建立收入统计台账,及时对征收情况进行总结、分析和预测。

第十一条 其他征管事项,依照《中华人民共和国个人所得税》及其实施条例、《中华人民共和国税收征收管理法》及其实施细则和《个人所得税代扣代缴暂行办法》的有关规定执行。

第十二条 各省、自治区、直辖市国家税务局可以根据本办法规定的原则,结合本地实际,制定具体实施办法,并报国家税务总局备案。

第十三条 本办法由国家税务总局负责解释。

第十四条 本办法自发布之日起执行。

附件:储蓄存款利息所得扣缴个人所得税报告表(编者略)

2－2－42

国家税务总局关于储蓄存款利息所得征收个人所得税若干业务问题的通知

1999年10月8日 国税发〔1999〕180号

为了更好地贯彻执行国务院《对储蓄存款利息所得征收个人所得税的实施办法》(以下简称《实施办法》),根据《中华人民共和国个人所得税法》及《实施办法》的规定精神,现对储蓄存款利息所得征收个人所得税的一些具体业务问题明确如下:

一、关于储蓄存款利息所得的范围问题

根据《实施办法》的规定,凡个人直接从各商业银行、城市信用合作社、农村信用合作社办理储蓄业务的机构以及邮政企业依法办理储蓄业务的机构取得的储蓄存款利息所得,应按照《实施办法》的有关规定计算缴纳储蓄存款利息所得个人所得税,由国家税务局负责征收管理;个人取得的其他利息所得应按"利息、股息、红利所得"应税项目计算缴纳个人所得税,由地方税务局负责征收管理。

二、关于外币储蓄的范围问题

《实施办法》所称外币储蓄包括外币现钞和外币现汇储蓄。个人取得的外币现钞储蓄和外币现汇储蓄存款利息所得均应依照《实施办法》的有关规定计算缴纳个人所得税。

三、关于教育储蓄问题

根据《实施办法》第五条的规定,个人按照中国人民银行《关于同意〈中国工商银行教育储蓄试行办法〉的批复》(银复〔1999〕124号)的规定,在中国工商银行开设教育储蓄存款专户,并享受利率优惠的存款,其所取得的利息免征储蓄存款利息所得个人所得税。有关储蓄机构应对教育储蓄情况进行详细记录,以备税务机关查核。记录的内容应包括:储户名称、证件名称及号码、储蓄金额、储蓄起止日期、利率、利息。

四、关于存本取息的征税问题

存本取息定期储蓄存款是一种一次存入本金,存期内分次支取利息,到期归还本金的定期储蓄存款。根据国务院《实施办法》的规定,储户在每次支取利息时,储蓄机构应依法代扣代缴税款。但考虑到储户如提前支取本金,其实际分期已取得的利息所得可能大于按储蓄机构有关规定计算应取得的利息所得,故存本取息定期储蓄存款可以在存款到期清户或储户提前支取本金时统一代扣代缴个人所得税税款。

五、关于有关储蓄业务扣缴义务人的认定问题

(一)异地托收储蓄

对个人储户取得的异地托收储蓄存款利息所得,应由原开户行在结付其利息所得时代扣代缴个人所得税。但定期存款未到期,异地托收续存的,应由委托行在结付其利息所得时代扣代缴个人所得税。

（二）通存通兑储蓄

个人储户取得通存通兑储蓄存款利息所得，应由原开户行在结付其利息所得时代扣代缴个人所得税；代理行在兑付税后利息时，应向储户开具注明已扣税款的利息清单。

六、关于活期储蓄存款和银行卡的扣税问题

储蓄机构在对个人活期储蓄和银行卡储蓄存款结息时，应依法代扣代缴个人所得税，储蓄机构在代扣税款时可不开具注明代扣税款的利息结算清单。但当活期存款的储户存取存款时，储蓄机构应在其存折上注明已扣税款的数额；银行卡储蓄结息时，应在对账单上注明已扣税款的数额。

七、关于自动转存储蓄存款的扣税问题

储蓄机构在办理自动转存业务时，必须依照《实施办法》的有关规定，在每次转存结付利息时代扣代缴储户应缴纳的个人所得税税款。对由于计算机程序修改、调试的原因，储蓄机构在2000年6月1日前办理的自动转存业务，在每次转存结付利息时代扣代缴税款有困难的，可以在个人储户存款到期清户环节统一代扣代缴其应缴纳的个人所得税税款。

八、关于税收协定国家居民的征税问题

1. 来自税收协定缔约国的居民从中国境内储蓄机构取得的储蓄存款利息所得，应按税收协定规定的税率征收个人所得税。

2. 税收协定缔约国居民应到当地主管税务机关领取并填报《外国居民享受避免双重征税协定的待遇申请表》（表样见《国家税务总局关于修改〈外国居民享受避免双重征税协定的待遇申请表〉的通知》国税函发〔1995〕89号），主管税务机关依照原财政部税务总局《关于执行税收协定若干条文解释的通知》（[86]财税协字第15号）的规定审核确认后，准予享受有关税收协定的待遇。

3. 取得储蓄存款利息所得的税收协定，缔约国居民应填报上述《申请表》一式两份，一并送交储蓄机构，由储蓄机构报送当地主管税务机关。经当地主管税务机关审核确认后，退还储蓄机构一份据以执行。

附件：中国人民银行关于同意《中国工商银行教育储蓄试行办法》的批复（编者略）

注释：

政策调整。储蓄存款在2008年10月9日后（含10月9日）孳生的利息所得，暂免征收个人所得税。参见：《财政部　国家税务总局关于储蓄存款利息所得有关个人所得税政策的通知》（财税〔2008〕132号）。

2－2－43

国家税务总局关于做好储蓄存款利息所得个人所得税代扣代缴义务人登记工作的紧急通知

1999年10月8日 国税发〔1999〕188号

为确保对储蓄存款利息所得个人所得税征收管理工作的顺利进行，根据国务院关于《对储蓄存款利息所得征收个人所得税的实施办法》（以下简称《实施办法》）和《国家税务总局关于印发〈税务登记管理办法〉的通知》（国税发〔1998〕81号）的有关规定，现就切实做好储蓄存款利息所得个人所得税代扣代缴义务人登记工作的有关事项通知如下：

一、根据《实施办法》和国家税务总局关于《储蓄存款利息所得个人所得税征收管理办法》的规定，负有代扣代缴储蓄存款利息所得个人所得税义务的储蓄机构，必须于《实施办法》公布后至11月1日前到当地主管税务机关申报办理扣缴税款登记，并填写储蓄存款利息所得个人所得税代扣代缴税款登记申请表（表样附后）；11月1日后新成立的储蓄机构，凡符合扣缴义务人条件的，应自批准开业之日起30日内，到当地主管税务机关申报办理扣缴税款登记。

二、扣缴义务人发生单位名称、地址、所属储蓄网点变更或增减时，应于上述情况发生变动后15日内到主管税务机关进行变更或重新登记。

三、扣缴义务人发生解散、破产、撤销以及其他情形，依法终止个人所得税代扣代缴义务的，应在向工商行政管理机关申请办理注销登记之前，向原个人所得税代扣代缴登记管理机关申报办理个人所得税代扣代缴注销登记。扣缴义务人在办理注销登记前，还须向税务机关结清应缴税款、滞纳金、罚款并交回有关税务证件。

四、扣缴义务人申报办理扣缴税款登记时，应当出示以下证件和资料：

（一）营业执照或其他核准执业证件、统一代码证书及其他合法证件；

（二）扣缴义务人的银行账号证明；

（三）省、自治区、直辖市国家税务局要求提供的其他有关证件、资料。

五、对扣缴义务人填报的代扣代缴税款登记申请表、提供的证件和资料，税务机关应当自受理之日起30日内审核完毕。符合规定的，予以登记并发给代扣代缴税款登记表。登记表使用《国家税务总局关于换发税务登记证件的通知》（国税发〔1999〕78号）附件3中的“个人所得税代扣代缴税款登记表”。

六、为了使扣缴义务人正确履行扣缴税款义务，明确有关权利和责任，主管税务机关应在进行扣缴登记的同时，向扣缴义务人发放《扣缴义务人须知》。《扣缴义务人须知》应包括计算应扣税款的有关规定、税款缴纳期限和程序、扣缴义务人和主管税务机关的权利、义务和法律责任等内容。《扣缴义务人须知》由各省、自治区、直辖市和计划单列市国家税务局设计印制。

对储蓄存款利息所得征收个人所得税的工作政策性强，涉及面广，而做好扣缴义务人的登记工作则是进行有效征收管理的基础，因此，希望各级税务机关接此通知后，立即行动起来，按照通知要求扎扎实实地做好储蓄存款利息所得个人所得税代扣代缴义务人的登记工作。

储蓄存款利息所得个人所得税代扣代缴税款登记申请表

单位名称		所属储蓄网点数量	
地　　址		邮政编码	
法人代表或负责人姓名		联系电话	
财务负责人		联系电话	
办 税 员		联系电话	
开户银行		账　　号	
代扣代缴单位签章	年　　月　　日		
主管税务机关审核意见			

注："所属储蓄网点数量"栏应附各储蓄网点的名称和详细地址清单。

2－2－44

财政部　国家税务总局关于住房公积金、医疗保险金、基本养老保险金、失业保险基金个人账户存款利息所得免征个人所得税的通知

1999年10月8日　财税字〔1999〕267号

根据国务院《对储蓄存款利息所得征收个人所得税的实施办法》第五条"对个人取得的教育储蓄存款利息所得以及国务院财政部门确定的其他专项储蓄存款或者储蓄性专项基金存款的利息所得，免征个人所得税"的规定，为了保证和支持社会保障制度和住房制度改革的顺利实施，现明确按照国家或省级地方政府规定的比例缴付的下列专项基金或资金存入银行个人账户所取得的利息收入免征个人所得税：

一、住房公积金；

二、医疗保险金；

三、基本养老保险金；

四、失业保险基金。

2－2－45

国家税务总局关于外籍个人和港澳台居民个人储蓄存款利息所得个人所得税有关问题的通知

1999年10月25日　国税发〔1999〕201号

接中国银行《关于办理代扣代缴储蓄利息所得税有关问题的请示》（中银零〔1999〕159号），经研究，现将外籍个人和港澳台居民个人储蓄存款利息所得个人所得税的有关问题通知如下：

一、根据《维也纳外交关系公约》的有关规定，外国驻华使领馆外交官及有相当于外交官身份的人员在中国境内储蓄机构取得的储蓄存款利息所得，不属于该公约规定的免税范围，应征收储蓄存款利息所得个人所得税。

二、外国居民取得的储蓄存款利息所得，可以享受有关税收协定规定的限制税率待遇，但须按有关规定填报《外国居民享受避免双重征税协定待遇申请表》。1999年11月1日对个人储蓄存款利息所得开始征税后，取得储蓄存款利息所得的外国居民由于种种原因未能填报《外国居民享受避免双重征税协定待遇申请表》的，自1999年11月1日至2000年10月31日止，可凭其护照或其他有效证件及居民国税务主管当局为其签发的居民证明，直接向储蓄机构办理享受税收协定待遇手续。储蓄机构审核，并将有关情况进行详细记录或留存有关证件的复印件后，直接按协定规定的限制税率代扣税款。从2000年11月1日起，外国居民享受税收协定待遇，必须按要求填报《外国居民享受避免双重征税协定待遇申请表》。

三、对非税收协定缔约国的居民和港澳台居民个人，取得的储蓄存款利息所得，应依照国务院《对储蓄存款利息所得征收个人所得税的实施办法》规定的税率征收税款。

附件：我国对外签订已生效避免双重征税协定关于利息所得适用税率一览表

附件

我国对外签订已生效避免双重征税协定关于利息所得适用税率一览表

序　号	国　家	生效日期	协定税率
1	日　本	1984.6.26	10%
2	美　国	1986.11.21	10%
3	法　国	1985.2.21	10%
4	英　国	1984.12.23	10%
5	比利时	1987.9.11	10%
6	德　国	1986.5.14	10%

续表

序号	国家	生效日期	协定税率
7	马来西亚	1986. 9. 14	10%
8	挪威	1986. 12. 21	10%
9	丹麦	1986. 10. 22	10%
10	新加坡	1986. 12. 21	10%
11	芬兰	1987. 12. 18	10%
12	加拿大	1986. 12. 29	10%
13	瑞典	1987. 1. 3	10%
14	新西兰	1986. 12. 27	10%
15	泰国	1986. 12. 29	10%
16	意大利	1989. 11. 14	10%
17	荷兰	1988. 3. 5	10%
18	捷克	1987. 12. 23	10%
19	波兰	1989. 1. 7	10%
20	澳大利亚	1990. 12. 28	10%
21	保加利亚	1990. 5. 25	10%
22	巴基斯坦	1989. 12. 27	10%
23	科威特	1990. 7. 20	5%
24	瑞士	1991. 9. 27	10%
25	塞浦路斯	1991. 10. 5	10%
26	西班牙	1992. 5. 20	10%
27	罗马尼亚	1992. 3. 5	10%
28	奥地利	1992. 11. 1	10%
29	巴西	1993. 1. 6	15%
30	蒙古	1992. 6. 23	10%
31	匈牙利	1994. 12. 31	10%
32	马耳他	1994. 3. 20	10%
33	卢森堡	1995. 7. 28	10%
34	韩国	1994. 9. 27	10%
35	俄罗斯	1997. 4. 10	10%
36	印度	1994. 11. 19	10%
37	毛里求斯	1995. 5. 4	10%
38	白俄罗斯	1996. 10. 3	10%
39	斯洛文尼亚	1995. 12. 27	10%
40	以色列	1995. 12. 22	10%
41	越南	1996. 10. 18	10%

续表

序　号	国　家	生效日期	协定税率
42	土耳其	1997.1.20	10%
43	乌克兰	1996.10.18	10%
44	亚美尼亚	1996.11.28	10%
45	牙买加	1997.3.15	7.5%
46	冰　岛	1997.2.5	10%
47	立陶宛	1996.10.18	10%
48	拉脱维亚	1997.1.27	10%
49	乌兹别克	1996.7.3	10%
50	南斯拉夫	1998.1.1	10%

2-2-46

国家税务总局关于远洋运输船员工资薪金所得个人所得税费用扣除问题的通知

1999年10月25日　国税发〔1999〕202号

近据反映，各地在对远洋运输船员（含国轮船员和外派船员，下同）工资、薪金所得征收个人所得税时，费用扣除标准掌握不一。为了统一个人所得税政策，维护税法的统一性，经研究，现进一步明确如下：

一、根据《中华人民共和国个人所得税法》及其实施条例的规定，对远洋运输船员取得的工资、薪金所得采取按年计算、分月预缴的方式计征个人所得税。

二、考虑到远洋运输具有跨国流动的特性，因此，对远洋运输船员每月的工资、薪金收入在统一扣除800元费用的基础上，准予再扣除税法规定的附加减除费用标准。

三、由于船员的伙食费统一用于集体用餐，不发给个人，故特案允许该项补贴不计入船员个人的应纳税工资、薪金收入。

本通知自2000年1月1日起执行。

注释：

条款废止。第二条自2019年1月1日起废止。参见：《全国人民代表大会常务委员会关于修改〈中华人民共和国个人所得税法〉的决定》（中华人民共和国主席令第9号）。

2－2－47

国家税务总局关于加强个人股东账户资金利息所得个人所得税征收管理工作的通知

1999年10月25日　国税函〔1999〕697号

近据有关部门反映，各地对个人股东账户资金利息所得个人所得税的征收管理普遍偏松，有些地区至今尚未对这一部分所得征收个人所得税，为加强个人股东账户资金利息所得个人所得税的征收管理，现将有关问题通知如下：

一、个人从证券公司股东账户取得的利息所得，应按照个人所得税法规定的“利息、股息、红利所得”应税项目缴纳个人所得税，税款由其开立股东账户的证券公司代扣代缴，征收管理工作由地方税务局负责。

二、1999年底前，各地税务机关应对辖区内证券公司个人股东账户资金利息所得代扣代缴个人所得税的情况进行一次全面检查，对应扣未扣税款的要按照《中华人民共和国税收征收管理法》的有关规定处理；对尚未办理个人股东账户资金利息所得代扣代缴个人所得税登记手续的证券公司要限期办理或补办有关手续。

注释：

条款失效或废止。第二条失效或废止。参见：《国家税务总局关于发布已失效或废止的税收规范性文件目录的通知》（国税发〔2006〕62号）。

2－2－48

国家税务总局关于储蓄存款利息所得个人所得税外币税款有关问题的通知

1999年10月25日　国税函〔1999〕698号

国务院《对储蓄存款利息所得征收个人所得税的实施办法》中规定，扣缴义务人所扣税款为外币的，应当按照缴款上一月最后一日中国人民银行公布的人民币基准汇价折算成人民币，以人民币缴入中央金库。目前，中国人民银行公布的只有美元、日元和港币三个币种对人民币的基准汇价。为了统一执行口径，现将其他外币折算人民币问题明确如下：

扣缴义务人所扣税款为美元、日元和港币以外的其他外币的，应当按照缴款上一月最后一日中国银行公布的人民币外汇汇率中的现钞买入价折算成人民币，以人民币缴入中央金库。

2 -2 -49

国家税务总局关于《储蓄存款利息所得扣缴个人所得税报告表》中有关问题的通知

1999 年 10 月 25 日　国税函〔1999〕699 号

根据国家税务总局关于《储蓄存款利息所得个人所得税征收管理办法》的规定,扣缴义务人每月缴纳所扣税款时,应向主管税务机关报送《储蓄存款利息所得扣缴个人所得税报告表》,为了统一填写口径,现将有关栏次的填列问题明确如下:

一、"本期结付利息存款金额"、"本期期末储蓄存款金额"应填列人民币和外币折合成人民币金额合计数。其中,外币折合成人民币金额应在"备注"栏中注明。

二、"本期结付利息额"应填列应税利息额。其中"本期结付利息额"中"外币折合人民币"金额应在"备注"栏中注明。

三、上述各栏次所填列的金额为外币折算成人民币的,折算方法如下:

(一)美元、日元、港币应按照缴款上一月最后一日中国人民银行公布的人民币基准汇价折算成人民币。

(二)其他外币应当按照缴款上一月最后一日中国银行公布的人民币外汇汇率中的现钞买入价折算成人民币。

2 -2 -50

国家税务总局关于外籍个人储蓄存款利息所得个人所得税有关问题的通知

1999 年 12 月 24 日　国税发〔1999〕245 号

最近,部分储蓄机构反映:在今年 12 月 20 日对活期储蓄存款结息时,因部分外籍个人储户的身份难以确认清楚,对其利息所得适用哪一级税率代扣个人所得税,具体操作中难以把握;此外,对外籍个人的联名存款利息所得,如果一方适用高税率,另一方适用低税率,最终适用哪一些税率征税,政策不明确。经研究,现将有关问题明确如下:

一、关于活期存款结息时的扣税问题

(一)储蓄机构对外籍个人的活期存款在 1999 年 12 月 20 日结息时,因无法鉴别储户的国籍,而对于税收协定缔约国储户确实无法按其适用的税率代扣代缴个人所得税的,储蓄机构可先按 20% 的税率代扣其应纳的税款,暂不向税务机关申报缴纳。同时发布国家税务总局公告(公告内容附后),要求享受税率优惠的税收协定缔约国储户必须在 2000 年 6 月

30 日前,持能证明其税收协定缔约国居民身份的有效证件到存储蓄款的储蓄机构确认身份,经身份确认后,按其适用的税率计算出应纳税款,并将多扣的税款退还储户,将应纳税款于次月 7 日内缴入国库。对未进行身份确认的外籍储户,储蓄机构应将按 20% 税率已扣的税款全部缴入国库。

(二)2000 年 6 月 30 日结息时,不再公告,储蓄机构按已掌握的储户身份直接依适用税率计算代扣代缴储蓄存款利息所得应纳的个人所得税。

(三)各地国税机关接此通知后,应迅速将文件精神传达各储蓄机构,并根据辖区内储蓄机构的网点数量尽快印制、张贴公告。

二、关于联名存款的扣税问题

联名存款的储户分别来自不同国家、适用不同税率的,由存款人区分各自存款的数额,并提供有关证明资料,证明其存款数额的区分合理的,经储蓄机构审核后,按各自适用的税率,代扣税款。不能提供足够证明资料的,储蓄机构应从高税率计算代扣代缴储户的应纳税款。

国家税务总局公告

根据九届全国人大常委会第 11 次会议的决定和国务院第 272 号令,从 1999 年 11 月 1 日起,我国恢复对储蓄存款利息所得征收个人所得税。按照有关规定,储蓄机构在 12 月 20 日对活期存款结息时,应依法代扣代缴储户应纳的个人所得税。为了正确执行我国政府与有关国家政府签订的税收协定,维护协定缔约国居民的合法权益,特公告如下:

一、凡在我国境内各内资商业银行、城乡信用社、邮政储蓄机构、外资银行等储蓄机构(以下简称储蓄机构)存有人民币、外币活期存款的外籍储户,应在 2000 年 6 月 30 日前,持能证明其税收协定缔约国居民身份的有效证件,到开立储蓄存款账户的储蓄机构办理确认税收协定缔约国居民身份的手续,以便对活期存款结息时,按照税收协定规定的税率计算代扣代缴储户应纳的储蓄存款利息所得个人所得税。

二、对 2000 年 6 月 30 日前,仍未到储蓄机构办理确认税收协定缔约国居民身份手续的外籍储户,各储蓄机构在对其活期存款结息时,一律按 20% 的法定税率计算代扣代缴储户应缴纳的储蓄存款利息所得个人所得税。

特此公告。

注释:

政策调整。储蓄存款在 2008 年 10 月 9 日后(含 10 月 9 日)孳生的利息所得,暂免征收个人所得税。参见:《财政部　国家税务总局关于储蓄存款利息所得有关个人所得税政策的通知》(财税〔2008〕132 号)。

2 -2 -51

国家税务总局关于《国家税务总局关于外籍个人和港澳台居民个人储蓄存款利息所得个人所得税有关问题的通知》的补充通知

2000 年 2 月 17 日　国税发〔2000〕31 号

关于外籍居民个人在我国取得储蓄存款利息所得享受其本国政府同我国政府签订的避免双重征税协定(以下简称"税收协定")待遇问题,我局曾于 1999 年 10 月 25 日以国税发〔1999〕201 号文予以明确。近期又有一些国家政府与我国政府签订的税收协定生效执行,为此特作补充通知如下:

自 2000 年 1 月 1 日起,我国政府同苏丹、爱沙尼亚和老挝政府的税收协定已分别生效执行;我国政府与原捷克斯洛伐克政府的税收协定已由现在的捷克政府和斯洛伐克政府分别继承。根据我国与上述国家的税收协定的有关规定,其居民个人从我国取得的储蓄存款利息所得应享受税收协定限制税率征税待遇,有关享受税收协定待遇的审核程序按《国家税务总局关于外籍个人和港澳台居民个人储蓄存款利息所得个人所得税有关问题的通知》(国税发〔1999〕201 号)执行。

附件:我国对外签订已生效的避免双重征税协定关于利息所得适用税率一览表补充表

附件

我国对外签订已生效的避免双重征税协定关于利息所得适用税率一览表补充表

序　号	国　　家	生效日期	协定税率
51	斯洛伐克	1987. 12. 23	10%
52	苏　　丹	2000. 1. 1	10%
53	爱沙尼亚	2000. 1. 1	10%
54	老　　挝	2000. 1. 1	10%

2-2-52

国家税务总局关于企业改组改制过程中个人取得的量化资产征收个人所得税问题的通知

2000年3月29日　国税发〔2000〕60号

根据国家有关规定，允许集体所有制企业在改制为股份合作制企业时可以将有关资产量化给职工个人。为了支持企业改组改制的顺利进行，对于企业在这一改革过程中个人取得量化资产的有关个人所得税问题，现明确如下：

一、对职工个人以股份形式取得的仅作为分红依据，不拥有所有权的企业量化资产，不征收个人所得税。

二、对职工个人以股份形式取得的拥有所有权的企业量化资产，暂缓征收个人所得税；待个人将股份转让时，就其转让收入额，减除个人取得该股份时实际支付的费用支出和合理转让费用后的余额，按“财产转让所得”项目计征个人所得税。

三、对职工个人以股份形式取得的企业量化资产参与企业分配而获得的股息、红利，应按“利息、股息、红利”项目征收个人所得税。

2-2-53

国家税务总局关于律师事务所从业人员取得收入征收个人所得税有关业务问题的通知

2000年8月23日　国税发〔2000〕149号

为了规范和加强律师事务所从业人员个人所得税的征收管理，现将有关问题明确如下：

一、律师个人出资兴办的独资和合伙性质的律师事务所的年度经营所得，从2000年1月1日起，停止征收企业所得税，作为出资律师的个人经营所得，按照有关规定，比照“个体工商户的生产、经营所得”应税项目征收个人所得税。在计算其经营所得时，出资律师本人的工资、薪金不得扣除。

二、合伙制律师事务所应将年度经营所得全额作为基数，按出资比例或者事先约定的比例计算各合伙人应分配的所得，据以征收个人所得税。

三、律师个人出资兴办的律师事务所，凡有《中华人民共和国税收征收管理法》第二十三条所列情形之一的，主管税务机关有权核定出资律师个人的应纳税额。

四、律师事务所支付给雇员(包括律师及行政辅助人员,但不包括律师事务所的投资者,下同)的所得,按“工资、薪金所得”应税项目征收个人所得税。

五、作为律师事务所雇员的律师与律师事务所按规定的比例对收入分成,律师事务所不负担律师办理案件支出的费用(如交通费、资料费、通讯费及聘请人员等费用),律师当月的分成收入按本条第二款的规定扣除办理案件支出的费用后,余额与律师事务所发给的工资合并,按“工资、薪金所得”应税项目计征个人所得税。

律师从其分成收入中扣除办理案件支出费用的标准,由各省级地方税务局根据当地律师办理案件费用支出的一般情况、律师与律师事务所之间的收入分成比例及其他相关参考因素,在律师当月分成收入的30%比例内确定。

六、兼职律师从律师事务所取得工资、薪金性质的所得,律师事务所在代扣代缴其个人所得税时,不再减除个人所得税法规定的费用扣除标准,以收入全额(取得分成收入的为扣除办理案件支出费用后的余额)直接确定适用税率,计算扣缴个人所得税。兼职律师应于次月7日内自行向主管税务机关申报两处或两处以上取得的工资、薪金所得,合并计算缴纳个人所得税。

兼职律师是指取得律师资格和律师执业证书,不脱离本职工作从事律师职业的人员。

七、律师以个人名义再聘请其他人员为其工作而支付的报酬,应由该律师按“劳务报酬所得”应税项目负责代扣代缴个人所得税。为了便于操作,税款可由其任职的律师事务所代为缴入国库。

八、律师从接受法律事务服务的当事人处取得的法律顾问费或其他酬金,均按“劳务报酬所得”应税项目征收个人所得税,税款由支付报酬的单位或个人代扣代缴。

九、律师事务所从业人员个人所得税的征收管理,按照《中华人民共和国个人所得税法》及其实施条例、《中华人民共和国税收征收管理法》及其实施细则和《个人所得税代扣代缴暂行办法》、《个人所得税自行申报纳税暂行办法》等有关法律、法规、规章的规定执行。

十、本通知第一条、第二条、第三条自2000年1月1日起执行,其余自2000年9月1日起执行。各地可根据本通知的规定精神,结合本地实际,制定具体的征管办法。

注释:

条款修改。根据《第十三届全国人民代表大会第一次会议关于国务院机构改革方案的决定》等有关规定,税收规范性文件规定的国税地税机关的职责和工作由新的税务机关承担。国家税务总局依据《税收规范性文件制定管理办法》(国家税务总局令第41号公布),对税收规范性文件进行了清理。参见:《国家税务总局关于修改部分税收规范性文件的公告》(国家税务总局公告2018年第31号)。

条款废止。第八条自2013年1月1日起废止。参见:《国家税务总局关于律师事务所从业人员有关个人所得税问题的公告》(国家税务总局公告2012年第53号)。

条款废止。第三条废止。参见:《国家税务总局关于公布全文失效废止 部分条款失效废止的税收规范性文件目录的公告》(国家税务总局公告2011年第2号)。

2－2－54

国家税务总局关于"长江小小科学家"奖金免征个人所得税的通知

2000年9月4日　国税函〔2000〕688号

近接教育部来函,称由教育部和李嘉诚基金会主办、中国科协承办"长江小小科学家"活动,奖励全国(包括香港、澳门特别行政区)初中、高中、中等师范学校、中等专业学校、职业中学、技工学校的在校学生近年来完成的,并申报参加全国评选和展示的获奖优秀科技创新和科学研究项目。每次活动评出一等奖1名,奖金为25万元人民币(其中奖励学生个人5万元人民币,奖励学生所在学校20万元人民币);二等奖25名,奖金为6万元人民币(其中奖励学生个人1万元人民币,奖励学生所在学校5万元人民币);三等奖50名,奖金为3.5万元人民币(其中奖励学生个人5千元人民币,奖励学生所在学校3万元人民币);提名奖100名,奖金为9千元人民币(其中奖励学生个人1500元人民币,奖励学生所在学校7500元人民币)。教育部为此申请对上述奖金免征个人所得税。经研究,现通知如下:

根据《中华人民共和国个人所得税法》第四条第一款关于国务院部委颁发的科学等方面的奖金免税的规定,对学生个人参与"长江小小科学家"活动并获得的奖金,免予征收个人所得税。

2－2－55

财政部　国家税务总局关于印发《关于个人独资企业和合伙企业投资者征收个人所得税的规定》的通知

2000年9月19日　财税〔2000〕91号

(通知略)

附件:1. 关于个人独资企业和合伙企业投资者征收个人所得税的规定
　　2. 个人独资企业和合伙企业投资者个人所得税申报表(编者略)
　　3. 合伙企业投资者个人所得税汇总申报表(编者略)
　　4. 《个人独资企业和合伙企业投资者个人所得税申报表》填报说明(编者略)
　　5. 《合伙企业投资者个人所得税汇总申报表》填报说明(编者略)

附件 1

关于个人独资企业和合伙企业投资者征收个人所得税的规定

第一条　为了贯彻落实《国务院关于个人独资企业和合伙企业征收所得税问题的通知》精神，根据《中华人民共和国个人所得税法》及其实施条例、《中华人民共和国税收征收管理法》及其实施细则的有关规定，特制定本规定。

第二条　本规定所称个人独资企业和合伙企业是指：

（一）依照《中华人民共和国个人独资企业法》和《中华人民共和国合伙企业法》登记成立的个人独资企业、合伙企业；

（二）依照《中华人民共和国私营企业暂行条例》登记成立的独资、合伙性质的私营企业；

（三）依照《中华人民共和国律师法》登记成立的合伙制律师事务所；

（四）经政府有关部门依照法律法规批准成立的负无限责任和无限连带责任的其他个人独资、个人合伙性质的机构或组织。

第三条　个人独资企业以投资者为纳税义务人，合伙企业以每一个合伙人为纳税义务人（以下简称投资者）。

第四条　个人独资企业和合伙企业（以下简称企业）每一纳税年度的收入总额减除成本、费用以及损失后的余额，作为投资者个人的生产经营所得，比照个人所得税法的“个体工商户的生产经营所得”应税项目，适用 5% ~35% 的五级超额累进税率，计算征收个人所得税。

前款所称收入总额，是指企业从事生产经营以及与生产经营有关的活动所取得的各项收入，包括商品（产品）销售收入、营运收入、劳务服务收入、工程价款收入、财产出租或转让收入、利息收入、其他业务收入和营业外收入。

第五条　个人独资企业的投资者以全部生产经营所得为应纳税所得额；合伙企业的投资者按照合伙企业的全部生产经营所得和合伙协议约定的分配比例确定应纳税所得额，合伙协议没有约定分配比例的，以全部生产经营所得和合伙人数量平均计算每个投资者的应纳税所得额。

前款所称生产经营所得，包括企业分配给投资者个人的所得和企业当年留存的所得（利润）。

第六条　凡实行查账征税办法的，生产经营所得比照《个体工商户个人所得税计税办法（试行）》（国税发〔1997〕43 号）的规定确定。但下列项目的扣除依照本办法的规定执行：

（一）投资者的费用扣除标准，由各省、自治区、直辖市地方税务局参照个人所得税法“工资、薪金所得”项目的费用扣除标准确定。投资者的工资不得在税前扣除。

（二）企业从业人员的工资支出按标准在税前扣除，具体标准由各省、自治区、直辖市地方税务局参照企业所得税计税工资标准确定。

（三）投资者及其家庭发生的生活费用不允许在税前扣除。投资者及其家庭发生的生活费用与企业生产经营费用混合在一起，并且难以划分的，全部视为投资者个人及其家庭发生的生活费用，不允许在税前扣除。

（四）企业生产经营和投资者及其家庭生活共用的固定资产，难以划分的，由主管税务机关根据企业的生产经营类型、规模等具体情况，核定准予在税前扣除的折旧费用的数额或比例。

（五）企业实际发生的工会经费、职工福利费、职工教育经费分别在其计税工资总额的2%、14%、1.5%的标准内据实扣除。

（六）企业每一纳税年度发生的广告和业务宣传费用不超过当年销售（营业）收入2%的部分，可据实扣除；超过部分可无限期向以后纳税年度结转。

（七）企业每一纳税年度发生的与其生产经营业务直接相关的业务招待费，在以下规定比例范围内，可据实扣除：全年销售（营业）收入净额在1500万元及其以下的，不超过销售（营业）收入净额的5‰；全年销售（营业）收入净额超过1500万元的，不超过该部分的3‰。

（八）企业计提的各种准备金不得扣除。

第七条 有下列情形之一的，主管税务机关应采取核定征收方式征收个人所得税：

（一）企业依照国家有关规定应当设置但未设置账簿的；

（二）企业虽设置账簿，但账目混乱或者成本资料、收入凭证、费用凭证残缺不全，难以查账的；

（三）纳税人发生纳税义务，未按照规定的期限办理纳税申报，经税务机关责令限期申报，逾期仍不申报的。

第八条 第七条所说核定征收方式，包括定额征收、核定应税所得率征收以及其他合理的征收方式。

第九条 实行核定应税所得率征收方式的，应纳所得税额的计算公式如下：

应纳所得税额＝应纳税所得额×适用税率

应纳税所得额＝收入总额×应税所得率

或 ＝成本费用支出额÷（1－应税所得率）×应税所得率

应税所得率应按下表规定的标准执行：

应税所得率表

行　　业	应税所得率（%）
工业、交通运输业、商业	5～20
建筑业、房地产开发业	7～20
饮食服务业	7～25
娱乐业	20～40
其他行业	10～30

企业经营多业的，无论其经营项目是否单独核算，均应根据其主营项目确定其适用的应税所得率。

第十条 实行核定征税的投资者，不能享受个人所得税的优惠政策。

第十一条 企业与其关联企业之间的业务往来，应当按照独立企业之间的业务往来收取或者支付价款、费用。不按照独立企业之间的业务往来收取或者支付价款、费用，而减少其应纳税所得额的，主管税务机关有权进行合理调整。

前款所称关联企业，其认定条件及税务机关调整其价款、费用的方法，按照《中华人民共和国税收征收管理法》及其实施细则的有关规定执行。

第十二条 投资者兴办两个或两个以上企业的（包括参与兴办，下同），年度终了时，应汇总从所有企业取得的应纳税所得额，据此确定适用税率并计算缴纳应纳税款。

第十三条 投资者兴办两个或两个以上企业的，根据本规定第六条第一款规定准予扣除的个人费用，由投资者选择在其中一个企业的生产经营所得中扣除。

第十四条 企业的年度亏损，允许用本企业下一年度的生产经营所得弥补，下一年度所得不足弥补的，允许逐年延续弥补，但最长不得超过5年。

投资者兴办两个或两个以上企业的，企业的年度经营亏损不能跨企业弥补。

第十五条 投资者来源于中国境外的生产经营所得，已在境外缴纳所得税的，可以按照个人所得税法的有关规定计算扣除已在境外缴纳的所得税。

第十六条 企业进行清算时，投资者应当在注销工商登记之前，向主管税务机关结清有关税务事宜。企业的清算所得应当视为年度生产经营所得，由投资者依法缴纳个人所得税。

前款所称清算所得，是指企业清算时的全部资产或者财产的公允价值扣除各项清算费用、损失、负债、以前年度留存的利润后，超过实缴资本的部分。

第十七条 投资者应纳的个人所得税税款，按年计算，分月或者分季预缴，由投资者在每月或者每季度终了后7日内预缴，年度终了后3个月内汇算清缴，多退少补。

第十八条 企业在年度中间合并、分立、终止时，投资者应当在停止生产经营之日起60日内，向主管税务机关办理当期个人所得税汇算清缴。

第十九条 企业在纳税年度的中间开业，或者由于合并、关闭等原因，使该纳税年度的实际经营期不足12个月的，应当以其实际经营期为一个纳税年度。

第二十条 投资者应向企业实际经营管理所在地主管税务机关申报缴纳个人所得税。投资者从合伙企业取得的生产经营所得，由合伙企业向企业实际经营管理所在地主管税务机关申报缴纳投资者应纳的个人所得税，并将个人所得税申报表抄送投资者。

投资者兴办两个或两个以上企业的，应分别向企业实际经营管理所在地主管税务机关预缴税款。年度终了后办理汇算清缴时，区别不同情况分别处理：

（一）投资者兴办的企业全部是个人独资性质的，分别向各企业的实际经营管理所在地主管税务机关办理年度纳税申报，并依所有企业的经营所得总额确定适用税率，以本企业的经营所得为基础，计算应缴税款，办理汇算清缴；

（二）投资者兴办的企业中含有合伙性质的，投资者应向经常居住地主管税务机关申报纳税，办理汇算清缴，但经常居住地与其兴办企业的经营管理所在地不一致的，应选定其参与兴办的某一合伙企业的经营管理所在地为办理年度汇算清缴所在地，并在5年内不得变更。5年后需要变更的，须经原主管税务机关批准。

第二十一条 投资者在预缴个人所得税时，应向主管税务机关报送《个人独资企业和合伙企业投资者个人所得税申报表》，并附送会计报表。

年度终了后30日内,投资者应向主管税务机关报送《个人独资企业和合伙企业投资者个人所得税申报表》,并附送年度会计决算报表和预缴个人所得税纳税凭证。

投资者兴办两个或两个以上企业的,向企业实际经营管理所在地主管税务机关办理年度纳税申报时,应附注从其他企业取得的年度应纳税所得额;其中含有合伙企业的,应报送汇总从所有企业取得的所得情况的《合伙企业投资者个人所得税汇总申报表》,同时附送所有企业的年度会计决算报表和当年度已缴个人所得税纳税凭证。

第二十二条 投资者的个人所得税征收管理工作由地方税务局负责。

第二十三条 投资者的个人所得税征收管理的其他事项,依照《中华人民共和国税收征收管理法》、《中华人民共和国个人所得税法》的有关规定执行。

第二十四条 本规定由国家税务总局负责解释。各省、自治区、直辖市地方税务局可以根据本规定规定的原则,结合本地实际,制定具体实施办法。

第二十五条 本规定从2000年1月1日起执行。

注释:

条款废止。附件2至附件4自2013年8月1日起废止。参见:《国家税务总局关于发布个人所得税申报表的公告》(国家税务总局公告2013年第21号)。

条款修改。附件1第六条中第一项、第二项、第五项、第六项和第七项有修改。参见:1.《财政部 国家税务总局关于调整个体工商户业主、个人独资企业和合伙企业自然人投资者个人所得税费用扣除标准的通知》(财税〔2011〕62号)。2.《财政部 国家税务总局关于调整个体工商户、个人独资企业和合伙企业个人所得税税前扣除标准有关问题的通知》(财税〔2008〕65号)。

2-2-56

国家税务总局关于《关于个人独资企业和合伙企业投资者征收个人所得税的规定》执行口径的通知

2001年1月17日 国税函〔2001〕84号

各省、自治区、直辖市和计划单列市地方税务局:

为更好地贯彻落实财政部、国家税务总局《关于印发〈关于个人独资企业和合伙企业投资者征收个人所得税的规定〉的通知》(财税〔2000〕91号)(以下简称《通知》)精神,切实做好个人独资企业和合伙企业投资者个人所得税的征收管理工作,现对《通知》中有关规定的执行口径明确如下:

一、关于投资者兴办两个或两个以上企业,并且企业全部是独资性质的,其年度终了后汇算清缴时应纳税款的计算问题

投资者兴办两个或两个以上企业,并且企业性质全部是独资的,年度终了后汇算清缴

时，应纳税款的计算按以下方法进行：汇总其投资兴办的所有企业的经营所得作为应纳税所得额，以此确定适用税率，计算出全年经营所得的应纳税额，再根据每个企业的经营所得占所有企业经营所得的比例，分别计算出每个企业的应纳税额和应补缴税额。计算公式如下：

应纳税所得额 = Σ 各个企业的经营所得

应纳税额 = 应纳税所得额 × 税率 − 速算扣除数

本企业应纳税额 = 应纳税额 × 本企业的经营所得/Σ 各个企业的经营所得

本企业应补缴的税额 = 本企业应纳税额 − 本企业预缴的税额

二、关于个人独资企业和合伙企业对外投资分回利息、股息、红利的征税问题

个人独资企业和合伙企业对外投资分回的利息或者股息、红利，不并入企业的收入，而应单独作为投资者个人取得的利息、股息、红利所得，按“利息、股息、红利所得”应税项目计算缴纳个人所得税。以合伙企业名义对外投资分回利息或者股息、红利的，应按《通知》所附规定的第五条精神确定各个投资者的利息、股息、红利所得，分别按“利息、股息、红利所得”应税项目计算缴纳个人所得税。

三、关于个人独资企业和合伙企业由实行查账征税方式改为核定征税方式后，未弥补完的年度经营亏损是否允许继续弥补的问题

实行查账征税方式的个人独资企业和合伙企业改为核定征税方式后，在查账征税方式下认定的年度经营亏损未弥补完的部分，不得再继续弥补。

四、关于残疾人员兴办或参与兴办个人独资企业和合伙企业的税收优惠问题

残疾人员投资兴办或参与投资兴办个人独资企业和合伙企业的，残疾人员取得的生产经营所得，符合各省、自治区、直辖市人民政府规定的减征个人所得税条件的，经本人申请、主管税务机关审核批准，可按各省、自治区、直辖市人民政府规定减征的范围和幅度，减征个人所得税。

2 −2 −57

国家税务总局关于行政机关、事业单位工资发放方式改革后扣缴个人所得税问题的通知

2001 年 2 月 21 日　国税发〔2001〕19 号

根据目前国家对行政机关、事业单位工资发放方式改为由财政部门（或机关事务管理、人事等部门）统一集中发放的实际情况，为了避免扣缴税款的职责不清而导致税款流失，现将行政机关、事业单位工资发放方式改革后扣缴个人所得税问题明确如下：

一、行政机关、事业单位改革工资发放方式后，随着支付工资所得单位的变化，其扣缴义务人也有所变化。根据《中华人民共和国个人所得税法》第八条的规定，凡是有向个人支付工薪所得行为的财政部门（或机关事务管理、人事等部门）、行政机关、事业单位均为个人

所得税的扣缴义务人。

二、财政部门(或机关事务管理、人事等部门)向行政机关、事业单位工作人员发放工资时应依法代扣代缴个人所得税。行政机关、事业单位再向个人支付与任职、受雇有关的其他所得时,应将个人的这部分所得与财政部门(或机关事务管理、人事等部门)发放的工资合并计算应纳税所得额和应纳税额,并就应纳税额与财政部门(或机关事务管理、人事等部门)已扣缴税款的差额部分代扣代缴个人所得税。

三、各地要结合此次行政机关、事业单位工资发放方式的改革,全面办理扣缴登记,准确掌握本地行政机关、事业单位和财政部门(或机关事务管理、人事等部门)的户数,并对所有行政机关、事业单位、财政部门(或机关事务管理、人事等部门)扣缴个人所得税情况认真进行管理和检查,针对存在问题,研究制定进一步加强行政机关、事业单位工薪所得扣缴个人所得税征管工作的措施。

2－2－58

国家税务总局关于外籍个人取得的探亲费免征个人所得税有关执行标准问题的通知

2001年5月14日　国税函〔2001〕336号

近接一些地方反映,根据《国家税务总局关于外籍个人取得有关补贴免征个人所得税执行问题的通知》(国税发〔1997〕54号)第四条的规定,对外籍个人取得的探亲费免征个人所得税,应由纳税人提供探亲的交通支出凭证(复印件),由主管税务机关审核,对其实际用于本人探亲,且每年探亲的次数和支付的标准合理的部分给予免税。但在执行中,对如何掌握"每年探亲的次数和支付的标准合理的部分",要求予以进一步明确,现对此统一规定如下:

一、可以享受免征个人所得税优惠待遇的探亲费,仅限于外籍个人在我国的受雇地与其家庭所在地(包括配偶或父母居住地)之间搭乘交通工具且每年不超过2次的费用。

二、本通知自发文之日起执行,对于此前发生且尚未进行税务处理的探亲费也应按本通知执行。

2－2－59

财政部　国家税务总局关于个人与用人单位解除劳动关系取得的一次性补偿收入征免个人所得税问题的通知

2001 年 9 月 10 日　财税〔2001〕157 号

为进一步支持企业、事业单位、机关、社会团体等用人单位推进劳动人事制度改革，妥善安置有关人员，维护社会稳定，现对个人因与用人单位解除劳动关系而取得的一次性补偿收入征免个人所得税的有关问题通知如下：

一、个人因与用人单位解除劳动关系而取得的一次性补偿收入（包括用人单位发放的经济补偿金、生活补助费和其他补助费用），其收入在当地上年职工平均工资 3 倍数额以内的部分，免征个人所得税；超过的部分按照《国家税务总局关于个人因解除劳动合同取得经济补偿金征收个人所得税问题的通知》（国税发〔1999〕178 号）的有关规定，计算征收个人所得税。

二、个人领取一次性补偿收入时按照国家和地方政府规定的比例实际缴纳的住房公积金、医疗保险费、基本养老保险费、失业保险费，可以在计征其一次性补偿收入的个人所得税时予以扣除。

三、企业依照国家有关法律规定宣告破产，企业职工从该破产企业取得的一次性安置费收入，免征个人所得税。

本通知自 2001 年 10 月 1 日起执行。以前规定与本通知规定不符的，一律按本通知规定执行。对于此前已发生而尚未进行税务处理的一次性补偿收入也按本通知规定执行。

注释：

条款废止。第一条自 2019 年 1 月 1 日起废止。参见：《财政部　税务总局关于个人所得税法修改后有关优惠政策衔接问题的通知》（财税〔2018〕164 号）。

2－2－60

国家税务总局　中国人民银行关于修改储蓄存款利息所得个人所得税扣缴报告表和汇总报表的通知

2002 年 1 月 15 日　国税发〔2002〕7 号

各省、自治区、直辖市和计划单列市国家税务局，中国人民银行各分行、营业管理部、邮政储汇局、国有独资商业银行、其他商业银行：

为了进一步提高《储蓄存款利息所得个人所得税扣缴报告表》（以下简称扣缴报告表）和《储蓄存款利息所得个人所得税扣缴报告表汇总表》（以下简称汇总表）的填报质量，减轻填报工作量，我们在调查研究的基础上，简化了扣缴报告表和汇总表，并相应修改了两个表的填报要求。现就有关事项通知如下：

一、自2002年2月1日起，扣缴义务人（储蓄机构）应使用和填报修改后的扣缴报告表（表样及填写说明见附件1）。

各储蓄机构接此通知后，应着手将修改后的储蓄存款利息所得个人所得税扣缴报告表纳入计算机程序。从2002年5月1日起，扣缴义务人应报送计算机自动生成、打印的扣缴报告表，主管税务机关可以要求扣缴义务人报送电子报表。

二、自2002年2月1日起，税务机关应使用和填报修改后的汇总表（表样及填写说明见附件2）。汇总表上报国家税务总局的时间改为每半年上报一次，各省、自治区、直辖市和计划单列市国家税务局应分别于7月底前和次年1月底前将汇总表上报国家税务总局（所得税管理司）。

三、各商业银行总行和邮政储汇局应按照本通知要求，结合本系统的实际，认真做好本系统内扣缴报告表纳入计算机程序的修改和调试工作，增加计算机系统的统计和打印功能，保证自2002年5月1日起向主管税务机关报送计算机自动生成、打印的扣缴报告表。

四、各省、自治区、直辖市和计划单列市国家税务局应按照本通知的有关要求，抓紧印制新的扣缴报告表，并于2002年2月1日前发给扣缴义务人。

五、各级主管税务机关和中国人民银行各分行、营业管理部要加强对使用和填报新的扣缴报告表和汇总表有关工作的指导和监督，与各商业银行一道共同解决好工作中出现的问题和困难。国家税务总局和中国人民银行将于2002年适当时间，对各地使用和填报新的扣缴报告表和汇总表有关工作的进展情况进行检查。

附件：1. 储蓄存款利息所得扣缴个人所得税报告表（编者略）

2. 储蓄存款利息所得扣缴个人所得税报告表汇总表（编者略）

2－2－61

国家税务总局关于个人所得税若干业务问题的批复

2002年2月9日　国税函〔2002〕146号

北京市地方税务局：

你局《北京市地方税务局关于个人所得税若干问题的请示》（京地税个〔2001〕502号）收悉，经研究，现批复如下：

一、关于个人认购股票等有价证券而从雇主取得的折扣或补贴收入计算缴纳个人所得税的问题个人认购股票等有价证券时，从雇主取得的折扣或补贴收入，应按照《国家税务总局关于个人认购股票等有价证券而从雇主取得的折扣或补贴收入有关征收个人所得税问题的通知》（国税发〔1998〕9号）的规定进行处理。

二、关于财产租赁所得计算缴纳个人所得税时税前扣除有关税、费的次序问题

个人出租财产取得的财产租赁收入，在计算缴纳个人所得税时，应依次扣除以下费用：

（一）财产租赁过程中缴纳的税费；

（二）由纳税人负担的该出租财产实际开支的修缮费用；

（三）税法规定的费用扣除标准。

三、关于报刊、杂志、出版等单位的职员在本单位的刊物上发表作品、出版图书取得所得征税的问题

（一）任职、受雇于报刊、杂志等单位的记者、编辑等专业人员，因在本单位的报刊、杂志上发表作品取得的所得，属于因任职、受雇而取得的所得，应与其当月工资收入合并，按"工资、薪金所得"项目征收个人所得税。

除上述专业人员以外，其他人员在本单位的报刊、杂志上发表作品取得的所得，应按"稿酬所得"项目征收个人所得税。

（二）出版社的专业作者撰写、编写或翻译的作品，由本社以图书形式出版而取得的稿费收入，应按"稿酬所得"项目计算缴纳个人所得税。

四、关于在校学生参与勤工俭学活动取得的收入征收个人所得税的问题

在校学生因参与勤工俭学活动（包括参与学校组织的勤工俭学活动）而取得属于个人所得税法规定的应税所得项目的所得，应依法缴纳个人所得税。

注释：

条款失效。第二条失效。参见：《国家税务总局关于公布全文失效废止　部分条款失效废止的税收规范性文件目录的公告》（国家税务总局公告2011年第2号）。

条款修订。自2009年11月18日起，有关财产租赁所得个人所得税前扣除税费的扣除次序调整为：（一）财产租赁过程中缴纳的税费；（二）向出租方支付的租金；（三）由纳税人负担的租赁财产实际开支的修缮费用；（四）税法规定的费用扣除标准。参见：《国家税务总局关于个人转租房屋取得收入征收个人所得税问题的通知》（国税函〔2009〕639号）。

2－2－62

国家税务总局关于剧本使用费征收个人所得税问题的通知

2002年5月9日　国税发〔2002〕52号

各省、自治区、直辖市和计划单列市地方税务局：

为促进文化事业发展，丰富人民群众文化生活，经研究，现对电影、电视剧剧本作者取

得的剧本使用费征收个人所得税的政策调整如下:

对于剧本作者从电影、电视剧的制作单位取得的剧本使用费,不再区分剧本的使用方是否为其任职单位,统一按特许权使用费所得项目计征个人所得税。

本通知自2002年5月1日起执行,《国家税务总局关于影视演职人员个人所得税问题的批复》(国税函〔1997〕385号)中与本通知精神不符的规定,同时废止。

2-2-63

国家税务总局关于个人所得税若干政策问题的批复

2002年7月12日　国税函〔2002〕629号

黑龙江省地方税务局:

你局《关于个人所得税有关政策问题的请示》(黑地税发〔2002〕35号)收悉,经研究,现批复如下:

一、国家机关、事业单位、企业和其他单位在实行“双薪制”(按照国家有关规定,单位为其雇员多发放一个月的工资)后,个人因此而取得的“双薪”,应单独作为一个月的工资、薪金所得计征个人所得税。对上述“双薪”所得原则上不再扣除费用,应全额作为应纳税所得额按适用税率计算纳税,但如果纳税人取得“双薪”当月的工资、薪金所得不足800元的,应以“双薪”所得与当月工资、薪金所得合并减除800元后的余额作为应纳税所得额,计算缴纳个人所得税。

二、个人因参加企业的有奖销售活动而取得的赠品所得,应按“偶然所得”项目计征个人所得税。赠品所得为实物的,应以《中华人民共和国个人所得税法实施条例》第十条规定的方法确定应纳税所得额,计算缴纳个人所得税。税款由举办有奖销售活动的企业(单位)负责代扣代缴。

三、个人因从事彩票代销业务而取得所得,应按照“个体工商户的生产、经营所得”项目计征个人所得税。

四、在纳税人享受减免个人所得税优惠政策时,是否须经税务机关审核或批准,应按照以下原则执行:

(一)税收法律、行政法规、部门规章和规范性文件中未明确规定纳税人享受减免税必须经税务机关审批的,且纳税人取得的所得完全符合减免税条件的,无须经主管税务机关审批,纳税人可自行享受减免税。

(二)税收法律、行政法规、部门规章和规范性文件中明确规定纳税人享受减免税必须经税务机关审批的,或者纳税人无法准确判断其取得的所得是否应享受个人所得税减免的,必须经主管税务机关按照有关规定审核或批准后,方可减免个人所得税。

(三)纳税人有个人所得税法第五条规定情形之一的,必须经主管税务机关批准,方可减征个人所得税。

注释：

条款失效。第二条失效。参见：《财政部 国家税务总局关于企业促销展业赠送礼品有关个人所得税问题的通知》(财税〔2011〕50号)。

条款失效。第一条失效。参见：《国家税务总局关于公布全文失效废止 部分条款失效废止的税收规范性文件目录的公告》(国家税务总局公告2011年第2号)。

条款失效。本文第一条有关"双薪制"计税方法自2009年8月17日停止执行。参见：《国家税务总局关于明确个人所得税若干政策执行问题的通知》(国税发〔2009〕121号)。

2-2-64

国家税务总局关于强化律师事务所等中介机构投资者个人所得税查账征收的通知

2002年9月29日 国税发〔2002〕123号

各省、自治区、直辖市和计划单列市地方税务局：

最近一段时间以来，个别地区在律师事务所全行业实行核定征收个人所得税的办法，其核定的税负明显低于法定税负。这种做法不符合《国务院关于批转国家税务总局加强个体私营经济税收征管强化查账征收工作意见的通知》(国发〔1997〕12号)精神，容易造成税负不公，不利于发挥个人所得税调节高收入者的作用。为强化律师事务所等中介机构投资者个人所得税征收管理，现通知如下：

一、任何地区均不得对律师事务所实行全行业核定征税办法。要按照税收征管法和国发〔1997〕12号文件的规定精神，对具备查账征收条件的律师事务所，实行查账征收个人所得税。

二、已经对律师事务所实行全行业核定征税办法的地区，必须在年底前自行纠正，并在2003年3月底前将纠正情况报告总局。

三、对按照税收征管法第35条的规定确实无法实行查账征收的律师事务所，经地市级地方税务局批准，应根据《财政部、国家税务总局关于印发〈关于个人独资企业和合伙企业投资者征收个人所得税的规定〉的通知》(财税〔2000〕91号)中确定的应税所得率来核定其应纳税额。各地要根据其雇员人数、营业规模等情况核定其营业额，并根据当地同行业的盈利水平从高核定其应税所得率，应税所得率不得低于25%。对实行核定征税的律师事务所，应督促其建账建制，符合查账征税条件后，应尽快转为查账征税。

四、各地要严格贯彻执行《国家税务总局关于律师事务所从业人员取得收入征收个人所得税有关业务问题的通知》(国税发〔2000〕149号)，对律师事务所的个人所得税加强征收管理。对作为律师事务所雇员的律师，其办案费用或其他个人费用在律师事务所报销的，在计算其收入时不得再扣除国税发〔2000〕149号第5条第2款规定的其收入30%以内的办理案件支出费用。

五、会计师事务所、税务师事务所、审计师事务所以及其他中介机构的个人所得税征收管理,也应按照上述有关原则进行处理。

注释:

政策调整。“对律师事务所征收方式的核准”取消。参见:1.《国家税务总局关于贯彻落实〈国务院关于第一批取消62项中央指定地方实施行政审批事项的决定〉的通知》(税总发〔2015〕141号)。2.《国务院关于第一批取消62项中央指定地方实施行政审批事项的决定》(国发〔2015〕57号)。

条款废止。第三条废止。参见:《国家税务总局关于公布全文失效废止　部分条款失效废止的税收规范性文件目录的公告》(国家税务总局公告2011年第2号)。

2-2-65

财政部　国家税务总局关于医疗机构有关个人所得税政策问题的通知

2003年5月13日　财税〔2003〕109号

近来一些部门要求明确医疗机构有关征免个人所得税问题。经研究,现明确如下:

一、财政部　国家税务总局《关于医疗卫生机构有关税收政策的通知》(财税〔2000〕42号)规定的对非营利的医疗机构按照国家规定的价格取得的医疗服务收入免征各项税收,仅指机构自身的各项税收,不包括个人从医疗机构取得所得应纳的个人所得税。按照《中华人民共和国个人所得税法》(以下简称《个人所得税法》)的规定,个人取得应税所得,应依法缴纳个人所得税。

二、个人因在医疗机构(包括营利性医疗机构和非营利性医疗机构)任职而取得的所得,依据《个人所得税法》的规定,应按照“工资、薪金所得”应税项目计征个人所得税。

对于非典型肺炎疫情发生期间,在医疗机构任职的个人取得的特殊临时性工作补助等所得按照《财政部　国家税务总局关于非典型肺炎疫情发生期间个人取得的特殊临时性工作补助等所得免征个人所得税问题的通知》(财税〔2003〕101号)的规定执行。

三、医生或其他个人承包、承租经营医疗机构,经营成果归承包人所有的,依据个人所得税法规定,承包人取得的所得,应按照“对企事业单位的承包经营、承租经营所得”应税项目计征个人所得税。

四、个人投资或个人合伙投资开设医院(诊所)而取得的收入,应依据个人所得税法规定,按照“个体工商户的生产、经营所得”应税项目计征个人所得税。

对残疾人、转业军人、随军家属和下岗职工等投资开设医院(诊所)而取得的收入,仍按现行相关政策执行。

2－2－66

国家税务总局关于加强企业债券利息个人所得税代扣代缴工作的通知

2003年6月6日　国税函〔2003〕612号

各省、自治区、直辖市和计划单列市地方税务局：

为进一步加强企业债券利息个人所得税征税管理工作，保证税款及时足额入库，经研究，现就企业债券利息个人所得税征管问题通知如下：

一、企业债券利息个人所得税统一由各兑付机构在向持有债券的个人兑付利息时负责代扣代缴，就地入库。各兑付机构应按照个人所得税法的有关规定做好代扣代缴个人所得税工作。

二、各级税务机关应加强对各兑付机构个人所得税代扣代缴工作的管理，保证税款及时足额入库。

三、本通知从文到之日起执行。

2－2－67

国家税务总局关于提高增值税和营业税起征点后加强个人所得税征收管理工作的通知

2003年7月1日　国税发〔2003〕80号

各省、自治区、直辖市和计划单列市国家税务局、地方税务局，局内各单位：

近接部分地区税务机关询问，《财政部　国家税务总局关于下岗失业人员再就业有关税收政策问题的通知》（财税〔2002〕208号）和《财政部　国家税务总局关于下岗失业人员再就业有关税收政策问题的补充通知》（财税〔2003〕12号）提高了个人缴纳增值税、营业税的起征点，对未达到增值税、营业税起征点的纳税人如何计征个人所得税。经研究，现就有关问题通知如下：

一、根据《中华人民共和国个人所得税法》及其实施条例的规定，纳税人取得的个体工商户的生产、经营所得和对企事业单位的承包经营、承租经营所得，均应依法缴纳个人所得税。对未达到增值税、营业税起征点的纳税人，除税收政策规定的以外，一律不得免征个人所得税。

二、增值税、营业税起征点提高后，对采取核定征税办法的纳税人（包括按综合征收率或按应缴纳流转税的一定比例附征个人所得税等方法的纳税人），可依据《中华人民共和国税收征收管理法》和《中华人民共和国个人所得税法》的有关规定，结合增值税和营业税起征点提高后纳税人所得相应增加的实际情况，本着科学、合理、公开的原则，重新核定纳税人的个人所得税定额。

三、对原按照应缴纳流转税的一定比例附征个人所得税的纳税人，增值税、营业税起征点提高后不再缴纳增值税、营业税，而仍须缴纳个人所得税的，应改变原附征方法，重新确定与新情况相适应的个人所得税核定征收方法。

2－2－68

财政部　国家税务总局关于农村税费改革试点地区个人取得农业特产所得征免个人所得税问题的通知

2003 年 7 月 11 日　财税〔2003〕157 号

各省、自治区、直辖市、计划单列市财政厅（局）、地方税务局，新疆生产建设兵团财务局：

为减轻农民税费负担，农村税费改革试点地区对部分农业特产品停止征收农业特产税，改征农业税。近来，一些地区税务机关反映，要求对改征农业税后个人生产农业特产品的所得是否征收个人所得税问题予以明确。经研究，现通知如下：

一、农村税费改革试点地区停止征收农业特产税，改为征收农业税后，对个体户或个人取得的农业特产所得，按照财政部、国家税务总局《关于个人所得税若干政策问题的通知》[（94）财税字第 20 号]的有关规定，不再征收个人所得税。

二、各级财政和税务机关要认真落实本通知的有关规定，向广大农民宣传国家税收政策，采取有效措施，切实减轻农民负担，积极推进全国农村税费改革试点工作。

2－2－69

财政部　国家税务总局关于规范个人投资者个人所得税征收管理的通知

2003 年 7 月 11 日　财税〔2003〕158 号

各省、自治区、直辖市、计划单列市财政厅（局）、国家税务局、地方税务局，新疆生产建设兵团财务局：

为规范个人投资者个人所得税管理，确保依法足额征收个人所得税，现对个人投资者征收个人所得税的有关问题明确如下：

一、关于个人投资者以企业（包括个人独资企业、合伙企业和其他企业）资金为本人、家庭成员及其相关人员支付消费性支出及购买家庭财产的处理问题个人独资企业、合伙企业的个人投资者以企业资金为本人、家庭成员及其相关人员支付与企业生产经营无关的消费性支出及购买汽车、住房等财产性支出，视为企业对个人投资者的利润分配，并入投资者个人的生产经营所得，依照“个体工商户的生产经营所得”项目计征个人所得税。

除个人独资企业、合伙企业以外的其他企业的个人投资者，以企业资金为本人、家庭成员及其相关人员支付与企业生产经营无关的消费性支出及购买汽车、住房等财产性支出，视为企业对个人投资者的红利分配，依照“利息、股息、红利所得”项目计征个人所得税。

企业的上述支出不允许在所得税前扣除。

二、关于个人投资者从其投资的企业（个人独资企业、合伙企业除外）借款长期不还的处理问题

纳税年度内个人投资者从其投资的企业（个人独资企业、合伙企业除外）借款，在该纳税年度终了后既不归还，又未用于企业生产经营的，其未归还的借款可视为企业对个人投资者的红利分配，依照“利息、股息、红利所得”项目计征个人所得税。

三、《国家税务总局关于进一步加强对高收入者个人所得税征收管理的通知》（国税发〔2001〕57号）中关于对私营有限责任公司的企业所得税后剩余利润，不分配、不投资、挂账达1年的，从挂账的第2年起，依照投资者（股东）出资比例计算分配征收个人所得税的规定，同时停止执行。

2－2－70

国家税务总局关于个人取得“母亲河（波司登）奖”奖金所得免征个人所得税问题的批复

2003年8月18日　国税函〔2003〕961号

北京市地方税务局：

你局《关于中国青年乡镇企业家协会向个人发放“母亲河（波司登）奖”奖金是否征税问题的请示》（京地税个〔2003〕244号）收悉。经研究，现批复如下：

中国青年乡镇企业家协会是共青团中央直属的社会团体，其组织评选的“母亲河（波司登）奖”是经共青团中央、全国人大环资委、国家环保总局等九部门联合批准设立的环境保护方面的奖项。依据《中华人民共和国个人所得税法》第四条第一款规定，该奖项可以认定为国务院部委颁发的环境保护方面的奖金。个人取得的上述奖金收入，免予征收个人所得税。

2 -2 -71

国家税务总局关于个人银行结算账户利息所得征收个人所得税问题的通知

2004 年 1 月 12 日　国税发〔2004〕6 号

各省、自治区、直辖市和计划单列市国家税务局,中国人民银行各分行、营业管理部、省会(首府)城市中心支行,各国有独资商业银行、政策性银行、其他商业银行、邮政储蓄机构:

按照中国人民银行发布的《人民币银行结算账户管理办法》有关规定,自 2003 年 9 月 1 日起,个人可凭其居民身份证件在银行(包括政策性银行、商业银行、城市信用社、农村信用社、邮政储蓄机构)开立个人银行结算账户,银行按活期存款利率向存款人支付利息。根据国务院发布的《对储蓄存款利息所得征收个人所得税的实施办法》所确定的原则,个人取得的上述银行结算账户利息所得属于"储蓄存款利息所得",应依法征收个人所得税。现就有关事项通知如下:

一、个人在个人银行结算账户的存款自 2003 年 9 月 1 日起孳生的利息,应按"利息、股息、红利所得"项目计征个人所得税,税款由办理个人银行结算账户业务的储蓄机构在结付利息时代扣代缴。具体征管事宜依照国务院《对储蓄存款利息所得征收个人所得税的实施办法》、《国家税务总局关于印发〈储蓄存款利息所得个人所得税征收管理办法〉的通知》(国税发〔1999〕179 号)及相关文件的规定执行。

二、各储蓄机构应高度重视对个人银行结算账户利息所得征收个人所得税的工作,按照征收储蓄存款利息个人所得税的有关规定做好各项相应工作,认真履行代扣代缴义务,保证及时、足额代扣代缴税款。涉及修改计算机程序的储蓄机构,必须在 12 月 31 日前完成计算机程序的修改、调试工作,2004 年 1 月 1 日正式投入运行。在过渡期间,可以手工操作代扣代缴税款。

三、各级国家税务局和中国人民银行各分行、营业管理部要加强对个人银行结算账户利息所得征收个人所得税工作的指导和监督,做好政策宣传和辅导工作,与各储蓄机构一起共同解决好对个人银行结算账户征收个人所得税工作过程中可能出现的困难和问题。

2 -2 -72

财政部　国家税务总局关于农村税费改革试点地区有关个人所得税问题的通知

2004 年 1 月 17 日　财税〔2004〕30 号

各省、自治区、直辖市、计划单列市财政厅(局)、地方税务局:

为贯彻落实中央农村工作会议和中共中央、国务院《关于促进农民增加收入若干政策的意见》精神,切实减轻农民负担,推进农村税费改革工作,经研究,现就农村税费改革试点期间取消农业特产税、免征农业税后的个人所得税政策问题明确如下:

一、农村税费改革试点期间,取消农业特产税、减征或免征农业税后,对个人或个体户从事种植业、养殖业、饲养业、捕捞业,且经营项目属于农业税(包括农业特产税)、牧业税征税范围的,其取得的“四业”所得暂不征收个人所得税。

二、各地要认真落实本通知的有关规定,在农村广为宣传国家税收政策,切实减轻农民负担,增加农民收入,大力支持农村税费改革。

三、本通知自 2004 年 1 月 1 日起执行,以前规定与本通知有抵触的,按本通知规定执行。

2 -2 -73

财政部　国家税务总局关于企业以免费旅游方式提供对营销人员个人奖励有关个人所得税政策的通知

2004 年 1 月 20 日　财税〔2004〕11 号

各省、自治区、直辖市和计划单列市财政厅(局)、地方税务局,新疆生产建设兵团财务局:

近来,部分地区财税部门来函反映,一些企业和单位通过组织免费培训班、研讨会、工作考察等形式奖励营销业绩突出人员的现象比较普遍,要求国家对此类奖励如何征收个人所得税政策问题予以进一步明确。经研究,现就企业和单位以免费培训班、研讨会、工作考察等形式提供个人营销业绩奖励有关个人所得税政策明确如下:

按照我国现行个人所得税法律法规有关规定,对商品营销活动中,企业和单位对营销业绩突出人员以培训班、研讨会、工作考察等名义组织旅游活动,通过免收差旅费、旅游费对个人实行的营销业绩奖励(包括实物、有价证券等),应根据所发生费用全额计入营销人员应税所得,依法征收个人所得税,并由提供上述费用的企业和单位代扣代缴。其中,对企业雇员享受的此类奖励,应与当期的工资薪金合并,按照“工资、薪金所得”项目征收个人所得税;对其他人员享受的此类奖励,应作为当期的劳务收入,按照“劳务报酬所得”项目征收个人所得税。

上述规定自文发之日起执行。

2－2－74

财政部　国家税务总局关于外籍个人取得港澳地区住房等补贴征免个人所得税的通知

2004年1月29日　财税〔2004〕29号

广东省财政厅、地方税务局，深圳市财政局、地方税务局：

香港、澳门地区与内地地理位置毗邻，交通便利，在内地企业工作的部分外籍人员选择居住在港、澳地区，每个工作日往返于内地与港澳之间。对此类外籍个人在港澳专区居住时公司给予住房、伙食、洗衣等非现金形式或实报实销形式的补贴，能否按照有关规定免予征收个人所得税问题，经研究，现明确如下：

一、受雇于我国境内企业的外籍个人（不包括香港澳门居民个人），因家庭等原因居住在香港、澳门，每个工作日往返于内地与香港、澳门等地区，由此境内企业（包括其关联企业）给予在香港或澳门住房、伙食、洗衣、搬迁等非现金形式或实报实销形式的补贴，凡能提供有效凭证的，经主管税务机关审核确认后，可以依照《财政部、国家税务总局关于个人所得税若干政策问题的通知》[（94）财税字第20号]第二条以及《国家税务总局关于外籍个人取得有关补贴征免个人所得税执行问题的通知》（国税发〔1997〕54号）第一条、第二条的规定，免予征收个人所得税。

二、第一条所述外籍个人就其在香港或澳门进行语言培训、子女教育而取得的费用补贴，凡能提供有效支出凭证等材料的，经主管税务机关审核确认为合理的部分，可以依照上述（94）财税字第20号通知第二条以及国税发〔1997〕54号通知第五条的规定，免予征收个人所得税。

三、本通知自2004年1月1日起执行。

2－2－75

财政部　国家税务总局关于严格执行个人所得税费用扣除标准和不征税项目的通知

2004年2月6日　财税〔2004〕40号

各省、自治区、直辖市、计划单列市财政厅（局）、地方税务局，新疆生产建设兵团财务局：

近期以来，部分地区违反税法和全国统一规定，擅自提高个人所得税“工资、薪金所得”费用扣除标准和扩大不征税项目的适用范围，违背了依法治税的原则，不利于统一税政、公平税负、规范税制，对调节收入分配和组织个人所得税收入，整顿和规范税收秩序产生了很大负面影响。为了贯彻依法治国方略，切实落实依法行政要求，维护税法的严肃性、权威性和统一性，现就统一、规范个人所得税费用扣除标准和不征税项目的问题通知如下：

一、依法治税、统一税政是贯彻依法治国基本方略和依法行政的具体体现，也是完善社会主义市场经济体系、整顿规范市场经济秩序的重要举措。党的十六届三中全会通过的《中共中央关于完善社会主义市场经济体制若干问题的决定》指出：加大执法力度，提高行政执法的能力和水平，确保法律法规的有效实施，维护法制的统一和尊严。《中华人民共和国税收征收管理法》和实施细则规定：“任何机关、单位和个人不得违反法律、行政法规的规定，擅自作出税收开征、停征以及减税、免税、退税、补税和其他同税收法律、行政法规相抵触的决定”，“任何部门、单位和个人作出的与税收法律、行政法规相抵触的决定一律无效，税务机关不得执行，并应当向上级税务机关报告”。《中华人民共和国个人所得税法》是全国人民代表大会制定的税收法律，各地、各部门、单位和个人都有自觉维护个人所得税法严肃性、完整性和统一性的义务，没有随意改变税法规定的权利。

二、现行个人所得税法实施十年来，我国社会主义市场经济建设有了很大发展，国民经济和个人收入情况都发生了很大变化，现行个人所得税法的一些规定已不能完全适应发展变化的要求，确实需要根据新的变化情况进一步修订完善。对此，党中央、国务院高度重视，《中共中央关于完善社会主义市场经济体制若干问题的决定》中明确提出了“改进个人所得税”的要求，国家立法部门据此已将修订个人所得税法列入了立法计划。但是，在个人所得税法修订完成前，必须按照现行规定执行。未经全国人大及其常委会授权，任何地区、部门和单位均不得擅自提高个人所得税费用扣除标准，不得随意变通或超越权限扩大不征税项目的适用范围。根据国家税收征管法，对于一些地方违反统一政策，擅自提高个人所得税费用扣除标准和扩大不征税项目适用范围的文件规定，各级税务机关一律不得执行，已执行的要停止执行。

三、1994 年实施新税制以来，为适应经济发展和经济体制改革不断深化的要求，财政部、国家税务总局依据税收管理权限下发了有关个人所得税不征税项目的文件，这些文件规定的政策有明确的内容、标准和适用范围（对象）。各级税务机关执行中要按照规定严格把握，不得擅自扩大适用范围（对象）和提高标准，更不得将这些规定扩大为适用所有个人的统一标准。

四、各级财政、税务机关要坚决按照税收征管法的规定履行职责，对地方政府在研究并拟作出与个人所得税法不符的规定时，应提出依法治税的意见，向政府详细说明税法的有关规定，并按税收征管法的规定向上级财税机关报告。各级财政、税务机关接此通知后，要及时向地方党政领导汇报，做好向党政领导和社会各界、广大纳税人的宣传解释工作，保证个人所得税法的正确贯彻执行，促进社会主义市场经济全面、协调、健康发展。

2－2－76

国家税务总局关于加强外籍人员个人所得税征管工作的通知

2004年3月5日　国税发〔2004〕27号

各省、自治区、直辖市和计划单列市国家税务局、地方税务局,局内各单位:

随着经济全球化和我国对外开放程度的不断提升,进入我国境内任职和从事经营活动的外籍人员不断增加。由于外籍人员流动性较大,涉及的个人所得税政策较为复杂,给外籍人员正确判断纳税义务和税务机关进行税源监控带来一定难度,个人所得税漏报漏缴现象时有发生。为加强对外籍人员的个人所得税管理和纳税服务,进一步提高征管质量和效率,现就有关问题通知如下:

一、提高认识,完善管理机制

外籍人员个人所得税政策性强,既涉及国际间税收管辖权判定与划分问题,又涉及对应纳税收入和应纳税额计算中的具体政策和程序,属于国际税务事项管理的重要内容。因此,加强对外籍人员个人所得税的征管,使其正确履行纳税义务,不仅事关国家税收收入的保障,而且事关国家税收主权的维护。各地要提高对加强外籍人员个人所得税征管工作重要性的认识,建立健全国际税务管理的岗责体系,充实专业人才,完善和规范管理程序,为开展外籍人员个人所得税管理提供保障。

二、规范执法,确保政策落实到位

适用于外籍人员个人所得税的政策包括我国税收法律法规、我国政府与外国政府签订的税收协定。各地应通过加强自身素质教育,提高税务人员的业务水平,准确掌握相关政策。要进一步规范执法行为,严肃税收法纪,理顺征管程序,确保外籍人员个人所得税政策落实到位,为外籍人员提供公开、公平、公正的税收环境。

三、优化服务,为外籍人员依法纳税提供方便

加强对外籍人员的个人所得税征管和为其提供优质的纳税服务,是税务机关的职责和义务。各地应采取行之有效的措施,切实为外籍人员解决申报纳税中遇到的困难和问题。要通过网络、报刊、电视、广播等媒体,积极宣传税收政策,有针对性地对外籍人员及其扣缴义务人进行辅导,为其提供通畅的咨询渠道,帮助他们了解我国的相关税收法律法规,熟悉税收征管程序,提高对税法的遵从水平。要加强部门配合,通过加强与出入境管理、工商、海关、外经贸、教育、文化、体育、科技等部门的配合,建立良好的信息沟通渠道,及时掌握外籍人员的就业和流动情况,为税源监控奠定良好的基础。

四、加强征管,切实抓好清理欠税工作

各地应在2004年底前,开展一次以鼓励纳税人自查自纠为主要内容的欠税清理工作,具体要求如下:

(一)2004年6月底前,外籍人员或扣缴义务人主动申报以前年度未缴税款的,除依法

补缴税款外,按日加收滞纳税款0.5‰的滞纳金,但不予处罚;

(二)在上述期限内外籍人员仍不主动补税的,对其长期瞒报、虚报或不报应纳税所得的,按《中华人民共和国税收征收管理法》的规定追缴税款、加收滞纳金并处以罚款。

五、香港、澳门、台湾同胞和华侨的个人所得税征管工作,参照本通知执行。

2-2-77

国家税务总局关于国际组织驻华机构、外国政府驻华使领馆和驻华新闻机构雇员个人所得税征收方式的通知

2004年6月23日 国税函〔2004〕808号

各省、自治区、直辖市和计划单列市地方税务局:

为加强个人所得税征收管理,防止税收流失,根据《中华人民共和国个人所得税法》和《中华人民共和国税收征收管理法》有关规定,现对在国际组织驻华机构、外国政府驻华使领馆和外国驻华新闻机构中工作的中方雇员和外籍雇员个人所得税管理问题明确如下:

一、根据《维也纳外交关系公约》和国际组织有关章程规定,对于在国际组织驻华机构、外国政府驻华使领馆中工作的中方雇员和在外国驻华新闻机构的中外籍雇员,均应按照《中华人民共和国个人所得税法》规定缴纳个人所得税。

二、根据国际惯例,在国际组织驻华机构、外国政府驻华使领馆中工作的非外交官身份的外籍雇员,如是"永久居留"者,亦应在驻在国缴纳个人所得税,但由于我国税法对"永久居留"者尚未作出明确的法律定义和解释,因此,对于仅在国际组织驻华机构和外国政府驻华使领馆中工作的外籍雇员,暂不征收个人所得税。

在中国境内,若国际驻华机构和外国政府驻华使领馆中工作的外交人员、外籍雇员在该机构或使领馆之外,从事非公务活动所取得的收入,应缴纳个人所得税。

三、根据《中华人民共和国个人所得税法》规定,对于在国际组织驻华机构和外国政府驻华使领馆中工作的中方雇员的个人所得税,应以直接支付所得的单位或者个人作为代扣代缴义务人,考虑到国际组织驻华机构和外国政府驻华使领馆的特殊性,各级地方税务机关可暂不要求国际组织驻华机构和外国政府驻华使领馆履行个人所得税代扣代缴义务。

四、鉴于北京外交人员服务局和各省(市)省级人民政府指定的外事服务单位等机构,通过一定途径能够掌握在国际组织驻华机构、外国政府驻华使领馆工作的中方雇员受雇情况,根据《中华人民共和国税收征收管理法实施细则》第四十四条规定,各主管税务机关可委托外交人员服务机构代征上述中方雇员的个人所得税。各主管税务机关要加强与外事服务单位联系,及时办理国际组织驻华机构和外国政府驻华使领馆中方雇员个人所得税委托代征手续。

五、接受委托代征个人所得税的各外事服务单位应采取有效措施,掌握国际组织驻华机构和外国政府驻华使领馆中方雇员受雇及收入情况,严格依照法律规定征收解缴税款,

并按月向主管税务机关通报有关信息。

六、北京、上海、广东、四川等有外国驻当地新闻媒体机构的省(市)地方税务局应定期向省级人民政府外事办公室索要《外国驻华新闻媒体名册》,了解、掌握外国驻当地新闻媒体机构以及外籍人员变动情况,并据此要求上述驻华新闻机构做好中外籍记者、雇员个人所得税扣缴工作。

注释:

条款修改。根据《第十三届全国人民代表大会第一次会议关于国务院机构改革方案的决定》等有关规定,税收规范性文件规定的国税地税机关的职责和工作由新的税务机关承担。国家税务总局依据《税收规范性文件制定管理办法》(国家税务总局令第41号公布),对税收规范性文件进行了清理。参见:《国家税务总局关于修改部分税收规范性文件的公告》(国家税务总局公告2018年第31号)。

2-2-78

国家税务总局关于取消合伙企业投资者变更个人所得税汇算清缴地点审批后加强后续管理问题的通知

2004年6月29日　国税发〔2004〕81号

各省、自治区、直辖市和计划单列市地方税务局:

《财政部、国家税务总局关于印发〈关于个人独资企业和合伙企业投资者征收个人所得税的规定〉的通知》(财税〔2000〕91号)第二十条规定:"投资者兴办的企业中含有合伙性质的,投资者应向经常居住地主管税务机关申报纳税,办理汇算清缴,但经常居住地与其兴办企业的经营管理所在地不一致的,应选定其参与兴办的某一合伙企业的经营管理所在地为办理年度汇算清缴所在地,并在5年内不得变更。5年后需要变更的,须经原主管税务机关批准"。根据《中华人民共和国行政许可法》和国务院关于行政审批制度改革工作要求,国家税务总局决定取消对合伙企业投资者变更个人所得税汇算清缴地点的审批,现就取消该审批项目后加强后续管理工作问题通知如下:

一、投资者变更个人所得税汇算清缴地点的条件

(一)在上一次选择汇算清缴地点满5年;

(二)上一次选择汇算清缴地点未满5年,但汇算清缴地所办企业终止经营或者投资者终止投资;

(三)投资者在汇算清缴地点变更前5日内,已向原主管税务机关说明汇算清缴地点变更原因、新的汇算清缴地点等变更情况。

二、税务机关应做好以下几方面工作

(一)原主管税务机关应核实纳税人变更汇算清缴地点的理由是否符合规定条件,新汇

算清缴地点是否为其经常居住地,该地是否属于其所兴办企业的经营管理所在地。如纳税人在上述地点之外选择汇算清缴地点的,应要求纳税人进行调整。

(二)原主管税务机关应向投资者新的汇算清缴地点的主管税务机关通报变更情况,新老主管税务机关应做好有关衔接工作。

(三)新的主管税务机关应从以下几方面加强管理:

1. 核实投资者在汇算清缴地点变更前5日内,是否向原主管税务机关说明汇算清缴地点变更情况,新的汇算清缴地点是否为投资者经常居住地,该地是否属于其所兴办企业的经营管理所在地。不符合有关条件的,应要求纳税人进行调整。

2. 加强对投资者个人所得税检查,重点核实其是否按规定计算并申报纳税,是否存在因变更汇算清缴地点少缴或不缴税款问题。

3. 对提供虚假说明资料,借变更汇算清缴地点偷逃个人所得税的,应按《中华人民共和国税收征收管理法》及其有关规定处理。

2-2-79

国家税务总局关于第四届孙平化日本学学术奖励基金获奖奖金收入免征个人所得税的通知

2004年7月23日　国税函〔2004〕917号

北京市地方税务局:

近接宋庆龄基金会《关于申请免征个人所得税的函》(宋基会函字〔2004〕13号),申请对第四届《孙平化日本学学术奖励基金》(以下简称《基金》)获奖者的奖金收入免征个人所得税。经研究,现通知如下:

为了促进中日友好关系发展,加深两国人民之间的交流和理解,宋庆龄基金会遵照已故中日友好协会会长孙平化先生遗愿,专项设立了《基金》。个人获得《基金》的奖金,属于国务院部委颁发的文化方面的奖金,根据《中华人民共和国个人所得税法》第四条第一款规定,对于个人获得第四届《基金》的奖金收入,免予征收个人所得税。

2-2-80

国家税务总局关于调整个人取得全年一次性奖金等计算征收个人所得税方法问题的通知

2005年1月21日　国税发〔2005〕9号

各省、自治区、直辖市和计划单列市地方税务局，局内各单位：

为了合理解决个人取得全年一次性奖金征税问题，经研究，现就调整征收个人所得税的有关办法通知如下：

一、全年一次性奖金是指行政机关、企事业单位等扣缴义务人根据其全年经济效益和对雇员全年工作业绩的综合考核情况，向雇员发放的一次性奖金。

上述一次性奖金也包括年终加薪、实行年薪制和绩效工资办法的单位根据考核情况兑现的年薪和绩效工资。

二、纳税人取得全年一次性奖金，单独作为一个月工资、薪金所得计算纳税，并按以下计税办法，由扣缴义务人发放时代扣代缴：

（一）先将雇员当月内取得的全年一次性奖金，除以12个月，按其商数确定适用税率和速算扣除数。

如果在发放年终一次性奖金的当月，雇员当月工资薪金所得低于税法规定的费用扣除额，应将全年一次性奖金减除“雇员当月工资薪金所得与费用扣除额的差额”后的余额，按上述办法确定全年一次性奖金的适用税率和速算扣除数。

（二）将雇员个人当月内取得的全年一次性奖金，按本条第（一）项确定的适用税率和速算扣除数计算征税，计算公式如下：

1. 如果雇员当月工资薪金所得高于（或等于）税法规定的费用扣除额的，适用公式为：

应纳税额＝雇员当月取得全年一次性奖金×适用税率－速算扣除数

2. 如果雇员当月工资薪金所得低于税法规定的费用扣除额的，适用公式为：

$$应纳税额=\left(\begin{array}{c}雇员当月\\取得全年\\一次性奖金\end{array}-\begin{array}{c}雇员当月工资\\薪金所得与费用\\扣除额的差额\end{array}\right)\times\begin{array}{c}适用\\税率\end{array}-\begin{array}{c}速算\\扣除数\end{array}$$

三、在一个纳税年度内，对每一个纳税人，该计税办法只允许采用一次。

四、实行年薪制和绩效工资的单位，个人取得年终兑现的年薪和绩效工资按本通知第二条、第三条执行。

五、雇员取得除全年一次性奖金以外的其他各种名目奖金，如半年奖、季度奖、加班奖、先进奖、考勤奖等，一律与当月工资、薪金收入合并，按税法规定缴纳个人所得税。

六、对无住所个人取得本通知第五条所述的各种名目奖金，如果该个人当月在我国境内没有纳税义务，或者该个人由于出入境原因导致当月在我国工作时间不满一个月的，仍按照《国家税务总局关于在我国境内无住所的个人取得奖金征税问题的通知》(国税发〔1996〕183 号)计算纳税。

七、本通知自 2005 年 1 月 1 日起实施,以前规定与本通知不一致的,按本通知规定执行。《国家税务总局关于在中国境内有住所的个人取得奖金征税问题的通知》(国税发〔1996〕206 号)和《国家税务总局关于企业经营者试行年薪制后如何计征个人所得税的通知》(国税发〔1996〕107 号)同时废止。

注释:

条款废止。第六条自 2019 年 1 月 1 日起废止。参见:《财政部　税务总局关于非居民个人和无住所居民个人有关个人所得税政策的公告》(财政部　税务总局公告 2019 年第 35 号)。

条款废止。第二条自 2019 年 1 月 1 日起废止。参见:《财政部　税务总局关于个人所得税法修改后有关优惠政策衔接问题的通知》(财税〔2018〕164 号)。

2 -2 -81

国家税务总局关于纳税人收回转让的股权征收个人所得税问题的批复

2005 年 1 月 28 日　国税函〔2005〕130 号

四川省地方税务局:

你局《关于纳税人收回转让的股权是否退还已纳个人所得税问题的请示》(川地税发〔2004〕126 号)收悉。经研究,现批复如下:

一、根据《中华人民共和国个人所得税法》(以下简称个人所得税法)及其实施条例和《中华人民共和国税收征收管理法》(以下简称征管法)的有关规定,股权转让合同履行完毕、股权已作变更登记,且所得已经实现的,转让人取得的股权转让收入应当依法缴纳个人所得税。转让行为结束后,当事人双方签订并执行解除原股权转让合同、退回股权的协议,是另一次股权转让行为,对前次转让行为征收的个人所得税款不予退回。

二、股权转让合同未履行完毕,因执行仲裁委员会作出的解除股权转让合同及补充协议的裁决、停止执行原股权转让合同,并原价收回已转让股权的,由于其股权转让行为尚未完成、收入未完全实现,随着股权转让关系的解除,股权收益不复存在,根据个人所得税法和征管法的有关规定,以及从行政行为合理性原则出发,纳税人不应缴纳个人所得税。

2－2－82

国家税务总局　国家外汇管理局关于个人财产对外转移提交税收证明或者完税凭证有关问题的通知

2005年1月31日　国税发〔2005〕13号

各省、自治区、直辖市和计划单列市国家税务局、地方税务局，国家外汇管理局各省、自治区、直辖市分局、外汇管理部，深圳、大连、青岛、厦门、宁波市分局：

为落实《个人财产对外转移售付汇管理暂行办法》（中国人民银行公告〔2004〕第16号，以下简称《办法》），便利申请人办理业务，防止国家税收流失，现就《办法》所涉及个人财产对外转移提交税收证明或完税凭证的有关问题通知如下：

一、税务机关对申请人缴纳税款情况进行证明。税务机关在为申请人开具税收证明时，应当按其收入或财产不同类别、来源，由收入来源地或者财产所在地国家税务局、地方税务局分别开具。

二、申请人拟转移的财产已取得完税凭证的，可直接向外汇管理部门提供完税凭证，不需向税务机关另外申请税收证明。

申请人拟转移的财产总价值在人民币15万元以下的，可不需向税务机关申请税收证明。

三、申请人申请领取税收证明的程序如下：

（一）申请人按照本通知第五条的规定提交相关资料，按财产类别和来源地，分别向国税局、地税局申请开具税收证明。

开具税收证明的税务机关为县级或者县级以上国家税务局、地方税务局。

（二）申请人资料齐全的，税务机关应当在15日内开具税收证明；申请人提供资料不全的，可要求其补正，待补正后开具。

（三）申请人有未完税事项的，允许补办申报纳税后开具税收证明。

（四）税务机关有根据认为申请人有偷税、骗税等情形，需要立案稽查的，在稽查结案并完税后可开具税收证明。

申请人与纳税人姓名、名称不一致的，税务机关只对纳税人出具证明，申请人应向外汇管理部门提供其与纳税人关系的证明。

四、税务机关开具税收证明的内部工作程序由省、自治区、直辖市和计划单列市国家税务局、地方税务局明确。

五、申请人向税务机关申请税收证明时，应当提交的资料分别为：代扣代缴单位报送的含有申请人明细资料的《扣缴个人所得税报告表》复印件，《个体工商户所得税年度申报表》、《个人承包承租经营所得税年度申报表》原件，有关合同、协议原件，取得有关所得的凭证，以及税务机关要求报送的其他有关资料。

申请人发生财产变现的，应当提供交易合同、发票等资料。

必要时税务机关应当对以上资料进行核实；对申请人没有缴税的应税行为，应当责成纳税人缴清税款并按照税收征管法的规定处理后开具税收证明。

六、税务机关必须按照申请人实际入库税额如实开具证明，并审查其有无欠税情况，严禁开具虚假证明。

申请人编造虚假的计税依据骗取税收证明的，伪造、变造、涂改税收证明的，按照税收征管法及其实施细则的规定处理。

七、税务机关应当与当地外汇管理部门加强沟通和协作，要建立定期协调机制，共同防范国家税收流失。税务机关应当将有税收违法行为且可能转移财产的纳税人情况向外汇管理部门通报，以防止申请人非法对外转移财产。外汇管理部门审核过程中，发现申请人有偷税嫌疑的，应当及时向相应税务机关通报。

有条件的地方，税务机关应当与外汇管理部门建立电子信息交换制度，建立税收证明的电子传递、比对、统计、分析评估制度。

各地税务机关、外汇管理部门对执行中的问题，应及时向国家税务总局、国家外汇管理局反映。

附件：《税务局税收证明》式样（编者略）

注释：

条款修改。根据《第十三届全国人民代表大会第一次会议关于国务院机构改革方案的决定》等有关规定，税收规范性文件规定的国税地税机关的职责和工作由新的税务机关承担。国家税务总局依据《税收规范性文件制定管理办法》（国家税务总局令第41号公布），对税收规范性文件进行了清理。参见：《国家税务总局关于修改部分税收规范性文件的公告》（国家税务总局公告2018年第31号）。

2－2－83

财政部　国家税务总局关于城镇房屋拆迁有关税收政策的通知

2005年3月22日　财税〔2005〕45号

各省、自治区、直辖市、计划单列市财政厅（局）、地方税务局，新疆生产建设兵团财务局：

经国务院批准，现将城镇房屋拆迁有关税收政策通知如下：

一、对被拆迁人按照国家有关城镇房屋拆迁管理办法规定的标准取得的拆迁补偿款，免征个人所得税。

二、对拆迁居民因拆迁重新购置住房的，对购房成交价格中相当于拆迁补偿款的部分免征契税，成交价格超过拆迁补偿款的，对超过部分征收契税。

请遵照执行。

注释：

条款废止。第二条废止。参见:《财政部　国家税务总局关于企业以售后回租方式进行融资等有关契税政策的通知》(财税〔2012〕82号)。

2-2-84

财政部　国家税务总局关于个人股票期权所得征收个人所得税问题的通知

2005年3月28日　财税〔2005〕35号

各省、自治区、直辖市、计划单列市财政厅(局)、地方税务局:

为适应企业(包括内资企业、外商投资企业和外国企业在中国境内设立的机构场所)薪酬制度改革,加强个人所得税征管,现对企业员工(包括在中国境内有住所和无住所的个人)参与企业股票期权计划而取得的所得征收个人所得税问题通知如下:

一、关于员工股票期权所得征税问题

实施股票期权计划企业授予该企业员工的股票期权所得,应按《中华人民共和国个人所得税法》及其实施条例有关规定征收个人所得税。

企业员工股票期权(以下简称股票期权)是指上市公司按照规定的程序授予本公司及其控股企业员工的一项权利,该权利允许被授权员工在未来时间内以某一特定价格购买本公司一定数量的股票。

上述"某一特定价格"被称为"授予价"或"施权价",即根据股票期权计划可以购买股票的价格,一般为股票期权授予日的市场价格或该价格的折扣价格,也可以是按照事先设定的计算方法约定的价格;"授予日",也称"授权日",是指公司授予员工上述权利的日期;"行权",也称"执行",是指员工根据股票期权计划选择购买股票的过程;员工行使上述权利的当日为"行权日",也称"购买日"。

二、关于股票期权所得性质的确认及其具体征税规定

(一)员工接受实施股票期权计划企业授予的股票期权时,除另有规定外,一般不作为应税所得征税。

(二)员工行权时,其从企业取得股票的实际购买价(施权价)低于购买日公平市场价(指该股票当日的收盘价,下同)的差额,是因员工在企业的表现和业绩情况而取得的与任职、受雇有关的所得,应按"工资、薪金所得"适用的规定计算缴纳个人所得税。

对因特殊情况,员工在行权日之前将股票期权转让的,以股票期权的转让净收入,作为工资薪金所得征收个人所得税。

员工行权日所在期间的工资薪金所得,应按下列公式计算工资薪金应纳税所得额:

$$\begin{matrix}\text{股票期权形式的工资}\\\text{薪金应纳税所得额}\end{matrix}=\left(\begin{matrix}\text{行权股票的}\\\text{每股市场价}\end{matrix}-\begin{matrix}\text{员工取得该股票期权}\\\text{支付的每股施权价}\end{matrix}\right)\times\begin{matrix}\text{股票}\\\text{数量}\end{matrix}$$

(三)员工将行权后的股票再转让时获得的高于购买日公平市场价的差额,是因个人在

证券二级市场上转让股票等有价证券而获得的所得,应按照“财产转让所得”适用的征免规定计算缴纳个人所得税。

(四)员工因拥有股权而参与企业税后利润分配取得的所得,应按照“利息、股息、红利所得”适用的规定计算缴纳个人所得税。

三、关于工资薪金所得境内外来源划分

按照《国家税务局关于在中国境内无住所个人以有价证券形式取得工资薪金所得确定纳税义务有关问题的通知》(国税函〔2000〕190 号)有关规定,需对员工因参加企业股票期权计划而取得的工资薪金所得确定境内或境外来源的,应按照该员工据以取得上述工资薪金所得的境内、外工作期间月份数比例计算划分。

四、关于应纳税款的计算

(一)认购股票所得(行权所得)的税款计算。员工因参加股票期权计划而从中国境内取得的所得,按本通知规定应按工资薪金所得计算纳税的,对该股票期权形式的工资薪金所得可区别于所在月份的其他工资薪金所得,单独按下列公式计算当月应纳税款:

$$\text{应纳税额}=\left(\text{股票期权形式的工资薪金应纳税所得额}\div\text{规定月份数}\times\text{适用税率}-\text{速算扣除数}\right)\times\text{规定月份数}$$

上款公式中的规定月份数,是指员工取得来源于中国境内的股票期权形式工资薪金所得的境内工作期间月份数,长于 12 个月的,按 12 个月计算;上款公式中的适用税率和速算扣除数,以股票期权形式的工资薪金应纳税所得额除以规定月份数后的商数,对照《国家税务总局关于印发〈征收个人所得税若干问题〉的通知》(国税发〔1994〕89 号)所附税率表确定。

(二)转让股票(销售)取得所得的税款计算。对于员工转让股票等有价证券取得的所得,应按现行税法和政策规定征免个人所得税。即:个人将行权后的境内上市公司股票再行转让而取得的所得,暂不征收个人所得税;个人转让境外上市公司的股票而取得的所得,应按税法的规定计算应纳税所得额和应纳税额,依法缴纳税款。

(三)参与税后利润分配取得所得的税款计算。员工因拥有股权参与税后利润分配而取得的股息、红利所得,除依照有关规定可以免税或减税的外,应全额按规定税率计算纳税。

五、关于征收管理

(一)扣缴义务人。实施股票期权计划的境内企业为个人所得税的扣缴义务人,应按税法规定履行代扣代缴个人所得税的义务。

(二)自行申报纳税。员工从两处或两处以上取得股票期权形式的工资薪金所得和没有扣缴义务人的,该个人应在个人所得税法规定的纳税申报期限内自行申报缴纳税款。

(三)报送有关资料。实施股票期权计划的境内企业,应在股票期权计划实施之前,将企业的股票期权计划或实施方案、股票期权协议书、授权通知书等资料报送主管税务机关;应在员工行权之前,将股票期权行权通知书和行权调整通知书等资料报送主管税务机关。

扣缴义务人和自行申报纳税的个人在申报纳税或代扣代缴税款时,应在税法规定的纳税申报期限内,将个人接受或转让的股票期权以及认购的股票情况(包括种类、数量、施权价格、行权价格、市场价格、转让价格等)报送主管税务机关。

（四）处罚。实施股票期权计划的企业和因股票期权计划而取得应税所得的自行申报员工，未按规定报送上述有关报表和资料，未履行申报纳税义务或者扣缴税款义务的，按《中华人民共和国税收征收管理法》及其实施细则的有关规定进行处理。

六、关于执行时间

本通知自2005年7月1日起执行。《国家税务总局关于个人认购股票等有价证券而从雇主取得折扣或补贴收入有关征收个人所得税问题的通知》（国税发〔1998〕9号）的规定与本通知不一致的，按本通知规定执行。

注释：

条款废止。第三条废止。参见：《财政部　税务总局关于境外所得有关个人所得税政策的公告》（财政部　税务总局公告2020年第3号）。

条款废止。第四条第一项自2019年1月1日起废止。参见：《财政部　税务总局关于个人所得税法修改后有关优惠政策衔接问题的通知》（财税〔2018〕164号）。

2-2-85

国家税务总局关于企业为股东个人购买汽车征收个人所得税的批复

2005年4月22日　国税函〔2005〕364号

辽宁省地方税务局：

你局《关于企业利用资金为股东个人购买汽车征收个人所得税问题的请示》（辽地税发〔2005〕19号）收悉。经研究，批复如下：

一、依据《中华人民共和国个人所得税法》以及有关规定，企业购买车辆并将车辆所有权办到股东个人名下，其实质为企业对股东进行了红利性质的实物分配，应按照“利息、股息、红利所得”项目征收个人所得税。考虑到该股东个人名下的车辆同时也为企业经营使用的实际情况，允许合理减除部分所得；减除的具体数额由主管税务机关根据车辆的实际使用情况合理确定。

二、依据《中华人民共和国企业所得税暂行条例》以及有关规定，上述企业为个人股东购买的车辆，不属于企业的资产，不得在企业所得税前扣除折旧。

注释：

条款废止。第二条废止。参见：《国家税务总局关于公布一批全文废止和部分条款废止的税收规范性文件目录的公告》（国家税务总局公告2017年第1号）。

2 –2 –86

国家税务总局关于个人兼职和退休人员再任职取得收入如何计算征收个人所得税问题的批复

2005 年 4 月 26 日　国税函〔2005〕382 号

厦门市地方税务局：

你局《关于个人兼职和退休人员再任职取得收入如何计算征收个人所得税问题的请示》（厦地税发〔2005〕34 号）收悉。经研究，批复如下：

根据《中华人民共和国个人所得税法》（以下简称个人所得税法）、《国家税务总局关于印发〈征收个人所得税若干问题的规定〉的通知》（国税发〔1994〕89 号）和《国家税务总局关于影视演职人员个人所得税问题的批复》（国税函〔1997〕385 号）的规定精神，个人兼职取得的收入应按照“劳务报酬所得”应税项目缴纳个人所得税；退休人员再任职取得的收入，在减除按个人所得税法规定的费用扣除标准后，按“工资、薪金所得”应税项目缴纳个人所得税。

2 –2 –87

财政部　国家税务总局关于个人所得税有关问题的批复

2005 年 6 月 2 日　财税〔2005〕94 号

江苏省财政厅、地方税务局：

你局《关于个人所得税有关问题的请示》（苏地税发〔2005〕52 号）收悉。经研究，批复如下：

一、关于单位为个人办理补充养老保险退保后个人所得税及企业所得税的处理问题。单位为职工个人购买商业性补充养老保险等，在办理投保手续时应作为个人所得税的“工资、薪金所得”项目，按税法规定缴纳个人所得税；因各种原因退保，个人未取得实际收入的，已缴纳的个人所得税应予以退回。

二、关于个人提供担保取得收入征收个人所得税问题。个人为单位或他人提供担保获得报酬，应按照个人所得税法规定的“其他所得”项目缴纳个人所得税，税款由支付所得的单位或个人代扣代缴。

注释：

条款废止。第二条自 2019 年 1 月 1 日起废止。参见：《财政部　税务总局关于个人取得有关收入适用个人所得税应税所得项目的公告》(财政部　税务总局公告2019年第74号)。

2－2－88

财政部　国家税务总局　中国人民银行
关于股息红利个人所得税退库的补充通知

2005年6月24日　财库〔2005〕187号

各省、自治区、直辖市、计划单列市财政厅(局)、国家税务局、地方税务局,中国人民银行各分行、营业管理部,省会(首府)城市中心支行,深圳、大连、青岛、宁波、厦门市中心支行:

为了进一步规范股息红利税收政策,加强退库管理,现将有关事项通知如下:

按照《财政部、国家税务总局关于股息红利个人所得税有关政策的通知》(财税〔2005〕102号)和《财政部、国家税务总局关于股息红利有关个人所得税政策的补充通知》(财税〔2005〕107号)的规定,扣缴义务人已按股息红利全额计算扣缴个人所得税并已将税款缴入国库,应当办理退税的,扣缴义务人应向主管税务机关提出退税申请;主管税务机关根据原缴款书,开具税收收入退还书,并在“收款单位”栏填写扣缴义务人名称;人民银行国库部门按规定办理退库,将应退税款退至扣缴义务人账户;扣缴义务人根据现行的结算规则及时退至纳税人账户。

2－2－89

国家税务总局关于个人因购买和处置债权
取得所得征收个人所得税问题的批复

2005年6月24日　国税函〔2005〕655号

天津市地方税务局:

你局《关于个人通过购买债权取得的收入如何征收个人所得税问题的请示》(津地税所〔2005〕4号)收悉。经研究,批复如下:

一、根据《中华人民共和国个人所得税法》及有关规定,个人通过招标、竞拍或其他方式购置债权以后,通过相关司法或行政程序主张债权而取得的所得,应按照“财产转让所得”项目缴纳个人所得税。

二、个人通过上述方式取得“打包”债权,只处置部分债权的,其应纳税所得额按以下方式确定:

(一)以每次处置部分债权的所得,作为一次财产转让所得征税。

(二)其应税收入按照个人取得的货币资产和非货币资产的评估价值或市场价值的合计数确定。

（三）所处置债权成本费用（即财产原值），按下列公式计算：

当次处置债权成本费用 = 个人购置"打包"债权实际支出 × 当次处置债权账面价值（或拍卖机构公布价值）÷"打包"债权账面价值（或拍卖机构公布价值）

（四）个人购买和处置债权过程中发生的拍卖招标手续费、诉讼费、审计评估费以及缴纳的税金等合理税费，在计算个人所得税时允许扣除。

2－2－90

国家税务总局关于印发《个人所得税管理办法》的通知

2005 年 7 月 6 日　国税发〔2005〕120 号

各省、自治区、直辖市和计划单列市国家税务局、地方税务局，局内各单位：

为了进一步加强和规范税务机关对个人所得税的征收管理工作，促进个人所得税科学化、精细化管理，提高个人所得税征收管理质量和效率，根据个人所得税法、税收征收管理法及其有关规定，结合税收征管实际，总局制定了《个人所得税管理办法》，现印发给你们，请认真贯彻执行。执行中的问题，请及时报告总局。

个人所得税管理办法

第一章　总　　则

第一条　为了进一步加强和规范税务机关对个人所得税的征收管理，促进个人所得税征管的科学化、精细化，不断提高征管效率和质量，根据《中华人民共和国个人所得税法》（以下简称税法）、《中华人民共和国税收征收管理法》（以下简称征管法）及有关税收法律法规规定，制定本办法。

第二条　加强和规范个人所得税征管，要着力健全管理制度，完善征管手段，突出管理重点。即要建立个人收入档案管理制度、代扣代缴明细账制度、纳税人与扣缴义务人向税务机关双向申报制度、与社会各部门配合的协税制度；尽快研发应用统一的个人所得税管理信息系统，充分利用信息技术手段加强个人所得税管理；切实加强高收入者的重点管理、税源的源泉管理、全员全额管理。

第二章　个人收入档案管理制度

第三条　个人收入档案管理制度是指，税务机关按照要求对每个纳税人的个人基本信息、收入和纳税信息以及相关信息建立档案，并对其实施动态管理的一项制度。

第四条　省以下（含省级）各级税务机关的管理部门应当按照规定逐步对每个纳税人建立收入和纳税档案，实施"一户式"的动态管理。

第五条 省以下(含省级)各级税务机关的管理部门应区别不同类型纳税人,并按以下内容建立相应的基础信息档案:

(一)雇员纳税人(不含股东、投资者、外籍人员)的档案内容包括:姓名、身份证照类型、身份证照号码、学历、职业、职务、电子邮箱地址、有效联系电话、有效通信地址、邮政编码、户籍所在地、扣缴义务人编码、是否重点纳税人。

(二)非雇员纳税人(不含股东、投资者)的档案内容包括:姓名、身份证照类型、身份证照号码、电子邮箱地址、有效联系电话、有效通信地址(工作单位或家庭地址)、邮政编码、工作单位名称、扣缴义务人编码、是否重点纳税人。

(三)股东、投资者(不含个人独资、合伙企业投资者)的档案内容包括:姓名、国籍、身份证照类型、身份证照号码、有效通讯地址、邮政编码、户籍所在地、有效联系电话、电子邮箱地址、公司股本(投资)总额、个人股本(投资)额、扣缴义务人编码、是否重点纳税人。

(四)个人独资、合伙企业投资者、个体工商户、对企事业单位的承包承租经营人的档案内容包括:姓名、身份证照类型、身份证照号码、个体工商户(或个人独资企业、合伙企业、承包承租企事业单位)名称,经济类型、行业、经营地址、邮政编码、有效联系电话、税务登记证号码、电子邮箱地址、所得税征收方式(核定、查账)、主管税务机关、是否重点纳税人。

(五)外籍人员(含雇员和非雇员)的档案内容包括:纳税人编码、姓名(中、英文)、性别、出生地(中、英文)、出生年月、境外地址(中、英文)、国籍或地区、身份证照类型、身份证照号码、居留许可号码(或台胞证号码、回乡证号码)、劳动就业证号码、职业、境内职务、境外职务、入境时间、任职期限、预计在华时间、预计离境时间、境内任职单位名称及税务登记证号码、境内任职单位地址、邮政编码、联系电话、其他任职单位(也应包括地址、电话、联系方式)名称及税务登记证号码、境内受聘或签约单位名称及税务登记证号码、地址、邮政编码、联系电话、境外派遣单位名称(中、英文)、境外派遣单位地址(中、英文)、支付地(包括境内支付还是境外支付)、是否重点纳税人。

第六条 纳税人档案的内容来源于:

(一)纳税人税务登记情况。

(二)《扣缴个人所得税报告表》和《支付个人收入明细表》。

(三)代扣代收税款凭证。

(四)个人所得税纳税申报表。

(五)社会公共部门提供的有关信息。

(六)税务机关的纳税检查情况和处罚记录。

(七)税务机关掌握的其他资料及纳税人提供的其他信息资料。

第七条 税务机关应对档案内容适时进行更新和调整;并根据本地信息化水平和征管能力提高的实际,以及个人收入的变化等情况,不断扩大档案管理的范围,直至实现全员全额管理。

第八条 税务机关应充分利用纳税人档案资料,加强个人所得税管理。定期对重点纳税人、重点行业和企业的个人档案资料进行比对分析和纳税评估,查找税源变动情况和原因,及时发现异常情况,采取措施堵塞征管漏洞。

第三章 代扣代缴明细账制度

第九条 代扣代缴明细账制度是指,税务机关依据个人所得税法和有关规定,要求扣缴义务人按规定报送其支付收入的个人所有的基本信息、支付个人收入和扣缴税款明细信息以及其他相关涉税信息,并对每个扣缴义务人建立档案,为后续实施动态管理打下基础的一项制度。

第十条 税务机关应按照税法及相关法律、法规的有关规定,督促扣缴义务人按规定设立代扣代缴税款账簿,正确反映个人所得税的扣缴情况。

第十一条 扣缴义务人申报的纳税资料,税务机关应严格审查核实。对《扣缴个人所得税报告表》和《支付个人收入明细表》没有按每一个人逐栏逐项填写的,或者填写内容不全的,主管税务机关应要求扣缴义务人重新填报。已实行信息化管理的,可以将《支付个人收入明细表》并入《扣缴个人所得税报告表》。

《扣缴个人所得税报告表》填写实际缴纳了个人所得税的纳税人的情况;《支付个人收入明细表》填写支付了应税收入,但未达到纳税标准的纳税人的情况。

第十二条 税务机关应将扣缴义务人报送的支付个人收入情况与其同期财务报表交叉比对,发现不符的,应要求其说明情况,并依法查实处理。

第十三条 税务机关应对每个扣缴义务人建立档案,其内容包括:扣缴义务人编码、扣缴义务人名称、税务(注册)登记证号码、电话号码、电子邮件地址、行业、经济类型、单位地址、邮政编码、法定代表人(单位负责人)和财务主管人员姓名及联系电话、税务登记机关、登记证照类型、发照日期、主管税务机关、应纳税所得额(按所得项目归类汇总)、免税收入、应纳税额(按所得项目归类汇总)、纳税人数、已纳税额、应补(退)税额、减免税额、滞纳金、罚款、完税凭证号等。

第十四条 扣缴义务人档案的内容来源于:

(一)扣缴义务人扣缴税款登记情况。

(二)《扣缴个人所得税报告表》和《支付个人收入明细表》。

(三)代扣代收税款凭证。

(四)社会公共部门提供的有关信息。

(五)税务机关的纳税检查情况和处罚记录。

(六)税务机关掌握的其他资料。

第四章 纳税人与扣缴义务人向税务机关双向申报制度

第十五条 纳税人与扣缴义务人向税务机关双向申报制度是指,纳税人与扣缴义务人按照法律、行政法规规定和税务机关依法律、行政法规所提出的要求,分别向主管税务机关办理纳税申报,税务机关对纳税人和扣缴义务人提供的收入、纳税信息进行交叉比对、核查的一项制度。

第十六条 对税法及其实施条例,以及相关法律、法规规定纳税人必须自行申报的,税务机关应要求其自行向主管税务机关进行纳税申报。

第十七条 税务机关接受纳税人、扣缴义务人的纳税申报时,应对申报的时限、应税项目、适用税率、税款计算及相关资料的完整性和准确性进行初步审核，发现有误的，应及时要求纳税人、扣缴义务人修正申报。

第十八条 税务机关应对双向申报的内容进行交叉比对和评估分析，从中发现问题并及时依法处理。

第五章 与社会各部门配合的协税制度

第十九条 与社会各部门配合的协税制度是指，税务机关应建立与个人收入和个人所得税征管有关的各部门的协调与配合的制度，及时掌握税源和与纳税有关的信息，共同制定和实施协税、护税措施，形成社会协税、护税网络。

第二十条 税务机关应重点加强与以下部门的协调配合：公安、检察、法院、工商、银行、文化体育、财政、劳动、房管、交通、审计、外汇管理等部门。

第二十一条 税务机关通过加强与有关部门的协调配合，着重掌握纳税人的相关收入信息。

（一）与公安部门联系，了解中国境内无住所个人出入境情况及在中国境内的居留暂住情况，实施阻止欠税人出境制度，掌握个人购车等情况。

（二）与工商部门联系，了解纳税人登记注册的变化情况和股份制企业股东及股本变化等情况。

（三）与文化体育部门联系，掌握各种演出、比赛获奖等信息，落实演出承办单位和体育单位的代扣代缴义务等情况。

（四）与房管部门联系，了解房屋买卖、出租等情况。

（五）与交通部门联系，了解出租车、货运车以及运营等情况。

（六）与劳动部门联系，了解中国境内无住所个人的劳动就业情况。

第二十二条 税务机关应积极创造条件，逐步实现与有关部门的相关信息共享或定期交换。

第二十三条 各级税务机关应当把大力宣传和普及个人所得税法知识、不断提高公民的依法纳税意识作为一项长期的基础性工作予以高度重视，列入重要议事日程，并结合征管工作的要求、社会关注的热点和本地征管的重点，加强与上述部门的密切配合。制定周密的宣传工作计划，充分利用各种宣传媒体和途径、采取灵活多样的方式进行个人所得税宣传。

第六章 加快信息化建设

第二十四条 各级税务机关应在金税工程三期的总体框架下，按照“一体化”要求和“统筹规划、统一标准，突出重点、分步实施，整合资源、讲究实效，加强管理、保证安全”的原则，进一步加快个人所得税征管信息化建设，以此提高个人所得税征管质量和效率。

第二十五条 按照一体化建设的要求，个人所得税与其他税种具有共性的部分，由核心业务系统统一开发软件，个人所得税个性的部分单独开发软件。根据个人所得税特点，总局先行开发个人所得税代扣代缴（扣缴义务人端）和基础信息管理（税务端）两个子系统。

第二十六条 代扣代缴（扣缴义务人端）系统的要求是：

(一)为扣缴义务人提供方便快捷的报税工具。

(二)可以从扣缴义务人现有的财务等软件中导入相关信息。

(三)自动计算税款,自动生成各种报表。

(四)支持多元化的申报方式。

(五)方便扣缴义务人统计、查询、打印。

(六)提供《代扣代收税款凭证》打印功能。

(七)便于税务机关接受扣缴义务人的明细扣缴申报,准确全面掌握有关基础数据资料。

第二十七条 基础信息管理系统(税务端)的要求是:

(一)建立个人收入纳税一户式档案,用于汇集扣缴义务人、纳税人的基础信息、收入及纳税信息资料。

(二)传递个人两处以上取得的收入及纳税信息给征管环节。

(三)从一户式档案中筛选高收入个人、高收入行业、重点纳税人、重点扣缴义务人,并实施重点管理。

(四)通过对纳税人收入、纳税相关信息进行汇总比对,判定纳税人申报情况的真实性。

(五)通过设定各类统计指标、口径和运用统计结果,为加强个人所得税管理和完善政策提供决策支持。

(六)建立与各部门的数据应用接口,为其他税费征收提供信息。

(七)按规定打印《中华人民共和国个人所得税完税证明》,为纳税人提供完税依据。

第二十八条 省级税务机关应做好现有个人所得税征管软件的整合工作。省级及以下各级税务机关原则上不应再自行开发个人所得税征管软件。

第七章 加强高收入者的重点管理

第二十九条 税务机关应将下列人员纳入重点纳税人范围:金融、保险、证券、电力、电信、石油、石化、烟草、民航、铁道、房地产、学校、医院、城市供水供气、出版社、公路管理、外商投资企业和外国企业、高新技术企业、中介机构、体育俱乐部等高收入行业人员;民营经济投资者、影视明星、歌星、体育明星、模特等高收入个人;临时来华演出人员。

第三十条 各级税务机关应从下列人员中,选择一定数量的个人作为重点纳税人,实施重点管理:

(一)收入较高者。

(二)知名度较高者。

(三)收入来源渠道较多者。

(四)收入项目较多者。

(五)无固定单位的自由职业者。

(六)对税收征管影响较大者。

第三十一条 各级税务机关对重点纳税人应实行滚动动态管理办法,每年都应根据本地实际情况,适时增补重点纳税人,不断扩大重点纳税人管理范围,直至实现全员全额管理。

第三十二条 税务机关应对重点纳税人按人建立专门档案，实行重点管理，随时跟踪其收入和纳税变化情况。

第三十三条 各级税务机关应充分利用建档管理掌握的重点纳税人信息，定期对重点纳税人的收入、纳税情况进行比对、评估分析，从中发现异常问题，及时采取措施堵塞管理漏洞。

第三十四条 省级（含计划单列市）税务机关应于每年7月底以前和次年1月底以前，分别将所确定的重点纳税人的半年和全年的基本情况及收入、纳税等情况，用Excel表格的形式填写《个人所得税重点纳税人收入和纳税情况汇总表》报送国家税务总局（所得税管理司）。

第三十五条 各级税务机关应强化对个体工商户、个人独资企业和合伙企业投资者以及独立从事劳务活动的个人的个人所得税征管。

（一）积极推行个体工商户、个人独资企业和合伙企业建账工作，规范财务管理，健全财务制度；有条件的地区应使用税控装置加强对纳税人的管理和监控。

（二）健全和完善核定征收工作，对账证不全、无法实行查账征收的纳税人，按规定实行核定征收，并根据纳税人经营情况及时进行定额调整。

（三）加强税务系统的协作配合，实现信息共享，建立健全个人所得税情报交流和异地协查制度，互通信息，解决同一个投资者在两处或两处以上投资和取得收入合并缴纳个人所得税的监控难题。

（四）加强个人投资者从其投资企业借款的管理，对期限超过一年又未用于企业生产经营的借款，严格按照有关规定征税。

（五）要严格对个人投资的企业和个体工商户税前扣除的管理，定期进行检查。对个人投资者以企业资金为本人、家庭成员及其相关人员支付的与生产经营无关的消费性、财产性支出，严格按照规定征税。

（六）加强对从事演出、广告、讲课、医疗等人员的劳务报酬所得的征收管理，全面推行预扣预缴办法，从源泉上加强征管。

第三十六条 税务机关要加强对重点纳税人、独立纳税人的专项检查，严厉打击涉税违法犯罪行为。各地每年应当通过有关媒体公开曝光2至3起个人所得税违法犯罪案件。

第三十七条 税务机关要重视和加强重点纳税人、独立纳税人的个人所得税日常检查，及时发现征管漏洞和薄弱环节，制定和完善征管制度、办法。日常检查由省级以下税务机关的征管和税政部门共同组织实施。

实施日常检查应当制定计划，并按规定程序进行，防止多次、重复检查，防止影响纳税人的生产经营。

第八章 加强税源的源泉管理

第三十八条 税务机关应严格税务登记管理制度，认真开展漏征漏管户的清理工作，摸清底数。

第三十九条 税务机关应按照有关要求建立和健全纳税人、扣缴义务人的档案，切实加强个人所得税税源管理。

第四十条 税务机关应继续做好代扣代缴工作，提高扣缴质量和水平：

（一）要继续贯彻落实已有的个人所得税代扣代缴工作制度和办法，并在实践中不断完善提高。

（二）要对本地区所有行政、企事业单位、社会团体等扣缴义务人进行清理和摸底，在此基础上按照纳税档案管理的指标建立扣缴义务人台账或基本账户，对其实行跟踪管理。

（三）配合全员全额管理，推行扣缴义务人支付个人收入明细申报制度。

（四）对下列行业应实行重点税源管理：金融、保险、证券、电力、电信、石油、石化、烟草、民航、铁道、房地产、学校、医院、城市供水供气、出版社、公路管理、外商投资企业、高新技术企业、中介机构、体育俱乐部等高收入行业；连续 3 年（含 3 年）为零申报的代扣代缴单位（以下简称长期零申报单位）。

（五）对重点税源管理的行业、单位和长期零申报单位，应将其列为每年开展专项检查的重点对象，或对其纳税申报材料进行重点审核。

第四十一条 各级税务机关应充分利用与各部门配合的协作制度，从公安、工商、银行、文化、体育、房管、劳动、外汇管理等社会公共部门获取税源信息。

第四十二条 各级税务机关应利用从有关部门获取的信息，加强税源管理、进行纳税评估。税务机关应定期分析税源变化情况，对变动较大等异常情况，应及时分析原因，采取相应管理措施。

第四十三条 各级税务机关在加强查账征收工作的基础上，对符合征管法第三十五条规定情形的，采取定期定额征收和核定应税所得率征收，以及其他合理的办法核定征收个人所得税。

对共管个体工商户的应纳税经营额由国家税务局负责核定。

第四十四条 主管税务机关在确定对纳税人的核定征收方式后，要选择有代表性的典型户进行调查，在此基础上确定应纳税额。典型调查面不得低于核定征收纳税人的3%。

第九章 加强全员全额管理

第四十五条 全员全额管理是指，凡取得应税收入的个人，无论收入额是否达到个人所得税的纳税标准，均应就其取得的全部收入，通过代扣代缴和个人申报，全部纳入税务机关管理。

第四十六条 各级税务机关应本着先扣缴义务人后纳税人，先重点行业、企业和纳税人后一般行业、企业和纳税人，先进“笼子”后规范的原则，积极稳妥地推进全员全额管理工作。

第四十七条 各级税务机关要按照规定和要求，尽快建立个人收入档案管理制度、代扣代缴明细账制度、纳税人与扣缴义务人向税务机关双向申报制度、与社会各部门配合的协税制度，为实施全员全额管理打下基础。

第四十八条 各级税务机关应积极创造条件，并根据金税工程三期的总体规划和有关要求，依托信息化手段，逐步实现全员全额申报管理，并在此基础上，为每个纳税人开具完税凭证（证明）。

第四十九条 税务机关应充分利用全员全额管理掌握的纳税人信息、扣缴义务人信息、税源监控信息、有关部门、媒体提供的信息、税收管理人员实地采集的信息等,依据国家有关法律和政策法规的规定,对自行申报纳税人纳税申报情况和扣缴义务人扣缴税情况的真实性、准确性进行分析、判断,开展个人所得税纳税评估,提高全员全额管理的质量。

第五十条 税务机关应加强个人独资和合伙企业投资者、个体工商户、独立劳务者等无扣缴义务人的独立纳税人的基础信息和税源管理工作。

第五十一条 个人所得税纳税评估应按“人机结合”的方式进行,其基本原理和流程是:根据当地居民收入水平及其变动、行业收入水平及其变动等影响个人所得税的相关因素,建立纳税评估分析系统;根据税收收入增减额、增减率或行业平均指标模型确定出纳税评估的重点对象;对纳税评估对象进行具体评估分析,查找锁定引起该扣缴义务人或者纳税人个人所得税变化的具体因素;据此与评估对象进行约谈,要求其说明情况并纠正错误,或者交由稽查部门实施稽查,并进行后续的重点管理。

第五十二条 税务机关应按以下范围和来源采集纳税评估的信息:

(一)信息采集的范围

1. 当地职工年平均工资、月均工资水平。

2. 当地分行业职工年平均工资、月均工资水平。

3. 当地分行业资金利润率。

4. 企业财务报表相关数据。

5. 股份制企业分配股息、红利情况。

6. 其他有关数据。

(二)信息采集的来源

1. 税务登记的有关信息。

2. 纳税申报的有关信息。

3. 会计报表有关信息。

4. 税控收款装置的有关信息。

5. 中介机构出具的审计报告、评估报告的信息。

6. 相关部门、媒体提供的信息。

7. 税收管理人员到纳税户了解采集的信息。

8. 其他途径采集的纳税人和扣缴义务人与个人所得税征管有关的信息。

第五十三条 税务机关应设置纳税评估分析指标、财务分析指标、业户不良记录评析指标,通过分析确定某一期间个人所得税的总体税源发生增减变化的主要行业、主要企业、主要群体,确定纳税评估重点对象。个人所得税纳税评估的程序、指标、方法等按照总局《纳税评估管理办法(试行)》及相关规定执行。

第五十四条 个人所得税纳税评估主要从以下项目进行:

(一)工资、薪金所得,应重点分析工资总额增减率与该项目税款增减率对比情况,人均工资增减率与人均该项目税款增减率对比情况,税款增减率与企业利润增减率对比分析,同行业、同职务人员的收入和纳税情况对比分析。

(二)利息、股息、红利所得,应重点分析当年该项目税款与上年同期对比情况,该项目税款增减率与企业利润增减率对比情况,企业转增个人股本情况,企业税后利润分配情况。

（三）个体工商户的生产、经营所得（含个人独资企业和合伙企业），应重点分析当年与上年该项目税款对比情况，该项目税款增减率与企业利润增减率对比情况；税前扣除项目是否符合现行政策规定；是否连续多个月零申报；同地区、同行业个体工商户生产、经营所得的税负对比情况。

（四）对企事业单位的承包经营、承租经营所得，应重点分析当年与上年该项目税款对比情况，该项目税款增减率与企业利润增减率对比情况，其行业利润率、上缴税款占利润总额的比重等情况；是否连续多个月零申报；同地区、同行业对企事业单位的承包经营、承租经营所得的税负对比情况。

（五）劳务报酬所得，应重点分析纳税人取得的所得与过去对比情况，支付劳务费的合同、协议、项目情况，单位白条列支劳务报酬情况。

（六）其他各项所得，应结合个人所得税征管实际，选择有针对性的评估指标进行评估分析。

第十章　附　　则

第五十五条　储蓄存款利息所得的个人所得税管理办法，另行制定。

第五十六条　此前规定与本办法不一致的，按本办法执行。

第五十七条　本办法未尽事宜按照税收法律、法规以及相关规定办理。

第五十八条　本办法由国家税务总局负责解释，各省、自治区、直辖市和计划单列市税务局可根据本办法制定具体实施意见。

第五十九条　本办法自2005年10月1日起执行。

注释：

条款修改。根据《第十三届全国人民代表大会第一次会议关于国务院机构改革方案的决定》等有关规定，税收规范性文件规定的国税地税机关的职责和工作由新的税务机关承担。国家税务总局依据《税收规范性文件制定管理办法》（国家税务总局令第41号公布），对税收规范性文件进行了清理。参见：《国家税务总局关于修改部分税收规范性文件的公告》（国家税务总局公告2018年第31号）。

2－2－91

国家税务总局关于纳税人取得不含税全年一次性奖金收入计征个人所得税问题的批复

2005年7月7日　国税函〔2005〕715号

北京市地方税务局：

你局《关于全年一次性奖金单位负担税款计算方法的请示》（京地税个〔2005〕278号）

收悉。经研究,批复如下:

一、根据《国家税务总局关于印发〈征收个人所得税若干问题的规定〉的通知》(国税发〔1994〕89号)第十四条的规定,不含税全年一次性奖金换算为含税奖金计征个人所得税的具体方法为:

(一)按照不含税的全年一次性奖金收入除以12的商数,查找相应适用税率A和速算扣除数A

(二)含税的全年一次性奖金收入=(不含税的全年一次性奖金收入-速算扣除数A)÷(1-适用税率A)

(三)按含税的全年一次性奖金收入除以12的商数,重新查找适用税率B和速算扣除数B

(四)应纳税额=含税的全年一次性奖金收入×适用税率B-速算扣除数B

二、如果纳税人取得不含税全年一次性奖金收入的当月工资薪金所得,低于税法规定的费用扣除额,应先将不含税全年一次性奖金减去当月工资薪金所得低于税法规定费用扣除额的差额部分后,再按照上述第一条规定处理。

三、根据企业所得税和个人所得税的现行规定,企业所得税的纳税人、个人独资和合伙企业、个体工商户为个人支付的个人所得税款,不得在所得税前扣除。

2-2-92

国家税务总局　中国人民银行　教育部关于印发《教育储蓄存款利息所得免征个人所得税实施办法》的通知

2005年9月14日　国税发〔2005〕148号

各省、自治区、直辖市和计划单列市国家税务局、教育厅(局),中国人民银行各分行、营业管理部、各省会(首府)城市中心支行,各商业银行总行:

为贯彻落实《对储蓄存款利息所得征收个人所得税的实施办法》(中华人民共和国国务院令第272号),加强和规范教育储蓄利息所得免税管理,堵塞征管漏洞,现将《教育储蓄存款利息所得免征个人所得税实施办法》印发给你们,请根据本地实际情况,认真贯彻执行。执行中遇有问题,请及时向国家税务总局、中国人民银行和教育部反映。

附件:正在接受非义务教育的学生身份证明(编者略)

教育储蓄存款利息所得免征个人所得税实施办法

第一条　为加强储蓄存款利息所得个人所得税(以下简称利息税)征收管理,规范教育储蓄利息所得免征利息税管理,根据《中华人民共和国个人所得税法》及其实施条例、国务院关于《对储蓄存款利息所得征收个人所得税的实施办法》和《教育储蓄管理办法》的规定，特制定本办法。

第二条 个人为其子女（或被监护人）接受非义务教育（指九年义务教育之外的全日制高中、大中专、大学本科、硕士和博士研究生）在储蓄机构开立教育储蓄专户，并享受利率优惠的存款，其所取得的利息免征个人所得税。

第三条 开立教育储蓄的对象（即储户）为在校小学4年级（含4年级）以上学生；享受免征利息税优惠政策的对象必须是正在接受非义务教育的在校学生，其在就读全日制高中（中专）、大专和大学本科、硕士和博士研究生时，每个学习阶段可分别享受一次2万元教育储蓄的免税优惠。

第四条 教育储蓄采用实名制，办理开户时，须凭储户本人户口簿（户籍证明）或居民身份证到储蓄机构以储户本人的姓名开立存款账户。

第五条 教育储蓄为一年、三年和六年期零存整取定期储蓄存款，每份本金合计不得超过2万元；每份本金合计超过2万元或一次性趸存本金的，一律不得享受教育储蓄免税的优惠政策，其取得的利息，应征收利息税。不按规定计付利息的教育储蓄，不得享受免税优惠，应按支付的利息全额征收利息税。

第六条 教育储蓄到期前，储户必须持存折、户口簿（户籍证明）或身份证到所在学校开具正在接受非义务教育的学生身份证明（以下简称“证明”）。

“证明”样式由国家税务总局制定，各省、自治区、直辖市和计划单列市国家税务局印制，由学校到所在地主管税务机关领取。“证明”一式三联（样式见附件），第一联学校留存；第二、三联由储户在支取本息时提供给储蓄机构；储蓄机构应将第二联留存备查，第三联在每月办理扣缴税申报时一并报送主管税务机关。

储户到所在学校开具“证明”时，应在“证明”中填列本人居民身份证号码；无居民身份证号码的，应持本人户口簿（户籍证明）复印件三份，分别附在三联“证明”之后。

第七条 教育储蓄到期时，储户必须持存折、身份证或户口簿（户籍证明）和“证明”支取本息。储蓄机构应认真审核储户所持存折、身份证或户口簿（户籍证明）和“证明”，对符合条件的，给予免税优惠，并在“证明”（第二、三联）上加盖“已享受教育储蓄优惠”印章；不能提供“证明”的，均应按有关规定扣缴利息税。

第八条 储蓄机构应对教育储蓄情况进行详细记录，以备税务机关核查。记录的内容应包括：储户姓名、证件名称及号码、开具“证明”的学校、“证明”编号、存款额度、储蓄起止日期、利率、利息。

第九条 主管税务机关应设立教育储蓄利息所得免征个人所得税台账，对储户享受优惠情况进行详细登记。登记内容包括：储户姓名、证件名称及号码、“证明”编号、开具“证明”的学校、开户银行、存款额度、储蓄起止日期、利率、利息。

第十条 主管税务机关应依法定期对储蓄机构的教育储蓄存款利息所得免税情况开展检查。

第十一条 从事非义务教育的学校应主动向所在地国税机关领取“证明”，并严格按照规定填开“证明”，不得重复填开或虚开，对填开的“证明”必须建立备案存查制度。

对违反规定向纳税人、扣缴义务人提供“证明”，导致未缴、少缴个人所得税款的学校，按《中华人民共和国税收征收管理法》(以下简称《征管法》)实施细则的规定，税务机关可以处未缴、少缴税款1倍以下的罚款。

第十二条 对储蓄机构以教育储蓄名义进行揽储，没有按规定办理教育储蓄，而造成应扣未扣税款的，应按《征管法》的规定，向纳税人追缴应纳税款，并对扣缴义务人处应扣未扣税款50%以上3倍以下的罚款。税务机关在向纳税人追缴税款时，可责成扣缴义务人从纳税人的储蓄账户上限期补扣应扣未扣的税款。

对储户采取欺骗手段办理教育储蓄的，一经发现，应对其征收利息税，并按《征管法》的规定予以处理。

第十三条 各省、自治区、直辖市和计划单列市国家税务局、中国人民银行各分行、教育厅(局)可根据本办法制定具体的实施办法。

第十四条 本办法自2005年10月1日起施行。

2－2－93

国家税务总局　中国人民银行　教育部关于《教育储蓄存款利息所得免征个人所得税实施办法》有关问题的补充通知

2005年9月30日　国税发〔2005〕155号

各省、自治区、直辖市和计划单列市国家税务局、教育厅(教委、教育局)，中国人民银行各分行、营业管理部、各省会(首府)城市中心支行，各商业银行总行：

为更好地执行《国家税务总局、中国人民银行、教育部关于印发〈教育储蓄存款利息所得免征个人所得税实施办法〉的通知》(国税发〔2005〕148号)(以下简称《实施办法》)，现就有关事项补充通知如下：

一、《实施办法》推迟至2005年12月1日起执行。

二、存款人根据《中国人民银行关于印发〈教育储蓄管理办法〉的通知》(银发〔2000〕102号)的要求，向办理教育储蓄的银行提供的相关证明文件，在2005年12月1日前继续有效。

三、各省、自治区、直辖市和计划单列市国家税务局，教育厅(教委)，中国人民银行各分行、营业管理部、各省会(首府)城市中心支行、各商业银行要切实做好宣传和解释工作。对执行中出现的新情况、新问题及时上报。

2－2－94

财政部　国家税务总局关于行政机关和事业单位做好个人所得税代扣代缴工作的通知

2006年1月24日　财税〔2006〕9号

各省、自治区、直辖市、计划单列市人民政府，国务院各部委、直属机构：

《中华人民共和国个人所得税法》（以下简称个人所得税法）实施以来，各级行政机关和事业单位认真履行个人所得税扣缴义务，保证了个人所得税收入的平稳较快增长。近年来，随着行政机关、事业单位干部、职工工资发放方式的改变，个人所得税代扣代缴工作中也出现了一些不容忽视的问题：一是一些单位在国家统一政策外自行发放的津贴、补贴及其他工资外收入未全部纳入个人收入并扣缴个人所得税；二是一些单位借保密等理由不如实提供个人收入资料，瞒报、少报个人收入；三是个别单位干部、职工对纳税不理解甚至阻挠代扣代缴工作。为维护税法的严肃性，坚持依法治税，经国务院同意，现就进一步做好行政机关、事业单位个人所得税代扣代缴工作要求如下：

一、充分认识做好依法扣缴个人所得税工作的重要意义

依法纳税是每个公民应尽的义务，做好个人所得税代扣代缴工作是行政机关和事业单位的法律责任。行政机关、事业单位是个人所得税扣缴义务人的重要组成部分，应依法认真履行代扣代缴义务，为全社会个人所得税代扣代缴工作起到示范带头作用。

二、行政机关、事业单位应依法履行个人所得税扣缴义务人的职责

根据个人所得税法和有关政策规定，行政机关、事业单位代扣代缴个人所得税应实行全员全额扣缴申报，将财政部门（或机关事务管理、人事等部门）及本单位内部当期向职工发放的所有工资、津贴、补贴和奖金等收入进行合并计算应扣缴的个人所得税，按时向主管税务机关报送扣缴个人所得税报告表、代扣代收税款凭证、支付个人收入明细表以及税务机关要求报送的其他有关资料，切实履行扣缴个人所得税义务。

行政机关、事业单位履行扣缴税款义务，应自觉接受主管税务机关依法进行的检查。对扣缴义务人应扣未扣，逃避、拒绝或者以其他方式阻挠税务机关依法检查的，将按照税收征管法有关规定予以处罚。

三、税务部门要改进和加强纳税服务管理

依法征税是各级税务机关的工作职责，税务部门要根据税收征管法和个人所得税法的规定，完善对行政机关、事业单位扣缴个人所得税工作的服务和管理，建立健全并落实相关制度，协助行政机关、事业单位正确履行扣缴个人所得税的义务。要主动掌握扣缴义务人的情况，为行政机关、事业单位扣缴个人所得税提供工作上的便利，做好政策咨询和服务工作，有针对性地加强税法宣传、业务辅导和培训，维护扣缴义务人的合法权益；要加强对行政机关、事业单位扣缴个人所得税情况的检查，依法纠正、处理违反个人所得税法的行为；广大税务干部要努力提高自身素质，秉公办事，规范执法。

2-2-95

国家税务总局　国家邮政局关于开具寄送个人所得税完税证明有关问题的通知

2006年2月20日　国税发〔2006〕30号

各省、自治区、直辖市和计划单列市地方税务局、邮政局：

为认真贯彻落实《中华人民共和国个人所得税法》及其实施条例和《国家税务总局关于试行税务机关向扣缴义务人实行明细申报后的纳税人开具个人所得税完税证明的通知》（国税发〔2005〕8号）精神，优化纳税服务，节约税收成本，在总结去年部分地区寄发《中华人民共和国个人所得税完税证明》（以下简称完税证明）经验的基础上，国家税务总局和国家邮政局商定，自2006年3月1日起，有条件的地区可逐步试行使用邮政信函方式寄递完税证明工作。现将有关事项通知如下：

一、统一思想，转变观念，充分认识开具完税证明工作的重要意义

由税务机关向个人所得税纳税人开具完税凭证，是落实"聚财为国，执法为民"宗旨的具体体现，是优化纳税服务、推动全员全额扣缴申报工作、提升个人所得税管理水平的重要举措，也是国际惯例和我国个人所得税完税凭证管理工作的发展方向，不仅有利于满足纳税人实际需要、促进税法知识普及、培养公民依法纳税的责任感和自豪感，而且在建立健全征信体系、深化税制改革、构建和谐社会方面都发挥着积极作用。各地税务机关和邮政部门应对此项工作高度重视，密切合作，加强领导，建立健全工作运行机制，积极创造有利条件，逐步推进完税证明邮政信函方式寄递工作的顺利、快速开展。

二、总结经验，加强配合，积极稳妥地开展完税证明的寄递工作

各地税务机关和邮政部门应认真总结以往完税证明制作、寄递工作的经验和不足，不断改进方法，科学管理，加大工作的力度和深度。各地税务机关要在去年试行的基础上，大力推进开具完税证明工作，每个省市至少要选择两个以上地市（其中一个为省会城市）开展试点，分步到位，条件具备的地区可以进一步扩大开具范围。邮政部门应协助税务机关安全、准确、便捷地寄递完税证明。双方要积极配合，主动沟通，加强领导，明确责任，建立健全工作运行机制，不断提高服务质量和效率，稳妥地开展完税证明邮政信函寄递工作。

三、认真组织，周密安排，确保完税证明寄递工作的有序进行

各地税务机关和邮政部门要指定相关部门和人员具体负责实施完税证明寄递工作，并互相协商各自业务处理范围。省级税务机关要根据实际情况，统筹安排、组织协调本省完税证明的开具工作，并提出具体要求，包括完税证明的开具范围、完税数据采集、完税证明印制、寄递时间、收件人地址确认等工作。各级邮政部门要依据税务机关寄递要求，提供各种便利，积极配合，包括数据接收、打印制作、封发处理、投递组织、退信处理等工作；邮政部门如不需进行打印制作的，则要做好邮件收寄、封发处理、投递组织、退信处理等工作。

四、明确责任,保守秘密,确保完税证明的涉税信息不外泄

鉴于完税证明的重要性和严肃性,各地税务机关和邮政部门要共同制定严格的工作流程、操作规范、保密制度和各类预案,确保各环节工作快速、有序、安全地进行。在数据交接、完税证明制作、分拣封发、投递和退信过程中,税务机关和邮政部门均要执行严格的保密制度,签订保密协议,完善制作流程,严格管理完税证明。明确专人负责,严禁任何无关人员接触数据及相关实物,制作部门各环节严格执行登记、签收、存档、销毁等制度。如完税证明交由邮政部门打印制作的,应在打印制作工作完成后,由税务机关收回数据并予以删除。

五、其他有关事项

(一)完税证明的邮寄资费不分本外埠,每件不高于0.60元。如需邮政打印制作的,邮政部门要提供优惠的服务价格和服务方式,降低税务机关的运作成本。

(二)对完税证明需要寄递到个人家庭住址的,由税务机关统一向邮政部门提供个人的详细地址;对收件人(单位)地址变迁的,邮政部门在税务机关核实后进行改寄(投递)工作。

(三)对无法投递的信函,邮政部门要批注退信原因和理由,由地市邮政责任部门核实无误后,将退信妥投相关地市的税务机关,税务机关再通过扣缴义务人或核实地址等办法确保送至纳税人手中。

各地税务机关和邮政部门要结合本通知要求,制定完税证明开具、寄递的具体方案和时间,明确工作内容和职责,并及时向上级主管机关报告工作进展情况。执行中存在的问题,应及时向国家税务总局和国家邮政局报告。

2-2-96

国家税务总局关于个人因公务用车制度改革取得补贴收入征收个人所得税问题的通知

2006年3月6日 国税函〔2006〕245号

各省、自治区、直辖市和计划单列市地方税务局:

近来,一些地区要求明确个人因公务用车制度改革取得各种形式的补贴收入如何征收个人所得税问题。据了解,近年来,部分单位因公务用车制度改革,对用车人给予各种形式的补偿:直接以现金形式发放,在限额内据实报销用车支出,单位反租职工个人的车辆支付车辆租赁费("私车公用"),单位向用车人支付车辆使用过程中的有关费用等。根据《中华人民共和国个人所得税法实施条例》第八条的有关规定,现对公务用车制度改革后各种形式的补贴收入征收个人所得税问题明确如下:

一、因公务用车制度改革而以现金、报销等形式向职工个人支付的收入,均应视为个人取得公务用车补贴收入,按照"工资、薪金所得"项目计征个人所得税。

二、具体计征方法,按《国家税务总局关于个人所得税有关政策问题的通知》(国税发〔1999〕58号)第二条"关于个人取得公务交通、通讯补贴收入征税问题"的有关规定执行。

2-2-97

国家税务总局关于离退休人员再任职界定问题的批复

2006年6月5日　国税函〔2006〕526号

北京市地方税务局：

你局《关于学校外聘教师征收个人所得税问题的请示》(京地税个〔2006〕174号)收悉。经研究，批复如下：

《国家税务总局关于个人兼职和退休人员再任职取得收入如何计算征收个人所得税问题的批复》(国税函〔2005〕382号)所称的“退休人员再任职”，应同时符合下列条件：

一、受雇人员与用人单位签订一年以上(含一年)劳动合同(协议)，存在长期或连续的雇用与被雇用关系；

二、受雇人员因事假、病假、休假等原因不能正常出勤时，仍享受固定或基本工资收入；

三、受雇人员与单位其他正式职工享受同等福利、社保、培训及其他待遇；

四、受雇人员的职务晋升、职称评定等工作由用人单位负责组织。

注释：

条款修改。本文第三条中，单位是否为离退休人员缴纳社会保险费，不再作为离退休人员再任职的界定条件。自2011年5月1日起执行。参见：《国家税务总局关于个人所得税有关问题的公告》(国家税务总局公告2011年第27号)。

2-2-98

国家税务总局关于陈嘉庚科学奖获奖个人取得的奖金收入免征个人所得税的通知

2006年6月9日　国税函〔2006〕561号

北京、山东省(市)地方税务局：

近接中国科学院《关于申请免征陈嘉庚科学奖奖金个人所得税的函》(科发学部字〔2006〕107号)。经研究，通知如下：

陈嘉庚基金会由中国科学院为业务主管部门，实行理事会负责制，由科技部、财政部、教育部、中国科学院、中国工程院、国家自然科学基金委员会、中国科学技术协会、中国银行等部门及中国科学院各学部主任和院士组成理事会，下设评选委员会。该基金会的主要职责是设立陈嘉庚科学奖，以奖励取得杰出科技成果的我国优秀科学家，促进中国科学技术事业的发展。该奖共设6个奖项，每个奖项奖金30万元人民币。目前，该奖已评选出2006年度陈嘉庚数理、生命、地球和信息技术科学4个奖项，共4人。

根据《中华人民共和国个人所得税法》第四条第一款的规定，对陈嘉庚科学奖2006年度获奖者个人取得的奖金收入（见附件），免予征收个人所得税。

在陈嘉庚科学奖业务主管、组织结构、评选办法不变的情况下，以后年度的陈嘉庚科学奖获奖个人的奖金收入，可根据《中华人民共和国个人所得税法》第四条第一款的规定，继续免征个人所得税。

附件：2006年度陈嘉庚科学奖获奖名单及奖金额（编者略）

2－2－99

财政部　国家税务总局关于基本养老保险费　基本医疗保险费　失业保险费住房公积金有关个人所得税政策的通知

2006年6月27日　财税〔2006〕10号

各省、自治区、直辖市、计划单列市财政厅（局）、国家税务局、地方税务局，财政部驻各省、自治区、直辖市、计划单列市财政监察专员办事处，新疆生产建设兵团财务局：

根据国务院2005年12月公布的《中华人民共和国个人所得税法实施条例》有关规定，现对基本养老保险费、基本医疗保险费、失业保险费、住房公积金有关个人所得税政策问题通知如下：

一、企事业单位按照国家或省（自治区、直辖市）人民政府规定的缴费比例或办法实际缴付的基本养老保险费、基本医疗保险费和失业保险费，免征个人所得税；个人按照国家或省（自治区、直辖市）人民政府规定的缴费比例或办法实际缴付的基本养老保险费、基本医疗保险费和失业保险费，允许在个人应纳税所得额中扣除。

企事业单位和个人超过规定的比例和标准缴付的基本养老保险费、基本医疗保险费和失业保险费，应将超过部分并入个人当期的工资、薪金收入，计征个人所得税。

二、根据《住房公积金管理条例》、《建设部、财政部、中国人民银行关于住房公积金管理若干具体问题的指导意见》（建金管〔2005〕5号）等规定精神，单位和个人分别在不超过职工本人上一年度月平均工资12%的幅度内，其实际缴存的住房公积金，允许在个人应纳税所得额中扣除。单位和职工个人缴存住房公积金的月平均工资不得超过职工工作地所在设区城市上一年度职工月平均工资的3倍，具体标准按照各地有关规定执行。

单位和个人超过上述规定比例和标准缴付的住房公积金，应将超过部分并入个人当期的工资、薪金收入，计征个人所得税。

三、个人实际领（支）取原提存的基本养老保险金、基本医疗保险金、失业保险金和住房公积金时，免征个人所得税。

四、上述职工工资口径按照国家统计局规定列入工资总额统计的项目计算。

五、各级财政、税务机关要按照依法治税的要求,严格执行本通知的各项规定。对于各地擅自提高上述保险费和住房公积金税前扣除标准的,财政、税务机关应予坚决纠正。

六、本通知发布后,《财政部、国家税务总局关于住房公积金、医疗保险金、养老保险金征收个人所得税问题的通知》(财税字〔1997〕144号)第一条、第二条和《国家税务总局关于失业保险费(金)征免个人所得税问题的通知》(国税发〔2000〕83号)同时废止。

2-2-100

国家税务总局关于个人住房转让所得征收个人所得税有关问题的通知

2006年7月18日　国税发〔2006〕108号

各省、自治区、直辖市和计划单列市地方税务局,河北、黑龙江、江苏、浙江、山东、安徽、福建、江西、河南、湖南、广东、广西、重庆、贵州、青海、宁夏、新疆、甘肃省(自治区、直辖市)财政厅(局),青岛、宁波、厦门市财政局:

《中华人民共和国个人所得税法》及其实施条例规定,个人转让住房,以其转让收入额减除财产原值和合理费用后的余额为应纳税所得额,按照“财产转让所得”项目缴纳个人所得税。之后,根据我国经济形势发展需要,《财政部、国家税务总局、建设部关于个人出售住房所得征收个人所得税有关问题的通知》(财税字〔1999〕278号)对个人转让住房的个人所得税应纳税所得额计算和换购住房的个人所得税有关问题做了具体规定。目前,在征收个人转让住房的个人所得税中,各地又反映出一些需要进一步明确的问题。为完善制度,加强征管,根据个人所得税法和税收征收管理法的有关规定精神,现就有关问题通知如下:

一、对住房转让所得征收个人所得税时,以实际成交价格为转让收入。纳税人申报的住房成交价格明显低于市场价格且无正当理由的,征收机关依法有权根据有关信息核定其转让收入,但必须保证各税种计税价格一致。

二、对转让住房收入计算个人所得税应纳税所得额时,纳税人可凭原购房合同、发票等有效凭证,经税务机关审核后,允许从其转让收入中减除房屋原值、转让住房过程中缴纳的税金及有关合理费用。

(一)房屋原值具体为:

1. 商品房:购置该房屋时实际支付的房价款及交纳的相关税费。

2. 自建住房:实际发生的建造费用及建造和取得产权时实际交纳的相关税费。

3. 经济适用房(含集资合作建房、安居工程住房):原购房人实际支付的房价款及相关税费,以及按规定交纳的土地出让金。

4. 已购公有住房:原购公有住房标准面积按当地经济适用房价格计算的房价款,加上原购公有住房超标准面积实际支付的房价款以及按规定向财政部门(或原产权单位)交纳的所得收益及相关税费。

已购公有住房是指城镇职工根据国家和县级(含县级)以上人民政府有关城镇住房制度改革政策规定,按照成本价(或标准价)购买的公有住房。

经济适用房价格按县级(含县级)以上地方人民政府规定的标准确定。

5. 城镇拆迁安置住房:根据《城市房屋拆迁管理条例》(国务院令第305号)和《建设部关于印发〈城市房屋拆迁估价指导意见〉的通知》(建住房〔2003〕234号)等有关规定,其原值分别为:

(1)房屋拆迁取得货币补偿后购置房屋的,为购置该房屋实际支付的房价款及交纳的相关税费;

(2)房屋拆迁采取产权调换方式的,所调换房屋原值为《房屋拆迁补偿安置协议》注明的价款及交纳的相关税费;

(3)房屋拆迁采取产权调换方式,被拆迁人除取得所调换房屋,又取得部分货币补偿的,所调换房屋原值为《房屋拆迁补偿安置协议》注明的价款和交纳的相关税费,减去货币补偿后的余额;

(4)房屋拆迁采取产权调换方式,被拆迁人取得所调换房屋,又支付部分货币的,所调换房屋原值为《房屋拆迁补偿安置协议》注明的价款,加上所支付的货币及交纳的相关税费。

(二)转让住房过程中缴纳的税金是指:纳税人在转让住房时实际缴纳的营业税、城市维护建设税、教育费附加、土地增值税、印花税等税金。

(三)合理费用是指:纳税人按照规定实际支付的住房装修费用、住房贷款利息、手续费、公证费等费用。

1. 支付的住房装修费用。纳税人能提供实际支付装修费用的税务统一发票,并且发票上所列付款人姓名与转让房屋产权人一致的,经税务机关审核,其转让的住房在转让前实际发生的装修费用,可在以下规定比例内扣除:

(1)已购公有住房、经济适用房:最高扣除限额为房屋原值的15%;

(2)商品房及其他住房:最高扣除限额为房屋原值的10%。

纳税人原购房为装修房,即合同注明房价款中含有装修费(铺装了地板,装配了洁具、厨具等)的,不得再重复扣除装修费用。

2. 支付的住房贷款利息。纳税人出售以按揭贷款方式购置的住房的,其向贷款银行实际支付的住房贷款利息,凭贷款银行出具的有效证明据实扣除。

3. 纳税人按照有关规定实际支付的手续费、公证费等,凭有关部门出具的有效证明据实扣除。

本条规定自2006年8月1日起执行。

三、纳税人未提供完整、准确的房屋原值凭证,不能正确计算房屋原值和应纳税额的,税务机关可根据《中华人民共和国税收征收管理法》第三十五条的规定,对其实行核定征税,即按纳税人住房转让收入的一定比例核定应纳个人所得税额。具体比例由省级地方税务局或者省级地方税务局授权的地市级地方税务局根据纳税人出售住房的所处区域、地理位置、建造时间、房屋类型、住房平均价格水平等因素,在住房转让收入1%~3%的幅度内确定。

四、各级税务机关要严格执行《国家税务总局关于进一步加强房地产税收管理的通知》(国税发〔2005〕82号)和《国家税务总局关于实施房地产税收一体化管理若干具体问题的通知》(国税发〔2005〕156号)的规定。为方便出售住房的个人依法履行纳税义务,加强税收征管,主管税务机关要在房地产交易场所设置税收征收窗口,个人转让住房应缴纳的个人所得税,应与转让环节应缴纳的营业税、契税、土地增值税等税收一并办理;地方税务机关暂没有条件在房地产交易场所设置税收征收窗口的,应委托契税征收部门一并征收个人所得税等税收。

五、各级税务机关要认真落实有关住房转让个人所得税优惠政策。按照《财政部、国家税务总局、建设部关于个人出售住房所得征收个人所得税有关问题的通知》(财税字〔1999〕278号)的规定,对出售自有住房并拟在现住房出售1年内按市场价重新购房的纳税人,其出售现住房所缴纳的个人所得税,先以纳税保证金形式缴纳,再视其重新购房的金额与原住房销售额的关系,全部或部分退还纳税保证金;对个人转让自用5年以上,并且是家庭唯一生活用房取得的所得,免征个人所得税。要不折不扣地执行上述优惠政策,确保维护纳税人的合法权益。

六、各级税务机关要做好住房转让的个人所得税纳税保证金收取、退还和有关管理工作。要按照《财政部、国家税务总局、建设部关于个人出售住房所得征收个人所得税有关问题的通知》(财税字〔1999〕278号)和《国家税务总局、财政部、中国人民银行关于印发〈税务代保管资金账户管理办法〉的通知》(国税发〔2005〕181号)要求,按规定建立个人所得税纳税保证金专户,为缴纳纳税保证金的纳税人建立档案,加强对纳税保证金信息的采集、比对、审核;向纳税人宣传解释纳税保证金的征收、退还政策及程序;认真做好纳税保证金退还事宜,符合条件的确保及时办理。

七、各级税务机关要认真宣传和落实有关税收政策,维护纳税人的各项合法权益。一是要持续、广泛地宣传个人所得税法及有关税收政策,加强对纳税人和征收人员如何缴纳住房交易所得个人所得税的纳税辅导;二是要加强与房地产管理部门、中介机构的协调、沟通,充分发挥中介机构协税护税作用,促使其协助纳税人准确计算税款;三是严格执行住房交易所得的减免税条件和审批程序,明确纳税人应报送的有关资料,做好涉税资料审查鉴定工作;四是对于符合减免税政策的个人住房交易所得,要及时办理减免税审批手续。

注释:

条款修改。根据《第十三届全国人民代表大会第一次会议关于国务院机构改革方案的决定》等有关规定,税收规范性文件规定的国税地税机关的职责和工作由新的税务机关承担。国家税务总局依据《税收规范性文件制定管理办法》(国家税务总局令第41号公布),对税收规范性文件进行了清理。参见:《国家税务总局关于修改部分税收规范性文件的公告》(国家税务总局公告2018年第31号)。

2－2－101

国家税务总局关于个人股权转让过程中取得违约金收入征收个人所得税问题的批复

2006 年 9 月 19 日 国税函〔2006〕866 号

四川省地方税务局：

你局《关于股权转让取得违约金收入如何征收个人所得税问题的请示》（川地税发〔2006〕48 号）收悉。经研究，批复如下：

根据《中华人民共和国个人所得税法》的有关规定，股权成功转让后，转让方个人因受让方个人未按规定期限支付价款而取得的违约金收入，属于因财产转让而产生的收入。转让方个人取得的该违约金应并入财产转让收入，按照“财产转让所得”项目计算缴纳个人所得税，税款由取得所得的转让方个人向主管税务机关自行申报缴纳。

2－2－102

国家税务总局关于个人股票期权所得缴纳个人所得税有关问题的补充通知

2006 年 9 月 30 日 国税函〔2006〕902 号

各省、自治区、直辖市和计划单列市地方税务局：

关于员工取得股票期权所得有关个人所得税处理问题，《财政部 国家税务总局关于个人股票期权所得征收个人所得税问题的通知》（财税〔2005〕35 号）已经做出规定。现就有关执行问题补充通知如下：

一、员工接受雇主（含上市公司和非上市公司）授予的股票期权，凡该股票期权指定的股票为上市公司（含境内、外上市公司）股票的，均应按照财税〔2005〕35 号文件进行税务处理。

二、财税〔2005〕35 号文件第二条第（二）项所述“股票期权的转让净收入”，一般是指股票期权转让收入。如果员工以折价购入方式取得股票期权的，可以股票期权转让收入扣除折价购入股票期权时实际支付的价款后的余额，作为股票期权的转让净收入。

三、财税〔2005〕35 号文件第二条第（二）项公式中所述“员工取得该股票期权支付的每股施权价”，一般是指员工行使股票期权购买股票实际支付的每股价格。如果员工以折价购入方式取得股票期权的，上述施权价可包括员工折价购入股票期权时实际支付的价格。

四、凡取得股票期权的员工在行权日不实际买卖股票，而按行权日股票期权所指定股票的市场价与施权价之间的差额，直接从授权企业取得价差收益的，该项价差收益应作为员工取得的股票期权形式的工资薪金所得，按照财税〔2005〕35 号文件的有关规定计算缴纳个人所得税。

五、在确定员工取得股票期权所得的来源地时，按照财税〔2005〕35 号文件第三条规定需划分境、内外工作期间月份数。该境、内外工作期间月份总数是指员工按企业股票期权计划规定，在可行权以前须履行工作义务的月份总数。

六、部分股票期权在授权时即约定可以转让，且在境内或境外存在公开市场及挂牌价格（以下称可公开交易的股票期权）。员工接受该可公开交易的股票期权时，应作为财税〔2005〕35 号文件第二条第（一）项所述的另有规定情形，按以下规定进行税务处理：

（一）员工取得可公开交易的股票期权，属于员工已实际取得有确定价值的财产，应按授权日股票期权的市场价格，作为员工授权日所在月份的工资薪金所得，并按财税〔2005〕35 号文件第四条第（一）项规定计算缴纳个人所得税。如果员工以折价购入方式取得股票期权的，可以授权日股票期权的市场价格扣除折价购入股票期权时实际支付的价款后的余额，作为授权日所在月份的工资薪金所得。

（二）员工取得上述可公开交易的股票期权后，转让该股票期权所取得的所得，属于财产转让所得，按财税〔2005〕35 号文件第四条第（二）项规定进行税务处理。

（三）员工取得本条第（一）项所述可公开交易的股票期权后，实际行使该股票期权购买股票时，不再计算缴纳个人所得税。

七、员工以在一个公历月份中取得的股票期权形式工资薪金所得为一次。员工在一个纳税年度中多次取得股票期权形式工资薪金所得的，其在该纳税年度内首次取得股票期权形式的工资薪金所得应按财税〔2005〕35 号文件第四条第（一）项规定的公式计算应纳税款；本年度内以后每次取得股票期权形式的工资薪金所得，应按以下公式计算应纳税款：

应纳税款 =（本纳税年度内取得的股票期权形式工资薪金所得累计应纳税所得额 ÷ 规定月份数 × 适用税率 − 速算扣除数）× 规定月份数 − 本纳税年度内股票期权形式的工资薪金所得累计已纳税款

上款公式中的本纳税年度内取得的股票期权形式工资薪金所得累计应纳税所得额，包括本次及本次以前各次取得的股票期权形式工资薪金所得应纳税所得额；上款公式中的规定月份数，是指员工取得来源于中国境内的股票期权形式工资薪金所得的境内工作期间月份数，长于 12 个月的，按 12 个月计算；上款公式中的适用税率和速算扣除数，以本纳税年度内取得的股票期权形式工资薪金所得累计应纳税所得额除以规定月份数后的商数，对照《国家税务总局关于印发〈征收个人所得税若干问题的规定〉的通知》（国税发〔1994〕89 号）所附税率表确定；上款公式中的本纳税年度内股票期权形式的工资薪金所得累计已纳税款，不含本次股票期权形式的工资薪金所得应纳税款。

八、员工多次取得或者一次取得多项来源于中国境内的股票期权形式工资薪金所得，而且各次或各项股票期权形式工资薪金所得的境内工作期间月份数不相同的，以境内工作期间月份数的加权平均数为财税〔2005〕35 号文件第四条第（一）项规定公式和本通知第七条规定公式中的规定月份数，但最长不超过 12 个月，计算公式如下：

规定月份数 = Σ各次或各项股票期权形式工资薪金应纳税所得额与该次或该项所得

境内工作期间月份数的乘积/$\sum$各次或各项股票期权形式工资薪金应纳税所得额

注释：

条款废止。第七条、第八条自2019年1月1日起废止。参见：《财政部　税务总局关于个人所得税法修改后有关优惠政策衔接问题的通知》（财税〔2018〕164号）。

2－2－103

国家税务总局关于印发《个人所得税自行纳税申报办法（试行）》的通知

2006年11月6日　国税发〔2006〕162号

各省、自治区、直辖市和计划单列市国家税务局、地方税务局：

为加强个人所得税征收管理，完善个人所得税自行纳税申报制度，维护纳税人的合法权益，根据《中华人民共和国个人所得税法》及其实施条例、《中华人民共和国税收征收管理法》及其实施细则和税收有关规定，国家税务总局制定了《个人所得税自行纳税申报办法（试行）》，现印发给你们，请认真贯彻执行。

附件：个人所得税纳税申报表式样（编者略）

个人所得税自行纳税申报办法（试行）

第一章　总　　则

第一条　为进一步加强个人所得税征收管理，保障国家税收收入，维护纳税人的合法权益，方便纳税人自行纳税申报，规范自行纳税申报行为，根据《中华人民共和国个人所得税法》（以下简称个人所得税法）及其实施条例、《中华人民共和国税收征收管理法》（以下简称税收征管法）及其实施细则和其他法律、法规的有关规定，制定本办法。

第二条　凡依据个人所得税法负有纳税义务的纳税人，有下列情形之一的，应当按照本办法的规定办理纳税申报：

（一）年所得12万元以上的；

（二）从中国境内两处或者两处以上取得工资、薪金所得的；

（三）从中国境外取得所得的；

（四）取得应税所得，没有扣缴义务人的；

（五）国务院规定的其他情形。

第三条　本办法第二条第一项年所得12万元以上的纳税人，无论取得的各项所得是否已足额缴纳了个人所得税，均应当按照本办法的规定，于纳税年度终了后向主管税务机关办理纳税申报。

本办法第二条第二项至第四项情形的纳税人，均应当按照本办法的规定，于取得所得后向主管税务机关办理纳税申报。

本办法第二条第五项情形的纳税人，其纳税申报办法根据具体情形另行规定。

第四条 本办法第二条第一项所称年所得12万元以上的纳税人，不包括在中国境内无住所，且在一个纳税年度中在中国境内居住不满1年的个人。

本办法第二条第三项所称从中国境外取得所得的纳税人，是指在中国境内有住所，或者无住所而在一个纳税年度中在中国境内居住满1年的个人。

第二章 申报内容

第五条 年所得12万元以上的纳税人，在纳税年度终了后，应当填写《个人所得税纳税申报表（适用于年所得12万元以上的纳税人申报）》（见附表1），并在办理纳税申报时报送主管税务机关，同时报送个人有效身份证件复印件，以及主管税务机关要求报送的其他有关资料。

有效身份证件，包括纳税人的身份证、护照、回乡证、军人身份证件等。

第六条 本办法所称年所得12万元以上，是指纳税人在一个纳税年度取得以下各项所得的合计数额达到12万元：

（一）工资、薪金所得；

（二）个体工商户的生产、经营所得；

（三）对企事业单位的承包经营、承租经营所得；

（四）劳务报酬所得；

（五）稿酬所得；

（六）特许权使用费所得；

（七）利息、股息、红利所得；

（八）财产租赁所得；

（九）财产转让所得；

（十）偶然所得；

（十一）经国务院财政部门确定征税的其他所得。

第七条 本办法第六条规定的所得不含以下所得：

（一）个人所得税法第四条第一项至第九项规定的免税所得，即：

1. 省级人民政府、国务院部委、中国人民解放军军以上单位，以及外国组织、国际组织颁发的科学、教育、技术、文化、卫生、体育、环境保护等方面的奖金；

2. 国债和国家发行的金融债券利息；

3. 按照国家统一规定发给的补贴、津贴，即个人所得税法实施条例第十三条规定的按照国务院规定发放的政府特殊津贴、院士津贴、资深院士津贴以及国务院规定免纳个人所得税的其他补贴、津贴；

4. 福利费、抚恤金、救济金；

5. 保险赔款；

6. 军人的转业费、复员费；

7. 按照国家统一规定发给干部、职工的安家费、退职费、退休工资、离休工资、离休生活补助费；

8. 依照我国有关法律规定应予免税的各国驻华使馆、领事馆的外交代表、领事官员和其他人员的所得；

9. 中国政府参加的国际公约、签订的协议中规定免税的所得。

（二）个人所得税法实施条例第六条规定可以免税的来源于中国境外的所得。

（三）个人所得税法实施条例第二十五条规定的按照国家规定单位为个人缴付和个人缴付的基本养老保险费、基本医疗保险费、失业保险费、住房公积金。

第八条 本办法第六条所指各项所得的年所得按照下列方法计算：

（一）工资、薪金所得，按照未减除费用（每月1600元）及附加减除费用（每月3200元）的收入额计算。

（二）个体工商户的生产、经营所得，按照应纳税所得额计算。实行查账征收的，按照每一纳税年度的收入总额减除成本、费用以及损失后的余额计算；实行定期定额征收的，按照纳税人自行申报的年度应纳税所得额计算，或者按照其自行申报的年度应纳税经营额乘以应税所得率计算。

（三）对企事业单位的承包经营、承租经营所得，按照每一纳税年度的收入总额计算，即按照承包经营、承租经营者实际取得的经营利润，加上从承包、承租的企事业单位中取得的工资、薪金性质的所得计算。

（四）劳务报酬所得，稿酬所得，特许权使用费所得，按照未减除费用（每次800元或者每次收入的20%）的收入额计算。

（五）财产租赁所得，按照未减除费用（每次800元或者每次收入的20%）和修缮费用的收入额计算。

（六）财产转让所得，按照应纳税所得额计算，即按照以转让财产的收入额减除财产原值和转让财产过程中缴纳的税金及有关合理费用后的余额计算。

（七）利息、股息、红利所得，偶然所得和其他所得，按照收入额全额计算。

第九条 纳税人取得本办法第二条第二项至第四项所得，应当按规定填写并向主管税务机关报送相应的纳税申报表（见附表2—附表9），同时报送主管税务机关要求报送的其他有关资料。

第三章 申报地点

第十条 年所得12万元以上的纳税人，纳税申报地点分别为：

（一）在中国境内有任职、受雇单位的，向任职、受雇单位所在地主管税务机关申报。

（二）在中国境内有两处或者两处以上任职、受雇单位的，选择并固定向其中一处单位所在地主管税务机关申报。

（三）在中国境内无任职、受雇单位，年所得项目中有个体工商户的生产、经营所得或者对企事业单位的承包经营、承租经营所得（以下统称生产、经营所得）的，向其中一处实际经营所在地主管税务机关申报。

（四）在中国境内无任职、受雇单位，年所得项目中无生产、经营所得的，向户籍所在地主管税务机关申报。在中国境内有户籍，但户籍所在地与中国境内经常居住地不一致的，选择并固定向其中一地主管税务机关申报。在中国境内没有户籍的，向中国境内经常居住地主管税务机关申报。

第十一条　取得本办法第二条第二项至第四项所得的纳税人，纳税申报地点分别为：

（一）从两处或者两处以上取得工资、薪金所得的，选择并固定向其中一处单位所在地主管税务机关申报。

（二）从中国境外取得所得的，向中国境内户籍所在地主管税务机关申报。在中国境内有户籍，但户籍所在地与中国境内经常居住地不一致的，选择并固定向其中一地主管税务机关申报。在中国境内没有户籍的，向中国境内经常居住地主管税务机关申报。

（三）个体工商户向实际经营所在地主管税务机关申报。

（四）个人独资、合伙企业投资者兴办两个或两个以上企业的，区分不同情形确定纳税申报地点：

1. 兴办的企业全部是个人独资性质的，分别向各企业的实际经营管理所在地主管税务机关申报。

2. 兴办的企业中含有合伙性质的，向经常居住地主管税务机关申报。

3. 兴办的企业中含有合伙性质，个人投资者经常居住地与其兴办企业的经营管理所在地不一致的，选择并固定向其参与兴办的某一合伙企业的经营管理所在地主管税务机关申报。

（五）除以上情形外，纳税人应当向取得所得所在地主管税务机关申报。

第十二条　纳税人不得随意变更纳税申报地点，因特殊情况变更纳税申报地点的，须报原主管税务机关备案。

第十三条　本办法第十一条第四项第三目规定的纳税申报地点，除特殊情况外，5 年以内不得变更。

第十四条　本办法所称经常居住地，是指纳税人离开户籍所在地最后连续居住一年以上的地方。

第四章　申报期限

第十五条　年所得 12 万元以上的纳税人，在纳税年度终了后 3 个月内向主管税务机关办理纳税申报。

第十六条　个体工商户和个人独资、合伙企业投资者取得的生产、经营所得应纳的税款，分月预缴的，纳税人在每月终了后 7 日内办理纳税申报；分季预缴的，纳税人在每个季度终了后 7 日内办理纳税申报。纳税年度终了后，纳税人在 3 个月内进行汇算清缴。

第十七条　纳税人年终一次性取得对企事业单位的承包经营、承租经营所得的，自取得所得之日起 30 日内办理纳税申报；在 1 个纳税年度内分次取得承包经营、承租经营所得的，在每次取得所得后的次月 7 日内申报预缴，纳税年度终了后 3 个月内汇算清缴。

第十八条　从中国境外取得所得的纳税人，在纳税年度终了后 30 日内向中国境内主管税务机关办理纳税申报。

第十九条 除本办法第十五条至第十八条规定的情形外，纳税人取得其他各项所得须申报纳税的，在取得所得的次月7日内向主管税务机关办理纳税申报。

第二十条 纳税人不能按照规定的期限办理纳税申报，需要延期的，按照税收征管法第二十七条和税收征管法实施细则第三十七条的规定办理。

第五章 申报方式

第二十一条 纳税人可以采取数据电文、邮寄等方式申报，也可以直接到主管税务机关申报，或者采取符合主管税务机关规定的其他方式申报。

第二十二条 纳税人采取数据电文方式申报的，应当按照税务机关规定的期限和要求保存有关纸质资料。

第二十三条 纳税人采取邮寄方式申报的，以邮政部门挂号信函收据作为申报凭据，以寄出的邮戳日期为实际申报日期。

第二十四条 纳税人可以委托有税务代理资质的中介机构或者他人代为办理纳税申报。

第六章 申报管理

第二十五条 主管税务机关应当将各类申报表，登载到税务机关的网站上，或者摆放到税务机关受理纳税申报的办税服务厅，免费供纳税人随时下载或取用。

第二十六条 主管税务机关应当在每年法定申报期间，通过适当方式，提醒年所得12万元以上的纳税人办理自行纳税申报。

第二十七条 受理纳税申报的主管税务机关根据纳税人的申报情况，按照规定办理税款的征、补、退、抵手续。

第二十八条 主管税务机关按照规定为已经办理纳税申报并缴纳税款的纳税人开具完税凭证。

第二十九条 税务机关依法为纳税人的纳税申报信息保密。

第三十条 纳税人变更纳税申报地点，并报原主管税务机关备案的，原主管税务机关应当及时将纳税人变更纳税申报地点的信息传递给新的主管税务机关。

第三十一条 主管税务机关对已办理纳税申报的纳税人建立纳税档案，实施动态管理。

第七章 法律责任

第三十二条 纳税人未按照规定的期限办理纳税申报和报送纳税资料的，依照税收征管法第六十二条的规定处理。

第三十三条 纳税人采取伪造、变造、隐匿、擅自销毁账簿、记账凭证，或者在账簿上多列支出或者不列、少列收入，或者经税务机关通知申报而拒不申报或者进行虚假的纳税申报，不缴或者少缴应纳税款的，依照税收征管法第六十三条的规定处理。

第三十四条 纳税人编造虚假计税依据的，依照税收征管法第六十四条第一款的规定处理。

第三十五条 纳税人有扣缴义务人支付的应税所得,扣缴义务人应扣未扣、应收未收税款的,依照税收征管法第六十九条的规定处理。

第三十六条 税务人员徇私舞弊或者玩忽职守,不征或者少征应征税款的,依照税收征管法第八十二条第一款的规定处理。

第三十七条 税务人员滥用职权,故意刁难纳税人的,依照税收征管法第八十二条第二款的规定处理。

第三十八条 税务机关和税务人员未依法为纳税人保密的,依照税收征管法第八十七条的规定处理。

第三十九条 税务代理人违反税收法律、行政法规,造成纳税人未缴或者少缴税款的,依照税收征管法实施细则第九十八条的规定处理。

第四十条 其他税收违法行为,依照税收法律、法规的有关规定处理。

第八章　附　　则

第四十一条 纳税申报表由各省、自治区、直辖市和计划单列市地方税务局按照国家税务总局规定的式样统一印制。

第四十二条 纳税申报的其他事项,依照税收征管法、个人所得税法及其他有关法律、法规的规定执行。

第四十三条 本办法第二条第一项年所得12万元以上情形的纳税申报,按照第十届全国人民代表大会常务委员会第十八次会议通过的《关于修改〈中华人民共和国个人所得税法〉的决定》规定的施行时间,自2006年1月1日起执行。

第四十四条 本办法有关第二条第二项至第四项情形的纳税申报规定,自2007年1月1日起执行,《国家税务总局关于印发〈个人所得税自行申报纳税暂行办法〉的通知》(国税发〔1995〕77号)同时废止。

注释:

条款修改。根据《第十三届全国人民代表大会第一次会议关于国务院机构改革方案的决定》等有关规定,税收规范性文件规定的国税地税机关的职责和工作由新的税务机关承担。国家税务总局依据《税收规范性文件制定管理办法》(国家税务总局令第41号公布),对税收规范性文件进行了清理。参见:《国家税务总局关于修改部分税收规范性文件的公告》(国家税务总局公告2018年第31号)。

条款废止。附件2至附件9自2013年8月1日起废止。参见:《国家税务总局关于发布个人所得税申报表的公告》(国家税务总局公告2013年第21号)。

条款失效。附件1《个人所得税纳税申报表(适用于年所得12万元以上纳税人申报)》失效。参见:《国家税务总局关于公布全文失效废止　部分条款失效废止的税收规范性文件目录的公告》(国家税务总局公告2011年第2号)。

2 －2 －104

国家税务总局关于中国社会保障论坛获奖征文奖金征收个人所得税问题的函

2006 年 12 月 22 日　国税函〔2006〕1241 号

劳动和社会保障部：

你部《关于中国社会保障论坛获奖征文颁发奖金办理免税的函》（劳社部〔2006〕237 号）收悉。经研究，现复函如下：

根据个人所得税法第四条第一项规定，中国社会保障论坛颁发给获奖征文的奖金不符合免税规定，因此，获奖人员的奖金应依法缴纳个人所得税。

你部在颁发奖金时，应根据个人所得税法的规定履行代扣代缴个人所得税义务。

2 －2 －105

财政部　国家税务总局关于单位低价向职工售房有关个人所得税问题的通知

2007 年 2 月 8 日　财税〔2007〕13 号

各省、自治区、直辖市、计划单列市财政厅（局）、地方税务局：

近日部分地区来文反映，一些企事业单位将自建住房以低于购置或建造成本价格销售给职工，对此是否征收个人所得税希望予以明确。经研究，现对有关政策问题的处理明确如下：

一、根据住房制度改革政策的有关规定，国家机关、企事业单位及其他组织（以下简称单位）在住房制度改革期间，按照所在地县级以上人民政府规定的房改成本价格向职工出售公有住房，职工因支付的房改成本价格低于房屋建造成本价格或市场价格而取得的差价收益，免征个人所得税。

二、除本通知第一条规定情形外，根据《中华人民共和国个人所得税法》及其实施条例的有关规定，单位按低于购置或建造成本价格出售住房给职工，职工因此而少支出的差价部分，属于个人所得税应税所得，应按照“工资、薪金所得”项目缴纳个人所得税。

前款所称差价部分，是指职工实际支付的购房价款低于该房屋的购置或建造成本价格的差额。

三、对职工取得的上述应税所得，比照《国家税务总局关于调整个人取得全年一次性奖金等计算征收个人所得税方法问题的通知》(国税发〔2005〕9号)规定的全年一次性奖金的征税办法,计算征收个人所得税,即先将全部所得数额除以12,按其商数并根据个人所得税法规定的税率表确定适用的税率和速算扣除数,再根据全部所得数额、适用的税率和速算扣除数,按照税法规定计算征税。

四、本通知自印发之日起执行。此前未征税款不再追征,已征税款不予退还。

请遵照执行。

注释:

条款废止。第三条自2019年1月1日起废止。参见:《财政部　税务总局关于个人所得税法修改后有关优惠政策衔接问题的通知》(财税〔2018〕164号)。

2－2－106

财政部　国家税务总局关于个人取得有奖发票奖金征免个人所得税问题的通知

2007年2月27日　财税〔2007〕34号

各省、自治区、直辖市、计划单列市财政厅(局)、地方税务局,新疆生产建设兵团财务局:

为促进有奖发票的使用和推广,鼓励单位和个人依法开具发票,规范发票管理,现就个人取得有奖发票奖金征免个人所得税问题通知如下:

一、个人取得单张有奖发票奖金所得不超过800元(含800元)的,暂免征收个人所得税;个人取得单张有奖发票奖金所得超过800元的,应全额按照个人所得税法规定的"偶然所得"项目征收个人所得税。

二、税务机关或其指定的有奖发票兑奖机构,是有奖发票奖金所得个人所得税的扣缴义务人,应依法认真做好个人所得税代扣代缴工作。

2－2－107

国家税务总局关于加强和规范个人取得拍卖收入征收个人所得税有关问题的通知

2007年4月4日　国税发〔2007〕38号

各省、自治区、直辖市和计划单列市地方税务局,宁夏、西藏自治区国家税务局:

据部分地区反映,对于个人通过拍卖市场拍卖各种财产(包括字画、瓷器、玉器、珠宝、邮品、钱币、古籍、古董等物品）的所得征收个人所得税有关规定不够细化，为增强可操作性，需进一步完善规范。为此，根据《中华人民共和国个人所得税法》及其实施条例和《中华人民共和国税收征收管理法》及其实施细则规定，现通知如下：

一、个人通过拍卖市场拍卖个人财产，对其取得所得按以下规定征税：

（一）根据《国家税务总局关于印发〈征收个人所得税若干问题的规定〉的通知》（国税发〔1994〕89号），作者将自己的文字作品手稿原件或复印件拍卖取得的所得，应以其转让收入额减除800元（转让收入额4000元以下）或者20%（转让收入额4000元以上）后的余额为应纳税所得额，按照"特许权使用费"所得项目适用20%税率缴纳个人所得税。

（二）个人拍卖除文字作品原稿及复印件外的其他财产，应以其转让收入额减除财产原值和合理费用后的余额为应纳税所得额，按照"财产转让所得"项目适用20%税率缴纳个人所得税。

二、对个人财产拍卖所得征收个人所得税时，以该项财产最终拍卖成交价格为其转让收入额。

三、个人财产拍卖所得适用"财产转让所得"项目计算应纳税所得额时，纳税人凭合法有效凭证（税务机关监制的正式发票、相关境外交易单据或海关报关单据、完税证明等），从其转让收入额中减除相应的财产原值、拍卖财产过程中缴纳的税金及有关合理费用。

（一）财产原值，是指售出方个人取得该拍卖品的价格（以合法有效凭证为准）。具体为：

1. 通过商店、画廊等途径购买的，为购买该拍卖品时实际支付的价款；
2. 通过拍卖行拍得的，为拍得该拍卖品实际支付的价款及交纳的相关税费；
3. 通过祖传收藏的，为其收藏该拍卖品而发生的费用；
4. 通过赠送取得的，为其受赠该拍卖品时发生的相关税费；
5. 通过其他形式取得的，参照以上原则确定财产原值。

（二）拍卖财产过程中缴纳的税金，是指在拍卖财产时纳税人实际缴纳的相关税金及附加。

（三）有关合理费用，是指拍卖财产时纳税人按照规定实际支付的拍卖费（佣金）、鉴定费、评估费、图录费、证书费等费用。

四、纳税人如不能提供合法、完整、准确的财产原值凭证，不能正确计算财产原值的，按转让收入额的3%征收率计算缴纳个人所得税；拍卖品为经文物部门认定是海外回流文物的，按转让收入额的2%征收率计算缴纳个人所得税。

五、纳税人的财产原值凭证内容填写不规范，或者一份财产原值凭证包括多件拍卖品且无法确认每件拍卖品一一对应的原值的，不得将其作为扣除财产原值的计算依据，应视为不能提供合法、完整、准确的财产原值凭证，并按上述规定的征收率计算缴纳个人所得税。

六、纳税人能够提供合法、完整、准确的财产原值凭证，但不能提供有关税费凭证的，不得按征收率计算纳税，应当就财产原值凭证上注明的金额据实扣除，并按照税法规定计算缴纳个人所得税。

七、个人财产拍卖所得应纳的个人所得税税款，由拍卖单位负责代扣代缴，并按规定向拍卖单位所在地主管税务机关办理纳税申报。

八、拍卖单位代扣代缴个人财产拍卖所得应纳的个人所得税税款时,应给纳税人填开完税凭证,并详细标明每件拍卖品的名称、拍卖成交价格、扣缴税款额。

九、主管税务机关应加强对个人财产拍卖所得的税收征管工作,在拍卖单位举行拍卖活动期间派工作人员进入拍卖现场,了解拍卖的有关情况,宣传辅导有关税收政策,审核鉴定原值凭证和费用凭证,督促拍卖单位依法代扣代缴个人所得税。

十、本通知自5月1日起执行。《国家税务总局关于书画作品、古玩等拍卖收入征收个人所得税有关问题的通知》(国税发〔1997〕154号)同时废止。

2-2-108

财政部　国家税务总局关于《建立亚洲开发银行协定》有关个人所得税问题的补充通知

2007年6月25日　财税〔2007〕93号

各省、自治区、直辖市、计划单列市财政厅(局)、地方税务局,新疆生产建设兵团财务局:

近来,部分地区反映《财政部、国家税务总局关于贯彻〈国务院关于中国加入亚洲开发银行的通知〉的通知》〔(86)财税外字第76号〕中有关个人所得税免税权的执行口径不明确的问题。经研究,现就有关执行口径问题明确如下:

《建立亚洲开发银行协定》(以下简称《协定》)第五十六条第二款规定:"对亚行付给董事、副董事、官员和雇员(包括为亚行执行任务的专家)的薪金和津贴不得征税。除非成员在递交批准书或接受书时,声明对亚行向其本国公民或国民支付的薪金和津贴该成员及其行政部门保留征税的权力。"鉴于我国在加入亚洲开发银行时,未作相关声明,因此,对由亚洲开发银行支付给我国公民或国民(包括为亚行执行任务的专家)的薪金和津贴,凡经亚洲开发银行确认这些人员为亚洲开发银行雇员或执行项目专家的,其取得的符合我国税法规定的有关薪金和津贴等报酬,应依《协定》的约定,免征个人所得税。

2-2-109

国家税务总局　中国人民银行中国银监会关于储蓄存款利息所得个人所得税税率调整后扣缴报告表有关问题的通知

2007年7月30日　国税发〔2007〕89号

各省、自治区、直辖市和计划单列市国家税务局,中国人民银行上海总部,各分行、营业管理部，各省会（首府）城市中心支行、深圳市中心支行，各银监局，国有商业银行、股份制商业银行、中国邮政储蓄银行：

为贯彻落实国务院新修订的《对储蓄存款利息所得征收个人所得税的实施办法》（国务院令第502号），做好储蓄存款利息所得个人所得税税率调减后的扣缴申报工作，现将有关事项通知如下：

一、储蓄存款利息所得个人所得税的扣缴报告表，继续沿用《国家税务总局、中国人民银行关于修改储蓄存款利息所得个人所得税扣缴报告表和汇总表的通知》（国税发〔2002〕7号）中的附件1。

二、各储蓄机构进行扣缴申报时，应继续按“一率一表”的要求填报《储蓄存款利息所得扣缴个人所得税报告表》，即按调整前的税率20%、调整后的税率5%，以及不同的税收协定税率5%、7.5%、10%、15%分别填报。

三、各级国家税务局要严格按照“一率一表”的要求，进行归档、统计、分析。

四、请各银监局将本《通知》转发至辖区内各城市商业银行、城市信用社、农村商业银行、农村合作银行、农村信用合作社、外资银行。

2-2-110

国家税务总局关于取消促进科技成果转化暂不征收个人所得税审核权有关问题的通知

2007年8月1日 国税函〔2007〕833号

各省、自治区、直辖市和计划单列市地方税务局，宁夏、西藏自治区国家税务局：

根据国务院关于行政审批制度改革工作要求，现对取消促进科技成果转化暂不征收个人所得税审核权的有关问题通知如下：

一、《国家税务总局关于促进科技成果转化有关个人所得税问题的通知》（国税发〔1999〕125号）规定，科研机构、高等学校转化职务科技成果以股份或出资比例等股权形式给予个人奖励，经主管税务机关审核后，暂不征收个人所得税。此项审核权自2007年8月1日起停止执行。

二、取消上述审核权后，主管税务机关应加强科研机构、高等学校转化职务科技成果以股份或出资比例等股权形式给予个人奖励暂不征收个人所得税的管理。

（一）将职务科技成果转化为股份、投资比例的科研机构、高等学校或者获奖人员，应在授（获）奖后30日内，向主管税务机关提交相关部门出具的《出资入股高新技术成果认定书》、技术成果价值评估报告和确认书，以及奖励的其他相关详细资料。

（二）主管税务机关应对科研机构、高等学校或者获奖人员提供的上述材料认真核对确认，并将其归入纳税人和扣缴义务人的“一户式”档案，一并动态管理。

（三）主管税务机关应对获奖人员建立电子台账（条件不具备的可建立纸质台账），及时登记奖励相关信息和股权转让等信息，具体包括授奖单位、获奖人员的姓名、获奖金额、获奖时间、职务转化股权数量或者出资比例，股权转让情况等信息，并根据获奖人员股权或者出资比例变动情况，及时更新电子台账和纸质台账，加强管理。

（四）主管税务机关要加强对有关科研机构、高等学校或者获奖人员的日常检查，及时掌握奖励和股权转让等相关信息，防止出现管理漏洞。

三、科研机构、高等学校和获奖人不能提供上述资料，或者报送虚假资料，故意隐瞒有关情况的，获奖人不得享受暂不征收个人所得税的优惠政策，税务机关应按照税收征管法的有关规定对报送虚假资料，故意隐瞒有关情况的科研机构、高等学校和获奖人进行处理。

注释：

条款废止。第二条第一项和第三条废止。参见：《国家税务总局关于3项个人所得税事项取消审批实施后续管理的公告》（国家税务总局公告2016年第5号）。

2－2－111

国家税务总局关于外籍个人和港澳台居民个人储蓄存款利息所得适用协定税率有关问题的补充通知

2007年8月7日　国税函〔2007〕872号

各省、自治区、直辖市和计划单列市国家税务局、地方税务局：

近日，国务院第502号令将个人储蓄存款利息所得的税率进行了调整。现将外籍个人和港澳台居民个人储蓄存款利息个人所得税的有关问题补充通知如下：

一、外籍个人和港澳台居民个人从中国境内取得储蓄存款的利息所得，其居民国（地区）与我国（内地）签订的税收协定（包括内地与香港特别行政区和澳门特别行政区分别签订的税收安排）规定的税率低于我国法律法规规定的税率的，可以享受协定待遇，但须提交享受税收协定待遇申请表；协定税率高于我国法律法规规定的税率的，按我国法律法规规定的税率执行。

二、本通知所称外籍个人和港澳台居民个人是指根据《中华人民共和国个人所得税法》第一条第二款和税收协定的规定，仅就从中国境内取得的所得缴纳个人所得税的个人。

三、本通知附件的协定税率是对国税发〔1999〕201号和国税发〔2000〕31号文件附表的汇总和更新。

本通知自文发之日起执行。

附件：我国对外税收协定（含内地与香港、澳门的税收安排）关于利息所得适用税率一览表

附件

我国对外税收协定(含内地与香港、澳门的税收安排)关于利息所得适用税率一览表

序号	国　家	协定税率	序号	国　家	协定税率
1	日　本	10%	33	阿联酋	7%
2	美　国	10%	34	卢森堡	10%
3	法　国	10%	35	韩　国	10%
4	英　国	10%	36	俄罗斯	10%
5	比利时	10%	37	巴　新	10%
6	德　国	10%	38	印　度	10%
7	马来西亚	10%	39	毛里求斯	10%
8	挪　威	10%	40	克罗地亚	10%
9	丹　麦	10%	41	白俄罗斯	10%
10	新加坡	银行或金融机构 7% 其他 10%	42	斯洛文尼亚	10%
			43	以色列	银行或金融机构 7% 其他 10%
11	芬　兰	10%	44	越　南	10%
12	加拿大	10%	45	土耳其	10%
13	瑞　典	10%	46	乌克兰	10%
14	新西兰	10%	47	亚美尼亚	10%
15	泰　国	10%	48	牙买加	7.5%
16	意大利	10%	49	冰　岛	10%
17	荷　兰	10%	50	立陶宛	10%
18	捷克、斯洛伐克	10%	51	拉脱维亚	10%
19	波　兰	10%	52	乌兹别克	10%
20	澳大利亚	10%	53	孟加拉	10%
21	保加利亚	10%	54	南斯拉夫	10%
22	巴基斯坦	10%	55	苏　丹	10%
23	科威特	5%	56	马其顿	10%
24	瑞　士	10%	57	埃　及	10%
25	塞浦路斯	10%	58	葡萄牙	10%
26	西班牙	10%	59	爱沙尼亚	10%
27	罗马尼亚	10%	60	老　挝	老:5% 中:10%
28	奥地利	10%			
29	巴　西	15%	61	塞舌尔	10%
30	蒙　古	10%	62	菲律宾	10%
31	匈牙利	10%	63	爱尔兰	10%
32	马耳他	10%	64	南　非	10%

续表

序号	国　家	协定税率	序号	国　家	协定税率
65	巴巴多斯	10%	77	摩洛哥	10%
66	摩尔多瓦	10%	78	斯里兰卡	10%
67	古　巴	7.5%	79	特立尼达和多巴哥	10%
68	委内瑞拉	银行或金融机构5% 其他10%	80	阿尔巴尼亚	10%
69	哈萨克斯坦	10%	81	文　莱	10%
70	印度尼西亚	10%	82	阿塞拜疆	10%
71	阿　曼	10%	83	格鲁吉亚	10%
72	突尼斯	10%	84	墨西哥	10%
73	伊　朗	10%	85	沙特阿拉伯	10%
74	巴　林	10%	86	香港特别行政区	7%
75	希　腊	10%	87	澳门特别行政区	银行或金融机构7% 其他10%
76	吉尔吉斯	10%			

2－2－112

国家税务总局关于进一步推进个人所得税全员全额扣缴申报管理工作的通知

2007年8月14日　国税发〔2007〕97号

各省、自治区、直辖市和计划单列市地方税务局，西藏、宁夏自治区国家税务局：

为深入贯彻修订后的《中华人民共和国个人所得税法》，落实个人所得税征管“四一三”工作思路，提升个人所得税征管水平，发挥个人所得税筹集财政收入和调节收入分配的职能作用，现就进一步加强个人所得税全员全额扣缴申报管理工作的有关要求通知如下：

一、统一思想，提高认识，充分认识加强个人所得税全员全额扣缴申报管理的重要意义

实行全员全额扣缴申报管理，是2005年修订个人所得税法的一项重要内容，是我国个人所得税征管的方向。做好个人所得税全员全额扣缴申报管理工作，是贯彻依法治税原则，落实修订后的个人所得税法的要求，也是落实“四一三”工作思路，提升个人所得税管理水平的要求；是继续做好年所得12万元以上自行纳税申报工作的有效“抓手”，也是推进个人所得税信息化建设的内在要求。首次年所得12万元以上个人自行纳税申报的经验充分证明，做好全员全额扣缴申报管理工作，就能更好掌握自行纳税申报工作的主动权。各级税务机关要进一步统一思想，提高认识，从优化纳税服务、增强公众纳税意识、落实科学发展观、构建社会主义和谐社会的高度，充分认识加强个人所得税全员全额扣缴申报管理的重要性，将全员全额扣缴申报管理工作作为个人所得税征管的重点，抓紧抓好。要切实加

强领导,根据个人所得税管理系统推广应用、当地税源结构、征管条件等情况,结合不同地区、行业、高收入群体的特点,统筹安排推进全员全额扣缴申报管理工作计划,加快扩大全员全额扣缴申报覆盖面的步伐。

二、积极推进信息化建设,为加快扩大全员全额扣缴申报覆盖面步伐创造条件

实行全员全额扣缴申报管理,必须有信息化手段的支持,才能适应工作量大的特点,保证数据的准确性,安全快捷地处理和运用有关数据。各级税务机关要把推广应用个人所得税管理系统作为扩大全员全额扣缴申报管理覆盖面,降低采集、加工、分析、比对数据人工成本的基本手段和主要方式,实现管理系统和全员全额扣缴申报管理工作同步良性发展。各级税务机关必须按照《国家税务总局关于个人所得税管理系统推广应用工作的通知》(国税函〔2006〕1092 号)的部署和要求,应用全国统一的个人所得税管理系统,当务之急是各地要尽快全面启动个人所得税管理系统的实施工作,逐步解决推广应用中遇到的困难和问题,加快实施进度,为全员全额扣缴申报管理创造必要条件。在推广应用全国统一的个人所得税管理系统过程中,全员全额扣缴申报管理要同步跟进,做到个人所得税管理系统推广应用到哪里,全员全额扣缴申报管理工作就覆盖到哪里。

三、从扣缴义务人入手,确保全员全额扣缴申报管理质量

扣缴义务人不仅是扣缴个人所得税的法定责任人,也是产生个人所得税扣缴申报数据的第一道环节,决定着全员全额扣缴申报管理的质量。确保全员全额扣缴申报管理的质量,必须要从扣缴义务人入手。首先,要认真落实《国家税务总局关于印发〈个人所得税全员全额扣缴申报管理暂行办法〉的通知》(国税发〔2005〕205 号)规定,要求扣缴义务人切实履行个人所得税法规定的全员全额扣缴申报义务,认真学习个人所得税各项政策,熟悉全员全额扣缴申报操作程序和办法,扎扎实实做好全员全额扣缴申报各项工作。其次,要优化对扣缴义务人的服务,为其履行全员全额扣缴申报义务提供必要帮助。如及时传达解释新的个人所得税政策、工作要求,免费提供扣缴申报软件,统一数据信息的标准和口径,建立基础信息的采集、变更、纠错、维护机制等。第三,要加强对全员全额扣缴申报的评估和检查,特别是对当地高收入行业、人均扣缴额明显低于同行业水平、代扣代缴零申报户等单位,应作为评估和检查的重点,认真分析其扣缴个人所得税情况,关注其有关银行账户、往来款项、职工福利等信息,督促其及时纠正发现的问题,增强全员全额扣缴申报的准确度。第四,要加强扣缴义务人开具代扣代收凭证的管理,督促扣缴义务人在支付劳务报酬所得时,应按规定扣缴个人所得税并向纳税人开具代扣代收税款凭证;对支付工资等其他所得的,扣缴义务人应按月或按次将收入额及扣缴税款以一定形式告知每一位纳税人,年度终了后,有条件的单位或根据纳税人要求,可以通过收入(扣税)清单凭据等形式,将本单位全年向纳税人支付的收入和扣缴税款的合计数等涉税信息如实告知纳税人。

四、充分利用自行纳税申报信息和第三方信息,强化全员全额扣缴申报管理工作

各级税务机关要运用掌握的各种纳税信息比对全员全额扣缴申报的信息,从中发现全员全额扣缴申报的问题,藉此督促扣缴义务人改进全员全额扣缴申报工作。如税务机关要对年所得 12 万元以上个人自行纳税申报的信息进行整理、分析、比对,从中检验扣缴义务人履行扣缴个人所得税义务的情况;系统分析国民经济统计信息、有关部门提供的涉税信息、上市公司的公告信息、广告信息、高档住宅和汽车的购置等信息,作为评估扣缴义务人全员

全额扣缴申报情况的参考信息。

五、随着全员全额扣缴申报工作的进展,逐步扩大开具个人所得税完税证明的范围

今年全国“两会”期间,一些代表和委员提出税务机关开具完税证明的建议和提案,广大纳税人对此呼声也很高。各级税务机关要从贯彻“聚财为国,执法为民”宗旨,优化纳税服务,维护纳税人合法权益的角度出发,积极推进开具个人所得税完税证明工作。从明年起,税务机关应向实行了全员全额扣缴申报的单位的每个纳税人开具个人所得税完税证明。各地税务机关要主动向当地政府汇报,加强与财政、邮政部门的沟通协调,每年将开具完税证明的经费支出列入税务机关部门预算,争取必要的资金、设备和技术支持,使完税证明的开具作为一项经常性的工作持续开展下去,进一步优化纳税服务,树立税务机关的良好形象。

六、细化工作任务,落实目标责任制,推进全员全额扣缴申报管理工作

个人所得税全员全额扣缴申报管理工作牵动面广,工作难度大,社会关注度高,各级地方税务机关要高度重视,持之以恒,稳步深入推进,分阶段确定工作目标。具体要求是:2007 年底前,年度扣缴个人所得税款 80 万元以上的单位,纳入全员全额扣缴申报管理;2008 年底前,年度扣缴个人所得税款 30 万元以上的单位,纳入全员全额扣缴申报管理;2009 年底,全面实现全员全额扣缴申报管理。有条件的地区,应加快全员全额扣缴申报管理工作的进度。各地要根据以上工作目标,细化各地区在每一工作阶段、每一纳税年度的工作目标,使此项工作每年都有所发展。各级地方税务机关要建立此项工作的考核制度,对于提前达到工作目标的单位予以表彰,对于工作重视不够、进度较慢、工作质量不高的单位给予督促和批评。国家税务总局也将不定期地对各地全员全额扣缴申报管理工作进展情况进行检查和通报。

2 －2 －113

财政部　国家税务总局关于企业向个人支付不竞争款项征收个人所得税问题的批复

2007 年 9 月 12 日　财税〔2007〕102 号

江苏省财政厅、地方税务局:

江苏省地方税务局《关于外商投资企业购买内资企业资产并向股东个人支付保密费用有关个人所得税问题的请示》(苏地税发〔2007〕42 号)收悉。请示中要求明确对外商投资企业在购买内资企业经营资产过程中向内资企业自然人股东支付的不竞争款项,应如何征收个人所得税。经研究,现对企业向个人支付的不竞争款项有关征收个人所得税政策问题批复如下:

不竞争款项是指资产购买方企业与资产出售方企业自然人股东之间在资产购买交易中,通过签订保密和不竞争协议等方式,约定资产出售方企业自然人股东在交易完成后一定期限内,承诺不从事有市场竞争的相关业务,并负有相关技术资料的保密义务,资产购买

方企业则在约定期限内，按一定方式向资产出售方企业自然人股东所支付的款项。

根据《中华人民共和国个人所得税法》第二条第十一项有关规定，鉴于资产购买方企业向个人支付的不竞争款项，属于个人因偶然因素取得的一次性所得，为此，资产出售方企业自然人股东取得的所得，应按照《中华人民共和国个人所得税法》第二条第十项“偶然所得”项目计算缴纳个人所得税，税款由资产购买方企业在向资产出售方企业自然人股东支付不竞争款项时代扣代缴。

请遵照执行。

2－2－114

国家税务总局关于中央企业负责人年度绩效薪金延期兑现收入和任期奖励征收个人所得税问题的通知

2007 年 10 月 29 日　国税发〔2007〕118 号

北京、天津、河北、辽宁、吉林、黑龙江、上海、山东、湖北、湖南、广东、四川、陕西省（市）地方税务局，大连、深圳市地方税务局：

为建立中央企业负责人薪酬激励与约束的机制，根据《中央企业负责人经营业绩考核暂行办法》、《中央企业负责人薪酬管理暂行办法》规定，国务院国有资产监督管理委员会对中央企业负责人的薪酬发放采取按年度经营业绩和任期经营业绩考核的方式，具体办法是：中央企业负责人薪酬由基薪、绩效薪金和任期奖励构成，其中基薪和绩效薪金的 60% 在当年度发放，绩效薪金的 40% 和任期奖励于任期结束后发放。为公平税负，加强征管，现对中央企业负责人于任期结束后取得的绩效薪金的 40% 和任期奖励收入征收个人所得税的问题通知如下：

一、中央企业负责人任期结束后取得的绩效薪金 40% 部分和任期奖励，按照《国家税务总局关于调整个人取得全年一次性奖金等计算征收个人所得税方法问题的通知》（国税发〔2007〕9 号）第二条规定的方法，合并计算缴纳个人所得税。

二、根据《中央企业负责人经营业绩考核暂行办法》等规定，本通知后附的《国资委管理的中央企业名单》中的下列人员，适用本通知第一条规定，其他人员不得比照执行：

（一）国有独资企业和未设董事会的国有独资公司的总经理（总裁）、副总经理（副总裁）、总会计师；

（二）设董事会的国有独资公司（国资委确定的董事会试点企业除外）的董事长、副董事长、董事、总经理（总裁）、副总经理（副总裁）、总会计师；

（三）国有控股公司国有股权代表出任的董事长、副董事长、董事、总经理（总裁），列入国资委党委管理的副总经理（副总裁）、总会计师；

（四）国有独资企业、国有独资公司和国有控股公司党委（党组）书记、副书记、常委（党组成员）、纪委书记（纪检组长）。

附件:国资委管理的中央企业名单(编者略)

注释:

条款废止。第一条自2019年1月1日起废止。参见:《财政部　税务总局关于个人所得税法修改后有关优惠政策衔接问题的通知》(财税〔2018〕164号)。

2-2-115

国家税务总局关于个人取得房屋拍卖收入征收个人所得税问题的批复

2007年11月20日　国税函〔2007〕1145号

广东省地方税务局:

你局《关于个人取得房屋拍卖收入适用个人所得税征收率问题的请示》(粤地税发〔2007〕131号)收悉。经研究,批复如下:

根据《国家税务总局关于加强和规范个人取得拍卖收入征收个人所得税有关问题的通知》(国税发〔2007〕38号)和《国家税务总局关于个人住房转让所得征收个人所得税有关问题的通知》(国税发〔2006〕108号)规定精神,个人通过拍卖市场取得的房屋拍卖收入在计征个人所得税时,其房屋原值应按照纳税人提供的合法、完整、准确的凭证予以扣除;不能提供完整、准确的房屋原值凭证,不能正确计算房屋原值和应纳税额的,统一按转让收入全额的3%计算缴纳个人所得税。

为方便纳税人依法履行纳税义务和税务机关加强税收征管,纳税人应比照国税发〔2006〕108号文件第四条的有关规定,在房屋拍卖后缴纳营业税、契税、土地增值税等税收的同时,一并申报缴纳个人所得税。

2-2-116

财政部　国家税务总局关于生育津贴和生育医疗费有关个人所得税政策的通知

2008年3月7日　财税〔2008〕8号

各省、自治区、直辖市、计划单列市财政厅(局)、地方税务局,新疆生产建设兵团财务局:

根据《中华人民共和国个人所得税法》有关规定,经国务院批准,现就生育津贴和生育医疗费有关个人所得税政策通知如下:

一、生育妇女按照县级以上人民政府根据国家有关规定制定的生育保险办法,取得的生育津贴、生育医疗费或其他属于生育保险性质的津贴、补贴，免征个人所得税。

二、上述规定自发文之日起执行。

2－2－117

国家税务总局关于个人向地震灾区捐赠有关个人所得税征管问题的通知

2008年5月21日 国税发〔2008〕55号

各省、自治区、直辖市和计划单列市地方税务局，西藏、宁夏、青海省（自治区）国家税务局：

根据《中华人民共和国个人所得税法》及其实施条例和有关规定，现就个人向“5.12”地震灾区（以下简称灾区）捐赠涉及的个人所得税征管问题通知如下：

一、个人通过扣缴单位统一向灾区的捐赠，由扣缴单位凭政府机关或非营利组织开具的汇总捐赠凭据、扣缴单位记载的个人捐赠明细表等，由扣缴单位在代扣代缴税款时，依法据实扣除。

二、个人直接通过政府机关、非营利组织向灾区的捐赠，采取扣缴方式纳税的，捐赠人应及时向扣缴单位出示政府机关、非营利组织开具的捐赠凭据，由扣缴单位在代扣代缴税款时，依法据实扣除；个人自行申报纳税的，税务机关凭政府机关、非营利组织开具的接受捐赠凭据，依法据实扣除。

三、扣缴单位在向税务机关进行个人所得税全员全额扣缴申报时，应一并报送由政府机关或非营利组织开具的汇总接受捐赠凭据（复印件）、所在单位每个纳税人的捐赠总额和当期扣除的捐赠额。

四、各级税务机关应本着鼓励纳税人捐赠的精神，在加强对捐赠扣除管理的同时，通过各种媒体广泛宣传捐赠扣除的政策、方法、程序，提供优质纳税服务，方便扣缴单位和纳税人具体操作。

2－2－118

国家税务总局关于中国共产党党员交纳抗震救灾“特殊党费”在个人所得税前扣除问题的通知

2008年5月30日 国税发〔2008〕60号

各省、自治区、直辖市和计划单列市地方税务局，西藏、宁夏、青海省（自治区）国家税务局：

“5·12”四川汶川特大地震发生后，广大党员响应党组织的号召，以“特殊党费”的形式积极向灾区捐款。党员个人通过党组织交纳的抗震救灾“特殊党费”，属于对公益、救济事业的捐赠。党员个人的该项捐赠额，可以按照个人所得税法及其实施条例的规定，依法在缴纳个人所得税前扣除。

2－2－119

财政部　国家税务总局关于调整个体工商户、个人独资企业和合伙企业个人所得税税前扣除标准有关问题的通知

2008 年 6 月 3 日　财税〔2008〕65 号

各省、自治区、直辖市、计划单列市财政厅（局）、地方税务局，西藏、宁夏、青海省（自治区）国家税务局，新疆生产建设兵团财务局：

根据现行个人所得税法及其实施条例和相关政策规定，现将个体工商户、个人独资企业和合伙企业个人所得税税前扣除标准有关问题通知如下：

一、对个体工商户业主、个人独资企业和合伙企业投资者的生产经营所得依法计征个人所得税时，个体工商户业主、个人独资企业和合伙企业投资者本人的费用扣除标准统一确定为 24000 元/年（2000 元/月）。

二、个体工商户、个人独资企业和合伙企业向其从业人员实际支付的合理的工资、薪金支出，允许在税前据实扣除。

三、个体工商户、个人独资企业和合伙企业拨缴的工会经费、发生的职工福利费、职工教育经费支出分别在工资薪金总额 2%、14%、2.5% 的标准内据实扣除。

四、个体工商户、个人独资企业和合伙企业每一纳税年度发生的广告费和业务宣传费用不超过当年销售（营业）收入 15% 的部分，可据实扣除；超过部分，准予在以后纳税年度结转扣除。

五、个体工商户、个人独资企业和合伙企业每一纳税年度发生的与其生产经营业务直接相关的业务招待费支出，按照发生额的 60% 扣除，但最高不得超过当年销售（营业）收入的 5‰。

六、上述第一条规定自 2008 年 3 月 1 日起执行，第二、三、四、五条规定自 2008 年 1 月 1 日起执行。

七、《国家税务总局关于印发〈个体工商户个人所得税计税办法（试行）〉的通知》（国税发〔1997〕43 号）第十三条第一款、第二十九条根据上述规定作相应修改；增加一条作为第三十条：“个体工商户拨缴的工会经费、发生的职工福利费、职工教育经费支出分别在工资薪金总额 2%、14%、2.5% 的标准内据实扣除。”同时对条文的顺序作相应调整。

《财政部、国家税务总局关于印发〈关于个人独资企业和合伙企业投资者征收个人所得税的规定〉的通知》（财税〔2000〕91 号）附件 1 第六条第（一）、（二）、（五）、（六）、（七）项根据上述规定作相应修改。

《财政部、国家税务总局关于调整个体工商户业主、个人独资企业和合伙企业投资者个

人所得税费用扣除标准的通知》(财税〔2006〕44 号)停止执行。

注释:

条款失效。第一条停止执行。参见:《财政部　国家税务总局关于调整个体工商户业主、个人独资企业和合伙企业自然人投资者个人所得税费用扣除标准的通知》(财税〔2011〕62 号)。

2－2－120

财政部　国家税务总局关于企业为个人购买房屋或其他财产征收个人所得税问题的批复

2008 年 6 月 10 日　财税〔2008〕83 号

江苏省财政厅、地方税务局:

江苏省地税局《关于以企业资金为个人购房是否征收个人所得税问题的请示》(苏地税发〔2007〕11 号)收悉。经研究,批复如下:

一、根据《中华人民共和国个人所得税法》和《财政部、国家税务总局关于规范个人投资者个人所得税征收管理的通知》(财税〔2003〕158 号)的有关规定,符合以下情形的房屋或其他财产,不论所有权人是否将财产无偿或有偿交付企业使用,其实质均为企业对个人进行了实物性质的分配,应依法计征个人所得税。

(一)企业出资购买房屋及其他财产,将所有权登记为投资者个人、投资者家庭成员或企业其他人员的;

(二)企业投资者个人、投资者家庭成员或企业其他人员向企业借款用于购买房屋及其他财产,将所有权登记为投资者、投资者家庭成员或企业其他人员,且借款年度终了后未归还借款的。

二、对个人独资企业、合伙企业的个人投资者或其家庭成员取得的上述所得,视为企业对个人投资者的利润分配,按照“个体工商户的生产、经营所得”项目计征个人所得税;对除个人独资企业、合伙企业以外其他企业的个人投资者或其家庭成员取得的上述所得,视为企业对个人投资者的红利分配,按照“利息、股息、红利所得”项目计征个人所得税;对企业其他人员取得的上述所得,按照“工资、薪金所得”项目计征个人所得税。

2-2-121

国家税务总局关于个人与房地产开发企业签订有条件优惠价格协议购买商店征收个人所得税问题的批复

2008年6月15日 国税函〔2008〕576号

福建省地方税务局：

你局《关于个人与房地产开发企业签订有条件价格优惠协议购买商店征收个人所得税问题的请示》(闽地税发〔2008〕67号)收悉。经研究,批复如下：

房地产开发企业与商店购买者个人签订协议规定,房地产开发企业按优惠价格出售其开发的商店给购买者个人,但购买者个人在一定期限内必须将购买的商店无偿提供给房地产开发企业对外出租使用。其实质是购买者个人以所购商店交由房地产开发企业出租而取得的房屋租赁收入支付了部分购房价款。

根据个人所得税法的有关规定精神,对上述情形的购买者个人少支出的购房价款,应视同个人财产租赁所得,按照"财产租赁所得"项目征收个人所得税。每次财产租赁所得的收入额,按照少支出的购房价款和协议规定的租赁月份数平均计算确定。

2-2-122

财政部　国家税务总局关于高级专家延长离休退休期间取得工资薪金所得有关个人所得税问题的通知

2008年7月1日 财税〔2008〕7号

各省、自治区、直辖市、计划单列市财政厅(局)、地方税务局,西藏、宁夏、青海省(自治区)国家税务局,新疆生产建设兵团财务局：

近来一些地区反映,对高级专家延长离休退休期间取得的工资、薪金所得,有关征免个人所得税政策口径问题需进一步明确。经研究,现就有关政策问题明确如下：

一、《财政部、国家税务总局关于个人所得税若干政策问题的通知》(财税字〔1994〕20号)第二条第(七)项中所称延长离休退休年龄的高级专家是指：

(一)享受国家发放的政府特殊津贴的专家、学者；

(二)中国科学院、中国工程院院士。

二、高级专家延长离休退休期间取得的工资、薪金所得,其免征个人所得税政策口径按下列标准执行：

(一)对高级专家从其劳动人事关系所在单位取得的,单位按国家有关规定向职工统一发放的工资、薪金、奖金、津贴、补贴等收入,视同离休、退休工资,免征个人所得税;

(二)除上述第(一)项所述收入以外各种名目的津补贴收入等,以及高级专家从其劳动人事关系所在单位之外的其他地方取得的培训费、讲课费、顾问费、稿酬等各种收入,依法计征个人所得税。

三、高级专家从两处以上取得应税工资、薪金所得以及具有税法规定应当自行纳税申报的其他情形的,应在税法规定的期限内自行向主管税务机关办理纳税申报。

2 -2 -123

国家税务总局关于离退休人员取得单位发放离退休工资以外奖金补贴征收个人所得税的批复

2008 年 8 月 7 日　国税函〔2008〕723 号

福建省地方税务局:

你局《关于单位对离退休人员发放退休工资以外的奖金补贴如何征收个人所得税的请示》(闽地税发〔2008〕121 号)收悉。经研究,批复如下:

离退休人员除按规定领取离退休工资或养老金外,另从原任职单位取得的各类补贴、奖金、实物,不属于《中华人民共和国个人所得税法》第四条规定可以免税的退休工资、离休工资、离休生活补助费。根据《中华人民共和国个人所得税法》及其实施条例的有关规定,离退休人员从原任职单位取得的各类补贴、奖金、实物,应在减除费用扣除标准后,按“工资、薪金所得”应税项目缴纳个人所得税。

2 -2 -124

财政部　国家税务总局关于储蓄存款利息所得有关个人所得税政策的通知

2008 年 10 月 9 日　财税〔2008〕132 号

各省、自治区、直辖市、计划单列市财政厅(局)、国家税务局、新疆生产建设兵团财务局:

为配合国家宏观调控政策需要,经国务院批准,自 2008 年 10 月 9 日起,对储蓄存款利息所得暂免征收个人所得税。即储蓄存款在 1999 年 10 月 31 日前孳生的利息所得,不征收个人所得税;储蓄存款在 1999 年 11 月 1 日至 2007 年 8 月 14 日孳生的利息所得,按照 20% 的比例税率征收个人所得税;储蓄存款在 2007 年 8 月 15 日至 2008 年 10 月 8 日孳生的利息所得,按照 5% 的比例税率征收个人所得税;储蓄存款在 2008 年 10 月 9 日后(含 10 月 9

日)孳生的利息所得,暂免征收个人所得税。

2－2－125

财政部　国家税务总局关于证券市场个人投资者证券交易结算资金利息所得有关个人所得税政策的通知

2008年10月26日　财税〔2008〕140号

各省、自治区、直辖市、计划单列市财政厅(局)、地方税务局,西藏、宁夏、青海省(自治区)国家税务局,新疆生产建设兵团财务局:

根据《中华人民共和国个人所得税法》有关规定,经国务院批准,现就证券市场个人投资者取得的证券交易结算资金利息所得有关个人所得税政策通知如下:

自2008年10月9日起,对证券市场个人投资者取得的证券交易结算资金利息所得,暂免征收个人所得税,即证券市场个人投资者的证券交易结算资金在2008年10月9日后(含10月9日)孳生的利息所得,暂免征收个人所得税。

2－2－126

财政部　国家税务总局关于合伙企业合伙人所得税问题的通知

2008年12月23日　财税〔2008〕159号

各省、自治区、直辖市、计划单列市财政厅(局)、国家税务局、地方税务局,新疆生产建设兵团财务局:

根据《中华人民共和国企业所得税法》及其实施条例和《中华人民共和国个人所得税法》有关规定,现将合伙企业合伙人的所得税问题通知如下:

一、本通知所称合伙企业是指依照中国法律、行政法规成立的合伙企业。

二、合伙企业以每一个合伙人为纳税义务人。合伙企业合伙人是自然人的,缴纳个人所得税;合伙人是法人和其他组织的,缴纳企业所得税。

三、合伙企业生产经营所得和其他所得采取"先分后税"的原则。具体应纳税所得额的计算按照《关于个人独资企业和合伙企业投资者征收个人所得税的规定》(财税〔2000〕91号)及《财政部、国家税务总局关于调整个体工商户、个人独资企业和合伙企业个人所得税税前扣除标准有关问题的通知》(财税〔2008〕65号)的有关规定执行。

前款所称生产经营所得和其他所得,包括合伙企业分配给所有合伙人的所得和企业当年留存的所得(利润)。

四、合伙企业的合伙人按照下列原则确定应纳税所得额：

（一）合伙企业的合伙人以合伙企业的生产经营所得和其他所得，按照合伙协议约定的分配比例确定应纳税所得额。

（二）合伙协议未约定或者约定不明确的，以全部生产经营所得和其他所得，按照合伙人协商决定的分配比例确定应纳税所得额。

（三）协商不成的，以全部生产经营所得和其他所得，按照合伙人实缴出资比例确定应纳税所得额。

（四）无法确定出资比例的，以全部生产经营所得和其他所得，按照合伙人数量平均计算每个合伙人的应纳税所得额。

合伙协议不得约定将全部利润分配给部分合伙人。

五、合伙企业的合伙人是法人和其他组织的，合伙人在计算其缴纳企业所得税时，不得用合伙企业的亏损抵减其盈利。

六、上述规定自2008年1月1日起执行。此前规定与本通知有抵触的，以本通知为准。

2－2－127

财政部　国家税务总局关于股票增值权所得和限制性股票所得征收个人所得税有关问题的通知

2009年1月7日　财税〔2009〕5号

根据《中华人民共和国个人所得税法》、《中华人民共和国税收征收管理法》等有关规定，现就股票增值权所得和限制性股票所得征收个人所得税有关问题通知如下：

一、对于个人从上市公司（含境内、外上市公司，下同）取得的股票增值权所得和限制性股票所得，比照《财政部、国家税务总局关于个人股票期权所得征收个人所得税问题的通知》（财税〔2005〕35号）、《国家税务总局关于个人股票期权所得缴纳个人所得税有关问题的补充通知》（国税函〔2006〕902号）的有关规定，计算征收个人所得税。

二、本通知所称股票增值权，是指上市公司授予公司员工在未来一定时期和约定条件下，获得规定数量的股票价格上升所带来收益的权利。被授权人在约定条件下行权，上市公司按照行权日与授权日二级市场股票差价乘以授权股票数量，发放给被授权人现金。

三、本通知所称限制性股票，是指上市公司按照股权激励计划约定的条件，授予公司员工一定数量本公司的股票。

四、实施股票增值权计划或限制性股票计划的境内上市公司，应在向中国证监会报备的同时，将企业股票增值权计划、限制性股票计划或实施方案等有关资料报送主管税务机关备案。

五、实施股票增值权计划或限制性股票计划的境内上市公司，应在做好个人所得税扣缴工作的同时，按照《国家税务总局关于印发〈个人所得税全员全额扣缴申报管理暂行办法〉的通知》(国税发〔2005〕205号)的有关规定,向主管税务机关报送其员工行权等涉税信息。

2-2-128

财政部　国家税务总局关于个人无偿受赠房屋有关个人所得税问题的通知

2009年5月25日　财税〔2009〕78号

各省、自治区、直辖市、计划单列市财政厅(局)、地方税务局,宁夏、西藏、青海省(自治区)国家税务局,新疆生产建设兵团财务局:

为了加强个人所得税征管,堵塞税收漏洞,根据《中华人民共和国个人所得税法》有关规定,现就个人无偿受赠房屋有关个人所得税问题通知如下:

一、以下情形的房屋产权无偿赠与,对当事双方不征收个人所得税:

(一)房屋产权所有人将房屋产权无偿赠与配偶、父母、子女、祖父母、外祖父母、孙子女、外孙子女、兄弟姐妹;

(二)房屋产权所有人将房屋产权无偿赠与对其承担直接抚养或者赡养义务的抚养人或者赡养人;

(三)房屋产权所有人死亡,依法取得房屋产权的法定继承人、遗嘱继承人或者受遗赠人。

二、赠与双方办理免税手续时,应向税务机关提交以下资料:

(一)《国家税务总局关于加强房地产交易个人无偿赠与不动产税收管理有关问题的通知》(国税发〔2006〕144号)第一条规定的相关证明材料;

(二)赠与双方当事人的有效身份证件;

(三)属于本通知第一条第(一)项规定情形的,还须提供公证机构出具的赠与人和受赠人亲属关系的公证书(原件);

(四)属于本通知第一条第(二)项规定情形的,还须提供公证机构出具的抚养关系或者赡养关系公证书(原件),或者乡镇政府或街道办事处出具的抚养关系或者赡养关系证明。

税务机关应当认真审核赠与双方提供的上述资料,资料齐全并且填写正确的,在提交的《个人无偿赠与不动产登记表》上签字盖章后复印留存,原件退还提交人,同时办理个人所得税不征税手续。

三、除本通知第一条规定情形以外,房屋产权所有人将房屋产权无偿赠与他人的,受赠人因无偿受赠房屋取得的受赠所得,按照"经国务院财政部门确定征税的其他所得"项目缴纳个人所得税,税率为20%。

四、对受赠人无偿受赠房屋计征个人所得税时,其应纳税所得额为房地产赠与合同上标明的赠与房屋价值减除赠与过程中受赠人支付的相关税费后的余额。赠与合同标明的房屋价值明显低于市场价格或房地产赠与合同未标明赠与房屋价值的,税务机关可依据受赠房屋的市场评估价格或采取其他合理方式确定受赠人的应纳税所得额。

五、受赠人转让受赠房屋的，以其转让受赠房屋的收入减除原捐赠人取得该房屋的实际购置成本以及赠与和转让过程中受赠人支付的相关税费后的余额，为受赠人的应纳税所得额，依法计征个人所得税。受赠人转让受赠房屋价格明显偏低且无正当理由的，税务机关可以依据该房屋的市场评估价格或其他合理方式确定的价格核定其转让收入。

六、本通知自发布之日起执行。

注释：

条款废止。第三条自2019年1月1日起废止。参见：《财政部　税务总局关于个人取得有关收入适用个人所得税应税所得项目的公告》（财政部　税务总局公告2019年第74号）。

2－2－129

国家税务总局关于印发部分国家（地区）税收居民证明样式的通知

2009年7月24日　国税函〔2009〕395号

各省、自治区、直辖市和计划单列市国家税务局、地方税务局：

为进一步做好税收协定的执行工作，便于各地认定纳税人的居民身份，税务总局近期向协定缔约国（地区）税务主管当局征集了对方国家税收居民身份证明样式。现将部分国家（地区）税收居民证明样式印发给你们，供执行税收协定时参考。

此次印发42个国家（地区）的税收居民证明样式：美国、比利时、德国、挪威、丹麦、新加坡、芬兰、瑞典、泰国、捷克、斯洛伐克、波兰、巴基斯坦、科威特、塞浦路斯、西班牙、罗马尼亚、奥地利、蒙古、马耳他、韩国、毛里求斯、白俄罗斯、斯洛文尼亚、越南、土耳其、冰岛、立陶宛、拉脱维亚、塞尔维亚、马其顿、葡萄牙、爱沙尼亚、摩尔多瓦、古巴、阿曼、巴林、希腊、吉尔吉斯、文莱、香港、澳门。

日本、荷兰、澳大利亚、瑞士、卢森堡和爱尔兰等国尚无统一的税收居民证明标准格式，但如这些国家的居民有需求，则其所在国税务主管当局可以信函等方式为其提供。

各地执行税收协定时，如遇纳税人提供的证明与印发的证明样式不同或有疑义，或认定无标准格式的国家（地区）的税收居民证明有困难的，可通过税务总局向对方国家税务主管当局进行确认。

税务总局将另行印发其他国家（地区）的税收居民证明样式。

附件：部分国家（地区）税收居民证明样式（编者略）

2-2-130

国家税务总局关于明确个人所得税若干政策执行问题的通知

2009年8月17日　国税发〔2009〕121号

各省、自治区、直辖市和计划单列市地方税务局，西藏、宁夏、青海省（自治区）国家税务局：

近期，部分地区反映个人所得税若干政策执行口径不够明确，为公平税负，加强征管，根据《中华人民共和国个人所得税法》及其实施条例等相关规定，现就个人所得税若干政策执行口径问题通知如下：

一、《国家税务总局关于个人所得税若干政策问题的批复》（国税函〔2002〕629号）第一条有关“双薪制”计税方法停止执行。

二、关于董事费征税问题

（一）《国家税务总局关于印发〈征收个人所得税若干问题的规定〉的通知》（国税发〔1994〕89号）第八条规定的董事费按劳务报酬所得项目征税方法，仅适用于个人担任公司董事、监事，且不在公司任职、受雇的情形。

（二）个人在公司（包括关联公司）任职、受雇，同时兼任董事、监事的，应将董事费、监事费与个人工资收入合并，统一按工资、薪金所得项目缴纳个人所得税。

（三）《国家税务总局关于外商投资企业的董事担任直接管理职务征收个人所得税问题的通知》（国税发〔1996〕214号）第一条停止执行。

三、关于华侨身份界定和适用附加费用扣除问题

（一）华侨身份的界定

根据《国务院侨务办公室关于印发〈关于界定华侨外籍华人归侨侨眷身份的规定〉的通知》（国侨发〔2009〕5号）的规定，华侨是指定居在国外的中国公民。具体界定如下：

1.“定居”是指中国公民已取得住在国长期或者永久居留权，并已在住在国连续居留两年，两年内累计居留不少于18个月。

2. 中国公民虽未取得住在国长期或者永久居留权，但已取得住在国连续5年以上（含5年）合法居留资格，5年内在住在国累计居留不少于30个月，视为华侨。

3. 中国公民出国留学（包括公派和自费）在外学习期间，或因公务出国（包括外派劳务人员）在外工作期间，均不视为华侨。

（二）关于华侨适用附加扣除费用问题

对符合国侨发〔2009〕5号文件规定的华侨身份的人员，其在中国工作期间取得的工资、薪金所得，税务机关可根据纳税人提供的证明其华侨身份的有关证明材料，按照《中华人民共和国个人所得税法实施条例》第三十条规定在计算征收个人所得税时，适用附加扣除费用。

四、关于个人转让离婚析产房屋的征税问题

（一）通过离婚析产的方式分割房屋产权是夫妻双方对共同共有财产的处置，个人因离

婚办理房屋产权过户手续，不征收个人所得税。

（二）个人转让离婚析产房屋所取得的收入，允许扣除其相应的财产原值和合理费用后，余额按照规定的税率缴纳个人所得税；其相应的财产原值，为房屋初次购置全部原值和相关税费之和乘以转让者占房屋所有权的比例。

（三）个人转让离婚析产房屋所取得的收入，符合家庭生活自用五年以上唯一住房的，可以申请免征个人所得税，其购置时间按照《国家税务总局关于房地产税收政策执行中几个具体问题的通知》（国税发〔2005〕172 号）执行。

2－2－131

国家税务总局关于股权激励有关个人所得税问题的通知

2009 年 8 月 24 日　国税函〔2009〕461 号

各省、自治区、直辖市和计划单列市地方税务局，西藏、宁夏、青海省（自治区）国家税务局：

为适应上市公司（含境内、境外上市公司，下同）薪酬制度改革和实施股权激励计划，根据《中华人民共和国个人所得税法》（以下简称个人所得税法）、《中华人民共和国个人所得税法实施条例》（以下简称实施条例）有关精神，财政部、国家税务总局先后下发了《关于个人股票期权所得征收个人所得税问题的通知》（财税〔2005〕35 号）和《关于股票增值权所得和限制性股票所得征收个人所得税有关问题的通知》（财税〔2009〕5 号）等文件。现就执行上述文件有关事项通知如下：

一、关于股权激励所得项目和计税方法的确定

根据个人所得税法及其实施条例和财税〔2009〕5 号文件等规定，个人因任职、受雇从上市公司取得的股票增值权所得和限制性股票所得，由上市公司或其境内机构按照“工资、薪金所得”项目和股票期权所得个人所得税计税方法，依法扣缴其个人所得税。

二、关于股票增值权应纳税所得额的确定

股票增值权被授权人获取的收益，是由上市公司根据授权日与行权日股票差价乘以被授权股数，直接向被授权人支付的现金。上市公司应于向股票增值权被授权人兑现时依法扣缴其个人所得税。被授权人股票增值权应纳税所得额计算公式为：

股票增值权某次行权应纳税所得额＝（行权日股票价格－授权日股票价格）×行权股票份数

三、关于限制性股票应纳税所得额的确定

按照个人所得税法及其实施条例等有关规定，原则上应在限制性股票所有权归属于被激励对象时确认其限制性股票所得的应纳税所得额。即：上市公司实施限制性股票计划时，应以被激励对象限制性股票在中国证券登记结算公司（境外为证券登记托管机构）进行股票登记日期的股票市价（指当日收盘价，下同）和本批次解禁股票当日市价（指当日收盘价，下同）的平均价格乘以本批次解禁股票份数，减去被激励对象本批次解禁股份数所对应

的为获取限制性股票实际支付资金数额，其差额为应纳税所得额。被激励对象限制性股票应纳税所得额计算公式为：

应纳税所得额 =（股票登记日股票市价 + 本批次解禁股票当日市价）÷2 × 本批次解禁股票份数 - 被激励对象实际支付的资金总额 ×（本批次解禁股票份数 ÷ 被激励对象获取的限制性股票总份数）

四、关于股权激励所得应纳税额的计算

（一）个人在纳税年度内第一次取得股票期权、股票增值权所得和限制性股票所得的，上市公司应按照财税〔2005〕35 号文件第四条第一项所列公式计算扣缴其个人所得税。

（二）个人在纳税年度内两次以上（含两次）取得股票期权、股票增值权和限制性股票等所得，包括两次以上（含两次）取得同一种股权激励形式所得或者同时兼有不同股权激励形式所得的，上市公司应将其纳税年度内各次股权激励所得合并，按照《国家税务总局关于个人股票期权所得缴纳个人所得税有关问题的补充通知》（国税函〔2006〕902 号）第七条、第八条所列公式计算扣缴个人所得税。

五、关于纳税义务发生时间

（一）股票增值权个人所得税纳税义务发生时间为上市公司向被授权人兑现股票增值权所得的日期；

（二）限制性股票个人所得税纳税义务发生时间为每一批次限制性股票解禁的日期。

六、关于报送资料的规定

（一）实施股票期权、股票增值权计划的境内上市公司，应按照财税〔2005〕35 号文件第五条第（三）项规定报送有关资料。

（二）实施限制性股票计划的境内上市公司，应在中国证券登记结算公司（境外为证券登记托管机构）进行股票登记、并经上市公司公示后 15 日内，将本公司限制性股票计划或实施方案、协议书、授权通知书、股票登记日期及当日收盘价、禁售期限和股权激励人员名单等资料报送主管税务机关备案。

境外上市公司的境内机构，应向其主管税务机关报送境外上市公司实施股权激励计划的中（外）文资料备案。

（三）扣缴义务人和自行申报纳税的个人在代扣代缴税款或申报纳税时，应在税法规定的纳税申报期限内，将个人接受或转让的股权以及认购的股票情况（包括种类、数量、施权价格、行权价格、市场价格、转让价格等）、股权激励人员名单、应纳税所得额、应纳税额等资料报送主管税务机关。

七、其他有关问题的规定

（一）财税〔2005〕35 号、国税函〔2006〕902 号和财税〔2009〕5 号以及本通知有关股权激励个人所得税政策，适用于上市公司（含所属分支机构）和上市公司控股企业的员工，其中上市公司占控股企业股份比例最低为 30%（间接控股限于上市公司对二级子公司的持股）。

间接持股比例，按各层持股比例相乘计算，上市公司对一级子公司持股比例超过 50% 的，按 100% 计算。

（二）具有下列情形之一的股权激励所得，不适用本通知规定的优惠计税方法，直接计入个人当期所得征收个人所得税：

1. 除本条第(一)项规定之外的集团公司、非上市公司员工取得的股权激励所得;

2. 公司上市之前设立股权激励计划,待公司上市后取得的股权激励所得;

3. 上市公司未按照本通知第六条规定向其主管税务机关报备有关资料的。

(三)被激励对象为缴纳个人所得税款而出售股票,其出售价格与原计税价格不一致的,按原计税价格计算其应纳税所得额和税额。

八、本通知自发文之日起执行。本文下发之前已发生但尚未处理的事项,按本通知执行。

注释:

条款废止。第七条第一项括号内“间接控股限于上市公司对二级子公司的持股”废止。参见:《国家税务总局关于个人所得税有关问题的公告》(国家税务总局公告2011年第27号)。

2-2-132

国家税务总局关于个人转租房屋取得收入征收个人所得税问题的通知

2009年11月18日　国税函〔2009〕639号

各省、自治区、直辖市和计划单列市地方税务局,西藏、宁夏、青海省(自治区)国家税务局:

为规范和加强个人所得税管理,根据《中华人民共和国个人所得税法》及其实施条例的规定,现对个人取得转租房屋收入有关个人所得税问题通知如下:

一、个人将承租房屋转租取得的租金收入,属于个人所得税应税所得,应按“财产租赁所得”项目计算缴纳个人所得税。

二、取得转租收入的个人向房屋出租方支付的租金,凭房屋租赁合同和合法支付凭据允许在计算个人所得税时,从该项转租收入中扣除。

三、《国家税务总局关于个人所得税若干业务问题的批复》(国税函〔2002〕146号)有关财产租赁所得个人所得税前扣除税费的扣除次序调整为:

(一)财产租赁过程中缴纳的税费;

(二)向出租方支付的租金;

(三)由纳税人负担的租赁财产实际开支的修缮费用;

(四)税法规定的费用扣除标准。

2－2－133

财政部　国家税务总局　证监会关于个人转让上市公司限售股所得征收个人所得税有关问题的通知

2009年12月31日　财税〔2009〕167号

各省、自治区、直辖市、计划单列市财政厅(局)、国家税务局、地方税务局,新疆生产建设兵团财务局,上海、深圳证券交易所,中国证券登记结算公司:

为进一步完善股权分置改革后的相关制度,发挥税收对高收入者的调节作用,促进资本市场长期稳定健康发展,经国务院批准,现就个人转让上市公司限售流通股(以下简称限售股)取得的所得征收个人所得税有关问题通知如下:

一、自2010年1月1日起,对个人转让限售股取得的所得,按照"财产转让所得",适用20%的比例税率征收个人所得税。

二、本通知所称限售股,包括:

1. 上市公司股权分置改革完成后股票复牌日之前股东所持原非流通股股份,以及股票复牌日至解禁日期间由上述股份孳生的送、转股(以下统称股改限售股);

2. 2006年股权分置改革新老划断后,首次公开发行股票并上市的公司形成的限售股,以及上市首日至解禁日期间由上述股份孳生的送、转股(以下统称新股限售股);

3. 财政部、税务总局、法制办和证监会共同确定的其他限售股。

三、个人转让限售股,以每次限售股转让收入,减除股票原值和合理税费后的余额,为应纳税所得额。即:

应纳税所得额＝限售股转让收入－(限售股原值＋合理税费)

应纳税额＝应纳税所得额×20%

本通知所称的限售股转让收入,是指转让限售股股票实际取得的收入。限售股原值,是指限售股买入时的买入价及按照规定缴纳的有关费用。合理税费,是指转让限售股过程中发生的印花税、佣金、过户费等与交易相关的税费。

如果纳税人未能提供完整、真实的限售股原值凭证的,不能准确计算限售股原值的,主管税务机关一律按限售股转让收入的15%核定限售股原值及合理税费。

四、限售股转让所得个人所得税,以限售股持有者为纳税义务人,以个人股东开户的证券机构为扣缴义务人。限售股个人所得税由证券机构所在地主管税务机关负责征收管理。

五、限售股转让所得个人所得税,采取证券机构预扣预缴、纳税人自行申报清算和证券机构直接扣缴相结合的方式征收。证券机构预扣预缴的税款,于次月7日内以纳税保证金形式向主管税务机关缴纳。主管税务机关在收取纳税保证金时,应向证券机构开具《中华人民共和国纳税保证金收据》,并纳入专户存储。

根据证券机构技术和制度准备完成情况,对不同阶段形成的限售股,采取不同的征收管理办法。

（一）证券机构技术和制度准备完成前形成的限售股，证券机构按照股改限售股股改复牌日收盘价，或新股限售股上市首日收盘价计算转让收入，按照计算出的转让收入的15%确定限售股原值和合理税费，以转让收入减去原值和合理税费后的余额，适用20%税率，计算预扣预缴个人所得税额。

纳税人按照实际转让收入与实际成本计算出的应纳税额，与证券机构预扣预缴税额有差异的，纳税人应自证券机构代扣并解缴税款的次月1日起3个月内，持加盖证券机构印章的交易记录和相关完整、真实凭证，向主管税务机关提出清算申报并办理清算事宜。主管税务机关审核确认后，按照重新计算的应纳税额，办理退（补）税手续。纳税人在规定期限内未到主管税务机关办理清算事宜的，税务机关不再办理清算事宜，已预扣预缴的税款从纳税保证金账户全额缴入国库。

（二）证券机构技术和制度准备完成后新上市公司的限售股，按照证券机构事先植入结算系统的限售股成本原值和发生的合理税费，以实际转让收入减去原值和合理税费后的余额，适用20%税率，计算直接扣缴个人所得税额。

六、纳税人同时持有限售股及该股流通股的，其股票转让所得，按照限售股优先原则，即：转让股票视同为先转让限售股，按规定计算缴纳个人所得税。

七、证券机构等应积极配合税务机关做好各项征收管理工作，并于每月15日前，将上月限售股减持的有关信息传递至主管税务机关。限售股减持信息包括：股东姓名、公民身份号码、开户证券公司名称及地址、限售股股票代码、本期减持股数及减持取得的收入总额。证券机构有义务向纳税人提供加盖印章的限售股交易记录。

八、对个人在上海证券交易所、深圳证券交易所转让从上市公司公开发行和转让市场取得的上市公司股票所得，继续免征个人所得税。

九、财政、税务、证监等部门要加强协调、通力合作，切实做好政策实施的各项工作。

请遵照执行。

2－2－134

国家税务总局关于做好限售股转让所得个人所得税征收管理工作的通知

2010年1月15日　国税发〔2010〕8号

各省、自治区、直辖市和计划单列市地方税务局，西藏、青海、宁夏国家税务局：

经国务院批准，自2010年1月1日起对个人转让上市公司限售股所得征收个人所得税。按照《财政部、国家税务总局、证监会关于个人转让上市公司限售股所得征收个人所得税有关问题的通知》（财税〔2009〕167号）规定，为做好限售股转让所得个人所得税的征收管理工作，现将有关事项通知如下：

一、征管操作规定

根据证券机构技术和制度准备完成情况,对不同阶段形成的限售股,采取不同的征管办法。

(一)证券机构技术和制度准备完成前形成的限售股,其转让所得应缴纳的个人所得税,采取证券机构预扣预缴和纳税人自行申报清算相结合的方式征收。

1. 证券机构的预扣预缴申报

纳税人转让股改限售股的,证券机构按照该股票股改复牌日收盘价计算转让收入,纳税人转让新股限售股的,证券机构按照该股票上市首日收盘价计算转让收入,并按照计算出的转让收入的15%确定限售股原值和合理税费,以转让收入减去原值和合理税费后的余额为应纳税所得额,计算并预扣个人所得税。

证券机构应将已扣的个人所得税款,于次月7日内向主管税务机关缴纳,并报送《限售股转让所得扣缴个人所得税报告表》(见附件1)及税务机关要求报送的其他资料。《限售股转让所得扣缴个人所得税报告表》应按每个纳税人区分不同股票分别填写;同一支股票的转让所得,按当月取得的累计发生额填写。

2. 纳税人的自行申报清算

纳税人按照实际转让收入与实际成本计算出的应纳税额,与证券机构预扣预缴税额有差异的,纳税人应自证券机构代扣并解缴税款的次月1日起3个月内,到证券机构所在地主管税务机关提出清算申请,办理清算申报事宜。纳税人在规定期限内未到主管税务机关办理清算事宜的,期限届满后税务机关不再办理。

纳税人办理清算时,应按照收入与成本相匹配的原则计算应纳税所得额。即,限售股转让收入必须按照实际转让收入计算,限售股原值按照实际成本计算;如果纳税人未能提供完整、真实的限售股原值凭证,不能正确计算限售股原值的,主管税务机关一律按限售股实际转让收入的15%核定限售股原值及合理税费。

纳税人办理清算时,按照当月取得的全部转让所得,填报《限售股转让所得个人所得税清算申报表》(见附件2),并出示个人有效身份证照原件,附送加盖开户证券机构印章的限售股交易明细记录、相关完整真实的财产原值凭证、缴纳税款凭证(《税务代保管资金专用收据》或《税收转账专用完税证》),以及税务机关要求报送的其他资料。

限售股交易明细记录应包括:限售股每笔成交日期、成交时间、成交价格、成交数量、成交金额、佣金、印花税、过户费、其他费等信息。

纳税人委托中介机构或者他人代为办理纳税申报的,代理人在申报时,除提供上述资料外,还应出示代理人本人的有效身份证照原件,并附送纳税人委托代理申报的授权书。

税务机关对纳税人申报的资料审核确认后,按照上述原则重新计算应纳税额,并办理退(补)税手续。重新计算的应纳税额,低于预扣预缴的部分,税务机关应予以退还;高于预扣预缴的部分,纳税人应补缴税款。

(二)证券机构技术和制度准备完成后新上市公司的限售股,纳税人在转让时应缴纳的个人所得税,采取证券机构直接代扣代缴的方式征收。

证券机构技术和制度准备完成后,证券机构按照限售股的实际转让收入,减去事先植入结算系统的限售股成本原值、转让时发生的合理税费后的余额,计算并直接扣缴个人所得税。

证券机构应将每月所扣个人所得税款，于次月7日内缴入国库，并向当地主管税务机关报送《限售股转让所得扣缴个人所得税报告表》及税务机关要求报送的其他资料。

二、各项准备工作

（一）尽快完成申报表的印制及发放工作。各级税务机关应抓紧印制、发放限售股转让所得个人所得税的各类申报表。与此同时，可将各类申报表的电子版先行挂在本地税务网站的醒目位置，方便纳税人及时下载填报。

（二）严格审核申报资料。重点做好以下几个方面的审核：一是审核限售股转让所得个人所得税各类申报表内容填写是否完整，表间逻辑关系是否正确。二是审核附送资料是否齐全、是否符合要求。对纳税人清算时未提供加盖开户证券机构印章限售股交易明细记录的，或者代理人未提交纳税人委托代理申报授权书的，应要求其补齐后再予办理。三是审核附送的限售股原值及合理税费凭证所载数额、限售股交易明细记录与申报表对应栏次所填数据是否匹配，相关凭证及资料是否与财产原值直接相关。四是审核纳税人报送的《限售股转让所得个人所得税清算申报表》所填数据与证券机构报送的《限售股转让所得扣缴个人所得税报告表》中该纳税人的扣缴信息、缴纳税款凭证所载金额是否一致。

（三）尽快完善限售股转让所得征收个人所得税所涉及的相关应用软件。各地可运用信息化手段，实现对限售股转让所得个人所得税的多样化电子申报，满足纳税人的申报需求，加强税务机关后续工作的电子化管理。

（四）建立完整、准确的台账。要按纳税人建立限售股转让所得个人所得税台账，台账内容应包括限售股个人持有者的基本信息（包含姓名、有效身份证照号码、有效联系地址及邮编、有效联系电话、开户证券机构名称及地址）、证券账户号、限售股股票名称及代码、限售股持有股数、解禁时间、转让时间、转让股数、转让价格、转让金额、对应股票原值、合理税费等。有条件的地区，可以开发应用软件，建立电子台账。

三、工作要求

（一）提高认识、加强领导，确保征管工作顺利开展

各级税务机关要提高对限售股转让所得征收个人所得税的重要性和必要性的认识，高度重视限售股转让所得个人所得税的征收管理工作，切实加强组织领导，将这项工作作为调节收入分配、加强税收征管和优化纳税服务的重要举措，扎实有序地推进。要精心组织、周密安排，加强对政策的理解和学习、宣传和辅导，及早制订工作计划，做好各项准备工作，确保个人转让限售股征税政策不折不扣地落实。

（二）广泛宣传、重点辅导，确保政策落到实处

对个人限售股转让所得征收个人所得税，涉及面广、政策性强、操作复杂。各级税务机关要在配合总局宣传和加强内部学习培训的基础上，切实做好本地的政策宣传和纳税辅导工作。一方面，要广泛宣传政策意义、内容、征税范围等，取得社会各界和纳税人的理解和支持，特别加强对个人在上海证券交易所、深圳证券交易所转让从上市公司公开发行和转让市场取得的上市公司股票所得继续免征个人所得税政策的宣传。另一方面，要优化各项纳税服务措施，有针对性地开展纳税辅导。加强对辖区内的证券公司、限售股个人股东、新上市公司的个人股东，特别是转让限售股个人的纳税辅导，要充分利用办税服务厅、税务网站、12366纳税服务热线、手机短信等渠道，重点宣讲征税范围、计税方法、纳税期限、申报流

程、提交资料、缴纳税款凭证取得方式、征管办法以及相关法律责任等。帮助纳税人理解政策要义，熟知办税流程，促进其自觉遵从、按期依法申报纳税，保护纳税人的合法权益。

（三）总结经验、完善措施，建立高效的信息反馈机制

各级税务机关要在对限售股转让所得征税过程中逐步积累经验，完善相关征管和服务措施，并将执行中遇到的新情况、新问题及时向上级税务机关反馈，为进一步完善相关政策和征管办法提供依据。

（四）密切配合、加强协作，形成工作合力

各级税务机关要加强与财政、证监等相关部门的协调配合，共同做好政策的贯彻落实、宣传解释和纳税辅导工作，解决政策执行中存在的困难和问题。要帮助证券机构正确履行代扣代缴义务，协助证券机构尽快建立起信息交换机制，充分利用登记结算公司和证券公司传递的信息强化管理，确保对个人转让限售股所得征税工作的有序开展。

（五）明确责任、严格纪律，做好相关保密工作

限售股转让所得个人所得税的征管工作，涉及纳税人的切身利益和个人隐私，各级税务机关应按照税收征管法和《国家税务总局关于印发〈纳税人涉税保密信息管理暂行办法〉的通知》（国税发〔2008〕93号）等相关法律法规的要求，做好保密工作。申报资料要专人负责、专人保管、严格使用。税务机关在征税过程中获取的个人限售股相关信息，不得用于税收以外的其他用途。对未按规定为纳税人保密的，要严格按照税收征管法及其他相关法律法规规定，对直接负责的主管人员和其他直接责任人给予相应处分。

附件：1. 限售股转让所得扣缴个人所得税报告表（编者略）

2. 限售股转让所得个人所得税清算申报表（编者略）

2－2－135

国家税务总局关于限售股转让所得个人所得税征缴有关问题的通知

2010年1月18日　国税函〔2010〕23号

各省、自治区、直辖市和计划单列市地方税务局，西藏、宁夏、青海省（自治区）国家税务局：

根据《财政部、国家税务总局、证监会关于个人转让上市公司限售股所得征收个人所得税有关问题的通知》（财税〔2009〕167号）规定，限售股转让所得个人所得税采取证券机构预扣预缴、纳税人自行申报清算和证券机构直接扣缴相结合的方式征收。为做好限售股转让所得个人所得税征缴工作，现就有关问题通知如下：

一、关于证券机构预扣预缴个人所得税的征缴问题

（一）证券机构技术和制度准备完成前形成的限售股，其转让所得应缴纳的个人所得税采取证券机构预扣预缴、纳税人自行申报清算方式征收。各地税务机关可根据当地税务代保管资金账户的开立与否、个人退税的简便与否等实际情况综合考虑，在下列方式中确定一种征缴方式：

1. 纳税保证金方式。证券机构将已扣的个人所得税款，于次月 7 日内以纳税保证金形式向主管税务机关缴纳，并报送《限售股转让所得扣缴个人所得税报告表》及税务机关要求报送的其他资料。主管税务机关收取纳税保证金时，应向证券机构开具有关凭证（凭证种类由各地自定），作为证券机构代缴个人所得税的凭证，凭证“类别”或“品目”栏写明“代扣个人所得税”。同时，税务机关根据《限售股转让所得扣缴个人所得税报告表》分纳税人开具《税务代保管资金专用收据》，作为纳税人预缴个人所得税的凭证，凭证“类别”栏写明“预缴个人所得税”。纳税保证金缴入税务机关在当地商业银行开设的“税务代保管资金”账户存储。

2. 预缴税款方式。证券机构将已扣的个人所得税款，于次月 7 日内直接缴入国库，并向主管税务机关报送《限售股转让所得扣缴个人所得税报告表》及税务机关要求报送的其他资料。主管税务机关向证券机构开具《税收通用缴款书》或以横向联网电子缴税方式将证券机构预扣预缴的个人所得税税款缴入国库。同时，主管税务机关应根据《限售股转让所得扣缴个人所得税报告表》分纳税人开具《税收转账专用完税证》，作为纳税人预缴个人所得税的完税凭证。

（二）证券机构技术和制度准备完成后新上市公司的限售股，纳税人在转让时应缴纳的个人所得税，采取证券机构直接代扣代缴的方式征收。

证券机构每月所扣个人所得税款，于次月 7 日内缴入国库，并向当地主管税务机关报送《限售股转让所得扣缴个人所得税报告表》及税务机关要求报送的其他资料。主管税务机关按照代扣代缴税款有关规定办理税款入库，并分纳税人开具《税收转账专用完税证》，作为纳税人的完税凭证。

《税务代保管资金专用收据》、《税收转账专用完税证》可由代扣代缴税款的证券机构或由主管税务机关交纳税人。各地税务机关应通过适当途径将缴款凭证取得方式预先告知纳税人。

二、关于采取证券机构预扣预缴、纳税人自行申报清算方式下的税款结算和退税管理

（一）采用纳税保证金方式征缴税款的结算

证券机构以纳税保证金方式代缴个人所得税的，纳税人办理清算申报后，经主管税务机关审核重新计算的应纳税额低于已缴纳税保证金的，多缴部分税务机关应及时从“税务代保管资金”账户退还纳税人。同时，税务机关应开具《税收通用缴款书》将应纳部分作为个人所得税从“税务代保管资金”账户缴入国库，并将《税收通用缴款书》相应联次交纳税人，同时收回《税务代保管资金专用收据》。经主管税务机关审核重新计算的应纳税额高于已缴纳税保证金的，税务机关就纳税人应补缴税款部分开具相应凭证直接补缴入库；同时税务机关应开具《税收通用缴款书》将已缴纳的纳税保证金从“税务代保管资金”账户全额缴入国库，并将《税收通用缴款书》相应联次交纳税人，同时收回《税务代保管资金专用收据》。纳税人未在规定期限内办理清算事宜的，期限届满后，所缴纳的纳税保证金全部作为个人所得税缴入国库。横向联网电子缴税的地区，税务机关可通过联网系统办理税款缴库。

纳税保证金的收纳缴库、退还办法，按照《国家税务总局、财政部、中国人民银行关于印发〈税务代保管资金账户管理办法〉的通知》（国税发〔2005〕181 号）、《国家税务总局、财政

部、中国人民银行关于税务代保管资金账户管理有关问题的通知》(国税发〔2007〕12号)有关规定执行。各地税务机关应严格执行税务代保管资金账户管理有关规定,严防发生账户资金的占压、贪污、挪用、盗取等情形。

(二)采用预缴税款方式征缴税款的结算

证券机构以预缴税款方式代缴个人所得税的,纳税人办理清算申报后,经主管税务机关审核应补(退)税款的,由主管税务机关按照有关规定办理税款补缴入库或税款退库。

2-2-136

国家税务总局关于2009年度李四光地质科学奖奖金免征个人所得税的通知

2010年1月26日　国税函〔2010〕37号

北京市地方税务局:

现将2009年度李四光地质科学奖奖金免征个人所得税有关问题通知如下:

为奖励长期奋战在工作环境恶劣、生活条件艰苦的地质工作一线并做出突出贡献的地质科技工作者,国土资源部根据《李四光地质科学奖章程》规定,经过专家初评、评奖委员会终评、社会公示,2009年共评出14位获奖者,每人奖金8万元人民币,奖金在北京发放。

根据《中华人民共和国个人所得税法》第四条关于国务院部、委颁发的科学、教育、技术等方面的奖金免征个人所得税的规定,对2009年李四光地质科学奖获奖者个人所获奖金(详见附件),免征个人所得税。

附件:2009年度李四光地质科学奖获奖者名单(编者略)

2-2-137

国家税务总局关于刘东生青年科学家奖和刘东生地球科学奖学金获奖者奖金免征个人所得税的通知

2010年2月11日　国税函〔2010〕74号

各省、自治区、直辖市和计划单列市地方税务局:

现对刘东生青年科学家奖与刘东生地球科学奖学金有关个人所得税问题通知如下:

为推动地球科学发展,中国科学院设立了刘东生地球科学基金,用于奖励在第四纪、新生代古生物、青藏高原和环境地质研究领域做出创新性学术成果和取得优秀学术成果的国内青年科学家。2009年组织了第一次评奖活动,评选出刘东生青年科学家奖1人,奖金2万元;评选出刘东生地球科学奖学金3人,每人奖学金5000元。

根据《中华人民共和国个人所得税法》第四条第(一)项规定,对中国科学院首届"刘东生青年科学家奖"、"刘东生地球科学奖学金"的奖金收入免予征收个人所得税。

为了贯彻行政审批制度改革精神,对中国科学院严格按照刘东生地球科学基金章程及评奖办法,在以后年度评选出的上述奖项奖金收入,一律按照个人所得税法的有关规定直接免予征收个人所得税,无须报送审批;如果主办单位和评奖办法以后年度发生变化的,主办单位应重新报国家税务总局审核确认。

2－2－138

国家税务总局关于全国职工职业技能大赛奖金免征个人所得税的通知

2010年2月21日　国税函〔2010〕78号

各省、自治区、直辖市和计划单列市地方税务局,西藏、宁夏、青海省(自治区)国家税务局:

为进一步激发广大职工学技术、练技能的热情,提高职工技术水平,中华全国总工会、科学技术部、人力资源和社会保障部联合举办了第三届全国职工职业技能大赛,分设钳工、焊工、维修电工、数控机床装调维修工、数控铣工、数控车工、加工中心操作工、速录师等8个工种的比赛;对第三届全国职工职业技能大赛每个工种决赛前20名选手分别给予不同数额的奖金,总计52.8万元(名单及奖金数额附后),全部由全国总工会承担。

根据《中华人民共和国个人所得税法》第四条有关国务院部委颁发的技术方面奖金免征个人所得税的规定,对第三届全国职工职业技能大赛获奖者取得的奖金免征个人所得税。

为了贯彻行政审批制度改革精神,对中华全国总工会、科学技术部、人力资源和社会保障部严格按照规定评奖办法,在以后年度评选出的上述奖项奖金收入,一律按照个人所得税法的有关规定直接免予征收个人所得税,无须报送审批;如果主办单位和评奖办法以后年度发生变化的,主办单位应重新报国家税务总局审核确认。

附件:第三届全国职工职业技能大赛各工种比赛获奖人员名单(编者略)

2－2－139

国家税务总局关于中华宝钢环境优秀奖奖金免征个人所得税问题的通知

2010年4月6日　国税函〔2010〕130号

各省、自治区、直辖市和计划单列市地方税务局:

现对中华宝钢环境优秀奖获奖者奖金免征个人所得税的问题通知如下:

为表彰和奖励为我国环境保护事业做出重大贡献者,促进环境保护事业的发展,经环境保护部批准,中华环境保护基金会设立了中华环境奖(现冠名为中华宝钢环境奖)。由全国人大环境与资源保护委员会、全国政协人口资源环境委员会、教育部、民政部、环境保护部、文化部、国家广播电影电视总局、中华全国总工会、共青团中央、全国妇联等13家单位组成组织委员会,对其评选工作进行指导。该奖评选办公室设在中华环境保护基金会。目前第六届中华宝钢环境奖评选工作已经结束,评选出中华宝钢环境优秀奖获奖者个人7名,每人奖金5万元。

根据《中华人民共和国个人所得税法》第四条第一项有关规定,对第六届中华宝钢环境优秀奖获奖者个人所获奖金(详见附件),免予征收个人所得税。

为贯彻行政审批制度改革精神,对中华环境保护基金会严格按照中华环境奖评奖办法,在以后年度评选出的上述奖项奖金收入,一律按照个人所得税法的有关规定直接免予征收个人所得税,无须报送审批。主办单位和评奖办法以后年度发生变化的,主办单位应重新报国家税务总局审核确认。

附件:第六届中华宝钢环境优秀奖个人获奖者名单(编者略)

2－2－140

国家税务总局关于进一步做好个人所得税完税凭证开具工作的通知

2010年6月28日　国税发〔2010〕63号

各省、自治区、直辖市和计划单列市地方税务局,西藏、宁夏、青海省(自治区)国家税务局:

为进一步优化纳税服务,保护纳税人的合法权益,现就个人所得税完税凭证(以下简称完税凭证)开具及相关工作事项通知如下:

一、切实提高对完税凭证开具工作重要性的认识

由税务机关直接向个人所得税纳税人开具完税凭证,告知其纳税情况,是贯彻落实"服务科学发展、共建和谐税收"的工作要求的具体体现,是优化纳税服务的客观需要,更是进一步推动全员全额扣缴明细申报、提升个人所得税征管质量和效率的重要举措,也为个人所得税制改革奠定基础。各级税务机关要进一步统一思想,提高认识,按照"明确目标、全力推进、多措并举、逐步到位"的基本原则,以强化全员全额扣缴明细申报为契机,创造条件,采取多种方式,坚定不移地推进完税凭证的开具工作,加大工作力度,切实满足纳税人税收知情权的诉求。

二、工作目标和要求

工作目标:按照个人所得税制改革方向和优化纳税服务的要求,通过多种方式,保证纳税人能够方便、快捷、准确知晓个人所得税纳税情况,保护其知情权。保证税务机关能归集和掌握个人收入和纳税信息,加强个人所得税征收管理。具体要求是:

(一)税务机关直接征收税款的(如个体户生产经营所得、自行纳税申报纳税的)、纳税人申请开具完税凭证的,税务机关应当为纳税人开具通用完税证或缴款书、完税证明。

（二）凡是扣缴义务人已经实行扣缴明细申报，且具备条件的地区，2010 年应当向纳税人告知个人所得税纳税情况，具体方式如下：

1. 直接为纳税人开具《中华人民共和国个人所得税完税证明》（以下简称《完税证明》）。

《完税证明》为一联式凭证，由国家税务总局统一制定，式样附后（见附件 1；完税证明开具示例见附件 2 与附件 3）。《完税证明》比照《税收转账专用完税证》，按《国家税务总局关于印发〈税收票证管理办法〉的通知》（国税发〔1998〕32 号）的规定严格管理。

自 2010 年 8 月 1 日起，凡向个人纳税人开具的完税证明，统一按此格式开具，原《国家税务总局关于试行税务机关向扣缴义务人实行明细申报后的纳税人开具个人所得税完税证明的通知》（国税发〔2005〕8 号）文件规定的证明样式停止使用。

2. 通过税务网站，由纳税人网络查询、打印纳税情况，并告知纳税人开具完税证明的方法和途径。

3. 通过手机短信等方式告知纳税人纳税情况（如每半年或一年向纳税人发送短信一次），并告知纳税人到税务机关开具完税证明的方法和途径。

4. 其他方式。各地可以结合本地的实际，确定告知纳税人纳税情况的方式。

（三）扣缴义务人未实行全员全额扣缴明细申报和实行明细申报但不具备开具条件的地区，应积极创造条件，推广应用个人所得税管理系统，扩大全员全额扣缴明细申报覆盖面，尽快实现直接为纳税人开具完税证明。同时，要做好本地的宣传解释工作，说明不能直接开具完税证明的原因，并采取有效措施，保护纳税人的税收知情权。

（四）督促扣缴义务人履行告知义务。一方面，要督促扣缴义务人在发放工资扣缴个人所得税后，在工资单上注明个人已扣缴税款的金额。另一方面，纳税人要求扣缴义务人开具代扣、代收税款凭证的，扣缴义务人必须开具。

前款所称个人所得税完税凭证包括完税证、缴款书、代扣代收税款凭证，以及个人所得税完税证明。

三、发布个人所得税完税凭证索取指引

各地应自本通知发布之日起 1 个月内，结合本地实际，发布个人所得税完税凭证的索取指引，向纳税人告知如下事项（不限于）：

（一）明确告知个人所得税完税凭证的种类。

（二）具体说明纳税人在不同情形下，应取得完税凭证的种类。

（三）详尽描述开具不同完税凭证的时间、地点、流程及附送资料，保证纳税人按照索取指引，即可获取完税凭证。

四、协同配合做好完税凭证开具工作

各级税务机关要按照国税发〔2005〕8 号文件和本通知的要求，进一步做好完税凭证的开具工作。各部门之间要明确职责、密切配合，所得税部门要积极推广应用个人所得税管理系统，全面实行全员全额扣缴明细申报，推进为纳税人直接开具完税证明的基础工作。收入规划核算部门要协助做好完税证明开具的具体工作，研究完善代扣代收税款凭证开具工作。纳税服务部门要做好宣传解释工作，让纳税人知晓获取完税证明和纳税信息的渠道。征管科技部门和电子税务管理部门要配合加快个人所得税管理系统的推广应用，加大自然人数据库归集数据工作力度，提高数据质量，为全员全额扣缴明细申报和开具完税证明工作提供技术支撑。

附件：1.《中华人民共和国个人所得税完税证明》式样（编者略）

2. 年终为纳税人开具全年纳税情况的个人所得税完税证明示例（编者略）

3. 日常为纳税人开具的个人所得税完税证明示例（编者略）

注释：

条款废止。个人所得税完税证明式样废止。参见：《国家税务总局关于实施〈税收票证管理办法〉若干问题的公告》（国家税务总局公告2013年第34号）。

2－2－141

财政部　国家税务总局关于个人独资企业和合伙企业投资者取得种植业、养殖业、饲养业、捕捞业所得有关个人所得税问题的批复

2010年11月2日　财税〔2010〕96号

福建省财政厅、地方税务局：

福建省地方税务局《关于个人独资和合伙企业投资者取得的"四业"经营所得征免个人所得税问题的请示》（闽地税发〔2009〕157号）收悉。经研究，批复如下：

根据《国务院关于个人独资企业和合伙企业征收所得税问题的通知》（国发〔2000〕16号）、《财政部、国家税务总局关于个人所得税若干政策问题的通知》（财税字〔1994〕020号）和《财政部、国家税务总局关于农村税费改革试点地区有关个人所得税问题的通知》（财税〔2004〕30号）等有关规定，对个人独资企业和合伙企业从事种植业、养殖业、饲养业和捕捞业（以下简称"四业"），其投资者取得的"四业"所得暂不征收个人所得税。

2－2－142

财政部　国家税务总局　证监会关于个人转让上市公司限售股所得征收个人所得税有关问题的补充通知

2010年11月10日　财税〔2010〕70号

各省、自治区、直辖市、计划单列市财政厅（局）、国家税务局、地方税务局，新疆生产建设兵团财务局，上海、深圳证券交易所，中国证券登记结算公司：

为进一步规范个人转让上市公司限售股(以下简称限售股)税收政策,加强税收征管,根据财政部、国家税务总局、证监会《关于个人转让上市公司限售股征收个人所得税有关问题的通知》(财税〔2009〕167 号)的有关规定,现将个人转让限售股所得征收个人所得税有关政策问题补充通知如下:

一、本通知所称限售股,包括:

(一)财税〔2009〕167 号文件规定的限售股;

(二)个人从机构或其他个人受让的未解禁限售股;

(三)个人因依法继承或家庭财产依法分割取得的限售股;

(四)个人持有的从代办股份转让系统转到主板市场(或中小板、创业板市场)的限售股;

(五)上市公司吸收合并中,个人持有的原被合并方公司限售股所转换的合并方公司股份;

(六)上市公司分立中,个人持有的被分立方公司限售股所转换的分立后公司股份;

(七)其他限售股。

二、根据《个人所得税法实施条例》第八条、第十条的规定,个人转让限售股或发生具有转让限售股实质的其他交易,取得现金、实物、有价证券和其他形式的经济利益均应缴纳个人所得税。限售股在解禁前被多次转让的,转让方对每一次转让所得均应按规定缴纳个人所得税。对具有下列情形的,应按规定征收个人所得税:

(一)个人通过证券交易所集中交易系统或大宗交易系统转让限售股;

(二)个人用限售股认购或申购交易型开放式指数基金(ETF)份额;

(三)个人用限售股接受要约收购;

(四)个人行使现金选择权将限售股转让给提供现金选择权的第三方;

(五)个人协议转让限售股;

(六)个人持有的限售股被司法扣划;

(七)个人因依法继承或家庭财产分割让渡限售股所有权;

(八)个人用限售股偿还上市公司股权分置改革中由大股东代其向流通股股东支付的对价;

(九)其他具有转让实质的情形。

三、应纳税所得额的计算

(一)个人转让第一条规定的限售股,限售股所对应的公司在证券机构技术和制度准备完成前上市的,应纳税所得额的计算按照财税〔2009〕167 号文件第五条第(一)项规定执行;在证券机构技术和制度准备完成后上市的,应纳税所得额的计算按照财税〔2009〕167 号文件第五条第(二)项规定执行。

(二)个人发生第二条第(一)、(二)、(三)、(四)项情形、由证券机构扣缴税款的,扣缴税款的计算按照财税〔2009〕167 号文件规定执行。纳税人申报清算时,实际转让收入按照下列原则计算:

第二条第(一)项的转让收入以转让当日该股份实际转让价格计算,证券公司在扣缴税款时,佣金支出统一按照证券主管部门规定的行业最高佣金费率计算;第二条第(二)项的转让收入,通过认购 ETF 份额方式转让限售股的,以股份过户日的前一交易日该股份收盘价计算,通过申购 ETF 份额方式转让限售股的,以申购日的前一交易日该股份收盘价计算;第二条第(三)项的转让收入以要约收购的价格计算;第二条第(四)项的转让收入以实际行权价格计算。

(三)个人发生第二条第(五)、(六)、(七)、(八)项情形、需向主管税务机关申报纳税的,转让收入按照下列原则计算:

第二条第(五)项的转让收入按照实际转让收入计算,转让价格明显偏低且无正当理由的,主管税务机关可以依据协议签订日的前一交易日该股收盘价或其他合理方式核定其转让收入;第二条第(六)项的转让收入以司法执行日的前一交易日该股收盘价计算;第二条第(七)、(八)项的转让收入以转让方取得该股时支付的成本计算。

(四)个人转让因协议受让、司法扣划等情形取得未解禁限售股的,成本按照主管税务机关认可的协议受让价格、司法扣划价格核定,无法提供相关资料的,按照财税〔2009〕167 号文件第五条第(一)项规定执行;个人转让因依法继承或家庭财产依法分割取得的限售股的,按财税〔2009〕167 号文件规定缴纳个人所得税,成本按照该限售股前一持有人取得该股时实际成本及税费计算。

(五)在证券机构技术和制度准备完成后形成的限售股,自股票上市首日至解禁日期间发生送、转、缩股的,证券登记结算公司应依据送、转、缩股比例对限售股成本原值进行调整;而对于其他权益分派的情形(如现金分红、配股等),不对限售股的成本原值进行调整。

(六)因个人持有限售股中存在部分限售股成本原值不明确,导致无法准确计算全部限售股成本原值的,证券登记结算公司一律以实际转让收入的 15% 作为限售股成本原值和合理税费。

四、征收管理

(一)纳税人发生第二条第(一)、(二)、(三)、(四)项情形的,对其应纳个人所得税按照财税〔2009〕167 号文件规定,采取证券机构预扣预缴、纳税人自行申报清算和证券机构直接扣缴相结合的方式征收。

本通知所称的证券机构,包括证券登记结算公司、证券公司及其分支机构。其中,证券登记结算公司以证券账户为单位计算个人应纳税额,证券公司及其分支机构依据证券登记结算公司提供的数据负责对个人应缴纳的个人所得税以证券账户为单位进行预扣预缴。纳税人对证券登记结算公司计算的应纳税额有异议的,可持相关完整、真实凭证,向主管税务机关提出清算申报并办理清算事宜。主管税务机构审核确认后,按照重新计算的应纳税额,办理退(补)税手续。

(二)纳税人发生第二条第(五)、(六)、(七)、(八)项情形的,采取纳税人自行申报纳税的方式。纳税人转让限售股后,应在次月七日内到主管税务机关填报《限售股转让所得个人所得税清算申报表》,自行申报纳税。主管税务机关审核确认后应开具完税凭证,纳税人应持完税凭证、《限售股转让所得个人所得税清算申报表》复印件到证券登记结算公司办理限售股过户手续。纳税人未提供完税凭证和《限售股转让所得个人所得税清算申报表》复印件的,证券登记结算公司不予办理过户。

纳税人自行申报的，应一次办结相关涉税事宜，不再执行财税〔2009〕167 号文件中有关纳税人自行申报清算的规定。对第二条第（六）项情形，如国家有权机关要求强制执行的，证券登记结算公司在履行告知义务后予以协助执行，并报告相关主管税务机关。

五、个人持有在证券机构技术和制度准备完成后形成的拟上市公司限售股，在公司上市前，个人应委托拟上市公司向证券登记结算公司提供有关限售股成本原值详细资料，以及会计师事务所或税务师事务所对该资料出具的鉴证报告。逾期未提供的，证券登记结算公司以实际转让收入的 15% 核定限售股原值和合理税费。

六、个人转让限售股所得需由证券机构预扣预缴税款的，应在客户资金账户留足资金供证券机构扣缴税款，依法履行纳税义务。证券机构应采取积极、有效措施依法履行扣缴税款义务，对纳税人资金账户暂无资金或资金不足的，证券机构应当及时通知个人投资者补足资金，并扣缴税款。个人投资者未补足资金的，证券机构应当及时报告相关主管税务机关，并依法提供纳税人相关资料。

2－2－143

国家税务总局关于“明天小小科学家”奖金免征个人所得税问题的通知

2010 年 11 月 10 日　国税函〔2010〕538 号

各省、自治区、直辖市和计划单列市地方税务局：

现就“明天小小科学家”奖金免征个人所得税问题通知如下：

为贯彻实施国家科教兴国和可持续发展战略，加强对青少年创新精神和实践能力的培养，在青少年科技爱好者中选拔和培养科技后备人才，教育部、中国科学技术协会和香港周凯旋基金会于 2001 年开展了“明天小小科学家”奖励活动，对内地各省、自治区、直辖市以及香港、澳门特别行政区的高中三年级学生在近年来完成的优秀科技项目和科学研究项目进行奖励。该活动每年评选一次。2009 年度，第九届“明天小小科学家”奖励活动已评选结束。评出一等奖 10 名，前 3 名获“明天小小科学家”称号，每名奖金 10 万元人民币，其中奖励学生个人 5 万元人民币，学生所在学校和辅导机构 5 万元人民币；其余 7 名每名奖金 4 万元人民币，其中奖励学生个人 2 万元人民币，学生所在学校和辅导机构 2 万元人民币；二等奖 30 名，每名奖金 2 万元人民币，其中奖励学生个人 1 万元人民币，学生所在学校和辅导机构 1 万元人民币；三等奖 60 名，奖励学生个人 1000 元人民币（详见附件）。

根据《中华人民共和国个人所得税法》第四条第一项关于国务院部委颁发的教育等方面的奖金免征个人所得税的规定，对学生个人参与“明天小小科学家”活动获得的奖金，免予征收个人所得税。

附件：2009 年度第九届“明天小小科学家”奖励活动获奖名单（编者略）

2－2－144

国家税务总局关于全国职工优秀技术创新成果奖奖金免征个人所得税的通知

2011年1月5日　国税函〔2011〕10号

各省、自治区、直辖市和计划单列市地方税务局，西藏、宁夏、青海省（区）国家税务局：

现对第三届全国职工优秀技术创新成果奖获奖项目完成人的奖金免征个人所得税问题通知如下：

为激发广大职工参与建设创新型企业和创新型国家的积极性，推动经济发展方式转变，中华全国总工会、科学技术部、工业和信息化部、人力资源和社会保障部联合开展了第三届全国职工优秀技术创新成果评选表彰活动。目前，评奖活动已经结束，共计42项科研成果获奖，其中一等奖2项，对项目完成人各奖励人民币20万元；二等奖10项，对项目完成人各奖励人民币10万元；三等奖30项，对项目完成人各奖励人民币3万元。上述获奖项目总计230万元的奖金由全国总工会支付。

根据《中华人民共和国个人所得税法》第四条第一项有关省、部级科学技术奖金免税的规定，对第三届全国职工优秀技术创新成果奖获奖项目完成人的奖金（详见附件），免予征收个人所得税。

附件：第三届全国职工优秀技术创新成果获奖名单（编者略）

2－2－145

国家税务总局关于个人提前退休取得补贴收入个人所得税问题的公告

2011年1月17日　国家税务总局公告2011年第6号

根据《中华人民共和国个人所得税法》及其实施条例的规定，现对个人提前退休取得一次性补贴收入征收个人所得税问题公告如下：

一、机关、企事业单位对未达到法定退休年龄、正式办理提前退休手续的个人，按照统一标准向提前退休工作人员支付一次性补贴，不属于免税的离退休工资收入，应按照“工资、薪金所得”项目征收个人所得税。

二、个人因办理提前退休手续而取得的一次性补贴收入，应按照办理提前退休手续至法定退休年龄之间所属月份平均分摊计算个人所得税。计税公式：

应纳税额＝｛［（一次性补贴收入÷办理提前退休手续至法定退休年龄的实际月份数）－费用扣除标准］×适用税率－速算扣除数｝×提前办理退休手续至法定退休年龄的实际月份数

三、本公告自2011年1月1日起执行。

特此公告。

注释：

条款废止。第二条自2019年1月1日起废止。参见：《财政部　税务总局关于个人所得税法修改后有关优惠政策衔接问题的通知》（财税〔2018〕164号）。

2－2－146

国家税务总局关于个人所得税有关问题的公告

2011年4月18日　国家税务总局公告2011年第27号

根据《中华人民共和国个人所得税法》及其实施条例等规定，现将个人所得税有关问题公告如下：

一、关于上市公司股权激励个人所得税持股比例的计算问题

企业由上市公司持股比例不低于30%的，其员工以股权激励方式持有上市公司股权的，可以按照《国家税务总局关于股权激励有关个人所得税问题的通知》（国税函〔2009〕461号）规定的计算方法，计算应扣缴的股权激励个人所得税，不再受上市公司控股企业层级限制。

《国家税务总局关于股权激励有关个人所得税问题的通知》（国税函〔2009〕461号）第七条第（一）项括号内"间接控股限于上市公司对二级子公司的持股"废止。

二、关于离退休人员再任职的界定条件问题

《国家税务总局关于离退休人员再任职界定问题的批复》（国税函〔2006〕526号）第三条中，单位是否为离退休人员缴纳社会保险费，不再作为离退休人员再任职的界定条件。

本公告自2011年5月1日起执行。

特此公告。

2－2－147

国家税务总局关于雇主为雇员承担全年一次性奖金部分税款有关个人所得税计算方法问题的公告

2011年4月28日　国家税务总局公告2011年第28号

为公平税负，规范管理，根据《中华人民共和国个人所得税法》、《国家税务总局关于雇

主为其雇员负担个人所得税税款计征问题的通知》(国税发〔1996〕199号)和《国家税务总局关于调整个人取得全年一次性奖金等计算征收个人所得税方法问题的通知》(国税发〔2005〕9号)等规定,现对雇员取得全年一次性奖金并由雇主负担部分税款有关个人所得税计算方法问题公告如下:

一、雇主为雇员负担全年一次性奖金部分个人所得税款,属于雇员又额外增加了收入,应将雇主负担的这部分税款并入雇员的全年一次性奖金,换算为应纳税所得额后,按照规定方法计征个人所得税。

二、将不含税全年一次性奖金换算为应纳税所得额的计算方法

(一)雇主为雇员定额负担税款的计算公式:

应纳税所得额=雇员取得的全年一次性奖金+雇主替雇员定额负担的税款-当月工资薪金低于费用扣除标准的差额

(二)雇主为雇员按一定比例负担税款的计算公式:

1. 查找不含税全年一次性奖金的适用税率和速算扣除数

未含雇主负担税款的全年一次性奖金收入÷12,根据其商数找出不含税级距对应的适用税率A和速算扣除数A

2. 计算含税全年一次性奖金

应纳税所得额=(未含雇主负担税款的全年一次性奖金收入-当月工资薪金低于费用扣除标准的差额-不含税级距的速算扣除数A×雇主负担比例)÷(1-不含税级距的适用税率A×雇主负担比例)

三、对上述应纳税所得额,扣缴义务人应按照国税发〔2005〕9号文件规定的方法计算应扣缴税款。即:将应纳税所得额÷12,根据其商数找出对应的适用税率B和速算扣除数B,据以计算税款。计算公式:

应纳税额=应纳税所得额×适用税率B-速算扣除数B

实际缴纳税额=应纳税额-雇主为雇员负担的税额

四、雇主为雇员负担的个人所得税款,应属于个人工资薪金的一部分。凡单独作为企业管理费列支的,在计算企业所得税时不得税前扣除。

本公告自2011年5月1日起施行。

特此公告。

2-2-148

财政部　国家税务总局关于企业促销展业赠送礼品有关个人所得税问题的通知

2011年6月9日　财税〔2011〕50号

各省、自治区、直辖市、计划单列市财政厅(局)、地方税务局、西藏、宁夏、青海省(自治区)国家税务局,新疆生产建设兵团财务局:

根据《中华人民共和国个人所得税法》及其实施条例有关规定，现对企业和单位（包括企业、事业单位、社会团体、个人独资企业、合伙企业和个体工商户等，以下简称企业）在营销活动中以折扣折让、赠品、抽奖等方式，向个人赠送现金、消费券、物品、服务等（以下简称礼品）有关个人所得税问题通知如下：

一、企业在销售商品（产品）和提供服务过程中向个人赠送礼品，属于下列情形之一的，不征收个人所得税：

1. 企业通过价格折扣、折让方式向个人销售商品（产品）和提供服务；

2. 企业在向个人销售商品（产品）和提供服务的同时给予赠品，如通信企业对个人购买手机赠话费、入网费，或者购话费赠手机等；

3. 企业对累积消费达到一定额度的个人按消费积分反馈礼品。

二、企业向个人赠送礼品，属于下列情形之一的，取得该项所得的个人应依法缴纳个人所得税，税款由赠送礼品的企业代扣代缴：

1. 企业在业务宣传、广告等活动中，随机向本单位以外的个人赠送礼品，对个人取得的礼品所得，按照“其他所得”项目，全额适用20%的税率缴纳个人所得税。

2. 企业在年会、座谈会、庆典以及其他活动中向本单位以外的个人赠送礼品，对个人取得的礼品所得，按照“其他所得”项目，全额适用20%的税率缴纳个人所得税。

3. 企业对累积消费达到一定额度的顾客，给予额外抽奖机会，个人的获奖所得，按照“偶然所得”项目，全额适用20%的税率缴纳个人所得税。

三、企业赠送的礼品是自产产品（服务）的，按该产品（服务）的市场销售价格确定个人的应税所得；是外购商品（服务）的，按该商品（服务）的实际购置价格确定个人的应税所得。

四、本通知自发布之日起执行。《国家税务总局关于个人所得税有关问题的批复》（国税函〔2000〕57号）、《国家税务总局关于个人所得税若干政策问题的批复》（国税函〔2002〕629号）第二条同时废止。

注释：

条款废止。第二条第1项、第2项自2019年1月1日起废止。参见：《财政部　税务总局关于个人取得有关收入适用个人所得税应税所得项目的公告》（财政部　税务总局公告2019年第74号）。

2－2－149

国家税务总局关于“明天小小科学家”奖金免征个人所得税问题的通知

2011年6月24日　国税函〔2011〕337号

各省、自治区、直辖市和计划单列市地方税务局：

现就“明天小小科学家”奖金免征个人所得税问题通知如下：

为贯彻实施国家科教兴国和可持续发展战略，加强对青少年创新精神和实践能力的培养，在青少年科技爱好者中选拔和培养科技后备人才，教育部、中国科学技术协会和香港周凯旋基金会于2001年开展了“明天小小科学家”奖励活动，对内地各省、自治区、直辖市以及香港、澳门特别行政区的高中三年级学生在近年来完成的优秀科技项目和科学研究项目进行奖励。该活动每年评选一次。2010年度，第十届“明天小小科学家”奖励活动已评选结束。评出一等奖15名，前3名获“明天小小科学家”称号，每名奖金10万元人民币，其中奖励学生个人5万元人民币，学生所在学校和辅导机构5万元人民币；其余12名每名奖金4万元人民币，其中奖励学生个人2万元人民币，学生所在学校和辅导机构2万元人民币；二等奖35名，每名奖金2万元人民币，其中奖励学生个人1万元人民币，学生所在学校和辅导机构1万元人民币；三等奖50名，奖励学生个人1000元人民币（详见附件）。

根据《中华人民共和国个人所得税法》第四条第一项关于国务院部委颁发的教育等方面的奖金免征个人所得税的规定，对学生个人参与“明天小小科学家”活动获得的奖金，免予征收个人所得税。

附件：2010年度第十届“明天小小科学家”奖励活动获奖名单（编者略）

2－2－150

国家税务总局关于个人终止投资经营收回款项征收个人所得税问题的公告

2011年7月25日　国家税务总局公告2011年第41号

根据《中华人民共和国个人所得税法》及其实施条例等规定，现对个人终止投资、联营、经营合作等行为收回款项征收个人所得税问题公告如下：

一、个人因各种原因终止投资、联营、经营合作等行为，从被投资企业或合作项目、被投资企业的其他投资者以及合作项目的经营合作人取得股权转让收入、违约金、补偿金、赔偿金及以其他名目收回的款项等，均属于个人所得税应税收入，应按照“财产转让所得”项目适用的规定计算缴纳个人所得税。

应纳税所得额的计算公式如下：

应纳税所得额＝个人取得的股权转让收入、违约金、补偿金、赔偿金及以其他名目收回款项合计数－原实际出资额（投入额）及相关税费

二、本公告有关个人所得税征管问题，按照《国家税务总局关于加强股权转让所得征收个人所得税管理的通知》（国税函〔2009〕285号）执行。

本公告自发布之日起施行，此前未处理事项依据本公告处理。

特此公告。

2 -2 -151

国家税务总局关于2011年度李四光地质科学奖奖金免征个人所得税的公告

2011年12月6日 国家税务总局公告2011年第68号

现将2011年度李四光地质科学奖奖金免征个人所得税有关问题公告如下：

为奖励长期奋战在工作环境恶劣、生活条件艰苦的地质工作第一线并做出突出贡献的地质科技工作者，国土资源部根据《李四光地质科学奖章程》，经过专家初评、评奖委员会终评和社会公示，2011年共评出15位获奖者，每人奖金10万元人民币。根据《中华人民共和国个人所得税法》第四条第一项关于国务院部委颁发的科学、教育、技术等方面的奖金免征个人所得税的规定，对2011年度李四光地质科学奖获奖者（详见附件）个人所获奖金，免予征收个人所得税。

同时，为了贯彻落实国家行政审批制度改革有关要求，对国土资源部和李四光地质科学奖基金会严格按照李四光地质科学奖章程和评奖办法，在以后年度评选出的上述奖项奖金收入，一律按照个人所得税法的有关规定直接免予征收个人所得税，无须报送审批；如果主办单位和评奖办法以后年度发生变化，主办单位应重新报国家税务总局审核确认。

特此公告。

附件：2011年度李四光地质科学奖获奖者名单（编者略）

2 -2 -152

财政部 国家税务总局关于证券机构技术和制度准备完成后个人转让上市公司限售股有关个人所得税问题的通知

2011年12月30日 财税〔2011〕108号

各省、自治区、直辖市、计划单列市财政厅（局）、地方税务局，宁夏、西藏、青海省（自治区）国家税务局，新疆生产建设兵团财务局，上海、深圳证券交易所，中国证券登记结算公司，各证券公司：

根据《财政部、国家税务总局、证监会关于个人转让上市公司限售股所得征收个人所得税有关问题的通知》（财税〔2009〕167号）和《财政部、国家税务总局、证监会关于个人转让上市公司限售股所得征收个人所得税有关问题的补充通知》（财税〔2010〕70号）有关规定，为进一步完善个人转让上市公司限售股所得征收个人所得税办法，现就有关问题通知如下：

一、自2012年3月1日起,网上发行资金申购日在2012年3月1日(含)之后的首次公开发行上市公司(以下简称新上市公司)按照证券登记结算公司业务规定做好各项资料准备工作,在向证券登记结算公司申请办理股份初始登记时一并申报由个人限售股股东提供的有关限售股成本原值详细资料,以及会计师事务所或税务师事务所对该资料出具的鉴证报告。

限售股成本原值,是指限售股买入时的买入价及按照规定缴纳的有关税费。

二、新上市公司提供的成本原值资料和鉴证报告中应包括但不限于以下内容:证券持有人名称、有效身份证照号码、证券账户号码、新上市公司全称、持有新上市公司限售股数量、持有新上市公司限售股每股成本原值等。

新上市公司每位持有限售股的个人股东应仅申报一个成本原值。个人取得的限售股有不同成本的,应对所持限售股以每次取得股份数量为权重进行成本加权平均以计算出每股的成本原值,即:

分次取得限售股的加权平均成本=(第一次取得限售股的每股成本原值×第一次取得限售股的股份数量+……+第n次取得限售股的每股成本原值×第n次取得限售股的股份数量)÷累计取得限售股的股份数量

三、证券登记结算公司收到新上市公司提供的相关资料后,应及时将有关成本原值数据植入证券结算系统。个人转让新上市公司限售股的,证券登记结算公司根据实际转让收入和植入证券结算系统的标的限售股成本原值,以实际转让收入减去成本原值和合理税费后的余额,适用20%税率,直接计算需扣缴的个人所得税额。

合理税费是指转让限售股过程中发生的印花税、佣金、过户费等与交易相关的税费。

四、新上市公司在申请办理股份初始登记时,确实无法提供有关成本原值资料和鉴证报告的,证券登记结算公司在完成股份初始登记后,将不再接受新上市公司申报有关成本原值资料和鉴证报告,并按规定以实际转让收入的15%核定限售股成本原值和合理税费。

五、个人在证券登记结算公司以非交易过户方式办理应纳税未解禁限售股过户登记的,受让方所取得限售股的成本原值按照转让方完税凭证、《限售股转让所得个人所得税清算申报表》等材料确定的转让价格进行确定;如转让方证券账户为机构账户,在受让方再次转让该限售股时,以受让方实际转让收入的15%核定其转让限售股的成本原值和合理税费。

六、对采取自行纳税申报方式的纳税人,其个人转让限售股不需要纳税或应纳税额为零的,纳税人应持经主管税务机关审核确认并加盖受理印章的《限售股转让所得个人所得税清算申报表》原件,到证券登记结算公司办理限售股过户手续。未提供原件的,证券登记结算公司不予办理过户手续。

七、对于个人持有的新上市公司未解禁限售股被司法扣划至其他个人证券账户,如国家有权机关要求强制执行但未能提供完税凭证等材料,证券登记结算公司在履行告知义务后予以协助执行,并在受让方转让该限售股时,以其实际转让收入的15%核定其转让限售股的成本原值和合理税费。

八、证券公司应将每月所扣个人所得税款,于次月15日内缴入国库,并向当地主管税务机关报送《限售股转让所得扣缴个人所得税报告表》及税务机关要求报送的其他资料。

九、对个人转让新上市公司限售股，按财税〔2010〕70号文件规定，需纳税人自行申报纳税的，继续按照原规定以及本通知第六、七条的相关规定执行。

请遵照执行。

2-2-153

国家税务总局关于第五届黄汲清青年地质科学技术奖奖金免征个人所得税问题的公告

2012年1月31日　国家税务总局公告2012年第4号

现将第五届黄汲清青年地质科学技术奖奖金免征个人所得税有关问题公告如下：

为奖励在我国地质学领域做出重要贡献的杰出青年地质工作者，由国土资源部主管的黄汲清青年地质科学技术奖基金管理委员会根据《黄汲清青年地质科学技术奖基金章程》、《黄汲清青年地质科学技术奖奖励条例》规定，经过专家初评、社会公示和评奖委员会终评，第五届黄汲清青年地质科学技术奖共评出15位获奖者，每人奖金1万元人民币。根据《中华人民共和国个人所得税法》第四条第一项关于国务院部委颁发的科学、教育、技术等方面的奖金免征个人所得税的规定，对第五届黄汲清青年地质科学技术奖获奖者（详见附件）所获奖金，免予征收个人所得税。

同时，为了贯彻落实国家行政审批制度改革有关要求，对国土资源部和黄汲清青年地质科学技术奖基金管理委员会严格按照黄汲清青年地质科学技术奖基金章程、奖励条例和评奖办法，在以后年度评选出的上述奖项奖金收入，一律按照个人所得税法的有关规定直接免予征收个人所得税，无须报送审批；如果主办单位和评奖办法以后年度发生变化的，主办单位应重新报国家税务总局审核确认。

特此公告。

附件：第五届黄汲清青年地质科学技术奖获奖者名单（编者略）

2-2-154

财政部　国家税务总局关于工伤职工取得的工伤保险待遇有关个人所得税政策的通知

2012年5月3日　财税〔2012〕40号

各省、自治区、直辖市、计划单列市财政厅（局）、地方税务局，新疆生产建设兵团财务局：

为贯彻落实《工伤保险条例》（国务院令第586号），根据个人所得税法第四条中“经国务院财政部门批准免税的所得”的规定，现就工伤职工取得的工伤保险待遇有关个人所得税政策通知如下：

一、对工伤职工及其近亲属按照《工伤保险条例》(国务院令第586号)规定取得的工伤保险待遇，免征个人所得税。

二、本通知第一条所称的工伤保险待遇，包括工伤职工按照《工伤保险条例》(国务院令第586号)规定取得的一次性伤残补助金、伤残津贴、一次性工伤医疗补助金、一次性伤残就业补助金、工伤医疗待遇、住院伙食补助费、外地就医交通食宿费用、工伤康复费用、辅助器具费用、生活护理费等，以及职工因工死亡，其近亲属按照《工伤保险条例》(国务院令第586号)规定取得的丧葬补助金、供养亲属抚恤金和一次性工亡补助金等。

三、本通知自2011年1月1日起执行。对2011年1月1日之后已征税款，由纳税人向主管税务机关提出申请，主管税务机关按相关规定予以退还。

2－2－155

国家税务总局关于明天小小科学家奖金免征个人所得税问题的公告

2012年6月28日　国家税务总局公告2012年第28号

现对“明天小小科学家”奖金免征个人所得税问题公告如下：

为贯彻科教兴国和可持续发展战略，加强对青少年创新精神和实践能力的培养，在青少年科技爱好者中选拔和培养科技后备人才，教育部、中国科学技术协会和香港周凯旋基金会自2001年起每年开展一次“明天小小科学家”奖励活动，对内地各省、自治区、直辖市以及香港、澳门特别行政区的高中三年级学生在近年来完成的优秀科技项目和科学研究项目进行奖励，所需奖金由香港周凯旋基金会提供。

2011年度，第十一届“明天小小科学家”奖励活动已评选结束。评出一等奖13名，其中前3名获“明天小小科学家”称号，每名奖金10万元人民币，其中奖励学生个人5万元人民币，学生所在学校和辅导机构5万元人民币；其余10名每名奖金4万元人民币，其中奖励学生个人2万元人民币，学生所在学校和辅导机构2万元人民币；二等奖35名，每名奖金2万元人民币，其中奖励学生个人1万元人民币，学生所在学校和辅导机构1万元人民币；三等奖47名，奖励学生个人1000元人民币(详见附件)。

根据《中华人民共和国个人所得税法》第四条第一项关于国务院部委颁发的教育等方面的奖金免征个人所得税的规定，对学生个人参与“明天小小科学家”活动获得的奖金，免予征收个人所得税。

同时，为贯彻落实国家行政审批制度改革有关要求，对教育部、中国科学技术协会和香港周凯旋基金会依照“明天小小科学家”评奖办法，在以后年度评选出的“明天小小科学家”奖金收入，按照个人所得税法的有关规定直接免予征收个人所得税，无须报送审批；如主办单位和评奖办法以后年度发生变化，主办单位应重新报国家税务总局审核确认。

特此公告。

附件:2011 年度第十一届明天小小科学家奖励活动获奖名单(编者略)

2－2－156

财政部　国家税务总局　证监会关于实施上市公司股息红利差别化个人所得税政策有关问题的通知

2012 年 11 月 16 日　财税〔2012〕85 号

经国务院批准,现就实施上市公司股息红利差别化个人所得税政策有关问题通知如下:

一、个人从公开发行和转让市场取得的上市公司股票,持股期限在 1 个月以内(含 1 个月)的,其股息红利所得全额计入应纳税所得额;持股期限在 1 个月以上至 1 年(含 1 年)的,暂减按 50% 计入应纳税所得额;持股期限超过 1 年的,暂减按 25% 计入应纳税所得额。上述所得统一适用 20% 的税率计征个人所得税。

前款所称上市公司是指在上海证券交易所、深圳证券交易所挂牌交易的上市公司;持股期限是指个人从公开发行和转让市场取得上市公司股票之日至转让交割该股票之日前一日的持有时间。

二、上市公司派发股息红利时,对截止股权登记日个人已持股超过 1 年的,其股息红利所得,按 25% 计入应纳税所得额。对截止股权登记日个人持股 1 年以内(含 1 年)且尚未转让的,税款分两步代扣代缴:第一步,上市公司派发股息红利时,统一暂按 25% 计入应纳税所得额,计算并代扣税款。第二步,个人转让股票时,证券登记结算公司根据其持股期限计算实际应纳税额,超过已扣缴税款的部分,由证券公司等股份托管机构从个人资金账户中扣收并划付证券登记结算公司,证券登记结算公司应于次月 5 个工作日内划付上市公司,上市公司在收到税款当月的法定申报期内向主管税务机关申报缴纳。

个人应在资金账户留足资金,依法履行纳税义务。证券公司等股份托管机构应依法划扣税款,对个人资金账户暂无资金或资金不足的,证券公司等股份托管机构应当及时通知个人补足资金,并划扣税款。

三、个人转让股票时,按照先进先出的原则计算持股期限,即证券账户中先取得的股票视为先转让。

应纳税所得额以个人投资者证券账户为单位计算,持股数量以每日日终结算后个人投资者证券账户的持有记录为准,证券账户取得或转让的股份数为每日日终结算后的净增(减)股份数。

四、对个人持有的上市公司限售股,解禁后取得的股息红利,按照本通知规定计算纳税,持股时间自解禁日起计算;解禁前取得的股息红利继续暂减按 50% 计入应纳税所得额,适用 20% 的税率计征个人所得税。

前款所称限售股，是指财税〔2009〕167号文件和财税〔2010〕70号文件规定的限售股。

五、证券投资基金从上市公司取得的股息红利所得，按照本通知规定计征个人所得税。

六、本通知所称个人从公开发行和转让市场取得的上市公司股票包括：

（一）通过证券交易所集中交易系统或大宗交易系统取得的股票；

（二）通过协议转让取得的股票；

（三）因司法扣划取得的股票；

（四）因依法继承或家庭财产分割取得的股票；

（五）通过收购取得的股票；

（六）权证行权取得的股票；

（七）使用可转换公司债券转换的股票；

（八）取得发行的股票、配股、股份股利及公积金转增股本；

（九）持有从代办股份转让系统转到主板市场（或中小板、创业板市场）的股票；

（十）上市公司合并，个人持有的被合并公司股票转换的合并后公司股票；

（十一）上市公司分立，个人持有的被分立公司股票转换的分立后公司股票；

（十二）其他从公开发行和转让市场取得的股票。

七、本通知所称转让股票包括下列情形：

（一）通过证券交易所集中交易系统或大宗交易系统转让股票；

（二）协议转让股票；

（三）持有的股票被司法扣划；

（四）因依法继承、捐赠或家庭财产分割让渡股票所有权；

（五）用股票接受要约收购；

（六）行使现金选择权将股票转让给提供现金选择权的第三方；

（七）用股票认购或申购交易型开放式指数基金（ETF）份额；

（八）其他具有转让实质的情形。

八、本通知所称年（月）是指自然年（月），即持股一年是指从上一年某月某日至本年同月同日的前一日连续持股，持股一个月是指从上月某日至本月同日的前一日连续持股。

九、财政、税务、证监等部门要加强协调、通力合作，切实做好政策实施的各项工作。上市公司、证券登记结算公司以及证券公司等股份托管机构应积极配合税务机关做好股息红利个人所得税征收管理工作。

十、本通知自2013年1月1日起施行。上市公司派发股息红利，股权登记日在2013年1月1日之后的，股息红利所得按照本通知的规定执行。本通知实施之日个人投资者证券账户已持有的上市公司股票，其持股时间自取得之日起计算。

《财政部、国家税务总局关于股息红利个人所得税有关政策的通知》（财税〔2005〕102号）和《财政部、国家税务总局关于股息红利有关个人所得税政策的补充通知》（财税〔2005〕107号）在本通知实施之日同时废止。

2－2－157

国家税务总局关于律师事务所从业人员有关个人所得税问题的公告

2012 年 12 月 7 日 国家税务总局公告 2012 年第 53 号

现对律师事务所从业人员有关个人所得税问题公告如下：

一、《国家税务总局关于律师事务所从业人员取得收入征收个人所得税有关业务问题的通知》（国税发〔2000〕149 号）第五条第二款规定的作为律师事务所雇员的律师从其分成收入中扣除办理案件支出费用的标准，由现行在律师当月分成收入的 30% 比例内确定，调整为 35% 比例内确定。

实行上述收入分成办法的律师办案费用不得在律师事务所重复列支。前款规定自 2013 年 1 月 1 日至 2015 年 12 月 31 日执行。

二、废止国税发〔2000〕149 号第八条的规定，律师从接受法律事务服务的当事人处取得法律顾问费或其他酬金等收入，应并入其从律师事务所取得的其他收入，按照规定计算缴纳个人所得税。

三、合伙人律师在计算应纳税所得额时，应凭合法有效凭据按照个人所得税法和有关规定扣除费用；对确实不能提供合法有效凭据而实际发生与业务有关的费用，经当事人签名确认后，可再按下列标准扣除费用：个人年营业收入不超过 50 万元的部分，按 8% 扣除；个人年营业收入超过 50 万元至 100 万元的部分，按 6% 扣除；个人年营业收入超过 100 万元的部分，按 5% 扣除。

不执行查账征收的，不适用前款规定。前款规定自 2013 年 1 月 1 日至 2015 年 12 月 31 日执行。

四、律师个人承担的按照律师协会规定参加的业务培训费用，可据实扣除。

五、律师事务所和律师个人发生的其他费用和列支标准，按照《国家税务总局关于印发〈个体工商户个人所得税计税办法（试行）〉的通知》（国税发〔1997〕43 号）等文件的规定执行。

六、本公告自 2013 年 1 月 1 日起执行。

特此公告。

2-2-158

国家税务总局关于个人投资者收购企业股权后将原盈余积累转增股本个人所得税问题的公告

2013年5月7日　国家税务总局公告2013年第23号

根据《中华人民共和国个人所得税法》及有关规定，对个人投资者收购企业股权后，将企业原有盈余积累转增股本有关个人所得税问题公告如下：

一、1名或多名个人投资者以股权收购方式取得被收购企业100%股权，股权收购前，被收购企业原账面金额中的“资本公积、盈余公积、未分配利润”等盈余积累未转增股本，而在股权交易时将其一并计入股权转让价格并履行了所得税纳税义务。股权收购后，企业将原账面金额中的盈余积累向个人投资者（新股东，下同）转增股本，有关个人所得税问题区分以下情形处理：

（一）新股东以不低于净资产价格收购股权的，企业原盈余积累已全部计入股权交易价格，新股东取得盈余积累转增股本的部分，不征收个人所得税。

（二）新股东以低于净资产价格收购股权的，企业原盈余积累中，对于股权收购价格减去原股本的差额部分已经计入股权交易价格，新股东取得盈余积累转增股本的部分，不征收个人所得税；对于股权收购价格低于原所有者权益的差额部分未计入股权交易价格，新股东取得盈余积累转增股本的部分，应按照“利息、股息、红利所得”项目征收个人所得税。

新股东以低于净资产价格收购企业股权后转增股本，应按照下列顺序进行，即：先转增应税的盈余积累部分，然后再转增免税的盈余积累部分。

二、新股东将所持股权转让时，其财产原值为其收购企业股权实际支付的对价及相关税费。

三、企业发生股权交易及转增股本等事项后，应在次月15日内，将股东及其股权变化情况、股权交易前原账面记载的盈余积累数额、转增股本数额及扣缴税款情况报告主管税务机关。

四、本公告自发布后30日起施行。此前尚未处理的涉税事项按本公告执行。

特此公告。

2-2-159

财政部　人力资源社会保障部　国家税务总局关于企业年金、职业年金个人所得税有关问题的通知

2013年12月6日　财税〔2013〕103号

各省、自治区、直辖市、计划单列市财政厅(局)、人力资源社会保障厅(局)、地方税务局,新疆生产建设兵团财务局、人力资源社会保障局:

为促进我国多层次养老保险体系的发展,根据个人所得税法相关规定,现就企业年金和职业年金个人所得税有关问题通知如下:

一、企业年金和职业年金缴费的个人所得税处理

1. 企业和事业单位(以下统称单位)根据国家有关政策规定的办法和标准,为在本单位任职或者受雇的全体职工缴付的企业年金或职业年金(以下统称年金)单位缴费部分,在计入个人账户时,个人暂不缴纳个人所得税。

2. 个人根据国家有关政策规定缴付的年金个人缴费部分,在不超过本人缴费工资计税基数的4%标准内的部分,暂从个人当期的应纳税所得额中扣除。

3. 超过本通知第一条第1项和第2项规定的标准缴付的年金单位缴费和个人缴费部分,应并入个人当期的工资、薪金所得,依法计征个人所得税。税款由建立年金的单位代扣代缴,并向主管税务机关申报解缴。

4. 企业年金个人缴费工资计税基数为本人上一年度月平均工资。月平均工资按国家统计局规定列入工资总额统计的项目计算。月平均工资超过职工工作地所在设区城市上一年度职工月平均工资300%以上的部分,不计入个人缴费工资计税基数。

职业年金个人缴费工资计税基数为职工岗位工资和薪级工资之和。职工岗位工资和薪级工资之和超过职工工作地所在设区城市上一年度职工月平均工资300%以上的部分,不计入个人缴费工资计税基数。

二、年金基金投资运营收益的个人所得税处理

年金基金投资运营收益分配计入个人账户时,个人暂不缴纳个人所得税。

三、领取年金的个人所得税处理

1. 个人达到国家规定的退休年龄,在本通知实施之后按月领取的年金,全额按照“工资、薪金所得”项目适用的税率,计征个人所得税;在本通知实施之后按年或按季领取的年金,平均分摊计入各月,每月领取额全额按照“工资、薪金所得”项目适用的税率,计征个人所得税。

2. 对单位和个人在本通知实施之前开始缴付年金缴费,个人在本通知实施之后领取年金的,允许其从领取的年金中减除在本通知实施之前缴付的年金单位缴费和个人缴费且已经缴纳个人所得税的部分,就其余额按照本通知第三条第1项的规定征税。在个人分期领

取年金的情况下,可按本通知实施之前缴付的年金缴费金额占全部缴费金额的百分比减计当期的应纳税所得额,减计后的余额,按照本通知第三条第1项的规定,计算缴纳个人所得税。

3. 对个人因出境定居而一次性领取的年金个人账户资金,或个人死亡后,其指定的受益人或法定继承人一次性领取的年金个人账户余额,允许领取人将一次性领取的年金个人账户资金或余额按12个月分摊到各月,就其每月分摊额,按照本通知第三条第1项和第2项的规定计算缴纳个人所得税。对个人除上述特殊原因外一次性领取年金个人账户资金或余额的,则不允许采取分摊的方法,而是就其一次性领取的总额,单独作为一个月的工资薪金所得,按照本通知第三条第1项和第2项的规定,计算缴纳个人所得税。

4. 个人领取年金时,其应纳税款由受托人代表委托人委托托管人代扣代缴。年金账户管理人应及时向托管人提供个人年金缴费及对应的个人所得税纳税明细。托管人根据受托人指令及账户管理人提供的资料,按照规定计算扣缴个人当期领取年金待遇的应纳税款,并向托管人所在地主管税务机关申报解缴。

5. 建立年金计划的单位、年金托管人,应按照个人所得税法和税收征收管理法的有关规定,实行全员全额扣缴明细申报。受托人有责任协调相关管理人依法向税务机关办理扣缴申报、提供相关资料。

四、建立年金计划的单位应于建立年金计划的次月15日内,向其所在地主管税务机关报送年金方案、人力资源社会保障部门出具的方案备案函、计划确认函以及主管税务机关要求报送的其他相关资料。年金方案、受托人、托管人发生变化的,应于发生变化的次月15日内重新向其主管税务机关报送上述资料。

五、财政、税务、人力资源社会保障等相关部门以及年金机构之间要加强协调,通力合作,共同做好政策实施各项工作。

六、本通知所称企业年金,是指根据《企业年金试行办法》(原劳动和社会保障部令第20号)的规定,企业及其职工在依法参加基本养老保险的基础上,自愿建立的补充养老保险制度。所称职业年金是指根据《事业单位职业年金试行办法》(国办发〔2011〕37号)的规定,事业单位及其工作人员在依法参加基本养老保险的基础上,建立的补充养老保险制度。

七、本通知自2014年1月1日起执行。《国家税务总局关于企业年金个人所得税征收管理有关问题的通知》(国税函〔2009〕694号)、《国家税务总局关于企业年金个人所得税有关问题补充规定的公告》(国家税务总局公告2011年第9号)同时废止。

注释:

条款废止。第三条第1项和第3项自2019年1月1日起废止。参见:《财政部 税务总局关于个人所得税法修改后有关优惠政策衔接问题的通知》(财税〔2018〕164号)。

2－2－160

国家税务总局关于个体工商户、个人独资企业和合伙企业个人所得税问题的公告

2014年4月23日 国家税务总局公告2014年第25号

为规范个人所得税征收管理，根据个人所得税法规定，现就个体工商户、个人独资企业和合伙企业有关个人所得税问题公告如下：

个体工商户、个人独资企业和合伙企业因在纳税年度中间开业、合并、注销及其他原因，导致该纳税年度的实际经营期不足1年的，对个体工商户业主、个人独资企业投资者和合伙企业自然人合伙人的生产经营所得计算个人所得税时，以其实际经营期为1个纳税年度。投资者本人的费用扣除标准，应按照其实际经营月份数，以每月3500元的减除标准确定。计算公式如下：

应纳税所得额＝该年度收入总额－成本、费用及损失－当年投资者本人的费用扣除额

当年投资者本人的费用扣除额＝月减除费用（3500元/月）×当年实际经营月份数

应纳税额＝应纳税所得额×税率－速算扣除数

本公告自发布之日起施行。2014年度个体工商户、个人独资企业和合伙企业生产经营所得的个人所得税计算，适用本公告。

特此公告。

2－2－161

国家税务总局关于发布《股权转让所得个人所得税管理办法（试行）》的公告

2014年12月7日 国家税务总局公告2014年第67号

现将《股权转让所得个人所得税管理办法（试行）》予以发布，自2015年1月1日起施行。

特此公告。

股权转让所得个人所得税管理办法(试行)

第一章 总 则

第一条 为加强股权转让所得个人所得税征收管理,规范税务机关、纳税人和扣缴义务人征纳行为,维护纳税人合法权益,根据《中华人民共和国个人所得税法》及其实施条例、《中华人民共和国税收征收管理法》及其实施细则,制定本办法。

第二条 本办法所称股权是指自然人股东(以下简称个人)投资于在中国境内成立的企业或组织(以下统称被投资企业,不包括个人独资企业和合伙企业)的股权或股份。

第三条 本办法所称股权转让是指个人将股权转让给其他个人或法人的行为,包括以下情形:

(一)出售股权;

(二)公司回购股权;

(三)发行人首次公开发行新股时,被投资企业股东将其持有的股份以公开发行方式一并向投资者发售;

(四)股权被司法或行政机关强制过户;

(五)以股权对外投资或进行其他非货币性交易;

(六)以股权抵偿债务;

(七)其他股权转移行为。

第四条 个人转让股权,以股权转让收入减除股权原值和合理费用后的余额为应纳税所得额,按“财产转让所得”缴纳个人所得税。

合理费用是指股权转让时按照规定支付的有关税费。

第五条 个人股权转让所得个人所得税,以股权转让方为纳税人,以受让方为扣缴义务人。

第六条 扣缴义务人应于股权转让相关协议签订后5个工作日内,将股权转让的有关情况报告主管税务机关。

被投资企业应当详细记录股东持有本企业股权的相关成本,如实向税务机关提供与股权转让有关的信息,协助税务机关依法执行公务。

第二章 股权转让收入的确认

第七条 股权转让收入是指转让方因股权转让而获得的现金、实物、有价证券和其他形式的经济利益。

第八条 转让方取得与股权转让相关的各种款项,包括违约金、补偿金以及其他名目的款项、资产、权益等,均应当并入股权转让收入。

第九条 纳税人按照合同约定,在满足约定条件后取得的后续收入,应当作为股权转让收入。

第十条 股权转让收入应当按照公平交易原则确定。

第十一条 符合下列情形之一的，主管税务机关可以核定股权转让收入：

（一）申报的股权转让收入明显偏低且无正当理由的；

（二）未按照规定期限办理纳税申报，经税务机关责令限期申报，逾期仍不申报的；

（三）转让方无法提供或拒不提供股权转让收入的有关资料；

（四）其他应核定股权转让收入的情形。

第十二条 符合下列情形之一，视为股权转让收入明显偏低：

（一）申报的股权转让收入低于股权对应的净资产份额的。其中，被投资企业拥有土地使用权、房屋、房地产企业未销售房产、知识产权、探矿权、采矿权、股权等资产的，申报的股权转让收入低于股权对应的净资产公允价值份额的；

（二）申报的股权转让收入低于初始投资成本或低于取得该股权所支付的价款及相关税费的；

（三）申报的股权转让收入低于相同或类似条件下同一企业同一股东或其他股东股权转让收入的；

（四）申报的股权转让收入低于相同或类似条件下同类行业的企业股权转让收入的；

（五）不具合理性的无偿让渡股权或股份；

（六）主管税务机关认定的其他情形。

第十三条 符合下列条件之一的股权转让收入明显偏低，视为有正当理由：

（一）能出具有效文件，证明被投资企业因国家政策调整，生产经营受到重大影响，导致低价转让股权；

（二）继承或将股权转让给其能提供具有法律效力身份关系证明的配偶、父母、子女、祖父母、外祖父母、孙子女、外孙子女、兄弟姐妹以及对转让人承担直接抚养或者赡养义务的抚养人或者赡养人；

（三）相关法律、政府文件或企业章程规定，并有相关资料充分证明转让价格合理且真实的本企业员工持有的不能对外转让股权的内部转让；

（四）股权转让双方能够提供有效证据证明其合理性的其他合理情形。

第十四条 主管税务机关应依次按照下列方法核定股权转让收入：

（一）净资产核定法

股权转让收入按照每股净资产或股权对应的净资产份额核定。

被投资企业的土地使用权、房屋、房地产企业未销售房产、知识产权、探矿权、采矿权、股权等资产占企业总资产比例超过20%的，主管税务机关可参照纳税人提供的具有法定资质的中介机构出具的资产评估报告核定股权转让收入。

6个月内再次发生股权转让且被投资企业净资产未发生重大变化的，主管税务机关可参照上一次股权转让时被投资企业的资产评估报告核定此次股权转让收入。

（二）类比法

1. 参照相同或类似条件下同一企业同一股东或其他股东股权转让收入核定；

2. 参照相同或类似条件下同类行业企业股权转让收入核定。

（三）其他合理方法

主管税务机关采用以上方法核定股权转让收入存在困难的，可以采取其他合理方法核定。

第三章 股权原值的确认

第十五条 个人转让股权的原值依照以下方法确认：

（一）以现金出资方式取得的股权，按照实际支付的价款与取得股权直接相关的合理税费之和确认股权原值；

（二）以非货币性资产出资方式取得的股权，按照税务机关认可或核定的投资入股时非货币性资产价格与取得股权直接相关的合理税费之和确认股权原值；

（三）通过无偿让渡方式取得股权，具备本办法第十三条第二项所列情形的，按取得股权发生的合理税费与原持有人的股权原值之和确认股权原值；

（四）被投资企业以资本公积、盈余公积、未分配利润转增股本，个人股东已依法缴纳个人所得税的，以转增额和相关税费之和确认其新转增股本的股权原值；

（五）除以上情形外，由主管税务机关按照避免重复征收个人所得税的原则合理确认股权原值。

第十六条 股权转让人已被主管税务机关核定股权转让收入并依法征收个人所得税的，该股权受让人的股权原值以取得股权时发生的合理税费与股权转让人被主管税务机关核定的股权转让收入之和确认。

第十七条 个人转让股权未提供完整、准确的股权原值凭证，不能正确计算股权原值的，由主管税务机关核定其股权原值。

第十八条 对个人多次取得同一被投资企业股权的，转让部分股权时，采用“加权平均法”确定其股权原值。

第四章 纳税申报

第十九条 个人股权转让所得个人所得税以被投资企业所在地地税机关为主管税务机关。

第二十条 具有下列情形之一的，扣缴义务人、纳税人应当依法在次月15日内向主管税务机关申报纳税：

（一）受让方已支付或部分支付股权转让价款的；

（二）股权转让协议已签订生效的；

（三）受让方已经实际履行股东职责或者享受股东权益的；

（四）国家有关部门判决、登记或公告生效的；

（五）本办法第三条第四至第七项行为已完成的；

（六）税务机关认定的其他有证据表明股权已发生转移的情形。

第二十一条 纳税人、扣缴义务人向主管税务机关办理股权转让纳税（扣缴）申报时，还应当报送以下资料：

（一）股权转让合同（协议）；

（二）股权转让双方身份证明；

（三）按规定需要进行资产评估的，需提供具有法定资质的中介机构出具的净资产或土地房产等资产价值评估报告；

（四）计税依据明显偏低但有正当理由的证明材料；

（五）主管税务机关要求报送的其他材料。

第二十二条　被投资企业应当在董事会或股东会结束后5个工作日内，向主管税务机关报送与股权变动事项相关的董事会或股东会决议、会议纪要等资料。

被投资企业发生个人股东变动或者个人股东所持股权变动的，应当在次月15日内向主管税务机关报送含有股东变动信息的《个人所得税基础信息表（A表）》及股东变更情况说明。

主管税务机关应当及时向被投资企业核实其股权变动情况，并确认相关转让所得，及时督促扣缴义务人和纳税人履行法定义务。

第二十三条　转让的股权以人民币以外的货币结算的，按照结算当日人民币汇率中间价，折算成人民币计算应纳税所得额。

第五章　征收管理

第二十四条　税务机关应加强与工商部门合作，落实和完善股权信息交换制度，积极开展股权转让信息共享工作。

第二十五条　税务机关应当建立股权转让个人所得税电子台账，将个人股东的相关信息录入征管信息系统，强化对每次股权转让间股权转让收入和股权原值的逻辑审核，对股权转让实施链条式动态管理。

第二十六条　税务机关应当落实好国税部门、地税部门之间的信息交换与共享制度，不断提升股权登记信息应用能力。

第二十七条　税务机关应当加强对股权转让所得个人所得税的日常管理和税务检查，积极推进股权转让各税种协同管理。

第二十八条　纳税人、扣缴义务人及被投资企业未按照规定期限办理纳税（扣缴）申报和报送相关资料的，依照《中华人民共和国税收征收管理法》及其实施细则有关规定处理。

第二十九条　各地可通过政府购买服务的方式，引入中介机构参与股权转让过程中相关资产的评估工作。

第六章　附　　则

第三十条　个人在上海证券交易所、深圳证券交易所转让从上市公司公开发行和转让市场取得的上市公司股票，转让限售股，以及其他有特别规定的股权转让，不适用本办法。

第三十一条　各省、自治区、直辖市和计划单列市地方税务局可以根据本办法，结合本地实际，制定具体实施办法。

第三十二条　本办法自2015年1月1日起施行。《国家税务总局关于加强股权转让所得征收个人所得税管理的通知》（国税函〔2009〕285号）、《国家税务总局关于股权转让个人所得税计税依据核定问题的公告》（国家税务总局公告2010年第27号）同时废止。

注释：

条款修改。根据《第十三届全国人民代表大会第一次会议关于国务院机构改革方案的决定》等有关规定,税收规范性文件规定的国税地税机关的职责和工作由新的税务机关承担。国家税务总局依据《税收规范性文件制定管理办法》(国家税务总局令第41号公布),对税收规范性文件进行了清理。参见:《国家税务总局关于修改部分税收规范性文件的公告》(国家税务总局公告2018年第31号)。

2-2-162

个体工商户个人所得税计税办法

2014年12月27日　国家税务总局令第35号

《个体工商户个人所得税计税办法》已经2014年12月19日国家税务总局2014年度第4次局务会议审议通过,现予公布,自2015年1月1日起施行。

国家税务总局局长:王　军

2014年12月27日

个体工商户个人所得税计税办法

第一章　总　　则

第一条　为了规范和加强个体工商户个人所得税征收管理,根据个人所得税法等有关税收法律、法规和政策规定,制定本办法。

第二条　实行查账征收的个体工商户应当按照本办法的规定,计算并申报缴纳个人所得税。

第三条　本办法所称个体工商户包括:

(一)依法取得个体工商户营业执照,从事生产经营的个体工商户;

(二)经政府有关部门批准,从事办学、医疗、咨询等有偿服务活动的个人;

(三)其他从事个体生产、经营的个人。

第四条　个体工商户以业主为个人所得税纳税义务人。

第五条　个体工商户应纳税所得额的计算,以权责发生制为原则,属于当期的收入和费用,不论款项是否收付,均作为当期的收入和费用;不属于当期的收入和费用,即使款项已经在当期收付,均不作为当期收入和费用。本办法和财政部、国家税务总局另有规定的除外。

第六条　在计算应纳税所得额时,个体工商户会计处理办法与本办法和财政部、国家税务总局相关规定不一致的,应当依照本办法和财政部、国家税务总局的相关规定计算。

第二章 计税基本规定

第七条 个体工商户的生产、经营所得,以每一纳税年度的收入总额,减除成本、费用、税金、损失、其他支出以及允许弥补的以前年度亏损后的余额,为应纳税所得额。

第八条 个体工商户从事生产经营以及与生产经营有关的活动(以下简称生产经营)取得的货币形式和非货币形式的各项收入,为收入总额。包括:销售货物收入、提供劳务收入、转让财产收入、利息收入、租金收入、接受捐赠收入、其他收入。

前款所称其他收入包括个体工商户资产溢余收入、逾期一年以上的未退包装物押金收入、确实无法偿付的应付款项、已作坏账损失处理后又收回的应收款项、债务重组收入、补贴收入、违约金收入、汇兑收益等。

第九条 成本是指个体工商户在生产经营活动中发生的销售成本、销货成本、业务支出以及其他耗费。

第十条 费用是指个体工商户在生产经营活动中发生的销售费用、管理费用和财务费用,已经计入成本的有关费用除外。

第十一条 税金是指个体工商户在生产经营活动中发生的除个人所得税和允许抵扣的增值税以外的各项税金及其附加。

第十二条 损失是指个体工商户在生产经营活动中发生的固定资产和存货的盘亏、毁损、报废损失,转让财产损失,坏账损失,自然灾害等不可抗力因素造成的损失以及其他损失。

个体工商户发生的损失,减除责任人赔偿和保险赔款后的余额,参照财政部、国家税务总局有关企业资产损失税前扣除的规定扣除。

个体工商户已经作为损失处理的资产,在以后纳税年度又全部收回或者部分收回时,应当计入收回当期的收入。

第十三条 其他支出是指除成本、费用、税金、损失外,个体工商户在生产经营活动中发生的与生产经营活动有关的、合理的支出。

第十四条 个体工商户发生的支出应当区分收益性支出和资本性支出。收益性支出在发生当期直接扣除;资本性支出应当分期扣除或者计入有关资产成本,不得在发生当期直接扣除。

前款所称支出,是指与取得收入直接相关的支出。

除税收法律法规另有规定外,个体工商户实际发生的成本、费用、税金、损失和其他支出,不得重复扣除。

第十五条 个体工商户下列支出不得扣除:

(一)个人所得税税款;

(二)税收滞纳金;

(三)罚金、罚款和被没收财物的损失;

(四)不符合扣除规定的捐赠支出;

(五)赞助支出;

(六)用于个人和家庭的支出;

（七）与取得生产经营收入无关的其他支出；

（八）国家税务总局规定不准扣除的支出。

第十六条 个体工商户生产经营活动中，应当分别核算生产经营费用和个人、家庭费用。对于生产经营与个人、家庭生活混用难以分清的费用，其40%视为与生产经营有关费用，准予扣除。

第十七条 个体工商户纳税年度发生的亏损，准予向以后年度结转，用以后年度的生产经营所得弥补，但结转年限最长不得超过五年。

第十八条 个体工商户使用或者销售存货，按照规定计算的存货成本，准予在计算应纳税所得额时扣除。

第十九条 个体工商户转让资产，该项资产的净值，准予在计算应纳税所得额时扣除。

第二十条 本办法所称亏损，是指个体工商户依照本办法规定计算的应纳税所得额小于零的数额。

第三章 扣除项目及标准

第二十一条 个体工商户实际支付给从业人员的、合理的工资薪金支出，准予扣除。

个体工商户业主的费用扣除标准，依照相关法律、法规和政策规定执行。

个体工商户业主的工资薪金支出不得税前扣除。

第二十二条 个体工商户按照国务院有关主管部门或者省级人民政府规定的范围和标准为其业主和从业人员缴纳的基本养老保险费、基本医疗保险费、失业保险费、生育保险费、工伤保险费和住房公积金，准予扣除。

个体工商户为从业人员缴纳的补充养老保险费、补充医疗保险费，分别在不超过从业人员工资总额5%标准内的部分据实扣除；超过部分，不得扣除。

个体工商户业主本人缴纳的补充养老保险费、补充医疗保险费，以当地（地级市）上年度社会平均工资的3倍为计算基数，分别在不超过该计算基数5%标准内的部分据实扣除；超过部分，不得扣除。

第二十三条 除个体工商户依照国家有关规定为特殊工种从业人员支付的人身安全保险费和财政部、国家税务总局规定可以扣除的其他商业保险费外，个体工商户业主本人或者为从业人员支付的商业保险费，不得扣除。

第二十四条 个体工商户在生产经营活动中发生的合理的不需要资本化的借款费用，准予扣除。

个体工商户为购置、建造固定资产、无形资产和经过12个月以上的建造才能达到预定可销售状态的存货发生借款的，在有关资产购置、建造期间发生的合理的借款费用，应当作为资本性支出计入有关资产的成本，并依照本办法的规定扣除。

第二十五条 个体工商户在生产经营活动中发生的下列利息支出，准予扣除：

（一）向金融企业借款的利息支出；

（二）向非金融企业和个人借款的利息支出，不超过按照金融企业同期同类贷款利率计算的数额的部分。

第二十六条 个体工商户在货币交易中，以及纳税年度终了时将人民币以外的货币性资产、负债按照期末即期人民币汇率中间价折算为人民币时产生的汇兑损失，除已经计入有关资产成本部分外，准予扣除。

第二十七条 个体工商户向当地工会组织拨缴的工会经费、实际发生的职工福利费支出、职工教育经费支出分别在工资薪金总额的2%、14%、2.5%的标准内据实扣除。

工资薪金总额是指允许在当期税前扣除的工资薪金支出数额。

职工教育经费的实际发生数额超出规定比例当期不能扣除的数额，准予在以后纳税年度结转扣除。

个体工商户业主本人向当地工会组织缴纳的工会经费、实际发生的职工福利费支出、职工教育经费支出，以当地（地级市）上年度社会平均工资的3倍为计算基数，在本条第一款规定比例内据实扣除。

第二十八条 个体工商户发生的与生产经营活动有关的业务招待费，按照实际发生额的60%扣除，但最高不得超过当年销售（营业）收入的5‰。

业主自申请营业执照之日起至开始生产经营之日止所发生的业务招待费，按照实际发生额的60%计入个体工商户的开办费。

第二十九条 个体工商户每一纳税年度发生的与其生产经营活动直接相关的广告费和业务宣传费不超过当年销售（营业）收入15%的部分，可以据实扣除；超过部分，准予在以后纳税年度结转扣除。

第三十条 个体工商户代其从业人员或者他人负担的税款，不得税前扣除。

第三十一条 个体工商户按照规定缴纳的摊位费、行政性收费、协会会费等，按实际发生数额扣除。

第三十二条 个体工商户根据生产经营活动的需要租入固定资产支付的租赁费，按照以下方法扣除：

（一）以经营租赁方式租入固定资产发生的租赁费支出，按照租赁期限均匀扣除；

（二）以融资租赁方式租入固定资产发生的租赁费支出，按照规定构成融资租入固定资产价值的部分应当提取折旧费用，分期扣除。

第三十三条 个体工商户参加财产保险，按照规定缴纳的保险费，准予扣除。

第三十四条 个体工商户发生的合理的劳动保护支出，准予扣除。

第三十五条 个体工商户自申请营业执照之日起至开始生产经营之日止所发生符合本办法规定的费用，除为取得固定资产、无形资产的支出，以及应计入资产价值的汇兑损益、利息支出外，作为开办费，个体工商户可以选择在开始生产经营的当年一次性扣除，也可自生产经营月份起在不短于3年期限内摊销扣除，但一经选定，不得改变。

开始生产经营之日为个体工商户取得第一笔销售（营业）收入的日期。

第三十六条 个体工商户通过公益性社会团体或者县级以上人民政府及其部门，用于《中华人民共和国公益事业捐赠法》规定的公益事业的捐赠，捐赠额不超过其应纳税所得额30%的部分可以据实扣除。

财政部、国家税务总局规定可以全额在税前扣除的捐赠支出项目，按有关规定执行。

个体工商户直接对受益人的捐赠不得扣除。

公益性社会团体的认定，按照财政部、国家税务总局、民政部有关规定执行。

第三十七条 本办法所称赞助支出,是指个体工商户发生的与生产经营活动无关的各种非广告性质支出。

第三十八条 个体工商户研究开发新产品、新技术、新工艺所发生的开发费用,以及研究开发新产品、新技术而购置单台价值在10万元以下的测试仪器和试验性装置的购置费准予直接扣除;单台价值在10万元以上(含10万元)的测试仪器和试验性装置,按固定资产管理,不得在当期直接扣除。

第四章 附 则

第三十九条 个体工商户资产的税务处理,参照企业所得税相关法律、法规和政策规定执行。

第四十条 个体工商户有两处或两处以上经营机构的,选择并固定向其中一处经营机构所在地主管税务机关申报缴纳个人所得税。

第四十一条 个体工商户终止生产经营的,应当在注销工商登记或者向政府有关部门办理注销前向主管税务机关结清有关纳税事宜。

第四十二条 各省、自治区、直辖市和计划单列市地方税务局可以结合本地实际,制定具体实施办法。

第四十三条 本办法自2015年1月1日起施行。国家税务总局1997年3月26日发布的《国家税务总局关于印发〈个体工商户个人所得税计税办法(试行)〉的通知》(国税发〔1997〕43号)同时废止。

注释:

条款修改。将第四十二条中"地方税务局"修改为"税务局"。参见:《国家税务总局关于修改部分税务部门规章的决定》(国家税务总局令第44号)。

2-2-163

财政部 国家税务总局关于个人非货币性资产投资有关个人所得税政策的通知

2015年3月30日 财税〔2015〕41号

各省、自治区、直辖市、计划单列市财政厅(局)、地方税务局,新疆生产建设兵团财务局:

为进一步鼓励和引导民间个人投资,经国务院批准,将在上海自由贸易试验区试点的个人非货币性资产投资分期缴税政策推广至全国。现就个人非货币性资产投资有关个人所得税政策通知如下:

一、个人以非货币性资产投资,属于个人转让非货币性资产和投资同时发生。对个人转让非货币性资产的所得,应按照"财产转让所得"项目,依法计算缴纳个人所得税。

二、个人以非货币性资产投资，应按评估后的公允价值确认非货币性资产转让收入。非货币性资产转让收入减除该资产原值及合理税费后的余额为应纳税所得额。

个人以非货币性资产投资，应于非货币性资产转让、取得被投资企业股权时，确认非货币性资产转让收入的实现。

三、个人应在发生上述应税行为的次月 15 日内向主管税务机关申报纳税。纳税人一次性缴税有困难的，可合理确定分期缴纳计划并报主管税务机关备案后，自发生上述应税行为之日起不超过 5 个公历年度内（含）分期缴纳个人所得税。

四、个人以非货币性资产投资交易过程中取得现金补价的，现金部分应优先用于缴税；现金不足以缴纳的部分，可分期缴纳。

个人在分期缴税期间转让其持有的上述全部或部分股权，并取得现金收入的，该现金收入应优先用于缴纳尚未缴清的税款。

五、本通知所称非货币性资产，是指现金、银行存款等货币性资产以外的资产，包括股权、不动产、技术发明成果以及其他形式的非货币性资产。

本通知所称非货币性资产投资，包括以非货币性资产出资设立新的企业，以及以非货币性资产出资参与企业增资扩股、定向增发股票、股权置换、重组改制等投资行为。

六、本通知规定的分期缴税政策自 2015 年 4 月 1 日起施行。对 2015 年 4 月 1 日之前发生的个人非货币性资产投资，尚未进行税收处理且自发生上述应税行为之日起期限未超过 5 年的，可在剩余的期限内分期缴纳其应纳税款。

2－2－164

国家税务总局关于个人非货币性资产投资有关个人所得税征管问题的公告

2015 年 4 月 8 日　国家税务总局公告 2015 年第 20 号

为落实国务院第 83 次常务会议决定，鼓励和引导民间个人投资，根据《中华人民共和国个人所得税法》及其实施条例、《中华人民共和国税收征收管理法》及其实施细则、《财政部、国家税务总局关于个人非货币性资产投资有关个人所得税政策的通知》（财税〔2015〕41 号）规定，现就落实个人非货币性资产投资有关个人所得税征管问题公告如下：

一、非货币性资产投资个人所得税以发生非货币性资产投资行为并取得被投资企业股权的个人为纳税人。

二、非货币性资产投资个人所得税由纳税人向主管税务机关自行申报缴纳。

三、纳税人以不动产投资的，以不动产所在地地税机关为主管税务机关；纳税人以其持有的企业股权对外投资的，以该企业所在地地税机关为主管税务机关；纳税人以其他非货币资产投资的，以被投资企业所在地地税机关为主管税务机关。

四、纳税人非货币性资产投资应纳税所得额为非货币性资产转让收入减除该资产原值及合理税费后的余额。

五、非货币性资产原值为纳税人取得该项资产时实际发生的支出。

纳税人无法提供完整、准确的非货币性资产原值凭证,不能正确计算非货币性资产原值的,主管税务机关可依法核定其非货币性资产原值。

六、合理税费是指纳税人在非货币性资产投资过程中发生的与资产转移相关的税金及合理费用。

七、纳税人以股权投资的,该股权原值确认等相关问题依照《股权转让所得个人所得税管理办法(试行)》(国家税务总局公告2014年第67号发布)有关规定执行。

八、纳税人非货币性资产投资需要分期缴纳个人所得税的,应于取得被投资企业股权之日的次月15日内,自行制定缴税计划并向主管税务机关报送《非货币性资产投资分期缴纳个人所得税备案表》(见附件)、纳税人身份证明、投资协议、非货币性资产评估价格证明材料、能够证明非货币性资产原值及合理税费的相关资料。

2015年4月1日之前发生的非货币性资产投资,期限未超过5年,尚未进行税收处理且需要分期缴纳个人所得税的,纳税人应于本公告下发之日起30日内向主管税务机关办理分期缴税备案手续。

九、纳税人分期缴税期间提出变更原分期缴税计划的,应重新制定分期缴税计划并向主管税务机关重新报送《非货币性资产投资分期缴纳个人所得税备案表》。

十、纳税人按分期缴税计划向主管税务机关办理纳税申报时,应提供已在主管税务机关备案的《非货币性资产投资分期缴纳个人所得税备案表》和本期之前各期已缴纳个人所得税的完税凭证。

十一、纳税人在分期缴税期间转让股权的,应于转让股权之日的次月15日内向主管税务机关申报纳税。

十二、被投资企业应将纳税人以非货币性资产投入本企业取得股权和分期缴税期间纳税人股权变动情况,分别于相关事项发生后15日内向主管税务机关报告,并协助税务机关执行公务。

十三、纳税人和被投资企业未按规定备案、缴税和报送资料的,按照《中华人民共和国税收征收管理法》及有关规定处理。

十四、本公告自2015年4月1日起施行。

特此公告。

附件:《非货币性资产投资分期缴纳个人所得税备案表》及填报说明

附件

非货币性资产投资分期缴纳个人所得税备案表

（本表一式二份）

备案编号（主管税务机关填写）：　　　　　　　　　　　　　　　　金额单位：人民币元（列至角分）

<table>
<tr><td rowspan="3">投资人信息</td><td>姓名</td><td></td><td>身份证件类型</td><td></td><td>身份证件号码</td><td colspan="3">□□□□□□□□□□□□□□□□□□</td></tr>
<tr><td>国籍（地区）</td><td colspan="3"></td><td>纳税人识别号</td><td colspan="3">□□□□□□□□□□□□□□□□□□</td></tr>
<tr><td>通讯地址</td><td colspan="3"></td><td>联系电话</td><td colspan="3"></td></tr>
<tr><td rowspan="2">被投资单位信息</td><td>名称</td><td colspan="3"></td><td>纳税人识别号</td><td colspan="3">□□□□□□□□□□□□□□□□□□</td></tr>
<tr><td>地址</td><td colspan="3"></td><td>联系人及电话</td><td colspan="3"></td></tr>
<tr><td rowspan="11">投资情况</td><td>投资类型</td><td colspan="7">□新设公司　□参与增资　□定向增发　□股权置换　□重组改制　□其他</td></tr>
<tr><td>取得股权时间</td><td colspan="2">年　月　日</td><td colspan="2">取得的现金补价</td><td colspan="2">持股比例%</td><td></td></tr>
<tr><td>非货币性资产名称</td><td>产权证或注册登记证号码</td><td>登记机关</td><td colspan="2">坐落地</td><td>评估后的公允价值</td><td>非货币性资产原值</td><td>合理税费</td></tr>
<tr><td></td><td></td><td></td><td colspan="2"></td><td></td><td></td><td></td></tr>
<tr><td></td><td></td><td></td><td colspan="2"></td><td></td><td></td><td></td></tr>
<tr><td></td><td></td><td></td><td colspan="2"></td><td></td><td></td><td></td></tr>
<tr><td></td><td></td><td></td><td colspan="2"></td><td></td><td></td><td></td></tr>
<tr><td></td><td></td><td></td><td colspan="2"></td><td></td><td></td><td></td></tr>
<tr><td></td><td></td><td></td><td colspan="2"></td><td></td><td></td><td></td></tr>
<tr><td></td><td></td><td></td><td colspan="2"></td><td></td><td></td><td></td></tr>
<tr><td></td><td></td><td></td><td colspan="2"></td><td></td><td></td><td></td></tr>
<tr><td rowspan="5">分期缴税计划</td><td colspan="2">截止缴税时间</td><td colspan="2">年　月　日</td><td colspan="2">应纳税所得额</td><td colspan="2"></td></tr>
<tr><td colspan="2">应缴个人所得税</td><td colspan="2"></td><td colspan="2">已缴个人所得税</td><td colspan="2"></td></tr>
<tr><td colspan="2">分期</td><td>合计</td><td>1</td><td>2</td><td>3</td><td>4</td><td>5</td></tr>
<tr><td colspan="2">计划缴税时间</td><td>—</td><td></td><td></td><td></td><td></td><td></td></tr>
<tr><td colspan="2">计划缴税金额</td><td></td><td></td><td></td><td></td><td></td><td></td></tr>
</table>

续表

<table>
<tr><td colspan="2">谨声明：本表根据《财政部、国家税务总局关于个人非货币性资产投资有关个人所得税政策的通知》（财税〔2015〕41 号）及本公告有关规定填列。所填信息，是真实的、完整的、可靠的。
纳税人签字：　　被投资单位公章：　　填报日期：　　年　月　日</td></tr>
<tr><td colspan="2">提醒：请妥善保存此表。办理纳税申报时请主动提供此表及以前各期缴纳个人所得税的完税证明。如因股权转让取得收益，请及时缴纳个人所得税。
感谢您对税收工作的支持！</td></tr>
<tr><td>代理申报机构（人）签章：
经办人：
经办人执业证件号码：
代理申报日期：　年　月　日</td><td>主管税务机关印章：
受理人：
受理日期：　年　月　日</td></tr>
</table>

国家税务总局监制

填报说明

本表适用于个人非货币性资产投资向主管税务机关办理分期缴纳个人所得税备案事宜。本表一式二份,主管税务机关受理后,由投资人和主管税务机关分别留存。

一、备案编号:由主管税务机关自行编制。

二、纳税人识别号:该栏填写税务机关赋予的18位纳税人识别号。初次办理涉税事宜的,应一并提供《个人所得税基础信息表(B表)》。

三、产权证或注册登记证号码:填写产权登记部门核发的不动产、技术发明成果等非货币性资产产权证号码或注册登记证上的注册登记号码。未登记或无需登记的非货币性资产不填此列。

四、登记机关:填写核发产权证或注册登记证的单位名称。未登记或无需登记的非货币性资产不填此列。

五、坐落地:填写不动产的具体坐落地址。其他非货币性资产无需填列。

六、评估后的公允价值、非货币性资产原值、合理税费:按照《财政部、国家税务总局关于个人非货币性资产投资有关个人所得税政策的通知》(财税〔2015〕41号)及本公告中有关规定填写。

七、应纳税所得额:应纳税所得额 = 评估后的公允价值 - 非货币性资产原值 - 合理税费

八、应缴个人所得税:应缴个人所得税 = 应纳税所得额 ×20%

九、已缴个人所得税:填写纳税人取得现金补价或自筹资金已缴纳的个人所得税。纳税人变更分期缴税计划的,其前期已经缴纳的个人所得税也一并在此填列。

十、计划缴税时间:填写每一期计划缴税的截止时点。

十一、计划缴税金额:填写应缴个人所得税减去已缴个人所得税后需要分期缴纳的个人所得税金额。

注释:

条款修改。根据《第十三届全国人民代表大会第一次会议关于国务院机构改革方案的决定》等有关规定,税收规范性文件规定的国税地税机关的职责和工作由新的税务机关承担。国家税务总局依据《税收规范性文件制定管理办法》(国家税务总局令第41号公布),对税收规范性文件进行了清理。参见:《国家税务总局关于修改部分税收规范性文件的公告》(国家税务总局公告2018年第31号)。

2 - 2 - 165

国家税务总局关于建筑安装业跨省异地工程作业人员个人所得税征收管理问题的公告

2015年7月20日　国家税务总局公告2015年第52号

为规范和加强建筑安装业跨省(自治区、直辖市和计划单列市,下同)异地工程作业人员个人所得税征收管理,根据《中华人民共和国个人所得税法》等相关法律法规规定,现就有关问题公告如下:

一、总承包企业、分承包企业派驻跨省异地工程项目的管理人员、技术人员和其他工作人员在异地工作期间的工资、薪金所得个人所得税,由总承包企业、分承包企业依法代扣代缴并向工程作业所在地税务机关申报缴纳。

总承包企业和分承包企业通过劳务派遣公司聘用劳务人员跨省异地工作期间的工资、薪金所得个人所得税，由劳务派遣公司依法代扣代缴并向工程作业所在地税务机关申报缴纳。

二、跨省异地施工单位应就其所支付的工程作业人员工资、薪金所得，向工程作业所在地税务机关办理全员全额扣缴明细申报。凡实行全员全额扣缴明细申报的，工程作业所在地税务机关不得核定征收个人所得税。

三、总承包企业、分承包企业和劳务派遣公司机构所在地税务机关需要掌握异地工程作业人员工资、薪金所得个人所得税缴纳情况的，工程作业所在地税务机关应及时提供。总承包企业、分承包企业和劳务派遣公司机构所在地税务机关不得对异地工程作业人员已纳税工资、薪金所得重复征税。两地税务机关应加强沟通协调，切实维护纳税人权益。

四、建筑安装业省内异地施工作业人员个人所得税征收管理参照本公告执行。

五、本公告自2015年9月1日起施行。《国家税务总局关于印发〈建筑安装业个人所得税征收管理暂行办法〉的通知》（国税发〔1996〕127号）第十一条规定同时废止。

特此公告。

2－2－166

财政部　国家税务总局　证监会
关于上市公司股息红利差别化
个人所得税政策有关问题的通知

2015年9月7日　财税〔2015〕101号

各省、自治区、直辖市、计划单列市财政厅（局）、国家税务局、地方税务局，新疆生产建设兵团财务局，上海、深圳证券交易所，全国中小企业股份转让系统有限责任公司，中国证券登记结算公司：

经国务院批准，现就上市公司股息红利差别化个人所得税政策等有关问题通知如下：

一、个人从公开发行和转让市场取得的上市公司股票，持股期限超过1年的，股息红利所得暂免征收个人所得税。

个人从公开发行和转让市场取得的上市公司股票，持股期限在1个月以内（含1个月）的，其股息红利所得全额计入应纳税所得额；持股期限在1个月以上至1年（含1年）的，暂减按50%计入应纳税所得额；上述所得统一适用20%的税率计征个人所得税。

二、上市公司派发股息红利时，对个人持股1年以内（含1年）的，上市公司暂不扣缴个人所得税；待个人转让股票时，证券登记结算公司根据其持股期限计算应纳税额，由证券公司等股份托管机构从个人资金账户中扣收并划付证券登记结算公司，证券登记结算公司应于次月5个工作日内划付上市公司，上市公司在收到税款当月的法定申报期内向主管税务机关申报缴纳。

三、上市公司股息红利差别化个人所得税政策其他有关操作事项，按照《财政部、国家税务总局、证监会关于实施上市公司股息红利差别化个人所得税政策有关问题的通知》（财税〔2012〕85 号)的相关规定执行。

四、全国中小企业股份转让系统挂牌公司股息红利差别化个人所得税政策,按照本通知规定执行。其他有关操作事项,按照《财政部、国家税务总局、证监会关于实施全国中小企业股份转让系统挂牌公司股息红利差别化个人所得税政策有关问题的通知》(财税〔2014〕48 号)的相关规定执行。

五、本通知自 2015 年 9 月 8 日起施行。

上市公司派发股息红利,股权登记日在 2015 年 9 月 8 日之后的,股息红利所得按照本通知的规定执行。本通知实施之日个人投资者证券账户已持有的上市公司股票,其持股时间自取得之日起计算。

注释:

条款废止。第四条废止。参见:《财政部　税务总局　证监会关于继续实施全国中小企业股份转让系统挂牌公司股息红利差别化个人所得税政策的公告》(财政部　税务总局　证监会公告 2019 年第 78 号)。

2 -2 -167

国家税务总局关于股权奖励和转增股本个人所得税征管问题的公告

2015 年 11 月 16 日　国家税务总局公告 2015 年第 80 号

为贯彻落实《财政部、国家税务总局关于将国家自主创新示范区有关税收试点政策推广到全国范围实施的通知》(财税〔2015〕116 号)规定,现就股权奖励和转增股本个人所得税征管有关问题公告如下:

一、关于股权奖励

(一)股权奖励的计税价格参照获得股权时的公平市场价格确定,具体按以下方法确定:

1. 上市公司股票的公平市场价格,按照取得股票当日的收盘价确定。取得股票当日为非交易时间的,按照上一个交易日收盘价确定。

2. 非上市公司股权的公平市场价格,依次按照净资产法、类比法和其他合理方法确定。

(二)计算股权奖励应纳税额时,规定月份数按员工在企业的实际工作月份数确定。员工在企业工作月份数超过 12 个月的,按 12 个月计算。

二、关于转增股本

(一)非上市及未在全国中小企业股份转让系统挂牌的中小高新技术企业以未分配利润、盈余公积、资本公积向个人股东转增股本,并符合财税〔2015〕116 号文件有关规定的,纳税人可分期缴纳个人所得税;非上市及未在全国中小企业股份转让系统挂牌的其他企业转增股本,应及时代扣代缴个人所得税。

(二)上市公司或在全国中小企业股份转让系统挂牌的企业转增股本(不含以股票发行溢价形成的资本公积转增股本),按现行有关股息红利差别化政策执行。

三、关于备案办理

(一)获得股权奖励的企业技术人员、企业转增股本涉及的股东需要分期缴纳个人所得税的,应自行制定分期缴税计划,由企业于发生股权奖励、转增股本的次月15日内,向主管税务机关办理分期缴税备案手续。

办理股权奖励分期缴税,企业应向主管税务机关报送高新技术企业认定证书、股东大会或董事会决议、《个人所得税分期缴纳备案表(股权奖励)》、相关技术人员参与技术活动的说明材料、企业股权奖励计划、能够证明股权或股票价格的有关材料、企业转化科技成果的说明、最近一期企业财务报表等。

办理转增股本分期缴税,企业应向主管税务机关报送高新技术企业认定证书、股东大会或董事会决议、《个人所得税分期缴纳备案表(转增股本)》、上年度及转增股本当月企业财务报表、转增股本有关情况说明等。

高新技术企业认定证书、股东大会或董事会决议的原件,主管税务机关进行形式审核后退还企业,复印件及其他有关资料税务机关留存。

(二)纳税人分期缴税期间需要变更原分期缴税计划的,应重新制定分期缴税计划,由企业向主管税务机关重新报送《个人所得税分期缴纳备案表》。

四、关于代扣代缴

(一)企业在填写《扣缴个人所得税报告表》时,应将纳税人取得股权奖励或转增股本情况单独填列,并在"备注"栏中注明"股权奖励"或"转增股本"字样。

(二)纳税人在分期缴税期间取得分红或转让股权的,企业应及时代扣股权奖励或转增股本尚未缴清的个人所得税,并于次月15日内向主管税务机关申报纳税。

本公告自2016年1月1日起施行。

特此公告。

附件:1.《个人所得税分期缴纳备案表(股权奖励)》及填报说明(编者略)

2.《个人所得税分期缴纳备案表(转增股本)》及填报说明(编者略)

2-2-168

国家税务总局关于3项个人所得税事项取消审批实施后续管理的公告

2016年1月28日　国家税务总局公告2016年第5号

根据《国家税务总局关于贯彻落实〈国务院关于第一批取消62项中央指定地方实施行政审批事项的决定〉的通知》(税总发〔2015〕141号)等规定,现就下列个人所得税事项取消审批的后续管理问题公告如下:

一、关于"取消促进科技成果转化暂不征收个人所得税审核"的后续管理

按照《国家税务总局关于促进科技成果转化有关个人所得税问题的通知》(国税发〔1999〕125号)和《国家税务总局关于取消促进科技成果转化暂不征收个人所得税审核权有关问题的通知》(国税函〔2007〕833号)规定,将职务科技成果转化为股份、投资比例的科研机构、高等学校或者获奖人员,应在授(获)奖的次月15日内向主管税务机关备案,报送《科技成果转化暂不征收个人所得税备案表》(见附件1)。技术成果价值评估报告、股权奖励文件及其他证明材料由奖励单位留存备查。

二、关于"取消个人取得股票期权或认购股票等取得折扣或补贴收入个人所得税纳税有困难的审核"的后续管理

(一)按照《财政部、国家税务总局关于上市公司高管人员股票期权所得缴纳个人所得税有关问题的通知》(财税〔2009〕40号)规定,纳税人若选择分期缴纳个人所得税,其扣缴义务人应在股票期权行权的次月15日内,向主管税务机关办理分期缴纳个人所得税备案手续,报送《个人取得股票期权或认购股票等取得折扣或补贴收入分期缴纳个人所得税备案表》(见附件2)。其他相关证明材料由扣缴义务人留存备查。

(二)按照《国家税务总局关于个人认购股票等有价证券而从雇主取得折扣或补贴收入有关征收个人所得税问题的通知》(国税发〔1998〕9号)规定,纳税人若选择分期缴纳个人所得税,其扣缴义务人应在实际认购股票等有价证券的次月15日内,向主管税务机关办理分期缴纳个人所得税备案手续,报送《个人取得股票期权或认购股票等取得折扣或补贴收入分期缴纳个人所得税备案表》(见附件2)。其他相关证明材料由扣缴义务人留存备查。

三、关于"取消对律师事务所征收方式的核准"的后续管理

《国家税务总局关于强化律师事务所等中介机构投资者个人所得税查账征收的通知》(国税发〔2002〕123号)第三条废止后,统一按照《中华人民共和国税收征收管理法》及其实施细则、《财政部、国家税务总局关于印发〈关于个人独资企业和合伙企业投资者征收个人所得税的规定〉的通知》(财税〔2000〕91号)等相关规定实施后续管理。

本公告自公布之日起施行。《国家税务总局关于取消促进科技成果转化暂不征收个人所得税审核权有关问题的通知》(国税函〔2007〕833号)第二条第一项和第三条、《国家税务总局关于个人认购股票等有价证券而从雇主取得折扣或补贴收入有关征收个人所得税问题的通知》(国税发〔1998〕9号)第二条关于"可在报经当地主管税务机关批准后"的规定和第三条同时废止。

特此公告。

附件:1. 科技成果转化暂不征收个人所得税备案表(编者略)

2. 个人取得股票期权或认购股票等取得折扣或补贴收入分期缴纳个人所得税备案表(编者略)

注释:

条款废止。第二条第二项废止。参见:《国家税务总局关于公布全文和部分条款失效废止的税务规范性文件目录的公告》(国家税务总局公告2023年第8号)。

条款废止。第二条第一项自2016年9月1日起废止。参见:《国家税务总局关于股权激励和技术入股所得税征管问题的公告》(国家税务总局公告2016年第62号)。

2-2-169

财政部　国家税务总局关于完善股权激励和技术入股有关所得税政策的通知

2016年9月20日　财税〔2016〕101号

各省、自治区、直辖市、计划单列市财政厅(局)、国家税务局、地方税务局,新疆生产建设兵团财务局:

为支持国家大众创业、万众创新战略的实施,促进我国经济结构转型升级,经国务院批准,现就完善股权激励和技术入股有关所得税政策通知如下:

一、对符合条件的非上市公司股票期权、股权期权、限制性股票和股权奖励实行递延纳税政策

(一)非上市公司授予本公司员工的股票期权、股权期权、限制性股票和股权奖励,符合规定条件的,经向主管税务机关备案,可实行递延纳税政策,即员工在取得股权激励时可暂不纳税,递延至转让该股权时纳税;股权转让时,按照股权转让收入减除股权取得成本以及合理税费后的差额,适用“财产转让所得”项目,按照20%的税率计算缴纳个人所得税。

股权转让时,股票(权)期权取得成本按行权价确定,限制性股票取得成本按实际出资额确定,股权奖励取得成本为零。

(二)享受递延纳税政策的非上市公司股权激励(包括股票期权、股权期权、限制性股票和股权奖励,下同)须同时满足以下条件:

1. 属于境内居民企业的股权激励计划。

2. 股权激励计划经公司董事会、股东(大)会审议通过。未设股东(大)会的国有单位,经上级主管部门审核批准。股权激励计划应列明激励目的、对象、标的、有效期、各类价格的确定方法、激励对象获取权益的条件、程序等。

3. 激励标的应为境内居民企业的本公司股权。股权奖励的标的可以是技术成果投资入股到其他境内居民企业所取得的股权。激励标的股票(权)包括通过增发、大股东直接让渡以及法律法规允许的其他合理方式授予激励对象的股票(权)。

4. 激励对象应为公司董事会或股东(大)会决定的技术骨干和高级管理人员,激励对象人数累计不得超过本公司最近6个月在职职工平均人数的30%。

5. 股票(权)期权自授予日起应持有满3年,且自行权日起持有满1年;限制性股票自授予日起应持有满3年,且解禁后持有满1年;股权奖励自获得奖励之日起应持有满3年。上述时间条件须在股权激励计划中列明。

6. 股票(权)期权自授予日至行权日的时间不得超过10年。

7. 实施股权奖励的公司及其奖励股权标的公司所属行业均不属于《股权奖励税收优惠政策限制性行业目录》范围(见附件)。公司所属行业按公司上一纳税年度主营业务收入占比最高的行业确定。

(三)本通知所称股票(权)期权是指公司给予激励对象在一定期限内以事先约定的价格购买本公司股票(权)的权利;所称限制性股票是指公司按照预先确定的条件授予激励对象一定数量的本公司股权,激励对象只有工作年限或业绩目标符合股权激励计划规定条件的才可以处置该股权;所称股权奖励是指企业无偿授予激励对象一定份额的股权或一定数量的股份。

(四)股权激励计划所列内容不同时满足第一条第(二)款规定的全部条件,或递延纳税期间公司情况发生变化,不再符合第一条第(二)款第 4 至 6 项条件的,不得享受递延纳税优惠,应按规定计算缴纳个人所得税。

二、对上市公司股票期权、限制性股票和股权奖励适当延长纳税期限

(一)上市公司授予个人的股票期权、限制性股票和股权奖励,经向主管税务机关备案,个人可自股票期权行权、限制性股票解禁或取得股权奖励之日起,在不超过 12 个月的期限内缴纳个人所得税。《财政部、国家税务总局关于上市公司高管人员股票期权所得缴纳个人所得税有关问题的通知》(财税〔2009〕40 号)自本通知施行之日起废止。

(二)上市公司股票期权、限制性股票应纳税款的计算,继续按照《财政部、国家税务总局关于个人股票期权所得征收个人所得税问题的通知》(财税〔2005〕35 号)、《财政部、国家税务总局关于股票增值权所得和限制性股票所得征收个人所得税有关问题的通知》(财税〔2009〕5 号)、《国家税务总局关于股权激励有关个人所得税问题的通知》(国税函〔2009〕461 号)等相关规定执行。股权奖励应纳税款的计算比照上述规定执行。

三、对技术成果投资入股实施选择性税收优惠政策

(一)企业或个人以技术成果投资入股到境内居民企业,被投资企业支付的对价全部为股票(权)的,企业或个人可选择继续按现行有关税收政策执行,也可选择适用递延纳税优惠政策。

选择技术成果投资入股递延纳税政策的,经向主管税务机关备案,投资入股当期可暂不纳税,允许递延至转让股权时,按股权转让收入减去技术成果原值和合理税费后的差额计算缴纳所得税。

(二)企业或个人选择适用上述任一项政策,均允许被投资企业按技术成果投资入股时的评估值入账并在企业所得税前摊销扣除。

(三)技术成果是指专利技术(含国防专利)、计算机软件著作权、集成电路布图设计专有权、植物新品种权、生物医药新品种,以及科技部、财政部、国家税务总局确定的其他技术成果。

(四)技术成果投资入股,是指纳税人将技术成果所有权让渡给被投资企业、取得该企业股票(权)的行为。

四、相关政策

(一)个人从任职受雇企业以低于公平市场价格取得股票(权)的,凡不符合递延纳税条件,应在获得股票(权)时,对实际出资额低于公平市场价格的差额,按照“工资、薪金所得”

项目,参照《财政部、国家税务总局关于个人股票期权所得征收个人所得税问题的通知》(财税〔2005〕35 号)有关规定计算缴纳个人所得税。

(二)个人因股权激励、技术成果投资入股取得股权后,非上市公司在境内上市的,处置递延纳税的股权时,按照现行限售股有关征税规定执行。

(三)个人转让股权时,视同享受递延纳税优惠政策的股权优先转让。递延纳税的股权成本按照加权平均法计算,不与其他方式取得的股权成本合并计算。

(四)持有递延纳税的股权期间,因该股权产生的转增股本收入,以及以该递延纳税的股权再进行非货币性资产投资的,应在当期缴纳税款。

(五)全国中小企业股份转让系统挂牌公司按照本通知第一条规定执行。

适用本通知第二条规定的上市公司是指其股票在上海证券交易所、深圳证券交易所上市交易的股份有限公司。

五、配套管理措施

(一)对股权激励或技术成果投资入股选择适用递延纳税政策的,企业应在规定期限内到主管税务机关办理备案手续。未办理备案手续的,不得享受本通知规定的递延纳税优惠政策。

(二)企业实施股权激励或个人以技术成果投资入股,以实施股权激励或取得技术成果的企业为个人所得税扣缴义务人。递延纳税期间,扣缴义务人应在每个纳税年度终了后向主管税务机关报告递延纳税有关情况。

(三)工商部门应将企业股权变更信息及时与税务部门共享,暂不具备联网实时共享信息条件的,工商部门应在股权变更登记 3 个工作日内将信息与税务部门共享。

六、本通知自 2016 年 9 月 1 日起施行。

中关村国家自主创新示范区 2016 年 1 月 1 日至 8 月 31 日之间发生的尚未纳税的股权奖励事项,符合本通知规定的相关条件的,可按本通知有关政策执行。

附件:股权奖励税收优惠政策限制性行业目录

附件

股权奖励税收优惠政策限制性行业目录

门类代码	类别名称
A(农、林、牧、渔业)	(1)03 畜牧业(科学研究、籽种繁育性质项目除外)
	(2)04 渔业(科学研究、籽种繁育性质项目除外)
B(采矿业)	(3)采矿业(除第 11 类开采辅助活动)
C(制造业)	(4)16 烟草制品业
	(5)17 纺织业(除第 178 类非家用纺织制成品制造)
	(6)19 皮革、毛皮、羽毛及其制品和制鞋业
	(7)20 木材加工和木、竹、藤、棕、草制品业
	(8)22 造纸和纸制品业(除第 223 类纸制品制造)
	(9)31 黑色金属冶炼和压延加工业(除第 314 类钢压延加工)

续表

门类代码	类别名称
F(批发和零售业)	(10)批发和零售业
G(交通运输、仓储和邮政业)	(11)交通运输、仓储和邮政业
H(住宿和餐饮业)	(12)住宿和餐饮业
J(金融业)	(13)66 货币金融服务
	(14)68 保险业
K(房地产业)	(15)房地产业
L(租赁和商务服务业)	(16)租赁和商务服务业
O(居民服务、修理和其他服务业)	(17)79 居民服务业
Q(卫生和社会工作)	(18)84 社会工作
R(文化、体育和娱乐业)	(19)88 体育
	(20)89 娱乐业
S(公共管理、社会保障和社会组织)	(21)公共管理、社会保障和社会组织(除第 9421 类专业性团体和 9422 类行业性团体)
T(国际组织)	(22)国际组织

说明:以上目录按照《国民经济行业分类》(GB/T 4754—2011)编制。

2-2-170

国家税务总局关于股权激励和技术入股所得税征管问题的公告

2016 年 9 月 28 日　国家税务总局公告 2016 年第 62 号

为贯彻落实《财政部、国家税务总局关于完善股权激励和技术入股有关所得税政策的通知》(财税〔2016〕101 号,以下简称《通知》),现就股权激励和技术入股有关所得税征管问题公告如下:

一、关于个人所得税征管问题

(一)非上市公司实施符合条件的股权激励,本公司最近 6 个月在职职工平均人数,按照股票(权)期权行权、限制性股票解禁、股权奖励获得之上月起前 6 个月"工资薪金所得"项目全员全额扣缴明细申报的平均人数确定。

(二)递延纳税期间,非上市公司情况发生变化,不再同时符合《通知》第一条第(二)款第 4 至 6 项条件的,应于情况发生变化之次月 15 日内,按《通知》第四条第(一)款规定计算缴纳个人所得税。

(三)员工以在一个公历月份中取得的股票(权)形式工资薪金所得为一次。员工取得符合条件、实行递延纳税政策的股权激励,与不符合递延纳税条件的股权激励分别计算。

员工在一个纳税年度中多次取得不符合递延纳税条件的股票(权)形式工资薪金所得的,参照《国家税务总局关于个人股票期权所得缴纳个人所得税有关问题的补充通知》(国税函〔2006〕902 号）第七条规定执行。

（四）《通知》所称公平市场价格按以下方法确定：

1. 上市公司股票的公平市场价格，按照取得股票当日的收盘价确定。取得股票当日为非交易日的，按照上一个交易日收盘价确定。

2. 非上市公司股票（权）的公平市场价格，依次按照净资产法、类比法和其他合理方法确定。净资产法按照取得股票（权）的上年末净资产确定。

（五）企业备案具体按以下规定执行：

1. 非上市公司实施符合条件的股权激励，个人选择递延纳税的，非上市公司应于股票（权）期权行权、限制性股票解禁、股权奖励获得之次月 15 日内，向主管税务机关报送《非上市公司股权激励个人所得税递延纳税备案表》（附件 1）、股权激励计划、董事会或股东大会决议、激励对象任职或从事技术工作情况说明等。实施股权奖励的企业同时报送本企业及其奖励股权标的企业上一纳税年度主营业务收入构成情况说明。

2. 上市公司实施股权激励，个人选择在不超过 12 个月期限内缴税的，上市公司应自股票期权行权、限制性股票解禁、股权奖励获得之次月 15 日内，向主管税务机关报送《上市公司股权激励个人所得税延期纳税备案表》（附件 2）。上市公司初次办理股权激励备案时，还应一并向主管税务机关报送股权激励计划、董事会或股东大会决议。

3. 个人以技术成果投资入股境内公司并选择递延纳税的，被投资公司应于取得技术成果并支付股权之次月 15 日内，向主管税务机关报送《技术成果投资入股个人所得税递延纳税备案表》（附件 3）、技术成果相关证书或证明材料、技术成果投资入股协议、技术成果评估报告等资料。

（六）个人因非上市公司实施股权激励或以技术成果投资入股取得的股票（权），实行递延纳税期间，扣缴义务人应于每个纳税年度终了后 30 日内，向主管税务机关报送《个人所得税递延纳税情况年度报告表》（附件 4）。

（七）递延纳税股票（权）转让、办理纳税申报时，扣缴义务人、个人应向主管税务机关一并报送能够证明股票（权）转让价格、递延纳税股票（权）原值、合理税费的有关资料，具体包括转让协议、评估报告和相关票据等。资料不全或无法充分证明有关情况，造成计税依据偏低，又无正当理由的，主管税务机关可依据税收征管法有关规定进行核定。

二、关于企业所得税征管问题

（一）选择适用《通知》中递延纳税政策的，应当为实行查账征收的居民企业以技术成果所有权投资。

（二）企业适用递延纳税政策的，应在投资完成后首次预缴申报时，将相关内容填入《技术成果投资入股企业所得税递延纳税备案表》（附件 5）。

（三）企业接受技术成果投资入股，技术成果评估值明显不合理的，主管税务机关有权进行调整。

三、实施时间

本公告自 2016 年 9 月 1 日起实施。中关村国家自主创新示范区 2016 年 1 月 1 日至 8 月 31 日之间发生的尚未纳税的股权奖励事项，按《通知》有关政策执行的，可按本公告有关规定办理相关税收事宜。《国家税务总局关于 3 项个人所得税事项取消审批实施后续管理的公告》(国家税务总局公告 2016 年第 5 号)第二条第(一)项同时废止。

特此公告。

附件:1.《非上市公司股权激励个人所得税递延纳税备案表》及填报说明(编者略)

2.《上市公司股权激励个人所得税延期纳税备案表》及填报说明(编者略)

3.《技术成果投资入股个人所得税递延纳税备案表》及填报说明(编者略)

4.《个人所得税递延纳税情况年度报告表》及填报说明(编者略)

5.《技术成果投资入股企业所得税递延纳税备案表》及填报说明(编者略)

注释:

条款废止。第一条第三项中“员工在一个纳税年度中……执行。”废止。参见:《国家税务总局关于公布全文和部分条款失效废止的税务规范性文件目录的公告》(国家税务总局公告 2023 年第 8 号)。

2－2－171

国家税务总局关于做好股权激励和技术入股所得税政策贯彻落实工作的通知

2016 年 9 月 28 日　税总函〔2016〕496 号

各省、自治区、直辖市和计划单列市国家税务局、地方税务局:

为进一步鼓励科技创新,充分调动科研人员创新创业积极性,经国务院批准,财政部和税务总局联合制发了《关于完善股权激励和技术入股有关所得税政策的通知》(财税〔2016〕101 号)。为确保该项优惠政策不折不扣落实到位,现将有关事项通知如下:

一、高度重视,切实强化组织领导

1. 强化组织领导。实施股权激励和技术入股所得税优惠政策,是国务院在经济发展新常态下作出的又一项重大决策。该项政策优惠力度大,对鼓励创新创业,调动科研人员积极性,最大程度将科技成果转化为现实生产力具有积极的促进作用。各级税务机关务必高度重视,强化组织领导,明确职责分工,确保政策落到实处。

二、全面宣传,及时开展政策培训

2. 及时做好政策业务培训。股权激励和技术入股所得税政策调整较大,涉及多个税种、多个环节、多项所得。各地税务机关要充分领会政策精神,熟悉政策内容和征管规定,迅速开展税务干部及相关人员的政策业务培训工作,确保办税服务厅咨询人员、窗口受理人员、12366 热线服务人员及其他一线征管人员能够第一时间熟练掌握政策规定内容和操作要求。

3. 全面开展政策宣传。各级税务机关应充分利用门户网站、广播、手机短信、办税服务厅电子屏幕、12366 热线、报纸、电视等传统宣传渠道,积极尝试利用微博、微信等新兴宣传渠道，开展全方位、立体式的广泛宣传。

三、优化服务，提升业务办理效率

4. 不断提高纳税服务水平。积极扩展和畅通渠道，加强与纳税人沟通。热情服务纳税人，耐心细致地做好政策辅导和解释工作。及时受理纳税人报送的备案资料，减少纳税人等待时间，妥善解决征纳过程中出现的问题。

5. 切实提升业务办理效率。结合本地区征收管理和纳税服务的实际情况，利用现代化的信息技术和管理手段，不断提升咨询、查询、受理、反馈等业务环节的办理效率，使纳税人办理业务更加便捷。

四、完善管理，形成协同共治合力

6. 加强事中事后管理。主管税务机关要建立规范的电子台账，对报送的股权激励和技术入股备案表及其他证明材料进行系统登记和录入。根据年度报告表及时动态调整台账，定期开展风险分析，实行闭环式管理。

7. 深化国税地税合作。税务机关内部各相关部门之间、各级税务机关之间，要紧密衔接配合。国税部门和地税部门要深化沟通合作，建立长效机制，加强信息共享，凝聚服务和征管合力，确保该优惠政策落实到位。

8. 加强部门协同共治。要进一步加强与科技、知识产权、工商行政管理等部门的协作配合，建立统一规范的信息交换平台和信息共享机制，保障及时获取技术成果转让、股权变更等涉税信息，实现信息共享、管理互助。

五、加强分析，强化舆情监测应对

9. 深入开展效应分析。不折不扣地做好股权激励和技术入股所得税优惠政策的贯彻落实，严格做好相关数据统计，积极开展以政策效应分析为重点的税收分析，每季度首月末向税务总局（所得税司）报送上季度统计数据和分析材料。

10. 加强舆情监测应对。加强与媒体沟通，引导宣传重点，避免因曲解或误读政策引发负面舆情。密切关注舆论焦点，发现问题按规定及时上报和处理。

2－2－172

财政部　税务总局　保监会关于将商业健康保险个人所得税试点政策推广到全国范围实施的通知

2017年4月28日　财税〔2017〕39号

各省、自治区、直辖市、计划单列市财政厅（局）、地方税务局、保监局，新疆生产建设兵团财务局：

自2017年7月1日起，将商业健康保险个人所得税试点政策推广到全国范围实施。现将有关问题通知如下：

一、关于政策内容

对个人购买符合规定的商业健康保险产品的支出，允许在当年（月）计算应纳税所得额时予以税前扣除，扣除限额为2400元/年（200元/月）。单位统一为员工购买符合规定的商业健康保险产品的支出，应分别计入员工个人工资薪金，视同个人购买，按上述限额予以扣除。

2400元/年（200元/月）的限额扣除为个人所得税法规定减除费用标准之外的扣除。

二、关于适用对象

适用商业健康保险税收优惠政策的纳税人，是指取得工资薪金所得、连续性劳务报酬所得的个人，以及取得个体工商户生产经营所得、对企事业单位的承包承租经营所得的个体工商户业主、个人独资企业投资者、合伙企业合伙人和承包承租经营者。

三、关于商业健康保险产品的规范和条件

符合规定的商业健康保险产品，是指保险公司参照个人税收优惠型健康保险产品指引框架及示范条款（见附件）开发的、符合下列条件的健康保险产品：

（一）健康保险产品采取具有保障功能并设立有最低保证收益账户的万能险方式，包含医疗保险和个人账户积累两项责任。被保险人个人账户由其所投保的保险公司负责管理维护。

（二）被保险人为16周岁以上、未满法定退休年龄的纳税人群。保险公司不得因被保险人既往病史拒保，并保证续保。

（三）医疗保险保障责任范围包括被保险人医保所在地基本医疗保险基金支付范围内的自付费用及部分基本医疗保险基金支付范围外的费用，费用的报销范围、比例和额度由各保险公司根据具体产品特点自行确定。

（四）同一款健康保险产品，可依据被保险人的不同情况，设置不同的保险金额，具体保险金额下限由保监会规定。

（五）健康保险产品坚持"保本微利"原则，对医疗保险部分的简单赔付率低于规定比例的，保险公司要将实际赔付率与规定比例之间的差额部分返还到被保险人的个人账户。

根据目标人群已有保障项目和保障需求的不同，符合规定的健康保险产品共有三类，分别适用于：1. 对公费医疗或基本医疗保险报销后个人负担的医疗费用有报销意愿的人群；2. 对公费医疗或基本医疗保险报销后个人负担的特定大额医疗费用有报销意愿的人群；3. 未参加公费医疗或基本医疗保险，对个人负担的医疗费用有报销意愿的人群。

符合上述条件的个人税收优惠型健康保险产品，保险公司应按《保险法》规定程序上报保监会审批。

四、关于税收征管

（一）单位统一组织为员工购买或者单位和个人共同负担购买符合规定的商业健康保险产品，单位负担部分应当实名计入个人工资薪金明细清单，视同个人购买，并自购买产品次月起，在不超过200元/月的标准内按月扣除。一年内保费金额超过2400元的部分，不得税前扣除。以后年度续保时，按上述规定执行。个人自行退保时，应及时告知扣缴单位。个人相关退保信息保险公司应及时传递给税务机关。

（二）取得工资薪金所得或连续性劳务报酬所得的个人，自行购买符合规定的商业健康保险产品的,应当及时向代扣代缴单位提供保单凭证。扣缴单位自个人提交保单凭证的次月起,在不超过200元/月的标准内按月扣除。一年内保费金额超过2400元的部分,不得税前扣除。以后年度续保时,按上述规定执行。个人自行退保时,应及时告知扣缴义务人。

(三)个体工商户业主、企事业单位承包承租经营者、个人独资和合伙企业投资者自行购买符合条件的商业健康保险产品的,在不超过2400元/年的标准内据实扣除。一年内保费金额超过2400元的部分,不得税前扣除。以后年度续保时,按上述规定执行。

五、关于部门协作

商业健康保险个人所得税税前扣除政策涉及环节和部门多,各相关部门应密切配合,切实落实好商业健康保险个人所得税政策。

(一)财政、税务、保监部门要做好商业健康保险个人所得税优惠政策宣传解释,优化服务。税务、保监部门应建立信息共享机制,及时共享商业健康保险涉税信息。

(二)保险公司在销售商业健康保险产品时,要为购买健康保险的个人开具发票和保单凭证,载明产品名称及缴费金额等信息,作为个人税前扣除的凭据。保险公司要与商业健康保险信息平台保持实时对接,保证信息真实准确。

(三)扣缴单位应按照本通知及税务机关有关要求,认真落实商业健康保险个人所得税前扣除政策。

(四)保险公司或商业健康保险信息平台应向税务机关提供个人购买商业健康保险的相关信息,并配合税务机关做好相关税收征管工作。

六、关于实施时间

本通知自2017年7月1日起执行。自2016年1月1日起开展商业健康保险个人所得税政策试点的地区,自2017年7月1日起继续按本通知规定的政策执行。《财政部　国家税务总局　保监会关于开展商业健康保险个人所得税政策试点工作的通知》(财税〔2015〕56号)、《财政部　国家税务总局　保监会关于实施商业健康保险个人所得税政策试点的通知》(财税〔2015〕126号)同时废止。

附件:1. 个人税收优惠型健康保险产品指引框架(编者略)

2. 个人税收优惠型健康保险(万能型)A款示范条款(编者略)

3. 个人税收优惠型健康保险(万能型)B款示范条款(编者略)

4. 个人税收优惠型健康保险(万能型)C款示范条款(编者略)

2-2-173

国家税务总局关于推广实施商业健康保险个人所得税政策有关征管问题的公告

2017年5月19日　国家税务总局公告2017年第17号

为贯彻落实《财政部　税务总局　保监会关于将商业健康保险个人所得税试点政策推广到全国范围实施的通知》(财税〔2017〕39号,以下简称《通知》),现就有关征管问题公告

如下：

一、取得工资薪金所得、连续性劳务报酬所得的个人，以及取得个体工商户的生产经营所得、对企事业单位的承包承租经营所得的个体工商户业主、个人独资企业投资者、合伙企业个人合伙人和承包承租经营者，对其购买符合规定的商业健康保险产品支出，可按照《通知》规定标准在个人所得税前扣除。

二、《通知》所称取得连续性劳务报酬所得，是指个人连续3个月以上（含3个月）为同一单位提供劳务而取得的所得。

三、有扣缴义务人的个人自行购买、单位统一组织为员工购买或者单位和个人共同负担购买符合规定的商业健康保险产品，扣缴义务人在填报《扣缴个人所得税报告表》或《特定行业个人所得税年度申报表》时，应将当期扣除的个人购买商业健康保险支出金额填至申报表“税前扣除项目”的“其他”列中（需注明商业健康保险扣除金额），并同时填报《商业健康保险税前扣除情况明细表》（见附件）。

其中，个人自行购买符合规定的商业健康保险产品的，应及时向扣缴义务人提供保单凭证，扣缴义务人应当依法为其税前扣除，不得拒绝。个人从中国境内两处或者两处以上取得工资薪金所得，且自行购买商业健康保险的，只能选择在其中一处扣除。

个人未续保或退保的，应于未续保或退保当月告知扣缴义务人终止商业健康保险税前扣除。

四、个体工商户业主、个人独资企业投资者、合伙企业个人合伙人和企事业单位承包承租经营者购买符合规定的商业健康保险产品支出，在年度申报填报《个人所得税生产经营所得纳税申报表（B表）》、享受商业健康保险税前扣除政策时，应将商业健康保险税前扣除金额填至“允许扣除的其他费用”行（需注明商业健康保险扣除金额），并同时填报《商业健康保险税前扣除情况明细表》。

实行核定征收的纳税人，应向主管税务机关报送《商业健康保险税前扣除情况明细表》，主管税务机关按程序相应调减其应纳税所得额或应纳税额。纳税人未续保或退保的，应当及时告知主管税务机关，终止商业健康保险税前扣除。

五、保险公司销售符合规定的商业健康保险产品，及时为购买保险的个人开具发票和保单凭证，并在保单凭证上注明税优识别码。

个人购买商业健康保险未获得税优识别码的，其支出金额不得税前扣除。

六、本公告所称税优识别码，是指为确保税收优惠商业健康保险保单的唯一性、真实性和有效性，由商业健康保险信息平台按照“一人一单一码”的原则对投保人进行校验后，下发给保险公司，并在保单凭证上打印的数字识别码。

七、本公告自2017年7月1日起施行。《国家税务总局关于实施商业健康保险个人所得税政策试点有关征管问题的公告》（国家税务总局公告2015年第93号）同时废止。

特此公告。

附件：商业健康保险税前扣除情况明细表（编者略）

2－2－174

财政部　税务总局　人力资源社会保障部　中国银行保险监督管理委员会　证监会关于开展个人税收递延型商业养老保险试点的通知

2018年4月2日　财税〔2018〕22号

上海市、江苏省、福建省、厦门市财政厅（局）、地方税务局、人力资源社会保障厅（局）、银监局、证监局、保监局：

为贯彻落实党的十九大精神，推进多层次养老保险体系建设，对养老保险第三支柱进行有益探索，现就开展个人税收递延型商业养老保险试点有关问题通知如下：

一、关于试点政策

（一）试点地区及时间。

自2018年5月1日起，在上海市、福建省（含厦门市）和苏州工业园区实施个人税收递延型商业养老保险试点。试点期限暂定一年。

（二）试点政策内容。

对试点地区个人通过个人商业养老资金账户购买符合规定的商业养老保险产品的支出，允许在一定标准内税前扣除；计入个人商业养老资金账户的投资收益，暂不征收个人所得税；个人领取商业养老金时再征收个人所得税。具体规定如下：

1. 个人缴费税前扣除标准。取得工资薪金、连续性劳务报酬所得的个人，其缴纳的保费准予在申报扣除当月计算应纳税所得额时予以限额据实扣除，扣除限额按照当月工资薪金、连续性劳务报酬收入的6%和1000元孰低办法确定。取得个体工商户生产经营所得、对企事业单位的承包承租经营所得的个体工商户业主、个人独资企业投资者、合伙企业自然人合伙人和承包承租经营者，其缴纳的保费准予在申报扣除当年计算应纳税所得额时予以限额据实扣除，扣除限额按照不超过当年应税收入的6%和12000元孰低办法确定。

2. 账户资金收益暂不征税。计入个人商业养老资金账户的投资收益，在缴费期间暂不征收个人所得税。

3. 个人领取商业养老金征税。个人达到国家规定的退休年龄时，可按月或按年领取商业养老金，领取期限原则上为终身或不少于15年。个人身故、发生保险合同约定的全残或罹患重大疾病的，可以一次性领取商业养老金。

对个人达到规定条件时领取的商业养老金收入，其中25%部分予以免税，其余75%部分按照10%的比例税率计算缴纳个人所得税，税款计入“其他所得”项目。

（三）试点政策适用对象。

适用试点税收政策的纳税人，是指在试点地区取得工资薪金、连续性劳务报酬所得的个人，以及取得个体工商户生产经营所得、对企事业单位的承包承租经营所得的个体工商户业主、个人独资企业投资者、合伙企业自然人合伙人和承包承租经营者，其工资薪金、连续性劳务报酬的个人所得税扣缴单位，或者个体工商户、承包承租单位、个人独资企业、合伙企业的实际经营地均位于试点地区内。

取得连续性劳务报酬所得，是指纳税人连续6个月以上（含6个月）为同一单位提供劳务而取得的所得。

（四）试点期间个人商业养老资金账户和信息平台。

1. 个人商业养老资金账户是由纳税人指定的、用于归集税收递延型商业养老保险缴费、收益以及资金领取等的商业银行个人专用账户。该账户封闭运行，与居民身份证件绑定，具有唯一性。

2. 试点期间使用中国保险信息技术管理有限责任公司建立的信息平台（以下简称“中保信平台”）。个人商业养老资金账户在中保信平台进行登记，校验其唯一性。个人商业养老资金账户变更银行须经中保信平台校验后，进行账户结转，每年允许结转一次。中保信平台与税务系统、商业保险机构和商业银行对接，提供账户管理、信息查询、税务稽核、外部监管等基础性服务。

（五）试点期间商业养老保险产品及管理。

个人商业养老保险产品按稳健型产品为主、风险型产品为辅的原则选择，采取名录方式确定。试点期间的产品是指由保险公司开发，符合“收益稳健、长期锁定、终身领取、精算平衡”原则，满足参保人对养老账户资金安全性、收益性和长期性管理要求的商业养老保险产品。具体商业养老保险产品指引由中国银行保险监督管理委员会提出，商财政部、人社部、税务总局后发布。

（六）试点期间税收征管。

1. 关于缴费税前扣除。个人购买符合规定的商业养老保险产品、享受递延纳税优惠时，以中保信平台出具的税延养老扣除凭证为扣税凭据。取得工资、薪金所得和连续性劳务报酬所得的个人，应及时将相关凭证提供给扣缴单位。扣缴单位应按照本通知有关要求，认真落实个人税收递延型商业养老保险试点政策，为纳税人办理税前扣除有关事项。

个人在试点地区范围内从两处或者两处以上取得所得的，只能选择在其中一处享受试点政策。

2. 关于领取商业养老金时的税款征收。个人按规定领取商业养老金时，由保险公司代扣代缴其应缴的个人所得税。

二、试点期间其他相关准备工作

试点期间，中国银行保险监督管理委员会、证监会做好相关准备工作，完善养老账户管理制度，制定银行、公募基金类产品指引等相关规定，指导相关金融机构产品开发。做好中国证券登记结算有限责任公司信息平台（以下简称“中登公司平台”）与商业银行、税务等信息系统的对接准备工作。同时，由人社部、财政部牵头，联合税务总局、中国银行保险监督管理委员会、证监会等单位，共同研究建立第三支柱制度和管理服务信息平台。

试点结束后，根据试点情况，结合养老保险第三支柱制度建设的有关情况，有序扩大参与的金融机构和产品范围，将公募基金等产品纳入个人商业养老账户投资范围，相应将中登公司平台作为信息平台，与中保信平台同步运行。第三支柱制度和管理服务信息平台建成以后,中登公司平台、中保信平台与第三支柱制度和管理服务信息平台对接,实现养老保险第三支柱宏观监管。

三、部门协作

(一)信息平台应向税务机关提供个人税收递延型商业养老保险有关信息,并配合税务机关做好相关税收征管工作。

(二)保险公司在销售个人税收递延型商业养老保险产品时,应为购买商业养老保险产品的个人开具发票和保单凭证,载明产品名称及缴费金额等信息。保险公司与信息平台实时对接,保证信息真实准确。

(三)试点地区财政、人社、税务、金融监管等相关部门应各司其职,密切配合,认真组织落实本通知,并及时总结、动态评估试点经验。对实施过程中遇到的困难和问题,及时向财政部、人社部、税务总局和金融监管部门反映。

注释:

条款废止。第一条第二项第3点第二段自2019年1月1日起废止。参见:《财政部 税务总局关于个人取得有关收入适用个人所得税应税所得项目的公告》(财政部 税务总局公告2019年第74号)。

2－2－175

中国银行保险监督管理委员会 财政部 人力资源和社会保障部 国家税务总局 关于印发《个人税收递延型商业养老保险产品开发指引》的通知

2018年4月25日 银保监发〔2018〕20号

各保监局,各银监局,上海市、江苏省、福建省、厦门市财政厅(局)、人力资源社会保障厅(局)、地方税务局,各人身保险公司:

为贯彻落实党的十九大精神,促进个人税收递延型商业养老保险试点健康发展,规范保险公司个人税收递延型商业养老保险产品开发设计行为,根据《财政部 税务总局 人力资源社会保障部 中国银行保险监督管理委员会 证监会关于开展个人税收递延型商业养老保险试点的通知》(财税〔2018〕22号)有关规定,中国银行保险监督管理委员会商财政部、人力资源社会保障部、税务总局,制定了《个人税收递延型商业养老保险产品开发指引》。现印发给你们,请遵照执行。

个人税收递延型商业养老保险产品开发指引

个人税收递延型商业养老保险产品（以下简称税延养老保险产品）开发指引，是个人税收递延型商业养老保险试点期间，保险公司开发设计税延养老保险产品的基本要求和统一规范。参与试点的保险公司应按照本指引和相关规定，开发设计税延养老保险产品。

一、设计原则

保险公司开发设计税延养老保险产品应当以“收益稳健、长期锁定、终身领取、精算平衡”为原则，满足参保人对养老资金安全性、收益性和长期性管理要求。

本指引是保险公司开发设计税延养老保险产品的基本保险保障要求，保险公司在开发产品时可以在此基础上，按有利于参保人的原则进一步提高保险保障水平。

二、产品要素

（一）参保人。

凡16周岁以上、未达到国家规定退休年龄，且符合《财政部　税务总局　人力资源社会保障部　中国银行保险监督管理委员会　证监会关于开展个人税收递延型商业养老保险试点的通知》（财税〔2018〕22号）规定的个人，均可参保税延养老保险产品。

（二）保险期间。

终身或长期，包括积累期和领取期两个阶段。

（三）交费方式。

月交或年交。

（四）交费期间。

保险合同生效后至参保人达到国家规定退休年龄前。

（五）积累期和领取期。

1. 积累期，是指参保人按照保险合同约定进行养老资金积累的阶段，参保人开始领取养老年金前均为积累期。在产品积累期，保险公司应为参保人购买的税延养老保险产品建立产品账户，记录所交保费和资金收益等信息。

2. 领取期，是指参保人按照保险合同约定开始领取养老年金的阶段。在产品领取期，保险公司应当根据参保人选择的养老年金领取方式，按照参保时提供的养老年金领取金额表，将参保人在养老年金开始领取日的产品账户价值，转换为每月或每年领取的养老年金，养老年金给付直至参保人身故，或约定的领取期结束。

（六）收益类型。

税延养老保险产品积累期养老资金的收益类型，分为收益确定型、收益保底型、收益浮动型，分别对应A、B、C三类产品。

1. A类产品，即收益确定型产品，是指在积累期提供确定收益率（年复利）的产品，每月结算一次收益。

2. B类产品，即收益保底型产品，是指在积累期提供保底收益率（年复利），同时可根据投资情况提供额外收益的产品，每月或每季度结算一次收益。根据结算频率不同，分为B1类产品（每月结算）和B2类产品（每季度结算）。

3. C类产品，即收益浮动型产品，是指在积累期按照实际投资情况进行结算的产品，至少每周结算一次。

（七）保险责任。

税延养老保险产品可提供养老年金给付、全残保障和身故保障三项保险责任。

养老年金给付，是指参保人达到国家规定退休年龄或约定的领取年龄（不早于国家规定退休年龄）时，保险公司按照保险合同约定提供终身或长期领取的养老年金，并扣除对应的递延税款。

全残保障和身故保障，是指参保人发生保险合同约定的全残或身故保险事故的，保险公司一次性给付产品账户价值并扣除对应的递延税款，同时根据保险合同约定额外给付保险金。参保人在年满60周岁前且未开始领取养老年金时发生全残或身故的，保险公司一次性给付产品账户价值并扣除对应的递延税款，同时按照产品账户价值的5%额外给付保险金。参保人年满60周岁后且未开始领取养老年金时发生全残或身故的，保险公司一次性给付产品账户价值并扣除对应的递延税款。

（八）领取方式。

保险公司按照精算平衡原理，向参保人提供终身领取、领取期限不少于15年的长期领取等领取方式，并确定相应的养老年金领取金额。参保人可在开始领取养老年金前申请变更养老年金领取方式。

保险公司应至少提供保证返还账户价值终身月领（或年领）的养老年金领取方式。除此之外，保险公司还可提供固定期限15（或20）年月领（或年领）等其他领取方式。

1. 保证返还账户价值终身月领（或年领）。

在养老年金开始领取日及其后每月（或每年）的对应日，如参保人生存，保险公司按固定标准给付养老年金，直至参保人身故。如参保人身故时，保险公司已给付的养老年金总和小于养老年金开始领取日的产品账户价值，保险公司按养老年金开始领取日的产品账户价值与已给付的养老年金总和的差额，一次性给付养老年金，保险合同终止。

2. 固定期限15（或20）年月领（或年领）。

在养老年金开始领取日及其后每月（或每年）的对应日，如参保人生存，保险公司按固定标准给付养老年金，直至固定领取期限届满；如参保人在固定领取期限届满前身故，保险公司按固定领取期内尚未给付的养老年金之和，一次性给付养老年金，保险合同终止。

（九）费用收取。

保险公司可向参保人收取的费用包括初始费、资产管理费和产品转换费。保险公司应当向参保人明示收取的费用项目和费用水平，并在保险合同中载明。费用收取应体现让利客户原则，确保清晰透明、水平合理。

1. 初始费：是指保险公司按照参保人每笔交纳保险费的一定比例收取的费用。A、B、C类产品可收取初始费用，其中，A、B类产品收取比例不超过2%，C类产品收取比例不超过1%。

2. 资产管理费：是指保险公司按照税延养老保险产品投资账户资产净值的一定比例收取的费用。C类产品可收取资产管理费，收取比例不超过1%。

3. 产品转换费：是指保险公司按照参保人转出的产品账户价值的一定比例收取的费

用。A、B、C 三类产品发生转换时，可收取产品转换费，公司内部产品转换时，每次收取比例不高于 0.5%；跨公司产品转换时，前三个保单年度的收取比例依次不超过 3%、2%、1%，第四个保单年度起不再收取。

三、产品管理

（一）投保管理。

保险公司应当为参保人开具发票和保险凭证，载明税延养老保险产品名称和交费金额等信息。

（二）承保管理。

保险公司应当通过中国保险信息技术管理有限责任公司个人税收递延型商业养老保险信息平台（以下简称中保信平台），对参保人身份等信息进行验证，符合条件方可承保。

（三）退保管理。

参保人发生以下情形，可以申请退保，保险公司按照保险合同约定一次性给付产品账户价值并扣除对应的递延税款。

1. 在开始领取养老年金前，因保险合同约定的责任免除事项导致全残或身故；

2. 患保险合同约定的重大疾病。

（四）产品转换。

1. 参保人在开始领取养老年金前，可进行产品转换，包括同一保险公司内的产品转换，或跨保险公司的产品转换。

2. 同一保险公司内的产品转换，是指参保人将一类产品的产品账户价值转移至同一保险公司的其他类产品。跨保险公司的产品转换，是指参保人将当前保险公司的税延养老保险产品账户价值转移至另一保险公司的税延养老保险产品。

3. 对于参保人进行跨保险公司产品转换的，由本人向保险公司申请。

4. 保险公司发生产品转换操作时，应当及时向中保信平台提交有关信息，跨保险公司的产品转换应当通过中保信平台完成有关操作。

5. 试点结束后，对于参保人提出转换为其他金融产品的要求，保险公司应予支持。

（五）精算评估。

保险公司应当遵循“公平、合理、审慎”原则，根据精算原理和有关保险监管规定，对税延养老保险产品计提各项准备金，并定期进行充足性测试。

四、名词释义

1. 养老年金。

根据《人身保险公司保险条款和保险费率管理办法（2015 年修订）》（保监会令〔2015〕3 号）规定，养老年金保险是指以养老保障为目的的年金保险。养老年金保险应当符合下列条件：

（1）保险合同约定给付被保险人生存保险金的年龄不得小于国家规定退休年龄；

（2）相邻两次给付的时间间隔不得超过一年。

2. 国家规定退休年龄。

指国家法律规定的正常退休年龄，参保人实际办理退休时的年龄小于国家规定退休年龄的，以实际退休年龄为准。退休年龄应为周岁年龄，周岁年龄以法定有效身份证件中记载的出生日期为计算基础。

3. 产品账户价值。

指在产品积累期参保人所交纳的保险费与养老资金收益之和扣减相关费用后的余额。

4. 全残。

指下列情形之一：

(1)双目永久完全失明；

(2)两上肢腕关节以上或两下肢踝关节以上缺失；

(3)一上肢腕关节以上及一下肢踝关节以上缺失；

(4)一目永久完全失明及一上肢腕关节以上缺失；

(5)一目永久完全失明及一下肢踝关节以上缺失；

(6)四肢关节机能永久完全丧失；

(7)咀嚼、吞咽机能永久完全丧失；

(8)中枢神经系统机能或胸、腹部脏器机能极度障碍，导致终身不能从事任何工作，为维持生命必要的日常生活活动，全需他人扶助的。

失明：包括眼球缺失或摘除、或不能辨别明暗、或仅能辨别眼前手动者，最佳矫正视力低于国际标准视力表0.02，或视野半径小于5度，且病程持续超过180天(眼球缺失或摘除不在此限)，并由保险公司认可鉴定机构出具鉴定书。

关节机能的丧失：指关节永久完全僵硬、或麻痹、或关节不能随意识活动。

咀嚼、吞咽机能的丧失：指由于牙齿以外的原因引起器质障碍或机能障碍，以至不能做咀嚼、吞咽运动，除流质食物外不能摄取或吞咽的状态。

为维持生命必要的日常生活活动，全需他人扶助：指食物摄取、大小便始末、穿脱衣服、起居、步行、入浴等，皆不能自己为之，需要他人帮助。

5. 重大疾病。

指中国保险行业协会颁布的《重大疾病保险的疾病定义使用规范》(中保协寿〔2007〕9号)规定的25种重大疾病，以及疾病名称和疾病定义。

如中国保险行业协会重新修订或颁布重大疾病保险的疾病定义等内容，按重新修订或颁布的内容执行。

2-2-176

国家税务总局关于开展个人税收递延型商业养老保险试点有关征管问题的公告

2018年4月28日　国家税务总局公告2018年第21号

为贯彻落实《财政部　税务总局　人力资源社会保障部　中国银行保险监督管理委员会　证监会关于开展个人税收递延型商业养老保险试点的通知》(财税〔2018〕22号，以下简称《通知》)，现就个人税收递延型商业养老保险(以下简称“税延养老保险”)试点政策有关征管问题公告如下：

一、缴费税前扣除环节

按照《通知》规定，试点地区内可享受税延养老保险税前扣除优惠政策的个人，凭中国保险信息技术管理有限责任公司相关信息平台出具的《个人税收递延型商业养老保险扣除凭证》（以下简称“税延养老扣除凭证”），办理税前扣除。

（一）取得工资薪金所得、连续性劳务报酬所得的个人

取得工资薪金所得、连续性劳务报酬所得的个人，其购买符合规定商业养老保险产品的支出享受税前扣除优惠时，应及时将税延养老扣除凭证提供给扣缴单位。扣缴单位应当按照《通知》规定，在个人申报扣除当月计算扣除限额并办理税前扣除。扣缴单位在填报《扣缴个人所得税报告表》或《特定行业个人所得税年度申报表》时，应当将当期可扣除金额填至“税前扣除项目”或“年税前扣除项目”栏“其他”列中（需注明税延养老保险），并同时填报《个人税收递延型商业养老保险税前扣除情况明细表》（见附件）。

个人因未及时提供税延养老扣除凭证而造成往期未扣除的，扣缴单位可追补至应扣除月份扣除，并按《通知》规定重新计算应扣缴税款，在收到扣除凭证的当月办理抵扣或申请退税。个人缴费金额发生变化、未续保或退保的，应当及时告知扣缴义务人重新计算或终止税延养老保险税前扣除。除个人提供资料不全、信息不实等情形外，扣缴单位不得拒绝为纳税人办理税前扣除。

（二）取得个体工商户的生产经营所得、对企事业单位的承包承租经营所得的个人

取得个体工商户的生产经营所得、对企事业单位的承包承租经营所得的个体工商户业主、个人独资企业投资者、合伙企业自然人合伙人和承包承租经营者，其购买的符合规定的养老保险产品支出，在年度申报时，凭税延养老扣除凭证，在《通知》规定的扣除限额内据实扣除，并填报至《个人所得税生产经营所得纳税申报表（B 表）》的“允许扣除的其他费用”行（需注明税延养老保险），同时填报《个人税收递延型商业养老保险税前扣除情况明细表》。

计算扣除限额时，个体工商户业主、个人独资企业投资者和承包承租经营者应税收入按照个体工商户、个人独资企业、承包承租的收入总额确定；合伙企业自然人合伙人应税收入按合伙企业收入总额乘以合伙人分配比例确定。

实行核定征收的，应当向主管税务机关报送《个人税收递延型商业养老保险税前扣除情况明细表》和税延养老扣除凭证，主管税务机关按程序相应调减其应纳税所得额或应纳税额。纳税人缴费金额发生变化、未续保或退保的，应当及时告知主管税务机关，重新核定应纳税所得额或应纳税额。

二、领取商业养老金征税环节

个人达到规定条件领取商业养老金时，保险公司按照《通知》规定代扣代缴“其他所得”项目（需注明税延养老保险）个人所得税，并在个人购买税延养老保险的机构所在地办理全员全额扣缴申报。

三、施行时间

本公告自 2018 年 5 月 1 日起施行。

特此公告。

附件：个人税收递延型商业养老保险税前扣除情况明细表（编者略）

注释：

条款废止。第二条自2019年1月1日起废止。参见:《财政部　税务总局关于个人取得有关收入适用个人所得税应税所得项目的公告》(财政部　税务总局公告2019年第74号)。

2-2-177

财政部　税务总局关于创业投资企业和天使投资个人有关税收政策的通知

2018年5月14日　财税〔2018〕55号

各省、自治区、直辖市、计划单列市财政厅(局)、国家税务局、地方税务局,新疆生产建设兵团财政局:

为进一步支持创业投资发展,现就创业投资企业和天使投资个人有关税收政策问题通知如下:

一、税收政策内容

(一)公司制创业投资企业采取股权投资方式直接投资于种子期、初创期科技型企业(以下简称初创科技型企业)满2年(24个月,下同)的,可以按照投资额的70%在股权持有满2年的当年抵扣该公司制创业投资企业的应纳税所得额;当年不足抵扣的,可以在以后纳税年度结转抵扣。

(二)有限合伙制创业投资企业(以下简称合伙创投企业)采取股权投资方式直接投资于初创科技型企业满2年的,该合伙创投企业的合伙人分别按以下方式处理:

1. 法人合伙人可以按照对初创科技型企业投资额的70%抵扣法人合伙人从合伙创投企业分得的所得;当年不足抵扣的,可以在以后纳税年度结转抵扣。

2. 个人合伙人可以按照对初创科技型企业投资额的70%抵扣个人合伙人从合伙创投企业分得的经营所得;当年不足抵扣的,可以在以后纳税年度结转抵扣。

(三)天使投资个人采取股权投资方式直接投资于初创科技型企业满2年的,可以按照投资额的70%抵扣转让该初创科技型企业股权取得的应纳税所得额;当期不足抵扣的,可以在以后取得转让该初创科技型企业股权的应纳税所得额时结转抵扣。

天使投资个人投资多个初创科技型企业的,对其中办理注销清算的初创科技型企业,天使投资个人对其投资额的70%尚未抵扣完的,可自注销清算之日起36个月内抵扣天使投资个人转让其他初创科技型企业股权取得的应纳税所得额。

二、相关政策条件

(一)本通知所称初创科技型企业,应同时符合以下条件:

1. 在中国境内(不包括港、澳、台地区)注册成立、实行查账征收的居民企业;

2. 接受投资时,从业人数不超过200人,其中具有大学本科以上学历的从业人数不低

于30%;资产总额和年销售收入均不超过3000万元;

3. 接受投资时设立时间不超过5年(60个月);

4. 接受投资时以及接受投资后2年内未在境内外证券交易所上市;

5. 接受投资当年及下一纳税年度,研发费用总额占成本费用支出的比例不低于20%。

(二)享受本通知规定税收政策的创业投资企业,应同时符合以下条件:

1. 在中国境内(不含港、澳、台地区)注册成立、实行查账征收的居民企业或合伙创投企业,且不属于被投资初创科技型企业的发起人;

2. 符合《创业投资企业管理暂行办法》(发展改革委等10部门令第39号)规定或者《私募投资基金监督管理暂行办法》(证监会令第105号)关于创业投资基金的特别规定,按照上述规定完成备案且规范运作;

3. 投资后2年内,创业投资企业及其关联方持有被投资初创科技型企业的股权比例合计应低于50%。

(三)享受本通知规定的税收政策的天使投资个人,应同时符合以下条件:

1. 不属于被投资初创科技型企业的发起人、雇员或其亲属(包括配偶、父母、子女、祖父母、外祖父母、孙子女、外孙子女、兄弟姐妹,下同),且与被投资初创科技型企业不存在劳务派遣等关系;

2. 投资后2年内,本人及其亲属持有被投资初创科技型企业股权比例合计应低于50%。

(四)享受本通知规定的税收政策的投资,仅限于通过向被投资初创科技型企业直接支付现金方式取得的股权投资,不包括受让其他股东的存量股权。

三、管理事项及管理要求

(一)本通知所称研发费用口径,按照《财政部 国家税务总局 科技部关于完善研究开发费用税前加计扣除政策的通知》(财税〔2015〕119号)等规定执行。

(二)本通知所称从业人数,包括与企业建立劳动关系的职工人员及企业接受的劳务派遣人员。从业人数和资产总额指标,按照企业接受投资前连续12个月的平均数计算,不足12个月的,按实际月数平均计算。

本通知所称销售收入,包括主营业务收入与其他业务收入;年销售收入指标,按照企业接受投资前连续12个月的累计数计算,不足12个月的,按实际月数累计计算。

本通知所称成本费用,包括主营业务成本、其他业务成本、销售费用、管理费用、财务费用。

(三)本通知所称投资额,按照创业投资企业或天使投资个人对初创科技型企业的实缴投资额确定。

合伙创投企业的合伙人对初创科技型企业的投资额,按照合伙创投企业对初创科技型企业的实缴投资额和合伙协议约定的合伙人占合伙创投企业的出资比例计算确定。合伙人从合伙创投企业分得的所得,按照《财政部 国家税务总局关于合伙企业合伙人所得税问题的通知》(财税〔2008〕159号)规定计算。

(四)天使投资个人、公司制创业投资企业、合伙创投企业、合伙创投企业法人合伙人、被投资初创科技型企业应按规定办理优惠手续。

（五）初创科技型企业接受天使投资个人投资满2年，在上海证券交易所、深圳证券交易所上市的，天使投资个人转让该企业股票时，按照现行限售股有关规定执行，其尚未抵扣的投资额，在税款清算时一并计算抵扣。

（六）享受本通知规定的税收政策的纳税人，其主管税务机关对被投资企业是否符合初创科技型企业条件有异议的，可以转请被投资企业主管税务机关提供相关材料。对纳税人提供虚假资料，违规享受税收政策的，应按税收征管法相关规定处理，并将其列入失信纳税人名单，按规定实施联合惩戒措施。

四、执行时间

本通知规定的天使投资个人所得税政策自2018年7月1日起执行，其他各项政策自2018年1月1日起执行。执行日期前2年内发生的投资，在执行日期后投资满2年，且符合本通知规定的其他条件的，可以适用本通知规定的税收政策。

《财政部　税务总局关于创业投资企业和天使投资个人有关税收试点政策的通知》（财税〔2017〕38号）自2018年7月1日起废止，符合试点政策条件的投资额可按本通知的规定继续抵扣。

注释：

政策调整。本文延续执行至2027年12月31日。参见：《财政部　税务总局关于延续执行创业投资企业和天使投资个人投资初创科技型企业有关政策条件的公告》（财政部　税务总局公告2023年第17号）。

条款修改。第二条第一项关于初创科技型企业条件中的“从业人数不超过200人”调整为“从业人数不超过300人”，“资产总额和年销售收入均不超过3000万元”调整为“资产总额和年销售收入均不超过5000万元”。参见：《财政部　税务总局关于实施小微企业普惠性税收减免政策的通知》（财税〔2019〕13号）。

2-2-178

财政部　税务总局　科技部关于科技人员取得职务科技成果转化现金奖励有关个人所得税政策的通知

2018年5月29日　财税〔2018〕58号

各省、自治区、直辖市、计划单列市财政厅（局）、地方税务局、科技厅（委、局），新疆生产建设兵团财政局、科技局：

为进一步支持国家大众创业、万众创新战略的实施，促进科技成果转化，现将科技人员取得职务科技成果转化现金奖励有关个人所得税政策通知如下：

一、依法批准设立的非营利性研究开发机构和高等学校（以下简称非营利性科研机构和高校）根据《中华人民共和国促进科技成果转化法》规定，从职务科技成果转化收入中给予科技人员的现金奖励，可减按50%计入科技人员当月"工资、薪金所得"，依法缴纳个人所得税。

二、非营利性科研机构和高校包括国家设立的科研机构和高校、民办非营利性科研机构和高校。

三、国家设立的科研机构和高校是指利用财政性资金设立的、取得《事业单位法人证书》的科研机构和公办高校，包括中央和地方所属科研机构和高校。

四、民办非营利性科研机构和高校，是指同时满足以下条件的科研机构和高校：

（一）根据《民办非企业单位登记管理暂行条例》在民政部门登记，并取得《民办非企业单位登记证书》。

（二）对于民办非营利性科研机构，其《民办非企业单位登记证书》记载的业务范围应属于"科学研究与技术开发、成果转让、科技咨询与服务、科技成果评估"范围。对业务范围存在争议的，由税务机关转请县级（含）以上科技行政主管部门确认。

对于民办非营利性高校，应取得教育主管部门颁发的《民办学校办学许可证》，《民办学校办学许可证》记载学校类型为"高等学校"。

（三）经认定取得企业所得税非营利组织免税资格。

五、科技人员享受本通知规定税收优惠政策，须同时符合以下条件：

（一）科技人员是指非营利性科研机构和高校中对完成或转化职务科技成果作出重要贡献的人员。非营利性科研机构和高校应按规定公示有关科技人员名单及相关信息（国防专利转化除外），具体公示办法由科技部会同财政部、税务总局制定。

（二）科技成果是指专利技术（含国防专利）、计算机软件著作权、集成电路布图设计专有权、植物新品种权、生物医药新品种，以及科技部、财政部、税务总局确定的其他技术成果。

（三）科技成果转化是指非营利性科研机构和高校向他人转让科技成果或者许可他人使用科技成果。现金奖励是指非营利性科研机构和高校在取得科技成果转化收入三年（36个月）内奖励给科技人员的现金。

（四）非营利性科研机构和高校转化科技成果，应当签订技术合同，并根据《技术合同认定登记管理办法》，在技术合同登记机构进行审核登记，并取得技术合同认定登记证明。

非营利性科研机构和高校应健全科技成果转化的资金核算，不得将正常工资、奖金等收入列入科技人员职务科技成果转化现金奖励享受税收优惠。

六、非营利性科研机构和高校向科技人员发放现金奖励时，应按个人所得税法规定代扣代缴个人所得税，并按规定向税务机关履行备案手续。

七、本通知自2018年7月1日起施行。本通知施行前非营利性科研机构和高校取得的科技成果转化收入，自施行后36个月内给科技人员发放现金奖励，符合本通知规定的其他条件的，适用本通知。

2－2－179

国家税务总局关于科技人员取得职务科技成果转化现金奖励有关个人所得税征管问题的公告

2018年6月11日　国家税务总局公告2018年第30号

为贯彻落实《财政部　税务总局　科技部关于科技人员取得职务科技成果转化现金奖励有关个人所得税政策的通知》(财税〔2018〕58号,以下简称《通知》),现就有关征管问题公告如下:

一、《通知》第五条第(三)项所称"三年(36个月)内",是指自非营利性科研机构和高校实际取得科技成果转化收入之日起36个月内。非营利性科研机构和高校分次取得科技成果转化收入的,以每次实际取得日期为准。

二、非营利性科研机构和高校向科技人员发放职务科技成果转化现金奖励(以下简称"现金奖励"),应于发放之日的次月15日内,向主管税务机关报送《科技人员取得职务科技成果转化现金奖励个人所得税备案表》(见附件)。单位资质材料(《事业单位法人证书》、《民办学校办学许可证》、《民办非企业单位登记证书》等)、科技成果转化技术合同、科技人员现金奖励公示材料、现金奖励公示结果文件等相关资料自行留存备查。

三、非营利性科研机构和高校向科技人员发放现金奖励,在填报《扣缴个人所得税报告表》时,应将当期现金奖励收入金额与当月工资、薪金合并,全额计入"收入额"列,同时将现金奖励的50%填至《扣缴个人所得税报告表》"免税所得"列,并在备注栏注明"科技人员现金奖励免税部分"字样,据此以"收入额"减除"免税所得"以及相关扣除后的余额计算缴纳个人所得税。

四、本公告自2018年7月1日起施行。

特此公告。

附件:科技人员取得职务科技成果转化现金奖励个人所得税备案表(编者略)

2－2－180

科技部　财政部　税务总局关于科技人员取得职务科技成果转化现金奖励信息公示办法的通知

2018年7月26日　国科发政〔2018〕103号

各省、自治区、直辖市、计划单列市科技厅(委、局)、财政厅(局)、税务局,新疆生产建设兵团科技局、财政局：

为落实《财政部 税务总局 科技部关于科技人员取得职务科技成果转化现金奖励有关个人所得税政策的通知》（财税〔2018〕58 号）的要求，规范科技人员取得职务科技成果转化现金奖励有关个人所得税缴纳，确保现金奖励相关信息公开、透明，现就科技人员取得职务科技成果转化现金奖励信息公示有关工作通知如下：

一、符合《关于科技人员取得职务科技成果转化现金奖励有关个人所得税政策的通知》（财税〔2018〕58 号）条件的职务科技成果完成单位应当按照本通知要求，对本单位科技人员取得职务科技成果转化现金奖励相关信息予以公示。职务科技成果完成单位是指具有独立法人资格的非营利性研究开发机构和高等学校。

二、科技成果完成单位要结合本单位科技成果转化工作实际，健全完善内控制度，明确公示工作的负责机构，制定公示办法，对公示内容、公示方式、公示范围、公示时限和公示异议处理程序等事项作出明确规定。

三、公示信息应当包含科技成果转化信息、奖励人员信息、现金奖励信息、技术合同登记信息、公示期限等内容。

科技成果转化信息包括转化的科技成果的名称、种类（专利、计算机软件著作权、集成电路布图设计专有权、植物新品种权、生物医药新品种及其他）、转化方式（转让、许可）、转化收入及取得时间等。

奖励人员信息包括获得现金奖励人员姓名、岗位职务、对完成和转化科技成果作出的贡献情况等。

现金奖励信息包括科技成果现金奖励总额，现金奖励发放时间等。

技术合同登记信息包括技术合同在技术合同登记机构的登记情况等。

四、科技成果完成单位已经按照《中华人民共和国促进科技成果转化法》的规定公示上述信息的，如公示信息没有变化，可不再重复公示。

五、公示期限不得低于 15 个工作日。公示期内如有异议，科技成果完成单位应及时受理，认真做好调查核实并公布调查结果。

六、公示范围应当覆盖科技成果完成单位，并保证单位内的员工能够以便捷的方式获取公示信息。

七、公示信息应真实、准确。科技成果完成单位发现存在提供虚假信息、伪造变造信息等情况的，应当对责任人严肃处理并在本单位公布处理结果。

八、科技成果完成单位应当在职务科技成果转化现金奖励发放前 15 个工作日内完成公示，并将公示信息结果和个人奖励数额形成书面文件留存备相关部门查验。

九、公示应当遵守国家保密相关规定。

十、本通知自发布之日起实施。

2－2－181

国家税务总局关于创业投资企业和天使投资个人税收政策有关问题的公告

2018年7月30日　国家税务总局公告2018年第43号

为贯彻落实《财政部　税务总局关于创业投资企业和天使投资个人有关税收政策的通知》(财税〔2018〕55号,以下简称《通知》),现就创业投资企业和天使投资个人税收政策有关问题公告如下:

一、相关政策执行口径

(一)《通知》第一条所称满2年是指公司制创业投资企业(以下简称"公司制创投企业")、有限合伙制创业投资企业(以下简称"合伙创投企业")和天使投资个人投资于种子期、初创期科技型企业(以下简称"初创科技型企业")的实缴投资满2年,投资时间从初创科技型企业接受投资并完成工商变更登记的日期算起。

(二)《通知》第二条第(一)项所称研发费用总额占成本费用支出的比例,是指企业接受投资当年及下一纳税年度的研发费用总额合计占同期成本费用总额合计的比例。

(三)《通知》第三条第(三)项所称出资比例,按投资满2年当年年末各合伙人对合伙创投企业的实缴出资额占所有合伙人全部实缴出资额的比例计算。

(四)《通知》所称从业人数及资产总额指标,按照初创科技型企业接受投资前连续12个月的平均数计算,不足12个月的,按实际月数平均计算。具体计算公式如下:

月平均数＝(月初数＋月末数)÷2

接受投资前连续12个月平均数＝接受投资前连续12个月平均数之和÷12

(五)法人合伙人投资于多个符合条件的合伙创投企业,可合并计算其可抵扣的投资额和分得的所得。当年不足抵扣的,可结转以后纳税年度继续抵扣;当年抵扣后有结余的,应按照企业所得税法的规定计算缴纳企业所得税。

所称符合条件的合伙创投企业既包括符合《通知》规定条件的合伙创投企业,也包括符合《国家税务总局关于有限合伙制创业投资企业法人合伙人企业所得税有关问题的公告》(国家税务总局公告2015年第81号)规定条件的合伙创投企业。

二、办理程序和资料

(一)企业所得税

1. 公司制创投企业和合伙创投企业法人合伙人在年度申报享受优惠时,按照《国家税务总局关于发布修订后的〈企业所得税优惠政策事项办理办法〉的公告》(国家税务总局公告2018年第23号)的规定办理有关手续。

2. 合伙创投企业的法人合伙人符合享受优惠条件的,合伙创投企业应在投资初创科技型企业满2年的年度以及分配所得的年度终了后及时向法人合伙人提供《合伙创投企业法人合伙人所得分配情况明细表》(附件1)。

（二）个人所得税

1. 合伙创投企业个人合伙人

（1）合伙创投企业的个人合伙人符合享受优惠条件的，合伙创投企业应在投资初创科技型企业满2年的年度终了后3个月内，向合伙创投企业主管税务机关办理备案手续，备案时应报送《合伙创投企业个人所得税投资抵扣备案表》（附件2），同时将有关资料留存备查（备查资料同公司制创投企业）。合伙企业多次投资同一初创科技型企业的，应按年度分别备案。

（2）合伙创投企业应在投资初创科技型企业满2年后的每个年度终了后3个月内，向合伙创投企业主管税务机关报送《合伙创投企业个人所得税投资抵扣情况表》（附件3）。

（3）个人合伙人在个人所得税年度申报时，应将当年允许抵扣的投资额填至《个人所得税生产经营所得纳税申报表（B表）》"允许扣除的其他费用"栏，并同时标明"投资抵扣"字样。

2. 天使投资个人

（1）投资抵扣备案

天使投资个人应在投资初创科技型企业满24个月的次月15日内，与初创科技型企业共同向初创科技型企业主管税务机关办理备案手续。备案时应报送《天使投资个人所得税投资抵扣备案表》（附件4）。被投资企业符合初创科技型企业条件的有关资料留存企业备查，备查资料包括初创科技型企业接受现金投资时的投资合同（协议）、章程、实际出资的相关证明材料，以及被投资企业符合初创科技型企业条件的有关资料。多次投资同一初创科技型企业的，应分次备案。

（2）投资抵扣申报

①天使投资个人转让未上市的初创科技型企业股权，按照《通知》规定享受投资抵扣税收优惠时，应于股权转让次月15日内，向主管税务机关报送《天使投资个人所得税投资抵扣情况表》（附件5）。同时，天使投资个人还应一并提供投资初创科技型企业后税务机关受理的《天使投资个人所得税投资抵扣备案表》。

其中，天使投资个人转让初创科技型企业股权需同时抵扣前36个月内投资其他注销清算初创科技型企业尚未抵扣完毕的投资额的，申报时应一并提供注销清算企业主管税务机关受理并注明注销清算等情况的《天使投资个人所得税投资抵扣备案表》，以及前期享受投资抵扣政策后税务机关受理的《天使投资个人所得税投资抵扣情况表》。

接受投资的初创科技型企业，应在天使投资个人转让股权纳税申报时，向扣缴义务人提供相关信息。

②天使投资个人投资初创科技型企业满足投资抵扣税收优惠条件后，初创科技型企业在上海证券交易所、深圳证券交易所上市的，天使投资个人在转让初创科技型企业股票时，有尚未抵扣完毕的投资额的，应向证券机构所在地主管税务机关办理限售股转让税款清算，抵扣尚未抵扣完毕的投资额。清算时，应提供投资初创科技型企业后税务机关受理的《天使投资个人所得税投资抵扣备案表》和《天使投资个人所得税投资抵扣情况表》。

（3）被投资企业发生个人股东变动或者个人股东所持股权变动的，应在次月15日内向主管税务机关报送含有股东变动信息的《个人所得税基础信息表（A表）》。对天使投资个人,应在备注栏标明“天使投资个人”字样。

(4)天使投资个人转让股权时,扣缴义务人、天使投资个人应将当年允许抵扣的投资额填至《扣缴个人所得税报告表》或《个人所得税自行纳税申报表(A表)》“税前扣除项目”的“其他”栏,并同时标明“投资抵扣”字样。

(5)天使投资个人投资的初创科技型企业注销清算的,应及时持《天使投资个人所得税投资抵扣备案表》到主管税务机关办理情况登记。

三、其他事项

(一)税务机关在公司制创投企业、合伙创投企业合伙人享受优惠政策后续管理中,对初创科技型企业是否符合规定条件有异议的,可以转请初创科技型企业主管税务机关提供相关资料,主管税务机关应积极配合。

(二)创业投资企业、合伙创投企业合伙人、天使投资个人、初创科技型企业提供虚假情况、故意隐瞒已投资抵扣情况或采取其他手段骗取投资抵扣,不缴或者少缴应纳税款的,按税收征管法有关规定处理。

四、施行时间

本公告天使投资个人所得税有关规定自2018年7月1日起施行,其他所得税规定自2018年1月1日起施行。施行日期前2年内发生的投资,适用《通知》规定的税收政策的,按本公告规定执行。

《国家税务总局关于创业投资企业和天使投资个人税收试点政策有关问题的公告》(国家税务总局公告2017年第20号)自2018年7月1日起废止,符合试点政策条件的投资额可按本公告规定继续办理抵扣。

特此公告。

附件:1. 合伙创投企业法人合伙人所得分配情况明细表(编者略)
2. 合伙创投企业个人所得税投资抵扣备案表(编者略)
3. 合伙创投企业个人所得税投资抵扣情况表(编者略)
4. 天使投资个人所得税投资抵扣备案表(编者略)
5. 天使投资个人所得税投资抵扣情况表(编者略)

2-2-182

财政部　税务总局关于2018年第四季度个人所得税减除费用和税率适用问题的通知

2018年9月7日　财税〔2018〕98号

各省、自治区、直辖市、计划单列市财政厅(局),国家税务总局各省、自治区、直辖市、计划单列市税务局,新疆生产建设兵团财政局:

根据第十三届全国人大常委会第五次会议审议通过的《全国人民代表大会常务委员会关于修改〈中华人民共和国个人所得税法〉的决定》,现就2018年第四季度纳税人适用个人所得税减除费用和税率有关问题通知如下：

一、关于工资、薪金所得适用减除费用和税率问题

对纳税人在2018年10月1日(含)后实际取得的工资、薪金所得，减除费用统一按照5000元/月执行，并按照本通知所附个人所得税税率表一计算应纳税额。对纳税人在2018年9月30日(含)前实际取得的工资、薪金所得，减除费用按照税法修改前规定执行。

二、关于个体工商户业主、个人独资企业和合伙企业自然人投资者、企事业单位承包承租经营者的生产经营所得计税方法问题

(一)对个体工商户业主、个人独资企业和合伙企业自然人投资者、企事业单位承包承租经营者2018年第四季度取得的生产经营所得，减除费用按照5000元/月执行，前三季度减除费用按照3500元/月执行。

(二)对个体工商户业主、个人独资企业和合伙企业自然人投资者、企事业单位承包承租经营者2018年取得的生产经营所得，用全年应纳税所得额分别计算应纳前三季度税额和应纳第四季度税额，其中应纳前三季度税额按照税法修改前规定的税率和前三季度实际经营月份的权重计算，应纳第四季度税额按照本通知所附个人所得税税率表二(以下称税法修改后规定的税率)和第四季度实际经营月份的权重计算。具体计算方法：

1. 月(季)度预缴税款的计算。

本期应缴税额 = 累计应纳税额 - 累计已缴税额

累计应纳税额 = 应纳10月1日以前税额 + 应纳10月1日以后税额

应纳10月1日以前税额 = (累计应纳税所得额 × 税法修改前规定的税率 - 税法修改前规定的速算扣除数) ×10月1日以前实际经营月份数 ÷ 累计实际经营月份数

应纳10月1日以后税额 = (累计应纳税所得额 × 税法修改后规定的税率 - 税法修改后规定的速算扣除数) ×10月1日以后实际经营月份数 ÷ 累计实际经营月份数

2. 年度汇算清缴税款的计算。

汇缴应补退税额 = 全年应纳税额 - 累计已缴税额

全年应纳税额 = 应纳前三季度税额 + 应纳第四季度税额

应纳前三季度税额 = (全年应纳税所得额 × 税法修改前规定的税率 - 税法修改前规定的速算扣除数) × 前三季度实际经营月份数 ÷ 全年实际经营月份数

应纳第四季度税额 = (全年应纳税所得额 × 税法修改后规定的税率 - 税法修改后规定的速算扣除数) × 第四季度实际经营月份数 ÷ 全年实际经营月份数

三、《财政部 国家税务总局关于调整个体工商户业主 个人独资企业和合伙企业自然人投资者个人所得税费用扣除标准的通知》(财税〔2011〕62号)自2018年10月1日起废止。

附件：1. 个人所得税税率表一(工资薪金所得适用)

2. 个人所得税税率表二(个体工商户的生产、经营所得和对企事业单位的承包经营、承租经营所得适用)

附件 1

个人所得税税率表一

（工资薪金所得适用）

级数	全月应纳税所得额	税率	速算扣除数
1	不超过 3000 元的	3%	0
2	超过 3000 元至 12000 元的部分	10%	210
3	超过 12000 元至 25000 元的部分	20%	1410
4	超过 25000 元至 35000 元的部分	25%	2660
5	超过 35000 元至 55000 元的部分	30%	4410
6	超过 55000 元至 80000 元的部分	35%	7160
7	超过 80000 元的部分	45%	15160

附件 2

个人所得税税率表二

（个体工商户的生产、经营所得和对企事业单位的承包经营、承租经营所得适用）

级数	全月应纳税所得额	税率	速算扣除数
1	不超过 30000 元的	5%	0
2	超过 30000 元至 90000 元的部分	10%	1500
3	超过 90000 元至 300000 元的部分	20%	10500
4	超过 300000 元至 500000 元的部分	30%	40500
5	超过 500000 元的部分	35%	65500

2 -2 -183

国家税务总局关于严格按照 5000 元费用减除标准执行税收政策的公告

2018 年 11 月 2 日　国家税务总局公告 2018 年第 51 号

近期，有纳税人反映，部分扣缴单位在 10 月份发放工资薪金时没有按照 5000 元/月费用减除标准扣除计税。为保障纳税人合法权益，让纳税人全面及时享受个人所得税改革红利，现就有关事项公告如下：

一、根据修改后的个人所得税法和有关规定，纳税人在今年 10 月 1 日（含）后实际取得的工资薪金所得，应当适用 5000 元/月的费用减除标准。对于符合上述情形的，扣缴义务人要严格按照 5000 元/月费用减除标准代扣代缴税款，确保纳税人不打折扣地享受税改红利。

二、对于纳税人 2018 年 10 月 1 日（含）后实际取得的工资薪金所得，如果扣缴义务人办理申报时将“税款所属月份”误选为“2018 年 9 月”，导致未享受 5000 元/月的减除费用，纳税人、扣缴义务人可以依法向税务机关申请退还多缴的税款。

三、对于扣缴单位在今年10月1日(含)后发放工资薪金时,没有按照5000元费用减除标准扣除的,纳税人可向税务机关投诉,税务机关应当及时核实,并向扣缴单位做好宣传辅导,尽快给予解决,切实保障纳税人合法权益。

投诉电话:12366

特此公告。

2－2－184

财政部　税务总局　证监会关于个人转让全国中小企业股份转让系统挂牌公司股票有关个人所得税政策的通知

2018年11月30日　财税〔2018〕137号

各省、自治区、直辖市、计划单列市财政厅(局),国家税务总局各省、自治区、直辖市、计划单列市税务局,新疆生产建设兵团财政局,全国中小企业股份转让系统有限责任公司,中国证券登记结算有限责任公司:

为促进全国中小企业股份转让系统(以下简称新三板)长期稳定发展,现就个人转让新三板挂牌公司股票有关个人所得税政策通知如下:

一、自2018年11月1日(含)起,对个人转让新三板挂牌公司非原始股取得的所得,暂免征收个人所得税。

本通知所称非原始股是指个人在新三板挂牌公司挂牌后取得的股票,以及由上述股票孳生的送、转股。

二、对个人转让新三板挂牌公司原始股取得的所得,按照“财产转让所得”,适用20%的比例税率征收个人所得税。

本通知所称原始股是指个人在新三板挂牌公司挂牌前取得的股票,以及在该公司挂牌前和挂牌后由上述股票孳生的送、转股。

三、2019年9月1日之前,个人转让新三板挂牌公司原始股的个人所得税,征收管理办法按照现行股权转让所得有关规定执行,以股票受让方为扣缴义务人,由被投资企业所在地税务机关负责征收管理。

自2019年9月1日(含)起,个人转让新三板挂牌公司原始股的个人所得税,以股票托管的证券机构为扣缴义务人,由股票托管的证券机构所在地主管税务机关负责征收管理。具体征收管理办法参照《财政部　国家税务总局　证监会关于个人转让上市公司限售股所得征收个人所得税有关问题的通知》(财税〔2009〕167号)和《财政部　国家税务总局　证监会关于个人转让上市公司限售股所得征收个人所得税有关问题的补充通知》(财税〔2010〕70号)有关规定执行。

四、2018年11月1日之前,个人转让新三板挂牌公司非原始股,尚未进行税收处理的,可比照本通知第一条规定执行,已经进行相关税收处理的,不再进行税收调整。

五、中国证券登记结算公司应当在登记结算系统内明确区分新三板原始股和非原始股。中国证券登记结算公司、证券公司及其分支机构应当积极配合财政、税务部门做好相关工作。

2-2-185

国家税务总局关于将个人所得税《税收完税证明》(文书式)调整为《纳税记录》有关事项的公告

2018年12月5日　国家税务总局公告2018年第55号

为配合个人所得税制度改革,进一步落实国务院减证便民要求,优化纳税服务,国家税务总局决定将个人所得税《税收完税证明》(文书式)调整为《纳税记录》。现将有关事项公告如下:

一、从2019年1月1日起,纳税人申请开具税款所属期为2019年1月1日(含)以后的个人所得税缴(退)税情况证明的,税务机关不再开具《税收完税证明》(文书式),调整为开具《纳税记录》(具体内容及式样见附件);纳税人申请开具税款所属期为2018年12月31日(含)以前个人所得税缴(退)税情况证明的,税务机关继续开具《税收完税证明》(文书式)。

二、纳税人2019年1月1日以后取得应税所得并由扣缴义务人向税务机关办理了全员全额扣缴申报,或根据税法规定自行向税务机关办理纳税申报的,不论是否实际缴纳税款,均可以申请开具《纳税记录》。

三、纳税人可以通过电子税务局、手机APP申请开具本人的个人所得税《纳税记录》,也可到办税服务厅申请开具。

四、纳税人可以委托他人持下列证件和资料到办税服务厅代为开具个人所得税《纳税记录》:

(一)委托人及受托人有效身份证件原件;

(二)委托人书面授权资料。

五、纳税人对个人所得税《纳税记录》存在异议的,可以向该项记录中列明的税务机关申请核实。

六、税务机关提供个人所得税《纳税记录》的验证服务,支持通过电子税务局、手机APP等方式进行验证。具体验证方法见个人所得税《纳税记录》中的相关说明。

七、本公告自2019年1月1日起施行。

特此公告。

附件:个人所得税纳税记录(编者略)

2 -2 -186

国家税务总局关于发布《个人所得税扣缴申报管理办法(试行)》的公告

2018 年 12 月 21 日　国家税务总局公告 2018 年第 61 号

为贯彻落实新修改的《中华人民共和国个人所得税法》及其实施条例,国家税务总局制定了《个人所得税扣缴申报管理办法(试行)》,现予以发布,自 2019 年 1 月 1 日起施行。

特此公告。

附件:个人所得税税率表及预扣率表

个人所得税扣缴申报管理办法(试行)

第一条　为规范个人所得税扣缴申报行为,维护纳税人和扣缴义务人合法权益,根据《中华人民共和国个人所得税法》及其实施条例、《中华人民共和国税收征收管理法》及其实施细则等法律法规的规定,制定本办法。

第二条　扣缴义务人,是指向个人支付所得的单位或者个人。扣缴义务人应当依法办理全员全额扣缴申报。

全员全额扣缴申报,是指扣缴义务人应当在代扣税款的次月十五日内,向主管税务机关报送其支付所得的所有个人的有关信息、支付所得数额、扣除事项和数额、扣缴税款的具体数额和总额以及其他相关涉税信息资料。

第三条　扣缴义务人每月或者每次预扣、代扣的税款,应当在次月十五日内缴入国库,并向税务机关报送《个人所得税扣缴申报表》。

第四条　实行个人所得税全员全额扣缴申报的应税所得包括:

(一)工资、薪金所得;

(二)劳务报酬所得;

(三)稿酬所得;

(四)特许权使用费所得;

(五)利息、股息、红利所得;

(六)财产租赁所得;

(七)财产转让所得;

(八)偶然所得。

第五条　扣缴义务人首次向纳税人支付所得时,应当按照纳税人提供的纳税人识别号等基础信息,填写《个人所得税基础信息表(A 表)》,并于次月扣缴申报时向税务机关报送。

扣缴义务人对纳税人向其报告的相关基础信息变化情况,应当于次月扣缴申报时向税务机关报送。

第六条 扣缴义务人向居民个人支付工资、薪金所得时，应当按照累计预扣法计算预扣税款，并按月办理扣缴申报。

累计预扣法，是指扣缴义务人在一个纳税年度内预扣预缴税款时，以纳税人在本单位截至当前月份工资、薪金所得累计收入减除累计免税收入、累计减除费用、累计专项扣除、累计专项附加扣除和累计依法确定的其他扣除后的余额为累计预扣预缴应纳税所得额，适用个人所得税预扣率表一（见附件），计算累计应预扣预缴税额，再减除累计减免税额和累计已预扣预缴税额，其余额为本期应预扣预缴税额。余额为负值时，暂不退税。纳税年度终了后余额仍为负值时，由纳税人通过办理综合所得年度汇算清缴，税款多退少补。

具体计算公式如下：

本期应预扣预缴税额＝（累计预扣预缴应纳税所得额×预扣率－速算扣除数）－累计减免税额－累计已预扣预缴税额

累计预扣预缴应纳税所得额＝累计收入－累计免税收入－累计减除费用－累计专项扣除－累计专项附加扣除－累计依法确定的其他扣除

其中：累计减除费用，按照5000元/月乘以纳税人当年截至本月在本单位的任职受雇月份数计算。

第七条 居民个人向扣缴义务人提供有关信息并依法要求办理专项附加扣除的，扣缴义务人应当按照规定在工资、薪金所得按月预扣预缴税款时予以扣除，不得拒绝。

第八条 扣缴义务人向居民个人支付劳务报酬所得、稿酬所得、特许权使用费所得时，应当按照以下方法按次或者按月预扣预缴税款：

劳务报酬所得、稿酬所得、特许权使用费所得以收入减除费用后的余额为收入额；其中，稿酬所得的收入额减按百分之七十计算。

减除费用：预扣预缴税款时，劳务报酬所得、稿酬所得、特许权使用费所得每次收入不超过四千元的，减除费用按八百元计算；每次收入四千元以上的，减除费用按收入的百分之二十计算。

应纳税所得额：劳务报酬所得、稿酬所得、特许权使用费所得，以每次收入额为预扣预缴应纳税所得额，计算应预扣预缴税额。劳务报酬所得适用个人所得税预扣率表二（见附件），稿酬所得、特许权使用费所得适用百分之二十的比例预扣率。

居民个人办理年度综合所得汇算清缴时，应当依法计算劳务报酬所得、稿酬所得、特许权使用费所得的收入额，并入年度综合所得计算应纳税款，税款多退少补。

第九条 扣缴义务人向非居民个人支付工资、薪金所得，劳务报酬所得，稿酬所得和特许权使用费所得时，应当按照以下方法按月或者按次代扣代缴税款：

非居民个人的工资、薪金所得，以每月收入额减除费用五千元后的余额为应纳税所得额；劳务报酬所得、稿酬所得、特许权使用费所得，以每次收入额为应纳税所得额，适用个人所得税税率表三（见附件）计算应纳税额。劳务报酬所得、稿酬所得、特许权使用费所得以收入减除百分之二十的费用后的余额为收入额；其中，稿酬所得的收入额减按百分之七十计算。

非居民个人在一个纳税年度内税款扣缴方法保持不变，达到居民个人条件时，应当告知扣缴义务人基础信息变化情况,年度终了后按照居民个人有关规定办理汇算清缴。

第十条 扣缴义务人支付利息、股息、红利所得,财产租赁所得,财产转让所得或者偶然所得时,应当依法按次或者按月代扣代缴税款。

第十一条 劳务报酬所得、稿酬所得、特许权使用费所得,属于一次性收入的,以取得该项收入为一次;属于同一项目连续性收入的,以一个月内取得的收入为一次。

财产租赁所得,以一个月内取得的收入为一次。

利息、股息、红利所得,以支付利息、股息、红利时取得的收入为一次。

偶然所得,以每次取得该项收入为一次。

第十二条 纳税人需要享受税收协定待遇的,应当在取得应税所得时主动向扣缴义务人提出,并提交相关信息、资料,扣缴义务人代扣代缴税款时按照享受税收协定待遇有关办法办理。

第十三条 支付工资、薪金所得的扣缴义务人应当于年度终了后两个月内,向纳税人提供其个人所得和已扣缴税款等信息。纳税人年度中间需要提供上述信息的,扣缴义务人应当提供。

纳税人取得除工资、薪金所得以外的其他所得,扣缴义务人应当在扣缴税款后,及时向纳税人提供其个人所得和已扣缴税款等信息。

第十四条 扣缴义务人应当按照纳税人提供的信息计算税款、办理扣缴申报,不得擅自更改纳税人提供的信息。

扣缴义务人发现纳税人提供的信息与实际情况不符的,可以要求纳税人修改。纳税人拒绝修改的,扣缴义务人应当报告税务机关,税务机关应当及时处理。

纳税人发现扣缴义务人提供或者扣缴申报的个人信息、支付所得、扣缴税款等信息与实际情况不符的,有权要求扣缴义务人修改。扣缴义务人拒绝修改的,纳税人应当报告税务机关,税务机关应当及时处理。

第十五条 扣缴义务人对纳税人提供的《个人所得税专项附加扣除信息表》,应当按照规定妥善保存备查。

第十六条 扣缴义务人应当依法对纳税人报送的专项附加扣除等相关涉税信息和资料保密。

第十七条 对扣缴义务人按照规定扣缴的税款,按年付给百分之二的手续费。不包括税务机关、司法机关等查补或者责令补扣的税款。

扣缴义务人领取的扣缴手续费可用于提升办税能力、奖励办税人员。

第十八条 扣缴义务人依法履行代扣代缴义务,纳税人不得拒绝。纳税人拒绝的,扣缴义务人应当及时报告税务机关。

第十九条 扣缴义务人有未按照规定向税务机关报送资料和信息、未按照纳税人提供信息虚报虚扣专项附加扣除、应扣未扣税款、不缴或少缴已扣税款、借用或冒用他人身份等行为的,依照《中华人民共和国税收征收管理法》等相关法律、行政法规处理。

第二十条 本办法相关表证单书式样,由国家税务总局另行制定发布。

第二十一条 本办法自 2019 年 1 月 1 日起施行。《国家税务总局关于印发〈个人所得税全员全额扣缴申报管理暂行办法〉的通知》(国税发〔2005〕205 号)同时废止。

附件

个人所得税预扣率表一

（居民个人工资、薪金所得预扣预缴适用）

级数	累计预扣预缴应纳税所得额	预扣率(%)	速算扣除数
1	不超过36000元	3	0
2	超过36000元至144000元的部分	10	2520
3	超过144000元至300000元的部分	20	16920
4	超过300000元至420000元的部分	25	31920
5	超过420000元至660000元的部分	30	52920
6	超过660000元至960000元的部分	35	85920
7	超过960000元的部分	45	181920

个人所得税预扣率表二

（居民个人劳务报酬所得预扣预缴适用）

级数	预扣预缴应纳税所得额	预扣率(%)	速算扣除数
1	不超过20000元	20	0
2	超过20000元至50000元的部分	30	2000
3	超过50000元的部分	40	7000

个人所得税税率表三

（非居民个人工资、薪金所得，劳务报酬所得，稿酬所得，特许权使用费所得适用）

级数	应纳税所得额	税率(%)	速算扣除数
1	不超过3000元	3	0
2	超过3000元至12000元的部分	10	210
3	超过12000元至25000元的部分	20	1410
4	超过25000元至35000元的部分	25	2660
5	超过35000元至55000元的部分	30	4410
6	超过55000元至80000元的部分	35	7160
7	超过80000元的部分	45	15160

2－2－187

国家税务总局关于个人所得税自行纳税申报有关问题的公告

2018年12月21日　国家税务总局公告2018年第62号

根据新修改的《中华人民共和国个人所得税法》及其实施条例，现就个人所得税自行纳税申报有关问题公告如下：

一、取得综合所得需要办理汇算清缴的纳税申报

取得综合所得且符合下列情形之一的纳税人，应当依法办理汇算清缴：

（一）从两处以上取得综合所得，且综合所得年收入额减除专项扣除后的余额超过6万元；

（二）取得劳务报酬所得、稿酬所得、特许权使用费所得中一项或者多项所得，且综合所得年收入额减除专项扣除的余额超过6万元；

（三）纳税年度内预缴税额低于应纳税额；

（四）纳税人申请退税。

需要办理汇算清缴的纳税人，应当在取得所得的次年3月1日至6月30日内，向任职、受雇单位所在地主管税务机关办理纳税申报，并报送《个人所得税年度自行纳税申报表》。纳税人有两处以上任职、受雇单位的，选择向其中一处任职、受雇单位所在地主管税务机关办理纳税申报；纳税人没有任职、受雇单位的，向户籍所在地或经常居住地主管税务机关办理纳税申报。

纳税人办理综合所得汇算清缴，应当准备与收入、专项扣除、专项附加扣除、依法确定的其他扣除、捐赠、享受税收优惠等相关的资料，并按规定留存备查或报送。

纳税人取得综合所得办理汇算清缴的具体办法，另行公告。

二、取得经营所得的纳税申报

个体工商户业主、个人独资企业投资者、合伙企业个人合伙人、承包承租经营者个人以及其他从事生产、经营活动的个人取得经营所得，包括以下情形：

（一）个体工商户从事生产、经营活动取得的所得，个人独资企业投资人、合伙企业的个人合伙人来源于境内注册的个人独资企业、合伙企业生产、经营的所得；

（二）个人依法从事办学、医疗、咨询以及其他有偿服务活动取得的所得；

（三）个人对企业、事业单位承包经营、承租经营以及转包、转租取得的所得；

（四）个人从事其他生产、经营活动取得的所得。

纳税人取得经营所得，按年计算个人所得税，由纳税人在月度或季度终了后15日内，向经营管理所在地主管税务机关办理预缴纳税申报，并报送《个人所得税经营所得纳税申报表（A表）》。在取得所得的次年3月31日前，向经营管理所在地主管税务机关办理汇算清缴，并报送《个人所得税经营所得纳税申报表（B表）》；从两处以上取得经营所得的，选择向

其中一处经营管理所在地主管税务机关办理年度汇总申报，并报送《个人所得税经营所得纳税申报表(C表)》。

三、取得应税所得，扣缴义务人未扣缴税款的纳税申报

纳税人取得应税所得，扣缴义务人未扣缴税款的，应当区别以下情形办理纳税申报：

(一)居民个人取得综合所得的，按照本公告第一条办理。

(二)非居民个人取得工资、薪金所得，劳务报酬所得，稿酬所得，特许权使用费所得的，应当在取得所得的次年6月30日前，向扣缴义务人所在地主管税务机关办理纳税申报，并报送《个人所得税自行纳税申报表(A表)》。有两个以上扣缴义务人均未扣缴税款的，选择向其中一处扣缴义务人所在地主管税务机关办理纳税申报。

非居民个人在次年6月30日前离境(临时离境除外)的，应当在离境前办理纳税申报。

(三)纳税人取得利息、股息、红利所得，财产租赁所得，财产转让所得和偶然所得的，应当在取得所得的次年6月30日前，按相关规定向主管税务机关办理纳税申报，并报送《个人所得税自行纳税申报表(A表)》。

税务机关通知限期缴纳的，纳税人应当按照期限缴纳税款。

四、取得境外所得的纳税申报

居民个人从中国境外取得所得的，应当在取得所得的次年3月1日至6月30日内，向中国境内任职、受雇单位所在地主管税务机关办理纳税申报；在中国境内没有任职、受雇单位的，向户籍所在地或中国境内经常居住地主管税务机关办理纳税申报；户籍所在地与中国境内经常居住地不一致的，选择其中一地主管税务机关办理纳税申报；在中国境内没有户籍的，向中国境内经常居住地主管税务机关办理纳税申报。

纳税人取得境外所得办理纳税申报的具体规定，另行公告。

五、因移居境外注销中国户籍的纳税申报

纳税人因移居境外注销中国户籍的，应当在申请注销中国户籍前，向户籍所在地主管税务机关办理纳税申报，进行税款清算。

(一)纳税人在注销户籍年度取得综合所得的，应当在注销户籍前，办理当年综合所得的汇算清缴，并报送《个人所得税年度自行纳税申报表》。尚未办理上一年度综合所得汇算清缴的，应当在办理注销户籍纳税申报时一并办理。

(二)纳税人在注销户籍年度取得经营所得的，应当在注销户籍前，办理当年经营所得的汇算清缴，并报送《个人所得税经营所得纳税申报表(B表)》。从两处以上取得经营所得的，还应当一并报送《个人所得税经营所得纳税申报表(C表)》。尚未办理上一年度经营所得汇算清缴的，应当在办理注销户籍纳税申报时一并办理。

(三)纳税人在注销户籍当年取得利息、股息、红利所得，财产租赁所得，财产转让所得和偶然所得的，应当在注销户籍前，申报当年上述所得的完税情况，并报送《个人所得税自行纳税申报表(A表)》。

(四)纳税人有未缴或者少缴税款的，应当在注销户籍前，结清欠缴或未缴的税款。纳税人存在分期缴税且未缴纳完毕的，应当在注销户籍前，结清尚未缴纳的税款。

(五)纳税人办理注销户籍纳税申报时，需要办理专项附加扣除、依法确定的其他扣除

的,应当向税务机关报送《个人所得税专项附加扣除信息表》、《商业健康保险税前扣除情况明细表》、《个人税收递延型商业养老保险税前扣除情况明细表》等。

六、非居民个人在中国境内从两处以上取得工资、薪金所得的纳税申报

非居民个人在中国境内从两处以上取得工资、薪金所得的,应当在取得所得的次月15日内,向其中一处任职、受雇单位所在地主管税务机关办理纳税申报,并报送《个人所得税自行纳税申报表(A表)》。

七、纳税申报方式

纳税人可以采用远程办税端、邮寄等方式申报,也可以直接到主管税务机关申报。

八、其他有关问题

(一)纳税人办理自行纳税申报时,应当一并报送税务机关要求报送的其他有关资料。首次申报或者个人基础信息发生变化的,还应报送《个人所得税基础信息表(B表)》。

本公告涉及的有关表证单书,由国家税务总局统一制定式样,另行公告。

(二)纳税人在办理纳税申报时需要享受税收协定待遇的,按照享受税收协定待遇有关办法办理。

九、施行时间

本公告自2019年1月1日起施行。

特此公告。

2－2－188

财政部　税务总局关于继续有效的个人所得税优惠政策目录的公告

2018年12月29日　财政部　税务总局公告2018年第177号

为贯彻落实修改后的《中华人民共和国个人所得税法》,现将继续有效的个人所得税优惠政策涉及的文件目录予以公布。

特此公告。

附件:继续有效的个人所得税优惠政策涉及的文件目录

附件

继续有效的个人所得税优惠政策涉及的文件目录

序号	制定机关	优惠政策文件名称	文　号
1	财政部	财政部关于外国来华工作人员缴纳个人所得税问题的通知	(80)财税字第189号
2	财政部、税务总局	财政部　国家税务总局关于个人所得税若干政策问题的通知	财税字〔1994〕020号
3	财政部、税务总局	财政部　国家税务总局关于西藏自治区贯彻施行《中华人民共和国个人所得税法》有关问题的批复	财税字〔1994〕021号

续表

序号	制定机关	优惠政策文件名称	文　号
4	税务总局	国家税务总局关于印发《征收个人所得税若干问题的规定》的通知	国税发〔1994〕089 号
5	税务总局	国家税务总局关于社会福利有奖募捐发行收入税收问题的通知	国税发〔1994〕127 号
6	税务总局	国家税务总局关于曾宪梓教育基金会教师奖免征个人所得税的函	国税函发〔1994〕376 号
7	财政部、税务总局	财政部　国家税务总局关于发给见义勇为者的奖金免征个人所得税问题的通知	财税字〔1995〕25 号
8	税务总局	国家税务总局关于个人取得青苗补偿费收入征免个人所得税的批复	国税函发〔1995〕079 号
9	财政部、税务总局	财政部　税务总局关于军队干部工资薪金收入征收个人所得税的通知	财税字〔1996〕14 号
10	财政部、税务总局	财政部　国家税务总局关于西藏特殊津贴免征个人所得税的批复	财税字〔1996〕91 号
11	财政部、税务总局	财政部　国家税务总局关于国际青少年消除贫困奖免征个人所得税的通知	财税字〔1997〕51 号
12	税务总局	国家税务总局关于股份制企业转增股本和派发红股征免个人所得税的通知	国税发〔1997〕198 号
13	财政部、税务总局	财政部　国家税务总局关于个人取得体育彩票中奖所得征免个人所得税问题的通知	财税字〔1998〕12 号
14	财政部、税务总局	财政部　国家税务总局关于证券投资基金税收问题的通知	财税字〔1998〕55 号
15	财政部、税务总局	财政部　国家税务总局关于个人转让股票所得继续暂免征收个人所得税的通知	财税字〔1998〕61 号
16	税务总局	国家税务总局关于原城市信用社在转制为城市合作银行过程中个人股增值所得应纳个人所得税的批复	国税函〔1998〕289 号
17	税务总局	国家税务总局关于“长江学者奖励计划”有关个人收入免征个人所得税的通知	国税函〔1998〕632 号
18	财政部、税务总局	财政部　国家税务总局关于促进科技成果转化有关税收政策的通知	财税字〔1999〕45 号
19	税务总局	国家税务总局关于个人所得税有关政策问题的通知	国税发〔1999〕58 号
20	税务总局	国家税务总局关于促进科技成果转化有关个人所得税问题的通知	国税发〔1999〕125 号
21	财政部、税务总局	财政部　国家税务总局关于住房公积金　医疗保险金　基本养老保险金　失业保险基金个人账户存款利息所得免征个人所得税的通知	财税字〔1999〕267 号
22	税务总局	国家税务总局关于“特聘教授奖金”免征个人所得税的通知	国税函〔1999〕525 号
23	税务总局	国家税务总局关于企业改组改制过程中个人取得的量化资产征收个人所得税问题的通知	国税发〔2000〕60 号
24	财政部、税务总局	财政部　国家税务总局关于随军家属就业有关税收政策的通知	财税〔2000〕84 号
25	财政部、税务总局	财政部　国家税务总局关于调整住房租赁市场税收政策的通知	财税〔2000〕125 号
26	税务总局	国家税务总局关于律师事务所从业人员取得收入征收个人所得税有关业务问题的通知	国税发〔2000〕149 号
27	税务总局	国家税务总局关于“长江小小科学家”奖金免征个人所得税的通知	国税函〔2000〕688 号

续表

序号	制定机关	优惠政策文件名称	文 号
28	税务总局	国家税务总局关于《关于个人独资企业和合伙企业投资者征收个人所得税的规定》执行口径的通知	国税函〔2001〕84 号
29	财政部、税务总局	财政部 国家税务总局关于个人与用人单位解除劳动关系取得的一次性补偿收入征免个人所得税问题的通知	财税〔2001〕157 号
30	财政部、税务总局	财政部 国家税务总局关于开放式证券投资基金有关税收问题的通知	财税〔2002〕128 号 *
31	财政部、税务总局	财政部 国家税务总局关于自主择业的军队转业干部有关税收政策问题的通知	财税〔2003〕26 号
32	税务总局	国家税务总局关于个人取得“母亲河(波司登)奖”奖金所得免征个人所得税问题的批复	国税函〔2003〕961 号
33	财政部、税务总局	财政部 国家税务总局关于外籍个人取得港澳地区住房等补贴征免个人所得税的通知	财税〔2004〕29 号
34	财政部、税务总局	财政部 国家税务总局关于农村税费改革试点地区有关个人所得税问题的通知	财税〔2004〕30 号
35	财政部、税务总局	财政部 国家税务总局关于教育税收政策的通知	财税〔2004〕39 号
36	税务总局	国家税务总局关于国际组织驻华机构 外国政府驻华使领馆和驻华新闻机构雇员个人所得税征收方式的通知	国税函〔2004〕808 号
37	财政部、税务总局	财政部 国家税务总局关于城镇房屋拆迁有关税收政策的通知	财税〔2005〕45 号
38	财政部、税务总局	财政部 国家税务总局关于股权分置试点改革有关税收政策问题的通知	财税〔2005〕103 号
39	财政部、税务总局	财政部 国家税务总局关于基本养老保险费 基本医疗保险费 失业保险费 住房公积金有关个人所得税政策的通知	财税〔2006〕10 号
40	税务总局	国家税务总局关于陈嘉庚科学奖获奖个人取得的奖金收入免征个人所得税的通知	国税函〔2006〕561 号
41	财政部、税务总局	财政部 国家税务总局关于单位低价向职工售房有关个人所得税问题的通知	财税〔2007〕13 号
42	财政部、税务总局	财政部 国家税务总局关于个人取得有奖发票奖金征免个人所得税问题的通知	财税〔2007〕34 号
43	财政部、税务总局	财政部 国家税务总局关于《建立亚洲开发银行协定》有关个人所得税问题的补充通知	财税〔2007〕93 号
44	财政部、税务总局	财政部 国家税务总局关于高级专家延长离休退休期间取得工资薪金所得有关个人所得税问题的通知	财税〔2008〕7 号
45	财政部、税务总局	财政部 国家税务总局关于生育津贴和生育医疗费有关个人所得税政策的通知	财税〔2008〕8 号
46	财政部、税务总局	财政部 国家税务总局关于廉租住房、经济适用住房和住房租赁有关税收政策的通知	财税〔2008〕24 号
47	财政部、税务总局	财政部 国家税务总局关于认真落实抗震救灾及灾后重建税收政策问题的通知	财税〔2008〕62 号
48	财政部、税务总局	财政部 国家税务总局关于储蓄存款利息所得有关个人所得税政策的通知	财税〔2008〕132 号
49	财政部、税务总局	财政部 国家税务总局关于证券市场个人投资者证券交易结算资金利息所得有关个人所得税政策的通知	财税〔2008〕140 号
50	财政部、税务总局	财政部 国家税务总局关于个人无偿受赠房屋有关个人所得税问题的通知	财税〔2009〕78 号
51	税务总局	国家税务总局关于明确个人所得税若干政策执行问题的通知	国税发〔2009〕121 号

续表

序号	制定机关	优惠政策文件名称	文　号
52	税务总局	国家税务总局关于刘东生青年科学家奖和刘东生地球科学奖学金获奖者奖金免征个人所得税的通知	国税函〔2010〕74 号
53	税务总局	国家税务总局关于全国职工职业技能大赛奖金免征个人所得税的通知	国税函〔2010〕78 号
54	财政部、税务总局	财政部　国家税务总局关于个人独资企业和合伙企业投资者取得种植业　养殖业　饲养业　捕捞业所得有关个人所得税问题的批复	财税〔2010〕96 号
55	税务总局	国家税务总局关于中华宝钢环境优秀奖奖金免征个人所得税问题的通知	国税函〔2010〕130 号
56	财政部、税务总局	财政部　国家税务总局关于企业促销展业赠送礼品有关个人所得税问题的通知	财税〔2011〕50 号
57	税务总局	国家税务总局关于 2011 年度李四光地质科学奖奖金免征个人所得税的公告	国家税务总局公告 2011 年第 68 号
58	财政部、税务总局	财政部　国家税务总局关于退役士兵退役金和经济补助免征个人所得税问题的通知	财税〔2011〕109 号
59	税务总局	国家税务总局关于第五届黄汲清青年地质科学技术奖奖金免征个人所得税问题的公告	国家税务总局公告 2012 年第 4 号
60	税务总局	国家税务总局关于明天小小科学家奖金免征个人所得税问题的公告	国家税务总局公告 2012 年第 28 号
61	财政部、税务总局	财政部　国家税务总局关于工伤职工取得的工伤保险待遇有关个人所得税政策的通知	财税〔2012〕40 号
62	财政部、税务总局	财政部　国家税务总局关于地方政府债券利息免征所得税问题的通知	财税〔2013〕5 号
63	财政部、税务总局	财政部　国家税务总局关于棚户区改造有关税收政策的通知	财税〔2013〕101 号
64	财政部、人力资源社会保障部、税务总局	财政部　人力资源社会保障部　国家税务总局关于企业年金职业年金个人所得税有关问题的通知	财税〔2013〕103 号
65	财政部、税务总局	财政部　国家税务总局关于广东横琴新区个人所得税优惠政策的通知	财税〔2014〕23 号
66	财政部、税务总局	财政部　国家税务总局关于福建平潭综合实验区个人所得税优惠政策的通知	财税〔2014〕24 号
67	财政部、税务总局	财政部　国家税务总局关于深圳前海深港现代服务业合作区个人所得税优惠政策的通知	财税〔2014〕25 号
68	财政部、税务总局、证监会	财政部　国家税务总局　证监会关于沪港股票市场交易互联互通机制试点有关税收政策的通知	财税〔2014〕81 号
69	财政部、海关总署、税务总局	财政部　海关总署　国家税务总局关于支持鲁甸地震灾后恢复重建有关税收政策问题的通知	财税〔2015〕27 号
70	财政部、税务总局	财政部　国家税务总局关于个人非货币性资产投资有关个人所得税政策的通知	财税〔2015〕41 号
71	财政部、税务总局、证监会	财政部　国家税务总局　证监会关于上市公司股息红利差别化个人所得税政策有关问题的通知	财税〔2015〕101 号
72	财政部、税务总局	财政部　国家税务总局关于将国家自主创新示范区有关税收试点政策推广到全国范围实施的通知	财税〔2015〕116 号
73	财政部、税务总局、证监会	财政部　国家税务总局　证监会关于内地与香港基金互认有关税收政策的通知	财税〔2015〕125 号

续表

序号	制定机关	优惠政策文件名称	文　号
74	财政部、税务总局	财政部　国家税务总局关于行政和解金有关税收政策问题的通知	财税〔2016〕100 号
75	财政部、税务总局	财政部　国家税务总局关于完善股权激励和技术入股有关所得税政策的通知	财税〔2016〕101 号
76	财政部、税务总局、证监会	财政部　国家税务总局　证监会关于深港股票市场交易互联互通机制试点有关税收政策的通知	财税〔2016〕127 号
77	财政部、税务总局、民政部	财政部　税务总局　民政部关于继续实施扶持自主就业退役士兵创业就业有关税收政策的通知	财税〔2017〕46 号
78	财政部、税务总局、人力资源社会保障部	财政部　税务总局　人力资源社会保障部关于继续实施支持和促进重点群体创业就业有关税收政策的通知	财税〔2017〕49 号
79	财政部、税务总局、海关总署	财政部　税务总局　海关总署关于北京 2022 年冬奥会和冬残奥会税收政策的通知	财税〔2017〕60 号
80	财政部、税务总局、证监会	财政部　税务总局　证监会关于沪港股票市场交易互联互通机制试点有关税收政策的通知	财税〔2017〕78 号
81	财政部、税务总局、证监会	财政部　税务总局　证监会关于支持原油等货物期货市场对外开放税收政策的通知	财税〔2018〕21 号
82	财政部、税务总局、人力资源社会保障部、中国银行保险监督管理委员会、证监会	财政部　税务总局　人力资源社会保障部　中国银行保险监督管理委员会　证监会关于开展个人税收递延型商业养老保险试点的通知	财税〔2018〕22 号
83	财政部、税务总局	财政部　税务总局关于创业投资企业和天使投资个人有关税收政策的通知	财税〔2018〕55 号
84	财政部、税务总局、科技部	财政部　税务总局　科技部关于科技人员取得职务科技成果转化现金奖励有关个人所得税政策的通知	财税〔2018〕58 号
85	财政部、税务总局	财政部　税务总局关于易地扶贫搬迁税收优惠政策的通知	财税〔2018〕135 号
86	财政部、税务总局、证监会	财政部　税务总局　证监会关于个人转让全国中小企业股份转让系统挂牌公司股票有关个人所得税政策的通知	财税〔2018〕137 号
87	财政部、税务总局、证监会	财政部　税务总局　证监会关于继续执行内地与香港基金互认有关个人所得税政策的通知	财税〔2018〕154 号
88	财政部、税务总局	财政部　税务总局关于个人所得税法修改后有关优惠政策衔接问题的通知	财税〔2018〕164 号

注：上述文件中个人所得税优惠政策继续有效，已废止或者失效的部分条款除外。

2－2－189

财政部　税务总局　发展改革委 证监会关于创业投资企业个人合伙人所得税政策问题的通知

2019年1月10日　财税〔2019〕8号

各省、自治区、直辖市、计划单列市财政厅（局）、发展改革委、证券监督管理机构，国家税务总局各省、自治区、直辖市、计划单列市税务局，新疆生产建设兵团财政局、发展改革委：

为进一步支持创业投资企业（含创投基金，以下统称创投企业）发展，现将有关个人所得税政策问题通知如下：

一、创投企业可以选择按单一投资基金核算或者按创投企业年度所得整体核算两种方式之一，对其个人合伙人来源于创投企业的所得计算个人所得税应纳税额。

本通知所称创投企业，是指符合《创业投资企业管理暂行办法》（发展改革委等10部门令第39号）或者《私募投资基金监督管理暂行办法》（证监会令第105号）关于创业投资企业（基金）的有关规定，并按照上述规定完成备案且规范运作的合伙制创业投资企业（基金）。

二、创投企业选择按单一投资基金核算的，其个人合伙人从该基金应分得的股权转让所得和股息红利所得，按照20%税率计算缴纳个人所得税。

创投企业选择按年度所得整体核算的，其个人合伙人应从创投企业取得的所得，按照“经营所得”项目、5%～35%的超额累进税率计算缴纳个人所得税。

三、单一投资基金核算，是指单一投资基金（包括不以基金名义设立的创投企业）在一个纳税年度内从不同创业投资项目取得的股权转让所得和股息红利所得按下述方法分别核算纳税：

（一）股权转让所得。单个投资项目的股权转让所得，按年度股权转让收入扣除对应股权原值和转让环节合理费用后的余额计算，股权原值和转让环节合理费用的确定方法，参照股权转让所得个人所得税有关政策规定执行；单一投资基金的股权转让所得，按一个纳税年度内不同投资项目的所得和损失相互抵减后的余额计算，余额大于或等于零的，即确认为该基金的年度股权转让所得；余额小于零的，该基金年度股权转让所得按零计算且不能跨年结转。

个人合伙人按照其应从基金年度股权转让所得中分得的份额计算其应纳税额，并由创投企业在次年3月31日前代扣代缴个人所得税。如符合《财政部　税务总局关于创业投资企业和天使投资个人有关税收政策的通知》（财税〔2018〕55号）规定条件的，创投企业个人合伙人可以按照被转让项目对应投资额的70%抵扣其应从基金年度股权转让所得中分得的份额后再计算其应纳税额，当期不足抵扣的，不得向以后年度结转。

（二）股息红利所得。单一投资基金的股息红利所得，以其来源于所投资项目分配的股息、红利收入以及其他固定收益类证券等收入的全额计算。

个人合伙人按照其应从基金股息红利所得中分得的份额计算其应纳税额，并由创投企业按次代扣代缴个人所得税。

（三）除前述可以扣除的成本、费用之外，单一投资基金发生的包括投资基金管理人的管理费和业绩报酬在内的其他支出，不得在核算时扣除。

本条规定的单一投资基金核算方法仅适用于计算创投企业个人合伙人的应纳税额。

四、创投企业年度所得整体核算，是指将创投企业以每一纳税年度的收入总额减除成本、费用以及损失后，计算应分配给个人合伙人的所得。如符合《财政部　税务总局关于创业投资企业和天使投资个人有关税收政策的通知》（财税〔2018〕55号）规定条件的，创投企业个人合伙人可以按照被转让项目对应投资额的70%抵扣其可以从创投企业应分得的经营所得后再计算其应纳税额。年度核算亏损的，准予按有关规定向以后年度结转。

按照“经营所得”项目计税的个人合伙人，没有综合所得的，可依法减除基本减除费用、专项扣除、专项附加扣除以及国务院确定的其他扣除。从多处取得经营所得的，应汇总计算个人所得税，只减除一次上述费用和扣除。

五、创投企业选择按单一投资基金核算或按创投企业年度所得整体核算后，3年内不能变更。

六、创投企业选择按单一投资基金核算的，应当在按照本通知第一条规定完成备案的30日内，向主管税务机关进行核算方式备案；未按规定备案的，视同选择按创投企业年度所得整体核算。2019年1月1日前已经完成备案的创投企业，选择按单一投资基金核算的，应当在2019年3月1日前向主管税务机关进行核算方式备案。创投企业选择一种核算方式满3年需要调整的，应当在满3年的次年1月31日前，重新向主管税务机关备案。

七、税务部门依法开展税收征管和后续管理工作，可转请发展改革部门、证券监督管理部门对创投企业及其所投项目是否符合有关规定进行核查，发展改革部门、证券监督管理部门应当予以配合。

八、本通知执行期限为2019年1月1日起至2023年12月31日止。

注释：

政策调整。本文延续执行至2027年12月31日。参见：《财政部　税务总局　国家发展改革委　中国证监会关于延续实施创业投资企业个人合伙人所得税政策的公告》（财政部　税务总局　国家发展改革委　中国证监会公告2023年第24号）。

2－2－190

国家税务总局关于修订个人所得税申报表的公告

2019年1月31日　国家税务总局公告2019年第7号

根据《中华人民共和国个人所得税法》及其实施条例等相关税收法律法规规定，为保障综合与分类相结合的个人所得税制顺利实施，现将修订后的个人所得税有关申报表予以发布，自2019年1月1日起施行。

《国家税务总局关于发布个人所得税申报表的公告》（国家税务总局公告2013年第21号）附件1至附件5、《国家税务总局关于发布生产经营所得及减免税事项有关个人所得税申报表的公告》（国家税务总局公告2015年第28号）附件1至附件3、《国家税务总局关于全面实施新个人所得税法若干征管衔接问题的公告》（国家税务总局公告2018年第56号）附件1同时废止。

特此公告。

附件：1. 个人所得税基础信息表（A表）（B表）（编者略）

2. 个人所得税扣缴申报表（编者略）

3. 个人所得税自行纳税申报表（A表）（编者略）

4. 个人所得税年度自行纳税申报表（编者略）

5. 个人所得税经营所得纳税申报表（A表）（B表）（C表）（编者略）

6. 合伙制创业投资企业单一投资基金核算方式备案表（编者略）

7. 单一投资基金核算的合伙制创业投资企业个人所得税扣缴申报表（编者略）

注释：

条款废止。附件2自2022年1月1日起废止。参见：《国家税务总局关于修订发布〈个人所得税专项附加扣除操作办法（试行）〉的公告》（国家税务总局公告2022年第7号）。

条款废止。附件4以及附件5中的《个人所得税经营所得纳税申报表（A表）》自2020年1月1日起废止。参见：《国家税务总局关于修订部分个人所得税申报表的公告》（国家税务总局公告2019年第46号）。

2 –2 –191

财政部　税务总局关于粤港澳大湾区个人所得税优惠政策的通知

2019 年 3 月 14 日　财税〔2019〕31 号

广东省、深圳市财政厅(局),国家税务总局广东省、深圳市税务局:

为支持粤港澳大湾区建设,现就大湾区有关个人所得税优惠政策通知如下:

一、广东省、深圳市按内地与香港个人所得税税负差额,对在大湾区工作的境外(含港澳台,下同)高端人才和紧缺人才给予补贴,该补贴免征个人所得税。

二、在大湾区工作的境外高端人才和紧缺人才的认定和补贴办法,按照广东省、深圳市的有关规定执行。

三、本通知适用范围包括广东省广州市、深圳市、珠海市、佛山市、惠州市、东莞市、中山市、江门市和肇庆市等大湾区珠三角九市。

四、本通知自 2019 年 1 月 1 日起至 2023 年 12 月 31 日止执行。《财政部　国家税务总局关于广东横琴新区个人所得税优惠政策的通知》(财税〔2014〕23 号)、《财政部　国家税务总局关于深圳前海深港现代服务业合作区个人所得税优惠政策的通知》(财税〔2014〕25 号)自 2019 年 1 月 1 日起废止。

注释:

政策调整。本文延续执行至 2027 年 12 月 31 日。参见:《财政部　税务总局关于延续实施粤港澳大湾区个人所得税优惠政策的通知》(财税〔2023〕34 号)。

2 –2 –192

财政部　税务总局关于在中国境内无住所的个人居住时间判定标准的公告

2019 年 3 月 14 日　财政部　税务总局公告 2019 年第 34 号

为贯彻落实修改后的《中华人民共和国个人所得税法》和《中华人民共和国个人所得税法实施条例》,现将在中国境内无住所的个人(以下称无住所个人)居住时间的判定标准公告如下:

一、无住所个人一个纳税年度在中国境内累计居住满 183 天的,如果此前六年在中国境内每年累计居住天数都满 183 天而且没有任何一年单次离境超过 30 天,该纳税年度来源于中国境内、境外所得应当缴纳个人所得税;如果此前六年的任一年在中国境内累计居住天数不满 183 天或者单次离境超过 30 天,该纳税年度来源于中国境外且由境外单位或者个人支付的所得,免予缴纳个人所得税。

前款所称此前六年,是指该纳税年度的前一年至前六年的连续六个年度,此前六年的起始年度自2019年(含)以后年度开始计算。

二、无住所个人一个纳税年度内在中国境内累计居住天数,按照个人在中国境内累计停留的天数计算。在中国境内停留的当天满24小时的,计入中国境内居住天数,在中国境内停留的当天不足24小时的,不计入中国境内居住天数。

三、本公告自2019年1月1日起施行。

特此公告。

2－2－193

财政部　税务总局关于非居民个人和无住所居民个人有关个人所得税政策的公告

2019年3月14日　财政部　税务总局公告2019年第35号

为贯彻落实修改后的《中华人民共和国个人所得税法》(以下称税法)和《中华人民共和国个人所得税法实施条例》(以下称实施条例),现将非居民个人和无住所居民个人(以下统称无住所个人)有关个人所得税政策公告如下:

一、关于所得来源地

(一)关于工资薪金所得来源地的规定。

个人取得归属于中国境内(以下称境内)工作期间的工资薪金所得为来源于境内的工资薪金所得。境内工作期间按照个人在境内工作天数计算,包括其在境内的实际工作日以及境内工作期间在境内、境外享受的公休假、个人休假、接受培训的天数。在境内、境外单位同时担任职务或者仅在境外单位任职的个人,在境内停留的当天不足24小时的,按照半天计算境内工作天数。

无住所个人在境内、境外单位同时担任职务或者仅在境外单位任职,且当期同时在境内、境外工作的,按照工资薪金所属境内、境外工作天数占当期公历天数的比例计算确定来源于境内、境外工资薪金所得的收入额。境外工作天数按照当期公历天数减去当期境内工作天数计算。

(二)关于数月奖金以及股权激励所得来源地的规定。

无住所个人取得的数月奖金或者股权激励所得按照本条第(一)项规定确定所得来源地的,无住所个人在境内履职或者执行职务时收到的数月奖金或者股权激励所得,归属于境外工作期间的部分,为来源于境外的工资薪金所得;无住所个人停止在境内履约或者执行职务离境后收到的数月奖金或者股权激励所得,对属于境内工作期间的部分,为来源于境内的工资薪金所得。具体计算方法为:数月奖金或者股权激励乘以数月奖金或者股权激励所属工作期间境内工作天数与所属工作期间公历天数之比。

无住所个人一个月内取得的境内外数月奖金或者股权激励包含归属于不同期间的多笔所得的，应当先分别按照本公告规定计算不同归属期间来源于境内的所得，然后再加总计算当月来源于境内的数月奖金或者股权激励收入额。

本公告所称数月奖金是指一次取得归属于数月的奖金、年终加薪、分红等工资薪金所得，不包括每月固定发放的奖金及一次性发放的数月工资。本公告所称股权激励包括股票期权、股权期权、限制性股票、股票增值权、股权奖励以及其他因认购股票等有价证券而从雇主取得的折扣或者补贴。

（三）关于董事、监事及高层管理人员取得报酬所得来源地的规定。

对于担任境内居民企业的董事、监事及高层管理职务的个人（以下统称高管人员），无论是否在境内履行职务，取得由境内居民企业支付或者负担的董事费、监事费、工资薪金或者其他类似报酬（以下统称高管人员报酬，包含数月奖金和股权激励），属于来源于境内的所得。

本公告所称高层管理职务包括企业正、副（总）经理、各职能总师、总监及其他类似公司管理层的职务。

（四）关于稿酬所得来源地的规定。

由境内企业、事业单位、其他组织支付或者负担的稿酬所得，为来源于境内的所得。

二、关于无住所个人工资薪金所得收入额计算

无住所个人取得工资薪金所得，按以下规定计算在境内应纳税的工资薪金所得的收入额（以下称工资薪金收入额）：

（一）无住所个人为非居民个人的情形。

非居民个人取得工资薪金所得，除本条第（三）项规定以外，当月工资薪金收入额分别按照以下两种情形计算：

1. 非居民个人境内居住时间累计不超过 90 天的情形。

在一个纳税年度内，在境内累计居住不超过 90 天的非居民个人，仅就归属于境内工作期间并由境内雇主支付或者负担的工资薪金所得计算缴纳个人所得税。当月工资薪金收入额的计算公式如下（公式一）：

$$\begin{matrix}\text{当月工资}\\\text{薪金收入额}\end{matrix}=\begin{matrix}\text{当月境内外}\\\text{工资薪金总额}\end{matrix}\times\frac{\begin{matrix}\text{当月境内支付}\\\text{工资薪金数额}\end{matrix}}{\begin{matrix}\text{当月境内外}\\\text{工资薪金总额}\end{matrix}}\times\frac{\begin{matrix}\text{当月工资薪金所属}\\\text{工作期间境内工作天数}\end{matrix}}{\begin{matrix}\text{当月工资薪金所属}\\\text{工作期间公历天数}\end{matrix}}$$

本公告所称境内雇主包括雇佣员工的境内单位和个人以及境外单位或者个人在境内的机构、场所。凡境内雇主采取核定征收所得税或者无营业收入未征收所得税的，无住所个人为其工作取得工资薪金所得，不论是否在该境内雇主会计账簿中记载，均视为由该境内雇主支付或者负担。本公告所称工资薪金所属工作期间的公历天数，是指无住所个人取得工资薪金所属工作期间按公历计算的天数。

本公告所列公式中当月境内外工资薪金包含归属于不同期间的多笔工资薪金的，应当先分别按照本公告规定计算不同归属期间工资薪金收入额，然后再加总计算当月工资薪金收入额。

2. 非居民个人境内居住时间累计超过 90 天不满 183 天的情形。

在一个纳税年度内,在境内累计居住超过 90 天但不满 183 天的非居民个人,取得归属于境内工作期间的工资薪金所得,均应当计算缴纳个人所得税;其取得归属于境外工作期间的工资薪金所得,不征收个人所得税。当月工资薪金收入额的计算公式如下(公式二):

$$\text{当月工资薪金收入额}=\text{当月境内外工资薪金总额}\times\frac{\text{当月工资薪金所属工作期间境内工作天数}}{\text{当月工资薪金所属工作期间公历天数}}$$

(二)无住所个人为居民个人的情形。

在一个纳税年度内,在境内累计居住满 183 天的无住所居民个人取得工资薪金所得,当月工资薪金收入额按照以下规定计算:

1. 无住所居民个人在境内居住累计满 183 天的年度连续不满六年的情形。

在境内居住累计满 183 天的年度连续不满六年的无住所居民个人,符合实施条例第四条优惠条件的,其取得的全部工资薪金所得,除归属于境外工作期间且由境外单位或者个人支付的工资薪金所得部分外,均应计算缴纳个人所得税。工资薪金所得收入额的计算公式如下(公式三):

$$\text{当月工资薪金收入额}=\text{当月境内外工资薪金总额}\times\left[1-\frac{\text{当月境外支付工资薪金数额}}{\text{当月境内外工资薪金总额}}\times\frac{\text{当月工资薪金所属工作期间境内工作天数}}{\text{当月工资薪金所属工作期间公历天数}}\right]$$

2. 无住所居民个人在境内居住累计满 183 天的年度连续满六年的情形。

在境内居住累计满 183 天的年度连续满六年后,不符合实施条例第四条优惠条件的无住所居民个人,其从境内、境外取得的全部工资薪金所得均应计算缴纳个人所得税。

(三)无住所个人为高管人员的情形。

无住所居民个人为高管人员的,工资薪金收入额按照本条第(二)项规定计算纳税。非居民个人为高管人员的,按照以下规定处理:

1. 高管人员在境内居住时间累计不超过 90 天的情形。

在一个纳税年度内,在境内累计居住不超过 90 天的高管人员,其取得由境内雇主支付或者负担的工资薪金所得应当计算缴纳个人所得税;不是由境内雇主支付或者负担的工资薪金所得,不缴纳个人所得税。当月工资薪金收入额为当月境内支付或者负担的工资薪金收入额。

2. 高管人员在境内居住时间累计超过 90 天不满 183 天的情形。

在一个纳税年度内,在境内居住累计超过 90 天但不满 183 天的高管人员,其取得的工资薪金所得,除归属于境外工作期间且不是由境内雇主支付或者负担的部分外,应当计算缴纳个人所得税。当月工资薪金收入额计算适用本公告公式三。

三、关于无住所个人税款计算

(一)关于无住所居民个人税款计算的规定。

无住所居民个人取得综合所得,年度终了后,应按年计算个人所得税;有扣缴义务人的,由扣缴义务人按月或者按次预扣预缴税款;需要办理汇算清缴的,按照规定办理汇算清

缴,年度综合所得应纳税额计算公式如下(公式四):

年度综合所得应纳税额 =(年度工资薪金收入额 + 年度劳务报酬收入额 + 年度稿酬收入额 + 年度特许权使用费收入额 - 减除费用 - 专项扣除 - 专项附加扣除 - 依法确定的其他扣除)× 适用税率 - 速算扣除数

无住所居民个人为外籍个人的,2022 年 1 月 1 日前计算工资薪金收入额时,已经按规定减除住房补贴、子女教育费、语言训练费等八项津补贴的,不能同时享受专项附加扣除。

年度工资薪金、劳务报酬、稿酬、特许权使用费收入额分别按年度内每月工资薪金以及每次劳务报酬、稿酬、特许权使用费收入额合计数额计算。

(二)关于非居民个人税款计算的规定。

1. 非居民个人当月取得工资薪金所得,以按照本公告第二条规定计算的当月收入额,减去税法规定的减除费用后的余额,为应纳税所得额,适用本公告所附按月换算后的综合所得税率表(以下称月度税率表)计算应纳税额。

2. 非居民个人一个月内取得数月奖金,单独按照本公告第二条规定计算当月收入额,不与当月其他工资薪金合并,按 6 个月分摊计税,不减除费用,适用月度税率表计算应纳税额,在一个公历年度内,对每一个非居民个人,该计税办法只允许适用一次。计算公式如下(公式五):

当月数月奖金应纳税额 =[(数月奖金收入额 ÷ 6)× 适用税率 - 速算扣除数]× 6

3. 非居民个人一个月内取得股权激励所得,单独按照本公告第二条规定计算当月收入额,不与当月其他工资薪金合并,按 6 个月分摊计税(一个公历年度内的股权激励所得应合并计算),不减除费用,适用月度税率表计算应纳税额,计算公式如下(公式六):

当月股权激励所得应纳税额 =[(本公历年度内股权激励所得合计额 ÷ 6)× 适用税率 - 速算扣除数]× 6 - 本公历年度内股权激励所得已纳税额

4. 非居民个人取得来源于境内的劳务报酬所得、稿酬所得、特许权使用费所得,以税法规定的每次收入额为应纳税所得额,适用月度税率表计算应纳税额。

四、关于无住所个人适用税收协定

按照我国政府签订的避免双重征税协定、内地与香港、澳门签订的避免双重征税安排(以下称税收协定)居民条款规定为缔约对方税收居民的个人(以下称对方税收居民个人),可以按照税收协定及财政部、税务总局有关规定享受税收协定待遇,也可以选择不享受税收协定待遇计算纳税。除税收协定及财政部、税务总局另有规定外,无住所个人适用税收协定的,按照以下规定执行:

(一)关于无住所个人适用受雇所得条款的规定。

1. 无住所个人享受境外受雇所得协定待遇。

本公告所称境外受雇所得协定待遇,是指按照税收协定受雇所得条款规定,对方税收居民个人在境外从事受雇活动取得的受雇所得,可不缴纳个人所得税。

无住所个人为对方税收居民个人,其取得的工资薪金所得可享受境外受雇所得协定待遇的,可不缴纳个人所得税。工资薪金收入额计算适用本公告公式二。

无住所居民个人为对方税收居民个人的,可在预扣预缴和汇算清缴时按前款规定享受协定待遇;非居民个人为对方税收居民个人的,可在取得所得时按前款规定享受协定待遇。

2. 无住所个人享受境内受雇所得协定待遇。

本公告所称境内受雇所得协定待遇，是指按照税收协定受雇所得条款规定，在税收协定规定的期间内境内停留天数不超过183天的对方税收居民个人，在境内从事受雇活动取得受雇所得，不是由境内居民雇主支付或者代其支付的，也不是由雇主在境内常设机构负担的，可不缴纳个人所得税。

无住所个人为对方税收居民个人，其取得的工资薪金所得可享受境内受雇所得协定待遇的，可不缴纳个人所得税。工资薪金收入额计算适用本公告公式一。

无住所居民个人为对方税收居民个人的，可在预扣预缴和汇算清缴时按前款规定享受协定待遇；非居民个人为对方税收居民个人的，可在取得所得时按前款规定享受协定待遇。

（二）关于无住所个人适用独立个人劳务或者营业利润条款的规定。

本公告所称独立个人劳务或者营业利润协定待遇，是指按照税收协定独立个人劳务或者营业利润条款规定，对方税收居民个人取得的独立个人劳务所得或者营业利润符合税收协定规定条件的，可不缴纳个人所得税。

无住所居民个人为对方税收居民个人，其取得的劳务报酬所得、稿酬所得可享受独立个人劳务或者营业利润协定待遇的，在预扣预缴和汇算清缴时，可不缴纳个人所得税。

非居民个人为对方税收居民个人，其取得的劳务报酬所得、稿酬所得可享受独立个人劳务或者营业利润协定待遇的，在取得所得时可不缴纳个人所得税。

（三）关于无住所个人适用董事费条款的规定。

对方税收居民个人为高管人员，该个人适用的税收协定未纳入董事费条款，或者虽然纳入董事费条款但该个人不适用董事费条款，且该个人取得的高管人员报酬可享受税收协定受雇所得、独立个人劳务或者营业利润条款规定待遇的，该个人取得的高管人员报酬可不适用本公告第二条第（三）项规定，分别按照本条第（一）项、第（二）项规定执行。

对方税收居民个人为高管人员，该个人取得的高管人员报酬按照税收协定董事费条款规定可以在境内征收个人所得税的，应按照有关工资薪金所得或者劳务报酬所得规定缴纳个人所得税。

（四）关于无住所个人适用特许权使用费或者技术服务费条款的规定。

本公告所称特许权使用费或者技术服务费协定待遇，是指按照税收协定特许权使用费或者技术服务费条款规定，对方税收居民个人取得符合规定的特许权使用费或者技术服务费，可按照税收协定规定的计税所得额和征税比例计算纳税。

无住所居民个人为对方税收居民个人，其取得的特许权使用费所得、稿酬所得或者劳务报酬所得可享受特许权使用费或者技术服务费协定待遇的，可不纳入综合所得，在取得当月按照税收协定规定的计税所得额和征税比例计算应纳税额，并预扣预缴税款。年度汇算清缴时，该个人取得的已享受特许权使用费或者技术服务费协定待遇的所得不纳入年度综合所得，单独按照税收协定规定的计税所得额和征税比例计算年度应纳税额及补退税额。

非居民个人为对方税收居民个人，其取得的特许权使用费所得、稿酬所得或者劳务报酬所得可享受特许权使用费或者技术服务费协定待遇的，可按照税收协定规定的计税所得额和征税比例计算应纳税额。

五、关于无住所个人相关征管规定

(一)关于无住所个人预计境内居住时间的规定。

无住所个人在一个纳税年度内首次申报时,应当根据合同约定等情况预计一个纳税年度内境内居住天数以及在税收协定规定的期间内境内停留天数,按照预计情况计算缴纳税款。实际情况与预计情况不符的,分别按照以下规定处理:

1. 无住所个人预先判定为非居民个人,因延长居住天数达到居民个人条件的,一个纳税年度内税款扣缴方法保持不变,年度终了后按照居民个人有关规定办理汇算清缴,但该个人在当年离境且预计年度内不再入境的,可以选择在离境之前办理汇算清缴。

2. 无住所个人预先判定为居民个人,因缩短居住天数不能达到居民个人条件的,在不能达到居民个人条件之日起至年度终了 15 天内,应当向主管税务机关报告,按照非居民个人重新计算应纳税额,申报补缴税款,不加收税收滞纳金。需要退税的,按照规定办理。

3. 无住所个人预计一个纳税年度境内居住天数累计不超过 90 天,但实际累计居住天数超过 90 天的,或者对方税收居民个人预计在税收协定规定的期间内境内停留天数不超过 183 天,但实际停留天数超过 183 天的,待达到 90 天或者 183 天的月度终了后 15 天内,应当向主管税务机关报告,就以前月份工资薪金所得重新计算应纳税款,并补缴税款,不加收税收滞纳金。

(二)关于无住所个人境内雇主报告境外关联方支付工资薪金所得的规定。

无住所个人在境内任职、受雇取得来源于境内的工资薪金所得,凡境内雇主与境外单位或者个人存在关联关系,将本应由境内雇主支付的工资薪金所得,部分或者全部由境外关联方支付的,无住所个人可以自行申报缴纳税款,也可以委托境内雇主代为缴纳税款。无住所个人未委托境内雇主代为缴纳税款的,境内雇主应当在相关所得支付当月终了后 15 天内向主管税务机关报告相关信息,包括境内雇主与境外关联方对无住所个人的工作安排、境外支付情况以及无住所个人的联系方式等信息。

六、本公告自 2019 年 1 月 1 日起施行,非居民个人 2019 年 1 月 1 日后取得所得,按原有规定多缴纳税款的,可以依法申请办理退税。下列文件或者文件条款于 2019 年 1 月 1 日废止:

(一)《财政部税务总局关于对临时来华人员按实际居住日期计算征免个人所得税若干问题的通知》((88)财税外字第 059 号);

(二)《国家税务总局关于在境内无住所的个人取得工资薪金所得纳税义务问题的通知》(国税发〔1994〕148 号);

(三)《财政部　国家税务总局关于在华无住所的个人如何计算在华居住满五年问题的通知》(财税字〔1995〕98 号);

(四)《国家税务总局关于在中国境内无住所的个人计算缴纳个人所得税若干具体问题的通知》(国税函发〔1995〕125 号)第一条、第二条、第三条、第四条;

(五)《国家税务总局关于在中国境内无住所的个人缴纳所得税涉及税收协定若干问题的通知》(国税发〔1995〕155 号);

(六)《国家税务总局关于在中国境内无住所的个人取得奖金征税问题的通知》(国税发〔1996〕183 号);

（七）《国家税务总局关于三井物产（株）大连事务所外籍雇员取得数月奖金确定纳税义务问题的批复》（国税函〔1997〕546号）；

（八）《国家税务总局关于外商投资企业和外国企业对境外企业支付其雇员的工资薪金代扣代缴个人所得税问题的通知》（国税发〔1999〕241号）；

（九）《国家税务总局关于在中国境内无住所个人取得不在华履行职务的月份奖金确定纳税义务问题的通知》（国税函〔1999〕245号）；

（十）《国家税务总局关于在中国境内无住所个人以有价证券形式取得工资薪金所得确定纳税义务有关问题的通知》（国税函〔2000〕190号）；

（十一）《国家税务总局关于在境内无住所的个人执行税收协定和个人所得税法若干问题的通知》（国税发〔2004〕97号）；

（十二）《国家税务总局关于调整个人取得全年一次性奖金等计算征收个人所得税方法问题的通知》（国税发〔2005〕9号）第六条；

（十三）《国家税务总局关于在境内无住所个人计算工资薪金所得缴纳个人所得税有关问题的批复》（国税函〔2005〕1041号）；

（十四）《国家税务总局关于在中国境内担任董事或高层管理职务无住所个人计算个人所得税适用公式的批复》（国税函〔2007〕946号）。

特此公告。

附件：按月换算后的综合所得税率表

附件

按月换算后的综合所得税率表

级数	全月应纳税所得额	税率	速算扣除数
1	不超过3000元的	3%	0
2	超过3000元至12000元的部分	10%	210
3	超过12000元至25000元的部分	20%	1410
4	超过25000元至35000元的部分	25%	2660
5	超过35000元至55000元的部分	30%	4410
6	超过55000元至80000元的部分	35%	7160
7	超过80000元的部分	45%	15160

2 -2 -194

国家税务总局关于调整《中国税收居民身份证明》有关事项的公告

2019 年 4 月 1 日 国家税务总局公告 2019 年第 17 号

根据《中华人民共和国个人所得税法》及其实施条例等相关法律法规,为配合个人所得税改革,国家税务总局决定调整《中国税收居民身份证明》(以下简称《税收居民证明》,见附件 1)开具部分事项。现就有关事项公告如下:

一、申请人应向主管其所得税的县税务局(以下称主管税务机关)申请开具《税收居民证明》。中国居民企业的境内、境外分支机构应由其中国总机构向总机构主管税务机关申请。合伙企业应当以其中国居民合伙人作为申请人,向中国居民合伙人主管税务机关申请。

二、申请人申请开具《税收居民证明》应向主管税务机关提交以下资料:

(一)《中国税收居民身份证明》申请表(见附件 2);

(二)与拟享受税收协定待遇收入有关的合同、协议、董事会或者股东会决议、相关支付凭证等证明资料;

(三)申请人为个人且在中国境内有住所的,提供因户籍、家庭、经济利益关系而在中国境内习惯性居住的证明材料,包括申请人身份信息、住所情况说明等资料;

(四)申请人为个人且在中国境内无住所,而一个纳税年度内在中国境内居住累计满 183 天的,提供在中国境内实际居住时间的证明材料,包括出入境信息等资料;

(五)境内、境外分支机构通过其总机构提出申请时,还需提供总分机构的登记注册情况;

(六)合伙企业的中国居民合伙人作为申请人提出申请时,还需提供合伙企业登记注册情况。

上述填报或提供的资料应提交中文文本,相关资料原件为外文文本的,应当同时提供中文译本。申请人向主管税务机关提交上述资料的复印件时,应在复印件上加盖申请人印章或签字,主管税务机关核验原件后留存复印件。

三、本公告自 2019 年 5 月 1 日起施行。《国家税务总局关于开具〈中国税收居民身份证明〉有关事项的公告》(国家税务总局公告 2016 年第 40 号发布,国家税务总局公告 2018 年第 31 号修改)第二条、第四条和附件 1、附件 2 同时废止。

特此公告。

附件:1. 中国税收居民身份证明

2.《中国税收居民身份证明》申请表

附件 1

中国税收居民身份证明
(Certificate of Chinese Fiscal Resident)

日期(Date):
编号(Catalogue Number):

纳税人名称(Taxpayer's Name):
纳税年度(Tax Year):
缔约国(地区)Contracting state(jurisdiction):

为享受税收协定待遇的目的,经中国税务主管当局国家税务总局授权,兹证明上述纳税人是中国税收居民。(For the purpose of enjoying Double Taxation Agreement benefits, and authorized by the State Taxation Administration (STA), the Competent Authority of the People's Republic of China, this is to certify that the above – named taxpayer is a Chinese fiscal resident.)

签字(signature):

国家税务总局　　　税务局
Director of ＿＿＿＿＿, State Taxation Administration

附件 2

《中国税收居民身份证明》申请表

申请人信息:个人:□　企业:□　对《税收居民证明》样式有特殊要求□

基本信息	申请人名称(姓名):　　英文名称(姓名): 纳税人识别号: 联系地址: 联系电话: 主管税务机关名称:
申请开具《税收居民证明》有关信息	申请年度: 缔约对方国家(地区): 对方纳税人名称:英文: 中文: 对方纳税人识别号: 拟享受协定名称一:　　拟享受协定条款一: 拟享受协定收入金额一:　　预计减免税金额一: 拟享受协定名称二:　　拟享受协定条款二: 拟享受协定收入金额二:　　预计减免税金额二:

续表

申请人为个人时填报	国家(地区):　　职业: 身份证件:　　证件号码: 在中国境内是否有住所:　　是:□　否:□ 如无住所,申请年度在中国境内是否居住累计满183天:　是:□　否:□ 现居住住址: 在中国境内居住满183天的年度是否连续满6年(含6年):　是:□　否:□ 合伙企业名称:　　合伙企业纳税人识别号: 合伙企业所在国家(地区):　　合伙企业所在地:
申请人为企业时填报	注册登记地: 依据实际管理机构认定的居民企业,认定文号: 　　实际管理机构所在地: 境内分支机构名称:　　所在地: 境外分支机构名称:　　所在国家(地区): 合伙企业名称:　　合伙企业纳税人识别号: 合伙企业所在国家(地区):　　合伙企业所在地:
声明: 此表是根据国家税收法律法规及相关规定填写,对填报内容(及附带资料)的真实性、可靠性、完整性负责。 申请人或者代理人(签名或者盖章):____________ 日期:______年____月____日	

《中国税收居民身份证明》申请表填表说明

一、适用范围

申请人(企业或个人)为享受中国政府签署的税收协定,内地与香港、澳门签署的税收安排以及大陆与台湾签署的税收协议,航空协定税收条款,海运协定税收条款,汽车运输协定税收条款,互免国际运输收入税收协议或者换函的协定待遇,就其构成中国税收居民身份的任一公历年度向主管税务机关申请开具《中国税收居民身份证明》(以下简称《税收居民证明》)时填报。

二、本条表头项目

(一)申请人为个人的,根据《中华人民共和国个人所得税法》及其实施条例等有关规定,在中国境内有住所或者无住所而一个纳税年度内在中国境内居住累计满183天的个人。其中,在中国境内有住所的居民个人是指因户籍、家庭、经济利益关系而在中国境内习惯性居住的个人;在中国境内无住所居民个人是指一个纳税年度内在中国境内居住累计满183天的无住所个人。

(二)申请人为企业的,根据《中华人民共和国企业所得税法》及其实施条例等有关规定,依法在中国境内成立,或者依照外国(地区)法律成立但实际管理机构在中国境内的企业。

三、本表各栏填写

1. 申请人名称(姓名):申请人为个人时,填写个人姓名;申请人为企业时,填写企业名称。

2. 纳税人识别号:申请人为个人的,如有中国公民身份号码的,填写中华人民共和国居民身份证上载明的“公民身份号码”,没有中国公民身份号码的,则填写税务机关赋予的纳税人识别号;申请人为企业的,填写企业的纳税人识别号或者统一社会信用代码。

3. 主管税务机关名称:申请人的主管税务机关名称。

4. 申请年度:申请人申请开具《税收居民证明》的任一公历年度。

5. 缔约对方国家(地区):申请开具《税收居民证明》拟适用的对方国家(地区)。

6. 对方纳税人名称:与该《税收居民证明》有关且与申请人发生业务往来的缔约对方纳税人(企业或个人)名称。

7. 对方纳税人识别号:对方纳税人在缔约对方国家(地区)的纳税人(企业或个人)识别号。

8. 拟享受协定名称:申请人向缔约对方申请享受的中国政府签署的税收协定,内地与香港、澳门签署的税收安排以及大陆与台湾签署的税收协议,航空协定税收条款,海运协定税收条款,汽车运输协定税收条款,互免国际运输收入税收协议或者换函名称。

9. 拟享受协定条款:申请人向缔约对方申请享受协定的条款,包括:股息、利息、特许权使用费、常设机构和营业利润、财产收益、国际运输、独立个人劳务、非独立个人劳务(受雇所得)、演艺人员和运动员、退休金、政府服务、教师和研究人员、学生、其他所得等。每行填报一个条款,如涉及两个以上条款的,请另行附报说明。

10. 拟享受协定收入金额:填报与该《税收居民证明》有关、申请人取得的拟享受税收协定的收入金额。每行填报对应协定条款的拟享受税收协定的收入金额,合伙企业的合伙人填写按照合伙协议或分配协议计算的合伙人应取得的收入金额。收入金额为外币的应按照填报申请表当日汇率中间价换算为人民币金额。每行填报一个条款,如涉及两个以上条款的,请另行附报说明。

11. 预计减免税金额:填报与该《税收居民证明》有关、申请人拟享受税收协定待遇在缔约对方减免税收金额。即:按照缔约对方法律规定计算的应缴纳税款金额与按照税收协定计算的应缴纳税款金额之差。每行填报对应协定条款预计减免税金额。减免税金额为外币的应按照填报申请表当日汇率中间价换算为人民币金额。每行填报一个条款,如涉及两个以上条款的,请另行附报说明。

12. 身份证件、证件号码:填写申请人为个人时有效的身份证件类型及证件号码。

13. 在中国境内是否有住所:申请人根据《中华人民共和国个人所得税法》第一条第一款、《中华人民共和国个人所得税法实施条例》第二条等规定判定情况。选“是”时应附送相关资料。

14. 如无住所,申请年度在中国境内是否居住累计满 183 天:填报申请人根据《中华人民共和国个人所得税法》第一条第二款等规定判定情况。选“是”时应附送相关资料。

15. 在中国境内居住满 183 天的年度是否连续满 6 年(含 6 年):申请人根据《中华人民共和国个人所得税法》第一条第一款、《中华人民共和国个人所得税法实施条例》第四条等规定判定是否连续满 6 年情况。

16. 现居住地址:申请人为个人时其本人在中国境内的习惯性住所或者无住所的现居住地址。

17. 境内分支机构名称、境外分支机构名称:中国居民企业的境内、境外分支机构通过其总机构向总机构主管税务机关提出申请时填报。

18. 合伙企业名称、合伙企业纳税人识别号、所在国家(地区)、所在地:中国境内注册的合伙企业以其中国居民合伙人作为申请人,向中国居民合伙人主管税务机关申请时填报。

19. 申请人或者代理人签名:由企业法定代表人或者其授权代表负责人、个人本人或者其授权人签名并/或者盖章,并填写声明日期。

四、其他事项说明

以纸质方式报送本表的,申请人提交的申请表原件和相关资料、《税收居民证明》复印件由主管税务机关保存备查。如缔约对方税务主管当局对《税收居民证明》样式有特殊要求的,申请人的书面说明及缔约对方《税收居民证明》样式由主管税务机关保存备查。

2-2-195

财政部　税务总局关于个人取得有关收入适用个人所得税应税所得项目的公告

2019 年 6 月 13 日　财政部　税务总局公告 2019 年第 74 号

为贯彻落实修改后的《中华人民共和国个人所得税法》,做好政策衔接工作,现将个人取得的有关收入适用个人所得税应税所得项目的事项公告如下:

一、个人为单位或他人提供担保获得收入，按照“偶然所得”项目计算缴纳个人所得税。

二、房屋产权所有人将房屋产权无偿赠与他人的，受赠人因无偿受赠房屋取得的受赠收入，按照“偶然所得”项目计算缴纳个人所得税。按照《财政部　国家税务总局关于个人无偿受赠房屋有关个人所得税问题的通知》（财税〔2009〕78 号）第一条规定，符合以下情形的，对当事双方不征收个人所得税：

（一）房屋产权所有人将房屋产权无偿赠与配偶、父母、子女、祖父母、外祖父母、孙子女、外孙子女、兄弟姐妹；

（二）房屋产权所有人将房屋产权无偿赠与对其承担直接抚养或者赡养义务的抚养人或者赡养人；

（三）房屋产权所有人死亡，依法取得房屋产权的法定继承人、遗嘱继承人或者受遗赠人。

前款所称受赠收入的应纳税所得额按照《财政部　国家税务总局关于个人无偿受赠房屋有关个人所得税问题的通知》（财税〔2009〕78 号）第四条规定计算。

三、企业在业务宣传、广告等活动中，随机向本单位以外的个人赠送礼品（包括网络红包，下同），以及企业在年会、座谈会、庆典以及其他活动中向本单位以外的个人赠送礼品，个人取得的礼品收入，按照“偶然所得”项目计算缴纳个人所得税，但企业赠送的具有价格折扣或折让性质的消费券、代金券、抵用券、优惠券等礼品除外。

前款所称礼品收入的应纳税所得额按照《财政部　国家税务总局关于企业促销展业赠送礼品有关个人所得税问题的通知》（财税〔2011〕50 号）第三条规定计算。

四、个人按照《财政部　税务总局　人力资源社会保障部　中国银行保险监督管理委员会　证监会关于开展个人税收递延型商业养老保险试点的通知》（财税〔2018〕22 号）的规定，领取的税收递延型商业养老保险的养老金收入，其中 25% 部分予以免税，其余 75% 部分按照 10% 的比例税率计算缴纳个人所得税，税款计入“工资、薪金所得”项目，由保险机构代扣代缴后，在个人购买税延养老保险的机构所在地办理全员全额扣缴申报。

五、本公告自 2019 年 1 月 1 日起执行。下列文件或文件条款同时废止：

（一）《财政部　国家税务总局关于银行部门以超过国家利率支付给储户的揽储奖金征收个人所得税问题的批复》（财税字〔1995〕64 号）；

（二）《国家税务总局对中国科学院院士荣誉奖金征收个人所得税问题的复函》（国税函〔1995〕351 号）；

（三）《国家税务总局关于未分配的投资者收益和个人人寿保险收入征收个人所得税问题的批复》（国税函〔1998〕546 号）第二条；

（四）《国家税务总局关于个人所得税有关政策问题的通知》（国税发〔1999〕58 号）第三条；

（五）《国家税务总局关于股民从证券公司取得的回扣收入征收个人所得税问题的批复》（国税函〔1999〕627 号）；

（六）《财政部　国家税务总局关于个人所得税有关问题的批复》（财税〔2005〕94 号）第二条；

（七）《国家税务总局关于个人取得解除商品房买卖合同违约金征收个人所得税问题的

批复》(国税函〔2006〕865号);

(八)《财政部　国家税务总局关于个人无偿受赠房屋有关个人所得税问题的通知》(财税〔2009〕78号)第三条;

(九)《财政部　国家税务总局关于企业促销展业赠送礼品有关个人所得税问题的通知》(财税〔2011〕50号)第二条第1项、第2项;

(十)《财政部　税务总局　人力资源社会保障部　中国银行保险监督管理委员会　证监会关于开展个人税收递延型商业养老保险试点的通知》(财税〔2018〕22号)第一条第(二)项第3点第二段;

(十一)《国家税务总局关于开展个人税收递延型商业养老保险试点有关征管问题的公告》(国家税务总局公告2018年第21号)第二条。

特此公告。

2－2－196

财政部　税务总局　证监会关于继续实施全国中小企业股份转让系统挂牌公司股息红利差别化个人所得税政策的公告

2019年7月12日　财政部　税务总局　证监会公告2019年第78号

现就继续实施全国中小企业股份转让系统挂牌公司(以下简称挂牌公司)股息红利差别化个人所得税政策公告如下:

一、个人持有挂牌公司的股票,持股期限超过1年的,对股息红利所得暂免征收个人所得税。

个人持有挂牌公司的股票,持股期限在1个月以内(含1个月)的,其股息红利所得全额计入应纳税所得额;持股期限在1个月以上至1年(含1年)的,其股息红利所得暂减按50%计入应纳税所得额;上述所得统一适用20%的税率计征个人所得税。

本公告所称挂牌公司是指股票在全国中小企业股份转让系统公开转让的非上市公众公司;持股期限是指个人取得挂牌公司股票之日至转让交割该股票之日前一日的持有时间。

二、挂牌公司派发股息红利时,对截至股权登记日个人持股1年以内(含1年)且尚未转让的,挂牌公司暂不扣缴个人所得税;待个人转让股票时,证券登记结算公司根据其持股期限计算应纳税额,由证券公司等股票托管机构从个人资金账户中扣收并划付证券登记结算公司,证券登记结算公司应于次月5个工作日内划付挂牌公司,挂牌公司在收到税款当月的法定申报期内向主管税务机关申报缴纳,并应办理全员全额扣缴申报。

个人应在资金账户留足资金,依法履行纳税义务。证券公司等股票托管机构应依法划扣税款,对个人资金账户暂无资金或资金不足的,证券公司等股票托管机构应当及时通知个人补足资金,并划扣税款。

三、个人转让股票时,按照先进先出的原则计算持股期限,即证券账户中先取得的股票视为先转让。

应纳税所得额以个人投资者证券账户为单位计算,持股数量以每日日终结算后个人投资者证券账户的持有记录为准,证券账户取得或转让的股票数为每日日终结算后的净增(减)股票数。

四、对证券投资基金从挂牌公司取得的股息红利所得,按照本公告规定计征个人所得税。

五、本公告所称个人持有挂牌公司的股票包括:

(一)在全国中小企业股份转让系统挂牌前取得的股票;

(二)通过全国中小企业股份转让系统转让取得的股票;

(三)因司法扣划取得的股票;

(四)因依法继承或家庭财产分割取得的股票;

(五)通过收购取得的股票;

(六)权证行权取得的股票;

(七)使用附认股权、可转换成股份条款的公司债券认购或者转换的股票;

(八)取得发行的股票、配股、股票股利及公积金转增股本;

(九)挂牌公司合并,个人持有的被合并公司股票转换的合并后公司股票;

(十)挂牌公司分立,个人持有的被分立公司股票转换的分立后公司股票;

(十一)其他从全国中小企业股份转让系统取得的股票。

六、本公告所称转让股票包括下列情形:

(一)通过全国中小企业股份转让系统转让股票;

(二)持有的股票被司法扣划;

(三)因依法继承、捐赠或家庭财产分割让渡股票所有权;

(四)用股票接受要约收购;

(五)行使现金选择权将股票转让给提供现金选择权的第三方;

(六)用股票认购或申购交易型开放式指数基金(ETF)份额;

(七)其他具有转让实质的情形。

七、对个人和证券投资基金从全国中小企业股份转让系统挂牌的原STAQ、NET系统挂牌公司(以下简称两网公司)以及全国中小企业股份转让系统挂牌的退市公司取得的股息红利所得,按照本公告规定计征个人所得税,但退市公司的限售股按照《财政部 国家税务总局 证监会关于实施上市公司股息红利差别化个人所得税政策有关问题的通知》(财税〔2012〕85号)第四条规定执行。

八、本公告所称年(月)是指自然年(月),即持股一年是指从上一年某月某日至本年同月同日的前一日连续持股,持股一个月是指从上月某日至本月同日的前一日连续持股。

九、财政、税务、证监等部门要加强协调、通力合作,切实做好政策实施的各项工作。

挂牌公司、两网公司、退市公司,证券登记结算公司以及证券公司等股票托管机构应积极配合税务机关做好股息红利个人所得税征收管理工作。

十、本公告自2019年7月1日起至2024年6月30日止执行，挂牌公司、两网公司、退市公司派发股息红利，股权登记日在2019年7月1日至2024年6月30日的，股息红利所得按照本公告的规定执行。本公告实施之日个人投资者证券账户已持有的挂牌公司、两网公司、退市公司股票，其持股时间自取得之日起计算。

十一、《财政部　国家税务总局　证监会关于实施全国中小企业股份转让系统挂牌公司股息红利差别化个人所得税政策有关问题的通知》（财税〔2014〕48号）以及《财政部　国家税务总局　证监会关于上市公司股息红利差别化个人所得税政策有关问题的通知》（财税〔2015〕101号）第四条废止。

特此公告。

2－2－197

财政部　税务总局关于个人所得税综合所得汇算清缴涉及有关政策问题的公告

2019年12月7日　财政部　税务总局公告2019年第94号

为贯彻落实修改后的《中华人民共和国个人所得税法》，进一步减轻纳税人的税收负担，现就个人所得税综合所得汇算清缴涉及有关政策问题公告如下：

一、2019年1月1日至2020年12月31日居民个人取得的综合所得，年度综合所得收入不超过12万元且需要汇算清缴补税的，或者年度汇算清缴补税金额不超过400元的，居民个人可免于办理个人所得税综合所得汇算清缴。居民个人取得综合所得时存在扣缴义务人未依法预扣预缴税款的情形除外。

二、残疾、孤老人员和烈属取得综合所得办理汇算清缴时，汇算清缴地与预扣预缴地规定不一致的，用预扣预缴地规定计算的减免税额与用汇算清缴地规定计算的减免税额相比较，按照孰高值确定减免税额。

三、居民个人填报专项附加扣除信息存在明显错误，经税务机关通知，居民个人拒不更正或者不说明情况的，税务机关可暂停纳税人享受专项附加扣除。居民个人按规定更正相关信息或者说明情况后，经税务机关确认，居民个人可继续享受专项附加扣除，以前月份未享受扣除的，可按规定追补扣除。

四、本公告第一条适用于2019年度和2020年度的综合所得年度汇算清缴。其他事项适用于2019年度及以后年度的综合所得年度汇算清缴。

特此公告。

注释：

政策调整。本文规定的免于办理个人所得税综合所得汇算清缴优惠政策，执行期限延长至2027年12月31日。参见：1.《财政部　税务总局关于延续实施个人所得税综合所得汇算清缴有关政策的公告》（财政部　税务总局公告2023年第32号）。2.《财政部　税务总局关于延续实施全年一次性奖金等个人所得税优惠政策的公告》（财政部　税务总局公告2021年第42号）。

2－2－198

财政部　税务总局关于远洋船员个人所得税政策的公告

2019年12月29日　财政部　税务总局公告2019年第97号

现就远洋船员个人所得税政策公告如下：

一、一个纳税年度内在船航行时间累计满183天的远洋船员，其取得的工资薪金收入减按50%计入应纳税所得额，依法缴纳个人所得税。

二、本公告所称的远洋船员是指在海事管理部门依法登记注册的国际航行船舶船员和在渔业管理部门依法登记注册的远洋渔业船员。

三、在船航行时间是指远洋船员在国际航行或作业船舶和远洋渔业船舶上的工作天数。一个纳税年度内的在船航行时间为一个纳税年度内在船航行时间的累计天数。

四、远洋船员可选择在当年预扣预缴税款或者次年个人所得税汇算清缴时享受上述优惠政策。

五、海事管理部门、渔业管理部门同税务部门建立信息共享机制，定期交换远洋船员身份认定、在船航行时间等有关涉税信息。

六、本公告自2019年1月1日起至2023年12月31日止执行。

特此公告。

注释：

政策调整。本文延续执行至2027年12月31日。参见：《财政部　税务总局关于延续实施远洋船员个人所得税政策的公告》（财政部　税务总局公告2023年第31号）。

2－2－199

财政部　税务总局关于公益慈善事业捐赠个人所得税政策的公告

2019年12月30日　财政部　税务总局公告2019年第99号

为贯彻落实《中华人民共和国个人所得税法》及其实施条例有关规定，现将公益慈善事业捐赠有关个人所得税政策公告如下：

一、个人通过中华人民共和国境内公益性社会组织、县级以上人民政府及其部门等国家机关，向教育、扶贫、济困等公益慈善事业的捐赠（以下简称公益捐赠），发生的公益捐赠支出，可以按照个人所得税法有关规定在计算应纳税所得额时扣除。

前款所称境内公益性社会组织，包括依法设立或登记并按规定条件和程序取得公益性捐赠税前扣除资格的慈善组织、其他社会组织和群众团体。

二、个人发生的公益捐赠支出金额，按照以下规定确定：

（一）捐赠货币性资产的，按照实际捐赠金额确定；

（二）捐赠股权、房产的，按照个人持有股权、房产的财产原值确定；

（三）捐赠除股权、房产以外的其他非货币性资产的，按照非货币性资产的市场价格确定。

三、居民个人按照以下规定扣除公益捐赠支出：

（一）居民个人发生的公益捐赠支出可以在财产租赁所得、财产转让所得、利息股息红利所得、偶然所得（以下统称分类所得）、综合所得或者经营所得中扣除。在当期一个所得项目扣除不完的公益捐赠支出，可以按规定在其他所得项目中继续扣除；

（二）居民个人发生的公益捐赠支出，在综合所得、经营所得中扣除的，扣除限额分别为当年综合所得、当年经营所得应纳税所得额的百分之三十；在分类所得中扣除的，扣除限额为当月分类所得应纳税所得额的百分之三十；

（三）居民个人根据各项所得的收入、公益捐赠支出、适用税率等情况，自行决定在综合所得、分类所得、经营所得中扣除的公益捐赠支出的顺序。

四、居民个人在综合所得中扣除公益捐赠支出的，应按照以下规定处理：

（一）居民个人取得工资薪金所得的，可以选择在预扣预缴时扣除，也可以选择在年度汇算清缴时扣除。

居民个人选择在预扣预缴时扣除的，应按照累计预扣法计算扣除限额，其捐赠当月的扣除限额为截止当月累计应纳税所得额的百分之三十（全额扣除的从其规定，下同）。个人从两处以上取得工资薪金所得，选择其中一处扣除，选择后当年不得变更。

（二）居民个人取得劳务报酬所得、稿酬所得、特许权使用费所得的，预扣预缴时不扣除公益捐赠支出，统一在汇算清缴时扣除。

（三）居民个人取得全年一次性奖金、股权激励等所得，且按规定采取不并入综合所得而单独计税方式处理的，公益捐赠支出扣除比照本公告分类所得的扣除规定处理。

五、居民个人发生的公益捐赠支出，可在捐赠当月取得的分类所得中扣除。当月分类所得应扣除未扣除的公益捐赠支出，可以按照以下规定追补扣除：

（一）扣缴义务人已经代扣但尚未解缴税款的，居民个人可以向扣缴义务人提出追补扣除申请，退还已扣税款。

（二）扣缴义务人已经代扣且解缴税款的，居民个人可以在公益捐赠之日起90日内提请扣缴义务人向征收税款的税务机关办理更正申报追补扣除，税务机关和扣缴义务人应当予以办理。

（三）居民个人自行申报纳税的，可以在公益捐赠之日起90日内向主管税务机关办理更正申报追补扣除。

居民个人捐赠当月有多项多次分类所得的，应先在其中一项一次分类所得中扣除。已经在分类所得中扣除的公益捐赠支出,不再调整到其他所得中扣除。

六、在经营所得中扣除公益捐赠支出,应按以下规定处理:

(一)个体工商户发生的公益捐赠支出,在其经营所得中扣除。

(二)个人独资企业、合伙企业发生的公益捐赠支出,其个人投资者应当按照捐赠年度合伙企业的分配比例(个人独资企业分配比例为百分之百),计算归属于每一个人投资者的公益捐赠支出,个人投资者应将其归属的个人独资企业、合伙企业公益捐赠支出和本人需要在经营所得扣除的其他公益捐赠支出合并,在其经营所得中扣除。

(三)在经营所得中扣除公益捐赠支出的,可以选择在预缴税款时扣除,也可以选择在汇算清缴时扣除。

(四)经营所得采取核定征收方式的,不扣除公益捐赠支出。

七、非居民个人发生的公益捐赠支出,未超过其在公益捐赠支出发生的当月应纳税所得额百分之三十的部分,可以从其应纳税所得额中扣除。扣除不完的公益捐赠支出,可以在经营所得中继续扣除。

非居民个人按规定可以在应纳税所得额中扣除公益捐赠支出而未实际扣除的,可按照本公告第五条规定追补扣除。

八、国务院规定对公益捐赠全额税前扣除的,按照规定执行。个人同时发生按百分之三十扣除和全额扣除的公益捐赠支出,自行选择扣除次序。

九、公益性社会组织、国家机关在接受个人捐赠时,应当按照规定开具捐赠票据;个人索取捐赠票据的,应予以开具。

个人发生公益捐赠时不能及时取得捐赠票据的,可以暂时凭公益捐赠银行支付凭证扣除,并向扣缴义务人提供公益捐赠银行支付凭证复印件。个人应在捐赠之日起90日内向扣缴义务人补充提供捐赠票据,如果个人未按规定提供捐赠票据的,扣缴义务人应在30日内向主管税务机关报告。

机关、企事业单位统一组织员工开展公益捐赠的,纳税人可以凭汇总开具的捐赠票据和员工明细单扣除。

十、个人通过扣缴义务人享受公益捐赠扣除政策,应当告知扣缴义务人符合条件可扣除的公益捐赠支出金额,并提供捐赠票据的复印件,其中捐赠股权、房产的还应出示财产原值证明。扣缴义务人应当按照规定在预扣预缴、代扣代缴税款时予扣除,并将公益捐赠扣除金额告知纳税人。

个人自行办理或扣缴义务人为个人办理公益捐赠扣除的,应当在申报时一并报送《个人所得税公益慈善事业捐赠扣除明细表》(见附件)。个人应留存捐赠票据,留存期限为五年。

十一、本公告自2019年1月1日起施行。个人自2019年1月1日至本公告发布之日期间发生的公益捐赠支出,按照本公告规定可以在分类所得中扣除但未扣除的,可以在2020年1月31日前通过扣缴义务人向征收税款的税务机关提出追补扣除申请,税务机关应当按规定予以办理。

特此公告。

附件:个人所得税公益慈善事业捐赠扣除明细表

附件

个人所得税公益慈善事业捐赠扣除明细表

捐赠年度：　年

纳税人姓名：

纳税人识别号:□□□□□□□□□□□□□□□□□□-□□

扣缴义务人名称：

扣缴义务人纳税人识别号:□□□□□□□□□□□□□□□□□□

金额单位:人民币元(列至角分)

序号	捐赠信息							扣除信息				备注
	纳税人姓名	纳税人识别号	受赠单位名称	受赠单位纳税人识别号(统一社会信用代码)	捐赠凭证号	捐赠日期	捐赠金额	扣除比例	扣除所得项目	税款所属期	扣除金额	
1	2	3	4	5	6	7	8	9	10	11	12	13

谨承诺:此表是根据国家税收法律法规及相关规定填报的,是真实的、可靠的、完整的。

纳税人或扣缴义务人负责人签字：　　年　月　日

经办人签字：
经办人身份证件号码：
代理机构签章：
代理机构统一社会信用代码：

受理人：
受理税务机关(章)：
受理日期：　年　月　日

国家税务总局监制

《个人所得税公益慈善事业捐赠扣除明细表》填表说明

一、适用范围

本表适用于个人发生符合条件的公益慈善事业捐赠，进行个人所得税前扣除时填报。

二、报送期限

扣缴义务人办理扣缴申报、纳税人办理自行申报时一并报送。

三、本表各栏填写

（一）表头项目

1. 捐赠年度：填写个人发生公益慈善事业捐赠支出的所属年度。

2. 纳税人姓名和纳税人识别号：填写个人姓名及其纳税人识别号。有中国公民身份号码的，填写中华人民共和国居民身份证上载明的“公民身份号码”；没有中国公民身份号码的，填写税务机关赋予的纳税人识别号。

个人通过自行申报进行公益慈善事业捐赠扣除的，填写上述两项。扣缴义务人填报时，无须填写。

3. 扣缴义务人名称及扣缴义务人纳税人识别号：填写扣缴义务人的法定名称全称，以及其纳税人识别号或者统一社会信用代码。

扣缴义务人在扣缴申报时为个人办理公益慈善事业捐赠扣除的，填写本项。纳税人自行申报无须填报本项。

（二）表内各列

1. 第 2 列“纳税人姓名”和第 3 列“纳税人识别号”：扣缴单位为纳税人办理捐赠扣除时，填写本栏。个人自行申报的，无需填写本项。

2. 第 4 列“受赠单位名称”：填写受赠单位的法定名称全称。

3. 第 5 列“受赠单位纳税人识别号（统一社会信用代码）”：填写受赠单位的纳税人识别号或者统一社会信用代码。

4. 第 6 列“捐赠凭证号”：填写捐赠票据的凭证号。

5. 第 7 列“捐赠日期”：填写个人发生的公益慈善事业捐赠的具体日期。

6. 第 8 列“捐赠金额”：填写个人发生的公益慈善事业捐赠的具体金额。

7. 第 9 列“扣除比例”：填写公益慈善事业捐赠支出税前扣除比例。如：30% 或者 100%。

8. 第 10 列“扣除所得项目”：填写扣除公益慈善事业捐赠的所得项目。

9. 第 11 列“税款所属期”：填写“扣除所得项目”对应的税款所属期。

10. 第 12 列“扣除金额”：填写个人取得“扣除所得项目”对应收入办理扣缴申报或者自行申报时，实际扣除的公益慈善事业捐赠支出金额。

11. 第 13 列“备注”：填写个人认为需要特别说明的或者税务机关要求说明的事项。

四、其他事项说明

以纸质方式报送本表的，应当一式两份，纳税人或者扣缴义务人、税务机关各留存一份。

2－2－200

国家税务总局关于办理 2019 年度个人所得税综合所得汇算清缴事项的公告

2019 年 12 月 31 日　国家税务总局公告 2019 年第 44 号

为切实维护纳税人合法权益，进一步落实好专项附加扣除政策，合理有序建立个人所得税综合所得汇算清缴制度，根据个人所得税法及其实施条例（以下简称“税法”）和税收征

收管理法及其实施细则有关规定,现就办理2019年度个人所得税综合所得汇算清缴(以下简称“年度汇算”)有关事项公告如下:

一、2019年度汇算的内容

依据税法规定,2019年度终了后,居民个人(以下称“纳税人”)需要汇总2019年1月1日至12月31日取得的工资薪金、劳务报酬、稿酬、特许权使用费等四项所得(以下称“综合所得”)的收入额,减除费用6万元以及专项扣除、专项附加扣除、依法确定的其他扣除和符合条件的公益慈善事业捐赠(以下简称“捐赠”)后,适用综合所得个人所得税税率并减去速算扣除数(税率表见附件),计算本年度最终应纳税额,再减去2019年度已预缴税额,得出本年度应退或应补税额,向税务机关申报并办理退税或补税。具体计算公式如下:

2019年度汇算应退或应补税额=[(综合所得收入额-60000元-“三险一金”等专项扣除-子女教育等专项附加扣除-依法确定的其他扣除-捐赠)×适用税率-速算扣除数]-2019年已预缴税额

依据税法规定,2019年度汇算仅计算并结清本年度综合所得的应退或应补税款,不涉及以前或往后年度,也不涉及财产租赁等分类所得,以及纳税人按规定选择不并入综合所得计算纳税的全年一次性奖金等所得。

二、无需办理年度汇算的纳税人

经国务院批准,依据《财政部　税务总局关于个人所得税综合所得汇算清缴涉及有关政策问题的公告》(2019年第94号)有关规定,纳税人在2019年度已依法预缴个人所得税且符合下列情形之一的,无需办理年度汇算:

(一)纳税人年度汇算需补税但年度综合所得收入不超过12万元的;

(二)纳税人年度汇算需补税金额不超过400元的;

(三)纳税人已预缴税额与年度应纳税额一致或者不申请年度汇算退税的。

三、需要办理年度汇算的纳税人

依据税法规定,符合下列情形之一的,纳税人需要办理年度汇算:

(一)2019年度已预缴税额大于年度应纳税额且申请退税的。包括2019年度综合所得收入额不超过6万元但已预缴个人所得税;年度中间劳务报酬、稿酬、特许权使用费适用的预扣率高于综合所得年适用税率;预缴税款时,未申报扣除或未足额扣除减除费用、专项扣除、专项附加扣除、依法确定的其他扣除或捐赠,以及未申报享受或未足额享受综合所得税收优惠等情形。

(二)2019年度综合所得收入超过12万元且需要补税金额超过400元的。包括取得两处及以上综合所得,合并后适用税率提高导致已预缴税额小于年度应纳税额等情形。

四、可享受的税前扣除

下列未申报扣除或未足额扣除的税前扣除项目,纳税人可在年度汇算期间办理扣除或补充扣除:

(一)纳税人及其配偶、未成年子女在2019年度发生的,符合条件的大病医疗支出;

(二)纳税人在2019年度未申报享受或未足额享受的子女教育、继续教育、住房贷款利息或住房租金、赡养老人专项附加扣除,以及减除费用、专项扣除、依法确定的其他扣除;

(三)纳税人在2019年度发生的符合条件的捐赠支出。

五、办理时间

纳税人办理2019年度汇算的时间为2020年3月1日至6月30日。在中国境内无住所的纳税人在2020年3月1日前离境的,可以在离境前办理年度汇算。

六、办理方式

纳税人可自主选择下列办理方式:

(一)自行办理年度汇算。

(二)通过取得工资薪金或连续性取得劳务报酬所得的扣缴义务人代为办理。纳税人向扣缴义务人提出代办要求的,扣缴义务人应当代为办理,或者培训、辅导纳税人通过网上税务局(包括手机个人所得税APP)完成年度汇算申报和退(补)税。由扣缴义务人代为办理的,纳税人应在2020年4月30日前与扣缴义务人进行书面确认,补充提供其2019年度在本单位以外取得的综合所得收入、相关扣除、享受税收优惠等信息资料,并对所提交信息的真实性、准确性、完整性负责。

(三)委托涉税专业服务机构或其他单位及个人(以下称"受托人")办理,受托人需与纳税人签订授权书。

扣缴义务人或受托人为纳税人办理年度汇算后,应当及时将办理情况告知纳税人。纳税人发现申报信息存在错误的,可以要求扣缴义务人或受托人办理更正申报,也可自行办理更正申报。

七、办理渠道

为便利纳税人,税务机关为纳税人提供高效、快捷的网络办税渠道。纳税人可优先通过网上税务局(包括手机个人所得税APP)办理年度汇算,税务机关将按规定为纳税人提供申报表预填服务;不方便通过上述方式办理的,也可以通过邮寄方式或到办税服务厅办理。

选择邮寄申报的,纳税人需将申报表寄送至任职受雇单位(没有任职受雇单位的,为户籍或者经常居住地)所在省、自治区、直辖市、计划单列市税务局公告指定的税务机关。

八、申报信息及资料留存

纳税人办理年度汇算时,除向税务机关报送年度汇算申报表外,如需修改本人相关基础信息,新增享受扣除或者税收优惠的,还应按规定一并填报相关信息。填报的信息,纳税人需仔细核对,确保真实、准确、完整。

纳税人以及代办年度汇算的扣缴义务人,需将年度汇算申报表以及与纳税人综合所得收入、扣除、已缴税额或税收优惠等相关资料,自年度汇算期结束之日起留存5年。

九、接受年度汇算申报的税务机关

按照方便就近原则,纳税人自行办理或受托人为纳税人代为办理2019年度汇算的,向纳税人任职受雇单位所在地的主管税务机关申报;有两处及以上任职受雇单位的,可自主选择向其中一处单位所在地的主管税务机关申报。纳税人没有任职受雇单位的,向其户籍所在地或者经常居住地的主管税务机关申报。

扣缴义务人在年度汇算期内为纳税人办理年度汇算的,向扣缴义务人的主管税务机关申报。

十、年度汇算的退税、补税

纳税人申请年度汇算退税,应当提供其在中国境内开设的符合条件的银行账户。税务机关按规定审核后,按照国库管理有关规定,在本公告第九条确定的接受年度汇算申报的税务机关所在地(即汇算清缴地)就地办理税款退库。纳税人未提供本人有效银行账户,或者提供的信息资料有误的,税务机关将通知纳税人更正,纳税人按要求更正后依法办理退税。

为方便纳税人获取退税,纳税人2019年度综合所得收入额不超过6万元且已预缴个人所得税的,税务机关在网上税务局(包括手机个人所得税APP)提供便捷退税功能,纳税人可以在2020年3月1日至5月31日期间,通过简易申报表办理年度汇算退税。

纳税人办理年度汇算补税的,可以通过网上银行、办税服务厅POS机刷卡、银行柜台、非银行支付机构等方式缴纳。

十一、年度汇算服务

税务机关推出系列优化服务措施,加强年度汇算的政策解读和操作辅导力度,分类编制办税指引,通俗解释政策口径、专业术语和操作流程,多渠道、多形式开展提示提醒服务,并通过手机个人所得税APP、网页端、12366纳税服务热线等渠道提供涉税咨询,帮助纳税人解决办理年度汇算中的疑难问题,积极回应纳税人诉求。

为合理有序引导纳税人办理年度汇算,避免出现扎堆拥堵,主管税务机关将分批分期通知提醒纳税人在确定的时间段内办理。纳税人如需提前或延后办理的,可与税务机关预约或通过网上税务局(包括手机个人所得税APP)在法定年度汇算期内办理。对于因年长、行动不便等独立完成年度汇算存在特殊困难的,纳税人提出申请,税务机关可提供个性化年度汇算服务。

特此公告。

附件:个人所得税税率表(综合所得适用)

附件

个人所得税税率表

(综合所得适用)

级数	全年应纳税所得额	税率(%)	速算扣除数
1	不超过36000元的	3	0
2	超过36000元至144000元的	10	2520
3	超过144000元至300000元的	20	16920
4	超过300000元至420000元的	25	31920
5	超过420000元至660000元的	30	52920
6	超过660000元至960000元的	35	85920
7	超过960000元的	45	181920

2 -2 -201

国家税务总局关于修订部分个人所得税申报表的公告

2019 年 12 月 31 日 国家税务总局公告 2019 年第 46 号

为保障个人所得税综合所得汇算清缴顺利实施,根据个人所得税法及其实施条例等相关税收法律、法规规定,现将部分修订后的个人所得税申报表及其填表说明予以发布,并就有关事项公告如下:

一、为便于纳税人理解,省(区、市)税务局可以根据当地情况,补充、修改申报表提示、说明信息。

二、本公告自 2020 年 1 月 1 日起施行。其中,纳税人在办理 2019 年度个人所得税综合所得汇算清缴填写免税收入时,暂不附报《个人所得税减免税事项报告表》。《国家税务总局关于发布个人所得税申报表的公告》(2013 年第 21 号)、《国家税务总局关于发布生产经营所得及减免税事项有关个人所得税申报表的公告》(2015 年第 28 号)、《国家税务总局关于修订个人所得税申报表的公告》(2019 年第 7 号)附件 4 以及附件 5 中的《个人所得税经营所得纳税申报表(A 表)》同时废止。

特此公告。

附件:1. 个人所得税年度自行纳税申报表(A 表)(简易版)(问答版)(编者略)

2. 个人所得税年度自行纳税申报表(B 表)及境外所得个人所得税抵免明细表(编者略)

3. 个人所得税经营所得纳税申报表(A 表)(编者略)

4. 个人所得税减免税事项报告表(编者略)

5. 代扣代缴手续费申请表(编者略)

2 -2 -202

财政部 税务总局关于境外所得有关个人所得税政策的公告

2020 年 1 月 17 日 财政部 税务总局公告 2020 年第 3 号

为贯彻落实《中华人民共和国个人所得税法》和《中华人民共和国个人所得税法实施条例》(以下称个人所得税法及其实施条例),现将境外所得有关个人所得税政策公告如下:

一、下列所得,为来源于中国境外的所得:

(一)因任职、受雇、履约等在中国境外提供劳务取得的所得;

(二)中国境外企业以及其他组织支付且负担的稿酬所得;

（三）许可各种特许权在中国境外使用而取得的所得；

（四）在中国境外从事生产、经营活动而取得的与生产、经营活动相关的所得；

（五）从中国境外企业、其他组织以及非居民个人取得的利息、股息、红利所得；

（六）将财产出租给承租人在中国境外使用而取得的所得；

（七）转让中国境外的不动产、转让对中国境外企业以及其他组织投资形成的股票、股权以及其他权益性资产（以下称权益性资产）或者在中国境外转让其他财产取得的所得。但转让对中国境外企业以及其他组织投资形成的权益性资产，该权益性资产被转让前三年（连续36个公历月份）内的任一时间，被投资企业或其他组织的资产公允价值50%以上直接或间接来自位于中国境内的不动产的，取得的所得为来源于中国境内的所得；

（八）中国境外企业、其他组织以及非居民个人支付且负担的偶然所得；

（九）财政部、税务总局另有规定的，按照相关规定执行。

二、居民个人应当依照个人所得税法及其实施条例规定，按照以下方法计算当期境内和境外所得应纳税额：

（一）居民个人来源于中国境外的综合所得，应当与境内综合所得合并计算应纳税额；

（二）居民个人来源于中国境外的经营所得，应当与境内经营所得合并计算应纳税额。居民个人来源于境外的经营所得，按照个人所得税法及其实施条例的有关规定计算的亏损，不得抵减其境内或他国（地区）的应纳税所得额，但可以用来源于同一国家（地区）以后年度的经营所得按中国税法规定弥补；

（三）居民个人来源于中国境外的利息、股息、红利所得，财产租赁所得，财产转让所得和偶然所得（以下称其他分类所得），不与境内所得合并，应当分别单独计算应纳税额。

三、居民个人在一个纳税年度内来源于中国境外的所得，依照所得来源国家（地区）税收法律规定在中国境外已缴纳的所得税税额允许在抵免限额内从其该纳税年度应纳税额中抵免。

居民个人来源于一国（地区）的综合所得、经营所得以及其他分类所得项目的应纳税额为其抵免限额，按照下列公式计算：

（一）来源于一国（地区）综合所得的抵免限额＝中国境内和境外综合所得依照本公告第二条规定计算的综合所得应纳税额×来源于该国（地区）的综合所得收入额÷中国境内和境外综合所得收入额合计

（二）来源于一国（地区）经营所得的抵免限额＝中国境内和境外经营所得依照本公告第二条规定计算的经营所得应纳税额×来源于该国（地区）的经营所得应纳税所得额÷中国境内和境外经营所得应纳税所得额合计

（三）来源于一国（地区）其他分类所得的抵免限额＝该国（地区）的其他分类所得依照本公告第二条规定计算的应纳税额

（四）来源于一国（地区）所得的抵免限额＝来源于该国（地区）综合所得抵免限额＋来源于该国（地区）经营所得抵免限额＋来源于该国（地区）其他分类所得抵免限额

四、可抵免的境外所得税税额，是指居民个人取得境外所得，依照该所得来源国（地区）税收法律应当缴纳且实际已经缴纳的所得税性质的税额。可抵免的境外所得税额不包括以下情形：

（一）按照境外所得税法律属于错缴或错征的境外所得税税额；

（二）按照我国政府签订的避免双重征税协定以及内地与香港、澳门签订的避免双重征税安排（以下统称税收协定）规定不应征收的境外所得税税额；

（三）因少缴或迟缴境外所得税而追加的利息、滞纳金或罚款；

（四）境外所得税纳税人或者其利害关系人从境外征税主体得到实际返还或补偿的境外所得税税款；

（五）按照我国个人所得税法及其实施条例规定，已经免税的境外所得负担的境外所得税税款。

五、居民个人从与我国签订税收协定的国家（地区）取得的所得，按照该国（地区）税收法律享受免税或减税待遇，且该免税或减税的数额按照税收协定饶让条款规定应视同已缴税额在中国的应纳税额中抵免的，该免税或减税数额可作为居民个人实际缴纳的境外所得税税额按规定申报税收抵免。

六、居民个人一个纳税年度内来源于一国（地区）的所得实际已经缴纳的所得税税额，低于依照本公告第三条规定计算出的来源于该国（地区）该纳税年度所得的抵免限额的，应以实际缴纳税额作为抵免额进行抵免；超过来源于该国（地区）该纳税年度所得的抵免限额的，应在限额内进行抵免，超过部分可以在以后五个纳税年度内结转抵免。

七、居民个人从中国境外取得所得的，应当在取得所得的次年 3 月 1 日至 6 月 30 日内申报纳税。

八、居民个人取得境外所得，应当向中国境内任职、受雇单位所在地主管税务机关办理纳税申报；在中国境内没有任职、受雇单位的，向户籍所在地或中国境内经常居住地主管税务机关办理纳税申报；户籍所在地与中国境内经常居住地不一致的，选择其中一地主管税务机关办理纳税申报；在中国境内没有户籍的，向中国境内经常居住地主管税务机关办理纳税申报。

九、居民个人取得境外所得的境外纳税年度与公历年度不一致的，取得境外所得的境外纳税年度最后一日所在的公历年度，为境外所得对应的我国纳税年度。

十、居民个人申报境外所得税收抵免时，除另有规定外，应当提供境外征税主体出具的税款所属年度的完税证明、税收缴款书或者纳税记录等纳税凭证，未提供符合要求的纳税凭证，不予抵免。

居民个人已申报境外所得、未进行税收抵免，在以后纳税年度取得纳税凭证并申报境外所得税收抵免的，可以追溯至该境外所得所属纳税年度进行抵免，但追溯年度不得超过五年。自取得该项境外所得的五个年度内，境外征税主体出具的税款所属纳税年度纳税凭证载明的实际缴纳税额发生变化的，按实际缴纳税额重新计算并办理补退税，不加收税收滞纳金，不退还利息。

纳税人确实无法提供纳税凭证的，可同时凭境外所得纳税申报表（或者境外征税主体确认的缴税通知书）以及对应的银行缴款凭证办理境外所得抵免事宜。

十一、居民个人被境内企业、单位、其他组织（以下称派出单位）派往境外工作，取得的工资薪金所得或者劳务报酬所得，由派出单位或者其他境内单位支付或负担的，派出单位或者其他境内单位应按照个人所得税法及其实施条例规定预扣预缴税款。

居民个人被派出单位派往境外工作，取得的工资薪金所得或者劳务报酬所得，由境外单位支付或负担的，如果境外单位为境外任职、受雇的中方机构（以下称中方机构）的，可以由境外任职、受雇的中方机构预扣税款，并委托派出单位向主管税务机关申报纳税。中方机构未预扣税款的或者境外单位不是中方机构的，派出单位应当于次年2月28日前向其主管税务机关报送外派人员情况，包括：外派人员的姓名、身份证件类型及身份证件号码、职务、派往国家和地区、境外工作单位名称和地址、派遣期限、境内外收入及缴税情况等。

中方机构包括中国境内企业、事业单位、其他经济组织以及国家机关所属的境外分支机构、子公司、使（领）馆、代表处等。

十二、居民个人取得来源于境外的所得或者实际已经在境外缴纳的所得税税额为人民币以外货币，应当按照《中华人民共和国个人所得税法实施条例》第三十二条折合计算。

十三、纳税人和扣缴义务人未按本公告规定申报缴纳、扣缴境外所得个人所得税以及报送资料的，按照《中华人民共和国税收征收管理法》和个人所得税法及其实施条例等有关规定处理，并按规定纳入个人纳税信用管理。

十四、本公告适用于2019年度及以后年度税收处理事宜。以前年度尚未抵免完毕的税额，可按本公告第六条规定处理。下列文件或文件条款同时废止：

1.《财政部　国家税务总局关于个人股票期权所得征收个人所得税问题的通知》（财税〔2005〕35号）第三条

2.《国家税务总局关于境外所得征收个人所得税若干问题的通知》（国税发〔1994〕44号）

3.《国家税务总局关于企业和个人的外币收入如何折合成人民币计算缴纳税款问题的通知》（国税发〔1995〕173号）

特此公告。

2－2－203

财政部　税务总局关于海南自由贸易港高端紧缺人才个人所得税政策的通知

2020年6月23日　财税〔2020〕32号

海南省财政厅，国家税务总局海南省税务局：

为支持海南自由贸易港建设，现就有关个人所得税优惠政策通知如下：

一、对在海南自由贸易港工作的高端人才和紧缺人才，其个人所得税实际税负超过15%的部分，予以免征。

二、享受上述优惠政策的所得包括来源于海南自由贸易港的综合所得（包括工资薪金、劳务报酬、稿酬、特许权使用费四项所得）、经营所得以及经海南省认定的人才补贴性所得。

三、纳税人在海南省办理个人所得税年度汇算清缴时享受上述优惠政策。

四、对享受上述优惠政策的高端人才和紧缺人才实行清单管理，由海南省商财政部、税务总局制定具体管理办法。

五、本通知自2020年1月1日起执行至2024年12月31日。

2－2－204

国家税务总局关于完善调整部分纳税人个人所得税预扣预缴方法的公告

2020年7月28日 国家税务总局公告2020年第13号

为进一步支持稳就业、保就业，减轻当年新入职人员个人所得税预扣预缴阶段的税收负担，现就完善调整年度中间首次取得工资、薪金所得等人员有关个人所得税预扣预缴方法事项公告如下：

一、对一个纳税年度内首次取得工资、薪金所得的居民个人，扣缴义务人在预扣预缴个人所得税时，可按照5000元/月乘以纳税人当年截至本月月份数计算累计减除费用。

二、正在接受全日制学历教育的学生因实习取得劳务报酬所得的，扣缴义务人预扣预缴个人所得税时，可按照《国家税务总局关于发布〈个人所得税扣缴申报管理办法（试行）〉的公告》（2018年第61号）规定的累计预扣法计算并预扣预缴税款。

三、符合本公告规定并可按上述条款预扣预缴个人所得税的纳税人，应当及时向扣缴义务人申明并如实提供相关佐证资料或承诺书，并对相关资料及承诺书的真实性、准确性、完整性负责。相关资料或承诺书，纳税人及扣缴义务人需留存备查。

四、本公告所称首次取得工资、薪金所得的居民个人，是指自纳税年度首月起至新入职时，未取得工资、薪金所得或者未按照累计预扣法预扣预缴过连续性劳务报酬所得个人所得税的居民个人。

本公告自2020年7月1日起施行。

特此公告。

2－2－205

国家税务总局关于进一步简便优化部分纳税人个人所得税预扣预缴方法的公告

2020年12月4日 国家税务总局公告2020年第19号

为进一步支持稳就业、保就业、促消费，助力构建新发展格局，按照《中华人民共和国个人所得税法》及其实施条例有关规定，现就进一步简便优化部分纳税人个人所得税预扣预缴方法有关事项公告如下：

一、对上一完整纳税年度内每月均在同一单位预扣预缴工资、薪金所得个人所得税且全年工资、薪金收入不超过6万元的居民个人，扣缴义务人在预扣预缴本年度工资、薪金所得个人所得税时,累计减除费用自1月份起直接按照全年6万元计算扣除。即,在纳税人累计收入不超过6万元的月份,暂不预扣预缴个人所得税;在其累计收入超过6万元的当月及年内后续月份,再预扣预缴个人所得税。

扣缴义务人应当按规定办理全员全额扣缴申报,并在《个人所得税扣缴申报表》相应纳税人的备注栏注明“上年各月均有申报且全年收入不超过6万元”字样。

二、对按照累计预扣法预扣预缴劳务报酬所得个人所得税的居民个人,扣缴义务人比照上述规定执行。

本公告自2021年1月1日起施行。

特此公告。

2－2－206

财政部　税务总局关于权益性投资经营所得个人所得税征收管理的公告

2021年12月30日　财政部　税务总局公告2021年第41号

为贯彻落实中央办公厅、国务院办公厅《关于进一步深化税收征管改革的意见》有关要求,深化“放管服”改革,现就权益性投资经营所得个人所得税征收管理有关问题公告如下:

一、持有股权、股票、合伙企业财产份额等权益性投资的个人独资企业、合伙企业(以下简称独资合伙企业),一律适用查账征收方式计征个人所得税。

二、独资合伙企业应自持有上述权益性投资之日起30日内,主动向税务机关报送持有权益性投资的情况;公告实施前独资合伙企业已持有权益性投资的,应当在2022年1月30日前向税务机关报送持有权益性投资的情况。税务机关接到核定征收独资合伙企业报送持有权益性投资情况的,调整其征收方式为查账征收。

三、各级财政、税务部门应做好服务辅导工作,积极引导独资合伙企业建立健全账簿、完善会计核算和财务管理制度、如实申报纳税。独资合伙企业未如实报送持有权益性投资情况的,依据税收征收管理法相关规定处理。

四、本公告自2022年1月1日起施行。

特此公告。

2－2－207

财政部　税务总局关于延续实施全年一次性奖金等个人所得税优惠政策的公告

2021年12月31日　财政部　税务总局公告2021年第42号

为扎实做好“六保”工作,进一步减轻纳税人负担,现将延续实施有关个人所得税优惠政策公告如下：

一、《财政部　税务总局关于个人所得税法修改后有关优惠政策衔接问题的通知》（财税〔2018〕164号）规定的全年一次性奖金单独计税优惠政策，执行期限延长至2023年12月31日；上市公司股权激励单独计税优惠政策，执行期限延长至2022年12月31日。

二、《财政部　税务总局关于个人所得税综合所得汇算清缴涉及有关政策问题的公告》（财政部　税务总局公告2019年第94号）规定的免于办理个人所得税综合所得汇算清缴优惠政策，执行期限延长至2023年12月31日。

特此公告。

注释：

政策调整。本文规定的免于办理个人所得税综合所得汇算清缴优惠政策，延续执行至2027年12月31日。参见：《财政部　税务总局关于延续实施个人所得税综合所得汇算清缴有关政策的公告》（财政部　税务总局公告2023年第32号）。

政策调整。本文规定的全年一次性奖金个人所得税政策，延续执行至2027年12月31日。参见：《财政部　税务总局关于延续实施全年一次性奖金个人所得税政策的公告》（财政部　税务总局公告2023年第30号）。

政策调整。本文规定的上市公司股权激励单独计税优惠政策，延续执行至2027年12月31日。参见：《财政部　税务总局关于延续实施上市公司股权激励有关个人所得税政策的公告》（财政部　税务总局公告2023年第25号）。

政策调整。本文规定的上市公司股权激励单独计税优惠政策，自2023年1月1日起至2023年12月31日止继续执行。参见：《财政部　税务总局关于延续实施有关个人所得税优惠政策的公告》（财政部　税务总局公告2023年第2号）。

2－2－208

财政部　税务总局关于延续实施外籍个人津补贴等有关个人所得税优惠政策的公告

2021年12月31日　财政部　税务总局公告2021年第43号

为进一步减轻纳税人负担，现将延续实施有关个人所得税优惠政策公告如下：

《财政部　税务总局关于个人所得税法修改后有关优惠政策衔接问题的通知》（财税〔2018〕164号）规定的外籍个人有关津补贴优惠政策、中央企业负责人任期激励单独计税优惠政策，执行期限延长至2023年12月31日。

特此公告。

注释：

政策调整。本文规定的外籍个人有关津补贴个人所得税政策，延续执行至2027年12

月31日。参见:《财政部　税务总局关于延续实施外籍个人有关津补贴个人所得税政策的公告》(财政部　税务总局公告2023年第29号)。

2－2－209

财政部　税务总局关于延续执行创业投资企业和天使投资个人投资初创科技型企业有关政策条件的公告

2022年2月9日　财政部　税务总局公告2022年第6号

为进一步支持创业创新,现就创业投资企业和天使投资个人投资初创科技型企业所得税政策有关事项公告如下:

自2022年1月1日至2023年12月31日,对于初创科技型企业需符合的条件,从业人数继续按不超过300人、资产总额和年销售收入按均不超过5000万元执行,《财政部　税务总局关于创业投资企业和天使投资个人有关税收政策的通知》(财税〔2018〕55号)规定的其他条件不变。

在此期间已投资满2年及新发生的投资,可按财税〔2018〕55号文件和本公告规定适用税收政策。

注释:

政策调整。本文延续执行至2027年12月31日。参见:《财政部　税务总局关于延续执行创业投资企业和天使投资个人投资初创科技型企业有关政策条件的公告》(财政部　税务总局公告2023年第17号)。

2－2－210

国家税务总局关于修订发布《个人所得税专项附加扣除操作办法(试行)》的公告

2022年3月25日　国家税务总局公告2022年第7号

为贯彻落实新发布的《国务院关于设立3岁以下婴幼儿照护个人所得税专项附加扣除的通知》(国发〔2022〕8号),保障3岁以下婴幼儿照护专项附加扣除政策顺利实施,国家税务总局相应修订了《个人所得税专项附加扣除操作办法(试行)》及《个人所得税扣缴申报表》。现予以发布,自2022年1月1日起施行。《国家税务总局关于发布〈个人所得税专项附加扣除操作办法(试行)〉的公告》(2018年第60号)、《国家税务总局关于修订个人所得税申报表的公告》(2019年第7号)附件2同时废止。

特此公告。

附件:1. 个人所得税专项附加扣除信息表

2. 个人所得税扣缴申报表

个人所得税专项附加扣除操作办法(试行)

第一章 总 则

第一条 为了规范个人所得税专项附加扣除行为,切实维护纳税人合法权益,根据《中华人民共和国个人所得税法》及其实施条例、《中华人民共和国税收征收管理法》及其实施细则、《国务院关于印发个人所得税专项附加扣除暂行办法的通知》(国发〔2018〕41 号)、《国务院关于设立 3 岁以下婴幼儿照护个人所得税专项附加扣除的通知》(国发〔2022〕8 号)的规定,制定本办法。

第二条 纳税人享受子女教育、继续教育、大病医疗、住房贷款利息或者住房租金、赡养老人、3 岁以下婴幼儿照护专项附加扣除的,依照本办法规定办理。

第二章 享受扣除及办理时间

第三条 纳税人享受符合规定的专项附加扣除的计算时间分别为:

(一)子女教育。学前教育阶段,为子女年满 3 周岁当月至小学入学前一月。学历教育,为子女接受全日制学历教育入学的当月至全日制学历教育结束的当月。

(二)继续教育。学历(学位)继续教育,为在中国境内接受学历(学位)继续教育入学的当月至学历(学位)继续教育结束的当月,同一学历(学位)继续教育的扣除期限最长不得超过 48 个月。技能人员职业资格继续教育、专业技术人员职业资格继续教育,为取得相关证书的当年。

(三)大病医疗。为医疗保障信息系统记录的医药费用实际支出的当年。

(四)住房贷款利息。为贷款合同约定开始还款的当月至贷款全部归还或贷款合同终止的当月,扣除期限最长不得超过 240 个月。

(五)住房租金。为租赁合同(协议)约定的房屋租赁期开始的当月至租赁期结束的当月。提前终止合同(协议)的,以实际租赁期限为准。

(六)赡养老人。为被赡养人年满 60 周岁的当月至赡养义务终止的年末。

(七)3 岁以下婴幼儿照护。为婴幼儿出生的当月至年满 3 周岁的前一个月。

前款第一项、第二项规定的学历教育和学历(学位)继续教育的期间,包含因病或其他非主观原因休学但学籍继续保留的休学期间,以及施教机构按规定组织实施的寒暑假等假期。

第四条 享受子女教育、继续教育、住房贷款利息或者住房租金、赡养老人、3 岁以下婴幼儿照护专项附加扣除的纳税人,自符合条件开始,可以向支付工资、薪金所得的扣缴义务人提供上述专项附加扣除有关信息,由扣缴义务人在预扣预缴税款时,按其在本单位本年可享受的累计扣除额办理扣除;也可以在次年 3 月 1 日至 6 月 30 日内,向汇缴地主管税务机关办理汇算清缴申报时扣除。

纳税人同时从两处以上取得工资、薪金所得，并由扣缴义务人办理上述专项附加扣除的，对同一专项附加扣除项目，一个纳税年度内，纳税人只能选择从其中一处扣除。

享受大病医疗专项附加扣除的纳税人，由其在次年3月1日至6月30日内，自行向汇缴地主管税务机关办理汇算清缴申报时扣除。

第五条 扣缴义务人办理工资、薪金所得预扣预缴税款时，应当根据纳税人报送的《个人所得税专项附加扣除信息表》(以下简称《扣除信息表》，见附件)为纳税人办理专项附加扣除。

纳税人年度中间更换工作单位的，在原单位任职、受雇期间已享受的专项附加扣除金额，不得在新任职、受雇单位扣除。原扣缴义务人应当自纳税人离职不再发放工资薪金所得的当月起，停止为其办理专项附加扣除。

第六条 纳税人未取得工资、薪金所得，仅取得劳务报酬所得、稿酬所得、特许权使用费所得需要享受专项附加扣除的，应当在次年3月1日至6月30日内，自行向汇缴地主管税务机关报送《扣除信息表》，并在办理汇算清缴申报时扣除。

第七条 一个纳税年度内，纳税人在扣缴义务人预扣预缴税款环节未享受或未足额享受专项附加扣除的，可以在当年内向支付工资、薪金的扣缴义务人申请在剩余月份发放工资、薪金时补充扣除，也可以在次年3月1日至6月30日内，向汇缴地主管税务机关办理汇算清缴时申报扣除。

第三章　报送信息及留存备查资料

第八条 纳税人选择在扣缴义务人发放工资、薪金所得时享受专项附加扣除的，首次享受时应当填写并向扣缴义务人报送《扣除信息表》；纳税年度中间相关信息发生变化的，纳税人应当更新《扣除信息表》相应栏次，并及时报送给扣缴义务人。

更换工作单位的纳税人，需要由新任职、受雇扣缴义务人办理专项附加扣除的，应当在入职的当月，填写并向扣缴义务人报送《扣除信息表》。

第九条 纳税人次年需要由扣缴义务人继续办理专项附加扣除的，应当于每年12月份对次年享受专项附加扣除的内容进行确认，并报送至扣缴义务人。纳税人未及时确认的，扣缴义务人于次年1月起暂停扣除，待纳税人确认后再行办理专项附加扣除。

扣缴义务人应当将纳税人报送的专项附加扣除信息，在次月办理扣缴申报时一并报送至主管税务机关。

第十条 纳税人选择在汇算清缴申报时享受专项附加扣除的，应当填写并向汇缴地主管税务机关报送《扣除信息表》。

第十一条 纳税人将需要享受的专项附加扣除项目信息填报至《扣除信息表》相应栏次。填报要素完整的，扣缴义务人或者主管税务机关应当受理；填报要素不完整的，扣缴义务人或者主管税务机关应当及时告知纳税人补正或重新填报。纳税人未补正或重新填报的，暂不办理相关专项附加扣除，待纳税人补正或重新填报后再行办理。

第十二条 纳税人享受子女教育专项附加扣除，应当填报配偶及子女的姓名、身份证件类型及号码、子女当前受教育阶段及起止时间、子女就读学校以及本人与配偶之间扣除分配比例等信息。

纳税人需要留存备查资料包括：子女在境外接受教育的，应当留存境外学校录取通知书、留学签证等境外教育佐证资料。

第十三条 纳税人享受继续教育专项附加扣除，接受学历（学位）继续教育的，应当填报教育起止时间、教育阶段等信息；接受技能人员或者专业技术人员职业资格继续教育的，应当填报证书名称、证书编号、发证机关、发证（批准）时间等信息。

纳税人需要留存备查资料包括：纳税人接受技能人员职业资格继续教育、专业技术人员职业资格继续教育的，应当留存职业资格相关证书等资料。

第十四条 纳税人享受住房贷款利息专项附加扣除，应当填报住房权属信息、住房坐落地址、贷款方式、贷款银行、贷款合同编号、贷款期限、首次还款日期等信息；纳税人有配偶的，填写配偶姓名、身份证件类型及号码。

纳税人需要留存备查资料包括：住房贷款合同、贷款还款支出凭证等资料。

第十五条 纳税人享受住房租金专项附加扣除，应当填报主要工作城市、租赁住房坐落地址、出租人姓名及身份证件类型和号码或者出租方单位名称及纳税人识别号（社会统一信用代码）、租赁起止时间等信息；纳税人有配偶的，填写配偶姓名、身份证件类型及号码。

纳税人需要留存备查资料包括：住房租赁合同或协议等资料。

第十六条 纳税人享受赡养老人专项附加扣除，应当填报纳税人是否为独生子女、月扣除金额、被赡养人姓名及身份证件类型和号码、与纳税人关系；有共同赡养人的，需填报分摊方式、共同赡养人姓名及身份证件类型和号码等信息。

纳税人需要留存备查资料包括：约定或指定分摊的书面分摊协议等资料。

第十七条 纳税人享受大病医疗专项附加扣除，应当填报患者姓名、身份证件类型及号码、与纳税人关系、与基本医保相关的医药费用总金额、医保目录范围内个人负担的自付金额等信息。

纳税人需要留存备查资料包括：大病患者医药服务收费及医保报销相关票据原件或复印件，或者医疗保障部门出具的纳税年度医药费用清单等资料。

第十八条 纳税人享受3岁以下婴幼儿照护专项附加扣除，应当填报配偶及子女的姓名、身份证件类型（如居民身份证、子女出生医学证明等）及号码以及本人与配偶之间扣除分配比例等信息。

纳税人需要留存备查资料包括：子女的出生医学证明等资料。

第十九条 纳税人应当对报送的专项附加扣除信息的真实性、准确性、完整性负责。

第四章 信息报送方式

第二十条 纳税人可以通过远程办税端、电子或者纸质报表等方式，向扣缴义务人或者主管税务机关报送个人专项附加扣除信息。

第二十一条 纳税人选择纳税年度内由扣缴义务人办理专项附加扣除的，按下列规定办理：

（一）纳税人通过远程办税端选择扣缴义务人并报送专项附加扣除信息的，扣缴义务人根据接收的扣除信息办理扣除。

（二）纳税人通过填写电子或者纸质《扣除信息表》直接报送扣缴义务人的，扣缴义务人将相关信息导入或者录入扣缴端软件，并在次月办理扣缴申报时提交给主管税务机关。《扣除信息表》应当一式两份，纳税人和扣缴义务人签字（章）后分别留存备查。

第二十二条 纳税人选择年度终了后办理汇算清缴申报时享受专项附加扣除的，既可以通过远程办税端报送专项附加扣除信息，也可以将电子或者纸质《扣除信息表》（一式两份）报送给汇缴地主管税务机关。

报送电子《扣除信息表》的，主管税务机关受理打印，交由纳税人签字后，一份由纳税人留存备查，一份由税务机关留存；报送纸质《扣除信息表》的，纳税人签字确认、主管税务机关受理签章后，一份退还纳税人留存备查，一份由税务机关留存。

第二十三条 扣缴义务人和税务机关应当告知纳税人办理专项附加扣除的方式和渠道，鼓励并引导纳税人采用远程办税端报送信息。

第五章 后续管理

第二十四条 纳税人应当将《扣除信息表》及相关留存备查资料，自法定汇算清缴期结束后保存五年。

纳税人报送给扣缴义务人的《扣除信息表》，扣缴义务人应当自预扣预缴年度的次年起留存五年。

第二十五条 纳税人向扣缴义务人提供专项附加扣除信息的，扣缴义务人应当按照规定予以扣除，不得拒绝。扣缴义务人应当为纳税人报送的专项附加扣除信息保密。

第二十六条 扣缴义务人应当及时按照纳税人提供的信息计算办理扣缴申报，不得擅自更改纳税人提供的相关信息。

扣缴义务人发现纳税人提供的信息与实际情况不符，可以要求纳税人修改。纳税人拒绝修改的，扣缴义务人应当向主管税务机关报告，税务机关应当及时处理。

除纳税人另有要求外，扣缴义务人应当于年度终了后两个月内，向纳税人提供已办理的专项附加扣除项目及金额等信息。

第二十七条 税务机关定期对纳税人提供的专项附加扣除信息开展抽查。

第二十八条 税务机关核查时，纳税人无法提供留存备查资料，或者留存备查资料不能支持相关情况的，税务机关可以要求纳税人提供其他佐证；不能提供其他佐证材料，或者佐证材料仍不足以支持的，不得享受相关专项附加扣除。

第二十九条 税务机关核查专项附加扣除情况时，可以提请有关单位和个人协助核查，相关单位和个人应当协助。

第三十条 纳税人有下列情形之一的，主管税务机关应当责令其改正；情形严重的，应当纳入有关信用信息系统，并按照国家有关规定实施联合惩戒；涉及违反税收征管法等法律法规的，税务机关依法进行处理：

（一）报送虚假专项附加扣除信息；

（二）重复享受专项附加扣除；

（三）超范围或标准享受专项附加扣除；

（四）拒不提供留存备查资料；

（五）税务总局规定的其他情形。

纳税人在任职、受雇单位报送虚假扣除信息的，税务机关责令改正的同时，通知扣缴义务人。

第三十一条 本办法自2022年1月1日起施行。

附件 1

个人所得税专项附加扣除信息表

填报日期：　年　月　日　　　　扣除年度：

纳税人姓名：　　　　　　　　　纳税人识别号：□□□□□□□□□□□□□□□□□□

纳税人信息	手机号码				电子邮箱	
	联系地址				配偶情况	□有配偶　□无配偶
纳税人配偶信息	姓名		身份证件类型		身份证件号码	□□□□□□□□□□□□□□□□□□
一、子女教育						
较上次报送信息是否发生变化：□首次报送（请填写全部信息）　□无变化（不需重新填写）　□有变化（请填写发生变化项目的信息）						
子女一	姓名		身份证件类型		身份证件号码	□□□□□□□□□□□□□□□□□□
	出生日期		当前受教育阶段	□学前教育阶段　□义务教育　□高中阶段教育　□高等教育		
	当前受教育阶段起始时间	年　月	当前受教育阶段结束时间	年　月	子女教育终止时间 * 不再受教育时填写	年　月
	就读国家（或地区）		就读学校		本人扣除比例	□100%（全额扣除）　□50%（平均扣除）
子女二	姓名		身份证件类型		身份证件号码	□□□□□□□□□□□□□□□□□□
	出生日期		当前受教育阶段	□学前教育阶段　□义务教育　□高中阶段教育　□高等教育		
	当前受教育阶段起始时间	年　月	当前受教育阶段结束时间	年　月	子女教育终止时间 * 不再受教育时填写	年　月
	就读国家（或地区）		就读学校		本人扣除比例	□100%（全额扣除）　□50%（平均扣除）
子女三	姓名		身份证件类型		身份证件号码	□□□□□□□□□□□□□□□□□□
	出生日期		当前受教育阶段	□学前教育阶段　□义务教育　□高中阶段教育　□高等教育		
	当前受教育阶段起始时间	年　月	当前受教育阶段结束时间	年　月	子女教育终止时间 * 不再受教育时填写	年　月
	就读国家（或地区）		就读学校		本人扣除比例	□100%（全额扣除）　□50%（平均扣除）
二、继续教育						
较上次报送信息是否发生变化：□首次报送（请填写全部信息）　□无变化（不需重新填写）　□有变化（请填写发生变化项目的信息）						

续表

<table>
<tr><td>学历(学位)
继续教育</td><td>当前继续教育
起始时间</td><td>年　月</td><td>当前继续教育
结束时间</td><td>年　月</td><td>学历(学位)
继续教育阶段</td><td>□专科　□本科　□硕士研究生
□博士研究生　□其他</td></tr>
<tr><td rowspan="2">职业资格
继续教育</td><td>职业资格继续
教育类型</td><td colspan="3">□技能人员　□专业技术人员</td><td>证书名称</td><td></td></tr>
<tr><td>证书编号</td><td></td><td>发证机关</td><td></td><td>发证(批准)日期</td><td></td></tr>
<tr><td colspan="7">三、住房贷款利息</td></tr>
<tr><td colspan="7">较上次报送信息是否发生变化：□首次报送(请填写全部信息)　□无变化(不需重新填写)　□有变化(请填写发生变化项目的信息)</td></tr>
<tr><td rowspan="2">房屋信息</td><td>住房坐落地址</td><td colspan="5">省(区、市)　市　县(区)　街道(乡、镇)</td></tr>
<tr><td colspan="4">产权证号/不动产登记号/商品房买卖合同号/预售合同号</td><td colspan="2"></td></tr>
<tr><td rowspan="5">房贷信息</td><td colspan="2">本人是否借款人</td><td colspan="2">□是　□否</td><td>是否婚前各自首套贷款，
且婚后分别扣除50%</td><td>□是　□否</td></tr>
<tr><td colspan="2">公积金贷款丨贷款合同编号</td><td colspan="4"></td></tr>
<tr><td colspan="2">贷款期限(月)</td><td colspan="2"></td><td>首次还款日期</td><td></td></tr>
<tr><td colspan="2">商业贷款丨贷款合同编号</td><td colspan="2"></td><td>贷款银行</td><td></td></tr>
<tr><td colspan="2">贷款期限(月)</td><td colspan="2"></td><td>首次还款日期</td><td></td></tr>
<tr><td colspan="7">四、住房租金</td></tr>
<tr><td colspan="7">较上次报送信息是否发生变化：□首次报送(请填写全部信息)　□无变化(不需重新填写)　□有变化(请填写发生变化项目的信息)</td></tr>
<tr><td>房屋信息</td><td>住房坐落地址</td><td colspan="5">省(区、市)　市　县(区)　街道(乡、镇)</td></tr>
<tr><td rowspan="4">租赁情况</td><td>出租方(个人)姓名</td><td></td><td>身份证件类型</td><td></td><td>身份证件号码</td><td>□□□□□□□□□□□□□□□□□□</td></tr>
<tr><td>出租方(单位)名称</td><td colspan="3"></td><td>纳税人识别号
(统一社会信用代码)</td><td></td></tr>
<tr><td>主要工作城市
(＊填写市一级)</td><td colspan="3"></td><td>住房租赁合同编号
(非必填)</td><td></td></tr>
<tr><td>租赁期起</td><td colspan="3"></td><td>租赁期止</td><td></td></tr>
<tr><td colspan="7">五、赡养老人</td></tr>
<tr><td colspan="7">较上次报送信息是否发生变化：□首次报送(请填写全部信息)　□无变化(不需重新填写)　□有变化(请填写发生变化项目的信息)</td></tr>
<tr><td colspan="2">纳税人身份</td><td colspan="5">□独生子女　□非独生子女</td></tr>
</table>

续表

被赡养人一	姓名		身份证件类型		身份证件号码	□□□□□□□□□□□□□□□□□□
	出生日期		与纳税人关系	□父亲 □母亲 □其他		
被赡养人二	姓名		身份证件类型		身份证件号码	□□□□□□□□□□□□□□□□□□
	出生日期		与纳税人关系	□父亲 □母亲 □其他		
共同赡养人信息	姓名		身份证件类型		身份证件号码	□□□□□□□□□□□□□□□□□□
	姓名		身份证件类型		身份证件号码	□□□□□□□□□□□□□□□□□□
	姓名		身份证件类型		身份证件号码	□□□□□□□□□□□□□□□□□□
	姓名		身份证件类型		身份证件号码	□□□□□□□□□□□□□□□□□□
分摊方式 ＊独生子女不需填写		□平均分摊 □赡养人约定分摊 □被赡养人指定分摊			本年度月扣除金额	
六、大病医疗(仅限综合所得年度汇算清缴申报时填写)						
较上次报送信息是否发生变化： □首次报送(请填写全部信息) □无变化(不需重新填写) □有变化(请填写发生变化项目的信息)						
患者一	姓名		身份证件类型		身份证件号码	□□□□□□□□□□□□□□□□□□
	医药费用总金额		个人负担金额		与纳税人关系	□本人 □配偶 □未成年子女
患者二	姓名		身份证件类型		身份证件号码	□□□□□□□□□□□□□□□□□□
	医药费用总金额		个人负担金额		与纳税人关系	□本人 □配偶 □未成年子女
患者三	姓名		身份证件类型		身份证件号码	□□□□□□□□□□□□□□□□□□
	医药费用总金额		个人负担金额		与纳税人关系	□本人 □配偶 □未成年子女
七、3岁以下婴幼儿照护						
较上次报送信息是否发生变化： □首次报送(请填写全部信息) □无变化(不需重新填写) □有变化(请填写发生变化项目的信息)						
子女一	姓名		身份证件类型		身份证件号码	□□□□□□□□□□□□□□□□□□
	出生日期				本人扣除比例	□100%(全额扣除) □50%(平均扣除)
子女二	姓名		身份证件类型		身份证件号码	□□□□□□□□□□□□□□□□□□
	出生日期				本人扣除比例	□100%(全额扣除) □50%(平均扣除)

续表

子女三	姓名		身份证件类型		身份证件号码	□□□□□□□□□□□□□□□□□□
	出生日期				本人扣除比例	□100%（全额扣除）　□50%（平均扣除）
需要在任职受雇单位预扣预缴工资、薪金所得个人所得税时享受专项附加扣除的，填写本栏						
重要提示：当您填写本栏，表示您已同意该任职受雇单位使用本表信息为您办理专项附加扣除。						
扣缴义务人名称					扣缴义务人纳税人识别号（统一社会信用代码）	□□□□□□□□□□□□□□□□□□
本人承诺：我已仔细阅读了填表说明，并根据《中华人民共和国个人所得税法》及其实施条例、《个人所得税专项附加扣除暂行办法》《个人所得税专项附加扣除操作办法（试行）》等相关法律法规规定填写本表。本人已就所填扣除信息进行了核对，并对所填内容的真实性、准确性、完整性负责。 纳税人签字：　　年　月　日						
扣缴义务人签章： 经办人签字： 接收日期：　年　月　日			代理机构签章： 代理机构统一社会信用代码： 经办人签字： 经办人身份证件号码：		受理人： 受理税务机关（章）： 受理日期：　年　月　日	

国家税务总局监制

《个人所得税专项附加扣除信息表》填表说明

一、填表须知

本表根据《中华人民共和国个人所得税法》及其实施条例、《个人所得税专项附加扣除暂行办法》、《个人所得税专项附加扣除操作办法(试行)》等法律法规有关规定制定。

(一)纳税人按享受的专项附加扣除情况填报对应栏次;纳税人不享受的项目,无需填报。纳税人未填报的项目,默认为不享受。

(二)较上次报送信息是否发生变化:纳税人填报本表时,对各专项附加扣除,首次报送的,在“首次报送”前的框内划“√”。继续报送本表且无变化的,在“无变化”前的框内划“√”;发生变化的,在“有变化”前的框内划“√”,并填写发生变化的扣除项目信息。

(三)身份证件号码应从左向右顶格填写,位数不满18位的,需在空白格处划“/”。

(四)如各类扣除项目的表格篇幅不够,可另附多张《个人所得税专项附加扣除信息表》。

二、适用范围

(一)本表适用于享受子女教育、继续教育、大病医疗、住房贷款利息或住房租金、赡养老人、3岁以下婴幼儿照护七项专项附加扣除的自然人纳税人填写。选择在工资、薪金所得预扣预缴个人所得税时享受的,纳税人填写后报送至扣缴义务人;选择在年度汇算清缴申报时享受专项附加扣除的,纳税人填写后报送至税务机关。

(二)纳税人首次填报专项附加扣除信息时,应将本人所涉及的专项附加扣除信息表内各信息项填写完整。纳税人相关信息发生变化的,应及时更新此表相关信息项,并报送至扣缴义务人或税务机关。

纳税人在以后纳税年度继续申报扣除的,应对扣除事项有无变化进行确认。

三、各栏填写说明

(一)表头项目

填报日期:纳税人填写本表时的日期。

扣除年度:填写纳税人享受专项附加扣除的所属年度。

纳税人姓名:填写自然人纳税人姓名。

纳税人识别号:纳税人有中国居民身份证的,填写公民身份号码;没有公民身份号码的,填写税务机关赋予的纳税人识别号。

(二)表内基础信息栏

纳税人信息:填写纳税人有效的手机号码、电子邮箱、联系地址。其中,手机号码为必填项。

纳税人配偶信息:纳税人有配偶的填写本栏,没有配偶的则不填。具体填写纳税人配偶的姓名、有效身份证件名称及号码。

(三)表内各栏

1. 子女教育

子女姓名、身份证件类型及号码:填写纳税人子女的姓名、有效身份证件名称及号码。

出生日期:填写纳税人子女的出生日期,具体到年月日。

当前受教育阶段:选择纳税人子女当前的受教育阶段。区分“学前教育阶段、义务教育、高中阶段教育、高等教育”四种情形,在对应框内打“√”。

当前受教育阶段起始时间:填写纳税人子女处于当前受教育阶段的起始时间,具体到年月。

当前受教育阶段结束时间:纳税人子女当前受教育阶段的结束时间或预计结束的时间,具体到年月。

子女教育终止时间:填写纳税人子女不再接受符合子女教育扣除条件的学历教育的时间,具体到年月。

就读国家(或地区)、就读学校:填写纳税人子女就读的国家或地区名称、学校名称。

本人扣除比例:选择可扣除额度的分摊比例,由本人全额扣除的,选择“100%”,分摊扣除的,选“50%”,在对应框内打“√”。

2. 继续教育

当前继续教育起始时间:填写接受当前学历(学位)继续教育的起始时间,具体到年月。

当前继续教育结束时间:填写接受当前学历(学位)继续教育的结束时间,或预计结束的时间,具体到年月。

学历(学位)继续教育阶段:区分“专科、本科、硕士研究生、博士研究生、其他”五种情形,在对应框内打“√”。

职业资格继续教育类型:区分“技能人员、专业技术人员”两种类型,在对应框内打“√”。证书名称、证书编号、发证机关、发证(批准)日期:填写纳税人取得的继续教育职业资格证书上注明的证书名称、证书编号、发证机关及发证(批准)日期。

3. 住房贷款利息

住房坐落地址:填写首套贷款房屋的详细地址,具体到楼门号。

产权证号/不动产登记号/商品房买卖合同号/预售合同号:填写首套贷款房屋的产权证、不动产登记证、商品房买卖合同或预售合同中的相应号码。如所购买住房已取得房屋产权证的,填写产权证号或不动产登记号;所购住房尚未取得房屋产权证的,填写商品房买卖合同号或预售合同号。

本人是否借款人:按实际情况选择“是”或“否”,并在对应框内打“√”。本人是借款人的情形,包括本人独立贷款、与配偶共同贷款的情形。如果选择“否”,则表头位置须填写配偶信息。

是否婚前各自首套贷款,且婚后分别扣除50%:按实际情况选择“是”或“否”,并在对应框内打“√”。该情形是指夫妻双方在婚前各有一套首套贷款住房,婚后选择按夫妻双方各50%份额扣除的情况。不填默认为“否”。

公积金贷款|贷款合同编号:填写公积金贷款的贷款合同编号。

商业贷款|贷款合同编号:填写与金融机构签订的住房商业贷款合同编号。

贷款期限(月):填写住房贷款合同上注明的贷款期限,按月填写。

首次还款日期:填写住房贷款合同上注明的首次还款日期。

贷款银行:填写商业贷款的银行总行名称。

4. 住房租金

住房坐落地址:填写纳税人租赁房屋的详细地址,具体到楼门号。

出租方(个人)姓名、身份证件类型及号码:租赁房屋为个人的,填写本栏。具体填写住房租赁合同中的出租方姓名、有效身份证件名称及号码。

出租方(单位)名称、纳税人识别号(统一社会信用代码):租赁房屋为单位所有的,填写单位法定名称全称及纳税人识别号(统一社会信用代码)。

主要工作城市:填写纳税人任职受雇的直辖市、计划单列市、副省级城市、地级市(地区、州、盟)。无任职受雇单位的,填写其办理汇算清缴地所在城市。

住房租赁合同编号(非必填):填写签订的住房租赁合同编号。

租赁期起、租赁期止:填写纳税人住房租赁合同上注明的租赁起、止日期,具体到年月。提前终止合同(协议)的,以实际租赁期限为准。

5. 赡养老人

纳税人身份:区分“独生子女、非独生子女”两种情形,并在对应框内打“√”。

被赡养人姓名、身份证件类型及号码:填写被赡养人的姓名、有效证件名称及号码。

被赡养人出生日期:填写被赡养人的出生日期,具体到年月。

与纳税人关系:按被赡养人与纳税人的关系填报,区分“父亲、母亲、其他”三种情形,在对应框内打“√”。

共同赡养人:纳税人为非独生子女时填写本栏,独生子女无须填写。填写与纳税人实际承担共同赡养义务的人员信息,包括姓名、身份证件类型及号码。

分摊方式:纳税人为非独生子女时填写本栏,独生子女无须填写。区分“平均分摊、赡养人约定分摊、被赡养人指定分摊”三种情形,并在对应框内打“√”。

本年度月扣除金额:填写扣除年度内,按政策规定计算的纳税人每月可以享受的赡养老人专项附加扣除的金额。

6. 大病医疗

患者姓名、身份证件类型及号码:填写享受大病医疗专项附加扣除的患者姓名、有效证件名称及号码。

医药费用总金额:填写社会医疗保险管理信息系统记录的与基本医保相关的医药费用总金额。

个人负担金额:填写社会医疗保险管理信息系统记录的基本医保目录范围内扣除医保报销后的个人自付部分。

与纳税人关系:按患者与纳税人的关系填报,区分“本人、配偶或未成年子女”三种情形,在对应框内打“√”。

7. 3岁以下婴幼儿照护

子女姓名、身份证件类型及号码：填写纳税人子女的姓名、有效身份证件名称（如居民身份证、出生医学证明等）及号码。

出生日期：填写纳税人子女的出生日期，具体到年月日。

本人扣除比例：选择可扣除额度的分摊比例，由本人全额扣除的，选择“100%”，分摊扣除的，选“50%”，在对应框内打“√”。

8. 扣缴义务人信息

纳税人选择由任职受雇单位办理专项附加扣除的填写本栏。

扣缴义务人名称、纳税人识别号（统一社会信用代码）：纳税人由扣缴义务人在工资、薪金所得预扣预缴个人所得税时办理专项附加扣除的，填写扣缴义务人名称全称及纳税人识别号或统一社会信用代码。

（四）签字（章）栏次

“声明”栏：需由纳税人签字。

“扣缴义务人签章”栏：扣缴单位向税务机关申报的，应由扣缴单位签章，办理申报的经办人签字，并填写接收专项附加扣除信息的日期。

“代理机构签章”栏：代理机构代为办理纳税申报的，应填写代理机构统一社会信用代码，加盖代理机构印章，代理申报的经办人签字，并填写经办人身份证件号码。

纳税人或扣缴义务人委托专业机构代为办理专项附加扣除的，需代理机构签章。

“受理机关”栏：由受理机关填写。

附件2

个人所得税扣缴申报表

税款所属期：　　年　月　日至　　年　月　日

扣缴义务人名称：

扣缴义务人纳税人识别号(统一社会信用代码)：□□□□□□□□□□□□□□□□□□□□

金额单位：人民币元(列至角分)

序号	姓名	身份证件类型	身份证件号码	纳税人识别号	是否为非居民个人	所得项目	本月(次)情况														累计情况										减按计税比例	准予扣除的捐赠额	税款计算							备注
							收入额计算			减除费用	专项扣除				其他扣除						累计收入额	累计减除费用	累计专项扣除	累计专项附加扣除						累计其他扣除			应纳税所得额	税率／预扣率	速算扣除数	应纳税额	减免税额	已缴税额	应补／退税额	
							收入	费用	免税收入		基本养老保险费	基本医疗保险费	失业保险费	住房公积金	年金	商业健康保险	税延养老保险	财产原值	允许扣除的税费	其他				子女教育	继续教育	住房贷款利息	住房租金	赡养老人	3岁以下婴幼儿照护											
1	2	3	4	5	6	7	8	9	10	11	12	13	14	15	16	17	18	19	20	21	22	23	24	25	26	27	28	29	30	31	32	33	34	35	36	37	38	39	40	41
合计																																								

谨声明：本表是根据国家税收法律法规及相关规定填报的，是真实的、可靠的、完整的。

扣缴义务人(签章)：　　　　年　月　日

经办人签字： 经办人身份证件号码： 代理机构签章： 代理机构统一社会信用代码：	受理人： 受理税务机关(章)： 受理日期：　　年　月　日

国家税务总局监制

《个人所得税扣缴申报表》填表说明

一、适用范围

本表适用于扣缴义务人向居民个人支付工资、薪金所得，劳务报酬所得，稿酬所得和特许权使用费所得的个人所得税全员全额预扣预缴申报；向非居民个人支付工资、薪金所得，劳务报酬所得，稿酬所得和特许权使用费所得的个人所得税全员全额扣缴申报；以及向纳税人（居民个人和非居民个人）支付利息、股息、红利所得，财产租赁所得，财产转让所得和偶然所得的个人所得税全员全额扣缴申报。

二、报送期限

扣缴义务人应当在每月或者每次预扣、代扣税款的次月15日内，将已扣税款缴入国库，并向税务机关报送本表。

三、本表各栏填写

（一）表头项目

1. 税款所属期：填写扣缴义务人预扣、代扣税款当月的第1日至最后1日。如：2019年3月20日发放工资时代扣的税款，税款所属期填写"2019年3月1日至2019年3月31日"。

2. 扣缴义务人名称：填写扣缴义务人的法定名称全称。

3. 扣缴义务人纳税人识别号（统一社会信用代码）：填写扣缴义务人的纳税人识别号或者统一社会信用代码。

（二）表内各栏

1. 第2列"姓名"：填写纳税人姓名。

2. 第3列"身份证件类型"：填写纳税人有效的身份证件名称。中国公民有中华人民共和国居民身份证的，填写居民身份证；没有居民身份证的，填写中华人民共和国护照、港澳居民来往内地通行证或者港澳居民居住证、台湾居民通行证或者台湾居民居住证、外国人永久居留身份证、外国人工作许可证或者护照等。

3. 第4列"身份证件号码"：填写纳税人有效身份证件上载明的证件号码。

4. 第5列"纳税人识别号"：有中国公民身份号码的，填写中华人民共和国居民身份证上载明的"公民身份号码"；没有中国公民身份号码的，填写税务机关赋予的纳税人识别号。

5. 第6列"是否为非居民个人"：纳税人为居民个人的填"否"。为非居民个人的，根据合同、任职期限、预期工作时间等不同情况，填写"是，且不超过90天"或者"是，且超过90天不超过183天"。不填默认为"否"。

其中，纳税人为非居民个人的，填写"是，且不超过90天"的，当年在境内实际居住超过90天的次月15日内，填写"是，且超过90天不超过183天"。

6. 第7列"所得项目"：填写纳税人取得的个人所得税法第二条规定的应税所得项目名称。同一纳税人取得多项或者多次所得的，应分行填写。

7. 第8~21列"本月（次）情况"：填写扣缴义务人当月（次）支付给纳税人的所得，以及按规定各所得项目当月（次）可扣除的减除费用、专项扣除、其他扣除等。其中，工资、薪金所得预扣预缴个人所得税时扣除的专项附加扣除，按照纳税年度内纳税人在该任职受雇单位截至当月可享受的各专项附加扣除项目的扣除总额，填写至"累计情况"中第25~30列相应栏，本月情况中则无须填写。

（1）"收入额计算"：包含"收入""费用""免税收入"。收入额=第8列-第9列-第10列。

①第8列"收入"：填写当月（次）扣缴义务人支付给纳税人所得的总额。

②第9列"费用"：取得劳务报酬所得、稿酬所得、特许权使用费所得时填写，取得其他各项所得时无须填写本列。居民个人取得上述所得，每次收入不超过4000元的，费用填写"800"元；每次收入4000元以上的，费用按收入的20%填写。非居民个人取得劳务报酬所得、稿酬所得、特许权使用费所得，费用按收入的20%填写。

③第10列"免税收入"：填写纳税人各所得项目收入总额中，包含的税法规定的免税收入金额。其中，税法规定"稿酬所得的收入额减按70%计算"，对稿酬所得的收入额减计的30%部分，填入本列。

（2）第11列"减除费用"：按税法规定的减除费用标准填写。如，2019年纳税人取得工资、薪金所得按月申报时，填写5000元。纳税人取得财产租赁所得，每次收入不超过4000元的，填写800元；每次收入4000元以上的，按收入的20%填写。

（3）第12~15列"专项扣除"：分别填写按规定允许扣除的基本养老保险费、基本医疗保险费、失业保险费、住房公积金（以下简称"三险一金"）的金额。

(4)第16~21列“其他扣除”:分别填写按规定允许扣除的项目金额。

8. 第22~31列“累计情况”:本栏适用于居民个人取得工资、薪金所得,保险营销员、证券经纪人取得佣金收入等按规定采取累计预扣法预扣预缴税款时填报。

(1)第22列“累计收入额”:填写本纳税年度截至当前月份,扣缴义务人支付给纳税人的工资、薪金所得,或者支付给保险营销员、证券经纪人的劳务报酬所得的累计收入额。

(2)第23列“累计减除费用”:按照5000元/月乘以纳税人当年在本单位的任职受雇或者从业的月份数计算。

(3)第24列“累计专项扣除”:填写本年度截至当前月份,按规定允许扣除的“三险一金”的累计金额。

(4)第25~30列“累计专项附加扣除”:分别填写截至当前月份,纳税人按规定可享受的子女教育、继续教育、住房贷款利息或者住房租金、赡养老人、3岁以下婴幼儿照护扣除的累计金额。大病医疗扣除由纳税人在年度汇算清缴时办理,此处无须填报。

(5)第31列“累计其他扣除”:填写本年度截至当前月份,按规定允许扣除的年金(包括企业年金、职业年金)、商业健康保险、税延养老保险及其他扣除项目的累计金额。

9. 第32列“减按计税比例”:填写按规定实行应纳税所得额减计税收优惠的减计比例。无减计规定的,可不填,系统默认为100%。如,某项税收政策实行减按60%计入应纳税所得额,则本列填60%。

10. 第33列“准予扣除的捐赠额”:是指按照税法及相关法规、政策规定,可以在税前扣除的捐赠额。

11. 第34~40列“税款计算”:填写扣缴义务人当月扣缴个人所得税款的计算情况。

(1)第34列“应纳税所得额”:根据相关列次计算填报。

①居民个人取得工资、薪金所得,填写累计收入额减除累计减除费用、累计专项扣除、累计专项附加扣除、累计其他扣除后的余额。

②非居民个人取得工资、薪金所得,填写收入额减去减除费用后的余额。

③居民个人或者非居民个人取得劳务报酬所得、稿酬所得、特许权使用费所得,填写本月(次)收入额减除其他扣除后的余额。

保险营销员、证券经纪人取得的佣金收入,填写累计收入额减除累计减除费用、累计其他扣除后的余额。

④居民个人或者非居民个人取得利息、股息、红利所得和偶然所得,填写本月(次)收入额。

⑤居民个人或者非居民个人取得财产租赁所得,填写本月(次)收入额减去减除费用、其他扣除后的余额。

⑥居民个人或者非居民个人取得财产转让所得,填写本月(次)收入额减除财产原值、允许扣除的税费后的余额。

其中,适用“减按计税比例”的所得项目,其应纳税所得额按上述方法计算后乘以减按计税比例的金额填报。

按照税法及相关法规、政策规定,可以在税前扣除的捐赠额,可以按上述方法计算后从应纳税所得额中扣除。

(2)第35~36列“税率/预扣率”“速算扣除数”:填写各所得项目按规定适用的税率(或预扣率)和速算扣除数。没有速算扣除数的,则不填。

(3)第37列“应纳税额”:根据相关列次计算填报。第37列=第34列×第35列-第36列。

(4)第38列“减免税额”:填写符合税法规定可减免的税额,并附报《个人所得税减免税事项报告表》。居民个人工资、薪金所得,以及保险营销员、证券经纪人取得佣金收入,填写本年度累计减免税额;居民个人取得工资、薪金以外的所得或非居民个人取得各项所得,填写本月(次)减免税额。

(5)第39列“已缴税额”:填写本年或本月(次)纳税人同一所得项目,已由扣缴义务人实际扣缴的税款金额。

(6)第40列“应补/退税额”:根据相关列次计算填报。第40列=第37列-第38列-第39列。

四、其他事项说明

以纸质方式报送本表的,应当一式两份,扣缴义务人、税务机关各留存一份。

2－2－211

财政部　税务总局　银保监会关于进一步明确商业健康保险个人所得税优惠政策适用保险产品范围的通知

2022年5月31日　财税〔2022〕21号

各省、自治区、直辖市、计划单列市财政厅（局），国家税务总局各省、自治区、直辖市、计划单列市税务局，各银保监局：

为满足人民群众多样化健康保障需求，丰富健康保险产品供给，现就商业健康保险个人所得税优惠政策适用保险产品范围通知如下：

《财政部　税务总局　保监会关于将商业健康保险个人所得税试点政策推广到全国范围实施的通知》（财税〔2017〕39号）“关于商业健康保险产品的规范和条件”中所称符合规定的商业健康保险产品，其具体产品类型以及产品指引框架和示范条款由银保监会商财政部、税务总局确定。新的产品发布后，此前有关产品的规定与新的规定不一致的，按照新的规定执行。

2－2－212

国家税务总局关于支持居民换购住房个人所得税政策有关征管事项的公告

2022年9月30日　国家税务总局公告2022年第21号

为支持居民改善住房条件，根据《财政部　税务总局关于支持居民换购住房有关个人所得税政策的公告》（2022年第30号）规定，现将有关征管事项公告如下：

一、在2022年10月1日至2023年12月31日期间，纳税人出售自有住房并在现住房出售后1年内，在同一城市重新购买住房的，可按规定申请退还其出售现住房已缴纳的个人所得税。

纳税人换购住房个人所得税退税额的计算公式为：

新购住房金额大于或等于现住房转让金额的，退税金额＝现住房转让时缴纳的个人所得税；

新购住房金额小于现住房转让金额的，退税金额＝（新购住房金额÷现住房转让金额）×现住房转让时缴纳的个人所得税。

现住房转让金额和新购住房金额与核定计税价格不一致的，以核定计税价格为准。

现住房转让金额和新购住房金额均不含增值税。

二、对于出售多人共有住房或新购住房为多人共有的，应按照纳税人所占产权份额确定该纳税人现住房转让金额或新购住房金额。

三、出售现住房的时间，以纳税人出售住房时个人所得税完税时间为准。新购住房为二手房的，购买住房时间以纳税人购房时契税的完税时间或不动产权证载明的登记时间为准；新购住房为新房的，购买住房时间以在住房城乡建设部门办理房屋交易合同备案的时间为准。

四、纳税人申请享受居民换购住房个人所得税退税政策的，应当依法缴纳现住房转让时涉及的个人所得税，并完成不动产权属变更登记；新购住房为二手房的，应当依法缴纳契税并完成不动产权属变更登记；新购住房为新房的，应当按照当地住房城乡建设部门要求完成房屋交易合同备案。

五、纳税人享受居民换购住房个人所得税退税政策的，应当向征收现住房转让所得个人所得税的主管税务机关提出申请，填报《居民换购住房个人所得税退税申请表》（详见附件），并应提供下列资料：

（一）纳税人身份证件；

（二）现住房的房屋交易合同；

（三）新购住房为二手房的，提供房屋交易合同、不动产权证书及其复印件；

（四）新购住房为新房的，提供经住房城乡建设部门备案（网签）的房屋交易合同及其复印件。

税务机关依托纳税人出售现住房和新购住房的完税信息，为纳税人提供申请表项目预填服务，并留存不动产权证书复印件和新购新房的房屋交易合同复印件；纳税人核对确认申请表后提交退税申请。

六、税务机关运用住房城乡建设部门共享的房屋交易合同备案等信息开展退税审核。经审核符合退税条件的，按照规定办理退税；经审核不符合退税条件的，依法不予退税。

七、纳税人因新购住房的房屋交易合同解除、撤销或无效等原因导致不再符合退税政策享受条件的，应当在合同解除、撤销或无效等情形发生的次月15日内向主管税务机关主动缴回已退税款。

纳税人符合本条第一款规定情形但未按规定缴回已退税款，以及不符合本公告规定条件骗取退税的，税务机关将依照《中华人民共和国税收征收管理法》及其实施细则等有关规定处理。

八、各级税务机关要开展宣传引导，加强政策解读和纳税辅导，持续优化办理流程，开展提示提醒，便利纳税人享受税收优惠。

九、本公告执行期限为2022年10月1日至2023年12月31日。

特此公告。

附件：居民换购住房个人所得税退税申请表

附件

居民换购住房个人所得税退税申请表

纳税人姓名：

纳税人识别号：□□□□□□□□□□□□□□□□□□□□—□□　　　　金额单位：人民币元(列至角分)

基本信息					
*手机号码		电子邮箱		邮政编码	
*联系地址：	省(区、市)　市　区(县)　街道(乡、镇)				

出售住房信息	
*住房坐落地址(列至门牌号)：	
*个人所得税完税日期	

*原完税信息				
税种	品目名称	税款所属时期	税票号码	实缴金额
个人所得税	房屋转让所得			
合计(小写)				

新购住房信息(根据新购住房情况选择填报)				
新房	*住房坐落地址(列至门牌号)：			
	*合同备案编号		*合同备案日期	
	*契税完税日期	(已缴纳契税的必填)	*不动产单元代码(号)	(取得不动产权证书的必填)
	*权属登记日期	(取得不动产权证书的必填)		
二手房	*住房坐落地址(列至门牌号)：			
	*不动产单元代码(号)		*权属登记日期	
	*契税完税日期			
退税政策依据	财政部　税务总局关于支持居民换购住房有关个人所得税政策的公告(2022年第30号)			

*居民换购住房个人所得税退税计算		
项　目		行　次
*出售住房转让金额		1
*新购住房金额		2
*出售住房转让时缴纳的个人所得税		3
*应退税额		4

*开户银行名称		*开户银行省份	
*银行账号			

备　注
*谨承诺：本表是根据国家税收法律法规及相关规定填报的，本人对填报内容(附带资料)的真实性、可靠性、完整性负责；如房屋交易合同解除、撤销或无效，本人将在上述情形发生的次月十五日内缴回退税款项。 纳税人签字：　　　　年　月　日
受理人： 受理税务机关(章)： 受理日期：　年　月　日

带*的为必填项目　　　　　　　　　　　　　　　　　　国家税务总局监制

居民换购住房个人所得税退税申请表填表说明

一、适用范围

本表适用于符合支持居民换购住房个人所得税政策条件的纳税人,在其申请退税时,向税务机关报送。

二、本表各栏填写

(一)表头项目

1. 纳税人姓名:填写自然人纳税人姓名。

2. 纳税人识别号:有中国公民身份号码的,填写中华人民共和国居民身份证上载明的“公民身份号码”;没有中国公民身份号码的,填写税务机关赋予的纳税人识别号。

(二)基本信息

1. 手机号码:填写纳税人在中国境内的有效手机号码。

2. 电子邮箱:填写纳税人有效电子邮箱地址。

3. 联系地址:填写纳税人能够接收信件的有效地址。

4. 邮政编码:填写纳税人“联系地址”对应的邮政编码。

(三)出售房屋信息

1. 出售住房坐落地址:填写出售住房的准确坐落地址,需要列至门牌号。

2. 个人所得税完税日期:填写《税收完税证明》记录的出售该住房缴纳个人所得税的入库日期。

(四)原完税信息

分税种、品目名称、税款所属时期、税票号码、实缴金额等项目,填写申请办理退税的已入库信息,上述信息应与完税费(缴款)凭证复印件、完税费(缴款)凭证原件或完税电子信息一致。

(五)新购住房信息

申请人可根据自身情况,选择新房或二手房填报。

1. 新房—住房坐落地址:填写购入住房的准确坐落地址,需要列至门牌号。

2. 新房—合同备案编号:填写合同在当地住建部门备案的编号。

3. 新房—合同备案日期:填写合同在当地住建部门备案的日期。

4. 新房—契税完税日期:如纳税人已缴纳契税,填报《税收完税证明》记录的购买该住房缴纳契税入库日期;如尚未缴纳契税,可不填报该项目。

5. 新房不动产单元代码(号):如纳税人已取得权属登记证书,填写证书的不动产单元代码;如尚未取得,可不填报该项目。

6. 新房—权属登记日期:如纳税人已取得权属登记证书,填写证书的登记日期;如尚未取得,可不填报该项目。

7. 二手房—住房坐落地址:填写购入住房的准确坐落地址,需要列至门牌号。

8. 二手房—契税完税日期:填报《税收完税证明》记录的购买该住房缴纳契税入库日期。

9. 二手房—权属登记日期:填写权属登记证书的登记日期。

10. 二手房—不动产单元代码(号):填写权属登记证书的不动产单元代码。

(六)退税政策依据

《财政部　税务总局关于支持居民换购住房有关个人所得税政策的公告》(2022年第30号)

(七)居民换购住房个人所得税退税计算

1. 出售住房转让金额:填写出售住房时缴纳个人所得税的计税价格(不含增值税)。

2. 新购住房金额:换购住房为新房的,填写在住建部门备案的购房合同载明的交易价格(不含增值税);换购住房为二手房的,填写缴纳契税时的计税价格。

3. 出售住房转让时缴纳的个人所得税:填写《税收完税证明》记录的出售住房实际缴纳的个人所得税。

4. 应退税额。根据《公告》退税金额计算公式计算填报。

(八)银行信息

1. 开户银行名称:填写申请人在中国境内开立银行账户的银行名称。

2. 开户银行省份:填写申请人在中国境内开立的银行账户的开户银行所在省、自治区、直辖市或者计划单列市。

3. 银行账号：填写申请人在中国境内开立的银行账户的银行账号。

（九）备注

填写认为需要特别说明的或者按照有关规定需要说明的事项。

三、其他事项说明

以纸质方式报送本表的，建议通过计算机填写打印并签字确认，一式两份，纳税人、税务机关各留存一份。

2－2－213

财政部　税务总局关于支持居民换购住房有关个人所得税政策的公告

2022年9月30日　财政部　税务总局公告2022年第30号

为支持居民改善住房条件，现就有关个人所得税政策公告如下：

一、自2022年10月1日至2023年12月31日，对出售自有住房并在现住房出售后1年内在市场重新购买住房的纳税人，对其出售现住房已缴纳的个人所得税予以退税优惠。其中，新购住房金额大于或等于现住房转让金额的，全部退还已缴纳的个人所得税；新购住房金额小于现住房转让金额的，按新购住房金额占现住房转让金额的比例退还出售现住房已缴纳的个人所得税。

二、本公告所称现住房转让金额为该房屋转让的市场成交价格。新购住房为新房的，购房金额为纳税人在住房城乡建设部门网签备案的购房合同中注明的成交价格；新购住房为二手房的，购房金额为房屋的成交价格。

三、享受本公告规定优惠政策的纳税人须同时满足以下条件：

1. 纳税人出售和重新购买的住房应在同一城市范围内。同一城市范围是指同一直辖市、副省级城市、地级市（地区、州、盟）所辖全部行政区划范围。

2. 出售自有住房的纳税人与新购住房之间须直接相关，应为新购住房产权人或产权人之一。

四、符合退税优惠政策条件的纳税人应向主管税务机关提供合法、有效的售房、购房合同和主管税务机关要求提供的其他有关材料，经主管税务机关审核后办理退税。

五、各级住房城乡建设部门应与税务部门建立信息共享机制，将本地区房屋交易合同网签备案等信息（含撤销备案信息）实时共享至当地税务部门；暂未实现信息实时共享的地区，要建立健全工作机制，确保税务部门及时获取审核退税所需的房屋交易合同备案信息。

六、本公告执行期限为2022年10月1日至2023年12月31日。

特此公告。

注释：

政策调整。本文延续执行至2025年12月31日。参见：《财政部　税务总局　住房城乡建设部关于延续实施支持居民换购住房有关个人所得税政策的公告》（财政部　税务总局　住房城乡建设部公告2023年第28号）。

2－2－214

财政部　税务总局关于个人养老金有关个人所得税政策的公告

2022年11月3日　财政部　税务总局公告2022年第34号

为贯彻落实《国务院办公厅关于推动个人养老金发展的意见》（国办发〔2022〕7号）有关要求，现就个人养老金有关个人所得税政策公告如下：

一、自2022年1月1日起，对个人养老金实施递延纳税优惠政策。在缴费环节，个人向个人养老金资金账户的缴费，按照12000元/年的限额标准，在综合所得或经营所得中据实扣除；在投资环节，计入个人养老金资金账户的投资收益暂不征收个人所得税；在领取环节，个人领取的个人养老金，不并入综合所得，单独按照3%的税率计算缴纳个人所得税，其缴纳的税款计入"工资、薪金所得"项目。

二、个人缴费享受税前扣除优惠时，以个人养老金信息管理服务平台出具的扣除凭证为扣税凭据。取得工资薪金所得、按累计预扣法预扣预缴个人所得税劳务报酬所得的，其缴费可以选择在当年预扣预缴或次年汇算清缴时在限额标准内据实扣除。选择在当年预扣预缴的，应及时将相关凭证提供给扣缴单位。扣缴单位应按照本公告有关要求，为纳税人办理税前扣除有关事项。取得其他劳务报酬、稿酬、特许权使用费等所得或经营所得的，其缴费在次年汇算清缴时在限额标准内据实扣除。个人按规定领取个人养老金时，由开立个人养老金资金账户所在市的商业银行机构代扣代缴其应缴的个人所得税。

三、人力资源社会保障部门与税务部门应建立信息交换机制，通过个人养老金信息管理服务平台将个人养老金涉税信息交换至税务部门，并配合税务部门做好相关税收征管工作。

四、商业银行有关分支机构应及时对在该行开立个人养老金资金账户纳税人的纳税情况进行全员全额明细申报，保证信息真实准确。

五、各级财政、人力资源社会保障、税务、金融监管等部门应密切配合，认真做好组织落实，对本公告实施过程中遇到的困难和问题，及时向上级主管部门反映。

六、本公告规定的税收政策自2022年1月1日起在个人养老金先行城市实施。

个人养老金先行城市名单由人力资源社会保障部会同财政部、税务总局另行发布。上海市、福建省、苏州工业园区等已实施个人税收递延型商业养老保险试点的地区，自2022年1月1日起统一按照本公告规定的税收政策执行。

特此公告。

2－2－215

财政部　税务总局关于延续实施有关个人所得税优惠政策的公告

2023 年 1 月 16 日　财政部　税务总局公告 2023 年第 2 号

为支持我国企业创新发展和资本市场对外开放，现就有关个人所得税优惠政策公告如下：

一、《财政部　税务总局关于延续实施全年一次性奖金等个人所得税优惠政策的公告》（财政部　税务总局公告 2021 年第 42 号）中规定的上市公司股权激励单独计税优惠政策，自 2023 年 1 月 1 日起至 2023 年 12 月 31 日止继续执行。

二、《财政部　税务总局　证监会关于继续执行沪港、深港股票市场交易互联互通机制和内地与香港基金互认有关个人所得税政策的公告》（财政部　税务总局　证监会公告 2019 年第 93 号）中规定的个人所得税优惠政策，自 2023 年 1 月 1 日起至 2023 年 12 月 31 日止继续执行。

特此公告。

注释：

政策调整。本文延续执行至 2027 年 12 月 31 日。参见：1.《财政部　税务总局　中国证监会关于延续实施沪港、深港股票市场交易互联互通机制和内地与香港基金互认有关个人所得税政策的公告》（财政部　税务总局　中国证监会公告 2023 年第 23 号）。2.《财政部　税务总局关于延续实施上市公司股权激励有关个人所得税政策的公告》（财政部　税务总局公告 2023 年第 25 号）。

2－2－216

国家税务总局关于办理 2022 年度个人所得税综合所得汇算清缴事项的公告

2023 年 2 月 2 日　国家税务总局公告 2023 年第 3 号

根据个人所得税法及其实施条例、税收征收管理法及其实施细则等有关规定，现就办理 2022 年度个人所得税综合所得汇算清缴（以下简称汇算）有关事项公告如下：

一、汇算的主要内容

2022 年度终了后，居民个人（以下称纳税人）需要汇总 2022 年 1 月 1 日至 12 月 31 日取得的工资薪金、劳务报酬、稿酬、特许权使用费等四项综合所得的收入额，减除费用 6 万元以及专项扣除、专项附加扣除、依法确定的其他扣除和符合条件的公益慈善事业捐赠后，适用综合所得个人所得税税率并减去速算扣除数（税率表见附件 1），计算最终应纳税额，再减

去2022年已预缴税额,得出应退或应补税额,向税务机关申报并办理退税或补税。具体计算公式如下:

应退或应补税额=[(综合所得收入额-60000元-"三险一金"等专项扣除-子女教育等专项附加扣除-依法确定的其他扣除-符合条件的公益慈善事业捐赠)×适用税率-速算扣除数]-已预缴税额

汇算不涉及纳税人的财产租赁等分类所得,以及按规定不并入综合所得计算纳税的所得。

二、无需办理汇算的情形

纳税人在2022年已依法预缴个人所得税且符合下列情形之一的,无需办理汇算:

(一)汇算需补税但综合所得收入全年不超过12万元的;

(二)汇算需补税金额不超过400元的;

(三)已预缴税额与汇算应纳税额一致的;

(四)符合汇算退税条件但不申请退税的。

三、需要办理汇算的情形

符合下列情形之一的,纳税人需办理汇算:

(一)已预缴税额大于汇算应纳税额且申请退税的;

(二)2022年取得的综合所得收入超过12万元且汇算需要补税金额超过400元的。

因适用所得项目错误或者扣缴义务人未依法履行扣缴义务,造成2022年少申报或者未申报综合所得的,纳税人应当依法据实办理汇算。

四、可享受的税前扣除

下列在2022年发生的税前扣除,纳税人可在汇算期间填报或补充扣除:

(一)纳税人及其配偶、未成年子女符合条件的大病医疗支出;

(二)符合条件的3岁以下婴幼儿照护、子女教育、继续教育、住房贷款利息或住房租金、赡养老人等专项附加扣除,以及减除费用、专项扣除、依法确定的其他扣除;

(三)符合条件的公益慈善事业捐赠;

(四)符合条件的个人养老金扣除。

同时取得综合所得和经营所得的纳税人,可在综合所得或经营所得中申报减除费用6万元、专项扣除、专项附加扣除以及依法确定的其他扣除,但不得重复申报减除。

五、办理时间

2022年度汇算办理时间为2023年3月1日至6月30日。在中国境内无住所的纳税人在3月1日前离境的,可以在离境前办理。

六、办理方式

纳税人可自主选择下列办理方式:

(一)自行办理。

(二)通过任职受雇单位(含按累计预扣法预扣预缴其劳务报酬所得个人所得税的单位)代为办理。

纳税人提出代办要求的,单位应当代为办理,或者培训、辅导纳税人完成汇算申报和退(补)税。

由单位代为办理的，纳税人应在2023年4月30日前与单位以书面或者电子等方式进行确认，补充提供2022年在本单位以外取得的综合所得收入、相关扣除、享受税收优惠等信息资料，并对所提交信息的真实性、准确性、完整性负责。纳税人未与单位确认请其代为办理的，单位不得代办。

（三）委托受托人（含涉税专业服务机构或其他单位及个人）办理，纳税人需与受托人签订授权书。

单位或受托人为纳税人办理汇算后，应当及时将办理情况告知纳税人。纳税人发现汇算申报信息存在错误的，可以要求单位或受托人更正申报，也可自行更正申报。

七、办理渠道

为便利纳税人，税务机关为纳税人提供高效、快捷的网络办税渠道。纳税人可优先通过手机个人所得税App、自然人电子税务局网站办理汇算，税务机关将为纳税人提供申报表项目预填服务；不方便通过上述方式办理的，也可以通过邮寄方式或到办税服务厅办理。

选择邮寄申报的，纳税人需将申报表寄送至按本公告第九条确定的主管税务机关所在省、自治区、直辖市和计划单列市税务局公告的地址。

八、申报信息及资料留存

纳税人办理汇算，适用个人所得税年度自行纳税申报表（附件2、3），如需修改本人相关基础信息，新增享受扣除或者税收优惠的，还应按规定一并填报相关信息。纳税人需仔细核对，确保所填信息真实、准确、完整。

纳税人、代办汇算的单位，需各自将专项附加扣除、税收优惠材料等汇算相关资料，自汇算期结束之日起留存5年。

存在股权（股票）激励（含境内企业以境外企业股权为标的对员工进行的股权激励）、职务科技成果转化现金奖励等情况的单位，应当按照相关规定报告、备案。

九、受理申报的税务机关

按照方便就近原则，纳税人自行办理或受托人为纳税人代为办理的，向纳税人任职受雇单位的主管税务机关申报；有两处及以上任职受雇单位的，可自主选择向其中一处申报。

纳税人没有任职受雇单位的，向其户籍所在地、经常居住地或者主要收入来源地的主管税务机关申报。主要收入来源地，是指2022年向纳税人累计发放劳务报酬、稿酬及特许权使用费金额最大的扣缴义务人所在地。

单位为纳税人代办汇算的，向单位的主管税务机关申报。

为方便纳税服务和征收管理，汇算期结束后，税务部门将为尚未办理申报的纳税人确定其主管税务机关。

十、退（补）税

（一）办理退税

纳税人申请汇算退税，应当提供其在中国境内开设的符合条件的银行账户。税务机关按规定审核后，按照国库管理有关规定办理税款退库。纳税人未提供本人有效银行账户，或者提供的信息资料有误的，税务机关将通知纳税人更正，纳税人按要求更正后依法办理退税。

为方便办理退税，2022年综合所得全年收入额不超过6万元且已预缴个人所得税的纳税人，可选择使用个税App及网站提供的简易申报功能，便捷办理汇算退税。

申请2022年度汇算退税的纳税人,如存在应当办理2021及以前年度汇算补税但未办理,或者经税务机关通知2021及以前年度汇算申报存在疑点但未更正或说明情况的,需在办理2021及以前年度汇算申报补税、更正申报或者说明有关情况后依法申请退税。

（二）办理补税

纳税人办理汇算补税的,可以通过网上银行、办税服务厅POS机刷卡、银行柜台、非银行支付机构等方式缴纳。邮寄申报并补税的,纳税人需通过个税App及网站或者主管税务机关办税服务厅及时关注申报进度并缴纳税款。

汇算需补税的纳税人,汇算期结束后未足额补缴税款的,税务机关将依法加收滞纳金,并在其个人所得税《纳税记录》中予以标注。

纳税人因申报信息填写错误造成汇算多退或少缴税款的,纳税人主动或经税务机关提醒后及时改正的,税务机关可以按照"首违不罚"原则免予处罚。

十一、汇算服务

税务机关推出系列优化服务措施,加强汇算的政策解读和操作辅导力度,分类编制办税指引,通俗解释政策口径、专业术语和操作流程,多渠道、多形式开展提示提醒服务,并通过个税App及网站、12366纳税缴费服务平台等渠道提供涉税咨询,帮助纳税人解决疑难问题,积极回应纳税人诉求。

汇算开始前,纳税人可登录个税App及网站,查看自己的综合所得和纳税情况,核对银行卡、专项附加扣除涉及人员身份信息等基础资料,为汇算做好准备。

为合理有序引导纳税人办理汇算,提升纳税人办理体验,主管税务机关将分批分期通知提醒纳税人在确定的时间段内办理。同时,税务部门推出预约办理服务,有汇算初期(3月1日至3月20日)办理需求的纳税人,可以根据自身情况,在2月16日后通过个税App及网站预约上述时间段中的任意一天办理。3月21日至6月30日,纳税人无需预约,可以随时办理。

对符合汇算退税条件且生活负担较重的纳税人,税务机关提供优先退税服务。独立完成汇算存在困难的年长、行动不便等特殊人群提出申请,税务机关可提供个性化便民服务。

十二、其他事项

《国家税务总局关于个人所得税自行纳税申报有关问题公告》(2018年第62号)第一条、第四条与本公告不一致的,依照本公告执行。

特此公告。

附件:1. 个人所得税税率表(综合所得适用)

2. 个人所得税年度自行纳税申报表(A表、简易版、问答版)(编者略)

3. 个人所得税年度自行纳税申报表(B表)(编者略)

附件 1

个人所得税税率表

（综合所得适用）

级数	全年应纳税所得额	税率(%)	速算扣除数
1	不超过 36000 元的	3	0
2	超过 36000 元至 144000 元的	10	2520
3	超过 144000 元至 300000 元的	20	16920
4	超过 300000 元至 420000 元的	25	31920
5	超过 420000 元至 660000 元的	30	52920
6	超过 660000 元至 960000 元的	35	85920
7	超过 960000 元的	45	181920

2－2－217

财政部　税务总局关于延续执行创业投资企业和天使投资个人投资初创科技型企业有关政策条件的公告

2023 年 8 月 1 日　财政部　税务总局公告 2023 年第 17 号

为进一步支持创业创新，现就创业投资企业和天使投资个人投资初创科技型企业有关税收政策事项公告如下：

对于初创科技型企业需符合的条件，从业人数继续按不超过 300 人、资产总额和年销售收入按均不超过 5000 万元执行，《财政部　税务总局关于创业投资企业和天使投资个人有关税收政策的通知》（财税〔2018〕55 号）规定的其他条件不变。

在此期间已投资满 2 年及新发生的投资，可按财税〔2018〕55 号文件和本公告规定适用有关税收政策。

本公告执行至 2027 年 12 月 31 日。

2-2-218

国家税务总局关于进一步落实支持个体工商户发展个人所得税优惠政策有关事项的公告

2023年8月2日　国家税务总局公告2023年第12号

为贯彻落实《财政部　税务总局关于进一步支持小微企业和个体工商户发展有关税费政策的公告》(2023年第12号,以下简称12号公告),进一步支持个体工商户发展,现就有关事项公告如下:

一、对个体工商户年应纳税所得额不超过200万元的部分,减半征收个人所得税。个体工商户在享受现行其他个人所得税优惠政策的基础上,可叠加享受本条优惠政策。个体工商户不区分征收方式,均可享受。

二、个体工商户在预缴税款时即可享受,其年应纳税所得额暂按截至本期申报所属期末的情况进行判断,并在年度汇算清缴时按年计算、多退少补。若个体工商户从两处以上取得经营所得,需在办理年度汇总纳税申报时,合并个体工商户经营所得年应纳税所得额,重新计算减免税额,多退少补。

三、个体工商户按照以下方法计算减免税额:

减免税额=(经营所得应纳税所得额不超过200万元部分的应纳税额-其他政策减免税额×经营所得应纳税所得额不超过200万元部分÷经营所得应纳税所得额)×50%。

四、个体工商户需将按上述方法计算得出的减免税额填入对应经营所得纳税申报表"减免税额"栏次,并附报《个人所得税减免税事项报告表》。对于通过电子税务局申报的个体工商户,税务机关将提供该优惠政策减免税额和报告表的预填服务。实行简易申报的定期定额个体工商户,税务机关按照减免后的税额进行税款划缴。

五、按12号公告应减征的税款,在本公告发布前已缴纳的,可申请退税;也可自动抵减以后月份的税款,当年抵减不完的在汇算清缴时办理退税;12号公告发布之日前已办理注销的,不再追溯享受。

六、各级税务机关要切实提高政治站位,充分认识税收政策对于市场主体稳定预期、提振信心、安排好投资经营的重要意义,认真做好宣传解读、做优精准辅导,为纳税人提供便捷、高效的政策享受通道,积极回应纳税人诉求,全面抓好推进落实。

七、本公告自2023年1月1日起施行,2027年12月31日终止执行。《国家税务总局关于落实支持个体工商户发展个人所得税优惠政策有关事项的公告》(2023年第5号)同时废止。

特此公告。

2－2－219

财政部 税务总局关于延续实施上市公司股权激励有关个人所得税政策的公告

2023年8月18日 财政部 税务总局公告2023年第25号

为继续支持企业创新发展，现将上市公司股权激励有关个人所得税政策公告如下：

一、居民个人取得股票期权、股票增值权、限制性股票、股权奖励等股权激励（以下简称股权激励），符合《财政部 国家税务总局关于个人股票期权所得征收个人所得税问题的通知》（财税〔2005〕35号）、《财政部 国家税务总局关于股票增值权所得和限制性股票所得征收个人所得税有关问题的通知》（财税〔2009〕5号）、《财政部 国家税务总局关于将国家自主创新示范区有关税收试点政策推广到全国范围实施的通知》（财税〔2015〕116号）第四条、《财政部 国家税务总局关于完善股权激励和技术入股有关所得税政策的通知》（财税〔2016〕101号）第四条第（一）项规定的相关条件的，不并入当年综合所得，全额单独适用综合所得税率表，计算纳税。计算公式为：

应纳税额＝股权激励收入×适用税率－速算扣除数

二、居民个人一个纳税年度内取得两次以上（含两次）股权激励的，应合并按本公告第一条规定计算纳税。

三、本公告执行至2027年12月31日。

特此公告。

2－2－220

财政部 税务总局 住房城乡建设部关于延续实施支持居民换购住房有关个人所得税政策的公告

2023年8月18日 财政部 税务总局
住房城乡建设部公告2023年第28号

为继续支持居民改善住房条件，现就有关个人所得税政策公告如下：

一、自2024年1月1日至2025年12月31日，对出售自有住房并在现住房出售后1年内在市场重新购买住房的纳税人，对其出售现住房已缴纳的个人所得税予以退税优惠。其中，新购住房金额大于或等于现住房转让金额的，全部退还已缴纳的个人所得税；新购住房金额小于现住房转让金额的，按新购住房金额占现住房转让金额的比例退还出售现住房已缴纳的个人所得税。

二、本公告所称现住房转让金额为该房屋转让的市场成交价格。新购住房为新房的,购房金额为纳税人在住房城乡建设部门网签备案的购房合同中注明的成交价格;新购住房为二手房的,购房金额为房屋的成交价格。

三、享受本公告规定优惠政策的纳税人须同时满足以下条件:

1. 纳税人出售和重新购买的住房应在同一城市范围内。同一城市范围是指同一直辖市、副省级城市、地级市(地区、州、盟)所辖全部行政区划范围。

2. 出售自有住房的纳税人与新购住房之间须直接相关,应为新购住房产权人或产权人之一。

四、符合退税优惠政策条件的纳税人应向主管税务机关提供合法、有效的售房、购房合同和主管税务机关要求提供的其他有关材料,经主管税务机关审核后办理退税。

五、各级住房城乡建设部门应与税务部门建立信息共享机制,将本地区房屋交易合同网签备案等信息(含撤销备案信息)实时共享至当地税务部门;暂未实现信息实时共享的地区,要建立健全工作机制,确保税务部门及时获取审核退税所需的房屋交易合同备案信息。

特此公告。

2 -2 -221

财政部　税务总局关于延续实施外籍个人有关津补贴个人所得税政策的公告

2023 年 8 月 18 日　财政部　税务总局公告 2023 年第 29 号

为进一步减轻纳税人负担,现将外籍个人有关津补贴个人所得税政策公告如下:

一、外籍个人符合居民个人条件的,可以选择享受个人所得税专项附加扣除,也可以选择按照《财政部　国家税务总局关于个人所得税若干政策问题的通知》(财税字〔1994〕020号)、《国家税务总局关于外籍个人取得有关补贴征免个人所得税执行问题的通知》(国税发〔1997〕54 号)和《财政部　国家税务总局关于外籍个人取得港澳地区住房等补贴征免个人所得税的通知》(财税〔2004〕29 号)规定,享受住房补贴、语言训练费、子女教育费等津补贴免税优惠政策,但不得同时享受。外籍个人一经选择,在一个纳税年度内不得变更。

二、本公告执行至 2027 年 12 月 31 日。

特此公告。

2 -2 -222

财政部 税务总局关于延续实施全年一次性奖金个人所得税政策的公告

2023 年 8 月 18 日 财政部 税务总局公告 2023 年第 30 号

为进一步减轻纳税人负担,现将全年一次性奖金个人所得税政策公告如下:

一、居民个人取得全年一次性奖金,符合《国家税务总局关于调整个人取得全年一次性奖金等计算征收个人所得税方法问题的通知》(国税发〔2005〕9 号)规定的,不并入当年综合所得,以全年一次性奖金收入除以 12 个月得到的数额,按照本公告所附按月换算后的综合所得税率表,确定适用税率和速算扣除数,单独计算纳税。计算公式为:

应纳税额 = 全年一次性奖金收入 × 适用税率 - 速算扣除数

二、居民个人取得全年一次性奖金,也可以选择并入当年综合所得计算纳税。

三、本公告执行至 2027 年 12 月 31 日。

特此公告。

附件:按月换算后的综合所得税率表

附件

按月换算后的综合所得税率表

级数	全月应纳税所得额	税率(%)	速算扣除数
1	不超过 3000 元的	3	0
2	超过 3000 元至 12000 元的部分	10	210
3	超过 12000 元至 25000 元的部分	20	1410
4	超过 25000 元至 35000 元的部分	25	2660
5	超过 35000 元至 55000 元的部分	30	4410
6	超过 55000 元至 80000 元的部分	35	7160
7	超过 80000 元的部分	45	15160

2-2-223

财政部　税务总局关于延续实施远洋船员个人所得税政策的公告

2023年8月18日　财政部　税务总局公告2023年第31号

现就远洋船员个人所得税政策公告如下：

一、一个纳税年度内在船航行时间累计满183天的远洋船员，其取得的工资薪金收入减按50%计入应纳税所得额，依法缴纳个人所得税。

二、本公告所称的远洋船员是指在海事管理部门依法登记注册的国际航行船舶船员和在渔业管理部门依法登记注册的远洋渔业船员。

三、在船航行时间是指远洋船员在国际航行或作业船舶和远洋渔业船舶上的工作天数。一个纳税年度内的在船航行时间为一个纳税年度内在船航行时间的累计天数。

四、远洋船员可选择在当年预扣预缴税款或者次年个人所得税汇算清缴时享受上述优惠政策。

五、海事管理部门、渔业管理部门同税务部门建立信息共享机制，定期交换远洋船员身份认定、在船航行时间等有关涉税信息。

六、本公告执行至2027年12月31日。

特此公告。

2-2-224

财政部　税务总局关于延续实施个人所得税综合所得汇算清缴有关政策的公告

2023年8月18日　财政部　税务总局公告2023年第32号

为进一步减轻纳税人负担，现就个人所得税综合所得汇算清缴有关政策公告如下：

2024年1月1日至2027年12月31日居民个人取得的综合所得，年度综合所得收入不超过12万元且需要汇算清缴补税的，或者年度汇算清缴补税金额不超过400元的，居民个人可免于办理个人所得税综合所得汇算清缴。居民个人取得综合所得时存在扣缴义务人未依法预扣预缴税款的情形除外。

特此公告。

2 -2 -225

财政部　税务总局关于延续实施粤港澳大湾区个人所得税优惠政策的通知

2023 年 8 月 18 日　财税〔2023〕34 号

广东省、深圳市财政厅(局),国家税务总局广东省、深圳市税务局:

为继续支持粤港澳大湾区(以下简称大湾区)建设,现就大湾区有关个人所得税优惠政策通知如下:

一、广东省、深圳市按内地与香港个人所得税税负差额,对在大湾区工作的境外(含港澳台,下同)高端人才和紧缺人才给予补贴,该补贴免征个人所得税。

二、在大湾区工作的境外高端人才和紧缺人才的认定和补贴办法,按照广东省、深圳市的有关规定执行。

三、本通知适用范围包括广东省广州市、深圳市、珠海市、佛山市、惠州市、东莞市、中山市、江门市和肇庆市等大湾区珠三角九市。

四、本通知执行至 2027 年 12 月 31 日。

2 -2 -226

财政部　税务总局　中国证监会关于延续实施沪港、深港股票市场交易互联互通机制和内地与香港基金互认有关个人所得税政策的公告

2023 年 8 月 21 日　财政部　税务总局　中国证监会公告 2023 年第 23 号

现就延续实施沪港股票市场交易互联互通机制(以下简称沪港通)、深港股票市场交易互联互通机制(以下简称深港通)以及内地与香港基金互认(以下简称基金互认)有关个人所得税政策公告如下:

一、对内地个人投资者通过沪港通、深港通投资香港联交所上市股票取得的转让差价所得和通过基金互认买卖香港基金份额取得的转让差价所得,继续暂免征收个人所得税。

二、本公告执行至 2027 年 12 月 31 日。

特此公告。

2-2-227

财政部　税务总局　国家发展改革委 中国证监会关于延续实施创业投资企业 个人合伙人所得税政策的公告

2023年8月21日　财政部　税务总局
国家发展改革委　中国证监会公告2023年第24号

为继续支持创业投资企业(含创投基金,以下统称创投企业)发展,现将有关个人所得税政策问题公告如下:

一、创投企业可以选择按单一投资基金核算或者按创投企业年度所得整体核算两种方式之一,对其个人合伙人来源于创投企业的所得计算个人所得税应纳税额。

本公告所称创投企业,是指符合《创业投资企业管理暂行办法》(发展改革委等10部门令第39号)或者《私募投资基金监督管理暂行办法》(证监会令第105号)关于创业投资企业(基金)的有关规定,并按照上述规定完成备案且规范运作的合伙制创业投资企业(基金)。

二、创投企业选择按单一投资基金核算的,其个人合伙人从该基金应分得的股权转让所得和股息红利所得,按照20%税率计算缴纳个人所得税。

创投企业选择按年度所得整体核算的,其个人合伙人应从创投企业取得的所得,按照"经营所得"项目、5%—35%的超额累进税率计算缴纳个人所得税。

三、单一投资基金核算,是指单一投资基金(包括不以基金名义设立的创投企业)在一个纳税年度内从不同创业投资项目取得的股权转让所得和股息红利所得按下述方法分别核算纳税:

(一)股权转让所得。单个投资项目的股权转让所得,按年度股权转让收入扣除对应股权原值和转让环节合理费用后的余额计算,股权原值和转让环节合理费用的确定方法,参照股权转让所得个人所得税有关政策规定执行;单一投资基金的股权转让所得,按一个纳税年度内不同投资项目的所得和损失相互抵减后的余额计算,余额大于或等于零的,即确认为该基金的年度股权转让所得;余额小于零的,该基金年度股权转让所得按零计算且不能跨年结转。

个人合伙人按照其应从基金年度股权转让所得中分得的份额计算其应纳税额,并由创投企业在次年3月31日前代扣代缴个人所得税。如符合《财政部　税务总局关于创业投资企业和天使投资个人有关税收政策的通知》(财税〔2018〕55号)规定条件的,创投企业个人合伙人可以按照被转让项目对应投资额的70%抵扣其应从基金年度股权转让所得中分得的份额后再计算其应纳税额,当期不足抵扣的,不得向以后年度结转。

(二)股息红利所得。单一投资基金的股息红利所得,以其来源于所投资项目分配的股息、红利收入以及其他固定收益类证券等收入的全额计算。

个人合伙人按照其应从基金股息红利所得中分得的份额计算其应纳税额，并由创投企业按次代扣代缴个人所得税。

（三）除前述可以扣除的成本、费用之外，单一投资基金发生的包括投资基金管理人的管理费和业绩报酬在内的其他支出，不得在核算时扣除。

本条规定的单一投资基金核算方法仅适用于计算创投企业个人合伙人的应纳税额。

四、创投企业年度所得整体核算，是指将创投企业以每一纳税年度的收入总额减除成本、费用以及损失后，计算应分配给个人合伙人的所得。如符合《财政部　税务总局关于创业投资企业和天使投资个人有关税收政策的通知》（财税〔2018〕55 号）规定条件的，创投企业个人合伙人可以按照被转让项目对应投资额的 70% 抵扣其可以从创投企业应分得的经营所得后再计算其应纳税额。年度核算亏损的，准予按有关规定向以后年度结转。

按照"经营所得"项目计税的个人合伙人，没有综合所得的，可依法减除基本减除费用、专项扣除、专项附加扣除以及国务院确定的其他扣除。从多处取得经营所得的，应汇总计算个人所得税，只减除一次上述费用和扣除。

五、创投企业选择按单一投资基金核算或按创投企业年度所得整体核算后，3 年内不能变更。

六、创投企业选择按单一投资基金核算的，应当在按照本公告第一条规定完成备案的 30 日内，向主管税务机关进行核算方式备案；未按规定备案的，视同选择按创投企业年度所得整体核算。创投企业选择一种核算方式满 3 年需要调整的，应当在满 3 年的次年 1 月 31 日前，重新向主管税务机关备案。

七、税务部门依法开展税收征管和后续管理工作，可转请发展改革部门、证券监督管理部门对创投企业及其所投项目是否符合有关规定进行核查，发展改革部门、证券监督管理部门应当予以配合。

八、本公告执行至 2027 年 12 月 31 日。

特此公告。

2 -2 -228

财政部　税务总局　中国证监会关于延续实施支持原油等货物期货市场对外开放个人所得税政策的公告

2023 年 8 月 21 日　财政部　税务总局　中国证监会公告 2023 年第 26 号

为支持原油等货物期货市场对外开放，现将有关个人所得税政策公告如下：

一、对境外个人投资者投资经国务院批准对外开放的中国境内原油等货物期货品种取得的所得，暂免征收个人所得税。

二、本公告执行至 2027 年 12 月 31 日。

特此公告。

2－2－229

国家税务总局关于贯彻执行提高个人所得税有关专项附加扣除标准政策的公告

2023年8月30日　国家税务总局公告2023年第14号

根据《国务院关于提高个人所得税有关专项附加扣除标准的通知》（国发〔2023〕13号，以下简称《通知》），现就有关贯彻落实事项公告如下：

一、3岁以下婴幼儿照护、子女教育专项附加扣除标准，由每个婴幼儿（子女）每月1000元提高到2000元。

父母可以选择由其中一方按扣除标准的100%扣除，也可以选择由双方分别按50%扣除。

二、赡养老人专项附加扣除标准，由每月2000元提高到3000元，其中，独生子女每月扣除3000元；非独生子女与兄弟姐妹分摊每月3000元的扣除额度，每人不超过1500元。

需要分摊享受的，可以由赡养人均摊或者约定分摊，也可以由被赡养人指定分摊。约定或者指定分摊的须签订书面分摊协议，指定分摊优先于约定分摊。

三、纳税人尚未填报享受3岁以下婴幼儿照护、子女教育、赡养老人专项附加扣除的，可以在手机个人所得税APP或通过扣缴义务人填报享受，系统将按照提高后的专项附加扣除标准计算应缴纳的个人所得税。

纳税人在2023年度已经填报享受3岁以下婴幼儿照护、子女教育、赡养老人专项附加扣除的，无需重新填报，系统将自动按照提高后的专项附加扣除标准计算应缴纳的个人所得税。纳税人对约定分摊或者指定分摊赡养老人专项附加扣除额度有调整的，可以在手机个人所得税APP或通过扣缴义务人填报新的分摊额度。

四、《通知》发布前，纳税人已经填报享受专项附加扣除并扣缴个人所得税的，多缴的税款可以自动抵减纳税人本年度后续月份应纳税款，抵减不完的，可以在2023年度综合所得汇算清缴时继续享受。

五、纳税人对专项附加扣除信息的真实性、准确性、完整性负责，纳税人情况发生变化的，应当及时向扣缴义务人或者税务机关报送新的专项附加扣除信息。对虚假填报享受专项附加扣除的，税务机关将按照《中华人民共和国税收征收管理法》《中华人民共和国个人所得税法》等有关规定处理。

六、各级税务机关要切实提高政治站位，积极做好政策解读、宣传辅导和政策精准推送工作，便利纳税人享受税收优惠，确保减税红利精准直达。

七、个人所得税专项附加扣除标准提高涉及的其他管理事项，按照《国务院关于印发个人所得税专项附加扣除暂行办法的通知》（国发〔2018〕41号）、《国家税务总局关于修订发布〈个人所得税专项附加扣除操作办法（试行）〉的公告》（2022年第7号）等有关规定执行。

八、本公告自2023年1月1日起施行。

特此公告。